2008年12月12日至14日，中共中央总书记、国家主席、中央军委主席胡锦涛到辽宁考察工作。这是胡锦涛在沈阳人力资源市场向前来参加大学生专场招聘洽谈会的大学生询问求职情况，希望他们早日走上工作岗位，用学到的知识为现代化建设作贡献。

2008年9月29日下午，国务院总理温家宝在人民大会堂亲切会见荣获2008年度中国政府“友谊奖”的50名外国专家以及他们的眷属。

2008年12月5日，中国高技能人才和农村优秀人才表彰大会在北京隆重举行。中共中央政治局委员、中央书记处书记、中央组织部部长李源潮，中共中央政治局委员、国务院副总理张德江会前接见与会代表，并合影留念。

2008年4月17日，中共中央政治局委员、国务院副总理张德江到人力资源和社会保障部调研并看望干部职工。国务院副秘书长王勇陪同。

2008年11月6日，中共中央政治局委员、国务院副总理张德江出席中国社会保障论坛2008年年会开幕式并致辞。

2008年11月16日，全国优秀农民工表彰大会在北京人民大会堂隆重举行。中共中央政治局委员、国务院副总理、国务院农民工工作联席会议总召集人张德江出席会议作重要讲话，并为先进代表颁奖。

2008年10月21日，全国人大常委会副委员长华建敏出席第三届中国劳动论坛并致辞。

2008年5月27日，“2008全国民营企业招聘周”启动仪式在京举行。中共中央政治局委员、国务院副总理张德江作出重要批示。中共中央政治局委员、国务委员刘延东发来贺信。全国政协副主席、全国工商联主席黄孟复宣布活动正式启动。尹蔚民部长出席活动并讲话。张小建副部长主持并宣读批示和贺信。各省区市及100个大中城市同时启动招聘周活动。

2008年11月6日，全国人大常委会原副委员长蒋正华出席中国社会保障论坛专题论坛并演讲。

2008年3月9日，十一届全国人大一次会议举行记者招待会，邀请劳动和社会保障部部长田成平、副部长孙宝树，民政部部长李学举、副部长李立国就就业和社会保障问题回答中外记者提问。

2008年3月15日，十一届全国人大一次会议第五次全体会议表决通过《第十一届全国人民代表大会第一次会议关于国务院机构改革方案的决定（草案）》，决定组建人力资源和社会保障部。17日，国家主席胡锦涛签署第二号主席令，根据十一届全国人大一次会议第七次全体会议的决定，任命尹蔚民同志为人力资源和社会保障部部长。

2008年3月19日，中共中央组织部副部长张纪南宣布中央关于人力资源和社会保障部领导班子成员的任职决定。人力资源和社会保障部部长尹蔚民与原劳动和社会保障部部长、中央农村工作领导小组副组长田成平亲切握手。

2008年3月31日，人力资源和社会保障部、国家公务员局挂牌仪式举行。人力资源和社会保障部领导出席并合影（从左向右：李有慰、胡晓义、王晓初、杨士秋、孙宝树、尹蔚民、季允石、杨志明、张小建、何宪、袁彦鹏、崔会烈）。

2008年4月29日，全国军队转业干部安置工作电视电话会议在京召开。中共中央政治局委员、国务院副总理张德江，中央军委委员、总政治部主任李继耐出席会议并讲话。国务院军队转业干部安置工作小组组长、中央组织部副部长、人力资源和社会保障部部长尹蔚民作工作报告。中央组织部常务副部长沈跃跃，国务院副秘书长王勇，国务院军转安置工作小组副组长、总政治部主任助理许耀元出席会议。国务院军转安置工作小组副组长、人力资源和社会保障部副部长何宪主持会议。各省区市、副省级城市设分会场。

2008年5月27日，人力资源和社会保障部部长尹蔚民、重庆市市长王鸿举在北京签署《共同推进重庆统筹城乡人力资源和社会保障事业发展与改革备忘录》，并就有关工作进行了座谈。副部长孙宝树主持座谈会和签字仪式。重庆市副市长马正其、政协副主席吴家农等出席签字仪式并参加座谈。

2008年7月22日，国家公务员局成立大会召开。人力资源和社会保障部部长兼国家公务员局局长尹蔚民出席会议并讲话。副部长兼国家公务员局党组书记、副局长杨士秋主持会议。国家公务员局副局长周泽民、信长星、傅兴国出席。

2008年8月8日，尹蔚民部长、杨士秋副部长、国家公务员局副局长信长星与出席北京2008年奥运会开幕式的15名抗震救灾英模代表座谈并合影留念。

2008年9月19日，国务院新闻办举行新闻发布会。人力资源和社会保障部部长尹蔚民、国务院法制办主任曹康泰介绍了《中华人民共和国劳动合同法实施条例》的有关情况，并回答记者提问。人力资源和社会保障部副部长杨志明、国务院法制办副主任郜风涛出席发布会。

2008年9月23日，尹蔚民部长出席第三届中欧社会保障高层圆桌会议并致辞。胡晓义副部长主持会议并发言。

根据中央的统一安排，2008年9月下旬至2009年2月下旬，人力资源和社会保障部在全部范围内开展以“开发人力资源，推进民生建设，促进科学发展”为主题的深入学习实践科学发展观活动。2008年9月27日，人力资源和社会保障部深入学习实践科学发展观活动动员大会召开。尹蔚民部长和中央指导检查组第14组组长刘德旺出席会议并讲话。动员大会由孙宝树副部长主持。中央指导检查组第14组副组长王学智，副部长杨志明、杨士秋、何宪、胡晓义，中央纪委驻部纪检组组长袁彦鹏出席会议。中央指导检查组全体同志，人力资源和社会保障部部分老领导，部机关和国家公务员局全体人员、事业单位司局级干部、离退休干部党支部书记参加会议。

2008年10月21日，以“伟大变革与科学发展——中国劳动保障制度改革三十年”为主题的第三届中国劳动论坛在京举行。中共中央政治局委员、国务院副总理张德江发来贺信。全国人大常委会副委员长华建敏出席并致辞。全国人大常委会原副委员长、全国妇联主席顾秀莲发来贺信。尹蔚民部长出席论坛并致辞。杨志明副部长作主旨发言。张小建副部长、中纪委驻部纪检组组长袁彦鹏出席。

2008年11月6日，中国社会保障论坛第三届年会在人民大会堂召开，本届年会主题为“中国社会保障的科学发展”。中共中央政治局委员、国务院副总理张德江出席开幕式并致辞。全国人大常委会原副委员长蒋正华出席并演讲。尹蔚民部长发表主旨演讲。副部长孙宝树、胡晓义、杨志明、张小建出席。

2008年11月16日，全国优秀农民工表彰大会在北京人民大会堂隆重举行。中共中央政治局委员、国务院副总理、国务院农民工工作联席会议总召集人张德江出席会议并讲话。这次表彰大会，是我国改革开放以来全国第一次召开的表彰农民工大会。1 000名全国优秀农民工代表和100个农民工工作先进集体代表，国务院农民工工作联席会议成员，各省、自治区、直辖市和新疆生产建设兵团分管农民工工作的负责人参加了会议。

2008年11月20日，尹蔚民部长、张小建副部长出席国务院新闻办发布会，介绍人力资源和社会保障制度建设进展及应对当前宏观经济形势的举措等方面情况，并回答记者提问。

2008年12月2日，人力资源和社会保障部召开纪念改革开放30周年座谈会。尹蔚民部长出席并作重要讲话。孙宝树副部长主持座谈会。副部长、国家外国专家局局长季允石，副部长杨志明、张小建，副部长、国家公务员局党组书记、副局长杨士秋，副部长王晓初、胡晓义出席座谈会。

2008 年 4 月 22 日，尹蔚民部长出席 2008 年全国职业技能竞赛系列活动启动仪式暨第三届全国数控技能大赛开幕式并致辞。

2008 年 6 月 4 日至 5 日，中共中央组织部副部长、人力资源和社会保障部部长尹蔚民到四川省阿坝州汶川县映秀镇和都江堰市察看地震灾情，就恢复生产和灾后重建中的人力资源和社会保障工作进行调研。期间，在映秀镇、都江堰市与省人事厅、劳动保障厅分别召开座谈会并看望人事、劳动保障系统干部职工。张小建副部长陪同调研。

2008年9月5日，人力资源和社会保障部副部长、国家外国专家局局长季允石在上海长江隧道工程现场考察，并看望在此工作的外国专家。

2008年12月21日，日本前首相福田康夫在长富宫饭店会见人力资源和社会保障部副部长、国家外国专家局局长季允石。

2008年3月9日，孙宝树副部长出席十一届全国人大一次会议记者招待会，回答中外记者提问。

2008年12月12日，随同中央代表团到广西参加自治区50周年庆祝活动的孙宝树副部长到自治区劳动保障厅看望和慰问干部职工，并视察自治区社保局服务窗口。

2008年4月25日，中组部副部长兼人力资源社会保障部副部长李智勇在北京会见印度驻华大使拉奥琪。

2008年7月19日，中组部副部长兼人力资源社会保障部副部长李智勇在北戴河暑期专家休假活动见面会前，与专家握手致意。

2008年8月29日，杨志明副部长到辽宁就开展解决企业工资历史拖欠工作进行督查调研。

2008年11月16日，杨志明副部长出席全国优秀农民工表彰大会，宣读《国务院农民工工作联席会议关于表扬农民工工作先进集体的通报》。

2008年2月26日，张小建副部长率中央高技能人才工作联合督查组在中石油兰州石化公司进行督查调研。

2008年12月5日，张小建副部长出席全国高技能人才和农村优秀人才表彰大会。

2008年7月22日，人力资源和社会保障部副部长、国家公务员局党组书记、副局长杨士秋主持国家公务员局成立大会。

2008年9月18日，杨士秋副部长在河南省公开选配博士科技副县（市、区）长和硕士副乡（镇）长报名洽谈活动现场察看报名情况。

2008年5月17日，王晓初副部长出席“中国合肥留学人员创业园”揭牌仪式，为创业园揭牌。

2008年11月4日，王晓初副部长在四川东方汽轮机有限公司调研。

2008年5月13日，何宪副部长代表部党组和尹蔚民部长到四川省人事厅和劳动保障厅看望干部职工，对四川省人力资源和社会保障系统干部职工表示慰问。

2008年7月2日至3日，何宪副部长在山西省太原市出席企业军转干部思想政治工作经验交流会议并讲话。

2008 年 10 月 7 日，胡晓义副部长率团访问越南劳动、荣军和社会事务部并签署了中越双方首个双边合作谅解备忘录。

2008年11月12日，胡晓义副部长在新疆就完善城镇基本医疗保障和工伤保险制度进行专题调研期间，向喀什市劳动保障局维吾尔族工作人员了解工作情况。

2008年10月14日，中纪委驻人力资源社会保障部纪检组组长袁彦鹏主持贯彻落实科学发展观专题报告会。

2008年10月30日，中纪委驻人力资源社会保障部纪检组组长袁彦鹏在广西南宁市调研社保经办服务工作。

中国人力资源和社会保障
年　鉴
（文献卷）

CHINA HUMAN RESOURCES AND SOCIAL SECURITY YEARBOOK

2009

中国劳动社会保障出版社

中　国　人　事　出　版　社

图书在版编目(CIP)数据

中国人力资源和社会保障年鉴. 2009/人力资源和社会保障部组织编写. —北京：中国劳动社会保障出版社，中国人事出版社，2009

ISBN 978-7-5045-8087-0

Ⅰ. 中…　Ⅱ. 人…　Ⅲ. ①劳动力资源-资源管理-中国-2009-年鉴　②社会保障-中国-2009-年鉴　Ⅳ. F249.21-54　D632.1-54

中国版本图书馆 CIP 数据核字(2009)第 180510 号

中国劳动社会保障出版社出版发行

(北京市惠新东街 1 号　邮政编码：100029)

出 版 人：张梦欣

*

北京新华印刷厂印刷装订　新华书店经销

880 毫米×1230 毫米　16 开本　84 印张　6.75 印张彩页　2136 千字

2009 年 11 月第 1 版　2009 年 11 月第 1 次印刷

定价：498.00 元

读者服务部电话：010-64929211

发行部电话：010-64927085

出版社网址：http：//www.class.com.cn

《中国人力资源和社会保障年鉴》编辑委员会成员

《中国人力资源和社会保障年鉴》编辑部成员

编 辑 说 明

2008年3月，第十一届全国人民代表大会第一次会议审议通过《国务院机构改革方案》，决定组建人力资源和社会保障部。为了客观真实地辑录我国人力资源和社会保障事业改革发展历程，便于社会各界了解和研究中国人力资源和社会保障发展的历史，人力资源和社会保障部决定从2009年起编纂《中国人力资源和社会保障年鉴》，每年出版一部。

一、《中国人力资源和社会保障年鉴（2009）》为首编年鉴，系统收录了2008年度我国人力资源和社会保障工作的重要文献、资料和数据，全面记录了2008年我国人力资源和社会保障事业的发展概况，客观反映了人力资源和社会保障工作改革与发展的成就、经验和今后需要继续研究解决的问题。它是党政机关领导干部、各部门工作人员、人力资源和社会保障系统工作者、企业领导及人力资源管理者以及人力资源和社会保障科研理论工作者有价值的参考用书和工具书。

二、鉴于年鉴内容丰富、涉及面广，本年鉴分为文献卷、工作卷两卷出版。文献卷包括人力资源和社会保障重要文献、人力资源和社会保障部主要职责内设机构和人员编制规定、国家公务员局主要职责内设机构和人员编制规定、2008年人力资源和社会保障大事记。工作卷包括人力资源和社会保障工作概览、全国人力资源和社会保障工作、地方人力资源和社会保障工作、人力资源和社会保障统计资料。

三、本年鉴中，全国人力资源和社会保障工作分为28个部分：就业工作、人力资源市场管理、职业能力建设、军转安置、专业技术人员管理、事业单位人事管理、公务员管理、养老保险、失业保险、医疗保险、工伤保险、生育保险、农村社会养老保险和被征地农民保障、社会保险经办管理、社会保险基金监督、劳动关系、调解仲裁管理、机关事业单位工资福利工作、农民工工作、法制建设、劳动保障监察、规划统计、信息化建设、科学研究、干部教育培训和表彰、新闻宣传政务信息与出版、国际及港澳台地区交流合作、社团活动。地方人力资源和社会保障工作分为地方人事人才工作、地方劳动和社会保障工作两部分，共93篇。

四、作为新部组建以来的第一部年鉴，《中国人力资源和社会保障年鉴（2009）》的编纂工作得到了部领导的高度重视，以及部属各单位和地方人力资源社会保障部门的大力支持，在此，向所有参与编辑出版工作的领导和同志表示衷心的感谢。

《中国人力资源和社会保障年鉴》编辑部

2009年10月

目　录

文献卷

人力资源和社会保障重要文献

一、党和国家领导人关于人力资源和社会保障工作的重要讲话

二、人力资源和社会保障部领导的讲话和文章

三、重要文件

人力资源和社会保障部主要职责内设机构和人员编制规定

国家公务员局主要职责内设机构和人员编制规定

人力资源和社会保障大事记

工作卷

人力资源和社会保障工作概览

全国人力资源和社会保障工作

地方人力资源和社会保障工作

一、地方人事人才工作

二、地方劳动和社会保障工作

统 计 资 料

人力资源和社会保障重要文献

一、党和国家领导人关于人力资源和社会保障工作的重要讲话

第十一届全国人民代表大会第一次会议政府工作报告（节选）

温家宝

（2008年3月5日）

努力扩大就业。认真贯彻实施就业促进法和劳动合同法。坚持实行积极的就业政策，落实以创业带动就业的方针，加强就业和创业培训，鼓励自谋职业和自主创业，支持创办小型企业。加快建设城乡统一规范的人力资源市场，完善公共就业服务体系，促进形成城乡劳动者平等就业制度。加强高校毕业生就业指导和服务。深化退役军人安置制度改革。完善就业援助制度，落实促进残疾人就业政策，建立帮助零就业家庭解决就业困难的长效机制。督促各类企业同劳动者依法签订并履行劳动合同。加强劳动争议处理和劳动保障监察，严厉打击各种非法用工行为。在世界上人口最多的国家解决就业问题，是一项极为艰巨的任务。我们要用百倍的努力，把这项关系民生之本的大事做好。

增加城乡居民收入。关键要调整国民收入分配格局，深化收入分配制度改革，逐步提高居民收入在国民收入分配中的比重，提高劳动报酬在初次分配中的比重。一是多渠道增加农民收入，确保农民工工资按时足额发放，适当提高扶贫标准。二是提高企业职工工资水平，建立企业职工工资正常增长和支付保障机制。推动企业建立工资集体协商制度，完善工资指导线制度，健全并落实最低工资制度。改革国有企业工资总额管理办法，加强对垄断行业企业工资监管。三是从今年1月1日起，再连续三年进一步提高企业退休人员基本养老金水平。四是深化公务员工资制度改革，继续做好规范公务员津贴补贴工作。加快推进事业单位收入分配制度改革。五是落实职工带薪年休假制度。同时要进一步完善消费政策，拓宽服务消费领域，稳定居民消费预期，扩大即期消费。只有把经济发展成果合理分配到群众手中，才能得到广大群众的拥护，才能促进社会和谐稳定。

完善社会保障体系。坚持实行广覆盖、保基本、多层次、可持续的方针。一要做好社会保险扩面和基金征缴工作。重点扩大农民工、非公有制经济组织就业人员、城镇灵活就业人员参加社会保险。努力解决关闭破产企业退休人员和困难企业职工参加基本医疗保险问题。二要推进社会保险制度改革。完善社会统筹与个人账户相结合的企业职工基本养老保险制度，扩大做实养老保险个人账户试点，加快省级统筹步伐，制定全国统一的社会保险关系转续办法。规范发展企业年金制度。探索事业单位基本养老保险制度改革。抓紧制定适合农民工特点的养老保险办法。鼓励各地开展农村养老保险试点。加快完善失业、工伤、生育保险制度。三要采取多种方式充实社会保障基金，强化基金监管，确保基金安全，实现保值增值。四要健全社会救助体系。重点完善城乡居民最低生活保障制度，建立与经济增长和物价水平相适应的救助标准调整机制。健全临时救助制度。同时，积极发展社会福利事业。鼓励和支持慈善事业发展。做好优抚安置工作。加强防灾减灾救灾工作。为加快社会保障体系建设，今年中央财政将安排2 762亿元，比上年增加458亿元。建立和完善覆盖城乡的社会保障体系，让人民生活无后顾之忧，直接关系经济社会发展，是全面建设小康社会的一项重大任务。

加快建设覆盖城乡居民的医疗保障制度。扩大城镇职工基本医疗保险覆盖面；城镇居民基本医疗保险试点要扩大到全国50%以上的城市；在全国农村全面推行新型农村合作医疗制度，用两年时间将筹资标准由每人每年50元提高到100元，其中中央和地方财政对参合农民的补助标准由40元提高到80元。健全城乡医疗救助制度。

去年以来，国务院组织力量研究深化医药卫生体制改革问题，已经制定一个初步方案，将向社会公开征求意见。改革的基本目标是：坚持公共医疗卫生的公益性质，建立基本医疗卫生制度，为群众提供安全、有效、方便、价廉的基本医疗卫生服务。我们要坚定地推进这项改革，让人人享有基本医疗卫生服务，提高全民健康水平。

张德江出席国务院就业工作部际联席会议并讲话

国务院就业工作部际联席会议24日在北京召开，研究部署全年就业再就业工作。中共中央政治局委员、国务院副总理张德江出席会议并讲话。他强调，要从战略和全局的高度，充分认识做好就业再就业工作的极端重要性，把扩大就业摆在党和国家工作更加突出的位置，用百倍的努力，切实把这项事关民生和社会和谐稳定的大事抓好。

张德江指出，党的十六大以来，在党中央、国务院正确领导下，在各地、各部门和社会各方面共同努力下，就业再就业工作取得了显著成绩。中国特色就业再就业体制机制和政策体系基本形成，城镇登记失业率稳中有降，保持了就业局势的基本稳定，有力地促进了经济发展和社会和谐安定。

张德江强调，当前影响经济发展和就业的不确定因素增多，就业形势十分严峻。要认真贯彻落实党的十七大精神和《政府工作报告》的部署，深入贯彻落实科学发展观，坚持实施扩大就业的发展战略，坚持实施积极的就业政策，一手抓扩大就业，一手抓失业调控，进一步加强组织领导，落实政策责任，努力把就业工作提高到新水平。当前，要重点抓好以下几项工作：努力稳定就业形势，千方百计扩大就业；完善落实各项政策措施，积极促进创业带动就业；广开渠道，重点做好高校毕业生就业工作；加强培训和服务，统筹做好各类就业困难人员就业援助工作；协调劳动关系，维护劳动者合法权益。

张德江要求，面对新形势新任务，要进一步完善联席会议制度，充分发挥这一协调机制的作用。各成员单位要按照分工，履行好各自职责。同时要加强协作，相互支持，形成强大合力。要研究解决就业工作面临的实际困难，协调解决政策落实中的问题。

国务院就业工作部际联席会议各成员单位，以及中宣部、国务院法制办的负责同志参加了会议。（新华社2008年04月24日电）

张德江出席全国军转安置工作电视电话会议并讲话

全国军队转业干部安置工作电视电话会议29日在京召开，中共中央政治局委员、国务院副总理张德江，中央军委委员、总政治部主任李继耐出席会议并讲话。会议要求，各地区、各部门要全面贯彻落实党的十七大精神，深入贯彻落实科学发展观，认真落实中央关于军转安置工作的方针政策，认清形势，统筹安排，周密部署，扎实工作，确保完成军转安置各项任务。

张德江在讲话时指出，要充分认识军转安置工作的重要意义，切实增强做好这项工作的政治责任感，带着深厚的感情，千方百计把军转干部安置好。要树立大局意识，积极克服困难，拓宽安置渠道，充分挖掘安置潜力，认真落实好安置计划；严格执行军转安置工作的政策规定，自觉维护政策的严肃性和权威性；统筹兼顾，突出重点，推动军转安置各项工作协调发展；坚持改革创新，探索符合国情军情的军转安置新路子。各地区、各部门要切实加强领导、落实责任，加强协作、密切配合，加强指导、搞好服务，加强宣传、营造氛围，把军转干部安置任务落实好。

李继耐在讲话时指出，做好军转安置工作，事关国防和军队现代化建设，事关改革发展稳定大局，一定要从全面贯彻落实党的十七大精神的政治高度，进一步增强做好军转安置工作的责任感使命感。要认真落实中央的部署要求和政策规定，下工夫抓好重点难点问题和关键环节，积极探索改进军转安置工作的有效途径和办法，着力提高军转安置工作质量，努力使军转干部得到妥善安置、合理使用。要切实加强组织领导，把军转安置工作摆上重要议事日程，加强对转业干部的教育管理，进一步搞好军地协调配合，高标准完成今年的军转安置任务。

2007年，在党中央、国务院、中央军委的正确领导下，经过军地双方共同努力、密切协作，全国共安置了5.9万余名军队转业干部。

国务院军转安置工作小组组长、中央组织部副部长、人力资源和社会保障部部长尹蔚民在会上作了工作报告。（人民日报2008年04月30日电）

张德江出席省部级领导干部“促进就业与建立和谐劳动关系”专题研讨班并讲话

中共中央政治局委员、国务院副总理张德江26日在中组部、人力资源社会保障部、国家行政学院共同举办的省部级领导干部“促进就业与建立和谐劳动关系”专题研讨班结业式上讲话时强调，要深入贯彻落实科学发展观，坚持以人为本，坚持实施扩大就业的发展战略，坚持依法维护劳动者合法权益，加强领导，明确责任，依法办事，落实政策，努力把就业和劳动关系工作提高到新水平。

张德江指出，党的十六大以来，就业和劳动关系工作取得了显著成绩，为促进改革发展、维护社会稳定发挥了重要作用。但是，我国的就业形势仍然十分严峻，维护劳动者合法权益的任务依然十分繁重。必须全面分析和认识形势，把就业和劳动关系工作摆在更加突出的位置，切实把这两项事关民生和社会和谐安定的大事抓紧抓好。

张德江强调，要全面贯彻落实党的十七大精神，深入贯彻落实科学发展观，坚持以人为本的施政理念，进一步加强就业和劳动关系工作。重点抓好以下方面：（一）努力保持经济平稳较快发展，充分发挥劳动密集型行业、中小企业、非公有制企业吸纳就业的作用，千方百计扩大就业。加强失业调控，探索建立鼓励企业稳定就业的激励机制，保持就业形势基本稳定。（二）积极促进以创业带动就业，进一步完善劳动者创业的政策体系，建立健全创业培训体系和创业服务体系，提高创业成功率。（三）重点做好高校毕业生就业工作，解决突出问题，落实各项政策，加强就业服务，提高初次就业率。（四）要提供优质高效的公共就业服务，完善职业培训体系，逐步建立长效机制，统筹做好各类就业困难人员就业援助工作。（五）要全面准确、坚定不移地贯彻实施《劳动合同法》等法律，抓紧制定《劳动合同法实施条例》及相关配套政策，完善劳动关系利益协调机制、纠纷调处机制和监督执行机制，做好劳动争议处理工作，加强监察执法，切实维护劳动者合法权益。（新华社2008年06月26日电）

张德江出席地震灾区恢复工业生产和扩大就业座谈会并讲话

为了贯彻6月13日中央召开的省区市和中央部门主要负责同志会议精神，落实胡锦涛总书记、温家宝总理重要指示，中共中央政治局委员、国务院副总理张德江30日在四川成都主持召开“地震灾区恢复工业生产和扩大就业座谈会”并讲话。他强调，地震灾区恢复工业生产和扩大就业是灾后恢复重建的重要任务，要按照党中央、国务院的统一部署，深入贯彻落实科学发展观，高度重视、精心组织、扎实工作、注重实效，打好灾区恢复工业生产和扩大就业这场硬仗。

张德江指出，汶川大地震使灾区工业遭受巨大损失，群众就业受到严重影响。地震灾害发生后，在党中央、国务院领导下，灾区各级党委、政府组织企业和人民群众奋力开展生产自救，对口支援省市和社会各界大力支援，灾区恢复工业生产和就业工作正在积极推进。但是灾区恢复工业生产任务仍然十分繁重，就业形势依然十分严峻。我们要贯彻中央的决策部署，进一步增强紧迫感和责任感，继续发扬自力更生、团结互助精神，落实完善政策，加大工作力度，把灾区恢复工业生产和扩大就业工作做实做好。

张德江说，加快推进灾区恢复工业生产，要坚持自力更生、国家扶持、社会援助的方针，坚持科学评估、科学规划这个前提，做到“八个结合”。一是要与调整生产力布局相结合，通过恢复重建，促进全国和灾区内部产业布局优化；二是要与调整产业结构相结合，坚决淘汰高耗能、高污染和落后生产能力；三是要与促进企业技术进步相结合，防止简单地“克隆”原来的企业，防止低水平重复建设和简单扩大生产能力；四是要与推进产业集聚和工业园区建设相结合，形成产业集群，促进区域经济集约发展；五是重点突破要与全面推进相结合，重点推进重灾区恢复工业生产，重点推进灾区支柱产业、骨干企业、基础性产业和建材企业的恢复重建；六是快速恢复要与长期发展相结合，先帮助那些有恢复条件的企业恢复生产经营活动，对已经完全毁坏和毁坏严重需要重建的企业，根据恢复重建整体规划，在灾后恢复重建中有序推进；七是要与促进就业再就业相结合，尽可能多地吸收灾区劳动力就业；八是要与安全生产相结合，确保恢复生产过程中和企业恢复生产后的生产安全。

张德江强调，扩大灾区就业，关系到灾民的生计，关系到灾区的稳定和发展。地震灾区要大力开展生产自救，鼓励劳动力自谋职业、自主创业，积极组织劳务输出，加强就业服务，开展以工代赈，稳定和扩大就业。对口援助省市要千方百计为灾区提供就业岗位，帮助灾区劳动力转移就业；在援建工作中，也要千方百计安排灾区劳动力就业。要认真开展就业援助，努力帮助因灾失去工作的城镇职工、零就业家庭、失去收入来源的农民、大中专毕业生实现就业再就业。落实和完善灾区扩大就业的政策措施，充分发挥政策促进就业的作用。

会议召开前，张德江还深入到长虹电子集团公司、攀钢集团四川长城特殊钢有限责任公司、四川矿山机器有限责任公司、绵阳九洲工业园区、拉法基水泥有限责任公司考察了工业企业恢复生产的情况，到都江堰察看了就业招聘会现场。

会上，19个对口支援省市和广东省深圳市与四川、甘肃、陕西省签订了20份就业援助协议，支援省市承诺9月底前，向灾区提供10万个就业岗位，帮助17.5万人实现就地培训就业。

江苏、广东、浙江、山东等19个省市和深圳市，川、甘、陕受灾省以及国务院有关部门负责同志参加了会议。（新华社2008年06月30日电）

张德江出席2008年度“友谊奖”颁奖大会并致辞

2008年度“友谊奖”颁奖大会27日上午在人民大会堂隆重举行，中共中央政治局委员、国务院副总理张德江，全国政协副主席白立忱分别向来自19个国家的50名外国专家颁发了“友谊奖”。张德江在颁奖大会上致辞，他代表中国政府向获奖的专家表示热烈祝贺，向所有在华工作的外国专家表示崇高敬意和衷心感谢，向外国专家家属表示亲切问候和美好祝愿。

张德江指出，中国改革开放30年来，引进外国智力事业全面展开，一大批优秀外国专家活跃在我国各个领域，遍及全国各地，成为中国现代化建设的一支重要力量，在改革开放和经济社会发展中发挥着不可替代的作用。中国现代化建设取得的辉煌成就，是与外国专家积极参与和大力支持分不开的，中国人民将永远铭记外国专家付出的辛勤努力和作出的重要贡献。

张德江强调，中国将继续坚持对外开放的基本国策，积极引进国外人才和智力，大力开展国际交流合作，真诚欢迎更多的外国专家、海外华人华侨专家和国际友人，以各种方式参与中国的现代化建设；真诚希望外国专家继续发挥桥梁纽带作用，让更多的国家和人民认识中国、理解中国、支持中国，增进中国人民与世界各国人民的友谊。中国政府将努力为外国专家创造良好的工作和生活条件，及时帮助解决困难和问题，保护好外国专家的合法权益。

国家外国专家局局长季允石宣读了授予50名外国专家“友谊奖”的决定。

荣获本年度“友谊奖”的50名外国专家分别来自澳大利亚、奥地利、保加利亚等19个国家，从事的行业领域主要涉及工业农业、能源环保、教育科技、文化体育等。（新华社2008年09月27日电）

奋发有为、开拓进取，为社会主义现代化建设再立新功

——在全国优秀农民工表彰大会上的讲话

张德江

（2008 年 11 月 16 日）

今天，我们在这里隆重集会，表彰全国在各条战线上取得优异成绩的 1 000 名优秀农民工，同时对 100 个农民工工作先进集体通报表扬。这是改革开放以来全国第一次专门召开的表彰农民工大会，体现了党中央、国务院对农民工做出贡献的充分肯定，对农民工工作的高度重视。这里，我代表党中央、国务院，向受到表彰的农民工和农民工工作先进集体表示热烈的祝贺！向做出贡献的广大农民工致以崇高的敬意！向为农民工服务的广大干部职工，向关爱和帮助农民工的广大企业、人民团体和社会各界人士，表示衷心的感谢！

1978 年，中国共产党召开了具有重大历史意义的十一届三中全会，开启了改革开放历史新纪元。这场史无前例的大改革大开放，极大地调动了亿万人民群众的积极性，极大地解放和发展了社会生产力，极大地促进了工业化、现代化、市场化、城镇化进程，也为农村劳动力向非农产业和城镇转移开辟了广阔空间。30 年来，数以亿计的农民怀着对美好生活的渴望、对光明未来的憧憬，勇敢地走出农村，进城务工或在乡镇企业就业，以特别能吃苦、特别能奉献的精神，在工作中不断提高技能、提升素质，在社会化大生产实践中不断积累经验，用辛勤劳动和汗水，盖起了数不清的高楼大厦，修建了数不清的桥梁道路，创造了数不清的社会财富，既为城乡经济社会发展做出了巨大贡献，也促进了市场导向、自主择业、竞争就业机制的形成，为改变城乡二元结构、解决“三农”问题闯出了一条新路。农民工是我国改革开放和工业化、城镇化进程中涌现的一支新型劳动大军，是我国工人阶级的新鲜血液，是我国产业工人队伍的重要组成部分。农民工队伍的形成和不断壮大，是中国改革开放的重大历史成果，也是世界工业化、城镇化历史上特有的光辉范例。农民工为我国改革开放和社会主义现代化建设做出的重大贡献，党和国家永远不会忘记，人民永远不会忘记，历史永远不会忘记。

今天受到表彰的 1 000 名优秀农民工，是我国两亿多农民工的杰出代表。在你们当中，有的是自强不息，埋头苦干，以诚实劳动和辛勤汗水创造幸福生活的模范标兵；有的是勇于开拓，团结互助，返乡创业，带动乡亲共同致富的先进典型；有的是发奋学习，刻苦钻研，以超群技能勇创一流工作业绩的能工巧匠；有

的是见义勇为，舍己为人，危难时刻挺身而出的道德楷模。你们在平凡的岗位上做出了不平凡的业绩，在艰苦创业的实践中实现了人生的价值，无愧于优秀农民工的光荣称号。你们不仅是广大农民工学习的榜样，也是全社会学习的楷模。

同志们，解决农民工问题，是深入贯彻落实科学发展观的重要内容，是建设社会主义和谐社会的必然要求，是建设中国特色社会主义的战略任务。党中央、国务院高度重视农民工问题，制定了一系列保障农民工权益和改善农民工就业环境的政策措施，建立健全了农民工工作体系。各地区各部门认真落实中央的决策部署，从解决农民工最关心、最直接、最现实的利益问题入手，千方百计为农民工办好事、做实事、解难事，做了大量的工作，农民工的合法权益日益得到维护，外出务工环境发生了显著变化，生产和生活条件逐步改善，各项社会保障陆续建立，对农民工的各项服务不断加强，初步形成全社会理解、关心、爱护农民工的良好环境。

但是，也应该看到，解决农民工问题仍然是一项长期、艰巨和复杂的任务。当前，侵害农民工权益的现象还不同程度地存在，统筹城乡发展的一些体制性障碍和深层次矛盾还没有根本消除，特别是国内外经济形势发生的新变化，给农民工工作带来了新挑战。各地区各部门要全面贯彻落实党的十七大和十七届三中全会精神，深入贯彻落实科学发展观，坚持以人为本，创新体制机制，完善政策措施，加强农民工权益保护，逐步实现农民工劳动报酬、子女就学、公共卫生、住房租购等与城镇居民享有同等待遇；改善农民工劳动条件，保障生产安全，扩大农民工工伤、医疗、养老保险覆盖面；统筹城乡社会管理，使在城镇稳定就业和居住的农民工有序转变为城镇居民；进一步营造全社会尊重、关爱农民工的良好氛围。

党的十七大顺应国内外形势的新变化，顺应各族人民过上更好生活的新期待，提出了实现全面建设小康社会奋斗目标的新要求。“天高任鸟飞，海阔凭鱼跃”。伟大的事业需要全体人民去创造和奋斗，伟大的时代为农民工施展才干提供了无限广阔的舞台，党和人民对广大农民工充满期望。希望广大农民工努力适应时代发展的要求，不断加强文化学习，积极参加职业技能培训，努力提高自身素质和就业本领。要立足本职，刻苦钻研，勤奋工作，努力在平凡的岗位上创造一流业绩。要积极倡导社会文明新风，爱国守法，自尊自爱，自觉遵守职业道德和社会公德，诚实守信，文明礼貌，充分展现当代农民工的良好精神风貌。要大力发扬自强不息、开拓进取的精神，积极返乡创业，带动家乡人民共同致富，为社会主义新农村建设做出更多的贡献。受到表彰的优秀农民工要发扬成绩，珍惜荣誉，保持本色，不骄不躁，在工作岗位上再创佳绩，再立新功。广大农民工要以他们为榜样，刻苦学习、艰苦创业、勤奋工作，争当守法的公民、创业的先锋、学习的模范、致富的骨干。

同志们！我们的事业前途无比光明，我们的任务光荣而艰巨。让我们在以胡锦涛同志为总书记的党中央领导下，高举中国特色社会主义伟大旗帜，以邓小平理论和“三个代表”重要思想为指导，全面贯彻落实党的十七大和十七届三中全会精神，深入贯彻落实科学发展观，奋发有为，开拓进取，为全面建设小康社会、实现中华民族伟大复兴而不懈奋斗！

崇尚技能、奋发向上，为全面建设小康社会再立新功

——在全国高技能人才和农村优秀人才表彰大会上的讲话

张德江

（2008 年 12 月 5 日）

今天，我们在这里隆重集会，表彰 20 名“中华技能大奖”获得者、300 名“全国技术能手”、100 名“全国农村优秀人才”，以及 80 家“国家技能人才培育突出贡献奖”获奖单位。我代表党中央、国务院，向受到表彰的个人和单位，表示热烈的祝贺！向辛勤工作在生产岗位一线的广大劳动者，表示亲切的问候和崇高的敬意！

国家兴盛，人才为本。党中央、国务院高度重视高技能人才和农村实用人才工作。胡锦涛总书记在党的十七大报告中明确提出，要“统筹抓好以高层次人才和高技能人才为重点的各类人才队伍建设”，“培育有文化、懂技术、会经营的新型农民”。温家宝总理在今年的《政府工作报告》中对人才工作提出了具体要求。党中央、国务院把加强高技能人才和农村实用人才队伍建设纳入人才强国战略总体部署，纳入国家人才队伍建设总体规划，制定了一系列政策措施。各地区、各部门认真落实党中央、国务院的方针政策，切实把两类人才工作摆上重要位置，不断加大工作力度，高技能人才和农村实用人才队伍迅速发展壮大、数量明显增加、素质显著提高，两类人才队伍建设取得了重大进展。目前，有利于两类人才成长的制度保障和政策体系逐步完善，劳动者学习知识、钻研技术、立志成才的积极性空前高涨，全社会尊重劳动、崇尚技能、鼓励创造的社会氛围加快形成，激发了广大职工和农民群众成才兴业、促进经济社会发展的积极性。

劳动无上光荣，创造无上光荣。高技能人才和农村实用人才，是我国人才队伍的重要组成部分，是我国产业工人和农民群众的优秀代表，是物质资料和社会财富的直接创造者和提供者，是技术创新和技术应用的实践者和推动者。长期以来，广大高技能人才和农村实用人才坚持奋战在城乡生产和服务一线，刻苦学习，细心钻研，勇于革新，敢于创造，掌握了一项项高超技能，攻克了一道道技术难关，创造了一个个成功业绩。无论是在工业、服务业，还是在农业生产中，无论是在载人航天等重大科研工程，还是在田园耕作等普通工作岗位，你们都付出了辛勤和汗水，以精湛的技能、娴熟的技术和创新的精神，做出了突出贡献，成为加快推进工业、科技、国防现代化和社会主义新农村建设的生力军。今天受到表彰的同志，是新时期高技能人才和农村实用人才

的杰出代表。在你们身上，集中体现了当代工人和农民刻苦钻研、锲而不舍、勇攀高峰的时代精神，集中体现了自强不息、艰苦奋斗、无私奉献的崭新风貌。你们在平凡的岗位上做出了不平凡的业绩，在艰苦创业的实践中实现了人生价值，你们的成就和贡献得到了全社会的尊重，是全体劳动者学习的榜样。

党的十七大提出了实现全面建设小康社会奋斗目标的新要求，党的十七届三中全会进一步提出了推进农村改革发展的新任务。加快工业化、城镇化进程，实现全面建设小康社会宏伟目标；加快转变经济发展方式，促进经济又好又快发展；加快提高经济整体素质和国际竞争力，战胜当前金融危机的挑战，不仅需要有一支掌握前沿科学技术、富有创新精神的科研人才队伍，而且也需要数以千万计高技能人才和农村实用人才。加强高技能人才和农村实用人才队伍建设，全面提高劳动者整体素质，不仅是一项长期、艰巨的战略任务，而且是一项刻不容缓的紧迫任务。各级党委和政府一定要深入贯彻落实科学发展观，实施人才强国战略，坚持科学的人才观，牢固树立人才资源是第一资源的观念，牢固树立人人都可以成才的观念，牢固树立尊重、培养、关心高技能人才和农村实用人才的观念，进一步解放思想，创新机制，完善政策，推动高技能人才和农村实用人才队伍不断发展壮大，形成两类人才与经济社会发展相适应的格局。

——要创新高技能人才和农村实用人才工作体制和机制。坚决破除那些不合时宜、束缚人才成长和发挥作用的观念做法和体制机制，用事业造就人才，用环境凝聚人才，用机制激励人才，进一步实现高技能人才和农村实用人才培养制度化、规范化、程序化。

——要加大高技能人才和农村实用人才培训力度。加快建立面向全体劳动者的职业技能培训制度，健全覆盖广、多层次、多元化的职业技能培训制度，形成岗前培训、在职提高培训的职业培训体系，加快培养一支数量充足、素质优良、结构合理的技能人才和农村实用人才队伍。

——要健全高技能人才和农村实用人才评价体系。把实践作为衡量人才的根本标准，作为发现人才的根本途径。畅通高技能人才和农村实用人才成长渠道，提高他们的社会地位和经济待遇。进一步突破学历、职称、资历和身份限制，以能力和业绩为重点，以知识和道德为基础，建立一套管理科学、运行规范、基础扎实的评价体系。

——要营造有利于人才成长的社会氛围。大张旗鼓地表彰职工技术创新成果，大张旗鼓地宣传优秀技能人才和农村实用人才的劳动价值和社会贡献，提升高技能人才和农村实用人才的职业荣誉感，在全社会形成“劳动光荣、知识崇高、人才宝贵、创造伟大”的时代风尚，使新的求学观、择业观、成才观蔚然成风。

伟大的事业呼唤更多人才，伟大的时代造就更多人才。希望广大职工和农民群众向高技能人才和农村优秀人才学习，崇尚知识、钻研技术、岗位成才、勤劳致富，争做技术能手和致富能手。希望广大高技能人才和农村实用人才立足本职、爱岗敬业、苦练技能，既要掌握更多新本领新技能，争当技术改革和创新的排头兵，又要言传身教带动大家提高技能，争当创业领路人。希望受到表彰的高技能人才和农村优秀人才珍惜荣誉，不骄不躁，精益求精，创造新的业绩。希望受到表彰的单位继续改进工作，为培育更多高技能人才和农村实用人才做出新贡献。

培训造就千千万万高技能人才和农村实用人才，是我们事业胜利的根本保证。让我们在以胡锦涛同志为总书记的党中央领导下，高举中国特色社会主义伟大旗帜，以邓小平理论和“三个代表”重要思想为指导，全面贯彻落实党的十七大和十七届三中全会精神，深入贯彻落实科学发展观，更加自觉地贯彻尊重劳动、尊重知识、尊重人才、尊重创造的方针政策，让更多高技能人才和农村实用人才脱颖而出，为社会主义现代化建设提供坚实的人才保证和智力支撑，夺取全面建设小康社会新胜利！

巩固成果　加大力度　加快推进城镇居民基本医疗保险试点工作

——在国务院城镇居民基本医疗保险扩大试点工作电视电话会议上的讲话

吴　仪

（2008年2月26日）

国务院召开这次电视电话会议，主要任务是贯彻落实党的十七大和中央经济工作会议精神，总结2007年城镇居民基本医疗保险试点工作经验，研究完善政策，部署扩大试点工作。刚才，试点工作评估专家组组长王东进同志作了试点评估报告，江苏省、安徽省、甘肃省、陕西省宝鸡市4个地方政府负责同志分别介绍了试点的做法和体会。他们讲得都很好，各有特色，值得研究和借鉴。

一、充分肯定2007年城镇居民基本医疗保险试点工作成绩

党中央、国务院十分重视建立城镇居民基本医疗保险制度，2007年国务院启动城镇居民基本医疗保险试点，印发了《国务院关于开展城镇居民基本医疗保险试点的指导意见》（国发［2007］20号，以下简称《指导意见》），明确在79个城市开展试点，后来又增补江苏省镇江市、河北省邯郸市、河南省平顶山市以及吉林省全省试点，试点城市达到88个。7月中旬国务院召开全国试点工作会议进行部署，温家宝总理出席会议并作了重要讲话。半年多来，在党中央、国务院的正确领导下，各地区、各部门高度重视，狠抓落实，广大居民积极参与，试点工作顺利启动，开端良好。

一是所有试点城市全面启动实施。各试点城市按照国务院要求，全部出台了实施方案，并全面启动试点。试点城市的居民参保踊跃，许多患病居民参保后马上得到支付。居民大病医疗负担大幅减轻，因病致贫、因病返贫状况有所缓解，制度效应初步显现，城镇居民基本医疗保险得到社会各界广泛认同。截至12月底，全国城镇居民基本医疗保险参保人数4 068万，其中88个试点城市参保人数2 583万，已有62万参保居民开始享受待遇。

二是制度框架和运行机制基本形成。国务院城镇居民基本医疗保险部际联席会议成员单位制定了医疗服务管理、经办管理、困难人员参保、儿童用药等8个配套文件。各地按照《指导意见》要求，普遍建立个人缴费、政府补助、责任明确的筹资机制，形成登记参保在社区和学校、缴费在银行的运行机制，一些地方探索建立缴费年限与待遇水平挂钩的激励机制，部分有条件的地方实现了社保经办机构与医院直接结算。

三是政府补助资金投入效果好。中央财政去年拨付第四季度补助资金总额近 2.9 亿元，地方各级财政也明确了各自的补助办法，补助资金及时到位。部分省份还对不同财力状况的市（县）给予不同标准补助，体现了对困难市（县）的倾斜。这既有利于调动居民参保积极性，也有利于建立稳定、可持续的基本保障制度。

四是各地医疗保险经办管理能力有所增强。多数试点城市在充分发挥原有管理资源的基础上，增加了人员编制和经费投入，部分城市还采取购买服务的方式，探索建立与服务人群和业务量挂钩的经费保障机制。社区劳动保障平台建设和医疗保险信息系统升级改造取得一定进展。

这些成绩的取得，是党中央、国务院正确决策的结果，是各地区、各部门扎实工作的结果，是基层经办人员加班加点、辛勤工作的结果。在这里，我代表国务院，向大家表示衷心的感谢和亲切的慰问！

在取得成绩的同时，我们还积累了宝贵经验。这些经验对推进城镇居民基本医疗保险制度建设乃至整个社会保障体系建设都具有借鉴意义，概括起来主要是“四个坚持”。一是坚持以人为本，通过制度性安排解决群众看病难、看病贵问题。这次试点以提高城镇居民健康水平作为出发点和落脚点，着眼改善民生，坚持政府组织、家庭缴费、财政支持、社会管理，努力实现人人享有基本医疗卫生服务。二是坚持低水平起步，先试点后推开。低水平符合我国的经济发展水平和各方面承受能力，有利于制度平稳起步，有利于扩大覆盖面。从实践情况看，群众交得起，财政补得起，制度建得起。先行试点，可以在实践中检验和完善政策，为扩大范围提供更可靠的基础，也不容易出现大的反复。三是坚持自愿原则，充分尊重群众意愿。城镇居民基本医疗保险需要个人缴费，而他们的参保能力参差不齐，总体偏低，必须坚持自愿原则，通过增强制度的吸引力和宣传力度，不断提高居民的参保意愿。我们在连续召开三个片会听取地方政府意见后，才印发《指导意见》。试点城市在广泛征求医疗机构、居民、社区工作人员等各方代表意见后，才制订实施方案。四是坚持中央和地方各负其责。中央确定基本原则和主要政策，并给予必要的转移支付，地方因地制宜制订具体办法，组织实施试点工作。这样既保证了全国制度框架的总体一致性，有利于各项政策的衔接和各试点地区的综合平衡；也考虑了地方差异性，有利于调动地方积极性，给地方留下自主的空间。

群众满意不满意，是衡量我们工作的根本标准。半年多的试点成效表明，开展试点的决策是完全正确的，《指导意见》规定的基本原则和政策框架是切实可行的，广大城镇居民对建立城镇居民基本医疗保险制度是衷心拥护的。当然，试点工作毕竟刚刚起步，城镇居民基本医疗保险覆盖面还比较窄，受益面还不够大，待遇标准也有待逐步提高，多种政策制度还需要进一步衔接。对此，我们要有清醒的认识，在试点工作中善于发现问题，探索规律，总结经验，完善政策，确保试点成功，为全面建立城镇居民基本医疗保险制度打下良好基础。

二、巩固成果，落实责任，加快推进 2008 年扩大试点工作

今年是全面贯彻落实党的十七大精神的第一年，还将迎来改革开放三十周年，举办世人瞩目的奥运会，做好今年的各项工作意义重大。去年召开的中央经济工作会议，提出在实现经济又好又快发展的同时，强调要更加重视改善民生和促进社会和谐，并把扩大城镇居民基本医疗保险试点确定为重要任务之一。应该说，今年是城镇居民基本医疗保险试点工作承上启下的关键一年，做好今年的扩大试点工作对于实现《指导意见》提出的“2010 年覆盖全体城镇非从业居民的目标”至关重要。今年的工作做好了，我们就掌握了主动，就有可能提前实现全覆盖的目标。

为了做好今年的扩大试点工作，去年12月底，我们召开了国务院城镇居民基本医疗保险部际联席会议全体会议，初步确定了2008年扩大试点的工作安排。今年1月份，按照温家宝总理的指示精神，联席会议办公室又召开了部分中西部省份座谈会，听取地方政府意见，确定了扩大试点的总体安排。即2008年扩大试点城市的数量达到全部地级城市数量的一半以上。同时适当提高财政补助标准，允许困难地区财政补助分两年逐步到位，省级财政补助要重点向困难地方倾斜。

根据上述总体安排，按照积极稳妥、自愿申请、统筹兼顾的原则，在综合考虑各地医疗保险制度建设、经办机构能力建设和试点工作准备等情况基础上，今年决定新增229个扩大试点城市，其中江苏、浙江、安徽、福建、江西、河南、湖北、湖南、广东、海南、西藏、陕西、甘肃、青海和宁夏等15个省（区）全部地（市）纳入试点。考虑到今年新增试点城市数量多，工作难度会更大，各地要按照《指导意见》和国务院的有关要求，更加扎实细致地做好试点工作。

（一）进一步加强对试点工作的领导。城镇居民基本医疗保险是一件大事、一件好事，但也是一件难事。涉及的人员复杂，需要衔接的方面多。各级政府要按照目标任务和工作步骤，确定工作进度，建立责任制，加强督促检查。要建立工作机制，加强统一领导。各有关部门要继续按照职能分工，各负其责、密切配合。联席会议办公室要继续做好协调工作，为扩大试点搞好服务，提供保障。

（二）因地制宜制定和完善实施方案。2007年开展试点的城市，要结合实际继续完善有关政策，但一定要注意保持连续性和稳定性，避免大起大落。今年扩大试点的城市，要认真做好基线调查，充分论证，研究制定好试点实施方案，既要遵循《指导意见》明确的基本原则和主要政策，又要充分借鉴第一批试点城市的好经验，避免走弯路。《指导意见》印发前已自行开展工作的试点城市，要按照《指导意见》精神，及时完善和调整政策。各地还可以结合本地实际，积极进行探索，为今后的扩大试点积累经验。

（三）确保扩大试点城市在今年二季度启动实施。原则上扩大试点城市要在5月底前制定好实施方案。在制定实施方案的同时，要同步开展实施前的其他准备工作，如宣传培训、社区平台建设、经办管理流程设计、信息管理系统的升级改造工作等，以确保实施方案出台后城镇居民能够尽快参保缴费，方便就医结算，及时享受待遇。到年底，今年扩大试点城市的居民参保率要力争达到50%左右。

（四）要做好宣传发动和组织动员工作。要继续采取多种方式，宣传城镇居民基本医疗保险的重要意义、目标要求和具体政策，动员全社会参与和支持这项工作，为试点创造良好环境。部际联席会议办公室要对试点地区有特色、可操作的工作经验和做法及时总结，加以宣传，供各地参考借鉴。当然，宣传要实事求是，切忌吊高胃口，更不能开空头支票。

三、完善政策，加强管理，着力推进城镇居民基本医疗保险制度建设

党的十七大提出要建立基本医疗卫生制度，提高全民健康水平。国务院正在抓紧研究提出深化医药卫生体制改革总体方案。我国的基本医疗卫生制度框架，由公共卫生服务体系、医疗服务体系、医疗保障体系、药品供应保障体系组成。其中，建设医疗保障体系，重点是完善城镇职工和居民的基本医疗保险、新型农村合作医疗、城乡医疗救助相互衔接的基本医疗保障体系，引导群众合理就医。城镇职工基本医疗保险、城镇居民基本医疗保险、新型农村合作医疗制度就像“三张网”，共同构成覆盖城乡全体居民的基本医疗保险体系。目前，城镇职工基本医疗保险、新型农村合作医疗制度体系已经建立。通过扩大试点，完善政策，建立城镇居民基本医疗保险制度，是摆在我们面前的紧迫任务。今年，要作为城镇居民基本医疗保险的“完善政策年、加强管理年”，争取有新的突破，使城镇居民基本医疗保险的保障功能逐步到位，待遇水平逐步提高，各项制度更加协调，基金安全，管理高效。

第一，合理确定筹资标准和待遇水平。要坚持低水平起步的原则，合理确定总体筹资标准以及财政补助和个人缴费标准。一是个人（家庭）缴费要坚持。这既是体现个人责任，也是体现社会保险互助共济的特性，不能把居民基本医疗保险搞成纯粹的福利制度。二是各级政府要根据总体筹资标准和地方财力状况合理确定财政补助标准，并将财政补助资金列入政府预算，确保及时足额落实到位。要充分考虑地方财政承受能力，省级财政补助也要重点向困难地方倾斜。各地调整财政补助标准时，不要降低个人缴费责任，由此增加的资金可以用于提高待遇水平。三是要合理确定待遇水平，在重点保障住院和门诊大病的同时，积极探索普通门诊医疗费用统筹的办法。

第二，认真总结经验，不断研究完善政策。当前有几个问题需要重点考虑：一是研究探索统筹各项医疗保障制度。在城乡一体化进程加快、人口流动加剧以及人员身份变化频繁的情况下，要认真研究城镇职工基本医疗保险、城镇居民基本医疗保险和新型农村合作医疗等制度的衔接问题，逐步整合管理资源，减少管理成本。各项制度既要边界清晰又要无缝衔接，就要把不同制度间转换的具体办法研究清楚。要做好医疗保险与救助制度的衔接，确保困难人群能够参得起保，享受到待遇。已经确定为全国统筹城乡综合配套改革试验区的重庆市和成都市，以及东南沿海城乡一体化进程较快的地区，可以整合城乡基本医疗保障制度体系，探索城乡一体化的制度模式，为逐步建立政策能衔接、待遇较均衡、管理更高效的医疗保险政策和管理服务平台探索路子。二是探索普通门诊费用统筹问题。从各地反映看，开展普通门诊费用统筹工作，既有利于扩大受益面，增强政策吸引力，也有利于促进医保与社区卫生服务的结合。今年提高了财政补助标准，今后个人缴费标准也要随家庭收入增长逐步调整，这就为开展门诊费用统筹工作提供了条件。各地要抓住时机，认真研究和探索，争取有所突破。三是研究居民基本医疗保险的统筹层次问题。《指导意见》规定，城镇居民基本医疗保险原则上应实行地级统筹，以增强风险共济能力。从各地经验看，要实现地级统筹，其前提是在地（市）范围内统一政策、统一基金管理、统一管理服务体系。同时，还要进一步探索如何更好地激励区县的工作积极性问题。

第三，进一步加强基础管理和能力建设。医疗保险管理已有较好的基础。但面对相对分散的城镇居民，管理基础薄弱、管理能力跟不上等仍然是比较突出的问题。必须把加强基础管理和能力建设作为关键环节抓紧抓好。重点做好以下工作：一是充分发挥社区作用。要加强社区服务平台建设，建立健全医疗保险公共服务和管理服务网络。大力发展社区卫生服务体系，在降低起付线、提高报销比例的基础上，鼓励有条件的地方探索社区首诊和转院审批制度，引导居民到社区就医看病。二是要规范医疗保险管理服务流程。流程要简便易懂，方便群众参保和报销。三是要加强经办管理能力建设。探索建立与服务人群和服务量挂钩的经费保障机制，通过购买服务的方式解决经办人员不足问题。要在原有城镇职工医疗保险信息管理系统基础上升级改造，实现居民医疗保险信息网络化管理。加强管理能力不等于简单的增人扩编，关键是要通过现代化的手段、科学的管理来增强管理和服务能力。

第四，要切实加强基金和医疗费用支出管理。基金是医疗保险的“生命线”，是人民群众的“救命钱”，各地必须按照社会保险基金管理的规定，把医疗保险基金纳入财政专户，建立健全财务制度，加强管理和监督，确保安全。要合理使用医保基金，既要保证居民看病就医的必要支出，又要避免浪费。一要探索建立健全由政府机构、参保居民、社会团体、医药服务机构等方面代表参加的医疗保险社会监督机制，加强对城镇居民基本医疗保险管理、服务、运行的监督。二要加强医疗保险基金运行管理，积极推进社会保障信息披露制度建设，建立健全基金风险防范机制和内部控制制度。三要科学设计基本医疗保险费用支出的项目、范围和比例，改进和完善费用结算办法，强化定点医药机构管理，促进定点医药服务机构控制成本、改善服务。

同志们，建立和完善城镇居民基本医疗保险制度是一项惠及亿万城镇居民的大事，时间紧迫、任务艰巨。我们要紧密团结在以胡锦涛同志为总书记的党中央周围，高举中国特色社会主义伟大旗帜，深入贯彻落实科学发展观，增强责任感、紧迫感和使命感，齐心协力、扎实工作，确保完成城镇居民基本医疗保险试点的各项任务，为全面推进医药卫生体制改革，促进经济社会全面协调可持续发展做出新的贡献。

华建敏出席国务院农民工工作联席会议第五次会议并讲话

国务院农民工工作联席会议第五次全体会议22日在北京召开，国务委员兼国务院秘书长、国务院农民工工作联席会议总召集人华建敏出席会议并讲话。他强调，做好新形势下的农民工工作，要以邓小平理论和“三个代表”重要思想为指导，深入贯彻科学发展观，认真落实党的十七大精神，在夯实基础、落实政策、完善制度、创新机制方面取得更大成效，努力开创农民工工作的新局面。

华建敏指出，党中央、国务院高度重视保障农民工合法权益和改善农民工就业环境。各地区、各部门以办好10件实事、创新10项制度为重点，着力解决农民工面临的突出问题，逐步建立长效机制，全国农民工工作取得显著成效。农民工工资支付保障制度普遍建立，依法签订劳动合同和职业技能培训工作力度加大，职业安全卫生状况明显好转，参加工伤和大病医疗保险取得重大进展，子女上学和留守儿童教育政策得到落实，疾病预防控制、计划生育服务进一步加强，维权服务工作机制逐步健全，农民工回乡创业呈现持续发展趋势。全社会理解、关心、保护农民工合法权益的大环境初步形成。

华建敏强调，解决农民工问题是落实科学发展观的迫切需要，是建设社会主义和谐社会的必然要求，是建设中国特色社会主义的战略任务，对于改革发展稳定和整个现代化事业具有全局性的重大意义。要不断解放思想、转变观念，强化统一领导、统筹协调，坚持立足当前、着眼长远，深刻分析当前面临的形势和问题，认真研究和把握农民工工作的新趋势和新特点。

华建敏要求，今年要进一步加强农民工就业培训，切实维护农民工合法权益，继续强化职业安全卫生工作，大力推进农民工参加社会保险，全面搞好对农民工的各项公共服务，落实县乡政府农民工工作责任，开展优秀农民工宣传表彰活动，健全各级农民工工作联席会议制度。他最后指出，春节即将来临，地方政府和有关部门要重点抓好保障农民工足额领取工资、加强生产交通安全、确保春运畅通有序这三件事。同时，要做好各项服务工作，让留在城市和回乡探亲的农民工，都能过上一个欢乐祥和的春节。

国务院农民工工作联席会议成员单位负责同志参加了会议。（新华社北京1月22日电）

二、人力资源和社会保障部领导的讲话和文章

推进公务员考试录用工作再上新台阶

——在全国公务员考试录用工作会议上的讲话

尹蔚民

（2008年1月21日）

当前，全党全国正在深入学习贯彻党的十七大精神。前不久，中组部举办了全国组织部长学习贯彻党的十七大精神专题研究班，人事部召开了全国人事厅局长会议，分别对组织、人事系统深入学习贯彻落实党的十七大精神作出了部署。这次全国公务员考试录用工作会议就是落实这些部署的具体行动。会议的主要任务是：认真学习贯彻党的十七大精神，以邓小平理论、“三个代表”重要思想为指导，深入贯彻落实科学发展观，以全面落实公务员录用规定为契机，总结过去五年的考试录用工作，研究部署今后一个时期的考试录用工作任务。

一、紧紧围绕高素质公务员队伍建设，考试录用工作取得重要进展

公务员法自2006年1月1日起施行，公务员法的颁布实施，是我国社会主义民主法制建设史上的一件大事，在我国干部人事制度发展史上具有里程碑意义。两年多来，在党中央、国务院和地方各级党委、政府的正确领导下，各级组织、人事部门积极组织开展了《公务员法》实施工作。大规模开展了《公务员法》培训，公务员登记平稳结束，参照管理审批有序推进，公务员工资套改基本到位，公务员法配套法规建设初见成效。公务员法实施入轨工作已基本完成，公务员队伍建设得到加强，广大公务员比较满意，社会各界和广大人民群众反映比较好。考试录用是公务员制度的重要组成部分，2003年7月，中组部、人事部在成都召开了全国公务员考试录用与培训工作会议，对考试录用工作作出了部署。五年来，各地各部门按照会议要求，紧紧围绕高素质公务员队伍建设这个核心，坚持“凡进必考”，不断完善考试录用制度，为各级机关选拔了一大批优秀人才。考试录用已成为推行公务员制度的一面旗帜，公开、平等、竞争、择优的原则赢得了社会各界的广泛赞誉。

（一）实行“凡进必考”的力度不断加大，有效优化了公务员队伍结构。各地加大实行“凡进必考”力度，全国各省区市基本实现省、地、县、乡四级联考，形成了从中央到地方定时定期招考的机制。通过考试录用，一大批有基层工作经历、年纪轻、学历高、素质好的人才进入各级党政机关。据统计，从2003年到2006年，全国各地共录用了33万公务员，近几年中央国家机关新录用的公务员，大学本科以上学历的比例保持在99%以上，其中，硕士毕业生占53%，博士毕业生占43%。各级公务员主管部门积极贯彻落实中央关于鼓励高校毕业生到基层和艰苦边远地区就业的政策。省级以上党政机关用于招考具有两年以上工作经历的职位比例逐年提高，2008年中央国家行政机关已达到1/2，改善了省级以上机关公务员来源结构。新录用人员普遍具有专业知识，相当一部分人员还具有基层工作经历，进一步优化了公务员队伍的结构，为公务员队伍补充了新鲜血液，注入了新的活力。

（二）公开、平等、竞争、择优原则更加深入人心，有效维护了社会公平正义。各地各部门按照温家宝总理关于“选拔公务员应该面向社会公开招聘，公平竞争，依照条件择优录用”的指示，坚持公开、平等、竞争、择优，不拘一格选人才。在身份上，取消了干部和工人、农民和城镇居民的身份界限；在地域上，打破了京内外和省内外的户籍限制；在条件上，取消了对性别、民族、外形外貌、婚姻状况等不合理的规定；在学历上，坚持平等对待国家承认学历的各类人员。在招录过程中，实行了招考政策、录用计划、招考职位、资格条件、考录程序、考录结果公开，人们形象地称为“玻璃房子里面的竞争”。有些地方探索了面试旁听制度，实行“阳光面试”，邀请人大政协、纪检监察、群众代表参与监督，有的地方还设立举报监督电话等。这些举措，为公民报考提供了平等竞争的机会，避免了机关进人上的各种不正之风，体现了公平正义的要求。

（三）考试录用制度体系逐步完善，有效提高了工作的法制化水平。中组部、人事部依据公务员法制定下发了公务员录用规定，对录用的原则、报考条件、招考程序和方法、纪律、监督等作出了全面规定。同时，针对考录工作某些环节社会反映比较集中的问题，完善了相关制度，比如，会同卫生部颁布了公务员录用体检通用标准，下发了录用体检操作手册，解决了考生与招录机关的体检争议，特别是解决了社会反响强烈的乙肝病原携带者的报考问题，使体检工作有了法规依据。再比如，根据社会上对面试公平性反映比较多的问题，制定了公务员录用面试有关规定，规范了面试工作程序，实行了面试考官资格制度。同时建立了编制、录用、工资、落户等联动机制，增强了工作的刚性约束。各地各部门也根据自身实际，制定下发了相应的实施办法和有关配套制度，考试录用工作走上了法制化的轨道。

（四）基础建设进一步加强，有效提高了考试的科学化程度。各地各部门不断优化公务员考试内容，加大能力测查力度，形成了一套具有较强公平性、科学性和客观性的考试评价标准、评价体系；普遍加强了基础资料和基本数据的收集整理分析工作，重点对试题进行科学分析，检验试题的信度和效度，增强了对命题规律的把握；积极探索分类分等考试，中央机关招考尝试了综合管理类、行政执法类分类考试，有的地方针对地市以下基层机关职位的特点，设置不同的考试科目，探索了分等考试；在申论考试中，积极推广无纸化阅卷技术，有效控制了主观性试题评阅误差，确保了阅卷公正性；普遍开展了面试考官培训，推行考官持证上岗制度；命题专家队伍建设不断加强，阅卷人员队伍素质不断提高。

（五）服务水平稳步提高，有效维护了考生和招录机关的合法权益。各级公务员主管部门不断强化服务意识，创新服务手段和方式，努力为考生和招录机关提供优质高效服务。比如，畅通信息渠道，通过咨询电话、网络平台、广播电视、政策问答等形式，给考生和招录机关提供所需信息；充分利用信息技术手段，基本实现了网上报名、资格审查和确认，工作流程进一步简化，使公民报考更加便利；增设了考点，方便考生就近参加考试；针对西部和基层艰苦边远地区招考人员难的问题，中央和省级公务员主管部门都在报考职位要求、分数线划定等方面实行政策倾斜，满足了这些地区对人才的需求。各地对参加“三支一扶”的高校毕业生、西部志愿者等，在报考公务员时予以政策倾斜；对享受城市低保人员和农村贫困家庭考生实行了减免考试费用的政策，仅中央机关招考就有近8 000人受益，有些地方和部门还减免了考生的体检费用，做到了

“不让一个考生因经济困难而不能参加考试”，受到社会的好评。公务员考试录用工作取得的这些成绩，为建设高素质公务员队伍发挥了重要作用，为维护社会公平正义、构建社会主义和谐社会作出了积极贡献，也为公务员考录事业的发展积累了宝贵经验：

第一，必须始终围绕大局，坚持与时俱进。考试录用工作只有服务于党和国家的中心工作，根据不断变化的形势要求，完善考试录用制度，勇于改革创新，才能够紧扣时代要求，做到让招录机关满意，让广大考生满意，让人民群众满意。

第二，必须坚定不移地实行“凡进必考”。推行公务员制度的一个重要成果，就是“凡进必考”的观念深入人心，考试录用已成为公务员队伍“进口”的主渠道。实践证明，只有坚定不移地高举这面旗帜，才能切实扩大选人用人的视野，有效防止用人上的不正之风，为党政机关聚集一大批优秀人才，确保公务员队伍素质的高起点。

第三，必须固本强基，狠抓制度建设。考试录用是一项政治性、政策性和操作性都很强的工作，社会关注度高，必须始终坚持制度建设这个根本，形成一套完整的制度规范，才能切实避免工作中的随意性和盲目性，确保考试录用的稳定恒久和健康有序发展。

第四，必须形成推进考试录用工作的合力。考试录用工作是一项复杂的系统工程。各级公务员主管部门和各招录机关、财政、编制等部门相互支持、密切配合，这是考试录用工作顺利推进的保证。同时，考试录用工作还离不开业务精湛的命题科研队伍，离不开公道正派的面试考官队伍，离不开尽职尽责的考务工作人员队伍。在这里，我代表中组部、人事部对多年来致力于考试录用工作的同志们表示亲切的慰问和衷心的感谢！

在肯定成绩、总结经验的同时，也要清醒地看到，考试录用工作还存在一些问题，主要是：工作发展不够平衡，基础性工作仍需加强，科学化水平有待提高，考风考纪出现了一些新情况，监督检查力度还需进一步加大。对这些问题我们必须高度重视，认真研究，切实加以解决。

二、深入贯彻落实党的十七大精神，努力增强做好考试录用工作的责任感、使命感和紧迫感

党的十七大提出，要更好实施人才强国战略；不断深化干部人事制度改革，着力造就高素质干部队伍和人才队伍；坚持民主、公开、竞争、择优，形成干部选拔任用科学机制；完善公务员制度；坚持正确用人导向，按照德才兼备、注重实绩、群众公认原则选拔干部，提高选人用人公信度；加大培养选拔优秀年轻干部力度，鼓励年轻干部到基层和艰苦地区锻炼成长；格外关注长期在条件艰苦、工作困难地方努力工作的干部，注意从基层和生产一线选拔优秀干部充实各级党政机关等。这些重要精神为进一步做好考试录用工作指明了方向，同时也提出了新的更高的要求。

（一）更好实施人才强国战略对考试录用工作提出了新要求。前不久召开的全国人事厅局长会议，强调更好实施人才强国战略是人事工作的主线。考试录用工作在更好实施人才强国战略中承担重要职责。考试录用为党政机关聚集优秀人才提供了制度保证，是公务员队伍不断补充新鲜血液的重要渠道。这个关口把严了，党政机关人才队伍质量就高，能力就强，建设高素质的公务员队伍就有了坚实基础。考试录用所产生的社会影响，积极促进了整个社会人才选拔、使用和开发的良好环境形成。这就需要我们不断做好考试录用工作，从公务员队伍的源头上，努力做到特别注重能力建设，特别注重素质提高，特别注重形象塑造，使公务员队伍更加充满生机，更加具有活力。

（二）深化干部人事制度改革对考试录用工作提出了新任务。推行考试录用制度是干部人事制度改革的突破口，我们必须把考试录用工作放到整个干部人事制度改革中来思考，用创新的办法，促进改革的不断深化。要扩大选人用人视野，注意从基层和生产一线选拔优秀干部充实各级党政机关；要努力提高考试录用工作的科学化水平，全面考察新录用人员的思想政治素质和业务素质，确保录用人员质量；要完善考试录用各项政策，坚持正确用人导向，健全完善吸引人才、发现人才的机制，确保民主、公开、平等、竞争、择优的原则落到实处，使考试录用工作充分发挥干部人事制度改革的排头兵作用。

（三）贯彻实施公务员法和录用规定为考试录用工作提供了新机遇。公务员法实施工作已取得重要的阶段性成果，各地区、各部门依法管理公务员队伍的法治意识明显增强；公务员登记工作的完成，摸清了全国各级机关的行政编制、职位和人员的基本情况，为考试录用工作奠定了扎实基础；公务员录用规定的出台，使考试录用工作走上了法制化轨道；公务员分类管理试点的不断深入，为考试录用工作发展提供了新空间；社会各界的大力支持，为考试录用工作的发展创造了良好环境。所有这些，都为考试录用工作的发展提供了良好机遇。

（四）民主政治建设、构建和谐社会对考试录用工作带来了新挑战。发展社会主义民主政治的一个重要内容，就是依法保证全体社会成员平等参与、平等发展的权利，最广泛地动员和组织人民依法管理国家事务和社会事务、管理经济和文化事业。考试录用工作为公民提供了一个公开平等的竞争机会，是保障公民平等竞争担任公职、参与国家事务管理的一个重要途径，事关群众权益，事关公平正义，事关社会和谐。加强民主政治建设、构建和谐社会，要求公务员考试更加公开透明、更加公平公正、更加科学有效。因此，我们要努力提高工作水平，使考试录用制度在促进社会公平正义、社会和谐方面发挥积极作用。我们要充分认识新形势对考试录用工作的新要求，充分认识做好考试录用工作既是一项长期的战略任务，也是一项紧迫的现实任务，自觉地把考试录用工作放到更好实施人才强国战略、深化干部人事制度改革的大局中，放到加强机关自身建设和公务员队伍建设的总要求中，放到加强民主政治建设、和谐社会建设的大背景下来认识、把握和推进，以高度的历史责任感、强烈的使命感，抓住新机遇，迎接新挑战，解决新问题，实现新发展。

三、明确任务，突出重点，全面推进考试录用工作新发展

今后一段时期，公务员考试录用工作的总体要求是：全面贯彻党的十七大精神，以邓小平理论和“三个代表”重要思想为指导，深入贯彻落实科学发展观，围绕更好实施人才强国战略和深化干部人事制度改革，以落实公务员录用规定为契机，坚持依法考录、科学考录和公平考录，不断提高考试录用工作水平，努力建设一支高素质的公务员队伍。

（一）坚持政策导向，加大从基层考录公务员到党政机关工作的力度。最近，中央领导同志就鼓励和支持高校毕业生到基层工作和从基层选拔优秀干部充实各级党政机关作出了重要指示。习近平同志指出，鼓励年轻干部到基层和生产一线经受锻炼、丰富阅历、增长才干，这是符合干部成长规律的。要注重从基层选拔大批善于做群众工作、能妥善应对复杂局面、有处理实际问题能力的优秀干部充实各级党政领导机关，这是一项关系党的事业后继有人的重要战略任务。要进一步调研，制定相关政策，切实抓好这项工作，使基层和生产一线真正成为培养干部的基础阵地。李源潮同志指出，要总结一下从优秀村干部中招录乡镇机关公务员的经验，现在要努力形成一个来自工农一线的党政干部培养链，以保证我国党政干部结构中有相当一部分人员是从农村、社区和企业的基层干部中培养起来的。这不仅是促进大学生到基层去工作的一个重要导向，也是保证我们党永不脱离人民群众的组织战略。我们要认真学习、深刻领会中央领导同志的重要指示精神，深刻认识从基层和生产一线招录公务员，解决公务员队伍来源单一问题，是加强党政机关公务员队伍建设的战略举措，具有长远战略意义。要作为当前和今后一个时期公务员考试录用工作的重要任务，切实抓紧抓好。要完善录用政策、机制，积极探索建立吸纳基层和生产一线优秀人才进入公务员队伍的通道。在坚持公开、平等、竞争、择优原则、实行“凡进必考”的前提下，积极拓宽党政机关的选人渠道。凡是优秀高校毕业生、优秀村干部、优秀农村知识青年、优秀社区干部等，都应成为各级党政机关录用人员的重要来源。在进一步落实西部青年志愿者、“三支一扶”人员报考公务员的优惠政策的同时，要在公务员录用考试、考核内容、资格条件的设定等方面，积极探索新的有效措施，以有利于从基层和生产一线录用优秀年轻干部到党政机关工作，以有利于引导和鼓励年轻干部到基层和艰苦地区锻炼成长，使基层成为党政机关培养补充公务员的基础阵地和蓄水池。要继续提高省以上党政机关录用有基层工作经历人员的比例。根据中央鼓励高校毕业生到基层工作的有关精神，省级以上党政机关录用公务员，要逐年加大招录具有一定基层工作经历人员的工作力度。各地要结合本地实际，在省级机关招考中确定合理的结构比例，今年至少应达到50%以上，以后逐年提高。同时，对新录用的没有基层工作经历的公务员，要积极安排他们到基层挂职，接受多方面锻炼。要积极开展从优秀村干部中考试录用乡镇公务员工作。两部已在5个省进行了试点，要按照两部下一步的工作部署，积极探索从优秀村干部中考试录用乡镇公务员的有效途径和方法。要在依法办事的前提下，结合乡镇工作实际和试点地区取得的经验，实事求是、科学合理地设置招考职位、资格条件、考试科目和内容。在村干部人选的确定、优先录取公务员等各个环节，都要公开透明，竞争择优，做到职位公开、标准公开、程序公开和结果公开，不搞带帽指标，更不得搞暗箱操作，切实把这项加强我们党执政基础的工作做好。要坚持边实行、边研究、边总结，注重研究工作中的新情况，积累新经验。要制定相关政策意见，推动这项工作健康有序开展。

（二）坚持依法考录，确保公务员录用法规落到实处。《公务员法》的实施和录用规定的出台，标志着考试录用工作进入到法制化的新阶段。各地各部门要加大依法考录力度，切实维护法律的严肃性和权威性。要抓紧完善考试录用各项配套政策措施。中组部、人事部今后5年将抓紧出台一批考试录用的相关规定，主要包括：《公务员录用违纪违规的处理与认定办法》《公务员录用考核指导意见》《新录用公务员试用期管理意见》《特殊职位录用办法》《特殊职位体检项目及标准》《公务员考试考务管理办法》等。各地各部门也要结合实际，出台相应的实施细则和操作办法。同时，要加快清理已颁布的有关规定和政策性文件，凡是与《公务员法》精神不相一致的，都要及时予以调整或废止。要继续推进职位竞争考试。考试录用公务员，必须要有职位空缺，按照空缺职位的具体要求，一律面向社会实行职位竞争考试。今后各地各部门不得再实行资格考试。要妥善处理因资格考试造成的遗留问题。要抓好县以下党政机关和垂直管理系统公务员的考录工作。从《公务员法》实施情况看，个别县以下党政机关仍然存在不考而入的问题，必须坚决制止。省级公务员主管部门或授权的设区的市以上公务员主管部门，应当定期组织考试，及时解决县以下党政机关人员补充问题。中央机关的垂直管理机构必须全部纳入中央统一招考中。中央主管部门要加强对本系统公务员考试录用工作的指导监督，切实把中央机关的招考政策落实到位。要严格做好参照《公务员法》管理单位的考试录用工作。当前，省级以上党政机关所属事业单位参照管理的集中审批工作已告一段落，地市以下事业单位参照管理的集中审批工作正在陆续展开，许多以前没有实行公务员制度的事业单位经批准纳入到参照《公务员法》管理的范围。各地各部门要切实加强管理，从批准参照管理之日起，就要严格执行包括公务员考试录用制度在内的各项公务员管理制度。参照管理单位录用担任主任科员及相当职务层次以下非领导职务的工作人员，必须纳入同级党政机关统一的录用计划，实行“凡进必考”。要切实抓好对依法考录的监督检查力度。组织人事部门要会同纪检监察等部门，坚决查处领导干部违反考试录用制度的行为，对违反规定的，要给予纪律处分。对利用职权违规进人，在人员录用上搞不正之风和腐败行为的，要严肃查处，决不姑息。各地各部门要开展经常性的自查自纠，对违规进入的人员坚决予以清退。要严格执行新录用人员与工资统发相挂钩的办法，对未经录用主管机关审批或备案擅自进入机关的人员，不予核发工资，从机制上杜绝违规进人现象。

（三）坚持科学考录，努力提高考试录用的科学化水平。科学性是考试录用制度的生命线，只有科学的考试，才能选出优秀的人才，才能使考录工作更加公正。要进一步提高考录的科学性、针对性和有效性，为党和国家选准人，选好人。要提高考试试题水平。中央和省级公务员主管部门要对主任科员以下非领导职务职位进行一次全面的调查分析，提出不同机关层次、不同职位类别公务员所需的能力素质要求，构建分类分等的能力测查标准。在坚持和完善《行政职业能力测试》《申论》考试的基础上，研究论证新的考试科目框架。要积极探索、更新考试测评技术，丰富和深化能力测评要素，不断研究、开发新题型，提高试题的有效性。要集中力量，着手建立国家级公务员考试笔试面试题库，实现资源共享。要建立科学的考试试题评价制度，明确试题评价的标准、程序和方法，解决各地试题质量参差不齐的问题。中央公务员主管部门将加快建立区域性的公务员考试与人才测评基地，努力提高地方公务员考试试题的开发、命制水平。要加大考录科研力度。各地要针对公务员考试的特点，组织力量对重大理论问题和实际问题进行科研攻关，为考试录用工作深入发展提供理论支撑。我在这里提出一些题目供大家研究，比如：如何提高公务员考试笔试和面试试题的科学性，如何科学设置笔试面试的测评要素，如何科学合成笔试、专业考试、面试成绩，公务员考试如何应用新的人才测评技术，如何确定公共科目笔试雷同卷的认定标准，新录用公务员能力评价追踪调查研究，国外公务员考试比较研究等。要通过对这些题目的研究，得出一批高水平的成果。各地要加大科研投入，保证考录科研经费在考试经费支出中占有一定比例。要建设以考试机构为主体、社会单位为补充的考录科研网络。加强公务员考试科研的国际交流与合作，把握国外考试录用发展新趋势和人才测评技术新动向。要切实加强考试录用专家队伍建设。中央、省级公务员主管部门要建立国家级和省级公务员命题专家库，形成一支规模适当、结构合理、素质优良、专兼职结合的命题专家队伍，并实行动态管理。面试考官的素质直接决定着面试质量和水平，要继续推行面试考官持证上岗制度，加大考官培训力度，逐步形成一支专业化的面试考官队伍。要积极与有关高校合作，努力培养一支相对稳定的高水平的阅卷人员队伍。要充分利用现代信息技术，不断提高考试录用的效率。要研究建立公务员录用信息管理系统，作为招考信息发布、报名与资格审查、公示及审批备案的统一工作平台。探索研究公共科目试题管理系统，提高试题的研发、管理和使用效率。探索建立面试信息管理系统，实现面试试题管理、面试组织、考官管理、工作监督、统计分析等工作的科学化、规范化和信息化。继续完善阅卷评分管理系统，改进无纸化阅卷技术，提高阅卷质量。

（四）坚持公平考录，促进社会公平正义考录工作必须在机会公平、程序公平和结果公平上下工夫，始终倡导公开透明，坚持“公开是原则，不公开是例外”；始终倡导公平竞争，坚持不搞民族、性别等歧视，保证公民平等参与；始终倡导以人为本，坚持尊重知识，尊重人才，创造优秀人才脱颖而出的良好环境。要加大公开力度。公开是公平公正的前提。各地各部门要主动消除人们对考试录用的神秘感，凡不涉及国家机密和工作秘密的，能公开的都要公开，实现“阳光考录”。公开的内容必须在有影响的权威媒体或网络上发布。有条件的地方，可采取适当方式开放笔试、面试和阅卷现场。公开信息要合法、严谨，对社会和考生，一经承诺，就要兑现，维护考录工作的公信力。公务员主管部门在作出涉及考生权益的重大决策前，要广泛听取意见，切实维护考生权益。要完善公平措施。进一步打破报考条件的各类限制性规定，努力打破地域界限，彻底取消身份限制，平等对待国家承认学历的各类毕业生。招录机关要合理确定招考职位的资格条件，省级以上公务员主管部门要把好资格条件审核关，不得设置与履行职位职责无关的资格条件。要完善面试考官抽签制度和交流制度，在面试环节上再下一些工夫，确保面试公平、公正。要科学设定考察程序和考察要素，防止考察走过场。要严格执行体检规定，不得随意变更体检标准和体检项目。公务员主管部门要指定体检医院，制定严谨的体检流程，严防弄虚作假。各地各部门不能把对高学历、高职称人员免考或简化考试程序作为吸引人才的优惠政策，更不能把录用公务员作为一种奖励或照顾措施。要净化考录环境。加强对考生的教育和管理，强化诚信报考，加大对违纪作弊行为的惩处力度，建立全国联网的作弊考生名单库，凡弄虚作假的，一经查实，都要取消考试资格或取消录用。积极协调公安、教育、工商、宣传等部门，严厉打击败坏考录公平公正形象的不良行为。各地公务员主管部门不得擅自提高录用考试收费标准，增加收费项目，录用考试不能以营利为目的，更不准借考录之机搞创收。考试机构及其工作人员不得组织或参与考试培训、出版辅导用书等。要加强宣传引导。要积极主动与宣传部门沟通，充分发挥主流媒体的影响和作用。要加大正面典型事例的宣传力度，弘扬干部人事制度改革成果。在不涉及保密、不影响工作的前提下，要主动邀请媒体现场观摩、采访、报道。对扰乱考试录用秩序的虚假信息、负面报道，要敏感、要行动果断，及时发布声明，澄清事实。要加强舆情收集、研判、分析工作，及时反馈和调整宣传内容，正确引导舆论，创造良好的社会氛围。

（五）坚持以人为本，努力打造考试录用品牌考录工作社会关注度高，影响面大，涉及广大考生的切身利益，是公务员主管部门与社会发生广泛联系的一个重要窗口。各级公务员主管部门，都要坚持以人为本的理念，不断提高考录工作的服务水平，努力打造考试录用品牌。要全心全意为招录机关服务。各级公务员主管部门，要积极指导和支持招录机关的工作，结合本地区、本部门公务员队伍结构和发展要求，按照需要合理编制录用计划、科学设置资格条件。对专业性强、行业特殊的职位，要根据《公务员法》和录用规定，研究制订有效措施，切实解决招录机关选人难的问题。要全心全意为考生服务。各地要充分利用信息技术，全面推行网上报名和网上确认工作，便利考生报考；要加大投入，加快软硬件建设，建立安全顺畅的网络环境；要畅通招录机关与考生沟通的渠道，为考生提供及时、全面、准确的信息，指导考生理性报考；要尽可能选择交通便利、设施齐全的高考或人事考试定点学校作为考场，方便考生考试；要特别关心弱势群体，对贫困考生要继续减免报考费用和体检费用。公务员主管部门要完善投诉和信访渠道，依法处理考录信访问题，及时化解矛盾，切实为考生提供优质、高效、诚信的服务。

（六）坚持严格考务管理，确保考试安全。公务员录用考试担负着为国家选拔人才的重要责任，要严格考务管理，不能出现任何问题。要加强考务管理制度建设。积极总结考务管理经验，将具有规律性的做法以制度形式予以规定，使报名、确认、考场安排、试卷传递、考试组织、阅卷、成绩管理等，都有成形的规定予以规范，努力做到事事于法有据，处处有章可循。要严格落实考试工作责任制，做到职责清晰、责任到人、时限明确。做到谁主管，谁负责；谁出问题，就追究谁的责任。要加强考场管理，严肃考风考纪。各地要精心设置公务员考试考点和考场，中央机关招考的考点和考场一般应设在省会城市，在其他大中城市设置要严格控制。省级公务员主管部门组织的全省性考试，应在地市以上城市设置考点和考场。要严格执行考场规则等考试纪律，加大考场内外监管力度，形成良好的考场秩序。要对监考人员进行专业培训，严格实行考场监考人员随机分派办法，建立监考责任制，严格监考，加大巡考力度，形成严密的监考网络。要主动争取各地保密局、无线电委员会、公安机关等部门的支持，有效防范利用高科技设备作弊。要不断强化重点环节的保密工作。各地各部门以及与公务员考试相关的所有涉密部门，都要牢固树立保密意识，把保守国家秘密作为确保考试安全的第一要务，放在头等位置。要对考试中易出泄密问题的环节，如试题命制、试卷传递、试卷评阅、成绩数据等进行重点防范，坚决杜绝试题泄密。凡是涉密人员，都要按规定签订保密协议；凡是出问题的，一定要给予党纪政纪处分；凡是涉嫌违法的，一定要交由司法机关严肃处理。要健全考试应急处理机制。各地要研究制定有针对性的录用考试应急预案，一旦发生突发事件，要第一时间如实上报，第一时间妥善处置，防止危害蔓延扩展。要消除各种安全隐患，确保考试安全。

四、加强领导，狠抓落实，把各项考试录用工作落到实处

这次会议对今后一个时期的考试录用工作作出了全面部署，下一步的关键是要上下齐心、狠抓落实。

（一）要进一步加强对考试录用工作的领导。公务员主管部门要主动向各级党政领导汇报考试录用工作，取得党委和政府领导的支持，使各级领导带头坚持“凡进必考”，做到依法考录不动摇。公务员主管部门的领导特别是“一把手”，要高度重视考试录用工作，把考录工作作为一件大事，摆上重要议事日程，精心谋划，科学部署，及时研究解决考录工作的问题和困难，加强督促检查，确保考录安全。各招录机关要服从大局，统一思想，按照主管机关要求，依法做好相关工作。

（二）要进一步形成考试录用工作的合力。作为公务员主管部门的组织、人事部门，要从讲政治、讲大局的高度，进一步加强沟通、协作，相互理解、支持，分工不分家，共同做好考试录用工作，特别是“四级联考”不能各自为政，要步调一致，分工合作。要主动为招录机关搞好服务，密切配合，做到在服务中加强管理，在管理中体现服务。要加强与编制、教育等部门沟通协调，形成相互支持、相互配合、团结合作的工作格局。

（三）要进一步加大对考试录用工作的投入。各地公务员主管部门要主动与当地财政部门协商，认真落实公务员法的规定，将考录工作经费列入各级政府财政预算。要加大考录基础建设投入，为全面推进考录工作提供保障。要对考试收费进行规范，严格实行收支两条线，确保专款专用。

（四）要进一步加强考试录用工作队伍建设。适应公务员考试新形势、新任务的要求，要切实加强工作队伍建设。公务员主管部门与招录机关要根据工作需要，明确专门机构，配备足够力量，把素质高、能力强的同志充实到考录工作岗位上来；要加强培训，不断提高考试录用工作队伍的业务能力和水平；要强化责任意识、服务意识、大局意识，努力建设一支纪律严明、作风优良、业务精湛、勤奋敬业的考试录用工作队伍。

公务员考试录用工作事关公务员队伍建设，事关社会公平正义实现。做好今后的考录工作，任务艰巨，责任重大，使命光荣。让我们紧密团结在以胡锦涛同志为总书记的党中央周围，以党的十七大精神为指导，高举中国特色社会主义伟大旗帜，深入贯彻落实科学发展观，更好实施人才强国战略，开拓创新，扎实工作，奋力开创公务员考试录用工作新局面。

深入贯彻《劳动合同法实施条例》构建和发展和谐稳定的劳动关系

——在贯彻落实《劳动合同法实施条例》电视电话会议上的讲话

尹蔚民

（2008年9月18日）

2008年9月3日，国务院第35次常务会议审议并原则通过了《中华人民共和国劳动合同法实施条例》，即将正式公布施行。今天，我们召开电视电话会议，主要任务是对学习、宣传和贯彻《条例》进行动员部署，同时，对配合全国人大常委会《劳动合同法》执法检查工作一并作出安排。会后，部里还将下发《关于做好〈劳动合同法实施条例〉贯彻落实工作的通知》，希望大家按照《通知》的要求，认真做好《条例》的贯彻落实工作。

一、充分认识《条例》的重要意义

《劳动合同法》是社会主义市场经济条件下全面调整劳动关系的一部重要法律，对于规范用人单位的用工行为，维护劳动者合法权益，构建和发展和谐稳定的劳动关系，促进社会主义和谐社会建设，都具有十分重要的意义。《劳动合同法》公布施行8个多月来，全国劳动用工情况总体平稳，劳动关系比较和谐，法律颁布前存在的劳动合同签订率低、劳动合同短期化、侵害劳动者合法权益等突出问题，正在逐步得到解决。企业依法用工意识逐步增强，职工参与企业管理的程度逐步提高，劳动用工秩序进一步规范。但是，在法律实施过程中也遇到了一些困难和问题。有些问题是对法律的理解和解释问题，有些问题是法律条款规定得比较原则或不够明确，操作性不够强。这些问题都影响了法律的贯彻实施。因此，各地劳动保障部门和社会各界要求尽快制定配套法规，解决法律实施过程中存在的问题。

党中央、国务院对制定《劳动合同法》配套法规非常重视。温家宝总理多次作出重要批示，提出了明确要求。我部认真落实总理的批示精神，积极配合国务院法制办研究起草了《条例》草案，先后多次征求相关方面的意见，并于5月8日至20日向全社会公开征求了意见。在此基础上，经与全国人大财经委、全国人大法工委、国资委、全国总工会、中国企业联合会、全国工商联等方面反复沟通协调、认真研究修改，形成了报送国务院审议的《条例》草案。这其中也凝聚着各地劳动保障部门的意见和智慧。

《条例》的公布施行，对于进一步推进《劳动合同法》的贯彻实施，实现劳动关系的规范有序发展，具有十分重要的作用。一是有利于消除疑虑与分歧，统一社会各界的思想认识。《条例》坚持了《劳动合同法》确定的基本原则和基本制度，对社会上存在误解的条款作出了明确规定，既进一步体现了侧重维护劳动者合法权益的立法宗旨，又注重实现劳动关系双方力量与利益的平衡，有利于更好地帮助用人单位和劳动者全面准确理解和执行《劳动合同法》。二是有利于增强劳动合同制度的可操作性。《条例》对法律规定比较原则的条款作了细化，对实践中遇到的一些具体问题作出了补充规定和必要的衔接，基本解决了《劳动合同法》部分条款缺乏操作性所带来的实际困难，为用人单位和劳动者全面贯彻落实法律提供了明确的行为准则。三是有利于进一步完善劳动合同法律制度体系。《条例》作为《劳动合同法》的重要配套法规，它的公布施行是我国劳动合同制度建设中的又一件大事，标志着我国在建设以《劳动合同法》为基础，以国务院行政法规、地方性法规和规章为配套的劳动合同制度法律法规体系进程中迈出了新的重要步伐。

二、认真学习、准确把握《条例》的主要内容

按照温家宝总理提出的“统筹经济社会发展与促进就业的关系，统筹企业发展与维护职工权益之间的关系，统筹劳动者权益保护的长远目标与当前社会主义初级阶段特点的关系”的总体要求，在《条例》的起草过程中始终坚持了《条例》与《劳动合同法》“一致性、协调性、可操作性”三项原则，即坚持《劳动合同法》确立的立法宗旨和基本原则；注重平衡用人单位和劳动者双方的权利义务；对法律实施中的操作性问题作出明确规范。具体来说，可以从以下五个方面来理解和把握这部法规的主要内容：

（一）完善了订立劳动合同的相关规定。《条例》对劳动合同订立的主体做了补充规定，明确了依法成立的会计师事务所、律师事务所等合伙组织和基金会属于《劳动合同法》规定的用人单位，并解决了用人单位分支机构如何签订劳动合同的问题。另外，针对社会上对劳动者达到法定退休年龄如何适用法律的问题，《条例》明确规定，劳动者达到法定退休年龄的，劳动合同终止。同时，对实践中反映有的劳动者不与用人单位签订劳动合同的问题，在明确用人单位责任的基础上，相应确立了用人单位的权利，规定自用工之日起一个月内，劳动者不与用人单位订立书面劳动合同的，用人单位可以与劳动者终止劳动关系，无须支付经济补偿；超过一个月的，用人单位可以终止劳动关系，但必须支付经济补偿。

（二）明确了订立和解除无固定期限劳动合同的有关内容。针对社会上存在的关于无固定期限劳动合同是“铁饭碗”“终身制”的误解，《条例》归纳了劳动者可以解除劳动合同的13种情形和用人单位可以解除劳动合同的14种情形，从立法技术上明确了只要符合法定条件，用人单位和劳动者都可以依法解除包括无固定期限劳动合同在内的各类劳动合同。针对实践中部分用人单位规避签订无固定期限劳动合同的行为，《条例》对“连续工作满10年”的起始时间和非劳动者本人原因被安排到新用人单位工作的工作年限如何计算作出了明确规定。同时，《条例》明确规定劳动者依据《劳动合同法》第十四条第二款提出订立无固定期限劳动合同的，用人单位应当订立，对劳动合同其他内容，双方要按照合法、公平、平等自愿、协商一致、诚实信用的原则协商确定，并明确了协商不一致时，有关劳动报酬和劳动条件等内容的适用标准，既可防止用人单位在签订无固定期限劳动合同时故意压低劳动报酬等标准，又能防止劳动者提出不合理的要求。

（三）对劳务派遣的相关问题作出了具体补充规定。为防止劳务派遣单位规避应承担的法律义务，《条例》明确规定劳务派遣单位不得以非全日用工形式招用被派遣劳动者，在解除终止劳动合同时，应依照法律规定的情形和标准向被派遣劳动者支付经济补偿。同时，进

一步细化了劳务派遣单位的设立条件，规定用人单位或者其所属单位出资或者合伙设立的劳务派遣单位，都属于法律规定用人单位不得设立劳务派遣单位的情形。在明确劳务派遣单位法律责任的基础上，《条例》又进一步重申了用工单位要履行提供相应的劳动条件和劳动保护等义务，并补充规定了用工单位违反有关劳务派遣规定的法律责任。

（四）补充完善了经济补偿制度。针对用人单位违反法律规定解除或者终止劳动合同情形下支付赔偿金与经济补偿的关系问题，《条例》明确规定支付赔偿金后，不再支付经济补偿。针对用人单位可能滥用以完成一定工作任务为期限的劳动合同规避经济补偿的问题，《条例》补充规定了以完成一定工作任务为期限的劳动合同的终止，用人单位也应支付经济补偿，从而进一步平衡了用人单位与劳动者签订不同类型劳动合同的解雇成本。对法律未做规定的计算经济补偿的月工资标准的问题，《条例》也进行了补充，并再次重申了用人单位依法终止工伤职工的劳动合同时，除支付经济补偿外，还应支付一次性医疗补助金和伤残就业补助金。

（五）进一步规范了用人单位与劳动者约定服务期的规定。针对劳动力流动过程中争议较多的专业技术培训费用问题，为更好地保护用人单位对劳动者进行专业技术培训的积极性，《条例》明确了培训费用包括用人单位为了对劳动者进行专业技术培训而支付的有凭证的培训费用、培训期间的差旅费以及因培训产生的用于该劳动者的其他直接费用。针对实践中反映出来的服务期与劳动合同期限不一致的问题，《条例》明确规定以服务期为准，双方另有约定的，从其约定。针对在服务期内解除劳动合同是否应支付违约金的问题，《条例》按照过错的不同作出了区分，规定因用人单位的过错解除劳动合同的，劳动者无须支付违约金；因劳动者的过错而解除劳动合同的，劳动者应当支付违约金。

此外，《条例》对《劳动合同法》贯彻落实过程中容易产生歧义的一些条款进一步作出了明确规定，如对劳动合同履行地与用人单位注册地不一致时劳动标准的适用、公益性岗位适用《劳动合同法》的问题以及用人单位提前一个月解除劳动合同时支付劳动者代通知金的标准等，作出了必要的衔接和细化，对用人单位建立职工名册的内容和没有建立职工名册的法律责任等作出了具体规定。

三、切实做好《条例》的贯彻落实工作

全面贯彻落实《劳动合同法》和《条例》，既涉及政府职能的转变，也涉及用人单位和劳动者思想观念、行为方式和利益格局的调整，是一项长期而艰巨的任务。各级劳动保障部门要从促进劳动关系和谐稳定，推动社会主义和谐社会建设的高度，把落实《条例》作为全面贯彻《劳动合同法》的重要举措，认真抓好贯彻实施工作。

（一）进一步开展有针对性的宣传引导工作。广泛深入地开展宣传工作，引导广大用人单位和劳动者加深对法律法规的了解与领会，对确保《条例》的贯彻实施至关重要。各地要充分利用广播、电视、报纸、杂志、网络等媒体，广泛宣传普及法律和《条例》。既要广泛宣传制定《条例》的必要性、重要性和贯彻落实《条例》的重要意义，又要宣传《条例》与《劳动合同法》的一致性，防止出现宣传口径上的偏差。要对社会反映仍然比较集中的用工机制、用工成本、劳务派遣等问题进行专题宣传，进一步讲清道理、澄清事实、消除误解。要采取各种生动活泼、通俗明了的形式，如制作“法律条款简图”、编印《条例》的宣传画、宣传页等，加大对用人单位和劳动者的法律法规的宣传力度，使其全面准确地把握《条例》的精神实质和主要内容，自觉遵守各项规定。

（二）抓紧完善地方配套法规政策。各地要继续依照《劳动合同法》和《条例》的规定，全面清理本地区的劳动合同制度配套规章和规范性文件，做好相关法规政策与法律、

《条例》的衔接工作。要结合本地实际，因地制宜地制定本地区实施办法，解决法律实施中的区域差别问题。要继续研究制定完善社会保险缴费、转移、接续办法，协同推动社会保险与劳动合同制度。要继续完善劳动关系相关规定与政策，逐步形成覆盖全面、相互衔接的劳动关系法律法规政策体系，为构建和发展和谐劳动关系提供法律保障。

（三）进一步加大培训力度。帮助劳动保障系统的干部职工和广大企业、劳动者正确地理解《条例》的精神实质和主要内容，是深入贯彻实施《劳动合同法》的重要保证。各地要切实抓好系统内的学习与培训，努力使全体干部、职工特别是基层工作人员全面正确掌握《条例》，提高其法律法规政策水平和依法行政能力。要重点加强对企业经营者的培训，通过与国资委、工会、企联、工商联等部门和组织的合作，力争实现对辖区内企业全部轮训一遍，推动各类企业经营者全面、正确理解、执行《劳动合同法》和《条例》，避免因误解造成执行中的偏差。要支持配合工会组织做好对基层工会干部的培训工作，注重对劳动者特别是农民工关于法律和《条例》知识的培训。

（四）继续推进劳动合同签订工作。推动用人单位和劳动者普遍签订劳动合同，是贯彻实施法律和《条例》的关键。今年是全面推进劳动合同制度实施三年行动计划的最后一年，各地要把贯彻实施《劳动合同法》和《条例》与完成三年行动计划的目标结合起来，以劳动合同签订率低的中小型非公有制企业、农民工为重点，通过加强普法宣传、抓好典型示范、免费提供劳动合同文本、开展执法检查等有效措施，进一步提高劳动合同签订率。要加强对企业劳动用工管理的指导和服务，指导企业建立健全劳动合同管理台账，依法制定和完善劳动规章制度，实现劳动用工管理的规范化和制度化。同时，各地要进一步加快劳动用工备案制度建设，建立劳动用工信息数据库，逐步实现对劳动合同签订、变更、解除、终止等环节的动态管理。

（五）加大劳动保障监察和劳动争议处理工作力度。各地要进一步加强劳动保障监察工作，着力抓好难点问题的日常检查、热点问题的专项检查、配合贯彻法律的重点检查、查处大要案和新闻媒体网络反映强烈的应急检查。今年9月，部里已在全国部署开展劳动合同签订专项检查行动，各地要认真落实专项部署，切实加强监督检查，依法查处违反劳动保障法律法规的行为。要进一步加大劳动争议处理力度，密切关注劳动关系的新动向，增强工作的预见性，确保劳动争议及时、稳妥解决。

四、全力配合做好《劳动合同法》的执法检查工作

根据《全国人大常委会2008年监督工作计划》，9月下旬至10月中旬，全国人大常委会将对《劳动合同法》实施情况开展执法检查。这次执法检查的重点内容包括五个方面：一是国务院有关部门以及地方政府学习、宣传、贯彻《劳动合同法》的总体情况及具体做法，配套法规规章的制定情况；二是用人单位贯彻实施《劳动合同法》的具体措施；三是劳动合同的签订、履行情况；四是劳动争议调解仲裁情况；五是《劳动合同法》实施中遇到的困难和问题及法律需要完善的内容。为了搞好执法检查，从9月18日至10月15日，全国人大常委会三位副委员长将亲自带队对山东和福建、江苏和辽宁、陕西和广东等6省进行检查，同时委托吉林、黑龙江、安徽、江西、湖北、湖南、广西、云南、甘肃等9省（区）的人大常委会分别对本行政区域内《劳动合同法》的实施情况进行检查。12月，全国人大常委会将听取和审议执法检查报告。

全国人大开展《劳动合同法》实施情况执法检查，既是人大对政府及劳动保障部门工作的监督检查，也是对人力资源和社会保障工作的巨大支持。各地一定要抓住这一有利时机，全力以赴配合做好执法检查工作，将《劳动合同法》的贯彻实施工作推上一个新台阶。

（一）高度重视。这次执法检查，充分体现了全国人大常委会对维护广大劳动者合法权益的重视，对于准确判断贯彻实施《劳动合同法》的基本情况，深入分析并有针对性地解决当前工作中面临的突出问题，推动《劳动合同法》的全面贯彻实施，发展和谐稳定的劳动关系，促进社会主义和谐社会建设，具有十分重要的意义。直接检查和委托检查的省（区）劳动保障部门都要高度重视，统一思想，把这次执法检查作为提高全社会对发展和谐劳动关系重要性的认识、推动《劳动合同法》全面贯彻落实的一次重要机遇，将配合执法检查作为当前的一项重点工作来抓，全力以赴，认真做好各项准备工作。要制定工作方案，明确工作职责，确定专人负责，保证圆满完成配合全国人大常委会执法检查工作的任务。

（二）周密安排。各省（区）劳动保障部门要配合执法检查组做好座谈会、实地考察、个别走访和随机抽样等检查活动的组织安排。在推荐被检查地区和单位时，要推荐正反两方面的典型案例，既要有工作开展较好的地区和单位，也要有存在问题较多、工作落后的地区和单位，实事求是地反映《劳动合同法》的实施情况。要围绕全国人大常委会确定的五项执法检查重点内容，准备好向执法检查组汇报的书面材料。汇报材料要内容翔实、数据准确。要全面总结《劳动合同法》实施的情况，实事求是地反映成绩和经验，客观分析存在的问题及原因，提出切实可行的解决问题的措施建议。要深入分析劳动保障工作中存在的问题和困难，争取各方面的支持，推动一些突出问题和难点问题的解决。

（三）加强协调。全国人大常委会直接检查和委托检查地区的劳动保障部门，要主动向当地党委、人大和政府汇报，在地方党委、人大、政府的领导下做好相关工作。其他地区的劳动保障部门也要主动向当地人大常委会或人大专门委员会汇报《劳动合同法》实施情况，并积极争取当地人大将《劳动合同法》执法检查活动列入本地人大四季度执法检查计划。同时，各地也要加强与部里的联系，要按照部里要求及时报送材料。遇到重大情况时，要及时向部里报告。

（四）认真整改。各地对本地区在执法检查中发现的问题和工作中的薄弱环节，要高度重视，认真研究解决。对人大提出的意见和建议，要切实做好整改工作，能够改正的要立即予以整改，整改周期较长或者整改难度较大的要提出整改的工作安排，对一些涉及制度性、机制性、体制性的问题，要组织力量认真研究解决的措施和意见，待时机成熟时抓紧落实解决。

做好《条例》的贯彻实施和配合《劳动合同法》的执法检查工作，关系到广大劳动者的切身利益，关系到劳动关系的和谐稳定，关系到社会主义和谐社会建设。我们一定要认真贯彻落实党的十七大精神，扎实工作、开拓进取，全面推进法律和《条例》的贯彻实施，努力开创发展和谐劳动关系的新局面！

在部深入学习实践科学发展观活动动员大会上的讲话

尹蔚民

（2008 年 9 月 27 日）

今天，我们召开深入学习实践科学发展观活动动员大会。主要任务是传达贯彻中央精神，对我部学习实践活动进行动员，对下一步安排作出部署。在全党开展深入学习实践科学发展观活动，是党的十七大作出的一项重大战略部署。党中央对开展好这次学习实践活动高度重视。年初，党中央决定在先行试点、取得经验后，在全党自上而下分批开展学习实践活动。8 月 21 日和 9 月 5 日，胡锦涛总书记先后主持召开中央政治局常委会议和中央政治局会议，对全党开展深入学习实践科学发展观活动进行专题研究。9 月 14 日，中央下发了《关于在全党开展深入学习实践科学发展观活动的意见》，并制定了《关于第一批开展深入学习实践科学发展观活动的实施意见》。9 月 19 日上午，中央召开了全党深入学习实践科学发展观活动动员大会，并同时开始举办省部级主要领导干部专题研讨班。胡锦涛总书记在动员大会上发表了重要讲话。总书记的重要讲话，站在战略和全局的高度，科学分析国际国内形势的新变化，全面把握党和国家事业发展的新要求，精辟阐述了在全党开展深入学习实践科学发展观活动的重大意义，全面部署了把贯彻落实科学发展观提高到新水平的目标任务，明确提出了确保学习实践活动取得实效的基本要求。9 月 19 日至 21 日，中央还召开了第一批深入学习实践科学发展观活动工作会议，习近平同志就如何开展好第一批深入学习实践科学发展观活动进行了部署。

按照中央精神，结合我部实际，我代表部党组，就如何开展好我部学习实践活动讲四点意见。

一、深刻认识开展学习实践活动的重大意义，切实把思想和行动统一到中央的重大决策部署上来

科学发展观是以胡锦涛同志为总书记的党中央立足社会主义初级阶段基本国情、总结我国发展实践、借鉴国外发展经验、适应新的发展要求提出来的重大战略思想，是对党的三代中央领导集体关于发展的重要思想的继承和发展，是马克思主义关于发展的世界观和方法论的集中体现，是同马克思列宁主义、毛泽东思想、邓小平理论和“三个代表”重要思想既一脉相承又与时俱进的科学理论，是我国经济社会发展的重要指导方针。科学发展观提出五年多来，党中央带领全党全国各族人民深入学习实践，不断深化对科学发展观的认识，不断丰富科学发展观的内涵，不断完善落实科学发展观的政策措施，扎实推动了党和国家各项事业的发展。为适应新形势、完成新任务、实现新发展，中央决定在全党开展深入学习实践科学发展观活动，具有十分重大的意义。关于开展深入学习实践科学发展观活动的重大意义，胡锦涛总书记在动员大会上的讲话概括为“三个迫切需要”：一是在深刻变化的国际环境中推动我国发展的迫切需要，二是落实实现全面建设小康社会奋斗目标新要求的迫切需要，三是以改革创新精神全面推动党的建设新的伟大工程的迫切需要。习近平同志在工作会议上将深入学习实践科学发展观活动的重大意义归纳为四条：一是坚持用马克思主义中国化最新成果武装全党的重大举措，二是推动经济社会又好又快发展的迫切需要，三是提高党的执政能力、保持和发展党的先进性的必然要求，四是顺应人民新期待、进一步密切党同人民群众血肉联系的重要步骤。我们一定要认真学习领会中央领导同志重要讲话精神，深刻认识开展学习实践活动的重大意义，把思想和行动统一到中央的重大决策部署上来。结合实际，我们认为，我部开展学习实践活动还有以下几个方面的重要意义：

（一）开展学习实践活动，是更好地服务于科学发展的必然要求。党的十七大提出，“要把全社会的发展积极性引导到科学发展上来，把科学发展观贯彻落实到经济社会发展各个方面”。对于我们人力资源社会保障部门来说，开展学习实践活动，将使我们更好地从职能职责出发，服务于科学发展，并促进科学发展。一是有利于我们全面把握科学发展观的科学内涵和精神实质。科学发展观，第一要义是发展，核心是以人为本，基本要求是全面协调可持续，根本方法是统筹兼顾。科学回答了实现什么样的发展、怎样发展等重大问题，深刻揭示了中国现代化建设的发展道路、发展模式、发展战略、发展目标和发展手段。我们部组建不久，如何用科学发展观统领人力资源社会保障工作，是我们当前要解决的首要问题，这就要求我们进一步加深对科学发展观的理解和认识。我们要通过深入学习，更好地领会科学发展观的根本要求，用科学发展观武装头脑，指导工作。二是有利于我们进一步增强贯彻落实科学发展观的自觉性和坚定性。科学发展观要求我们更好地实施科教兴国、人才强国和可持续发展战略，着力把握发展规律，创新发展理念，转变发展方式，破解发展难题，提高发展质量和效益，实现又好又快发展；要求我们始终把实现好、维护好最广大人民的根本利益作为一切工作的出发点和落脚点，促进人的全面发展，做到发展为了人民，发展依靠人民，发展成果由人民共享；要求我们提高决策的科学性，增强改革措施的协调性，着力构建充满活力、富有效率、更加开放、有利于发展的体制机制；要求我们既要总揽全局、统筹规划，又要抓住牵动全局的主要工作、事关群众利益的突出问题，着力推进，重点突破。按照上述要求对照检查，我们在思想观念、工作布局和工作方法上还存在很多问题。通过开展学习实践活动，将促进我们转变不适应不符合科学发展观的思想观念和方式方法，使各项工作更加符合科学发展观的要求。三是有利于我们在全局工作中准确定位，更好地履行我部职责。我部的工作包括两大领域的基本职能，一方面是以促进就业、维护劳动者权益和完善社会保障体系为核心的社会管理和公共服务职能，一方面是以机关事业单位公职人员管理为核心的公共人事管理职能。我们概括为 8 个方面的工作任务，即就业、社会保障、劳动关系、收入分配、人才工作、军转安置、公务员管理、引进智力。开展学习实践活动，将使我们进一步认清人力资源社会保障工作在党和国家工作中的重要地位和作用，统一思想，坚定信心，为经济社会发展作出应有的贡献。

（二）开展学习实践活动，是推动人力资源社会保障事业科学发展的根本保证。党中央、国务院高度重视人力资源社会保障工作，作出了一系列重大决策部署，采取了一系列有力措施。改革开放 30 年来，我们的事业取得了长足的发展，但是必须清醒地认识到，与党中央的要求和群众的期待相比，我们的工作还有不小差距，还存在诸多重点、难点、热点问题，一些影响科学发展的深层次矛盾和问题还有待我们去解决。我们正处于一个新的起点上，挑战和机遇并存。开展学习实践活动，将促进我们自觉地以科学发展观为指导，把科学发展观贯穿到工作的全过程和各方面，努力把科学发展观的要求转化为谋划发展的工作思路、促进发展的政策措施、领导发展的实际能力；将促进我们正确处理改革发展稳定的关系，统筹协调各方面的利益，积极稳妥地推进各项改革；将促进我们牢固树立以人为本、执政为民的理念，切实保障和改善民生，积极解决人民群众最关心、最直接、最现实的利益问题，实现人力资源社会保障事业全面协调可持续发展。

（三）开展学习实践活动，是实现新部彻底融合的重要契机。对我们部来说，我们既是一个新部，又是一个大部。目前，新部机关司局组建工作已经完成，人员安排也已到位。但是，实现两部职能有机统一、彻底整合，真正做到“机构合、职能合、人员合、思想合”还有一个过程，还有许多工作要做。这次开展学习实践活动为我们提供了一个良好的契机。通过开展学习实践活动，将推动广大干部职工进一步增强全局意识，树立“一盘棋”观念，自觉服从大局、维护大局、服务大局；将推动我部全面加强党的思想建设、组织建设、作风建设、制度建设和反腐倡廉建设，加强领导班子建设和干部队伍建设，进一步完善领导体制和工作机制；将推动政治强、作风正、工作出色的机关建设，营造心齐气顺、风正劲足、团结和谐、奋发向上的氛围。

二、明确学习实践活动的主题和目标，着力解决影响和制约科学发展的突出问题

中央明确要求，开展学习实践活动，关键是：高举一面旗帜，就是高举中国特色社会主义伟大旗帜；突出一个主题，就是科学发展；围绕一个总要求，就是党员干部受教育、科学发展上水平、人民群众得实惠；明确三个着力点，就是着力转变不适应不符合科学发展观要求的思想观念，着力解决影响和制约科学发展的突出问题以及党员干部党性党风党纪方面群众反映强烈的突出问题，着力构建有利于科学发展的体制机制，提高领导科学发展、促进社会和谐的能力；坚持四条主要原则，就是坚持解放思想、突出实践特色、贯彻群众路线、正面教育为主。

根据中央要求，经部党组认真研究，我部将学习实践活动的主题确定为：“开发人力资源，推进民生建设，促进科学发展”。这一主题包含了我部两大领域的主要职能，体现了我部特点和实践特色，既是这次学习实践活动的主要任务和努力方向，也是今后一个时期我们工作的根本任务和努力方向。

围绕这一主题，要通过学习实践活动着力解决好以下六个方面的突出问题：一是积极促进就业。目标是建立健全实现社会就业更加充分的政策体系。重点解决好促进以创业带动就业、促进大学生就业、帮助困难群众就业、建立统一规范的人力资源市场等问题。二是完善社会保障体系。目标是建立覆盖城乡居民的社会保障体系。重点解决制度的缺失、扩大覆盖范围、稳步提高社会保障待遇水平、实现解决历史遗留问题与建立长效机制有机结合。三是完善工资收入分配制度。目标是坚持公平与效率相结合，更加注重公平，形成机关、事业和企业人员合理有序的收入分配格局。对机关，重点是解决规范收入分配秩序、完善配套政策问题；对事业单位，重点是建立绩效工资分配制度；对企业，当前的重点是规范国有及国有控股企业主要负责人薪酬、解决工资历史拖欠问题。四是推进人事制度改革。目标是建立干部能进能出、能上能下、充满生机与活力的用人机制。重点是完善公务员制度，加强《公务员法》配套法规建设，开展分类管理改革；深化事业单位人事制度改革，加快事业单位人事管理暂行条例的立法进程；深化职称制度改革，建立科学的人才评价机制；积极推进军转干部安置制度改革，形成中国特色军官转业安置路子。五是加强人才队伍建设。目标是更好实施人才强国战略，建设高素质人才队伍。重点是创新人才工作的体制机制，加强高层次人才和高技能人才、农村实用人才队伍建设。六是发展和谐劳动关系。目标是构建和谐劳动关系，重点是全面贯彻实施劳动合同法和劳动争议调解仲裁法，大力加强劳动监察执法工作。

通过开展学习实践活动，要取得五个方面成效：一是思想认识要有新提高。要使广大党员、干部特别是领导干部对科学发展观的理解进一步加深，不适应不符合科学发展观的思想观念逐步转变，贯彻落实科学发展观的自觉性和坚定性进一步增强。要使广大党员干部对人力资源社会保障领域的一些重大问题形成共识，做好工作的使命感、责任感和紧迫感进一步增强，切实把科学发展观转化为推进各项工作的强大动力。二是解决难题要有新突破。要进一步解放思想，坚持从实际出发，理清工作思路，找准突出问题，努力解决影响和制约人力资源社会保障事业发展的突出问题以及党员干部党性党风党纪方面群众反映强烈的突出问题，进一步推动工作深入开展，进一步促进领导班子思想政治建设。三是体制机制建设要有新进展。要在进一步把握规律和增强工作预见性、系统性基础上，研究制定重点领域和关键环节改革的政策、制度和规划，推进人力资源社会保障体制机制的创新，加快构建充满活力、富有效率、更加开放，有利于科学发展的体制机制。四是工作作风要有新转变。要用科学发展观的要求自觉检验我们的思想、工作和作风，把学习实践活动与党员干部特别是党员领导干部讲党性、重品行、作表率结合起来，牢固树立马克思主义世界观、人生观和价值观，坚持正确的权力观、地位观、利益观，不断加强党性修养。要努力做共产主义远大理想和中国特色社会主义共同理想的坚定信仰者、科学发展观的忠实执行者、社会主义荣辱观的自觉实践者、社会和谐的积极促进者。五是工作能力要有新提高。要使党员、干部特别是处以上领导干部创新工作思路和工作方式方法的能力，抓全局、谋长远、议大事的能力切实得到提高，为人民服务的本领不断提升，达到一般干部对工作应知应会、处级干部成为行家里手、司级干部成为本领域专家学者的目标，以进一步提高工作质量和效率。

三、牢牢把握关键环节，确保学习实践活动积极稳妥地进行

按照中央的统一部署，我部的学习实践活动从2008年9月下旬开始，到2009年2月下旬基本完成，大体上要用半年左右的时间。共分三个阶段：

（一）学习调研阶段。包括学习培训、深入调研、围绕科学发展进行解放思想讨论三个环节。这一阶段的主要任务是学好理论、提高认识、统一思想、转变观念。

学习培训，采取个人自学、集中培训、专题辅导、集体研讨等形式，组织党员干部特别是处级以上党员领导干部系统深入学习党的十七大精神，学习《毛泽东邓小平江泽民论科学发展》和《科学发展观重要论述摘编》，学习胡锦涛等中央领导同志一系列重要讲话精神。党员领导干部还要认真学习《深入学习实践科学发展观活动领导干部学习文件选编》。集中学习时间不少于5天。部党组中心组与机关、事业单位学习同步进行，安排2～3次中心组集中学习，同时适时参加所在党支部的学习。

深入调研，部党组成员带队、各相关司局参加，分专题深入基层调研，并通过召开座谈会、发函征询意见、个别访谈、问卷调查、相互交流等形式，广泛听取意见建议，梳理出在贯彻落实科学发展观方面存在的主要问题，形成专题调研报告。公务员局、各司局、直属事业单位领导班子结合本单位担负的职责任务进行调查研究，找准自身存在的问题，形成专题调研报告。

围绕科学发展开展解放思想讨论，结合纪念我国改革开放30周年和开展调研的情况，针对实际工作中存在的突出问题和党员干部的

思想状况，采取多种形式，组织开展解放思想讨论。11 月下旬，部机关将举办以“坚持解放思想，促进科学发展，不断开创人力资源和社会保障工作新局面”为主题的研讨会，并形成研讨成果。

（二）分析检查阶段。包括召开领导班子民主生活会、形成领导班子分析检查报告、组织群众评议三个环节。这一阶段的主要任务是征求意见、找准问题、分析原因、明确方向。

在分析检查阶段，部党组、公务员局党组、司局领导班子召开专题民主生活会，同时，组织广大党员认真参加专题组织生活会。部党组、公务员局党组、司局领导班子撰写领导班子分析检查报告，通过召开座谈会等形式，组织进行评议，广泛征求党员、群众意见。分析检查报告和评议结果在一定范围内公开。

（三）整改落实阶段。包括制定整改落实方案、集中解决突出问题、完善体制机制三个环节。这一阶段的主要任务是明确目标、落实责任、扎实推进，切实取得推动科学发展的实践成果和制度成果。

部党组、公务员局党组、司局领导班子针对分析查找出来的突出问题，制定行之有效的整改落实方案，每位处级以上党员领导干部制定整改措施。整改落实方案制定后，部党组向部属各单位进行通报，司局领导班子向本单位全体干部职工进行通报，听取意见，接受监督。广大党员围绕制定并落实整改落实方案，积极献言献策，努力转变作风、改进工作。

整改方案制定后，集中解决突出问题。对通过努力能够解决的问题及时整改；对那些应当解决而受客观条件限制一时解决不了的问题，向群众说明情况，采取措施，逐步解决；对情况复杂、一时难以解决的问题，采取积极的态度加强协调，创造条件，争取加以解决。

完善体制机制，就是从促进科学发展需要出发，积极稳妥地推进体制机制创新和制度建设，努力解决制度缺失和体制障碍的突出问题，逐步形成保障科学发展的制度体系。认真清理现有的规章制度，对废、改、立工作作出安排。着重建立健全体现科学发展的规章制度。

最后，在部机关党员干部职工、部属事业单位司局级干部和离退休干部党支部书记范围内，对我部开展深入学习实践活动的情况以及取得的实效进行满意度测评。测评结果以适当方式向群众公布。开展学习实践活动基本结束时，对活动进行总结，并采取适当形式向党员干部进行通报。

四、切实加强组织领导，采取有力措施，务求取得实效

开展深入学习实践科学发展观活动，是当前全党全国政治生活中的一件大事，也是我部当前工作的重中之重。确保活动取得实效，达到预期目的，关键是各单位党组织要严格按照中央的统一部署以及部党组的要求，切实采取有力措施，加大组织领导力度，周密筹划，精心组织，全力以赴抓好落实。

（一）健全领导机构，落实领导责任。按照中央要求，我部已成立了学习实践活动领导小组和工作机构。党组同时安排 8 名退出现职的部领导牵头成立指导检查组。部属各单位也都要成立学习实践活动领导机构，组长由各单位主要负责同志担任。要切实加强对本单位学习实践活动的领导，真正做到认识到位、组织到位、措施到位、工作到位。各级领导干部特别是司局级以上党员领导干部一定要做好表率，带头参加学习，带头调查研究，带头解放思想，带头查找问题，带头制定和落实整改措施。

（二）采取有力措施，精心组织实施。主要把握以下三点：一是要坚持紧密联系思想实际和工作实际。要把学习实践活动与加强党性锻炼、更新思想观念、提高能力素质结合起来，与研究解决新情况、新问题结合起来，以更高的标准查找问题，以更严的要求进行整改，以更扎实的作风抓好落实，确保活动不走过场、真正取得实效。二是要严格按照中央的

要求，正确处理好开展活动与做好当前各项业务工作的关系。紧紧围绕党和国家工作大局以及人力资源社会保障工作中心任务来谋划、安排和促进学习实践活动，坚持把学习实践活动体现到解决突出问题、促进各项工作上，用各项工作的实际成果来衡量和检验学习实践活动成果，切实做到两不误、两促进、两提高。三是要加强舆论宣传和引导。要充分运用工作简报、报刊、网络等载体，大力宣传学习实践活动的重大意义和中央精神，宣传党员和党员领导干部中的先进典型，宣传学习实践活动的做法、经验和成效，为学习实践活动的健康发展营造良好的舆论氛围。

（三）处理好四个方面关系。一是处理好时间与质量的关系。这次学习实践活动规定动作比较多，环节也比较多，每个环节大约只有两周时间，一方面我们要掌握进度，另一方面更要确保质量，时间要服从质量。二是处理好学习与实践的关系。这次学习实践活动的一个显著特点，就是突出了实践性要求。但学习是基础，要毫不放松地抓好学习，对必读书目、中央领导同志的重要讲话，要学深学透，真懂真用。在学习的基础上，学以致用，做到学习与实践相结合。三是处理好以司局领导班子和处以上干部为重点与广大党员受教育的关系。这次学习实践活动虽然以司局级以上领导班子和处级以上党员领导干部为重点，但是同时也要采取各种有效形式，充分调动广大党员参与学习实践活动的积极性，使广大党员受到教育。对于离退休党员干部以及人才中心和军转中心存放档案的流动党员，可在坚持基本要求的前提下，采取灵活多样的方式组织开展活动。四是处理好解决当前问题与解决深层次问题的关系。当前，我们有很多急迫问题需要抓紧研究解决，对目前能解决的问题要抓紧时间解决。同时，要立足当前，着眼长远，积极推动深层次问题的解决和长效机制的建立。

开展好深入学习实践科学发展观活动，意义重大，影响深远。我们要更加紧密地团结在以胡锦涛同志为总书记的党中央周围，在党中央、国务院领导下，在中央指导检查组的指导下，以高度的政治责任感和使命感、饱满的工作热情、认真负责的态度、改革创新的精神，切实抓好这次学习实践活动，推进人力资源社会保障事业科学发展，为全面建设小康社会、加快社会主义现代化建设作出新的更大贡献！

贯彻实施《劳动争议调解仲裁法》促进劳动关系和谐稳定

——在贯彻实施《劳动争议调解仲裁法》电视电话会议上的讲话

田成平

（2008年1月21日）

《中华人民共和国劳动争议调解仲裁法》已于2007年12月29日经全国人大常委会第三十一次会议审议通过，同日胡锦涛主席签署第八十号主席令予以公布，将于今年5月1日开始施行。今天，我们再次召开电视电话会议，主要任务就是推动各地深入学习贯彻《劳动争议调解仲裁法》，加快完善劳动争议处理制度，进一步提升劳动争议处理能力，促进劳动关系和谐稳定。1月18日，部里印发了《关于做好〈劳动争议调解仲裁法〉贯彻实施工作的通知》，各地要认真贯彻落实。

一、充分认识颁布施行《劳动争议调解仲裁法》的重要意义

《劳动争议调解仲裁法》是社会主义市场经济条件下调整劳动关系的一部重要法律。这部法律的颁布施行，对于公正及时地解决劳动争议、保护劳动争议当事人的合法权益、促进劳动关系和谐稳定、构建社会主义和谐社会，都具有十分重要的意义。

（一）颁布实施《劳动争议调解仲裁法》，是深入贯彻落实科学发展观、构建社会主义和谐社会的内在要求。科学发展观的第一要义是发展，核心是以人为本。构建社会主义和谐社会，要求我们必须在发展的基础上正确处理各种社会矛盾，实现社会公平正义，努力形成全体人民各尽其能、各得其所而又和谐相处的局面。劳动关系是最重要、最基本的一种社会关系，是生产关系的重要组成部分。如果劳动关系不和谐，国民经济的健康发展就会受到影响，劳动者切身利益就得不到有效保障，社会和谐也就无从谈起。当前，我国的劳动关系总体保持和谐稳定，但劳动关系领域中的一些突出矛盾依然存在，一定程度上影响了经济社会的协调发展。《劳动争议调解仲裁法》通过完善劳动争议处理方式和程序，为公正及时地处理劳动关系方面的矛盾，维护劳动者和用人单位的合法权益提供了保障，有利于构建和发展和谐劳动关系，必将进一步促进社会公平正义的实现，完全符合深入贯彻落实科学发展观、推动和谐社会建设的本质要求。

（二）颁布实施《劳动争议调解仲裁法》，是完善劳动保障法律体系的重要步骤。改革开放以来，我国劳动保障法制建设取得了长足发

展。1994 年 7 月颁布的《劳动法》确立了包括劳动争议处理制度在内的劳动保障法律制度框架，为劳动保障事业的发展提供了基本法律依据。根据我国经济社会发展的新形势，从保障和改善民生出发，全国人大提出了加强劳动和社会保障领域立法的新要求。经过努力，去年劳动保障立法工作取得重大进展，先后颁布了《劳动合同法》《就业促进法》和《劳动争议调解仲裁法》。这是我国劳动保障立法的重大成果，对于加快中国特色的劳动保障法律体系建设，推动劳动保障事业全面协调持续发展必将产生深远的影响。

（三）颁布实施《劳动争议调解仲裁法》，是完善劳动争议处理制度的重大举措。劳动争议调解仲裁制度是解决劳动纠纷的一项基本制度。我国自 1987 年恢复劳动争议仲裁制度以来，先后通过颁布《企业劳动争议处理条例》和《劳动法》，明确了以协商、调解、仲裁、诉讼为主要环节的劳动争议处理制度，对解决劳动争议、维护争议双方当事人合法权益发挥了重要作用。但是，随着我国经济体制、社会结构、利益格局和人们思想观念不断发生深刻变化，以及工业化、市场化、城镇化、全球化进程不断加快，劳动关系日益多样化、复杂化，处理难度越来越大。在这种情况下，现行劳动争议处理组织机构体系不完善、争议处理能力不足、处理周期过长等突出问题逐步显现。《劳动争议调解仲裁法》根据我国劳动关系的发展变化以及经济社会发展的要求，总结改革开放以来的实践经验，充分体现人民群众和社会各界的意愿和要求，对劳动争议处理制度进行了完善，强化了劳动争议调解工作的职能作用，健全了劳动争议仲裁制度。这部法律的颁布施行，必将进一步提高我国的劳动争议处理能力，为公正及时地解决劳动纠纷，促进劳动关系和谐稳定提供重要的法律保障。

二、正确理解和把握《劳动争议调解仲裁法》的主要内容

《劳动争议调解仲裁法》在对现行劳动争议处理基本法律制度加以继承的基础上，针对当前和今后一个时期我国劳动关系的发展趋势以及劳动争议处理的新特点，在劳动争议处理的适用范围、基本程序、组织机构以及劳动争议调解仲裁的时效和期限等方面作出了一系列新的法律规定。各级劳动保障部门和劳动争议调解、仲裁机构要加强学习研究，正确把握法律的精神实质和主要内容，并在工作中抓好贯彻落实。具体地讲，要侧重从以下四个方面来理解和把握这部法律的新规定：

（一）扩大了法律调整的适用范围。为建立统一的国家劳动争议处理制度，加强对劳动争议双方当事人特别是对劳动者的保护，《劳动争议调解仲裁法》对适用范围作出了与《劳动合同法》一致的规定，明确中华人民共和国境内的用人单位与劳动者发生的劳动争议均适用本法。同时，将因确认劳动关系发生的争议，因订立、变更、解除和终止劳动合同发生的争议等都纳入了劳动争议处理渠道，相应扩大了劳动争议案件的受理范围。

（二）完善了劳动争议处理的基本程序，强化了调解工作在劳动争议处理过程中的地位和作用。目前，我国劳动争议案件增长较快、劳动争议处理能力相对不足。为了把争议最大限度地解决在基层，《劳动争议调解仲裁法》在维持“一调一裁两审”基本程序的同时，更加注重协商和调解。法律明确规定，发生劳动争议后，劳动者可以与用人单位协商达成和解协议，同时将调解作为劳动争议处理的重要程序，规定当事人不愿协商、协商不成或者达成和解协议后不履行的，可以向调解组织申请调解。对于不愿调解、调解不成或者达成了调解协议不履行的，可以向劳动争议仲裁委员会申请仲裁。对仲裁裁决不服的，除本法另有规定的以外，可以向人民法院提起诉讼。

坚持“预防为主，基层为主，调解为主”，是处理劳动争议的重要原则。为了充分发挥调解在基层劳动争议处理中的作用，《劳动争议调解仲裁法》不仅规定在仲裁程序中应当先行调解，而且单列一章专门规定了当事

人申请仲裁之前的调解程序，明确发生劳动争议后，当事人可以向企业劳动争议调解委员会、依法设立的基层人民调解组织和在乡镇、街道设立的具有劳动争议调解职能的组织申请调解，并且完善了企业劳动争议调解委员会的组成，从而拓宽了劳动争议调解渠道。同时，为提高调解协议的效力，还明确规定调解达成的协议对双方当事人具有约束力，当事人应当履行。对于因支付拖欠劳动报酬、工伤医疗费、经济补偿或者赔偿金事项达成调解协议，用人单位在协议约定期限内不履行的，劳动者可以持调解协议书依法向人民法院申请支付令。

（三）明确了健全劳动争议仲裁组织机构的新要求。为解决我国目前劳动争议仲裁机构不健全、不适应劳动争议多发实际需要的问题，推进劳动争议仲裁机构实体化建设，实现办案职能和行政职能相分离，《劳动争议调解仲裁法》规定，劳动争议仲裁委员会按照统筹规划、合理布局和适应实际需要的原则设立，劳动争议仲裁委员会由劳动行政部门、工会代表和企业方面代表组成。明确了仲裁委员会的具体职责，强调要在仲裁委员会下设办事机构，负责办理仲裁委员会的日常工作。同时，对仲裁员的任职条件也提出了新的更高的要求。

（四）完善了劳动争议仲裁制度。针对劳动争议仲裁工作中当事人申请时效偏短、审理期限较长等问题，《劳动争议调解仲裁法》对仲裁制度作出了一些新的规定。一是延长了申请仲裁时效。按照现行规定，劳动争议当事人应当自争议发生之日起六十日内向劳动争议仲裁委员会提出书面申请。在实践中，一些劳动者因为超过时效丧失了获得法律救济的机会。为了更好地保护劳动争议当事人特别是劳动者的合法权益，法律将申请仲裁的时效期间延长为一年。二是缩短了劳动争议仲裁审理时限。按照现行规定，仲裁裁决一般应在收到仲裁申请的六十日内作出，如案情复杂确需延期的，经法定程序批准可适当延期，但延期不得超过三十日。为了进一步提高仲裁效率，法律缩短了仲裁审理时限，规定应当自受理仲裁案件之日起四十五日内结束，案情复杂需要延期的，经劳动争议仲裁委员会主任批准，可适当延期，但延期不得超过十五日。三是更加合理地分配了举证责任。法律规定，当事人对自己提出的主张，有责任提供证据。但考虑到用人单位掌握和管理着劳动者的档案等材料，又特别规定，与争议事项有关的证据属于用人单位掌握管理的，用人单位应当提供，不提供的应承担不利后果。四是规定对部分案件实行仲裁终局。为防止一些用人单位恶意诉讼以拖延仲裁审理时间，加大劳动者维权成本，法律规定对部分劳动争议案件实行有条件的“一裁终局”，在劳动者在法定期限内不向法院提起诉讼，或者用人单位向法院提起撤销仲裁裁决申请被驳回的情况下，仲裁裁决为终局裁决，裁决书自作出之日起发生法律效力。五是减轻了当事人的经济负担。免除了劳动争议仲裁收费，劳动争议仲裁委员会的经费由财政予以保障。

三、切实做好《劳动争议调解仲裁法》的贯彻实施工作

法律的生命在于实施。做好《劳动争议调解仲裁法》的贯彻实施工作，既是各级劳动保障部门的重要职责，也是提高劳动争议处理能力、发展和谐稳定劳动关系的良好机遇。各级劳动保障部门要进一步增强责任感和紧迫感，把这项工作作为当前和今后一个时期的重要任务，统一思想认识，加强组织领导，认真履行职责，加强与有关部门的协调和配合，采取切实有力的措施，务求抓紧抓好，抓出成效。

（一）全面开展学习培训和宣传工作。加强法律的学习、宣传和培训，是法律贯彻实施的一项重要基础工作。各级劳动保障部门要把切实抓好本系统干部职工和劳动争议调解、仲裁机构工作人员的学习培训，作为贯彻实施《劳动争议调解仲裁法》的基础环节，领导同志要带头学习研究，每一位同志都要深刻理解制定颁布这部法律的重要意义，熟悉各项法律规定。特别要加强对劳动争议调解员、仲裁员的培训工作，通过举办专题培训班、研讨会等方式，认真宣讲这部法律，使大家全面领会和准确把握法律的精神实质，熟练掌握和运用法律条款，切实提高依法处理劳动争议的能力和水平。要大力加强舆论宣传工作，把《劳动争议调解仲裁法》纳入“五五普法”的重要内容，通过各种媒体和方式，广泛深入宣传劳动争议处理的法律知识，使广大劳动者和用人单位正确理解法律规定，增强依法维护自身合法权益的意识，引导鼓励劳动争议当事人通过法律渠道解决劳动纠纷，努力形成自觉学法、守法、用法的社会氛围，更好地维护社会稳定。

（二）加快完善劳动争议处理制度。完善相关的配套法规和政策，健全劳动争议处理各项制度，是贯彻实施《劳动争议调解仲裁法》的重要条件。做好这项工作，首先要对现行相关法规、规章和规范性文件进行全面清理，妥善处理好现行规定、制度与《劳动争议调解仲裁法》的衔接，凡与法律相抵触的，要及时修改或者废止。在此基础上，重点针对法律关于劳动争议仲裁程序的新规定，特别是针对受案范围、申请时效、裁决程序、办案时限等方面的新变化，抓紧完善办案规则，规范办案程序。要结合当地工作实际，进一步完善案件受理、立案、调解、审理以及证据、监督和纠错等各项制度，不断提高劳动争议仲裁的效率和公信力。

（三）大力加强劳动争议仲裁机构实体化建设。推进劳动争议仲裁机构实体化，是提高劳动争议处理效能的关键。各地要以贯彻实施《劳动争议调解仲裁法》为契机，认真总结近年来的实践经验，进一步加大推进劳动争议仲裁机构实体化建设工作的力度。要按照法律规定的统筹规划、合理布局和适应实际需要的原则，进一步建立健全劳动争议仲裁委员会。要积极争取当地党委、政府的重视和有关部门的支持，创造条件解决好劳动争议仲裁委员会办事机构和人员编制问题，争取再用两年左右的时间，在全国地级以上城市劳动争议仲裁委员会和劳动争议案件较多的县、市、区劳动争议仲裁委员会，普遍建立相对独立于劳动保障行政部门的、实体性的办事机构，合理配备办案人员并保持相对稳定，并将所需经费纳入同级财政预算。

（四）切实抓好劳动争议调解工作。加强劳动争议调解工作，注重预防，调解为主，有利于把劳动争议解决在基层、化解在萌芽状态，最大限度地降低争议当事人双方的对抗性，这是世界各国解决劳动争议的共同理念，也是《劳动争议调解仲裁法》确立的重要原则。各级劳动保障部门要积极会同工会和企业代表组织，进一步加强劳动争议调解体系建设，不断强化协商、调解在劳动争议处理中的作用。一是要继续指导和帮助企业依法建立健全劳动争议调解委员会，探索建立劳动关系双方自主协商解决劳动纠纷的机制，提高企业内部自主解决劳动争议的能力。二是要依托街道、乡镇和社区劳动保障工作平台，依法推动建立劳动争议调解组织，充分发挥基层人民调解组织的作用，逐步形成企业外部的劳动争议调解组织网络。三是要指导各类调解组织不断完善劳动争议调解程序和工作制度，逐步实现劳动争议调解工作的制度化、规范化，筑牢解决劳动纠纷的第一道防线。

（五）着力加强劳动争议处理队伍建设。建立一支高素质、专业化的劳动争议处理队伍，是提高劳动争议处理效能的重要保证。《劳动争议调解仲裁法》根据劳动争议处理形势发展的需要，提高了对劳动争议调解员、仲裁员的任职资格条件，明确了对他们的素质要求。各级劳动保障部门要按照法律规定，指导劳动争议调解、仲裁机构进一步加强仲裁员、调解员队伍建设，在充实队伍和提高素质上下工夫。要把稳定现有的队伍摆在突出位置，并根据工作需要合理增配专兼职仲裁员和调解员，建立健全资格准入制度，将符合法律规定条件的人员吸收到劳动争议处理队伍中来。要大力开展培训工作，研究制定培训规划，有针对性地确定培训目标、培训内容和培训方式，不断提高仲裁员、调解员的业务素质。要加强管理，通过有效的激励和约束机制，努力建立一支品德高尚、作风过硬、工作高效的劳动争议处理队伍。有条件的地区可以探索试行仲裁员职级制度，为逐步实现仲裁员职业化积累经验。

（六）注意研究解决法律实施中遇到的新情况、新问题。当前，我国正处在劳动争议多发期，劳动争议案件呈现持续较快增长的态势。随着《劳动合同法》的贯彻实施，劳动关系方面可能出现一些新情况、新问题，特别是由于一些用人单位对某些条款的误读甚至有意规避，加上《劳动争议调解仲裁法》对受案范围、申请时效等作出了新规定，劳动争议有可能进一步增多，劳动争议处理工作形势更加严峻。各级劳动保障部门要进一步增强政治敏锐性，密切关注劳动关系的新动向，增强工作的预见性，采取有力措施，有针对性地解决出现的新情况、新问题。要指导劳动争议仲裁委员会和有关调解组织积极应对面临的挑战，通过加强能力建设，充分挖掘工作潜力，努力多办案、办好案，切实维护劳动争议双方当事人特别是劳动者的合法权益，促进劳动关系和谐稳定。

做好《劳动争议调解仲裁法》的贯彻实施工作，责任重大，意义深远。我们要抓住机遇，开拓进取，扎实工作，为构建和发展和谐稳定的劳动关系、促进社会主义和谐社会建设作出更大贡献。

在传达贯彻十七届中央纪委二次全会精神会议上的讲话

田成平

（2008年1月24日）

一、深入学习领会全会精神，进一步提高对反腐倡廉建设重要性的认识

中央纪委二次全会是贯彻落实党的十七大精神，全面部署反腐倡廉建设的一次重要会议。胡锦涛总书记的重要讲话，从党和国家事业发展全局和战略的高度，精辟分析了当前党风廉政建设和反腐败斗争面临的形势，深刻阐述了新形势下加强反腐倡廉建设的重要性和紧迫性，明确了当前和今后一个时期加强反腐倡廉建设的指导思想、工作原则和主要任务，提出了注重把握和体现改革创新、惩防并举、统筹推进、重在建设的基本要求。胡锦涛总书记的重要讲话，是加强反腐倡廉建设的纲领性文献，对于深入开展党风廉政建设和反腐败斗争，全面推进党的建设新的伟大工程，不断开创中国特色社会主义事业新局面，具有十分重大的意义。贺国强同志的工作报告充分体现了党的十七大精神，明确了今年党风廉政建设和反腐败斗争的主要任务，对推进反腐倡廉建设提出了具体要求。部属各单位一定要认真传达学习胡锦涛总书记的重要讲话和贺国强同志的工作报告，深刻领会中央纪委全会精神，正确认识反腐败斗争面临的形势，全面理解和掌握中央的决策和部署，坚持改革创新，突出重点，加大力度，狠抓落实，积极推进我部党风廉政建设和反腐败工作，为促进劳动保障事业健康发展提供强有力的保证。

二、结合工作实际，抓好我部反腐倡廉建设各项工作

近年来，在部党组的高度重视和正确领导下，我部反腐倡廉建设不断加强，取得明显成效。我们坚持预防为主，认真开展反腐倡廉教育，深入开展治理商业贿赂专项工作，对照中央的廉洁自律规定自查自纠，使党员干部的廉洁从政意识不断增强。重视抓好干部队伍作风建设，在全系统部署了工作，制定了行业自律“六不准”规定，连续四年在全系统深入开展了创建优质服务窗口活动，各级劳动保障部门求真务实、深入群众的作风进一步树立。积极开展惩治和预防腐败体系建设，不断加强廉政制度建设，强化对权力相对集中的重点部位和关键环节的监督管理，有效预防了腐败问题的发生。认真解决涉及群众利益的突出问题，积极推进行风建设和纠风专项治理工作，深入开展民主评议行风活动，维护了群众切身权益，促进了社会和谐稳定。但我们也要看到，我部党风廉政建设工作还存在一些问题和不足，比如少数单位的领导对反腐倡廉工作重要性的认

识和重视程度有待进一步提高，廉政制度建设需要进一步加强，对重点部位和环节的监督制约机制需要进一步建立和完善，确保社保基金和就业资金的安全还需要进一步加强综合治理和制度建设，职业资格证书发放等行政审批事项还需要进一步规范。我们要对这些问题引起高度重视，认真加以解决。要按照中央纪委二次全会的部署，切实加强我部的反腐倡廉工作。

（一）扎实开展廉政教育和党员干部廉洁自律工作。要进一步加强反腐倡廉教育，深入开展党的政治纪律教育，加强党员干部的理想信念、党风党纪、廉洁从政、艰苦奋斗和党纪条规教育，有针对性地开展正反典型教育，不断提高党员干部的政治素质和思想道德水平，筑牢拒腐防变的思想道德防线。要严格遵守党的政治纪律并加强对政治纪律执行情况的监督检查。要按照中央要求，针对廉洁从政方面存在的突出问题，重点治理领导干部违反规定收钱敛财和以权谋私行为。对查出的问题要分析原因，建章立制，堵塞漏洞，铲除腐败现象滋生蔓延的土壤和条件，从源头上解决和预防腐败问题。

（二）切实抓好社保基金专项检查和清理规范职业资格相关活动工作。中央纪委全会把社保基金列入了专项治理范围，并明确由我部牵头，我们要会同有关部门成立专项治理领导小组，办事机构设在我部，抓紧研究制定具体方案，建立联席会议制度，充分发挥组织协调职能，抓好部署、落实和检查工作。要把社保基金和就业再就业资金同时纳入专项治理范围，通过抽查和自查，切实整改检查中发现的问题，建立和完善决策、执行、监督相互制约的监督机制，严肃处理违规违纪问题，采取措施追回被挤占挪用的基金，并剖析产生问题的原因，健全管理制度，利用典型案例开展警示教育。前不久，国务院要求集中清理规范各类职业资格相关活动，明确由人事部和我部共同牵头，我们要积极主动地抓好清理规范职业资格相关活动的组织实施工作。

（三）切实维护好人民群众的切身利益。一是抓好三部法律的贯彻落实。要抓紧完善与《劳动合同法》《就业促进法》《劳动争议调解仲裁法》相配套的政策法规，组织好法律的学习和培训，切实做到依法行政；监督检查法律的执行情况，切实发挥法律对群众利益的保障作用。二是继续做好涉及群众利益的各项工作。进一步解决零就业家庭的就业问题、被征地农民就业安置和社会保障问题，继续清理企业工资历史拖欠和农民工工资拖欠，健全和完善工资支付保障制度，扎实做好信访维稳工作，及时排查化解矛盾纠纷，妥善处置群体性事件，使人民群众的利益切实得到维护。三是加强服务窗口规范化建设。积极宣传优质服务窗口建设的鲜活经验，发挥典型示范作用，带动窗口建设整体推进；进一步规范基层服务窗口建设，加强监督检查，不断提升管理服务能力。

（四）强化对领导干部行使权力的监督。一是加强党内监督。认真落实《党内监督条例》和民主生活会、述职述廉、诫勉谈话、函询和党员领导干部报告个人有关事项等制度；进一步完善和落实重大决策、重要干部任免、重大项目安排和大额资金使用民主决策制度。二是加强重点部位的监督。继续监督检查行政审批审核、物资采购、工程建设等重点岗位和关键环节的监督，及时纠正违规操作、不依法办事、利用职务便利谋取非法利益的行为；坚持重点岗位定期轮岗交流和部属事业单位及学会协会主要负责人离任经济审计制度。三是发挥社会监督的作用。认真落实国务院《政府信息公开条例》和劳动保障部政务公开规定，继续扩大公开范围和层次，规范公开内容和形式，落实好政务公开的监督、考核和责任追究制度，进一步增强劳动保障工作的透明度。四是严肃查办违法违纪案件。要以查办发生在领导机关和领导干部中的案件为重点，严厉查办官商勾结、权钱交易、权色交易和严重侵害群众利益的案件，严肃查办贪污、挤占挪用社保基金以及严重违反组织人事纪律的案件。

（五）积极推进治本抓源头工作。要进一步完善劳动保障法律体系，加快《社会保险法》等法律法规的修改、审议工作；加强基金、资金以及行政审批事项管理的程序化、信息化和规范化建设；加快完善社会保障制度和管理体制，减少基金损失的风险；规范转移支付社保资金和就业资金分配使用，坚持一次性拨付；加强执法监督队伍、调解仲裁队伍、基金监管队伍建设，使他们的能力与权力、义务相适应；注意将廉政措施融入劳动保障法规制度设计中，防止因制度上的漏洞带来腐败问题。

三、切实加强领导，狠抓反腐倡廉工作的落实

（一）认真落实党风廉政建设责任制。部属各单位领导班子是反腐倡廉建设的责任主体，主要负责同志是党风廉政建设的第一责任人，对本单位的反腐倡廉工作和党组分工本单位牵头的工作要亲自部署、重大问题亲自过问、重点环节亲自协调、重要案件亲自督办。班子其他成员要抓好职责范围内的反腐倡廉工作，反腐倡廉建设情况要列入领导班子和领导干部的考核评价范围，使各项工作取得更加明显的成效。

（二）突出重点，狠抓工作落实。这次会议后，部党组要印发今年反腐倡廉建设工作要点。部属各单位要按照党组的安排，结合本单位实际，细化工作方案，认真组织实施，加强检查指导，狠抓工作落实；要针对本单位容易发生不廉洁问题的重点部位和关键环节，制定防范措施，认真落实各项廉政制度和措施。纪检监察机构对各单位的工作情况要加强督促检查，注意总结推广先进经验和做法，对工作不力、敷衍塞责的要严肃批评，限期整改。

（三）研究改进反腐倡廉工作。反腐倡廉建设是一项长期、复杂和艰巨的工作，要注意研究新情况，探索新思路，采用新方法，解决新问题。特别要在提高廉政教育的针对性、实效性，廉政制度的前瞻性、系统性，监督检查的主动性、成效性，查办案件的警示功能、防范功能上下工夫，进一步增强教育的说服力、制度的约束力、监督的制衡力和惩治的威慑力，使我部的反腐倡廉工作更加贴近劳动保障工作实际，更好地落实改革创新、惩防并举、统筹推进、重在建设的基本要求。

（四）增强反腐倡廉建设的整体合力。反腐倡廉建设是党的建设的重要内容，要增强工作的整体性、协调性、系统性和时效性。纪检监察机构承担着重要的组织协调职能，要对反腐倡廉建设提出建设性的思路、举措和方法，协助党组制定计划、抓好部署、落实和检查。部属各单位党员干部要增强主动性，积极参与反腐倡廉建设，主动接受纪检监察机构的监督，支持配合纪检监察机构的工作，认真按照中央部署和部党组的安排，抓好党风廉政建设各项工作，推动我部的反腐倡廉建设不断取得新成效。

深入学习贯彻党的十七大精神
奋力开创引进国外智力工作新局面

——在全国外国专家局长会议上的讲话

季允石

（2008年1月10日）

这次全国外国专家局长会议，是在全党全国深入学习贯彻党的十七大精神之际召开的一次重要会议。会议的主要任务是：全面落实党的十七大精神和中央经济工作会议精神，回顾总结十六大以来引智工作，研究确定今后五年引智工作发展思路和任务，安排部署2008年引智工作。

一、伴随改革开放的伟大历史进程，引智工作全面展开、扎实推进

新时期引智事业，是中国特色的开创性事业。引进国外智力，通过聘请海外各类人才、选派人员出国（境）培训等形式，学习外国先进的科学技术、管理经验，吸收和借鉴人类社会创造的一切文明成果，推动科学发展，促进社会和谐，加快我国改革开放和现代化建设。积极引进国外智力，是我国对外开放事业的重要组成部分，是实施人才强国战略的重要内容，是新时期党和国家的重大战略决策。

以邓小平同志为核心的党的第二代中央领导集体开创了改革开放伟大事业，在不断扩大对外开放的进程中，提出把引进国外智力作为对外开放的一个重要组成部分，当作一项长期的战略方针，坚持不懈地贯彻下去，把马克思主义引进国外智力的理论推进到一个新阶段。引智工作掀开了新时期崭新历史篇章，为落实党和国家工作中心转移的历史性决策、为经济快速发展和社会全面进步作出了重大贡献。

以江泽民同志为核心的党的第三代中央领导集体把改革开放伟大事业成功推向21世纪，与时俱进，作出人才资源是第一资源的科学论断，强调积极引进国外智力，吸收和借鉴世界先进的技术和管理经验以及其他一切文明成果，加快自己的发展。引智工作形成了全方位、多渠道、宽领域的新格局，为创建社会主义市场经济新体制、为开创全面开放新局面发挥了不可或缺的作用。

十六大以来，以胡锦涛同志为总书记的党的新一届中央领导集体坚持对外开放的基本国策，大力实施人才强国战略，强调要善于利用国际国内两种人才资源，做到自主培养开发人才和引进海外人才并重。引智工作方针更加明确，引智理论不断创新，引智实践深入发展，为推动科学发展、促进社会和谐、为把改革开放伟大事业继续推向前进提供了强有力的人才保证和海外智力支撑。

新时期引智事业为改革开放铸造辉煌，改革开放成就新时期引智事业。引智工作昭示改革开放形象，改革开放为引智工作提供广阔舞台。引智工作者全身心地投身改革开放大潮，改革开放把引智工作者全方位地推上现代化建设前沿。伴随着改革开放的历史进程，新时期引智工作全面展开、扎实推进、异彩纷呈。引智领域不断拓宽，引智方式不断丰富，引智体系不断完善，引智能力不断提高，引智管理逐步规范，引智成效日益显现。

十六大以来的五年是我们国家不平凡的五年，也是引智工作取得丰硕成果的五年。特别是2007年，引智工作紧紧扣住迎接十七大、学习十七大、贯彻十七大这条主线来展开，承前启后，继往开来，取得令人振奋的成绩。五年来，全国聘请约125万人次的外国专家、75万人次的港澳台专家来国（境）内工作，选派近15万名各类人才出国（境）培训，批准引智示范基地和示范单位144家，新建地方国际人才市场22家，开辟国际人才交流合作渠道95个，向283名为我国社会主义现代化建设事业作出突出贡献的外国专家颁发了“友谊奖”。引智“十五”计划胜利完成，“十一五”规划进展顺利。

——为经济又好又快发展服务实现新突破。坚持为发展现代农业、增加农民收入、推进农业和农村经济结构调整服务，着重抓好“一村一品”引智项目、千村引智示范项目等，一批国外先进种植养殖技术和优良品种得到广泛应用和推广，产生良好的经济和社会效益。以促进经济结构调整和经济增长方式转变为主线，重点支持先进制造业、信息技术、软件和集成电路等高新技术产业发展，促进国有大型企业技术改造和技术创新，增强企业国际竞争优势，一批关键技术实现重大突破，一批拥有自主知识产权的产品达到国际领先水平。大力支持金融保险、现代物流、信息服务等现代服务业发展，运用现代经营方式和信息技术改造提升传统服务业。

——为构建社会主义和谐社会作出新贡献。积极为实施西部大开发、振兴东北地区等老工业基地等重大发展战略提供国外智力服务，海外智力西进工程、海外智力援疆工程、振兴东北引智工程稳步推进。支持中部地区崛起和东部地区率先发展，启动中部崛起引智工程、东部率先发展引智工程，设立滨海新区建设引智项目和海峡西岸经济区建设引智项目。加大对社会事业的支持力度，推出和谐之光引智工程，制定《引进国外智力为构建社会主义和谐社会服务的实施意见》，实施应急管理引智项目、矿山安全生产管理与技术培训项目等。围绕生态文明建设，对资源节约、环境保护、节能降耗和污染减排等引智项目实行倾斜。“智力拥军”迈出新步伐，“引智扶贫”又上新台阶。

——为“三支队伍”建设和“两类人才”培养服务取得新成果。按照科教兴国战略和人才强国战略的总体要求，实施人才队伍能力建设引智工程，重点落实高级公务员海外培训项目（哈佛大学培训项目）、中青年领导干部培训项目、工业企业高级人才培训项目、高校领导海外培训项目、软件与集成电路引智项目等，培训了一大批党政高级复合型人才、后备干部、企事业单位高级管理和专业技术人才。围绕提高自主创新能力，着力引进和培训一批高水平创新人才，加强重点学科和创新团队建设，分别与教育部和中科院合作实施高校学科创新引智项目和创新团队国际合作伙伴项目。有重点地支持急需的高技能人才和农村实用人才赴国（境）外培训。

——深化改革和加强自身建设又有新进展。贯彻落实《行政许可法》和国务院第412号令，深化行政审批制度改革，加快职能转变和管理创新。推进5项行政许可和5项非行政许可审批项目实施工作取得实质性进展，依法行政能力明显提高，地方引智机构建设和引智工作归口管理进一步加强。做好在华外国专家管理工作，完善制度，建立配套措施。健全政策法规，积极推动《外国专家来华工作条例》的出台。实行政务公开，强化公共服务，推进电子政务，提高行政审批的透明度和办事效率。

——国际人才交流与合作开辟新领域。积极拓展国际人才交流与合作形式，促进引智工作上水平、上台阶。成功举办中国国际人才交流大会、中美工程技术研讨会、中加农业科技创新合作周、中澳农业合作周、中以合作马沙夫项目十五周年纪念活动、中国项目管理论坛、友谊奖、马可·波罗奖和炎黄奖等一系列重要活动，扩大引智工作在国内外的影响。与加拿大农业和食品部签署人才交流合作协议，建立两国政府间人才交流渠道。与科技部联手支持重点科研机构引智，整合双方资源，提高国际合作效益。加快引智服务体系建设，“两刊”“两网”成为引智信息交流的重要平台。国际人才市场健康发展，地方市场建设稳步推进，合理的市场区域布局初步形成。

——各地区各部门引智事业呈现新气象。各级引智部门瞄准经济社会发展总体目标，围绕国家重大发展战略，开展一系列富有成效的工作，取得显著成绩。认真做好引智重点项目的计划、组织和实施，建立一批新的省级引智示范推广基地和示范单位。积极推进外国专家奖励工作，完善国家和地方两级外国专家表彰体系。各地引智部门加强协作和互动，促进信息交流和成果共享。引智事业呈现出生机勃勃、蒸蒸日上的喜人景象。

五年来的实践进一步丰富了改革开放以来引智工作积累的宝贵经验，概括起来，主要是：必须坚持以邓小平理论和“三个代表”重要思想为指导，以科学发展观为统领，围绕经济建设中心，服务改革开放大局；必须坚决贯彻“以我为主，按需引进，突出重点，讲求实效”和“以我为主、为我所用、更有成效”的方针，发挥市场在配置国际人才资源中的基础性作用；必须与时俱进，开拓创新，找准引智工作的突破口，不断创新工作模式；必须增强全局观念，协调各方，加强协同，密切配合，形成引智工作合力。这些经验，要在今后的工作中进一步坚持和发扬。

十六大以来引智工作取得的成绩，是党中央、国务院正确领导的结果，是各地区各部门协同配合的结果，是引智系统广大干部职工齐心协力、努力奋斗的结果，也是社会各方面关心和支持的结果。这里，我谨代表国家外国专家局向各地区各部门的党政领导，向各兄弟部门和社会各界所有关心支持引智工作的朋友们，向全国引智系统的同志们表示衷心的感谢！

在充分肯定成绩的同时，我们也要清醒地看到存在的问题和不足。主要是：引智工作在地区之间、行业之间开展还很不平衡，吸引高层次人才的环境需进一步改善，外国专家管理与服务工作还需改进，依法行政责任制和行政效率仍需强化，市场在配置国际人才和智力资源中的基础性作用还没有充分发挥，政府对人才引进的宏观指导有待加强，引智系统的能力建设仍需提高。我们必须以对引智事业高度负责的精神，采取更加有力的措施，切实解决这些问题，以期不辜负党和人民的殷切期望。

二、紧密围绕实现全面建设小康社会奋斗目标新要求，准确把握新世纪、新阶段引智工作新任务

当今世界正在发生广泛而深刻的变化，当代中国正在发生广泛而深刻的变革。引智工作既面临着前所未有的发展机遇，也面对着前所未有的严峻挑战。

从国际上看，经济全球化深入发展，科技革命加速推进，生产要素流动和产业转移加快，国家之间、地区之间相互依存日益紧密，互动日益增强。我国实行独立自主的和平外交政策，坚持走和平发展道路，奉行互利共赢的开放战略，推动建设和谐世界，与世界经济相互联系日益加深，科技合作交流日趋活跃，使得我们能够分享新科技革命成果，也带动了国际人才向我国快速流动。这为我们更好地引进国外智力提供了种种有利条件。从国内看，我国政治稳定，经济持续快速发展，社会事业方兴未艾。引进国外先进技术、管理经验和优秀人才，应对全球化挑战，成为大多数企事业单位和公共服务部门的必然选择，迅速增长的需求给引智事业带来广阔的发展空间。人才强国战略的实施，引进人才工作由自主培养是基础，引进人才是补充转变为自主培养开发人才和引进海外人才并重，培养和引进并举。引智工作作为对外开放的重要组成部分，也成为人才强国战略的重要组成部分，引智事业的发展环境进一步改善。机遇前所未有。我们一定要珍惜、用好这一历史机遇，在开放的形势下更加有效地吸纳和利用国际人才和智力资源。

机遇与挑战并存。人才的市场化、国际化趋势加强，围绕资源、市场、技术、人才的竞争更加激烈。发达国家凭借强大的经济和科技实力，对高技术人才和高级管理人才纷纷放宽移民、定居等限制，以优厚条件在全球范围内加紧吸引人才，限制和封锁发展中国家对国外人才和智力的利用。挑战前所未有。我们一定要充分准备，把握先机，赢得主动权。

不久前闭幕的中国共产党第十七次全国代表大会，是在我国改革发展关键阶段召开的一次十分重要的大会，是高举中国特色社会主义伟大旗帜，继往开来、求真务实的大会，是团结、胜利、奋进的大会，对于我们抓住和用好重要战略机遇期、推动党和国家事业继续发展具有非常重要的意义。党的十七大根据国内外形势的新变化和各族人民过上更好生活的新期待，对实现全面建设小康社会奋斗目标提出了新的更高的要求。党的十七大报告强调指出，更好实施科教兴国战略、人才强国战略、可持续发展战略；提高自主创新能力，建设创新型国家；加快转变经济发展方式，推动产业结构优化升级；统筹城乡发展，推进社会主义新农村建设；推动区域协调发展，优化国土开发布局；加快行政管理体制改革，建设服务型政府；不断深化干部人事制度改革，着力造就高素质干部队伍和人才队伍；加快推进以改善民生为重点的社会建设；坚持对外开放基本国策，奉行互利共赢开放战略。这些重大部署，使引智工作方向更清晰，定位更明确，职能作用更凸显。引智系统要自觉把思想和行动统一到党的十七大精神上来，把智慧和力量凝聚到实现党的十七大确定的奋斗目标上来，把党的十七大提出的新思想、新任务、新要求转化为引智工作的新理念、新思路、新举措。

今后五年，是全面建设小康社会的关键时期。站在新的历史起点上，引智工作必须紧紧抓住机遇，积极应对挑战，努力为开创中国特色社会主义事业新局面提供人才保证和海外智力支持。这是新世纪新阶段引智工作的根本任务，也是衡量引智工作成效的根本标准。

——要在为建设创新型国家提供国外智力支持，促进自主创新能力提高上取得新突破、新进展。坚持走中国特色自主创新道路，增强自主创新能力，最大限度地利用世界科技创新的最新成果和技术储备，为充分运用后发优势实现科学技术的跨越发展服务。

——要在围绕加快转变经济发展方式拓展引智空间，充分利用国际人才资源上取得新突破、新进展。坚持走中国特色新型工业化道路，大力开发利用国际人才智力资源，发展现代产业体系，推动从工业大国向工业强国加快转变。

——要在切实推进社会主义新农村建设，引进国外农业先进实用技术管理经验上取得新突破、新进展。坚持走中国特色农业现代化道路，努力在引智服务发展现代农业、繁荣农村经济、促进农民增收、培育新型农民、建设新农村上取得新成绩。

——要在加强能源资源节约和生态环境保护，借鉴国外成功方法和先进经验上取得新突破、新进展。坚持节约资源和保护环境的基本国策，落实“必须把建设资源节约型、环境友好型社会放在工业化、现代化发展战略的突出位置”的要求，把推进现代化与建设生态文明有机统一起来，为增强可持续发展能力提供国外智力支撑。

——要在继续推动区域协调发展，创建引智工作新格局上取得新突破、新进展。坚持区域发展总体战略，按照“深入推进西部大开发，全面振兴东北地区等老工业基地，大力促进中部地区崛起，积极支持东部地区率先发展”的战略部署，大力推动形成主体功能区，促进区域协调发展。

——要在全面深化改革、拓展对外开放广度和深度，广泛开展国际人才交流上取得新突破、新进展。坚持改革开放，配合完善社会主义市场经济体制所进行的各项重大改革措施，通过引进国外智力，借鉴国外市场经济的成熟经验。按照“把引进来和走出去更好结合起来，扩大开放领域，优化开放结构，提高开放质量”的总体部署，为深化沿海开放，加快内地开放，提升沿边开放，实现对内对外开放相互促进搞好引智服务。

——要在积极参与构建社会主义和谐社会，增加对社会建设引智资源供给上取得新突破、新进展。坚持以人为本，按照“更加注重社会建设，着力保障和改善民生”的精神，加大社会领域引智力度，广泛吸收借鉴发达国家促进社会和谐发展的经验、做法，推动和谐社会建设。

——要在服务建设和谐世界，吸收和借鉴人类社会一切文明成果上取得新突破、新进展。坚持始终不渝走和平发展道路，顺应奉行互利共赢开放战略的需要，开展国际交流与合作，共享发展机遇，共同应对挑战，继续以我们自己的发展促进地区和世界共同发展。

——要在支持中国特色社会主义事业总体布局全面推进，大力提供海外人才和智力保障上取得新突破、新进展。坚持人才强国战略，围绕中国特色社会主义事业总体布局，着力造就高素质干部队伍和人才队伍，积极为经济建设、政治建设、文化建设、社会建设以及其他方面的建设作出更大贡献。

完成新世纪新阶段引智工作任务，必须充分发挥职能作用，把出发点和着力点放在服务党和国家工作全局上，推动科学发展，促进社会和谐，不断创造经得起实践、人民、历史检验的引智业绩。

三、全面落实中央经济工作会议决策部署，认真做好2008年引智工作

2008年是全面贯彻落实党的十七大作出的战略部署的第一年，是实施“十一五”规划承上启下的一年。我们将迎来改革开放30周年，迎来北京奥运会。今年也是邓小平“利用外国智力和扩大对外开放”重要谈话发表25周年。做好今年的引智工作，对于贯彻落实党的十七大精神、顺利完成新世纪新阶段引智工作的新任务，意义十分重大。今年引智工作的总体要求是：以党的十七大精神为指导，高举中国特色社会主义伟大旗帜，深入贯彻落实科学发展观，认真落实中央经济工作会议决策部署，积极引进海外高层次人才和紧缺人才，进一步提高出国（境）培训的质量和效益；创新工作机制，推进分类指导；加强引智能力建设，提高公共服务水平。充分开发和利用国际人才资源，为促进结构调整、自主创新、节能减排、区域协调发展、民生改善和社会和谐，实现经济社会又好又快发展提供国外智力支持。

去年年底召开的中央经济工作会议，对今年的经济工作作出了重大部署，要求：按照控总量、稳物价、调结构、促平衡的基调做好宏观调控工作；增强做好“三农”工作的紧迫感，转变农业发展方式，不断提高“三农”工作水平；坚持创新驱动，努力实现优势领域的战略突破；加大攻坚力度，打好节能减排攻坚战、持久战；继续推进国家区域发展总体战略，提高区域发展协调性；全面深化改革，积极推动各方面体制创新；创新对外开放工作思路，形成经济全球化条件下参与国际经济合作和竞争新优势；要从人民最关心、最直接、最现实的利益问题入手，加大对改善民生的投入力度。

发展是我们党执政兴国的第一要务，经济建设是我们始终要牢牢抓住的中心。中央经济工作会议确立了许多新的发展理念，提出要坚持全面协调、好字优先，稳中求进、好中求快，需求导向、创新驱动，以人为本、改善民生，攻坚克难、防范风险，内外协调、趋利避害，“两个防止”、又好又快，以点带面、协调推进，等等。贯彻落实好这些要求，国民经济和社会发展一定能继续保持良好态势，引智工作也必将有更大作为。必须从中央确定的今年经济工作的总体要求、大政方针和主要任务入手，找准引智为经济社会发展服务的切入点、着力点，在人才引进、派出培训、资源共享、管理创新和能力建设五个方面狠下工夫，推出新举措，取得新成效。

——引进海外人才和智力，必须更好把握高端、急需取向。

根据当前经济社会发展的急需，有重点地引进各类海外高层次人才和紧缺人才。要依托国家重大科技专项，重点在制约经济社会发展的核心技术和关键技术领域，吸引一批国际顶尖人才和优秀团队来华从事技术或学术交流、咨询培训以及任职工作。着力抓好我局与教育部合作的高校学科创新引智项目和海外名师引进项目、与科技部合作的支持重点科研机构扩大国际科技合作项目、与中国科学院合作的创新团队国际合作伙伴项目等重点项目计划的组织实施，充分利用这些项目平台，从海外引进一批活跃在世界科技发展前沿的战略科学家和学科带头人，争取对国际一流的科学大师、科技领军人物的引进有新突破。紧盯节能减排约束性目标，学习借鉴国外在制定促进节能减排的市场准入标准、强制性能效标准、环保标准，以及鼓励节能减排的价格、财税、金融等激励政策方面的成功经验，为打赢节能减排攻坚战提供最大限度的国外智力支持。围绕经济发展方式“三个转变”和发展现代产业体系等目标，重点引进高新技术、金融、贸易、法律、管理等方面的海外高层次人才。积极引进有丰富跨国公司工作经验、精通国际通行规则、适应“走出去”战略需要的优秀国际化经营管理人才。鼓励和吸引海外华人华侨专家为我国现代化建设服务。

——提高出国（境）培训成效，必须更为注重质量和效益考核。

出国（境）培训工作做到“更有成效”，一定要“好字优先”，抓住质量和效益这个关键，突出重点，稳定规模，提高层次，强化管理，切实增强出国（境）培训的针对性和实效性。

工业化、信息化、城镇化、市场化、国际化深入发展的新形势新任务，对人才队伍的素质、结构和储备提出了新的更高的要求，从而对出国（境）培训工作也提出了新的更高的要求。贯彻党的十七大提出的“统筹抓好以高层次人才和高技能人才为重点的各类人才队伍建设”的精神，保持适当培训规模的同时，着重抓好高层次人才和高技能人才的出国（境）培训。继续支持党政干部出国（境）培训，大力提高他们科学判断形势的能力、驾驭市场经济的能力、应对复杂局面的能力、依法行政的能力和总揽全局的能力；继续支持企业经营管理人才出国（境）培训，加快培养熟悉国际国内市场、具有国际先进水平的优秀企业家；继续支持科技领军人才、科技创新人才出国（境）培训，着力造就具有世界前沿水平的高级专家。适应结构调整和产业升级需要，重点派遣先进制造业发展急需的各类高技能人才，以及金融、信息、物流、旅游等现代服务业发展急需的高级管理人才出国（境）培训。着眼教育、社会管理和医疗卫生等社会事业发展，优先支持高等学校的高级管理人员、社会管理领域的专业人才、医疗卫生系统的高层次专业技术和管理人员出国（境）培训。

继续加强出国（境）培训的宏观调控，规范组织管理，从项目、人员和渠道等方面不断提高出国（境）培训的层次，通过提高层次和强化管理保证质量和效益。在项目结构上，以推动人才队伍能力建设为重点，逐步提高中长期出国（境）培训项目和高层次培训项目的比重。在人员选拔上，贯彻执行“德才兼备、按需派遣、学以致用、宁缺毋滥”的选派方针，严格把关。在渠道建设上，继续提高培训渠道的层次，重点发展与国外名牌大学、著名企业和研究部门的合作，完善培训渠道评估认定工作。在组织管理上，与组织、外事、纪检等部门配合，切实加强监督管理，严肃查处出国（境）培训工作中的违规违纪事件。

——推动引智资源共享，必须更加突出引智成果的普惠性。

按照胡锦涛总书记在中央经济工作会议上提出的“更加注重发展成果的普惠性，更加注重改善民生”的要求，采取有效措施，积极推进引智资源共享，使引智成果惠及更多的人。

解决好13亿人口的吃饭问题，始终是头等大事；“三农”工作，始终是全党工作的重中之重。服务“三农”，引智系统责无旁贷。要围绕当前改善民生的热点、难点，特别是紧扣市场物价稳定、国家粮食安全、农民持续增收、保障人民基本生活等领导重视、社会关注、群众企盼的问题，加大农林牧渔业的引智和成果推广力度，促进粮食、生猪、奶业、油料的生产和供给，缓解物价上涨压力，扩大消费需求，为实现宏观调控目标提供有力支持。一是从国外引进一批优良农牧业品种、先进适用种植养殖技术，重点支持荷斯坦奶牛、斯格种猪、中国超级稻、优质蛋白玉米、“双低”油菜等优良品种，优质超高产小麦育种、美国高油大豆矮秆密植、南美白虾养殖等先进适用技术的引进和应用，以实际的引智行动为解决“米袋子”和“菜篮子”问题献计出力。二是从各地实际出发，加大效益高、前景好、推广价值大的成熟引智成果的推广力度，促进成果尽快实现产业化，并通过“二次引进”推动全国范围内引智成果共享。三是加大“一村一品”等国际上先进的农村发展模式的推广力度，通过“户户有产品，村村有特色”，广辟农民增收渠道，推动农村经济繁荣发展，提高农村消费能力。四是进一步加强对引智示范推广基地和示范单位建设的指导和管理，建立健全正常退出机制，更好地发挥示范作用，继续支持节水灌溉技术等引智基地的发展，积极为加强农田水利建设、切实改善以水利为重点的农业生产条件服务。

——推进引智管理创新，必须更多体现以人为本理念。

党的十七大报告提出，贯彻尊重劳动、尊重知识、尊重人才、尊重创造的方针，激发各类人才创造活力和创业热情，开创人才辈出、人尽其才新局面。这些要求应当体现在外国专家管理的全过程。要进一步强化以人为本的理念，树立管理就是服务的意识，充分尊重外国专家，把握依法、责任、效率、服务四个关键环节，推进管理创新，以良好服务和人性化管理，激发海外人才的创造活力和创业热情。

坚持依法行政。要依照法定权限和程序，履行职能、行使权力。加大归口管理力度，主动做好行政许可证件和外国专家证件发放工作，继续实行文教专家聘请单位资格认可，逐步建立经济技术专家聘请单位登记管理制度，加强外国专家分类统计和信息通报工作。完善外国专家在准入、居留、国民待遇等方面的政策，健全外国专家表彰激励机制、利益表达机制、聘用争端解决机制，依法保护外国专家合法权益，营造良好的人才引进环境。要认真学习、准确理解、熟练掌握各种引智政策法规的具体规定，把以人为本的理念有机融合到依法管理之中。及时、严肃处理专家聘请和出国（境）培训工作中的违规行为。

强化行政责任。在行使职权、履行职责的过程中，要进一步强化责任意识，切实维护外国专家和国内聘请单位的利益。正确处理好权利与责任的关系，既不能失职不作为，又不能越权乱作为。针对管理中容易发生问题的部位和环节，制定加强监督制约的有效措施，健全行政决策责任追究制度，真正做到有权必有责、用权受监督、侵权要赔偿。要切实加强管理，摒弃重审批轻监管、重权力轻责任的陈旧理念，坚决防止和纠正一些地方存在的重项目轻管理倾向。

提高行政效率。效率是服务型政府的基本

要求，是优质服务的应有之义。要大力推进政务公开，将行政许可事项、行政审批事项的名目、标准、程序以及审批和办理结果等向社会或在一定范围公开，通过委托办理、开设窗口等形式，提高办事效率，方便服务对象，降低行政成本。简化、优化审批手续，能办的要快办，不能办的要及时答复。对于未在法定期限内办结的事项并造成不良影响的，要依法追究相关责任。

增强服务意识。外国专家局是“外国专家之家”。“哪里有需求，哪里就有服务”。寓管理于服务之中，为外国专家和聘用单位提供供需信息、法律政策咨询、合同纠纷调解等方面的全方位服务。密切联络一批重点外国专家，善于与他们交朋友，虚心听取他们的意见建议。培养建立一支对中国人民有深厚感情、衷心支持中国改革开放和现代化建设的外国专家队伍，培育和发现优秀外国专家典型。特别要做好对外国老专家、杰出专家、获得友谊奖专家的服务工作，尽力为他们创造更好的工作和生活条件。

——建设服务型机关，必须更快提升公共服务能力。

转变政府职能，建设服务型机关，当前的紧迫任务是更大程度提升引智系统公共服务能力，加快推进引智工作制度化、规范化、信息化。

加强制度建设。切实做到用制度管权、管事、管人。按照“缺什么，立什么”以及“既要于法周全，又要于事简便”的原则，进一步建立健全各项规章制度。今年重点抓好《关于进一步加强外国专家管理工作的通知》《国家引进国外智力成果示范推广基地和国家引进国外智力示范单位管理办法》《引进国外技术、管理人才项目管理办法》《出国培训管理办法》等制度的贯彻落实。继续推动《外国专家来华工作条例》出台。

规范工作程序。办文、办事、办会都要严格遵守程序，使运转更加协调有序，办事更加公正透明，工作更加高效便捷。进一步落实好行政许可、项目审批、外事活动和经费使用等办事规定。优化中美工程技术研讨会、中国国际人才交流大会、友谊奖颁奖活动等重要会议和活动的运作程序，扩大其品牌效应。

推行电子政务。积极推进引智系统办公自动化和电子政务建设。加强引智政府网站建设，扩大信息容量，增强服务功能，拓展在线申请、在线办理业务，逐步实现行政许可事项、引智项目计划申报网上办理和管理工作网络化。加快以“金智工程”为核心的引智信息服务系统建设，推动国家和地方“三库”（专家库、项目库、成果库）建设，实现动态管理。继续推广使用外国专家测评系统，建立聘用海外人才岗位描述信息系统和海外人才需求指导信息发布机制。加强对引智干部网络化、电子化能力的培训，不断提高引智系统信息化整体水平。

四、落实统筹兼顾根本方法，加强引智工作分类指导

统筹兼顾，不断掌握科学发展观的根本方法，要正确处理重点和一般的关系，善于抓住牵动全局的主要工作，着力在重点领域和关键环节取得突破，做到以点带面、协调推进。

推动科学发展，促进社会和谐，离不开国外智力支撑。由于各领域、各地区的情况不同，智力引进的战略需求也有很大差异，引智工作举措不能“一刀切”，必须坚持从实际出发，实事求是，因地制宜。各地区各部门对这项工作高度重视、大力支持，国家外专局在深入调研、广泛听取意见的基础上，根据国家“十一五”规划关于建立分类指导实施机制的要求，制定了《引进国外智力服务国民经济和社会发展的分类指导意见》，作为2008年和今后一段时间指导全国引智工作的主要依据。

加强引智工作分类指导，要注意把握以下几个方面：

——大力促进重点领域持续跨越发展。引智工作要根据“十一五”时期经济社会发展的战略重点和主要任务，针对各个领域的不同特点和需求，实行区别对待的政策措施，进一步实施新农村建设引智工程、资源节约型环境友好型社会建设引智工程、自主创新引智工程、和谐之光引智工程和人才队伍能力建设引智工程，积极推进重点领域快速发展。

优先支持面向紧迫需求的引智项目。围绕新农村建设的重要环节，以粮食主产区生产能力建设、农产品质量安全和标准、增加农民收入为重点，做好引智服务。为基础科学研究、重点学科建设、前沿技术和社会公益技术开发等，提供国外智力支持。开展生态环境保护、荒漠化治理、节约资源等领域的引智。支持以建立健全突发公共卫生事件应急机制、增强防灾减灾能力、安全生产技术开发和监管体制建设、食品药品监管等为重点的项目。继续做好矿山安全引智项目，积极为应对气候变化和办好北京奥运会搞好引智服务。

重点支持服务重大战略的引智项目。结合推进工业结构优化升级，以提升电子信息制造业研发水平、突破新材料和生物产业关键技术为重点，组织实施引智项目。为发展能源工业提供国外智力支持，加大在大型超超临界电站、抽水蓄能电站、核电、西电东送输变电工程建设等领域和重点工程中聘请外国专家的力度。推动重大水利工程建设监理、核燃料资源勘察、油气资源调查与评价等领域的国际人才交流与合作。支持可再生能源开发利用、风力发电设备研制及产业化、先进太阳能技术研发等领域聘请外国专家咨询指导和培养人才。

引导社会资源支持着眼统筹发展的引智项目。鼓励和促进在工程外包、设计咨询、技术转让、金融保险、国际运输、教育培训、信息技术、物流服务等领域扩大对外人才交流。支持企业积极参与国际人才竞争。

——积极推动区域协调发展。引智工作要按照实施区域发展总体战略的要求，紧密结合各地区实际，采取有针对性的政策措施，继续做好海外智力西进工程、振兴东北引智工程、中部崛起引智工程、东部率先发展引智工程和海外智力援疆工程，积极为缩小地区差距、实现共同发展服务。

充分发挥各地的比较优势拓展引智空间。西部地区自然资源和动植物资源丰富，特色经济发达，引智要突出特色，强调优势，给予重点支持。东北地区装备制造业基础良好，农业资源丰富，对俄、日、韩引智区位优势独特，要加大对俄、日、韩引智工作的力度，围绕装备制造业、粮食生产等主导产业做好文章。中部地区农业、能源、矿产资源丰富，引智要重点支持粮食生产、能源和矿产品开发、制造业等传统优势产业。东部地区国际化程度较高，机制灵活，经济发达，对海外高层次人才的吸引力大，需求强烈，引智要重点支持其完善高薪聘请外国专家的相关政策，发挥人才环境好的优势，构筑集聚海外高层次人才和智力的高地。

密切配合区域功能定位确立工作重点。对于优化开发区域，引智要重点放在提高产业的技术水平，化解资源环境瓶颈制约，提升参与国际经济竞争的层次上。对于重点开发区域，引智要把加强基础设施建设，增强吸纳资金、技术、产业和人口积聚能力，加快工业化和城镇化，提升辐射功能等作为服务重心。对于限制开发区域，要按照保护优先、适度开发的方针，重点支持生态环境整治项目和发展生态环境可以承载的特色产业。对于禁止开发区域，要严格按照规定，不上不符合该地区功能定位的引智项目。

积极推进区域协调互动实现优势互补。健全区域合作和互助机制，这方面已经有一些好的做法，要及时总结推广。鼓励和支持各地区之间持续开展广泛、深入的合作。加强区域合作应着重把握三点：一是要加强区域内引智整体规划；二是共同开发利用引智资源，共享引智成果；三是在有条件地区推动构建统一的国际人才大市场。推进区域协调互动，还需不断完善扶持机制，组织东部地区对中西部欠发达地区以及东北地区等老工业基地进行支持。

——健全和完善相关配套措施。在资金分配、项目审批、专家管理、资源开发、工作机制等方面，采取切实的措施，落实《分类指导意见》，引导国外智力向国内有序流动，实现引智资源优化配置，提高引进国外智力的整体效益，提升引智工作的贡献率。

突出重点，保证重点。资金分配，要进一步加大对重点领域的支持力度，并按照扶持欠发达地区和贫困地区的精神，尽可能地向中西部地区倾斜。要本着“存量做优、增量做强”的原则，审批引智项目计划。国家引智专项经费主要保证国家、地方重点项目，常规项目要紧扣各地区各部门中心任务，突出特色和质量。要进一步加强绩效评估和成果跟踪，着力推出一批有重大影响的项目，建立完善资金分配、项目审批与成果绩效挂钩的相关措施。

实施专家分类管理。要认真研究经技专家和文教专家、高层次人才和急需紧缺人才、长期专家和短期专家等的特点和工作规律，根据不同需求，完善和健全相应的规章制度和管理办法，对外国专家实行分类管理。鼓励、引导外国专家向急需的地区、领域、行业合理流动。

加强国别政策研究。根据引智的战略需求，制定国外智力开发的总体方案和国别规划，在更大范围、更广领域、更高层次参与国际人才合作与竞争，充分利用各个国家的优势和特色智力资源，着力发掘引智工作的有效供给，搭建需求和供给的对接平台。引进国外智力，不仅要面向西方国家，也要面向周边国家；不仅要面向发达国家，也要面向发展中国家。必须广开渠道，广交朋友，官方的、半官方的、民间的、国际组织等各种渠道都要有效地运用。中国国际人才交流协会驻外机构作为引智工作的对外窗口，要及时跟踪国外智力资源最新动态，定期报送有价值的调研报告。

政府、中介组织、市场各司其职。发挥政府在引智工作中的主导作用，加强宏观调控，做好人才、智力引进的规划工作，规范市场运作；政府投入主要用于国家战略需求，确保引智工作始终坚持围绕中心，服务大局。发挥中介组织在开拓引智渠道、实施引智项目、推广引智成果方面的独特作用，充分利用中国国际人才交流协会、中国国际人才交流基金会、国家外专局培训中心以及地方国际人才交流协会等人才交流机构的优势，建立引智工作支撑服务体系。发挥市场配置国际人才资源的基础性作用，运用市场机制，调节供求、优化结构；加快国际人才市场体系培育和中国国际人才市场建设，努力使市场成为引进国外智力的重要渠道。竞争性行业的引智工作，要在政府规划、市场需求的引导下，发挥企业的主体作用。完善政府、中介组织、市场多元化主体的人才引进格局，充分利用国际国内两种人才资源。

五、着力提高服务科学发展的本领，实现引智工作又好又快发展

引智系统广大干部必须坚持以科学发展观为统领，求真务实，埋头苦干，认真完成今年各项任务，推动引智工作又好又快发展。

（一）加强学习。深入学习贯彻党的十七大精神是当前和今后一个时期首要的政治任务。要以高度的政治责任感认真抓好学习，紧密联系实际，坚持学以致用，用以促学，把用党的十七大精神武装头脑、指导实践、推动工作作为学习的出发点和落脚点。要认真学习和准确把握中国特色社会主义道路和中国特色社会主义理论体系的深刻内涵，不断增强高举中国特色社会主义伟大旗帜的自觉性和坚定性。要认真学习和深刻领会科学发展观的科学内涵、精神实质、根本要求，更加自觉地走科学发展道路。要准确把握实现全面建设小康社会奋斗目标的新要求，以创新的思路开拓各项工作新局面。要根据履行职责的需要，本着缺什么、补什么的原则，学好现代经济、科技、社会管理、法律等方面的知识，不断完善知识结构、提高业务素质、增强行政能力。

（二）改革创新。改革创新是时代精神的核心。坚持改革创新，应该成为我们引智人的不懈追求。要把改革创新精神贯穿到引智工作各个环节。继续解放思想、实事求是、与时俱进，勇于变革、勇于创新，永不僵化、永不停滞，始终以昂扬的斗志、饱满的热情、锐意进取的精神状态，积极投身引进国外智力的光荣事业。任何时候都要与党中央保持高度一致，任何时候都要创造性地开展工作。经常性工作，重在实现规范化、制度化和程序化；突击性工作，重在建立健全各种预案和预警机制；开创性工作，重在开拓创新，坚持用改革和发展的办法解决前进中的问题。要大力倡导创新文化，培育创新意识，提倡创新精神，完善创新机制，努力使引智工作体现时代性、把握规律性、富于创造性。

（三）扎实工作。夯实基础是首要。要继续加强“三基一化”建设。去年引智系统广泛开展了以基本制度、基础资料、基本功和信息化为主要内容的“三基一化”建设，收到了较好效果。下一步，要在总结完善、丰富内容、创新方式、注重实效上下工夫。狠抓落实是关键。必须突出重点抓落实，明确责任抓落实，协同配合抓落实。既要抓任务，又要抓措施；既要抓效果，又要抓过程。坚持不懈狠抓落实，对关键环节和重点难点问题一抓到底，切实抓出成效。要认真做好引智“十一五”规划实施情况的中期评估。改进作风是保证。要按照胡锦涛总书记的要求，真正做到为民、务实、清廉，全面加强思想作风、学风、工作作风、领导作风、干部生活作风建设。要加强调查研究，深入实际，体察实情，推进工作。以求真务实作风，多干打基础、利长远的事。要始终牢记“两个务必”，艰苦奋斗干引智，勤俭节约办引智。

（四）奋发有为。要正确认识和处理好“两个关系”。一是搞好配合与主动协调的关系。引智工作主要是配合国家重大战略、重大任务、重大专项，应当紧贴需求，主动协调，精准切入，及时出击，切实发挥好“四两拨千斤”的作用。二是干好工作与带好队伍的关系。引智系统全体同志都要做到肯干事、有本事、会共事，努力干出一流的工作，树立一流的形象，创造一流的业绩。要十分注意带好队伍，营造心齐气顺、风正劲足、团结和谐、干事创业的氛围，把引智系统建设成为政治强、作风正、工作出色的部门。

要加强引智宣传工作。大力宣传党的引智政策、引进智力的新经验新成果、外国专家的先进事迹，努力形成全社会关心、支持和参与引智工作的良好环境。今年，我们将会同人事部，对引智系统先进集体、先进工作者进行表彰。这是自1997年以来的又一次表彰，规格很高。希望这次表彰活动能对激励引智系统形成你追我赶、奋力争先的局面，起到积极的促进作用。

新世纪新阶段，引智工作面临着难得的发展机遇，引智系统肩负着光荣的历史使命。融入了这片广阔天地，事情真的做不完！让我们以党的十七大精神为指导，高举中国特色社会主义伟大旗帜，更加紧密地团结在以胡锦涛同志为总书记的党中央周围，齐心协力，不断推动引智工作的新飞跃，开拓引智工作的新境界，为夺取全面建设小康社会新胜利、谱写人民美好生活新篇章作出新的更大贡献！

积极做好引进国外智力工作

季允石

（2008年5月）

党的十六大以来，以胡锦涛同志为总书记的党中央十分重视引进国外智力工作，对引进国外智力工作作出了一系列重要论述，促进了引智工作的发展。五年来的引智工作为推动科学发展、促进社会和谐，为全面建设小康社会，为把改革开放伟大事业继续推向前进，提供了强有力的人才保证。

牢固树立人才资源是第一资源的观念，实施人才强国战略。进入新世纪新阶段以来，经济全球化深入发展，科学技术日新月异，国际竞争日趋激烈。面对这些特点，胡锦涛同志强调指出，“激烈的综合国力竞争和国际人才竞争，给我们提出了严峻的挑战。我们要取得人才竞争的主动权，就必须加强和改进人才工作，进一步形成育才、引才、聚才和用才的良好环境和政策优势”。这一重要论述，进一步指明了人才在经济社会发展中的关键地位和决定性作用，丰富和发展了“人才资源是第一资源”的思想，为贯彻人才强国战略指明了方向。作为国家引智部门来说，必须认清新形势下引智工作面临的挑战，增强忧患意识，在激烈的综合国力竞争和国际人才竞争中，以强烈的进取精神承担起引智工作的历史使命。

利用国际国内两种人才资源，做到自主培养开发人才和引进海外人才并重。重视利用国际国内两种人才资源，服务建设中国特色社会主义事业，实现经济社会又好又快发展，满足发展对人才的需求，是人才强国战略的重要内容。我们要善于利用国内国外两种人才资源，坚持自主培养开发和引进海外人才并重。在立足国内进行人才资源开发、自力更生培养人才的同时，加大引进人才、引进智力工作的力度，采取多种方式吸引出国留学人员回国创业，尤其是要积极引进海外高层次人才和我国经济社会发展需要的紧缺人才。

积极借鉴国外的有益经验和文明成果是引智工作的重要方面。当今世界是开放的世界，中国的发展离不开世界。我们要树立宽广的世界眼光，全面观察世界经济、政治、文化、科技、军事等发展大势，始终坚持对外开放，积极借鉴各国人民在实现经济发展和社会进步中创造的有益成果和经验，绝不能闭关自守、夜郎自大。要在更大范围、更广领域和更高层次上参与国际经济技术合作和竞争，注重引进先进技术、管理经验和高素质人才，提高自主创新能力。

坚持“以我为主、按需引进、突出重点、讲求实效”的方针。在总结改革开放以来引智工作成功经验的基础上，党中央确定了“以我为主、按需引进、突出重点、讲求实效”的引进人才和智力方针。这就要求我们大力提高引智工作的水平，把着眼点放在提高经济增长的质量和效益上，放在增强产业和产品的国际竞争力上。要抓住新一轮全球生产要素优化重组和产业转移的重大机遇，更多地引进先进技术、管理经验和高素质人才；引进人才要紧贴中央的决策部署和急需，适应国家重大战略需求，避免盲目引进和重复引进；要依托国家重大人才培养计划、重大科研和重大工程项目、重点学科和重点科研基地、国际学术交流和合作项目，重点引进高新技术、金融、法律、贸易、管理等方面的高级人才以及基础研究方面的紧缺人才；要借鉴发达国家人才资源开发的有益经验，建立不求所有、但求所用、不拘一格的引进机制。在派出培训方面，要认真贯彻落实“以我为主、为我所用、趋利避害、更有成效”的方针，坚持“少而精、突出重点、从严掌握、择优安排”的原则，重点抓好党政干部、企业经营管理人员和专业技术人员的培训。

坚持以人为本，加强引进人才环境建设。社会主义市场经济体制的不断完善和对外开放的不断扩大对引智工作的创新提出了新要求。我们要明确新形势下引智工作的创新方向，按照国际惯例和市场规则引进人才，发挥市场配置人才资源的基础性作用；要高度关注引进人才环境建设，坚持“尊重劳动、尊重知识、尊重人才、尊重创造”的方针，完善海外人才来华工作的法律法规，保护来华工作的外国专家的合法权益，健全对海外人才的激励保障机制。引进国外智力工作的主要对象是专家，做好为专家服务的工作是引智工作落实以人为本理念、调动和发挥外国专家聪明才智的关键。做外国专家工作要不忘老朋友，广交新朋友。要无微不至地关心老专家的生活，发现和树立新的外国专家典型，使支持中国人民改革和建设事业的外国专家队伍长盛不衰。数十万来华工作的外国专家是中外交流的友好使者，也是我们发展对外关系的重要桥梁与纽带。各级政府外国专家主管部门要成为“外国专家之家”，加强对外国专家的服务，进一步转变职能、改善管理、优化环境、做好工作，充分开发和利用国外智力资源，为构建和谐社会、建设和谐世界作出新贡献。

原载《求是》杂志2008年第5期

在纪念邓小平同志“利用外国智力和扩大对外开放”重要谈话发表25周年座谈会上的讲话

季允石

（2008年7月8日）

今天，我们在这里举行座谈会，纪念邓小平同志“利用外国智力和扩大对外开放”重要谈话发表25周年，纪念改革开放30周年，对于我们坚持对外开放基本国策，开创新世纪新阶段引智工作新局面，具有十分重要的现实意义和深远的历史意义。

25年前的今天，我国改革开放和现代化建设的总设计师邓小平同志发表了“利用外国智力和扩大对外开放”的重要谈话。这是一篇马克思主义的光辉文献。谈话从扩大对外开放和加快现代化建设全局的高度，将引进国外智力确定为一项必须长期坚持的战略方针，揭开了新时期引智工作的崭新篇章，有力地推进了改革开放和社会主义现代化建设的历史进程。

党的十一届三中全会确立了解放思想、实事求是的思想路线，作出把党和国家工作中心转移到经济建设上来、实行改革开放的历史性决策，开辟了改革开放和集中力量进行社会主义现代化建设的历史新时期。正是在全党全国各族人民沿着改革开放的道路阔步前进的大背景下，邓小平同志高瞻远瞩，审时度势，通盘把握国内形势和国际形势，继承发展了马克思主义引智思想，不失时机地作出利用国外智力扩大对外开放的战略决策。谈话拓展了引智新视野，开辟了引智新道路，是开创新时期引智事业的行动指南，是进一步扩大对外开放的强大思想武器。

在这篇谈话中，邓小平同志首次明确提出了外国智力的概念和利用外国智力加速现代化建设的重要思想，开宗明义地指出，“要利用外国智力”“请一些外国人来参加我们的重点建设以及各方面的建设”；针对受“左”的思想影响，对利用国外智力心存疑虑、认识跟不上形势发展的倾向，指出“对这个问题，我们认识不足，决心不大”；科学分析了当时我国现代化建设面临的突出问题，强调引进国外智力的必要性和紧迫性，指出“搞现代化建设，我们既缺少经验，又缺少知识”；从尊重知识、尊重人才出发，要求更新观念、舍得投入，“不要怕请外国人多花几个钱”；方式可以灵活多样，“长期来也好，短期来也好，专门为一个题目来也好”，不同对象，采取不同方式；强调要充分发挥引进人才的作用，指出“请来之后，应该很好地发挥他们的作用”。

邓小平同志深刻把握时代特征和世界大势，阐明了引进国外智力与加快现代化建设和扩大对外开放的内在联系，要求坚定不移地扩大对外开放，在平等互利的基础上积极扩大对外交流与合作。在这篇谈话中，他把利用外国智力作为扩大对外开放的一项重要内容，明确指出，“要扩大对外开放，现在开放得不够”；提出全面对外开放的重要思想，强调“要抓住西欧国家经济困难的时机，同他们搞技术合作，使我们的技术改造能够快一点搞上去。同东欧国家合作，也有文章可做，他们有一些技术比我们好，我们的一些东西他们也需要。中国是一个大的市场，许多国家都想同我们搞点合作，做点买卖，我们要很好地利用”。最后，邓小平同志特别强调，利用外国智力和扩大对外开放，“这是个战略问题”，必须当作一项重要的战略方针，长期不懈地坚持下去。

邓小平同志的这篇重要谈话，全面回答了当时困扰和束缚人们思想的一些认识问题和观念问题，围绕现代化建设必须利用外国智力这个重大课题，深刻揭示了利用外国智力和扩大对外开放的密切关系，确定了引智工作的基本方针，阐述了引进国外智力的必要性，引进的目的、对象、方式方法以及必须坚持的原则和运用的策略等一系列重要问题，奠定了邓小平引进国外智力理论基础，构筑了新时期引智工作基本框架，勾画了引智事业发展宏伟蓝图，确立了引进国外智力在改革开放和现代化建设中的战略地位。谈话通篇贯穿了解放思想、实事求是和改革创新的精神，是我们党在对外开放条件下指导引进国外智力的纲领性文献，是我国新时期引智事业蓬勃发展的宣言书。在谈话精神指引下，引进国外智力工作呈现出雷厉风行、全面开创的新局面。这篇重要谈话所表述的战略思想及邓小平同志关于引进国外智力的一系列重要论述，成为邓小平理论的重要组成部分。

25 年来，邓小平引智思想与时俱进，不断得到丰富和发展。以江泽民同志为核心的党的第三代中央领导集体把改革开放伟大事业成功推向 21 世纪，新时期引智事业不断向纵深发展。江泽民同志要求，“积极引进国外智力，吸收和借鉴世界各国先进的技术和管理经验以及其他一切文明成果，加快自己的发展”，强调人力资源是第一资源，要广纳贤才，知人善任，既重视国内人才，也要积极吸引海外人才，鼓励留学人员回国工作或以适当的方式为祖国服务。进入新世纪新阶段，以胡锦涛同志为总书记的党中央大力实施人才强国战略，把引进和利用国外智力、利用国外人才资源作为人才强国战略的一个重要方面。胡锦涛同志指出，人才问题是关系党和国家事业发展的关键问题，人才资源已成为最重要的战略资源，强调“要善于利用国际国内两种人才资源，做到自主培养开发人才和引进海外人才并重”“要积极引进海外高层次人才和我国经济社会发展需要的紧缺人才”，要求“坚持以我为主，按需引进，突出重点，讲求实效的方针，积极引进海外人才和智力”。这些重要论述，集中体现了党和国家在改革开放新形势下引进国外智力的指导思想、大政方针，是我们党对马克思主义引智思想的创新发展和重大贡献，是与邓小平引智思想一脉相承而又与时俱进的最新理论成果。

伴随着改革开放的伟大历史进程，引智工作紧紧围绕党和政府的中心工作，服务经济社会发展大局，为党和国家工作中心转移、经济快速发展和社会全面进步，为创建社会主义市场经济体制、开创全面开放新局面，为推动科学发展、促进社会和谐、将中国特色社会主义伟大事业继续推向前进发挥了不可替代的作用。与此同时，引智事业取得长足发展，形成了全方位、宽领域、多渠道的引进国外智力发展格局。

一是引智规模不断扩大。境外来中国大陆工作的专家从 20 世纪 80 年代末每年不足万余人次到 2007 年当年达 48 万人次，出国（境）培训由每年不足 900 人到去年近 7 万人。一大批境外优秀专家积极参与我国现代化建设。从第一位“洋厂长”德国专家格里希，到日本著名的水稻种植专家原正市，著名美籍华人专家杨振宁、李政道、姚期智等和在座的聂华桐教授都是他们中的杰出代表。

二是引智交流渠道不断拓展。与国家外国专家局有长期良好合作关系的政府机构、国际组织、著名大学和民间团体由10多个发展到涉及60多个国家和地区的300多个。

三是引智服务领域不断拓宽。由过去主要集中在工业生产、教育和新闻出版部门，发展到遍及国民经济和社会发展以及政府管理等各个领域。

四是引智地域日益宽广。由最初的沿海地区和少数城市扩展到今天的全国各地。

五是引智主体日益多元化。由初期的政府主导发展为今天的政府、企业、中介组织协同联动、竞相引智的局面。

六是引智体制改革不断深化。逐步由计划管理为主向市场导向为主转变，市场在人才资源配置中的基础性作用得到进一步发挥。

25年来的引智实践充分证明，在改革开放和现代化建设的关键时刻，邓小平同志以马克思主义的理论勇气、求实精神、丰富经验和远见卓识所确立的利用外国智力扩大对外开放的战略方针，是完全正确的；邓小平同志当年从扩大对外开放的大局出发对引智事业作出的战略部署，是完全正确的。引智工作每一步前进，每一项成绩，都是邓小平引智思想具体实践的结果。从对外开放到全方位对外开放，再到全面对外开放，引智工作都作出了积极的贡献。在隆重纪念这篇重要谈话发表25周年的时刻，我们更加深切缅怀我国改革开放和现代化建设的总设计师邓小平同志。

今天，回顾改革开放以来我国引智事业的生动实践，重温邓小平同志的这篇重要谈话，我们感到格外亲切，更受到深刻的教育和启迪。

第一，引智工作是扩大对外开放的重要组成部分。智力是活的知识力量，它的伟大作用远非设备、书本、资料、图纸所能代替。在引进资金、设备的同时，更要注重引进国外智力。扩大开放领域，优化开放结构，提高开放质量，形成内外联动、互利共赢、安全高效的开放型经济体系，必须更好地坚持引进国外智力战略方针，大力发展引智事业，把“引进来”和“走出去”更好地结合起来。

第二，引智工作是实施人才强国战略的必然要求。现代化建设最重要的是知识和人才。当前，我国人才的总量、结构和素质还不能适应经济社会发展的需要，必须更好地实施人才强国战略，在充分发挥国内现有人才的作用、大力自主培养开发人才的同时，扩大视野，千方百计地把海外可以利用的智力资源吸引到我国社会主义现代化建设中来。

第三，引智工作是借鉴人类一切文明成果的有效途径。世界各种有益的文明成果是人类共同的财富。我们必须坚定不移地扩大国际合作和交流，吸收和借鉴当今世界包括资本主义发达国家的一切反映现代化大生产的先进经营方式、管理方法，积极借鉴各国人民在实现经济发展和社会进步中创造的有益成果和经验。

第四，引智工作必须积极推动科学发展。又好又快发展是全面落实科学发展观的本质要求。引智的目标要围绕又好又快发展来确立，引智的布局要伴随服务又好又快发展来延伸，引智的成效要通过又好又快发展来检验。

第五，引智工作必须服务于建设社会主义和谐社会。引智工作要坚持以人为本，按照“更加注重社会建设，着力保障和改善民生”的精神，加大社会领域引智力度，广泛吸取发达国家促进社会和谐发展的经验、做法，推动和谐社会建设。

第六，引智工作必须适应日趋激烈的国际竞争的需要。人才资源特别是高层次人才资源日益成为国际性紧缺资源，国际人才竞争越来越激烈。需要制定和完善政策，改善工作、生活条件，集中力量形成竞争的局部优势，进一步加大吸引海外人才力度，使我国在国际人才竞争中处于较为有利的地位。

当今世界正在发生广泛而深刻的变化，当代中国正在发生广泛而深刻的变革。今天，我们纪念邓小平同志的重要谈话，认真学习研究邓小平引智思想，就是要更好地贯彻落实党的十七大精神，为推动科学发展、促进社会和谐，实现十七大确定的战略目标、重大部署提供强有力的人才保证和海外智力支撑。

纪念邓小平同志的重要谈话，就要继续解

放思想，改革创新。解放思想、实事求是、与时俱进，是马克思主义活的灵魂，是我们适应新形势、认识新事物、完成新任务的根本思想武器。新时期引进国外智力在实践上的每个重大发展，在理论上的每个重大突破，在工作上的每个重大进步，都是在解放思想中实现的。继续解放思想，就是要围绕引智工作中的重大理论问题和急需解决的现实问题，研究新情况、总结新经验、解决新问题，使我们的事业越来越兴旺发达。要以高度的历史责任感和使命感，把改革创新的精神贯穿到引智工作的各个环节，不断完善创新机制，努力使引智工作体现时代性、把握规律性、富于创造性。

纪念邓小平同志的重要谈话，就要抓住机遇，迎接挑战。和平与发展仍然是时代主题，求和平、谋发展、促合作已经成为不可阻挡的时代潮流。世界多极化不可逆转，经济全球化深入发展，科技革命加速推进，全球和区域合作方兴未艾，生产要素流动和产业转移加快，国家之间、地区之间相互依存日益紧密，互动日益增强。共享发展成果，共同应对挑战，愈益成为各国面对的战略选择。我国实行独立自主的和平外交政策，与世界经济相互联系日益加深，带动了国际人才向我国快速流动。这为我们更好地引进国外智力提供了有利条件。我国政治稳定，经济持续快速发展，社会事业蒸蒸日上。加速工业化、信息化、城镇化、市场化、国际化进程，推动科学发展、和谐发展、和平发展，全社会对高层次人才的需求大大增加。但是，我国人才总量相对不足，结构不够合理，创新能力亟待提高，特别是高层次和领军人才严重缺乏，人才供需矛盾十分突出，对引进海外人才和智力提出了更高的要求。实施人才强国战略，引进国外先进技术、管理经验和优秀人才，应对全球化挑战，成为大多数企事业单位和公共服务部门的客观需要，迅速增长的需求给引智事业带来广阔的发展空间。发达国家凭借强大的经济和科技实力，对高技术人才和高级管理人才纷纷放宽移民、定居等限制，以优厚条件在全球范围内加紧吸引人才，限制和封锁发展中国家对国外人才和智力的利用。引智干部的自身素质还不适应形势发展的要求，引智能力建设亟须加强。我们一定要珍惜、用好历史机遇，勇敢地迎接挑战，更加有效吸引和充分利用海外人才和智力。

纪念邓小平同志的重要谈话，就要全面实现引智事业的新突破、新发展。党的十七大的各项战略部署，为新时期新阶段引智事业指明了前进方向，使引智工作目标更加清晰，定位更加明确，作用更加凸显，任务更加繁重。我们必须开拓进取、求真务实，扎实工作、奋发有为。要在为建设创新型国家提供国外智力支持，促进自主创新能力提高上实现新突破、新发展；要在围绕加快转变经济发展方式拓展引智空间，充分利用国际人才资源上实现新突破、新发展；要在切实推进社会主义新农村建设，引进国外农业先进实用技术管理经验上实现新突破、新发展；要在加强能源资源节约和生态环境保护，借鉴国外成功方法和先进经验上实现新突破、新发展；要在继续推动区域协调发展，创建引智工作新格局上实现新突破、新发展；要在全面深化改革、拓展对外开放广度和深度，广泛开展国际人才交流上实现新突破、新发展；要在积极参与构建社会主义和谐社会，增加对社会建设引智资源供给上实现新突破、新发展；要在服务建设和谐世界，吸收和借鉴人类社会一切文明成果上实现新突破、新发展；要在支持中国特色社会主义事业总体布局全面推进，大力提供海外人才和智力保障上实现新突破、新发展。

重温邓小平同志的重要谈话，展望未来，引智事业使命光荣、任务繁重，机遇难得、充满挑战。让我们更加紧密地团结在以胡锦涛同志为总书记的党中央周围，高举中国特色社会主义伟大旗帜，坚持以邓小平理论和“三个代表”重要思想为指导，深入贯彻落实科学发展观，求实创新，锐意进取，开创新时期新阶段引智事业新局面，为推进中国特色社会主义伟大事业、夺取全面建设小康社会新胜利作出新的更大贡献！

精心组织　狠抓落实
切实做好灾后重建规划编制工作

孙宝树

（2008年6月26日）

为贯彻落实党中央、国务院召开的省区市和中央部门主要负责同志会议精神，按照国家抗震救灾总指挥部灾后重建规划组的要求，部党组决定召开这次座谈会，重点研究部署地震灾区就业和社会保障公共服务设施重建规划编制工作。

一、充分认识编制就业和社会保障公共服务设施重建规划的重要意义

四川汶川特大地震是新中国成立以来破坏性最强、波及范围最广、救灾难度最大的一次地震灾害，给四川、甘肃、陕西等地人民生命财产和经济社会发展造成重大损失。在党中央、国务院的坚强领导下，全国各族人民万众一心、众志成城、顽强奋战，夺取了抗震救灾斗争的重大阶段性胜利。按照党中央、国务院的总体部署，抗震救灾已进入恢复重建阶段。根据《汶川地震恢复重建条例》的规定，国家发改委正在会同有关部门与地震灾区共同编制地震灾后恢复重建规划，报国务院批准后实施。我部作为国务院抗震救灾总指挥部重建规划组联络员单位，按照国家汶川地震灾后重建规划工作方案要求，主要参与公共服务设施建设规划编制工作，主要任务是做好公共就业服务和社会保障服务设施建设规划编制。

（一）充分认识编制重建规划的重要性。科学编制就业和社会保障公共服务设施重建规划，并将其纳入到灾后恢复重建总体规划中，是地震灾区恢复重建的一项重要基础性工作，也是安排灾后重建资金的重要依据。国务院抗震救灾总指挥部灾后重建规划组在制定工作方案时，明确将“民生优先”列为重建规划的首要原则，要求从灾区群众的生产生活需要出发，从扩大就业、增加收入和提高生活水平出发，优先解决与灾区群众生活密切相关的基本问题，把灾区群众的根本利益放在首位。我们这个系统管理的公共就业服务场所、社会保险经办场所、劳动保障工作平台、技工学校和职业培训机构等公共服务设施，都直接面向广大群众和企业，应当说都属于上述优先解决的范围。因此，各地特别是灾区人事、劳动保障部门要增强政治意识、大局意识和责任意识，把编制公共服务设施重建规划作为当前的一项重要任务，摆在更加突出的位置上，全力以赴编制出“符合总体要求、突出工作特点”的重建规划，使灾区就业和社会保障公共服务能力和水平尽快达到并超过灾前水平，保障人民群众充分就业和基本生活的需要，推进灾区经济社会的和谐发展。

（二）充分认识编制重建规划的艰巨性。

地震发生后，尹蔚民部长、张小建副部长及部重建规划组先后赴四川等灾区进行调研。从总体来看，编制重建规划，工作十分复杂。特大地震使灾区人事、劳动保障工作受到严重影响，基层管理服务机构和公共服务设施损失惨重。从工作层面看，社会保障待遇支付面临巨大压力，停产半停产企业职工和失业人员生活困难，就业形势十分严峻。从系统受灾情况看，公共就业服务场所、社会保险经办场所、基层劳动保障工作平台、技工院校及信息网络系统等公共服务设施损毁严重，特别是在重灾区，部分县、乡镇、街道一级，公共服务设施被彻底损毁，给工作开展带来更大的困难。此外，灾区受损程度不一，有的需要完全重建，有的需要恢复或部分重建，有的需要维修加固，情况十分复杂。要彻底摸清灾区受损情况、准确掌握需求、制定灾后重建目标，科学编制重建规划，难度的确不小。各地特别是灾区人事、劳动保障部门，要深刻领会中央关于当前"形势逼人、挑战严峻、任务艰巨"的重要判断，增强风险意识和忧患意识，增强战胜困难的决心和信心，正确认识灾后重建的长期性和复杂性，克服底数不清、人员不足、信息不畅等困难，通过认真评估、分析、测算，确保规划编制的科学、严谨和规范，经得起实践和历史的检验。

（三）充分认识编制重建规划的紧迫性。国务院抗震救灾总指挥部第13次会议提出，要在三个月内制定灾后恢复重建总体方案。虽然我们的编制工作启动时间要比其他行业部门晚，但是经过部里和地方的共同努力，我们已经赶上了国家编制规划的步调。目前，灾区就业和社会保障公共服务设施建设迫在眉睫，刻不容缓。建立公共就业和社会保障等服务场所，落实各项就业和社会保障政策，帮助灾区群众重返就业岗位，拥有一份稳定的收入，树立重建家园的信心，意义十分重大。根据国家灾后重建规划组的要求，规划编制工作在7月20日以前完成并正式报国家发改委。灾区人事、劳动保障部门要充分认识编制重建规划的紧迫性，发扬特别能吃苦、特别能战斗、特别能奉献的精神，进一步明确分工、落实责任，务必按照规定时限高起点、高标准、高质量地完成规划编制任务。

二、理清思路，认真做好重建规划编制工作

重建规划是指导灾后恢复重建实施工作的蓝图，灾区重建项目的实施要以规划为依据，以规划为指导。编制规划要坚持以人为本，立足规划地区人力资源社会保障事业发展需要，以健全服务体系、完善服务功能、强化服务手段、创新服务模式、提高服务水平为重点，建立健全覆盖城乡的就业和社会保障服务体系。规划期共八年时间，重点以前三年恢复重建为主，要达到"一年基本恢复、两年基本完善、三年全面达标"的建设目标。后五年与"十二五"相重合，要以全面发展提高为目标，进一步完善政策体系和服务体系，实现社会就业更加充分，覆盖城乡居民的社会保障体系基本建立、人人享有基本生活保障的战略目标。在编制规划中，要重点把握以下原则：

（一）坚持科学规划，统一整合。地震灾后恢复重建是百年大计，要从长计议，必须通盘考虑，制定科学合理的规划。今年3月，新一届政府组建了人力资源和社会保障部，这一深化行政管理体制改革的重大举措，有利于加强社会管理和公共服务；有利于完善劳动收入分配制度，统筹各类人员的就业和社会保障政策，建立健全从就业到养老的服务和保障体系，进一步保障和改善民生；有利于更好地发挥我国人力资源优势，促进人力资源合理流动和有效配置。因此，重建规划要体现"统一整合"原则，凡是重新建设的，应统一建立一个综合服务场所，按照部里要求统一制定建设规模和标准，统一设计信息系统支撑网络，涵盖就业、社会保障、人才等各类服务，覆盖城乡各类群体，实现就业和社会保障一体化服务的最大效益和最好效果。凡是维修加固的，可以维持现状，但要考虑今后发展中如何加快

城乡统筹，扩大服务覆盖领域和覆盖范围的问题，以及进一步优化工作流程，改进工作模式的问题。

（二）坚持统筹兼顾，突出重点。统筹兼顾，就是与当地经济社会发展水平相适应，与国家总体重建规划和相关专项规划相衔接，同时要突出就业和社会保障工作的特点，适应人力资源社会保障事业长远发展的需要。在全面推进人力资源社会保障公共服务机构和设施建设时，要优先建设就业服务、人才服务、社保经办、技工院校及信息网络系统，即“4 + 1”，要将公共服务窗口恢复重建和全面提升综合服务能力作为重建规划的重点。只有统筹兼顾，抓住重点，我们的规划才有立足点，也才更有说服力，将来实施起来，才能按照轻重缓急、有条不紊地推进。

（三）坚持以人为本，适度超前。公共就业服务场所、社会保险经办场所、基层劳动保障工作平台，这些公共服务机构直接面向广大人民群众和用人单位，重建规划要从灾区实际出发，在总体布局上要做到科学、合理、方便群众。在功能设计上，要体现人性化、现代化，通过“一站式”服务以及政府网站、“12333”咨询电话，使社会公众能充分享受到及时、便捷的服务。重建规划要超前设计，不能是对灾前的简单复制，要达到或超过灾前水平。

（四）坚持分类指导，有序推进。重建规划是一项中长期目标任务，不可能一蹴而就。分类指导，就是尊重实际，不搞“一刀切”，必须摸清底数，全面掌握灾区人事、劳动保障部门的受损情况和重建需求，做深入细致的分析和归类。要区分严重受灾地区与一般受灾地区，逐步缩小灾区实际需求与重建规划之间的差距。同时，要统筹考虑，明确优先恢复重建领域，有计划、有步骤地推进灾后恢复重建工作。

（五）坚持自力更生，创新发展。恢复重建要以灾区人事、劳动保障部门为主体，充分发挥当地广大干部职工的积极性、主动性和创造性，通过自身努力，克服困难，在国家的支持下实现灾后重建和发展目标。要用改革的思路、发展的眼光，实现创新发展，打破现行制度体制机制障碍，不能因循守旧、墨守成规。要积极开辟新的灾后重建资金筹集渠道，建立政府主导、社会参与、多渠道筹集资金的工作机制。要创新政策支持方式，继续为广大劳动者提供就业援助，对各类吸纳灾区群众就业的用人单位给予优惠政策，采取以工代赈的方式组织受灾群众参加地震灾后恢复重建。要加快提高社会保险统筹层次，增强应对和化解风险的能力。通过不断创新思路，进一步提升重建规划地区人力资源社会保障事业发展的整体水平。

三、狠抓落实，确保规划编制任务顺利完成

编制规划是灾后恢复重建工作的第一个步骤，也是关键环节。规划编制的质量将直接影响到规划的实施效果和事业的长远发展。在此，我再强调以下几点要求：

（一）加强组织额导，落实工作责任。目前，部里参加了国务院抗震救灾总指挥部生产恢复组、重建规划组和卫生防疫组，为加强信息沟通，近日部里对各组联络员单位进行了整合，成立了部抗震救灾工作领导小组。考虑到重建规划的重要性和相对独立性，领导小组内设重建规划组，由规划财务司牵头，部属有关单位和四川、甘肃和陕西人事、劳动保障厅负责同志参加。虽然编制规划由部里来组织、协调和指导，但是按照《汶川地震恢复重建条例》的要求，受灾地区政府是重建工作的责任主体。因此，四川、甘肃、陕西三个省的人事、劳动保障部门要切实负起责任，主要负责同志要亲自抓，加强对灾后恢复重建工作的领导，成立专门机构，采取有效措施，动员和组织各种力量，圆满完成规划编制任务。

（二）加强沟通配合，步调协调一致。目前，距离国家要求报送规划文本的截止日期不到一个月的时间。部重建规划组会同灾区已编

制了就业和社会保障公共服务设施重建规划草案。灾区人事、劳动保障部门要按照部里工作进度的要求，建立沟通协调机制和定期通报制度，要及时将部里的要求向地方政府通报，还要将地方重建规划的进展情况报部里，做到地方政府规划、部里专项规划与国家总体规划有机统一，相互衔接。由于编制重建规划时间紧、任务重、难度大，参加部重建规划组的地方同志必要时要到部里集中办公，共同完成编制任务。

（三）加强调研评估，夯实工作基础。根据国家重建规划编制要求，下一步国家要开展评估工作，必要的话要委托专业的权威机构进行评估，以进一步摸清受灾损失情况。因此，各地要积极开展调研工作，提前把各项工作做细，做扎实，做好评估准备。只有摸清底数，准确掌握灾害损失情况，我们的规划才能建立在比较坚实的基础上，增强说服力，也才能有的放矢，提高针对性。

（四）加强标准制定，确保规划质量。重建规划要依据统一的标准规范，标准制定工作就显得尤为重要。灾区人事、劳动保障部门要认真研究，因地制宜，制定切实可行的建设标准和规范，既要充分考虑事业不断发展，社会需求日益增长的需要，做到适度超前，又要兼顾经济社会发展水平，不盲目贪大求新，这就需要把握一个“度”，这一点很关键，将直接决定规划编制的质量。各地可以先拿出一个标准，部里再进行论证和综合平衡，要做到与其他部门和行业公共服务设施的标准相衔接。

（五）加强科学论证，广泛听取意见。重建规划内容涉及面广，情况复杂。灾区人事、劳动保障部门要本着实事求是的原则，收集、整理规划地区经济社会基本情况及人力资源社会保障公共服务设施情况，包括震前和震后公共服务的情况，提出相应的重建规划需求。同时，要集思广益，广泛听取在一线工作同志的意见和建议，并组织专家对重大项目进行深入科学论证，使恢复重建规划编制过程成为集中民智、反映民意、凝聚民力的过程，切实提高规划的前瞻性、针对性、指导性、可操作性。

（六）加强实施准备，开展对口支援。灾区人事、劳动保障部门要在宣传动员、筹集资金、分步实施等方面早做准备，规划一经批准，就要不折不扣地执行，防止和克服重规划编制、轻规划实施的倾向。各地人事、劳动保障部门要依据汶川地震灾后恢复重建对口支援方案，按照“一省帮一重灾县”的原则，并根据重建规划的要求，在当地党委、政府的领导下，将援助四川等灾区计划纳入当地对口支援工作的总体规划，积极为灾区提供人力、物力、财力、智力等各种形式的支援。

我们要按照党中央、国务院的统一部署，坚持“两手抓”，一手坚持不懈地抓抗震救灾和恢复重建工作；一手坚定不移地抓人力资源社会保障工作，保障人民群众基本生活，促进社会和谐稳定。各地人事、劳动保障部门要树立高度的政治责任感和使命感，积极推动灾区恢复重建稳步实施，确保圆满完成人力资源社会保障部门承担的各项工作任务。

强化认识　加强领导
切实提高专题调研的质量和效率

孙宝树

（2008 年 10 月 30 日）

一、充分认识加强调研的重大意义

调查研究，是摸清情况和解决问题的有效途径，是推进人力资源和社会保障事业科学发展的重要保证。我们常讲“没有调查研究就没有发言权”，说的就是这个理。加强调研对于我部来讲具有十分重要的意义。

（一）加强调研是深入开展学习实践科学发展观活动的重要内容。在全党深入开展学习实践科学发展观活动，是党的十七大提出的一项重要战略任务。与以往党内开展的教育活动相比，这次学习实践活动，突出了“实践”特色。主要目的就是要通过加强调查研究，着力解决群众反映强烈的、影响和制约科学发展的突出问题。当前，我部正处于活动的学习调研阶段。在工作非常繁忙的情况下，部党组专门抽出两天时间集中学习研讨，并分三批与同志们进行交流。同时，部里还分三期开展了处以上干部集中学习培训班，围绕着什么是科学发展观、如何在人力资源和社会保障领域实现科学发展等专题进行认真学习和研讨。从反映的情况看，三期班都办得很成功，达到了预期目的。通过集中学习培训，大家深化了对开展学习实践活动重大意义的认识，深化了对科学发展观科学内涵、精神实质和根本要求的认识，深化了对我部落实科学发展观重要性的认识，深化了对当前工作中存在的与科学发展观要求不适应、不符合问题的认识，深化了对贯彻落实科学发展观思路和措施的认识。靠什么把这些收获和共识转化为谋划科学发展的具体思路，转化为制定和实施更加符合时代要求、符合人民群众新期待的政策措施？靠大力加强调查研究。

部党组高度重视调研在学习实践活动中的作用，把调研作为活动的一个重要内容和关键环节进行安排，并围绕“开发人力资源，推进民生建设，服务科学发展”这一主题，确定了 9 个专题调研题目，按照一位部领导负责一个专题的原则，从 10 月下旬至 11 月下旬，集中时间深入基层开展调研，认真总结地方经验，研究解决这些问题的途径和办法。我相信，这次部领导专题调研，必将对把学习实践活动引向深入起到重要的推动作用，对人力资源和社会保障工作起到积极的促进作用，对系统也将发挥引领示范作用。只要我们部属各单位和系统按照部党组的要求，大力加强调查研究，解决好当前工作中存在的突出矛盾和问题，就能够更好地把科学发展观贯彻落实到人力资源和社会保障各项工作中，就能够实现中央提出的“党员干部受教育、科学发展上水平、人民群众得实惠”的目标。

（二）加强调研是体现大部制改革成效的重要保证。组建人力资源和社会保障部，是中央站在全局和战略的高度作出的重大决策，是探索实行职能有机统一的大部门体制的一项重要举措。作为新组建的大部，我们担负着开发人力资源、推进民生建设的重要职责，承担的工作都与人民群众息息相关，涉及千家万户，牵涉方方面面。胡锦涛总书记在党的十七大上提出的社会建设“五个有”的目标任务（努力使全体人民学有所教、劳有所得、病有所医、老有所养、住有所居），其中三个或三个半与我部的职能直接相关。这足以说明我部工作在经济社会发展全局中的重要地位。

当前，我国正处于经济社会发展的转型时期，人力资源和社会保障领域还存在诸多制度性、体制性、机制性矛盾，还存在一些亟待研究解决的热点、焦点和难点问题。靠什么按照大部制改革的要求，解决好当前突出的矛盾和问题，实现人力资源和社会保障事业的科学发展？靠大力加强调查研究。部属各单位一定要大力加强调查研究，重点就建立健全实现社会就业更加充分的政策体系，加快建立覆盖城乡居民的社会保障体系，努力形成机关、事业和企业人员合理有序的收入分配格局，建立干部能进能出、能上能下、充满生机与活力的用人机制，努力建设一支高素质的人才队伍，构建和谐稳定的劳动关系等问题，深入基层进行调研，以改革创新的精神，加强各项制度建设，不断完善体制机制，为促进事业的科学发展提供保障。对如何建立统一规范的人力资源市场、如何整合人事人才和劳动保障信息系统，也都要及时提出具体的意见和措施，以加强对地方工作的指导。这在当前地方进行机构改革的大背景下，更具其特殊意义。

（三）加强调研是应对新形势新任务的必然要求。当前，我们面临的国内外经济社会发展环境正发生着深刻的变化，人力资源和社会保障领域也涌现出很多社会高度关注、需要抓紧研究解决的突出问题。比如，今年以来，美国次贷危机引发的世界金融危机，使全球经济发展面临严峻挑战，也对我国实体经济开始产生影响。一些企业主要是部分出口型企业面临经营困难，出现就业岗位流失的现象。一些企业主要是部分证券、钢铁企业开始调整薪酬，不同程度地降低职工工资水平。这对我国促进就业、工资收入分配、劳动关系调整和社会保险基金征缴都带来了一定的影响。再比如，十七届三中全会对着力破除城乡二元结构、形成城乡经济社会发展一体化新格局作出了重要部署，如何适应农村改革发展新形势，顺应亿万农民过上美好生活新期待，通过理念创新和制度创新，实行城乡平等的就业制度，健全农村社会保险体系，对城乡各类群体，作出符合其就业状况和收入特点的制度安排，逐步建立覆盖城乡居民的社会保障体系。又比如中央对加强社会管理和建设服务型政府提出了明确要求，如何进一步深化人事制度改革，加强公务员队伍的作风建设和能力建设，努力提高政府的效能和公信力。这些都是当前迫切需要研究解决的突出问题。

应对好新的形势，解决好新的问题，完成好新的任务，还是要靠大力加强调查研究。部属各单位一定要强化大局意识、战略思维，密切关注国内外经济社会发展的大事，认真分析这些事件的前因后果及对我们可能产生的影响。要抓紧设立有关课题，迅速组织得力人员，前往问题比较突出的地区和企业，开展有针对性的调查研究，认真研究金融危机对我国就业等问题的影响，认真研究新土地制度改革对社会保障等工作的要求，认真研究突发事件对干部应急能力提出的要求。要通过调查研究，找出解决问题的办法，制定和完善政策，搞好工作预案，把对我部工作的不利影响降低到最低程度，确保完成党中央、国务院交给我们的各项目标任务。

二、把握好调研中的几个问题

（一）立点要高。这主要是对确定选题的要求。确定选题是调研的关键环节。从某种意义上说，一个好的选题往往意味着调研成功了一半。部属各单位要高度重视选题的确定，必须站在全局的高度，围绕部学习实践活动主题和重点调研任务，抓住部里具有全局性影响的、当前迫切要求解决的、制约事业科学发展的突出矛盾和问题进行调研，特别是要把中央领导同志有明确要求、社会各界反映强烈的问题，作为当前专题调研的重点，抓紧抓实。立点要高并不是抓一个大而无当的选题开展调研，那样就可能事倍功半，达不到应有的效果。而是要分轻重缓急，紧紧抓住当前突出的、经过努力短时间内有可能解决的问题来开展。比如农民工养老保险办法和社会保险关系转移接续办法，就是中央有明确要求、社会各方面充满期待，而且经过努力短期内也有可能解决的问题。我们就是要抓住这些问题，通过调研促进有关政策的制定实施，并把相关工作向前推进一大步。

（二）研究要透。任何一个调研，我的看法都是三分调查、七分研究，能否取得较好成效，主要取决于平时研究是不是深入、是不是透彻。平时的研究越透彻，调研的时候才能去粗存精，去伪存真，才能透过现象看本质，找出问题的根本所在，调研的成效就会越显著。这次部领导和部属各单位专题调研内容，都是部属各单位当前正在抓的重点工作，都不是新问题了，过去已多次进行调研，实际工作中已经作了大量的协调和研究工作，已有了比较好的基础。否则，没有前期大量的准备工作，特别是前期的深入研究，仅通过这次专题调研，几天的时间，跑几个地方，就要找出解决问题的途径和办法，难度很大，甚至是不可能的。说白了，调研其实就是对平时研究的一次实证和检验，一些调研的质量不高，主要是平时的研究和积累不够。部属各单位必须高度重视研究，针对当前突出的问题进行全面深入分析，不断提高分析问题和解决问题的能力。

（三）对策要实。根据实际情况提出有用、管用的对策措施，是调研的核心任务和根本目的，也是调研成效的集中体现。所谓对策要实，就是经过调研提出的对策措施要贴近实际，要为各方所接受，具备可行性，具有可操作性，真正能够解决问题、推进工作。达到这一要求殊为不易，需要考虑方方面面的因素，既要考虑人民群众的期待，还要考虑国情以及财政的支付能力，更要考虑事业的可持续发展。要高度重视调研报告的起草，一项调研任务最终是否成功，主要体现在调研报告上。好的调研报告不一定长，但一定是情况说得清，问题找得准，原因论得透，对策建议具有很强的可操作性。部属各单位每完成一项调研任务，都要认真形成调研报告，并提出很实的对策建议。要坚决摒弃走过场式的调研，杜绝只看病不开方，或者开了方却不见效的现象。

（四）工作要深。这是对工作作风和工作方法的要求。这个深既体现在要真正“沉下去”，深入基层掌握实际情况，深入群众了解人民真实想法；还体现在对上面的精神要吃透，要深刻领会领导意图，准确把握中央要求。吃透中央精神是为了准确把握调研方向，深入基层、深入实际是为了掌握最新工作动态。只有这样，我们才能把上情与下情有机地统一起来，才能够提出既符合中央精神，又适应实际要求的政策措施。人民群众是历史的推动者，经验做法大都是基层创造出来的。我们搞调研，要进一步转变作风，抱着真正向基层、向群众虚心学习的态度，不耻下问，真正做到带着问题下去、带着收获回来。要善于抓住一个地区、一个方面进行深入调研，通过解剖麻雀、分析典型，既开展定性的判断，也开展定量的分析，使我们对工作的了解更具体、更深入。要不断创新方法，把重点调研与面上普查、实地调研与会议座谈、问卷调查与统计分析结合起来并综合运用，使调研达到事半功倍的效果。

三、搞好调研的有关要求

（一）领导重视。搞好调研工作，领导是关键。部属各单位要切实加强对调研工作的领导，摆上重要议事日程，主要负责同志要亲自抓，带头落实中央有关要求，带头深入基层开展调查研究，带头自己动手撰写调研报告。要把调查研究作为推进业务的重要工作方法，与业务工作一同研究部署、一同组织实施、一同抓好落实。要把调查研究真正纳入决策体系中，重要文件出台、重大政策制定、重要工作部署，都要建立在充分调研和论证的基础上。要加强督促检查，及时了解掌握调研工作进展情况，研究解决工作中遇到的问题，确保调研任务顺利完成。

（二）统筹协调。部属各单位之间要加强协调，特别是机关各司局要积极主动与事业单位和社会团体进行协调，同样的选题，不要几个单位分头开展，最好由一个单位牵头，几个单位一块开展，这样可以为地方同志减轻事务负担，更重要的是，能够形成工作合力，推动事业发展。当前，中央国家机关都处于学习调研阶段，地方的接待任务很重，有些地方的同志还面临着机构调整，我们要尽可能地少麻烦地方的同志。要统筹安排好调研的时间地点，尽量不要在同一时间到同一地点开展调研。这次部领导的调研活动就很好地避免了这方面问题。要做好充分的调研准备，制定周密的调研方案，提出明确的工作要求，使参加调研的每一个人都清楚自己的责任和任务。要严格遵守公务出差的相关规定，切实做到务实清廉、轻车简从，时刻注意自己的言行，树立人力资源和社会保障部门的良好形象。

（三）注重应用。部属各单位要充分发挥调研成果的作用，发挥调研报告的效能，将调研成果运用到决策中，转化为政策措施，转化为明确的工作要求。政策研究司要以这次专题调研活动为契机，认真总结经验做法，不断完善调研制度，抓紧对部里的政策调研进行统筹和规范，制定印发部年度政策调研计划，并负责督促落实，形成制度化安排，以此努力推进在系统大兴调查研究之风、形成上下互动调研的新局面。要加强对调研报告的评选表彰，通过编发优秀调研报告集、政策调研动态等形式，加强对调研成果的宣传，促进调研成果转化为推动工作、指导实践的政策意见。部属各单位的调研报告，要及时送政策研究司，以进行成果交流，起到互相学习和借鉴的作用。

在全国公务员考试录用工作会议上的总结讲话

李智勇

（2008 年 1 月 22 日）

全国公务员考试录用工作会议今天就要结束了。这次会议是在全党深入贯彻党的十七大精神之际，继 2003 年党政机关考试录用与公务员培训工作会议之后，召开的又一次重要的专题会议，也是公务员法实施后中组部、人事部召开的第一次全国性专题工作会议。

这次会议有三个特点：一是会议准备比较充分。中组部、人事部就考试录用工作进行了深入细致的调研和全面总结，各地各部门也进行了认真准备，为开好这次会议奠定了基础。二是召开的时机比较好。在公务员法实施入轨运行工作基本结束、两部印发《公务员录用规定（试行）》之后，召开全国公务员考试录用工作会议，对贯彻党的十七大精神、扎实推进考试录用工作具有重要意义，非常及时。三是针对性和指导性强。会议总结了过去五年考试录用工作的成绩和经验，指出了工作中存在的一些问题，分析了面临的新任务、新机遇和新挑战，对今后一段时期的工作进行了全面部署，具有很强的针对性和指导性。

一、深刻理解、准确把握考试录用工作的总体要求和基本方向

党的十七大对深化干部人事制度改革作出了新的部署，首次提出“民主、公开、竞争、择优”的八字方针，强调要“提高选人用人公信度”“注意从基层和生产一线选拔优秀干部充实各级党政领导机关”。最近，胡锦涛同志和习近平、李源潮等中央领导同志指出，要鼓励大学生和年轻干部到基层和生产一线锻炼成长，注意从基层选拔优秀人才充实各级党政机关，保证我国党政干部结构中有相当一部分人是从农村、社区和企业的基层干部中培养起来的，努力形成来自工农一线的党政干部培养链，强调这是长远解决党政干部来源单一问题，保证党的事业后继有人、党永不脱离人民群众的组织战略。我们一定要认真学习、深刻领会，准确把握考试录用工作的总体要求和基本方向。特别是要把握好以下三点：

（一）做好考试录用工作，必须坚持正确的用人导向，切实提高选人用人公信度

选人用人问题，关系到事业成败。公务员考试录用，是党政机关选人用人的重要途径，是党政人才来源的主渠道之一。考试录用制度建立以来，以其鲜明的用人导向，成为推行公务员制度的一面旗帜，是一项符合民心、深受欢迎的制度。正确的用人导向，具有强大的示范和引导作用。在考试录用工作中，贯彻落实党的十七大提出的坚持正确的用人导向的要求，就是要将德才兼备作为公务员录用的重要标准，

既要政治可靠，作风务实，又要具有一定的工作能力和水平；就是要扩大选人视野，拓宽选人渠道，真正把社会上各类优秀人才吸收到各级党政机关，为建设高素质、专业化的公务员队伍提供源头活水；就是要把公平正义的要求体现到考试录用工作中去，格外关注长期在条件艰苦、工作困难地方努力工作的干部。“不才者进，则有才之路塞”，提高选人用人公信度，必须严密有序地组织实施考试录用工作，设计科学有效的考试内容和方法；必须坚决抵制考试录用工作中的不正之风，确保录用结果的公平公正，真正做到用人单位满意、人民群众信服。

（二）做好考试录用工作，必须坚持民主、公开、竞争、择优的方针，努力形成干部选拔任用的科学机制

“民主、公开、竞争、择优”的八字方针，是干部人事制度改革必须遵循的基本原则，也是做好考试录用工作的基本原则。坚持民主、公开、竞争、择优，就是要健全考试录用制度，更好地保障宪法赋予人民管理国家事务的政治权利；就是要落实人民群众的知情权、参与权、选择权、监督权，始终让考试录用工作全过程置于社会各界和人民群众的监督之下；就是要增强考试录用工作的透明度，将考试录用政策、程序和招考职位、资格条件、结果全面向社会公开，让选人用人权在阳光下运行；就是要优胜劣汰，体现好中选优，优中选强，让优秀人才脱颖而出，使公务员队伍充满生机与活力；就是要把善于做群众工作，能妥善应对复杂局面，有处理实际问题能力的优秀人才选出来，并为他们提供干事业的平台。只有通过民主的形式、公开的渠道、竞争的手段，才能实现择优的目标，形成干部选拔任用的科学机制，才能充分体现公平竞争、广纳贤才的民主精神，真正把各类优秀人才凝聚到党和国家的各项事业中来。

（三）做好考试录用工作，必须重视和把握干部成长规律，使基层和生产一线真正成为培养干部的基础阵地

胡锦涛同志指出：“凡是在各种领导岗位上有所作为、成绩突出的干部，都是注重实践锻炼特别是基层实践锻炼，在丰富生动的实践中成长起来的，这已经成为一种规律性的现象。”艰苦环境能磨炼人，创业过程能造就人，要树立战略眼光，从源头上抓好党政人才培养工作。当前，有相当一批年轻干部直接从学校到省级以上机关，缺乏基层实践锻炼和艰苦环境磨炼，缺乏牢固的宗旨观念和良好的心理素质。据对6省部分单位公务员录用情况抽样调查表明，机关层次越高，来自基层和生产一线的就越少。这种情况发展下去，就会造成我国干部队伍来源过于单一，结构不尽合理。为此，一方面，要认真贯彻落实中央关于鼓励和引导大学生到基层工作的重要决策，让大学生和更多的年轻干部到基层去，到艰苦地方去，到生产一线去，到经济建设的主战场去，经受锻炼、丰富阅历、增长才干。另一方面，要通过公务员考试录用和党政机关干部选任等多种途径，把在基层和生产一线、艰苦环境经过锻炼的优秀人才选拔充实到各级党政机关，努力形成来自工农一线的党政干部培养链，以保证我们的党政干部队伍中有相当一部分是从农村、社区和企业基层成长起来的，这对于更好地坚持党的根本宗旨，坚持党的基本路线至关重要，也有利于形成一种导向，鼓励、引导更多的有志青年到基层去，到生产一线去建功立业、锻炼成长。这是我们党永葆先进性、我们的事业后继有人的重要组织战略。

二、以改革创新精神，认真研究解决考试录用工作中的政策性问题

大家在讨论中，提出了考试录用工作中遇到的一些政策性问题。这些问题，有的尹蔚民同志在讲话中已经提出了明确意见，要认真理解和执行；有的要以公务员法和公务员录用规定为指导，继续研究、尽快提出解决办法。对会议讨论时大家提出的一些政策性问题，经研究，提出以下初步意见：

（一）关于省级以上党政机关录用具有基层工作经历人员的问题

根据中央关于鼓励高校毕业生到基层工作的有关精神，结合当前干部队伍的结构和实际需要，省级以上党政机关录用公务员，要逐年加大录用具有基层工作经历人员的比例。各地要积极探索从农村、街道社区和企业优秀人才中考试录用公务员工作，研究落实对到农村基层支教、支农、支医、扶贫或到企业锻炼和参加“大学生志愿服务西部计划”的高校毕业生报考公务员的相关政策，把他们当中的优秀人才选拔充实到公务员队伍中来，切实改变党政机关干部来源单一、“三门”干部比重过大的现状。同时，对省级以上机关没有基层工作经历的新录用公务员，要及时下派到基层锻炼。今年，中组部、人事部将积极探索通过考试选拔优秀基层公务员充实上级党政机关的方法和途径。

（二）关于从优秀村干部中考试录用乡镇公务员的问题

2007 年，中组部、人事部在浙江、湖北、湖南、河南和重庆 5 省（市）开展了从优秀村干部中考试录用乡镇公务员试点工作，此外，还有 10 多个省近年来陆续开展了此项工作。从各地反映的情况看，这项工作符合基层实际，受到了基层党委政府和广大农村基层干部的普遍欢迎，社会反响良好。近期，我们正在对试点工作进行总结，初步打算研究制定从优秀村干部中考试录用乡镇公务员的规范性意见。此外，从优化农村干部队伍来源，加强党政干部队伍长远建设考虑，中组部准备会同有关部门，连续 5 年，每年组织选聘 2 万名，合计 10 万名优秀大学生到村级组织任职。这项工作中央财政将大力支持，省地各级财政将予以配套。这样做，有利于输送和培养新农村建设带头人，解决村级干部老化、弱化问题；有利于引导大学生到农村基层和艰苦地区锻炼成长，培养对人民群众的深厚感情；有利于解决党政机关干部来源单一的问题。高校毕业生以非公务员身份到村任职，今后党政机关招录公务员时对他们可予优先录用，中组部、人事部将研究出台相关政策。

（三）关于完善选调生的考试录用问题

选调优秀高校毕业生到基层培养锻炼，是从源头抓起，培养熟悉基层、了解群众、善于解决复杂矛盾的优秀年轻干部的有效途径。各地要认真总结开展选调生工作的经验，在《公务员法》的框架内，进一步完善选调生工作制度。在总结各地选调生工作的基础上，中组部即将下发选调优秀高校毕业生到基层培养锻炼工作的有关规定。各地要在编制限额内，确定选调数额，统一标准，统一考录，统一组织实施。各地要抓紧建立并完善选调生选拔到上级机关的办法，真正将一批经过基层培养锻炼、政治素质高、业务能力强、工作作风好的优秀青年干部充实到各级党政机关。

（四）关于缓解西部、贫困地区和基层部分职位招录难的问题

近年来，一些地方尤其是西部、贫困地区和基层的部分职位招考公务员时，因报名人员较少、达到合格线人数不足等原因，造成了招录难的问题，引起了中央和各级党委、政府的高度重视。去年，人事部针对中央机关部分基层直属机构通过统一考试人员不足，难以及时补充人才的情况，单独组织了录用考试；一些地方也积极探索解决问题的办法，如降低开考比例、单独划定合格分数线等。应当看到，这一问题的出现，既有自然条件及经济发展方面的原因，也有工作方面的原因。下一步，我们将进行专题研究，提出符合实际的政策意见，稳定本地人才、引进急需人才、培养后备人才，有效缓解这一问题。同时，针对西部及贫困地区基层法院、检察院人才日益短缺问题，中组部会同有关单位于 2006 年出台了《关于缓解西部及贫困地区基层人民法院、人民检察院法官、检察官短缺问题的意见》，对改进省级统一招考、采取多种措施拓宽法官、检察官队伍来源等提出了意见。最近，胡锦涛同志作出重要批示，要求高度重视、研究解决中西部地区基层法院法官、检察院检察官短缺问题。

我们将根据公务员法的有关规定，抓紧会同最高人民法院、最高人民检察院研究出台公开选拔初任法官、初任检察官任职人选的具体办法，努力解决西部基层法官、检察官短缺问题。

三、认真贯彻落实会议精神，扎实推进考试录用工作

（一）及时传达学习，认真贯彻好会议精神

这次会议是公务员管理工作的一次重要专题会议。同志们要全面准确地把握会议精神，及时将中央领导同志重要批示精神和尹蔚民同志讲话向党委、政府汇报。组织、人事部门要从贯彻党的十七大精神，深化干部人事制度改革、更好实施人才强国战略的高度，深刻认识做好考试录用工作的重要意义，将考试录用工作作为完善公务员制度、建设高素质公务员队伍的一项重要工作，摆上议事日程；要认真贯彻落实会议部署，深入组织学习，紧密结合实际，及时研究解决工作中遇到的重点、难点问题，扎实推进公务员考试录用工作的科学化、规范化、制度化。

（二）坚持依法办事，不断完善考试录用制度

公务员法明确规定了公务员的条件、义务和法律责任，录用的适用范围、方法和程序等；公务员录用规定对有关问题作了进一步的具体规定，公务员法和公务员录用规定构成了考试录用的基本制度框架，为我们提供了法律和政策依据。各地各部门要结合实际，抓紧制定和完善相应的办法措施，提出切实可行的考试录用工作实施办法；要及时将实践中的一些好经验、好做法上升为政策法规，使考试录用制度适应时代发展的需要。要从依法治国方略的大局出发，牢固树立法制意识，严格执行公务员法和各项制度规定；要通过执法检查，促使考试录用的各项规定落到实处，杜绝随意曲解、变形走样现象的出现；要严肃查处考试录用工作中的违法违纪行为，维护法律和政策的严肃性，确保考试录用的公平公正。

（三）加强协调配合，积极推进考试录用工作

在公务员法的研究起草、学习宣传和组织实施等工作中，组织、人事部门分工协作、密切配合，做了大量深入细致的工作，很好地完成了各项任务。公务员法实施以来，各级党委、政府高度重视、切实加强公务员主管部门机构和队伍建设，在人事部门原有的基础上，配强人员，充实力量；为切实履行好公务员主管部门的职责，组织部门也积极增设专门工作机构，增加了人员编制。目前，全国19个省级党委组织部成立了专门承担公务员管理工作的处室，还有一些正在报批或组建；组织、人事部门选配了一批政治素质好、业务能力强、工作作风实的干部充实到公务员管理工作岗位，为工作开展提供了有力的组织保证。近年来，考试录用工作的社会关注度不断提高，报考规模不断增长，公务员主管部门、招录机关和考务部门工作任务更加繁重。面对新形势、新任务的要求，各级组织、人事部门要按照职能分工，切实承担起应负的责任；要健全工作机制，加强各个层面的工作配合；要加强与财政、编制等相关部门的工作协调，形成整体合力，不断开创考试录用工作的新局面。从事考试录用工作的同志要提高思想认识，加强能力建设，努力成为掌握考试录用政策的专家，执行考试录用政策的表率。

完善公务员制度，加强公务员队伍建设，事关中国特色社会主义伟大事业的发展，事关党的建设新的伟大工程的推进。我们一定要以党的十七大精神为指导，在以胡锦涛同志为总书记的党中央领导下，统一思想、坚定信心、明确任务、扎实工作，以昂扬向上的精神状态，求实创新的工作作风，不断完善公务员制度建设，扎实推进公务员管理工作，努力建设一支优秀人才密集、善于治国理政的高素质专业化公务员队伍，为全面贯彻落实科学发展观、构建社会主义和谐社会作出新的贡献！

在“博士服务团”第八批工作总结暨第九批培训动员会议上的讲话

李智勇

（2008年9月27日）

今天，中央组织部和共青团中央在这里召开会议，对第八批“博士服务团”工作进行总结，对即将服务锻炼的第九批“博士服务团”成员进行培训和动员。

今年的“博士服务团”选派工作与往年有所不同。“5·12”四川汶川大地震发生后，中组部、团中央及时调整选派工作计划，紧急选派了20名“博士服务团”成员提前赴四川等地震灾区，为抗震救灾和灾后重建提供特需急需人才支持。7月2日，中组部、团中央召开了赴四川等地震灾区参与灾后重建的第九批“博士服务团”成员座谈会，李源潮同志出席座谈会并讲话。他在讲话中充分肯定了“博士服务团”工作，指出“博士服务团”工作，是中组部和团中央为实施西部大开发战略提供人才支持和智力服务的一项重要举措；专门向灾区选派“博士服务团”，是一次特殊选派，是支援灾区恢复重建的一个重要举措。他希望赴地震灾区的“博士服务团”成员，要切实肩负起智力救灾的特殊责任，发挥好科技参谋、桥梁纽带和培养人才这三方面的作用，帮助灾区走科学重建之路；学习弘扬伟大的抗震救灾精神，在灾后恢复重建第一线经受锻炼，增长才干，做“抗震博士”。李源潮同志在讲话中还对参与“博士服务团”工作的有关单位提出了明确要求，指出“博士服务团”成员是宝贵的人才资源，接收地区和派出单位要关心他们、帮助他们、支持他们，为他们充分发挥作用创造条件。要做好跟踪考察和培养工作，对那些德才素质好、在灾后重建中表现突出的“博士服务团”成员要予以重用，对他们的先进事迹要予以表彰。

我们要认真学习中央有关精神和李源潮同志讲话精神，充分认识做好“博士服务团”工作的重大意义，明确要求。

一、第八批“博士服务团”成员圆满完成服务锻炼任务，为西部地区经济社会发展和稳定作出了贡献

去年10月，第八批“博士服务团”成员110名同志肩负着组织的重托，奔赴西部，服务锻炼。一年来，大家认真学习，大胆实践，开拓创新，在接收省区市各级党委、政府和挂职单位的关心帮助下，在派出单位和社会各方的大力支持下，取得了出色的业绩，圆满地完成了任务。概括起来，主要有以下五个方面。

第一，认真学习贯彻党的十七大精神，进一步提高思想政治素质。第八批“博士服务团”成员踏上新岗位之际，恰逢党的十七大召开。在所在单位党委（党组）统一安排部署下，同志们认真参加学习宣传贯彻十七大精神活动，大大丰富了服务锻炼的内涵。通过深入学习，进一步坚定了为全面建设小康社会作贡献的决心和信心，增强了深入学习实践科学发展观的自觉性，思想水平和理论水平有较大提高，胸襟、视野和思路进一步开阔，为一年的服务锻炼乃至今后的成长打下了良好的基础。重庆等地的“博士服务团”成员还开展了“走进高校宣讲党的十七大精神主题活动”，为深入贯彻落实十七大精神营造良好氛围。

第二，深入开展调研，为地方党委、政府科学决策贡献智慧。各地“博士服务团”成员把开展调查研究作为服务锻炼第一课。到贵州服务锻炼的“博士服务团”成员调研范围遍布全省 9 个市地州、80 多个县，累计行程 12 多万公里，共撰写调研报告和专业论文 28 篇，提出合理化建议 120 多条，被采纳 100 多条。在广西服务锻炼的“博士服务团”成员积极参与《广西北部湾经济区发展规划》的编制工作，围绕一些重点难点问题，开展调研，提出建议，为推进北部湾经济区开发开放贡献了智慧。据了解，各地的“博士服务团”成员都围绕所在地区经济社会发展的重大课题开展了广泛的调研，提出了许多富有建设性的意见和建议，有效发挥了参谋和智囊作用，得到了当地党委、政府的高度评价。

第三，着力解决关键技术问题，促进所在单位提高经济效益和社会效益。到包钢（集团）有限责任公司担任总经理助理的于浩博士，协助负责宽厚板生产线新产品研发工作，指导技术中心、薄板厂、无缝厂开发出 8 个新产品，部分产品的成功研制在国内同行业属首例。到新疆生产建设兵团天业集团公司担任副总经理的罗毅博士，制定了天业集团热电厂机组系统改造方案，使自动投入率由 0 提高到 78%，保护投入率达 98%，大大提高了机组使用寿命，每年可节约标煤 3 万多吨，经济效益和社会效益明显。许多接收单位反映，“博士服务团”成员不仅带来了新技术新成果，更重要的是在他们的带动下，在企业内部掀起了钻研技术的热潮，形成了崇尚创新、鼓励创新的良好氛围。

第四，积极引进资金技术项目，推动西部地区与有关方面的交流合作。从国家开发银行到重庆江北区担任副区长的李鸿飞同志，促成国家开发银行给予江北区 22 亿元额度的授信支持，并促成双方签订了 4 个重点基建项目的首批 6 亿元信贷合同。赴青海服务锻炼的 7 名博士，推动成立了“青藏高原现代农业科技研究院”，邀请多位相关领域院士、知名专家、企业家担任顾问，推动青海省高原生态农业、特色农业的发展。西部省区市认为，“博士服务团”成员不仅带来智力支持，而且引进了大量资金、技术、项目，为东西部地区架起了经济技术合作的桥梁。

第五，经受住重大自然灾害和突发事件的严峻考验，提高应对复杂局面的能力。今年以来，我国先后发生了一系列重大自然灾害和突发事件，给党和国家以及人民生命财产造成了重大损失，给社会稳定带来了不利因素。在重大自然灾害和突发事件面前，第八批“博士服务团”成员经受住了严峻的考验。比如，今年春节前后，我国南方一些地区发生了严重低温雨雪冰冻灾害，江西、广西、贵州等地“博士服务团”成员坚守岗位，与当地干部群众一起抗灾救灾，并到有关部委积极争取恢复重建项目和经费，帮助灾区努力把损失降到最低。今年上半年，“藏独”“疆独”势力不断制造事端，影响了国家安全和社会稳定。西藏、新疆、四川、甘肃、青海等地的“博士服务团”成员立场坚定，旗帜鲜明，坚决反对分裂，维护祖国统一。拉萨“3·14”事件发生后，教育部从清华大学选派的李路平博士临危受命，担任“3·14”医疗救治领导小组副组长，自始至终在一线参与紧急医疗救治组织指挥工作，为迅速稳定社会局势发挥了积极作用。特别是举世震惊的汶川大地震发生后，在四川、甘肃、陕西等灾区的 20 多名“博士服务团”成员积极投身到抗震救灾的第一线。从浙江省选派到四川广元市担任交通局副局长的赵长军博士，担任广元至青川北线指挥部副指挥长，连续7天奋战在第一线，每天工作20个小时，组织力量以最快速度抢通了通往灾区的“生命线”。全国各地的新老“博士服务团”成员心系灾区，自愿交纳“特殊党费”36万元，募集款物2 800多万元，为抗震救灾作出了重要贡献。

总之，第八批“博士服务团”成员在服务锻炼期间取得了很大成绩。对于大家来说，这是经受锻炼、磨炼意志、发挥才干、大有收获的一年。希望大家将这段难得的工作经历，作为宝贵的人生财富，把学到的知识、积累的经验，带到今后的工作中去，取得新的更大的成绩。

二、第九批“博士服务团”成员要深入贯彻落实科学发展观，为西部地区经济社会又好又快发展贡献智慧和力量

第九批“博士服务团”成员总共140人，包括提前赴灾区的20人和在江西继续服务锻炼的5人（团队选派时间为2年）。今天到会的第九批“博士服务团”成员共115人。这115人中，中共党员97人，占84%；全部为博士，具有专业技术职务的96人，副高以上88人；平均年龄38岁，平均工龄14年；76人有担任机关或企事业单位领导和管理职务的经历，63人属于既担任领导或管理职务又从事专业技术工作的“双肩挑”人员。这批“博士服务团”成员具有思想素质好、专业水平高、行业分布广的特点。在大家即将奔赴新的工作岗位之际，我提三点希望，与大家共勉。

第一，积极参加深入学习实践科学发展观活动，做科学发展观的忠实执行者和实践者。中央决定，从今年9月开始，用一年半左右时间，在全党分三批开展深入学习实践科学发展观活动。9月19日，中央召开会议对活动作出了部署，胡锦涛、温家宝和习近平同志在研讨班上作了重要讲话。大家要积极参加所到地区和单位的学习实践活动，紧紧围绕党员干部受教育、科学发展上水平、人民群众得实惠，切实增强贯彻落实科学发展观的自觉性和坚定性，着力转变不适应、不符合科学发展要求的思想观念，把科学发展观落实到经济社会发展各个方面。

要牢固树立科学发展理念。近年来，一些地区片面追求经济增长，甚至牺牲环境换取经济增长，在资源、环境方面付出了很大的代价，对经济社会发展已构成严重制约。实践证明，只有把经济发展与人口、资源、环境进行通盘考虑，既注重开发资源、发展经济，又注重保护环境、提高发展的质量和效益，坚持走可持续发展之路，才能真正实现经济社会的又好又快发展。大家到西部地区服务锻炼，必须首先确立科学发展理念，坚持以人为本，坚持全面协调可持续发展，坚持统筹兼顾，更加自觉地走科学发展道路。

要增强服务科学发展的能力。同志们到地方后，工作岗位、工作环境都发生了较大的变化，会一定程度地存在“本领恐慌”，这就需要大家把加强学习放在更加突出的位置。要认真学习党的十七大精神和中央的方针政策，坚持用中国特色社会主义理论体系武装头脑。要认真学习自主创新、环境保护、城乡规划、金融机制、民主法治、社会管理、危机处理、国际政治等现代知识和管理经验，学习研究国内外应对突发事件和重大灾难的典型案例，特别是要认真学习这次抗震救灾的经验。要积极投身经济社会发展实践，在实践历练中学习和掌握进行科学决策、组织协调重大活动、化解社会矛盾、维护社会和谐稳定的科学方法。要注意发挥自身优势，创造性地开展工作，为促进所在地区科学发展出实招、干实事、求实效，在服务科学发展的实践中锻炼成长。

第二，发挥好“三个作用”，为实施西部大开发战略建功立业。李源潮同志在提前赴地震灾区“博士服务团”成员座谈会上的讲话和在刚才接见大家的讲话中，对广大“博士服务团”成员提出了发挥好“三个作用”的要求。这既是大家开展工作的努力方向，也是衡量大家工作成效的重要标准。希望大家按照发挥好“三个作用”的要求，开拓进取，真抓实干，在服务西部大开发中建功立业。

一要发挥好科技参谋作用。要利用自己的专业特长，抓住所在地区重点难点问题，开展调查研究，积极向当地党委、政府建言献策，充分发挥参谋咨询作用。要注意发挥团队优势，开展对重大问题的联合攻关，集中智慧解决复杂问题。考虑到“博士服务团”成员调研工作量普遍比较大，调研费用较高，为了尽量减轻服务锻炼地区负担，今年我们拨给每名“博士服务团”成员5 000元的调研经费补贴。这些钱虽然不多，但希望大家能用好，用出效益。

二要发挥好桥梁纽带作用。同志们下去以后，要依托派出单位，多做牵线搭桥的工作，带动更多的资金、技术、项目、信息等向西部地区转移，促进思想观念、管理模式和体制机制创新。要积极促成东部沿海地区、高校、科研院所与西部地区的交流合作，将人才、技术、资金优势与西部的资源优势结合起来，实现“双赢”。

三要发挥好培养人才的作用。高层次人才在人才队伍建设方面具有示范带动作用，一个领军人才往往可以带动一个创新团队、带动一个创新产业。各位博士都是相关领域的高层次人才，大家到地方以后，要发挥传帮带作用，通过办讲座、办培训班、带学生等多种方式，为当地培养人才，为西部地区人才队伍建设作出贡献。

第三，严于律己，树立“博士服务团”成员良好形象。同志们到西部地区和革命老区服务锻炼，一言一行代表着我们所在部门、所在单位的形象，代表着“博士服务团”的整体形象。要严格要求自己，自觉遵守廉洁从政的各项规定，扎实做事，清白做人，经得起各种诱惑的考验。要牢固树立群众观念，想问题、办事情、作决定，时刻想着群众，心里装着群众，一切为了群众，恪守为民之责、常谋富民之策、善聚强民之智。西部地区的自然条件比较差，工作和生活条件相对艰苦，要继承和发扬艰苦奋斗的优良传统和作风，向长期奋斗在西部、扎根在西部的同志看齐，牢记“两个务必”，切实改进作风。要顾全大局，自觉维护领导班子的团结，善于同班子其他成员合作共事，妥善处理各方面的关系。西部地区还是少数民族比较集中的地区，民族问题、宗教问题比较复杂，要正确执行党和国家的民族政策和宗教政策，注意搞好民族团结。要特别强调的是，我们这批“博士服务团”成员党员比例比较高。作为党员干部，更要按照党的十七大提出的“讲党性、重品行、作表率”的要求，以身作则，率先垂范，树立良好形象。

三、认真总结经验，健全工作机制，以改革创新精神做好“博士服务团”工作

党的十七大指出，要推动区域协调发展，深入推进西部大开发。在全国组织工作会议上，习近平、李源潮等中央领导同志强调，要统筹区域人才开发与交流，为西部大开发提供重要人才支撑。从中央国家机关、部分企事业单位和东部地区选派“博士服务团”到西部地区服务锻炼，就是统筹全国人才资源、为实施西部大开发战略提供人才支持的重要措施。这项工作从1999年实施以来，得到了有关方面和社会的广泛好评。我们要按照中央的精神，认真总结这些年来开展工作的成功经验，积极探索，大胆实践，不断健全工作机制，努力提高工作水平。概括起来，主要有四个方面。

第一，坚持按需选派，切实提高人选质量。把好入口关，严格人选条件，确保人选素质，是做好“博士服务团”工作的前提和基础。几年来的实践也证明，越是地方急需的高素质人才，越能在服务锻炼中做出成绩，选派工作成效也就越大。当前，西部地区对“博士服务团”成员的需求在数量上呈不断增长态势，对人选质量的要求也越来越高。我们要坚持以往好的做法，根据西部地区经济社会发展对高层次人才的需求，坚持标准，按需选派，好中选优，严把政治素质关、业务能力关和思想作风关，真正舍得把党性强、作风正、素质好的青年优秀人才选派出来。

第二，扩大团队选派范围，发挥“博士服务团”团队优势。从2005年开始，我们在江西省赣州市进行“博士服务团”团队选派工作试点，去年又继续在赣州开展了这项工作。从试点的情况看，团队选派有利于通过合理配置和优化组合，最大限度地发挥团队的聚集效应和整体优势，更好地促进地方重点行业和特色产业快速发展。要认真总结这方面的经验，完善团队选派工作机制，在有条件的地区逐步推广团队选派模式，扩大团队选派范围。没有开展团队选派的省区市，也要注意培育“博士服务团”成员的团队合作意识，与当地专业技术人员一道开展联合攻关，扩大服务效果。

第三，加强制度建设，建立健全服务管理工作机制。这些年来，各地各部门在加强和改进“博士服务团”工作方面，进行了有益的探索，积累了不少好的经验和做法。要在继续坚持和完善“博士服务团”成员职务安排、日常管理、待遇等方面政策的基础上，建立健全服务和管理的相关制度。要坚持传帮带制度，“博士服务团”成员到任后，所在单位主要负责人要进行“传帮带”，帮助他们尽快熟悉工作，转变角色，发挥作用。要坚持重大事项报告制度，注意加强接收单位与派出单位的联系沟通，重大情况及时报告中组部和团中央。要落实好考察和鉴定制度，“博士服务团”成员的考核结果要作为今后安排使用的重要依据。

第四，加强跟踪服务，关心“博士服务团”成员的成长。要妥善安排好博士们返岗后的工作，切实发挥他们的作用。对在原派出单位担任领导职务的，返回后一般按相应领导职务安排，不安排非领导职务。原派出单位因机构改革原因撤并的，由上级组织人事部门负责安排好他们的工作。在同等条件下，优先考虑使用“博士服务团”成员；对那些表现优秀、成绩突出、群众公认的，特别是在重特大事件和急难险重工作中表现突出的，要予以重用。要鼓励和支持那些西部需要、本人自愿、表现突出的干部留在西部地区工作，并安排相应的职务。组织部门和共青团要进一步提高服务意识，开展走访和调研活动，建立“博士服务团”成员信息库，加强跟踪了解和后续服务。要加强宣传工作，营造关心、支持、重视“博士服务团”工作的良好氛围。

这次会后，第九批“博士服务团”成员就要奔赴西部地区和革命老区服务锻炼，参加第八批“博士服务团”的同志也回到了各自的工作岗位，衷心祝愿同志们在发展中国特色社会主义伟大事业中作出更大的贡献！

努力开拓农民工工作新局面

——在全国农民工工作办公室主任会议上的讲话（摘要）

杨志明

（2008 年 3 月 3 日）

农民工是我国改革开放和工业化、城镇化进程中涌现的一支新型劳动大军。农民工问题是我国经济社会转型过程中的重大问题。做好农民工工作是统筹城乡发展、改善民生、建立和谐社会、稳步推进工业化和城镇化的重要保证，对我国经济社会又好又快的发展具有重要的战略意义。各级农民工工作协调机构在这一历史进程中，担负着光荣而重大的使命。今天，我们在贯彻国务院 5 号文件精神取得明显成绩的基础上，召开第一次全国农民工工作协调机构办公室主任会议，主要任务是学习贯彻党的十七大精神，落实国务院农民工工作联席会议第五次全体会议的工作部署，分析新情况，交流新经验，研究新措施，在新的历史条件下，努力开拓农民工工作新局面。

一、积极探索做好新时期农民工工作的有效途径

农业劳动力向非农产业和城市转移，是世界各国工业化和城市化过程中的普遍规律。农村劳动力的转移就业，一方面，为工业化提供了人力资源，另一方面，促进了人口的聚集和城市化的发展。在这一进程中，政府的作用非常重要。在新兴工业化国家和地区，由于较好地完成了产业结构和劳动力结构的调整，实现了经济起飞，而有些发展中国家，由于大量的农村劳动力迅速涌向城市，缺乏政府的有效管理和服务，产生了严重的失业和贫困现象，也诱发了许多社会问题，影响了工业化的进程，有的还导致了城市的畸形发展。因此，广泛借鉴国际经验，进一步认识和把握农村劳动力大规模转移和现代化建设的发展规律，对做好农民工工作具有十分重要的作用。

我国党和政府历来高度重视农民工工作，积极探索解决农民工问题的有效途径。改革开放以来，农民工在不同的阶段都有新的发展。20 世纪 80 年代改革开放初期，乡镇企业异军突起，大量农村劳动力离开种地进入乡镇企业，开创了以从事第二、第三产业为主的“就地进工厂”的就业局面。90 年代，随着对外开放和市场化进程的加快，东部沿海地区对劳动力需求旺盛，一大批农村劳动力进城务工经商，开创了农村劳动力“离乡进工厂”的新局面。进入新世纪，我国加入了 WTO，经济全球化和我国工业化、城镇化的快速发展，使农民工从数量、素质上都有了前所未有的发展，出现了农村劳动力“进厂又进城”的新的发展时期。据统计，2006 年农民工总数达到 2.1 亿人，其中，外出农民工数量约为 1.3 亿人。近几年还累计向国外输出农村劳动力

400 多万人。农民工已经与我国的现代化建设紧密相连，并逐步融入到经济的全球化当中。

农民工进城，打破了我国城乡“二元”结构。大规模的农村劳动力转移就业，改变了我国传统的产业结构和劳动力布局，与此同时，也产生了各种急需解决的突出问题。2005 年，国务院在组织各地各有关部门开展深入调研的基础上，充分肯定了农民工的历史作用，高度评价“农民工是继农村家庭承包经营制度和乡镇企业崛起之后，中国农民的又一伟大创造，是解放农村生产力的又一伟大创举”，“农民工为工业增强了竞争力，为城市增加了活力，为改革开放增添了动力，为中国深化改革、扩大开放、加快工业化和城镇化进程作出了特殊的重要贡献”。2006 年年初，国务院印发了《关于解决农民工问题的若干意见》，进一步明确了做好农民工工作的指导思想、基本原则和政策措施，开创了政府主导、全社会共同参与、逐步向城乡统筹迈进的农民工工作新格局。两年来，在党中央、国务院的正确领导下，各地各部门做了大量艰苦细致的工作，以办好 10 件实事、创新 10 项制度为重点，着力解决农民工面临的突出问题，建立长效机制，取得了显著成绩。主要表现在：

（一）农民工工资拖欠现象得到明显遏制，工资水平逐步提高。一是各地各部门发挥政府主导作用，通过联合执法、集中整治和日常督察等措施，共清理补发农民工工资约 430 多亿元，其中，建设领域约 330 多亿元。目前，全国已有 27 个省区市以建筑行业为重点建立了工资保证金制度和工资支付监控制度。吉林省连续三年实现农民工工资当期支付率 100%，在《人民日报》的《情况汇编》刊登。广东省率先实行行政司法联动打击恶意欠薪逃匿机制，2006 年以来，共追回欠薪4 671 万元。黑龙江省率先在全国以省政府令的形式出台了《黑龙江省农民工工资保障规定》，截至去年年底，全省累计收缴农民工工资保障金 8.83 亿元。北京、天津等地推行建筑业农民工工资卡、信息卡、劳动记酬手册等制度，新疆生产建设兵团实行了工资打卡制度和欠薪“黑名单”制度，河北、广西、甘肃等地利用人民银行征信体系预防和解决拖欠农民工工资问题，这些措施有效保障了农民工按时足额领到工资。去年以来，各地欠薪举报投诉大为减少，大规模的欠薪现象得到遏制。二是所有省份都调整了最低工资标准，调整后最低工资标准大多在 500 ~ 700 元/月，使农民工平均工资水平普遍得到提高。2007 年，农民工月人均工资性收入达到1 060元，同比提高 12%，比国务院 5 号文件印发前提高了 23%。从输出地统计看，农民工工资性收入已占到农民人均纯收入的三分之一，占新增纯收入一半以上。

（二）农民工依法签订劳动合同不断拓展，劳动执法监察得到加强。一是在全国范围内，组织实施了“全面推进劳动合同制度实施三年行动计划”。2007 年，各地以建筑业、住宿和餐饮业等农民工集中且流动性很强的行业为重点，在 5、6、7 三个月，集中开展了专项“签约行动”。上海市开通了网上“劳动用工监督管理服务平台”，农民工的劳动合同签订率达到 90%，深圳市达到 84%。二是在全国范围内以乡村小砖窑、小煤窑、小矿山、小作坊为重点，开展了“整治非法用工、打击违法犯罪”的专项行动，对拐骗农民工、强迫劳动、使用童工等违法行为进行重点查处，为 11.6 万名劳动者补发了工资和经济补偿金 1.3 亿元，解救农民工1 340人。

（三）农民外出务工就业环境明显改善，城乡平等的就业制度逐步实行。各地按照统一部署，在每年春节后开展以帮助进城求职农民找工作为主题的“春风行动”，公共就业服务机构全部向农村劳动者开放，免费提供政策咨询、就业信息、就业指导和职业介绍服务，同时，加强对劳动力市场秩序的清理整顿，引导民办职介机构为农民工提供诚信服务，严厉打击“黑职介”。两年来，各级公共就业服务机构共为2 600多万农民工提供了免费就业服务，取缔“黑职介”1.24 万户。随着农民工外出就业规模的不断扩大，劳务输出的组织水平普遍得到提高，就业服务机构逐步向县乡延伸。以泛珠三角劳务协作为代表的省际劳务协作机制不断加强，农民工输出输入大省以及新疆自治区和生产建设兵团，都十分注重发挥政府的组织优势和引导作用，及时把握市场需求，多渠道、多层次、多区域地组织劳务协作，形成了政府搭台、跨区域劳务协作和订单式、定向式、集团化、有序化的劳务协作新格局，推动劳务输出由体力型向技能型、由分散短期输出向有组织长期稳定输出转变。此外，成都、苏州等27个大中城市开展了统筹城乡就业试点工作，广东率先实施城乡统一的就业与失业管理制度。湖北、湖南等许多地方努力培育和创新具有全国影响力的劳务品牌。各地大力推行“培训、就业、维权”三位一体的工作模式并初见成效。

（四）多渠道开展农民工职业培训，农民工技能素质不断提高。劳动保障、教育、农业、科技、扶贫等部门广泛开展了农村劳动力转移培训计划、技能就业计划、阳光工程、全国乡镇企业蓝色证书培训工程、星火计划、雨露计划等农民工培训项目，共培训农民工6 000多万人次，促进了农民工职业技能水平的普遍提高和农村劳动力的转移就业。建设领域还在建筑工地创建了一万多所农民工业余学校，开展农民工安全知识、操作技能、务工常识等培训。河南、安徽、江苏、浙江等农民工输出大省和输入大省之间形成了培训就业链，建立了一批农民工职业培训基地，实施联校助学、助企培训等项目。内蒙、青海、西藏等地区，针对当地农牧民的特点和需求开展职业培训，也取得了良好的效果。

（五）农民工职业安全卫生条件逐步改善，安全培训广泛开展。一是各地各有关部门制定和完善了上百项作业场所职业卫生和安全生产法规标准，不断加大农民工职业安全卫生和职业病预防控制的监督检查力度。广东省安监局下发了《关于企业安全生产风险抵押金管理办法（暂行）》，进一步落实企业安全投入的主体责任。河北省积极推广“一法三卡”（事故隐患监控法，有毒有害化学物质信息卡、危险源点警示卡、安全检查提示卡）和签订劳动安全卫生专项集体合同。二是加强了煤矿、非煤矿山、建筑、危化以及烟花爆竹等高危行业农民工职业安全培训，并将安全培训工作与企业安全生产许可证年审制度结合起来，纳入监管监察工作范围。如山西省将煤矿等高危行业和职业病多发行业农民工进行了全员安全培训，在实施《安全生产许可证》工作中，对安全培训工作实行了生产准入“一票否决制”。两年来，全国对4 242万农民工进行了安全培训，进一步强化了用人单位的主体责任，增强了农民工的安全生产意识和自我保护能力。近年来，通过以上措施，全国安全事故发生率和死亡率呈逐年下降趋势。

（六）农民工参加工伤和大病医疗保险人数快速增长，保障范围进一步扩大。工伤保险连续两年实施了以推进矿山、建筑等高风险行业农民工参保为主要内容的“平安计划”。商贸、餐饮、住宿等服务行业农民工参加工伤保险试点工作取得积极进展。2007年，广东参保农民工达到1 347万人，北京、四川分别完成工伤保险扩面任务的127%和124%，全国农民工参加工伤保险人数达到3 966万人，是5号文件下发前农民工参保人数的3.2倍。各地以进城农民工大病统筹为重点，普遍开展了农民工参加医疗保险专项扩面行动。去年，甘肃、安徽、新疆自治区和生产建设兵团均完成扩面任务140%以上，广东、山东、福建等8个省市农民工参加医疗保险人数占全国农民工参保人数的81.4%。2007年，全国农民工参加医疗保险人数为3 131万人，是5号文件下发前参保人数的6.4倍。

（七）农民工子女义务教育制度逐步落实，农村留守儿童的生活环境和教育状况得到改善。一是各地坚持“两为主”的原则，把农民工子女教育工作纳入当地教育发展规划，增加经费投入，加强规范管理。北京、武汉、厦门等一些大中城市扩建一批公办学校，扶持一批符合设置标准的民办农民工子女学校，清理整顿一批存在安全卫生隐患的流动人口自办学校，落实义务教育收费一视同仁、取消借读费等政策措施，改善了农民工子女就学环境，基本满足了农民工子女就学需求。去年，国家全部免除了1.5亿农村义务教育阶段中小学生学杂费，对家庭经济困难的农民工子女学生免费提供教科书并补助寄宿生生活费。二是全国妇联等13个有关部门组成专题工作组，围绕解决农村留守流动儿童的突出问题，指导各地组织开展“共享蓝天——全国关爱农村留守流动儿童大行动”。目前，全国已命名了1 000所留守流动儿童示范家长学校，湖北、云南、黑龙江等省建立了留守儿童托管中心，四川、江苏等10多个地方推出了代理家长关爱活动，大大改善了农村留守流动儿童生活环境和教育状况。

（八）农民工居住环境逐步改善，疾病防控等公共服务工作不断加强。一是针对农民工居住环境质量差、安全隐患多、市政基础设施普遍落后、公共服务设施不足等问题，各地加大“城中村”环境整治工作力度，并将“城中村”整治改造与解决农民工的居住需求结合起来，在加强环境整治的同时，多渠道提供农民工居住场所，不断完善农民工房屋租赁管理服务体系。江苏、上海、重庆等地坚持“政府引导、市场运作”，引导企业建设农民工集体宿舍和扶持社会力量建设农民工公寓，福建等地积极探索逐步将农民工纳入住房公积金制度覆盖范围。二是各地普遍加大了公共卫生经费投入，进一步完善了特定传染病的救助政策，加强了农民工传染病疫情的报告、调查和处置工作。广东、浙江等地在建筑工地、生产加工企业、农贸市场等外来人口用工密集单位和外来儿童较集中的中小学校定期开展传染病巡查，农民工子女聚居地的临时接种服务工作和儿童入托入学查验预防接种工作得到加强。江西在全省开展了以提高留守儿童计划免疫接种率为重点的“留守儿童健康关爱活动”，为35万名留守儿童建立了计划免疫档案和健康联系卡。三是各地按照“属地化管理、市民化服务”的原则，进一步落实流动人口、农民工计划生育便民维权措施。目前，全国8万多个社区中，每个社区都有一名委员负责社区卫生和计划生育工作，农民工的生殖健康教育和计划生育服务纳入社区居委会等基层组织的经常性工作，实行与本地常住人口同宣传、同服务。

（九）县域经济和小城镇建设快速发展，农民就地就近转移就业和农民工返乡创业不断增加。各级政府加大对农业和农村建设的支持力度，用于农林水利气象、扶贫、农村社会事业、农村公路、电力等建设方面的投资逐年增加，两年共安排投资超过1 200亿元。在完善小城镇基础设施建设、改善小城镇生产生活条件方面，两年共安排中央投资12.8亿元。农村社会事业蓬勃发展，农村中小学现代远程教育、中西部农村初中改造、农村基层卫生服务体系建设、乡镇综合文化站建设、新一轮广播电视村村通等方面取得新的进展，农村生产生活条件明显改善。一些劳动密集型产业开始向农村和中西部转移。农民就地就近转移就业扩大到8 000多万人，特别是有一技之长的农民自主创业、农民工返乡创业数量不断增加，安徽无为等许多地区采取切实措施，改善投资环境，并以乡情感人，以政策引人，以服务留人，以园区聚人，积极为农民工返乡创业解决各种疑难问题，促进县域经济的发展和农民增收致富。

（十）积极开展农民工文化活动，农民工合法权益正在得到有效保护。一是维护农民工的民主政治权利。一些地方的城市规定，居住一年以上的农民工享有与所在社区户籍居民同等的居委会选举权和被选举权，一些农民工被选举担任了社区居委会的干部。2006年，北京市社区选举共产生1 370名流动人口代表，有39名当选为社区居委会成员。浙江慈溪市还通过“和谐促进会”的形式，把外地农民工与本村农民组织在一起，共同维护社会稳定和谐。在农村，许多地区改进了农民工参与村委会选举的方式和方法，合理安排选举时间，保障农民工依法享有选举权和被选举权。同时，积极推进村级事务民主决策，凡是与农民工切身利益密切相关的事项，都设法采取有效方式通知农民工，征求他们的意见。二是农民工文化生活不断丰富。大多数社区文化站、图书馆、社区活动中心等公益场所、设施都向农民工免费开放。去年五一节期间，国务院农民工办与中央电视台联合举办了“党中央国务院与农民工心连心”大型文艺专场演出，全国有6 000多万农民通过电视等形式观看了演出，广大农民工深受鼓舞。各地不断向农民工提供更加丰富多彩的文化产品，满足他们的精神文化需求，用社会主义核心价值体系引导他们、激励他们。三是户籍制度改革稳步推进。河北、辽宁、广西、陕西、云南等13个省区市统一了城乡户口登记制度。吉林、湖北、重庆等许多地方对获得劳动模范、见义勇为积极分子等荣誉称号，或取得高级技工、技师等资格条件的优秀农民工制定了优先解决进城落户的政策。四是认真执行农村土地承包制度。各地积极采取多种措施，保证外出农民工的承包地块、承包面积、承包合同、土地承包经营权证书“四到户”。江西、四川等省统一制定了土地承包经营权流转合同示范文本，为农民流转土地提供合同订立、鉴证服务；吉林、江苏等省制定了指导农村土地承包经营权流转的若干意见，建立了土地承包经营权流转备案、合同签订和鉴证等制度。不少地方已实现县市统一的流转合同文本。同时各地还不断完善纠纷调处机制，妥善解决了一批农民工土地承包纠纷，有效地维护了农民工的土地承包权益。五是农民工已成为法律服务和法律援助的重点对象。2007年年底，各级人民政府已建法律援助机构3 260个，各地法律援助机构依托乡镇司法所和工、青、妇、老、残等社会团体以及监狱、劳教所、军队、农民工工作和生活集聚地等设立工作站51 267个。农民工法律援助工作网络已经基本形成。国务院5号文件印发以来，农民工工资报酬和工伤赔偿的法律援助申请，不再审查经济困难标准，使更多的农民工通过司法手段维护了自身的合法权益。两年来，农民工受援人数达到26.5万人。广东、安徽、河南、贵州、海南等10个省、区的政府法律援助机构共同签署了《省际农民工法律援助合作协议》，重庆、北京、上海等34个城市签订了《城市间农民工法律援助工作协作重庆协议》，建立了地区之间农民工法律援助协作机制。六是各地工青妇组织，依据各自职能，发挥各自优势，积极主动开展工作，帮助农民工解决生产生活中的困难和问题，为农民工及其亲属子女提供服务，维护农民工的权益。重庆市在1 100多个乡镇（街道）建立农民工工会联合会。近两年来，有4 125万农民工新加入工会，全国农民工加入工会的人数达到6 200万。上海、广东、重庆还各有一位优秀农民工当选为十一届全国人大代表。

农民工的迅速发展壮大，对农民工工作提出了新的要求。从工作实践中我们深深感到，搞好农民工工作需要从总体上把握三个特点：一是协调性。农民工工作涉及经济社会的多个领域，需要30多个部门协调一致，共同努力才能做好。协调就是沟通，协调就是形成合力，协调才能把重大事项落到实处。农民工工作涉及各个方面，重要政策的制定、重大事项的处理和重点工作的安排都需要通过协调形成共识，才能凝聚力量，取得好的效果。大协调能够解决大问题，小协调能够解决小问题，不协调就难以解决问题。目前，全国省级、大部分的市级和相当一部分的县级都建立了农民工工作协调机构；四川等省市和云南的部分地级市还增加了编制，建立了专门工作机构；山西、新疆等省区在劳动保障厅内设立了农民工工作处，福建、河北、江苏等许多地区还将农民工工作任务落实到城市社区和农村乡镇的劳动保障工作平台；初步形成了政府统一领导，部门分工负责，上下联通，区域协作的工作网络。去年，我们举办“党中央、国务院与农民工心连心”大型文艺演出活动，就是通过与中宣部、奥组委、北京市政府及所属二十几个部门多次协调沟通，协同作战，取得了联席会议领导的肯定和广大农民工满意的效果。二是政策性。农民工规模巨大，相关问题复杂，政策性很强。政策通才能事情通，政策通才能上下通。有了政策工作才能突破，有了政策才能有效落实。例如农民工子女接受义务教育的问题，既现实又急迫，正是国家制定和实施了“两为主”的政策，才使这个问题在总体上得到初步解决。山西、河南率先出台了《农民工权益保障条例》，云南、江苏、四川也在抓紧制定，进一步完善了农民工的政策法规体系。三是前沿性。由于农民工在我国工业化、城市化的快速发展中不断壮大，农民工工作面临着许多新情况和新问题，许多新经验、新典型也需要总结推广。当前，初级阶段的长期性、法律法规的渐进性、农民进城务工的迫切性交织在一起，使农民工面临的突出问题成为当前经济社会发展的焦点、热点问题，甚至是难点问题。要从工业化、信息化、城镇化、市场化、国际化的进程中认识农民工问题，走出思想“误区”，冲破体制“禁区”、开辟农民工工作“新区”。有关地区和部门积极探索和实行优秀农民工在城市落户的政策，在有条件的地区建立农民工公寓，鼓励农民工回乡带头创业等，都打破了传统观念的束缚，改革了不合时宜的体制，使农民工在统筹城乡发展中得到了实惠，共享了改革发展的成果。另外，各地各部门开展深入调研，完成了国务院农民工工作联席会议部署的前瞻性研究课题，为解决农民工的新问题进行了前期探索。

总结成绩，可以激励我们努力工作；看到问题，可以使我们保持工作的清醒。当前农民工面临的主要问题：一是“三低一多”的问题仍然存在。一些中小企业农民工劳动合同签订率低、工资水平偏低、参加社会保险的比例较低；在一些高危行业和污染企业，职业病和工伤事故较多。二是乡镇地区就地就近转移的农民工工作还比较薄弱，主要是鼓励政策不完善，扶持措施不到位，影响着乡镇农民工的合法权益的落实。三是农民工信息统计工作亟待加强。目前农民工信息统计系统建设尚未正式启动，影响对农民工发展变化做出全面、及时、准确的判断，不利于针对新情况、新问题研究制定相应的政策和采取有力的措施。除此以外，时有发生的侵害农民工权益的个别典型案件，也要引起高度重视，及时处理。上述问题都需要在发展中加以解决，在改革中逐步化解。

二、切实将2008年农民工工作的八项主要任务落到实处

胡锦涛总书记在十七大报告中提出，要在经济发展的基础上，更加注重社会建设，着力保障和改善民生，完善和落实国家对农民工的政策，依法维护劳动者权益。新的目标提出新的要求。分析当前农民工工作趋势，以新生代为主的农民工正面临新的变化。随着工业化、城镇化的发展，1980年以后出生的新生代农民工逐渐成为主体力量，这些人主要是农村初高中毕业后进城就业的青年和在城市长大的农民工子女。新生代为主的农民工大部分没有务农经验，不愿意回农村，渴望继续学习，掌握一技之长，找到稳定工作，在城市里扎根。他们对未来的期望高，追求在社会发展中自身发展的愿望强烈。他们的要求与老一代农民工相比，正在发生新的变化，即由工资支付保障向参加社会保障转变；由以往进城挣钱回乡向融入城市生活转变；由改善住宿条件向要求提供城市公共服务转变。我们落实党的十七大精神，就要高度重视农民工这一重大变化趋势，在注重老一代农民工的同时，着力研究解决好新生代农民工的发展问题，正确引导和充分发挥他们在各行各业中的重要作用。

今年农民工工作的总体要求是：以邓小平理论和“三个代表”重要思想为指导，深入贯彻科学发展观，围绕全面建设小康社会和构建社会主义和谐社会的目标，全面贯彻党的十七大精神，继续落实国务院5号文件，巩固扩展10件实事成果，着力推进10项制度建设；在工资支付、劳动管理、培训就业、社会保险、公共服务、权益维护、文化生活和机制建

设8个方面取得新的成效，努力开拓农民工工作的新局面。

（一）以预防新欠为重点，进一步解决农民工工资拖欠和偏低的问题。在解决拖欠农民工工资的问题上，总的要求是清理旧欠与预防新欠并重，在清理旧欠的同时，防止新欠。要制定和落实《关于建立健全工资保证金制度的意见》，进一步拓展工资保证金范围，加大拖欠工资案件的查处力度。在农民工流动性大、季节性强、签约时间短的建筑、矿山、餐饮服务等行业都要建立工资保证金制度。对发生过欠薪的企业，都要探索建立工资保证金的强有力约束：凡发生一次拖欠工资的，要有三年的工资保证金约束期；再次发生的，要有五年的工资保证金约束期；还出现拖欠的，则要有无固定期限的工资保证金约束。力争使拖欠农民工工资案件大幅下降，今年东部地区要基本解决拖欠农民工工资的问题；今明两年，在中部地区也要基本解决拖欠问题；通过今后三年努力，使全国拖欠农民工工资问题得到基本解决。各地要充分利用人民银行征信系统和银行卡服务，对农民工工资发放情况进行监控。要充分发挥法律服务和法律援助在农民工维权中的作用。同时，在上调最低工资标准和制定实施企业工资合理增长指导意见的过程中，鼓励向使用农民工较多的一线岗位倾斜，推动农民工工资水平合理增长。要加大拖欠工资案件的查处力度，对情节严重的恶意拖欠，依法责令停业整顿、降低或取消资质、直至吊销营业执照、向社会公开曝光。

（二）以农民工签订劳动合同为重点，加强农民工劳动管理。充分利用贯彻实施《劳动合同法》的时机，积极推动各类用工单位与农民工依法签订劳动合同。今年农民工工作的一项重点攻坚任务就是督促各类用人单位与农民工签订劳动合同，大幅提高农民工劳动合同签订率，全面完成劳动合同制度实施三年行动计划确定的工作目标。春节过后，是农民进城务工签订劳动合同的重要时段，各地要在3、4、5三个月集中开展劳动合同“签约行动”：使就业相对稳定的农民工继续签订劳动合同；对零散和小规模就业的农民工要改变过去投亲靠友、口头协议和家族式管理的用工方式，向规范的契约化合同式管理转变；要在流动性大、季节性强、签约时间短、工作时间弹性大的行业，制定和推广适合农民工的简易劳动合同文本；要广泛进行劳动合同法制宣传，严格开展督促检查，努力提高劳动合同签订率。通过这项行动，使广大农民工从心里感到进城就业的稳定性，使用人单位从心里感到合法用工有了稳定的劳动力来源。要使这个行动像春天的一股暖流，温暖亿万农民工的心，因此也可以称之为“春暖行动”。要进一步加强劳动用工备案制度建设，健全劳动用工信息系统。

（三）以安全生产和职业病防治为重点，加大劳动保障执法监察力度。继续强化生产经营单位全员安全培训，加大《关于加强农民工安全生产培训工作的意见》的落实力度，把农民工安全培训情况纳入安全生产日常监察。要继续推进煤矿、非煤矿山、危化品、烟花爆竹、建筑施工、交通运输等高危行业农民工安全培训。未经培训的，不得上岗；未达到培训标准的，不得颁证。从事建筑施工的农民工劳动防护用品和劳动防护服装配备要达到国家规定的标准。落实用人单位职业病防治主体责任，强制推行有毒有害岗位定期体检制度，以煤炭、石棉、有机溶剂生产和使用企业为重点，严厉查处严重危害劳动者健康的行为。要依法加大乡村劳动用工的监察力度，继续对农村地区小煤矿、小矿山、小砖窑、小作坊“四小”企业用工情况进行重点检查，严厉打击拐骗农民工、使用童工、强迫劳动、限制人身自由、故意伤害等违法犯罪活动。

（四）以提高农民工实用技能为重点，搞好农民工的职业培训和就业服务。要抓住实施《就业促进法》的有利时机，针对不少地方同时存在企业招工难和农民工就业难的“两难”问题，加强有实效性的技能培训和就业服务。要落实职业培训补贴政策，充分利用各部门的培训资源，继续组织实施“阳光工程”“农村劳动力技能就业计划”“农村劳动力转移培训计划”“乡镇企业蓝色证书培训工程”“星火计划”“雨露计划”等培训项目，完成全年培训2 450万人的工作目标。按照公平就业原则，建立统一规范的劳动力市场，形成城乡劳动者平等就业的制度。加强农民工就业服务和管理，各级公共职业介绍机构要继续为农民工提供免费政策咨询、就业信息和职业介绍服务。继续组织开展“春风行动”，严厉打击坑骗农民工的非法职业介绍行为。要加强劳务基地建设，积极创建具有本地特色并在全国有影响的劳务品牌。继续开展劳务对接和劳务协作，提高农民工进城就业的组织化程度。

（五）以扩大农民工参加工伤保险为重点，积极稳妥地解决农民工社会保障问题。根据农民工在社会保险方面最紧迫的需求，今年要重点扩大农民工参加工伤保险的覆盖面，实现煤矿、非煤矿山、易燃易爆、危险化学品、交通运输和建筑施工企业农民工参加工伤保险的目标。以农民工集中的大中城市为重点地区，着力推进农民工集中的加工制造、餐饮服务等行业农民工参加工伤保险，使农民工参加工伤保险人数达到4 600万人。继续开展农民工参加医疗保险专项扩面行动，以大病医疗保障为主，力争实现与城镇用人单位建立劳动关系的农民工基本纳入医疗保险，使参加医疗保险的农民工达到4 000万人。抓紧研究制定和落实低费率、广覆盖、可转移并能与现行养老保险制度相衔接的农民工的养老保险办法。

（六）以保障农民工子女上学、改善农民工居住条件为重点，切实做好农民工相关公共服务工作。重点落实以流入地政府管理为主和以公办中小学为主接收农民工子女平等接受义务教育的政策，将农民工子女教育经费列入财政预算，充分挖掘现有公办学校潜力，扶持和规范管理各类民办农民工子女学校，并通过减免费用、免费提供教科书等方式，帮助家庭经济困难的农民工子女就学。要把农村留守流动儿童工作与实施儿童发展纲要结合起来，并纳入各地经济社会发展规划。研究保护留守儿童合法权益的政策，健全预防青少年犯罪的机制，严厉打击侵害留守儿童的违法犯罪行为。坚持以政府为主导，广泛动员社会力量，构建学校、家庭、社会“三位一体”教育监护网络，继续拓展“共享蓝天”等各类关爱活动。贯彻落实《关于改善农民工居住条件的指导意见》，将长期在城市就业与生活的农民工居住问题，纳入城市住宅建设发展规划，对集中建设的向农民工出租的集体宿舍项目给予支持。引导用工单位采取无偿提供、廉价租赁、住房租金补贴等方式向农民工提供居住场所，并鼓励有条件的企业尽可能地在劳动合同中加以约定。建筑企业要重点解决由简易工棚向适宜农民工居住的工房转变，今年，沿海发达地区要基本解决农民工居住简易工棚的问题，住进工房；今明两年，中部地区也要实现这一目标；通过三年努力，要在全国基本解决农民工住简易工棚的问题。同时，要继续按照“属地化管理，市民化服务”的原则，做好农民工的计划生育工作，并提供疾病预防控制和适龄儿童免疫等各项公共服务。

（七）以发展县域经济为重点，促进农村劳动力就地就近转移就业。抓紧制定《关于促进县域经济社会发展的指导意见》。积极发展就业容量大的劳动密集型产业和服务业，扩大当地转移就业市场容量。做好包括乡镇企业在内的所得税制改革政策衔接工作，加大对县域内劳动密集型企业的信贷支持，鼓励集中连片兴办乡镇企业或以农民工为主体的创业园区。继续引导东部沿海发达地区相关产业向中西部地区转移，对符合国家产业布局、能源节约、环境保护等方面政策的转移项目给予政策支持。积极发展小城镇，提高产业集聚和人口吸纳能力，促进农村劳动力就地就近转移就业。今年要在20个县继续开展返乡创业调研，通过总结经验，分析农民工回乡创业在资金、人才和管理服务等方面遇到的矛盾和问题，有针对性地提出解决措施和相关政策，积极稳妥地推进农民工回乡创业。

（八）以开展优秀农民工宣传表彰活动为重点，丰富农民工精神文化生活。近年来，全国各地涌现出一大批遵纪守法、品德高尚、爱岗敬业、精通业务、勤奋工作的优秀农民工。按照国务院农民工工作联席会议第五次全体会议的部署，今年将组织一次全国优秀农民工评选表彰活动，表彰10大杰出农民工、1 000名优秀农民工和100个农民工工作先进集体。我们在向国务院农民工工作联席会议成员单位和各地征求意见的基础上，研究了评选表彰的初步方案，在今天会议上进一步征求意见。通过评选表彰活动，大力宣传农民工的先进事迹，进一步营造全社会尊重、理解和关爱农民工的和谐氛围。要积极推动适合农民工特点的文化宣传工作，组织中央和地方文艺工作者进工厂、矿山、工地等农民工集中的单位进行文艺演出。开展新时期农民工教育活动，培养科学文明健康的生活方式。在农民工集中的重点建设工地、社区开办“职工书屋”。召开丰富农民工精神文化生活工作座谈会。各地各部门要以社区、乡镇为依托，建立开放型、多功能的综合服务场所，举办各种文化活动，努力以多种形式丰富农民工精神文化生活。

当前，要加强农民工协调机构建设。纵向来讲，要把农民工工作机构向市、县、乡（镇）和城市社区延伸；横向来讲，农民工工作联席会议的各成员单位都要做到责任、人员落实到位。事事有人管，件件有人抓。要建立农民工工作的激励和约束机制，不断强化政府统一领导，部门分工负责，上下配合有序的工作机制。同时，各地各部门还要加强信息的收集和整理工作，特别是注重量化统计，做到有分析、有对策建议，并及时上报和下发。各地区和各部门要争取每年都有一两篇有力度、有分量的专报信息刊登在国务院农民工办简报上，充分运用信息化手段推动新时期农民工工作的发展。

伟大的事业需要伟大的精神，伟大的精神开创伟大的事业。农民工的发展为农民工工作提供了广阔的舞台，搞好农民工工作将有力地支持农民工的发展。实践告诉我们，带着强烈的感情工作，往往事半功倍，工作缺乏感情，常常事倍功半。我们一定要以对党对人民高度负责的精神，以积极进取和科学务实的态度，为农民工的新发展进行坚持不懈的努力奋斗！

努力开创劳动关系工作新局面

——在全国劳动关系工作座谈会暨基层建设经验交流会上的讲话

杨志明

（2008 年 4 月 24 日）

和谐劳动关系是构建和谐社会的基石。随着我国经济体制转轨和经济增长转型的双重转变，劳动关系越来越呈现多样化、分层化、复杂化的特征。充分发挥政府在发展和谐劳动关系中的主导作用，做好新时期劳动关系协调工作，是我们肩负的重要责任。今天，我们在长春市召开全国劳动关系工作座谈会暨基层建设经验交流会，主要任务是深入学习贯彻党的十七大精神，落实今年《政府工作报告》确定的任务，总结过去一年来的工作，学习观摩吉林省推进劳动关系协调工作进社区的做法，分析新情况，交流新经验，研究新措施，部署新任务，努力开创劳动关系工作的新局面。

一、探索新时期发展和谐劳动关系的有效途径

劳动关系具有经济性与社会性、平等性与从属性、协调性与冲突性等并存基本特征，是现代社会经济生活中重要的社会关系。劳动关系的状况是衡量一个国家或地区社会和谐程度的重要标志。在世界各国的工业化和城镇化进程中，凡是注重劳动关系协调的，劳动关系就和谐，就能促进经济和社会的发展；凡是忽视协调劳动关系的，劳动关系就紧张，甚至发生激烈的劳资对抗，进而影响经济和社会的稳定发展。立足基本国情，学习借鉴市场经济国家的经验，深刻认识和把握劳动关系发展的规律，对我国发展和谐劳动关系具有十分重要的作用。

改革开放以来，随着社会主义市场经济体制的逐步建立和完善，我国劳动关系发生了重大变化。主要体现在：劳动关系的建立方式从行政配置转变为市场经济调节下用人单位与劳动者双向选择、自主确立，劳动关系的类型从单一化转变为多样化，劳动关系双方的利益从一致性转变为多元性，劳动关系的建立、运行和调整开始步入市场化、法制化的轨道，初步形成了劳动关系双方自主协商、社会三方协调、政府依法调整的格局。进入新时期，随着和谐社会建设的推进和经济体制改革的进一步深入，劳动关系问题越来越受到全社会的关注，更受到党和政府的高度重视，摆到了党和政府工作的突出位置。党的十六届六中全会明确提出要发展和谐劳动关系，完善劳动关系协调机制。党的十七大进一步要求规范和协调劳动关系，依法维护劳动者权益。去年以来，各地认真贯彻落实党中央、国务院的要求，按照部里的工作部署，奋力开拓，扎实工作，较好

地完成了全年的目标任务，在探索新时期发展和谐劳动关系的有效途径方面，取得了新的成绩。

（一）企业工资分配工作取得积极成效

一是企业工资历史拖欠问题基本得到解决。各地继续认真贯彻国办发 91 号文件精神和全国解决企业工资拖欠问题部际联席会议的部署，制订清欠计划，推动工作落实。黑龙江、河南等省还进一步研究制定了具体政策措施，将清欠任务列入各级政府目标责任制，层层签订责任书。特别是中央财政下拨专项补助资金后，各地政府积极筹措配套资金，加大了工作推进的力度。从全国来看，多数地区工资历史拖欠问题基本解决，维护了职工的切身利益。

二是职工工资支付保障工作得到新的加强。各地继续以预防和解决拖欠农民工工资为重点，积极推进工资支付保障长效机制建设。江西、内蒙、安徽相继颁布了工资支付规定，使全国出台地方性工资法规或规章的省区市达到 12 个。工资保证金和工资支付监控制度建设进一步加强。浙江、湖北等部分地区探索建立了欠薪应急周转金制度，青岛等地建立了农民工工资网上预警监控系统，河北、广西、甘肃等地区还将企业拖欠工资信息纳入人民银行的企业征信系统，吉林省连续三年实现农民工工资当期支付率 100%。安徽省组织对农民工工资拖欠情况进行“地毯式”排查，并对发现的拖欠问题实行时限结案制。经过努力，去年全国又为 150 多万农民工追回被拖欠的工资 17.35 亿元，因拖欠工资引发的投诉案件和群体性事件明显下降。

三是最低工资标准调整力度加大。在前两年各地加快最低工资标准调整的基础上，去年全国又有 29 个地区调整了最低工资标准，平均调整幅度在 15% 左右。西藏自治区在调整月最低工资标准的基础上，首次制定颁布了小时最低工资标准。目前，月最低工资标准最高的是上海市，为 960 元。小时最低工资标准最高的是北京市，为 8.7 元。最低工资标准的提高，促进了低收入职工工资的增长。

四是积极探索建立企业职工工资正常增长机制。为逐步解决劳动报酬在初次分配中的比重偏低问题，我们会同有关部门进行了专题调查研究，起草了《建立企业职工工资正常增长机制的意见（征求意见稿）》。山东、山西、上海、天津、河北等地专门下发了促进普通职工工资增长的政策措施文件。各地继续发布工资指导线和劳动力市场工资指导价位，引导企业通过集体协商合理确定职工工资。江苏省连续三年开展春季工资协商要约行动，全省新签、续签集体合同 4.4 万份。辽宁省辽阳市以政府为主导推进企业工资集体协商工作，初步建立了工资分配共决机制和正常增长机制。浙江省温岭市新河镇从 2003 年开始，坚持在羊毛衫行业建立工资集体协商机制，得到了家宝总理的充分肯定。截止到 2007 年年底，全国签订工资专项协议 34.3 万份，涉及企业 62.6 万户，覆盖职工3 968.6 万人，分别比上年增长 12.6%、18.3% 和 6.8%。

（二）劳动合同制度建设取得新进展

《劳动合同法》颁布后，部里下发了《关于做好〈劳动合同法〉贯彻实施工作的通知》，对各地的学习、宣传、贯彻工作提出具体要求。同时，对有关劳动合同管理的规章和规范性文件进行了全面清理，组织对贯彻实施《劳动合同法》情况开展调研，全力配合国务院法制办做好实施条例的研究起草工作。各地认真贯彻落实《劳动合同法》，广泛开展了学习培训和宣传月、电视大奖赛、知识竞赛等宣传活动，全国共发放宣传材料近1 700 万份，举办培训班3 400余期，培训 220 多万人，努力为法律顺利实施创造条件。贵州省还向手机用户发送公益短信，扩大宣传效果。吉林省率先出台了《劳动合同条例》，天津、江苏等地制定了建立用人单位职工名册的规范。各地还加强了对企业用工的动态监控和分析评估。广东省组成督导组对全省各地在《劳动合同法》颁布后的企业用工情况进行督导，对个别企业出现的规模性裁员等行为及时协调处理。其他地区也都密切关注企业用工动态，妥善处理出现的新问题。

各地以《劳动合同法》的颁布施行为契机，继续积极推进劳动合同制度实施三年行动计划。江西、广西、四川、新疆等21个地区选择部分市（区）和企业作为劳动合同制度实施示范点。北京等地区对企业劳动合同管理状况开展了抽样调查，加强了对劳动合同执行情况的重点监控。黑龙江、河南、湖南、重庆、陕西、青海等20多个地区及新疆建设兵团依法制定了新的劳动合同示范文本，有的还免费印制发放给企业使用。海南、云南、宁夏等地区进一步加强了劳动用工备案制度建设。各地普遍在农民工就业相对集中的建筑业、住宿和餐饮业集中开展“签约行动”，深入街道（乡镇）、社区，逐户指导督促企业依法与劳动者签订劳动合同。通过采取积极措施，劳动合同签订率进一步提高。截止到2007年年底，规模以上企业劳动合同签订率达到90.7%，完成了三年行动计划第二年的工作目标。

（三）劳动争议仲裁工作取得新成效

《劳动争议调解仲裁法》颁布后，部里专门召开电视电话会议，印发了宣传提纲，组织举办了省级劳动保障部门负责人和劳动争议调解仲裁业务骨干培训班，抓紧清理有关文件，研究起草了仲裁办案规则、组织规则等配套规章。各地为贯彻实施法律认真开展了宣传培训等准备工作。同时，加快推进劳动争议仲裁机构实体化建设。辽宁、山东、浙江、黑龙江等省基本建立了全覆盖的劳动争议仲裁实体办案机构，重庆、河北、湖南、四川、湖北等地区也在部分市、县建立了实体化仲裁机构。目前全国已建立300多家劳动争议仲裁实体办案机构，推动了办案职能与行政职能的分离，提高了劳动争议仲裁效能。

在加强能力建设的基础上，各地劳动争议仲裁机构克服案多人少的困难，及时处理了一大批劳动争议案件，有效维护了当事人尤其是劳动者的合法权益。2007年，全国各级劳动争议仲裁委员会处理各类劳动争议案件50万件，涉及劳动者65万人，结案率达到93%以上。

（四）和谐劳动关系创建活动积极推进

各地按照国家协调劳动关系三方关于和谐劳动关系创建活动的部署，因地制宜开展工作，基本形成了“党政主导、三方协同、社会配合、企业和职工广泛参与”的工作格局。上海、大连、深圳市政府以及福建省三方专门下发文件，对今后发展和谐劳动关系工作作出全面部署。四川省90%以上的公有制企业和3 000多家非公有制企业开展了劳动关系和谐企业创建活动，北京市和河北省唐山市还探索开展了劳动关系和谐街道（乡镇）创建活动。在各地的创建活动中，涌现出一大批先进典型。去年8月30日，国家协调劳动关系三方会议在人民大会堂隆重表彰了298家全国模范劳动关系和谐企业、25个全国模范劳动关系和谐工业园区，党和国家领导同志接见了与会代表，对进一步深入开展创建活动起到了极大的推动作用。创建活动的开展，调动了广大企业和职工的积极性，促进了劳动关系的和谐稳定。

（五）劳动关系工作体系建设初见成效

各地按照去年全国劳动工资工作座谈会要求，以加强基层劳动关系协调工作为重点，积极推进劳动关系工作体系建设。广东省建立了7 015个基层劳动关系协调组织，上海市组建了221个基层劳动保障监察协管队，江苏省也在部分城市的基层劳动保障工作平台探索开展了劳动关系协调工作。特别是吉林省作为部里确定的试点省份，高度重视推进劳动关系协调进社区工作，通过采取领导推动、政策驱动、典型带动、联手协动等工作措施，取得明显成效。全省2 352个街镇乡、社区全部建立了基层劳动关系协调组织机构，配备了3 038名劳动关系专职协调员和3 538名兼职劳动保障监察员，全省51.8%的企业进行了劳动用工备案，企业劳动合同签订率达到91%，劳动争议案件比上年减少10.5%。这次会议将请吉林省介绍他们的经验做法，并组织大家实地参观学习，请各地结合本地的实际认真借鉴。

总结劳动关系工作的实践，做好新时期劳动关系工作，我们有以下三点体会：一要把握以人为本的着力点。劳动关系工作事关劳动关系双方特别是劳动者的切身利益。不论是推动劳动合同制度实施，还是促进职工工资正常增长、制定和落实休息休假制度，都是从解决广大职工最关心、最直接、最现实的利益问题出发，是深入贯彻落实科学发展观的具体体现。实践证明，只有找准了工作的着力点，以人为本的理念才能在劳动关系工作中得到切实落实，才能使我们的工作得到广大职工的拥护。二要把握克服体制障碍的创新点。当前劳动关系方面的新情况、新问题不断出现，要求我们在工作中必须解放思想，勇于创新，不断改革不合时宜的做法。近年来，我们坚持改革与社会主义市场经济体制不相适应的劳动关系调整体制和机制，在完善劳动合同制度、探索建立企业职工工资正常增长机制以及改革劳动争议调解仲裁制度等方面都取得了积极成效。实践证明，思想有了创新点，改革才会有新突破，才能不断开创工作新局面。三要把握协同参与的结合点。劳动关系工作涉及方方面面，具有多方性、群众性和协同性，要求政府部门、工会和企业组织以及社会各方面加强协调配合。我们在解决企业工资历史拖欠、推进集体协商集体合同制度建设、开展和谐劳动关系创建活动等工作中取得的成绩，都得益于有关各方共同参与，协同推进。实践证明，大协调解决大问题，小协调解决小问题，不协调难以解决问题。只有坚持以发展和谐劳动关系为目标，充分调动各方面的积极性，突出重点，形成合力，工作才能取得实效。实践告诉我们，紧紧把握新时期劳动关系工作的特点，努力探索新时期发展和谐劳动关系的有效途径，就能增强工作的针对性，促进工作的开拓性，提高工作的实效性。

总结成绩，可以增强我们的信心；看到问题，可以使我们保持清醒。当前，劳动关系方面一些长期存在的矛盾和问题仍未解决，随着形势的发展变化又出现了一些新情况和新问题。主要表现在：一是全面正确实施《劳动合同法》的任务亟待落实。《劳动合同法》正式施行三个多月来，虽然总体进展顺利，但仍有一些用人单位对法律某些条款存在误读甚至规避，社会上的议论也还很多。同时，用工不规范的问题在一些企业特别是非公有制小型企业和个体经济组织较为普遍，全面贯彻实施这部法律的任务相当艰巨。二是劳动报酬在初次分配中的比重偏低的现状亟待扭转。企业职工工资正常增长机制不健全，劳动报酬在初次分配中的比重偏低，工资分配关系不合理的问题尚未得到有效解决。部分地区尚未彻底解决企业工资历史拖欠问题，工资支付保障机制不完善，新的工资拖欠仍时有发生，一些企业长期安排职工超时加班未支付加班工资的问题还很突出。三是劳动关系工作体系建设亟待加强。目前各级劳动关系工作部门力量不足，基层工作和基础工作薄弱的状况比较突出。随着《劳动合同法》和《劳动争议调解仲裁法》等法律法规的施行，劳动争议案件已经并将继续呈现大幅度上升的态势，劳动争议处理专业化程度低、效能不足的问题会更加突出。这些矛盾和问题，需要尽快在改革中化解，在发展中解决。

二、切实将2008年发展和谐劳动关系的主要任务落到实处

今年是劳动关系工作需要奋力开拓的一年。我国不仅要举办奥运会，还要纪念改革开放三十周年，这都对发展和谐劳动关系、维护社会稳定提出了新的要求。温家宝总理在今年《政府工作报告》中明确提出，要督促各类企业同劳动者依法签订并履行劳动合同，提高企业职工工资水平，落实职工带薪年休假制度，加强劳动争议处理和劳动保障监察，严厉打击各种非法用工行为。落实这些要求，必须科学分析当前劳动关系的新变化。一是非公有制经济组织在各类用人单位中的比重继续增大，劳动关系协调工作的重点开始从国有企业转向非

公有制经济组织；二是新生代劳动者逐步进入职工队伍，他们的依法维权意识不断增强，对权益保护的诉求也逐步从争取基本劳动条件向要求分享企业发展成果转变；三是劳动关系的利益主体越来越明晰，劳动关系方面的矛盾已处于多发期，协调难度逐步增大，劳动关系调整工作由政策性为主进入了法制化新阶段。我们要进一步增强使命感和紧迫感，深刻认识劳动关系发展变化的规律，采取切实措施全面落实党中央、国务院的要求，冲破思想误区、走出体制禁区、探索发展新区，努力开创劳动关系工作的新局面。

今年劳动关系工作的总体要求是：高举中国特色社会主义伟大旗帜，以邓小平理论和“三个代表”重要思想为指导，深入贯彻落实科学发展观，围绕发展和谐劳动关系的目标，按照《政府工作报告》作出的部署，以贯彻实施“两法”为契机，着力实施劳动合同制度，提高劳动合同签订率；着力建立企业工资正常增长机制和支付保障机制，提高职工工资水平；着力加强劳动争议调解仲裁组织建设，提高劳动争议处理效能；着力推进劳动关系工作体系建设，夯实劳动关系协调工作基础，推动劳动关系工作取得新成绩。主要任务是：

（一）以提高劳动合同签订率为重点，积极推进劳动合同制度建设

全面贯彻实施《劳动合同法》，是当前和今后一个时期长期面临的重要任务。今年是法律实施的第一年，我们要下大力气抓实抓好法律的贯彻实施工作。

一是全面准确理解法律规定。《劳动合同法》受社会关注程度之高、议论之多、持续时间之长，在我国是不多见的。法律实施以来，总体进展顺利，广大劳动者非常拥护这部法律，多数企业都能够主动认真地贯彻落实。但仍有一些不同意见，部分企业经营者认为，这部法律的施行会导致企业用工机制僵化、提高企业用工成本、影响投资环境。对此，我们首先要吃透法律精神，保持清醒的认识。要按照近期中宣部下发的《劳动合同法宣传提纲》，进一步加强正面宣传和解释工作，增强宣传工作的针对性，把全社会的思想认识引导到全面准确理解和正确执行法律的轨道上来。第一，正确认识《劳动合同法》对用工机制的影响。为解决劳动合同短期化问题，《劳动合同法》规定了用人单位应当订立无固定期限劳动合同的情形。同时，坚持了用人单位与劳动者双向自主选择的基本制度，规定了用人单位与劳动者协商一致可以解除劳动合同，以及单方依法解除劳动合同的情形，特别是允许企业在转产等客观经济情况发生重大变化时解除劳动合同，这些规定与《劳动法》相比放宽了解除条件。因此，签订无固定期限劳动合同与计划经济时期统包统配的企业用工制度有着根本区别，正确执行法律不会导致用工机制的僵化。第二，正确认识《劳动合同法》对用工成本的影响。从制度设计来看，因落实新的法律规定而增加的成本主要涉及企业主动终止劳动合同应当支付经济补偿，以及对试用期间的工资规定了最低限额。对守法用工的企业来说，这些增加的用工成本是有限的。但由于法律加大了对违法行为的经济处罚力度，对于那些没有依法签订劳动合同和支付加班工资、没有依法缴纳社会保险费的企业，违法成本将明显增加。第三，正确认识《劳动合同法》对投资环境和就业的影响。在《劳动合同法》实施前后，一些地区出现了部分企业关闭或搬迁的现象。造成这种情况的原因包括出口产品退税额度下调或取消、原材料和能源价格上涨、人民币升值、内外资企业所得税调整、环保要求提高等多种因素，主要不是因为实施《劳动合同法》造成的。今年一季度，我国实际利用外资和城镇新增就业人数都保持了平稳增长态势。从长远来看，健全的法律制度以及和谐稳定的劳动关系，将有利于改善投资环境、促进就业。

二是抓紧制定配套法规和政策。配套法规和政策是否制定得当，是法律能否顺畅实施的重要条件。部里正在积极配合国务院法制办制定《劳动合同法》实施条例，这次会议进一

步就此听取大家的意见，力争将必须作出的具体规定都反映在条例中。在国务院条例颁布后，部里还将下发通知，对各地贯彻实施工作提出要求。各地要继续全面清理有关劳动合同制度的配套规章和规范性文件，抓紧研究制定本地区的实施办法，解决法律实施中的区域差别问题。通过部里和各地的共同努力，逐步形成以《劳动合同法》为基础、以国务院法规和地方法规与规章为配套、以规范性文件为补充的劳动合同法律政策体系。要在制定配套法规政策的基础上，进一步有针对性地对企业经营者开展培训，促使经营者全面、正确执行法律。

三是集中开展“春暖行动”。今年3月初召开的全国农民工工作办公室主任会议已对这项工作提出了要求。近期，部里又专门下发文件作出具体部署。各地要将开展“春暖行动”作为贯彻实施《劳动合同法》、推进劳动合同制度实施三年行动计划的重要举措，继续以建筑业、住宿和餐饮业、制造业、采矿业以及居民服务业为重点，通过集中开展专项行动，督促各类企业与农民工依法签订劳动合同。要针对农民工流动性大、季节性强、工作时间弹性大的特点，制定和推广适合农民工的简易劳动合同文本，及时向社会公布。要加强法制宣传，抓好典型示范，严格监察执法，大幅度提高城镇企业就业相对稳定的农民工劳动合同签订率。同时，要抓紧研究制定适合农民工特点的养老保险办法和大病统筹医疗保险办法，更好地维护农民工的合法权益。

四是加快建立劳动用工备案制度。建立以签订劳动合同为基础的劳动用工备案制度，是推动劳动合同制度实施的重要措施，是政府加强对劳动用工情况宏观监管的重要基础。要按照部里关于建立劳动用工备案制度的通知要求和《就业服务与就业管理规定》，加快建立劳动用工备案制度的步伐，今年内全国各市、县都要启动实施这项制度。部里开发的劳动用工备案系统已在吉林省试用，将尽快推广到全国。各地要组织力量进一步摸清辖区内的用人单位数、职工人数以及签订劳动合同等情况，依托劳动用工备案系统逐步建立完备的用工信息数据库，实现用工备案的信息化和劳动用工管理的动态化。各地要进一步加强对《劳动合同法》实施情况的动态监控，在劳动合同制度实施示范城市的基础上，选择确定2～3个地级城市定期进行跟踪分析，及时发现和处理出现的问题，确保法律顺利实施。

（二）以建立职工工资正常增长机制为重点，进一步深化企业工资分配制度改革

工资分配是劳动关系的核心问题，做好工资工作是协调劳动关系的重要任务。在社会主义市场经济条件下，企业工资分配既受劳动力市场供求的基础调节，也与企业劳动效率和物价因素密切相关，同时还受企业工资决定机制的影响。当前，要遵循企业工资分配的规律，通过建立职工工资正常增长机制和加强政府宏观调控，促进企业职工工资随着经济发展合理增长，提高劳动报酬在初次分配中的比重，逐步形成合理有序的工资分配格局。

一是改进和加强对企业工资分配的宏观指导。要充分考虑经济增长、物价水平和劳动力市场供求等因素，进一步科学制定和适时发布工资指导线，指导企业合理提高职工工资。进一步健全劳动力市场工资指导价位制度，扩大工资指导价位覆盖的岗位（工种）范围，继续推进行业人工成本信息指导制度建设，引导企业科学合理进行工资分配。各地区要研究将企业工资增长纳入国民经济和社会发展计划，建立政府促进职工工资增长责任制，充分发挥政府宏观政策对职工工资增长的导向作用。

二是同步推进企业工资决定机制改革。要坚持企业自主分配与平等协商共决的内在统一，把工资集体协商作为企业工资决定机制改革的重点加以推进。在国有企业，重点是协商决定企业内部分配关系，特别是确定经营者收入和普通职工工资的合理比例，建立职工工资增长与经营者收入相联系的机制。在非公有制企业，重点是通过工资集体协商，合理确定职工工资增长水平。要发挥政府推动工资集体协

商的作用，支持工会或职工代表开展协商要约，依法督促企业履行集体协商义务。同时，要研究改革国有企业工资总额管理办法，加强对高收入垄断行业企业工资分配的监管，继续做好国有企业工资内外收入监督检查工作。

三是进一步研究调整最低工资标准。今年，物价上涨压力仍然比较大，对低收入职工的基本生活将产生直接影响。各地要根据当地经济发展水平、社会平均工资和城镇居民消费价格指数等相关因素变化情况，积极研究调整最低工资标准，适当提高调整幅度。要高度重视小时最低工资标准的调整工作，按照新的计薪时间标准合理折算小时最低工资。现行最低工资标准档次偏多的地区，要进行合理归并。

四是加快建立健全工资支付保障机制。要将防新欠和清旧欠工作结合起来，重点推进预防和解决拖欠工资问题的长效机制建设。继续做好《企业工资条例》的起草论证工作。进一步完善工资支付监控和欠薪报告制度，将容易发生工资拖欠的企业纳入重点监控范围，及时发现并解决欠薪问题。进一步完善工资保证金制度，尚未在建设领域建立工资保证金制度的地区今年都要开展这项工作。各地要将工资保证金制度的实施范围由建设领域逐步向交通、水利、矿山以及餐饮服务、加工制造等劳动密集型行业拓展。要探索对欠薪企业的工资保证金约束期办法：凡发生过一次拖欠的，要有三年的工资保证金约束期；再次发生的，要有五年的约束期；还出现拖欠的，则实行无固定期限的工资保证金约束。要加强对企业工资支付情况的监督检查，对拖欠和克扣工资问题严重的，要向社会公布，并记入企业劳动保障守法诚信档案和人民银行建立的企业征信系统。要指导市、县人民政府研究建立欠薪应急预案，及时应对突发事件。同时，继续做好解决企业工资历史拖欠的后续工作，尚未完成清欠任务的地区要按照签订的目标责任状（承诺书），加快工作进度，确保年底前全国基本解决工资历史拖欠问题。

五是加强工时标准管理，落实带薪年休假制度。要尽快完善特殊工时审批制度，严格加强对企业实行特殊工时制度的审批管理。根据《职工带薪年休假条例》，适时颁布《企业职工带薪年休假实施办法》，加强对企业执行情况的监督检查，推动带薪年休假制度顺利实施。要创造条件协调、指导社会中介组织制定行业劳动定额标准，指导企业通过民主程序科学制定劳动定额，切实维护职工的休息权利和劳动报酬权益。

（三）以扩大集体协商和集体合同制度覆盖面为重点，推进实施“彩虹计划”

建立健全集体协商和集体合同制度，是市场经济下协调劳动关系双方利益，保障职工共享经济发展成果的一项制度性措施。要通过全面推进集体协商和集体合同制度实施计划，在职工和企业之间架设一座像彩虹般的沟通桥梁，通过经常性协商，增进相互理解和信任，推动实现劳动关系双方互利共赢。因此，这一计划也可以称为“彩虹计划”。

一是明确今后五年的发展目标。今明两年在东部地区规模以上企业普遍建立集体协商和集体合同制度，2010 年年底要在中部地区规模以上企业普遍建立，2012 年年底在全国规模以上企业普遍建立。同时，积极推进区域性、行业性集体协商，逐步将集体合同制度覆盖各类中小企业，力争 5 年内基本在各类企业建立集体协商和集体合同制度。各地要依托协调劳动关系三方机制，研究制定本地区实施覆盖计划的具体方案，明确分阶段的工作目标和措施。

二是突出协商重点。各地在实施覆盖计划过程中，要围绕建立企业职工工资正常增长机制，以工资集体协商为重点内容，以非公有制企业为重点对象，努力扩大集体合同制度覆盖面，提高集体协商的实效性。

三是加强集体协商能力。要支持企业工会确定集体协商专职人员；在尚未建立工会的企业，由职工推举确定协商代表。要重点解决劳动者“不敢谈、不会谈”和有些企业“不愿谈”的问题，结合贯彻实施《劳动合同法》，研究能够促进集体协商的办法，强化协商要约。会同工会和企业组织共同抓好双方协商代表的培训工作，有条件的地区要加快建立专兼职相结合的集体协商指导员队伍，帮助双方协商代表提高政策水平和协商能力。要针对不同行业和企业特点，分类制定综合性或专项集体合同示范文本，为集体协商双方提供参考。健全集体合同管理制度，加强对集体合同的审查备案工作。

（四）以加强调解仲裁组织建设为重点，切实提高劳动争议处理效能

劳动争议处理制度是调整劳动关系的重要法律制度。各地要以贯彻实施《劳动争议调解仲裁法》为契机，以加强劳动争议调解仲裁组织建设为重点，加快完善劳动争议处理制度，进一步提高劳动争议处理效能。

一是抓紧制定配套法规和政策。要通过制定配套法规、规章和政策，对贯彻实施《劳动争议调解仲裁法》的技术性、细节性、操作性问题作出具体规定。部里起草了《劳动争议仲裁委员会办案规则》和《劳动争议仲裁委员会组织规则》两个征求意见稿，这次会议进一步征求意见后，将争取尽快修改下发。各省、自治区、直辖市也要抓紧对现行相关配套法规、规章和规范性文件进行全面清理，凡是与法律相抵触的，要及时修改或废止，妥善搞好现行法规、政策与法律的相互衔接。在此基础上，要结合本地实际，积极做好配套法规、规章和政策的制定工作，为不断提高劳动争议处理效能提供制度保证。

二是大力加强劳动争议仲裁机构队伍建设。各地要按照《劳动争议调解仲裁法》规定，科学设置劳动争议仲裁委员会，重点健全市、县两级劳动争议仲裁委员会。进一步推进仲裁委员会办事机构实体化建设，争取再用两三年的时间，在全国地级以上城市和劳动争议案件较多的县、市、区，普遍建立实体性的仲裁办案机构。今年东部经济发达地区要率先基本建立，明年中部地区基本建立，三年内全国基本建立。积极争取党委、政府支持，解决好劳动争议仲裁机构编制、人员和经费问题，合理配备专职仲裁员。完善仲裁员资格准入制度，研究建立仲裁员职业等级制度，大力开展专、兼职仲裁员业务培训，提高专业化水平。

三是切实抓好劳动争议调解工作。调解是沟通、是劝导、是说合，调解工作是一门艺术。各地要把劳动争议调解工作摆到重要位置，坚持“预防为主、基层为主、调解为主”的方针，减少劳动争议的对抗性，尽可能把劳动争议化解在初始阶段，解决在基层。按照《劳动争议调解仲裁法》对协商、调解的规定，建立健全多渠道、多层次的劳动争议调解网络，逐步完善劳动争议处理过程中的协商、调解机制，引导劳动争议特别是简易案件通过协商、调解途径加以解决。继续指导企业依法建立健全劳动争议调解委员会，建立企业调解员队伍，提高企业内部自主解决劳动争议的能力。建立开放的社会调解机制，重点依托街道、乡镇和社区劳动保障工作平台，依法推动建立区域性劳动争议调解组织，明确工作职能，配备专、兼职调解人员。加强对基层调解人员的专业培训，逐步形成专业化的基层调解员队伍，更好地发挥协商、调解在劳动争议处理中的作用。

四是加强对劳动争议仲裁工作的指导。据了解，今年一季度，全国各地劳动争议仲裁机构立案受理的案件增幅普遍在30%以上。随着《劳动争议调解仲裁法》的施行，立案受理的案件可能还会大幅上升。各地要进一步加强对法律实施中新情况、新问题的研究分析，密切关注劳动争议新变化，增强工作的敏锐性和主动性。要加强对本行政区域内劳动争议仲裁工作的指导，进一步推动劳动争议仲裁机构完善工作制度，规范办案程序，实现仲裁工作规范化、标准化，确保劳动争议案件公正及时得到处理，提高仲裁工作的公信力。要加强仲裁办案工作的交流，总结推荐一批有代表性、影响大的调解和仲裁案例，供各地仲裁机构学习和借鉴。

（五）以开展“四创”为重点，深入推进和谐劳动关系创建活动

开展和谐劳动关系创建活动是发展和谐劳动关系的重要抓手。各地要深刻认识开展和谐劳动关系创建活动的重要意义，在进一步推进劳动关系和谐企业与工业园区创建活动基础上，将创建活动扩展到街道（社区）和乡镇，不断将创建活动推向深入。

一是进一步推进劳动关系和谐企业与工业园区创建活动。要按照去年召开的全国创建劳动关系和谐企业与工业园区活动表彰暨经验交流会的工作部署，推动创建活动向纵深发展。扩大创建活动的范围，丰富创建内容，完善创建标准，增强创建活动的实效性，通过创建推动解决部分企业劳动合同签订率低、职工工资增长缓慢以及超时加班等突出问题。

二是积极开展创建劳动关系和谐街道（社区）和乡镇活动。街道（社区）和乡镇分别是非公有制中小企业和乡村企业的集聚地，劳动用工不规范的问题比较突出。各地要以基层劳动保障工作平台和协调劳动关系三方组织为依托，将和谐劳动关系创建活动范围逐步拓展到街道（社区）和乡镇，实现创建活动的全覆盖。要适应非公有制中小企业和乡村企业的特点，研究完善创建标准，重点督促企业和劳动者依法签订劳动合同，落实基本劳动标准。要通过在街道（社区）和乡镇建立区域性、行业性集体协商和集体合同制度，健全基层劳动争议调解组织，切实维护劳动者的工资报酬和社会保障权益，有效预防和化解劳动争议，不断增强社会和谐基础。

三是进一步健全创建工作机制。开展和谐劳动关系创建活动是一项长期任务，必须完善创建工作长效机制，使这项工作制度化、长期化。要巩固完善“党政主导、三方协同、社会配合、企业和职工广泛参与”的工作机制，继续加强与工会、企联等组织的协调配合，注重发挥各方优势，形成齐抓共建的工作格局。继续完善创建活动的激励和约束机制，把坚持开展评选表彰活动作为总结经验、推广典型、改进工作、提高水平的过程，大力发挥先进典型的示范带动作用，推动“四创”活动在更大范围内深入开展。

（六）以加强“两基”建设为重点，大力推进劳动关系工作体系建设

加强劳动关系工作体系建设，全面提高政府协调劳动关系的决策力和执行力，是实现劳动关系长期和谐稳定的重要保证。各地要进一步高度重视这项工作，认真学习借鉴吉林等地区的实践经验，以加强协调劳动关系基层工作和基础工作为重点，大力推进调整劳动关系的法律法规、组织机构、工作机制和信息系统建设，构建“法制完善、机构健全、工作顺畅、基础扎实”的劳动关系工作体系。

一是推动完善劳动关系法律法规政策体系。今年重点要加强《劳动合同法》和《劳动争议调解仲裁法》相关配套法规政策的研究制定，加快工资立法步伐。各地要结合本地实际积极推动开展地方立法工作，解决法律实施中区域性差异问题，逐步形成覆盖全面、相互衔接的法律法规政策体系，为发展和谐劳动关系提供法律保障。

二是健全劳动关系工作组织体系。要在县级以上劳动保障行政部门加强劳动关系工作机构队伍建设，健全劳动关系协调、劳动争议处理等工作机构，充实工作力量，整合内部资源，完善工作机制，形成工作合力。同时，重点在市、县两级推进劳动争议仲裁机构实体化建设，相应配备适应工作要求的仲裁员队伍。要加强基层协调劳动关系组织建设，力争两年内在所有街道（乡镇）、社区劳动保障工作平台全部加载劳动关系工作职能，健全劳动争议调解组织，建立专、兼职的劳动关系协调员队伍。加强企业协商调解工作队伍建设，指导、督促企业配备劳动关系协调人员，充分发挥劳动关系双方自主协调劳动关系的作用。要继续加强协调劳动关系三方机制建设，使三方机制向街道、乡镇延伸，完善工作制度和运行机制，切实发挥其在研究解决劳动关系重大问题上的作用。

三是加强协调劳动关系信息系统建设。我们已处在信息化时代，必须用信息化的理念和手段促进劳动关系协调工作的科学化。要健全劳动用工备案制度，建立劳动用工信息数据库，为发展和谐劳动关系提供基础信息。要探索建立企业薪酬调查和发布制度，定期调查掌握企业职工工资水平、工资支付和工作时间等基本情况。材料不梳理不成为信息，信息不加工不成为知识，知识不利用不成为力量。要建立劳动关系状况的宏观分析系统，科学确定衡量劳动关系和谐程度的主要统计指标，加强对劳动合同签订率、职工工资水平、劳动争议案件等各类基础数据和工作信息的汇总分析，对劳动关系运行及时作出预测预警。建立健全工作信息发布制度，通过电视、网络等传媒向社会公布劳动关系的重要信息，引导舆论，促进和谐。

发展和谐劳动关系将为经济发展和社会和谐提供有力支撑，经济发展和社会和谐又将为发展和谐劳动关系提供有利条件。我国的劳动关系工作正处在一个新的历史起点，任务艰巨，责任重大。我们要在当地党委、政府和新组建的人力资源和社会保障部党组领导下，深入贯彻党的十七大精神，全面贯彻落实科学发展观，奋力开拓，扎实工作，加快建立规范有序、公正合理、互利共赢、和谐稳定的社会主义新型劳动关系，为形成职工得实惠、企业得效益、经济得发展、社会得稳定的劳动关系工作新局面作出新的更大贡献！

在就业工作视频会议上的讲话

张小建

（2008 年 4 月 25 日）

这次会议的主要任务是：学习和贯彻国务院就业工作部际联席会议精神，总结前一时期各地开展就业援助月活动和“春风行动”的阶段性成果，部署安排近期就业工作。

一、认真学习领会和贯彻落实国务院就业工作部际联席会议精神

（一）学习讲话中对就业工作极端重要性的论述，强化新形势下做好就业工作的责任感和使命感。张德江副总理强调，要把就业作为保障和改善民生、维护社会和谐稳定的大事来抓。讲了三点：第一，强化对就业是民生之本的认识。他说，胡锦涛总书记在党的十七大报告中提出把“社会就业更加充分”作为全面建设小康社会的一项重要目标。我们常讲安居乐业，国泰民安，首要条件就是大家有工作，有钱挣，有饭吃。他列举国内外实例，说明就业问题不解决，社会就难以稳定，就业出问题，大局就出问题。要求我们从战略和全局的高度，充分认识做好就业再就业工作的极端重要性。第二，强化对中国就业工作长期性、艰巨性、复杂性的认识。讲话在强调我国劳动力供大于求总量性矛盾长期存在，且结构性矛盾越来越突出的同时，更强调劳动者总体素质的不适应是中国新时期就业面临的最大难题。他列举日本、德国战后重建崛起的例子和我国农村劳动力转移中的问题，说明加快提高劳动者整体素质的重要性，要求我们树立长期作战、常抓不懈的思想。第三，强化以更大的决心，下更大的力气，采取更加有力的措施，做好就业工作的要求。讲话充分肯定十六大以来我国就业工作的成绩举世无双，前无古人。要求我们既要看到面临的严峻形势，也要看到做好就业工作有许多有利条件，把扩大就业摆在党和国家工作更加突出的位置。按照温家宝总理在今年政府工作报告中的要求，“用百倍的努力，把这项关系民生之本的大事做好”。

学习领导讲话的上述论述，使我们深刻体会到党中央、国务院在新时期对就业工作的高度重视，对就业形势严峻性、就业任务艰巨性的清醒认识，对做好就业工作的更高要求，从而使我们感受到肩负的光荣使命和重大责任，更加坚定了进一步做好就业工作、全面完成就业目标任务的决心和信心。

（二）学习讲话中对今年工作总体要求和重点工作的论述，把握新时期就业工作的新部署、新要求。张德江副总理对今年的就业工作提出了明确要求。总的要求是：认真贯彻党的十七大精神和《政府工作报告》的部署，深入贯彻落实科学发展观，坚持实施扩大就业的发展战略，坚持实施积极的就业政策，一手抓扩大就业，一手抓失业调控，进一步加强领导，强化落实政策责任，努力把就业工作提高到新水平。简括为：两个坚持，两手抓，两个

加强，一个新。

讲话分析了当前就业工作面临的国内外宏观形势。特别强调当前影响经济发展和就业的不确定因素增多，经济运行中面临的困难和风险不可低估，完成今年就业目标任务压力加大。对今年经济工作要做好最困难的准备，对今年的就业任务也要准备在最困难的情况下去完成。同时强调，面对新形势新任务，要坚定信心。只要继续加强和改善宏观调控，根据经济形势变化及时采取应对措施，保持经济平稳较快发展，认真落实促进就业的各项政策措施，就一定能够实现年初中央确定的就业工作目标。

讲话明确了工作中要抓好五个重点：一是努力稳定就业形势，千方百计扩大就业。讲话要求充分发挥服务业、中小企业、非公有制企业吸纳就业的作用，多渠道、多方面增加就业岗位。在大力发展服务业等劳动密集型产业，加大对中小企业发展的政策扶持力度的同时，要特别注重鼓励、支持和引导个体私营经济等非公有制经济发展。使其在就业中发挥重要作用。同时要求高度重视非正常的岗位流失问题，加大失业治理工作力度，预防和调控失业。要探索建立鼓励企业稳定就业的激励机制，支持企业稳定就业，减少失业。二是完善落实各项政策措施，积极促进创业带动就业。要进一步完善劳动者创业的财税、金融、工商、场地等政策体系，切实解决影响劳动者创业的税费减免、小额信贷等政策瓶颈问题，为劳动者创业创造好的政策环境。要加强和完善创业培训体系，提高创业成功率。要建立健全创业服务支持体系，强化项目支持、开业指导、跟踪服务等措施。使城乡有意愿、有能力的劳动者积极创业，并带动更多人实现就业。三是广开渠道，重点做好高校毕业生就业工作。讲话强调，今年高校毕业生就业是当前就业的一个重点和难点，是今年工作的重中之重。要引导大学生转变就业观念，落实好各项政策，畅通大学生面向企业、面向基层就业和自主创业、流动就业的渠道，有针对性地组织开展各类招聘和专项服务活动，着力解决就业供求信息不对接、技能不适应岗位等问题。底线是确保高校毕业生初次就业率在70%以上。特别强调认真做好家庭困难和进行失业登记的高校毕业生就业援助工作。对这批困难人员要像做好零就业家庭工作那样，政策同等对待，一对一援助帮扶到位。四是加强培训和服务，统筹做好各类就业困难人员就业援助工作。讲话要求以劳动力市场需求为导向，统筹做好新生劳动力就业前培训、企业职工在职培训、失业人员再就业培训、城乡劳动者创业培训、农村富余劳动力转移培训。要求各级政府要切实履行公共就业服务职责，从加强体系、保障投入、完善功能、强化手段等方面强化公共就业服务，向各类群体提供优质高效的就业服务。要大力开发公益性岗位，进一步落实好岗位和社保补贴政策，统筹大龄下岗失业人员、残疾人等就业困难人员就业援助工作，形成援助困难群体就业的长效机制。五是协调劳动关系，维护劳动者合法权益。讲话对认真贯彻实施《劳动合同法》和《劳动争议调解仲裁法》，构建和谐稳定的劳动关系，加强执法监察，维护劳动者权益提出要求。

学习领导讲话的上述要求，为我们做好今年的就业工作明确了方向。无论是总体的摆布还是重点的把握，都要求我们更加注重创新和务实，既要将现行有效政策措施用好用足，又要针对新情况新问题，出新招、想新辙。

（三）学习讲话中对各部门齐抓共管就业工作的论述，充分发挥联席会协调机制的功能作用。讲话对完善联席会议制度、充分发挥这一协调机制的作用，提出了三点要求。一是各部门进一步明确职责分工。强调各部门也要把就业放到突出位置，列上重要日程，在部门职责内提出解决就业问题的措施办法，抓好工作落实。二是进一步加强协调配合。要定期交流工作进展情况，督促检查各部门政策落实情况，统一协调各部门行动。三是要加强对地方工作的指导。总结各地好的经验和做法加以推广。对工作进展较慢的地区予以重点督导。对各地反映问题及时研究帮助解决。

学习领导讲话的上述要求，对各级政府完善就业工作联席会议制度具有重要指导意义。中央政府换届后，在人力资源和社会保障部组建过程中，即马上召开这次联席会，一方面说明就业工作的重要性，进一步得到中央领导的重视；另一方面，也是给各地做了一个很好的示范。地方政府在换届后，也应照此办理，加强联席会议协调机制建设，运用联席会平台，进一步促进地方政府领导和有关部门对就业工作增强了解，提高重视程度，进一步加强对这一工作的组织领导。

总之，这次会议十分及时，相当重要，领导讲话着眼全局，注重实际，要求明确。我们一定要认真学习领会，深入贯彻落实，并以此为指针，全力做好今年的就业工作。

二、认真总结经验，进一步做好公共就业服务专项活动

2008 年第一季度，我们继续在全国开展了就业援助月活动和“春风行动”。从各地上报的总结和会上交流的情况看，各地两项活动的开展，及早部署安排，工作更加扎实，内容更加丰富，实效更加明显。援助活动期间，全国共为重点援助对象制定专门服务计划 60 多万份；发放各类政策宣传材料 840 多万份，公益性岗位安置就业 14 万人。春风行动期间全国共发放春风卡 2 400 多万张，组织面向农村劳动者的免费招聘会 16 000 多场，为 1 500 万进城务工农村劳动者提供免费职业介绍服务，还向社会推荐了 5 500 家放心民办职介机构。今年的活动对打造我国一流的公共就业服务又有了新的建树：

第一，冰雪灾害使我们的服务意识和服务队伍经受了考验。今年春节前后我国南方遇到了罕见的冰冻雨雪灾害。受灾地区在十分恶劣的条件下，坚持开展活动，并及时调整和增加了服务内容。有的组织企业为受灾较重地区的就业困难人员提供就业岗位；有的开发一批清理冰雪的公益性岗位，提供给零就业家庭；有的输出地派人赶赴输入地企业，帮助解决返乡受阻农民工的生活困难。全国几个主要输入省份的服务机构，都直接参与了组织农民工在当地过好年的工作，在组织慰问、改善待遇、丰富节日生活、提前开展就业服务等方面采取了很多措施。总之，全国人民抗击灾害的时候，劳动保障部门和就业战线的同志们作出了应有的贡献，以切实有效的服务行动，使广大就业困难人员和农民工在冰冻寒天中感受到了党和政府的温暖。

第二，将两法宣传贯穿到服务援助全过程。各地在布置两项活动的时候，都按部里的要求，在扩大宣传《就业促进法》和《劳动合同法》方面下了大力气，专门印制了一批宣传两法的资料，并且在印发的春风卡、务工指南、维权手册等材料中加进了两法内容，在走访就业困难人员家庭和组织大型招聘活动时广为散发，组织当地主要媒体进行系列宣传。有的地方还出动宣传车辆、组织文艺表演、上街设点咨询、下乡巡回宣讲。营造了“报纸有文字、广播有声音、电视有图像、街头有标语、网上有专栏”的宣传氛围。两法的宣传与就业信息、维权知识融为一体，与免费服务和落实社保补贴、岗位补贴的工作紧密衔接。不仅使劳动者了解了国家法律政策的内容，也体现了政府为促进就业和维护劳动者权益做了实实在在的工作。

第三，将人本服务通过多种创新措施得到更好体现。人本服务是我们就业服务新三化的核心理念，是打造一流公共就业服务的旗帜，我们欣喜地看到，在各地的专项服务活动中，这一理念得到了集中的体现。涌现出大量主动服务、个性服务、贴心服务、高效服务等人本服务的探索和实践。比如有的对就业困难人员进行精细分类，实行网格管理，实现动态援助，在街道社区平台开展“手拉手”帮扶，“无障碍送服务到家门”；有的在公共就业服务机构开展“让一把椅子、送一句问候、递一杯热茶、捎一张春风卡”的“四个一活动”；有的开辟灾区务工人员绿色就业通道，将服务窗口开设到火车站现场办公，为农民工提供即时服务；有的设立“农民工就业之家”，连续组织几十场招聘大集；有的组织送岗直通车，用工单位直接到农村招聘，把岗位送进村；有的开行“农民巴士”，免费接送远郊农民进城参加招聘会；许多地方还将援助、服务从岗位信息匹配延伸到跨地区对接、订单培训、启动创业活动等。我们可以看到，在专项服务活动这个平台上，全国就业服务战线的同志围绕人本服务，各显其能，创新实践，大有作为，使服务对象得到更多更好的服务。

第四，使专项活动成为动员全社会参与支持的大平台。今年是我们连续第五年开展援助月活动，第四年开展“春风行动”。这两项活动已经得到各地领导的重视和支持。不少地方的党委、政府、人大、政协等主要领导都亲临服务现场指导，参加慰问服务。各有关部门、社会团体也积极参与和配合。在“春风行动”中，公安、工商执法部门和人事、劳动保障监察机构密切配合，清理整顿人力资源市场秩序，有效遏制了职业介绍领域的违法行为；有的地方与妇联组织联合开展针对进城务工妇女、下岗失业妇女和零就业家庭妇女的“春风送岗位”活动，汇集适合妇女就业的岗位信息，组织专场招聘；有的地方联合工会组织在招聘现场开展咨询，提供维权服务；有的地方联合共青团组织举办“共青团劳务输出大篷车活动”，等等，使专项服务活动成为劳动保障部门搭建平台，党委政府领导重视，各方积极参加的社会服务活动，服务的范围、影响、效果倍增。今后，我们将围绕就业工作的难点、重点，继续充实和扩展专项服务活动，使服务、援助的形式内容与效果更好地结合，使政策、资金与服务、管理集于一身，并充分发挥各方面的积极性，使这方面工作常搞常新，努力实现高效和长效。

上述归纳和总结可能还不全面，希望各地也认真地总结一下，对大家创造的好经验好做法要充分肯定，及时推广，发扬光大。

实践证明，公共就业服务专项活动已经成为落实就业政策的重要抓手，开展就业服务的重要手段。目前全国统一开展的四个专项活动已经形成有一定影响的服务品牌。今年，我们还有两个全国性的专项活动：一是5月中下旬，我部将与教育部、全国总工会、全国工商联在全国31个省及100个大中城市举办“2008全国民营企业招聘周”活动，主题是“为民营企业招聘用人服务，为大中专毕业生就业搭桥”，近期将下发通知，进行具体安排。二是今年9月，我们还将组织全国公共就业服务机构开展“大中专技校毕业生就业服务月”活动。这两次活动都把高校毕业生作为主要服务对象，对当前解决高校毕业生就业问题将起到重要的作用；同时，也是公共就业服务机构为企业服务，特别是为民营企业服务的重要行动；又是新的人力资源和社会保障部成立以来组织开展的服务活动，将集中地体现原劳动保障部和人事部促进高校毕业生就业方面的职能。所以，希望各地高度重视，按部里要求，结合本地实际，提前做好准备。要深入了解企业的需求，重点收集适合高校毕业生就业的岗位，组织企业面向他们开展招聘；要加强与教育部门和学校的联系，通过各种渠道为高校毕业生提供信息；要以专项服务活动为抓手，将更多的高校毕业生纳入公共就业服务范围，推动相关政策措施的落实。

三、精心部署，扎实推进，全力做好今年的就业工作

2008年是本届政府的第一年，也是举办北京奥运会的一年。我们要充分认识当前就业面临的严峻形势，认识到完成就业工作目标任务的艰巨性，认真贯彻落实国务院就业工作联席会议要求，瞄准五个重点方面，全力做好工作。

（一）面对宏观经济形势的新变化，坚持就业的扩展方向不动摇。今年的工作路数，是一手抓扩大就业，一手抓失业调控。在扩大就业方面，从这些年来各地实践看，就业的主要增长点还是在服务业、中小企业、多种经济形式和灵活就业领域。在新形势下，与此相联系的经济形式形态出现一些变化，由此产生的困惑和动摇影响到在上述领域吸纳就业的力度有所减弱。我们搞就业的同志一定要做到两个坚持，三个结合，即：在宏观经济调控和增长趋缓的情况下，坚持扩大就业方向不动摇，坚持把握就业增长点不动摇，把扩大就业与鼓励支持服务业、中小企业、非公有制经济发展紧密结合，把稳定就业与帮助企业解决难题摆脱困境相结合，把预防和调控失业与防止岗位非正常流失相结合。今年，加强失业调控工作要从四个方面摆上工作日程：一是通过建立失业动态报告来启动失业预警制度建设；二是继续推进国有大中型企业通过主辅分离辅业改制分流安置富余人员；三是规范企业规模性裁员和做好关闭破产企业职工安置，避免引起失业率大幅攀升；四是要抓紧研究采取帮助企业稳定就业减少失业的政策措施。确保在今年奥运年就业局势的稳定。

（二）贯彻《就业促进法》和国务院 5 号文件，关键是要强化政府责任，全面落实政策。首先要加强领导，强化政府责任，强化对就业目标任务的政府考核机制，这项工作要以法律为依据和动力，以就业目标进度和资金安排为抓手来落实。同时，各地要抓紧制定出台地方性促进就业的法规和政策，依法把积极就业政策扩展到新的群体，全面落实税费减免、小额担保贷款、职业介绍补贴、职业培训补贴、社会保险补贴等政策，特别对花钱多且分量重的社保补贴政策，对具有长效作用但落实较难的培训补贴政策，对具有强大激励作用但未形成组合效应的自谋职业、自主创业政策，要作为重点加大力度去落实。政策落实情况与资金使用状况紧密关联。目前全国共结余 200 亿元。这也是导致今年的资金总预算比去年增幅不大的原因。今年的第一批资金现在已下拨。各地要做好安排，在政策落实上要打足预算，做好安排，提高使用效益。同时要进一步加强资金使用管理，确保不出现违纪违规问题。

（三）启动并推进促进创业带动就业工作。各地已开创了一些全民创业促就业的经验。而作为落实十七大的总要求，在全国全面部署推动还需要进一步理清工作思路。最近我们在天津召开部分省市座谈会，大家形成几点共识：

一是为什么要抓？促进创业带动就业是十七大提出的明确要求，也是新时期就业工作的一个重要任务和主要增长点。要以这项工作为抓手来推动全国新时期的就业，要高举创业促就业旗帜来推动《就业促进法》的实施。结合这次联席会的要求，可以说这也是新一届政府提出的要求，更是新组建的人力资源和社会保障部的一项重点任务。今后就业增长的主要领域是服务业或第三产业、中小企业、个体私营企业。这是就业的主要增长点，也是全社会劳动者创业的最大空间。同时，在现实工作中就业有四大渠道：现有企业吸纳；政府开发公益岗位；企业重组改制分流安置；个人自谋职业和自主创业。第四个渠道即创业带动就业是最具发展潜力的。因此抓好这项工作，是扩大就业的题中之义、方向之举。

二是应抓什么？创业的主体应当是全社会有创业意愿和创业能力的劳动者，通过创办企业、合作组织或者个体经营、开拓新的项目来开创新的就业门路、开辟新的就业岗位。带动就业的主体应是劳动者创办的新企业（包括合作组织、个体经营和项目），一方面，通过创业活动实现劳动者自主就业；另一方面，扩展创业规模，扩大吸收更多的劳动者就业。促进创业带动就业的主体应是政府。政府应在对创业者和创业活动鼓励支持、积极引导、完善服务、保障权益等方面做更多的工作，从过去消极被动地对待甚至是束缚创业的态度，转变为积极去推动，最大程度地发挥劳动者创业的积极性，并由此构建就业工作的新格局。从这一角度去理解，促进创业带动就业，其主要特点是不依靠国家投资办厂、办项目来安排就业，也不是在现有各类企业中去扩展就业，而是由劳动者自筹资金、自找项目、自主经营、自负盈亏、自担风险来创造新的就业岗位。因此，促进创业带动就业是积极就业政策最活跃的、最具有动力的一种机制。我们所讲的积极的就业政策，有三个层次：第一个层次，解决失业问题，不仅要靠失业保险，更要在再就业工作上下工夫；第二个层次，解决就业问题，不仅要开发岗位，而且还要开发劳动者的就业能力；第三个层次，在促进就业中，更多更好地发挥劳动者自身能动性去创业，开发新岗位，带动更多就业。

三是如何去抓？做好创业带动就业工作要实现四个转变。第一，工作对象的多元化。从过去主要是帮助下岗失业人员，扩大到全社会所有有创业意愿和创业能力的劳动者，特别是高校毕业生、归国留学生、回乡农民工、复转军人等群体，他们具有巨大的创业潜力。要把这种潜力变成创业实力，把有创业意愿的群体变成真正创业的群体。第二，创业门路的多层次。不仅包括创办中小企业，而且包括劳动者从事个体经营、合作组织以及创办新的项目，特别是国家和地方优先与重点发展的就业型、科技型、资源综合利用型、农副产品加工型、社区服务型、信息服务型等产业和行业。给创业者就业扶持政策，与行业和产业的政策结合起来。第三，工作抓手的系统化。从过去的单一进行培训、解决小额贷款，扩展到树立创业文化和观念、提供政策环境、健全服务保障，还有创新政府组织领导和公共管理服务等，要作为一个系统工程来抓。第四，工作格局的扩大化。从原来单个部门主抓，转变为动员方方面面的力量，各部门齐抓共管。

四是达到什么目标？做好创业带动就业工作要实现三个加强和三个提高。一是通过加强创业培训，使创业者的创业能力和水平得到提高，从而使创业者的人数大幅增加。二是通过建立健全创业的服务保障体系，使创业者的服务保障得到加强，从而使劳动者的创业成功率大大提高。三是通过制定和实施一系列的政策扶持措施，使创办的小企业和项目得到稳定发展，带动就业的倍增效应大大提高。

五是如何启动？首先要搞一些城市试点，率先在五个方面取得实际进展，为全国树起标杆：一要建设创业指导服务平台，并把它作为公共就业服务体系的一个组成部分。二要整合创业实训和孵化基地。三要创新和完善一整套政策体系。四要形成政府主抓、部门共管的组织管理体系。五要搭建全社会共同参与的大平台。如果示范城市把这五个方面做好了，创业者大批涌现，创业实力大大增强，就是一个创业型的城市。作为劳动保障部门，第一要做实培训，要探索一些新的培训模式。第二要用足政策，小额担保贷款、税费减免、社保补贴、培训补贴等扶持政策，没落实的，要落实到位；已经落实的，要从原来的群体扩展到全社会。第三要搞好服务，有劳动保障部门提供的服务，还有各个部门的一条龙服务，把工作做得更实一些，真正建立起绿色通道。

六是部里的工作安排。部里要提出指导性意见，充分运用现有的政策和工作机制，推出一批创业型的城市，率先突破，一年后总结，向全国推广。已经搞了创业带动就业工作的省，可以把所有的城市都纳入进来；没有搞的，可以选有条件的城市搞试点，先启动起来。用三年时间，在全国做实上述五个工作支点，提高整体工作水平。

（四）健全完善公共就业服务体系。中央决定组建人力资源和社会保障部，其中健全公共就业服务列为四大职责之一。“建立健全从就业到养老的服务和保障体系”成为最大的亮点，公共就业服务既是政府转变职能的重要标志，也是新时期做好就业工作最重要的依托。经过近三十年的发展，我们的公共就业服务已经形成了完整的体系，我们的队伍达到40万人，我们的场地、设备条件也有了一定的改善，随着《就业促进法》出台，公共就业服务机构有了明确的法律地位，经费来源也有了法律保障。这些都是我们的有利条件。但我们也应看到，目前公共就业服务的现状与社会需求相比还有很大差距。许多地方的队伍建设不到位，工作经费未落实，特别是服务功能、服务质量与效率离人民群众需要和各级政府的要求还有较大差距，我们要下定决心，打造中国一流的公共就业服务。今年内我们将抓紧制定公共就业服务发展规划，从体系、投入、功能、手段、质量等方面提出明确的要求。同时，我们将积极与中编办协调，争取尽早出台关于完善公共就业服务体系的配套文件。各地也要结合落实《就业促进法》和5号文件，在做好就业服务日常工作和专项服务的同时，抓紧研究解决本地公共就业服务体系、制度和队伍建设的突出问题，使公共就业服务得到大大加强。

（五）高举高技能人才队伍建设旗帜，切实做好职业培训工作。要继续深入贯彻中央15号文件精神，继续实施“新技师培养带动计划”和高技能人才培养东部工程，依托大型骨干企业和技工院校，建立500个高技能人才培养示范基地，深入推进校企合作，启动技工院校一体化教学改革工作，加快高技能人才的培养。认真落实《就业促进法》和国务院5号文件的要求，针对不同群体劳动者，面向市场，以就业为导向，整合社会各方面培训资源，落实好职业培训补贴政策，统筹做好面向各类群体的培训工作，提高培训质量和效果。

我想特别讲讲农村劳动力的培训工作。2005年国务院36号文件和5号文件确定农民工培训补贴政策，2006年劳动保障部实施了“农村劳动力技能就业计划”。两年来，各地使用就业专项资金，动员和组织社会各类培训资源开展农民工培训。2007年，全国培训890万人，使用就业资金28亿元，培训后就业率为77%，取得职业资格证书和职业能力证书的人员比例为55%。总结去年的工作，各地在落实责任、加大资金投入和加强制度建设方面取得了明显的进展。确定了专人负责，培训任务落实到市县，工作已开始形成制度。大多数省份投入资金都有所增加。这些成绩是大家努力的结果。但是，从总体上看，农民工培训质量不高的问题比较普遍，还发现有的省出现了套取挪用农民工培训资金的严重问题，对此我们感到十分痛心。因此，在今年的工作中要将提高培训质量，严格资金监管作为工作重点。今年农村劳动力培训的任务，请各地抓紧分解到县（市、区）。有关农民工培训的政策，今年也作了进一步明确和充实。希望各地用好用足这些政策，在新的一年里推进农民工培训工作上一个新台阶。

今年的就业工作任务十分繁重。让我们抓紧努力，确保完成各项目标任务，为和谐社会建设和实现全面建设小康社会目标作出积极的贡献。

把就业摆在更加突出重要的位置 全力以赴保持就业局势基本稳定

张小建

（2008年12月29日）

召开全国就业系统电视电话会议，主要目的就是按照中央经济工作会议精神和部党组的要求，进一步明确工作方向和任务，具体部署安排当前要抓紧的几项工作。

一、今年就业工作克服重重困难，成绩来之不易

在党中央、国务院的正确领导下，在各级党委和政府的直接指挥下，各地就业战线同志积极努力工作，与各部门紧密合作，就业工作稳步推进。一是上下齐动，大力推进就业促进法的贯彻落实。二是部署发动以创业带动就业工作，不少地区取得新的突破。三是团结协作，20个省市对地震灾区实施对口就业援助和技校培训援助，初见成效。四是研究制定了一系列应对全球性危机、保持就业稳定的对策措施。预计到年底，各项就业任务目标能够完成。

今年以来，在巨大自然灾害和经济复杂多变对就业冲击较大的情况下，在许多工作临时追加且工作重压超乎寻常的情况下，能够取得这样的成绩，实属不易。全国就业系统，包括培训、包括人才服务系统的干部职工，凭着高度责任感和事业心，勇挑重担，冲锋在前，发扬连续作战，奋发进取的精神，克服了种种艰难困苦，较好地完成了各项工作任务。我们的工作得到了人民群众的认可和欢迎，也得到国务院领导的充分肯定和表扬。实践证明，我们是一支能经受各种考验有坚强战斗力的队伍，是一支关键时刻能打硬仗的队伍，是一支党和人民能够信任不负重托的队伍。

二、学习领会中央领导最新指示精神，进一步强化对做好就业工作重要性紧迫性的认识

在中央经济工作会议上，胡锦涛总书记、温家宝总理对应对当前国际金融危机作出了重大部署，其中，对就业工作提出要求，非常明确，不同一般。之后，胡锦涛总书记和温家宝总理视察各地时都专程考察就业工作，并作出重要指示，充分体现了党中央、国务院对民生问题的极大关注，对就业工作的高度重视。学习领会和贯彻落实中央领导指示精神，要把握好以下几点：

（一）把就业摆在更加突出重要的位置。中央经济工作会议提出，必须把保持经济平稳较快发展作为明年经济工作的首要任务，着力在保增长上下工夫，要把改善民生作为保增长的出发点和落脚点，把就业摆在更加突出重要的位置。在更加突出的基础上，加了“重要”二字。胡锦涛总书记在考察中指出：“就业是

民生之本，关系到千家万户”。充分说明稳定和扩大就业在当前应对国际金融危机，保持经济持续健康发展，改善民生、维护社会稳定大局中的重要地位和作用。中央领导在讲话中明确提出，“要实施更加积极的就业政策，全方位促进就业增长。”实施积极就业政策要求“更加”，促进就业增长要求“全方位”，这都是对过去提法的进一步强调和提高。不仅为我们的工作进一步指明了方向，而且提出了更加明确的要求。各地要充分认识做好就业工作的重要性和紧迫性，增强责任感和使命感，下大力气抓紧抓好。

（二）把保就业与保增长紧密结合。中央经济工作会议确定明年工作的五项任务，都强调了与保就业的关系。在实施积极的财政政策中明确，要加大对就业、社会保障等民生工作的支持力度。在实施适度宽松的货币政策中明确，要支持就业容量大的劳动密集型企业。在巩固发展农业农村经济中明确，要高度重视农民工的就业问题和最大限度拓展农村劳动力就业渠道。在转变发展方式，推进经济结构调整中明确，要坚持推进结构升级和扶持就业创业相协调，进一步增强经济竞争优势和吸纳就业能力，把扩大消费与发展服务业结合，与扩大就业结合。在深化改革开放中明确，要加强货币政策、财政政策、产业政策与就业政策协调配合，保持出口稳定增长，直接增加就业岗位。这些都说明，就业工作在整个经济工作中有着极重的分量，是保增长的重要目的，也是保增长的重要条件。为此，我们要把稳定和扩大就业与各项经济工作紧密结合，共同推进，通过保增长来保持就业总量持续增加，通过扩大内需来拉动就业增长能力，通过调整结构实现稳定并扩大就业。同时，只有以保就业为出发点和落脚点，才能更好实现保持经济增长和保持社会和谐稳定的目标。

（三）明确“95146”目标任务。中央经济工作会议确定了2009年就业的任务目标，城镇新增就业900万人，下岗失业人员再就业500万人，其中困难群体就业100万人，城镇登记失业率控制在4.6%以内，确保就业局势基本稳定的就业目标任务。这里也包括帮助企业稳定岗位，减少岗位流失的任务目标。胡锦涛总书记指出：“希望各类就业服务机构急求职人员所急，解求职人员所难，努力帮助更多的求职人员特别是就业困难人员实现就业，为促进社会和谐稳定作出应有的贡献”。这是对我们做好就业工作的殷切希望。我们要坚定克服困难和开拓就业新局面的信心和决心，层层分解落实目标任务，用百倍的努力和切实有力的政策措施，努力完成明年就业工作的任务目标。

三、对明年的工作要做好最困难的准备，也要坚定信心

就业形势年年严峻，2009年尤为严峻；就业任务年年繁重，2009年尤为繁重。

一是一批企业困难，就业岗位不稳定。据对吉林、江苏、浙江、福建、广东5省15个失业动态重点监测城市的快速调查，今年9月1日至12月20日，企业解除或终止劳动关系占全部企业从业人员的3.8%。另据对上述5省15个城市514家企业的监测，平均有40%的企业出现了岗位净减，从监测企业整体看，岗位增减相抵呈净减趋势。

二是经济增速减缓，对就业的拉动能力减弱。11月新增就业人数减幅较大。据45个城市不完全统计，11月与9月相比，登记求职人数增加了6%；登记招聘岗位数量减少了10%。供求矛盾趋紧。

三是农民工提前返乡增多，来年就业路子不畅。据对安徽、江西、河南、湖北、四川5省250个行政村的快速调查，9月1日至12月20日，农民工返乡占8月底前外出农民工人数的13%。节前返乡者大量增加，来年就业和输出形势不明朗，不乐观。

四是就业困难群体相应增多，就业难度加大。就业供求趋紧导致“4050”人员、零就业家庭、长期失业者、残疾人等实现就业的难度更大。此外，高校毕业生就业、地震灾区就

业任务也很繁重。

总之，明年的失业高峰不同于以往。全球经济的衰退，国内经济发展的减速，还有许多不确定的因素，特别是民营企业、出口加工型企业、中小企业这些就业的增长点受到冲击，更增加了就业工作的艰巨性和复杂性。因此，要做好最困难的思想准备。

与此同时，我们也要看到，当前做好就业工作有很多有利因素。最重要的一条就是党中央、国务院及时科学的决策，制定并实施积极的财政政策和适度宽松的货币政策，采取了一系列扩大内需刺激经济发展的措施，必定会增强经济发展对就业的拉动能力。同时，我们还具有四个有利条件：有各级党委、政府的高度重视，有各地区、各部门已经形成的良好工作机制，有就业促进法和实施更加积极的就业政策保障，有在长期工作中特别是突发事件中锤炼出来队伍的好精神好作风，只要我们把思想统一到中央的决策上来，把政策真正落实到位，把工作切实做到家，就一定能够把握住工作的主动权。

四、明确重点，落实要求，务求实效

做好明年的就业工作，要紧紧围绕贯彻中央经济工作会议精神，实行稳定就业与扩大就业并举，实施更加积极的就业政策，在就业岗位、重点人群和政策落实三个关键环节下工夫，统筹做好高校毕业生就业、就业困难人员再就业、农民工流动就业工作，强化公共就业服务和职业培训，全方位促进就业增长。

（一）采取积极措施减轻企业负担，稳定就业岗位。首先要明确，在当前形势下，保住一个企业，就是保住一批岗位，就是保住一批劳动者的饭碗。减少一个岗位流失，就是减少一个失业，就是保住一个劳动者的饭碗。要树立这样一种理念和意识：扩大就业必须从稳定现有岗位做起，减少失业必须将防线提前到企业。这是全方位促进就业的一个重要方面，也是更加积极就业政策的重要体现。有关具体工作，失业保险司左春文司长已部署，我这里强调五条：第一，鼓励和倡导企业履行社会责任，在遇到困难时，要与工会职工协商共渡难关的措施，努力不裁员，尽量少裁员。要树立一批典型加以宣传，形成全社会保稳定顺人心的良好氛围。第二，要运用好更加积极的就业政策，通过政策的激励和提供好的服务，鼓励企业多用人，鼓励和支持遇到困难的企业采取在岗培训、轮班工作、协商薪酬等办法，稳住职工队伍，保住就业岗位。第三，切实落实三部门减轻企业负担，稳定就业局势的通知，运用好“五缓四减三补两协商”这套组合性的政策措施，在为企业降压减负和输血强心方面下工夫，见实效，真正帮助一批困难企业渡过难关，实现援企稳岗的目标。各地要结合实际抓紧制定具体实施方案，确保政策全面落实到位。第四，充分发挥失业保险稳定就业的职能。新的政策突破了原来失业保险基金使用的局限性，经当地人民政府批准，可以开展扩大失业保险基金使用范围试点，运用失业保险基金为困难企业支付社会保险补贴和岗位补贴。做好这项工作不仅关系援企业稳就业的大计，并且关系到失业保险的立足之本。这里强调四点：一是费率必须降。全国各地都要在一季度做到位。二是余钱必须用。留够一年，其他必须拿出来用在支持困难企业上。三是用之必见效。东部地区管理有基础的城市，使用有保证的企业，可作为第一批实施，1月份就做到位。四是风险必须防。要做到三防三控和三个公开，对企业骗取、部门挪用、干部以权谋私的行为都要有切实办法措施进行防范。对补贴对象审核、资金的拨付和内外监管做到严格控制，实行补贴拨款、补贴企业、补贴个人三公开，确保不出问题。我特别强调，绝不容许这方面出问题影响失业保险的新政和公信力。第五，要进一步落实国有大中型企业主辅分离辅业改制政策，通过兴办实体和内部转岗等多种形式分流安置富余人员。

（二）加大政策支持力度，拓展多渠道多形式就业。面对严峻的就业形势，需要有更加积极的就业政策，鼓励多方位、多渠道、多形式开辟就业门路，挖掘就业潜力。我们协商有关部门在原有积极就业政策的基础上，进一步延续、扩展、充实、提高，形成更加积极的就业政策。这方面就业司于法鸣司长已作了介绍和部署。我想强调几点：第一，从大举措大项目中拉动就业。把扩大就业与发展经济扩大内需的举措紧密结合，使政府投资和重大项目建设带动更多就业；瞄准经济社会发展的新需要开发新的就业增长点，大力发展非公有制经济和服务业。第二，从经营好容量大的企业行业中扩展就业。在推进结构升级中，积极支持经营状况好就业容量大的劳动密集型企业、中小企业和第三产业多作贡献，并通过减免税和提供社会保险补贴等政策予以支持。第三，从更多劳动者自主创业中带动就业。通过开展创建创业型城市，全面推进创业带动就业。不断完善创业的政策和服务措施，扶持和鼓励劳动者创业。对农民工返乡创业，高校毕业生科技创业予以重点支持。第四，从多种形式灵活就业中增加就业机会。全面落实灵活就业的社会保险补贴政策，扩大政策范围，加大政策支持力度。第五，从公益性岗位中开发新的就业，特别是城乡基层面向群众的公共管理和服务岗位，并提高岗位补贴标准，增强就业的稳定性。

（三）统筹各群体就业，把大学生就业放在首位。我们当前的工作对象主要有三大类：一是以高校毕业生为主体的新成长劳动力，二是以下岗失业人员和困难群体为代表的城镇失业群体，三是以农民工为主体的转移就业群体。对三个群体就业，要根据各地实际进行统筹安排，并要突出重点。今年，高校毕业生610多万人，是新成长劳动力的主体，事关就业工作的全局，成为当前就业工作的一个焦点。12月20日，温家宝总理与大学生座谈，强调要把大学生就业放在当前就业工作的首位。要求我部与有关部门抓紧研究制定促进高校毕业生就业的政策措施。关键是要采取切实有效措施，拓宽就业门路，鼓励高校毕业生到城乡基层、中西部地区和中小企业就业，鼓励自主创业，鼓励骨干企业和科研项目吸纳和稳定大学生就业，确保离校后登记求职毕业生就业率稳步提高，就业困难毕业生通过就业援助当年实现就业，不断提高毕业生就业质量。同时，对当前高校毕业生就业市场出现的现象要引起高度重视，密切关注，正确引导，防止造成混乱。

（四）组织大规模的职业培训，全面提高劳动者职业素质。在目前就业供求矛盾加剧的情况下，组织大规模的职业培训，既是提高劳动者职业素质、推进产业结构优化的重要措施，也是延缓劳动力进入人力资源市场、做好人才储备的迫切需要，这是世界各国应对大规模集中性失业和缓解压力的主要方法。要树立这样一种理念，做好职业培训工作，不仅是对促进就业和缓解失业的最有力支持，并且也直接关系到职业培训自身的命运和前途。开展特别职业培训计划是在特殊时期组织特大规模培训，并通过延长时限、提升水平来实现特别功效。具体工作职业能力建设司吴道槐司长已做部署，我这里强调四条：第一，要搞好结合。要与经济发展紧密结合，与援企稳岗计划紧密结合，与农民工返乡就业找出路紧密结合，与城乡青年准备就业紧密结合，了解需求，摸清底数，制定好实施方案。第二，要用好政策。综合运用好就业专项资金、失业保险基金以及其他用于培训的专项资金，加强与财政等部门的沟通协调，落实好提高培训补贴标准、延长培训期限等方面的政策。第三，要强调实效。要把培训的针对性、有效性作为检验特别培训计划实施效果的根本性指标，落实到培训计划组织实施的各个环节，就业、失业、培训、鉴定等部门更要形成合力，确保达到预期效果。明年一季度首先要抓紧启动在岗培训、农民工培训，再就业培训和预备制培训也要有新的要求。第四，要加强监管，保证不出问题。要以过去出现过的道德风险和套取挪用贪污受贿案例为戒，采取切实措施加强资金使用安全的监管，强化培训过程监督，也要做到“三防三控三公开”。

（五）进一步强化公共就业服务，帮助更多的劳动者就业。在当前就业形势严峻的情况下，要很好运用人力资源市场机制，其中发挥公共就业服务作用尤其重要，公共就业服务的责任是重中之重，必须全力以赴认真做好。明年就业服务系列活动已经部署，要按启动会的要求抓好落实。这里强调几点：第一，提高实效。要把就业服务专项活动与重点帮助人群相结合，与落实政策相结合，与绩效考核相结合，提高针对性和实效性。第二，更加积极主动。要将就业服务延伸到企业，帮助企业落实政策和解决实际困难；延伸到城乡居民家庭，特别是困难人员、零就业家庭，建立“一对一”的帮扶工作机制。第三，充分调动全社会积极性。这次就业服务系列活动，一方面体现了鼓励社会各方面的共同参与，另一方面，给予地方更多结合实际创造性发挥的空间，要尽快协商相关部门，研究制定具体的活动方案。劳动保障部门要切实牵起头，发挥好作用。统筹用好就业资金，很好支持各部门各团体开展的公益服务。第四，加强能力建设。结合服务的扩展加强，结合国家加大对民生的基本建设投资，加强县和乡镇、街道社区基层公共就业服务机构和就业服务队伍能力建设。

（六）加强组织领导和基础工作。实施以上更加积极的就业政策，打开思路责任在部里，启动发动在部里，落实责任在地方，达到实效关键在地方。各级劳动保障部门要切实加强领导，按部里总的部署要求，制定总体性的工作措施和具体工作的方案，做到任务落实、责任落实、资金落实、工作落实。还要搞好协调配合，系统内部就业、培训、市场、失业保险等各机构之间，要加强协调配合，形成推进工作的合力；要与社会保险部门加强协调配合，推进相关工作落实，取得实效。特别是在地方新一轮的机构改革中，进一步加强就业工作，保持工作连续性、稳定性，确保各项工作顺利开展。从部里的情况看，就业、培训、失业保险、市场工作在机构整合中只会加强，不会削弱，做好当前的就业工作，也是充分发挥工作职能、体现自身作用的好时机。与此同时还要强调一下基础工作。主要是搞好基础调查统计和就业情况变化的跟踪了解。为及时了解就业形势的变化，准确掌握最新动态，为实施科学决策提供依据，部里在10个省建立了就业相关数据快速调查制度，按旬了解劳动力主要输入地企业新的减员和岗位流失情况，劳动力主要输出地农民工返乡和外出情况，按月了解人力资源市场职业供求变化情况。这10个省要不断完善办法，按要求按时报送有关数据。各省也要结合实际尽快建立就业数据的快速调查制度，做好调查统计和分析工作，为各地政府决策提供依据。下一步我们将在总结经验基础上，扩大实施快速调查的省份，并建立经常化、制度化、规范化的就业数据调查的长效机制。

在人力资源社会保障部务虚会上的发言

杨士秋

（2008 年 7 月 28 日）

在新部组建工作大体就绪，时间刚刚进入下半年的时候，部党组决定召开这次务虚会，总结上半年工作，谋划下半年工作，十分必要，非常及时。

一、关于人事工作

两部合并后，人事工作的任务更加繁重，要求更高。人事工作直接关系到各单位队伍建设和每个干部的切身利益，备受关注。做这项工作有“三靠”：一靠部党组的坚强领导；二靠广大干部职工尤其是在座各单位负责同志的理解和支持；三靠人事司同志的共同努力。有了这三个方面的依靠，应该能够做好这项工作。

从人事工作的总体考虑和基本要求看，要努力做到以下三点：

第一，要坚持正确的用人导向。总的说，就是坚持德才兼备，以德为先的原则；贯彻“四化”方针，选政治上靠得住，工作上有本事，作风上过得硬，干部职工信得过的人。要树立和形成良好的风气，特别关注那些品行端正、成绩突出的人，顾全大局、不计较个人得失的人，不跑官要官、一心扑在工作上的人。

第二，要形成公平合理、科学适用的选人机制。要认真贯彻干部选拔任用条例、公务员法等一系列法规和文件，根据我部实际，建立健全各项人事制度。

第三，要树立服务大局、以人为本的工作理念。一方面要把人事工作放在我部全局中来定位。要根据业务工作需要来选人用人，以是否适应业务工作需要来检验选用的效果，为业务工作提供组织保证和人才支持；另一方面，要切实关心干部的成长。要搞好干部培训，并提供实践的机会，加强干部的培养和锻炼，还要尽可能做到人尽其才，把干部放在最适合发挥作用的岗位。当然，这里讲以人为本，并不是说谁想提拔就提拔谁、想到什么岗位就安排到什么岗位，而是要尽可能做到工作需要与个人特长相结合，尽可能做到每个干部个人素质、能力都能在工作中不断提高。人和人的机遇不可能完全一样，但只要是金子，早晚都会发光。做人事工作，要牢牢树立为部中心工作服务，为广大干部成长服务的意识，这样才能把工作做好。

当前，人事司要重点做好以下几项工作：

一是抓紧建立、整合、完善各项人事制度。原人事部、劳动保障部在人事管理方面，都有一些好的做法和经验，要认真研究，科学整合，形成规范，做到工作有章可循、有据可依。

二是抓好机关干部业务培训工作。这次机构改革，很多人走上了新的岗位，从事了全新的业务。人事司要指导各单位尽快开展形式多样的培训，使大家尽快熟悉业务工作，进入角色，发挥作用，确保下半年工作任务圆满完成。

三是做好司级单位“三定”工作和下属事业单位人事制度改革的调研工作。

二、关于离退休干部工作

离退休干部工作，既是党的事业的一个重要组成部分，又是一项德政和善事。从事离退休干部工作的同志，既是在完成一项组织交给的光荣任务，又是在做积德行善的事情。

7月22日，我在离退休干部局全体干部会议上，就如何做好离退休干部工作提出了三点希望和要求：一是要满腔热忱地做。就是要热爱这项工作，保持饱满的精神状态和高昂的工作热情；二是要耐心细致地做。就是不放弃、不抛弃、不厌烦、不粗心，耐心周到、认真负责地做好每一件事；三是要任劳任怨地做。就是工作可能很辛苦、麻烦，甚至被埋怨、被误解、受委屈，没有什么“风光”可言，要肯于承受，心甘情愿。

这些都是比较显性、直观的要求。满腔热忱也好、耐心细致也好、任劳任怨也好，归根结底要带着感情去做，怀着爱心去做。爱心怎样才能形成？一是要发扬中华民族尊老爱幼的传统美德，这些老同志几十年为革命和建设奋斗，出生入死、吃苦受累，很不容易。在一定意义上讲，我们在依托或享受他们的奋斗成果。这些同志现在上了年纪，我们要怀着感恩的心去为他们服务，使他们感受到组织的温暖和同志的情谊。二是要设身处地、将心比心地想一下，这些老同志的今天就是我们的明天，谁都希望老有所养、老有所乐，人同此心、情同此理。我们现在好好关照老同志，也给后人做个榜样，以后他们也会好好关照我们。我想，只要这个情感问题解决好了，离退休干部工作就一定能做好。

当前，离退休干部局要重点抓好以下几项工作：

一是研究制定好局“三定”方案，妥善安排人员，充分发挥大家的积极作用。

二是实现工作制度的优化统一，使整体工作协调有序地推进。

三是搞好原两局工作资源的整合，为开展活动创造更好的条件。

三、关于公务员局的工作

组建国家公务员局，是党中央、国务院的一项重大决策和举措，体现了党和国家对公务员管理工作的高度重视。现在，公务员局的组建工作在部党组的领导下已基本完成。公务员局的成立，不单纯是将原来公务员司升个格，而是意味着责任更大、任务更重、要求更高，意味着公务员管理工作已经站在一个新的起点上。

7月22日，人力资源社会保障部部长兼国家公务员局局长尹蔚民同志，在国家公务员局成立大会上作了重要讲话，这个讲话对今后公务员管理工作具有非常重要的指导意义。今后工作，总的说，就是认真贯彻落实蔚民同志在公务员局成立大会上的讲话精神，全力开创公务员管理工作新局面。今后一段时间，公务员局主要工作任务就是进行三大建设：

第一，公务员管理制度体系建设。主要是以贯彻实施公务员法为主线，进行一系列的制度建设，使公务员管理步入制度化、规范化、科学化轨道。我们计划会同中组部等部门分步出台25个配套法规，现已完成10个，争取尽快再出台4个，其他的正在研究制定之中。此外，要在试点的基础上，研究制定行政执法类、专业技术类公务员分类管理办法和聘任制公务员管理办法。

第二，公务员队伍能力和作风建设。要把好公务员“入口”关，坚持和完善公务员考录工作，在坚持“凡进必考”的同时，加大从有基层工作经历的人员中选录的力度；要认真贯彻全国干部教育培训工作会议精神，抓好四类培训，加强针对性，落实新一轮大规模培训干部的任务；要切实加强公务员日常登记、考核、奖惩、任免、职务升降等工作；要扎实推进公务员职业道德建设，贯彻公务员行为规范，深入开展做“人民满意的公务员”活动；要积极做好政府奖励工作，为公务员队伍建设提供强大的精神动力；贯彻行政机关公务员处分条例及其他规章，形成有效的约束机制。

第三，加强公务员局机关的自身建设。公务员局是个新建机关，基础工作十分重要。重点是抓“三基一化”（基本制度、基础资料、基本功和办公自动化），提高工作效率和质量；抓人员的业务培训，提高业务能力和水平；抓机关党的建设，抓机关作风建设，形成好风气，树立好形象。要努力实现蔚民同志的要求，把公务员局机关建设成为政治强、作风正、工作出色的机关，建设成为“公务员之家”。

当前，公务员局要重点做好以下几项工作：

一是首先抓紧制定局机关的工作规则和会议制度，以使工作尽快进入规范运转。

二是近期召开局务虚会，贯彻落实这次部务虚会精神，详细谋划下半年公务员管理工作，同时这也是对干部进行一次培训。

三是会同中办、国办和总政有关部门，做好抗震救灾总结表彰大会的筹备工作。

四是着手启动2009年度中央国家机关公务员考录工作。

总之，公务员局作为一个新成立的政府机构，工作刚刚起步，任重道远。要在部党组和蔚民同志的领导下，既充分发挥作为一个国家局的应有作用，又要同部里整体工作融为一体，奋发进取，努力工作，开创公务员管理工作的新局面。

在国家公务员局深入学习实践科学发展观活动动员会上的讲话

杨士秋

（2008 年 10 月 8 日）

在全党开展深入学习实践科学发展观活动，是党中央科学分析国际国内形势的新变化，全面把握党和国家事业发展的新要求作出的一项重大战略部署。部党组对开展好这次学习实践活动高度重视。9 月 27 日部里召开了深入学习实践科学发展观活动动员大会，蔚民部长在会上作了重要讲话，对开展学习实践科学发展观活动进行了动员和部署。蔚民部长的讲话深入贯彻中央有关会议和胡锦涛、习近平等中央领导同志讲话精神，结合人力资源社会保障工作的实际，站在全局的高度，深刻阐述了开展学习实践活动的重要意义，提出了思想认识要有新提高、解决难题要有新突破、体制机制建设要有新进展、工作作风要有新转变、工作能力要有新提高的活动目标，并要求把握关键环节、加强组织领导、采取有力措施、务求工作实效。同日，部党组、部深入学习实践科学发展观活动领导小组印发了《人力资源和社会保障部开展深入学习实践科学发展观活动实施方案》，对搞好学习实践活动作出了具体安排。我们要深入学习，切实抓好贯彻落实。局党组对开展深入学习实践科学发展观活动高度重视，专门开会认真研究了工作方案，决定及时召开会议，在全局范围进行动员部署。

一、结合我局实际，充分认识开展学习实践活动的重要意义

科学发展观作为中国特色社会主义理论体系的重要组成部分，以丰富的思想内涵，科学回答了实现什么样的发展、怎样发展等一系列重大问题，反映了我们党最新的发展理念，是我国经济社会发展的重要指导方针。在全党范围内开展学习实践活动，具有重大而深远的意义，我们一定要把思想和行动统一到中央的重大部署上来，统一到部里的总体安排和要求上来。深入开展科学发展观学习实践活动，对于我们做好公务员管理工作，还有以下重要意义：

（一）深入开展学习实践活动，是确保公务员管理工作正确政治方向的内在要求。公务员制度是我国政治制度的重要组成部分，公务员管理是政治性、政策性很强的工作。坚持正确的政治方向，是由我国公务员制度的政治属性决定的。推进新时期公务员管理工作，必须坚持以马克思列宁主义、毛泽东思想、邓小平理论和“三个代表”重要思想为指导，必须贯彻落实科学发展观。我们要通过深入学习，全面把握科学发展观的科学内涵和精神实质，更好领会科学发展观的根本要求，自觉用科学

发展观指导工作。

（二）深入开展学习实践活动，是推进公务员管理工作更好地服务科学发展的必然要求。促进科学发展、让人民满意，是公务员管理工作的价值追求。通过开展学习实践活动，围绕更好服务科学发展这一大局，谋划定位新时期的公务员管理工作，进一步完善公务员制度，加强公务员队伍建设，有利于广大公务员切实履行好全心全意为人民服务的宗旨，提高为人民、为社会服务的能力和水平，落实以人为本的要求，推动实现发展为了人民的目标；有利于按照中国特色社会主义的总体布局，全面推进经济建设、政治建设、文化建设、社会建设，促进物质文明、精神文明、政治文明的协调发展；有利于把握新形势，迎接新挑战，解决影响公务员管理事业科学发展的深层次矛盾和难点问题，以国家公务员局的成立作为新起点，把公务员管理工作推向一个新的发展阶段。

（三）深入开展学习实践活动，是加强公务员局自身建设的现实要求。蔚民部长在7月22日公务员局成立大会上指出，对我们这样一个新成立的机构，非常迫切的一项工作，就是切实加强自身建设，起好步，开好局。为此，他强调，要大力加强全局人员思想政治建设、能力建设、基础建设、领导班子建设和局机关党的建设。开展学习实践科学发展观活动，为我们加强机关自身建设提供了一个难得的契机。我们一定要抓住这个契机，用马克思主义中国化的最新理论成果武装全局同志头脑，增强全体人员贯彻执行党的路线方针政策，贯彻落实科学发展观的自觉性和坚定性；进一步解放思想，坚持从实际出发，理清工作思路，找准突出问题，创新体制机制，推动公务员管理工作深入发展；进一步转变工作作风，提高工作能力，增强事业心和责任感，提高为大局服务、为人民群众服务、为公务员服务的水平，树立公务员局“公务员之家”的良好形象。

二、围绕主题，着力解决不符合科学发展要求的突出问题

实践性是科学发展观的本质特征。中央强调，开展深入学习实践科学发展观活动，必须突出实践特色，在学习中推动实践，在实践中深化认识，使广大党员干部牢固树立科学发展理念，形成科学发展共识，更加自觉地以科学发展观审视过去、总结经验得失，以科学发展观武装头脑、转变思想观念，以科学发展观分析现实、查找突出问题，以科学发展观规划未来、完善体制机制，从而做到使党员干部受教育、科学发展上水平、人民群众得实惠。

根据中央要求，经部党组研究确定，我部学习实践活动的主题是：“开发人力资源，推进民生建设，促进科学发展”。这一主题包含了我部两大领域职能，指出了学习实践活动的主要任务和努力方向。局党组按照我部确定的活动主题，从我局实际出发，经认真研究确定局学习实践活动的主题为：“完善公务员管理机制，加强公务员队伍建设，促进科学发展”。这一主题基本涵盖了我局工作的两条主线，体现了我局特色，是我们这次学习实践活动的主要任务，也是我们今后一个时期工作的努力方向。

我们要围绕这一主题，通过学习实践活动，着力解决以下突出问题：

一是加大制度建设力度。目标是建立健全充满生机与活力、体现中国特色的公务员制度体系。完善公务员制度，这是党的十七大提出的重要任务。重点是按照公务员法配套法规立法规划，加强调查研究，主动做好内外协调，加快工作进度，尽快出台公务员回避、辞职、辞退、控告、挂职锻炼、试用期管理办法等后续配套法规。同时，在公务员法的框架内，不断探索新做法，及时总结新经验，完善公务员制度。

二是健全公务员管理机制。目标是坚持民主、公开、竞争、择优原则，完善能上能下、能进能出的选人用人机制。重点是推进依法考

录、公平考录、科学考录，完善党政机关从基层考录公务员的制度；提高竞争上岗考试的科学性、针对性；建立公务员正常退出机制，增强制度内在活力；完善体现科学发展观和正确政绩观要求的公务员考核评价体系；完善合理的职位分类制度；建立公开、公平、竞争、灵活的公务员聘任制度。

三是加强公务员队伍作风建设和能力建设，不断提高公务员为人民服务的能力和水平。目标是努力建设政治坚定、业务精湛、作风过硬、人民满意的公务员队伍。重点解决好坚定公务员理想信念，增强公务员政治意识、公仆意识、责任意识，提高公务员公共服务、依法行政、创新发展能力等问题。

四是强化政府奖励的导向作用，切实规范行政奖励表彰工作。目标是坚持依法施奖，建立法制完备、层级科学、管理规范、激励有效的政府奖励体系。重点是研究制定《国家勋章和国家荣誉称号法》和《行政奖励法》，尽快出台《国务院授予荣誉称号办法》，完善评选、表彰、管理以及监督检查等方面的规章制度；服务科学发展的大局，对各方面涌现出来的先进典型，适时开展奖励表彰工作，引领时代风尚，凝聚全社会力量，促进小康社会建设。

通过开展学习实践活动，要把服务科学发展作为公务员管理工作的根本任务，把改革创新作为推进公务员管理工作深入发展的根本动力，把让党和人民满意作为公务员管理工作的根本标准，更好地把科学发展观贯彻落实到公务员管理各项工作中，努力提高做好本职工作、实现科学发展、促进社会和谐的能力，真正达到“提高思想认识、解决突出问题、创新体制机制、促进科学发展”的目标要求。

三、把握关键，扎实深入推进学习实践活动

本次学习实践活动，我局总体安排与部里保持一致，整个活动分为三个阶段，自2008年9月底开始，到2009年2月基本完成。

（一）学习调研阶段。主要任务是学好理论、提高认识、统一思想、转变观念。包括动员部署、学习培训、深入调研和开展解放思想讨论四个环节。

1. 动员部署。今天，全局学习实践活动动员大会结束后，各司要结合实际组织学习讨论，进行再动员，并于10月10日前制定出具体计划报部里备案。

2. 学习培训。采取个人自学、集中培训、专题辅导、集体研讨等形式，组织党员干部认真学习党的十七大精神，科学发展观的重要论述、文件选编，特别是要重点读好机关党委下发的三本书。在自学的基础上，集中学习时间不少于5天。局党组、司领导班子中心组要带头学习，局党组成员集中学习2～3次，并适时参加所在党支部的学习。10月中旬，局全体党员干部参加部举办的贯彻落实科学发展观专题报告会。同时，处级以上党员干部参加部机关党委举办的培训班进行集中培训。各司结合本单位工作实际对处以下党员干部进行培训。培训结束后，党员干部要认真撰写学习体会。

3. 深入调研。局党组成员带队，围绕“完善公务员管理机制，加强公务员队伍建设，促进科学发展”这一主题深入基层开展调研，重点就加大制度建设力度、完善选人用人机制、加强作风建设和能力建设等方面，认真总结经验，加强分析研究，切实找准问题。要通过召开座谈会、问卷调查、个别访谈等形式，广泛听取各相关部门、公务员管理系统党员群众的意见和建议，认真梳理我局在贯彻落实科学发展观方面存在的突出问题，撰写专题调研报告。

4. 开展解放思想讨论。结合学习和调研成果，针对实际工作中存在的突出问题和党员干部的思想状况，采取多种形式，组织开展解放思想讨论，引导全局同志进一步加深对科学发展观的理解，进一步开阔眼界、开阔思路、开阔胸襟，在事关我局怎样实现科学发展、怎样服务科学发展等重要问题上形成共识，真正把思想从那些不适应、不符合科学发展要求的观念、做法和体制机制的束缚中解放出来，不断增强贯彻落实科学发展观的自觉性和主动性。各司要结合纪念改革开放30周年，对本领域工作进行全面总结和分析、展望，并形成研究报告，推动学习实践活动不断深入。11月下旬，参加部举办的“坚持解放思想，促进科学发展，不断开创人力资源和社会保障工作新局面”主题研讨会。

（二）分析检查阶段。这一阶段的主要任务是征求意见、找准问题、分析原因、明确方向。重点抓好三个环节：

1. 分析查找问题。结合学习调研情况，局党组、司领导班子召开专题民主生活会，重点查找个人和班子在贯彻落实科学发展观方面存在的突出问题，深刻分析原因，开展批评与自我批评。民主生活会前，领导班子成员之间要相互谈心，征求意见，认真撰写发言材料，做好充分准备。

2. 形成分析检查报告。局党组、司领导班子要认真查摆贯彻落实科学发展观方面存在的突出问题，深刻分析主客观原因尤其是主观原因，提出整改的具体措施，形成分析检查报告。初稿形成后，以适当方式广泛听取党员和群众意见，充分进行讨论，反复修改完善。

3. 组织群众评议。12月下旬，召开由各司主要负责同志、部分党员代表和群众代表参加的座谈会，对局党组分析检查报告进行评议。司领导班子分析检查报告要在司内进行评议。要充分吸纳群众评议中提出的正确意见，并将评议结果和分析检查报告在一定范围内公开。

（三）整改落实阶段。主要任务是明确目标、落实责任、扎实推进，切实取得实践成果。这一阶段重点抓好五个环节：

1. 制定整改落实方案。局党组、司领导班子和处级以上党员领导干部都要针对分析查找出来的突出问题，制定行之有效的整改落实方案，提出破解难题、改革创新、改进工作的思路与对策。整改落实方案要提出整改落实的目标、方式和时限要求。

2. 通报整改落实方案。整改落实方案制定后，局党组要向各司进行通报，司领导班子要向本司全体干部进行通报，充分听取意见，自觉接受监督。

3. 狠抓整改措施落实。整改工作要坚持求真务实，杜绝走过场、搞形式主义。对通过努力能够解决的问题要及时整改；对那些受客观条件限制一时解决不了的问题，要向群众说明情况，创造条件，逐步解决；对情况复杂，短时间难以解决的问题，要加大协调力度，采取有效措施，积极争取解决。

4. 认真完善体制机制。从促进科学发展的实际需要出发，围绕进一步健全公务员管理工作相关政策和制度，积极稳妥地推进体制机制创新和制度建设。

5. 及时测评总结。2009年2月中旬，在局内对开展学习实践活动的情况以及取得的实效进行满意度测评。测评结果要以适当方式在局内公布。2月下旬，召开全局总结大会，对我局开展学习实践活动情况进行全面总结。根据测评情况和总结情况，进一步完善和落实整改措施，不断巩固和深化学习实践活动成果。

四、加强领导，务求学习实践活动取得实效

开展深入学习实践科学发展观活动，是当前全党全国政治生活中的一件大事，也是我局当前及今后一个阶段工作的重中之重。我们要按照中央的统一部署和部党组的要求，切实加强组织领导，采取有力措施，务求工作实效。

（一）加强组织领导，落实工作责任。为切实加强对局内学习实践活动的组织领导，经局党组研究决定，成立国家公务员局学习实践活动领导小组，由局党组成员和各司主要负责同志组成。领导小组下设办公室，负责全局学习实践活动的组织实施。办公室工作由泽民同志主抓，具体工作由综合司牵头。局属各司党支部要在领导小组的领导和办公室的组织下，把学习实践活动摆上重要议事日程，周密安

排，突出主题，明确落实责任，真正做到布置在局，落实在司，做到认识到位、措施到位、工作到位。

（二）领导干部带头，全体党员参加。局党组成员、司领导班子和处级以上干部要发挥模范带头作用，带头参加学习，带头查找问题，带头制定和落实整改措施，同时要采取各种形式，充分调动其他党员干部参与学习实践活动的积极性。局内全体党员干部都要将开展学习实践活动作为加强党性锻炼、提高个人素质的好机会，认真参加学习讨论，积极参与评议，扎实做好工作。将学习实践的过程作为提高认识、解放思想、转变作风、增强能力的过程。

（三）统筹兼顾学习实践活动和日常业务工作。在学习实践活动过程中，要坚持一切从实际出发，结合局、司实际，突出针对性，体现创造性，增强实践性，把学习实践活动与日常工作结合起来，认真查找问题，积极进行整改，确保学习实践活动取得实效。年底前各司的工作任务很繁重，一定要正确处理好学习实践活动与日常工作的关系，统筹谋划、合理安排学习实践活动，切实做到两手抓、两不误、两促进。

（四）建立和落实工作报告和检查制度。局内各司在开展学习实践活动过程中，要及时向领导小组报告进展情况。学习实践活动结束后，要及时总结，撰写专题报告，于2009年2月上旬报局学习实践活动领导小组办公室，办公室在此基础上撰写我局学习实践活动专题报告，于2009年2月中旬报部学习实践活动领导小组办公室。局学习实践活动领导小组办公室要认真履行职责，加强对局属各司学习实践活动的指导和检查，及时了解和掌握学习实践活动的进展情况，发现问题，及时解决，确保学习实践活动各个环节的落实。

我们一定要按照部党组、局党组的部署和要求，以高度的政治责任感，积极投入到这次学习实践活动中来，认真学习，提高认识，努力查找和解决好不符合科学发展要求的主要问题，确保学习实践活动取得实实在在的效果，为推动公务员管理工作科学发展，全面建设小康社会作出新贡献！

在事业单位分类改革试点工作会议上的讲话

王晓初

（2008年9月24日）

中编办、财政部、人力资源社会保障部联合召开事业单位分类改革试点工作会议。这是贯彻落实党的十七大和十七届二中全会精神，加快推进事业单位分类改革的重要举措，具有十分重要的意义。

一、事业单位人事制度、收入分配制度和养老保险制度改革是事业单位分类改革的重要内容

事业单位是我国经济社会发展的重要力量，也是我国人才资源的重要聚集地。事业单位分类改革关系我国经济社会发展全局，是继党政机关和企业改革之后的又一重大改革。事业单位分类改革包括机构分类、人事制度、收入分配、社会保障、财政政策五个方面的主要内容。这五个方面相互关联、相互促进，也相互制约，是一个有机的整体。各地区多年来的实践表明，事业单位改革能否顺利推进，不断深化，与改革能否配套进行有着直接的关系。因此，加快推进事业单位分类改革必须统筹谋划，协调推进这五个方面的改革。

在人事制度改革方面，从2000年党中央批准下发《深化干部人事制度改革纲要》，特别是2002年国办转发了人事部《关于在事业单位试行人员聘用制度的意见》以来，以推行聘用制度和岗位管理制度为主要内容的事业单位人事制度改革已经在全国全面推开。锦涛同志等中央领导专门听取了事业单位人事制度改革重点课题调研的汇报，进一步明确了人事制度改革的总体思路；根据国务院立法计划，《事业单位人事管理暂行条例》已完成起草工作，国务院法制办正在审核修改，争取今年出台；聘用制度推行面不断扩大，截至2007年年底，全国已有60%的事业单位实行了聘用制度，70%的工作人员签订了聘用合同；岗位设置管理实施工作加快推进，31个省、区、市的岗位设置实施意见备案工作已经完成，实施工作正在展开；公开招聘制度在全国逐步推开，有16个省（区、市）实行公开招聘的事业单位达到80%以上。总之，事业单位人事制度改革正在按照既定部署稳步推进，不断深化。

在收入分配制度改革方面，经党中央、国务院批准，从2006年7月1日起，改革事业单位工资制度，建立符合事业单位特点、体现岗位绩效和分级分类管理的收入分配制度。这次改革建立了岗位绩效工资制度，提出了新的工资分类管理办法，完善了工资正常调整机制，强化了对有突出贡献的人才和单位主要领导人的分配激励约束机制，进一步理顺分配关系，规范分配秩序。按照中央关于“同步考虑，分步实施，制度入轨，逐步到位”的要求，这次工资制度改革中基本工资套改已经完成，实现了制度的初步入轨，取得了阶段性成果。目前我们正在会同财政部抓紧就结合规范事业单位津贴补贴实施绩效工资制定方案。总之，事业单位工资收入分配改革正在抓紧落实中央批准的改革方案，逐步建立与岗位职责、工作业绩、实际贡献紧密联系和鼓励创新创造的分配激励机制。

在养老保险制度改革方面，党中央、国务院高度重视，近年来多次对推进这项改革提出要求。不少地方也进行了广泛的探索。目前，《事业单位工作人员养老保险制度改革试点方案》（国发［2008］10号）已经国务院批准正式印发，这标志着国家事业单位养老保险制度改革试点工作正式启动。这项改革的总体目标是，通过实行社会统筹与个人账户相结合的基本养老保险制度，建立基本养老金正常调整机制和职业年金制度，逐步实行省级统筹等措施，逐步建立起独立于事业单位之外，资金来源多渠道、保障方式多层次、管理服务社会化的养老保险体系。事业单位养老保险制度的建立将为畅通人员出口，保障退休人员基本生活，促进人员合理流动奠定重要的基础。

二、加大事业单位人事制度、收入分配制度和养老保险制度改革的协调推进力度

在这次事业单位分类改革试点工作中，各试点省市人事和劳动社会保障部门要切实加强与当地机构编制和财政部门的协调配合，统筹考虑配套改革，加快推进事业单位人事制度改革，全面实施收入分配制度改革，抓紧研究启动养老保险制度改革试点。

（一）加快推进事业单位人事制度改革

按照事业单位分类改革和干部人事制度改革的总体要求，事业单位人事制度改革要在已经全面启动的基础上，按照既定部署加快推进，不断深化。

第一，深化以聘用制度和岗位管理制度为主要内容的事业单位人事制度改革工作。继续加大聘用制度的推行力度，把聘用合同作为事业单位人事管理的基本依据，建立起以合同管理为基础的用人机制；加快组织实施事业单位岗位设置管理工作，科学合理地设置岗位，做到按需设岗、竞聘上岗、以岗定薪、合同管理；坚持公开、公平、公正，引入竞争机制，全面实施公开招聘、竞聘上岗制度，规范用人行为。加强对人事管理具体环节的规范管理，加快奖励、惩戒、考核、解聘、辞聘等项制度的建立和实施。

第二，分类加强公益类事业单位人事管理。在确保公益类事业单位人事管理基本制度的前提下，根据不同类型事业单位的特点，探索有所区别的人事管理办法。对于公益一类事业单位，严格按照编制实行岗位总量和结构比例控制，加强对“进、管、出”等环节的管理；对于公益二类事业单位，以编制为基础核定岗位总量和结构比例，在岗位设置、公开招聘等具体环节上，适当考虑事业发展，赋予单位相对灵活的人事管理权；对于公益三类事业单位，政府在岗位管理等方面实行宏观管理，在用人上以事业单位自主管理为主。

第三，切实做好机构分类试点过程中人员安置和政策衔接工作。对承担行政职能的事业单位，要做好人员过渡和安置工作。转为行政机构的，严格按照公务员法实行公务员制度，做好公务员登记工作；与有关单位进行职能整合或者机构整合的，原则上人随事走，需进入公务员队伍的，严格按照公务员任职条件和规定程序选录人员。对事业单位转为企业的要做好政策衔接工作，依法实行劳动合同制度，妥善安置工作人员，不得简单推向社会。要严格按照国家有关规定，妥善处理转制单位人员聘用合同与劳动合同的衔接及相关待遇问题。

（二）全面实施事业单位收入分配制度改革

目前，按照事业单位收入分配制度改革的总体部署，我部正会同财政部等有关部门抓紧研究制定相关配套政策，全面落实各项改革措施。

第一，研究实施绩效工资的政策。按照结合规范事业单位津贴补贴实施绩效工资的思路，我们会同财政部、教育部拟订了义务教育

学校实施绩效工资的指导意见，争取尽快出台。对事业单位实施绩效工资的总体意见和教育、科研、文化、卫生、农业等分行业指导意见，也在抓紧会同有关部门进行研究，已经有了初步方案。

第二，实行新的工资分类管理办法，对从事公益服务的事业单位，根据事业单位机构分类所确定的不同类型，将实行不同的绩效工资管理办法。

第三，研究制定其他配套政策。为充分发挥各类人才的作用，体现尊重知识、尊重人才和鼓励创新，我们正在会同有关部门研究有突出贡献的高层次人才激励机制、主要领导人收入分配激励约束机制和工作人员兼职兼薪管理办法。

当前，各试点省市要结合岗位设置管理实施工作，全面落实公益性事业单位人员岗位和薪级工资，建立工资分级管理体制，加强工资收入支付管理，严肃收入分配纪律。同时要做好事业单位津贴补贴清理工作，为结合规范津贴补贴实施绩效工资打好基础。

（三）积极稳妥推进事业单位养老保险制度改革试点

建立事业单位养老保险制度，是加快建立覆盖城乡居民社会保障体系的重要举措，有利于统筹机关、事业单位和企业退休人员的待遇水平，保持合理的比例关系，有利于事业单位分类改革顺利进行。事业单位养老保险制度改革涉及面广，政策性强，必须先行试点，积累经验，积极稳妥地推进。各试点省市要高度重视，深刻领会开展事业单位养老保险制度改革试点的重大意义，充分认识这项工作的复杂性、艰巨性，深入调查研究，抓紧制定试点实施方案。

第一，认真学习领会国发10号文件精神。要遵循权利与义务相对应、公平与效率相结合、保障水平与经济发展水平及各方面承受能力相适应的原则，坚持机关与事业单位分开，离休人员与退休人员分开，老中新不同人员分开，与事业单位分类改革统筹推进，对机关、事业和企业退休人员养老待遇统筹调整。

第二，深入研究重点难点问题，抓紧研究制定具体实施方案。事业单位养老保险制度改革涉及制度的转型、待遇计发办法的改变、经办管理方式和退休人员管理服务方式的变革，政策性强，难点多，十分复杂。要对试点范围、平稳过渡、个人账户、统筹层次等重点难点问题深入开展调查研究，认真做好测算工作，抓紧研究制定试点实施方案，报国务院批准后实施。

第三，加强对试点工作的领导。事业单位养老保险制度改革试点工作，直接涉及事业单位工作人员和退休人员的切身利益，十分敏感。对这项工作要按照国发10号文件的要求，切实加强领导。人力资源社会保障部将进一步加强与中编办、财政部的配合，成立试点工作小组，加强协调指导。各试点省市人事部门和劳动保障部门也要加强与机构编制和财政部门的协调配合，做好改革试点工作。由于这项工作的复杂性、艰巨性，我部还将会同有关部门专门开会进行部署，积极稳妥地推进养老保险制度改革试点工作。

三、认真贯彻会议精神，积极配合做好工作

试点省市的人事和劳动保障部门要认真贯彻这次会议精神，结合自身职能，积极配合编办、财政等部门，共同做好各项试点工作。在工作中，要注意以下几点：

第一，积极主动，支持配合。要认真学习本次会议精神，思想上要高度重视，态度上要积极主动，方式上要协调配合。要在试点工作机制框架内积极发挥作用。

第二，大胆探索，勇于创新。要增强创新意识，树立创新思维，结合本地区实际和不同类型事业单位特点，不断探索改革的新思路、新方法和新途径，积累新经验。

第三，突出重点，解决难点。制定符合实际情况的实施方案，分清轻重缓急，以点带面，在解决重点、难点问题上下工夫，努力破解事业单位改革这一复杂敏感的难题。

第四，守住“底线”，确保稳定。在试点工作中，一定要兼顾改革力度和社会承受能力。要以人为本，各项政策措施都要维护事业单位人员的切身利益和合法权益。要发挥我们的政治优势，做好思想政治工作，取得事业单位的广大工作人员的理解和支持。底线是确保稳定。

事业单位分类改革意义重大，关系重大。试点省市人事和劳动社会保障部门一定要解放思想，锐意进取，扎实工作，与机构编制和财政部门一起，为推进事业单位分类改革、促进社会事业发展、构建社会主义和谐社会作出自己的贡献！

学习实践科学发展观　大力加强人才队伍建设

——在部解放思想专题讨论会上的发言

王晓初

（2008 年 12 月 1 日）

一、坚持以科学发展观指导人才队伍建设的实践

科学发展观是以胡锦涛同志为总书记的党中央在我们国家发展的关键时期提出的重大战略思想，是中国特色社会主义理论体系的重要组成部分。科学发展观是立足社会主义初级阶段的基本国情，适应新世纪新阶段经济社会发展的新要求及时提出的重大战略思想，充分体现了鲜明的时代性；是总结了国际、国内发展的历史经验，深刻认识我国当前发展的国内外客观实际，实事求是地提出的重大战略思想，充分体现了科学的实践性；是继承和发展党的三代中央领导集体关于发展的重要思想，与时俱进提出的重大战略思想，充分体现了理论创新性。科学发展观科学回答了我们国家在建设中国特色社会主义的伟大事业中，实现什么样的发展，怎样发展等重大问题，深刻揭示了中国现代化建设的发展道路、发展模式、发展战略、发展目标和发展手段，是我们国家经济社会发展的重要指导方针。深入贯彻落实科学发展观，实现又好又快地科学发展，对人才工作提出了新要求，对人才队伍建设提出了新任务。

首先，贯彻落实科学发展观进一步凸显了人才资源的战略地位。从小平同志提出“科学技术是第一生产力”，到江泽民同志提出“人才资源是第一资源”，强调了人才资源在推动发展中的关键作用。党的十六大以来，中央提出人才强国战略，确立了人才资源的战略地位。党的十七大进一步明确人才强国战略作为落实科学发展观的三大国家战略之一，进一步提升了人才资源在国家经济社会发展中的战略地位。人才是支撑科学发展的第一要素，人才资源是落实科学发展观的战略基础。没有高素质的人才资源，就难以实现经济发展方式的转变，就无法提高自主创新能力，就不能加快社会事业的发展，也就谈不上科学发展。因此，我们要坚持把人才队伍建设作为重要的战略任务，树立人才优先发展的理念，在科学发展的战略布局中优先发展人才队伍。

第二，必须按照科学发展观的要求推进人才队伍建设。科学发展观第一要义是发展，这就要求我们坚持人才队伍建设服务科学发展，促进科学发展。人才只有在为经济社会发展服务中才能实现自身的价值。要用服务科学发展来衡量人才队伍建设，在促进国家经济社会的整体发展中实现人才队伍的自身发展。科学发展观核心是以人为本，这就要求我们以维护人才的根本利益为出发点和落脚点，进一步解放人才，破除不利于人才成长的各种体制机制性障碍，最大限度地激发各类人才的创新激情和创造活力。科学发展观基本要求是全面协调可持续，这就要求我们准确把握队伍现状，科学规划队伍发展，根据经济社会发展的要求，妥善处理好增加数量、提高素质和优化结构的关系，全面推进人才队伍建设。科学发展观根本方法是统筹兼顾，这就要求我们突出队伍建设重点，抓住关键环节，统筹不同地区、不同专业领域、不同所有制的队伍建设，统筹国内国际两种人才资源，统筹在职人才和发挥离退休人才作用，为各类人才提供广阔的发展空间和舞台。

科学发展观提出五年来，我部负责的人才队伍建设工作取得了显著成绩。一是充分认识实施人才强国战略的重大意义，坚持把人才队伍建设作为重要的战略任务，不断加强和推进。二是人才队伍总量不断壮大，整体素质不断提高，队伍结构逐步优化，人才促进经济社会发展成效明显。三是不断深化改革，加强政策创新，人才培养、选拔、评价、流动、分配、激励机制日趋完善。四是初步形成了上下贯通、多方合作、协调配合的人才工作机制。这些都为我们贯彻落实科学发展观，进一步加强人才队伍建设打下了坚实的基础。

但是，我们也必须清醒地看到，与科学发展观的要求和经济社会发展的需要相比，人才队伍建设还存在一些突出问题。

一是人才资源是第一资源的思想落实不到位。“重物轻人”“见物不见人”的倾向在推进经济社会发展的过程中仍然比较严重，无论在发展规划上还是在工作投入上，人才队伍建设的战略地位都需要进一步提升。

二是高层次创新型人才匮乏，人才队伍的国际竞争力不强，整体素质需要进一步提高。优秀拔尖人才紧缺，世界一流科学家和科技领军人才稀少，大师级高技能人才不多，人才队伍的文化素养、学术水平、技术能力，与创新发展的要求相比，都亟待进一步提高。

三是人才队伍结构性矛盾突出，布局不尽合理，不适应我国产业结构优化升级和区域经济社会协调发展。一方面我们存在着某些领域人才相对过剩的现象，面临高校毕业生就业难的挑战，另一方面我们也面对着新兴产业、新兴行业高速发展，相关专业和技术领域人才紧缺的问题。区域之间，人才队伍布局结构也亟待改善，基层和西部地区人才缺乏的现象还相当严重。

四是束缚人才成长和作用发展的体制机制矛盾仍然存在，深层次矛盾愈加凸显。人才部门所有、单位所有的体制尚未根本改变，人才流动还存在较大障碍；市场配置人才的基础性作用没有充分发挥；有利于优秀人才脱颖而出的人才评价、使用、激励机制还有待进一步创新、完善。

要解决人才队伍建设中的这些矛盾和问题，必须以科学发展观为指导，高举更好实施人才强国战略的旗帜，坚持把加强人才队伍建设作为重要的战略任务，充分发挥我部统筹人力资源工作的职能优势，进一步解放思想、解放人才，以深化改革为动力，创新人才工作体制机制，以高层次人才和高技能人才为重点，扩大队伍总量，提高队伍素质，改善队伍结构，统筹队伍发展，努力造就一支规模宏大、素质良好、结构合理、发展均衡、优势明显的人才队伍，为经济社会的科学发展提供有力的人才保障。

二、突出重点，统筹发展，加快推进人才队伍建设

贯彻落实科学发展观，加强人才队伍建设，要着力抓好高层次人才和高技能人才这个重点，要着力抓好队伍结构的调整，要着力抓好队伍素质的提升，要着力抓好队伍的统筹发展。

（一）加强专业技术人才队伍建设

高层次创新型人才是专业技术人才队伍建设的重点，增强创新能力是队伍建设的核心问题。要在继续扩大专业技术人才队伍规模的同时，努力调整队伍结构，适应经济社会发展的

需求；努力造就世界一流科学家和科技领军人才，加快培养一线的创新人才，提高自主创新能力；努力创新专家工作制度，促进青年优秀人才更好更快成长，激发人才的创造活力和创新热情。

主要措施：一是加强宏观管理。加强与中组部及相关专业主管部门的协作，积极参与国家中长期人才发展规划纲要的制定，做好专业技术人才队伍发展专项规划的制定工作，加快专业技术人才管理法制化建设。二是加强高层次创新型人才选拔培养工作。要改进和完善政府特殊津贴制度、有突出贡献的中青年专家制度，继续实施百千万人才工程，构建结构合理、梯次递进的国家级专家培养选拔制度体系，形成高层次人才队伍发展的良性机制。三是加大高层次留学人才回国工作力度，会同中组部实施好引进海外高层次人才专项计划，加快推进留学人员回国服务体系建设，落实留学人才回国创业启动支持计划，吸引更多海外留学人才回国工作、为国服务。四是大力发展博士后事业。进一步改进和完善博士后制度，积极推进博士后工作分级管理体制改革，创新博士后使用机制。实施特别资助计划，开展设站评审和评估工作，加大培养力度，提高培养质量。五是加强专业技术人才能力建设，实施好知识更新工程，办好高级研修班，逐步形成以需求为导向，政府主导与单位自主相结合，个人自觉自愿，各方面积极性充分发挥的继续教育运行机制。

（二）加强技能人才队伍建设

技能人才队伍建设要适应促进就业的需要，以高技能人才为重点，紧紧抓住培养、考核评价、使用激励等重点环节，加大培养力度，提升技能水平，改善队伍结构，完善评价方式，落实激励政策，努力形成技能人才供给与经济社会发展需要相适应的格局，构建科学评价、合理使用、有效激励的机制，为多出人才、快出人才创造更好的环境。

主要措施：一是完善培养体系，充分发挥技工院校和行业企业作用，不断提升培养能力。同时，针对全球金融危机对我国就业的影响，实施职业培训特别计划，进一步加强高技能人才培养。二是创新评价方式，大力推进企业技能人才评价工作，以工作业绩为重点对职工技能水平进行客观、科学、公正的评价。同时，逐步完善社会化职业技能鉴定，大力推行职业院校学生职业资格认证工作，加强职业技能鉴定管理。三是统筹规划和组织实施职业技能竞赛活动、高技能人才和农村优秀人才表彰工作，健全激励机制，营造技能人才成长良好氛围。四是加强基础工作，加快建设公共实训基地和技能大师工作室，做好职业资格清理整顿工作，修订和开发职业分类大典和国家职业技能标准，加强技工院校师资培训课程改革和教材开发，推动技工院校可持续发展。五是着力研究解决高技能人才待遇、技工院校教师职称评聘、技工院校财政投入等突出问题。六是加强法规制度建设。继续做好《职业技能培训条例》的审核修改，开展《技工学校管理规定》和《民办职业培训机构管理办法》的调研起草工作，进一步规范技工院校和民办培训机构的管理。

（三）加强农村实用人才队伍建设

农村实用人才队伍建设要坚持政府主导、强化基础、讲求实用、因地制宜，以增加总量、提高素质为目标，以培养农村经济类人才和带头人为重点，统筹做好相关工作，促进和服务社会主义新农村建设。要会同有关部门组织实施好“新农村实用人才培训工程”，开展全国农村优秀人才评选表彰活动。

三、深化改革，完善制度，促进人才队伍建设

制度建设更带有长远性、根本性。人才的竞争，关键是人才管理体制和制度的竞争。深化改革、完善制度是人才队伍建设的根本保障，是公共人事管理的重要内容。当前重点是加快推进事业单位人事制度改革、专业技术人员职称制度改革，健全面向城乡全体劳动者的职业培训制度。

（一）深化事业单位人事制度改革

深化事业单位人事制度改革，是建立社会主义市场经济体制的内在要求，是推进事业单位整体改革和科教文卫等体制改革的关键环节，是深化干部人事制度改革的重要内容。

事业单位是承担公共服务职能、具有公益性质的社会服务组织，事业单位工作人员是以自身的专业知识和技术提供专业化公共服务的公职人员，其人事管理既不同于企业也不同于机关。长期以来，事业单位人员一直沿用机关的管理模式，存在着人事管理方式行政化，用人机制不灵活，实际上的身份终身制，人浮于事，效率不高等问题。2000 年《深化干部人事制度改革纲要》下发后，事业单位人事制度改革在全国启动。改革的基本思路是，以建立聘用制度和岗位管理制度为主要内容，创新管理体制，转换用人机制，整合人才资源，凝聚优秀人才，充分调动事业单位各类人才的积极性、创造性，为加快社会事业发展，全面建设小康社会提供人事人才保障。改革的主要任务是“建立一个制度，实现两个转变，健全六个机制”。建立一个制度，即权责清晰、分类科学、机制灵活、监管有力，符合事业单位特点的人事管理制度。实现两个转变，即实现事业单位由固定用人向合同用人的转变，由身份管理向岗位管理的转变。健全六个机制，一是合同用人机制。把聘用合同作为事业单位人事管理的基本依据，全面推行聘用合同制度。二是公平竞争机制。通过实行岗位管理、公开招聘、竞聘上岗等制度，实现按需设岗、竞聘上岗、按岗聘用、合同管理。三是绩效评价机制，以聘用合同和岗位职责为依据，加强考核，规范奖惩制度。四是分配激励机制。建立岗位绩效工资制度，理顺分配关系，规范分配秩序，确保分配公平。五是人员退出机制。规范事业单位人员解聘辞聘行为，研究建立与聘用制度和岗位管理相配套的事业单位退休制度。六是监督管理机制。加强对事业单位执行人事管理法规的监督管理，建立制度化、经常化的执法检查监督机制。

当前事业单位人事制度改革进展比较顺利，根据国办转发的事业单位试行人员聘用制度的意见，我们先后下发了 7 个行业的实施意见和聘用合同、岗位设置、公开招聘等重点环节的政策文件，聘用制度、岗位设置管理制度和公开招聘制度的实施工作正在加快推进。下一步要重点做好五个方面的工作：一是尽早出台《事业单位人事管理暂行条例》。这是事业单位人事管理总章程性质的法规，是改革突破性标志。二是着力解决事业单位岗位设置管理实施工作中的突出问题，加快首次岗位设置工作。同时，完善岗位动态管理方法，稳步推进专业技术一级岗位的实施工作。三是全面推行聘用制度和公开招聘制度，争取 2009 年基本完成聘用制度推行工作。研究出台聘用合同订立、变更、履行等配套规定。四是加快配套法规建设。尽快出台事业单位工作人员处分暂行规定，修改完善考核、奖励规定，抓紧拟订辞聘、解聘、竞聘上岗、特设岗位管理办法和申诉规定等。同时，要按照中央关于推进事业单位分类改革的总体部署，积极配合机构分类和养老保险改革试点，做好相关行业体制改革配套工作。

（二）深化专业技术人员职称制度改革

职称制度是我国专业技术人员管理的一项基本制度。1978 年小平同志提出恢复职称评定，1986 年建立专业技术职务聘任制，1994 年开始推行专业技术人员职业资格证书制度。职称制度在贯彻四个尊重的方针，落实党的知识分子政策方面，在保障激励专业技术人员职业发展方面，在促进专业技术人才队伍建设、发挥人才作用方面，都发挥了极为重要的作用。但职称制度还存在与科学发展观不相适应的一些深层次矛盾和问题，主要是：职称功能定位需要进一步调整；职称框架体系不够健全；职称评价机制不完善，评价标准不够科学；服务范围不全面；职称评审与职业资格制度没有统筹协调发展。

深入贯彻落实科学发展观，深化职称制度改革的基本思路是：调整功能定位、健全分类体系、完善评价机制、实现科学管理。一是调整职称的功能定位，强化职称的评价功能，改革计划经济体制下以单位内部人事管理为基础的专业技术职务聘任制，建立面向全社会专业技术人员，符合各类专业技术人员特点和成长规律，与企业劳动用工制度和事业单位聘用制度相衔接、相配套的专业技术人员职称评价制度。二是以职业分类为基础，统筹专业技术职务聘任制与职业资格制度，建立健全专业技术人员职称框架体系，完善以行政许可为基础的专业技术人员准入资格制度，以社会通用为基础的专业技术人员水平评价制度，以岗位聘用为基础的专业技术职务评价制度，实现职称的分类管理。三是完善人才评价机制，拓展评价层级、拓宽评价范围、完善评价标准、创新评价手段，形成以能力和业绩为导向的人才评价机制，实现科学评价。四是进一步转变政府职能，打破体制内外的限制，加强社会管理，推进公共服务，实现职称工作的科学管理。通过职称制度改革为客观公正地评价专业技术人员提供制度保障，为企事业单位合理使用专业技术人员奠定基础，为专业技术人员的职业发展开辟宽广的通道，充分调动广大专业技术人员的积极性、创造性，促进专业技术人才队伍建设。

深化职称制度改革要统筹规划，分类改革，先易后难，分步实施，力争在重点问题上取得突破。一是加快研究制定深化职称制度改革的意见，明确职称制度改革的总体思路、主要措施和方法步骤。二是积极推进职称制度分类改革试点，按照国务院常务会议精神，做好深化中小学教师职称制度改革试点工作，加快推进我国工程师制度改革。三是完成职业资格清理规范工作，会同有关部门全面清理规范各类职业资格的设置、考试、培训、发证等活动。四是以职业分类为基础，研究制定专业技术职业标准，积极推进专业技术职务和专业技术职业资格框架体系建设，尽快形成新的职称框架体系。五是研究推进专业技术人员考试管理体制改革的措施和办法，组织做好专业技术人员资格考试各项工作。

（三）健全职业技能培训制度

党的十七大强调，要“健全面向全体劳动者的职业教育培训制度”。目前，我国适应不同群体就业需要和满足劳动者职业生涯发展不同阶段需求的职业教育培训制度已经初步建立。针对城乡未能继续升学的初高中毕业生，实施了劳动预备制培训；针对失业人员开展了再就业培训；针对有一定创业条件的城乡劳动者开展了创业能力培训；针对农村转移劳动力开展职业技能培训等。但从总体上讲，职业培训的数量和质量与实现社会就业更加充分的目标存在较大差距，高技能人才的数量和结构还不能满足经济社会发展的需求。当前受国际金融危机的影响，劳动密集型中小企业、出口导向型企业和制造业面临很大困难，进一步加剧了就业压力和就业结构性矛盾。

贯彻落实科学发展观，健全面向全体劳动者的职业教育培训制度，要以服务就业和经济发展为宗旨，坚持以促进就业为导向，以提升能力为核心，不断完善多形式、多层次、广覆盖的职业技能培训制度，不断加强培养力度，不断扩大培训范围，加快实现劳动者“人人有知识、个个有技能”的目标，建设一支与经济发展需要相适应，数量充足、结构合理的技能人才队伍。具体地说：

一是“高举一面旗帜”。就是高举促进就业和促进经济发展的旗帜，通过提高全体劳动者素质，增强劳动者就业能力，实现劳动者充分就业，促进国民经济又好又快发展。

二是“落实五项任务”。一是对象范围上实现广覆盖，包括城乡新成长劳动力、城镇失业人员、企业在职职工、复员转业军人、农民工，以及有需求的大学生。二是培训手段上实现多形式。针对不同需求，实施就业前培训、在职培训、再就业培训、创业培训等。三是培训目标上实现多层次。建立五级职业技能资格等级培训，满足劳动者技能提升需要。四是评价方式上实现多元化。完善社会化职业技能鉴定，推进企业技能人才评价改革试点，开展职业院校课程认证，以及专项职业能力考核等。五是激励措施上实现多渠道。完善政府奖励为导向、单位奖励为主体、社会奖励为补充的技能人才奖励制度，完善技能人才激励手段。

三是“采取六方面措施”。一是制定并落实好技能人才队伍发展规划，实施国家技能振兴行动，完善法律法规。二是加强基地建设，完善以技师学院、高级技校为龙头，以重点技工学校为骨干，以各类培训机构为补充的职业技能培训体系。加强高技能人才培养示范基地建设，引导和支持校企合作。三是健全完善以职业能力为导向，以工作业绩为重点，注重职业道德和职业知识水平的技能人才评价体系。四是加大财政投入，落实培训补贴政策，加大对示范性培训机构在基础设施建设和设备购置等方面的支持。五是落实激励政策，完善高技能人才奖励制度，营造尊重劳动、崇尚技能的良好风尚。六是夯实工作基础，完善职业技能培训的技术服务体系。

在国务院军队转业干部安置工作小组会议上的汇报提纲

何宪

（2008年4月15日）

一、关于2007年工作情况

去年，党中央、国务院、中央军委颁布了《关于进一步做好军队转业干部安置工作的意见》（中发［2007］8号），对有关政策进行了调整改革。各级党委、政府和军队各级组织以党的十七大精神为指导，认真贯彻中发［2001］3号和中发［2007］8号文件精神，按照全国军队转业干部安置工作电视电话会议部署要求，加强领导，克服困难，采取措施，狠抓落实，较好地完成了5.9万余名军转干部安置任务，自主择业军转干部管理服务、军转培训、部分企业军转干部解困和稳定工作稳步发展，取得了明显成效。

（一）计划分配军队转业干部得到妥善安置。去年全国共接收计划分配军转干部5.2万余名，占安置总数的88%。虽然安置数量较前几年有所减少，但由于连续几年高数量接收军转干部，安置空间逐渐缩小，安置难度仍然较大。各地区各部门和军地有关方面采取有效措施，确保计划分配军转干部安置任务顺利完成。一是严格执行安置计划。各地坚持把军转安置工作摆上重要议程，严格落实领导责任制。许多省区市主要领导亲自过问，亲自协调解决安置工作中的矛盾问题，做到执行安置计划不打折扣、落实安置政策不搞变通、完成安置任务不讲条件。二是充分挖掘安置潜力。各地在年初人事安排上采取预留部分编制、职数，统筹使用按计划分配数25%增加的行政编制和中央下达的政法专项编制，积极拓宽事业、企业安置渠道等办法，保障了安置任务的落实。三是改进和完善分配办法。各地积极探索安置与服役期间德才表现、贡献挂钩的分配办法，全国已有10个省区市推行“积分选岗”“功绩制分配”“考试定岗”等办法，促进了安置工作的公平、公正、公开。四是加强督促检查。中央国家机关和军队有关部门组成联合督查组，先后到10多个省区市检查安置计划落实情况，共同研究和解决相关问题，促进了安置任务的完成。五是中央单位带头接收军转干部。中央国家机关和在京企事业单位共接收安置830名军转干部，相当于一个中等省份的安置数量。中央垂直管理系统京外单位，积极落实地方下达的安置计划，共接收安置1 500余名军转干部。从去年计划安置落实总的情况看，安置在省会城市、副省级城市和计划单列市的占计划分配总数的65%；安置到党政机关、事业单位和企业的分别占计划分配总数的76%、22.5%、1.5%；1.1万名师团职干部得到重点安置，1 980余名功臣模范、长期在艰苦边远地区工作和从事飞行、舰艇工作的军转干部得到了照顾性安排。

（二）自主择业管理服务工作进一步加强。去年全国实际接收自主择业军转干部7 200余人。七年来，自主择业军转干部累计9万余人。在中央的统一部署和要求下，各省区市积极做好自主择业军转干部的管理服务工作，一是管理服务机构逐步建立健全。目前，已有18个省区市成立了专门的自主择业管理服务机构，有3个省区市在军转办挂牌成立了自主择业管理服务机构，其他暂时没有成立机构的也有专人管理。二是各项待遇政策得到较好落实。采取有力措施保证退役金按时足额发放，去年各地核发退役金总额近38亿元。积极落实冬季取暖费发放的有关规定，符合发放条件的地区已经启动相关工作。三是协助就业创业取得一定进展。各地通过提供政策咨询、发布就业信息、组织专场招聘会等多种方式，积极协助自主择业军转干部就业创业。特别是黑龙江省佳木斯市结合自主择业军转干部的优长，推荐自主择业干部党员到非公经济和新社会组织中任“党建指导员”的做法，既开辟了新的就业渠道，又加强和改进了党的基层组织建设，得到了中央领导同志的充分肯定。四是日常管理服务工作得到加强。去年，就自主择业管理服务工作问题，赴4个省、10个地市进行专项调研，进一步理清了工作思路。目前，省、地（市）、县（区）、街道、社区分级管理服务模式基本形成。各地努力探索社区、街道、乡镇做好自主择业军转干部日常管理服务工作的具体措施和办法，积极帮助他们解决实际困难。另外，我们还就自主择业军转干部边远艰苦地区津贴等政策性问题进行了调研，提出了解决问题的初步意见。

（三）军队转业干部教育培训工作取得新的进展。在继续抓好适应性培训和专业培训的基础上，积极推进新形势下军转干部教育培训的创新发展。一是对军转教育培训工作进行了广泛调研。军地有关部门联合召开了三个专题座谈会，对改进军转干部教育培训形式、内容、保障等问题进行了深入研讨，进一步明确了教育培训工作的创新发展思路。二是开展了自主择业军转干部培训试点。针对自主择业军转干部培训的多元化需求，在黑龙江、云南、新疆、大连等地开展了自主择业军转干部教育培训改革试点，在公共课程培训、自主择业教育培训理论研究、军转教育培训实习实训基地建设三个方面取得了初步经验，个性化培训试点也已经展开。三是积极拓展军转干部教育培训的新途径。许多地区依托社会优质教育资源，采取集中培训的方法，提高了军转培训的质量；在清华大学挂牌建立了第一个全国军转干部教育培训基地，开辟网络课堂等远程教育形式。同时，还对军转干部适应性培训前移进行了初步探索，进一步拓宽了军转教育培训的路子。据统计，去年5.1万名军转干部参加了培训，参训率达87.9%。

（四）军转宣传工作进一步加强。各地通过电台、电视台、报纸杂志等媒体，广泛宣传军转安置工作在经济社会发展、国防和军队建设中的地位作用，宣传军转安置政策，宣传军转干部的先进典型和模范事迹，努力在全社会营造关心和重视军转安置工作的良好氛围。有的还利用国内动态清样等内部刊物，积极反映军转安置工作情况和建议，为中央决策提供参考和依据。根据胡锦涛总书记去年7月6日在新华社《国内动态清样》上关于宣传表彰林强同志先进事迹和崇高精神的重要批示精神，工作小组会同中组部、中宣部、总政治部等有关部门，下发了《关于授予林强同志“模范军队转业干部”荣誉称号的决定》和学习通知，在全国组织开展了学习宣传林强同志先进事迹的系列活动，产生了良好的社会反响。

这些成绩的取得，是党中央、国务院、中央军委正确领导的结果，是各级党委、政府和军队各级党组织克服困难、狠抓落实的结果，是工作小组成员和各成员单位大力支持、军地之间密切配合的结果。

在肯定成绩的同时，我们也清醒地认识到，当前军转安置工作仍然存在不少矛盾和问题：安置任务与地方接收能力有限的矛盾依然存在；军转干部安置去向过于集中在党政机关的矛盾一时难以解决。现在，党政机关接收军转干部的比例已达 76%，一些地区甚至高达 90% 以上，行政编制紧张的问题日趋严重，按照计划数的 25% 增加编制，缺口仍然很大；师团职转业干部职务安排问题依然比较难；自主择业管理服务工作还有待于进一步加强；军转培训经费标准偏低，难以保证培训工作的正常进行；军转干部随调家属安置难的问题仍然突出；部分企业军转干部解困和稳定任务仍十分艰巨，等等。对于这些问题，需要引起我们的高度重视，在今后的工作中认真研究，逐步加以解决。

二、关于 2008 年工作任务

根据国防和军队建设需要，今年将有近 5.6 万名军队干部转业地方工作，其中：计划分配军转干部 4.9 万余名，自主择业军转干部 6 800 余名。应该说，这两年接收安置军转干部的数量比较大，大家积极努力，采取措施，克服困难，完成了任务，确实很不容易。在连续几年较大数量安置、地方安置空间有所压减的情况下，今年的安置任务仍然比较重，工作难度仍然比较大，需要各方面继续予以高度重视，加大工作支持力度。今年我们军转安置工作的基本思路是：全面贯彻党的十七大精神，以邓小平理论和“三个代表”重要思想为指导，深入贯彻落实科学发展观，按照中央 3 号、8 号文件要求，统筹安排，周密部署，坚定信心，克服困难，狠抓落实，确保军转安置各项任务的圆满完成。初步考虑，主要抓好以下几个方面的工作：

一是认真做好计划分配军队转业干部安置工作。完成好今年计划分配军转干部安置任务，一要认真落实安置计划。军转干部安置计划一经确定，就是指令性的，各地、各部门要不折不扣地抓好落实。党政机关要继续带头接收安置军转干部，进一步挖掘潜力，按计划落实接收安置任务；要用好按照计划分配数 25% 增加行政编制的规定，仍有缺口的，要及时向中央有关部门报告。政法、执法监管部门调整和充实人员，应优先吸纳军转干部。企事业单位也要切实担负起接收安置军转干部的责任和义务。中央国家机关和中央垂直管理系统，要认真执行并按时完成好军转干部安置计划，继续发挥示范和表率作用。中央垂直管理系统接收安置军转干部按照计划数的 25% 增加行政编制，已经中央编委批准，各有关部门要密切配合，认真做好编制核拨工作。二要突出安置重点。要继续把师团职干部作为安置重点，采取使用空出的领导职位、按规定增加非领导职数或者先进后出、带编分配等办法，安排好他们的工作和职务。要把师团职军转干部的安排与领导班子建设通盘考虑，有计划地选调到市、县级领导班子或者企事业领导班子任职。要继续照顾好功臣模范和长期在艰苦边远地区工作的军转干部。三要改进分配办法。要按照中央 8 号文件要求，把改进计划分配军转干部安置办法作为今年的一项重要工作。各地要在坚持指令性分配办法的同时，积极探索与军转干部服役期间德才表现和贡献相挂钩，与考核选调、考试考核、双向选择等办法相结合，符合本地实际的分配办法，不断推进计划分配安置工作的制度化、规范化、程序化。要着眼以公开促公平，努力推进安置政策公开、安置程序公开、安置办法公开，进一步增强安置工作的透明度。在改进分配办法中，要注意统筹好本人意愿与工作需要的关系，促进军转人才的合理配置，确保军转干部人尽其才、各得其所。

二是进一步做好自主择业军队转业干部管理服务工作。今年，我们要一手抓政策完善，一手抓管理服务。一要完善相关政策。认真研究自主择业军转干部政策体系问题，抓紧研究部分自主择业军转干部艰苦边远地区津贴的有关待遇问题，结合军队完善艰苦边远地区津贴政策情况，及时出台相关政策。二要充实加强管理服务力量。从各地的工作看，凡是有专门机构负责自主择业工作的地方，管理服务工作都开展得比较好；没有专门机构的地方，力量薄弱，管理服务工作就开展得相对差一些，有的地方除发放退役金外，其他管理服务工作几乎没有开展。今年，要继续推进管理服务机构建设，完善管理服务体系，对自主择业军转干部人数较多、具备条件且有客观需要的地方，要抓好机构建设和人员配备，同时，进一步研究确定机构性质等问题。三要搞好管理服务。要认真总结社区、街道和乡镇在做好思想、工作、生活和日常管理服务等方面的工作经验，加强对社区开展自主择业军转干部管理服务工作的指导，强化基层管理服务职能，提高管理服务工作水平。适时召开自主择业军转干部管理服务工作经验交流会。宣传优秀自主择业军转干部先进事迹，引导自主择业军转干部为经济社会发展多作贡献。继续做好自主择业军转干部退役金核定发放、就业指导等方面的工作。

三是加强军队转业干部教育培训工作。要在认真总结以往军转教育培训工作经验的基础上，结合新的形势任务推进军转教育培训工作创新和发展。重点抓好以下四个方面的工作：一要积极推进培训工作前移，协调军地有关部门，充分利用军队干部确定转业到安排工作的较长时间段，及时开展形势政策等方面的适应性培训和必要的专业技能培训。统筹规划军转干部待安置期间的培训与到地方报到后的培训，做到合理分工，各有侧重。同时，要坚持把培训与安置结合起来，提高培训的针对性和实用性。二要抓紧研究制定《进一步加强和改进军转教育培训工作的意见》，对新形势下军转教育培训工作作出规划和部署；拟订军转教育培训大纲，组织力量修订和编写培训教材。三要继续做好自主择业军转干部培训试点，及时推广试点经验。积极开展以提高自主择业军转干部竞争能力为目标的公共课程培训和个性化培训。充分利用网络等现代化手段开展培训，拓宽军转干部培训的新路子。四要加快培训经费调整工作进度，尽快把中央 8 号文件关于加大培训经费投入的要求落到实处。

为确保今年的军转安置任务顺利完成，下半年，我们将继续组织中央国家机关和军队有关部门，对军转安置计划和中央政策规定落实情况进行联合督查。各级军转安置工作主管部门也要注意加强跟踪检查和指导，一个一个单位，一项一项工作抓好落实。

深入学习科学发展观
把工资收入分配制度改革推向深入

——在解放思想专题讨论会上的发言

何　宪

（2008 年 12 月 1 日）

收入分配问题不仅是重要的经济问题，也是重要的社会问题和政治问题，不仅受经济社会发展制约，而且会对经济社会发展产生巨大的反作用。邓小平同志曾经指出：“分配的问题大得很。”工资收入分配制度改革是构建科学合理、公平公正的社会收入分配体系的重要内容。

一、用科学发展观指导工资制度改革和工资收入分配工作

社会收入分配关系国计民生，合理的收入分配制度是社会公平的重要体现。党的十七大报告提出，要深化收入分配制度改革，调整国民收入分配结构，逐步扭转收入分配差距扩大的趋势。机关事业单位工资收入分配是整个社会收入分配的重要组成部分，工资收入分配制度是否科学合理、公平公正、规范有序，将对全社会收入分配起到引导和示范作用。搞好机关事业单位工资收入分配工作，必须以科学发展观为统领，以深入学习实践科学发展观活动为契机，解放思想、开拓创新，推动改革不断深入。

一是要立足一个现实。就是社会主义市场经济的现实。在社会主义市场经济条件下，实行以按劳分配为主体、多种分配方式并存的分配制度，劳动、资本、技术、管理等因素参与分配。在这种情况下，机关事业单位工资收入分配管理要有所区分，有所为有所不为，该管的坚决管住，该放的一定放开，既保证制度合理有效，又充分调动各方面的积极性。

二是要坚持一个方向。就是按照党的十七大精神，扭转收入分配差距扩大的趋势。力求建立科学合理的工资收入分配制度，既符合地区发展不平衡的现实情况，确保机关事业单位收入水平与当地经济发展相适应，又要尽力把地区间工资收入分配差距控制在合理的范围内，维护队伍稳定和社会稳定。

三是要处理好一个关系。就是效率与公平的关系。工资收入分配既要有利于提高效率，同时必须体现公平。党的十七大报告明确指出，初次分配和再分配都要处理好效率和公平的关系，再分配更加注意公平。我们在处理地区之间、机关事业单位之间、基层和上级机关之间、不同年龄段的工作人员之间，都要注意处理好公平和效率的关系，调动各方面的积极性，维护公平正义。

四是要用好一个方法。就是统筹兼顾的方法。机关事业单位收入分配制度改革工作要立足整个社会收入分配大局，统筹协调机关、事业单位和企业工资收入分配，统筹兼顾其他社会人员收入状况，综合平衡内部收入水平，使财政供养人员工资收入水平符合经济社会发展水平，符合国民收入增长水平，实现共享改革开放成果。

二、当前工资收入分配制度改革面临的新情况、新问题

建国以来，我国机关工资制度经历了1956年、1985年、1993年和2006年四次大的改革，对于提高职工收入、调动工作积极性、加强队伍建设发挥了重要作用。同时应该看到，由于形势的不断变化和认识水平的局限性，机关事业单位工资制度还存在着这样那样有待完善的地方，需要认真进行研究。下面，我从工资决定机制、工资增长机制和地区之间工资平衡机制的角度作一个初步分析。

一是工资决定机制。工资决定机制指一个工作人员的工资主要靠什么来决定。1956年实行职务等级工资制，分30个级别，一个级别对应一个工资标准，职务与工资脱节的现象比较突出，是一种由级别来决定工资的制度。1985年改为以职务工资为主要内容的结构工资制，基本工资分职务工资、基础工资、工龄津贴和奖励工资，其中最主要的成分是职务工资，是一种由职务来决定工资的制度。这一制度在一定程度上解决了职级不符、劳酬脱节的突出矛盾，但是由于不提职务工资上不去，出现了千军万马挤“职务”这一条独木桥的“官本位”现象。1993年改为职级工资制，在职务为主体的前提下突出了级别概念，基本工资分为职务工资、级别工资、基础工资和工龄工资，但由于级别的独立性不强，运转的结果实际上还是基本属于一种根据职务决定工资的制度。2006年的工资收入分配制度改革，实行职务与级别相结合的工资制度，基本工资分为职务工资和级别工资，进一步强化级别的作用，在制度设计上增加了级别在工资中的相对独立性，现在制度已基本入轨。但从改革进展情况来看，级别与工资等待遇适当挂钩的改革构想尚未实施，级别的激励作用还没有完全按制度设计发挥出来。

二是工资增长机制。工资增长机制可以分为提职提薪、考核合格提薪和定期调整工资标准三个渠道。1956年建立的职务等级工资制是通过评定级别增加工资，未能建立起工资正常增长的机制。1985年的工资制度改革解决了职务晋升增加工资的问题。1993的改革解决了在考核的基础上正常晋升工资档次和级别的问题，还提出了国家根据经济发展、物价水平和财力情况适时调整工资标准。在制度运行的13年中，五次发文调整工资标准，但由于没有明确的规定，调整工资标准工作并不规范。2006年的改革对正常调整工资标准给予了高度重视，明确规定要建立工资调查制度，定期进行公务员和企业相当人员工资收入水平的调查比较，国家根据调查比较的结果，结合国民经济的发展、财政状况、物价水平等情况适时调整工资标准。由于工资调查制度尚未建立，以及下面要谈到的规范津贴补贴工作尚未完成，定期调整工资标准问题还是没有解决，建立完善的工资增长机制这项工作尚未完成。

三是地区之间工资平衡机制。我国幅员辽阔，各地区的情况和经济发展水平有较大差别，工资水平完全一样是不可能的，建立一种地区之间的工资平衡机制很有必要。1956年的工资改革把全国分为十一个类区，主要根据各地物价水平差异执行不同的工资标准，相邻类别地区相差3%。十一类工资区类别制度应当说较好地适应了当时各地的生活水平差别。1985年的工资改革继续实行了这一制度。但工资区类别制度主要反映了物价差别，不能很好地反映地区间经济发展水平、收入增长水平的差异。随着各地区经济发展水平差异加大，这种仅仅反映物价水平的经济区划分明显不适应，于是，1993年的工资改革废除工资区类别制度，提出建立包括艰苦边远地区津贴和地区附加津贴在内的地区津贴制度，2001 年开始实施艰苦边远地区津贴。2006 年的改革又对艰苦边远地区津贴制度进行了完善，适当扩大了实施范围，增设了津贴类别，提高了津贴标准。但是反映各地区经济发展水平和生活水平差异的地区附加津贴一直未能实施，建立适应新时期社会经济发展需要的地区之间工资平衡机制的工作还任重道远。

以上主要是从机关工资制度来谈三种机制中存在的问题，事业单位工资制度经历了从结构工资制到专业技术（职员）职务等级工资制的转变，2006 年建立岗位绩效工资制度，实行新的工资分类管理。与机关工资相类似，事业单位的工资制度也程度不同地存在这些问题，这里就不具体谈了。

在以上三个机制存在的问题中，地区之间平衡机制的问题难度最大。一个国家内不同地区之间经济发展差异如此之大，在其他国家是不多见的，国外处理工资地区间差异可供借鉴的经验不多，解决好这一问题很不容易。由于国家的地区附加津贴制度尚未出台，2001 年以来各地陆续自行发放了一些津贴补贴，但这些津贴补贴不规范不透明，也不完全合理，因此，2006 年工资制度改革的一项重要内容，就是清理规范津贴补贴，并在此基础上逐步建立地区附加津贴。规范公务员津贴补贴工作实施以来，在中央国家机关与省直机关进展正常，取得明显效果，津贴补贴发放混乱的现象已得到基本遏制，不同地区、同级政府不同部门公务员之间收入差距过大的矛盾有所缓解。但从目前县市实施情况看，比预想的要复杂得多、难得多，规范过程中出现许多新矛盾新问题需要研究解决。这既有客观原因，也有主观因素：

一是规范公务员津贴补贴工作规定下管一级，在对县的层面上约束力明显减弱。由于大部分市不负责县级财政，对县的方案约束不够。而省面对众多的县，对各地的具体情况掌握有一定困难，合理确定各县的津贴补贴水平有一定难度。

二是清理规范工作的本意是规范秩序、缩小差距，但一些地区把在清理基础上规范津贴补贴当作提高工资的机会，在清理时没有实事求是，规范时不从实际出发，导致确定标准过高，人为地造成了地方财力负担过重和地区之间公务员收入差距过大。

三是事业单位人员在基层财政供养人员中占很大比重，其中义务教育老师又占事业单位人员很大比重。一些地区在确定公务员津贴补贴水平时，没有统筹考虑包括义务教育老师在内的事业单位人员，没有留下足够的财力，为后来的义务教育学校实施绩效工资和事业单位实施绩效工资带来一定困难。

三、采取有效措施推动工资收入分配制度科学发展

工资收入分配是关系整个社会发展的一个重要方面，直接涉及职工切身利益。在下一步的工作中，我们要以科学发展观为指导，及时研究新情况新问题，采取有效措施，完善相关制度，推进工资收入分配工作。

一是完善工资改革配套机制体制建设，全面推进改革各项政策制度的落实。抓紧配套政策的立法工作，当前要加紧与有关部门的沟通协调，保证级别与待遇挂钩的政策按照预定设计向前推进，充分发挥级别在工资决定中的积极作用，提高基层和低职公务员工资待遇，保证他们的生活水平，维护干部队伍稳定。

二是加快工作步伐，保证工作质量，认真完成规范公务员津贴补贴工作。要坚定不移地按改革方案向前推进，及时和有关部门研究新出现的问题，提出应对措施和办法。当前要认真走好第二步，为推进下一步的工作打好基础。要强调规范津贴补贴工作的政策和纪律要求，区分中央与地方的不同情况，增强自我约束能力，统筹机关事业单位的工资收入水平，加大对县一级津贴补贴水平的调节力度。

三是要抓紧事业单位绩效工资的分步实施，确保事业单位人员与公务员收入水平保持大体平衡，稳定事业单位人员队伍。要尽快推

出义务教育学校绩效工资实施方案，为分步实施开好头，积累经验。要抓紧对事业单位绩效工资总体方案和卫生等行业绩效工资方案的研究，成熟一个推出一个。

四是要及早研究确定地区附加津贴的思路办法，确保与规范公务员津贴补贴工作的衔接。要借鉴实施艰苦边远地区津贴的成功经验，利用各方面的力量，加大对地区附加津贴的攻关和研究力度。要引导基层在规范公务员津贴补贴工作中统筹兼顾、积极思考，为建立地区附加津贴奠定基础，为地区附加津贴的实施做好准备。

五是要抓紧建立工资调查制度，尽快开展公务员和企业同类人员收入的调查比较。这是一项比较复杂的工作，需要充分的资金、人员和时间。由于规范津贴补贴工作还未完成，调整工资标准的工作暂时还不具备条件，但是可以把建立调查制度和调整工资标准分开进行，先把科学的调查制度建立起来。调查比较能使我们有一个研究分析机关事业单位收入水平的重要参照系和客观依据，不仅可以为建立定期调整工资标准的制度创造条件，对合理确定规范津贴补贴标准和建立地区附加津贴都具有重要的价值和意义。

为全体人民病有所医提供制度保障

——在全国医疗保险工作座谈会上的讲话

胡晓义

（2008年2月28日）

这次会议的主要任务是，贯彻落实党的十七大精神，按照全国劳动保障工作会议、全国城镇居民基本医疗保险扩大试点电视电话会议要求，回顾总结五年来医疗、生育保险工作取得的成绩，正确认识和把握当前面临的新形势，明确今后的主要任务，努力开创医疗、生育保险工作的新局面，为实现全体人民病有所医的目标提供更有力的制度保障。

一、五年来医疗、生育保险工作成绩显著

党中央、国务院高度重视民生问题，本届政府深入贯彻落实科学发展观，围绕构建社会主义和谐社会的目标，将医疗保险作为改善民生的重要举措，全面部署，狠抓落实。五年来，医疗、生育保险工作取得了显著成绩，对于提高人民群众健康水平，维护改革发展稳定大局发挥了重要作用。主要体现在五个方面：

（一）医疗保障制度体系框架基本形成。本届政府以来，为适应经济结构调整和就业形势变化，不断完善职工医疗保险制度，扩大覆盖范围，年年都有新的政策措施出台。2003年明确从建立统筹基金起步，将灵活就业人员纳入医疗保险范围；2004年出台了推进混合所有制企业和非公有制经济组织从业人员参加医疗保险的政策；2006年明确了农民工参加医疗保险“低费率，保大病，保当期，雇主缴费为主”的原则，组织了农民工参保的专项行动。2007年开展城镇居民基本医疗保险试点，将医疗保险覆盖范围由从业人员扩大到学生、儿童、老人等城镇非从业人员。与此同时，新农合制度也从局部试点走向全面推开。目前，中国特色的基本医疗保障体系框架已基本形成，城镇职工基本医疗保险、城镇居民基本医疗保险和新农合三张“网”从制度上实现了对城乡居民的全覆盖。

（二）医疗保险参保和受益人数倍增。2007年年底城镇基本医疗保险参保人数达到2.2亿人，是2002年年底的2.3倍。其中，农民工参保人数达到3 131万人，是2005年年底的6倍多。2007年医疗保险基金收支规模分别达到2 193亿元、1 541亿元，是2002年的3.6倍和3.8倍。总体上看，基金安全，收支平衡。2007年年底职工医保基金累计结存2 379亿元，其中统筹基金结存1 517亿元。在覆盖面不断扩大的基础上，医保受益人群持续增加，保障水平稳步提高。五年来，城镇职工医疗保险参保人员出院人次共计6 360万次，住院病人次均统筹基金支出额由2 207元增加到4 289元。2007年参保人员人均医疗保险统筹基金支出512元，是2002年的275元

的1.9倍，参保人员个人自付比例基本控制在30%以内，较好地保障了参保人员的基本医疗，制度效应明显。

（三）医疗服务管理不断加强。五年以来，各地以“三个目录，两个定点，一个结算办法”为核心，结合实际，不断探索创新，管理水平有了新的提高，对定点机构的调控机制初步建立。在目录管理方面，提出了备药率、使用率、自付率等控制指标，缓解了参保人员自费药使用率高、负担重等问题。在定点管理方面，通过细化服务协议、建立定点机构信用等级和费用信息公示制度等，扩大了参保者的选择权和监督权，促进了医疗机构竞争。在医疗费用结算方面，由单一按服务项目付费的办法，探索实行病种付费、按单元付费、总额预付等多种结算方式，促进定点机构主动规范医疗行为。同时，经办机构通过优化内部管理流程，不断缩短与医疗机构结算周期，对参保人员在医疗机构发生的合理费用及时足额支付，也促进了医疗机构的健康发展。

（四）管理服务网络向基层延伸。各地普遍建立了医保经办机构，其中1 593个统筹地区单独设立医保经办机构，多数统筹地区建立了较为完善的医疗保险信息系统。随着城镇居民医保试点工作启动，社区平台建设不断加强，初步形成了“参保在社区，缴费在银行，就医结算在医院”的管理服务体系。近年来，各级医保经办机构通过争创“三优”文明窗口、优质服务窗口等活动，不断加强行风建设，为参保人员、定点医疗服务机构、参保单位提供优质服务，社会反响良好。2003年以来，全国共有74个单独设立的医保经办机构被评为“优质服务窗口”单位，2006年医保经办系统有2位同志被授予全国劳动保障系统先进工作者称号，10家医保经办机构、7名同志荣立一等功。

（五）生育保险工作稳步推进。五年来，有17个省、自治区、直辖市新出台了生育保险办法，全国出台生育保险办法的地区达到了27个。部分省市还将机关事业单位职工、非公有制经济组织等纳入了参保范围。生育保险参保人数由2002年年底的3 488万人增加到7 755万人，享受生育保险待遇的人次由2002年的47万人增加到2007年的111万人，5年来共有361万人次享受了待遇。各地积极推行社保经办机构与医疗机构直接结算生育医疗费用，方便了参保职工，较好地保障了参保人员生育保险待遇。

总结五年来的医疗、生育保险工作，主要有以下几方面基本经验：

一是始终坚持改善民生。各级劳动保障部门从人民群众最关心、最直接、最现实的切身利益问题入手，研究完善政策，积极推进医疗保险。近年来，关闭破产国有企业退休人员医疗保障问题十分突出，不少省市通过企业尽责、政府扶持等多渠道筹资，解决了相当一部分国有关闭破产和困难企业退休人员的医疗保障问题。针对部分职工参保后医疗费用负担仍然偏重的问题，各地普遍建立了大额医疗费用补助制度，多数地区落实了公务员医疗补助制度，有条件的企业建立了企业补充医疗保险制度，一定程度上满足了参保人员多层次的医疗保障需求。针对学生、儿童等城镇非从业人员缺乏医疗保障制度安排的问题，各地进行了积极探索，在总结地方经验的基础上，2007年7月开展了城镇居民基本医疗保险试点工作，对居民参保缴费实行了普惠制补助，对困难群体参保给予更多补助。试点政策出台后，老百姓得到实惠，受到社会各方面的欢迎。

二是始终坚持统筹协调。在制度安排上，坚持中央定原则，地方定具体政策，如城镇居民基本医疗保险覆盖范围、制度框架中央确定，筹资水平、待遇标准等由地方根据实际决定，既维护了政策框架的基本统一，也兼顾了地方实际。在工作推进上，加强部门间的协作和配合，注重与医药卫生体制改革等相关领域的配套衔接，如为加强社区卫生服务建设，各地都出台了充分利用社区卫生服务的具体措施；城镇居民基本医疗保险从中央到地方都建立了劳动保障、财政、卫生、民政、教育等部门参与的协调机构，共同推进工作。在医疗服务管理上，不断加强与定点机构的沟通协调，争取他们的理解、支持和配合，医疗保险各项政策得到较好贯彻。

三是始终坚持制度创新。如为了鼓励职工连续参保缴费，各地普遍规定了享受退休人员待遇的最低缴费年限；为解决封顶线以上医疗费用问题，建立了大额医疗费用补助制度；为解决参保人员门诊大病的医疗费用负担问题，各地陆续建立了门诊大病制度，将恶性肿瘤门诊放化疗、肾透析、器官移植后抗排异治疗等门诊项目纳入统筹基金支付范围；为解决参保人员的门诊医疗费用负担问题，部分地区依托社区卫生服务机构，建立了门诊费用统筹制度；为解决定点机构“摘牌”难的问题，探索建立医疗保险定点科室或定点医师管理制度。这些制度创新几乎都来自基层，再次印证了实践出真知，群众是英雄，经验在基层的道理。

四是始终坚持加强能力建设。各级劳动保障部门始终把能力建设摆在医疗保险工作的突出位置，特别是加大了对经办机构负责人的培训力度，医疗保险管理人员的学习能力、执行能力、管理能力、服务能力、创新能力和风险防范能力不断提高，初步建立了一支讲政治、懂管理、业务精的干部队伍。各地结合“金保工程”建设，普遍加大了信息系统建设投入，基本实现医疗费用与医疗机构直接结算，并将信息网络系统延伸到街道社区。在居民医保试点启动过程中，各试点城市在充分发挥原有管理队伍作用基础上，普遍增加了行政和事业编制，一些城市还建立了工作经费与服务人数和业务量挂钩机制，为事业发展提供了有力保障。

二、正确认识和把握当前面临的形势和任务

党的十七大提出“努力使全体人民病有所医”，要求“加快建立覆盖城乡居民的社会保障体系”“全面推进城镇职工基本医疗保险、城镇居民基本医疗保险、新型农村合作医疗制度建设，完善生育保险制度”。与这一目标要求和广大人民群众的需求相比，目前的医疗保险工作还有不小差距。看到差距，才能在成绩面前保持清醒的头脑；分析出产生差距的原因，才能认准新时期的工作方向和重点领域；找到消弭差距的办法，才能为全面建设小康社会作出更大的贡献。

（一）医疗保障体系框架初步形成，但在城乡之间、地区之间、不同人员之间，迫切需要制度整合和政策衔接。城乡一体化进程加快，人口结构快速变化，参保人员身份经常在城镇职工、城镇居民和农村居民中发生转换，但三项医保制度之间缺乏统筹，当参保人员身份发生变化时，医保待遇难以衔接；全国统一的劳动力市场逐步形成，人员流动越来越频繁，但医保关系跨地区转移与接续困难重重，成为制约人力资源流动的瓶颈之一；异地养老人员逐步增多，但异地就医管理却限于体制和机制障碍难以取得突破。

（二）各项医疗保障在制度上实现了全覆盖，但政策落实尚有空白。如44号文件将城镇所有用人单位及其职工纳入参保范围，但目前仍有相当一部分企业没有参加医疗保险，比较突出的是国有关闭破产企业退休人员和困难企业职工及退休人员的参保问题。非公有制经济组织参保率不高，个体经济组织参保率仅为24%。44号文件提出了原则上实行地级统筹，但在目前2 620个医疗保险统筹地区中约85%是县级统筹。

（三）医疗服务管理体系初步建立，但科学合理的调控机制远未形成。不规范的医疗行为、有组织的欺诈现象时有发生，医保经办机构防不胜防。对如何充分发挥医疗机构控制成本、提供优质服务的内在积极性、主动性研究不够，个别地区医疗机构与经办机构存在对立，影响了患者就医，增加了管理成本。

（四）医疗保险制度效应初步显现，但保障水平距人民群众要求还有很大差距。随着我国人口老龄化的加剧，长期慢性病成为影响人

民健康的重要因素，但目前普通门诊医疗费用缺乏共济，部分长期慢性病患者反映个人负担较重；随着生活水平不断提高，人们的健康观念和预期发生变化，不再满足于有病能治，也追求防病于前，提高健康水平，而医疗保险的制度设计还不能适应这一变化；部分地区的医疗保险统筹基金支付不高，相当一部分患者支付比例达不到一半，保障水平较低；多层次医疗保障体系不健全，部分群众反映医疗保险“大病、小病都不管，只管中间这一段”。

（五）医疗保险覆盖人群迅速扩大，经办管理能力不足的问题愈益突出。医保经办机构人员编制、经费不足的问题大量存在，工作人员长期超负荷工作，部分地区信息系统建设滞后，个别地区仍依靠手工操作，手续繁琐，差错率高。

要解决好这些问题，医疗保险工作要按照中央要求，高举民生旗帜，立足统筹协调，全面推进制度建设，切实提高管理能力。当前要重点围绕一个目标，实现五项转变：

一个目标：

建立统筹城乡的医疗保障体系。要从努力使全体人民病有所医的高度，统一规划，统筹协调城乡基本医疗保险、补充医疗保险、商业健康保险、社会医疗救助等各项制度，逐步形成保障层次分明、制度边界清晰、保障功能完善的医疗保障体系，满足城乡居民不同层次的医疗需求。当前，对城镇医疗保险来说，首先要做到城镇职工基本医疗保险与城镇居民基本医疗保险的统筹协调、互相促进。既要“以老带新”，利用职工医疗保险的管理基础和经验，实现城镇居民基本医疗保险试点的顺利启动；又要“以新促老”，通过试点探索出新经验，如地市以上城市统筹、门诊统筹、社区平台利用、缴费激励机制等，在完善城镇职工基本医疗保险时予以借鉴。

五项转变：

一是制度建设要向更加注重整合衔接转变。以往工作的重点是从无到有，建立制度；今后的重点是从分到联，解决职工、居民、新农合制度之间衔接的问题，实现人员身份、居住地点变化时，医疗保险关系可转换、可接续、可转移，并探索将三项制度逐步整合为统一的基本医疗保险制度，取代以人员身份分别保障的方式，通过划分不同的费率档次，由参保人员选择参加不同档次的医疗保险。还要完善大额医疗费用补助、公务员医疗补助、企业补充医疗保险等政策，逐渐整合为统一的补充医疗保险制度，政府作为雇主为公务员投保，其他参保单位和个人自愿选择参加，享受税收优惠。统一规划，统筹协调基本医疗保险、补充医疗保险、城乡医疗救助、商业健康保险等制度，明确各自功能，做到信息资源共享，待遇无缝衔接。

二是工作评价要向更加注重制度效应转变。覆盖人数、基金收支和结存规模、定点医药机构数量等，这些都是评价医保工作的重要指标，非常必要，但仅限于此是不够的。政府组织推进医疗保障制度，根本的目的是解除人民群众病无所医的后顾之忧。因此，要把受益面和保障水平作为更重要的指标来设定和考核。比如对受益面的评价，不仅限于住院和大病，要把依托社区卫生服务机构通过普通门诊费用统筹解决常见病、多发病问题的成效列入工作评价；又如对基金使用，不仅要评价安全性，更要评价效率，因此要把统筹层次列入评价指标，要设定合理的基金结余率，既有刚性的结余率标准，又与基金支付比例、个人自付比例结合起来加以评价。希望各地根据实际，积极探索建立制度运行的评价指标体系，我们经过总结，提升为全国的行业性标准，以充分体现使人民群众共享改革发展成果的制度效应。

三是医疗保险管理要向更加注重机制建设转变。医疗保险经办机构集“基金收支管理、需方利益代表、医疗服务监管”三者于一身，要充分发挥作为所有参保人员代表的作用，建立与医疗机构的谈判和协商机制，降低医疗服务成本。要更加注重发挥定点医疗机构的作用，以改进和完善费用结算为重点，促进医药服务机构主动规范行为、改善服务。

四是经办服务要向以人为本的主线转变。城镇居民基本医疗保险试点的推开，以及城镇化进程加快和就业方式的多样化，依托单位组织参保的传统经办方式已不相适应。医疗保险经办管理要转变服务理念，以人为主线，实现对保障对象“记录一生、跟踪一生、服务一生、保障一生”。

五是能力建设要向更加注重基层和依靠信息技术转变。医疗保险经办的重心要下沉到基层、街道、社区，特别要加大社区服务平台建设力度，根据新的任务，扩大功能，充实力量。金保工程应该在医疗保险管理服务工作中发挥重要作用，要将计算机信息系统延伸到街道、社区，使之真正成为登记参保、变更信息、政策咨询、就医管理等的基本平台。

这些转变不是简单的政策修补，要以改革的精神推进制度、体制和机制的创新。过程虽然复杂艰巨，但有利条件也很多：一是党的十七大对全面推进改革开放和现代化建设作出了战略部署，科学发展观深入人心，社会主义市场经济不断完善，推动协调发展、促进社会和谐的步伐会进一步加快。二是各级党委、政府高度重视医疗保险工作，用人单位、职工、城镇居民参加医疗保险的意识逐步提高。三是我国国民经济保持平稳较快增长，财政收入和企业经济效益大幅提高，为做好医疗保险工作提供了更好的宏观经济环境和资金保障。四是《劳动合同法》《就业促进法》等一批劳动保障领域的重要法律法规陆续出台，《社会保险法》（草案）提交人大审议，为医疗、生育保险的发展提供了法律保障。五是深化医药卫生体制改革的方案将出台，同时药品价格形成机制、基本药物制度、公立医院运行机制等多项政策也将进行试点，将为医疗保险创造更好的配套改革环境。还有很重要的一点，就是医疗保险经过十多年的改革历程，积累了丰富的实践经验，具备了基本的工作条件，在工作中锤炼了一支胸怀大局、求真务实、勇于探索的干部队伍。只要我们坚定信心、努力奋斗，党中央提出的建立覆盖城乡居民的医疗保障体系的目标一定能够实现。

三、2008 年的主要工作

2008 年医疗、生育保险工作的总体思路是：认真贯彻落实党的十七大精神，以科学发展观为统领，围绕加快建立覆盖城乡居民的医疗保障体系，进一步完善城镇职工基本医疗保险，着力解决关闭破产企业退休人员医疗保障问题，扩大城镇居民基本医疗保险试点，研究完善生育保险制度，强化管理服务和基础建设，研究探索统筹城乡的医疗保障体系，做好各项制度之间的政策衔接。重点工作有五项：

（一）积极稳妥扩大城镇居民基本医疗保险试点

在刚刚召开的扩大试点工作电视电话会议上，吴仪副总理做了重要讲话，对今年的扩大试点工作进行了全面部署。就学习贯彻会议精神，我讲几点具体意见：

一是思想上要高度重视，要按照 20 号文件和吴仪同志讲话要求，认真制定好实施方案，做好各项准备工作，确保二季度启动实施。在试点方案中，覆盖范围要严格按照 20 号文件精神确定，对于劳动年龄人口要促进其就业参加职工医疗保险解决其医疗保障问题，对于困难企业职工和退休人员等要通过多渠道筹资解决其参加职工医保的资金来源问题，农民工子女、长期居住的非户籍人口等是否纳入可以探索。筹资标准坚持低水平起步，但要能够保证待遇支付，成年人和未成年人分别确定筹资标准。待遇水平应低于城镇职工医保而高于新农合，一般应在 50% 以上，成年人、未成年人原则上要一致。

二是加快扩面步伐，扩大受益面，体现政策效应。今年年底，第一批试点城市居民参保率要达到 60% 以上，扩大试点城市也要达到 50% 以上，按照这一要求，城镇居民基本医疗保险参保人数年底将突破 1 亿人。同时要积极探索城镇居民门诊统筹办法，部里今年要出台指导意见。同时，也要加快城镇职工基本医疗保险扩面步伐，年底职工医保参保人数要达到1.88亿人，要对未参保人群的结构、原因进行分析，提出下一步工作的安排，争取用2～3年的时间基本完成44号文件规定的覆盖任务。

三是发挥试点城市的探索作用，及时总结经验，发挥示范效应。今年重点开展门诊费用统筹、统筹城乡医疗保险管理、缴费与待遇挂钩的激励机制、大学生参保、困难人群就医结算方式、地级统筹等问题的研究。门诊费用统筹的重点是要与社区卫生服务相结合，以较低成本实现门诊普通医疗费用的社会共济，不主张采用个人账户的办法来保障门诊费用；困难人群的费用支付重点探索通过市场议价确定基本服务包、集团定向购买的方式解决他们的医疗保障问题；激励机制重点考虑利用提高封顶线调节，不主张采取提高支付比例的办法，否则容易造成一人一比例，管理过于复杂。

（二）重点突破关闭破产企业退休人员的医疗保障问题

当前，关闭破产国有企业退休人员的医疗保障问题十分突出，党中央、国务院高度重视，劳动保障部、财政部、国资委等从2003年开始进行了专题研究，国务院决定从2007年财政增收中拿出80亿元专门用于解决这一问题。基本思路是：按照44号文件的要求，通过地方、企业尽责，多渠道筹资，争取用两年左右的时间，将尚未参加医疗保险的关闭破产国有企业退休人员全部属地纳入城镇职工基本医疗保险统一管理，中央财政采取“以奖代补”的办法对各地给予适当支持。今年要争取解决50%以上的关闭破产企业退休人员参保问题。请各地思想上高度重视，积极向当地党委、政府汇报，建立多部门参与的工作机制，抓住当前经济形势较好的机遇，尽快解决这一问题。劳动保障部门要提前做好调查摸底等基础工作，了解掌握每一家关破企业的具体情况，以期政策明确后，直接进入操作阶段，在最短时间内完成参保和待遇给付工作。在政策把握上，要注意各类人群之间的平衡，不引发矛盾，不造成攀比。地方财政有条件的，要积极探索同步解决困难国有企业、关闭破产集体企业退休人员等的医疗保障问题；地方财政暂时没有负担能力的，也要拿出预案，提出解决的思路和计划，防止出现不稳定。

（三）加快推进农民工扩面步伐

今年是农民工参加医疗保险专项扩面行动的最后一年，年内要争取实现将有稳定劳动关系的农民工大多数纳入医疗保险的目标，参保人数达到4 000万人以上。请各地抓住《劳动合同法》实施，社会各界高度关注，用人单位劳动合同逐步规范的有利时机，以有相对稳定劳动关系的农民工为重点，做好农民工医疗保险参保工作。要与工伤保险协同推进。工伤保险对部分行业农民工参保采取了一些有效措施，医疗保险要积极跟进，以建筑企业、大中型煤矿作为今年扩面的重点。在推进农民工参加医疗保险中，要不断完善管理服务政策，妥善处理“一厂两制”“一人两制”问题，即城镇职工与农民工之间的差异，地区之间医疗保险关系的转移和接续，农民工大病保险与新型农村合作医疗的衔接问题等，通过完善政策，优化流程，强化服务，让农民工参保和享受相关待遇认得到门，找得到人，容易计算，比较称心。部里在总结各地经验基础上，今年要出台农民工参加职工医保与新农合的衔接办法。

（四）加强医疗保险管理服务

今年上半年深化医药卫生体制改革方案将出台。医疗保险与医药卫生体制改革密切相关，要根据改革的要求，积极做好相关配套工作，进一步完善医疗保险管理服务。一是要积极参与药品价格形成机制、基本药物制度、公立医院运行机制等多项配套政策制定和试点工作，中央和地方要加强联系，特别是试点城市要及时将试点中的新情况、新问题及时向部里反馈，为医疗保险改革创造良好的环境。二是系统总结近年来医疗保险支付范围管理的经验，结合医药卫生体制改革的新要求，研究完善医疗保险用药管理、诊疗项目管理办法，提出下一步改革的思路。三是完善医疗费用结算办法，加大按病种付费、总额预付等的探索力度。从完善结算办法入手，探索建立相应的质量控制与考核标准，调动医疗机构的积极性。

（五）完善生育保险制度

2008年生育保险工作既要积极扩面，又要完善制度，谋划长远发展。一是研究完善生育保险制度，进一步理清生育保险发展思路。没有出台生育保险办法的四个省（区、市），要尽快出台地方生育保险办法。二是按照生育保险与医疗保险协同推进的工作思路，继续扩大生育保险覆盖面，针对当前非公有制经济组织就业人员快速增加的形势，要研究有针对性的措施，今年年底生育保险参保人数要达到8 000万人。三是推广医疗费用与医疗机构直接结算的办法，在医疗保险定点医疗机构的基础上确定生育保险定点医疗机构，签订定点服务协议，保证参保职工享受优质医疗服务，努力做到在规定的范围内个人不负担医疗费用。四是加强基金预测和运行分析工作。目前，全国生育保险基金结余超过120个亿，基金结余较多的地区，要认真研究基金筹资与支付待遇之间的关系，适时调整原有的筹资比例和待遇标准，确保生育保险各项待遇落实。

四、加强管理运行机制建设

目前，一个适应我国社会主义市场经济体制要求的医疗保险制度框架已经初步建立，制度功能的实现取决于管理和服务，要重点在以下八个方面进行探索，形成突破。

（一）探索建立城乡一体化的管理运行机制。在当前城乡差距较大的情况下，实行统一的医疗保险制度还需要一个过程，但有条件的地区，可以先行探索城乡一体化的管理运行机制，既促使各项医疗保险制度的衔接更为顺畅，也为今后统一基本医疗保险制度打好基础。目前，一些城市已经进行了初步尝试。下一步，要按照国务院领导同志“整合现有的医保管理资源，加快建立统一、高效的管理平台”的要求，逐步整合各项医疗保障管理资源，形成合力，提高效能。

（二）探索完善医疗服务第三方监管机制。医保机构要增强“主动监管”意识，将监督关口前移，从参保人员就医开始起对医疗服务全过程进行跟踪管理，对医疗费用发生环节全方位监管。以改进和完善费用结算为龙头，发挥医药服务机构主动规范行为、改善服务、控制成本的内在积极性；以三个目录作为考核医疗服务质量的标准，保证医疗服务的水平；以定点协议作为加强监督管理的重要抓手，完善考核办法和加强违规处罚，保障参保人员的合法权益。

（三）探索建立谈判决定价格机制。医保机构要积极参与药品、诊疗项目、高值医用材料等医疗服务按成本定价过程，从源头上控制医疗服务成本。遵循市场经济规律，通过探索建立供需双方谈判机制，协商确定医疗服务的收付费方式及标准，在医疗服务市场中逐渐形成供需双方相互制衡的局面，通过医疗保险“团购”实现医疗服务适度让利的经济效应。

（四）探索建立就医引导机制。当前，参保人员在自由选择定点医疗机构就医过程中，对社区及基层卫生服务利用不足，就医集中于三级医疗机构，由于成本高医疗费用增长难以有效抑制。医保机构要注重从完善制度上设置管理“抓手”，在对社区和基层医疗机构支付比例优惠的基础上，已经实现门诊医疗费用统筹的地区，要充分利用社区卫生服务机构，实行按人头或按总额等付费方式。加强双向转诊的引导，促进分级医疗体系的形成。

（五）探索建立异地就医管理服务机制。当前，医疗保险异地就医问题反映十分突出：异地安置退休人员反映参保地与安置地待遇差距大，要求享受居住地的政策，部分支边人员反映尤为突出。不少群众反映异地就医手续繁琐、个人负担较重；而经办机构也反映异地就医伪造病历等欺诈现象严重，缺乏监管手段。对于待遇差别的问题需要随着制度完善和地区间公共服务的均等化逐步解决，当前要重点解决管理服务方面的问题。一是要充分利用金保工程，通过信息化，实现参保人员异地直接结算，方便患者。二是加强地区间的协作和配合，探索异地经办机构协助审核管理的可行性。三是发挥省级医疗保险经办机构的作用，对于区域内的异地就医，省级经办机构要切实负起协调责任。

（六）探索建立基金社会监督机制。社会监督是保证基金安全的重要手段，要在完善内控制度、加强行政监督的基础上，探索建立基金收支管理更加公开、透明的制度和机制，使缴费者、受益者等都能通过适当形式参与对基金的监督。建立健全举报、投诉、检查、复核、整改及纠正等社会监督流程，保证社会监督畅通无阻。

（七）探索建立基金风险调剂机制，逐步实现地级统筹。医疗保险统筹层次过低，导致基金风险大、共济能力差、异地就医多等问题，必须予以重视，加快实现地市级统筹。有些地区由于经济发展差异很大和财政“分灶吃饭”的体制制约，难以马上做到地级统筹的，可以探索同一城市统一政策、基金实行分级管理，通过建立地级风险调剂金，平衡区县的基金风险。同时要探索激励区县一级工作积极性的问题，逐步实现地级统筹。

（八）探索建立基金风险防范机制。完善医疗保险信息统计，加强医疗保险运行分析。利用“金保工程”推动建立医疗保险宏观决策系统、基金监测预警系统和医疗费用监测系统，提高医疗保险基金抵御风险、化解风险的能力。

五、加强能力建设

能力建设是实现工作目标的基本保证。面对新时期的新目标、新要求，要着力提高5方面能力：

（一）提高服务能力。政府的主要职能之一就是提供公共服务。医疗、生育保险涉及每个公民的切身利益，各级劳动部门和经办机构要强化服务意识，始终坚持全心全意为人民服务的宗旨，贯彻以人为本的理念，全面提高公共服务能力和水平，不断创新管理和服务方式，实现管理与服务的有机结合。要健全服务规则，大力推行政务公开，简化办事程序，寓管理于服务之中，在管理中体现服务。要提升服务手段，依托金保工程，以街道、社区劳动保障服务平台和定点医药机构为重点加强医疗保险信息化建设，逐步变“大厅式服务”为“网络式服务”，提升参保的可及性和管理服务的效率。要强化服务保障。在当前人员编制严格控制的情况下，要探索建立与服务人群、业务量挂钩的经费保障机制，通过购买服务的方式解决经办能力不足的问题。部分地区在城镇居民基本医疗保险试点中，采取了每增加一个参保人员核拨一定工作经费的办法，保证了试点顺利进行；一些地区申请专项工作经费，聘用退休医学专家审核医药费用，既解决了工作中的突出问题，也避免了过去养机构、养人的缺点。这些经验都值得总结。各地都要积极推广创建“优质服务窗口”“精神文明单位”等先进工作经验，学习宣传先进单位和个人，充分发挥典型的示范作用。

（二）提高协调能力。医疗、生育保险事业领域越展越宽，部门之间的协同配合越来越重要，协调的结果在一定程度上决定工作的进展。要从工作大局出发，加强同相关部门和社会组织的沟通协调，争取更多的理解和支持，争取双赢、多赢的结果。即使存在一些不同意见，也要既坚持原则，又讲究方法，主动研究积极解决的融通办法，用改革的思路和发展的办法消除或缩小分歧，达到共同推动工作的目的。谈判能力也是一种协调能力。通过谈判确定医疗服务价格对各级医保机构来说是一个全新的课题。要探索建立谈判的规程，明确谈判主体、程序、主要内容、争议处理、违约责任等；要引进和培养谈判人才，提高谈判技巧；要加强对医疗服务、药品、高值医用材料等供求信息的收集整理，随时掌握市场变化，调整谈判策略。

（三）提高研究能力。医保机构的工作人员，特别是省级和中心城市医保机构的负责同志，责任重大，既要有解决当前实际问题的能力，又要提高综合分析和战略思维的能力，能够透过现象看本质，透过微观看宏观，透过眼前看长远。比如透过异地就医难的现象看到我国社会结构大变革的本质和趋势，从而增强提高统筹层次、解决异地结算问题的自觉性；又如透过套取、诈骗医保基金的个案看到宏观上健全监督管理机制的必要性和紧迫性，通过完善制度堵塞漏洞；再如透过农民工参保难的当前突出问题看到制度之间衔接融合的长远方向，坚定城乡统筹的决心。医疗保险是一门综合学科，专业性和技术性都很强，因此研究工作不应该是封闭的，而应是开放的：既要提高劳动保障系统自身的研究能力，也要充分发挥系统外各方面专家队伍作用，借助“外脑”“外力”推进事业发展，中国医疗保险研究会组织专家评估组对居民试点进行评估就是一个范例。各地要逐步建立健全医疗保险专业技术标准组织和专家咨询组织，制定诊疗规范、出入院等标准，完善技术标准体系，还要研究病种分类、费用计算等技术方法，不断提高医疗保险管理的科学性。

（四）提高凝聚力。经过十多年的发展，医疗保险工作队伍，已经成为由五个“方面军”组成的综合大军，包括各级医疗保险行政机关、经办机构，也包括街道社区劳动保障平台的工作人员、定点医药机构从事医疗保险管理的人员，还包括参保单位的医保专管员等。医疗保险工作已取得的成绩与五个方面军的辛勤劳动密不可分，今后医保事业的发展还需要五个方面军齐心协力的奋斗。我们要备加珍惜这种通过多年实际工作锻炼形成的格局，特别是对系统外、编制外的管理队伍，更要关心他们的工作和生活，充分发挥他们的作用，帮助他们解决实际困难，使他们在工作上有“方向感”，事业上有“成就感”，对医保部门有“信任感”和“归属感”，真正能够以医疗保险事业为“家”，为医疗、生育保险事业作出更大贡献。

（五）提高拒腐防变能力。廉政问题关系人心向背和党的生死存亡，其重要意义怎么强调都不过分。医疗保险制度改革推开以来，廉政建设总体情况是好的，但审计查出的个别地区医保基金重大贪腐案件令人震惊，说明我们在廉政建设上、监督机制上确有漏洞。中纪委二次全会决定把社保基金列入专项治理范围，明确由我部牵头。我们将会同有关部门成立专项治理领导小组，制定工作方案，有关工作将专门布置。我这里重点强调几点：各级医保机构要认真学习贯彻胡锦涛总书记在中纪委二次全会上的讲话精神，加强制度建设，从源头上杜绝腐败现象的发生。要做到权力在阳光下运行，涉及公共利益的所有事项，不管是基金管理运行，定点机构确定，药品、诊疗项目范围制定等都要做到程序严密、公开透明，要主动接受纪检、监察及相关部门监督，并采取措施保证参保人员实现知情权、参与权、表达权、监督权。

使全体人民病有所医是一个宏大的目标，实现这一目标需要多方面长期艰苦的努力。医疗保险在其中负有从一方面提供制度保障的重大使命。让我们在党中央、国务院的正确领导下，深入贯彻落实科学发展观，加快构建覆盖城乡居民的医疗保障体系，努力开创医疗、生育保险工作新局面，为全面建设小康社会作出新的更大贡献。

提高执行力

——在全国社保局长座谈会上的讲话

胡晓义

（2008年3月3日）

这次全国社保局长座谈会的主要任务是：认真学习贯彻党的十七大和中央经济工作会议精神，按照全国劳动保障工作会议要求，回顾总结五年来社保经办管理工作取得的成绩，正确认识和把握当前面临的新形势，明确今后一个时期经办管理工作的主要任务，努力提高各级社保机构的执行力，开创社保经办管理工作的新局面。

一、五年来社会保险经办工作成效显著

党中央、国务院高度重视社会保险工作。本届政府紧紧围绕全面建设小康社会的目标，深入贯彻落实科学发展观，把社会保险工作摆在经济社会发展全局更加突出的位置。这五年对比过去，社会保险制度建设进展更快，覆盖人群增加更多，基金规模增长更大，参保人员的待遇水平增幅更高，初步实现了制度安排由保障职工向保障各类劳动者的延伸，覆盖范围由从业人员向非从业居民的扩展，保障区域由城市为主向城乡统筹的转变。社会保险事业取得了历史性成就，对保障人民基本生活，维护社会公平正义，保持社会和谐稳定，促进经济健康发展发挥了重要作用。从经办工作角度，可以看到4个方面的明显变化：

（一）从制度建设上看：养老保险、医疗保险参保人数双双突破2亿，各项社会保险保障范围持续扩大

本届政府以来，国务院先后颁布《工伤保险条例》《关于完善企业职工基本养老保险制度的决定》和《关于解决农民工问题的若干意见》，组织开展了城镇居民基本医疗保险试点，进一步完善了社会保障体系。各地积极扩大社会保险覆盖面。五年来，五项保险参保人数以年均7%的速度递增，其中，基本养老保险、基本医疗保险参保人数双双突破2亿，实现了历史性的跨越。

参保人数	2007年年底	比2002年增加	增长率（%）
养老保险	2.01亿	5 400万	36.6
医疗保险	2.23亿	12 910万	137.3
失业保险	1.16亿	1 463万	14.4
工伤保险	1.22亿	7 767万	176.3
生育保险	7 775万	4 287万	122.9

五项保险合计参保人数已达7.4亿人次，加上参加农保的人数，社保经办机构实际管理的对象超过8亿人次。

各地贯彻落实《国务院关于解决农民工问题的若干意见》（国发［2006］5号）精

神，加大了农民工参加工伤保险、医疗保险力度，参保人数快速增长。2007 年年底农民工参加工伤保险、医疗保险人数为 3 966 万人和 3 131 万人，分别比 2005 年增长 2. 17 倍和 5. 4 倍。此外，1 000 多万被征地农民纳入基本生活和养老保障制度；新型农村合作医疗制度扩大到全国 86% 的县，参合农民达 7. 3 亿人。越来越多的人民群众被纳入到社会保障制度中来，分享社会经济发展的成果，社会保障制度的公平性进一步得到体现。

（二）从资金规模上看：五项社会保险基金收入和结存总量均实现翻番，社会保险保障能力不断增强

五年来国民经济持续快速增长，各地抓住机遇，完善征管方式，加大征缴力度，确保应收尽收，各项基金成倍增长。

五项基金	2007 年（亿元）	比 2002 年增加（亿元）	年均增长率（%）
收支总额	18 701	11 179	20
总收入	10 813	6 763	21. 7
总支出	7 808	4 416	17. 8
总结余	11 236	8 812	35. 9

在基金规模不断扩大的同时，不断加强基金管理，努力维护基金安全。劳动保障部颁布实施了《社会保险稽核暂行办法》，推动社会保险稽核工作走上法制化、规范化轨道。五年间，各地共查出企业少缴各项保险费 203 亿元，已补缴到账 165 亿元；共查处 26 万人欺诈、冒领社会保险待遇 6 亿元，追回金额 6 亿元；通过建立目标责任制、对欠费大户实行重点监控等多种措施，累计清欠 945 亿元。制定下发了《社会保险经办机构内部控制暂行办法》《关于建立社会保险信息披露制度的指导意见》，社会保险机构内控制度和社会监督体系不断完善。2006 年以来，各地配合审计部门对各项社保基金进行审计检查，并积极整改审计出的问题。其中，2006 年审计出的违规资金，98% 的已经收回或纠正。

（三）从制度效果上看：社会保险待遇水平逐步提高，参保人员得到的实惠日益增多

在本届政府任期的第二年即 2004 年，全国首次实现了企业离退休人员基本养老金全部按时足额发放。尽管退休人员不断增加、养老金待遇持续提高，资金支付压力愈益增大，但各地采取多种措施，及时调度资金，巩固了确保发放成果，到 2007 年年底已连续 4 年养老金当期发放无拖欠；并积极补发历史拖欠，五年内有 11 个省份摘掉了历史拖欠的帽子，目前已有 20 个省份实现基本养老金无历史拖欠。过去五年间，国家先后 4 次提高企业退休人员基本养老金，人均每月养老金水平由 2002 年的 615 元增加到 2007 年的 963 元，增长 57%；今年春节前又人均增加养老金 100 元以上，有力地保障了退休人员的基本生活。基本医疗、工伤、生育保险各项待遇也都做到了按时按规定支付与结算。2003—2007 年，医疗保险出院人次共计 6 360 万，年均增长 16. 7%，住院病人的次均统筹基金支出额由 2007 元增加到 4 289 元，年均增长 18. 1%；享受生育保险待遇人次共计 361 万，年均增长 32. 1%，人均生育待遇支出由 4 568 元提高到 7 771 元，年均增长 14. 2%；享受工伤保险待遇人数累计 263. 4 万人，人均享受工伤保险待遇水平年平均增长 25%。与此同时，企业退休人员社会化管理服务工作发展迅速，2007 年年底已有 3 136 万企业退休人员纳入社区管理，占企业退休人员总数的 71. 2%，比 2002 年增加 2 562 万人，提高 53. 8 个百分点。

（四）从管理水平上看：社会保险规范化、信息化、专业化建设不断深入，经办机构管理服务能力显著增强

五年来，随着社会保险事业的快速发展，社会保险经办机构不断充实，能力逐步提高。目前，全国共有各级社会保险经办机构近 7 500 个，工作人员近 13 万人，加上街道（乡镇）、社区劳动保障工作平台工作人员，专职从事社会保险管理服务工作的人数已超过 20 万人。我们围绕推进社会保险管理服务规

范化、信息化、专业化的目标，办了七件事。一是先后制定下发了基本养老保险、基本医疗保险和工伤保险经办业务规程，推动经办管理服务工作逐步走向规范统一。二是建立基本养老保险联网监测体系和医疗保险运行分析指标体系，开展运行情况分析，不断增强监管能力。三是组织开展社会保险精算工作，支持科学决策。四是加强定点医疗服务管理，细化服务协议，完善结算办法，探索建立定点医疗服务机构诚信等级制度，以保障医疗服务质量，有效控制医疗费用增长，降低参保人员负担。五是加快“金保工程”一期建设步伐，社会保险信息网络逐步向街道、社区和服务机构、服务网点延伸；“网上社保”“电子社保”等新的经办模式不断涌现，管理手段不断提升；截至2007年年底，各地上报的联网数据总量已达1.6亿人，数据质量明显提高。六是积极推进社会保障服务中心建设试点，国家给予资金支持的9个服务中心建设试点项目和91个自费试点单位试点工作总体进展顺利，部分试点项目已经建成并投入使用。七是大力加强经办机构系统化培训工作，初步形成以地市级以上经办机构负责人培训班及研究生学历教育为主干，带动其他各类培训班共同发展的经办机构干部队伍系统化培训体系。两年来部里共组织培训各类人员1 730人。与此同时，机关事业单位养老保险经办机构、农村养老保险经办机构在国家没有出台新政策的情况下，努力克服困难，坚守阵地，“不抛弃，不放弃”，加强业务管理和队伍建设，强化基金管理与待遇支付，为社会保险事业发展作出了重要贡献。

社会保险事业的快速发展，是党中央、国务院坚持科学发展、英明决策的结果，是各级党委和政府正确领导、周密部署的结果，是各相关部门和社会各界大力支持、协同配合的结果，也是各级劳动保障行政部门和社会保险经办系统全体工作人员忠实执行党和政府战略部署，克难攻坚，勇于奉献，开拓创新的结果。五年来的实践证明，各级社保经办机构是中央重大决策的有力执行者，通过大家的辛勤工作，党和国家的方针政策正在转化为亿万百姓的不断增进的实在福利，我们收获的是人民群众对党和人民政府的真诚信赖，对中国特色社会主义的衷心拥护，对美好生活的坚定信心。五年来的实践证明，各级社保经办机构是积极进取的创造者，面对新形势、新任务、新情况、新问题，大家勇于探索，善于总结，不断更新观念，创新工作方法，积土成山，积水成渊，推动社会保障体系不断完善。五年来的实践证明，各级社保经办机构是自强不息、追求卓越的建设者，瞄准为亿万参保人员提供良好公共服务的目标，不断加强自身建设，提高管理服务能力，建立起以各级社会保险经办机构为主干、以银行及各类定点服务机构为依托、以社区劳动保障工作平台为基础的社会保障服务网络和组织体系，培育起“忠诚、团结、敬业、奉献”和求真务实为主要内容的社保文化和社保精神。五年来，全国社会保险经办系统有近2万人次受到地级以上（含）政府或主管部门表彰，近300个集体、200名个人受到省部级表彰。特别是2003年抗击非典中，经办机构的同志坚守工作岗位，尽职尽责做好参保非典病人的救治和医疗保险报销工作；今年年初，中南各省经办机构克服冰雪冻雨灾害的困难，确保春节前将新增加的养老金发放到每一位退休人员手中。所有这些都充分证明，社保机构是一支能打硬仗的队伍，完全能够经受住重大突发事件和自然灾害的考验，向党和人民交上满意的答卷。

二、以提高执行力为核心，全面提升社会保险管理服务工作能力和服务水平

党中央高度重视执行力建设问题。党的十六届四中全会作出了《中共中央关于加强党的执政能力建设的决定》，把提高政府执行力作为党的执政能力建设的重要内容。所谓执行力，主要是指贯彻落实战略决策、方针政策和工作部署的操作能力和实践能力，就是执行命令、完成任务、达到目标的能力。执行力度决定目标实现的速度和效果。执行力是主观见之于客观，达到知与行、认识与实践有机统一，实现政策目标的关键性因素。

对于社保经办工作来说，当前突出强调提高执行力，主要由三方面考虑：一是保证战略目标实现的要求。党的十七大对加快社会保障体系建设作出了全面的部署，提出了2020年“覆盖城乡居民的社会保障体系基本建立”。实现这一宏伟战略目标，必须大力提高各级劳动保障部门和经办机构的执行力——思想进一步解放，观念进一步更新，体制进一步理顺，制度进一步完善，政策进一步落实，管理进一步规范，服务进一步细化。二是转变政府职能的要求。政府职能转变的重点，是强化社会管理和公共服务职能。社保经办机构的定位就是执行机构，是国家政策的执行者，社会管理的实施者，公共服务的提供者，不断提高自身执行力，是履行既定职责的要求，也是转变政府职能的重要内容。三是迎接新挑战的要求。近10年来，各级社保经办机构的执行力大大提高，有力地保障了各项任务的完成。但也要清醒地认识到，我国正处在从传统社会向现代社会，从农业社会向工业社会，从封闭型社会向开放型社会的转变过程，人口老龄化、城镇化、信息化、就业方式多样化的加速发展，社会转型中社会结构、社会规范、价值观念的变化，产生出一些新的社会矛盾，提出了许多新的挑战。靠现有的执行能力不足以妥善解决新矛盾，从容应对新挑战。必须从城乡统筹的角度，区域均衡发展的角度，历史、现实、未来相结合的角度，重新审视我们的执行力现状，找出不足，大力提升。

具体来说，当前应从以下五方面着手，进一步提高社保经办机构的执行力：

第一，努力做到为民、利民、便民，是提高执行力的根本目的。贯彻落实科学发展观，核心是坚持以人为本。中央反复强调，要更加注重发展成果的普惠性，更加注重民生，切实实现好、维护好、发展好最广大人民的根本利益。社会保障工作涉及人民群众的切身利益，是改善民生的重要内容。经办机构是公共服务机构，提升执行力从根本上讲就是要把为参保单位和个人提供优质服务作为我们全部经办工作的出发点和落脚点。通过我们的不懈努力，把经济发展、财政增收的过程转变为不断扩大社会保险覆盖范围和提高保障水平的过程，把推进社会保障事业加快发展的过程转变为不断改进民生和增进人民群众福祉、不断提高公共服务水平的过程，切实将党的惠民、利民政策落到实处。

第二，贯彻落实中央确定的各项目标任务，是提高执行力的核心要求。党的十七大确定了2020年“覆盖城乡居民的社会保障体系基本建立，人人享有基本生活保障”的目标；提出了“以社会保险、社会救助、社会福利为基础，以基本养老、基本医疗、最低生活保障制度为重点，以慈善事业、商业保险为补充，加快完善社会保障体系”的工作要求；对改革和完善各项社会保险制度，妥善解决当前影响社会保险制度建设的突出问题，推进社会保险事业健康发展作出了全面部署。从现在开始的未来13年，各级社保经办机构的核心任务就是通过不断提高执行力，把十七大提出的各项任务和要求落实到实际工作中，逢山开路，遇水搭桥，把十七大描绘的宏伟蓝图通过逐一变成现实。

第三，不断创新工作思路、方法和手段，是提高执行力的关键所在。胡锦涛总书记在最近强调，要以改革创新的精神状态、改革创新的思想作风、改革创新的工作方法全面加强和改进党的各方面建设。提高执行力也需要我们以改革创新的精神创造性地开展工作。如果只是对指令按部就班、照猫画虎地做，这是消极被动的执行。我们要追求围绕总体目标积极思考、探索和创新式的执行，这是执行力更高层次的表现。要不断创新工作理念和工作思路，学会用全面、系统的观点去分析研究解决问题，无论是制定相关政策，还是推进具体工作，都要坚持做到“瞻前顾后”和“左顾右盼”，而不能顾此失彼，单兵突进。要把握好工作节奏，分清轻重缓急，有计划有步骤地推进工作开展。要不断创新管理手段和管理方式。要学会运用各种新的技术和管理方法，去破解工作中遇到的难题，提高管理服务效率和工作水平。要大兴调查研究之风。鼓励系统的干部职工多下基层开展调查研究，及时了解掌握第一手材料，发现新问题，总结新经验，增加研究和解决实际问题的本领。

第四，完善体制机制，是提高执行力的有力保障。提高执行力要靠制度和机制作保障，核心是要做到规范、便捷、高效。要不断优化经办机构内部处室设置，健全完善岗位职责规范，明确岗位职责要求，努力做到分工明确，职责清晰，要求具体；规范并严格执行各项基础管理制度和业务经办流程，切实做到内部管理严格有序，对外服务高效便捷；要根据轻重缓急，加快制定各项管理服务标准，使经办工作尽快纳入标准化、科学化、规范化的轨道。要注意整合各经办机构的公共管理服务职能，减少行政资源浪费，提高工作效率，方便参保单位和人员，树立经办部门良好形象。要充分动员和利用包括金融、医疗、社区服务机构和组织在内的各种社会公共资源，通过培育各类中介服务组织，延伸我们的管理服务工作，拓展我们的服务领域和服务内容，为广大参保单位和参保人员提供更加优质高效的服务。

第五，增强自身本领，是提高执行力的内在基础。完成中央的各项要求和部署，做好社会保险管理服务工作最终要靠人。干部队伍的业务素质、工作作风、精神状态直接影响到全系统的执行力和战斗力。要大力加强系统干部队伍专业化建设，完善现有的干部培训体系，加大投入力度，突出特色，办出品牌。要重视并不断加强系统干部队伍的思想作风建设，培育社保文化，弘扬社保精神，充分激发队伍的创造力、凝聚力和战斗力，形成心齐、气顺、风正、劲足的良好局面。要健全协调机制，加大与相关职能部门和工作机构的协调力度，争取社会各界对社会保险工作的理解、支持和配合，为推进社会保险事业发展营造内和外顺的工作环境。

归纳起来，提高社保经办机构的执行力要实现“五讲”。一是讲大局。要始终围绕党和国家的重大部署和工作要求、老百姓关系的热点难点问题做好经办工作。二是讲纪律。要树立全国经办一盘棋的观念，在制度、政策逐步统一的基础上，实现经办流程、标准的规范统一。三是讲作风。要一以贯之地保持和发扬经办机构多年来形成的顽强、坚韧、不达目的决不罢休的工作作风。四是讲创新。用创新推动工作，用创新发展事业。五是讲细节。通过对细节的重视、改进和完善，不断提高工作质量和工作能力。

三、突出重点，狠抓落实，全面完成今年各项社会保险管理服务的目标任务

2008 年社保经办工作总的想法是：贯彻落实党的十七大精神，继续确保各项社会保险待遇按时足额支付，进一步扩大各项社会保险覆盖面，加强基金征缴和管理，努力缓解突出矛盾，强化基础管理，不断提高管理服务水平，为实现全面建设小康社会的宏伟目标作出新贡献。关于今年工作，全国劳动保障工作会议已经作了全面部署，部社保中心印发了工作要点，昭喜同志还要具体布置。我强调几点：

（一）务必把确保社会保险待遇按时足额支付的要求落实到位

今年国家大事多：是贯彻落实党的十七大精神的第一年，是中央和省级新一届政府的开局年，是举世瞩目的奥运之年，又是改革开放30 周年。保持社会和谐稳定是重中之重。各地要将确保各项社会保险待遇按时足额支付作为维护社会稳定的重要措施，狠抓落实。一是进一步巩固确保企业离退休人员基本养老金按时足额发放成果，积极应对养老金连续调整和退休人员持续增长带来的资金压力，强化基金调度，加强督促检查，确保万无一失。要认真总结前四年养老金连调的经验，按照国务院的部署，积极主动做好今后两年养老金水平调整的准备工作。二是少数存在历史拖欠的地区，要采取积极措施，争取在较短时间内完成补发

工作。医疗保险要进一步简化费用报销程序，缩短费用报销时间。要采取措施逐步降低参保人员医疗费用负担。三是城镇居民基本医疗保险试点在继续重点保障参保居民的住院和门诊大病医疗支出的同时，探索开展门诊费用统筹，探索与社区卫生服务相结合，逐步提高受益面。部里将制定门诊统筹的指导性意见。四是工伤保险、生育保险要根据职工工资水平增长和物价上涨情况，适当提高相关待遇水平。五是加大对工伤预防和工伤康复的投入，最大限度地降低工伤事故和职业病发生率，帮助广大工伤人员更好地实现生理和职业康复。

（二）务必全面完成各项社会保险扩面征缴任务

社会保险覆盖范围是衡量和检验社会保障制度完善与否的重要标志。中央经济工作会议要求，“加快社会保障体系建设步伐，扩大城镇职工基本养老保险和基本医疗保险覆盖面，提高非公有制企业、灵活就业人员、农民工参保率。”我们要认真抓好落实。近几年，各地狠抓扩面工作，各项社会保险参保人数有了较大幅度的增长，但距离社会保险全覆盖的要求仍有相当的差距。去年首次公布了社会保险相关信息，披露了部分险种的覆盖率，不少应覆盖人群尚未纳入，说明扩面工作确有空间，确有差距。今年部里确定的基本养老保险、基本医疗保险、失业保险、工伤保险、生育保险的计划指标分别为2.08亿人、1.88亿人、1.18亿人、1.28亿人和8 000万人，其中农民工参加城镇职工基本医疗保险和工伤保险的人数分别达到4 000万人和4 600万人。上述扩面指标已经分解落实到各省、自治区和直辖市。在确定和分解落实上述指标任务过程中，我们坚持计划与计划相比确定增长幅度，充分听取各地意见，考虑各地工作实际，不鞭打快牛，给各地下达的任务指标总的说是留有余地的，因此这些目标任务必须也应该能够按期完成。一是养老保险。要进一步落实集体企业、灵活就业人员和失地农民的参保工作，下决心在解决缴费人数比例不高的问题上有所突破。二是城镇职工医疗保险。要花大力气将破产关闭企业和困难企业的职工，特别是退休人员纳入到制度中来，同时做好未参保垄断性企业的参保工作。今年是农民工参加医疗保险专项扩面行动的最后一年，要加大工作力度，争取实现将有稳定劳动关系的农民工基本纳入制度的目标。三是城镇居民基本医疗保险扩大试点。要按照国务院20号文件和吴仪同志讲话要求，认真制定好实施方案，做好各项工作。到年底，去年的88个试点城市和229个扩大试点城市参保覆盖面要分别达到80%和60%以上。四是工伤保险。要抓住《就业促进法》和《劳动合同法》颁布实施和修订《工伤保险条例》的有利时机，进一步推动各类高风险行业和乡镇企业农民工的参保工作，圆满实现“平安计划”。五是生育保险。要和医疗保险协同推进，完成今年的扩面任务。在抓好扩面工作的同时，继续狠抓基金征缴工作，强化征缴稽核，加大清欠力度，充分利用经济持续增长、就业规模继续扩大、工资水平不断提高的条件，促进参保缴费人数不断增加、缴费基数稳步提高和基金征缴规模不断扩大。

（三）务必在社会关注的重点难点问题上取得突破

促进事业单位基本养老保险制度改革、探索建立农村养老保险制度、提高统筹层次、制定全国统一的社会保险关系转续办法以及出台农民工养老保险办法，已经分别写入了党的十七大报告和中央政治局常委会工作要点中。这些工作，党中央高度重视，社会各界普遍关注，老百姓有强烈期待，是今年必须完成的“硬任务”。我们要把思想统一到中央的要求上来，集全系统的智慧和力量，抓紧时间，下大气力逐一加以破解。一是抓紧研究出台农民工养老保险办法。农民工作为产业工人的重要组成部分，是我国工业化、城镇化、现代化的重要推动力量。做好农民工的社会保障工作，关系全局和长远，是当前重要的政治任务。确定农民工养老保险办法总的原则是广覆盖、低费率、可转移，大家都赞成；具体实现路径也反复讨论，共识不断增加，基本方针是全国一致，衔接城乡，兼顾现实与长远，均衡输出/输入地利益。但最根本的，是要保护农民工应享有的权利。部里已决定今年上半年制定出农民工养老保险办法，报请国务院批准实施。全国统一的农民工养老保险办法，肯定会对各地现行的政策产生一些冲击，需要有关地区作出一些调整，但这是全局和长远的需要。在这个问题上，尤其要讲政治、讲纪律。希望各地统一思想，从大局出发，共同把农民工养老保险工作做好。二是制定养老保险关系转移接续办法。随着劳动力市场流动性的增强，这个问题已经越来越凸显。解决这个问题，关系参保人员切身利益，也关系到各地利益关系的合理处理，既要有坚定的决心，又要有妥善可行的办法。部里也正在抓紧组织研究有关政策。请各地积极献计献策，办法出台后要不折不扣地执行，把这一突出问题解决好。三是加快提高统筹层次。养老保险省级统筹的政策已经明确，关键是要抓落实。今年要加快推进养老保险省级统筹，具备条件的地区要一步到位，力争到年底基本实现省级统筹。同时，要积极探索医疗保险地市级统筹，暂不具备条件的地市可探索首先统一本辖区的政策和管理办法，由各县区分别经办的过渡办法。四是探索制定城镇职工、城镇居民医疗保险和新型农村合作医疗制度之间的衔接办法。要从农民工自身特点出发，逐步解决与之有关的三项医疗保险政策之间的平衡问题，使农民工及其子女能够更好地享受医疗保障制度。五是积极推进扩大个人账户做实试点工作。研究基金的保值增值问题。六是做好事业单位养老保险制度改革。今年国家将在5个省市进行事业单位养老保险制度改革试点，有关省市要按照国务院的统一部署积极做好相关工作，为这项改革的全面展开积累经验。七是开展新型农村养老保险制度改革试点工作。各地要把推进农村养老保险制度建设列上重要议事日程，有条件的地区要积极开展新型农村养老保险制度试点，并注意总结经验，稳步推开。此外还要研究城镇未参保集体企业已退休人员和城镇无保障老年居民的养老保障办法。

上述这些重点工作既涉及政策和制度的完善，也涉及经办管理办法的制定和完善。各级经办机构既要积极主动参加相关政策的制定和改革方案的研究，同时又要抓好各项管理规程的设计和服务措施的完善。各项制度和办法确定后，要责无旁贷地抓好各项工作的落实。

（四）务必对强化基金管理维护基金安全常抓不懈

2006年国家审计署对5项社会保险基金的审计情况表明，社保基金管理使用总体情况较好，但也存在一些问题，包括：部分地区仍存在基金未足额征缴、征缴中以物抵费、收入核算不完整等问题；2005年以前挤占挪用和违规支出的基金仍有部分尚未收回，一些地方2006年仍发生新的挤占挪用和违规支出问题；对17个省（区、市）的抽查发现，存在基金开支审核控制不到位、个人账户管理不及时等问题。这些问题不容忽视。社会保险基金的安全与严格管理事关人民群众的根本利益，事关党和政府的形象，务必努力做到：基金安全的警钟要始终长鸣；强化基金管理的意识要始终紧绷；加强基金管理的各项要求和法规制度要不折不扣落实到位。要加强制度建设，积极探索建立社会保险基金预决算制度，不断提高基金管理水平。要加强支出管理，强化对各类定点服务机构的监督检查，进一步完善离退休人员待遇享受资格认定办法，严肃查处各种骗领、冒领社会保险待遇欺诈行为和骗取基金行为，堵塞基金支付漏洞。要通过落实工伤保险差别费率政策和浮动费率政策，逐步提高相关待遇水平和支出标准等方式，探索解决部分险种基金结余过多的问题，提高基金使用效益。要建立健全各项基金监管制度和监督机制，全力维护基金安全。要把基金监督工作贯穿到社会保障的各方面各环节，发挥行政监督、专门监督和社会监督的作用，形成人人关心基金安全、重视基金安全、维护基金安全的社会氛围。要进一步建立健全经办机构内部控制制度，做好社会保险信息披露工作，更好地接受社会监督。今年上半年，所有的省份都要出台信息披露办法并开展信息披露工作。要认真做好审计问题的整改工作：挤占挪用的基金必须要限期收回；违反相关制度和法规要求的行为必须限期纠正。部里将对有关省份进行重点调度，年底前向审计署报告整改情况。最近，中纪委二次全会决定开展社会保险基金专项治理工作，这是建立基金安全长效机制、促进社会保险事业健康发展的重大举措。部里正会同国务院纠风办等部门制定专项治理工作方案，各地要充分认识此次专项治理的重大意义，按照统一部署和要求，全力做好相关工作。

（五）务必扎实推进基础建设和基础管理工作

基础管理是社保经办机构安身立命的根本，关键是做好四项储备。一是做好政策储备。要把问题研究透彻，为解决问题提供充分可靠的依据。二是加强经验储备。要注意搜集、掌握大量的典型经验和行之有效的方法，这样做起事来就会心中有数。三是加强技术储备。包括软、硬件两方面。特别是在软件方面，要有规范、标准、流程作保证。四是加强人才储备。培养一批想干事、会干事、干成事、不出事的人才队伍。当前各地要着重从完善基本流程、健全基本标准、强化基础数据和基础信息资料管理等几个方面入手狠抓各项基础管理工作。一是组织开展企业职工基本养老保险个人账户管理情况专项检查。各地要精心准备，认真实施，不走过场，通过检查和整改切实把个人账户管理工作提升到一个新水平。二是重视加强基础数据整理和统计分析工作。根据社会保险事业发展的需要，及时调整和完善各类统计报表制度，当前要尽快研究补充反映参保人员享受各项社会保险待遇水平方面的统计指标和相关数据，并要做好统计分析，及时向社会发布。三是着手研究制定各项经办工作技术标准。经国家标准委批准，全国社会保险专业标准化技术委员会将于近期筹备成立。部里将依托这个平台，研究制定各项技术标准，逐步形成全国统一的规范。今年要重点研究制定社会保险专业技术标准体系，各地要积极参与这项工作。四是进一步加强基础档案管理工作。部里正在会同国家档案局起草社会保险档案管理办法，各地要认真总结加强档案管理的好的经验做法，配合部里做好法规的修改完善工作，争取早日颁布实施。五是继续做好培训工作。部里将进一步完善地市级以上经办机构负责人培训方案，改进培训管理，严格资格审查，把培训班办得越来越好。各地要从推进经办队伍专业化建设的高度出发，正确处理好工作和培训的关系，积极选派地市以上机构主要负责人和经办业务负责人参加培训；同时搞好本地区的干部专业培训工作。六是以开展国家社会保障服务中心建设试点为契机，全面推进基础设施建设。国家支持的试点地区，已经完成主体工程的，要严格按照部里的要求，搞好收尾工作，确保用于社会保障服务的面积和四大功能区的合理划分，早日投入使用，并做好接受部里验收的各项准备工作；尚未完成主体工程的，要加快工程进度，务必在年底前完成。自费试点地区，也要按要求搞好建设工作。部里将在适当时候组织开展验收。

社会保险工作任务繁重，责任重大，使命光荣。让我们紧密团结在以胡锦涛同志为总书记的党中央周围，深入贯彻落实科学发展观，振奋精神、扎实工作、开拓创新，努力提高执行力，为完善中国特色的社会保障体系、构建和谐社会作出新的贡献！

认真搞好专项治理　切实维护基金安全

袁彦鹏

（2008 年 4 月 8 日）

中央纪委二次全会决定进行社会保险基金专项治理，这是落实党的十七大关于“加强基金监管、实现保值增值”要求的重要措施。近年来，我国社会保险事业取得了长足发展，5项社会保险基金收入、支出和累计结余规模已从 1998 年的 4 千多亿元，增加到 2007 年的近 3 万亿元，10 年时间扩大了 7 倍。基金是社会保险制度的生命线，事关民生和经济、社会事业健康发展。人力资源和社会保障部作为社保基金的主管部门，要按照中央纪委和国务院纠风办的部署，以对党、国家和人民高度负责的精神，充分发挥职能作用，认真组织好专项治理活动，把基金监管工作提高到一个新的水平。

一、紧紧围绕基金安全开展专项治理，明确指导思想和工作目标

近年来，各地区和有关部门按照党中央、国务院的要求，加强基金管理监督工作，初步建立起基金监管的基本制度，明确了以维护基金安全为根本任务的思路和目标；组织开展了多种形式的监督检查，查处纠正了大量违纪违规问题，促进了基金规范管理；形成了普遍检查与重点查处相结合、现场监督与非现场监督相结合、部门监督与社会监督相结合等工作机制，有效遏制了侵占挪用基金现象的发生，基金监管得到加强，安全程度逐步提高。但是，由于基金规模大、统筹层次低、管理环节多、法规不完善、监管力量弱等原因，管理不规范的现象还比较普遍，侵占挪用基金的案件时有发生，基金安全仍存在隐患，必须进一步加强监管。

社保基金专项治理要以党的十七大和中央纪委二次全会精神为指导，把维护基金安全作为根本目的，从促进社保基金管理和经办人员认真履行职责、严格依法办事入手，围绕完善法律法规、强化政策执行、规范基础管理、提升管理手段、明确职责权限、理顺工作体制、健全监督机制等重点，分步有序地推进，注重阶段性成果。通过专项治理，要达到以下目标：加强基金征缴，实现应收尽收；健全各项制度，规范内部管理；强化基金监管，做到监督有力；投资运营安全，资金保值增值。

二、认真清理检查存在的问题，对已发现的问题依法严肃处理

在专项治理中，要组织各级劳动保障部门及社会保险经办机构，积极开展自查和全面清理，围绕基金收支、管理、运营的各个环节，深入查找问题，检查社保基金监管政策法规执行情况，内控制度是否健全，管理是否规范，有无违规操作甚至侵害基金等问题，发现问题要坚决纠正，制定改进完善措施，并认真分析原因，进一步提高维护基金安全的自觉性，从源头上防范风险。

对过去检查已经发现的问题，要利用专项

治理的有利时机，指导各地根据实际情况和难易程度，制订工作计划，明确解决办法和责任单位，能够立即整改的要立即整改；立即整改有困难的，要采取有效措施限期整改。属于严重违法犯罪的，特别是重大贪污、挪用、骗取社保基金的案件，要坚决依法查处，大力追缴资金，对有关责任人员给予刑事、党纪和政纪处理，发挥警示后人、震慑犯罪的作用，教育广大社保干部和职工必须遵纪守法，廉洁自律，共同维护基金安全。

三、找准基金管理中的薄弱环节，建立长效安全机制

专项治理要在以前检查审计成果的基础上，指导督促各地区和各部门，一方面要有针对性地找准薄弱环节和漏洞，下大力气进行补救；另一方面要了解其他地区和部门出现的问题，举一反三加以防范。总的看，社保基金监管中主要有以下薄弱点，需要大力加强。

一是内控制度缺失，管理不规范。要指导经办机构建立健全民主决策、岗位划分、业务流程、监督制约等机制，防止个人独断专行甚至以权谋私，实现民主决策和公开透明；建立规范的运行机制，实现各业务环节有序衔接并相互制约；加强内部监督和稽核，提高自控能力。

二是涉及的部门和环节多，管理和监督难度很大。目前的社保基金管理和经办，内部外部都涉及很多部门和环节，有的职责不清，相互扯皮；有些环节繁琐，衔接困难。需要理顺工作关系，提高基金管理的整合度，减少基金的风险点。

三是教育管理不够，一些人法制观念淡薄。近年来，国家对社保基金监管作出了一系列政策规定，中央和有关部门也三令五申强调基金安全，但在有的地方和单位，或是宣传教育不够、疏于管理，或是一些人没有入脑、存在侥幸心理，导致侵占、挪用社保基金的案件仍有发生。要强化法制政策教育，加强内部管理，使从业人员树立思想防线，自觉遵纪守法。

四是监管力量薄弱，不适应形势发展。十几年来，社保基金规模迅速增加，工作要求不断提高，但基金监管力量没有相应跟上，监督不到位的问题非常突出。需要解决机构不健全、编制人员紧、经费投入少等问题，使社会保险基金监督机构切实履行好职能，在维护基金安全中发挥更大作用。

总之，要通过专项治理，针对工作中的薄弱环节，切实解决一些实际问题，逐步建立基金安全长效机制。

四、加强组织领导，确保专项治理工作取得实效

社会保险基金专项治理政策性强，涉及面广，责任重大，任务艰巨，党中央、国务院和广大人民群众寄予厚望，我们要不负重托，认真抓好，真正取得实效。

一是要高度重视。社保基金专项治理是党中央、国务院部署的一项重要任务，是加强社保基金监管的重要措施，人力资源和社会保障部党组高度重视，要在全系统搞好动员，进一步提高对基金安全和进行专项治理重要性的认识，作为新部组建后的一项重要工作，认真抓好落实。

二是要加强领导。专项治理工作要在各级党委、政府的领导下，认真贯彻党中央、国务院的指示精神，按照中央纪委和国务院纠风办的部署，紧紧围绕落实科学发展观，建设和谐社会的大局，始终把握维护社保基金安全的大方向，促进社会保障事业健康发展。

三是要精心组织实施。根据全国纠风工作的总体部署和社保基金专项治理的具体安排，认真制定工作方案，精心组织实施。人力资源和社会保障部作为牵头单位，要认真履行职责，发挥组织协调作用，多做具体工作，多提供有关情况，并积极会同监察、民政、财政、卫生、税务等部门，既要充分发挥各方面的积极作用，在解决涉及本系统的问题方面多做工作，又要形成部门联动的整体优势，共同完成专项治理任务。

在全国培训就业系统加强就业补助资金监管会议上的讲话

袁彦鹏

（2008年5月23日）

这次会议很重要，各级劳动保障部门和纪检监察机构要认真组织传达学习，教育引导干部职工正确认识培训就业工作面临的形势、任务和存在的问题，进一步增强责任感、使命感，严格依法办事，努力做好工作。厅（局）党组（党委）要按照会议要求，研究制定警示教育和自查自纠方案，细化任务，明确责任分工、目标要求和落实措施，认真抓好组织实施和检查指导工作，纠正存在问题，健全长效机制，确保各项就业扶持政策落实到位。

一、提高思想认识，积极参与监督检查工作

管好用好包括就业资金在内的专项资金是劳动保障部门的重要职责，加强监督检查，确保专项资金安全完整，是纪检监察机构围绕中心、服务大局的长期任务。近年来，各地区和相关部门按照党中央、国务院的要求，在完善专项资金法规政策，规范资金管理，强化监督检查等方面做了大量富有成效的工作，但由于专项资金规模大、管理环节多，监督手段相对滞后等原因，致使违规违章问题依然存在，违纪违法案件时有发生。贵州省及个别地区的培训机构、中介机构和就业资金经办机构内外勾结，采取欺诈手段，骗取套取农民工职业培训补贴资金，特别是一些经办机构工作人员、党员领导干部利用认定培训机构、审批开班计划、检查培训质量、审核培训补贴的权力索贿受贿，谋取非法利益，性质十分恶劣，情节相当严重，不仅使就业资金遭受巨大损失，而且在当地造成恶劣影响。通过这起案件，一方面说明我们少数工作人员特别是领导干部廉政勤政意识差、法制观念淡薄，在金钱和权利面前经不住诱惑和考验；另一方面也说明我们的培训就业管理工作还存在政策不透明、制度不完善、管理不严格、监督不到位等问题。各级纪检监察机构要引为借鉴，深刻认识加强专项资金监管的重要性和紧迫性，把监督检查资金管理使用情况作为不可推卸的责任。当前要把落实《紧急通知》的要求，配合业务部门开展就业补助资金自查自纠活动作为重要任务来抓，重点调查了解农民工职业培训政策规定落实情况，定点培训和服务机构审批、培训和服务质量管理、职业培训和职业介绍补贴资金审核、补贴资金拨付管理等重点部位和环节的运行情况，以及工作人员履行职责、依法办事情况，总结推广经验，分析存在的问题，督促有关部门加强培训就业工作监管，完善资金管理民主决策机制，健全权责分明、行为规范、监督有效、保障有力的监管体系，使培训就业工

作进一步制度化、规范化。

二、充分发挥职能，纠正和查处违纪违法行为

查办案件是维护纪律，实施监督，推进培训就业工作顺利进行的重要手段。纪检监察机构要敢于坚持原则、秉公执纪，认真分析梳理检查发现和群众反映的问题，及时按照干部管理权限直接组织调查或督查。对不认真落实培训就业政策规定，有令不行、有禁不止，玩忽职守、违规操作，甚至截留、挤占、挪用各项就业补助资金，致使培训机构管理混乱，培训质量得不到保证等问题，要坚决制止和纠正，并追究有关人员和领导的责任。同时注意发现违规违纪行为背后的腐败问题。对工作人员以任何形式参与接受补贴的职业培训机构或职业中介机构的经营活动，利用工作和职务之便收受贿赂，与培训机构、职业中介机构和就业资金经办机构相互串通，骗取就业补助资金，谋取非法利益等腐败行为，只要事实清楚，证据确凿，都要综合运用组织处理和纪律处分等手段，依据有关规定进行处理，涉嫌犯罪的移送司法机关追究刑事责任，并限期追缴被侵占的资金。要注意典型案件的研究，了解容易发生案件的部位和环节，掌握案件特点和规律，提出加强监管的意见和建议，跟踪检查整改情况。同时，督促指导有关部门从贵州就业资金案件中吸取教训，进一步健全制度，加强管理，堵塞漏洞，完善预防腐败的长效机制。各省（区、市）查办案件的情况，在上报当地主管部门的同时，要报送驻部纪检监察机构。

三、开展警示教育，筑牢抵御腐蚀的思想道德防线

人力资源和社会保障部成立后，部党组对反腐倡廉建设高度重视，多次召开会议研究党风廉政建设工作，并对贯彻落实中央纪委全会和国务院廉政工作会议精神，建立健全人力资源和社会保障系统惩治和预防腐败体系工作进行部署，纪检监察机构要认真贯彻落实。这几年，各级纪检监察机构重视抓好反腐倡廉教育，特别是把严肃基金纪律纳入廉政教育内容，利用上海社会保险基金案件开展警示教育，要求党员干部严格遵守基金纪律，并结合实际提出行业自律“六不准”规定，使广大职工廉洁自律意识逐步增强，依法管理基金的自觉性进一步提高。在新形势下，我们要继续抓好这项工作，确保教育重点突出、形式创新，具有针对性和实效性。当前，重点要按照《紧急通知》的要求，利用贵州就业资金案件开展警示教育，以案释纪、以案说法，引导党员干部牢固树立正确的权力观、利益观，在金钱的诱惑面前，坚持讲政治、讲党性、讲原则，筑牢抵御腐蚀的思想道德防线；在行使权力过程中，高度负责地承担和履行自己的职责，努力提升管理和服务水平。要注意了解党员干部的思想动态，发现苗头性、倾向性问题，该提醒的提醒，该批评的批评，该制止的制止，防止小错酿成大错。通过教育活动，使党员干部廉政勤政意识进一步增强，牢固树立社保基金和专项资金是劳动保障“生命线”的意识，牢固树立基金和资金纪律是“高压线”的意识，做到警钟长鸣。

在部署这次就业补助资金自查自纠活动的同时，我们正在按照中央纪委全会和国务院纠风工作会议的要求，会同监察部等部门研究制定社保基金专项治理工作方案，准备利用一年半时间，进一步规范社保基金的征缴、支付和管理行为，健全和完善基金风险控制长效机制。这项工作由我部牵头，计划在6月份启动。这是有史以来规模最大的一次社会保险基金专项检查活动，参加的部门和单位多达10家，在这次活动中，各级纪检监察机构要积极协助党组搞好组织协调工作，确保专项治理深入扎实，取得实效。

三、重要文件

中共中央　国务院
关于表彰北京奥运会残奥会
先进集体和先进个人的决定

中委［2008］332号

在党中央、国务院坚强领导下，在国际奥委会、国际残奥委会和国际奥林匹克大家庭、国际残奥大家庭大力支持下，在全国各族人民热情参与下，经过北京奥运会、残奥会全体建设者、工作者、志愿者共同努力，北京奥运会、残奥会取得了圆满成功，实现了中华民族的百年期盼，实现了我国人民向国际社会作出的举办一届有特色、高水平的奥运会和两个奥运同样精彩的郑重承诺。

北京奥运会、残奥会的成功举办，弘扬了奥林匹克精神，增进了我国人民同世界各国人民的相互了解和友谊，促进了中外文化交流，向世界展示了我国改革开放和社会主义现代化建设的巨大成就，展示了我国人民昂扬向上的精神风貌，对于推进我国改革开放和社会主义现代化建设，对于推进人类和平与发展的崇高事业，具有十分重大的意义。

北京获得2008年奥运会、残奥会举办权以来，北京奥运会组委会和国家体育总局、中国残疾人联合会等工作协调机构和有关部门加强指导、科学统筹，北京市和上海、天津、青岛、沈阳、秦皇岛、香港等协办城市全力以赴、精心组织，全国各地区各部门顾全大局、密切配合，人民解放军、武警部队和公安民警勇挑重担、顽强奋战，广大人民群众积极参与、真情奉献，体育健儿和体育工作者刻苦训练、顽强拼搏，在体育竞赛、火炬传递、开闭幕式、赛事组织、场馆运行、工程建设、安全保卫、新闻宣传、媒体服务、外事活动、城市运行、食品安全、环境改善、志愿服务等方面做了大量艰巨繁重的工作，取得了显著成绩，为成功举办北京奥运会、残奥会作出了突出贡献。

为了总结和发扬成功经验，进一步激励全党全国各族人民为夺取全面建设小康社会新胜利、开创中国特色社会主义事业新局面而努力奋斗，党中央、国务院决定，对为成功举办北京奥运会、残奥会作出突出贡献的北京奥运会组委会等339个集体和丁伯成等566名同志予以表彰，分别授予“北京奥运会残奥会先进集体”和“北京奥运会残奥会先进个人”荣誉称号。

这次受到表彰的先进集体和先进个人的事迹，集中体现了为国争光的爱国精神、艰苦奋斗的奉献精神、精益求精的敬业精神、勇攀高峰的创新精神、团结协作的团队精神。这些精神是以爱国主义为核心的民族精神和以改革创新为核心的时代精神的生动体现，不仅为成功举办北京奥运会、残奥会提供了重要思想保证，也为全面建设小康社会、加快推进社会主义现代化、实现中华民族伟大复兴提供了强大精神动力。全党全国全社会都要以这次受到表彰的先进集体和先进个人为榜样，认真学习并大力发扬他们的崇高品质和优良作风。希望受到表彰的先进集体和先进个人珍惜荣誉、谦虚谨慎、再接再厉，不断为党和人民作出新的更大的贡献。

中央号召，全党全国各族人民紧密团结在以胡锦涛同志为总书记的党中央周围，全面贯彻党的十七大精神，高举中国特色社会主义伟大旗帜，以邓小平理论和“三个代表”重要思想为指导，深入贯彻落实科学发展观，围绕中心、服务大局，开拓进取、扎实工作，创先争优、建功立业，努力在继续解放思想上迈出新步伐、在坚持改革开放上实现新突破、在推动科学发展上取得新进展、在促进社会和谐上见到新成效，为实现党的十七大确定的各项目标任务而努力奋斗！

附件：1. 北京奥运会残奥会先进集体名单（略）

2. 北京奥运会残奥会先进个人名单（略）

2008 年 9 月 28 日

中共中央 国务院 中央军委 关于表彰全国抗震救灾英雄集体和抗震救灾模范的决定

中委［2008］339号

今年5月12日发生的四川汶川特大地震，是新中国成立以来破坏性最强、波及范围最广、救灾难度最大的一次地震，给灾区人民生命财产和经济社会发展造成巨大损失。面对突如其来的特大地震灾害，在党中央、国务院和中央军委坚强领导下，全党全军全国各族人民众志成城、迎难而上、顽强奋战，竭尽全力抢救被困群众，最大限度地减低了灾害损失。目前，受灾群众基本生活得到妥善安置，灾后恢复重建正在有序推进，抗震救灾斗争取得重大胜利。在这场抗震救灾斗争中，涌现出一大批临危不惧、勇往直前、舍生忘死、无私奉献的先进集体和先进个人。他们在抗震救灾斗争中的英勇表现，显示了党和人民的伟大力量，弘扬了中华民族的伟大精神，唱响了中国人民自强不息、团结奋斗的英雄凯歌，书写了中华民族发展史册上新的壮丽篇章。

为大力弘扬万众一心、众志成城，不畏艰险、百折不挠，以人为本、尊重科学的伟大抗震救灾精神，激励全党全军全国各族人民奋力推进改革开放和社会主义现代化建设事业，党中央、国务院和中央军委决定，授予成都市公安局交通警察支队等320个集体“全国抗震救灾英雄集体”荣誉称号；追授雷勇等5名同志“全国抗震救灾模范”荣誉称号；授予蒋敏等517名同志“全国抗震救灾模范”荣誉称号。希望被授予荣誉称号的集体和个人珍惜荣誉，再接再厉，争取更大的成绩。

中央号召，全党全军全国各族人民要以受表彰的先进集体和先进个人为榜样，更加紧密地团结在以胡锦涛同志为总书记的党中央周围，以邓小平理论和“三个代表”重要思想为指导，深入贯彻落实科学发展观，切实把伟大抗震救灾精神转化为艰苦奋斗、重建家园的坚强意志，转化为努力工作、建设祖国的实际行动，转化为推动科学发展、促进社会和谐的强大力量，以更加坚定的信心、更加饱满的热情、更加扎实的工作，为夺取全面建设小康社会新胜利、开创中国特色社会主义事业新局面而不懈奋斗！

附件：1．全国抗震救灾英雄集体名单（略）

2．全国抗震救灾模范名单（略）

2008年10月7日

中华人民共和国国务院令

第 535 号

《中华人民共和国劳动合同法实施条例》已经 2008 年 9 月 3 日国务院第 25 次常务会议通过，现予公布，自公布之日起施行。

总　理　温家宝

2008 年 9 月 18 日

中华人民共和国劳动合同法实施条例

第一章　总　　则

第一条　为了贯彻实施《中华人民共和国劳动合同法》（以下简称劳动合同法），制定本条例。

第二条　各级人民政府和县级以上人民政府劳动行政等有关部门以及工会等组织，应当采取措施，推动劳动合同法的贯彻实施，促进劳动关系的和谐。

第三条　依法成立的会计师事务所、律师事务所等合伙组织和基金会，属于劳动合同法规定的用人单位。

第二章　劳动合同的订立

第四条　劳动合同法规定的用人单位设立的分支机构，依法取得营业执照或者登记证书的，可以作为用人单位与劳动者订立劳动合同；未依法取得营业执照或者登记证书的，受用人单位委托可以与劳动者订立劳动合同。

第五条　自用工之日起一个月内，经用人单位书面通知后，劳动者不与用人单位订立书面劳动合同的，用人单位应当书面通知劳动者终止劳动关系，无须向劳动者支付经济补偿，但是应当依法向劳动者支付其实际工作时间的劳动报酬。

第六条　用人单位自用工之日起超过一个月不满一年未与劳动者订立书面劳动合同的，应当依照劳动合同法第八十二条的规定向劳动者每月支付两倍的工资，并与劳动者补订书面劳动合同；劳动者不与用人单位订立书面劳动合同的，用人单位应当书面通知劳动者终止劳动关系，并依照劳动合同法第四十七条的规定支付经济补偿。

前款规定的用人单位向劳动者每月支付两倍工资的起算时间为用工之日起满一个月的次日，截止时间为补订书面劳动合同的前一日。

第七条 用人单位自用工之日起满一年未与劳动者订立书面劳动合同的，自用工之日起满一个月的次日至满一年的前一日应当依照劳动合同法第八十二条的规定向劳动者每月支付两倍的工资，并视为自用工之日起满一年的当日已经与劳动者订立无固定期限劳动合同，应当立即与劳动者补订书面劳动合同。

第八条 劳动合同法第七条规定的职工名册，应当包括劳动者姓名、性别、公民身份号码、户籍地址及现住址、联系方式、用工形式、用工起始时间、劳动合同期限等内容。

第九条 劳动合同法第十四条第二款规定的连续工作满 10 年的起始时间，应当自用人单位用工之日起计算，包括劳动合同法施行前的工作年限。

第十条 劳动者非因本人原因从原用人单位被安排到新用人单位工作的，劳动者在原用人单位的工作年限合并计算为新用人单位的工作年限。原用人单位已经向劳动者支付经济补偿的，新用人单位在依法解除、终止劳动合同计算支付经济补偿的工作年限时，不再计算劳动者在原用人单位的工作年限。

第十一条 除劳动者与用人单位协商一致的情形外，劳动者依照劳动合同法第十四条第二款的规定，提出订立无固定期限劳动合同的，用人单位应当与其订立无固定期限劳动合同。对劳动合同的内容，双方应当按照合法、公平、平等自愿、协商一致、诚实信用的原则协商确定；对协商不一致的内容，依照劳动合同法第十八条的规定执行。

第十二条 地方各级人民政府及县级以上地方人民政府有关部门为安置就业困难人员提供的给予岗位补贴和社会保险补贴的公益性岗位，其劳动合同不适用劳动合同法有关无固定期限劳动合同的规定以及支付经济补偿的规定。

第十三条 用人单位与劳动者不得在劳动合同法第四十四条规定的劳动合同终止情形之外约定其他的劳动合同终止条件。

第十四条 劳动合同履行地与用人单位注册地不一致的，有关劳动者的最低工资标准、劳动保护、劳动条件、职业危害防护和本地区上年度职工月平均工资标准等事项，按照劳动合同履行地的有关规定执行；用人单位注册地的有关标准高于劳动合同履行地的有关标准，且用人单位与劳动者约定按照用人单位注册地的有关规定执行的，从其约定。

第十五条 劳动者在试用期的工资不得低于本单位相同岗位最低档工资的 80% 或者不得低于劳动合同约定工资的 80%，并不得低于用人单位所在地的最低工资标准。

第十六条 劳动合同法第二十二条第二款规定的培训费用，包括用人单位为了对劳动者进行专业技术培训而支付的有凭证的培训费用、培训期间的差旅费用以及因培训产生的用于该劳动者的其他直接费用。

第十七条 劳动合同期满，但是用人单位与劳动者依照劳动合同法第二十二条的规定约定的服务期尚未到期的，劳动合同应当续延至服务期满；双方另有约定的，从其约定。

第三章 劳动合同的解除和终止

第十八条 有下列情形之一的，依照劳动合同法规定的条件、程序，劳动者可以与用人单位解除固定期限劳动合同、无固定期限劳动合同或者以完成一定工作任务为期限的劳动合同：

（一）劳动者与用人单位协商一致的；

（二）劳动者提前 30 日以书面形式通知用人单位的；

（三）劳动者在试用期内提前 3 日通知用人单位的；

（四）用人单位未按照劳动合同约定提供劳动保护或者劳动条件的；

（五）用人单位未及时足额支付劳动报酬的；

（六）用人单位未依法为劳动者缴纳社会保险费的；

（七）用人单位的规章制度违反法律、法规的规定，损害劳动者权益的；

（八）用人单位以欺诈、胁迫的手段或者

乘人之危，使劳动者在违背真实意思的情况下订立或者变更劳动合同的；

（九）用人单位在劳动合同中免除自己的法定责任、排除劳动者权利的；

（十）用人单位违反法律、行政法规强制性规定的；

（十一）用人单位以暴力、威胁或者非法限制人身自由的手段强迫劳动者劳动的；

（十二）用人单位违章指挥、强令冒险作业危及劳动者人身安全的；

（十三）法律、行政法规规定劳动者可以解除劳动合同的其他情形。

第十九条 有下列情形之一的，依照劳动合同法规定的条件、程序，用人单位可以与劳动者解除固定期限劳动合同、无固定期限劳动合同或者以完成一定工作任务为期限的劳动合同：

（一）用人单位与劳动者协商一致的；

（二）劳动者在试用期间被证明不符合录用条件的；

（三）劳动者严重违反用人单位的规章制度的；

（四）劳动者严重失职，营私舞弊，给用人单位造成重大损害的；

（五）劳动者同时与其他用人单位建立劳动关系，对完成本单位的工作任务造成严重影响，或者经用人单位提出，拒不改正的；

（六）劳动者以欺诈、胁迫的手段或者乘人之危，使用人单位在违背真实意思的情况下订立或者变更劳动合同的；

（七）劳动者被依法追究刑事责任的；

（八）劳动者患病或者非因工负伤，在规定的医疗期满后不能从事原工作，也不能从事由用人单位另行安排的工作的；

（九）劳动者不能胜任工作，经过培训或者调整工作岗位，仍不能胜任工作的；

（十）劳动合同订立时所依据的客观情况发生重大变化，致使劳动合同无法履行，经用人单位与劳动者协商，未能就变更劳动合同内容达成协议的；

（十一）用人单位依照企业破产法规定进行重整的；

（十二）用人单位生产经营发生严重困难的；

（十三）企业转产、重大技术革新或者经营方式调整，经变更劳动合同后，仍需裁减人员的；

（十四）其他因劳动合同订立时所依据的客观经济情况发生重大变化，致使劳动合同无法履行的。

第二十条 用人单位依照劳动合同法第四十条的规定，选择额外支付劳动者一个月工资解除劳动合同的，其额外支付的工资应当按照该劳动者上一个月的工资标准确定。

第二十一条 劳动者达到法定退休年龄的，劳动合同终止。

第二十二条 以完成一定工作任务为期限的劳动合同因任务完成而终止的，用人单位应当依照劳动合同法第四十七条的规定向劳动者支付经济补偿。

第二十三条 用人单位依法终止工伤职工的劳动合同的，除依照劳动合同法第四十七条的规定支付经济补偿外，还应当依照国家有关工伤保险的规定支付一次性工伤医疗补助金和伤残就业补助金。

第二十四条 用人单位出具的解除、终止劳动合同的证明，应当写明劳动合同期限、解除或者终止劳动合同的日期、工作岗位、在本单位的工作年限。

第二十五条 用人单位违反劳动合同法的规定解除或者终止劳动合同，依照劳动合同法第八十七条的规定支付了赔偿金的，不再支付经济补偿。赔偿金的计算年限自用工之日起计算。

第二十六条 用人单位与劳动者约定了服务期，劳动者依照劳动合同法第三十八条的规定解除劳动合同的，不属于违反服务期的约定，用人单位不得要求劳动者支付违约金。

有下列情形之一，用人单位与劳动者解除约定服务期的劳动合同的，劳动者应当按照劳动合同的约定向用人单位支付违约金：

（一）劳动者严重违反用人单位的规章制度的；

（二）劳动者严重失职，营私舞弊，给用人单位造成重大损害的；

（三）劳动者同时与其他用人单位建立劳动关系，对完成本单位的工作任务造成严重影响，或者经用人单位提出，拒不改正的；

（四）劳动者以欺诈、胁迫的手段或者乘人之危，使用人单位在违背真实意思的情况下订立或者变更劳动合同的；

（五）劳动者被依法追究刑事责任的。

第二十七条 劳动合同法第四十七条规定的经济补偿的月工资按照劳动者应得工资计算，包括计时工资或者计件工资以及奖金、津贴和补贴等货币性收入。劳动者在劳动合同解除或者终止前12个月的平均工资低于当地最低工资标准的，按照当地最低工资标准计算。劳动者工作不满12个月的，按照实际工作的月数计算平均工资。

第四章 劳务派遣特别规定

第二十八条 用人单位或者其所属单位出资或者合伙设立的劳务派遣单位，向本单位或者所属单位派遣劳动者的，属于劳动合同法第六十七条规定的不得设立的劳务派遣单位。

第二十九条 用工单位应当履行劳动合同法第六十二条规定的义务，维护被派遣劳动者的合法权益。

第三十条 劳务派遣单位不得以非全日制用工形式招用被派遣劳动者。

第三十一条 劳务派遣单位或者被派遣劳动者依法解除、终止劳动合同的经济补偿，依照劳动合同法第四十六条、第四十七条的规定执行。

第三十二条 劳务派遣单位违法解除或者终止被派遣劳动者的劳动合同的，依照劳动合同法第四十八条的规定执行。

第五章 法律责任

第三十三条 用人单位违反劳动合同法有关建立职工名册规定的，由劳动行政部门责令限期改正；逾期不改正的，由劳动行政部门处2 000元以上2万元以下的罚款。

第三十四条 用人单位依照劳动合同法的规定应当向劳动者每月支付两倍的工资或者应当向劳动者支付赔偿金而未支付的，劳动行政部门应当责令用人单位支付。

第三十五条 用工单位违反劳动合同法和本条例有关劳务派遣规定的，由劳动行政部门和其他有关主管部门责令改正；情节严重的，以每位被派遣劳动者1 000元以上5 000元以下的标准处以罚款；给被派遣劳动者造成损害的，劳务派遣单位和用工单位承担连带赔偿责任。

第六章 附则

第三十六条 对违反劳动合同法和本条例的行为的投诉、举报，县级以上地方人民政府劳动行政部门依照《劳动保障监察条例》的规定处理。

第三十七条 劳动者与用人单位因订立、履行、变更、解除或者终止劳动合同发生争议的，依照《中华人民共和国劳动争议调解仲裁法》的规定处理。

第三十八条 本条例自公布之日起施行。

国务院关于做好促进就业工作的通知

国发［2008］5号

各省、自治区、直辖市人民政府，国务院各部委、各直属机构：

近年来，各地区和有关部门认真贯彻落实党中央、国务院关于就业再就业的方针政策，取得显著成绩，体制转轨遗留的下岗失业人员再就业问题基本解决。当前及今后一个时期，我国劳动者充分就业的需求与劳动力总量过大、素质不相适应之间的矛盾依然存在，促进就业任务十分繁重。党的十七大提出坚持实施积极的就业政策，实现社会就业更加充分的奋斗目标。就业促进法对促进就业工作作出了法律规范。各地区、各部门要根据新的形势和工作要求，切实做好促进就业工作。现就有关问题通知如下：

一、明确就业工作目标任务，强化政府促进就业的领导责任

（一）强化政府责任，把扩大就业放在经济社会发展的突出位置。坚持劳动者自主择业、市场调节就业、政府促进就业的方针，努力创造公平就业环境。县级以上人民政府要把扩大就业作为经济和社会发展的重要目标，纳入国民经济和社会发展规划，并制定促进就业的中长期规划和年度工作计划，在发展经济和调整产业结构、规范人力资源市场、完善就业服务、加强职业教育和培训、提供就业援助等方面制定具体措施，努力实现社会就业更加充分的目标。

（二）实施积极的就业政策，多渠道增加就业岗位。贯彻实施鼓励、支持和引导个体、私营等非公有制经济发展以及加快发展服务业等一系列有利于促进就业的政策措施，促进非公有制经济和第三产业有序发展。采取有效措施，促进中小企业发展，鼓励发展劳动密集型产业，广开就业门路。鼓励和规范灵活就业形式。拓宽就业渠道，统筹做好城镇新增劳动力就业、农业富余劳动力转移就业和失业人员就业工作。

（三）改善创业环境，促进创业带动就业。完善支持自主创业、自谋职业政策体系，建立健全政策扶持、创业服务、创业培训三位一体的工作机制。简化程序，规范操作，提高效率，增加融资渠道，放宽市场准入限制，加强信息服务。加强创业意识教育，转变就业观念，营造鼓励自主创业的社会环境，使更多的劳动者成为创业者。

（四）积极做好高校毕业生就业工作。把高校毕业生就业纳入就业工作总体部署，明确目标，落实责任，健全工作机制，进一步加强对高校毕业生的公共就业服务，广泛开展技能培训和就业见习，提高高校毕业生实践能力和就业能力，引导高校毕业生面向基层就业和创业。

（五）加强失业调控，努力减少失业。县级以上人民政府在安排政府投资和确定重大建设项目时，要按照科学发展观的要求，更加注重对就业的影响，处理好宏观调控与增加就业岗位的关系，妥善做好相关人员的安置工作。

要建立健全失业预警制度，对因国内国际经济形势发生重大变化直接影响就业的行业和企业，以及失业问题突出的困难地区、困难行业，制定失业调控预案，实施失业预防、调节和控制，保持就业局势稳定。

（六）健全就业工作目标责任制度。把城镇新增就业、控制失业率、失业人员就业、就业困难人员就业及减少有劳动能力长期失业人员、城市居民最低生活保障人员作为就业工作主要目标任务，逐级分解，建立目标责任体系，并作为政府政绩考核的重要指标。要将统筹城乡就业、建立社会保障与促进就业联动机制纳入政府就业工作目标责任。县级以上人民政府要按照目标责任制度的要求，依法加强对所属有关部门和下一级人民政府的考核、检查和监督。

二、完善政策支持体系，进一步实施积极的就业政策

（七）妥善处理现行政策与法律规定的衔接问题。按照法律要求，对政策进行完善和规范，明确政策支持对象和内容，调整完善操作办法，解决政策落实中的难点问题，提高政策的实施效果。

（八）《国务院关于进一步加强就业再就业工作的通知》（国发［2005］36号）规定的各项税收政策继续有效，审批截止日期为2008年年底，2009年以后的税收政策另行规定。登记失业人员创办企业的，凡符合相关条件，可按国家规定享受税收优惠政策。符合有关残疾人就业优惠条件的，可以享受现行增值税、营业税、企业所得税、个人所得税等税收优惠政策。

（九）登记失业人员和残疾人从事个体经营的，按规定免收属于管理类、登记类和证照类的各项行政事业性收费，政策扶持期限最长不超过3年。具体政策由财政部、发展改革委制定。

（十）进一步完善小额担保贷款政策，创新小额担保贷款管理模式。各地可根据实际情况适当提高小额担保贷款额度和扩大贷款范围。经办银行可将小额担保贷款利率在人民银行公布的贷款基准利率的基础上上浮3个百分点，其中微利项目增加的利息由中央财政负担。小额贷款担保基金由地方财政安排。中央财政要进一步拓宽贴息资金的使用渠道，从贴息资金中安排部分资金支持完善担保基金的风险补偿机制和贷款奖励机制。推动信用社区与经办银行加强合作，鼓励担保机构降低反担保门槛或取消反担保。进一步加大对符合条件的劳动密集型小企业的贷款贴息支持力度，鼓励利用小额贷款担保基金为劳动密集型小企业提供贷款担保服务。具体政策由人民银行、财政部、劳动保障部制定。对2007年年底前核准的小额担保贷款项目仍按原政策执行。

（十一）扶持就业困难人员就业。就业困难人员一般指大龄、身有残疾、享受最低生活保障、连续失业一年以上，以及因失去土地等原因难以实现就业的人员。具体范围和申请认定程序，由各省、自治区、直辖市人民政府根据本地实际情况规定。对各类企业招用就业困难人员，签订劳动合同并缴纳社会保险费的，在相应期限内给予基本养老保险、基本医疗保险和失业保险补贴；各地政府投资开发的公益性岗位，要优先安排符合岗位要求的就业困难人员，并视其缴纳社会保险费的情况，在相应期限内给予基本养老保险、基本医疗保险和失业保险补贴以及适当的岗位补贴；对就业困难人员灵活就业后申报就业并缴纳社会保险费的，给予一定数额的社会保险补贴。社会保险补贴和岗位补贴期限，除对距法定退休年龄不足五年的人员可延长至退休外，其余人员最长不超过三年。

（十二）国发［2005］36号文件规定的对持《再就业优惠证》人员的各项社会保险补贴、岗位补贴政策继续执行，审批截止到2008年年底，期限最长不超过三年。

（十三）县级以上人民政府要根据就业状况和就业工作目标，加大资金投入，在同级财政预算中安排就业专项资金用于促进就业工作。就业专项资金用于职业介绍、职业培训、公益性岗位、职业技能鉴定、特定就业政策和社会保险等的补贴，小额贷款担保基金和微利项目的小额担保贷款贴息，以及扶持公共就业服务等。特定就业政策需经国务院批准。对各地职业介绍补贴、职业培训补贴、公益性岗位补贴、职业技能鉴定补贴、特定就业政策补助、社会保险补贴，以及扶持公共就业服务资金，中央财政继续通过专项转移支付的方式给予适当补助，并对中西部地区和老工业基地给予重点支持。对微利项目的小额担保贷款，中央财政按规定据实贴息。就业专项资金的使用管理办法，由财政部、劳动保障部制定。失业保险基金用于促进就业的支出，按有关规定执行。

三、进一步加强就业服务和管理，健全面向全体劳动者的职业技能培训制度

（十四）各地要按照建立统一开放、竞争有序的人力资源市场的要求，加强部门协调，完善管理制度，维护人力资源市场的良好秩序。县级以上人民政府要加强人力资源市场信息网络及相关设施建设，建立健全人力资源市场信息服务体系，完善市场信息发布制度。鼓励社会各方面依法开展就业服务活动，加强对职业中介机构的管理，提高其服务质量。对为登记失业人员提供就业服务并实现就业的各类职业中介机构，按规定给予职业介绍补贴。

（十五）县级以上人民政府要建立健全公共就业服务体系，规范公共就业服务机构，明确服务职责和范围，合理确定各级公共就业服务机构的人员编制，加强公共就业服务能力建设，将公共就业服务经费纳入同级财政预算，保障其向劳动者提供免费的就业服务。县级以上公共就业服务机构要建立综合性服务场所，为劳动者和用人单位提供“一站式”就业服务；街道、社区公共就业服务机构要设立服务窗口，开展公共就业服务。要规范公共就业服务机构服务流程和标准，提高服务质量和效率。

（十六）各地要建立健全就业登记和失业登记制度。公共就业服务机构负责为劳动者免费办理就业登记和失业登记，并做好登记统计工作。登记失业人员应当积极求职，参加公共就业服务机构安排的就业服务活动，并定期向公共就业服务机构报告就业失业状况。各省、自治区、直辖市在本行政区域内实行统一的就业失业登记证（以下简称登记证），向劳动者免费发放，并注明可享受的扶持政策。登记失业人员凭登记证在核发证件的省（区、市）内享受公共就业服务和就业扶持政策，对就业困难人员在登记证上予以注明。就业登记、失业登记的具体程序和登记证的样式，由各省、自治区、直辖市制定。要切实加强登记证发放和使用的管理。

（十七）建立健全面向全体劳动者的职业技能培训制度。鼓励支持各类职业院校、职业技能培训机构和用人单位依法开展就业前培训、在职培训、再就业培训和创业培训；鼓励劳动者参加各种形式的培训。对失业人员、符合条件的进城务工农村劳动者参加职业培训的，按规定给予职业培训补贴，具体办法由财政部、劳动保障部等制定。对就业困难人员、进城务工农村劳动者通过初次职业技能鉴定（限国家规定实行就业准入制度的特殊工种），取得职业资格证书的，给予一次性的职业技能鉴定补贴。要根据职业培训的实际需要，合理确定补贴标准；现行补贴标准不足弥补实际培训成本的，可提高补贴标准。完善职业培训补贴办法，建立健全职业培训补贴与培训质量、促进就业效果挂钩机制，提高劳动者参加培训和各类职业教育培训机构提供培训的积极性。要完善劳动预备制度，对有就业要求和培训愿望的初高中毕业生实行 3 个月以上、12 个月以内的预备制培训，使其取得相应的职业资格或者掌握一定的职业技能。积极探索职业培训项目化运作模式，将补贴资金与项目运作紧密结合起来，提高职业培训的针对性和有效性。

四、进一步完善面向所有就业困难人员的就业援助制度，及时帮助零就业家庭解决就业困难

（十八）各地要进一步建立健全就业援助制度，积极帮助和扶持有就业愿望和就业能力，且积极求职的就业困难人员就业。要通过公益性岗位援助等多种途径，对所有就业困难人员实行优先扶持和重点帮助。

（十九）加强对零就业家庭的就业援助。各地要依托街道社区公共就业服务机构进一步完善零就业家庭申报认定制度，规范审核认定程序，建立专门台账，及时接受零就业家庭的就业援助申请。要多渠道开发就业岗位，提供有针对性的职业介绍、职业培训等就业服务和公益性岗位援助，通过多种形式帮扶零就业家庭人员实现就业。对其中符合条件的就业困难人员，要及时兑现各项扶持政策。建立动态管理、动态援助的长效工作机制，确保城市有就业需求的家庭至少有一人就业。

（二十）鼓励资源开采型城市和独立工矿区发展与市场需求相适应的接续产业，引导劳动者转移就业。对因资源枯竭或者经济结构调整等原因造成就业困难人员集中的地区，上级人民政府应当给予必要的扶持和帮助。

五、进一步加强组织领导，切实做好就业促进法的贯彻实施工作

（二十一）各地要进一步加强对促进就业工作的组织领导，建立健全促进就业工作协调机制，巩固和加强县级以上人民政府就业工作联席会议制度，强化统一领导、分工协作的工作机制。各有关部门要按照职责分工，切实履行职能，并加强协调配合，及时交流情况，解决问题。要进一步发挥工会、共青团、妇联、残联以及其他社会组织的作用，共同做好就业再就业工作。

（二十二）各地要充分利用各种新闻媒介，深入做好就业宣传工作。大力宣传国家促进就业的法律法规和经济社会政策，宣传各地区、各有关部门和单位促进就业的好做法，宣传劳动者转变就业观念、自主创业、自谋职业和用人单位承担社会责任、促进就业的典型经验。各级人民政府和有关部门要对在促进就业工作中取得显著成绩的单位和个人给予表彰和奖励，为就业工作营造良好的舆论环境和社会氛围。

（二十三）各地区、各有关部门要加强干部的法律知识培训，不断提高依法行政的能力和水平。要抓紧制定配套法规和政策，使法律的原则、要求具体化，增强法律的可操作性。要加强就业促进法实施情况的督促检查，采取有效措施，确保各项工作落实到位。

（二十四）各地劳动保障、民政、财政等部门要密切协作，促进失业保险、社会救助与促进就业工作的有机结合。完善失业保险和社会救助制度，形成促进就业的激励约束机制。严格失业保险金、城市居民最低生活保障金的申领条件和程序，在准确区分申请人员有无劳动能力的基础上，将申领条件与接受职业介绍、职业培训以及参加公益性劳动情况相挂钩，逐步形成促进就业的政策导向。要将享受失业保险待遇人员和有劳动能力、有就业愿望的城市居民最低生活保障人员组织到职业介绍、职业培训、公益性劳动等活动中，采取多种措施，鼓励和吸引其积极就业。

（二十五）各地区、各有关部门要结合实际，抓紧研究制定贯彻本通知的具体办法，确保本通知精神落到实处。对工作中的重大问题，及时报告国务院。

2008年2月3日

国务院办公厅转发人力资源社会保障部等部门关于促进以创业带动就业工作指导意见的通知

国办发［2008］111号

各省、自治区、直辖市人民政府，国务院各部委、各直属机构：

人力资源社会保障部、发展改革委、教育部、工业和信息化部、财政部、国土资源部、住房城乡建设部、商务部、人民银行、税务总局、工商总局《关于促进以创业带动就业工作的指导意见》已经国务院同意，现转发给你们，请认真贯彻执行。

2008年9月26日

关于促进以创业带动就业工作的指导意见

人力资源社会保障部　发展改革委　教育部　工业和信息化部　财政部
国土资源部　住房城乡建设部　商务部　人民银行　税务总局　工商总局

为贯彻落实党的十七大提出的“实施扩大就业的发展战略，促进以创业带动就业”的总体部署，全面实施《中华人民共和国就业促进法》的有关规定，现就促进以创业带动就业工作提出以下指导意见：

一、统一思想认识，明确目标任务

（一）统一思想认识。创业是劳动者通过自主创办生产服务项目、企业或从事个体经营实现市场就业的重要形式。劳动者通过创业，在实现自身就业的同时，吸纳带动更多劳动者就业，促进了社会就业的增加。当前及今后一个时期，我国就业形势依然严峻，促进以创业带动就业，有利于发挥创业的就业倍增效应，对缓解就业压力具有重要的现实意义。以创业带动就业工作是实施扩大就业发展战略的重要内容，是新时期实施积极就业政策的重要任务。各地区、各有关部门要高度重视，通过政策支持和服务保障，优化创业环境，鼓励和扶持更多劳动者成为创业者。

（二）明确指导思想。各地区、各有关部门要深入贯彻落实科学发展观，按照构建社会主义和谐社会的总体要求，解放思想，改革创新，着眼于经济社会发展全局，从创业意识、创业能力和创业环境着手，逐步形成以创业带动就业的工作新格局。坚持政府促进、社会支持、市场导向、自主创业的基本原则，强化创业服务和创业培训，改善创业环境，加快形成政策扶持、创业培训、创业服务“三位一体”的工作机制，不断激发劳动者的创业激情，增强创业意识，鼓励更多的城乡劳动者通过自主创业实现就业。

（三）突出工作重点。各地区、各有关部门要紧密结合地方的优势产业、特色经济，确定鼓励创业的产业指导目录，制定扶持政策，鼓励创业者进入国家和地方优先和重点发展的科技型、资源综合利用型、劳动密集型、农副产品加工型、贸易促进型、社区服务型、建筑劳务型和信息服务型等产业或行业。鼓励和支持个体私营等非公有制经济和中小企业发展，扩大创业领域。重点指导和促进高校毕业生、失业人员和返乡农民工创业。积极采取措施促进军队复员转业人员、留学回国人员等创业。力争用3到5年的时间，实现劳动者创业人数和通过创业带动就业人数的大幅增加，基本形成促进以创业带动就业的政策体系，使更多有创业意愿和创业能力的劳动者成功创业。

二、完善扶持政策，改善创业环境

（四）放宽市场准入。加快清理和消除阻碍创业的各种行业性、地区性、经营性壁垒。法律、法规未禁止的行业和领域向各类创业主体开放，国家有限制条件和标准的行业和领域平等对待各类创业主体。在法律、法规规定许可的范围内，对初创企业，可按照行业特点，合理设置资金、人员等准入条件，并允许注册资金分期到位。按照法律、法规规定的条件、程序和合同约定允许创业者将家庭住所、租借房、临时商业用房等作为创业经营场所。扩大政府采购范围，制定促进小企业发展的政府采购优惠政策。各地区、各有关部门可根据实际情况，适当放宽高校毕业生、失业人员以及返乡农民工创业的市场准入条件。

（五）改善行政管理。全面实行收费公示制度和企业交费登记卡制度，禁止任何部门、单位和个人干预创业企业的正常经营，严格制止乱收费、乱摊派、乱罚款、乱检查、乱培训行为。进一步清理和规范涉及创业的行政审批事项，简化立项、审批和办证手续，公布各项行政审批、核准、备案事项和办事指南，推行联合审批、一站式服务、限时办结和承诺服务等，开辟创业“绿色通道”。依法保护创业者的合法私有财产，对严重侵犯创业者或其所创办实体合法权益的违法行为，有关部门要依法查处。对创业者提出的行政复议申请，政府部门要及时受理，公平对待，限时答复。登记失业人员、残疾人、退役士兵，以及毕业2年以内的普通高校毕业生从事个体经营的，要按有关规定，自其在工商部门首次注册登记之日起3年内，免收管理类、登记类和证照类等有关行政事业性收费。

（六）强化政策扶持。全面落实有利于劳动者创业的税收优惠、小额担保贷款、资金补贴、场地安排等扶持政策，促进中小企业和个体私营等非公有制经济发展，扶持劳动者创业。从实际出发，建立健全促进以创业带动就业的政策措施，细化操作办法。多渠道筹集安排资金，支持以创业带动就业工作的展开。要针对经营成本上升以及政策和市场环境变化的情况，兼顾行业稳定发展和结构调整升级，积极采取有效措施，扶持、保护创业企业的生存和发展，鼓励创业企业扩大就业规模。对农民工返乡创业的，劳务输出地区要积极探索完善相关扶持政策。

（七）拓宽融资渠道。积极推动金融产品和金融服务创新，支持推动以创业带动就业。积极探索抵押担保方式创新，对于符合国家政策规定、有利于促进创业带动就业的项目，鼓励金融机构积极提供融资支持。全面落实小额担保贷款政策，创新管理模式，提高贷款服务的质量和效率，并进一步加大对符合条件的劳动密集型小企业的支持力度。鼓励和支持发展适合农村需求特点的多种所有制金融组织，创新农村贷款担保模式，积极做好对农民工返乡创业的金融服务。建立健全创业投资机制，鼓励利用外资和国内社会资本投资创业企业，有条件的地区可设立各种形式的创业投资引导基金，引导和促进创业投资企业的设立与发展。

三、强化创业培训，提高创业能力

（八）加大培训力度。建立满足城乡各类劳动者创业的创业培训体系，扩大创业培训范围，逐步将所有有创业愿望和培训需求的劳动者纳入创业培训。加强普通高校和职业学校的创业课程设置和师资配备，开展创业培训和创业实训。落实职业培训补贴政策，对参加创业培训的创业者，按有关政策规定，给予职业培训补贴。对领取失业保险金人员参加创业培训的，其按规定享受的职业培训补贴由失业保险基金开支。

（九）提高培训质量。从规范培训标准、提高师资水平、完善培训模式等方面入手，不断提高创业培训的质量。定期组织开展教师培训进修、研讨交流活动，加强师资力量的培养和配备，提高教育水平。采用案例剖析、知识讲座、企业家现身说法等多种方式，增强创业培训的针对性和实用性。根据不同群体的不同需求，开发推广创业培训技术，不断提高创业成功率。

（十）建立孵化基地。地方各级人民政府要统筹安排劳动者创业所需的生产经营场地，搞好基础设施及配套建设，优先保障创业场地。可在土地利用总体规划确定的城镇建设用地范围内，或利用原有经批准的经济技术开发区、工业园区、高新技术园区、大学科技园区、小企业孵化园等建设创业孵化基地，为进入基地的小企业提供有效的培训指导服务和一定期限的政策扶持，增强创业企业的经营管理和市场竞争能力，提高创业稳定率。

四、健全服务体系，提供优质服务

（十一）健全服务组织。依托公共就业服务体系，健全创业指导服务组织，开发创业指导技术，完善创业服务功能，提高创业服务效率，承担创业带动就业工作的组织、服务和实施责任。充分发挥中小企业服务机构、高校毕业生就业指导机构和各类创业咨询服务机构的作用，共同做好创业带动就业工作。推动创业咨询服务工作的开展，建立由企业家、创业成功人士、专家学者及政府工作人员共同组成的创业服务专家队伍，逐步形成创业服务指导专兼职队伍。

（十二）完善服务内容。根据城乡创业者的需求，组织开展项目开发、方案设计、风险评估、开业指导、融资服务、跟踪扶持等“一条龙”创业服务，建立创业信息、政策发布平台，搭建创业者交流互助的有效渠道。建立政府支持并监管、企业与个人开发、市场运作的创业项目评估和推介制度，建立创业项目资源库，形成有效采集和定期发布制度。通过上门服务、集中服务、电话服务等多种形式，为创业者提供个性化、专业化的开业指导和咨询服务。建立创业者信息管理服务系统，设立创业服务热线，接受创业者的咨询和投诉，提供及时有效的后续服务和跟踪指导，注重对创业失败者的指导和服务，帮助他们重树信心，再创新业。

（十三）提供用工服务。为创业者、新创办企业及其所吸纳的员工提供公共就业服务。指导创业企业结合生产经营需要，落实职工教育经费，做好职工的岗前培训和在职培训。组织各类培训机构按照用工需求开展定向、订单培训，为创业企业提供合适人才。对参加职业技能培训的符合条件人员，按规定给予相应的职业培训补贴和职业技能鉴定补贴。推进社会保障制度和户籍制度改革，加强社会诚信体系建设和社会治安综合治理，为创业者及其招聘的劳动者提供社会保障、人事管理、教育培训、职称评定等方面的政策便利，吸引人才去新创办企业工作，扩大创业带动就业的规模。

五、加强组织领导，推动工作开展

（十四）强化政府责任。地方各级人民政府要将促进创业作为一项重要任务，摆上就业工作的重要议事日程，落实扶持政策，改善创业环境，推广经验典型，积极推动创业带动就业工作的全面开展。重点指导推动工作基础较好，条件相对成熟的城市，根据本意见的要求，实施以创业带动就业相关扶持政策，在组织领导、创业培训、创业服务和社会参与等方面积极探索，率先完善创业带动就业的政策体系，建立以创业带动就业的创业型城市。

（十五）完善工作机制。各地区要发挥促进就业工作协调机制的作用，建立人力资源社会保障、发展改革、中小企业管理、教育、建设、国土资源、财政、商务、银行、税务、工商等部门共同参与、分工负责、协调配合的工作小组，共同研究制定和实施促进以创业带动就业的政策措施和工作计划。把优化创业环境、完善落实创业政策以及提高创业培训效果、创业服务质量、创业初始成功率、创业稳定率、创业带动就业率等作为衡量促进以创业带动就业的主要工作指标，列入当地就业工作考核的重要内容。充分发挥工商联、工会、共青团、妇联、残联以及其他社会组织的作用，共同做好创业带动就业工作。

（十六）营造良好氛围。加强创业教育，提高创业意识，建设创业文化，使更多的劳动者乐于创业、敢于创业；发挥社会各方面支持和推动创业工作的积极作用，营造全民创业的社会氛围；加强舆论引导，弘扬创业精神，树立一批创业典型，特别是面对失败不屈不挠成功实现再创业的典型，营造崇尚创业、竞相创业、褒奖成功、宽容失败的和谐创业环境和良好舆论氛围。对在创业带动就业工作中取得显著成绩的单位和个人要给予表彰。

各地区、各有关部门要结合实际，研究制定贯彻本意见的具体办法。

国务院办公厅关于将大学生纳入城镇居民基本医疗保险试点范围的指导意见

国办发［2008］119号

各省、自治区、直辖市人民政府，国务院各部委、各直属机构：

根据《国务院关于开展城镇居民基本医疗保险试点的指导意见》（国发［2007］20号）有关精神，为进一步做好大学生医疗保障工作，国务院决定将大学生纳入城镇居民基本医疗保险试点范围。经国务院同意，现就有关工作提出以下指导意见：

一、基本原则

按照党中央、国务院关于加快建立覆盖城乡居民的社会保障体系和开展城镇居民基本医疗保险试点工作的总体要求，坚持自愿原则，将大学生纳入城镇居民基本医疗保险试点范围，并继续做好日常医疗工作；中央确定基本原则和主要政策，试点地区制定具体办法，对参保大学生实行属地管理；完善医疗保障资金筹集机制和费用分担机制，重点保障基本医疗需求，逐步提高保障水平。

二、主要政策

（一）参保范围。各类全日制普通高等学校（包括民办高校）、科研院所（以下统称高校）中接受普通高等学历教育的全日制本专科生、全日制研究生。

（二）保障方式。大学生住院和门诊大病医疗，按照属地原则通过参加学校所在地城镇居民基本医疗保险解决，大学生按照当地规定缴费并享受相应待遇，待遇水平不低于当地城镇居民。同时按照现有规定继续做好大学生日常医疗工作，方便其及时就医。

鼓励大学生在参加基本医疗保险的基础上，按自愿原则，通过参加商业医疗保险等多种途径，提高医疗保障水平。

（三）资金筹措。大学生参加城镇居民基本医疗保险的个人缴费标准和政府补助标准，按照当地中小学生参加城镇居民基本医疗保险相应标准执行。个人缴费原则上由大学生本人和家庭负担，有条件的高校可对其缴费给予补助。大学生参保所需政府补助资金，按照高校隶属关系，由同级财政负责安排。中央财政对地方所属高校学生按照城镇居民基本医疗保险补助办法给予补助。大学生日常医疗所需资金，继续按照高校隶属关系，由同级财政予以补助。

各地要采取措施，对家庭经济困难大学生个人应缴纳的基本医疗保险费及按规定应由其个人承担的医疗费用，通过医疗救助制度、家庭经济困难学生资助体系和社会慈善捐助等多种途径给予资助，切实减轻家庭经济困难学生的医疗费用负担。

三、精心组织实施

已开展城镇居民基本医疗保险试点的地

区，按本指导意见将大学生纳入城镇居民基本医疗保险体系后，要切实保障参保大学生住院和门诊大病需求，同时继续做好大学生日常医疗工作；未开展试点的地区，要完善现有办法，加强和改进大学生医疗保障工作，随着试点扩大，逐步将大学生纳入城镇居民基本医疗保险范围。各地人力资源社会保障部门要把符合条件的大学医疗机构纳入城镇居民基本医疗保险定点医疗机构范围。

各地区、各有关部门要充分认识做好大学生医疗保障工作对建立健全覆盖城乡居民社会保障体系，保障大学生就医权益、提高大学生健康水平，促进社会和谐稳定的重大意义，切实加强组织领导和宣传解释工作。省级人民政府要根据本指导意见，统筹规划，积极稳妥地推进这项工作。试点城市要因地制宜制定具体实施办法和推进步骤，确定合理的保障水平，精心组织实施，确保新旧制度平稳过渡，维护社会稳定。教育、财政、人力资源社会保障、卫生和民政部门要通力协作，制订周密工作计划，确保缴费和财政资金及时足额到位，不断完善大学生医疗经费和就医管理措施。高校要切实抓好大学生就医工作，深化改革，加强管理，提高工作效率和水平。

2008 年 10 月 25 日

国务院办公厅关于切实做好当前农民工工作的通知

国办发［2008］130号

各省、自治区、直辖市人民政府，国务院各部委、各直属机构：

农民工是我国改革开放和工业化、城镇化进程中涌现的一支新型劳动大军，已成为我国产业工人的重要组成部分，对我国现代化建设作出了重大贡献。农民工工作直接关系农村经济发展和农民增收，关系经济社会发展全局，必须予以高度重视。当前，国际金融危机的影响不断加深，国内部分企业生产经营遇到困难，就业压力明显增加，加上元旦、春节临近，相当数量的农民工开始集中返乡，给城乡经济和社会发展带来了新情况和新问题。根据党中央、国务院关于应对当前经济形势的工作部署，经国务院同意，现就做好当前农民工工作有关事宜通知如下：

一、采取多种措施促进农民工就业

采取更加积极的就业政策，广开农民工就业门路。落实中央关于扩大内需、减轻企业负担、促进经济增长的政策措施，帮助企业解困，在加快发展方式转变和结构调整中创造更多的就业机会。积极扶持中小企业、劳动密集型产业和服务业，增强吸纳农民工就业的能力。发挥政府投资和国有企事业单位对稳定就业的导向作用，尽可能提供较多的就业岗位。对生产经营遇到暂时困难的企业，要引导其与农民工开展集体协商，采取灵活用工、弹性工时、组织培训等办法，尽量不裁员或少裁员，稳定现有就业岗位。引导企业履行社会责任，防止出现大规模集中裁员现象；对可能出现的大规模裁员，要采取有效措施进行调控。对符合享受失业保险待遇条件的农民工，要按规定及时核发一次性生活补助。公共就业服务机构要加强对农民工的就业指导、职业介绍和就业信息服务，收集适合农民工的岗位信息，通过多种渠道及时发布。大力发展劳务经济，加强输出地和输入地的相互协作，开展有组织的培训就业和劳务输出；在有关部门指导下，依托市场机制发展各类培训就业服务组织，多渠道推动农民工就业；积极培育劳务品牌，建设劳务基地，形成示范效应，带动农村劳动力转移就业；积极开展国际合作与交流，促进农民工劳务输出。灾后重建、农田水利、交通能源等重大基础设施建设项目，要尽量多招用因企业关停或减产裁员而失去工作的农民工。

二、加强农民工技能培训和职业教育

加大对农民工培训的投入，改进培训方式，扩大培训效果。各有关部门和教育培训机构要继续做好农村劳动力技能就业计划、阳光工程、农村劳动力转移培训计划、星火科技培训、雨露计划等培训项目的实施工作。要围绕市场需求开展订单培训和定向培训，提高农民工择业竞争能力；围绕产业结构调整和企业技术改造新开工项目开展职业技能培训，提高农民工就业的适应能力；围绕回乡创业组织开展创业培训，提高农民工的自主创业能力；围绕农业现代化、产业化开展农村实用技术培训，提高返乡农民工的农业技能；对青年农民工开展劳动预备制培训，适当延长培训期限，强化职业技能实训，使其至少熟练掌握一项职业技能。在中等职业学校开展面向返乡农民工的职业教育培训，根据返乡农民工的特点开设专业和课程，采取灵活多样的学习方式，突出培训的针对性和实用性。

三、大力支持农民工返乡创业和投身新农村建设

按照国家有关规定，抓紧制定扶持农民工返乡创业的具体政策措施，引导掌握了一定技能、积累了一定资金的农民工创业，以创业带动就业。地方人民政府要在用地、收费、信息、工商登记、纳税服务等方面，降低创业门槛，给予农民工返乡创业更大的支持。推行联合审批、“一站式”服务、限时办结和承诺服务等，开辟农民工创业“绿色通道”。鼓励农民工发展农产品加工业、农村二三产业、生态农业和县域中小企业。做好农民工返乡创业的金融服务工作，鼓励和引导金融机构加大信贷产品支持力度，提供符合农民工返乡创业特点的金融产品，继续加大农民工银行卡特色服务推广力度。农民工返乡创业属于政府贴息的项目，要按照规定给予财政贴息，帮助其解决创业资金困难。

结合推进新农村建设，创新农村小型基础设施建设体制机制，采取以工代赈、以奖代补等多种形式，组织引导返乡农民工积极参与农村危房改造、农村中小学和职业学校、乡镇公共卫生院、计划生育生殖健康服务机构、文化设施等建设。利用当前农民工提前返乡、农村劳动力增加的有利时机，将加强农村基础设施建设和促进返乡农民工就业有机结合起来，加快解决农村供水、用电、修路、求学、就医等突出问题，提升农村基础设施水平和公共服务能力。利用冬春农闲时期大规模开展农田水利建设。大力发展县域经济，调整农业产业结构，大力扶持农产品精深加工，支持农村中小企业发展，最大限度吸纳农民就地就近转移就业。

四、确保农民工工资按时足额发放

努力创造有利于农民工稳定就业的良好环境，维护农民工的劳动保障权益。完善工资保证金制度，加强工资保证金账户管理，强化工资支付监控，确保农民工工资发放。制定应急预案，避免和及时处理因欠薪问题导致的各种突发事件。建立劳动保障、建设、公安、工商、金融、工会等有关部门对企业拖欠农民工工资行为的联动防控机制，及时掌握企业拖欠工资的情况。企业关闭破产必须严格依法进行，对恶意欠薪逃匿的业主要依法予以严肃查处。劳动争议调解仲裁机构要妥善处理农民工与用人单位的劳动争议，本着“快立、快办、快结、办好”的原则，对事实清楚、权利义务关系明确的农民工劳动争议案件，尽可能采取简易程序处理，对小额劳动报酬争议案件实行终局裁决。凡符合先予执行条件的案件要依法先予执行。

五、做好农民工社会保障和公共服务

按照国家政策认真做好返乡农民工的社会保障和公共服务。对在输入地受工伤的农民工，农民工输出地劳动保障部门要主动与农民工输入地劳动保障部门进行协调，保障返乡农民工工伤保险权益。抓紧制定农民工社会保险关系异地转移与接续办法。建立健全农民工公共服务体系，做好对农民工的各项公共服务。及时妥善安排返乡农民工子女入学，属于义务教育阶段的要按照就近入学的原则安排，并享受当地义务教育阶段学生的有关待遇，学校不得以任何借口拒绝接收返乡农民工子女入学。教育督导部门要将返乡农民工子女入学情况列入当地教育督导、评估的重要内容。积极引导返乡农民工参加新型农村合作医疗，解决其看病就医问题。加强返乡农民工的疾病预防控制工作，及时做好适龄儿童预防接种的衔接。按照属地化管理的原则，农民工输入地和输出地计划生育管理服务机构要加强协调配合，做好返乡农民工及其随返家属的计划生育服务工作。

做好农民工返乡的管理服务工作。农民工输入地和输出地人民政府要加强相互衔接和协调，及时沟通情况，组织返乡农民工有序流动，帮助他们解决返乡中的实际问题，对困难人员给予适当救助，使农民工顺利回家过节。交通运输部门要针对春运高峰提前的情况，及早制定相应的疏导预案，安排组织好运力，保障交通运输安全。各地区特别是交通枢纽地区要积极做好返乡和回城农民工的交通服务工作，切实维护好车站、码头和客运车船的公共秩序，避免农民工滞留，有效防范、坚决打击侵害农民工人身财产权益的各类违法犯罪活动。

六、切实保障返乡农民工土地承包权益

农民工是流动在城乡之间的特殊群体，耕地仍然是他们的基本保障。违法流转的农民工承包地，农民工要求退还的要坚决退还；因长期占用不能退还的，要负责安排返乡农民工就业。对依据口头协议等方式进行短期流转且农民工要求收回土地承包经营权的，原则上应退还农民工。长期流转又有流转合同的，可依法由双方协商解决；双方有纠纷的，可通过法律程序解决。加强对土地承包经营权流转的管理和服务，农村土地流转要坚持依法、自愿、有偿的原则，任何组织和个人不得强制或限制，也不得截留、扣缴或以其他方式侵占返乡农民工的土地流转收益。积极推进土地承包纠纷调解仲裁工作，切实保障农民工的合法权益。

各地区、各部门要加强组织领导，把做好当前农民工工作作为一项紧迫而重要的任务抓紧抓好。各有关部门要研究制定本部门涉及农民工管理服务的政策措施，各司其职，分工负责，形成合力，共同做好农民工工作。要建立健全农民工统计监测网络，深入调查研究，全面掌握情况。切实做好农民工宣传教育工作，引导农民工正确看待当前的经济形势和企业的经营困难。加强农村地区社会治安和公共秩序管理，维护社会的和谐与稳定。充分发挥农村基层党组织的战斗堡垒作用，帮助农民工解决生产生活中面临的困难和问题。各地农民工工作协调机构要加强组织协调，积极研究解决农民工工作遇到的新情况、新问题，重要情况及时报告国务院农民工工作联席会议办公室。

2008 年 12 月 20 日

中华人民共和国人力资源和社会保障部令

第1号

《企业职工带薪年休假实施办法》已于2008年7月17日经人力资源和社会保障部第6次部务会议通过，现予公布，自公布之日起施行。

部　长　尹蔚民

2008年9月18日

企业职工带薪年休假实施办法

第一条　为了实施《职工带薪年休假条例》(以下简称条例)，制定本实施办法。

第二条　中华人民共和国境内的企业、民办非企业单位、有雇工的个体工商户等单位(以下称用人单位）和与其建立劳动关系的职工，适用本办法。

第三条　职工连续工作满12个月以上的，享受带薪年休假（以下简称年休假)。

第四条　年休假天数根据职工累计工作时间确定。职工在同一或者不同用人单位工作期间，以及依照法律、行政法规或者国务院规定视同工作期间，应当计为累计工作时间。

第五条　职工新进用人单位且符合本办法第三条规定的，当年度年休假天数，按照在本单位剩余日历天数折算确定，折算后不足1整天的部分不享受年休假。

前款规定的折算方法为：（当年度在本单位剩余日历天数÷365天）×职工本人全年应当享受的年休假天数。

第六条　职工依法享受的探亲假、婚丧假、产假等国家规定的假期以及因工伤停工留薪期间不计入年休假假期。

第七条　职工享受寒暑假天数多于其年休假天数的，不享受当年的年休假。确因工作需要，职工享受的寒暑假天数少于其年休假天数的，用人单位应当安排补足年休假天数。

第八条　职工已享受当年的年休假，年度内又出现条例第四条第（二）（三）（四）（五）项规定情形之一的，不享受下一年度的年休假。

第九条　用人单位根据生产、工作的具体情况，并考虑职工本人意愿，统筹安排年休假。用人单位确因工作需要不能安排职工年休假或者跨1个年度安排年休假的，应征得职工本人同意。

第十条　用人单位经职工同意不安排年休

假或者安排职工休假天数少于应休年休假天数的，应当在本年度内对职工应休未休年休假天数，按照其日工资收入的300%支付未休年休假工资报酬，其中包含用人单位支付职工正常工作期间的工资收入。

用人单位安排职工休年休假，但是职工因本人原因且书面提出不休年休假的，用人单位可以只支付其正常工作期间的工资收入。

第十一条 计算未休年休假工资报酬的日工资收入按照职工本人的月工资除以月计薪天数（21.75天）进行折算。

前款所称月工资是指职工在用人单位支付其未休年休假工资报酬前12个月剔除加班工资后的月平均工资。在本用人单位工作时间不满12个月的，按实际月份计算月平均工资。

职工在年休假期间享受与正常工作期间相同的工资收入。实行计件工资、提成工资或者其他绩效工资制的职工，日工资收入的计发办法按照本条第一款、第二款的规定执行。

第十二条 用人单位与职工解除或者终止劳动合同时，当年度未安排职工休满应休年休假天数的，应当按照职工当年已工作时间折算应休未休年休假天数并支付未休年休假工资报酬，但折算后不足1整天的部分不支付未休年休假工资报酬。

前款规定的折算方法为：（当年度在本单位已过日历天数÷365天）×职工本人全年应当享受的年休假天数－当年度已安排年休假天数。

用人单位当年已安排职工年休假的，多于折算应休年休假的天数不再扣回。

第十三条 劳动合同、集体合同约定的或者用人单位规章制度规定的年休假天数、未休年休假工资报酬高于法定标准的，用人单位应当按照有关约定或者规定执行。

第十四条 劳务派遣单位的职工符合本办法第三条规定条件的，享受年休假。

被派遣职工在劳动合同期限内无工作期间由劳务派遣单位依法支付劳动报酬的天数多于其全年应当享受的年休假天数的，不享受当年的年休假；少于其全年应当享受的年休假天数的，劳务派遣单位、用工单位应当协商安排补足被派遣职工年休假天数。

第十五条 县级以上地方人民政府劳动行政部门应当依法监督检查用人单位执行条例及本办法的情况。

用人单位不安排职工休年休假又不依照条例及本办法规定支付未休年休假工资报酬的，由县级以上地方人民政府劳动行政部门依据职权责令限期改正；对逾期不改正的，除责令该用人单位支付未休年休假工资报酬外，用人单位还应当按照未休年休假工资报酬的数额向职工加付赔偿金；对拒不执行支付未休年休假工资报酬、赔偿金行政处理决定的，由劳动行政部门申请人民法院强制执行。

第十六条 职工与用人单位因年休假发生劳动争议的，依照劳动争议处理的规定处理。

第十七条 除法律、行政法规或者国务院另有规定外，机关、事业单位、社会团体和与其建立劳动关系的职工，依照本办法执行。

船员的年休假按《中华人民共和国船员条例》执行。

第十八条 本办法中的“年度”是指公历年度。

第十九条 本办法自发布之日起施行。

关于延续企业年金基金管理机构资格的通告

人力资源和社会保障部通告　第1号

根据《企业年金基金管理机构资格认定暂行办法》（劳社部令第24号）规定，我部对企业年金基金管理资格有效期届满、提出延续申请的机构，组织专家进行了评估，并征求了中国银监会、中国证监会和中国保监会的意见，现公布如下。

一、延续33家企业年金基金管理机构资格

（一）企业年金基金法人受托机构4家：华宝信托有限责任公司、中信信托有限责任公司、平安养老保险股份有限公司、太平养老保险股份有限公司。

（二）企业年金基金账户管理人8家：中国工商银行股份有限公司、交通银行股份有限公司、上海浦东发展银行股份有限公司、招商银行股份有限公司、中国光大银行、中信信托有限责任公司、华宝信托有限责任公司、中国太平洋人寿保险股份有限公司。

（三）企业年金基金托管人6家：中国工商银行股份有限公司、中国建设银行股份有限公司、中国银行股份有限公司、交通银行股份有限公司、招商银行股份有限公司、中国光大银行。

（四）企业年金基金投资管理人15家：海富通基金管理有限公司、华夏基金管理有限公司、南方基金管理有限公司、易方达基金管理有限公司、嘉实基金管理有限公司、招商基金管理有限公司、富国基金管理有限公司、博时基金管理有限公司、银华基金管理有限公司、中国国际金融有限公司、中信证券股份有限公司、中国人寿资产管理有限公司、华泰资产管理有限公司、平安养老保险股份有限公司、太平养老保险股份有限公司。

二、注销3家企业年金基金管理机构资格

中诚信托有限责任公司、中国人寿保险股份有限公司和泰康人寿保险股份有限公司分别提出申请，不再保留企业年金基金法人受托机构、账户管理人资格，并征得委托人、受托人同意，经会计师事务所审计，将原有企业年金基金业务分别移交给了中国人寿养老保险股份有限公司和泰康养老保险股份有限公司。按照有关规定，注销中诚信托有限责任公司企业年金基金法人受托机构资格，注销中国人寿保险股份有限公司和泰康人寿保险股份有限公司企业年金基金账户管理人资格。

三、暂缓延续1家企业年金基金管理机构资格

新华人寿保险股份有限公司的企业年金基金账户管理人资格，待公司相关问题处理完毕后再作研究是否延续。在此期间，新华人寿保险股份有限公司要继续做好已有的企业年金基金账户管理业务，维护委托人的利益。

2008年7月23日

人力资源和社会保障部　民政部
关于表彰全国民政系统先进工作者的决定

人社部发［2008］1号

各省、自治区、直辖市人事厅（局）、民政厅（局），新疆生产建设兵团人事局、民政局：

今年1月中旬以来，我国南方一些地区遭受了历史上罕见的低温雨雪冰冻灾害，给当地人民群众生产生活带来很大困难。在严重灾害面前，受灾地区各级民政部门广大干部职工按照党中央、国务院“保交通、保供电、保民生”的要求，在地方各级党委、政府领导下，奋起抗灾、恪尽职守、团结拼搏，克服种种困难，千方百计筹措发放救灾资金和物资，较好地保障了受灾群众基本生活，为抗灾救灾工作取得重大阶段性胜利作出了突出贡献，涌现出一大批先进人物。

为鼓励先进，弘扬抗灾救灾精神，激励全国民政系统广大干部职工奋发进取、扎实工作，推动民政事业持续发展和全面进步，人力资源和社会保障部、民政部决定授予吴建国等10名同志“全国民政系统先进工作者”荣誉称号，享受省部级劳动模范和先进工作者待遇。

全国民政系统广大干部职工，要以受表彰的全国民政系统先进工作者为榜样，学习他们为国分忧、为民解困、不畏艰险、顽强拼搏的高度政治责任感；学习他们坚守岗位、恪尽职守、不怕疲劳、连续作战的敬业精神；学习他们顾全大局、团结互助、舍小家为大家、关键时刻挺身而出的奉献精神，紧密团结在以胡锦涛同志为总书记的党中央周围，认真贯彻落实党的十七大精神，高举中国特色社会主义伟大旗帜，深入贯彻落实科学发展观，奋发进取，开拓创新，努力把民政工作提高到新的水平，为夺取全面建设小康社会新胜利，开创中国特色社会主义事业新局面而努力奋斗。

附件：全国民政系统先进工作者名单（略）

2008年3月25日

人力资源和社会保障部关于印发《人力资源和社会保障部工作规则》的通知

人社部发［2008］5号

各省、自治区、直辖市人事厅（局）、劳动保障厅（局），新疆生产建设兵团人事局、劳动保障局，副省级市人事局、劳动保障局，国务院各部委、各直属机构人事部门，有关部委劳动保障工作机构，部属各单位：

《人力资源和社会保障部工作规则》已经2008年4月3日部党组会议审议通过。现予印发。

2008年4月8日

人力资源和社会保障部工作规则

第一章　总　　则

一、为规范人力资源和社会保障部的各项工作，切实履行党中央、国务院及法律法规赋予的各项职能，根据《中华人民共和国宪法》《中国共产党章程》《中华人民共和国国务院组织法》和《国务院工作规则》，结合实际，制定本规则。

二、人力资源和社会保障部工作的指导思想是，高举中国特色社会主义伟大旗帜，以邓小平理论和“三个代表”重要思想为指导，深入贯彻落实科学发展观，执行党的路线方针政策，更好实施人才强国战略，牢固树立以人为本的执政理念，坚持解放思想、实事求是、与时俱进，努力开创人力资源和社会保障工作新局面。

三、人力资源和社会保障部工作的准则是，围绕中心、服务大局，立足当前、着眼长远，实行科学民主决策，坚持依法行政，推进政务公开，健全监督制度，加强廉政建设。

第二章　领导职责

四、部领导要履行宪法和法律赋予的职责，执政为民，忠于职守，求真务实，勤勉廉洁。

五、实行部长负责制，部长领导人力资源和社会保障部的工作。副部长、党组成员协助部长工作。

六、部长、党组书记召集和主持党组会、部务会、部长碰头会。工作中的重大事项，须经党组会或部务会讨论决定。

七、副部长、党组成员按照分工负责处理

分管工作。受部长委托，负责其他方面的工作或专项任务，并可代表人力资源和社会保障部对外参加活动。工作中的重要情况和重大问题，要及时向部长报告。

八、部长出国、出差、脱产学习等期间，由部长委托的副部长主持日常工作。副部长出国、出差、脱产学习等期间，一般采取 AB 角的办法，A、B 角部领导分管的工作互为代管。如 A、B 角部领导均外出，也可经过沟通并报部长同意，委托其他部领导代管。

九、部内各司级单位主要负责同志领导本单位的工作，班子其他成员协助主要负责同志开展工作。

部内各司级单位要各司其职，各尽其责，顾全大局，精诚团结，维护政令统一，切实贯彻落实部的各项工作部署。

第三章　认真履行行政职能

十、认真履行以促进就业、维护劳动关系、完善社会保障体系为核心的社会管理、公共服务职能和以机关事业单位公职人员管理为核心的公共人事管理职能。

十一、加强社会管理，强化政府促进就业和调节收入分配职能，完善社会保障体系，依法管理和规范相关社会事务，妥善处理社会矛盾，维护社会公平正义和社会稳定，健全突发事件应急管理机制。

十二、强化人力资源公共服务，加强公共人事管理，深化事业单位人事制度改革、职称制度改革和军转安置制度改革，统筹机关企事业单位人员管理，加强公务员、专业技术人员和技能人才、农村实用人才队伍建设。

十三、严格人力资源市场监管，推进公平准入，完善监管体系，规范市场执法，形成统一开放竞争有序的人力资源市场。

第四章　实行科学民主决策

十四、健全重大事项决策的规则和程序，完善群众参与、专家咨询和集体决策相结合的决策机制。

十五、人力资源和社会保障规划、政策法规、改革方案、人事任免、工作计划和财务预决算等重大事项，由党组会或部务会讨论和决定。

十六、凡提交党组会、部务会审议的事项，都要经过深入调查研究，进行必要性、可行性和合法性论证；涉及相关部门的，应当充分协商；涉及地方的，应当事先听取意见；涉及重大公共利益和群众切身利益的，要向社会公开征求意见，必要时要举行听证会。部党组每年初研究确定若干重要课题开展调查研究，并形成调研报告。

十七、在作出重大决策前，根据需要通过多种形式，直接听取专家学者、人力资源和社会保障系统、机关企事业单位、基层群众等的意见和建议。

十八、重要文件提交党组会或部务会审议前，分管部领导应当召集相关司级单位负责同志，进行讨论、修改，并报请部长审签同意提交党组会或部务会审议。

十九、部机关各司级单位重大事项必须经司长（主任）办公会或司（厅）务会集体研究，并向分管部领导请示、报告。部属各司级事业单位实行主任（院长、社长）负责制。涉及人财物和重要业务等重大事项，必须经党委会或党政联席会集体研究，并向分管部领导请示、报告；必要时，征求机关有关司级单位的意见。

二十、部内各司级单位必须贯彻落实部党组确定的各项决策，及时跟踪和反馈执行情况。有关职能部门要加强监督检查，确保政令畅通。

第五章　坚持依法行政

二十一、严格按照法定权限和程序履行职责，行使行政权力，提高依法行政能力。

二十二、制定规章和其他规范性文件，必须符合宪法、法律和国务院的行政法规、决定、命令，以及国家的方针政策。涉及群众切身利益、社会关注度高的事项及重要涉外、涉港澳台事项，应当事先请示国务院。人力资源和社会保障部规章应当依法及时报国务院备案。

二十三、联合其他部门制定的重要规章发布前须经国务院批准。制定与群众利益密切相关的规章，原则上都要向社会征求意见。规章颁布后要进行评估，发现问题，及时完善。

二十四、严格执行执法责任制和执法过错追究制，有法必依、违法必究、公正执法、文明执法。

第六章　推进政务公开

二十五、大力推进政务公开，健全政府信息发布制度，完善公开办事制度，提高工作透明度。

二十六、人力资源和社会保障部制定的政策、部务会研究讨论决定的事项，除需要保密的外，应当及时公布。

二十七、凡涉及群众切身利益、需要群众广泛知晓的事项以及法律和国务院规定需要公开的其他事项，均应当通过政府网站、新闻发布会以及报刊、广播、电视等方式，依法、及时、准确地向社会公开。

第七章　健全监督制度

二十八、自觉接受全国人大及其常务委员会的监督，认真负责地报告工作，接受询问和质询，依法备案行政法规；自觉接受全国政协的民主监督，虚心听取意见和建议。认真及时办理全国人大议案、代表建议和全国政协委员提案。

二十九、依照有关法律的规定，接受司法机关实施的监督，同时自觉接受监察、审计等部门的监督。对监督中发现的问题，要认真查处和整改并向国务院报告。

三十、严格执行行政复议法和规章备案制度，及时撤销或修改违反法律、行政法规的规章和其他规范性文件，纠正违法或不当的行政行为。

三十一、虚心接受新闻舆论和群众的监督。对新闻媒体报道和各方面反映的涉及人力资源和社会保障工作的重大问题，要积极主动地查处和整改并向国务院报告。

三十二、重视群众来信来访工作，进一步完善信访制度，确保信访渠道的畅通；部领导及部内各司级单位主要负责同志要亲自阅批重要的群众来信。

三十三、推行行政问责制度和绩效管理制度，明确问责范围，规范问责程序，严格责任追究，提高执行力和公信力。具体办法另行规定。

第八章　加强廉政建设

三十四、坚持从严治政，对职权范围内的事项要按照程序和时限积极负责地办理，对不符合规定的事项要坚持原则不得办理；对因推诿、拖延等官僚作风及失职、渎职造成影响和损失的，要追究责任；对越权办事、以权谋私等违规、违纪、违法行为，要严肃查处。

三十五、实行年底各司级单位主要负责同志向驻部纪检组长汇报党风廉政建设情况制度。

三十六、严格执行财经纪律，规范公务接待，不得用公款送礼和宴请，不得接受地方的送礼和宴请。要艰苦奋斗、勤俭节约，切实降低行政成本，建设节约型机关。

三十七、领导干部要廉洁从政，严格执行中央有关廉洁自律的规定，不得利用职权和职务影响为本人或特定关系人谋取不正当利益；要严格要求亲属和身边的工作人员，不得利用特殊身份拉关系、谋私利。

第九章　会 议 制 度

三十八、实行党组会、部务会、部长碰头会、务虚会和专题会等会议制度。根据工作需要，召开司局级干部会议、处级以上干部会议、全体党员干部大会和全体干部职工大会。具体办法另行规定。

三十九、党组会由党组书记、副书记、党组成员组成，由党组书记或书记委托的副书记、党组成员召集。因工作需要，会议召集人确定有关人员列席会议。必要时可召开党组扩大会。党组会实行民主集中制原则，主要任务是：传达学习党中央、国务院的决定、指示，研究确定人力资源和社会保障工作的重大方针政策，审议向党中央、国务院的请示、报告，研究党建、廉政工作和人事任免事项，按照规定召开民主生活会。

党组会一般每周召开一次，议题由党组成员提出，党组书记确定。会议通知、记录和纪要起草由党组秘书或指定专人负责。会议纪要由党组书记签发。会务工作由办公厅负责。办公厅要及时将会议精神向未出席会议的党组成员报告。

四十、部务会由部长、副部长、驻部纪检组长组成，其他党组成员和驻部监察局局长列席。需要时，与会议议题有关的单位负责同志也可列席。会议由部长或部长委托的副部长召集，主要任务是：研究贯彻落实党中央、国务院的决定、指示，讨论审议人力资源和社会保障部规章和关系人力资源和社会保障工作全局的部发文件，审定工作计划、经费安排和其他重要事项等。

部务会一般每周召开一次，议题由部长或副部长提出，部长确定。会务工作由办公厅负责。会议纪要由部长签发。办公厅要及时将会议精神向未出席会议的部领导报告。

四十一、部领导不能参加党组会、部务会，向部长请假。其他列席人员请假，由办公厅汇总后向部长报告。

四十二、部长碰头会由部长召集，部长、副部长和驻部纪检组长参加。会议的主要任务是：传达党中央、国务院有关决定、指示；通报工作情况；安排近期主要工作；研究有关事项等。

部长碰头会一般一至两周召开一次，原则上周一上午召开。

四十三、务虚会每年召开两次，由部长召集，部领导和部内各司级单位的主要负责同志、驻部监察局局长参加。会议主要结合理论学习，沟通情况，研讨工作。会务工作由办公厅负责。

四十四、专题会（包括部内和部际协调会）根据工作需要由部长或副部长、驻部纪检组长召集，有关单位的负责同志参加。会议主要研究处理专项业务工作。会务工作由部内有关司级单位负责，办公厅协助。

四十五、党组会、部务会审议的议题，有关单位要在会前认真做好准备。涉及多个单位的业务，提交会议讨论前要充分交换意见，尽量协商一致。提交会议审议的材料要正式打印成会议文件并提前送办公厅（任免件除外）。专题会审议的会议材料由承办单位提前发给与会人员。参加会议人员在会前要对审议的问题进行认真研究。会议决定的事项由有关单位贯彻落实，办公厅负责催办、督查，并及时向部领导报告。

四十六、部内各司级单位召开面向系统的会议，应当于上一年度 11 月底之前将会议计划（会议名称、时间、地点、会期、参会人员、人数、所需经费及来源等）报送办公厅，由办公厅协调汇总，提请部务会审定后实施。

四十七、精简会议，减少数量，控制规模，严格审批。全国性会议应当尽量采用电视电话会等形式召开。

第十章　公文审批

四十八、部内各司级单位以部、厅名义起草公文，应当符合《国家行政机关公文处理办法》及人力资源和社会保障部公文处理实施细则的规定。除国务院交办事项和必须直接报送的绝密事项（如任免件）外，一般不得直接向国务院领导同志个人报送公文。报送国务院的请示性公文，如与其他部门有分歧意见，经主动协商不能达成一致的，应当列出各方理据，提出办理建议。

四十九、部内各司级单位向部领导请示、报告事项，须由主要负责同志或主持工作的负责同志签报。呈报事项涉及其他单位的，应当联合签报。各单位的请示、报告，直接报分管部领导，但需正式上报或下发的公文，由办公厅先行审核。

部内各司级单位向部党组或部领导请示或报告有关事项，必须使用办公厅统一印制的“请示”“报告”样式。

五十、以人力资源和社会保障部党组或人力资源和社会保障部名义上报党中央、国务院的文件，由党组书记、部长签发；党组书记、部长外出时，由主持工作的党组副书记、副部长请示党组书记、部长后签发。人力资源和社会保障部规章经部务会议审议通过后，由部长签署命令予以公布。以人力资源和社会保障部名义下发的文件（含电报），属于重大问题的，由分管部领导审核后，报部长签发。一般文件（含电报）由分管部领导签发。涉及其他部领导分管工作的，须经有关部领导审核。以办公厅名义行文，报部领导审批后下发；具体事务性文件，也可由办公厅主任签发。

与其他部门的会签文件，由人力资源和社会保障部主办的，一般由部长签发；由其他部门主办的，一般由分管部领导会签，重要事项要经过部务会讨论或向部长报告，如有必要应当送部长签发。

五十一、部领导审批签发文件应当表示明确的意见，并签署姓名和时间。

五十二、部内各司级单位要严格办文程序，保证公文质量，报送部里审批签发的文件必须经单位主要负责同志审核签字并实行双人校对制度。除以办公厅名义外，部机关各司级单位不得以司（局）的名义对外正式行文。因工作需要，经分管部领导批准，可以发函。

第十一章　请 示 报 告

五十三、对党中央、国务院重要会议、重大决策及有关人力资源和社会保障工作重要指示的贯彻落实情况、涉及人力资源和社会保障工作的重要情况和重大问题，要及时向党中央、国务院请示、报告。

五十四、部领导参加党中央、国务院的重要会议，需要其他部领导知晓的，要在会议结束后及时将会议精神通报其他部领导，有关文件由办公厅负责送部领导传阅。

部内各司级单位负责同志参加有关部门的会议，要及时将会议情况报分管部领导，重要事项要告办公厅。

五十五、部领导组团出访，按照有关规定报国务院审批。部年度外事计划报部务会审定。

五十六、按照国务院有关规定，部长出差，要向国务院领导报告。副部长出差，要事先向部长请示。部内各司级单位主要负责同志出差、出国、休假，要事先请示或报告，经分管部领导同意后，报部长批准，同时将出差往返时间、地点、联络方式告办公厅。部内各司级单位其他负责同志出差、出国、休假，由本单位主要负责同志向分管部领导报告。

第十二章　纪律和作风

五十七、坚决贯彻执行党和国家的路线方针政策以及工作部署，严格遵守纪律，有令必行，有禁必止。

五十八、坚决执行部党组的决定，如有不同意见可在部内提出，在没有重新作出决定前，不得有任何与部党组决定相违背的言论和行为；代表人力资源和社会保障部发表讲话或文章，个人发表涉及未经部党组研究决定的重大问题及事项的讲话或文章，事先必须经部党组同意。

五十九、发布涉及人力资源和社会保障部工作部署、与群众利益密切相关事项的信息，要经过严格审核，重大情况要及时向部领导报告。

六十、严格遵守保密纪律和外事纪律，严禁泄露国家秘密、工作秘密或因履行职责掌握的商业秘密等，坚决维护国家的主权、荣誉和利益。

六十一、做学习的表率，建设学习型机关。加强部党组领导班子思想政治建设，坚持中心组学习制度和民主生活会制度。通过举办双月报告会等方式，组织干部职工学习当代经济、科技、法律和现代管理等方面知识。

六十二、深入基层，调查研究，了解情况，指导工作，解决实际问题。下基层要轻车简从，减少陪同，简化接待。

六十三、部领导不为地方和有关社会团体的会议活动发贺信、贺电，不题词。因特殊需要发贺信、贺电和题词，一般不公开发表。部领导出席会议活动、下基层考察调研的新闻报道和外事活动安排，按照有关规定办理。

六十四、建立新闻发布制度，设立新闻发言人。部内重要新闻报道稿件由新闻宣传机构审核并报其分管部领导审定。重要新闻发布要报经部长同意。部内各司级单位发布新闻、代表人力资源和社会保障部接受采访或发表言论，需经新闻宣传机构审批或报部领导批准，未经批准，不得自行其是。

六十五、人力资源和社会保障部机关要进一步转变职能、管理方式和工作作风，推行电子政务，提高工作质量和效率，建立权责一致、分工合理、决策科学、执行顺畅、监督有力的行政管理体制，努力把人力资源和社会保障部建设成政治强、作风正、工作出色的机关。

六十六、国家外国专家局、国家公务员局的工作规则依据本规则制定。

人力资源和社会保障部关于印发二〇〇八年人力资源和社会保障工作要点的通知

人社部发［2008］6号

各省、自治区、直辖市人事厅（局）、劳动和社会保障厅（局），新疆生产建设兵团人事局、劳动和社会保障局，副省级城市人事局、劳动和社会保障局，国务院有关部门人事、劳动保障工作机构，部属各单位：

按照《国务院关于印发二〇〇八年工作要点的通知》（国发［2008］15号），人力资源和社会保障部在原人事部、劳动保障部下发的《2008年人事工作要点》（国人部发［2008］1号）、《2008年劳动和社会保障工作要点》（劳社部发［2008］1号）的基础上，按照统筹拟定人力资源管理和社会保障政策、健全公共就业服务体系、完善劳动收入分配制度、建立健全从就业到养老的服务和保障体系的要求，研究制定了《二〇〇八年人力资源和社会保障工作要点》，已经2008年4月3日人力资源和社会保障部第1次部务会通过，现印发给你们，请认真贯彻落实。

2008年是全面贯彻党的十七大精神的第一年，也是新一届政府的开局之年，人力资源社会保障制度改革和事业发展任务繁重，责任重大。各级人事、劳动保障部门要以高度负责的精神，深入贯彻落实科学发展观，认真履行职责，按照去年年底分别召开的全国人事厅局长会议、全国劳动和社会保障工作会议的安排部署，突出重点，统筹兼顾，继续扎实做好各项工作，确保完成全年人力资源和社会保障工作各项目标任务。

2008年4月8日

二〇〇八年人力资源和社会保障工作要点

2008年人力资源和社会保障工作的总体要求是：高举中国特色社会主义伟大旗帜，全面贯彻党的十七大精神，以邓小平理论和“三个代表”重要思想为指导，深入贯彻落实科学发展观，更好实施人才强国战略，大力促进就业再就业，加快完善社会保障体系，深入推进收入分配制度改革，加强公务员和人才队伍建设，做好劳动关系调整和权益保障工作，协调推动各项人力资源和社会保障工作取得新进展。

一、实施积极的就业政策，努力扩大就业

（一）全面完成就业再就业目标任务。层层分解“105145”的目标任务，逐级落实目标责任，按月通报目标任务完成情况。确保完成全国城镇新增就业1 000万人，下岗失业人员再就业500万人，就业困难人员就业100万人，城镇登记失业率控制在4.5%左右的目标。同时，指导各地努力完成农村劳动力转移就业的目标任务。

（二）落实积极的就业政策。贯彻实施《就业促进法》，认真落实《国务院关于做好促进就业工作的通知》（国发［2008］5号）。加强就业专项资金管理，提高资金使用效益。健全就业援助制度，及时帮助“零就业家庭”和就业困难人员就业，形成动态管理和长效机制。落实促进残疾人就业政策。推进充分就业社区建设。

（三）建立健全以创业带动就业的工作体系。贯彻以创业带动就业的方针，落实创业扶持政策，完善创业服务体系，提高创业成功率。鼓励自谋职业和自主创业，支持创办小型企业。做好100个重点联系城市的创业培训工作，总结交流各地的创业带动就业的工作经验。支持农民工回乡创业。

（四）加快建设城乡统一规范的人力资源市场。建立健全覆盖城乡的就业管理服务体系，完善县级以上和街道、乡镇、社区公共就业服务机构，增强服务功能和服务手段，制定服务标准，提高服务质量。开展再就业援助月、“春风行动”、民营企业招聘周、高校技校毕业生就业服务月等公共就业服务专项活动。继续组织实施“三支一扶”计划，完善就业见习制度，加快实施千家高校毕业生就业见习示范基地建设计划。加强人力资源市场规范管理，规范职业中介行为。加强就业管理，包括入境人员就业管理，完善就业登记和失业登记制度。进一步清理和取消针对农民工进城就业的歧视性规定和不合理限制，继续推进统筹城乡就业试点工作，促进形成城乡劳动者平等就业制度。

二、加强社会保险制度建设，完善社会保障体系

（五）做好社会保险扩面和基金征缴工作。以非公企业从业人员、个体工商户、灵活就业人员、农民工为重点加强扩面工作，确保今年年底基本养老保险参保人数达到20 800万人，职工基本医疗保险参保人数达到18 800万人（其中农民工参保人数为4 000万人），失业保险参保人数达到11 800万人，工伤保险参保人数达到12 800万人（其中农民工4 600万人），生育保险参保人数达到8 000万人。推动各项社会保险费统一征收，完善奖励机制，加强调度，确保2008年养老、医疗、失业、工伤、生育保险基金征缴收入分别达到6 900亿元、2 250亿元、430亿元、163亿元、87亿元。规范社会保险缴费基数，加强征缴稽核工作，探索利用计算机稽核软件开展稽核工作的新模式。全国养老保险费清欠150亿元。

（六）确保各项社会保险待遇按时足额支付。做好今年调整企业退休人员基本养老金工作，加强基金调度，确保企业退休人员基本养老金按时足额发放，巩固当期发放无拖欠的成果，并尽快补发历史拖欠。切实做好失业保险金标准调整和发放工作。保证医疗、工伤、生育保险待遇按规定支付与结算。

（七）加快推进城镇职工基本养老保险制度改革。完善社会统筹与个人账户相结合的企业职工基本养老保险制度，扩大做实个人账户试点；制定基本养老保险个人账户基金投资管理办法及相关配套政策。加快推进省级统筹。完善企业退休人员基本养老金正常调整机制。组织开展事业单位养老保险制度改革试点。研究提出解决未参保集体企业退休人员和城镇未就业老年居民养老保障问题的具体意见。规范企业年金制度，全面完成原有企业年金移交任务，推动企业年金发展。

（八）进一步完善医疗、生育保险制度。

多渠道筹集资金，努力解决关闭破产企业退休人员、困难企业职工和退休人员参加基本医疗保险问题。扩大城镇居民基本医疗保险试点范围，今年试点城市达到全国城市总数的50%以上，指导有条件的地区探索门诊费用统筹办法，做好试点评估工作。完善医疗保险用药管理、诊疗项目管理和结算办法，探索建立相应的质量控制与考核标准，开发医疗保险医疗服务管理技术标准。研究各项医疗保障制度的政策衔接和城乡统筹。协同做好医药卫生体制改革的相关配套工作。继续推进生育保险工作。

（九）进一步完善失业保险制度。建立健全失业保险金标准正常调整机制。研究制定失业人员在领取失业保险金期间参加基本医疗保险办法。建立失业预警和失业动态报告制度，发布失业动态信息，加强失业预防和失业调控。制定和完善企业关闭破产、淘汰落后产能和节能减排中的职工安置政策。继续推动东部地区扩大失业保险基金支出范围试点工作，加大失业保险促进就业力度。

（十）继续推进工伤保险制度建设。完善工伤保险法规政策和标准体系，逐步提高工伤保险待遇。加强工伤认定和劳动能力鉴定工作。规范工伤医疗服务，推行工伤医疗协议管理。扩大工伤预防和工伤康复试点工作。积极稳妥地解决好“老工伤”问题。

（十一）探索建立农村社会养老保险制度。全面完成农村社会养老保险基金审计、整改和机构移交工作。制定新型农村社会养老保险工作的指导意见并组织开展试点。落实被征地农民社会保障政策，完善相关政策和实施办法，严把被征地农民社会保障审核关，规范被征地农民社会保障业务和基金管理，切实做到即征即保。

（十二）加强社会保险基金监督检查。组织开展社会保险基金专项治理和做实企业职工基本养老保险个人账户基金专项检查工作。完善基金管理流程和社会保险经办机构内部控制制度，建立内控运行情况评价体系，实现对各项业务、各个环节的全程监控。建立和推进社会保险信息披露制度。推动社会保障监督委员会建设，充实监督机构力量。完成社保基金审计查出问题的整改工作。完善配套政策，加强对企业年金和全国社会保障基金的监管。

（十三）加强社会保险经办管理能力建设。规范和完善各项社会保险经办工作的业务流程、管理服务标准和技术业务标准。建立和完善养老、医疗、失业、工伤、生育保险的全国联网监测指标体系。逐步建立省级基本养老保险基金年度精算报告制度，研究启动医疗保险精算分析，出台社会保险业务档案管理的指导意见。继续加强街道社区劳动保障工作平台建设，指导街道社区工作人员开展社会保险咨询、参保登记、受理医疗费用报销申请等工作。开展养老护理员职业能力认证工作，将符合条件的养老护理员纳入公益性岗位补贴范围，开展养老护理服务试点和退休人员公寓建设试点。开展农民工养老保险费征缴、支付和转移工作试点和完善社会保险费征管方式试点。积极推进社会保障服务中心建设试点，继续做好经办机构人员培训，办好中国社会保障论坛。组织开展中国社会保障发展战略研究。

三、深化收入分配制度改革，增加城乡居民收入

（十四）完善公务员工资制度。制定级别与工资等待遇适当挂钩、向县乡党政主要领导实行工资倾斜的具体办法。研究建立公务员与企业相当人员工资水平的调查比较制度，健全完善公务员工资水平正常增长机制。继续配合有关部门做好规范津贴补贴工作。根据物价上涨实际情况，研究公务员工资标准调整问题。抓紧研究建立地区附加津贴制度。加大对虚报冒领工资问题的监督检查力度。

（十五）深化事业单位收入分配制度改革。结合规范事业单位津贴补贴工作，研究制定事业单位绩效工资分配政策。完善和落实教师工资、津贴补贴制度。进一步做好义务教育学校教师工资待遇保障工作，抓紧研究制定义务教育学校教师实施绩效工资的政策并组织实施。研究拟定规范机关事业单位特殊岗位津贴补贴管理办法。抓紧研究事业单位专业技术人员兼职兼薪管理办法、高层次人才激励机制和主要领导激励约束机制等改革配套政策。

（十六）做好企业工资分配工作。及时发布工资指导线、劳动力市场工资指导价位及行业人工成本信息。健全并落实最低工资制度，及时调整最低工资标准特别是最低小时工资标准，加强对企业贯彻落实最低工资制度情况的监督检查，着力提高低收入劳动者的收入。建立企业职工工资正常增长机制，推动企业建立工资集体协商制度，合理确定劳动者工资水平。继续做好解决企业工资历史拖欠工作，建立预防和解决拖欠工资问题的长效机制。改革国有企业工资总额管理办法，加强对垄断行业企业工资监管，继续加强对高收入企业工资内外收入的监督检查工作。

四、深入实施《公务员法》，加强公务员队伍建设

（十七）完善公务员制度。加大《公务员法》配套法规建设力度，出台公务员调任、职务升降与任免、奖励、培训、申诉、新录用公务员任职定级等法规规章，调研起草公务员辞职辞退、回避、录用违纪处理、日常登记管理等法规政策。总结试点经验，进一步扩大公务员分类管理试点范围，及时启动专业技术类、行政执法类和聘任制公务员管理规定的论证起草工作。会同有关部门健全公务员纪律惩戒法规政策体系。探索建立全国统一、科学规范的行政执法人员资格制度。

（十八）做好实施《公务员法》入轨收尾工作。加强指导，妥善处理公务员登记中的遗留问题。强化公务员日常登记管理。按照规定的权限和程序，严把职能和经费两个条件，稳慎推进参照管理工作，不搞绝对的上下对应。6月底前，各省（区、市）原则上完成市、县参照管理的集中审批工作。认真研究参照管理相关政策和人员管理办法，加强对各级参照管理单位《公务员法》实施工作的指导。抓紧建立行政机关公务员管理信息系统。

（十九）加强公务员队伍建设。坚持“凡进必考”，推进依法考录、公平考录、科学考录。完善从基层机关选拔优秀公务员机制，做好省级以上机关录用具有基层工作经历人员的工作，注意从基层和生产一线选拔优秀干部充实各级党政领导机关，加大县乡机关招录高校毕业生力度。做好中央机关和各地公务员考录工作，严肃考风考纪，确保考试安全。贯彻落实《“十一五”行政机关公务员培训纲要》，继续大规模培训公务员，启动基层公务员轮训工程，加强公务员对口培训，进一步深化公务员“四类”培训。继续开展公务员行为规范和职业道德教育实践活动，研究制定推进公务员职业道德建设指导意见。大力弘扬公务员精神，深入开展做人民满意公务员活动。贯彻实施《行政机关公务员处分条例》和《公务员考核规定》，加强指导和监督检查。研究建立国家荣誉制度和政府奖励制度框架，启动行政奖励法、国家勋章法的研究论证工作。

（二十）探索推行政府绩效管理制度。研究建立科学合理、简便易行的政府绩效评估指标体系框架。扩大联系点范围，召开经验交流会。起草国务院关于开展政府绩效评估工作的试行意见。

五、实施人才强国战略，加强专业技术人才、技能人才和农村实用人才队伍建设

（二十一）加强高层次创新型人才工作。完善有突出贡献专家选拔制度，大力选拔培养领军人才及其创新团队。做好享受政府特殊津贴人员选拔工作，将高技能人才纳入选拔范围。加大新世纪百千万人才工程国家级人选的培养力度。组织专家服务团，为地方经济社会发展服务。实施高层次留学人才集聚计划，将我部实施的有关工作项目，纳入中组部牵头的高层次留学人才吸引计划，在重点领域、重大专项、重大关键技术等战略性顶尖人才引进上取得突破。落实留学人才回国创业启动支持计划，稳步发展留学人员创业园。推进智力报国

计划，吸引更多留学人员以各种形式为国服务。出台构建留学人员回国服务体系的意见。做好增设博士后科研工作站工作，推进博士后工作分级管理体制改革，开展博士后评估工作。研究制定专业技术人员继续教育条例，深入实施专业技术人才知识更新工程。落实新疆少数民族科技骨干特殊培养年度计划，统筹研究西部其他地区少数民族专业技术人员的培养工作。继续实施青海三江源人才工程。进一步做好发挥离退休专业技术人员作用工作。

（二十二）全面推进事业单位人事制度改革。抓紧制定事业单位人事管理暂行条例，争取上半年出台。完成事业单位岗位设置管理实施意见和方案的备案、核准和实施工作。制定事业单位专业技术一级岗位实施办法，完成首批人员岗位确定工作。加快推进事业单位聘用制度，争取今年在全国事业单位基本完成聘用制推行工作。总结事业单位进人督导检查工作，完善公开招聘制度，研究制定公开招聘的实施意见，进一步规范事业单位进人行为。根据加快推进事业单位分类改革的精神，分类推进事业单位人事制度的配套改革。按照急需先建的要求，抓紧出台单项政策法规，制定事业单位工作人员奖励暂行规定和处分暂行规定。研究事业单位工作人员竞聘上岗规定，修订《事业单位聘用合同（范本）》。建立与聘用制和岗位管理制度相适应的考核制度。

（二十三）深化职称和职业资格证书制度改革。研究制定深化职称制度改革的意见。会同教育部研究出台深化中小学教师职称改革意见，建立统一的中小学教师职称制度，研究解决优秀教师晋升高级职称问题。加快推进工程师制度改革，促进国际互认；研究解决工程技术系列设置正高级职称问题。完善评价标准，创新评价办法，探索建立面向全社会的专业技术人才评价平台和技能人才多元评价体系。扩大专业技术人员外语应用能力测试试点。继续在市场急需、作用突出、条件成熟的领域建立职业资格证书制度，加强新职业评审发布、国家职业标准制定和国家题库、职业资格考试、鉴定等工作。会同有关部门全面清理规范各类职业资格的设置、考试、培训、发证等活动。

（二十四）加强技能人才队伍建设。贯彻落实《关于进一步加强高技能人才工作的意见》，实施“新技师培养工程”，依托高级技工学校、技师学院等职业院校和大中型企业，建设一批国家级高技能人才培养示范基地，全年新增38万技师、高级技师。深入推进校企合作，启动技工院校一体化教学改革试点。指导有条件的地区建立面向社会的公共实训基地。组织实施“5+1”计划行动，全面推进再就业培训、创业培训和农民工转移就业培训。建立健全劳动预备制度，推进城乡“两后生”职业技能培训和职业技能鉴定。组织开展第九届中华技能大奖和全国技术能手评选表彰工作。

（二十五）加强农村实用人才队伍建设。贯彻落实《关于加强农村实用人才队伍建设和农村人力资源开发的意见》，加强农村实用人才和农村人力资源开发，开展农村实用人才培训、认定标准、职称评定、人才项目推介等工作，健全完善农村实用人才公共服务体系。实施“新农村实用人才培训工程”，开展全国农村优秀人才表彰活动。

六、加强劳动关系协调、权益保障和农民工工作，发展和谐稳定的劳动关系

（二十六）全面推进劳动合同制度建设。认真贯彻《劳动合同法》，加大宣传工作力度，制定完善配套法规和政策，督促各类企业同劳动者依法签订并履行劳动合同。继续推进劳动合同制度实施三年行动计划，开展农民工劳动合同签订“春暖行动”。加强对企业用工管理的指导和服务，提高企业劳动合同管理水平。加快建立劳动用工备案制度，实现对劳动合同签订等企业用工情况的宏观监管。切实做好国有企业改革中劳动关系处理和关闭破产企业职工安置工作。

（二十七）全面推进集体合同制度建设。全面实施集体合同制度覆盖计划，以工资集体协商为重点，用五年左右的时间在已建工会的企业普遍建立集体协商制度，在未建工会的非公有制中小企业集中的区域建立区域性、行业性集体协商制度，使集体合同制度基本覆盖各类企业。研究完善集体协商规则，加强集体协商主体建设。

（二十八）扎实推进劳动、人事争议处理与和谐劳动关系创建工作。贯彻实施《劳动争议调解仲裁法》，建立完善劳动、人事争议调解仲裁规则，制定劳动、人事仲裁员管理办法。加强劳动、人事争议调解仲裁机构建设，加强调解员、仲裁员专业培训。建立健全劳动关系工作体系，制定发展和谐劳动关系的指导意见，完善劳动关系利益协调机制、纠纷调处机制和监察执法机制。继续推进创建劳动关系和谐企业、工业园区活动，并将创建活动扩展到社区和乡镇。

（二十九）加快立法步伐。配合全国人大常委会做好《社会保险法》草案的修改审议工作，争取早日颁布。配合国务院法制办组织起草《劳动合同法实施条例》《人力资源市场条例》《公务员工资条例》《企业工资条例》《职业技能培训条例》《职业资格条例》《人事争议处理条例》等，研究修订《工伤保险条例》《失业保险条例》《女职工劳动保护规定》等行政法规。研究制定《职工带薪年休假条例实施办法》《基本养老保险关系跨省转移接续办法》《农民工养老保险办法》《工伤认定办法》等部门规章。

（三十）加大监察执法力度。开展劳动保障监察执法年活动，强化日常主动检查，加大对投诉举报案件查处力度。组织开展规范人力资源市场秩序、农村地区“四小”企业用工情况和《劳动合同法》实施情况专项检查。完善企业劳动保障守法诚信制度。全面推广劳动保障监察“网络化”管理，对城镇企业劳动用工情况进行动态监管，将乡村用工单位和个人纳入监察覆盖范围。加强监察机构建设，充实专职监察力量，发展兼职监察员、监察协管员，形成覆盖城乡的劳动保障监察组织网络。加强行政执法监督和行政复议、行政应诉工作，健全行政许可、行政审批各项制度。做好“五五”普法工作。

（三十一）落实解决农民工问题的政策措施。进一步加强对农民工的技能培训和就业服务。依法查处拖欠和克扣农民工工资等违法行为，建立防止新欠和治理拖欠农民工工资问题的支付保障机制。继续实施“平安计划”，基本实现全部煤矿、非煤矿山企业和大部分建筑施工企业农民工参加工伤保险，推进商贸、餐饮、住宿等服务业和中央企业农民工参加工伤保险。继续开展农民工参加医疗保险扩面行动，研究解决农民工参加不同医疗保险制度之间的衔接问题。组织开展全国优秀农民工及农民工工作先进集体表彰活动。协调督促今年农民工工作在工资支付、劳动管理、培训就业、社会保险、公共服务、权益维护、文化生活和机制建设等八个方面任务的落实。

七、认真落实中央政策规定，进一步做好军转安置工作

（三十二）认真完成安置计划。加大工作力度，确保今年军转安置任务圆满完成。进一步拓宽安置渠道，在坚持指令性计划的基础上，规范分配办法。继续把师团职干部作为安置重点。对功臣模范和在艰苦边远地区、特殊岗位服役的干部按政策规定予以照顾安置。采取积极措施，引导转业干部到基层和企业事业单位工作。

（三十三）完善自主择业军转干部管理服务体系。研究探讨自主择业军转干部有关政策性问题。加强自主择业军转干部管理服务机构建设。总结交流各地自主择业军转干部管理服务工作经验。宣传优秀自主择业军转干部先进事迹。

（三十四）加强军转干部教育培训工作。按照“学用结合、按需施教、注重实效”的原则，加强对军转培训工作的规划和指导。探索开展转业干部在部队期间的培训，推进军转培训工作“前移”。把适应性培训和专业培训

结合起来，逐步增加专业培训的比重和分量。总结推广自主择业培训改革试点工作经验。研究拟定军转干部教育培训大纲。积极探索建立多渠道、多形式军转教育培训体系。实施远程教育工程。

（三十五）继续做好企业军转干部解困稳定工作。继续抓好解困政策的落实，做好宣传教育工作。建立完善定期形势分析制度，加强预测预防。加强思想工作骨干队伍。落实“五包”责任制，切实做好转化工作，巩固企业军转干部解困和稳定工作取得的成效。

八、围绕经济社会发展需求，进一步做好引进国外智力工作

（三十六）加大引智工作力度。围绕新农村建设、转变经济发展方式和产业结构优化升级、能源资源节约和生态环境保护等，大力引进海外高层次人才和紧缺人才。着力抓好出国（境）培训，重点围绕“三支队伍”建设和“两类人才”培养，优先安排培训项目。

（三十七）完善引智成果示范体系。继续建立一批引智示范基地、示范单位，做好引智“十大精品工程”等有重大影响的品牌项目，树立有突出贡献的外国专家典型，不断扩大引智成果。

（三十八）加强引智工作分类指导。针对各地区经济社会发展战略重点、主导产业和特色经济等方面的不同需求，制定实施项目、经费、奖励、管理等一系列新的政策措施，加强分类指导，整合引智资源。加强引智公共服务工作，进一步修改完善引智法规，加强信息服务，推进国际人才市场建设。

九、统筹兼顾，全面推进其他各项工作

（三十九）进一步做好规划和统计工作。落实劳动保障事业发展“十一五”规划纲要，建立规划发展目标责任体系，开展中期评估，实施 2008 年劳动保障事业发展计划。落实《关于贯彻落实“十一五”规划纲要，加强人才队伍建设的实施意见》，会同有关部门编制《全国人才队伍建设中长期规划纲要》，研究建立人才强国战略指标体系。完善统计工作制度，改进统计调查方法，完善统计标准体系，加强统计分析工作。拓宽统计工作渠道，做好机关事业单位人员工资统计、公有经济企事业单位管理人才及专业技术人才统计工作，继续开展城镇居民和农民工劳动保障基本情况调查。配合有关部门做好劳动力调查、经济普查、服务业统计和农民工统计监测等工作。

（四十）加快金保工程建设步伐。加快省市两级数据中心建设，实现部省市三级网络贯通。加强全国统一应用软件的开发和应用工作，建立跨地区业务交换平台，逐步实现对各项业务工作、服务人群、信息功能和管理服务机构网络应用的全覆盖，加强数据质量管理监督。完成金保工程一期项目的建设任务并组织评估验收，开展金保工程二期项目的设计、论证和立项工作。

（四十一）加强政务公开、新闻宣传和报刊出版等工作。贯彻即将实施的《政府信息公开条例》，认真落实和制定相关配套措施。全面推动政务公开办法和制度的落实。进一步拓宽信息渠道，加强政务信息采编和报送工作。整合宣传资源，形成工作合力，推进大宣传格局建设。充分发挥各级网站、电话咨询中心和媒体的作用，宣传人力资源和社会保障政策和工作进展情况。继续落实定时定点新闻发布制度，做好政策宣传和典型宣传工作，营造良好的舆论环境。继续做好报刊和图书出版发行工作。

（四十二）积极开展国际交流与合作。积极开展和促进多双边高层互访，落实多双边合作谅解备忘录。继续做好已有国际项目实施工作，加强项目管理，积极开拓新的国际合作领域和合作项目，进一步加强与国际劳工组织及其他国际组织和机构的合作，促进国际劳工公约的批准和实施。加强境外就业行为规范与管理，拓展境外就业合作渠道，开拓民间和非政府国际交流与合作，保护境外就业人员合法权益。积极参与自由贸易协定谈判。认真做好与

港澳台的交流与合作工作。进一步拓展和加强国际职员工作。做好各类出国培训、考察团组的组织、管理工作。

（四十三）加强重大问题研究。围绕重点工作及热点难点问题深入开展调查研究，逐步建立常态化、规范化的调研工作机制。加强标准化工作，推动人力资源和社会保障管理服务的科学化、规范化。积极发挥各级科研院所和学会、协会、研究会学术理论和学术研究作用。

（四十四）切实加强信访维稳工作。贯彻《国务院信访工作条例》，落实维稳工作预案，做好矛盾纠纷排查化解工作。进一步加强突发事件应急处理工作，提高应对突发事件的能力，妥善处置群体性突发事件，探索建立维稳长效工作机制。继续做好部分军队退役人员劳动保障政策落实工作。

十、加强干部队伍建设，进一步夯实工作基础

（四十五）做好人力资源和社会保障部及国家公务员局组建工作。按照深化行政管理体制改革和国务院机构改革方案的要求，科学设置机构、界定职责，建立职能有机统一的新的运行机制，确保达到理顺职责关系、优化组织结构、规范机构设置、完善运行机制、提高行政效能的目标。

（四十六）深入学习贯彻党的十七大精神。加强领导，精心组织，不断把学习贯彻十七大精神活动引向深入。加强政治理论学习，用中国特色社会主义理论体系武装党员干部。坚持学以致用，按照十七大对人力资源和社会保障工作提出的新任务、新要求，研究提出贯彻落实的具体措施，真正做到用十七大精神武装头脑、指导实践、推动工作。

（四十七）加强机关党建工作。按照中央统一部署，今年第四季度开展深入学习实践科学发展观活动。进一步巩固和发展先进性教育成果，落实机关党建工作责任制。按照“建设一流队伍、培育一流作风、创造一流业绩”的要求，抓好基层党组织和党员队伍建设。

（四十八）继续加大干部教育培训力度。与中央组织部、国家行政学院联合举办省部级领导干部促进就业与建立和谐劳动关系专题研讨班，组织对新任厅局长的培训。加强培训教材、师资库等基础建设，探索远程教育培训模式。进一步规范办班管理体制，加强办班管理，提高培训质量。

（四十九）加强反腐倡廉建设。落实中纪委二次全会和国务院廉政工作会议精神，健全完善惩治和预防体系，加强领导干部廉洁自律工作，提高党员干部拒腐防变能力。加强对权力运行的制约监督，对重点工作部位、环节、岗位实施严格监管，推进行风建设和专项治理工作。

人力资源和社会保障部　国家发展和改革委员会　公安部　监察部　教育部　民政部　财政部　国家工商行政管理总局关于贯彻《国务院办公厅关于清理规范各类职业资格相关活动的通知》的通知

人社部发［2008］8号

各省、自治区、直辖市人事、劳动保障、发展改革、物价、公安、监察、教育、民政、财政、工商管理厅（局、委），国务院各部委、各直属机构人事、劳动保障等工作机构：

根据《国务院办公厅关于清理规范各类职业资格相关活动的通知》（国办发［2007］73号，以下简称国办73号文件）精神，为切实做好各类职业资格的清理规范工作，现就有关问题通知如下：

一、高度重视，认真贯彻国办73号文件精神

针对近年来我国职业资格证书制度在实施过程中存在的一些突出问题，国务院决定集中开展各类职业资格相关活动清理规范工作。各地区、各部门要认真学习、深刻领会国办73号文件精神，把思想认识统一到国务院的要求上来。要按照维护公共利益、社会秩序和各类人才合法权益的要求，从树立政府良好形象和构建社会主义和谐社会的高度，充分认识做好各类职业资格相关活动清理规范工作的重要性、必要性，严格按照国务院的总体部署和要求，抓紧抓好落实工作。

二、严格要求，全面深入开展清理规范工作

（一）清理规范内容。各地区和各部门要按照管辖范围和职责权限，全面清查本行政区域和本系统各类职业资格相关活动的情况，包括资格设置、资格类别、实施机构、资格相关培训、资格证书印制和发放等工作情况。对于各类行业协会、学会等社会团体面向社会设置或组织实施的职业资格及相关考试、鉴定、发证等活动，由其业务主管单位负责清理规范，民政部门配合。对于企业面向社会设置或组织实施的职业资格及相关考试、鉴定、发证等活动，由所在地区负责清理规范。

（二）清理规范方法。各地区、各部门要在摸清情况的基础上，分步、分类开展清理规范工作。一是对于清理出来的各类职业资格，必须认真提出保留、归并、调整或取消的意见。对清查中发现的没有法律、行政法规或国务院决定为依据设置的行政许可类职业资格及相关考试、发证等活动，以及国务院各部门、各直属机构、各直属事业单位及下属单位、全国性行业协会、学会等社会团体，地方各级人民政府及有关部门和单位自行设置的非行政许可类职业资格，原则上都应立即停止。对确需保留的，经国务院人力资源和社会保障部门会同有关部门审批后纳入国家统一管理，并向社会发布公告，再按照相关规定组织实施。二是各类企业自行开展的冠以职业资格名称的相关活动应立即停止。三是要全面检查本行政区域、本系统内组织实施的各类职业资格考试、鉴定活动，特别是考试、鉴定重要环节的组织实施工作，发现问题及时纠正，确保公平公正，严格有序。四是对举办考试、鉴定活动的单位（机构）与职能不一致、使用含义模糊的名称或假借行政机关名义开展的考试、鉴定活动，要立即停止或予以纠正。五是对违法违规印制、滥发证书等活动，依法予以严肃查处。六是对强制开展的考前培训、以考试为名推行的各种培训、超越职能范围或不按办学许可证规定举办的各种培训，坚决进行查处。对在培训活动中进行的虚假宣传等，及时予以纠正。七是按照国家和地方有关收费政策，对各类职业资格相关活动收费情况进行认真检查，发现问题及时纠正和处理。

对在我国境内开展的境外各类职业资格相关活动，人力资源和社会保障部按照国办 73 号文件要求，另行制定具体管理办法，报国务院批准。

（三）清理规范结果处理。各地区和各部门在对本行政区域和本系统各类职业资格相关活动清理规范的基础上，按照专业技术人员职业资格和技能人员职业资格两类情况分别作出总结，并汇总形成本地区或本部门清理规范各类职业资格相关活动的工作总结，认真填写《职业资格清理规范情况统计表》（见附件 1）。按照国办 73 号文件要求，由国务院各有关部门和各省、自治区、直辖市人民政府将工作总结和《职业资格清理规范情况统计表》报送人力资源和社会保障部，抄报发展改革委、公安部、监察部、教育部、民政部、财政部、工商总局。工作总结主要内容：一是基本情况；二是处理意见；三是规范发展意见。具体包括：本行政区域或本系统开展各类职业资格相关活动基本情况；清理规范过程中采取的主要措施、取得的成效；对每一个职业资格明确提出保留、取消、停止、调整或归并的处理意见；详细说明各类职业资格名称、类型、设置依据、设置部门（或单位）、实施部门（或单位）、实施时间和已获得资格人数、涉及范围、证书名称及需要上报人力资源和社会保障部统筹研究进行调整、审批并予以公告的理由；下一步规范发展的意见。

人力资源和社会保障部在各地区和各部门报送清理规范工作总结的基础上进行汇总，并会同有关部门提出处理意见。对批准保留的专业技术人员职业资格和技能人员职业资格分期分批向社会发布公告。凡未经批准和向社会公告的职业资格，今后一律不得开展相应的考试、鉴定、培训、发证等活动。

（四）清理规范时限要求。2008 年 6 月 30 日前，各地区和各部门要完成本行政区域和本系统各类职业资格相关活动的清理规范工作，并上报工作总结和《职业资格清理规范情况统计表》。

各地区、各部门要在清理规范工作的基础上，按照统一规划、规范设置、分类管理、有序实施、严格监管的要求，采取各种有效措施，建立健全各类职业资格健康有序发展的长效机制。

三、明确职责，分工合作做好清理规范工作

各地人事、劳动保障部门要在省级政府统一领导下，切实承担好清理规范的牵头工作，会同本地区相关部门组织实施好各类职业资格清理规范的相关工作；各地财政和价格部门负责全面清理各类职业资格考试、鉴定、培训、发证等收费活动，查处和纠正各种违规收费行为；各地工商部门负责查处各类违法广告、虚假宣传、超范围经营行为；各地公安部门负责依法查处伪造、变造或者买卖公文、证件、证明文件、印章和冒用职业资格之名进行欺诈等各类违法犯罪行为；各地民政部门和各有关业务主管单位要对社会团体开展的有关活动加强指导和监督；各地监察部门要加强监督检查，并对监察对象的违纪违法行为进行查处。

国务院各部门、各直属机构人事（劳动）司（局）负责本部门、本系统各类职业资格相关活动的清理规范工作。

四、加强领导，确保清理规范工作取得实效

人力资源和社会保障部牵头，会同发展改革委、公安部、监察部、教育部、民政部、财政部、工商总局建立职业资格清理规范工作协调机制，共同负责清理规范工作。人力资源和社会保障部设立专业技术人员职业资格清理规范工作办公室和技能人员职业资格清理规范工作办公室，分别负责专业技术人员和技能人员各类职业资格的清理规范工作。

各地区、各部门要切实加强对清理规范工作的领导，按照国务院的总体部署和本通知的要求，组织专门力量，周密部署，确保各项工作任务落到实处，切实完成好这次清理规范工作。在清理规范工作中遇到问题请及时与清理规范工作办公室联系。

附件：1．职业资格清理规范情况统计表（略）

2．职业资格清理规范工作办公室联系人及联系方式（略）

2008 年 4 月 3 日

人力资源和社会保障部　中华全国总工会关于表彰全国工会系统先进集体和先进工作者的决定

人社部发［2008］14 号

各省、自治区、直辖市人事厅（局）、劳动保障厅（局）、总工会：

近年来，全国工会系统广大干部职工在党的领导下，以邓小平理论和“三个代表”重要思想为指导，深入贯彻落实科学发展观，坚定不移地走中国特色社会主义工会发展道路，围绕中心，服务大局，团结动员广大职工积极投身于改革开放和社会主义现代化建设，为推动科学发展、促进社会和谐作出了积极贡献，涌现出一大批先进集体和先进工作者。

为表彰先进，弘扬正气，大力弘扬劳模精神，在全社会形成尊重劳动、尊重知识、尊重人才和尊重创造的时代风尚，调动广大工会工作者的积极性，人力资源和社会保障部、中华全国总工会决定，授予北京市顺义区总工会等 32 个单位“全国工会系统先进集体”荣誉称号；授予王德福等 95 名同志“全国工会系统先进工作者”荣誉称号，享受省部级劳动模范和先进工作者待遇。希望受表彰的先进集体和个人珍惜荣誉，谦虚谨慎，发扬成绩，再立新功。

各级工会组织和广大工会工作者要以受表彰的先进集体和个人为榜样，紧密团结在以胡锦涛同志为总书记的党中央周围，全面贯彻党的十七大精神，高举中国特色社会主义伟大旗帜，坚定不移地走中国特色社会主义工会发展道路，认真贯彻“组织起来、切实维权”的工作方针，树立和落实以职工为本、主动依法科学维权的中国特色社会主义工会维权观，全面履行工会各项职能，不断推动工会工作的创新发展，团结动员广大职工为夺取全面建设小康社会新胜利，开创中国特色社会主义事业新局面而努力奋斗。

附件：1. 全国工会系统先进集体名单（略）

2. 全国工会系统先进工作者名单（略）

2008 年 4 月 28 日

人力资源和社会保障部关于印发《公务员申诉规定（试行）》的通知

人社部发［2008］20号

各省、自治区、直辖市党委组织部、政府人事厅（局），中央和国家机关各部委、各人民团体干部（人事）部门，新疆生产建设兵团党委组织部、人事局：

现将《公务员申诉规定（试行）》印发给你们，请结合实际认真贯彻执行。在实施中有何问题和建议，请及时报告中央组织部、人力资源和社会保障部。

2008年5月14日

公务员申诉规定（试行）

第一章　总　　则

第一条　为了保障公务员的合法权益，依法处理公务员的申诉，规范公务员的管理，促进机关依法行使职权，根据公务员法，制定本规定。

第二条　公务员对涉及本人的人事处理不服，可以按照本规定申请复核或者提出申诉。

法律法规对法官、检察官的申诉另有规定的，从其规定。

对领导成员的申诉，由主管机关按照有关规定办理。

第三条　处理公务员的申诉，应当坚持合法、公正、公平、及时的原则，依照法定的权限、条件和程序进行。

第四条　公务员提出申诉，应当实事求是，不得捏造事实，诬告、陷害他人。

第五条　复核、申诉期间不停止人事处理的执行。

公务员不因申请复核、提出申诉而被加重处理。

第六条　受理公务员申诉的机关应当组成公务员申诉公正委员会，负责受理和审理公务员的申诉案件。

公务员申诉公正委员会在决定受理申诉案件后，应当对案件事实、适用法规、工作程序等进行全面审议，并向受理机关提出明确的审理意见。

公务员申诉公正委员会一般由受理机关中相关工作机构的人员组成。必要时，可以吸收其他机关的有关人员参加。公务员申诉公正委员会的组成人数应当是单数，主任一般由主管公务员申诉工作的机关负责人或者负责处理公务员申诉的工作机构负责人担任。

第七条 公务员申诉公正委员会委员和处理公务员复核、申诉的工作人员，根据有关规定需要回避的，本人应当申请回避；利害关系人也有权要求其回避。

公务员申诉公正委员会委员和工作人员的回避，由受理机关负责人决定。回避决定作出前，相关人员应当暂停参与调查和审理。

第二章 管 辖

第八条 公务员对涉及本人的人事处理不服的复核，由原处理机关管辖。

第九条 公务员对本人所在机关作出的人事处理不服的申诉，由同级公务员主管部门管辖。

公务员对同级公务员主管部门作出的申诉处理决定不服的再申诉，由本级党委、人民政府或者上一级公务员主管部门管辖。其中，对省、自治区、直辖市公务员主管部门作出的申诉处理决定不服的再申诉，按照管理权限由省、自治区、直辖市党委和人民政府管辖。

第十条 县级以下机关公务员对县级、乡镇党委和人民政府作出的人事处理不服的申诉，由上一级公务员主管部门管辖；对公务员主管部门作出的申诉处理决定不服的再申诉，由本级党委、人民政府或者上一级公务员主管部门管辖。

第十一条 中央垂直管理部门省级以下机关公务员对人事处理不服的申诉，由上一级机关管辖。对申诉处理决定不服的再申诉，由作出申诉处理决定的机关的上一级机关管辖。

第十二条 省以下垂直管理部门公务员申诉的管辖，参照本规定第十一条的规定执行。其中，对省垂直管理机关作出的申诉处理决定不服的再申诉，由省、自治区、直辖市人民政府管辖。

第十三条 行政机关公务员对行政监察机关作出的处分决定不服的申诉，由行政监察机关按照管理权限管辖。

行政机关公务员对任免机关作出的处分决定不服，向公务员主管部门或者行政监察机关申诉的，由受理机关管辖。行政机关公务员不得同时向公务员主管部门和行政监察机关提出申诉。

行政机关公务员对处分不服向行政监察机关申诉的，按照《中华人民共和国行政监察法》的规定办理。

第三章 申请与受理

第十四条 公务员对涉及本人的下列人事处理不服，可以申请复核或者提出申诉、再申诉：

（一）处分；

（二）辞退或者取消录用；

（三）降职；

（四）定期考核定为不称职；

（五）免职；

（六）申请辞职、提前退休未予批准；

（七）未按规定确定或者扣减工资、福利、保险待遇；

（八）法律、法规规定可以申诉的其他情形。

前款第（七）项所称“规定”，是指“国家规定”。

第十五条 公务员申请复核，应当自知道人事处理之日起三十日内提交书面申请。在复核决定作出前，申请复核的公务员不得提出申诉。

第十六条 公务员对复核结果不服的，应当自接到复核决定之日起十五日内提出申诉；也可以不经复核，自知道人事处理之日起三十日内直接提出申诉。

公务员对申诉处理决定不服的，应当自接到申诉处理决定之日起三十日内提出再申诉。

第十七条 公务员提出申诉和再申诉，应当提交申诉书，同时提交原人事处理决定、复核决定或者申诉处理决定等材料的复印件。

申诉书应当载明下列内容：

（一）申诉人的姓名、单位、职务、联系

方式、住址及其他基本情况；

（二）被申诉机关的名称；

（三）申诉的事项、理由及要求；

（四）提出申诉的日期。

第十八条 因不可抗力等正当理由在规定的期限内未能申请复核和提出申诉、再申诉的，经受理机关批准可以延长期限。

第十九条 复核、申诉、再申诉应当由受到人事处理的公务员本人提出；如本人丧失行为能力或者死亡，可以由其近亲属代为提出。

第二十条 受理机关应当对申请人提出的申诉、再申诉是否符合受理条件进行审查，在接到申诉书之日起三十日内，作出受理或者不予受理的决定，并以书面形式通知申请人。不予受理的，应当说明理由。

第二十一条 符合以下条件的申诉、再申诉，应予受理：

（一）申请人符合本规定第十九条的规定；

（二）申诉、再申诉事项属于本规定第十四条规定的受理范围；

（三）在规定的期限内提出；

（四）属于受理机关管辖；

（五）申诉材料齐备。

凡不符合上述条件之一的申诉、再申诉，不予受理。

申诉材料不齐备的，应当及时告知申请人，限期十五日内补正。申请人按照要求补正全部材料的，应予受理。

第二十二条 在处理决定作出前，申请人可以提出撤回复核、申诉和再申诉的申请，申请应当以书面形式提出。

受理机关在接到申请人关于撤回复核、申诉和再申诉的书面申请后，可以决定终结处理工作，并以书面形式告知申请人和被申诉机关。

第四章 审理与决定

第二十三条 原处理机关在接到复核申请书后，应当在三十日内作出维持、撤销或者变更原人事处理的复核决定，并以书面形式通知申请人。

第二十四条 受理申诉和再申诉的机关应当自决定受理之日起六十日内作出处理决定。案情复杂的，可以适当延长，但是延长时间不得超过三十日。

第二十五条 受理机关对涉及公务员申诉、再申诉事项，有权进行调查。调查应当由2名以上工作人员进行。接受调查的机关和个人应当如实提供情况。

第二十六条 公务员申诉公正委员会应当根据调查情况对下列事项进行审议：

（一）原人事处理认定的事实是否存在、清楚，证据是否充分；

（二）原人事处理适用法律、法规、规章和有关规定是否正确；

（三）原人事处理的程序是否符合规定；

（四）原人事处理是否显失公正；

（五）被申诉机关有无超越职权或者滥用职权的情形；

（六）其他需要审议的事项。

在审理对复核决定、申诉处理决定不服的申诉、再申诉时，公务员申诉公正委员会还应当对复核决定和申诉处理决定进行审议。

第二十七条 公务员申诉公正委员会应当按照少数服从多数的原则，对申诉、再申诉案件提出明确审理意见，并向受理机关提交审理报告。

第二十八条 受理机关应当根据公务员申诉公正委员会的审理意见，区别不同情况，作出下列申诉处理决定：

（一）原人事处理认定事实清楚，适用法律、法规、规章和有关规定正确，处理恰当、程序合法的，维持原人事处理。

（二）原人事处理认定事实不存在的，按照管理权限责令原处理机关撤销或者直接撤销原人事处理。

（三）原人事处理认定事实没有错误，但适用法律、法规、规章和有关规定有错误，或者处理明显不当的，按照管理权限责令原处理机关变更或者直接变更原人事处理。

（四）原人事处理认定事实不清楚，证据不足，或者违反规定程序和权限的，责令原处理机关重新处理。

再申诉处理决定应当参照前款规定作出。

公务员对重新处理后作出的处理决定不服，可以提出申诉或者再申诉。

第二十九条 申诉处理决定作出后，要制作申诉处理决定书。申诉处理决定书应当载明下列内容：

（一）申诉人的姓名、单位、职务及其他基本情况；

（二）被申诉机关的名称，以及人事处理和复核决定所认定的事实、理由及适用的法律、法规、规章和有关规定；

（三）申诉的事项、理由及要求；

（四）公务员申诉公正委员会认定的事实、理由及适用的法律、法规、规章和有关规定；

（五）申诉处理决定；

（六）作出决定的日期；

（七）其他需要载明的内容。

再申诉处理决定作出后，要制作再申诉处理决定书。再申诉处理决定书除前款规定内容外，还应当载明申诉处理决定的内容和作出申诉处理决定的日期。

申诉处理决定书和再申诉处理决定书应当加盖公务员申诉公正委员会的印章。

第三十条 申诉处理决定书和再申诉处理决定书应当及时送达申诉人和原处理机关。再申诉处理决定书还应送达作出申诉处理决定的机关。

第三十一条 原处理机关应当将复核决定、申诉处理决定书和再申诉处理决定书存入公务员的个人档案。

第三十二条 复核决定、申诉处理决定和再申诉处理决定按照下列规定送达：

（一）直接送达受送达人本人，受送达人在送达回证上签名或者盖章；

（二）受送达人本人不在的，可以由其同住的成年近亲属在送达回证上签名或者盖章，即视为送达；

（三）受送达人或者其同住的成年近亲属拒绝接收或者拒绝签名、盖章的，送达人应当邀请有关基层组织的代表或者其他有关人员到场，见证现场情况，由送达人在送达回证上记明拒收事由和日期，由送达人、见证人签名或者盖章，将处理决定留在受送达人的住所或者所在单位，即视为送达；

（四）直接送达有困难的，可以通过邮寄送达。邮寄送达的，以回执上注明的收件日期为送达日期；

（五）上述规定的方式无法送达的，可以在相关媒体上公告送达。自发出公告之日起，经过六十日，即视为送达。公告送达，应当在案卷中记明原因和经过。

送达日期为受送达人或者有关人员在送达回证上的签收日期。

第五章　执行与监督

第三十三条 处理决定在发生效力后执行。

下列处理决定是发生效力的决定：

（一）已过法定期限没有提出再申诉的申诉处理决定。

（二）中央公务员主管部门作出的申诉处理决定。

（三）中央垂直管理机关作出的申诉处理决定。

（四）再申诉处理决定。

第三十四条 原处理机关在处理决定发生效力后，应当及时执行，并自处理决定发生效力之日起六十日内将执行情况以书面形式告知作出处理决定的机关。

第三十五条 各级公务员主管部门处理的申诉案件，应当自作出处理决定之日起六十日内，按照管理权限向上一级公务员主管部门备案。

其他受理机关处理的申诉案件，按照管辖权限向同级公务员主管部门或者上一级机关备案。

备案的内容包括申诉人的基本情况、基本案情、审理过程、处理决定、执行情况和其他需要说明的情况。

第三十六条 机关对公务员处理错误的，应当及时予以纠正；造成名誉损害的，应当赔礼道歉、恢复名誉、消除影响；造成经济损失的，应当根据有关规定给予赔偿，并视情节对作出错误处理的责任人进行处理。

第三十七条 机关不执行发生效力的处理决定，或者对申诉人打击报复的，对负有责任的领导人员和直接责任人员，受理申诉的机关可以向有关机关提出给予其处分的建议；构成犯罪的，依法追究刑事责任。

第三十八条 公务员在复核、申诉中弄虚作假、捏造事实、诬陷他人的，根据情节轻重，给予批评教育或者处分；给他人造成名誉损害的，应当赔礼道歉、恢复名誉、消除影响；构成犯罪的，依法追究刑事责任。

第三十九条 受理机关和公务员申诉公正委员会的工作人员，不按本规定处理公务员复核、申诉的，根据情节轻重，给予批评教育或者处分；构成犯罪的，依法追究刑事责任。

第六章 附 则

第四十条 公务员复核、申诉和再申诉，除本规定第十九条规定的情形外，不得委托代理人代为进行。

第四十一条 人事处理决定根据本规定第三十二条规定送达的，即视为受处理公务员知道该人事处理。

第四十二条 本规定所称“近亲属”，是指配偶、父母、子女、兄弟姐妹。

第四十三条 参照公务员法管理的机关（单位）工作人员的申诉，参照本规定执行。

第四十四条 本规定由中共中央组织部、人力资源和社会保障部负责解释。

第四十五条 本规定自发布之日起施行。

人力资源和社会保障部　公安部关于授予蒋敏同志“全国公安系统一级英雄模范”荣誉称号的决定

人社部发［2008］22号

各省、自治区、直辖市人事厅（局）、劳动保障厅（局）、公安厅（局），新疆生产建设兵团人事局、劳动保障局、公安局：

5月12日14时28分，四川省汶川县境内发生里氏8.0级强烈地震，给四川、甘肃、陕西、重庆、云南等地的人民生命财产造成了重大损失。面对这场突如其来的特大自然灾害，灾区各级公安机关和广大公安民警以及各地奉命奔赴灾区一线增援的近2万名公安民警、公安现役官兵，在党中央、国务院和地方各级党委、政府的坚强领导下，坚决按照公安部的部署要求，以灾情为命令，视时间如生命，奋不顾身、夜以继日地奋战在抗震救灾第一线，争分夺秒、千方百计地营救遇险群众，想方设法、竭尽全力地保障灾区周边地区道路畅通和灾区社会治安秩序，为维护灾区社会稳定、保护灾区人民生命财产安全作出了重大贡献，涌现出了一大批英雄模范人物。蒋敏同志就是其中的优秀代表。

蒋敏，女，羌族，1980年9月出生，中共党员，2001年10月参加公安工作，四川省彭州市公安局政工监督室民警，三级警司。在这次抗震救灾斗争中，蒋敏同志在惊悉母亲、女儿等10名亲人不幸遇难的噩耗后，强忍失去亲人的巨大悲痛，毅然选择坚守工作岗位，日夜奋战在抗震救灾第一线，积极投身抢救受伤群众、安置灾民生活等工作之中，为保卫人民群众生命财产安全、维护灾区社会治安稳定作出了突出贡献。因连续奋战劳累过度，蒋敏同志身体极度虚弱，多次昏倒在抢险救援现场。蒋敏同志的先进事迹，充分体现了“人民公安为人民”的政治本色和“忠诚可靠、秉公执法、英勇善战、纪律严明、无私奉献”的新时期人民警察精神。为表彰先进，弘扬正气，人力资源社会保障部、公安部决定，授予蒋敏同志“全国公安系统一级英雄模范”荣誉称号。

全国广大公安民警要以蒋敏同志为榜样，时刻牢记党和人民的重托，继续发扬特别能吃苦、特别能战斗、特别能奉献的优良作风，以更加强烈的政治责任感和更加旺盛的革命斗志，再接再厉，扎实工作，为夺取抗震救灾斗争全面胜利作出新的更大的贡献。

2008年5月22日

人力资源和社会保障部 教育部 关于表彰教育系统抗震救灾英雄集体和抗震救灾英雄的决定

人社部发［2008］27号

各省、自治区、直辖市人事厅（局）、劳动保障厅（局）、教育厅（教委），新疆生产建设兵团人事局、劳动保障局、教育局：

5月12日14时28分，四川省汶川县发生8.0级特大地震。面对这场突如其来的特大自然灾害，在党中央、国务院、中央军委的坚强领导下，全党全军全国各族人民全力投入抗震救灾工作，抗震救灾斗争取得重大阶段性成果。灾区广大教师以灾情为命令，视时间如生命，为保护灾区学生生命安全，为抗震救灾作出了重大贡献，涌现出了一大批可歌可泣的英雄集体和个人。

为表彰先进，弘扬正气，进一步激励教育系统广大干部职工全力投入抗震救灾工作，人力资源社会保障部、教育部决定，授予四川省绵阳市北川中学优秀教师群体、四川省汶川县映秀镇小学优秀教师群体“教育系统抗震救灾英雄集体”荣誉称号；授予周汝兰、王敏同志“教育系统抗震救灾英雄”荣誉称号，追授谭千秋同志“教育系统抗震救灾英雄”荣誉称号。被授予“教育系统抗震救灾英雄”荣誉称号的人员，享受省部级劳动模范和先进工作者待遇。希望受表彰的英雄集体和个人，珍惜荣誉，谦虚谨慎，发扬成绩，在今后的工作中取得更大的成绩。

当前，抗震救灾形势依然严峻，任务十分艰巨，仍处在刻不容缓的紧要关头，全国教育系统广大教师和教育工作者，要以受表彰的英雄集体和个人为榜样，紧密团结在以胡锦涛同志为总书记的党中央周围，积极投身抗震救灾、重建家园、恢复教学、提高教育质量的工作中去，坚持一手抓抗震救灾工作、一手坚定不移地抓教育改革发展，为夺取抗震救灾斗争的全面胜利贡献力量。

附件：1. 教育系统抗震救灾英雄集体名单（略）

2. 教育系统抗震救灾英雄名单（略）

2008年5月30日

人力资源和社会保障部 民政部 关于表彰民政系统抗震救灾英雄集体和抗震救灾英雄的决定

人社部发［2008］28号

各省、自治区、直辖市人事厅（局）、劳动保障厅（局）、民政厅（局），新疆生产建设兵团人事局、劳动保障局、民政局：

5月12日14时28分，四川省汶川县发生8.0级特大地震。面对这场突如其来的特大自然灾害，在党中央、国务院的坚强领导下，全国各族人民全力投入抗震救灾工作，抗震救灾斗争取得重大阶段性成果。民政系统特别是灾区民政部门广大干部职工恪守“以民为本、为民解困、为民服务”的核心理念，发扬全心全意为人民服务的“孺子牛”精神，奋起抗灾、恪尽职守、团结拼搏，全力以赴救助受灾群众，千方百计筹措和迅速规范发放救灾资金、物资，竭尽全力安置“三孤”人员，积极妥善处置遇难者遗体，为保障灾民基本生活、维护灾区社会稳定作出了重要贡献，涌现出一大批先进集体和个人。

为表彰先进，弘扬正气，进一步激励民政系统广大干部职工全力投入抗震救灾工作，人力资源社会保障部、民政部决定授予四川省汶川县民政局“民政系统抗震救灾英雄集体”荣誉称号；授予王洪发等3名同志“民政系统抗震救灾英雄”荣誉称号，享受省部级劳动模范和先进工作者待遇。希望受表彰的英雄集体和个人，谦虚谨慎，戒骄戒躁，珍惜荣誉，再接再厉，为灾后重建和民政事业的长远发展再创佳绩，再立新功。

当前，抗震救灾形势依然严峻，任务十分艰巨，仍处在刻不容缓的紧要关头，全国民政系统广大干部职工，要以受表彰的英雄集体和个人为榜样，紧密团结在以胡锦涛同志为总书记的党中央周围，以更加顽强的精神、更加迅速的行动、更加密切的配合，切实承担起抗震救灾工作重担，为夺取抗震救灾斗争的全面胜利贡献力量，为开创民政事业新局面而努力奋斗。

附件：1. 民政系统抗震救灾英雄集体名单（略）

2. 民政系统抗震救灾英雄名单（略）

2008年5月30日

人力资源和社会保障部　交通运输部关于表彰交通运输系统抗震救灾英雄集体和抗震救灾英雄的决定

人社部发［2008］29 号

各省、自治区、直辖市人事厅（局）、劳动保障厅（局）、交通厅（局、委），新疆生产建设兵团人事局、劳动保障局、交通局，天津市市政公路管理局，上海市建设和交通委员会，中国民用航空局，国家邮政局：

5 月 12 日 14 时 28 分，四川省汶川县发生 8.0 级特大地震。面对这场突如其来的特大自然灾害，在党中央、国务院的坚强领导下，全国各族人民全力投入抗震救灾工作，抗震救灾斗争取得重大阶段性成果。交通运输系统广大干部职工以灾情为命令，视时间为生命，迅速组织人员抢救受灾群众生命，抢通损毁公路，确保救灾人员、物资运输畅通。特别是灾区一线广大交通干部职工顽强拼搏，众志成城，奋不顾身，夜以继日地奋战在抗震救灾第一线，全力投入抗震救灾工作，涌现出了一大批可歌可泣的英雄集体和个人。

为表彰先进，弘扬正气，进一步激励交通运输系统广大干部职工全力投入抗震救灾工作，人力资源和社会保障部、交通运输部决定，授予四川省交通厅公路局等 3 个集体“交通运输系统抗震救灾英雄集体”荣誉称号；授予义德阳等 6 位同志“交通运输系统抗震救灾英雄”荣誉称号，享受省部级劳动模范和先进工作者待遇。希望受表彰的英雄集体和个人，珍惜荣誉，谦虚谨慎，再接再厉，在今后的工作中取得更大的成绩。

当前，抗震救灾形势依然严峻，任务十分艰巨，仍处在刻不容缓的紧要关头，全国交通运输系统广大职工要以受表彰的英雄集体和个人为榜样，更加紧密地团结在以胡锦涛同志为总书记的党中央周围，坚决贯彻党中央、国务院的决策部署和要求，把“全力保通干线，努力抢通支线，力保运输畅通，启动灾后重建”的工作部署落实到行动中，克服一切困难，排除一切险阻，扎扎实实做好各项工作，为夺取抗震救灾斗争的全面胜利贡献力量。

附件：1. 交通运输系统抗震救灾英雄集体名单（略）

2. 交通运输系统抗震救灾英雄名单（略）

2008 年 5 月 30 日

人力资源和社会保障部 卫生部关于表彰卫生系统抗震救灾英雄集体和抗震救灾英雄的决定

人社部发［2008］30号

各省、自治区、直辖市人事厅（局）、劳动保障厅（局）、卫生厅（局），新疆生产建设兵团人事局、劳动保障局、卫生局：

2008年5月12日14时28分，四川省汶川县发生8.0级特大地震。面对这场突如其来的特大自然灾害，在党中央、国务院的坚强领导下，全国各族人民全力投入抗震救灾工作，抗震救灾斗争取得重大阶段性成果。战斗在灾区抗震救灾一线的广大医务工作者，以灾情为命令，视时间如生命，奋不顾身、夜以继日，顽强奋战，全力投入抗震救灾工作，认真履行救死扶伤、治病救人的光荣使命，为保护灾区人民生命安全作出重大贡献，涌现出一大批可歌可泣的英雄集体和个人。

为表彰先进，弘扬正气，进一步激励卫生系统广大干部职工全力投入抗震救灾工作，人力资源社会保障部、卫生部决定，授予重庆市卫生局抗震救灾医疗救援队“卫生系统抗震救灾英雄集体”荣誉称号；授予四川省绵阳市中医院手术室护士长黄琼同志“卫生系统抗震救灾英雄”荣誉称号，享受省部级劳动模范和先进工作者待遇。希望受表彰的英雄集体和个人，珍惜荣誉，谦虚谨慎，再接再厉，在今后的工作中取得更大的成绩。

当前，抗震救灾形势依然严峻，任务十分艰巨，仍处在刻不容缓的紧要关头。全国卫生系统各单位和广大医疗卫生工作者要以受表彰的英雄集体和个人为榜样，紧密团结在以胡锦涛同志为总书记的党中央周围，坚决贯彻党中央、国务院的决策部署和要求，坚持一手抓抗震救灾工作、一手抓卫生事业的改革与发展，克服一切困难，排除一切险阻，扎扎实实做好各项工作，忠诚履行为人民健康服务的神圣使命，为夺取抗震救灾斗争的全面胜利贡献力量。

2008年5月30日

人力资源和社会保障部
国家质量监督检验检疫总局
关于表彰质检系统抗震救灾英雄集体
和抗震救灾英雄的决定

人社部发［2008］31号

各省、自治区、直辖市人事厅（局）、劳动保障厅（局）、质量技术监督局，新疆生产建设兵团人事局、劳动保障局、质量技术监督局，各直属检验检疫局，认监委、标准委，质检总局各司（厅、局），各直属挂靠单位：

5月12日14时28分，四川省汶川县发生8.0级特大地震，面对这场突如其来的特大自然灾害，在党中央、国务院的坚强领导下，全国各族人民全力投入抗震救灾工作，抗震救灾斗争取得重大阶段性成果。质检系统广大干部职工，坚持人民利益高于一切，急人民群众之所急，解人民群众之所难，以灾情为命令，视时间如生命，奋战在抗震救灾第一线，涌现出了一大批可歌可泣的英雄集体和个人。

为表彰先进，弘扬正气，进一步激励质检系统广大干部职工全力投入抗震救灾工作，人力资源社会保障部、质检总局决定授予宁波出入境检验检疫局赴四川灾区卫生防疫技术服务队等2个集体“质检系统抗震救灾英雄集体”荣誉称号；授予周红等4名同志“质检系统抗震救灾英雄”荣誉称号，享受省部级劳动模范和先进工作者待遇。希望受表彰的英雄集体和个人，珍惜荣誉，谦虚谨慎，戒骄戒躁，在今后的工作中取得更大的成绩。

当前，抗震救灾形势依然严峻，任务十分艰巨，仍处在刻不容缓的紧要关头，全国质检系统广大干部职工，要以受到表彰的英雄集体和个人为榜样，紧密团结在以胡锦涛同志为总书记的党中央周围，坚定不移地贯彻党中央、国务院的决策部署和要求，坚持一手抓抗震救灾工作，一手抓以质取胜战略，克服一切困难，排除一切险阻，为夺取抗震救灾斗争全面胜利贡献力量。

附件：1. 质检系统抗震救灾英雄集体名单（略）

2. 质检系统抗震救灾英雄名单（略）

2008年5月30日

人力资源社会保障部　铁道部
关于表彰铁路系统抗震救灾英雄集体和
抗震救灾英雄的决定

人社部发［2008］32号

各省、自治区、直辖市人事厅（局）、劳动保障厅（局），铁道部所属有关单位：

5月12日14时28分，四川省汶川县发生8.0级特大地震。面对这突如其来的特大自然灾害，在党中央、国务院的坚强领导下，全国各族人民全力投入抗震救灾工作，抗震救灾斗争取得重大阶段性成果。全国铁路系统广大职工以灾情为命令，视时间如生命，迅速组织人员抢救受灾群众生命，在短时间内抢通损毁线路，确保救灾人员、救灾物资和伤员转移运输畅通，为抗震救灾斗争提供了有力的运输保障。特别是灾区一线铁路职工顽强拼搏，万众一心、众志成城、奋不顾身，全力以赴投入抗震救灾工作，夜以继日地奋战在抗震救灾第一线，涌现出了一大批可歌可泣的英雄集体和个人。

为表彰先进，弘扬正气，进一步激励全国铁路职工全力投入抗震救灾工作，人力资源社会保障部、铁道部决定，授予成都铁路局成都东站等3个集体“铁路系统抗震救灾英雄集体”荣誉称号；授予柴桦林等3位同志“铁路系统抗震救灾英雄”荣誉称号，享受省部级劳动模范和先进工作者待遇。希望受表彰的英雄集体和个人，珍惜荣誉，再接再厉，在和谐铁路建设中取得更大成绩。

当前，抗震救灾形势依然严峻，任务十分艰巨，仍处在刻不容缓的紧要关头，全国铁路系统广大职工要以受表彰的英雄集体和个人为榜样，更加紧密地团结在以胡锦涛同志为总书记的党中央周围，坚决贯彻党中央、国务院的决策部署和要求，克服一切困难，排除一切险阻，团结一心，艰苦奋斗，为夺取抗震救灾斗争的全面胜利贡献力量。

附件：1. 铁路系统抗震救灾英雄集体名单（略）

2. 铁路系统抗震救灾英雄名单（略）

2008年6月3日

人力资源和社会保障部
关于表彰人力资源和社会保障系统
抗震救灾英雄的决定

人社部发［2008］33号

各省、自治区、直辖市人事厅（局）、劳动保障厅（局），新疆生产建设兵团人事局、劳动保障局：

5月12日14时28分，四川省汶川县发生8.0级特大地震。面对这场突如其来的特大自然灾害，在党中央、国务院的坚强领导下，全国各族人民全力投入抗震救灾工作，抗震救灾斗争取得重大阶段性成果。灾区人力资源和社会保障系统广大干部职工坚持人民利益高于一切，急人民群众之所急，解人民群众之所难，以灾情为命令，视时间如生命，奋不顾身投入到抗震救灾第一线，涌现出一大批先进模范人物。

为表彰先进，弘扬正气，进一步激励人力资源和社会保障系统广大干部职工全力投入抗震救灾工作，人力资源社会保障部决定授予四川省北川县人事局局长刘宁、四川省北川县劳动和社会保障局副局长肖德明同志“人力资源和社会保障系统抗震救灾英雄”荣誉称号，追授四川省什邡市红白镇劳动保障所所长江发荣同志“人力资源和社会保障系统抗震救灾英雄”荣誉称号。被授予“人力资源和社会保障系统抗震救灾英雄”荣誉称号的人员，享受省部级劳动模范和先进工作者待遇。希望被授予荣誉称号的同志，珍惜荣誉，再立新功。

当前，抗震救灾形势依然严峻，任务十分艰巨，仍处在刻不容缓的紧要关头，全国人力资源和社会保障系统广大干部职工，要以受表彰的同志为榜样，紧密团结在以胡锦涛同志为总书记的党中央周围，以更加顽强的精神、更加迅速的行动、更加密切的配合，切实承担起抗震救灾工作重担，为夺取抗震救灾斗争的全面胜利贡献力量！

2008年6月3日

人力资源和社会保障部关于进一步促进新疆劳动和社会保障事业发展的意见

人社部发［2008］34号

各省、自治区、直辖市人事、劳动和社会保障厅（局）：

为深入贯彻党的十七大精神，落实《国务院关于进一步促进新疆经济社会发展的若干意见》（国发［2007］32号）要求，进一步促进新疆劳动和社会保障事业发展，现提出以下意见：

一、从战略和全局的高度充分认识促进新疆劳动保障事业发展的重大意义

（一）促进新疆劳动保障事业发展事关新疆的稳定和发展。新疆是祖国西北边疆的重要屏障和门户，新疆问题关系国家改革发展大局，关系民族团结和国家安定，关系中华民族的伟大复兴。劳动保障工作作为保障和改善民生的重要方面，对促进新疆的稳定和发展意义重大。改革开放以来，新疆的劳动保障工作取得了显著成就。就业规模不断扩大，市场导向的就业机制基本形成，职业培训已形成政府主导、部门服务、行业引导、社会参与的“大职教、大培训”格局，社会保障体系框架基本建立，劳动关系调整机制初步形成，劳动保障法制建设取得新的进展。但是，仍面临着一些突出困难和问题：产业发展吸纳就业能力差，劳动者就业观念、就业语言、就业技能不适应市场需求，就业形势相当严峻；社会保险覆盖面窄，基金支撑能力相对薄弱；劳动关系日趋复杂，矛盾突出；劳动保障基础能力建设亟待加强。必须站在战略和全局的高度，鼓励和支持新疆劳动保障部门在新的起点上，抓住机遇，克服困难，解放思想，采取更加有力的措施，不断推进新疆劳动保障事业的发展。

二、继续实施积极的就业政策，千方百计扩大就业

（二）继续扩大就业规模和优化就业结构。继续实施积极的就业政策，建立以创业带动就业的政策措施，努力扩大就业规模，改善就业结构。大力发展第三产业，提高第三产业的就业比重。促进就业容量大的劳动密集型行业、中小企业以及非公有制经济的发展，鼓励有条件的企业吸纳更多人员就业。

（三）加大对就业困难人员的就业援助力度。完善公共就业服务和就业援助制度，落实就业再就业优惠政策。继续实施能力促创业计划和下岗失业人员技能再就业计划，鼓励劳动者自谋职业和自主创业，帮助下岗失业人员实现再就业。指导公共就业服务机构为大中专毕业生提供免费就业服务。充分运用现行政策措施和服务手段，着力解决登记失业的大中专毕业生就业，开展大中专毕业生技能培训和就业见习，对就业困难的毕业生实施“一对一”的就业援助。

（四）大力推进素质就业工程。建立健全

面向全体劳动者的职业教育培训制度，完善职业技能培训和鉴定网络体系。加强职业培训机构基础能力建设，建立一批公共实训基地。完善职业资格证书制度，加强职业技能鉴定工作，继续实施职业技能导航计划。加快高技能人才的培养，继续实施新技师培养带动计划，为新型工业化提供有力的技能人才支持。

（五）加大农业富余劳动力转移培训力度。加强对农业富余劳动力的职业技能培训，支持新疆结合实际实施农村劳动力技能就业计划，充实培训内容，提高培训补贴标准。积极引导农业富余劳动力向非农产业转移，加大有组织的劳务输出力度。进一步加强劳务输出示范县创建活动，扎实推进劳务输出示范县培训、就业服务和劳务输出品牌建设。加大对兵团贫困团场劳动力转移就业培训的支持力度。支持新疆结合本地农村劳动力非农职业培训的实际需要，统筹安排现有就业再就业补助资金的使用。

（六）加强城乡人力资源市场建设。按照制度化、专业化、社会化的要求，提高公共就业服务质量和效率，创造良好的就业和创业环境。建立健全公共就业服务体系，加快城乡一体化人力资源市场建设，实现各级公共就业服务机构信息联网，重点加强县、乡公共就业服务机构建设，保障乡镇、街道社区劳动保障工作人员编制和工作经费。中央财政对公共就业服务给予资金扶持。逐步把新疆纳入农村劳动力转移就业服务体系基础建设项目试点范围，促进农村劳动力转移就业。

三、加快完善社会保障体系，提高社会保障能力和水平

（七）逐步建立统筹城乡的社会保障体系，完善各项社会保险制度。支持新疆根据现阶段经济社会发展水平，综合考虑不同区域、不同人群之间收入水平差异以及用人单位和个人的实际承受能力，以保障人民群众基本生活和基本医疗需求为重点，不断完善各项社会保险制度，不断扩大社会保险覆盖面，积极探索新型农村养老保险制度，逐步解决农民工的社会保障问题。完善省级统筹制度，增强社会保障互济能力。

（八）强化社会保险基金管理和监督。各项社会保险费实行统一征收。建立健全基金预决算制度，形成稳定的资金来源渠道，加大各级财政对社会保障资金的支持力度。加强监管能力建设，健全监督机构，理顺监管体制，明确监督职责，保证社会保障基金的安全及保值增值。

（九）建立健全社会化管理服务体系。进一步加强街道社区劳动保障工作平台建设，逐步将企业退休人员全部纳入社区管理，拓展服务内容，提高管理服务水平。建设退休人员公寓，开展老年护理服务。加大财政支持力度，加快社会保障服务中心和信息系统建设，不断提升社会保险经办能力，实现各项社会保险业务集中经办。

（十）继续改革和完善养老保险制度。构建覆盖城乡居民的养老保险制度，逐步实现由城镇为主向城乡统筹、由城镇职工为主向城乡居民的重大转变，努力实现养老保险制度的全覆盖。进一步完善省级统筹制度。加快推进做实养老保险个人账户试点，个人账户做实比例最终达到8%。改革企业基本养老金计发办法，建立多工作、多缴费、多得养老金的激励约束机制。根据经济发展水平，建立正常的养老金调整机制，考虑艰苦边远地区因素，逐步提高艰苦边远地区企业离退休人员基本养老金调整水平，不断缩小企业和机关事业单位离退休人员的养老保险待遇差距。全面实施被征地农民养老保障制度，妥善解决城镇无收入困难老年居民养老保障问题。推动企业年金发展，建立多层次养老保险体系。积极稳妥地推行职工采暖货币化进程，参照机关事业单位补贴办法，并结合企业职工住房状况，实行企业离退休人员采暖货币化补贴。改革机关、事业单位的养老保险制度。继续加大中央财政对新疆养老保险基金转移支付力度。

（十一）扩大城镇基本医疗保险覆盖范

围。完善城镇职工基本医疗保险制度，扩大医疗保险覆盖范围，继续做好农民工参加医疗保险工作。积极稳妥地开展城镇居民基本医疗保险试点，逐步将新疆所有城市（地区）纳入试点范围，中央财政对居民参保缴费给予适当补助。扩大生育保险覆盖范围，不断完善生育保险制度。

（十二）完善失业保险制度。以非公有制经济组织及其从业人员为重点，扩大失业保险覆盖范围。在确保失业人员基本生活的前提下，加大促进就业再就业力度。加强失业预防工作，建立失业预警和失业动态重点监测报告制度。

（十三）完善工伤保险制度。继续扩大工伤保险覆盖范围，积极做好农民工参加工伤保险工作，加大对驻疆中央企业参保工作的指导力度。完善工伤保险各项政策法规，积极稳妥地解决好“老工伤”问题，进一步开展工伤预防和工伤康复试点工作。进一步协调推进机构队伍建设。

（十四）探索建立新型农村社会养老保险制度。支持和鼓励新疆开展新型农村社会养老保险试点，采取个人缴费、集体补助、政府补贴的筹资机制，探索建立新型农村社会养老保险制度。

四、积极构建和谐劳动关系，维护劳动者合法权益

（十五）完善劳动关系协调机制。以贯彻落实《劳动合同法》为重点，进一步推进劳动合同制度实施，提高劳动合同签订率，建立和完善劳动用工备案制度。进一步推进集体协商和集体合同制度的实施。深入推进和谐劳动关系创建活动。以加强协调劳动关系基层工作和基础工作为重点，大力推进劳动关系工作体系建设。

（十六）加强对企业工资分配的宏观调控。以建立职工工资正常增长机制为重点，进一步深化企业工资分配制度改革，推进企业工资集体协商决定机制，促进企业职工工资水平合理增长。建立工资支付保障机制，加强预防和解决拖欠工资问题长效机制建设，建立健全工资支付监控制度、劳动保障守法诚信制度和建筑业等重点行业的工资保证金制度。加强工时标准管理，落实带薪年休假制度。

（十七）不断提高劳动争议处理能力。全面落实《劳动争议调解仲裁法》，建立健全劳动争议仲裁组织机构。积极推行劳动争议仲裁机构实体化建设，加强劳动争议调解仲裁员队伍建设，推进区域性、行业性劳动争议调解组织建设，不断完善劳动争议调解仲裁工作制度。

（十八）加强劳动保障法制和监察工作。完善劳动保障法律法规体系，加强劳动保障监察队伍建设，依法维护劳动者合法权益。

五、加强对新疆劳动保障工作的调研和指导

（十九）加强对新疆劳动保障工作的调研和指导。围绕新疆劳动保障工作中亟待解决的重大问题，人力资源和社会保障部将进一步加强对新疆劳动保障工作的调查研究，制定和完善相关政策，有针对性地进行工作指导。加大对新疆劳动保障工作的资金支持力度，支持新疆加快金保工程建设。继续选派优秀干部到新疆劳动保障部门挂职。各地劳动保障部门也要加大对新疆劳动保障工作的支持力度，主动为新疆培养技能人才和技校师资，加强有组织劳务输出方面的合作。新疆劳动保障部门要继续深入开展调查研究，不断总结经验，及时将新情况、新问题、新经验向我部和自治区政府汇报。在着眼当前的同时，新疆劳动保障部门要坚持以人为本和科学发展观，更加注重长效机制建设，扎扎实实推进各项劳动保障工作，努力开创新疆劳动保障事业发展的新局面。

（二十）上述意见中有关新疆自治区劳动和社会保障工作的政策，同时适用于新疆生产建设兵团。

2008 年 6 月 3 日

人力资源和社会保障部　财政部关于做好 2008 年城镇居民基本医疗保险试点工作的通知

人社部发［2008］39 号

各省、自治区、直辖市人事厅（局）、劳动和社会保障厅（局）、财政厅（局）：

2007 年，城镇居民基本医疗保险试点顺利启动，取得了初步的工作成效。为做好 2008 年扩大试点工作，现就有关问题通知如下：

一、明确目标和任务

各地要高度重视试点工作，切实加大工作力度，为 2010 年在全国全面推开试点奠定坚实基础。原则上 2008 年扩大试点城市实施方案由省级人民政府审批后，第二季度启动实施。到今年年底，扩大试点城市的居民参保率力争达到 50% 左右。2007 年已开展试点的城市，要在保持政策连续性的基础上，结合试点工作中反映出来的问题进一步完善政策、加强管理，努力提高居民参保率。

二、做好试点启动各项工作

扩大试点城市劳动保障、财政等部门要在当地人民政府的领导下，认真进行基线调查，在准确掌握城镇居民人均可支配收入、现有医疗消费水平、居民医疗服务需求，充分考虑当地财力状况的基础上，坚持低水平起步原则，合理确定筹资标准、财政补助标准、待遇支付水平，科学设计费用支出的项目、范围和基金支付比例。在制定实施方案过程中，要广泛征求各方面意见。要积极做好试点前的有关准备工作，确保实施方案出台后城镇居民能够尽快参保缴费，方便就医结算，及时享受待遇。要认真做好宣传动员工作，启动实施初期要着力对试点工作的具体政策进行宣传，努力做到家喻户晓。启动实施后，要加大对试点成效的宣传力度，通过对居民参保受益典型事例的宣传，提高广大居民参保的积极性。各省（区、市）劳动保障、财政等部门要在省级人民政府领导下，切实负起责任，在试点城市实施方案制定和完善、试点工作组织动员等方面加强指导，确保试点工作顺利进行。

三、完善财政补助政策

在坚持个人（家庭）缴费的基础上，2008 年政府对试点城市参保居民的补助标准，由 2007 年的不低于人均 40 元提高到不低于 80 元，其中中央财政对中西部地区按人均 40 元给予补助，对东部地区参照新型农村合作医疗的补助标准同步提高。对 2007 年已开始试点的城市，财政负担确有困难的，提高补助标准可以分两年到位。省级财政补助资金要向困难市县倾斜。各地要按照《财政部、劳动保障部关于中央财政对城镇居民基本医疗保险补助资金申请拨付有关问题的通知》（财社［2007］

163号）要求，及时上报申报材料，确保中央财政补助资金申报审核相关工作顺利进行。地方各级财政也要努力调整财政支出结构，将补助资金列入预算并明确到位时间，确保补助资金及时足额落实到位。地方各级财政要规范和完善财政补助资金拨付办法，简化拨付流程，及时足额拨付上级和本级补助资金，加强对补助资金申报、使用的监督管理，确保专款专用。要进一步加大工作力度，通过城市医疗救助等渠道，切实解决困难居民缴费难的问题。

四、进一步完善政策

各地应探索实行地级统筹。经济社会发展水平较高的地区，应实行地级统筹，做到统一政策、统一基金管理、统一管理服务体系，增强风险共济能力，同时研究解决好激励区县工作积极性等问题；条件不具备、难以一步到位实行地级统筹的地区，可以在全市范围内统一政策基础上，实行分别管理，分别运作，但也要研究建立基金调剂机制，平衡和分散基金风险。各地要在重点保障住院和门诊大病医疗费用的基础上，抓住财政补助标准提高和大力发展社区卫生服务的有利时机，探索建立普通门诊费用统筹办法，充分利用基层和社区医疗卫生服务，扩大制度受益面，增强政策吸引力。要探索解决城镇居民基本医疗保险和城镇职工基本医疗保险、新型农村合作医疗等医疗保障制度的衔接问题，做好医疗保险制度和医疗救助制度的衔接，研究不同制度转换接续的具体办法，逐步整合管理资源，减少管理成本。要鼓励有条件的地区探索统筹城乡一体化的医疗保障制度和管理模式，全国统筹城乡综合配套改革试验区的重庆市、成都市，以及东南沿海城乡一体化进程较快的地区，可以先行探索城乡医疗保障一体化的政策管理体系。

五、切实加强基金和医疗费用支出管理

各地要按照有关规定将医疗保险基金纳入财政专户，建立健全基金财务会计制度，规范基金的核算和管理，建立健全基金风险防范机制、基金运行预警机制和内部控制制度，确保基金安全。要积极推进社会保障信息披露制度建设，探索建立保险信息社区公示制度，公开居民参保、缴费、补助及报销信息，畅通投诉、举报渠道，保障群众的参与权、知情权和监督权，加强社会监督。要强化医疗费用支出管理，加强对高价药品、新增诊疗项目、大型医用设备检查和高值医用耗材的准入和使用管理。加强定点医疗服务协议管理，完善定点医药机构进入和退出的动态管理机制。大力发展社区卫生服务，在降低起付线、提高报销比例的基础上，鼓励有条件的地区探索社区首诊和转院审批制度，引导居民到社区就医。积极探索和推广按病种付费、按人头付费及总额预付等结算方式，切实控制医药费用，提高基金使用效率。

六、切实加强管理和经办机构能力建设

要加强社区服务平台建设，建立健全医疗保险公共服务和管理服务网络。要制定简便易行的经办服务办法，方便居民登记、参保、缴费，努力做到参保居民在医疗机构直接结算。要以现有城镇职工基本医疗保险管理资源为基础，根据医疗保险事业发展的需要和工作量的增加，进一步加强经办机构能力建设。要充分利用现有的计算机和网络资源，完善医疗保险信息管理系统，以信息化促进科学、规范管理。

今年是城镇居民基本医疗保险试点工作承上启下的关键一年，时间紧、任务重，各级劳动保障、财政部门一定要在党委和政府的领导下，统一思想，提高认识，按照既定目标任务，周密安排扩大试点工作进程，制定具体工作计划并抓紧组织实施。建立目标责任制，加大督查力度，确保工作落实。加强宣传培训工作，为扩大试点创造良好氛围。深入调研，不断总结经验加以推广，注重制度和机制创新，对试点工作中反映出来的重大问题要及时报告。

2008年6月10日

人力资源社会保障部　公安部
关于表彰公安系统抗震救灾英雄集体和抗震救灾英雄的决定

人社部发［2008］40号

各省、自治区、直辖市人事厅（局）、劳动保障厅（局）、公安厅（局），新疆生产建设兵团人事局、劳动保障局、公安局：

5月12日14时28分，四川省汶川县发生8.0级特大地震。面对这场突如其来的特大自然灾害，在党中央、国务院的坚强领导下，全国各族人民全力投入抗震救灾工作，抗震救灾斗争取得重大阶段性成果。灾区各级公安机关和广大公安民警以及各地紧急驰援灾区的公安民警、公安现役官兵坚持人民利益高于一切，以灾情为命令，视时间如生命，临危不惧、冲锋在前，夜以继日地奋战在抗震救灾第一线，争分夺秒营救遇险群众，竭尽全力维护灾区社会治安秩序，用汗水、鲜血乃至生命谱写了一曲曲人民公安为人民的壮丽颂歌，为维护灾区社会稳定、保护灾区人民生命财产安全作出了重大贡献，涌现出一大批可歌可泣、事迹感人的英雄模范集体和个人。

为表彰先进，弘扬正气，进一步激励广大公安民警为夺取抗震救灾和灾后重建的全面胜利再立新功，人力资源社会保障部、公安部决定，授予四川省北川羌族自治县公安局等20个集体“公安系统抗震救灾英雄集体”荣誉称号；授予四川省绵竹市公安局汉旺分局民警赵刚等15名同志“公安系统抗震救灾英雄”荣誉称号，享受省部级劳动模范和先进工作者待遇。希望受表彰的英雄集体和个人，珍惜荣誉，再接再厉，再创佳绩。

当前，抗震救灾仍在继续，灾后重建任务繁重艰巨。全国公安机关和广大公安民警要以受表彰的英雄集体和个人为榜样，紧密团结在以胡锦涛同志为总书记的党中央周围，坚决贯彻党中央、国务院的决策部署和要求，坚持一手抓抗震救灾工作、一手抓经济社会发展，克服一切困难，排除一切险阻，扎扎实实做好各项公安保卫工作，为夺取抗震救灾斗争的全面胜利作出新的更大贡献。

附件：1. 公安系统抗震救灾英雄集体名单（略）

2. 公安系统抗震救灾英雄名单（略）

2008年6月16日

人力资源社会保障部　中国地震局关于表彰地震系统抗震救灾英雄集体和抗震救灾英雄的决定

人社部发［2008］41 号

各省、自治区、直辖市人事厅（局）、劳动保障厅（局）、地震局，中国地震局各直属单位：

5 月 12 日 14 时 28 分，四川省汶川县发生 8.0 级特大地震。面对这场突如其来的特大自然灾害，在党中央、国务院的坚强领导下，全国各族人民全力投入抗震救灾工作，抗震救灾斗争取得重大阶段性成果。地震系统广大干部职工牢记以灾情为命令，视时间如生命，在第一时间作出了迅速反应，以最快速度进入灾区，全力以赴、争分夺秒地投入到抢险救人、灾害评估、地震监测等工作中，不怕艰难困苦、不怕流血牺牲，科学地施救、评估与监测，工作迅速有效，为正确决策提供了大量科学翔实的数据，为尽可能多地搜救幸存者、维护灾区社会稳定作出了重要贡献，涌现出一大批英雄集体和个人。

为表彰先进，弘扬正气，进一步激励地震系统广大干部职工全力投入抗震救灾工作，人力资源社会保障部、中国地震局决定授予国家地震灾害紧急救援队“地震系统抗震救灾英雄集体”荣誉称号；授予王小龙等 4 名同志“地震系统抗震救灾英雄”荣誉称号，享受省部级劳动模范和先进工作者待遇。希望受表彰的英雄集体和个人，珍惜荣誉，再接再厉，为灾后重建和防震减灾事业的长远发展再创佳绩，再立新功。

当前，抗震救灾仍在继续，灾后重建任务繁重艰巨。全国地震系统广大干部职工，要以受表彰的英雄集体和个人为榜样，紧密团结在以胡锦涛同志为总书记的党中央周围，以更加顽强的精神、更加迅速的行动、更加密切的配合，切实承担起抗震救灾和灾后重建工作重担，为夺取抗震救灾斗争的全面胜利贡献力量，为开创防震减灾事业新局面而努力奋斗。

附件：1. 地震系统抗震救灾英雄集体名单（略）

2. 地震系统抗震救灾英雄名单（略）

2008 年 6 月 16 日

人力资源和社会保障部　民政部　财政部关于事业单位工作人员和离退休人员死亡一次性抚恤金发放办法的通知

人社部发［2008］42号

各省、自治区、直辖市人事厅（局）、劳动保障厅（局）、民政厅（局）、财政厅（局），新疆生产建设兵团人事局、劳动保障局、民政局、财务局，中央和国家机关各部门、各直属机构人事（干部）部门：

经研究，现就事业单位工作人员和离退休人员死亡一次性抚恤金发放有关问题通知如下。

一、关于一次性抚恤金（工亡补助金）标准

（一）参照公务员法管理事业单位的工作人员和离退休人员死亡一次性抚恤金标准和计发办法，按照民政部、人事部、财政部《关于国家机关工作人员及离退休人员死亡一次性抚恤发放办法的通知》（民发［2007］64号）的规定执行。

（二）按照劳动和社会保障部、人事部、民政部、财政部《关于事业单位民间非营利组织工作人员工伤有关问题的通知》（劳社部发［2005］36号）规定，参加统筹地区工伤保险的事业单位工作人员属于因工死亡的，一次性工亡补助金标准按当地工伤保险规定执行。

（三）已参加企业职工基本养老保险事业单位的工作人员和离退休人员，属于病故的，一次性抚恤待遇仍按当地规定执行。

（四）除上述情形外，事业单位工作人员和离退休人员死亡一次性抚恤金标准，从2004年10月1日起调整为：因公牺牲为本人生前40个月基本工资或基本离退休费，病故为本人生前20个月基本工资或基本离退休费。烈士的抚恤待遇，按国家有关规定执行。

发放事业单位工作人员和离退休人员死亡一次性抚恤金所需经费，按原渠道解决。

二、关于一次性抚恤金计发办法

从2006年7月1日起，执行事业单位工作人员和离退休人员死亡一次性抚恤金的，一次性抚恤金的计发基数调整为：

（一）工作人员。计发基数为本人生前最后一个月基本工资，即岗位工资和薪级工资之和。

（二）离退休人员。计发基数为本人生前最后一个月享受的基本离退休费，即离退休时计发的基本离退休费和离退休后历次按国家规定增加的基本离退休费之和。

（三）退职人员。按照《国务院关于颁发〈国务院关于安置老弱病残干部的暂行办法〉和〈国务院关于工人退休、退职的暂行办法〉的通知》（国发［1978］104号）规定办理退职的人员，计发基数为本人基本退职生活费，即退职时计发的基本退职生活费和退职后历次

按国家规定增加的基本退职生活费之和。

（四）驻外使领馆工作人员、驻外非外交人员和港澳地区内派人员中原属事业单位工作人员的，计发基数为本人国内（内地）基本工资。本通知下发后，《人事部、财政部关于工资制度改革后事业单位工作人员死亡一次性抚恤金计发问题的通知》（人薪发［1994］48号）即行废止。

本通知由人力资源和社会保障部负责解释。

2008年6月18日

人力资源和社会保障部关于批准中国北方机车车辆工业集团公司等345个单位设立博士后科研工作站的通知

人社部发［2008］43号

各有关省、自治区、直辖市人事厅（局）、劳动保障厅（局），新疆生产建设兵团人事局、劳动保障局，国务院各有关部委、直属机构人事部门、劳动保障工作机构，解放军总政治部干部部，有关企业集团、总公司，各博士后科研流动站设站单位：

为培养、使用和吸引高层次专业技术人才，促进企业技术创新体系建设，根据《博士后工作“十一五”规划》，经专家评议，人力资源社会保障部研究决定，批准中国北方机车车辆工业集团公司等345个单位（见附件）设立博士后科研工作站，开展博士后工作。现通知如下：

一、各地、各有关部门要充分认识博士后工作在深入贯彻落实科学发展观，实施人才强国战略，建设创新型国家中的重要作用。要根据经济社会发展需要，把博士后工作纳入到本地区、本部门人才战略的大局中，科学制定本地区、本部门博士后工作发展规划。

二、各地、各有关部门接此通知后要及时通知本次获准设站的单位，督促其尽快做好开展博士后工作的各项准备工作。同时，要借此机会认真总结本地区、本部门博士后科研工作站的工作，加强对博士后科研工作站的管理、指导和监督，帮助博士后科研工作站设站单位做好博士后研究人员的选聘、管理、考核等工作，进一步推进企业博士后工作发展，为推进企业技术创新体系建设贡献力量。

三、各设站单位要根据原人事部《关于积极开展企业博士后工作的意见》（人发［1999］127号）和原人事部、全国博士后管委会《博士后管理工作规定》（人发［2001］136号）要求，结合本单位实际，做好以下工作：

（一）做好博士后工作的组织领导和管理队伍落实工作，制定切实可行的博士后工作管理细则，逐步建立完善博士后工作管理制度。

（二）按照申报设站时提出的研究项目，抓紧与全国已设立博士后科研流动站的高校、科研院所联系，尽早确定联合招收单位。

（三）按照公开招收、平等竞争、择优录用的原则，对申请从事博士后研究工作的人员进行认真遴选，要加强对博士后申请资格的审查，严格按规定条件招收博士后研究人员。

（四）认真做好博士后研究人员的培养和使用工作，尤其要重视博士后研究人员创新能力的培养，逐步培养出一批富有创新精神和原始创新能力的博士后人才。

（五）积极参加全国新设站单位博士后管理人员的培训活动，努力建设一支政治素质好、业务水平高、服务意识强的博士后管理人员队伍。

各设站单位要认真落实国家关于博士后工作的各项管理制度和有关要求，切实加强博士后科研工作站的建设，为加快培养造就适应社会主义现代化建设需要的跨学科、复合型、战略型和创新型博士后人才队伍，推动我国博士后事业健康发展作出贡献。

附件：批准设立博士后科研工作站的345个单位名单（略）

2008年6月19日

人力资源和社会保障部
国务院国有资产监督管理委员会
关于表彰中央企业抗震救灾英雄集体
和抗震救灾英雄的决定

人社部发［2008］45号

各中央企业：

5月12日14时28分，四川省汶川县发生8.0级地震。面对这场突如其来的特大自然灾害，在党中央、国务院的坚强领导下，全国各族人民全力投入抗震救灾工作，抗震救灾斗争取得了重大阶段性胜利。国资委及中央企业坚决贯彻落实党中央、国务院的各项部署和要求，以灾情为命令，视时间如生命，全力抢救被困群众，全力抢修电力、通信、道路等基础设施，全力筹集和调运灾区急需的救灾物资，为夺取抗震救灾的阶段性胜利作出了重大贡献，涌现出一大批可歌可泣的英雄集体和个人。

为表彰先进，弘扬正气，进一步激励中央企业广大干部职工全力投入抗震救灾和恢复重建工作，人力资源社会保障部、国资委决定授予国家电网公司四川省电力公司映秀湾水力发电总厂等4个单位“中央企业抗震救灾英雄集体”荣誉称号；追授刘建秋、黄军科同志“中央企业抗震救灾英雄”荣誉称号；授予程洪等4名同志“中央企业抗震救灾英雄”荣誉称号，享受省部级劳动模范和先进工作者待遇。希望被授予荣誉称号的英雄集体和个人，珍惜荣誉，再接再厉，在今后工作中取得更大的成绩。

当前，抗震救灾仍在继续，灾后重建任务繁重艰巨。中央企业广大干部职工要以受表彰的英雄集体和个人为榜样，紧密团结在以胡锦涛同志为总书记的党中央周围，以更加顽强的精神、更加迅速的行动、更加密切的配合，切实承担起抗震救灾工作重担，为夺取抗震救灾斗争的全面胜利贡献力量。

附件：1. 中央企业抗震救灾英雄集体名单（略）

2. 中央企业抗震救灾英雄名单（略）

2008年6月20日

人力资源和社会保障部　教育部关于表彰第二批教育系统抗震救灾英雄集体和抗震救灾英雄的决定

人社部发［2008］46号

各省、自治区、直辖市人事厅（局）、劳动保障厅（局）、教育厅（教委），新疆生产建设兵团人事局、劳动保障局、教育局：

5月12日14时28分，四川省汶川县发生8.0级特大地震。面对这场突如其来的特大自然灾害，在党中央、国务院的坚强领导下，全国各族人民全力投入抗震救灾工作，抗震救灾斗争取得了重大阶段性胜利。灾区广大教师以灾情为命令，视时间如生命，为保护灾区学生生命安全，为抗震救灾作出了重大贡献，涌现出了一大批可歌可泣的英雄集体和个人。

为表彰先进，弘扬正气，进一步激励教育系统广大教师和教育工作者全力投入抗震救灾工作，人力资源社会保障部、教育部决定，授予四川省汶川县漩口中学优秀教师群体等5个集体“教育系统抗震救灾英雄集体”荣誉称号；追授四川省江油市武通村幼儿园教师王光香等9位同志“教育系统抗震救灾英雄”荣誉称号；授予四川省北川县刘汉希望小学教师肖晓川等8位同志“教育系统抗震救灾英雄”荣誉称号，享受省部级劳动模范和先进工作者待遇。希望被授予荣誉称号的英雄集体和个人，珍惜荣誉，发扬成绩，在今后的工作中取得更大的成绩。

当前，抗震救灾仍在继续，灾后重建与恢复正常教学工作任务艰巨繁重。全国教育系统广大教师和教育工作者，要以受表彰的英雄集体和个人为榜样，紧密团结在以胡锦涛同志为总书记的党中央周围，积极投身抗震救灾、重建校园、恢复教学、提高教育质量的工作中去，坚持一手抓抗震救灾工作、一手坚定不移地抓教育改革发展，为夺取抗震救灾斗争的全面胜利贡献力量。

附件：1. 教育系统抗震救灾英雄集体名单（略）

2. 教育系统抗震救灾英雄名单（略）

2008年6月20日

人力资源和社会保障部 水利部关于表彰水利系统抗震救灾英雄集体和抗震救灾英雄的决定

人社部发［2008］47号

各省、自治区、直辖市人事厅（局）、劳动保障厅（局）、水利厅（局），新疆生产建设兵团人事局、劳动保障局、水利局，水利部直属各单位：

5月12日14时28分，四川省汶川县发生8.0级特大地震。面对这场突如其来的特大自然灾害，在党中央、国务院的坚强领导下，全国各族人民全力投入抗震救灾工作，抗震救灾斗争取得了重大阶段性胜利。水利系统广大干部职工以灾情为命令，视时间如生命，迅速组织人员抢修恢复供水、抢修震损水库、堰塞湖排查除险，为保障灾民基本生活、防止次生灾害发生、维护灾区社会稳定作出了重要贡献。特别是灾区一线广大水利干部职工顽强拼搏，众志成城，奋不顾身，夜以继日地奋战在抗震救灾第一线，全力投入抗震救灾工作，涌现出了一大批可歌可泣的英雄集体和个人。

为表彰先进，弘扬正气，进一步激励水利系统广大干部职工全力投入抗震救灾和各项水利工作，人力资源社会保障部、水利部决定，授予水利部抗震救灾绵阳、德阳工作组等3个集体“水利系统抗震救灾英雄集体”荣誉称号；授予刘宁等5名同志“水利系统抗震救灾英雄”荣誉称号，享受省部级劳动模范和先进工作者待遇。希望受表彰的英雄集体和个人，珍惜荣誉，谦虚谨慎，再接再厉，在今后的工作中取得更大的成绩。

当前，水利抗震救灾形势依然十分严峻，震损水利工程应急修复、安全度汛和灾后重建任务十分艰巨，全国水利系统广大职工要以受表彰的英雄集体和个人为榜样，更加紧密地团结在以胡锦涛同志为总书记的党中央周围，坚决贯彻党中央、国务院的决策部署和要求，克服一切困难，排除一切险阻，扎扎实实做好抗震救灾和全国防汛抗洪等各项工作，为夺取抗震救灾斗争的全面胜利作出新的更大贡献。

附件：1. 水利系统抗震救灾英雄集体名单（略）

2. 水利系统抗震救灾英雄名单（略）

2008年6月20日

人力资源和社会保障部　教育部
关于授予代江生同志“全国模范教师”
荣誉称号的决定

人社部发［2008］48号

各省、自治区、直辖市人事厅（局）、劳动保障厅（局）、教育厅（教委），新疆生产建设兵团人事局、劳动保障局、教育局：

近年来，全国教育系统广大教师和教育工作者在党中央、国务院的领导下，以邓小平理论和“三个代表”重要思想为指导，深入贯彻落实科学发展观，解放思想，开拓创新，爱岗敬业，无私奉献，涌现出一大批先进模范人物。代江生同志就是其中的优秀代表。

代江生，男，汉族，1963年7月出生，中共党员，现任新疆石河子大学动物科技学院养羊学教授、动物科学专业教工党支部书记，新疆生产建设兵团种羊场布局规划、设计、指导的主要负责人。代江生同志热爱教育事业，十几年的教学科研工作中，潜心钻研，悉心讲授，以自己丰富的实践经验和严谨的治学态度赢得学生好评。坚持教学与实践相联系，科研与生产相结合，自1996年起，他坚持到国家级贫困团场——新疆生产建设兵团农九师161团开展科技扶贫项目，用科技知识帮助职工科学养殖，先后获得3项国家和兵团科技进步奖，为促进团场经济发展，提高职工经济收入作出了重要贡献，赢得了兵团干部职工的高度赞扬。因长期过度劳累，2008年3月，代江生同志病倒在161团，经医院诊断，已为肝病晚期，生命垂危。

为表彰先进，弘扬正气，人力资源社会保障部、教育部决定授予代江生同志“全国模范教师”荣誉称号，享受省部级劳动模范和先进工作者待遇。

全国教育系统广大教师和教育工作者要以代江生同志为榜样，紧密团结在以胡锦涛同志为总书记的党中央周围，高举中国特色社会主义伟大旗帜，全面贯彻落实科学发展观，以抗震救灾的伟大精神为动力，加强师德建设，提高实践创新能力，努力做人民满意的教师，为开创教育改革和发展的新局面而奋斗。

2008年6月20日

人力资源和社会保障部　民政部 关于表彰第二批民政系统抗震救灾英雄集体和抗震救灾英雄的决定

人社部发〔2008〕50号

各省、自治区、直辖市人事厅（局）、劳动保障厅（局）、民政厅（局），新疆生产建设兵团人事局、劳动保障局、民政局：

5月12日14时28分，四川省汶川县发生8.0级特大地震。面对这场突如其来的特大自然灾害，在党中央、国务院的坚强领导下，全国各族人民全力投入抗震救灾工作，抗震救灾斗争取得了重大阶段性胜利。全国民政系统特别是灾区民政部门广大干部职工恪守“以民为本、为民解困、为民服务”的核心理念，发扬全心全意为人民服务的“孺子牛”精神，恪尽职守、奋起抗灾、迎难而上、团结拼搏，在救助受灾群众，筹措和规范发放救灾资金物资，安置“三孤”人员，处置遇难者遗体以及灾后重建等方面做了大量工作，为保障受灾群众基本生活、维护灾区社会稳定、恢复灾区生产生活秩序作出了重要贡献，涌现出一大批英雄集体和个人。

为表彰先进，弘扬正气，进一步激励民政系统广大干部职工全力投入抗震救灾和灾后重建工作，人力资源社会保障部、民政部决定授予四川省民政厅等5个集体“民政系统抗震救灾英雄集体”荣誉称号；授予刘良志等10名同志“民政系统抗震救灾英雄”荣誉称号，享受省部级劳动模范和先进工作者待遇。希望受表彰的英雄集体和个人，谦虚谨慎，戒骄戒躁，珍惜荣誉，为灾后重建和民政事业的长远发展再立新功。

当前，抗震救灾和灾后恢复重建任务十分繁重。全国民政系统广大干部职工，要以受表彰的英雄集体和个人为榜样，紧密团结在以胡锦涛同志为总书记的党中央周围，坚决贯彻党中央、国务院的部署和要求，发扬连续作战作风，切实履行职责，把各项工作做好，承担起抗震救灾和灾后重建重担，为夺取抗震救灾斗争的全面胜利贡献力量。

附件：1. 民政系统抗震救灾英雄集体名单（略）

2. 民政系统抗震救灾英雄名单（略）

2008年6月25日

人力资源社会保障部　农业部 关于表彰农业系统抗震救灾英雄集体和抗震救灾英雄的决定

人社部发［2008］51号

各省、自治区、直辖市人事厅（局）、劳动保障厅（局），农业（农林、农牧）、农机、畜牧、兽医、农垦、乡镇企业、渔业厅（局、委、办），新疆生产建设兵团人事局、劳动保障局、农业局：

5月12日14时28分，四川省汶川县发生8.0级特大地震。面对这场突如其来的特大自然灾害，在党中央、国务院的坚强领导下，全国各族人民全力投入抗震救灾工作，抗震救灾工作取得了重大阶段性胜利。农业系统广大干部职工以及广大农村人才以灾情为命令、视时间如生命，不怕艰难困苦，不怕流血牺牲，积极投身抗震救灾和灾后恢复重建工作，涌现出一大批英雄集体和个人。

为表彰先进，弘扬正气，进一步激励农业系统广大干部职工和广大农村人才投身抗震救灾和灾后重建工作，人力资源社会保障部、农业部决定授予四川省什邡市农业局等7个单位“农业系统抗震救灾英雄集体”荣誉称号；授予罗凌等10名同志“农业系统抗震救灾英雄”荣誉称号，享受省部级劳动模范和先进工作者待遇。希望受表彰的英雄集体和个人，珍惜荣誉，再接再厉，在今后的工作中取得更大的成绩。

当前，抗震救灾和灾后恢复重建任务十分繁重。全国农业系统广大干部职工和广大农村人才，要以受表彰的英雄集体和个人为榜样，紧密团结在以胡锦涛同志为总书记的党中央周围，坚决贯彻党中央、国务院的部署和要求，坚持一手抓抗震救灾、一手抓农业生产，以更加顽强的精神、更加昂扬的斗志，全力以赴抓好各项工作，为夺取抗震救灾斗争的全面胜利贡献力量。

附件：1. 农业系统抗震救灾英雄集体名单（略）

2. 农业系统抗震救灾英雄名单（略）

2008年6月25日

人力资源和社会保障部 交通运输部 关于表彰第二批交通运输系统抗震救灾英雄集体和抗震救灾英雄的决定

人社部发［2008］52号

各省、自治区、直辖市人事厅（局）、劳动保障厅（局）、交通厅（局、委），新疆生产建设兵团人事局、劳动保障局、交通局，天津市市政公路管理局，上海市建设和交通委员会，中国民用航空局，国家邮政局：

5月12日14时28分，四川省汶川县发生8.0级特大地震。面对这场突如其来的特大自然灾害，在党中央、国务院的坚强领导下，全国各族人民全力投入抗震救灾工作，抗震救灾斗争取得重大阶段性胜利。交通运输系统广大干部职工以灾情为命令，视时间如生命，迅速组织人员抢救受灾群众生命，抢通损毁公路，确保救灾人员、物资运输畅通。特别是灾区一线广大交通干部职工顽强拼搏，众志成城，奋不顾身，夜以继日地奋战在抗震救灾第一线，在最短时间内抢通灾区运输生命线，为抗震救灾作出了重大贡献，涌现出了一大批可歌可泣的英雄集体和个人。

为表彰先进，弘扬正气，进一步激励交通运输系统广大干部职工全力投入抗震救灾工作，人力资源和社会保障部、交通运输部决定，授予四川省绵阳市北川羌族自治县交通局等6个集体“交通运输系统抗震救灾英雄集体”荣誉称号；授予邱正等9位同志“交通运输系统抗震救灾英雄”荣誉称号，享受省部级劳动模范和先进工作者待遇。希望受表彰的英雄集体和个人，珍惜荣誉，谦虚谨慎，再接再厉，在今后的工作中取得更大的成绩。

当前，抗震救灾仍在继续，道路抢通、保通、保运与灾后恢复重建工作艰巨繁重。全国交通运输系统广大职工要以受表彰的英雄集体和个人为榜样，更加紧密地团结在以胡锦涛同志为总书记的党中央周围，坚决贯彻党中央、国务院的决策部署和要求，克服一切困难，排除一切险阻，全力保障交通运输畅通，为夺取抗震救灾斗争的全面胜利贡献力量。

附件：1. 交通运输系统抗震救灾英雄集体名单（略）

2. 交通运输系统抗震救灾英雄名单（略）

2008年6月25日

人力资源和社会保障部关于开展建立失业动态重点监测报告制度试点工作的通知

人社部发［2008］53号

吉林、江苏、浙江、福建、河南、广东省劳动和社会保障厅：

为贯彻落实《就业促进法》关于建立失业预警制度的规定和国务院领导同志关于“一手抓扩大就业、一手抓调控失业”的要求，决定在6省18个城市开展建立失业动态重点监测报告制度试点工作。现就有关事项通知如下：

一、充分认识做好试点工作的重要性和必要性，建立失业动态重点监测报告制度，对更好地把握经济波动期失业变化的状况，采取有针对性的预防和调控失业政策措施，进一步促进就业和稳定就业具有重要作用，是贯彻落实《就业促进法》的新举措。要通过试点，在探索收集重点行业、重点企业从业人员变动和岗位流失情况的有效办法，完善失业动态重点监测报告制度的内容，提出适合本地区预防和调控失业的具体措施等方面创造新经验，为在全国范围推行这一制度打下更坚实的基础。各试点省（市）要充分认识开展这项工作的重要意义，务必把试点工作抓紧做好。

二、认真把握试点工作原则要按照“尽快启动，力求简便；突出重点，兼顾一般；梯次扩展，逐步完善”的工作原则，抓好试点工作。要立即部署和启动试点工作，监测内容和具体操作方法应简便易行，注重实效。在确定监测企业时，应在本地区经济发展和就业总量中有代表性的行业中进行选择，所收集的数据要客观反映所选择行业、企业的情况，同时要与其他相关统计数据相互加以印证。要适时总结实际工作中的有效做法，解决存在的问题，逐步完善监测的内容和方法，确保监测质量。

三、加强组织领导要建立工作机制，明确牵头部门和配合单位，落实任务、责任和工作经费，切实加强工作的组织领导。要加强与有关部门的工作协调，做好行业、企业的宣传工作，争取各方面的支持。要抓紧制定工作方案，确定监测的重点行业、重点企业，建立从业人员情况基础数据库，切实把各项基础工作做细、做实、做到位。要及时形成并报送监测报告，重点城市应于10月14日前向省级劳动保障部门报送，省级劳动保障部门应于10月21日前向我部报送。

其他事宜按《关于建立失业动态重点监测报告制度的工作方案》的有关要求处理。试点工作中遇到的重大问题，请及时向我部报告。

附件：1. 建立失业动态重点监测报告制度重点城市（略）

2. 关于建立失业动态重点监测报告制度的工作方案（略）

2008年6月21日

人力资源和社会保障部 国家工商行政管理总局 关于表彰工商行政管理系统抗震救灾英雄集体和抗震救灾英雄的决定

人社部发［2008］54号

各省、自治区、直辖市人事厅（局）、劳动保障厅（局）、工商行政管理局：

5月12日14时28分，四川省汶川县发生8.0级特大地震。面对这场突如其来的特大自然灾害，在党中央、国务院的坚强领导下，全国各族人民全力投入抗震救灾工作，抗震救灾斗争取得了重大阶段性胜利。地震灾区各级工商行政管理机关和广大工商干部以灾情为命令，视时间如生命，坚持人民利益高于一切，全力以赴投身抗震救灾，为抢救人民生命财产、维护灾后市场秩序、保障市场供应作出了积极贡献，涌现出一大批可歌可泣的英雄集体和个人。

为表彰先进，弘扬正气，进一步激励各级工商行政管理机关和广大工商干部全力投入抗震救灾工作，人力资源和社会保障部、国家工商行政管理总局决定，授予四川省汶川县工商行政管理局、四川省北川羌族自治县工商行政管理局“工商行政管理系统抗震救灾英雄集体”荣誉称号；授予四川省阿坝藏族羌族自治州工商行政管理局局长斯卫平、四川省绵竹市工商行政管理局剑南工商所副主任科员范银富、四川省平武县工商行政管理局南坝工商所副所长李勇等3名同志“工商行政管理系统抗震救灾英雄”荣誉称号，享受省部级劳动模范和先进工作者待遇。希望受表彰的英雄集体和个人，珍惜荣誉，谦虚谨慎，再接再厉，在今后的工作中取得更大的成绩。

当前，抗震救灾形势依然严峻，灾后恢复重建任务十分艰巨繁重。各级工商行政管理机关和广大工商干部要以受表彰的英雄集体和个人为榜样，紧密团结在以胡锦涛同志为总书记的党中央周围，坚决贯彻党中央、国务院的决策部署和要求，一手坚持不懈地抓抗震救灾，做好灾区生产自救和恢复重建工作；一手坚定不移地抓经济社会发展，克服一切困难，排除一切险阻，扎扎实实做好各项工作，为夺取抗震救灾斗争的全面胜利贡献力量。

2008年6月25日

人力资源和社会保障部　财政部　中国人民银行　国家税务总局　监察部　国务院纠风办　全国社会保障基金理事会　审计署　卫生部　证监会关于印发社会保险基金专项治理工作方案的通知

人社部发［2008］55号

各省、自治区、直辖市人事厅（局）、劳动和社会保障厅（局）、财政厅（局）、地方税务局、监察厅（局、委）、纠风办、审计厅（局）、卫生厅（局），中国人民银行各分行、营业管理部、省会（首府）城市中心支行，证监会各省、自治区、直辖市监管局，新疆生产建设兵团劳动和社会保障局及相关部门：

为贯彻落实第十七届中央纪委第二次全会和全国纠风工作会议精神，扎实做好社会保险基金专项治理工作，我们制定了《社会保险基金专项治理工作方案》，现印发给你们，请结合实际情况，认真贯彻执行。

各地制定的专项治理工作实施方案，请于2008年8月底前报专项治理部际领导小组办公室。

2008年7月1日

社会保险基金专项治理工作方案

社会保险基金的安全完整，关系群众切身利益，影响经济发展和社会稳定。近年来，各地区和有关部门按照党中央、国务院的要求，加强社会保险基金管理监督，基金安全程度明显提高。但是，管理不规范的问题还比较普遍，挤占挪用现象仍时有发生，影响了基金安全和社会保险制度运行。为解决社会保险基金管理中存在的问题，健全和完善基金安全长效机制，促进社会保险事业健康发展，第十七届中央纪委第二次全会和全国纠风工作会议决定进行社会保险基金专项治理。为做好这项工作，现制定如下方案：

一、指导思想和工作目标社会保险基金专项治理要以党的十七大和第十七届中央纪委第二次全会精神为指导，以保证基金安全，维护群众根本利益，构建社会主义和谐社会为目的，以纠正和查处违规违纪问题，完善基金管理监督政策，规范基础管理，健全监督机制为重点，切实解决工作中的突出问题，更好地维护基金安全，确保社会保障功能真正惠及人民群众。

通过专项治理，促进社会保险基金经办管理部门更好地履行职责，严格依法办事，进一步强化基金征缴，实现应收尽收；方便群众领取，防止欺诈骗保；规范内部管理，严禁挤占挪用；投资运营安全，实现保值增值；加强监督检查，做到监管有力。

二、范围和内容专项治理的范围是：养老保险基金（包括城镇企业职工养老保险基金和机关事业单位养老保险基金）；失业保险基金；医疗保险基金（包括城镇职工基本医疗保险基金和城镇居民基本医疗保险基金）；工伤保险基金；生育保险基金；全国社会保障基金。

专项治理的内容是：解决基金征缴、支付和管理中存在的以下问题：

（一）不依法核定社会保险缴费基数，不及时征缴社会保险费；收入不按规定入账，隐瞒、转移社会保险费收入；自行制定征缴优惠政策，造成社会保险费应收未收的问题。

（二）不严格执行社会保险基金支付政策，擅自扩大使用范围；不按规定及时、足额支付社会保险待遇，或管理失职，致使群众利益得不到保障；不按规定及时结算医疗费用，影响基金的使用效益；贪污、截留、挤占、挪用社会保险基金，采取欺诈手法套取、骗取社会保险基金的问题。

（三）不按规定开设银行账户、传递票据、划转资金和进行会计核算，个人账户不按规定记录，基金不按规定归集的问题。

（四）不按规定存储结余基金，不执行国家规定的社会保险基金利率政策，或违规投资造成基金损失；历史遗留的挤占挪用基金问题一直得不到解决，基金安全缺乏保障的问题。

（五）全国社会保障基金和受托管理资金执行投资政策，规避市场风险，确保基金安全，提高运营收益的情况。

三、步骤和方法专项治理工作从2008年6月开始，2009年年底结束，大体分为四个阶段：

（一）部署启动阶段（2008年6—8月）。

由人力资源和社会保障部牵头，财政部、中国人民银行、国家税务总局、监察部、国务院纠风办、全国社会保障基金理事会、审计署、卫生部、证监会等部门参加，组成社会保险基金专项治理工作部际领导小组（以下简称部际领导小组），研究制定工作方案，部署启动专项治理工作。部际领导小组下设办公室，设在人力资源和社会保障部，负责日常具体工作。

各省、自治区、直辖市按照统一部署，成立社会保险基金专项治理工作领导小组（以下简称省级领导小组），结合本地区实际制定具体方案，组织实施专项治理工作。

（二）自查自纠阶段（2008年9月—2009年5月）。

省级领导小组按照专项治理内容，组织涉及社会保险基金经办和管理的部门开展自查。一是对以前检查、审计发现的问题分类梳理，根据发生时间、性质和责任提出处理意见，采取经济、行政、法律手段，坚决予以纠正。对于历史遗留已经造成损失确实无法回收的资金，属于政府及有关部门挤占挪用的，由同级政府偿还；同级政府偿还确有困难的，经省级人民政府批准，可以作核销处理，同时应依纪依法严肃追究有关人员的责任。个别特殊问题，可上报部际领导小组研究提出处理意见。二是认真排查新的问题，能纠正的要尽快纠正；立即纠正确有困难的要制定整改计划，限期整改。对贪污、截留、挤占、挪用、骗取社会保险基金的严重违纪违法案件，要坚决依法查处，触犯刑律的，移送司法机关处理。三是针对各种基金违规问题，完善社会保险基金管理监督政策，健全基金经办管理机构内部控制制度。

对自查自纠阶段的工作，省级和部际领导小组要加强督查，随时掌握情况，加强工作指导。

（三）检查验收阶段（2009 年 6—8 月）。

对各地自查自纠工作，部际和省级领导小组要加强检查，进行重点抽查。省级领导小组对部分市县自查自纠工作进行抽查，抽查面不低于 50%。重点是自查自纠是否认真，存在的问题是否纠正，基金风险隐患是否进行了排查和防范，规章制度和内部管理是否得到完善，对维护基金安全、建立保障基金安全长效机制是否提出意见。通过抽查，总结经验，指出问题，督促整改。

在省级抽查的基础上，部际领导小组再进行抽查，抽查面不少于 1/3 的省市。主要是检查各地自查自纠和抽查情况，了解是否有走过场的问题，对工作不认真、整改不彻底的，要督促整改；对弄虚作假，隐瞒问题的，要通报批评，严肃处理。部际抽查组由领导小组成员单位和地方同志共同组成。

（四）总结报告阶段（2009 年 9—12 月）。

省级领导小组对专项治理工作进行总结，于 2009 年 10 月底前报送部际领导小组。部际领导小组在汇总各地情况和抽查结果的基础上，全面总结专项治理工作，客观评价基金监管现状，总结专项治理的做法和成效，提出加强体制、机制、制度建设，深化源头治理工作的意见和建议，向中央纪委和国务院提交专项治理工作报告。

四、工作要求

（一）提高认识，加强领导。各地要充分认识社会保险基金安全的重要性和开展专项治理的必要性，把这项工作纳入当地议事日程和督办事项，掌握进展情况，及时加强指导，协调解决工作中遇到的矛盾和问题，并为专项治理提供必要条件，保证这项工作顺利进行。

（二）认真部署，狠抓落实。部际领导小组各成员单位要充分发挥职能优势，按照分工，组织协调、督促指导本系统抓好部署、自查和整改工作；部门之间要加强沟通协商，相互支持配合，共同落实好专项治理各阶段的工作。省级领导小组要结合本地区实际，制定实施方案，明确工作任务、目标、分工和措施，精心部署实施，使专项治理真正取得实效。

（三）交流信息，推广经验。省级领导小组每月要上报一次工作情况，重要情况及时上报。部际领导小组要及时了解掌握各地工作情况，并通过编发《社会保险基金专项治理工作简报》等形式交流信息，推广经验，通报问题，指导和推动各地开展工作。

附件：社会保险基金专项治理领导小组工作规则（略）

人力资源和社会保障部　交通运输部关于印发《注册验船师（船舶和海上设施类）资格考试认定办法》的通知

人社部发［2008］56号

各省、自治区、直辖市人事厅（局）、劳动保障厅（局）、交通厅（局），国务院各部委、各直属机构人事部门，有关部委劳动保障工作机构，中央管理的企业：

为实施《注册验船师制度暂行规定》（国人部发［2006］8号），人力资源社会保障部、交通运输部研究制定了《注册验船师（船舶和海上设施类）资格考试认定办法》。现印发给你们，请遵照执行。

附表：1. 中华人民共和国注册验船师（船舶和海上设施类）资格考试认定申报表（略）

2. 注册验船师（船舶和海上设施类）资格考试认定人员情况汇总表（略）

2008年7月2日

注册验船师（船舶和海上设施类）资格考试认定办法

根据原人事部、原交通部、农业部《注册验船师制度暂行规定》（国人部发［2006］8号）第三十六条规定，制定本办法。

一、考试认定申报条件

长期从事船舶检验工作，遵守中华人民共和国宪法和各项法律、法规，恪守职业道德，身体健康，符合以下基本条件，并具备相应级别条件的人员，可申请参加本级别注册验船师（船舶和海上设施类）资格考试认定。

（一）基本条件

2006年3月1日前，在经批准设立的船舶检验机构工作的在编、在岗人员。从事船舶检验工作（指船舶和海上设施、集装箱和渔业船舶的检验，相关设计图纸和技术文件的审查，下同）及相关工作（指船舶制造、海事管理、航运），累计满4年。

（二）级别条件申请参加相应级别注册验船师（船舶和海上设施类）资格考试认定的人员，须同时具备本级别（1）和（2）的条件。

1. A级

（1）取得《中华人民共和国验船人员适任证书》（国际航行船舶、海上设施或国际航行的渔业辅助船舶类）；或取得船舶系列高级专业技术资格证书；或取得符合国际海事组织《被认可组织代表主管机关执行检验和发证的细则》A. 789（19）决议规定的相应资格证明。

（2）担任国际航行船舶、海上设施或国际航行的渔业辅助船舶检验项目技术负责人，主持完成公约船舶检验项目或入级船舶检验项目不少于5项；或独立完成不少于规定数量的公约船舶检验项目或入级船舶检验项目（2个审图项目，或2艘新造船舶检验项目，或20艘营运船舶检验项目，或20批船用产品检验项目，或1个海上设施检验项目）；或被原交通部评为优秀验船师；或作为注册验船师（船舶和海上设施类）资格考试专家委员会成员受聘担任考试大纲编写和首次全国统一考试的命题工作。

2. B级

（1）取得《中华人民共和国验船人员适任证书》（国内海上船舶或以上级别）；或取得船舶系列中级及以上级别专业技术资格证书。

（2）担任国内海上船舶检验项目技术负责人，主持完成国内海上船舶检验项目不少于5项；或独立完成不少于规定数量的国内海上船舶检验项目（同A级，无海上设施项目）；或被原交通部评为优秀验船师；或作为注册验船师（船舶和海上设施类）资格考试专家委员会成员受聘担任本级别或下一级别资格考试大纲编写和首次全国统一考试的命题工作。

3. C级

（1）取得《中华人民共和国验船人员适任证书》（内河船舶或以上级别）；或取得船舶系列初级或以上级别专业技术资格证书。

（2）担任内河船舶检验项目技术负责人，主持完成内河船舶检验项目不少于5项；或独立完成不少于规定数量的内河船舶检验项目（5个审图项目，或5艘新造船舶检验项目，或20艘营运船舶检验项目，或20批船用产品检验项目）；或被原交通部评为优秀验船师；或作为注册验船师（船舶和海上设施类）资格考试专家委员会成员受聘担任本级别或下一级别资格考试大纲编写和首次全国统一考试的命题工作。

4. D级

（1）取得《中华人民共和国验船人员适任证书》（内河小船或以上级别）；或取得船舶系列初级或以上级别专业技术资格证书。

（2）担任内河小船检验项目的技术负责人，主持完成内河小船检验项目不少于5项；或独立完成不少于规定数量的内河小船检验项目（同C级）；或被原交通部评为优秀验船师；或作为注册验船师（船舶和海上设施类）资格考试专家委员会成员受聘担任本级别资格考试大纲编写和首次全国统一考试的命题工作。

二、考试认定组织

注册验船师（船舶和海上设施类）资格考试认定工作由人力资源社会保障部、交通运输部共同负责，成立“全国注册验船师（船舶和海上设施类）考试认定办公室”（以下简称“全国考试认定办公室”），负责全国考试认定管理工作。

注册验船师（船舶和海上设施类）资格考试认定具体工作由中华人民共和国海事局承担，各区域注册验船师（船舶和海上设施类）资格考试认定管理机构负责具体实施工作。各省、自治区、直辖市人事、交通行政主管部门按职责分工负责本行政区域内的考试认定相关工作。

三、考试认定申报材料

（一）《中华人民共和国注册验船师（船舶和海上设施类）资格考试认定申报表》一式两份。

（二）相应类别验船师适任证书、船舶系

列相应级别专业技术资格证书、符合国际海事组织规定的相应资格证明、担任项目技术负责人的任命（或证明）文件、获奖证书等申报材料的复印件。

（三）所在单位出具的职业道德和船舶检验经历、业绩及船舶检验能力的证明。

（四）本人近期1寸免冠（彩色）相片3张。

四、考试认定的考试工作

（一）考试实行全国统一组织、分两批进行的办法。申请参加考试的人员，可根据工作安排自行选择时间。

（二）各级别考试的科目均为《船舶检验专业案例分析》，主要考察相应级别船舶检验专业人员分析判断和处理解决船舶检验问题的实际能力。考试采用开卷笔答方式进行。

（三）考点原则上设在各直属海事局船员考试中心或省会城市、直辖市的高等院校。

（四）考试合格标准由全国考试认定办公室研究确定。

五、考试认定程序

（一）各省、自治区、直辖市所属船舶检验人员的申报材料，通过聘用单位向单位所在地的省、自治区、直辖市交通行政管理部门报送；中国船级社和经批准在中国境内设立的外国船舶检验机构或代表处的船舶检验人员的申报材料，由相应机构统一向区域注册验船师（船舶和海上设施类）资格考试认定管理机构报送。

（二）各省、自治区、直辖市交通行政管理部门或中国船级社的船检业务部门对申报人员材料进行审核，提出审核意见；并经交通行政管理部门或中国船级社的人事部门复核合格后，报本区域注册验船师（船舶和海上设施类）资格考试认定管理机构。经区域注册验船师（船舶和海上设施类）资格考试认定管理机构审查合格后，向申请人核发准考证。

经批准在中国境内设立的外国船舶检验机构或代表处对本单位申报人员材料的审核、复核程序，参照本条第一款。

（三）中国船级社和经批准在中国境内设立的外国船舶检验机构或代表处的申报人员，按照属地原则参加考试。

中国船级社驻外机构的船舶检验人员的考试认定工作由中华人民共和国海事局统一安排。

（四）参加考试人员按照有关规定，携带相关证件，在准考证指定的地点和时间参加考试。

（五）考试工作完成后，各区域注册验船师（船舶和海上设施类）资格考试认定管理机构，应将考试认定人员的申报材料、考试电子信息和《注册验船师（船舶和海上设施类）资格考试认定合格人员情况汇总表》一并送全国考试认定办公室。

（六）全国考试认定办公室组织有关专家对各地报送的申报人员材料和考试人员成绩进行复审，并将复审合格人员名单进行公示。经公示无异议，由人力资源社会保障部、交通运输部审批后，向社会公告获得《中华人民共和国注册验船师（船舶和海上设施类）资格证书》人员的名单。

对未通过考试认定的申请人，委托区域注册验船师（船舶和海上设施类）资格考试认定管理机构向其说明不通过的理由。

六、考试认定工作有关要求

（一）各省、自治区、直辖市交通行政主管部门和相关机构，应及时将本通知精神向社会公告。考试认定人员申请材料上报和考试日期等具体工作安排，由中华人民共和国海事局另行通知。

（二）2006年3月1日前，已办理离、退休手续或已调离船舶检验机构的人员，不在注册验船师（船舶和海上设施类）资格考试认定的申报范围。

（三）各级别考试认定条件中有关船舶系列专业技术资格证书要求是指，按照国家统一规定评定的高级专业技术资格，或按照原人事部和原交通部有关规定通过全国统一举行的船舶专业技术资格考试取得的初、中级专业技术资格证书。

（四）公约船舶检验项目是指，按照国际公约规定的船舶必须进行的检验项目；入级船舶检验项目是指，履行国际船级社协会规定的入级船舶必须检验的项目。

（五）各省、自治区、直辖市交通行政主管部门和相关机构，在审核、复核时，应核查各类证书及相关证明文件的原件。报送的各类证书等相关证明文件的复印件应由所在单位人事部门负责人签署意见、加盖单位印章，并承担相关责任。

（六）各省、自治区、直辖市交通行政主管部门和相关机构，应严格按照规定的条件和程序，认真做好考试认定的申报、审核和复核工作。凡不认真把关和弄虚作假的，按照《行政许可法》有关规定处理。

（七）注册验船师（船舶和海上设施类）资格考试认定的考试各环节工作，应遵守《注册验船师资格考试实施办法》有关要求。对违反考试纪律和相关规定行为的，按照《专业技术人员资格考试违纪违规行为处理规定》处理。

人力资源和社会保障部　共青团中央关于表彰抗震救灾英雄志愿服务集体和抗震救灾英雄志愿者的决定

人社部发［2008］60号

各省、自治区、直辖市人事厅（局）、劳动保障厅（局）、团委，新疆生产建设兵团人事局、劳动保障局、团委，全国铁道团委、全国民航团委、中直机关团工委、中央国家机关团工委、中央金融团工委、中央企业团工委：

5月12日14时28分，四川省汶川县发生8.0级特大地震。面对这场突如其来的特大自然灾害，在党中央、国务院的坚强领导下，全国各族人民全力投入抗震救灾工作，抗震救灾斗争取得了重大阶段性胜利。全国特别是地震灾区各级团组织和广大团员青年、志愿者以灾情为命令，视时间如生命，坚持人民利益高于一切，全力以赴投身抗震救灾，为抢救人民生命财产、恢复灾后重建工作作出了积极贡献，涌现出一大批可歌可泣的英雄集体和个人。

为表彰先进，弘扬正气，进一步激励各级共青团组织和广大团员青年、志愿者全力投入抗震救灾工作，人力资源社会保障部、共青团中央决定，授予河北唐山“十三义士”、四川绵竹青年志愿者协会、湖南三一重工集团抗震救灾志愿服务队、贵州青年志愿者抗震救灾医疗救援服务队等4个集体“抗震救灾英雄志愿服务集体”荣誉称号；授予成都东冠实业有限公司陈岩、江苏黄埔再生资源利用公司陈光标、四川资阳青年农民尹春龙、北京德兴泰装饰有限公司郭昊东等4名同志“抗震救灾英雄志愿者”荣誉称号，享受省部级劳动模范和先进工作者待遇。希望受表彰的英雄集体和个人，珍惜荣誉，再接再厉，在今后的工作中取得更大的成绩。

当前，抗震救灾形势依然严峻，灾后恢复重建任务十分繁重。各级共青团组织和广大团员青年、志愿者要以受表彰的英雄集体和个人为榜样，紧密团结在以胡锦涛同志为总书记的党中央周围，坚决贯彻党中央、国务院的决策部署和要求，一手抓抗震救灾，做好灾区生产自救和恢复重建工作；一手抓经济社会发展，克服一切困难，排除一切险阻，扎扎实实做好各项工作，为夺取抗震救灾斗争的全面胜利贡献力量。

2008年7月11日

人力资源和社会保障部　教育部关于追授冯荣传同志“全国模范教师”荣誉称号的决定

人社部发［2008］61号

各省、自治区、直辖市人事厅（局）、劳动保障厅（局）、教育厅（教委），新疆生产建设兵团人事局、劳动保障局、教育局：

近年来，在党中央、国务院的领导下，全国教育系统广大教师和教育工作者以邓小平理论和“三个代表”重要思想为指导，深入贯彻落实科学发展观，解放思想，开拓创新，爱岗敬业，无私奉献，涌现出一大批先进模范人物。冯荣传同志就是其中的优秀代表。

冯荣传，男，汉族，1947年12月出生，生前系安徽省长丰县造甲乡冯巷小学高级教师。2007年11月15日上午，正在教室讲课的冯荣传同志，猝然倒在讲台上，永远离开了他一生钟爱的教育事业。从教34年来，冯荣传同志全身心投入乡村教育事业，兢兢业业，为人师表，教书育人；刻苦钻研，勤奋进取，结合乡村实际不断提高教育教学质量，摸索出一套独特的教育教学方法；爱生如子，无私奉献，用自己微薄的收入资助了一批贫困学生完成小学学业；爱校如家，在创建文明校园中身先士卒；关心同志，采用随堂听课、指导写教案等方式，帮助年轻教师成长。为表彰先进，弘扬正气，人力资源社会保障部、教育部决定追授冯荣传同志“全国模范教师”荣誉称号。

全国教育系统广大教师和教育工作者要以冯荣传同志为榜样，紧密团结在以胡锦涛同志为总书记的党中央周围，高举中国特色社会主义伟大旗帜，深入贯彻落实科学发展观，按照胡锦涛总书记在全国优秀教师代表座谈会上对广大教师提出的希望和要求，牢记使命，爱岗敬业，学为人师，行为世范，全面实施素质教育，坚持立德树人，做人民满意的教师，为全面建设小康社会、实现中华民族的伟大复兴而努力奋斗。

2008年7月11日

人力资源和社会保障部 中国气象局关于表彰气象系统抗震救灾英雄集体和抗震救灾英雄的决定

人社部发［2008］62号

各省、自治区、直辖市人事厅（局）、劳动保障厅（局）、气象局：

5月12日14时28分，四川省汶川县发生8.0级特大地震。面对这场突如其来的特大自然灾害，在党中央、国务院的坚强领导下，全国各族人民全力投入抗震救灾工作，抗震救灾斗争取得了重大阶段性胜利。地震灾区气象系统广大干部职工以灾情为命令，视时间如生命，坚持人民利益高于一切，全力以赴投身抗震救灾，为抢救人民生命财产、恢复灾后重建工作作出了积极贡献，涌现出一大批可歌可泣的英雄集体和个人。

为表彰先进，弘扬正气，进一步激励全国气象系统广大干部职工全力投入抗震救灾工作，人力资源和社会保障部、中国气象局决定授予四川省北川羌族自治县气象局等4个单位“气象系统抗震救灾英雄集体”荣誉称号；授予刘胜等4名同志“气象系统抗震救灾英雄”荣誉称号，享受省部级劳动模范和先进工作者待遇。希望受表彰的英雄集体和个人，珍惜荣誉，再接再厉，为灾后重建和防灾减灾事业的长远发展再立新功。

当前，抗震救灾仍在继续，灾后重建任务繁重艰巨。全国气象系统广大干部职工，要以受表彰的英雄集体和个人为榜样，紧密团结在以胡锦涛同志为总书记的党中央周围，坚决贯彻党中央、国务院的决策部署和要求，一手抓抗震救灾，做好灾区生产自救和恢复重建工作；一手抓经济社会发展，克服一切困难，排除一切险阻，切实承担起抗震救灾和灾后重建工作重担，为夺取抗震救灾斗争的全面胜利贡献力量，为开创气象防灾减灾事业新局面而努力奋斗。

附件：1. 气象系统抗震救灾英雄集体名单（略）

2. 气象系统抗震救灾英雄名单（略）

2008年7月11日

人力资源和社会保障部　教育部关于表彰第三批教育系统抗震救灾英雄集体和抗震救灾英雄的决定

人社部发［2008］63号

各省、自治区、直辖市人事厅（局）、劳动保障厅（局）、教育厅（教委），新疆生产建设兵团人事局、劳动保障局、教育局：

5月12日14时28分，四川省汶川县发生8.0级特大地震。面对这场突如其来的特大自然灾害，在党中央、国务院的坚强领导下，全国各族人民全力投入抗震救灾工作，抗震救灾斗争取得了重大阶段性胜利。灾区广大教师以灾情为命令，视时间如生命，坚持人民利益高于一切，为保护灾区学生生命安全，为抗震救灾作出了重大贡献，涌现出了一大批可歌可泣的英雄集体和个人。

为表彰先进，弘扬正气，进一步激励教育系统广大教师和教育工作者全力投入抗震救灾工作，人力资源社会保障部、教育部决定，授予四川省汶川县威州中学优秀教师群体等5个集体“教育系统抗震救灾英雄集体”荣誉称号；追授四川省安县花荄镇初级中学校教师郑发富等5位同志“教育系统抗震救灾英雄”荣誉称号；授予四川省汶川县映秀中心校校长谭国强等5位同志“教育系统抗震救灾英雄”荣誉称号，享受省部级劳动模范和先进工作者待遇。希望被授予荣誉称号的英雄集体和个人，珍惜荣誉，再接再厉，在今后的工作中取得更大的成绩。

当前，抗震救灾形势依然严峻，灾后重建与恢复正常教学工作任务艰巨繁重。全国教育系统广大教师和教育工作者，要以受表彰的英雄集体和个人为榜样，紧密团结在以胡锦涛同志为总书记的党中央周围，坚决贯彻党中央、国务院的决策部署和要求，积极投身抗震救灾、重建校园、恢复教学、提高教育质量的工作中去，坚持一手抓抗震救灾，做好灾区生产自救和恢复重建工作；一手抓经济社会发展，克服一切困难，排除一切险阻，扎扎实实做好各项工作，为夺取抗震救灾斗争的全面胜利贡献力量。

附件：1. 教育系统抗震救灾英雄集体名单（略）

2. 教育系统抗震救灾英雄名单（略）

2008年7月15日

人力资源和社会保障部　财政部关于汶川地震灾后恢复重建对口就业援助有关政策的通知

人社部发［2008］64号

各省、自治区、直辖市、计划单列市人事、劳动保障厅（局），财政厅（局）：

为贯彻落实中央领导同志的重要指示和国务院地震灾区恢复工业生产和扩大就业座谈会精神，按照《国务院关于支持汶川地震灾后恢复重建政策措施的意见》（国发［2008］21号）要求，现就做好汶川地震灾后恢复重建对口就业援助相关补贴政策通知如下：

一、职业培训补贴。对因“5·12”汶川地震灾害造成四川、甘肃、陕西三省的成都市、广元市、绵阳市、德阳市、南充市、巴中市、雅安市、阿坝藏族羌族自治州、陇南市、汉中市的受灾严重县（区）（以下简称灾区）失业人员和从灾区转移的进城务工农村劳动者（以下简称劳动者），在灾区或转移到其他地区参加职业培训的，培训地区可按规定给予一次性职业培训补贴。所需资金从就业专项资金中安排。职业培训补贴办法由地方按现行政策规定执行。

二、交通费补贴。对灾区劳动者转移到国务院确定的灾后恢复重建20个对口支援地区（以下简称支援地区）就业的，由受灾地区给予一次性单程铁路、公路或水运（路）交通费补贴。所需资金从受灾地区就业专项资金中安排。灾区劳动者可凭交通票据、本人《居民身份证》、企业吸纳就业证明，经劳动保障部门审核、财政部门复核后，按规定直接报销。上述交通费补贴政策审批的截止时间为2009年7月底。

三、社会保险补贴。对支援地区各类企业（单位）招用灾区劳动者，与之签订劳动合同并缴纳社会保险费的，按其为灾区劳动者实际缴纳的基本养老保险费、基本医疗保险费和失业保险费给予补贴，补贴期限最长不超过1年。所需资金从支援地区就业专项资金中安排。企业可凭吸纳灾区劳动者名单、灾区劳动者本人《居民身份证》复印件、劳动合同复印件、社会保险征缴机构出具的季度缴费明细、企业在银行开立的账户等凭证材料，按季度向当地劳动保障部门申请社会保险费补贴。劳动保障部门审核、财政部门复核后，按规定及时将资金支付到企业（单位）在银行开立的账户。上述社会保险补贴政策审批的截止时间为2009年7月底。

四、各地人事、劳动保障、财政部门要切实把思想和行动统一到党中央、国务院各项决策部署上来，进一步增强政治意识、大局意识、责任意识，把对灾区的对口就业援助作为对口支援的重要内容，明确责任，加强配合，确保对口就业援助政策落实、资金到位、成效扎实。

五、各级劳动保障、财政部门要根据本通知要求，结合本地实际，抓紧制定具体实施办法。要加强政策宣传，简化办事程序，明确办理时限，确保各项政策的及时兑现和各类资金的及时拨付。要加强对资金的管理和监督，提高资金使用管理的规范性、安全性和有效性。

2008 年 7 月 15 日

人力资源和社会保障部　公安部关于授予龚志华同志“全国公安系统一级英雄模范”荣誉称号的决定

人社部发［2008］66号

各省、自治区、直辖市人事厅（局）、劳动保障厅（局）、公安厅（局），新疆生产建设兵团人事局、劳动保障局、公安局：

近年来，全国公安机关和广大公安民警在党中央、国务院和地方各级党委、政府的坚强领导下，坚持以邓小平理论和“三个代表”重要思想为指导，深入贯彻落实科学发展观，不断开创公安工作和公安队伍建设新局面，为维护国家安全和社会稳定，保卫改革开放和社会主义现代化建设，保障人民群众安居乐业作出了突出贡献，涌现出一大批英雄模范人物。龚志华同志就是其中的优秀代表。

龚志华，男，汉族，中共党员，1980年11月出生，湖南省祁阳县人，2003年11月参加公安工作，现为云南省昆明市公安局政治部教育处民警，2007年6月至今下派昆明市公安局官渡分局菊花派出所锻炼，二级警司。2008年6月29日11时55分许，身着便装的龚志华同志在值完夜班回家途中，发现公交车站一名男子正在实施盗窃后，立即挺身而出将其抓获。在准备将其扭送派出所时，突遭该男子6名同伙手持砖块、钢管、折叠刀等凶器围攻。面对7名穷凶极恶的歹徒，龚志华同志毫不畏惧，只身与其展开英勇搏斗，在寡不敌众、身中多刀造成肋骨间动脉断裂、右肺刺穿、肝脏破裂、胃和十二指肠贯穿伤、胆囊刺破的情况下，仍死死抓住一名犯罪嫌疑人不放，直到其他战友赶到将其抓获。龚志华同志因伤势过重昏倒在血泊中，经送医院全力抢救，脱离了生命危险。从警5年来，龚志华同志始终牢记并努力实践全心全意为人民服务的宗旨，忠实履行人民警察的神圣职责，爱岗敬业，顽强拼搏，恪尽职守，无私奉献，在平凡的岗位上作出了不平凡的业绩。他先后在公安特警、政工和派出所等不同岗位工作，始终干一行、爱一行、钻一行，刻苦钻研业务，苦练实战技能，成为不同岗位的业务骨干。他对工作精益求精、任劳任怨、扎实肯干，无论在哪个单位，始终是来得最早、走得最晚、加班最多的人。他以打击犯罪、保护人民为天职，英勇无畏，不怕牺牲，遇到急难险重任务总是勇挑重担、冲锋在前，多次冒着生命危险抓捕犯罪嫌疑人，仅近一年来就先后侦破各类案件50余起，抓获犯罪嫌疑人30余名，为严厉打击违法犯罪活动，维护社会治安稳定作出了突出贡献。

龚志华同志的英勇事迹，充分体现了“忠诚可靠、秉公执法、英勇善战、纪律严明、无私奉献”的新时期人民警察精神，是广大公安民警学习的榜样。为表彰先进，弘扬正气，人力资源社会保障部、公安部决定，授予龚志华同志“全国公安系统一级英雄模范”

荣誉称号。

全体公安民警要以龚志华同志为榜样，坚定不移地高举中国特色社会主义伟大旗帜，更加紧密地团结在以胡锦涛同志为总书记的党中央周围，认真学习贯彻党的十七大精神，进一步坚定信心、振奋精神、开拓创新、扎实工作，切实担负起巩固共产党执政地位、维护国家长治久安、保障人民安居乐业、促进经济社会发展的重大政治和社会责任，为夺取全面建设小康社会新胜利、谱写人民美好生活新篇章作出新的更大的贡献。

2008 年 7 月 21 日

人力资源和社会保障部　公安部 关于授予(追授)黎定琦、陈勇琦、陈春龙同志“全国公安系统一级英雄模范”荣誉称号的决定

人社部发［2008］67号

各省、自治区、直辖市人事厅（局）、劳动保障厅（局）、公安厅（局），新疆生产建设兵团人事局、劳动保障局、公安局：

近年来，全国公安机关和广大公安民警在党中央、国务院和地方各级党委、政府的坚强领导下，坚持以邓小平理论和“三个代表”重要思想为指导，深入贯彻落实科学发展观，不断开创公安工作和公安队伍建设新局面，为维护国家安全和社会稳定，保卫改革开放和社会主义现代化建设，保障人民群众安居乐业作出了突出贡献，涌现出一大批英雄模范人物。黎定琦、陈勇琦、陈春龙同志就是其中的优秀代表。

黎定琦，男，汉族，中共党员，1965年9月出生，海南省乐东黎族自治县人，1988年参加公安工作，现任海南省昌江黎族自治县公安局刑警大队教导员、主检法医师、二级警督。参加公安工作以来，他始终牢记并努力实践全心全意为人民服务的宗旨，忠实履行人民警察的神圣职责，爱岗敬业，顽强拼搏，勤政为民，无私奉献，在平凡的岗位上作出了不平凡的业绩。他二十年如一日奋战在刑侦工作第一线，对事业执著追求，对业务精益求精。特别是1999年9月在与持枪劫匪战斗中负伤致残后，他勇于挑战自我，克服右眼失明、左眼视力仅为0.02且体内留有10多粒铁砂枪弹带来的各种困难和痛苦，以更加昂扬的斗志和饱满的热情，全身心地扑在工作上，先后指挥和参与侦破各类刑事案件1 179起，抓获犯罪嫌疑人945名，组织勘查现场1 889场次，指导法医活体检验1 545例、尸体检验328例，为严厉打击刑事犯罪活动，维护社会治安稳定作出了突出贡献。他立足本职岗位，带着对人民群众的深厚感情，真心诚意地为群众排忧解难，做了大量的好事、实事，赢得了辖区群众的普遍赞誉。他先后荣立个人三等功2次，并荣获全国特级优秀人民警察、海南省先进工作者等多项荣誉称号。

陈勇琦，男，汉族，中共党员，1966年4月出生，江西省鄱阳县人，1997年参加公安工作，现为江西省南昌市公安局青山湖分局湖坊派出所社区民警，一级警督。参加公安工作以来，他始终牢记并努力实践全心全意为人民服务的宗旨，忠实履行人民警察的神圣职责，爱岗敬业，竭诚为民，无私奉献，在平凡的岗位上作出了不平凡的业绩。他立足本职岗位，满腔热情地为群众办实事、做好事、解难事，用实际行动向辖区群众传送党和政府的温暖，赢得了广大群众的普遍赞誉。他充分依靠和发动群众，大力开展群防群治，不断强化治安防范和管理，严厉打击各类违法犯罪活动，为维护辖区治安稳定作出了突出贡献，使一个治安

情况复杂、刑事案件高发的问题村变成了平安村、文明村。他刻苦钻研业务，与时俱进，开拓创新，在实践中逐步总结出“一棵树、一座塔、一张网、一条船”的新型社区警务工作模式，并在全省公安机关推广。他始终以共产党员的标准严格要求自己，淡泊名利，为警清廉，以自身模范行动树立了基层公安民警的良好形象。他先后荣立个人一等功2次、三等功1次，并荣获全国特级优秀人民警察等多项荣誉称号。

陈春龙，男，汉族，中共党员，1978年12月出生，山东省阳谷县人，2004年参加公安工作，生前为山东省聊城市公安局特警支队三大队民警，三级警司。2008年3月20日晚，陈春龙同志在处置一起暴力劫持人质案件过程中，不顾个人安危，主动请缨，化装进入犯罪现场，并抓住有利时机，果断出击，与身绑炸药的持刀犯罪嫌疑人殊死搏斗，不幸身负重伤，经抢救无效，壮烈牺牲，年仅29岁。参加公安工作以来，他始终奋战在基层一线，牢记并努力实践全心全意为人民服务的宗旨，忠实履行人民警察的神圣职责，不畏艰辛，勇挑重担，每逢急难险重任务总是冲锋在前，多次冒着生命危险抓捕犯罪嫌疑人。从警3年多来，他参与处置各类群体性上访和突发事件30余起，参加巡逻防控2 800余次，抓获犯罪嫌疑人30余名，为维护一方平安作出了突出贡献。他先后荣立个人三等功2次、获嘉奖1次。

黎定琦、陈勇琦、陈春龙同志的先进事迹，充分体现了“忠诚可靠、秉公执法、英勇善战、纪律严明、无私奉献”的新时期人民警察精神，堪称公安民警的楷模。为表彰先进，弘扬正气，人力资源社会保障部、公安部决定，授予黎定琦、陈勇琦同志，追授陈春龙同志“全国公安系统一级英雄模范”荣誉称号。

全体公安民警要以黎定琦、陈勇琦、陈春龙同志为榜样，坚定不移地高举中国特色社会主义伟大旗帜，更加紧密地团结在以胡锦涛同志为总书记的党中央周围，认真学习贯彻党的十七大精神，进一步坚定信心、振奋精神、开拓创新、扎实工作，切实担负起巩固共产党执政地位、维护国家长治久安、保障人民安居乐业、促进经济社会发展的重大政治和社会责任，为夺取全面建设小康社会新胜利、谱写人民美好生活新篇章作出新的更大的贡献。

2008年7月24日

人力资源和社会保障部　交通运输部
关于授予尼玛拉木同志全国交通运输系统
劳动模范荣誉称号的决定

人社部发［2008］68号

各省、自治区、直辖市人事厅（局）、劳动保障厅（局）、交通厅（局、委），新疆生产建设兵团人事局、劳动保障局、交通局，天津市市政公路管理局，上海市建设和交通委员会，中国民用航空局，国家邮政局：

近年来，在党中央、国务院的领导下，全国交通运输系统广大干部职工以邓小平理论和“三个代表”重要思想为指导，深入贯彻落实科学发展观，解放思想，开拓创新，爱岗敬业，无私奉献，涌现出一大批先进模范人物。尼玛拉木同志就是其中的优秀代表。

尼玛拉木，女，藏族，1976年9月生，中共党员，云南省迪庆藏族自治州德钦县云岭乡邮政所邮递员。自1999年参加工作以来，她始终坚持全心全意为人民服务的宗旨，认真履行邮政普遍服务的义务，每天背着二三十公斤重的邮件和帮藏民捎带的生产生活用品，面对高寒缺氧、滑坡、泥石流等危及生命安全的极端恶劣自然条件的威胁，穿行在长达350公里的雪山峡谷邮路上。为递送邮件，她每年都要从命悬一线的溜索上跨过滚滚澜沧江100多次，累计行程20余万公里，没有延误过一个邮班，没有丢失过一封邮件。她以乡邮所为家，不求索取，无私奉献，怀孕9个月期间从未耽误递送邮件，产后20天又走上了邮路。她克服家庭困难，顾不上照顾年幼的儿子，日复一日，年复一年，始终默默奔波在漫漫邮路上。尼玛拉木同志以一个普通邮政投递员的模范行动，将邮政普遍服务延伸到一个个偏僻乡村，把党的声音传送到大山里的千家万户，用自己的身躯架起了一座藏区群众与外界沟通的桥梁，在平凡的工作岗位上做出了不平凡的业绩。她的先进事迹，体现了交通运输行业共产党员忠诚践行“三个代表”重要思想和科学发展观，忠实履行职责，始终保持共产党员先进性的精神风貌，体现了当代交通运输职工在构建社会主义和谐社会伟大实践中的理想追求和高尚情操，展现了新时期交通运输干部职工扎根边疆、献身民族地区邮政事业的崇高品格和良好形象。为表彰先进，弘扬正气，人力资源社会保障部、交通运输部决定授予尼玛拉木同志“全国交通运输系统劳动模范”荣誉称号，享受省部级劳动模范和先进工作者待遇。

全国交通运输系统广大干部职工要以尼玛拉木同志为榜样，紧密团结在以胡锦涛同志为总书记的党中央周围，高举中国特色社会主义伟大旗帜，全面贯彻落实科学发展观，牢记使命，爱岗敬业，不畏艰难，勇往直前，扎实工作，开拓创新，为推动交通运输事业又好又快发展，为全面建设小康社会和构建社会主义和谐社会努力奋斗！

2008年7月31日

人力资源和社会保障部关于进一步做好失业保险和最低工资有关工作的通知

人社部发［2008］69号

各省、自治区、直辖市人事、劳动保障厅（局）：

根据国务院关于成品油、电力价格调整有关工作的部署和要求，为保障失业人员和低收入职工的基本生活，现就进一步做好失业保险和最低工资有关工作通知如下：

一、关于失业保险工作

各地区要按照《失业保险条例》的规定，继续健全和完善失业保险金标准调整机制，考虑物价上涨等因素对失业人员基本生活的影响，要结合本地实际，合理确定并及时调整失业保险金水平，具体调整幅度由省级人民政府确定。同时，要继续做好失业保险扩面和基金征缴工作，对符合条件的失业人员按时足额发放失业保险金，并按规定提供有针对性的促进就业服务，切实保障失业人员的基本生活。各地调整失业保险金水平的有关情况要于8月底前报部。

二、关于最低工资工作

各地区要继续调整并严格执行最低工资标准。今年尚未调整最低工资标准的地区，下半年应及时调整。在调整最低工资标准时，要综合考虑本地区经济发展水平、职工平均工资、城镇居民消费价格指数和就业状况等相关因素，尤其是要充分考虑物价上涨给低收入职工生活带来的影响，合理确定并适度调整最低工资标准，使最低工资标准的调整幅度不低于当地城镇居民消费价格指数上涨幅度。上半年已调整最低工资标准的地区，也要认真分析物价上涨对本地区低收入职工生活的影响，在明年对最低工资标准及时进行调整。

2008年8月7日

人力资源和社会保障部关于印发人力资源和社会保障部贯彻落实《建立健全惩治和预防腐败体系2008—2012年工作规划》的实施意见的通知

人社部发［2008］71号

各省、自治区、直辖市人事厅（局）、劳动保障厅（局），新疆生产建设兵团人事局、劳动保障局，副省级市人事局、劳动保障局，部属各单位：

现将《人力资源和社会保障部贯彻落实〈建立健全惩治和预防腐败体系2008—2012年工作规划〉的实施意见》印发给你们，请认真抓好贯彻落实。

2008年8月14日

人力资源和社会保障部贯彻落实《建立健全惩治和预防腐败体系2008—2012年工作规划》的实施意见

为贯彻落实中共中央关于《建立健全惩治和预防腐败体系2008—2012年工作规划》（以下简称《工作规划》），深入推进人力资源和社会保障系统党风廉政建设和反腐败工作，经部党组研究，提出如下实施意见：

一、总体要求

以邓小平理论和“三个代表”重要思想为指导，深入贯彻落实党的十七大精神，按照第十七届中央纪委第二次全会的部署和《工作规划》的要求，坚持标本兼治、综合治理、惩防并举、注重预防的方针和科学性、系统性、前瞻性相统一的原则，解放思想，实事求是，深化改革创新，强化制约监督，查处违纪违法案件，深化源头治理工作。通过五年努力，初步形成人力资源和社会保障系统惩防体系基本框架，基本建立具有行业特点的廉政教育长效机制、反腐倡廉制度体系和权力运行监控机制，干部队伍素质全面提高，政风行风明显改进，腐败现象进一步得到遏制，为促进人力资源和社会保障事业健康发展提供有力保障。

二、主要任务

（一）推进反腐倡廉教育

1. 加强理想信念和廉洁从政教育。认真组织党员干部学习党的三代中央领导集体反腐倡廉重要思想和以胡锦涛同志为总书记的党中央关于反腐倡廉重要论述，学习党章等党内法规和国家法律法规。积极开展理想信念、党风党纪、廉洁从政、艰苦奋斗教育，引导党员干部坚持科学发展观，坚定共产主义理想和中国特色社会主义信念；牢固树立马克思主义的世界观、人生观、价值观，牢固树立正确的权力观、地位观、利益观和社会主义荣辱观；加强党性修养和从政道德修养，增强法制和纪律观念，打牢廉洁从政的思想政治基础，筑牢拒腐防变的思想道德防线。坚持讲党性、重品行、做表率，自觉做到为民、务实、清廉。

2. 加强廉政文化建设。把廉政教育纳入社会主义精神文明建设总体部署，贯穿于人力资源和社会保障各个领域；研究制定加强廉政文化建设实施意见，围绕社会主义核心价值体系，结合社会公德、职业道德、家庭美德、个人品德教育和法制教育，开展丰富多彩的廉政文化创建活动；结合机关文化建设，深化党的纪律教育、法律法规教育，推进廉政文化内容、形式和传播手段创新，扩大覆盖面、增强影响力，形成依法办事、廉洁从政的行业风尚。

3. 完善教育工作格局。把反腐倡廉教育列入各级党组（党委）理论学习中心组学习内容，列入干部教育培训计划；坚持党政主要负责同志带头讲廉政党课制度，坚持“三会一课”制度和新任领导干部廉政谈话制度；积极开展反腐倡廉主题宣传教育活动，利用正反面典型开展示范教育和警示教育，不断提高教育的针对性和有效性，增强教育的说服力和感染力。

（二）健全和完善廉政制度

1. 完善反腐败领导体制和工作机制。建立人力资源和社会保障部党风廉政建设工作领导小组，明确工作职责，完善相关制度和协调机制；制定和完善《人力资源和社会保障部党风廉政建设责任制实施细则》，细化领导干部责任分解、责任考核和责任追究。

2. 健全科学民主决策制度。制定《人力资源和社会保障部工作规则》，制定重大决策、重大项目安排、重要干部任免和大额资金使用民主决策制度和程序；完善专家咨询、情况通报、社会公示、合法性审查，以及重大公共利益的决策向社会公开征求意见等制度；建立决策评估、反馈纠偏和决策责任追究等制度。

3. 健全和完善监督制度。制定《人力资源和社会保障部领导班子监督实施细则》，建立领导班子成员相互监督、组织监督、群众监督等规定；完善领导干部任期和离任审计等制度。

4. 健全和规范权力运行制度。研究制定行政审批审核标准、程序和相应责任，规范行政执法程序和评议考核等规定；会同财政部完善中央财政补助养老保险基金制度，完善就业专项资金分配工作制度，完善工程建设、物资采购、职业资格证书印制等招标投标程序；建立行政权力透明运行的检查、考核和执法过错追究等制度。

5. 完善政务公开制度。按照党中央、国务院的要求，认真贯彻执行《政府信息公开条例》，制定和完善人力资源和社会保障系统政务公开的指导性意见和部机关政务公开制度，完善依申请公开和保密审查办法，制定政务

（政府信息）公开目录和指南。

（三）强化监督检查

1. 监督检查遵守政治纪律和落实科学发展观情况。检查各级领导班子和党员干部遵守党的方针政策，维护党章和其他党内法规情况，督促党员干部增强政治意识、大局意识和责任意识，维护中央权威和党的集中统一；监督检查落实中央科学发展重大决策部署情况，引导各级领导班子和党员干部正确处理局部利益和全局利益、近期发展和长远发展的关系，纠正有令不行、有禁不止，妨碍科学发展、影响社会稳定、侵害群众利益的突出问题。

2. 监督检查廉洁自律情况。检查党员干部遵守廉洁自律各项规定的情况，纠正和处理领导干部违反规定收送现金、有价证券、支付凭证和收受干股；以赌博和交易等形式收受财物；违反规定插手市场交易活动；违反规定买卖股票和在住房上以权谋私，以及违反领导干部配偶、子女从业有关规定等行为，促进党员干部特别是领导干部廉洁从政、奉公守法，清清白白做人、干干净净办事。

3. 监督检查落实党内民主和监督制度情况。检查落实《党内监督条例》情况，落实党员领导干部报告个人有关事项、述职述廉、民主评议、诫勉谈话、函询等制度情况，落实党组（党委）议事规则、执行民主决策程序，在重大决策、重要项目安排，重要干部任免和大额资金使用上坚持民主决策情况，以及在干部选拔任用前征求纪检监察机构意见等情况，纠正违反党内民主和监督制度的行为。

4. 监督检查行使行政审批权和行政执法权情况。继续清理和规范行政许可、非行政许可审批项目，纠正违反审批审核程序的行为，确保行政权力依法、公正、透明运行；检查执行《劳动法》《公务员法》《就业促进法》和《劳动合同法》等法律法规情况，纠正行政行为失当、不依法办事、执法不严、执法不公等行为；研究探索建立决策权、执行权、监督权既相互制约又相互协调的权力结构和运行机制，促进工作人员依照法定权限和程序履行职责、行使权力。

5. 加强对重点部位和重要环节的监督检查。监督检查干部任免和调配、公务员录用、军转干部安置、职业资格考试、技能鉴定、技术职称评审、博士后设站评审、医疗保险药品目录调整、企业年金基金管理机构资格认证，以及工程建设、物资采购、职业资格证书印制招标投标等情况；加强对专项资金清理及机关财务管理、资金使用的审计监督，严格领导干部任期和离任审计制度，防止违纪违法问题发生。

6. 监督检查落实党风廉政建设责任制情况。检查党风廉政建设任务分解和落实情况，督促部门主要负责同志承担起惩防体系建设第一责任人的责任，领导班子其他成员抓好职责范围内的反腐倡廉工作；加强对落实责任制的检查考核，对重视不够、敷衍塞责或存在重大问题的部门和单位，严肃追究有关领导责任。

（四）推进行风建设和专项治理工作

1. 推行政务公开工作。贯彻落实国务院《政府信息公开条例》及人力资源和社会保障部政务公开办法；推行社会听证、专家咨询、新闻发布等新的公开形式，利用政府网站、电话咨询和媒体做好政策宣传；树立政务公开示范点，总结推广经验，发挥辐射和带动作用；加强对政务公开的监督、考核和责任追究，确保涉及群众切身利益的各类事项和权力运行过程依法、及时、准确向社会公开。

2. 全面推进政风行风建设。大力弘扬八个方面的良好作风，严格遵守行业自律规定；开展“做人民满意公务员”和规范公务员行为及职业道德教育活动，弘扬公务员精神；参加民主评议政风行风活动，组织服务对象评议窗口单位，办好政风行风热线，广泛接受社会的监督；严格行政问责和绩效管理，纠正办事不公、执法不严、服务态度差、办事效率低和损害群众利益等突出问题，以良好的作风取信于民。

3. 大力弘扬艰苦奋斗作风。提倡勤俭节约、精打细算、讲求实效的作风，严格执行公务接待管理规定，制止和纠正讲排场、比阔气、奢侈挥霍的不良风气；继续精简会议和文件，解决好会风文风问题；规范经营性资产管理，严禁设立“小金库”；严格控制楼堂馆所建设，控制因公出国（境）考察的规模和人数；清理规范评比达标表彰活动，纠正举办节庆活动过多过滥等问题。

4. 深化创建优质服务窗口活动。细化优质服务窗口标准，加强基层服务窗口建设，指导窗口单位完善设施，明确职责，简化程序，规范行为，推行便民利民措施；加强窗口建设的检查和考核，抓好优质服务窗口评选表彰活动；树立全国示范窗口，发挥典型引领作用，推进创建优质服务窗口活动深入持久开展。

5. 加强社保基金监督检查。深入开展社保基金专项治理工作，检查基金经办管理机构和人员履行职责、依法办事情况，纠正违反基金监管法规政策的行为，完善防范基金风险长效机制，确保基金应收尽收、规范管理、保值增值、安全运营。开展就业专项资金检查，检查就业扶持政策落实情况，资金分配、使用情况，纠正影响培训机构管理和培训质量的突出问题，完善权责分明、行为规范、监督有效、保障有力的监管体系。

6. 清理规范职业资格相关活动。清理和规范各类职业资格设置、考试、鉴定，职业资格培训、收费，职业资格证书印制、发放等工作；完善职业资格证书制度，健全相关法律法规，建立统一规划、规范设置、分类管理、有序实施、严格监管的职业资格管理机制。

7. 解决群众反映的突出问题。切实做好《劳动合同法》《劳动争议调解仲裁法》实施工作，进一步完善工作制度机制，预防和纠正侵害劳动者合法权益的行为；加强定点医疗机构（药店）的监管，纠正医药购销和医疗服务中的不正之风；落实城镇居民医疗保险、新型农村合作医疗和医疗求助制度；加强农民工就业服务和培训工作，清理和取消针对农民工进城就业的歧视性规定和不合理限制，维护农民工工资报酬等合法权益；认真做好社会保险关系接续，以及失地农民就业安置和社会保障等工作。

（五）深化体制机制制度改革

1. 完善公务员制度。健全《公务员法》配套法规，完善公务员录用制度，推进依法、公平、科学考录；出台公务员调任、职务任免与职务升降、奖惩、培训、申诉、新录用公务员任职定级等法规规章，研究起草公务员辞退、回避、录用违纪处理等法规政策，完善公务员考核评价体系；探索建立公务员分类管理制度；健全公务员纪律惩戒法规政策体系；研究推行政府绩效管理制度；加强政府奖励表彰综合管理。

2. 深化收入分配制度改革。完善公务员工资制度，制定级别与工资等待遇适当挂钩、向县乡党政主要领导实行工资政策倾斜的具体办法；研究建立公务员与企业相当人员工资水平调查比较制度，健全完善公务员工资水平正常增长机制；继续配合有关部门做好规范公务员津贴补贴工作。深化事业单位收入分配制度改革，研究制定综合规范事业单位津贴补贴实施绩效工资政策；研究制定事业单位工作人员兼职兼薪管理办法和事业单位主要领导激励约束机制等配套政策。建立和完善企业职工工资正常增长机制，推进企业建立工资集体协商制度，改革国有工资总额管理办法，规范国有企业负责人薪酬管理制度，规范收入分配秩序。

3. 深化人事制度改革。加快人才资源配置市场化进程，完善和规范人才资源配置体系，促进人力资源服务业发展。制定人力资源市场管理和人事争议仲裁等法规。推进职称改革试点，建立面向社会各类专业技术人才的职称体系。深化退役军官安置制度改革。深化事业单位人事制度改革，研究制定事业单位人事管理暂行条例，完成岗位设置管理实施工作；加快推行聘用制度，完善公开招聘办法；制定事业单位工作人员考核、奖励和处分暂行规定。

4. 加快社会保险制度改革。推进城镇养老保险制度改革，完善失业、医疗、工伤、生育保险制度，探索建立农民社会养老保险制度。加强社保基金和财政补助资金监管制度建设，充实监管力量、规范监管流程、完善内部控制制度和内控运行评价体系；建立定期报告基金管理情况制度，完善社会保险信息披露和基金举报等制度；探索基金监管考核内容、形式和责任追究办法，研究制定基金管理违纪违法行为处分暂行规定。

（六）严肃查处违纪违法案件

1. 严肃查处领导机关和领导干部案件。以查处滥用职权、贪污贿赂、腐化堕落、失职渎职的案件为重点，严肃查处违反政治纪律的案件，查处利用干部人事权、行政执法权、行政审批权徇私舞弊、索贿受贿的案件，查处官商勾结、权钱交易或利用职权参与和干预经营活动、谋取非法利益的案件，查处以各种手段侵吞国有资产和在工程建设、政府采购中规避招标、虚假招标、违法转包分包的案件，查处漠视群众疾苦、与民争利、侵害群众利益的案件。

2. 继续深化治理商业贿赂工作。严格执行中央《关于严格禁止利用职务上的便利谋取不正当利益的若干规定》，巩固和深化治理商业贿赂自查自纠成果，检查整改措施落实和解决问题情况，严禁利用行政审批审核、项目招标投标，以及事业单位产品开发、商品购销、出版发行等权力搞不正当交易。依法查处商业贿赂行为。总结规律、创新手段、健全制度，完善治理商业贿赂长效机制。

3. 查处违反社保基金纪律案件。严肃查处违反基金监管法规政策及民主决策原则，滥用职权、违规操作，造成基金重大损失和严重社会影响的案件；查处贪污、截留、挤占、挪用基金或内外勾结，采取欺诈手段，骗取套取基金的案件。对因失职渎职导致基金监管问题长期得不到解决的，要综合运用组织处理、纪律处分等手段，依据有关规定进行处理。

4. 发挥查办案件的综合效应。加强违纪违法案件剖析，查找易发案件的部位和环节，总结案件特点和规律，举一反三，完善制度，加强管理，堵塞漏洞。利用典型案件开展警示教育，以案说法、依案释纪，引导党员干部吸取教训，引以为鉴，自觉遵守法律法规和廉洁自律各项规定，实现查办案件的政治效果、社会效果和法纪效果相统一。

5. 提高办案能力和水平。落实《国务院信访条例》，做好群众信访工作，积极排查化解矛盾，提高应对突发事件的能力；增强办案意识和办案观念，坚持严肃执纪、公正执法、文明办案，纠正瞒案不报、有案不查、失之于宽、失之于软的现象；探索新形势下查办案件的手段和方法，严格政策界线，规范办案程序，综合运用法律、纪律、行政和组织处理等方式，提高办案能力和水平。

三、保障措施

（一）加强组织领导

各级党组（党委）要深入学习《工作规划》，客观分析党风廉政建设和反腐败斗争面临的形势，深刻认识惩治和预防腐败的重要性和紧迫性，全面把握惩防体系建设五年任务和目标要求，承担起反腐倡廉建设的政治责任；要正确处理好惩防体系建设与业务工作的关系，把这项工作摆上重要议事日程，同业务工作一起部署、落实和检查；要把阶段性任务与长远目标结合起来，把教育、制度、监督、改革、纠风和惩处结合起来，抓好任务分解，明确牵头和协办单位，确定责任人；要建立常态化、规范化的调研工作机制，了解进展情况，研究解决问题，实施分类指导，形成系统治理、协调发展的良好局面。

（二）加强协调配合

各部门和单位要按照“谁主管、谁负责”的原则，整合各方面的资源和力量，形成党组（党委）统一领导，党政齐抓共管，领导小组统一协调，相关部门各司其职，党员干部积极参与的领导体制和工作机制；各牵头单位和协办单位既要认真履行职责，积极完成好承担的各项任务，又要密切配合，相互支持，形成合力，确保工作的系统性、协调性和实效性。纪检监察机构要充分发挥职能，积极提出建议，协助制定方案，作出具体安排，抓好部署实施和督促检查工作，确保各项任务落到实处。

（三）加强监督检查

要加强对惩防体系建设年度工作的督促、检查和指导，总结推广开展工作的好做法和新经验，协调解决遇到的矛盾和问题，纠正搞形式主义、做表面文章的现象，跟踪检查整改情况；要把惩防体系建设列入各级领导班子和领导干部的考核范围，作为工作实绩评定和干部奖惩的重要内容，对重视不够、工作不力、效果不明显的，严格按照党风廉政建设责任制规定追究有关领导的责任，确保惩治和预防腐败工作取得明显成效。

人力资源和社会保障部关于印发公路、水路交通事业单位岗位设置管理的两个指导意见的通知

人社部发［2008］74号

各省、自治区、直辖市人事厅（局）、劳动保障厅（局）、交通厅（委），新疆生产建设兵团人事局、劳动保障局、交通局，国务院各部委、各直属机构人事劳动保障部门：

根据《事业单位岗位设置管理试行办法》（国人部发［2006］70号）和《〈事业单位岗位设置管理试行办法〉实施意见》（国人部发［2006］87号）文件精神，结合交通事业单位的实际情况，我们制定了《关于公路交通事业单位岗位设置管理的指导意见》和《关于水路交通事业单位岗位设置管理的指导意见》。现印发给你们，请遵照执行。

2008年9月5日

关于水路交通事业单位岗位设置管理的指导意见

根据《事业单位岗位设置管理试行办法》（国人部发［2006］70号，以下简称《试行办法》）和《〈事业单位岗位设置管理试行办法〉实施意见》（国人部发［2006］87号，以下简称《实施意见》），为做好水路交通事业单位岗位设置管理的组织实施工作，结合水路交通事业单位的特点，提出以下指导意见。

一、适用范围

1. 为了社会公益目的，由国家机关举办或者其他组织利用国有资产举办的，经费来源主要由财政拨款、部分由财政支持以及经费自理的，具有航道、港政、运政、引航、海事、质监、船检等职能的水路交通事业单位，都要实施岗位设置管理。

2. 水路交通事业单位的管理人员（职员）、专业技术人员和工勤技能人员，都要纳入岗位设置管理。

岗位设置管理中涉及水路交通事业单位领导人员的，按照干部人事管理权限的有关规定

执行。

3. 使用事业编制的水路交通各类学会、协会、基金会等社会团体工作人员，参照《试行办法》《实施意见》和本指导意见，纳入岗位设置管理。

4. 经批准参照《中华人民共和国公务员法》进行管理的水路交通事业单位、社会团体，各类企业所属的水路交通事业单位和水路交通事业单位所属独立核算的企业，以及已经由事业单位转制为企业的水路单位，不适用本指导意见。

5. 水路交通教育、科研、卫生、广播影视、新闻出版等事业单位，适用相关行业的指导意见。

二、岗位类别设置

6. 水路交通事业单位岗位分为管理岗位、专业技术岗位和工勤技能岗位三种类别（以下简称三类岗位）。

7. 管理岗位指担负领导职责或管理任务的工作岗位。管理岗位的设置要适应增强单位运转效能、提高工作效率、提升管理水平的需要。

8. 专业技术岗位指从事专业技术工作，具有相应专业技术水平和能力要求的工作岗位。专业技术岗位的设置要符合水路交通工作和人才成长的规律和特点，适应水路交通事业发展与提高专业水平的需要。

水路交通事业单位的专业技术岗位分为主体专业技术岗位和其他专业技术岗位。根据水路交通的特点，主体专业技术岗位包括港口、航道、水路运输管理、运输经济、航海、船舶检验、质量检验、试验检测、交通法律法规等水路交通特有专业技术岗位。

9. 工勤技能岗位指承担技能操作和维护、后勤保障、服务等职责的工作岗位。工勤技能岗位的设置要适应提高操作维护技能，提升服务水平的要求，满足水路交通事业单位业务工作的实际需要。

鼓励水路交通事业单位后勤服务社会化，已经实现社会化服务的一般性劳务工作，不再设置相应的工勤技能岗位。

10. 根据水路交通事业单位的社会功能、职责任务、工作性质和人员结构特点等因素，综合确定水路交通事业单位三类岗位总量的结构比例。

11. 水路交通事业单位三类岗位的结构比例由政府人事行政部门和水路交通事业单位主管部门确定。控制标准如下：

（1）主要履行法律法规授权或交通行政部门委托职能，承担行政执法、管理职能的港政、运政、航道行政管理、海事执法、质量监督等水路交通事业单位，岗位设置一般以管理岗位为主。其管理岗位一般不低于岗位总量的50%。

（2）主要以专业技术为社会提供公益性服务，从事航道建设及维护、船舶检验、水运工程试验检测、引航、航标、测绘、通信等活动的水路交通事业单位，岗位设置以专业技术岗位为主。专业技术岗位占岗位总量的比例一般不低于70%。

（3）水路交通事业单位主体岗位以外的其他两类岗位，应保持相对合理的结构比例。

（4）船员的岗位总量、结构比例按照国家有关规定执行。

三、岗位等级设置

（一）管理岗位等级设置

12. 管理岗位分8个等级。管理岗位的最高等级和结构比例根据水路交通事业单位的规格、规模、隶属关系，按照干部人事管理有关规定和权限确定。

13. 水路交通事业单位现行的厅级正职、厅级副职、处级正职、处级副职、科级正职、科级副职、科员、办事员依次分别对应管理岗位三到十级职员岗位。

14. 根据水路交通事业单位的规格、规模和隶属关系，按照干部人事管理权限设置水路交通事业单位各等级管理岗位的职员数量。

（二）专业技术岗位等级设置

15. 专业技术岗位的最高等级和结构比例，根据地区经济、社会事业发展水平及不同区域（水网和非水网地区、沿海与内河等）水路交通事业的发展规模、水平，及事业单位的功能、规格、隶属关系、专业技术水平等因素，按照水路交通行业现行专业技术职务管理的有关规定和本指导意见确定。

16. 专业技术岗位分13个等级。专业技术高级岗位分7个等级，即一至七级。高级专业技术职务正高级的岗位包括一至四级，副高级的岗位包括五至七级；中级岗位分3个等级，即八至十级；初级岗位分3个等级，即十一至十三级，其中十三级是员级岗位。

17. 专业技术高级、中级、初级岗位之间，以及高级、中级、初级岗位内部不同等级岗位之间的结构比例，根据地区经济、行业发展水平、行业不同业务类别以及水路交通事业单位的功能、规格、隶属关系和专业技术水平，实行不同的结构比例控制。

根据全国事业单位专业技术人员高级、中级、初级岗位之间的结构比例总体控制目标的要求，按照水路交通事业单位专业技术人员高级、中级、初级结构比例现状，结合水路交通事业发展需要和“十一五”人才发展规划，合理确定水路交通事业单位专业技术高级、中级、初级岗位之间的结构比例。

中央所属水路交通事业单位高级、中级、初级专业技术岗位的结构比例适当高于省（自治区、直辖市）所属水路交通事业单位的专业技术高级、中级、初级之间的结构比例。地（市）以下政府所属水路交通事业单位的专业技术高级、中级、初级之间的比例结构，由政府人事行政部门和事业单位主管部门按照低于上述结构比例的原则研究确定。

18. 水路交通事业单位专业技术高级、中级、初级岗位内部不同等级岗位之间的结构比例全国总体控制目标为：二级、三级、四级岗位之间的比例为1:3:6，五级、六级、七级岗位之间的比例为2:4:4，八级、九级、十级岗位之间的比例为3:4:3，十一级、十二级岗位之间的比例为5:5。

县级及以下单位小、人员少、较分散的基层水路交通事业单位，专业技术岗位设置的结构比例可实行集中调控、集中管理的办法。具体办法由省级政府人事行政部门和水路交通主管部门研究制定。

19. 各级政府人事行政部门和水路交通事业单位主管部门要严格控制专业技术岗位的结构比例，严格控制高级专业技术岗位的总量。水路交通事业单位要严格执行核准的专业技术岗位结构比例。

（三）工勤技能岗位等级设置

20. 工勤技能岗位包括技术工岗位和普通工岗位，其中技术工岗位分5个等级，普通工岗位不分等级。

21. 工勤技能岗位的最高等级和结构比例按照岗位等级规范、技能水平和工作需要确定。

22. 水路交通事业单位中的高级技师、技师、高级工、中级工、初级工依次分别对应一级至五级工勤技能岗位。

23. 水路交通事业单位工勤技能岗位结构比例，一级、二级、三级岗位的总量占工勤技能岗位总量的比例，全国总体控制目标为25%左右；一级、二级岗位的总量占工勤技能岗位总量的比例，全国总体控制目标为5%左右。

24. 水路交通事业单位工勤技能一级、二级岗位，主要应在专业技术辅助岗位承担技能操作和维护职责等对技能水平要求较高的领域设置。工勤技能一级、二级岗位的总量要严格控制。

（四）特设岗位设置

25. 特设岗位是根据水路交通事业单位特点和事业发展规律，为适应聘用急需的高层次人才等特殊需要，经批准设置的工作岗位，是水路交通事业单位中的非常设岗位。特设岗位的等级按照规定的程序确定。

特设岗位不受水路交通事业单位岗位总

量、最高等级和结构比例限制，在完成工作任务后，按照管理权限予以核销。

26. 水路交通事业单位特设岗位的设置须经主管部门审核，并按程序报设区的市级以上政府人事行政部门核准。具体管理办法由各省（自治区、直辖市）根据实际情况制定。

四、专业技术岗位名称及岗位等级

27. 水路交通事业单位主体专业技术岗位中，正高级岗位名称暂定为高级工程师一级岗位、高级工程师二级岗位、高级工程师三级岗位和高级工程师四级岗位，分别对应一至四级专业技术岗位；副高级岗位名称暂定为高级工程师五级岗位（高级经济师一级岗位、高级引航员一级岗位、高级船长一级岗位、高级轮机长一级岗位）、高级工程师六级岗位（高级经济师二级岗位、高级引航员二级岗位、高级船长二级岗位、高级轮机长二级岗位）、高级工程师七级岗位（高级经济师三级岗位、高级引航员三级岗位、高级船长三级岗位、高级轮机长三级岗位），分别对应五至七级专业技术岗位；中级岗位名称为工程师（经济师）一级岗位和一级引航员岗位、工程师（经济师）二级岗位和二级引航员一级岗位、工程师（经济师）三级岗位和二级引航员二级岗位，分别对应八至十级专业技术岗位；初级岗位名称为助理工程师（助理经济师）一级岗位、助理工程师（助理经济师）二级岗位和三级引航员岗位，分别对应十一级至十二级专业技术岗位；技术员岗位对应十三级专业技术岗位。其他船员对应等级按照国家有关规定执行。

28. 其他专业技术岗位名称和对应等级参照相关行业指导意见和标准执行，原则上沿用现专业技术名称。

29. 水路交通事业单位专业技术一级岗位属国家专设的特级岗位，其人员的确定按国家有关规定执行。

30. 水路交通事业单位其他系列专业技术岗位的等级原则上应低于主体专业技术岗位。

五、岗位基本条件

（一）各类岗位的基本条件

31. 水路交通事业单位三类岗位的基本条件，主要根据岗位的职责任务和任职条件确定。水路交通事业单位三类岗位的基本任职条件为：

（1）遵守宪法和法律。

（2）具有良好的品行和敬业精神。

（3）岗位所需的专业、能力和技能等条件。

（4）能适应岗位要求的身体条件。

（二）管理岗位基本条件

32. 职员岗位一般应具有中专以上文化程度，其中六级以上的职员岗位，一般应具有大学专科以上文化程度，四级以上职员岗位一般应具有大学本科以上文化程度。

33. 水路交通事业单位各等级职员岗位的基本任职条件为：

（1）三级、五级职员岗位，须分别在四级、六级职员岗位上工作两年以上。

（2）四级、六级职员岗位，须分别在五级、七级职员岗位以上工作三年以上。

（3）七级、八级职员岗位，须分别在八级、九级职员岗位上工作三年以上。

确因工作需要，由专业技术岗位交流到管理岗位的人员，可根据干部人事管理权限和岗位任职条件，比照同类人员，直接聘用到相应的管理岗位。

34. 各省（自治区、直辖市）、国务院有关部门以及水路交通事业单位在上述基本任职条件的基础上，根据本指导意见，结合实际情况，制定本地区、本部门以及本单位职员的具体条件。

（三）专业技术岗位基本条件

35. 水路交通事业单位专业技术岗位的基本任职条件按照现行专业职务评聘的有关规定执行。

36. 水路交通事业单位实行职业资格准入控制的专业技术岗位的基本条件，应包括准入控制的要求。

37. 各省（自治区、直辖市）、国务院有关部门以及水路交通事业单位在国家规定的专业技术高级、中级、初级岗位基本条件基础上，根据本指导意见，结合不同类型、不同层次专业技术岗位的实际情况，制定本地区、本部门以及本单位专业技术岗位的具体条件。

38. 水路交通事业单位专业技术高级、中级、初级岗位内部不同等级岗位的条件，由主管部门和水路交通事业单位按照《试行办法》《实施意见》和本指导意见，根据岗位的职责任务、专业技术水平要求等因素综合确定。

（四）工勤技能岗位基本条件

39. 水路交通事业单位工勤技能岗位的基本任职条件为：

（1）一级、二级工勤技能岗位，须在本工种下一级岗位工作满5年，并分别通过高级技师、技师技术等级考评。

（2）三级、四级工勤技能岗位，须在本工种下一级岗位工作满5年，并分别通过高级工、中级工技术等级考核。

（3）学徒（培训生）学习期满和工人见习、试用期满，通过初级工技术等级考核后，可确定为五级工勤技能岗位。

六、岗位设置的审核

40. 水路交通事业单位岗位设置实行核准制度，严格按照规定的程序和管理权限进行审核。

41. 水路交通事业单位设置岗位按照以下程序进行：

（1）制定岗位设置方案，填写岗位设置审核表。

（2）按程序报主管部门审核、政府人事行政部门核准。

（3）在核准的岗位总量、结构比例和最高等级限额内，制定岗位设置实施方案。

（4）广泛听取职工对岗位设置实施方案的意见。

（5）岗位设置实施方案由单位负责人员集体讨论通过。

（6）组织实施。

42. 国务院有关部门所属水路交通事业单位的岗位设置方案经主管部门审核汇总后，报人力资源社会保障部备案。

43. 省（直辖市、自治区）政府直属水路交通事业单位的岗位设置方案，报本地区人事厅（局）核准。

省（直辖市、自治区）政府部门所属水路交通事业单位的岗位设置方案经主管部门审核后，报本地区人事厅（局）核准。

44. 地（市）政府直属水路交通事业单位的岗位设置方案，报本地（市）政府人事行政部门核准。

地（市）政府部门所属水路交通事业单位的岗位设置方案经主管部门审核后，报本地（市）政府人事行政部门核准。

45. 县（县级市、区）政府直属水路交通事业单位的岗位设置方案，经同级政府人事行政部门审核后，报地区或设区的市政府人事行政部门核准。

县（县级市、区）政府部门所属水路交通事业单位的岗位设置方案经主管部门、同级政府人事行政部门审核汇总后，报地区或设区的市政府人事行政部门核准。

46. 实行省（自治区、直辖市）以下或者地（市）以下垂直管理的水路交通事业单位，其岗位设置实施方案由省（自治区、直辖市）或者地（市）水路交通事业单位主管部门汇总，报省（自治区、直辖市）或者地（市）政府人事行政部门核准后，由省（自治区、直辖市）或者地（市）水路交通事业单位组织实施。

47. 水路交通事业单位的岗位总量、结构比例和最高等级应保持相对稳定。有下列情形之一的，岗位设置方案可按照本指导意见第42条、第43条、第44条、第45条、第46条的权限申请变更：

（1）水路交通事业单位出现分立、合并、须对本单位的岗位进行重新设置的。

（2）根据上级或同级机构编制部门的正式文件，增减机构编制的。

（3）按照业务发展和实际情况，为完成工作任务确需变更岗位设置的。

48. 经核准的岗位设置方案作为水路交通事业单位聘用人员、确定岗位等级、调整岗位以及核定工资的依据。

七、岗位聘用

49. 水路交通事业单位按照《试行办法》《实施意见》和本指导意见以及核准的岗位设置方案，根据按需设岗、竞聘上岗、按岗聘用的原则，确定具体岗位，明确岗位等级，聘用工作人员，签订聘用合同。

按照原中央职称改革工作领导小组、国务院工资制度改革小组《关于试行提高部分高级工程师职务工资的通知》（职改字［1986］165号）评定的成绩优异的高级工程师，可聘用在正高级专业技术岗位。

50. 水路交通事业单位聘用人员，应在岗位有空缺的情况下按照公开招聘、竞聘上岗的原则及有关规定择优聘用。

水路交通事业单位应按照管理岗位、专业技术岗位、工勤技能岗位的职责任务和任职条件，在核定的结构比例范围内聘用人员，聘用条件不得低于国家规定的基本条件。

51. 县级及以下单位小、人员少、较分散，对岗位结构比例实行集中调控、集中管理的基层水路交通事业单位，可根据实际情况实行人员集中聘用。

52. 根据水路交通行业人才的特点，对水路交通事业单位确有真才实学、成绩显著、贡献突出的专业技术人员，岗位急需且符合破格条件的，经上级主管部门批准，可根据有关规定破格聘用。

53. 水路交通事业单位新参加工作人员见习、试用期满后，管理人员按照《实施意见》规定确定相应的岗位等级；专业技术人员按照岗位条件要求确定岗位等级。

54. 尚未实行聘用制度和岗位管理制度的水路交通事业单位，应按照《国务院办公厅转发人事部关于在事业单位试行人员聘用制度意见的通知》（国办发［2002］35号）、《试行办法》、《实施意见》和本指导意见的精神，抓紧进行岗位设置，实行聘用制度，组织岗位聘用。

已经实行聘用制度，签订聘用合同的水路交通事业单位，可以根据《试行办法》《实施意见》和本指导意见，按照核准的岗位设置方案，对本单位现有人员确定不同等级的岗位，并变更聘用合同的相应内容。

55. 各级政府人事行政部门、水路交通事业单位主管部门和水路交通事业单位要根据国家有关规定，使水路交通事业单位现有在册的正式工作人员，按照现聘职务或岗位进入相应等级的岗位。

各地区、各部门和水路交通事业单位必须严格把握政策，不得违反规定突破现有的职务数额，不得突击聘用人员，不得突击聘用职务。要采取措施严格限制专业技术高级、中级、初级岗位中的高等级岗位的设置。

56. 水路交通事业单位聘用人员原则上不得同时在两类岗位上任职。根据水路交通事业单位的工作特点，因工作需要，确需兼任的，须按人事管理权限审批。

57. 水路交通事业单位首次进行岗位设置和岗位聘用，岗位结构比例不得突破现有人员的结构比例。现有人员的结构比例已经超过核准比例的，应通过自然减员、调出、低聘或解聘的办法，逐步达到规定的结构比例。尚未达到核准的结构比例的，要严格控制岗位聘用数量，根据水路交通事业发展要求和人员队伍状况等情况逐年逐步到位。

八、组织实施

58. 岗位设置管理工作是水路交通事业单位人事制度和收入分配制度改革的前提和基础，是加强水路交通人才队伍建设的重要内容。各级水路交通事业单位主管部门及水路交通事业单位，要高度重视，加强领导，坚持以人为本，从实际出发，充分考虑水路交通科学发展的客观需要，切实保证职工的切实利益，积极稳妥地推进改革。

59. 各级水路交通事业单位主管部门要加强对水路交通事业单位岗位设置管理的组织领导，制定具体工作方案，及时研究解决新情况、新问题，确保改革有序进行。对于主要依据法律法规授权或交通行政部门委托的行政执法、管理职能及专业技能为水路交通发展提供具体港政、运政、航道行政管理、海事执法、质量监督等事务性管理和公共服务的事业单位，以及其他符合公务员法的事业单位，在尚未获准参照公务员法管理之前，都应按照本指导意见做好岗位设置管理工作。

各级人事行政部门要加强与水路交通事业单位主管部门的沟通协调，结合本地区水路交通事业单位的特点，认真贯彻执行《试行办法》《实施意见》和本指导意见。

60. 各地区、各部门和水路交通事业单位在岗位设置和岗位聘用工作中，要严格执行有关政策规定，坚持原则，坚持走群众路线。对违反规定滥用职权、打击报复、以权谋私的，要追究责任。对不按《试行办法》《实施意见》和本指导意见进行岗位设置和岗位聘用的水路交通事业单位，政府人事行政部门、水路交通事业单位主管部门及有关部门不予确认岗位等级、不予兑现工资、不予核拨经费。情节严重的，对相关领导和责任人予以通报批评，按照人事管理权限给予相应的纪律处分。

61. 本指导意见由人力资源社会保障部、交通运输部负责解释。

关于公路交通事业单位岗位设置管理的指导意见

根据《事业单位岗位设置管理试行办法》（国人部发［2006］70号，以下简称《试行办法》）和《〈事业单位岗位设置管理试行办法〉实施意见》（国人部发［2006］87号，以下简称《实施意见》），为做好公路交通事业单位岗位设置管理的组织实施工作，结合公路交通事业单位的特点，提出以下指导意见。

一、适用范围

1. 各级公路交通事业单位，包括公路管理（含建设、养护、运营、规费征稽、质量监督、造价、定额等管理）事业单位和道路运输管理（含客货运、运输站场、驾驶培训、机动车维修、汽车出租、公共交通等管理）事业单位，及其他利用国有资产按照规定程序设立、从事公益性服务的公路交通事业单位，包括经费来源主要由财政拨款、部分由财政支持以及经费自理的，都要实施岗位设置管理。

2. 公路交通事业单位的管理人员（职员）、专业技术人员和工勤技能人员，都要纳入岗位设置管理。

岗位设置管理中涉及公路交通事业单位领导人员的，按照干部人事管理权限的有关规定执行。

3. 使用事业编制的公路学会、建设协会、道路运输协会等公路社会团体工作人员，参照《试行办法》《实施意见》和本指导意见，纳入岗位设置管理。

4. 经批准参照《中华人民共和国公务员法》进行管理的公路交通事业单位、社会团体，各类企业所属的公路交通事业单位和公路交通事业单位所属独立核算的企业，以及已经由事业单位转制为企业的公路单位，不适用本指导意见。

5. 公路交通教育、科研、卫生、广播影视、新闻出版等事业单位，适用相关行业的指导意见。

二、岗位类别设置

6. 公路交通事业单位岗位分为管理岗位、专业技术岗位和工勤技能岗位三种类别（以下简称三类岗位）。

7. 管理岗位指担负领导职责或管理任务的工作岗位。管理岗位的设置要适应增强单位运转效能、提高工作效率、提升管理水平的需要。

8. 专业技术岗位指从事专业技术工作，具有相应专业技术水平和能力要求的工作岗位。专业技术岗位的设置要符合公路交通工作和人才成长的规律和特点，适应公路交通事业发展与提高专业水平的需要。

公路交通事业单位的专业技术岗位分为主体专业技术岗位和其他专业技术岗位。根据公路交通的特点，主体专业技术岗位包括道桥工程、交通工程、道路运输、汽车运用、运输经济（含规费征稽中的统计、财会）、交通法律法规、交通信息化等公路交通特有专业技术岗位。

9. 工勤技能岗位指承担技能操作和维护、后勤保障、服务等职责的工作岗位。工勤技能岗位的设置要适应提高操作维护技能，提升服务水平的要求，满足公路交通事业单位业务工作的实际需要。

鼓励公路交通事业单位后勤服务社会化，已经实现社会化服务的一般性劳务工作，不再设置相应的工勤技能岗位。

10. 根据公路交通事业单位的社会功能、职责任务、工作性质和人员结构特点等因素，综合确定公路交通事业单位三类岗位总量的结构比例。在确定岗位总量时，应根据核定的人员编制总量和实际工作需要综合确定。

11. 公路交通事业单位三类岗位的结构比例由政府人事行政部门和公路交通事业单位主管部门确定。控制标准如下：

（1）主要履行法律法规授权或交通行政部门委托职能，承担执法监督、公路和道路运输行业管理、规费征稽任务的公路交通事业单位，岗位设置一般以管理岗位为主。其管理岗位一般不低于单位岗位总量的50%，工勤技能岗位一般不高于单位岗位总量的10%。

对于专业技术性很强以及管理层级高的上述公路交通事业单位，可适当提高专业技术岗位比例并相应降低其他两类岗位比例。

（2）主要以专业技术为社会提供公益性服务，从事造价与定额编制、公路与桥梁检测等活动的公路交通事业单位，岗位设置以专业技术岗位为主。其专业技术岗位一般不低于单位岗位总量的70%，工勤技能岗位一般不高于单位岗位总量的10%。其中，主体专业技术岗位占全部专业技术岗位的比例一般不低于70%。

（3）主要提供公路技能型服务，从事公路养护生产、机动车辆检测等活动的公路交通事业单位，岗位设置应以工勤技能岗位为主。其工勤技能岗位一般不低于单位岗位总量的50%，管理岗位一般不高于单位岗位总量的15%。

三、岗位等级设置

（一）管理岗位等级设置

12. 管理岗位分8个等级。管理岗位的最高等级和结构比例根据公路交通事业单位的规格、规模和隶属关系，按照干部人事管理有关规定和权限确定。

13. 公路交通事业单位现行的厅级正职、厅级副职、处级正职、处级副职、科级正职、科级副职、科员、办事员依次分别对应管理岗位三至十级职员岗位。

14. 根据公路交通事业单位的规格、规模和隶属关系，按照干部人事管理权限设置公路交通事业单位各等级管理岗位的职员数量。

（二）专业技术岗位等级设置

15. 专业技术岗位的最高等级和结构比例根据公路交通事业单位的功能、规格、隶属关系和专业技术水平等因素，按照公路交通行业现行专业技术职务管理有关规定和本指导意见确定。

16. 专业技术岗位分13个等级。专业技术高级岗位分7个等级，即一至七级。高级专业技术职务正高级的岗位包括一至四级，副高级的岗位包括五至七级；中级岗位分3个等级，即八至十级；初级岗位分3个等级，即十一至十三级，其中十三级是员级岗位。

17. 专业技术高级、中级、初级岗位之间，以及高级、中级、初级岗位内部不同等级岗位之间的结构比例，根据地区经济、公路交通发展水平，以及公路交通事业单位的功能、规格、隶属关系和专业技术水平，实行不同的结构比例控制。

根据全国事业单位专业技术人员高级、中级、初级岗位之间的结构比例总体控制目标的要求，按照公路交通事业单位专业技术人员高级、中级、初级结构比例现状，结合公路交通事业发展需要和“十一五”人才发展规划，合理确定公路交通事业单位专业技术高级、中级、初级岗位之间的结构比例。

中央所属公路交通事业单位高级专业技术岗位的比例可适当高于省（自治区、直辖市）所属公路交通事业单位，省（自治区、直辖市）所属公路交通事业单位高级专业技术岗位的比例可适当高于地（市）所属公路交通事业单位；地（市）所属公路交通事业单位高级专业技术岗位的比例可适当高于县（县级市、区）所属公路交通事业单位。

18. 公路交通事业单位专业技术高级、中级、初级岗位内部不同等级岗位之间的结构比例全国总体控制目标为：二级、三级、四级岗位之间的比例为1:3:6，五级、六级、七级岗位之间的比例为2:4:4，八级、九级、十级岗位之间的比例为3:4:3，十一级、十二级岗位之间的比例为5:5。

县级及以下单位小、人员少、较分散的基层公路交通事业单位，专业技术岗位设置的结构比例可实行集中调控、集中管理的办法。具体办法由省级政府人事行政部门和公路交通主管部门研究制定。

19. 各级政府人事行政部门和公路交通事业单位主管部门要严格控制专业技术岗位的结构比例，严格控制高级专业技术岗位总量。公路交通事业单位要严格执行核准的专业技术岗位结构比例。

（三）工勤技能岗位等级设置

20. 工勤技能岗位包括技术工岗位和普通工岗位，其中技术工岗位分5个等级，普通工岗位不分等级。

21. 工勤技能岗位的最高等级和结构比例按照岗位等级规范、技能水平和工作需要确定。

22. 公路交通事业单位中的高级技师、技师、高级工、中级工、初级工，依次分别对应一至五级工勤技能岗位。

23. 公路交通事业单位工勤技能岗位结构比例，一级、二级、三级岗位的总量占工勤技能岗位总量的比例，全国总体控制目标为25%左右；一级、二级岗位的总量占工勤技能岗位总量的比例，全国总体控制目标为5%左右。

24. 主要提供公路技能型服务、技能水平较高、技能人才密集的事业单位，其工勤技能岗位结构比例可适当高于其他事业单位。

25. 公路交通事业单位工勤技能一级、二级岗位，主要应在专业技术辅助岗位承担技能操作和维护职责等对技能水平要求较高的领域设置。工勤技能一级、二级岗位的总量要严格控制。

（四）特设岗位设置

26. 特设岗位是根据公路交通事业单位特点和事业发展规律，为适应聘用急需的高层次人才等特殊需要，经批准设置的工作岗位，是公路交通事业单位中的非常设岗位。特设岗位的等级按照规定的程序确定。

特设岗位不受公路交通事业单位岗位总量、最高等级和结构比例限制，在完成工作任务后，按照管理权限予以核销。

27. 公路交通事业单位特设岗位的设置须经主管部门审核，并按程序报设区的市级以上政府人事行政部门核准。具体管理办法由各省（自治区、直辖市）根据实际情况制定。

四、专业技术岗位名称及岗位等级

28. 公路交通事业单位主体专业技术岗位中，正高级岗位名称暂定为高级工程师一级岗位、高级工程师二级岗位、高级工程师三级岗位、高级工程师四级岗位，分别对应一至四级专业技术岗位；副高级岗位名称暂定为高级工程师五级岗位（高级经济师一级岗位）、高级工程师六级岗位（高级经济师二级岗位）、高级工程师七级岗位（高级经济师三级岗位），分别对应五至七级专业技术岗位；中级岗位名称为工程师（经济师，下同）一级岗位、工程师二级岗位、工程师三级岗位，分别对应八至十级专业技术岗位；初级岗位名称为助理工程师（助理经济师，下同）一级岗位、助理工程师二级岗位，分别对应十一级、十二级专业技术岗位；员级岗位名称为技术员岗位（经济员岗位），对应十三级专业技术岗位。

29. 其他专业技术岗位名称和对应等级参照相关行业指导意见和标准执行，原则上沿用现专业技术名称。

30. 公路交通事业单位专业技术一级岗位属国家专设的特级岗位，其人员的确定按国家有关规定执行。

31. 公路交通事业单位其他系列专业技术岗位的等级原则上应低于主体专业技术岗位。

五、岗位基本条件

（一）各类岗位的基本条件

32. 公路交通事业单位三类岗位的基本条件，主要根据岗位的职责任务和任职条件确定。公路交通事业单位三类岗位的基本任职条件为：

（1）遵守宪法和法律。

（2）具有良好的品行。

（3）岗位所需的专业、能力或技能条件。

（4）适应岗位要求的身体条件。

（二）管理岗位基本条件

33. 职员岗位一般应具有中专以上文化程度，其中六级以上的职员岗位，一般应具有大学专科以上文化程度，四级以上的职员岗位，一般应具有大学本科以上文化程度。

34. 公路交通事业单位各等级职员岗位的基本任职条件为：

（1）三级、五级职员岗位，须分别在四级、六级职员岗位上工作两年以上。

（2）四级、六级职员岗位，须分别在五级、七级职员岗位上工作三年以上。

（3）七级、八级职员岗位，须分别在八级、九级职员岗位上工作三年以上。

确因工作需要，由专业技术岗位交流到管理岗位的人员，可根据干部人事管理权限和岗位任职条件，比照同类人员，直接聘用到相应的管理岗位。

35. 各省（自治区、直辖市）、国务院有关部门以及公路交通事业单位在上述基本任职条件的基础上，根据本指导意见，结合实际情况，制定本地区、本部门以及本单位职员的具体条件。

（三）专业技术岗位基本条件

36. 公路交通事业单位专业技术岗位的基本任职条件按照现行专业技术职务评聘的有关规定执行。

37. 公路交通事业单位实行职业资格准入控制的专业技术岗位的基本条件，应包括准入控制的要求。

38. 各省（自治区、直辖市）、国务院有关部门以及公路交通事业单位在国家规定的专业技术高级、中级、初级岗位基本条件基础上，根据本指导意见，结合不同类型、不同层次专业技术岗位的实际情况，制定本地区、本部门以及本单位专业技术岗位的具体条件。

39. 公路交通事业单位专业技术高级、中级、初级岗位内部不同等级岗位的条件，由主管部门和公路交通事业单位按照《试行办法》《实施意见》和本指导意见，根据岗位的职责任务、专业技术水平要求等因素综合确定。

（四）工勤技能岗位基本条件

40. 公路交通事业单位工勤技能岗位的基本任职条件为：

（1）一级、二级工勤技能岗位，须在本工种下一级岗位工作满5年，并分别通过高级技师、技师技术等级考评。

（2）三级、四级工勤技能岗位，须在本工种下一级岗位工作满5年，并分别通过高级工、中级工技术等级考核。

（3）学徒（培训生）学习期满和工人见习、试用期满，通过初级工技术等级考核后，可确定为五级工勤技能岗位。

六、岗位设置的审核

41. 公路交通事业单位岗位设置实行核准制度，严格按照规定的程序和管理权限进行审核。

42. 公路交通事业单位设置岗位按照以下程序进行：

（1）制定岗位设置方案，填写岗位设置审核表。

（2）按程序报主管部门审核、政府人事行政部门核准。

（3）在核准的岗位总量、结构比例和最高等级限额内，制定岗位设置实施方案。

（4）广泛听取职工对岗位设置实施方案的意见。

（5）岗位设置实施方案由单位负责人员集体讨论通过。

（6）组织实施。

43. 国务院有关部门所属公路交通事业单位的岗位设置方案经主管部门审核汇总后，报人力资源社会保障部备案。

44. 省（自治区、直辖市）政府直属公路交通事业单位的岗位设置方案，报本地区人事厅（局）核准。省（自治区、直辖市）政府部门所属公路交通事业单位的岗位设置方案经主管部门审核后，报本地区人事厅（局）核准。

45. 地（市）政府直属公路交通事业单位的岗位设置方案，报本地（市）政府人事行政部门核准。

地（市）政府部门所属公路交通事业单位的岗位设置方案经主管部门审核后，报本地（市）政府人事行政部门核准。

46. 县（县级市、区）政府直属公路交通事业单位的岗位设置方案，经同级政府人事行政部门审核后，报地区或设区的市政府人事行政部门核准。

县（县级市、区）政府部门所属公路交通事业单位的岗位设置方案经主管部门、同级政府人事行政部门审核汇总后，报地区或设区的市政府人事行政部门核准。

47. 实行省（自治区、直辖市）以下或者地（市）以下垂直管理的公路交通事业单位，其岗位设置实施方案由省（自治区、直辖市）或者地（市）公路交通事业单位主管部门汇总，报省（自治区、直辖市）或者地（市）政府人事行政部门核准后，由省（自治区、直辖市）或者地（市）公路交通事业单位组织实施。

48. 公路交通事业单位的岗位总量、结构比例和最高等级应保持相对稳定。有下列情形之一的，岗位设置方案可按照本指导意见第43条、第44条、第45条、第46条、第47条的权限申请变更：

（1）公路交通事业单位出现分立、合并，须对本单位的岗位进行重新设置的。

（2）根据上级或同级机构编制部门的正式文件，增减机构编制的。

（3）按照业务发展和实际情况，为完成工作任务确需变更岗位设置的。

49. 经核准的岗位设置方案作为公路交通事业单位聘用人员、确定岗位等级、调整岗位以及核定工资的依据。

七、岗位聘用

50. 公路交通事业单位按照《试行办法》《实施意见》和本指导意见以及核准的岗位设置方案，根据按需设岗、竞聘上岗、按岗聘用的原则，确定具体岗位，明确岗位等级，聘用工作人员，签订聘用合同。

按照原中央职称改革工作领导小组、国务院工资制度改革小组《关于试行提高部分高级工程师职务工资的通知》（职改字［1986］165号）评定的成绩优异的高级工程师，可聘用在正高级专业技术岗位。

51. 公路交通事业单位聘用人员，应在岗位有空缺的情况下按照公开招聘、竞聘上岗的原则及有关规定择优聘用。

公路交通事业单位应按照管理岗位、专业技术岗位、工勤技能岗位的职责任务和任职条件，在核定的结构比例范围内聘用人员，聘用条件不得低于国家规定的基本条件。

52. 县级及以下单位小、人员少、较分散，对岗位结构比例实行集中调控、集中管理的基层公路交通事业单位，可根据实际情况实行人员集中聘用。

53. 根据公路交通行业人才的特点，对公路交通事业单位确有真才实学、成绩显著、贡献突出的专业技术人员，岗位急需且符合破格条件的，经上级主管部门批准，可根据有关规定破格聘用。

54. 公路交通事业单位新参加工作人员见习、试用期满后，管理人员按照《实施意见》规定确定相应的岗位等级；专业技术人员按照岗位条件要求确定岗位等级。

55. 尚未实行聘用制度和岗位管理制度的公路交通事业单位，应按照《国务院办公厅转发人事部关于在事业单位试行人员聘用制度意见的通知》（国办发［2002］35号）、《试行办法》《实施意见》和本指导意见的精神，抓紧进行岗位设置，实行聘用制度，组织岗位聘用。

已经实行聘用制度，签订聘用合同的公路交通事业单位，可以根据《试行办法》《实施意见》和本指导意见，按照核准的岗位设置方案，对本单位现有人员确定不同等级的岗位，并变更聘用合同的相应内容。

56. 各级政府人事行政部门、公路交通事业单位主管部门和公路交通事业单位要根据国家有关规定，使公路交通事业单位现有在册的正式工作人员，按照现聘职务或岗位进入相应等级的岗位。

各地区、各部门和公路交通事业单位必须严格把握政策，不得违反规定突破现有的职务数额，不得突击聘用人员，不得突击聘用职务。要采取措施严格限制专业技术高级、中级、初级岗位中的高等级岗位的设置。

57. 公路交通事业单位聘用人员原则上不得同时在两类岗位上任职。根据公路交通事业单位的工作特点，因工作需要，确需兼任的，须按人事管理权限审批。

58. 公路交通事业单位首次进行岗位设置和岗位聘用，岗位结构比例不得突破现有人员的结构比例。现有人员的结构比例已经超过核准比例的，应通过自然减员、调出、低聘或解聘等办法，逐步达到规定的结构比例。尚未达到核准的结构比例的，要严格控制岗位聘用数量，根据公路交通事业发展要求和人员队伍状况等情况逐年逐步到位。

八、组织实施

59. 岗位设置管理工作是公路交通事业单位人事制度和收入分配制度改革的前提和基础，是加强公路交通人才队伍建设的重要内容。各级公路交通事业单位主管部门及公路交通事业单位，要高度重视，加强领导，坚持以人为本，从实际出发，充分考虑公路交通科学发展的客观需要，切实保证职工的切身利益，积极稳妥地推进改革。

60. 各级公路交通事业单位主管部门要加强对公路交通事业单位岗位设置管理的组织领导，制定具体工作方案，及时研究解决新情况、新问题，确保改革有序进行。对于法律法规授权的具有公路路政、道路运政、规费征稽、质量监督等管理职能，尚未获准参照公务员法管理的公路交通事业单位，都应按照本指导意见做好岗位设置管理工作。

各级人事行政部门要加强与公路交通事业单位主管部门的沟通协调，结合本地区公路交通事业单位的特点，认真贯彻执行《试行办法》《实施意见》和本指导意见。

61. 各地区、各部门和公路交通事业单位在岗位设置和岗位聘用工作中，要严格执行有关政策规定，坚持原则，坚持走群众路线。对违反规定滥用职权、打击报复、以权谋私的，要追究责任。对不按《试行办法》《实施意见》和本指导意见进行岗位设置和岗位聘用的公路交通事业单位，政府人事行政部门、公路交通事业单位主管部门及有关部门不予确认岗位等级、不予兑现工资、不予核拨经费。情节严重的，对相关领导和责任人予以通报批评，按照人事管理权限给予相应的纪律处分。

62. 本指导意见由人力资源社会保障部、交通运输部负责解释。

人力资源和社会保障部　商务部关于做好境外就业管理职能划转工作的通知

人社部发［2008］75号

各省、自治区、直辖市人事厅（局）、劳动保障厅（局）、商务主管部门，新疆生产建设兵团人事局、劳动保障局、商务主管部门，计划单列市人事局、劳动保障局、商务主管部门：

根据《国务院办公厅关于印发人力资源和社会保障部主要职责内设机构和人员编制规定的通知》（国办发［2008］68号），原劳动和社会保障部承担的“制定中国公民出境就业管理政策，境外就业职业介绍机构资格认定、审批和监督检查等职责”划转给商务部。为做好境外就业管理的职能划转工作，保持境外就业工作的连续性、稳定性，现就有关事项通知如下：

一、此次职能调整是国务院按照“一项工作由一个部门主管、避免职能交叉”的原则作出的决定，各地劳动保障和商务主管部门要紧密配合，认真贯彻执行，平稳、有序、妥善地做好境外就业的职能划转工作。

二、境外就业管理职能的交接工作应在2008年9月30日前完成。在此之前，境外就业日常管理工作由各省级劳动保障部门负责，境外就业中介机构的审批、许可证变更等事宜暂缓；在此之后，境外就业管理（包括境外就业中介机构备用金监管）交由省级商务主管部门负责，具体管理政策由商务部另行通知。

三、各省级劳动保障部门应将此次职能划转情况及时传达到各境外就业中介机构，并认真梳理本省境外就业情况，将境外就业中介机构名单、备用金缴纳及业务情况和有关政策规定于2008年9月30日前提供给本地省级商务主管部门。

四、各省级商务主管部门应认真做好境外就业管理的接收工作，指定专人负责，详细登记境外就业中介机构的情况，建立档案，并将境外就业管理接收工作的报告及下一步工作建议于2008年10月15日前报商务部。

五、在境外就业管理职能划转期间，各地商务主管部门和劳动保障部门要加强沟通，各负其责，及时发现并妥善处理存在的问题，做好各项衔接工作。

2008年9月3日

人力资源和社会保障部
国家工商行政管理总局
关于表彰全国工商行政管理系统
先进集体和先进工作者的决定

人社部发［2008］76号

各省、自治区、直辖市人事厅（局）、劳动保障厅（局）、工商行政管理局，新疆生产建设兵团人事局、劳动保障局，各计划单列市及副省级市人事局、劳动保障局、工商行政管理局：

近年来，全国各级工商行政管理机关和广大工商干部在党中央、国务院的正确领导下，以邓小平理论和“三个代表”重要思想为指导，深入贯彻落实科学发展观，严格执法，扎实工作，奋发进取，开拓创新，努力做到监管与发展、监管与服务、监管与维权、监管与执法的统一，为维护社会主义市场经济秩序，促进经济社会又好又快发展作出了积极贡献，涌现出了一大批先进集体和先进工作者。

为表彰先进，弘扬正气，努力建设政治上过硬、业务上过硬、作风上过硬的高素质干部队伍，人力资源和社会保障部、国家工商行政管理总局决定，授予北京市工商局海淀分局等200个单位“全国工商行政管理系统先进集体”荣誉称号；授予张承桂等100名同志“全国工商行政管理系统先进工作者”荣誉称号，享受省部级劳动模范和先进工作者待遇。希望受表彰的先进集体和先进工作者珍惜荣誉，发扬成绩，再立新功。

全国各级工商行政管理机关和广大工商干部要以先进集体和先进工作者为榜样，紧密团结在以胡锦涛同志为总书记的党中央周围，全面贯彻党的十七大精神，深入贯彻落实科学发展观，加快推进制度化、规范化、程序化、法治化建设，努力构建工商行政管理长效管理机制，以建设高素质的队伍、运用高科技的手段、实现高效能的监管、达到高质量的服务为目标，进一步提升工商行政管理效能和水平，为促进经济又好又快发展、构建和谐社会作出新的更大的贡献。

附件：1．全国工商行政管理系统先进集体名单（略）

2．全国工商行政管理系统先进工作者名单（略）

2008年9月19日

人力资源和社会保障部关于做好《中华人民共和国劳动合同法实施条例》贯彻落实工作的通知

人社部发［2008］77号

各省、自治区、直辖市人事厅（局）、劳动保障厅（局），新疆生产建设兵团人事局、劳动保障局，各副省级市人事局、劳动保障局，国务院各部门、各直属机构人事劳动保障工作机构：

《中华人民共和国劳动合同法实施条例》（以下简称《条例》）已于2008年9月18日以国务院535号令公布施行。为做好《条例》的贯彻落实工作，现就有关事项通知如下：

一、充分认识贯彻落实《条例》的重要意义

《条例》作为劳动合同法的配套行政法规，在坚持法律确定的立法精神和基本制度基础上，对其中一些原则性的问题做了细化规定，对一些社会存有疑义的问题做了明确规定，针对实践中一些规避法律的问题做了补充规定，进一步增强了法律的可操作性。贯彻落实好《条例》是劳动合同法顺利施行的重要保证，对于全面推进劳动合同制度建设，规范劳动用工秩序，促进劳动关系和谐稳定，推动社会主义和谐社会建设，具有十分重要的意义。各地要充分认识贯彻落实《条例》的重要性和紧迫性，采取切实有效的措施，推动这项工作的顺利进行。

二、加大对《条例》的宣传力度

各地要在当地党委、政府的领导下，把宣传《条例》与继续宣传劳动合同法结合起来，进一步加强宣传引导，不断创新宣传方式，突出宣传的针对性，注重宣传效果。要重点做好十个方面的宣传工作，即：重点宣传制定劳动合同法和《条例》的必要性和重要性；重点宣传制定《条例》的科学、民主立法过程；重点宣传《条例》与劳动合同法立法精神和基本制度的一致性；重点宣传《条例》对依法解除劳动合同情形的规定，消除社会上对无固定期限劳动合同是“铁饭碗”“终身制”的误解；重点宣传实施劳动合同法和《条例》对依法规范用工的企业不会因此大幅增加用工成本；重点宣传《条例》对规范劳务派遣用工作出具体的规定；重点宣传劳动合同法和《条例》对稳定就业和改善投资环境的促进作用；重点宣传一批模范执行法律的企业，树立守法诚信、依法用工的先进典型；重点宣传认真遵守企业劳动规章制度的劳动者，培养劳动者依法履行劳动合同的意识；重点宣传劳动争议调解仲裁和劳动保障监察的有关规定，引导劳动关系双方特别是劳动者通过法定渠道维护自身合法权益。

三、继续大力抓好学习培训工作

各地要在继续抓好系统内的学习培训，帮助本系统的干部职工全面正确理解《条例》的精神实质的基础上，重点加强对企业经营者的培训工作。要积极会同国资委、工商联、企业联合会等部门和组织，研究制定做好本地企业经营者的培训工作计划，力争今明两年内对辖区内的各类企业经营者普遍轮训一遍。要通过培训，引导企业正确理解法律法规的立法宗旨和具体内容，正确处理促进企业发展与维护劳动者合法权益的关系，增强社会责任意识和依法用工的自觉性。要支持和配合工会组织搞好对各级工会干部的学习培训，进一步提高工会加强法律监督和依法维权的能力。要注重对劳动者特别是农民工的培训，将《条例》等法律法规纳入“阳光工程”、职业技能培训计划等各类培训的内容，提高劳动者依法维权的能力。

四、进一步完善配套法规规章和政策

各地要依照劳动合同法和《条例》的规定，继续全面清理本地区涉及劳动合同管理的法规规章和规范性文件，做好与法律、《条例》的衔接工作。要抓紧制定本地区的实施办法，解决法律实施中的区域差别问题。要积极研究跨地区社会保险转移接续办法和适合农民工特点的养老保险办法，实现劳动合同制度与社会保险制度的协调发展。要进一步研究完善企业经济性裁员、职工档案管理、劳务派遣、非全日制用工等劳动合同制度实施中的具体规定，逐步形成以劳动合同法为基础、以国务院法规和地方法规、部门规章和地方规章为配套、以规范性文件为补充的法律法规政策体系。各省、自治区、直辖市劳动行政部门要将本地区制定配套法规、规章和政策的情况及时报送人力资源和社会保障部。

五、加强对用人单位实施劳动合同制度的管理和服务

各级劳动行政部门要抓住《条例》实施的有利时机，积极推进劳动用工备案制度建设，进一步摸清本地区企业劳动用工底数，建立健全劳动用工数据库，对企业签订、履行劳动合同情况实行动态监管。要大力推进劳动合同签订工作，分类制定不同行业劳动合同示范文本并向社会公布，印制并免费发放适合农民工特点的简易文本，逐户指导、督促辖区内仍没有与劳动者签订劳动合同的企业做好劳动合同签订工作，力争实现各类企业与劳动者普遍依法签订劳动合同，完成全面推进劳动合同制度实施三年行动计划确定的目标任务。要改善和加强对用人单位劳动用工的管理服务工作，指导企业依法建立职工名册，完善劳动规章制度，加强劳动合同签订、变更、解除、终止各个环节的日常管理，实现劳动合同管理的规范化和制度化。要研究开发和推广企业劳动合同管理应用软件，有条件的地区要免费发放，逐步实现企业劳动合同管理的信息化，全面提升企业劳动用工管理水平。

六、进一步加强劳动保障监察工作

各地劳动行政部门要大力加强劳动保障监察执法工作，加大日常巡视检查力度，重点对曾发生过违法行为的企业加强用工监管。要组织开展对用人单位遵守劳动合同法和《条例》情况的专项执法检查活动，认真受理群众举报、投诉案件，对因用人单位违法用工引发的群体性事件要积极应对、主动介入、妥善处理，维护社会稳定。要依法严肃查处违法用工行为，特别是对用人单位不依法订立书面劳动合同、劳动合同缺乏必备条款、违法解除终止劳动合同、不依法支付工资、未依法使用劳务派遣工等行为进行重点查处，切实保证劳动合同法和《条例》的全面贯彻实施。

七、着力做好劳动争议调解仲裁工作

各地劳动争议调解仲裁机构要加强对劳动合同法和《条例》实施中新情况、新问题的研究分析，密切关注劳动争议的新变化，针对突出问题及时采取应对措施。要坚持“预防为主、基层为主、调解为主”的方针，创新调解方式，开展多渠道、多层次、多样化的调解工作，争取将50%左右简易小额案件通过调解解决。要按照劳动争议调解仲裁法的规定，积极稳妥地做好劳动争议仲裁工作，保证办案质量和结案率。加强与人民法院的工作协调，做好裁审衔接工作，畅通援助和救济渠道，切实维护争议当事人的合法权益，促进劳动关系的和谐稳定。

八、进一步加强组织领导

各地要切实加强对做好《条例》贯彻落实工作的组织领导，各级劳动保障部门要加强对基层的工作指导、督促和检查，及时总结推广典型经验，扩大工作效果。劳动关系、监察执法、劳动争议处理、就业、社会保险等部门要加强协调配合，按照职责分工认真履行职能，搞好工作衔接。要加强与建设、卫生、安全生产监督管理等有关部门的沟通和协调，共同督促用人单位执行劳动合同制度。要进一步建立健全协调劳动关系三方机制，加强调查研究，充分发挥三方共同研究解决有关劳动关系重大问题的作用，形成合力，推动劳动合同法和《条例》得到贯彻实施。

2008年9月22日

人力资源和社会保障部关于印发《中华人民共和国劳动合同法实施条例》宣传提纲的通知

人社部发［2008］78号

各省、自治区、直辖市人事厅（局）、劳动保障厅（局），新疆生产建设兵团人事局、劳动保障局，各副省级市人事局、劳动保障局：

2008年9月18日，温家宝总理签署第535号国务院令，公布了《中华人民共和国劳动合同法实施条例》（以下称实施条例），自公布之日起施行。实施条例的公布施行，对于进一步推进劳动合同法的贯彻实施，指导用人单位和劳动者正确理解和贯彻执行劳动合同法具有重要作用。为做好实施条例的宣传工作，我们编写了《中华人民共和国劳动合同法实施条例宣传提纲》，现印发给你们。请认真组织学习，并结合各地实际，做好劳动合同法及实施条例的宣传普及工作。

一、统一思想认识，切实加强领导

劳动合同法是我国新时期调整劳动关系的一部重要法律，涉及广大用人单位和亿万劳动者的切身利益，自颁布实施以来一直受到社会各界的广泛关注。为进一步推进劳动合同法的贯彻实施，指导用人单位和劳动者正确理解和认真执行劳动合同法，构建和发展和谐稳定的劳动关系，国务院公布了实施条例。

各级劳动保障部门要充分认识做好宣传普及工作对于贯彻落实劳动合同法及实施条例的重要意义，把宣传普及工作作为一项重要工作抓紧抓好。要成立专门工作班子，制定好宣传工作方案，在劳动保障系统和广大用人单位、劳动者中广泛宣传普及劳动合同法及实施条例，使劳动保障部门工作人员以及用人单位和劳动者全面、准确领会法律的精神和内容，为法律的贯彻落实奠定良好的社会基础。

二、坚持正面引导，突出宣传重点

要结合劳动合同法的内容，深入宣传劳动合同法及实施条例的重点内容和重要意义。要坚持正面引导，对一些不同认识，要有针对性地做好回应和解释工作。要以用人单位和劳动者关心的热点问题为宣传重点，尤其是要重点宣传实施条例制定的基本原则、对无固定期限劳动合同、劳务派遣等重点内容作出正确解释，及时消除一些用人单位和劳动者的误解和疑虑，进一步推进劳动合同法律制度的贯彻落实。

三、制定宣传计划，认真组织实施

各地有关部门要根据宣传提纲，结合当地实际，制定切实可行的宣传计划并认真组织实施。宣传活动要坚持面向基层，面向用人单位，面向广大劳动者，把用人单位和劳动者作为宣传的重点对象。要围绕劳动合同法及实施条例的重点内容，运用多种宣传媒体和方法，广泛开展宣传活动。同时，要动员和利用社会各方面力量，加强与工会、企业组织等的协调配合，共同做好宣传工作。

各地在宣传劳动合同法及实施条例的过程中，要深入了解社会各方面对贯彻落实劳动合同法及实施条例的意见和建议，及时研究出现的问题。重要情况及时向部里报告。

附件：中华人民共和国劳动合同法实施条例宣传提纲（略）

2008 年 9 月 24 日

人力资源和社会保障部关于印发中央机关及其直属机构2009年度考试录用公务员工作实施方案的通知

人社部发［2008］79号

各省、自治区、直辖市党委组织部、政府人事厅（局）、劳动保障厅（局）、中央和国家机关各部委、全国人大常委会办公厅、全国政协办公厅、最高人民法院、最高人民检察院、各民主党派中央、中华全国工商业联合会、参照公务员法管理机关（单位）组织人事部门：

现将《中央机关及其直属机构2009年度考试录用公务员工作实施方案》印发给你们，请认真执行。

2008年9月26日

中央机关及其直属机构2009年度考试录用公务员工作实施方案

根据公务员法和公务员录用的有关规定，中央组织部、人力资源社会保障部、国家公务员局决定，组织实施2009年度中央机关及其直属机构考试录用担任主任科员以下及其他相当职务层次非领导职务公务员的工作。为了确保本次考录工作的顺利进行，特制定本方案。

一、总体要求

此次招考工作的总体要求是，认真贯彻落实党的十七大关于完善公务员制度，注意从基层和生产一线选拔优秀干部充实各级党政领导机关的精神，树立正确的用人导向；坚持依法考录、科学考录、公平考录；坚持以人为本的理念，不断提高考录工作服务水平。

二、实施步骤

此次招考工作，分为制定录用计划、发布招考公告、报名与资格审查、笔试、面试、体检和考察、公示、备案8个步骤。

（一）制定录用计划

录用计划由招录机关编制，主要包括：编制数、实有人员数、录用计划数、招考职位、职位资格条件等内容。

中央党群机关录用计划中，用于招录具有2年以上基层工作经历人员的计划数不低于计划总数的50%；中央国家行政机关及其省级直属机构录用计划中，用于招录具有2年以上基层工作经历人员的计划数不低于计划总数的60%。

国家行政机关在编制的录用计划中，应当拿出一定的计划专门用于招收符合规定条件的“三支一扶”人员、西部志愿者和大学生村干部。其中，“三支一扶”人员是指参加到农村基层从事支教、支农、支医和扶贫工作的高校毕业生；西部志愿者是指参加大学生志愿服务西部计划的人员。

中央机关县（区）级以下直属机构在编制公务员录用计划时，应主要招收应届高校毕业生。

招录机关在申报录用计划时，应明确是否组织专业考试。如需要组织专业考试的，应明确专业考试具体设置情况，连同录用计划一同申报，并随招考公告在本机关或人力资源社会保障部网站同时公布。专业考试设置情况一经公布，不得变更。

招录机关在申报录用计划时，应明确招考职位的计划录用人数与面试人选的比例。

中央党群机关及其直属机构的录用计划由中央组织部审定，中央国家行政机关及其直属机构的录用计划由国家公务员局审定。录用计划审定后即向社会公布。

涉密职位的录用计划，由招录机关书面申报，不通过网络申报。

（二）发布招考公告

中央组织部、人力资源社会保障部、国家公务员局将于10月中下旬在有关媒体发布招考公告和考试大纲。

（三）报名与资格审查

1. 报考人员应当具备以下条件：

（1）具有中华人民共和国国籍；

（2）18周岁以上、35周岁以下（1972年10月15日至1990年10月15日期间出生）；

（3）拥护中华人民共和国宪法；

（4）具有良好的品行；

（5）具有正常履行职责的身体条件；

（6）具有大专以上文化程度和符合职位要求的工作能力；

（7）具备中央公务员主管部门规定的拟任职位所要求的其他资格条件。

招考职位明确要求有基层工作经历的，报考人员必须具备相应的基层和生产一线工作经历。基层和生产一线工作经历，是指具有在县乡党政机关、企事业单位和其他经济组织、社会组织等基层和生产一线及农村工作的经历。曾在军队团和相当团以下单位工作过，可视为基层工作经历。报考中央机关的人员，在地（市）直属机关工作过，也可视为基层工作经历。

曾因犯罪受过刑事处罚的人员和曾被开除公职的人员，在各级公务员招考中被认定有作弊行为且不得报考公务员的人员，公务员被辞退未满五年的，现役军人、试用期内的公务员、在读的非应届毕业生，以及具有法律规定不得录用为公务员的其他情形的人员，不得报名。报考人员不得报考录用后即构成回避关系的招录职位。

2. 报名方式和时间

报名采用网络报名方式进行，报名网站为人力资源社会保障部网站，报考人员提交报名申请的时间为2008年10月15日8：00至10月24日24：00。

3. 资格审查

资格审查工作由招录机关负责。资格审查时间为2008年10月15日8：00至10月26日18：00。招录机关要根据本方案规定的报考资格条件和拟任职位所要求的资格条件及时对报考申请进行审查，并在报考人员报名次日起2日内提出审查意见。对符合报考资格条件的，不得拒绝报名；对未通过审查的，应说明理由；对填报材料不全的，应注明缺失的内容，并退报考人员补充。招考职位要求的专业需求等资格条件方面的问题，由招录机关负责解释。对通过审查的人员，招录机关应留存报考人员的报名信息，供资格复审时参考。截止到10月26日18：00未进行资格审查的，视为招录机关审核通过。

报名期间，招录机关应公布咨询电话，并在规定时间内安排专人值班，回答报考人员的咨询。有条件的招录机关，可以组织人员进行网上在线咨询和交流。

招录机关应高度重视报考资格审查工作，对所有报考人员一视同仁。资格审查应客观、公正、及时。中央组织部干部一局、国家公务员局考试录用司负责对各招录机关的资格审查工作进行监督。

4．报名确认

实行网上报名确认。报考人员应在11月2日至7日登录人力资源社会保障部网站或当地考试机构网站进行网上确认和网上缴费，并在11月23日至28日从该网站自行下载打印准考证。

农村特困大学生和城市低保人员，可以享受减免考务费用的政策。拟在实行网上报名确认的省（区、市）参加考试并可以享受减免考务费用政策的报考人员，不进行网上报名确认，应与当地考务部门联系办理报名确认和减免费用的手续。进行现场确认的报考人员，可携带有关证明材料前往确认现场直接办理减免手续。

拟享受减免考务费用的报考人员应提供以下材料：享受国家最低生活保障金的城镇家庭的报考人员凭其家庭所在地的县（区、市）民政部门出具的享受最低生活保障的证明和低保证（复印件）；农村绝对贫困家庭的报考人员凭其家庭所在地的县（区、市）扶贫办（部门）出具的特困证明和特困家庭基本情况档案卡（复印件），由各省（区、市）负责考务工作的部门审核确认后，办理减免考务费用的手续。

（四）公共科目笔试

公共科目包括行政职业能力测验和申论两科。所有报考人员均参加行政职业能力测验和申论两科考试。

行政职业能力测验包括常识判断、言语理解与表达、判断推理、数量关系和资料分析。全部为客观性试题，考试时限为120分钟。申论主要通过报考人员对给定材料的分析、概括、提炼、加工，测查报考人员阅读理解能力、综合分析能力、提出问题解决问题能力和文字表达能力。考试时限为150分钟。

本次考试不指定考试辅导用书，不举办也不委托任何机构举办考试辅导培训班。考试范围以《中央机关及其直属机构2009年度考试录用公务员考试大纲》为准。

1．笔试的时间

公共科目笔试的时间为2008年11月30日。具体安排为：

11月30日上午　09：00—11：00　行政职业能力测验

11月30日下午　14：00—16：30　申论

2．笔试的地点

本次考试在全国各省会城市、自治区首府和直辖市设置考场。根据需要，经批准也可在个别较大的城市设置考场。报考人员按照准考证上确定的时间和地点参加考试。监考人员依据报考人员准考证、身份证和考场座次表，核验报考人员身份，实施监考。

3．分数线确定

笔试结束后，由中央组织部、国家公务员局研究确定最低合格分数线。对基层艰苦边远地区、艰苦行业和特殊职位，在划定最低合格分数线时将予以政策倾斜。

（五）面试和专业科目考试

1．参加面试和专业科目考试的人选的确定

中央组织部干部一局、国家公务员局考试录用司将根据招录机关申报的计划录用人数与面试人选的比例，按照公共科目笔试成绩从高到低的顺序，确定各职位参加面试和专业科目考试的人员。

招考职位上通过最低合格分数线的人数达不到计划录用人数与面试人选的比例时，可以通过调剂补充人选，调剂应当面向社会公开进行。具体办法在笔试成绩公布后另行部署。

调剂结束后，进入面试和专业科目考试的人选名单将在人力资源社会保障部网站上统一公布。

调剂后，个别招考职位上通过最低合格分数线的人数仍达不到规定的面试比例时，经报中央公务员主管部门批准，应组织现有的笔试合格人员进行面试。面试人员的成绩应达到规定的要求方可进入体检和考察。

招录机关应当及时在人力资源社会保障部网站上发布面试公告。公告应当载明：参加面试和专业科目考试的人员名单及其准考证号、笔试最低分数线（进行人员调剂的，还应载明调剂人选笔试最低分数线）、面试时间和地点以及招录机关联系人等事项。

2. 面试的组织工作

面试的组织工作由招录机关具体负责。面试前，招录机关应根据公务员主管部门提供的报考人员照片及信息，与报考人员本人及其身份证件（身份证、学生证、工作证等）原件、所在学校盖章的报名推荐表、所在单位同意报考的证明、报名登记表等材料进行认真核对，防止和查处作弊行为，特别是替考行为。对于在职的报考人员，开具所在单位同意报考的证明确有困难的，经招录机关同意，可在体检和考察时提供。“三支一扶”人员、西部志愿者和大学生村干部的认定由相应的主管部门出具证明。凡有关材料主要信息不实，影响资格审查结果的，招录机关有权取消该报考人员参加面试的资格。

面试以结构化面试和无领导小组讨论为主，也可以采取情景模拟、演讲等方式。根据实际需要，招录机关可以对报考人员进行心理素质测评和个性评价，评价结果不计入总分，供参考。面试工作仍集中在规定时间内统一进行（具体时间另行通知）。届时，中央公务员主管部门统一提供面试题本。不能参加统一面试的，经批准，中央机关可以自行命制面试试题；中央机关直属机构面试题本，由其中央主管部门负责命制，也可委托省级公务员主管部门或其所属考试专门机构命制。面试题本应在面试结束后 7 日内报中央公务员主管部门备案。面试工作应在 2009 年 3 月 15 日前完成。

招录机关应按规定组成面试考官小组。面试考官小组中，持有省级以上公务员主管部门颁发的面试考官资格证书或者面试考官培训合格证书的人员比例不得低于面试考官总数的 60% 。担任面试主考官的，应当持有中央公务员主管部门颁发的面试考官资格证书。有条件的招录机关，考官要实现全部持证上岗。考官小组中应有一定比例的外单位的持证考官或有关专家。中央机关直属机构的面试要采取考官、考生双抽签的办法。

招录机关应根据事先申报的专业科目考试设置情况，组织专业科目考试。专业科目考试的内容、方式、时间、地点以及具体的组织工作由招录机关负责。未申报进行专业科目考试的，不得再增加。专业科目考试结束后 7 日内，招录机关应将专业科目考试试题报中央公务员主管部门备案。

专业科目考试和面试工作结束后，招录机关应当告知报考人员其考试成绩。

3. 面试的监督

组织面试时，招录机关应当邀请相关的纪检监察部门的人员进行监督，保证面试工作的公平公正。人力资源社会保障部委托各省（区、市）人事厅（局）指导当地中央直属机构的面试工作。

面试工作中，招录机关违反面试工作要求，将由中央公务员主管部门宣布面试结果无效，并取消该招录机关两年内单独组织面试的资格。面试考官在面试过程中徇私舞弊的，取消其面试考官资格，并由相关部门作出处理。

（六）体检和考察

体检和考察工作由招录机关负责。招录机关应按照综合成绩从高到低的顺序确定参加体检和考察的人选。综合成绩的计算方法为：公共科目笔试总成绩占 50%，专业科目考试成绩和面试成绩共占 50%。

1. 体检

招录机关要严格按照《公务员录用体检通用标准（试行）》（国人部发［2005］1号）和体检操作手册组织实施体检。在京的招录机关，应当在指定的体检机构进行体检。京外的招录机关，应当在地方公务员主管部门指定的体检机构进行体检，尚未指定体检机构的，要在县级以上综合性医院进行体检。体检时，招录机关要做到认真负责、程序严格、组织严密、公开透明。体检医生与体检者有回避关系的，应予回避。对于体检中违反操作规程、弄虚作假、徇私舞弊、渎职失职，造成不良后果的工作人员，按照有关规定给予处分。对于在体检过程中，弄虚作假或者隐瞒真实情况的报考人员，不予录用或取消录用，情节严重的五年内不得报考。

2. 考察

招录机关要按照德才兼备的标准，根据拟录用职位要求，采取多种形式，全面了解被考察对象的政治思想、道德品质、遵纪守法、自律意识、能力素质、工作态度、学习和工作表现以及需要回避的情况等，对考察对象进行资格复审。考察应成立考察工作小组，每组应有2名以上工作人员组成。考察小组要查阅报考人员档案，听取有关方面的意见，采取实事求是的态度，准确把握被考察对象的情况，全面、客观、公正地予以评价。考察后，应写出书面考察意见。经考察不宜录用为公务员的人员，不予录用。

体检和考察工作应在2009年4月15日前完成。

（七）公示和备案

招录机关要按照规定的程序和标准，根据考试成绩、考察情况和体检结果择优确定拟录用人员。除规定的录用程序和标准外，招录机关不得随意增加录用程序和环节。凡招考职位的面试人选达到规定比例的，该职位原则上不得空缺。

招录机关确定拟录用人员名单后，要在人力资源社会保障部网站进行公示。公示内容包括拟录用人员姓名、性别、准考证号、所在工作单位或毕业院校，同时要公布举报电话，接受社会监督，公示期为7天。

公示期满后，没有问题或者反映的问题不影响录用的，办理备案手续；对反映有影响录用的问题并查有实据的，不予备案；对反映的问题一时难以查实的，可暂缓备案，待查清后再决定是否备案。

中央党群机关将拟录用人员名单报中央组织部干部一局备案，备案材料包括：《中央党群机关公务员及工作人员录用表》（一式两份）、《中央党群机关录用公务员及工作人员一览表》（一份）、招考工作情况的报告、参加面试人员成绩汇总表（复印件）。

中央国家行政机关将拟录用人员名单报国家公务员局考试录用司备案，备案材料包括：《中央机关及其直属机构公务员录用备案表》（一式两份）、《新录用人员情况汇总表》（一份）、招考工作情况的报告、参加面试人员成绩汇总表（复印件）。

录用备案后，方可办理工资核发手续。

三、关于新增空缺职位的录用

招录机关在招考期间因机构编制和职能调整等原因新增空缺职位，需要增加录用计划的，应当提出书面申请，按照管理权限报经中央组织部、国家公务员局同意后，在人力资源社会保障部网站发布公告。符合职位要求的本年度公共科目笔试合格且考试类别相同的人员均可公开报名。报名后由招录机关按照规定的程序进行录用。

四、参照公务员法管理机关（单位）的招考工作

经中央公务员主管部门批准参照公务员法管理（简称参照管理）的机关（单位）按照本招考方案进行招考。备案时，参照管理机关（单位）报送《参照公务员法管理机关（单位）工作人员录用备案表》（一式两份）、《新录用人员情况汇总表》（一份）、招考工作情况的报告、参加面试人员成绩汇总表（复印件）。

五、组织实施

此次招考工作，由中央组织部、人力资源社会保障部、国家公务员局统一组织实施。中央组织部干部一局和国家公务员局考试录用司负责研究拟定有关考录政策，审定录用计划，拟定招考工作实施方案和招考公告，划定笔试合格分数线，组织指导面试，审核备案等工作。受中央组织部和人力资源社会保障部委托，人力资源社会保障部信息中心、人事考试中心承担相关考务工作。

人力资源社会保障部信息中心负责为网络报名工作和调剂工作提供技术支持，保证报名系统和调剂系统的安全及正常运行，在网上向社会发布有关信息，为报考人员和招录机关提供技术服务，对有关数据进行统计分析。

人力资源社会保障部人事考试中心负责汇总报名信息、编制和发放准考证、安排笔试考场、组织笔试命题、印制和传递公共科目笔试试卷、实施公共科目笔试、公共科目笔试阅卷评分、成绩汇总、组织面试命题、印制发放面试题本等工作。

招录机关具体负责本机关报考人员的资格审查、专业科目考试、面试、体检和考察工作，按权限提出拟录用人员名单并上报备案。

此次招考的宣传工作由中央组织部、人力资源社会保障部统一部署。各招录机关必须按照中央组织部、人力资源社会保障部确定的统一口径进行宣传。

六、监督检查

中央组织部、人力资源社会保障部、国家公务员局负责对各招录机关和各级考试机构的工作进行监督、检查。

招录机关和各级考试机构要坚持原则，严格程序，照章办事。要加强保密观念，严格按照有关保密规定，做好试题的印制、传递、回收等工作，要与有关人员签订保密协议。要建立健全考试录用保密工作的责任追究制度，确保考试不出泄密问题。要加强录用监督工作，自觉接受社会各界的监督，进一步增强考试录用工作的公开性和透明度，落实报考人员对考试录用工作的知情权、参与权和监督权。

要加大对录用违纪行为的查处力度。对不按编制限额、职位要求、规定的资格条件和程序进行公务员录用的，中央公务员主管部门将作出宣布无效或责令其按规定程序重新办理等处理决定。对违反有关规定和工作要求，给考录造成不良影响的招录机关，要给予通报批评；影响特别恶劣的，给予停考一年的处理。对违反录用考试纪律的工作人员，视情节轻重，分别给予取消工作人员资格、调离考录工作岗位或给予处分的处理。对违反录用考试纪律的报考人员，视情节轻重，分别给予取消考试资格、取消录用资格的处理；凡被认定有舞弊等严重违反录用纪律行为的，五年内不得报考公务员。对违反录用考试纪律的相关人员，按有关规定予以处理。上述人员中，触犯刑律的，交由司法机关依法处理。

从事考试录用工作的人员凡与报考人员有需要回避的亲属关系的，要实行公务回避。

中央机关及其直属机构2009年度考试录用公务员工作，是公务员队伍建设的一项重要工作。参加这项工作的公务员主管部门和各招录机关要高度重视，密切配合，各司其职，各负其责，准确把握政策，认真按有关规定和要求办事，改进工作作风，积极稳妥地做好每个环节的工作，确保招考工作顺利进行。

中央机关及其直属机构2009年度考试录用公务员工作时间安排

序号	项　目	时　间	责任单位
1	制定招考方案	2008年8月—9月	中央组织部干部一局、国家公务员局考试录用司
2	安排部署（录用计划申报、报名与考务准备）	8月—10月	中央组织部干部一局、国家公务员局考试录用司、招录机关、各地考试机构
3	编写考试大纲	9月—10月	中央组织部干部一局、国家公务员局考试录用司
4	组织命题、审题	9月—11月上旬	中央组织部干部一局、国家公务员局考试录用司
5	发布招考公告	10月中下旬	中央组织部干部一局、国家公务员局考试录用司
6	组织报名	10月15日—10月24日	中央组织部干部一局、国家公务员局考试录用司、招录机关
7	报名信息统计汇总	10月30日前	中央组织部干部一局、国家公务员局考试录用司
8	网上报名确认	11月2日—7日	各地考试机构
9	考务安排（编排考场和打印准考证等）	11月10日—11月28日	各地考试机构
10	印制、传递试卷	11月15日—11月28日	中央组织部干部一局、国家公务员局考试录用司
11	实施考试	11月30日	中央组织部干部一局、国家公务员局考试录用司、各地考试机构
12	阅卷	12月1日—21日	中央组织部干部一局、国家公务员局考试录用司
13	成绩分析、划定合格分数线	2009年1月5日前	中央组织部干部一局、国家公务员局考试录用司
14	公布成绩及首批面试人员名单	1月6日—10日	中央组织部干部一局、国家公务员局考试录用司
15	调剂	1月11日—1月20日	中央组织部干部一局、国家公务员局考试录用司、招录机关
16	专业科目考试和面试	3月15日以前	招录机关
17	体检和考察	4月15日以前	招录机关
18	公示、备案	5月15日以前	中央组织部干部一局、国家公务员局考试录用司、招录机关
19	工作总结	6月底以前	中央组织部干部一局、国家公务员局考试录用司

人力资源和社会保障部　民政部关于印发民政事业单位岗位设置管理指导意见的通知

人社部发［2008］84 号

各省、自治区、直辖市人事厅（局）、劳动保障厅（局）、民政厅（局），新疆生产建设兵团人事局、劳动保障局、民政局，各副省级市人事局、劳动保障局、民政局，国务院各部委、各直属机构人事劳动保障部门：

根据《事业单位岗位设置管理试行办法》（国人部发［2006］70 号）和《〈事业单位岗位设置管理试行办法〉实施意见》（国人部发［2006］87 号）精神，结合民政事业单位的实际情况，我们制定了《关于民政事业单位岗位设置管理的指导意见》。现印发给你们，请遵照执行。

2008 年 10 月 8 日

关于民政事业单位岗位设置管理的指导意见

根据《事业单位岗位设置管理试行办法》（国人部发［2006］70 号，以下简称《试行办法》）和《〈事业单位岗位设置管理试行办法〉实施意见》（国人部发［2006］87 号，以下简称《实施意见》），为做好民政事业单位岗位设置管理的组织实施工作，结合民政事业单位的特点，提出以下指导意见。

一、适用范围

1. 由国家机关举办或者其他组织利用国有资产举办，承担社会管理和服务职能的民政事业单位，包括经费来源主要由财政拨款、部分由财政支持以及经费自理的，都要实施岗位设置管理。民政事业单位主要包括：

（1）优抚安置单位：优抚医院（荣誉军人康复医院、复员军人慢性病医院和复员退伍军人精神病院）、光荣院、烈士纪念建筑物保护单位、军休干部服务管理机构（军休所、军休服务管理中心、军休服务管理站）、军供站（军用饮食供应站、军用饮水供应站、军人接待转运站）等。

（2）社会福利单位：社会福利院、儿童福利院、精神病人福利院（福利医院）、城镇老年服务机构、福利彩票发行管理机构以及登记为事业单位的残障康复机构、农村五保供养服务机构、尚未转制为企业的假肢装配服务中心等。

（3）社会事务管理单位：收养登记机构、殡葬管理服务机构、婚姻登记机构等。

（4）慈善和社会救助单位：各级减灾机构、救助管理站、流浪儿童救助保护中心、艾滋致孤儿童救助安置指导中心、慈善机构、捐赠接收机构、救灾储备仓库、安置农场等。

（5）社区服务单位：社区服务中心、婚姻家庭服务机构等。

（6）其他民政事业单位。

2. 民政事业单位管理人员（职员）、专业技术人员和工勤技能人员，都要纳入岗位设置管理。

岗位设置管理中涉及民政事业单位领导人员的，按照干部人事管理权限的有关规定执行。

3. 使用事业编制的民政类社团、基金会，参照《试行办法》《实施意见》和本指导意见，纳入岗位设置管理。

4. 经批准参照《中华人民共和国公务员法》进行管理的民政事业单位、社会团体，各类企业所属的民政事业单位和民政事业单位所属独立核算的企业，以及由事业单位已经转制为企业的民政单位，不适用本指导意见。

5. 民政部门主管的新闻报刊、信息档案、科学研究、教育培训、后勤服务等事业单位，参照相关行业指导意见开展岗位设置管理工作。

二、岗位类别设置

6. 民政事业单位岗位分为管理岗位、专业技术岗位和工勤技能岗位三种类别（以下简称三类岗位）。

7. 管理岗位指担负领导职责或管理任务的工作岗位。管理岗位的设置要适应增强民政事业单位运转效能、提高工作效率、提升管理水平的需要。

8. 专业技术岗位是指从事专业技术工作，具有相应专业技术水平和能力要求的工作岗位。专业技术岗位的设置要符合民政工作和人才成长的规律和特点，适应发展民政服务事业与提高专业水平的需要。

民政事业单位原则上以社会工作岗位为主体专业技术岗位。

9. 工勤技能岗位是指承担技能操作和维护、后勤保障、服务等职责的工作岗位。工勤技能岗位的设置要适应提高操作维护技能，提升服务水平的要求，满足民政事业单位业务工作的实际需要。

鼓励民政事业单位后勤服务社会化，已经实现社会化服务的一般性劳务工作，不再设置相应的工勤技能岗位。

10. 根据民政事业单位的社会功能、职责任务、工作性质和人员结构特点等因素，综合确定民政事业单位三类岗位总量的结构比例。

11. 民政事业单位三类岗位的结构比例由政府人事行政部门和民政事业单位主管部门确定。控制标准如下：

（1）主要以专业技术提供公益性社会服务的民政事业单位，应保证专业技术岗位占主体，专业技术岗位一般不低于单位岗位总量的70%。

（2）主要承担社会事务管理职责的民政事业单位，应保证管理岗位占主体，管理岗位一般应占单位岗位总量的一半以上。

（3）主要承担技能操作维护、服务保障等职责的民政事业单位，应保证工勤技能岗位占主体，工勤技能岗位一般应占单位岗位总量的一半以上。

（4）民政事业单位主体岗位之外的其他两类岗位，应该保持相对合理的结构比例。

对于承担职能较多、性质较为复杂的民政事业单位，其三类岗位之间的结构比例，可以视具体情况按照管理权限进行核定。

三、岗位等级设置

（一）管理岗位等级设置

12. 管理岗位分为 8 个等级。管理岗位的最高等级和结构比例根据民政事业单位的规格、规模、隶属关系，按照干部人事管理有关规定和权限确定。

13. 民政事业单位现行的厅级正职、厅级副职、处级正职、处级副职、科级正职、科级副职、科员、办事员依次分别对应管理岗位三至十级职员岗位。

14. 根据民政事业单位的规格、规模和隶属关系，按照干部人事管理权限设置民政事业单位各等级管理岗位的职员数量。

（二）专业技术岗位等级设置

15. 专业技术岗位的最高等级和结构比例根据民政事业单位的功能、规格、隶属关系和专业技术水平等因素，按照民政行业现行专业技术职务管理的有关规定和本指导意见确定。

16. 专业技术岗位分为 13 个等级。专业技术高级岗位分 7 个等级，即一至七级，其中，高级专业技术职务中的正高级岗位包括一至四级，副高级岗位包括五至七级；中级岗位分 3 个等级，即八至十级；初级岗位分 3 个等级，即十一至十三级，其中十三级是员级岗位。

17. 民政事业单位专业技术高级、中级、初级岗位之间，以及高级、中级、初级岗位内部不同等级之间的结构比例，根据地区经济、社会事业发展水平，以及民政事业单位的功能、规格、隶属关系和专业技术水平，实行不同的结构比例控制。

根据全国事业单位专业技术高级、中级、初级岗位之间的结构比例总体控制目标要求，按照民政事业单位专业技术人员高级、中级、初级结构比例现状，结合民政事业发展需要，合理确定专业技术人员高级、中级、初级岗位之间的结构比例。

民政事业单位高级、中级、初级岗位内部不同等级岗位之间的结构比例，全国总体控制目标为：二级、三级、四级岗位之间的比例为 1∶3∶6，五级、六级、七级岗位之间的比例为 2∶4∶4，八级、九级、十级岗位之间的比例为 3∶4∶3，十一级、十二级岗位之间的比例为 5∶5。

单位小、人员少、较分散的基层民政事业单位，专业技术岗位设置的结构比例可实行集中调控、集中管理的办法。具体办法由省级政府人事行政部门和主管部门研究制定。

18. 各级政府人事行政部门和民政事业单位主管部门要严格控制专业技术岗位结构比例，严格控制高级专业技术岗位的总量。民政事业单位要严格执行核准的专业技术岗位结构比例。

（三）工勤技能岗位等级设置

19. 工勤技能岗位包括技术工岗位和普通工岗位，其中技术工岗位分为 5 个等级，普通工岗位不分等级。

20. 工勤技能岗位的最高等级和结构比例按照岗位等级规范、技能水平和工作需要确定。

21. 民政事业单位中的高级技师、技师、高级工、中级工、初级工，依次分别对应一至五级工勤技能岗位。

22. 民政事业单位工勤技能岗位结构比例，一级、二级、三级岗位的总量占工勤技能岗位总量的比例，全国总体控制目标为 25% 左右；一级、二级岗位的总量占工勤技能岗位总量的比例，全国总体控制目标为 5% 左右。

23. 民政事业单位工勤技能一级、二级岗位，主要应在专业技术辅助岗位承担技能操作和维护职责等对技能水平要求较高的领域设置。工勤技能一级、二级岗位的总量要严格控制。

（四）特设岗位设置

24. 特设岗位是根据民政事业单位特点和民政事业发展规律，聘用急需的高层次人才等特殊需要，经批准设置的工作岗位，是民政事业单位中的非常设岗位。特设岗位的等级根据实际需要，按照规定的程序确定。

特设岗位不受民政事业单位岗位总量、最高等级和结构比例限制，在工作任务完成后，按照管理权限予以核销。

25. 民政事业单位特设岗位的设置须经民政主管部门审核后，按程序报设区的市级以上政府人事行政部门核准。具体管理办法由各省（自治区、直辖市）根据实际情况制定。

四、专业技术岗位名称及岗位等级

26. 民政事业单位的社会工作岗位中，中级专业技术岗位名称为社会工作师一级岗位、社会工作师二级岗位、社会工作师三级岗位，分别对应八至十级专业技术岗位；初级专业技术岗位名称为助理社会工作师一级岗位、助理社会工作师二级岗位，分别对应十一至十二级专业技术岗位。高级专业技术岗位名称待高级社会工作师评价具体办法出台后另行规定。

27. 其他专业技术岗位名称和对应等级参照相关行业指导意见和标准执行。原则上沿用现有专业技术名称。

28. 民政事业单位专业技术一级岗位属国家专设的特级岗位，其人员的确定按国家有关规定执行。

五、岗位基本条件

（一）各类岗位的基本条件

29. 民政事业单位三类岗位的基本条件，主要根据岗位的职责任务和任职条件确定。民政事业单位三类岗位的基本任职条件为：

（1）遵守宪法和法律；

（2）具有良好的品行；

（3）具备岗位所需的专业、能力或技能条件；

（4）适应岗位要求的身体条件。

（二）管理岗位基本条件

30. 民政事业单位职员岗位一般应具有中专以上文化程度，其中六级以上职员岗位，一般应具有大学专科以上文化程度，四级以上职员岗位，一般应具有大学本科以上文化程度。

31. 各等级职员岗位的基本任职条件：

（1）三级、五级职员岗位，须分别在四级、六级职员岗位上工作两年以上。

（2）四级、六级职员岗位，须分别在五级、七级职员岗位上工作三年以上。

（3）七级、八级职员岗位，须分别在八级、九级职员岗位上工作三年以上。

32. 各省（自治区、直辖市）、国务院有关部门以及民政事业单位在上述基本任职条件的基础上，根据本指导意见，结合实际情况，制定本地区、本部门以及本单位职员的具体条件。

（三）专业技术岗位基本条件

33. 民政事业单位专业技术岗位的基本任职条件按照国家现行专业技术职务评聘的有关规定执行。

34. 民政事业单位实行职业资格准入控制的专业技术岗位的基本条件，应包括准入控制的要求。

35. 各省（自治区、直辖市）、国务院有关部门以及民政事业单位在国家规定的专业技术高级、中级、初级岗位基本条件基础上，根据本指导意见，结合不同类型、不同层次专业技术岗位的实际情况，制定本地区、本部门以及本单位专业技术岗位的具体条件。

36. 民政事业单位专业技术高级、中级、初级岗位内部不同等级岗位的条件，由主管部门和民政事业单位按照《试行办法》《实施意见》和本指导意见，根据岗位的职责任务、专业技术水平要求等因素综合确定。

（四）工勤技能岗位基本条件

37. 民政事业单位工勤技能岗位的基本任职条件为：

（1）一级、二级工勤技能岗位，须在本工种下一级岗位工作满 5 年，并分别通过高级技师、技师技术等级考评。

（2）三级、四级工勤技能岗位，须在本工种下一级岗位工作满 5 年，并分别通过高级工、中级工技术等级考核。

（3）学徒（培训生）学习期满和工人见习、试用期满，通过初级工技术等级考核后，可确定为五级工勤技能岗位。

六、岗位设置的审核

38. 民政事业单位岗位设置实行核准制度，严格按照规定的程序和管理权限进行审核。

39. 民政事业单位设置岗位按照以下程序进行：

（1）制定岗位设置方案，填写岗位设置审核表；

（2）按程序报主管部门审核、政府人事行政部门核准；

（3）在核准的岗位总量、结构比例和最高等级限额内，制定岗位设置实施方案；

（4）广泛听取职工对岗位设置实施方案的意见；

（5）岗位设置实施方案由单位负责人员集体讨论通过；

（6）组织实施。

40. 民政部直属的民政事业单位的岗位设置方案报民政部审核汇总后，报人力资源社会保障部备案。

41. 省（自治区、直辖市）民政部门直属民政事业单位的岗位设置方案经本省（自治区、直辖市）民政厅（局）审核后，报本省（自治区、直辖市）政府人事行政部门核准。

42. 地（市）民政部门直属民政事业单位的岗位设置方案经地（市）民政部门审核后，报本地（市）政府人事行政部门核准。

43. 县（县级市、区）民政部门直属民政事业单位的岗位设置方案经县（县级市、区）民政部门、县（县级市、区）政府人事行政部门审核汇总后，报地区或设区的市政府人事行政部门核准。

44. 民政事业单位的岗位总量、结构比例和最高等级应保持相对稳定。有下列情形之一的，岗位设置方案可按照第40条、第41条、第42条、第43条的权限申请变更：

（1）民政事业单位出现分立、合并，须对本单位的岗位进行重新设置的；

（2）根据上级或同级机构编制部门的正式文件，增减机构编制的；

（3）按照业务发展和实际情况，为完成工作任务确需变更岗位设置的。

45. 经核准的岗位设置方案作为聘用人员、确定岗位等级、调整岗位以及核定工资的依据。

七、岗位聘用

46. 民政事业单位按照《试行办法》《实施意见》和本指导意见以及核准的岗位设置方案，根据按需设岗、竞聘上岗、按岗聘用的原则，确定具体岗位，明确岗位等级，聘用工作人员，签订聘用合同。

47. 民政事业单位聘用人员，应在岗位有空缺的情况下按照公开招聘、竞聘上岗的原则及有关规定择优聘用。

民政事业单位应分别按照管理岗位、专业技术岗位、工勤技能岗位的职责任务和任职条件，在核定的结构比例范围内聘用人员，聘用条件不得低于国家规定的基本条件。

48. 基层单位小、人员少、较分散，对岗位结构比例实行集中调控、集中管理的民政事业单位，可根据实际情况实行人员集中聘用。

49. 根据民政领域人才的特点和实际需求，对民政事业单位确有真才实学、成绩显著、贡献突出的人员，岗位急需且符合破格条件的，经上一级主管部门批准，可以根据有关规定破格聘用。

50. 民政事业单位新参加工作人员见习、试用期满后，管理人员按照《实施意见》规定确定相应的岗位等级；专业技术人员按照岗位条件要求确定岗位等级。

51. 尚未实行聘用制度和岗位管理制度的民政事业单位，应按照《国务院办公厅转发人事部关于在事业单位试行人员聘用制度意见的通知》（国办发［2002］35号）、《试行办法》、《实施意见》和本指导意见的精神，抓紧进行岗位设置，实行聘用制度，组织岗位聘用。

已经实行聘用制度，签订聘用合同的民政事业单位，可根据《试行办法》《实施意见》和本指导意见，按照核准的岗位设置方案，对本单位现有人员确定相应的岗位，并变更聘用合同的有关内容。

52. 各级政府人事行政部门、民政事业单位主管部门和民政事业单位要根据国家有关规定，对现有在册的正式工作人员，按照现聘职务或岗位进入相应等级的岗位。

各地区、各部门和民政事业单位必须严格把握政策，不得违反规定突破现有的职务数额，不得突击聘用人员，不得突击聘用职务。要严格限制专业技术高级、中级、初级岗位中的高等级岗位的设置。

53. 民政事业单位聘用人员原则上不得同时在两类岗位上任职。根据民政事业单位的工作特点，确需兼任的，须按人事管理权限审批。

54. 民政事业单位首次进行岗位设置和岗位聘用，岗位结构比例不得突破现有人员的结构比例。现有人员的结构比例已经超过核准比例的，应通过自然减员、调出、低聘或解聘等办法，逐步达到规定的结构比例。尚未达到核准结构比例的，要严格控制岗位聘用数量，根据事业发展要求和人员队伍状况等情况逐年逐步到位。

八、组织实施

55. 岗位设置管理是民政事业单位人事制度改革的重要内容，是一项开创性、基础性工作，关系到民政事业的长远发展和广大干部职工的切身利益。要坚持以人为本，从民政事业单位的实际出发，根据事业的发展需要，切实保障职工的切身利益，积极稳妥地推进改革。

56. 各级民政部门要紧密结合本地区经济社会发展水平和民政事业单位的实际情况，切实发挥职能作用，制定具体方案，组织好所属民政事业单位岗位设置管理的实施工作。各级人事行政部门要加强与民政部门的沟通协调，结合本地区民政事业单位的特点，认真贯彻执行《试行办法》《实施意见》和本指导意见精神。

57. 各地区、各部门和民政事业单位在岗位设置和岗位聘用工作中，要严格执行有关政策规定，坚持原则，坚持走群众路线。对违反规定滥用职权、打击报复、以权谋私的，要追究责任。对不按《试行办法》《实施意见》和本指导意见进行岗位设置和岗位聘用的民政事业单位，政府人事行政部门、民政部门及有关部门不予确认岗位等级、不予兑现工资、不予核拨经费。情节严重的，对相关领导和责任人予以通报批评，按照人事管理权限给予相应的纪律处分。

58. 本指导意见由人力资源社会保障部、民政部负责解释。

人力资源社会保障部　公安部
关于追授盖起章同志全国公安系统
一级英雄模范荣誉称号的决定

人社部发［2008］86号

各省、自治区、直辖市人事厅（局）、劳动保障厅（局）、公安厅（局），新疆生产建设兵团人事局、劳动保障局、公安局：

近年来，全国公安机关和广大公安民警在党中央、国务院和地方各级党委、政府的坚强领导下，坚持以邓小平理论和“三个代表”重要思想为指导，深入贯彻落实科学发展观，不断开创公安工作和公安队伍建设新局面，为维护国家安全和社会稳定，保卫改革开放和社会主义现代化建设，保障人民群众安居乐业作出了突出贡献，涌现出一大批英雄模范人物。盖起章同志就是其中的优秀代表。

盖起章，男，汉族，中共党员，1951年2月出生，山东省莱阳市人，1970年12月参加中国人民解放军，1994年9月参加公安工作，生前任福建省福州市公安局党委副书记、纪委书记、督察长，三级警监。从警以来，他始终牢记并努力实践全心全意为人民服务的宗旨，忠实履行人民警察的神圣职责，爱岗敬业，顽强拼搏，勤勉为公，清正廉洁，在平凡的岗位上作出了不平凡的业绩。他胸怀党和人民，视公安事业如生命，把全部的时间和精力都倾注在公安事业中，不论是在政工还是纪检岗位，始终坚持奋战在工作第一线，为促进当地公安机关党风廉政建设和公安队伍建设作出了突出贡献。特别是担任市公安局党委副书记、纪委书记、督察长的6年来，他勤政务实，真抓实干，既敢于坚持原则、动真碰硬，又关爱民警、以情待警，以自身正、自身净、自身硬的模范行动，带出了一支过硬的公安监督队伍。他带领民警先后组织查处415起民警违法违纪案件，妥善处理247名民警合法权益受损事件，有效遏制了民警违法违纪现象，保护了民警合法权益，维护了公安队伍的纯洁性和先进性。他勇于进取，锐意创新，针对综合警务状况，创造性地提出了建设“警务活动监督中心”等工作新思路、新办法，使福州市公安监督信息化建设呈现出崭新的面貌，实现了向科技要监督、向监督要形象的新突破，受到了各级领导的高度评价和人民群众的普遍赞誉。2006年7月，盖起章同志因过度劳累病倒在工作岗位并被确诊患肝癌，但他毫不畏惧，以坚强如钢的革命意志和“宁可干死，不愿等死”的豪迈气概，顽强与病魔作斗争，始终坚守岗位、忘我工作，做到生命不息、奉献不止，以实际行动诠释了一名共产党员、人民警察的崇高追求和高尚品质，树立了公安机关基层领导干部的良好形象。2008年10月16日，盖起章同志因病情严重恶化，经医治无效逝世，年仅57岁。在盖起章同志的带领下，福州市公安局纪委被评为“全国公安纪检监察系统先进集体”，市公安局审计室被评为“全国审计先进集体”；他本人先后荣立个人一等功、二等功各1次，三等功2次，并多次受到上级表彰。

盖起章同志的先进事迹，充分体现了“忠诚可靠、秉公执法、英勇善战、纪律严明、无私奉献”的新时期人民警察精神，是广大公安民警学习的榜样。为表彰先进，弘扬正气，人力资源社会保障部、公安部决定，追授盖起章同志“全国公安系统一级英雄模范”荣誉称号。

全体公安民警要以盖起章同志为榜样，坚定不移地高举中国特色社会主义伟大旗帜，更加紧密地团结在以胡锦涛同志为总书记的党中央周围，认真贯彻落实党的十七大精神，深入学习实践科学发展观，进一步坚定信心、振奋精神、开拓创新、扎实工作，切实担负起巩固共产党执政地位、维护国家长治久安、保障人民安居乐业、促进经济社会发展的重大政治和社会责任，为夺取全面建设小康社会新胜利、谱写人民美好生活新篇章作出新的更大的贡献。

2008年10月17日

人力资源和社会保障部关于推动建立以创业带动就业的创业型城市的通知

人社部发［2008］87 号

各省、自治区、直辖市人事厅（局）、劳动保障厅（局）：

为贯彻落实《国务院办公厅转发人力资源社会保障部等部门关于促进以创业带动就业工作指导意见的通知》（国办发［2008］111 号，以下简称《通知》）关于“建立以创业带动就业的创业型城市”的要求，我部决定组织工作基础较好、条件相对成熟的城市开展创业型城市创建工作。现就有关事项通知如下：

一、选择具备条件的城市开展创建工作

城市创业机会较多，是促进以创业带动就业的主战场。开展创业型城市的创建工作，既有利于促进城市经济发展，不断增加就业机会，也有利于通过以点带面，为全面推动创业带动就业工作提供经验和示范。

创建城市的基本条件是：经济发展环境较好，非公有制经济发展较快；公共就业服务体系比较健全，创业培训工作扎实有效，创业服务发挥积极作用；积极就业政策体系完善，税费减免和小额担保贷款政策落实成效较好；政府及有关部门对创建工作积极性高，并愿意为此作出更大努力；各省、自治区确定的国家级和省级创建城市的其他基本条件。

各省、自治区劳动保障厅根据我部要求确定创建城市名单，报我部备案后开展创建工作。首批国家级创建城市名额每个省份 1～3 个市，省级创建城市由各地按上述基本条件并结合具体情况自行确定，严格掌握。对开展创建工作的城市，我部将努力协调有关部门给予相应政策支持，会同有关方面加强工作指导。省级人事、劳动保障部门也要积极协调有关方面给予重点扶持和指导。

直辖市依据《通知》要求以及本通知精神全面开展以创业带动就业工作，不参加创建活动。

二、创建城市应完成的主要创建工作任务

（一）建立组织领导体系。在就业工作联席会议机制下，成立由政府领导负责、人力资源社会保障部门牵头、有关方面参加的促进以创业带动就业工作领导小组，建立健全工作制度，制定实施工作计划，研究解决工作中存在的问题，形成政府促进创业的工作推动机制。同时，充分发挥工商联、工会、共青团、妇联、残联以及行业协会、企业家协会的作用，探索建立创业带动就业的社会化运作机制。

（二）完善政策支持体系。按照《通知》要求，针对创业者在市场准入、行政管理、融资渠道等方面遇到的突出问题，积极探索完善政策措施。探索建立创业专项扶持资金；完善积极的就业政策，健全和落实税费减免、小额担保贷款、场地安排等扶持政策，形成促进创业的政策体系和良好的创业环境。

（三）健全创业培训体系。扩大创业培训范围，将有创业愿望和培训要求的城乡劳动者全部纳入创业培训对象范围，实现创业培训全覆盖。充分利用现有条件和闲置资源建立健全创业孵化基地，推进创业实训。提高创业培训质量，实现较高的培训后创业成功率。

（四）构建创业服务体系。依托公共就业服务体系，建立健全创业指导服务组织，加强创业服务队伍建设，组织和实施创业服务。建立创业服务公共平台，完善创业服务的内容和形式，改善服务手段，建立创业信息服务网络和信息发布机制，建立创业项目市场化运作机制，开发形成基本成熟的创业服务体系。

（五）健全工作考核体系。根据当地实际情况，建立完善创业带动就业统计指标体系和统计制度。把创业带动就业的主要工作指标纳入就业工作目标责任制度，作为就业工作主要目标任务的内容，健全当地就业工作目标责任体系，强化责任和考核。

三、创业型城市应达到的基本标准

创建城市完成创建工作任务后，以下基本标准达到或超过全国平均水平，可评为全国以创业带动就业的创业型城市：一是全员创业活动指数，反映辖区内参与创业活动的人数占城镇劳动者的比例。创业活动是指创业服务、创业培训和自主创业等。二是创业活动对就业的贡献率，反映辖区内新增创业人数及其带动就业人数之和占全部新增就业人数的比例。三是创业活动对企业成长的贡献率，主要反映通过创业活动促进的创业企业增长率、创业企业1~3年存活率。四是创业环境满意度，反映社会各界对当地创业环境和创业工作的满意程度，反映创业工作成效。主要指标包括小企业平均创业成本、创业初始成功率、创业培训后创业成功率、创业服务满意率、创业带动就业率，以及创业政策、制度完善和落实程度。五是其他整体反映城市创业活力、创业效率以及促进创业带动就业工作成效的指标。

以上基本标准要重点反映高校毕业生、失业人员和返乡农民工创业情况。具体标准及评选办法另行制定。

四、创建工作时间安排

首批全国创业型城市的创建时间为两年。鼓励创建城市积极开展工作提前完成创建工作任务。2008年11—12月，各省、自治区确定并上报首批创建城市名单，我部对创业型城市创建工作进行部署。各省、自治区指导创建城市制订创建工作方案，确定促进创业带动就业的目标任务和工作措施，并报送我部；2009—2010年，各省、自治区指导创建城市按要求全面开展创建工作，完成创建工作方案确定的各项目标任务。期间，我部将组织开展对创建工作进展情况的检查和创建工作经验交流活动；2011年，我部会同各省、自治区对创建城市工作进行评估。

五、其他事项

（一）创建城市要加强对创建工作的领导，成立由政府领导负责、相关部门参加的工作领导小组。劳动保障部门要指定专门机构和工作人员负责创业带动就业工作。要定期向我部报送创建工作动态，及时报告工作中的重要问题和建议。

（二）各省、自治区要按照《通知》及本通知要求开展促进以创业带动就业工作。要重点督促指导国家级创建城市开展创建工作。同时，积极开展省级创业型城市的创建工作，符合条件的，及时推荐上报为国家级创建城市，推动本地创业带动就业工作全面开展。

（三）请各省、自治区劳动保障厅于2008年11月6日之前，将确定的国家级创建城市名单报送我部就业促进司。

2008年10月22日

人力资源和社会保障部关于调整政府特殊津贴标准的通知

人社部发［2008］88 号

各省、自治区、直辖市人事厅（局）、劳动保障厅（局）、财政厅（局），新疆生产建设兵团人事局、劳动保障局、财务局，中央和国家机关各有关部委、直属机构人事、财务部门，总政治部干部部，中央管理的有关企业：

经党中央、国务院批准，现就调整政府特殊津贴标准有关问题通知如下：

一、从 2009 年 1 月 1 日起，将按月发放的政府特殊津贴标准由每人每月 100 元调整为每人每月 600 元。

二、调整政府特殊津贴标准所需经费，由中央财政专项列支拨款。

调整政府特殊津贴标准，充分体现了党中央、国务院对享受政府特殊津贴人员的关心。各地区、各部门要充分认识做好这项工作的重要意义，切实加强领导，认真做好政府特殊津贴的发放工作，确保平稳顺利实施。

本通知由人力资源和社会保障部负责解释。

2008 年 10 月 20 日

人力资源和社会保障部关于调整院士津贴标准的通知

人社部发［2008］89号

各省、自治区、直辖市人事厅（局）、劳动保障厅（局）、财政厅（局），新疆生产建设兵团人事局、劳动保障局、财务局，中央和国家机关各有关部委、直属机构人事、财务部门，总政治部干部部，中央管理的有关企业：

经党中央、国务院批准，现就调整院士津贴标准有关问题通知如下：

一、从2009年1月1日起，将中国科学院院士、中国工程院院士的院士津贴标准由每人每月200元调整为每人每月1 000元。今后新当选的中国科学院院士和中国工程院院士，自当选之月起发给院士津贴。

二、院士津贴所需经费列入中央财政预算，专项拨款。调整院士津贴标准，充分体现了党中央、国务院对院士的关心。各有关地区、部门要充分认识做好这项工作的重要意义，认真做好院士津贴的发放工作。本通知由人力资源和社会保障部负责解释。

2008年10月20日

人力资源和社会保障部 中华全国工商业联合会关于表彰全国工商联系统先进集体和先进工作者的决定

人社部发［2008］90号

各省、自治区、直辖市人事厅（局）、劳动保障厅（局）、工商联，新疆生产建设兵团人事局、劳动保障局、工商联：

改革开放以来，各级工商联组织和广大干部职工继承和发扬优良传统，务实创新，开拓进取，充分发挥统战性、经济性、民间性的综合优势，广泛团结非公有制经济人士，围绕经济建设中心，服务改革开放大局，认真履行职能，为建设中国特色社会主义伟大事业发挥了重要作用，涌现出了一大批先进模范集体和个人。为表彰先进，弘扬正气，进一步调动各级工商联组织和广大干部职工的积极性，在纪念改革开放30周年和全国工商联成立55周年之际，人力资源社会保障部、中华全国工商业联合会决定，授予北京市昌平区工商业联合会等32个单位“全国工商联系统先进集体”荣誉称号；授予王健等10名同志“全国工商联系统先进工作者”荣誉称号，享受省部级劳动模范和先进工作者待遇。希望受表彰的先进集体和先进工作者珍惜荣誉、戒骄戒躁、发扬成绩、再立新功，为工商联事业续写新的篇章。

各级工商联组织和广大干部职工，要以受表彰的先进集体和先进个人为榜样，紧密团结在以胡锦涛同志为总书记的党中央周围，高举中国特色社会主义伟大旗帜，全面贯彻党的十七大精神，以邓小平理论和“三个代表”重要思想为指导，深入学习实践科学发展观，围绕中心、服务大局，开拓进取、扎实工作，创先争优、建功立业，为进一步促进非公有制经济人士健康成长，促进非公有制经济健康发展，不断开创工商联工作新局面，实现全面建设小康社会的宏伟目标而努力奋斗。

附件：1. 全国工商联系统先进集体名单（略）

2. 全国工商联系统先进工作者名单（略）

2008年10月30日

国务院农民工工作联席会议办公室关于表扬农民工工作先进集体的通报

人社部发［2008］94号

各省、自治区、直辖市、新疆生产建设兵团农民工工作协调机构，国务院农民工工作联席会议各成员单位：

改革开放以来，各级党委政府和各有关部门认真贯彻落实党中央国务院关于农民工工作的战略部署，推动农民工工作不断取得新进展。各级农民工工作机构和服务单位积极落实《国务院关于解决农民工问题的若干意见》，切实解决涉及农民工利益的问题。他们有的排忧解难，积极为农民工提供优质公共服务；有的敢抓敢管，坚决维护农民工的合法权益；有的深入基层，扎实为农民工落实政策；有的真情扶助，让农民工感受到全社会的关爱，在劳动工资、就业培训、安全生产、社会保障、子女教育、疾病防控、计划生育、权益维护、文化宣传、社区服务等方面做了大量卓有成效的工作，涌现出一批取得显著成绩的先进集体。

为充分肯定农民工工作机构和服务单位的重要作用，宣传他们的突出业绩，树立农民工工作的先进典型，进一步营造全社会关心和支持农民工工作的良好氛围，国务院农民工工作联席会议办公室决定，对北京市东城区职业介绍服务中心等100个农民工工作先进集体予以通报表扬。

希望受到表扬的农民工工作先进集体发扬成绩，再接再厉，在开展农民工工作中更好地发挥示范带头作用。各级农民工工作机构和服务单位要学习农民工工作先进集体的优秀事迹，深入贯彻落实党的十七届三中全会精神，开拓进取，勇于创新，坚定不移地推进农民工工作，千方百计为农民工搞好服务，为开创农民工工作的新局面，夺取全面建设小康社会新胜利作出新的更大的贡献！

附件：农民工工作先进集体名单（略）

2008年11月3日

国务院农民工工作联席会议关于表扬农民工工作先进集体的通报

人社部发［2008］95号

各省、自治区、直辖市、新疆生产建设兵团农民工工作协调机构，国务院农民工工作联席会议各成员单位：

农民工是我国改革开放和工业化、城镇化进程中涌现的一支新型劳动大军，是我国产业工人的重要组成部分，是推动我国经济社会建设的重要力量。改革开放30年来，亿万农民工以极大的热情和勇气走出农村，进城务工或在乡镇企业就业，积极投身建设中国特色社会主义伟大事业，为城市创造了财富，为农村增加了收入，为城乡发展注入了活力，对我国现代化建设作出了重大贡献，在各行各业涌现出一大批取得突出业绩的优秀农民工。

为充分肯定农民工在改革开放和现代化建设中的重要作用，宣传优秀农民工的先进事迹，激励广大农民工学习先进，努力工作，营造全社会尊重和关爱农民工的良好氛围，国务院农民工工作联席会议决定，授予王永奎等1 000人“全国优秀农民工”称号。希望受到表彰的优秀农民工珍惜荣誉，再接再厉，开拓进取，再创佳绩。

广大农民工要以受到表彰的优秀农民工为榜样，学习他们遵纪守法、品德高尚，为社会热情服务的奉献精神；学习他们吃苦耐劳、兢兢业业，在平凡的岗位上创造一流业绩的敬业精神；学习他们钻研技术、精益求精，不断提高技能水平的创新精神；学习他们团结互助、艰苦创业，带领群众共同致富的奋斗精神。争当守法的公民、创业的先锋、学习的模范、致富的骨干，同心同德把国家建设得更加强大，为推动科学发展、促进社会和谐、夺取全面建设小康社会新胜利贡献更大力量！

附件：全国优秀农民工名单（略）

2008年11月3日

人力资源和社会保障部关于加强防范和打击利用无线电设备及互联网在公务员录用考试中进行作弊活动的通知

人社部发［2008］96 号

各省、自治区、直辖市、新疆生产建设兵团人事厅（局）、劳动保障厅（局）、无线电管理办公室（局）、通信管理局、公安厅（局）：

为切实维护公务员录用考试的公平、公正和良好秩序，人力资源社会保障部、工业和信息化部、公安部、国家公务员局决定联合采取措施，积极防范和严厉打击在公务员录用考试中利用无线电设备及互联网作弊等非法行为。现就有关要求通知如下：

一、提高思想认识，深刻理解防范和打击利用无线电设备及互联网进行作弊活动的重要性

建立和推行公务员录用制度，是公务员制度的重要内容。公务员录用考试的公正和安全，关系到公务员队伍素质，关系到广大考生的切身利益，关系到社会和谐稳定。近年来，在各级党委、政府的领导下，在有关部门的支持和协助下，各级人力资源社会保障部门依法履行职责，精心筹划，周密组织，较好地保证了公务员录用考试工作的安全有序。但是在公务员录用考试中，利用无线电设备及互联网进行作弊的现象屡有发生，严重危及公务员录用考试的公平性和严肃性。各地、各部门要认真贯彻落实公务员法和《公务员录用规定（试行)》，充分认识防范和打击利用无线电设备及互联网进行作弊工作的重要性，切实净化公务员录用考试环境。

二、认真履行职责，积极防范和严厉打击利用无线电设备及互联网进行作弊的不法活动

（一）加强预防，阻断作弊渠道。各级人力资源社会保障部门要积极开展“诚信考试光荣，违纪舞弊可耻”的宣传教育，努力营造公平公正考试的良好氛围，使广大考生自觉做到“干干净净”进考场。要不断加强对考务人员的培训与管理，使广大考务人员切实增强工作责任感，进一步提高对利用无线电设备及互联网进行作弊活动方式和特点的辨识能力。要逐步加大投入，不断加强防范和打击作弊活动的力量，不断提高防范和打击作弊活动的技术水平。

各级人力资源社会保障部门要会同有关部门研究制定防范和打击作弊活动的工作方案，对互联网上的相关信息严密监控，需要公安机关调查处置的，要及时转交公安机关处理。无线电管理部门要组织监测力量，在考前对重点地区和考点开展专项电磁环境监测，摸清空中信号情况，为快速、准确发现作弊信号做好充分准备。遇有不明信号要快速追查，对非法设立电台或无线信号发射装置、未经审批擅自使用频率的要依法查处。

（二）严肃查处，确保考场安全。各级人

力资源社会保障部门对发现有疑似利用无线电设备作弊或与考场外无线电设备串通作弊的情况，要立即通知本地无线电管理部门进行监测、确认，对发现并确认有涉嫌作弊无线电信号的相关考点、考场，要进一步严密监考和巡查，加强重点防范。

无线电管理部门要对已划定的重点防范区域和考点进行严密监测，对涉嫌作弊的无线电信号迅速予以测向和准确定位，并会同公安、人力资源社会保障部门迅速追查涉嫌人员及相关设备，依法予以处理；对在未经批准的频率上监测到的疑似信号，应根据现场实际情况予以技术阻断，避免造成严重后果；对违反治安管理或涉嫌犯罪的，交由公安机关依法查处。

公安机关要加强对考场周边的治安巡逻，特别要注意发现和查验考场周边带有无线发射、接收装置的车辆及相关人员；要加强对考试过程中利用互联网传输答案的调查处理力度，对无线电管理部门发现并确认属于涉嫌作弊的无线电信号，要协助其迅速追查涉嫌作弊人员及场所，对抓获的作弊当事人依法予以处罚，对查获的作弊设备和工具依法予以收缴。对造成严重后果，构成犯罪的，依法追究刑事责任。同时，要严查幕后组织策划、提供器材的违法犯罪分子，依法严厉快速打击各类扰乱考场秩序、危害考试安全的违法犯罪活动。

三、加强协作配合，共同维护公务员录用考试的良好环境

各地要在当地党委、政府的统一领导下，设立由人力资源社会保障部门牵头、各相关部门共同组成的防范和打击作弊活动的协调工作机构，建立统一高效的指挥调度体系，制定切实可行的工作方案和应急预案，在公务员录用考试时，及时召开考前协调会，统一部署指挥查防工作，确保防范和打击作弊活动的各项工作落到实处。人力资源社会保障部门、无线电管理部门、公安机关要切实做到职责明确、部署周密、统一指挥、联防联动、快速处置、依法严惩，务求取得实效，确保公务员录用考试的公正和安全。

国家防范和打击利用无线电设备及互联网作弊协调工作各部门联系方式：

人力资源社会保障部：010—84233440
工 业 和 信 息 化 部：010—68009042
公　　　安　　　部：010—66261085
国 家 公 务 员 局：010—84233440

2008 年 11 月 5 日

人力资源和社会保障部 公安部关于全国优秀农民工在就业地落户的通知

人社部发［2008］97号

各省、自治区、直辖市劳动保障厅（局）、公安厅（局），新疆生产建设兵团劳动保障局、公安局：

国务院农民工工作联席会议决定，表彰1 000名全国优秀农民工。根据《国务院关于解决农民工问题的若干意见》（国发［2006］5号）关于“对农民工中的劳动模范、先进工作者和高级技工、技师以及其他有突出贡献者，应优先准予落户”的精神，决定准予国务院农民工工作联席会议表彰的1 000名全国优秀农民工，根据本人意愿，将户口由原籍所在地迁入就业地。落户的具体手续，由各地按有关规定办理。全国优秀农民工在就业地落户，充分体现了党和政府对农民工的亲切关怀，是激励广大农民工自强不息、奋发有为、争当先进的重要举措。请各地区结合本地实际，认真贯彻落实。

2008年11月5日

人力资源和社会保障部关于做好当前失业保险工作有关问题的通知

人社部发［2008］98号

各省、自治区、直辖市劳动和社会保障厅（局），新疆生产建设兵团劳动和社会保障局：

为应对当前国内外经济环境变化可能导致企业大规模裁员问题，切实发挥失业保险保障生活、促进就业、预防失业的作用，维护社会稳定，现就做好当前失业保险工作有关问题通知如下：

一、确保按时足额发放失业保险金

要按照学习实践科学发展观和构建社会主义和谐社会的要求，坚持以人为本，充分发挥失业保险保障生活的作用。失业保险经办人员要主动到破产倒闭企业、裁员较多企业开展工作，准确掌握企业失业人员情况，对所有符合条件的失业人员一个不落地及时足额发放失业保险金和落实医疗补助金等待遇。对符合领取一次性生活补助条件的农民工，要实行“受理、审批、发放”一条龙服务，将一次性生活补助及时足额发放到位。要继续贯彻落实《关于进一步做好失业保险和最低工资有关工作的通知》（人社部发［2008］69号）文件精神，加快完善失业保险金标准调整机制，并按照当地政府有关规定，结合当前新形势新要求，动态调整失业保险金水平，切实保障失业人员的基本生活和合法权益。

二、帮助失业人员尽快实现就业

要加快建立和完善失业保险与促进就业的联动机制，对享受失业保险待遇期间的失业人员，要按规定提供免费职业培训和职业介绍服务，并适度提高职业介绍和职业培训“两项补贴”的补贴标准和使用比例，帮助失业人员尽快实现再就业。扩大失业保险基金支出范围试点地区，要在保障失业人员基本生活的前提下，根据本地区促进就业工作需要，合理安排和使用失业保险促进就业资金，认真落实相关政策，提高资金使用效益，使失业保险在当前促进就业中发挥更加重要作用。

三、加大失业保险基金调剂和服务工作力度

要结合本地实际，进一步完善省级调剂金制度，加大资金调度力度，确保各统筹地区失业保险金发放。失业人员增多、失业保险基金支付存在一定困难的统筹地区，要采取包括运用结余基金、申请省级调剂金、疏通财政补贴渠道等有效措施，保证发放所需资金。切实做好失业保险政策咨询服务工作，进一步优化失业保险经办业务流程，简化工作程序，提高办事效率，为参保单位和失业人员提供方便、快捷、优质服务。在申领失业保险金人数较多的地区，要开设专门窗口，配备专门人员，加大失业保险金受理和发放工作力度。

四、加快建立失业预警制度

要进一步落实《就业促进法》关于“建立

失业预警制度，对可能出现较大规模失业，实施预防、调节和控制”的规定，加强对重点行业、重点企业岗位流失情况实施动态监测，分析岗位流失原因，研判岗位流失趋势，跟踪领取失业保险金人员和领取一次性生活补助农民工的变化情况，对有可能出现较大规模岗位流失的行业和企业，列出清单与企业、工会加强协商沟通，提前采取应对措施。并将有关情况及时向人力资源和社会保障部报告。

五、加强失业保险政策宣传

要利用电视、报纸、政府网站等媒体，印制宣传单、发放政策咨询卡等多种形式，加大对失业保险政策的宣传力度，使用人单位和职工了解失业保险参保及享受待遇等有关政策，知晓申领失业保险金的程序。特别要做好参保农民工的政策宣传工作，使他们了解申领一次性生活补助的政策条件、办理流程等，及时申领生活补助。对应参保而尚未参保的单位及职工，要加大扩面征缴工作力度，使其树立参保意识，防范失业风险。

2008 年 11 月 11 日

全国绿化委员会 人力资源和社会保障部 国家林业局关于表彰三北防护林体系建设突出贡献单位和突出贡献者的决定

人社部发［2008］101号

有关省、自治区、直辖市绿化委员会、人事厅（局）、劳动保障厅（局）、林业厅（局），新疆生产建设兵团绿化委员会、人事局、劳动保障局、林业局，中央有关部门，国家林业局各直属单位：

我国西北、华北、东北防护林体系（以下简称“三北工程”）建设30年来，三北地区各级党委、政府和各族干部群众在党中央、国务院的正确领导下，以邓小平理论和“三个代表”重要思想为指导，深入贯彻落实科学发展观，精心组织、认真谋划、扎实工作、奋发进取、开拓创新，三北工程建设取得了显著的生态、经济和社会效益，涌现出了一大批贡献突出、成绩显著的单位和个人，铸就了彪炳史册的“三北精神”。

为表彰先进、大力弘扬“三北精神”，进一步激励三北地区各族干部群众投身林业生态工程建设的激情与斗志，激发广大三北工程建设者的积极性、创造性，增强建设三北工程的紧迫感、责任感和使命感，全国绿化委员会、人力资源社会保障部、国家林业局决定，授予北京市大兴区林业局等100个单位“三北防护林体系建设突出贡献单位”称号；授予宋福宽等200名同志“三北防护林体系建设突出贡献者”称号。希望受表彰的集体和个人珍惜荣誉，发扬成绩，再立新功。

三北地区各族干部群众要以受表彰的集体和个人为榜样，更加紧密地团结在以胡锦涛同志为总书记的党中央周围，以邓小平理论和“三个代表”重要思想为指导，深入贯彻落实科学发展观，加快推进三北防护林体系建设，为维护三北地区生态安全、国土安全、粮食安全，全面建设小康社会、建设社会主义新农村和建设生态文明作出新的更大的贡献。

附件：1. 三北防护林体系建设突出贡献单位名单（略）

2. 三北防护林体系建设突出贡献者名单（略）

2008年11月12日

人力资源社会保障部　财政部关于2009年调整企业退休人员基本养老金的通知

人社部发［2008］102号

各省、自治区、直辖市人民政府，新疆生产建设兵团：

经国务院批准，从2009年1月1日起，为2008年12月31日前已按规定办理退休手续的企业退休人员提高基本养老金水平。

此次调整企业退休人员基本养老金，采取普遍调整和特殊调整相结合的办法。调整水平按照2008年企业退休人员月人均基本养老金的10%左右确定。普遍调整，与退休人员的缴费年限和年龄等挂钩。在普遍调整的基础上，对具有高级职称的企业退休科技人员、建国前老工人、1953年年底以前参加工作的人员、原工商业者等退休早、基本养老金相对偏低的人员再适当提高调整水平。对艰苦边远地区的企业退休人员，适当提高其调整水平。对基本养老金偏低的企业退休军转干部，继续按照《中共中央办公厅　国务院办公厅转发人事部等部门〈关于进一步贯彻落实人发［2002］82号文件精神，切实解决部分企业军转干部生活困难问题的意见〉的通知》（中办发［2003］29号）规定予以倾斜。

调整基本养老金所需资金，参加企业职工基本养老保险的，从基本养老保险基金中列支。对中西部地区、老工业基地及新疆生产建设兵团，中央财政予以适当补助。未参加企业职工基本养老保险的，调整所需资金由原渠道解决。

各地区的具体调整水平和办法，由各省、自治区、直辖市人民政府根据当地实际情况和企业职工基本养老保险基金承受能力合理确定。各地的具体实施方案于2008年12月5日前报送人力资源社会保障部、财政部，经审批后认真组织实施。

调整企业退休人员基本养老金水平，体现了党中央、国务院对广大企业退休人员的亲切关怀。各地区要高度重视，认真测算，研究制定调整办法。要通过扩大养老保险覆盖面、加强基金征缴、提高统筹层次、调整财政支出结构增加对养老保险基金补助力度等措施，提高企业职工基本养老保险基金的支付能力，确保调整政策落实到位，不得发生新的拖欠。

2008年11月19日

人力资源和社会保障部 中国保险监督管理委员会 关于表彰全国保险系统先进集体 劳动模范和先进工作者的决定

人社部发［2008］103号

各省、自治区、直辖市人事厅（局）、劳动保障厅（局），新疆生产建设兵团人事局、劳动保障局，各保监局，各相关保险公司、保险中介机构：

近年来，全国保险系统广大干部职工坚持以邓小平理论和“三个代表”重要思想为指导，深入贯彻落实科学发展观，坚持解放思想，实事求是，勇于开拓，不断创新，实现了我国保险业的又好又快发展，为我国改革开放和经济社会发展作出了积极贡献，涌现出一批先进集体和先进个人。

为表彰先进、弘扬正气、振奋精神，充分调动全国保险系统广大干部职工的积极性和创造性，人力资源社会保障部、中国保监会决定：授予中国人民保险集团公司战略规划部等60个单位“全国保险系统先进集体”荣誉称号；追授雷产莲、熊大勇2名同志“全国保险系统劳动模范”荣誉称号；授予盛和泰等106名同志“全国保险系统劳动模范”荣誉称号；授予舒高勇等10名同志“全国保险系统先进工作者”荣誉称号。被授予“全国保险系统劳动模范”和“全国保险系统先进工作者”的人员，享受省部级劳动模范和先进工作者待遇。希望受表彰的先进集体和个人珍惜荣誉，谦虚谨慎，再接再厉，争创一流业绩，在各自的岗位上再立新功。

全国保险系统广大干部职工要以受到表彰的先进集体和先进个人为榜样，紧密团结在以胡锦涛同志为总书记的党中央周围，高举邓小平理论和“三个代表”重要思想的伟大旗帜，深入贯彻落实科学发展观，埋头苦干，锐意进取，立足本职，服务大局，为构建社会主义和谐社会，促进我国保险业又好又快发展作出新的更大的贡献。

附件：1. 全国保险系统先进集体名单（略）

2. 全国保险系统劳动模范名单（略）

3. 全国保险系统先进工作者名单（略）

2008年11月20日

人力资源和社会保障部关于进一步促进宁夏人力资源和社会保障事业发展的意见

人社部发［2008］105号

各省、自治区、直辖市人事厅（局）、劳动保障厅（局），新疆生产建设兵团人事局、劳动保障局：

为全面贯彻落实党的十七大精神，深入学习实践科学发展观，根据《国务院关于进一步促进宁夏经济社会发展的若干意见》（国发［2008］29号）的要求，为进一步促进宁夏人力资源和社会保障事业的发展，现提出以下意见：

一、充分认识促进宁夏人力资源和社会保障事业发展的重要意义

宁夏回族自治区是我国重要的少数民族自治地区、革命老区和集中连片贫困地区，在推进西部大开发和区域协调发展战略中占有重要地位。近年来，宁夏各级人力资源和社会保障部门以改善民生为出发点和落脚点，大力实施人才强区战略，人力资源和社会保障事业取得积极进展。当前是宁夏加速推进工业化、城镇化和农业现代化，为全面建设小康社会奠定基础的关键时期，宁夏人力资源和社会保障事业既面临难得的历史机遇，也面临着一些突出困难和问题：就业总量供大于求，就业形势比较严峻；劳动权益社会保障体系尚不健全，基金支撑能力相对薄弱；人才总量不足，高层次人才严重缺乏；工资收入分配制度有待进一步完善；劳动关系日趋复杂，矛盾突出；人力资源和社会保障基础能力建设亟待加强。必须从战略和全局的高度出发，鼓励和支持宁夏人力资源和社会保障部门在新的起点上，抓住机遇，克服困难，解放思想，采取更加有力的措施，不断推进宁夏人力资源和社会保障事业的发展。

二、实施积极的就业政策，千方百计扩大就业

（一）继续扩大就业规模和优化就业结构。支持宁夏继续实施积极的就业政策，坚持统筹城乡就业，努力扩大就业规模，改善就业结构。大力发展旅游业等第三产业，提高第三产业的就业比重。鼓励和支持有利于扩大就业的劳动密集型行业、中小企业、非公有制经济更好发展，更多吸纳就业。以促进创业带动就业，完善鼓励城乡劳动者创业的各项政策，优化创业环境，搭建创业服务平台，培育创业服务队伍，在2~3个城市开展创建创业型城市工作。

（二）加大对就业困难人员的就业援助力度。支持宁夏落实各项扶持政策，开展就业援助，开发公益性岗位，重点帮扶零就业家庭和就业困难人员实现就业。帮助其他困难人员多渠道实现就业。进一步加大中央就业补助资金

对宁夏的转移支付力度，完善社会保险、职业培训、职业技能鉴定、职业介绍和公益性岗位补贴办法，扩大小额担保贷款基金总量和扶持范围，完善小额担保信用体系，推动创建信用社区试点工作。

（三）强化高校毕业生就业服务。加大高校毕业生就业指导力度，指导公共就业服务机构为高校毕业生提供免费就业服务。鼓励高校毕业生到宁夏基层和边远地区就业，推动落实到西部和艰苦边远地区基层就业毕业生的助学贷款代偿、报考研究生优先录取、户档迁转、高定工资标准等优惠政策。做好“三支一扶”计划实施工作，重点向宁夏南部贫困山区倾斜。做好项目期满人员的报录（聘）和就业服务工作。全面建立高校毕业生就业见习制度和就业见习基地。充分运用现行政策措施和服务手段，着力解决登记失业的高校毕业生就业。

（四）加强就业和创业培训。继续指导和支持宁夏实施农村劳动力技能就业计划和创业培训，加大培训补助力度，不断提升培训质量。有针对性地开展职业技能培训和就业服务，继续组织实施好“城乡贫困和零就业家庭培训就业援助工程”。在职业教育基础能力建设项目、技能培训试点示范项目、培训师资能力提升等方面给予宁夏倾斜，支持宁夏以技工学校、技师学院为基础建立一批公共实训基地。

（五）加大农业富余劳动力转移培训力度。加强对农业富余劳动力的职业技能培训，支持宁夏结合实际实施农村劳动力技能就业计划。积极支持宁夏开展劳务输出示范县创建活动，加强劳务协作和劳务基地建设，巩固和拓展劳务市场。精心培育具有地方特色和竞争优势的劳务输出品牌，通过劳务品牌占领市场，增加收益。

（六）大力推进素质就业工程。加强职业技能培训和鉴定服务体系建设，完善职业资格证书制度，加强职业技能鉴定工作，开展企业技能人才评价试点工作，强化高技能人才评价工作。继续实施新技师培养带动计划。加强职业培训教师队伍建设，每年安排部分师资到东部和沿海发达地区学习提高，建立起适应职业技能培训和技工院校发展的师资队伍。

（七）加强人力资源市场建设，完善公共就业服务体系。按照制度化、专业化、社会化要求，加快建立统一规范的人力资源市场。指导和支持宁夏建立健全公共就业服务体系，实现地市和县级公共就业服务机构信息联网，重点加强乡镇、街道（社区）基层劳动保障服务体系和工作机制建设。支持社会力量举办的人力资源服务机构的发展。推动人力资源服务机构的跨区域合作。进一步完善服务功能，强化服务手段和服务效能。

三、加快完善社会保障体系

（一）改革和完善各项社会保险制度。支持宁夏进一步改革和完善现有各项社会保险制度，逐步建立统筹城乡的社会保障体系。加快建立完善农民工和被征地农民的社会保险制度。不断扩大社会保险覆盖范围，加强社会保险费征缴，逐步提高社会保险统筹层次，增强社会保险基金统筹调剂能力。帮助宁夏解决社会保障历史遗留问题。

（二）强化社会保险基金管理和监督。指导宁夏建立健全各级社会保险基金监督机构，完善社会保险经办机构内控机制和社会保险基金信息定期披露制度，建立行政监督、专门监督、社会监督、内部控制相结合的监督体系。健全社会保险基金预决算制度，加大各级财政对社会保障资金的支持力度，建立规范的社会保障资金筹集和支出制度，确保各项基金安全完整。

（三）建立健全社会化管理服务体系。加强社会保险经办能力建设，整合社会保险经办机构和工作职能，加快“五险”统一征缴步伐，实现社会保险业务集中办理。加强乡镇、街道（社区）劳动保障平台建设，加强基础管理，整合服务资源，拓展服务内容。加快公共老年服务设施、服务网络建设和社会保险服务中心建设，在统一规划下支持和鼓励有条件的地方兴建退休人员公寓、工伤人员康复中心，不断提高社区管理服务水平。

（四）继续改革和完善养老保险制度。构建覆盖城乡居民的养老保险制度，逐步实现由城镇为主向城乡统筹、由城镇职工为主向城乡居民的重大转变，努力实现养老保险制度的全覆盖。进一步完善省级统筹制度。积极稳妥推进做实养老保险个人账户试点。改革企业养老金计发办法，建立多工作、多缴费、多得养老金的激励约束机制。逐步提高企业离退休人员养老金水平。鼓励有条件的企业建立企业年金。积极推进机关、事业单位的养老保险制度改革。加快推进被征地农民养老保障工作，建立农民工养老保险制度，支持宁夏探索解决城镇无收入困难老年居民养老保障的机制和办法。加大各级财政对建立新型农村社会养老保险制度的投入，支持宁夏开展个人缴费、集体补助、政府补贴相结合的新型农村养老保险试点。

（五）扩大基本医疗保险覆盖范围。不断完善城镇职工基本医疗保险制度，逐步扩大基本医疗保险覆盖范围。加快城镇居民基本医疗保险试点工作，将宁夏所有城市（地区）纳入试点范围，中央财政对居民参保缴费给予适当补助。完善生育保险制度，进一步扩大生育保险覆盖范围。提高医疗、生育保险统筹层次。

（六）完善失业保险制度。充分发挥失业保险促进就业的作用，加大对就业再就业的支持力度，实现失业保险与促进就业的联动。以事业单位和非公有制经济组织及其从业人员为重点，扩大失业保险覆盖范围。适时提高失业保险金水平，确保失业人员基本生活。支持宁夏建立失业保险省级统筹制度。加强失业预防工作，建立失业预警和失业动态重点监测报告制度。

（七）完善工伤保险制度。继续扩大工伤保险覆盖范围，进一步推进高风险企业参加工伤保险，扎实推进农民工参加工伤保险，全力推进事业单位参加工伤保险。加快工伤保险制度建设，积极探索工伤补偿与工伤预防、工伤康复相结合的有效途径。支持宁夏建立工伤保险省级统筹制度。

四、实施人才强区战略，加强人才队伍建设

（一）实施高层次和急需紧缺人才培养工程。根据宁夏经济社会发展需要，加快培养一批创新能力较强的高层次专业技术人才和高技能人才。在享受国务院特殊津贴人选选拔、“新世纪百千万人才工程”国家级人选培养等方面向宁夏适当倾斜。在博士后科研流动（工作）站设站审批、国家资助博士后研究人员日常经费和科研经费等方面给予重点支持。支持宁夏开展创建博士后科研创业基地试点工作，促进博士后科研成果转化。协调国内知名高校、科研院所和大型企业，帮助宁夏培养急需紧缺人才。支持宁夏编制和实施人才队伍建设中长期规划。

（二）实施专业技术人员素质提升工程。围绕国家专业技术人员知识更新工程，针对宁夏经济社会发展重点领域、特色优势产业、重点学科，适当增加高级研修班班次，支持宁夏完善专业技术人员继续教育制度，建立继续教育基地。按照国务院要求研究开展宁夏少数民族科技骨干特殊培养工作。探索建立专业技术人员继续教育对口援宁机制，协调东部沿海和经济发达地区每年面向宁夏开展继续教育对口支援。支持宁夏加大专业技术人员出国（境）研修力度。

（三）实施农村实用人才开发工程。支持宁夏实施“412 农村实用人才带头人培训工程”。为宁夏培养设施农业、生态农业、特色产业、农产品深加工等领域农村实用人才提供支持。为基层科技服务人员、农村实用人才到农业发达地区进修创造条件，带动大批农村实用人才为农业和农村服务。

（四）积极引进高层次和紧缺急需人才。支持宁夏引进各方面的高层次和高技能急需紧缺人才，大力加强柔性引进。支持宁夏对引进并在宁夏服务累计半年以上、取得显著经济效益和社会效益的两院院士及其他高层次、高技能人才，给予专项支持。长三角地区有关省市要积极落实与宁夏签订的人才开发合作交流协议。对宁夏从区外、国外引进的高层次、高技能急需紧缺人才，简化程序，特事特办、急事急办。

（五）加大引进国外智力的支持力度。按照国务院将宁夏建成“六大基地、六个示范区和一个目的地”的战略定位，加大对宁夏引进国外技术、管理人才项目和出国（境）培训项目的支持力度，特别是重点项目、东欧和独联体专项、软件与集成电路专项。支持高校学科建设和科技带头人培养，聘请外教开展讲学和科研合作。

（六）建立国家级专家服务基地。支持宁夏建立专家服务基地，适时组织国内外专家采取“专家西部服务行”等多种形式，提供咨询服务，开展技术攻关，帮助宁夏解决科研和生产中的重大技术难题。支持和帮助宁夏做好“专家西部服务行”活动成果的转化和运用。

（七）鼓励和支持海外高层次留学人才到宁夏工作和创业。加大对宁夏留学人员回国工作的支持力度，重点支持宁夏引进高新技术产业领域的高层次留学人才。支持宁夏建设煤化工、农产品深加工2个留学人员创业园，鼓励和支持国内具有一定优势的留学人员创业园与宁夏留学人员创业园开展项目合作。帮助宁夏建立海外留学人员联系和沟通机制，组织海外留学人员和留学回国专家赴宁夏开展为国服务活动。

五、进一步做好工资收入分配工作

（一）严格落实工资福利政策，切实保障宁夏机关事业单位工作人员的工资福利待遇。认真贯彻落实国家关于机关事业单位工作人员工资福利待遇的各项政策规定，确保兑现到位。国家在不断完善艰苦边远地区津贴制度时，统筹研究宁夏的艰苦边远地区津贴问题。结合规范津贴补贴和建立地区附加津贴制度，加强调查研究和工作指导。按国家有关规定，对在宁夏事业单位工作的高层次人才建立激励机制，吸引和留住高层次人才。

（二）进一步规范企业工资分配秩序。继续推进企业工资决定机制的转变，着力建立工资集体协商制度。健全最低工资制度，完善工资指导线、劳动力市场工资指导价位和人工成本信息指导等宏观指导制度。完善企业工资支付保障机制，建立健全工资支付监控制度和建筑业、餐饮、服务等重点行业的工资保证金制度。

六、积极构建和谐劳动关系，加强劳动维权能力建设

（一）推进实施劳动合同制度和集体合同制度。认真贯彻落实《劳动合同法》和《劳动合同法实施条例》，督促指导各类用人单位与全体劳动者签订劳动合同。以非公有制企业为重点，进一步推进集体协商和集体合同制度，扩大集体合同覆盖面。加强协调劳动关系三方机制建设，推进和谐劳动关系创建活动。

（二）加强劳动争议处理能力建设。建立注重预防、鼓励、调解、加强仲裁诉讼救济的劳动争议处理机制。推进劳动争议仲裁机构实体化建设，加强劳动人事争议调解仲裁员队伍建设，建立健全企业劳动争议调解组织，大力推进区域性、行业性劳动调解组织建设和市、县（区）劳动争议仲裁实体化办案机构建设，不断完善劳动人事争议调解仲裁工作制度。

（三）加强劳动保障监察执法能力建设。建立健全用人单位劳动保障守法诚信制度，完善违反劳动保障法律法规综合治理机制。开展劳动保障监察“网格化”和“网络化”管理，将宁夏纳入全国“两网化”试点范围。协助宁夏解决劳动保障监察执法及“两网化”设备、资金短缺等问题，推动宁夏劳动保障监察执法能力建设。

七、深入实施公务员法，加强宁夏公务员队伍建设

（一）认真组织实施《公务员录用规定（试行）》。坚持“凡进必考”，实行依法考录、科学考录、公平考录，加强对宁夏公务员考录工作的指导，并给予适当政策倾斜。在宁夏公务员考录笔试、面试工作中给予支持，加强公务员统计工作，加快公务员管理信息系统建设。

（二）大力开展公务员培训工作。按照中央大规模培训干部的要求，对宁夏公务员培训实行适当政策倾斜，形成多层次、多渠道、分类别的公务员培训工作格局。支持宁夏开展网络培训，利用现代化培训手段，对公务员进行全员培训。继续开展东西部公务员对口培训，在培训班次的设置和名额上进一步向宁夏倾斜。鼓励宁夏公务员特别是年轻公务员，本着工作需要、学用一致的原则，参加有关学历学位教育。

八、加强对宁夏人力资源社会保障工作调研和指导

要围绕宁夏人力资源和社会保障事业发展亟待解决的重大问题，加强调查研究，制定和完善相关政策，有针对性地进行工作指导，将各项政策措施落到实处。有关省（区、市）人力资源和社会保障部门要利用本地优势资源加大对宁夏的支持力度，形成制度化、规范化的援助机制。宁夏各级人力资源和社会保障部门要进一步解放思想，坚持自我发展与国家的支持相结合，抓住历史机遇，提高创新与发展能力，努力开创宁夏人力资源和社会保障事业发展的新局面。

2008 年 11 月 30 日

中央组织部　中央宣传部
人力资源和社会保障部　农业部
关于授予刘宝平等100名同志
“全国农村优秀人才”荣誉称号的决定

人社部发［2008］107号

各省、自治区、直辖市党委组织部、宣传部、政府人事厅（局）、农业厅（局），新疆生产建设兵团党委组织部、宣传部、人事局、农业局：

农业、农村、农民问题关系党和国家事业发展全局。在党的农业和农村政策指引下，我国农村经济社会事业全面发展，取得了显著成绩。广大工作在农村的各类人才在繁荣农村经济，带领群众致富，促进农村物质文明、政治文明、精神文明建设方面作出了突出贡献。为弘扬农村优秀人才的创业精神和优秀品质，促进农村人力资源开发，引导和鼓励广大农村人才积极投身于农村现代化建设，中央组织部、中央宣传部、人力资源社会保障部、农业部决定，授予刘宝平等100名同志“全国农村优秀人才”荣誉称号。

受到表彰的同志是全国广大农村人才的优秀代表，他们中有的是一心为民，造福百姓的楷模；有的是艰苦创业，奋发进取的生产能手；有的是为农民作示范，带着农民干的科技推广能手；有的是致富思源，带领群众共同致富的经营能手；有的是响应国家号召，扎根农村，献身农村基层工作的大学毕业生。他们用自己的双手和智慧，在农村这片广阔的土地上创造了辉煌的业绩，展现了新型农村人才的杰出才能和高尚情操。希望受到表彰的同志谦虚谨慎，戒骄戒躁，继续发扬艰苦奋斗、锐意进取的精神，为全面建设小康社会再立新功。

全国广大农村科技工作者和农民群众要向受到表彰的“全国农村优秀人才”学习。学习他们尊重科学、科技兴农的先进理念；学习他们与时俱进、勇闯市场的时代意识；学习他们艰苦奋斗、自强不息的优秀品质；学习他们心系群众、造福人民的奉献精神，努力在广大农村形成尊重劳动、尊重知识、尊重人才、尊重创造的时代新风。

最近，党的十七届三中全会审议通过的《中共中央关于推进农村改革发展若干重大问题的决定》，明确提出了推进农村改革发展的指导思想、目标任务、重大原则，全面部署了当前和今后一个时期推进农村改革发展的各项工作，是指导新形势下推进农村改革发展的纲领性文件。让我们紧密团结在以胡锦涛同志为总书记的党中央周围，认真学习贯彻党的十七大和十七届三中全会精神，努力践行科学发展观，锐意改革，加快发展，大力开发农村人力资源，为实现农村改革发展的新突破，夺取全面建设小康社会的新胜利而努力奋斗。

附件：“全国农村优秀人才”荣誉称号人员名单（略）

2008年11月27日

人力资源和社会保障部关于表彰第九届中华技能大奖获得者全国技术能手和国家技能人才培育突出贡献奖获奖单位的决定

人社部发［2008］108号

各省、自治区、直辖市人事厅（局）、劳动保障厅（局），新疆生产建设兵团人事局、劳动保障局，国务院有关部门：

根据《中华技能大奖和全国技术能手评选表彰管理办法》有关规定，经各省、自治区、直辖市劳动保障部门和国务院有关部门、行业协会、中央大型企业推荐，由第九届中华技能大奖和全国技术能手专家评审委员会评审，并经社会公示，人力资源社会保障部决定：

一、授予王连友等20名同志“中华技能大奖”获得者荣誉称号，颁发中华技能大奖奖章、证书、奖杯和奖金。

二、授予徐伟等300名同志“全国技术能手”荣誉称号，颁发全国技术能手奖章、证书、奖牌和奖金。

三、授予北京一轻控股有限责任公司等80家单位“国家技能人才培育突出贡献奖”获奖单位荣誉称号，颁发证书和奖牌。

希望受表彰个人以此为新的起点，继续努力学习，再攀高峰，不断提高技能水平，积极参与自主创新，更好地运用知识、技术和技能，创造新业绩，并积极做好“传帮带”工作。希望受表彰单位进一步强化完善高技能人才培养工作，充分发挥企业的主体作用和院校的基础作用，培养造就更多具备良好职业道德、掌握精湛技艺技能的高技能人才。希望广大劳动者向中华技能大奖获得者和全国技术能手学习，刻苦钻研技能，立志岗位成才。希望各级人事、劳动保障部门和社会各有关方面在认真贯彻落实中共中央办公厅、国务院办公厅《关于进一步加强高技能人才工作的意见》（中办发［2006］15号）精神基础上，切实加强高技能人才培养各环节的工作，为推动我国高技能人才队伍建设作出更大贡献。

附件：1. 第九届中华技能大奖获得者名单（略）

2. 第九届全国技术能手名单（略）

3. 第九届国家技能人才培育突出贡献奖获奖单位名单（略）

2008年12月2日

人力资源和社会保障部关于授予2008年度职业技能竞赛优秀选手全国技术能手荣誉称号的决定

人社部发［2008］109号

各省、自治区、直辖市人事厅（局）、劳动保障厅（局），新疆生产建设兵团人事局、劳动保障局，国务院有关部门劳动保障工作机构：

为贯彻落实中共中央办公厅、国务院办公厅《关于进一步加强高技能人才工作的意见》（中办发［2006］15号），进一步加强高技能人才队伍建设，我部会同有关部门开展了2008年全国职业技能竞赛系列活动。根据《关于加强职业技能竞赛管理工作的通知》（劳社部发［2000］6号）的有关规定，为表彰在2008年全国职业技能竞赛系列活动中取得优异成绩的选手，我部决定授予权海峰等209名同志（名单附后）“全国技术能手”荣誉称号，颁发奖章、证书和奖牌。

希望受表彰的个人以这次获得的荣誉为新的起点，戒骄戒躁，综合应用所掌握的知识、技术与技能，积极参与到技术革新与项目攻关中，发挥传帮带示范作用。希望广大劳动者向受表彰的全国技术能手学习，努力提高个人技能素质，主动学习掌握国际前沿科技与技术，增强就业和工作能力。希望各级人事、劳动保障部门、有关行业部门和社会有关方面，认真贯彻落实“人才强国”战略，加强对劳动者职业技能素质的培养，广泛开展职业技能竞赛活动，为我国高技能人才队伍的成长和全面建设小康社会作出更大贡献。

附件：2008年度职业技能竞赛获全国技术能手荣誉称号的人员名单（略）

2008年12月2日

人力资源社会保障部　财政部关于完善做实企业职工基本养老保险个人账户试点工作有关问题的通知

人社部发［2008］110号

天津市、山西省、上海市、山东省、河南省、湖北省、湖南省、新疆维吾尔自治区劳动保障厅（局）、财政厅（局）：

国务院批复天津等8地区开展做实企业职工基本养老保险个人账户试点方案以来，各试点地区按照国务院的部署，认真组织实施试点工作，取得了明显成效。为切实解决试点工作中存在的问题，进一步推进做实个人账户试点工作深入开展，现就有关问题通知如下：

一、在开展试点工作时，要周密部署、认真测算，不能因做实个人账户而影响企业离退休人员基本养老金按时足额发放。目前尚未制定做实个人账户试点实施方案的省份，应抓紧制定实施方案，确保试点工作的顺利开展。

二、严格按照全省（区、市）个人实际缴费工资总额（上报人力资源社会保障部、财政部的年度决算数据）和规定的做实比例确定每年做实个人账户资金数额，实现动态做实。

三、做实个人账户所需资金，中央财政继续按半动态的方式予以补助，各地财政至少按半动态的方式予以补助，地方财政补助比例不低于25%。中央和地方财政补助之和与当年动态做实额的差额部分，由养老保险基金补充，应在当年年底前落实到位。

四、做实个人账户财政补助资金要及时足额到位。地方财政应于每年6月底前，按上年补助基数将补助资金落实到位。在地方财政补助资金没有到位前，中央财政补助资金将不予下拨。

五、按国家有关规定，开展中央财政补助之外的做实个人账户基金的投资运营工作，努力实现保值增值。

六、做实个人账户基金必须纳入社会保障基金财政专户管理。做实个人账户基金实行单独管理、单独记账，保证记账准确、管理规范、资金安全。职工个人账户的记账利率，应综合考虑现行记账利率和做实基金运营收益率确定。个人账户必须记清记实，不得影响参保人员退休后的待遇核定。

2008年11月28日

人力资源和社会保障部　国家外国专家局关于表彰全国引智系统先进集体和先进工作者的决定

人社部发［2008］111号

各省、自治区、直辖市人事厅（局）、劳动保障厅（局）、外国专家局，新疆生产建设兵团人事局、劳动保障局、外国专家局，各副省级城市人事局、劳动保障局、外国专家局：

近年来，全国引智系统广大干部职工在党中央、国务院的正确领导下，坚持以邓小平理论和“三个代表”重要思想为指导，深入贯彻落实科学发展观，与时俱进，开拓创新，做了大量卓有成效的工作，取得了喜人的成绩，涌现出一大批先进集体和个人。

为表彰先进，弘扬正气，充分调动广大引智干部职工的积极性和创造性，更好地推动引智事业发展，人力资源社会保障部、国家外国专家局决定，授予内蒙古自治区外国专家局等20个单位“全国引智系统先进集体”荣誉称号；授予李宽等10名同志“全国引智系统先进工作者”荣誉称号，享受省部级劳动模范和先进工作者待遇。希望受表彰的先进集体和个人珍惜荣誉，发扬成绩，再立新功。

全国引智系统广大干部职工要以受表彰的先进集体和个人为榜样，高举中国特色社会主义伟大旗帜，紧密团结在以胡锦涛同志为总书记的党中央周围，以邓小平理论和“三个代表”重要思想为指导，深入贯彻落实科学发展观，积极引进海外高层次人才和紧缺人才，进一步提高出国（境）培训的质量和效益，创新工作机制，加强分类指导，推进引智能力建设，提高公共服务水平，充分开发利用国际人才资源，为促进经济社会又好又快发展，夺取全面建设小康社会新胜利，开创中国特色社会主义事业新局面作出新的更大的贡献。

附件：1. 全国引智系统先进集体名单（略）

2. 全国引智系统先进工作者名单（略）

2008年12月4日

人力资源和社会保障部　公安部关于追授宋滨喜同志全国公安系统一级英雄模范荣誉称号的决定

人社部发［2008］112号

各省、自治区、直辖市人事厅（局）、劳动保障厅（局）、公安厅（局），新疆生产建设兵团人事局、劳动保障局、公安局：

近年来，全国公安机关和广大公安民警在党中央、国务院和地方各级党委、政府的坚强领导下，坚持以邓小平理论和“三个代表”重要思想为指导，深入贯彻落实科学发展观，不断开创公安工作和公安队伍建设新局面，为维护国家安全和社会稳定，保卫改革开放和社会主义现代化建设，保障人民群众安居乐业作出了突出贡献，涌现出一大批英雄模范人物。宋滨喜同志就是其中的优秀代表。

宋滨喜，男，汉族，中共党员，1968年1月出生，山东掖县人，1987年10月参加公安工作，生前任黑龙江省哈尔滨市公安局南岗分局和兴路派出所副主任科员，二级警督。宋滨喜同志从警以来，始终战斗在公安工作第一线，忠实履行人民警察的神圣职责，积极开展治安管理与防范工作，严厉打击各类违法犯罪活动，为维护社会稳定、保一方平安作出了积极贡献。他始终牢记并努力实践全心全意为人民服务的宗旨，满怀对人民群众的深厚感情，长年坚持深入辖区为群众做好事、办实事，为群众解决了大量实际困难，受到辖区群众的广泛赞誉。今年10月18日晚，宋滨喜同志与战友在抓捕一名持刀犯罪嫌疑人过程中，英勇无畏、不怕牺牲，在左胸部、腹部和腰部受伤的情况下，仍以顽强的毅力与犯罪嫌疑人进行殊死搏斗，最终与战友一起将犯罪嫌疑人制服。宋滨喜同志因伤势过重，经抢救无效，不幸于11月3日凌晨壮烈牺牲。

宋滨喜同志的英勇事迹，充分体现了“忠诚可靠、秉公执法、英勇善战、纪律严明、无私奉献”的新时期人民警察精神，是广大公安民警学习的榜样。为表彰先进，弘扬正气，人力资源社会保障部、公安部决定，追授宋滨喜同志“全国公安系统一级英雄模范”荣誉称号。

全体公安民警要以宋滨喜同志为榜样，坚定不移地高举中国特色社会主义伟大旗帜，更加紧密地团结在以胡锦涛同志为总书记的党中央周围，以邓小平理论和“三个代表”重要思想为指导，深入学习实践科学发展观，进一步推动公安工作又好又快发展，做党的忠诚卫士和人民群众的贴心人，切实担负起巩固共产党执政地位、维护国家长治久安、保障人民安居乐业、促进经济社会发展的重大政治和社会责任，为构建社会主义和谐社会、谱写人民美好生活新篇章作出新的更大的贡献。

2008年12月5日

人力资源和社会保障部 中国石油和化学工业协会 关于表彰全国石油和化学工业先进集体 劳动模范和先进工作者的决定

人社部［2008］113 号

各省、自治区、直辖市人事厅（局）、劳动保障厅（局）、石油和化学工业管理部门、石油和化学工业行业协会、省级石油和化学工业控股公司，新疆生产建设兵团人事局、劳动保障局、石油和化学工业管理部门：

近年来，在党中央、国务院的正确领导下，在地方各级党委、政府的领导和支持下，全国石油和化工行业广大干部职工，坚持以邓小平理论和“三个代表”重要思想为指导，深入贯彻落实科学发展观，坚持走新型工业化道路，抓住机遇，深化改革，扩大开放，开拓进取，扎实工作，为促进石油和化工行业的健康发展作出了积极贡献，涌现出一大批先进集体和先进个人。

为表彰先进，弘扬正气，进一步调动广大干部职工建设石油和化工强国的积极性和创造性，促进石油和化学工业又好又快发展，人力资源社会保障部、中国石油和化学工业协会决定，授予北京首创轮胎有限责任公司研发中心等98 个单位“全国石油和化学工业先进集体”荣誉称号；授予石祥臣等 271 名同志“全国石油和化学工业劳动模范”荣誉称号；授予徐新民等21 名同志“全国石油和化学工业先进工作者”荣誉称号。被授予“全国石油和化学工业劳动模范”和“全国石油和化学工业先进工作者”荣誉称号的人员，享受省部级劳动模范和先进工作者待遇。希望受到表彰的先进集体和个人，珍惜荣誉，谦虚谨慎，再接再厉，为石油和化学工业全面协调可持续发展再立新功。

全国石油和化工行业的广大干部职工要以受表彰的先进集体和先进个人为榜样，紧密团结在以胡锦涛同志为总书记的党中央周围，以邓小平理论和“三个代表”重要思想为指导，深入贯彻落实科学发展观，与时俱进，团结拼搏，开拓创新，为加快建设石油和化工强国，开创中国特色社会主义事业新局面作出新的更大的贡献。

附件：1. 全国石油和化学工业先进集体名单（略）

2. 全国石油和化学工业劳动模范名单（略）

3. 全国石油和化学工业先进工作者名单（略）

2008 年12 月8 日

人力资源社会保障部　全国博士后管理委员会关于印发《博士后科研流动站和工作站评估办法》的通知

人社部发［2008］115号

各省、自治区、直辖市人事厅（局）、劳动保障厅（局），新疆生产建设兵团人事局、劳动保障局，国务院有关部委、直属机构人力资源部门，解放军总政治部干部部，各博士后设站单位：

根据《博士后工作“十一五”规划》和《博士后管理工作规定》，为健全博士后工作质量保证机制，推进博士后工作持续、健康发展，人力资源社会保障部、全国博士后管理委员会制定了《博士后科研流动站和工作站评估办法》，现印发给你们，请认真贯彻执行。

2008年12月16日

博士后科研流动站和工作站评估办法

第一章　总　则

第一条　为规范博士后科研流动站（以下简称流动站）、博士后科研工作站（以下简称工作站）管理工作，根据《博士后管理工作规定》，制定本办法。

第二条　由人力资源社会保障部、全国博士后管理委员会（以下简称全国博士后工作管理部门）批准设立的流动站、工作站评估适用本办法。

第三条　流动站、工作站评估（以下简称评估工作）旨在加强流动站、工作站建设，建立竞争机制，优胜劣汰，以评促进，提高博士后工作质量，推动博士后事业健康发展。

第四条　评估工作遵循“客观、公正、科学、简便”的原则，依照规范的标准、程序、方法进行考核和评价。

第二章　组织管理

第五条　全国博士后工作管理部门负责评估工作的组织、管理、指导、协调和监督。其主要职责是：

（一）制定评估工作指标体系，定期组织开展评估培训；

（二）负责对各省、自治区、直辖市、有关部门和设站单位评估工作的组织协调和宏观指导；

（三）组织评估工作检查小组，对设站单位开展评估工作抽查；

（四）负责对评估结果进行汇总评分；

（五）负责对评估结果进行处理。

第六条 各省、自治区、直辖市博士后工作管理部门负责本地区评估工作的具体组织实施。其主要职责是：

（一）按照全国博士后工作管理部门的统一部署制定本地区评估工作计划、工作细则并组织实施；

（二）承担本地区评估工作的培训指导、数据材料的审核、报送和评价意见的签署；

（三）承担本地区的评估检查工作，主动配合并协助全国博士后工作管理部门做好对本地区设站单位评估工作的检查；

（四）负责本地区评估工作的总结、评估结果的反馈以及整改工作的落实；

（五）按照全国博士后工作管理部门的统一部署承担新设站评估的数据汇总、评分工作。军队系统的评估工作由中国人民解放军总政治部干部部具体组织。北京地区的中央所属单位流动站评估工作由全国博士后工作管理部门具体组织。

第七条 各博士后设站单位组织本单位评估工作，负责数据填报、核查等具体工作。

第三章 评估方式

第八条 评估工作按照评估范围分为综合评估和新设站评估两类，根据流动站、工作站的不同特点，专业和行业的不同特征实行分类评估。

第九条 国家建立健全博士后工作评估指标体系。评估工作按照《博士后科研流动站评估指标体系》《博士后科研工作站评估指标体系》组织实施。评估指标体系根据情况变化适时进行修订。

第十条 综合评估每5年组织开展一次，评估对象为所有设立3年以上（含3年）的流动站、工作站；新设站评估每年组织开展一次，评估对象为设站时间满3年的流动站和工作站。特殊情况下，综合评估和新设站评估可以合并开展。

第十一条 综合评估主要考察流动站、工作站建设情况，包括博士后研究人员招收情况、科研情况、研究成果、产生的经济社会效益等。

新设站评估侧重考察流动站、工作站博士后工作的制度建设、工作环境以及博士后研究人员招收和科研工作情况。

第十二条 评估以流动站、工作站为统计和评价对象。

流动站按照学科门类进行评估，对不同学科门类评价的侧重点有所不同。

工作站划分为科研事业性和生产经营性两类。科研事业性工作站按照学科门类进行评估，生产经营性工作站按照行业类别进行评估。对不同类型（不同学科门类、不同行业类别）的工作站评价的侧重点有所不同。

第十三条 评估采用专门数据采集和日常数据采集两种数据采集方式，依据各参评流动站、工作站填报数据、社会调查和博士后信息管理系统采集的数据进行评价。

第四章 评估程序

第十四条 评估工作按照工作准备、数据采集与自查、数据整理与核查、数据统计与评定四个阶段进行。

第十五条 在工作准备阶段，全国博士后工作管理部门要根据本办法的规定，每五年下发一次综合评估通知和评估指标体系，部署评估工作并组织培训；每年下发一次新设站评估通知，包括各地区参加评估流动站、工作站名单和评估指标体系。

省、自治区、直辖市和有关部门博士后管理部门（以下简称地方和部门博士后工作管理部门）要按照全国博士后工作管理部门的部署，制定评估工作计划，对本地区、系统内参评单位的评估工作进行动员部署并组织培训。

第十六条 在数据采集与自查阶段，参加评估的设站单位组织流动站、工作站要填写评估表和博士后合作导师、博士后研究人员调查问卷等评估报表，并进行评估数据的自查工作。

综合评估工作中，博士后工作日常数据和公共数据的采集工作由全国博士后工作管理部门负责。

新设站评估工作中，博士后工作日常数据和公共数据的采集工作由地方和部门博士后工作管理部门负责。

第十七条 在数据整理与核查阶段，综合评估工作中，地方和部门博士后工作管理部门负责对参评流动站、工作站的评估数据和材料进行核实，签署评价意见，上报全国博士后工作管理部门。全国博士后工作管理部门组织对参加评估的流动站、工作站进行实地检查。

新设站评估工作中，地方和部门博士后工作管理部门负责对参评流动站、工作站的评估数据和材料进行核实，并组织对参加评估的流动站、工作站进行实地检查。

第十八条 在数据统计与评定阶段，综合评估工作中，全国博士后工作管理部门负责对评估数据进行整理、汇总、统计和计分。

新设站评估工作中，地方和部门博士后工作管理部门负责对评估数据进行整理、汇总、统计和计分，并将评估数据及结果上报全国博士后工作管理部门。全国博士后工作管理部门组织对参加评估的流动站、工作站进行实地检查。

第五章 结果处理

第十九条 综合评估结果分为优秀、良好、合格、不合格4个等级。

新设站评估结果分为合格、不合格2个等级。

第二十条 全国博士后工作管理部门根据评估数据的统计结果确定评估等级。

第二十一条 全国博士后工作管理部门将评估结果和评估等级反馈至地方和部门博士后工作管理部门，地方和部门博士后工作管理部门将评估结果反馈至各参评流动站、工作站。

第二十二条 参评流动站、工作站对评估结果有异议的，可以自收到反馈结果之日起15日内向全国博士后工作管理部门申请复核。全国博士后工作管理部门应当自收到复核申请之日起30日内作出裁定，并下达裁定通知书。

第二十三条 评估结果是对流动站、工作站评价的依据。全国博士后工作管理部门对管理工作优秀的流动站和工作站进行表彰；对管理不善、评估不合格、不具备设站条件的流动站和工作站视情况给予警告、责令限期整改直至撤销设站资格，并向社会公布。

第二十四条 地方和部门博士后工作管理部门负责在整改期间，对受到警告并限期整改的流动站、工作站进行专门指导和帮助，并在整改期满时组织对其进行考核后，将整改、考核情况上报全国博士后工作管理部门。

全国博士后工作管理部门组织对受到警告并限期整改的流动站、工作站进行实地抽查，根据考核情况和抽查情况作出撤销警告或撤销设站资格的决定，并向社会公布。

第二十五条 撤销的流动站和工作站三年后方可重新申请设立流动站和工作站，具体程序按照《博士后管理工作规定》的有关规定执行。

第二十六条 因单位合并、撤销登记等原因造成流动站、工作站无法正常运行的，由有关地方和部门博士后工作管理部门核实并报全国博士后工作管理部门批准后，予以注销设站资格，并向社会公布。

第六章 纪律要求

第二十七条 流动站、工作站在参加评估工作时，如果提供虚假数据和资料，致使评估结果失实，经查实后，全国博士后工作管理部门可以宣布评估结果无效，并根据情节轻重，对其单处或并处下列处罚：

（一）降低评估等级；

（二）通报批评；

（三）撤销设站资格。

第二十八条 地方和部门博士后工作管理部门要按照本办法规定的职责、程序和要求开展评估工作，保证评估工作规范、有序进行，同时加强博士后工作日常数据积累，切实履行相应职责，保证评估数据的真实和准确。

第二十九条 未经许可，不得将评估数据、资料或结果提供给他人或公开发布。评估工作中的涉密内容和数据，按照国家有关保密规定处理。

第七章 附 则

第三十条 本办法由人力资源社会保障部负责解释。

第三十一条 本办法自 2008 年 12 月 16 日起施行。

人力资源和社会保障部　教育部　中华全国总工会　共青团中央　中华全国妇女联合会　中国残疾人联合会关于开展2009年就业服务系列活动的通知

人社部发［2008］116号

各省、自治区、直辖市人事厅（局）、劳动保障厅（局）、教育厅（教委）、总工会、共青团、妇联、残联，新疆生产建设兵团人事局、劳动保障局、工会、共青团、妇联、残联：

为贯彻落实党的十七届三中全会和中央经济工作会议精神，积极应对经济金融危机，稳定就业局势，全面贯彻落实《中华人民共和国就业促进法》各项规定要求，决定于2009年在全国组织开展“高校毕业生就业服务系列活动”“就业援助系列活动”“春风行动系列活动”等公共就业服务专项活动，动员社会各方面力量，为高校毕业生、城镇就业转失业人员和农民工等群体提供及时有效的就业服务，促进各类群体实现就业再就业。现就有关事项通知如下：

一、总体安排

（一）高校毕业生就业服务系列活动

1. 服务对象：尚未落实工作岗位的应届高校毕业生和离校未就业高校毕业生，重点是其中的困难毕业生。

2. 工作目标：一是力争应届普通高校毕业生初次就业率达到70%左右；二是毕业生登记失业后半年内就业率达到60%以上；三是建立家庭经济困难毕业生登记认定制度，登记后半年内就业率达到90%以上。

3. 活动要求：各地要在为高校毕业生提供日常免费就业服务的基础上，针对不同时期毕业生求职就业的需求特点，确定每一时期的重点工作和专项服务活动内容。在应届毕业生离校前，重点做好适合于毕业生就业的岗位信息收集、组织企业进校园、召开专场招聘会、开展网络招聘等帮助毕业生求职的服务活动；在应届毕业生离校后，重点做好登记求职和登记失业毕业生的就业见习、职业培训、职业介绍、创业服务和落实相关扶持政策等服务活动；对离校未就业毕业生和困难毕业生，政府就业服务机构、人才服务机构和毕业生就业指导机构要加强配合，提供有效的就业服务，并做好困难毕业生登记认定工作和就业援助工作。

（二）就业援助系列活动

1. 服务对象：就业困难人员和零就业家庭，以及因企业关闭、停产或裁员而失去工作的城镇新失业人员，重点是其中新出现的就业困难人员和零就业家庭。

2. 工作目标：一是使每一个新出现的符合认定条件的就业困难人员和零就业家庭能够

及时在街道、社区公共就业服务机构登记，并得到就业援助；二是帮助登记的就业困难人员在规定时间内通过企业吸纳、公益性岗位安置或灵活就业等方式实现就业；三是保证每一个零就业家庭在规定时间内至少一人实现就业；四是帮助符合条件人员落实社保补贴、岗位补贴等就业扶持政策。

3. 活动要求：各地要在进一步加强日常就业援助工作的同时，更多地开发公益性岗位，并及时掌握本地区企业裁减人员的情况，将因企业关闭停产或裁员而失去工作的城镇新失业人员及时纳入服务范围。春节前，要依托街道、社区公共就业服务机构，普遍开展一次入户家访活动，建立健全就业困难人员和零就业家庭登记认定制度和“一对一帮扶”援助制度。春节后，要重点结合本地区受世界经济金融危机影响的具体情况，针对城镇新登记失业人员和就业困难人员的特点和就业需求，加大公益性岗位开发力度，组织开展相应的职业培训、创业服务和落实相关扶持政策，并在不同时期有针对性地安排相应的专项服务活动。

（三）春风行动系列活动

1. 服务对象：农民工和农村富余劳动力，重点是其中新失去工作的农民工和被征地农民。

2. 工作目标：一是新失去工作岗位后仍留在城市的农民工能够得到公共就业服务机构提供的免费就业服务；二是准备进城务工的农民工可以得到免费、有效的就业信息和就业服务，并可以参加到有组织的劳务输出活动中；三是有培训意愿的农民工可以参加享受政策补贴的职业培训；四是组织一批农村富余劳动力在当地企业或公共基础设施建设项目中实现转移就业。

3. 活动要求：各地要在进一步加强农民工就业服务日常工作的同时，将因失去工作而返乡或流动的农民工，特别是其中的被征地农民，纳入重点服务对象范围，组织开展不同时期的重点工作和专项活动。春节前，重点做好新失去工作农民工的职业介绍服务工作，同时积极开展企业用工需求和返乡农民工就业需求摸查工作，为节后提供服务做好准备。春节后，要普遍免费发放“春风卡”，介绍主要输入地区用工需求形势、进城务工基本常识、维权注意事项、公共就业服务机构和合法民办职业中介机构的联系方式等，帮助农民工求职；要组织农民工参加职业技能培训或创业培训，促进其实现转移就业或返乡创业；要建立劳务输出地与输入地之间的就业信息沟通机制，为准备外出求职的农民提供准确的就业信息，并通过有组织的劳务输出，帮助农民有序外出就业；要通过当地企业和公共基础设施建设项目吸纳等方式，帮助一批农村富余劳动力就地就近转移就业。

（四）统一组织的专项行动在各地开展就业服务系列活动过程中，将适时组织一些全国性的统一行动。近期全国性统一行动安排如下：

1.“就业援助周”活动。2009 年 1 月 10 日至 16 日，由人力资源社会保障部、全国总工会、共青团中央、全国妇联、中国残联共同组织各地统一开展“就业援助周”活动，通过开展入户家访掌握就业困难人员情况，制订计划开展“一对一”重点援助，切实帮助一批就业困难人员和零就业家庭成员实现就业再就业，并落实相关就业扶持政策。

2.“春风送岗位”活动。2009 年 2 月第 3 周，由人力资源社会保障部、全国总工会、共青团中央、全国妇联共同组织各地统一开展“春风送岗位”活动，组织公共就业服务机构和有关社会团体的基层组织、服务机构，提前收集适合的就业岗位信息，建立全国范围的沟通平台，通过信息发布、召开专场招聘会、组织送岗下乡等方式，集中帮助一批进城务工妇女、青年等各类农民工实现转移就业。

3.“民营企业招聘周”活动。2009 年 3 月第 4 周，由人力资源社会保障部、教育部、全国总工会、全国工商联共同组织各地统一开展民营企业招聘周活动，以高校毕业生为重点对象，搭建民营企业与各类劳动者间的供需对接平台，帮助高校毕业生到民营企业就业。有关其他全国性统一行动，将根据实际情况确定并另行通知。

二、组织协调

（一）各地要依托政府就业工作联席会议制度，在省、市两级成立就业服务系列活动领导小组，确定成员分工和联系人，负责协调组织各部门、团体联合行动，保障工作顺利开展。各省（自治区、直辖市）重点负责就业服务系列活动的统一部署，各市（地）重点负责本地区系列活动的具体组织实施。

（二）各省（自治区、直辖市）系列活动领导小组要按照全国统一要求，制定本地区系列活动总体工作方案，各市（地）系列活动领导小组要结合本地实际，从附件1所列各项活动中选择确定本地区开展的具体活动，同时可以创设新的活动，并制定三个系列活动不同时期的具体实施计划，明确其中各个具体活动的实施时间、进度安排、工作目标要求、责任部门和责任人，形成目标任务明确、工作责任落实、工作结果有评估检查的机制。

（三）各级劳动保障部门要会同有关部门落实相关政策、资金，并指导所属就业服务机构重点负责"就业援助系列活动"和"春风行动系列活动"，配合做好"高校毕业生就业服务系列活动"；各级人事部门要指导所属人才服务机构，重点组织开展"高校毕业生就业服务系列活动"；各级教育部门要指导所属高校和毕业生就业指导机构，重点组织开展在校应届高校毕业生的就业服务活动；各级工会组织要以就业困难人员、城镇新失业人员和农民工为重点组织开展相关就业服务活动；各级共青团组织要以高校毕业生和青年农民工为重点开展相关就业服务活动；各级妇联组织要以女大学生、失业或被征地妇女、返乡妇女和进城务工妇女为重点开展相关的就业服务活动；各级残联组织要指导残疾人就业服务机构，重点组织开展残疾人大学毕业生、就业困难残疾人和零就业家庭中残疾人员的就业援助活动。鼓励民办职业中介机构积极参与就业服务系列活动，为劳动者和用人单位提供诚信、高效的职业中介服务。

（四）各级人事部门、劳动保障部门、教育部门以及工会、共青团、妇联和残联组织要按照统一部署、分工合作、联合行动的原则，对于同一服务对象，主要通过联合行动的方式共同开展服务活动，形成就业服务系列活动的联合工作机制。

三、保障措施

（一）各地在组织开展系列活动过程中，要将全面贯彻落实就业促进法的有关规定和我国现行就业政策作为重要内容，并可以结合本地区实际情况制定专门的政策和工作措施，保证系列活动开展的实效。

（二）各级劳动保障部门要按照就业促进法和财政部、人力资源社会保障部下发的《关于就业专项资金使用管理及有关问题的通知》（财社［2008］269号）的有关规定，会同当地财政部门，将就业服务系列活动所需各项资金作为公共就业服务项目经费，统一纳入同级财政预算，并落实所涉及的各项政策补贴资金，保证资金及时到位。对于未纳入财政补助的公共就业服务机构，可暂按职业中介机构申领职业介绍补贴的规定申领职业介绍补贴。要加强对系列活动所需各项资金的管理。要对提供公益性就业服务的职业中介机构按规定申请享受职业介绍补贴政策给予及时的指导帮助。

（三）各省（自治区、直辖市）就业工作联席会议办公室要协调组织专门力量，抽调专人负责，对本地区就业服务系列活动开展情况进行跟踪问效和监督检查，及时解决工作中遇到的新情况、新问题。要确定3至5个工作任务重的城市，作为重点联系城市，对其系列活动开展情况给予重点指导和帮助。

（四）各地要充分利用各种媒体，加大对系列活动的宣传工作，重点宣传国家应对世界经济金融危机稳定就业局势的重要部署、促进就业的社会经济政策、为高校毕业生及就业困难人员和农民工提供就业服务和就业援助的具体措施。要加强社会舆论导向工作，营造全社会关心就业工作，互帮互助、共渡难关的良好氛围。

（五）各地要建立定期上报工作进展情况的工作制度。请各省（自治区、直辖市）系列活动领导小组于2008年12月31日前将领导小组联系人和联系电话报人力资源社会保障部，于2009年1月10日前上报本地区2009年就业服务系列活动的整体工作方案，以及本地区重点联系城市的具体工作计划，并按季度汇总上报各个系列活动的统计报表（附件2、3、4）。各省（自治区、直辖市）教育部门和工会、共青团、妇联、残联组织要及时收集汇总上报本部门、本系统相关工作进展情况。人力资源社会保障部、教育部、全国总工会、共青团中央、全国妇联、中国残联将共同建立相应的情况通报制度，并不定期对全国各主要城市就业服务系列活动的实施开展情况进行督查。

附件：1. 2009年就业服务系列活动参考内容（略）

2. 高校毕业生就业服务系列活动统计报表（略）

3. 就业援助系列活动统计报表（略）

4. 春风行动系列活动统计报表（略）

2008年12月19日

人力资源和社会保障部　财政部　国家税务总局关于采取积极措施减轻企业负担稳定就业局势有关问题的通知

人社部发［2008］117号

各省、自治区、直辖市和计划单列市人事、劳动保障、财政厅（局）、国家税务局、地方税务局，新疆生产建设兵团人事局、劳动保障局、财务局：

当前，国际金融危机对我国企业的影响加深，部分企业生产经营遇到困难，就业压力明显增大，就业形势日趋严峻。为贯彻中央经济工作会议精神，帮助受金融危机影响较大的困难企业渡过难关，鼓励困难企业尽量不裁员或少裁员，稳定用工岗位，稳定就业局势，必须采取积极措施，切实减轻企业负担，保就业、保增长、保稳定。经国务院同意，现就有关问题通知如下：

一、允许困难企业在一定期限内缓缴社会保险费。统筹地区在确保社会保险待遇按时足额支付、社会保险基金不出现缺口的前提下，可以对暂时无力缴纳社会保险费的困难企业，允许在一定期限内缓缴社会保险费。缓缴执行期为2009年之内，缓缴期限最长不超过6个月。经核准缓缴期间，企业应继续按月申报应缴的社会保险费，企业和职工缴费年限连续计算。缓缴的社会保险费不计收滞纳金。经核准缓缴社会保险费的企业，应与社会保险费征收机构签订缓缴及补缴社会保险费的协议，社会保险费征收机构可以要求企业提供担保、抵押。符合条件的困难企业可以提出缓缴社会保险费的申请，经统筹地区劳动保障部门（人力资源社会保障部门，下同）会同财政等有关部门报同级人民政府同意后，报省级人民政府批准。

二、阶段性降低四项社会保险费率。统筹地区人民政府在确保参保人员社会保险待遇水平不降低、保证社会保险制度平稳运行、基金不出现缺口的前提下，可在2009年之内适当降低城镇职工基本医疗保险、失业保险、工伤保险、生育保险的费率，期限最长不超过12个月。各地不得擅自降低养老保险费率。实行地（市）或县级统筹的，实施方案由统筹地区劳动保障部门会同财政部门报同级人民政府同意后，报省级人民政府批准；涉及全省（自治区、直辖市）统一调整费率的方案，由省级劳动保障部门会同财政部门报省级人民政府批准。各地降低费率的实施方案，由省级劳动保障部门会同财政部门及时报人力资源和社会保障部、财政部备案。

三、使用失业保险基金帮助困难企业稳定就业岗位。失业保险基金结余较多的统筹地区在确保当前和今后一个时期按时足额支付失业保险待遇的前提下，可通过开展扩大失业保险基金使用范围试点，对采取在岗培训、轮班工作、协商薪酬等办法稳定员工队伍，并保证不裁员或少裁员的困难企业，使用失业保险基金支付社会保险补贴和岗位补贴。补贴执行期为2009年之内，补贴期限最长不超过6个月。社会保险补贴标准参照当地就业资金对就业困难人员的社会保险补贴标准执行，岗位补贴标准参照当地失业保险金标准确定。上述两项补贴，同一企业只能享受一项。已享受缓缴社会保险费的企业不能同时享受社会保险补贴。上述两项补贴由企业按月向统筹地区劳动保障部门提出申请，并附稳定员工队伍计划措施和相关凭证，由劳动保障部门会同经贸（国资）、财政等部门审核批准。岗位补贴资金按月划入企业账户，社会保险补贴资金按月划入社会保险经办机构账户。

统筹地区劳动保障部门要会同财政部门制定周密的失业保险基金使用计划，报当地人民政府批准，并报省级劳动保障部门和财政部门备案。严格基金使用的审批、拨付和监督管理。要将向企业补贴的基金使用情况向社会公布，加强监督和检查，确保基金按规定使用，不出问题。具体实施办法由统筹地区人民政府制定，并报省级人民政府备案。

四、鼓励困难企业通过开展职工在岗培训等方式稳定职工队伍。开展在岗培训所需资金按规定从企业职工教育经费中列支，不足部分可在严格标准和程序的前提下，由就业专项资金予以适当支持。具体办法由省级劳动保障部门、财政部门制定。

五、妥善解决困难企业支付经济补偿问题。鼓励和引导职工与企业依法平等协商，采取多种措施共渡难关。对于困难企业经过多方努力仍不得不实行经济性裁员的，可在企业与工会或职工依法平等协商一致后，签订分期支付或以其他方式支付经济补偿的协议。

六、严格界定困难企业范围。本通知所指“困难企业”须同时符合以下几个方面条件：受当前金融危机影响面临暂时性生产经营困难且恢复有望的，已制定稳定就业岗位措施且没有裁员或少裁员的，生产经营活动符合国家及所在区域产业和环保政策的（国家限制的行业和企业除外），已依法参加社会保险并按规定履行缴费义务的，其他由省级人民政府规定的条件。具体认定条件和范围、数量、比例由省级人民政府充分考虑基金支付能力，在突出重点、总量控制、严格把握、动态监管的前提下确定。具体认定工作由统筹地区劳动保障部门会同财政、经贸、国资、税务等部门负责。

各省、自治区、直辖市人力资源社会保障、财政等有关部门要在省级人民政府的统一领导下，切实把思想和行动统一到中央的决策部署上来，把减轻企业负担稳定就业局势作为当前重要工作任务，结合本地实际，既要着眼当前，又要考虑长远，在认真测算、充分论证的基础上，制定具体实施办法。各统筹地区要实事求是，因地制宜，切实贯彻落实好本通知精神，确保政策实施效果。各地贯彻落实本通知的情况以及工作中遇到的问题，请及时向人力资源和社会保障部、财政部报告。

2008年12月20日

中共中央纪委　人力资源和社会保障部　监察部关于追授盖起章同志全国纪检监察系统先进工作者荣誉称号的决定

人社部发［2008］118号

各省、自治区、直辖市纪委、监察厅（局）、人事厅（局）、劳动保障厅（局），新疆生产建设兵团纪委、监察局、人事局、劳动保障局，中央和国家机关各部委纪检组（纪委）、监察局、人事司（局），中央纪委各派驻纪检组，监察部各派驻监察局、监察专员办公室，中央直属机关纪工委，中央国家机关纪工委，军委纪委：

近年来，各级纪检监察机关和广大纪检监察干部在党中央、国务院和各级党委、政府的坚强领导下，认真贯彻党的十七大精神，高举中国特色社会主义伟大旗帜，以邓小平理论和“三个代表”重要思想为指导，深入贯彻落实科学发展观，大力加强反腐倡廉建设，为全面推进党风廉政建设和反腐败斗争、促进经济社会又好又快发展作出了突出贡献，涌现出一大批先进模范人物。盖起章同志就是其中的优秀代表。

盖起章，男，汉族，山东莱阳人，中共党员，1951年2月生，1970年12月入伍，1994年9月从部队转业到福州市公安局工作，2002年5月任福州市公安局党委副书记、纪委书记。2008年10月16日，因肝癌晚期医治无效不幸去世，年仅57岁。盖起章同志参加工作38年来，始终牢记党和人民的重托，时刻保持共产党员的政治本色，恪尽职守，无私奉献。在担任福州市公安局纪委书记的6年多时间里，他一身正气、刚直不阿，坚决与消极腐败现象作斗争；与时俱进、锐意改革，努力做到惩治和预防腐败“两手抓、两手硬”；牢记宗旨、以人为本，坚决维护人民群众切身利益和公安干警合法权益；严于律己、率先垂范，充分展现了纪检监察干部公正清廉的良好形象。特别是2006年身患癌症后，他以“宁可干死，不愿等死”的大无畏精神，一边与病魔顽强抗争，一边继续忘我工作，做到生命不息、奉献不止，以实际行动诠释了一名共产党员和纪检监察干部的崇高追求和公仆情怀。盖起章同志在平凡的岗位上创造了不平凡的业绩，在部队先后两次荣立三等功，被福建省公安厅荣记一等功、二等功各一次。

盖起章同志的先进事迹，充分体现了新时期纪检监察干部对党和国家无限忠诚、对腐败分子和消极腐败现象坚决斗争、对广大干部和群众关心爱护、对自己和亲属严格要求的高尚品质，他不愧为党的忠诚卫士和群众的贴心人。为表彰先进，弘扬正气，激励广大纪检监察干部在各自岗位上恪尽职守，中共中央纪委、人力资源社会保障部、监察部决定，追授盖起章同志“全国纪检监察系统先进工作者”荣誉称号。

各级纪检监察机关和广大纪检监察干部要以盖起章同志为榜样，紧密团结在以胡锦涛同志为总书记的党中央周围，以邓小平理论和“三个代表”重要思想为指导，深入贯彻落实科学发展观，认真开展和积极投身“做党的忠诚卫士、当群众的贴心人”主题实践活动，立足岗位，无私奉献，全面履行纪检监察职责，扎实推进反腐倡廉建设，为夺取全面建设小康社会新胜利、开创中国特色社会主义事业新局面作出新的更大贡献。

2008 年 12 月 24 日

人力资源和社会保障部 国家统计局关于表彰全国统计系统先进集体和先进工作者的决定

人社部发［2008］119号

各省、自治区、直辖市人事厅（局）、劳动保障厅（局）、统计局，新疆生产建设兵团人事局、劳动保障局、统计局，各计划单列市及副省级市人事局、劳动保障局、统计局，国家统计局各调查总队，国家统计局各副省级市调查队：

近年来，全国各级政府统计部门、国家统计局各调查队和统计系统广大干部职工在党中央、国务院的正确领导下，以邓小平理论和“三个代表”重要思想为指导，深入贯彻落实科学发展观，解放思想，实事求是，奋发进取，开拓创新，为各级党政机关及社会各界提供了大量的统计信息和咨询服务，为促进经济社会又好又快发展作出了积极贡献，涌现出一大批先进集体和先进个人。

为表彰先进，弘扬正气，激励全国统计战线广大干部职工努力工作，积极进取，不断开创统计工作新局面，人力资源社会保障部、国家统计局决定，授予北京市统计局设计管理处等100个单位“全国统计系统先进集体”荣誉称号；追授袁新华同志“全国统计系统先进工作者”荣誉称号；授予汪锡锟等49名同志“全国统计系统先进工作者”荣誉称号，享受省部级劳动模范和先进工作者待遇。希望受表彰的先进集体和个人珍惜荣誉，谦虚谨慎，发扬成绩，再立新功。

全国统计系统广大干部职工要以受表彰的先进集体和个人为榜样，更加紧密地团结在以胡锦涛同志为总书记的党中央周围，全面贯彻党的十七大精神，高举中国特色社会主义伟大旗帜，以邓小平理论和“三个代表”重要思想为指导，深入贯彻落实科学发展观，改革统计体制，改进统计方法，改善统计手段，提高统计的科学性和准确性，为社会经济发展服务，为实现全面建设小康社会的宏伟目标作出新的更大贡献。

附件：1. 全国统计系统先进集体名单（略）

2. 全国统计系统先进工作者名单（略）

2008年12月25日

人力资源和社会保障部　科学技术部关于表彰全国科技管理系统先进集体、先进工作者的决定

人社部发［2008］120号

各省、自治区、直辖市人事厅（局）、劳动保障厅（局）、科技厅（科委、局），新疆生产建设兵团人事局、劳动保障局、科技局：

近年来，全国科技管理系统广大干部职工认真贯彻落实党和国家科技发展指导方针和战略部署，在各级党委、政府的领导下，大力推进科技进步与创新，充分发挥科技第一生产力作用，为增强自主创新能力，建设创新型国家作出了积极贡献，涌现出一大批先进集体和个人。

为表彰先进，弘扬正气，进一步激发全国科技管理系统广大干部职工的积极性和创造性，建设一支业务能力强、职业素质高的科技管理干部队伍，人力资源社会保障部、科技部决定，授予北京市科学技术委员会社会发展处等100个单位“全国科技管理系统先进集体”荣誉称号；授予季志会等80名同志“全国科技管理系统先进工作者”荣誉称号，享受省部级劳动模范和先进工作者待遇。希望受表彰的先进集体和个人珍惜荣誉，谦虚谨慎，发扬成绩，再立新功。

全国科技管理系统广大干部职工要以受表彰的先进集体和个人为榜样，更加紧密地团结在以胡锦涛同志为总书记的党中央周围，高举中国特色社会主义伟大旗帜，以邓小平理论和“三个代表”重要思想为指导，深入贯彻落实科学发展观，求真务实，开拓创新，不断提高科技管理能力，加快推进科技进步与创新，为建设创新型国家和实现中华民族的伟大复兴作出新的更大的贡献。

附件：1. 全国科技管理系统先进集体名单（略）

2. 全国科技管理系统先进工作者名单（略）

2008年12月31日

人力资源和社会保障部关于印发2008年全国职业技能竞赛系列活动工作安排的通知

人社部函［2008］13号

各省、自治区、直辖市人事厅（局）、劳动和社会保障厅（局），新疆生产建设兵团人事局、劳动和社会保障局，中华全国总工会，共青团中央，国务院有关部门（集团公司、行业协会）：

为做好2008年全国职业技能竞赛系列活动的组织工作，在各行业主管部门、中央企业申报的2008年职业技能竞赛项目基础上，我部制定了2008年全国职业技能竞赛系列活动工作安排，现予印发，并就做好有关工作通知如下：

一、指导思想

贯彻落实《中共中央办公厅、国务院办公厅印发〈关于进一步加强高技能人才工作的意见〉的通知》（中办发［2006］15号），充分发挥职业技能竞赛工作在高技能人才培养、选拔和激励等方面的作用，结合企业生产实际，引导社会各方面力量，开展各种形式的岗位练兵和技能竞赛，为发现和选拔高技能人才创造条件。

二、活动内容

（一）组织开展国家级一类竞赛活动5项，包括：第三届全国数控技能大赛、第二届全国铁道行业职业技能大赛、2008年中央企业职工技能大赛、首届全国印刷行业职业技能大赛、第四届“振兴杯”全国青年职业技能大赛。

（二）依托行业和中央企业组织开展国家级二类竞赛活动18项。

（三）各地区可结合本地区高技能人才培养工作的实际情况，组织开展省级职业技能竞赛活动。

三、表彰奖励

（一）国家级一类竞赛。对在全国决赛中获得各职业（工种）前5名的选手，经我部核准后，授予“全国技术能手”荣誉称号，并直接晋升技师职业资格。对已具有技师职业资格的，可晋升高级技师职业资格。

对在全国决赛中获得各职业（工种）第6～20名的选手，可直接晋升高级工职业资格。对已具有高级工职业资格的，可晋升技师职业资格。

（二）国家级二类竞赛。对在全国决赛中获得各职业（工种）前3名的选手，经我部核准后，授予“全国技术能手”荣誉称号，并直接晋升技师职业资格。对已具有技师职业资格的，可晋升高级技师职业资格。

对在全国决赛中获得各职业（工种）第4～15名的选手，可直接晋升高级工职业资格。对已具有高级工职业资格的，可晋升技师职业资格。

（三）地方、行业竞赛。各地区、各行业可结合本地区、本行业的实际情况，对获奖选手和单位给予相应奖励。

四、工作要求

（一）做好统筹安排，注重竞赛实效。各地区、各部门可根据今年全国职业技能竞赛工作的整体安排，统筹部署和组织实施本地区、本部门的竞赛工作。在广泛开展各类竞赛的同时，适度调控安排竞赛数量和工种，避免同工种、同类型的职业技能竞赛在两年内重复举行。同时，做好本地区、本部门竞赛活动与全国竞赛工作的合理衔接，并积极参与和支持全国竞赛活动。计划今年结束的国家级职业技能竞赛应在11月20日前完成。

（二）严格执行规章制度，强化竞赛质量管理。各地区、各部门要按照竞赛工作计划安排和《国家职业技能竞赛组织实施指南》的要求，认真制定竞赛组织实施方案，健全和完善竞赛质量监督和保障制度，严格按照国家职业标准高级工（国家职业资格三级）以上技能要求组织命题，不断提高竞赛的技术含量、技能要求，体现竞赛技术技能的先进性。同时，必须组织建立裁判员队伍，严格公平执裁，在竞赛全过程中，要加强对竞赛全过程的动态管理，确保竞赛活动公开、公平、公正。

（三）开展竞赛技术点评，加强竞赛活动宣传。竞赛活动结束后，各地、各部门要认真组织开展技术点评等技术交流活动，总结竞赛获奖选手成长成才规律。重点宣讲竞赛职业的核心技能、关键技术和职业知识，分析竞赛作品的技术难点和创新要点，提高竞赛选手的职业能力和创新能力。同时，要进一步加大竞赛活动的宣传力度，充分利用广播、电视、报刊、网络等媒体，通过组织讲座、现场演示、成果展览等内容充实、形式多样和富有特色的宣传活动，带动更多劳动者争当技能型人才。

附件：2008年全国职业技能竞赛系列活动表（略）

2008年4月10日

人力资源和社会保障部　教育部　中华全国总工会　中华全国工商业联合会关于联合举办2008全国民营企业招聘周活动的通知

人社部函［2008］17号

各省、自治区、直辖市人事厅（局）、劳动和社会保障厅（局）、教育厅（教委）、总工会、工商联：

在国务院领导和有关部门的重视支持下，全国民营企业招聘周活动已连续成功举办三届，对于促进就业再就业工作发挥了重要作用。今年，为深入贯彻落实十七大精神，积极做好高校毕业生就业工作，更好地发挥民营经济在促进就业再就业中的作用，经人力资源和社会保障部、教育部、全国总工会、全国工商联研究，定于2008年5月在全国106个大中城市开展“2008全国民营企业招聘周”活动。现将有关事宜通知如下：

一、工作目标

全面贯彻落实十七大和“两会”精神，通过建立民营企业和求职者供需平台，促进积极就业政策的落实，重点做好高校毕业生就业招聘工作，并更好地为下岗失业人员、进城务工劳动者和其他劳动者实现就业再就业提供优质服务，为民营企业发挥就业主渠道作用创造良好的社会氛围。

二、活动方式

全国民营企业招聘周活动由人力资源和社会保障部、教育部、全国总工会、全国工商联共同组织。主题是：“为民营企业招聘用人服务，为大中专毕业生就业搭桥”。5月20日上午10点，北京主会场采取视频会方式启动，各省、自治区、直辖市设立分会场，采取视频方式与主会场同时启动“2008全国民营企业招聘周”活动。启动仪式结束后，各地职业介绍机构要集中一周时间，开展形式多样的招聘活动。招聘周活动期间，各类求职者和招聘单位均免费进场参加应聘和招聘活动。中国高校毕业生就业服务信息网（www. myjob. edu. cn）和全国工商联人才网（hr. acfic. org. cn）将同步举办网上招聘活动。

三、主会场参加人员

全国政协副主席、全国工商联主席黄孟复宣布“2008全国民营企业招聘周”活动正式启动。人力资源和社会保障部、教育部、全国总工会、全国工商联主要领导出席启动仪式并讲话。民营企业家，高校毕业生和下岗失业人员代表在启动仪式上发言。国务院就业工作部际联席会议相关成员单位领导出席启动仪式。

四、招聘企业与形式

招聘企业以民营企业为主。各地可根据实

际情况，邀请部分有积极性的国有大中型企业、中外合资企业，以及事业和科研单位参加招聘活动。要鼓励参加招聘的各类单位尽量提供适合大中专毕业生就业的岗位信息。招聘周活动期间，各地可根据不同类型职业中介（人才交流）机构，采取综合招聘，或举办高校毕业生、下岗失业人员、进城务工农村劳动者等专场招聘方式。

五、营造劳动者平等就业氛围

招聘周活动期间，各地要积极引导招聘企业承担社会责任，提供公平就业机会，自觉消除就业歧视。进入现场的各类招聘企业，不得提供虚假招聘信息；不得以是传染病病原携带者为由拒绝录用；不得以性别为由拒绝录用妇女或提高对妇女的录用标准；不得歧视残疾人；不得设置如年龄、工作经验和户籍等职业准入条件，努力创建平等的就业环境，更好地促进公平就业。

六、工作要求

（一）高度重视，做好招聘周活动的准备工作。各地要尽快成立由劳动保障部门牵头，教育厅（教委）、总工会、工商联共同参加的领导小组，充分发挥各方的职能作用与各自优势。各级劳动保障部门要加强招聘周活动的组织、宣传、政策咨询和就业服务等工作；各级教育部门要组织并引导好高校毕业生参加招聘周活动；各级总工会要重点做好各类求职人员的权益维护和必要的法律援助工作；各级工商联要做好民营企业用人信息收集工作，省级工商联要指定专人负责，及时汇总分类后速报全国工商联。

（二）周密安排，确保活动安全有序。要树立安全第一的观念，做好招聘周活动的安全保障工作。要提前制定招聘场地突发事件预案，并指定专人负责，落实安全责任，以预防为主，把工作做在前面，确保招聘周期间各类参加招聘的企业和求职人员进出招聘现场安全有序。

（三）做好成果统计和情况上报工作。各省、自治区、直辖市劳动保障、教育、总工会、工商联要指定专人负责收集汇总招聘周期间的活动情况。

1. 请各省（区、市）劳动保障厅（局）、教育厅（教委）、总工会、工商联于4月30日前将负责招聘活动的领导及具体工作人员电话和电子邮件报各主管部门。

2. 请各省（区、市）工商联组织民营企业认真填写“民营企业招工信息登记表”，并以电子邮件或传真方式于5月10日前报全国工商联。

3. 请各省（区、市）劳动保障厅（局）、教育厅（教委）、总工会、工商联自5月20日至26日，将每天招聘活动情况和典型事例及时传真或电子邮件报各自主管部门。请劳动保障部门于5月31日前将招聘周情况总结和活动统计表，以电子邮件方式报人力资源和社会保障部。

附件：1. 全国106个大中城市名单（略）
2. 民营企业招工信息登记表（略）
3. 招聘周活动情况统计表（略）

2008年4月24日

人力资源和社会保障部
对《关于报请审核授予杜东翔同志“全国模范检察官”荣誉称号的函》的复函

人社部函［2008］27号

最高人民检察院：

你院《关于报请审核授予杜东翔同志“全国模范检察官”荣誉称号的函》（高检发政字［2008］14号）收悉。经研究，同意你院授予杜东翔同志“全国模范检察官”荣誉称号，享受省部级劳动模范和先进工作者待遇。

2008年5月5日

人力资源和社会保障部关于公布6所国家重点技工学校和7所高级技工学校名单的通知

人社部函［2008］49号

各省、自治区、直辖市人事、劳动和社会保障厅（局）：

经专家评审，南京市农垦技工学校等6所技工学校达到《国家重点技工学校标准》，确认为国家重点技工学校；江西工程技工学校等7所技工学校达到《高级技工学校标准》，确认为高级技工学校，现一并予以公布。

附件：1. 国家重点技工学校名单（略）

2. 高级技工学校名单（略）

2008年5月14日

人力资源和社会保障部关于公布第一批国家高技能人才培养示范基地名单的通知

人社部函［2008］65号

各省、自治区、直辖市人事、劳动和社会保障厅（局），新疆生产建设兵团人事、劳动和社会保障局，国务院有关部门劳动保障工作机构：

根据原劳动和社会保障部《关于建立国家高技能人才培养示范基地的通知》（劳社部函［2008］2号，以下简称《通知》）精神，在各省劳动保障部门和有关部委、行业协会、大型企业（集团）推荐的基础上，经研究，确认北京市工贸技师学院等92所院校和首钢总公司等157家企业为第一批国家高技能人才培养示范基地，现予以公布，示范基地自公布之日起，有效期三年。

各示范基地要根据《通知》要求，按照工作方案提出的目标任务和措施，积极开展高技能人才培养工作，在本地区、本行业充分发挥骨干示范作用。我部将为示范基地免费制作标志铜牌，通过多种方式推动经验交流，指导工作，并进行必要的检查评估。

附件：1. 第一批国家高技能人才培养示范基地（院校）名单（略）

2. 第一批国家高技能人才培养示范基地（企业）名单（略）

2008年5月22日

人力资源和社会保障部
对《关于报请审核授予何森、杨剑川二同志“全国模范检察官”荣誉称号的函》的复函

人社部函［2008］81号

最高人民检察院：

你院《关于报请审核授予何森、杨剑川二同志“全国模范检察官”荣誉称号的函》（高检发政字［2008］26号）收悉。经研究，同意你院授予何森、杨剑川同志“检察系统抗震救灾英雄”荣誉称号，享受省部级劳动模范和先进工作者待遇。

2008年6月2日

人力资源和社会保障部关于开展劳动和社会保障事业发展“十一五”规划中期评估工作的通知

人社部函［2008］105号

各省、自治区、直辖市劳动和社会保障厅（局），新疆生产建设兵团劳动和社会保障局：

按照《国家发展改革委关于开展“十一五”规划〈纲要〉中期评估工作的通知》（发改规划［2008］1319号）和《国务院批转劳动和社会保障事业发展“十一五”规划纲要的通知》（国发［2006］35号，以下简称《规划》）的要求，我部将组织开展《规划》实施情况中期评估工作。现将有关事项通知如下：

一、评估目的

通过组织和开展《规划》中期评估，客观评价《规划》确定的发展目标、主要任务、保障措施等落实情况，评价判断规划实施取得的成效、存在的问题及原因，同时结合国内外经济社会环境的变化以及政府机构改革对规划实施提出的新要求，提出进一步修订完善规划的建议以及推动规划实施的对策。

二、评估原则

（一）实事求是。《规划》评估过程中，要坚持实事求是、科学严谨的态度，既要全面评价取得的成绩，又要客观反映存在的问题。要确保数据真实、方法科学、评价准确、对策可行。

（二）突出重点。评估工作要紧扣《规划》提出的发展目标和任务，侧重规划指标、重点工程和制度改革项目，关键是提出需要解决的问题及措施。

（三）统筹衔接。《规划》评估要综合考虑国内外经济社会发展变化，做好与新形势、新政策、新任务的衔接。

三、评估期

本次评估的评估期为2006年1月1日至2008年6月30日。中期评估的时点为2008年6月30日，相应的数据为该时点上的数据或截止该时点的累计数据。

四、评估内容

本次评估主要内容包括：

（一）对《规划》提出的11个主要规划指标，特别是列入国家总体规划的城镇基本养老保险参保人数约束性指标，城镇新增就业人数、城镇登记失业率和转移农业劳动力预期性指标的进展情况进行分析评价，包括指标实现的进度、完成五年目标的趋势判断等。

（二）对《规划》提出的实施促进就业的长期战略和政策、大力发展职业教育和培训、加快完善社会保障体系、健全劳动关系调整机制、加强劳动保障法制建设五个方面的重点任务完成情况进行分析评价，包括为完成目标任务采取的重大举措，取得的成效、存在的问题及原因等。

（三）对《规划》提出的保障措施，特别是重点工程和制度改革项目进展情况进行分析评价，包括资金投入状况、项目实施情况、取得的成效、存在的问题和原因等。

（四）提出进一步推动规划实施的对策建议，包括总结《规划》实施经验，提出下一步需要解决的问题，拿出具有可操作性的对策建议，同时结合国内外环境的变化以及政府机构改革，对《规划》内容进行必要的修订。

五、评估方式

采取定量与定性分析相结合，横向与纵向比较相结合的评估方法，采用政府部门与研究机构人员相结合、自行评估与抽查评估相结合的形式进行评估。

六、工作要求

（一）加强组织领导。各地要充分认识《规划》中期评估工作的重要意义，高度重视评估工作。制定周密的工作计划，搞好协调配合，认真落实评估工作责任制，使评估工作落到实处。

（二）确保工作进度。各地要参照我部的评估方式和内容，有效安排各项评估任务，确保按时完成评估工作。7 月 10 日前将规划评估相关指标数据表和评估报告报送我部。

（三）提高评估质量。规划评估任务时间紧迫，各地要在确保如期完成评估任务的基础上，做好调查研究等基础工作，严格按照要求开展评估，切实提高评估质量。

为达到中期评估工作的预期目的，各地提交的规划中期评估报告应包括两部分内容：一是总报告，包括发展目标和重点任务的进展情况及其评价分析；开展的主要工作，存在的主要问题及原因；进一步推动规划实施的对策建议；增加和修订的内容及说明；需要纳入“十二五”规划研究的重大问题及相关建议。二是以项目为单位提供规划重点工程和制度改革项目专题报告为总报告附件，包括项目实施进展情况、项目竣工评估情况、资金落实及使用情况、存在的问题、下一步项目建设设想。

附件：“十一五”规划评估相关指标数据表（略）

2008 年 6 月 24 日

人力资源和社会保障部关于调整养老保险联网指标和加强数据上报工作的通知

人社部函［2008］118号

各省、自治区、直辖市人事、劳动和社会保障厅（局）：

2003年以来，在各级劳动保障部门的共同努力下，养老保险联网数据上传量和数据质量不断提高，目前数据上传量已接近参保总人数的90%，数据质量大大提高。联网数据对各地养老金调整测算、个人账户做实测算、基金支撑能力评价等起到了较好的支持作用。各地在数据上报工作中，部门分工合作、协调配合，建立了良好的工作机制，有力促进了金保工程建设步伐。

为支持养老保险事业发展对数据精细分析管理的需要，更好地为基金监管和宏观决策提供全面、准确的数据依据，按照前瞻性、规范性和指导性的要求，在广泛征求意见并进行充分论证后，我部决定自2008年4季度起对养老保险联网指标进行调整，由80项增加到180项。现就有关问题通知如下：

一、联网指标主要调整内容

（一）进一步完善了联网指标。在参保单位、在职职工、离退休人员信息的基础上，新增了死亡人员、供养亲属、被冒领人员、转移人员、地区参数等五类信息。补充和细化了缴费类、特殊人群标识类、个人账户做实类、退休人员身份类、退休时养老金和缴费基数、调待金额累计等指标，增加了精算类指标。调整后的指标见养老保险联网指标库（表）结构及代码。

（二）进一步明确了联网指标内涵、代码。根据各地反馈意见和分析要求，明确了联网指标的内涵。根据最新国家标准和业务发展需要，对各联网指标的代码分类给予修正。

（三）进一步明确了数据上报期别。参保单位、在职职工、离退休人员、供养亲属、地区参数信息表每月上报当期信息，转移人员每月上报当年信息，死亡人员、被冒领人员每月上报历年累计和当年信息。

（四）统一扩充了行政区划代码。行政区划代码作为地区（机构）的唯一标识号，在国家标准GB/T 2260—2007基础上，根据人力资源和社会保障数据管理层级和经办机构分布特点，由部里统一规定，具体见养老保险联网数据行政区划代码及扩充规则。

二、数据上报工作要求

（一）各地要充分理解联网指标的内涵和要求，认真研究联网指标与本地生产库的对应关系，严格按照下发的联网指标采集标准上报数据，避免因内涵对照错误、代码不规范导致的数据漏报和错报。

（二）各地要扎实做好新联网指标上报的准备工作。尽快制定生产库到交换库的数据转换方案，调整相应的转换程序，并建立数据校验机制，确保数据转换准确。加大补齐、补记数据项目的工作力度，规范数据标准，剔除无效数据，合并重复数据，确保生产库数据的准确性。要按照新联网指标检查参考办法检查数据的合规性，加强对数据整理工作的指导和考核力度。

（三）各地要严格按照规定的数据上报流程报送数据。具体流程是：各地市（含省本级）于每月 10 日（逢节假日顺延至下一工作日，下同）前完成上月数据从生产库到交换库的数据采集、审核和转换工作，利用联网软件的检查功能检查数据情况，生成数据质量检查表，并确认可参与统计的有效数据范围（不合格数据将由系统自动标识）。每月 12 日前，各地市（含省本级）使用联网软件的统计功能统计生成基础分析表，并将交换库数据（含不合规标识数据）和统计库数据（含数据质量检查表和基础分析表）上报至省级交换库和统计库。

各省（区、市）于每月 15 日前完成省级交换库全省数据的更新，利用联网软件统计生成全省统计库数据（含全省数据质量检查表和基础分析表），并将交换库数据和统计库数据上报至部级交换库和统计库。各级交换库当期数据保留到月底，每月 20 日之后不得进行更新和删除。

（四）各地要做好行政区划代码的维护工作。行政区划代码的确定原则是，有国家标准的须采用国标中的行政区划代码，国家标准不满足各地工作需要的，可按统一规则进行扩充和调整，并报我部确认后统一启用，以确保标准同步和数据完整。如遇行政区划代码国家标准调整，由我部统一确定系统中行政区划代码的调整时间。

2008 年 10 月起，各地应按新联网指标上报数据。2008 年 8—9 月（对应 7、8 月期别数据），可暂停数据上报工作，以全力做好新联网数据上报的准备工作。

三、数据应用工作要求

各地要高度重视联网数据应用工作，将当前工作的重点问题与数据应用分析紧密结合起来，建立分析制度，定期利用联网数据开展应用分析工作，为决策提供依据。我部根据养老保险联网指标，确立了参保单位、参保职工、离退休人员、死亡人员、供养亲属、被冒领人员、转移人员的主要分析主题，并设计了基础分析表（预装在新联网软件中），供各地参考和使用。

四、软件升级工作安排

为配合联网数据的采集和应用工作，我部对原联网软件进行了全面升级。新联网软件（金保工程联网数据管理信息系统）采用 B/S/S 架构，支持各项业务联网数据的统一存储，业务部门按各自权限分别访问，支持历史数据的存储和查询。新联网软件在全国免费使用。我部将于 2008 年 8 月中旬起统一组织省级联网软件的安装部署和培训工作，请各地提前做好网络、服务器、系统软件的准备工作，具体工作要求和部署安排另行下发。各省、自治区所辖地市的软件安装部署和培训工作，由各省、自治区负责。

五、加强组织协调工作

各地要积极推动劳动保障业务专网的延伸连通工作，必须将专网连通到辖区内各级社会保险经办机构，确保联网应用的有效开展。在日常工作中，社保经办机构要利用联网软件做好数据的整理、转换、检查工作，信息化综合管理机构要确保网络畅通，做好软件和数据库维护等相关技术支持工作。两部门要加强工作配合，明确分工，责任到人，共同做好数据上报工作。

本次联网指标调整内容多，软件变动大，请各地务必高度重视，充分认识上传联网数据的重要意义，抓紧做好联网数据准备和软件升级部署工作，采取有力措施提高数据的入库率和准确率，加强数据应用，支持社会保险事业的发展需要。

各地要将工作责任人报部社保中心和信息中心。在工作中遇到情况和问题，请及时与我部联系。

附件：1. 养老保险联网指标库（表）结构及代码（略）

2. 养老保险联网数据行政区划代码及扩充规则（略）

3. 养老保险联网指标检查参考办法（略）

4. 养老保险联网数据主要分析主题（略）

2008 年 7 月 4 日

人力资源和社会保障部关于切实做好2008年度农村劳动力技能就业计划实施工作的通知

人社部函［2008］123号

各省、自治区、直辖市人事、劳动和社会保障厅（局）：

制定并实施职业能力开发计划，组织和引导进城就业的农村劳动者参加技能培训，鼓励各类培训机构为进城就业的农村劳动者提供技能培训，是《就业促进法》的明确要求。《国务院关于做好促进就业工作的通知》（国发［2008］5号，以下简称《通知》）进一步提出，要建立健全面向全体劳动者的职业技能培训制度。实施农村劳动力技能就业计划，是贯彻落实上述要求的重要举措。各级劳动保障部门要进一步提高认识，切实加强领导，继续把这项工作做好。现就2008年度农村劳动力技能就业计划实施的有关问题通知如下：

一、加强重点环节制度建设。要进一步完善培训定点机构资质条件、认定程序和管理办法，健全培训质量控制措施，加强对培训定点机构的动态管理和定期考核。对不具备资质条件、培训质量低劣的，要取消其定点资质；对弄虚作假、骗取培训补贴资金的，要诉诸司法机关追究法律责任。组织实施培训项目，要明确项目执行单位的责任、项目受益人、项目的主要活动、产出和考核指标，确定项目监管人及监管措施，以保证项目质量。培训项目完成后，要组织有关方面搞好考核验收，对未通过验收的，要按项目合同追究相关方责任。要进一步加强本系统的反腐倡廉警示教育和廉政制度建设，健全并落实对培训定点机构审批、培训补贴申请审核的程序控制和监督措施，严禁承担培训管理职责的部门及工作人员以任何方式参与培训定点机构经营活动。

二、明确农村劳动力培训、鉴定补贴政策。有进城就业愿望的农村富余劳动力和进城务工不满6个月的农村劳动者参加职业培训，按规定享受职业培训补贴；初次通过技能鉴定（限国家规定实行就业准入制度的指定工种）取得职业资格证书的，按规定享受职业技能鉴定补贴；来自地震灾区的农村劳动力可优先享受。上述两项补贴的具体标准，由各地劳动保障部门在参考当地相关职业（工种）培训、鉴定的社会平均费用基础上，根据培训、鉴定的实际成本提出具体方案，商财政部门确定后予以公布。上述两项补贴的具体办法，由各地劳动保障部门协调财政部门按照财政部、人力资源和社会保障部有关要求制定并予以公布。

三、动员多方力量开展农村劳动力培训。各地要认真贯彻落实《通知》要求，充分运用促进就业政策，鼓励支持各类职业院校、职业技能培训机构和用人单位依法开展针对农村劳动者的就业前培训和在职培训；鼓励农村劳动者参加各种形式的职业培训；动员、组织职业院校对有就业要求和培训愿望的农村初高中毕业生实行劳动预备制培训。有条件的地方，要从提高职业培训针对性和有效性出发，充分发挥建设、煤炭、港务等行业主管部门（协会、企业集团）的组织管理优势，共同组织实施适合本行业农民工特点、符合行业发展需要的培训项目，促进在职农民工提升技能和稳定就业。

四、落实培训任务和补贴资金。根据农村劳动力技能就业计划总体安排，2008 年全国计划培训农村劳动力 800 万人。其中，培训转移就业前的农村劳动力（包括农村初高中毕业未升学人员、农村退伍兵、准备外出务工的农村富余劳动力、在城镇公共就业服务机构登记求职的农村劳动者）415 万人，培训合格率达到 90%，转移就业率达到 80%；培训在岗农民工 385 万人，培训合格率、稳定就业率均达到 90%。请各地参照农村劳动力技能就业计划 2008 年度任务安排，结合实际，合理确定培训任务并分解落实，不得层层加码。对已经分解落实的培训任务要实行动态管理，对不能按期完成培训任务的要及时调整。各地要根据已确定的培训任务，对培训、鉴定补贴资金作出相应安排。东部 7 省市要加大地方财政对农村富余劳动力和进城务工农村劳动者上述两项补贴资金的投入。中央财政支持东部 7 省市的就业专项资金，主要用于弥补地方各级财政对跨省市进城务工农村劳动者的上述两项补贴资金。

五、为了掌握各地农村劳动力技能就业计划实施情况，请各省、自治区、直辖市劳动保障厅（局）将实施农村劳动力技能就业计划的具体方案请报人力资源和社会保障部备案。工作中遇到的问题，请及时报告。

附件：农村劳动力技能就业计划 2008 年度任务安排（略）

2008 年 7 月 10 日

人力资源和社会保障部关于农民工“平安计划”实施情况和下一步工作安排的通知

人社部函［2008］132号

各省、自治区、直辖市人事、劳动和社会保障厅（局）：

为贯彻落实《国务院关于解决农民工问题的若干意见》（国发［2006］5号）有关做好农民工工伤保险工作的要求，切实推进高风险企业农民工参加工伤保险工作，原劳动保障部于2006年5月开始在全国实施农民工“平安计划”，即用三年左右时间，将矿山、建筑等高风险企业的农民工基本覆盖到工伤保险制度之内。目前，“平安计划”已实施两年多，我部于近日对“平安计划”实施以来的情况进行了阶段性总结评估。评估情况显示，“平安计划”稳步推进，各项工作取得积极成效。截至今年6月底，全国已有4 539万农民工参加了工伤保险，比2005年年底增2.6倍。今年是“平安计划”三年实施期的最后一年，也是关键一年，为进一步落实“平安计划”，督促指导各地全面完成“平安计划”工作目标，现就此次评估的基本情况和今年下半年进一步做好“平安计划”的工作安排通知如下：

一、高风险企业农民工参保人数明显增长，“平安计划”取得积极进展

根据对山西、黑龙江、江苏、河南、四川、陕西等18个矿山、建筑等高风险企业集中省份的评估分析，“平安计划”实施两年来，无论是高风险企业参保户数，还是包括农民工在内的参保职工人数都取得了明显进展。评估情况显示，近80%的高风险企业已参加了工伤保险，其中煤矿企业的参保率已达到87.1%，煤矿企业农民工参保率为89.1%，高风险行业农民工的工伤保险权益已开始得到切实有效的保障，“平安计划”实施两年来的阶段性工作目标基本实现。

——从高风险企业参保户数看，到2007年年底，18个省份包括煤矿、非煤矿山、建筑施工企业以及危险化学品、烟花爆竹和民用爆破器材等高风险企业在内的参保企业户数达到83 227家，占应参保高风险企业户数107 612家的77.3%。其中煤矿企业参保率达到87.1%，非煤矿山企业77%，建筑施工企业为72.8%（其中在建工程项目参保率为66.1%）。危化企业、烟花爆竹和民用爆破器材等其他高风险企业参保率为81.9%。

——从高风险企业参保职工人数看，到2007年年底，18个省份已参保的高风险企业职工人数为977万人，占应参保高风险企业职工人数1 361万人的71.8%。其中煤矿企业职工参保率为93.5%（国有重点煤矿职工参保率为99.5%、国有地方煤矿为93.9%、小煤矿为82%），非煤矿山企业职工参保率为84.8%，建筑施工企业职工参保率为58.2%（在建工程项目参保率为69.3%）。其他高风险企业（危化企业、烟花爆竹、民用爆破器材

等）职工参保率为82.8%。

——从高风险企业参保农民工人数看，到2007年年底，18个省份高风险企业已参保的农民工人数为570万人，占应参保高风险企业农民工人数875万人的65.1%。其中煤矿企业农民工参保率为89.1%（国有重点煤矿农民工参保率为98.7%、国有地方煤矿农民工参保率为92.2%、小煤矿为83.9%），非煤矿山农民工参保率为81.1%，建筑施工企业农民工参保率为54.9%（其中在建工程项目农民工参保率为76%），其他高风险企业（危化企业、烟花爆竹、民用爆破器材等）农民工参保率为77.1%。

二、推进落实“平安计划”采取的政策措施

“平安计划”实施后，为切实做好组织落实工作，保证“平安计划”各项目标任务的完成，我部采取了一系列对策措施。一是进一步完善农民工参保政策。原劳动保障部会同建设部和国资委先后印发了《关于做好建筑施工企业农民工参加工伤保险有关工作的通知》和《关于进一步做好中央企业工伤保险工作有关问题的通知》。二是分解落实农民工参保计划指标。从2006年开始，正式编制下达农民工参保扩面计划，分解落实到各地。专门编制了《高风险企业及农民工参保情况》统计表，全面掌握高风险企业及农民工参保情况等。三是采取典型引路方式指导推进各地工作。先后将北京、厦门等地对建筑施工企业实行以项目为单位参保的做法和江苏泰州市、内蒙古包头市等探索餐饮服务业农民工参保的经验做法印发各地推广执行。四是强化监督检查推进工作落实。建立了农民工参保协查机制，会同国资委对中央企业农民工参保工作进行重点督查；五是加强舆论宣传增强农民工维权意识。两年来，先后开展了以推进农民工参保为主题的三次集中宣传活动，增强了农民工维权意识。

各地按照部里的要求和部署，结合各自实际，采取积极有效的措施，认真做好“平安计划”的落实推进工作。一是高度重视并将农民工参加工伤保险工作摆上突出位置。广东、山西等省将推进高风险企业农民工参保、维护农民工权益列为省政府重点抓的实事之一。浙江、山东等以省政府名义专门印发了关于全面推进工伤保险工作的通知。河南省制定颁布了《河南省工伤保险条例》。二是细化政策措施，大胆探索实践，切实推进高风险农民工参保。北京市、福建省厦门市、湖南省岳阳市、新疆维吾尔自治区等地区对建筑施工企业实行了以工程项目为单位参保，按工程造价的一定比例一次性缴纳工伤保险费的办法，有效推进了农民工参加工伤保险工作。湖南、贵州、黑龙江省鸡西市、河北省邯郸市等探索中小煤矿参保办法，采取以吨煤提取工伤保险费的办法，将农民工全部纳入了工伤保险。江苏省对农民工参加工伤保险实行了优惠费率、优先参保、优化经办的三优政策，有力促进了农民工参保工作。江苏省泰州市、广东省广州市、内蒙古自治区包头市、河北省石家庄等城市积极探索餐饮服务业农民工参保的办法，实行按用工人数定额缴费或按营业面积确定缴费人数等办法，取得了积极效果。三是强化经办管理服务，维护保障农民工工伤保险权益。经办服务方面，为方便农民工参保，不少地方设立了农民工参保专门窗口，开辟了农民工参保“绿色通道”，为农民工参保提供“一站式、一条龙”服务。在农民工工伤保险待遇支付方式上，很多省市也采取了灵活多样的方式，允许农民工及其亲属既可按月领取相关待遇，也可选择终止工伤保险关系一次性领取待遇等。通过这些措施，农民工工伤保险权益保障水平有了很大提高。

“平安计划”实施两年来，虽然取得了很大的成绩，但实施过程中也存在着一些问题，主要表现在：部分地区对推进农民工参保认识不到位，政策措施不落实，工作力度不够大，致使工作进展缓慢，参保农民工比例较小；部分地区推进建筑施工企业农民工参保工作阻力较大，进展缓慢；由于缺乏法规的规定，对未参保企业的处罚力度不够，致使未参保企业农民工工伤保险权益落实难；工伤保险事业的不断发展与机构人员不足的矛盾日显突出，特别是在统筹地区一级矛盾更加突出，加强机构和系统干部队伍建设急需提上重要议事日程。此外，本次评估过程中，尚有部分省份未报送数据或报送的数据不完整，今后需采取切实有效措施加以改进。

三、今年下半年全面完成“平安计划”的工作安排

2008 年是“平安计划”实施的最后一年。目前距年终还有不到半年时间，是“平安计划”各项工作目标如期完成的关键时期。今年年初我部已就全面完成“平安计划”各项工作目标进行了部署，下半年仍需认真落实，并突出抓紧抓好以下工作：

（一）全力抓好建筑施工企业农民工参保工作，力争年底实现大部分建筑施工企业农民工参加工伤保险的目标。针对建筑施工企业参保进展相对较慢的情况，在大力推广北京、厦门等参保办法的同时，各地要继续做好与建设部门的协调工作，努力寻求支持。今年下半年，部里将适时会同建设部，就文件落实情况和一些地方推进建筑施工企业农民工参保情况开展联合调研，共同推进建筑施工企业参保工作。

（二）继续推进小煤矿、非煤矿山企业和其他高风险企业参保，力争年底基本实现全部煤矿企业和非煤矿山企业以及其他高风险企业参加工伤保险的目标。进一步总结推广黑龙江、河北等地区小煤矿参保的经验，各地要积极主动会同安监部门和煤监部门，在基本摸清本地区小煤矿和其他高风险企业数量和职工人数的基础上，依法将未参保的企业纳入工伤保险；要抓紧做好危险化学品、民用爆破器材、烟花爆竹等企业参保工作，到年底要实现应保尽保。

（三）加强工作督查，确保工作目标完成。从“平安计划”实施两年来的情况看，各地工作进展很不平衡。部分领导重视、工作得力的省份较好完成了预期工作目标，“平安计划”三年工作目标有望提前完成。有少数地区工作进展比较缓慢，完成三年工作目标的任务还很艰巨。因此，下半年各地要加大工作力度，加强对统筹地区工作督查指导，要在第三季度安排一次督查工作，推动“平安计划”的全面完成。部里将在下半年对一些工作进展较慢、困难较大的地区进行重点督查，指导这些地区完成“平安计划”工作目标。“平安计划”三年实施期结束后，部里还将开展总结工作，请各地尽早做好准备。

（四）拓展农民工参保领域。在确保实现“平安计划”各项工作目标的同时，各地要按照今年年初全国工伤保险工作会议精神，全面开展餐饮住宿等服务业农民工参加工伤保险工作。未制定有雇工个体工商户参保政策的地区，要尽快制定出台相关政策和办法，尽快推进餐饮、住宿等服务业农民工参加工伤保险工作，力争参保人数取得较明显进展。各地在推进参保扩面工作中，要努力提高工伤保险统筹层次，尽快实现全部地市工伤保险市级统筹的目标。

（五）做好“平安计划”范围扩大后的后续推进工作，全面推进农民工参加工伤保险工作。今年年底“平安计划”三年实施期结束，在基本解决了高风险企业农民工参加工伤保险问题后，部里已研究确定从明年开始到 2010 年“十一五”规划结束的两年内，启动“平安计划”的二期工作，将“平安计划”实施范围扩大到各行业所有农民工，力争“十一五”规划期末基本实现有比较稳定劳动关系的农民工全部参加工伤保险的目标。请各地在部署安排下半年工作时，结合各自实际，积极做好“平安计划”后续推进准备工作，为进一步实施“平安计划”奠定好的基础。

附表：1.《部分省份高风险企业参保户数情况》（略）

2.《部分省份高风险企业参保人员情况》（略）

3.《部分省份高风险企业农民工参保情况》（略）

2008 年 7 月 21 日

人力资源和社会保障部关于做好农村社会养老保险基金审计整改工作的通知

人社部函［2008］134号

各省、自治区、直辖市人事、劳动和社会保障厅（局），新疆生产建设兵团人事、劳动和社会保障局，副省级市人事、劳动和社会保障局，河南省民政厅：

农村社会养老保险（以下简称农保）基金的安全完整，关系到参保农民的切身利益和社会稳定。近年来，各地按照国务院和我部有关要求，加强农保基金的管理监督，基金安全程度明显提高。但是，由于多种原因，还存在管理不规范、挤占挪用等历史遗留问题，直接影响基金安全和新型农保制度的推行。审计署组织全国审计机关对农保基金进行了全面审计，发现了一些问题，提出了整改意见，各地应该高度重视，抓紧落实，认真做好整改工作。

为贯彻落实国务院领导同志对审计署《关于全国农村社会养老保险基金审计情况的报告》的批示精神，我部成立了由农村社会保险司、基金监督司、社会保险事业管理中心组成的整改督查工作组，负责督促各地做好农保基金的整改工作。现将有关事项通知如下：

一、指导思想。各地农保主管部门及经办机构要认真学习领会国务院关于加快建立覆盖城乡居民社会保障体系的决策精神，进一步统一思想，从维护广大人民群众的根本利益、构建社会主义和谐社会的高度，充分认识农保基金的重要性，增强责任感和使命感，管好用好老百姓的“养命钱”。要以规范基金管理、加强基金监督、维护基金安全为己任，以纠正违规和回收有风险基金，完善基金管理监督办法，规范基础管理和健全监督机制为重点，切实解决工作中的突出问题，做好整改工作。

二、整改内容和措施。整改的主要内容是专项审计中发现的违规基金和存在回收风险的基金。在整改过程中，要按审计决定提出的问题整改，以收回有风险的基金和纠正违规为重点。对审计发现的问题分类梳理，根据发生的时间、性质和责任提出处理意见，采取经济、行政、法律手段，坚决予以纠正。根据审计署的审计意见，对已经造成损失确实无法回收的资金，应由当地政府安排资金予以弥补；对存在损失风险的，应由当地政府责成有关部门尽力予以追还；对违法违规的问题应立即纠正整改。对无法采取以上措施解决的问题，要提出解决意见，报上级人民政府解决。同时，尽快理顺管理体制，将农保经办机构经费列入当地财政预算，制定和完善农保基金管理运营和监督办法。

各地农保主管部门，要根据审计机关对农保基金审计发现的问题及整改情况，填写《农村社会养老保险基金审计发现问题及整改情况调查表》报我部（整改督查组）。未完成整改工作的省、自治区、直辖市，每半月上报一次整改进展，以便及时了解情况，认真分析，分类研究，重点督促。

三、步骤方法。各省、自治区、直辖市成立由分管厅（局）领导负责，农保主管部门、基金监督部门和农保经办机构参加的农保基金审计整改工作组，结合本地区实际情况制定整改方案，加强督促检查，按期完成整改。

在整改过程中，省级派出工作组，对整改工作进展缓慢的市、县要进行重点督查，对已完成整改工作的地方进行抽查，督查和抽查面不低于30%，督查和抽查工作应于10月底前结束。我部将派整改督查工作组对各省（自治区、直辖市）的整改工作进行重点督查和抽查，督查和抽查面不低于30%，必要时抽调地方工作人员，共同开展对各省审计整改督查和抽查工作。

重点督查和抽查的主要内容：检查整改工作是否认真，存在的问题是否纠正，基金风险隐患是否进行了排查和防范，规章制度和内部管理是否得到改善，对维护基金安全、建立长效机制是否提出意见。通过督查和抽查，总结经验，指出问题，督促整改。

四、总结报告。各地工作组按审计整改规定的时限对整改工作进行总结，报送部整改督查工作组。对突出问题和重大情况及时上报。

整改督查工作组办公室设在农村社会保险司

附件：农村社会养老保险基金审计发现问题及整改情况调查表（略）

2008 年 7 月 30 日

人力资源和社会保障部关于公布第二批国家高技能人才培养示范基地名单的通知

人社部函［2008］150 号

各省、自治区、直辖市人事、劳动和社会保障厅（局），新疆生产建设兵团人事、劳动和社会保障局，国务院有关部门劳动保障工作机构：

根据原劳动和社会保障部《关于建立国家高技能人才培养示范基地的通知》（劳社部函［2008］2 号，以下简称《通知》）精神，我部对各省劳动保障部门和有关部委、行业协会、中央大型企业（集团）报送的国家高技能人才培养示范基地候选企业和院校进行了审核。经研究，确认天津市电子信息高级技术学校等 16 所院校和天津港（集团）有限公司等 22 家企业为第二批国家高技能人才培养示范基地，现予以公布。示范基地自公布之日起，有效期三年。

各示范基地要根据《通知》要求，按照工作方案提出的目标任务和措施，积极开展高技能人才培养工作，在本地区、本行业充分发挥骨干示范作用。我部将为示范基地免费制作标志铜牌，通过多种方式推动经验交流，指导工作，并进行必要的检查评估。

附件：1. 第二批国家高技能人才培养示范基地（院校）名单（略）

2. 第二批国家高技能人才培养示范基地（企业）名单（略）

2008 年 8 月 12 日

人力资源和社会保障部
关于同意授予单玉石同志
“全国模范法官”荣誉称号的复函

人社部函［2008］157号

最高人民法院：

《最高人民法院关于商请审核授予单玉石同志“全国模范法官”荣誉称号的函》（法函［2008］70号）收悉。经研究，同意你院授予单玉石同志“全国模范法官”荣誉称号，享受省部级劳动模范和先进工作者待遇。

2008年8月25日

人力资源和社会保障部关于开展工伤保险联网指标上报工作的通知

人社部函［2008］176号

各省、自治区、直辖市人事厅（局）、劳动保障厅（局），新疆生产建设兵团人事局、劳动和社会保障局：

为支持工伤保险事业发展对数据精细分析管理的需要，借鉴前期联网监测的工作经验，在广泛征求各地意见的基础上，我部决定自2008年4季度起开展工伤保险联网指标上报工作。现就有关问题通知如下：

一、工伤保险联网指标内容

根据工伤保险业务特点，工伤保险联网指标从工伤保险参保、工伤认定、劳动能力鉴定、工伤保险待遇四个方面进行数据采集，共5张表、165个指标。一是采集参保单位基本情况，按不同缴费基数核算方式（主要包括工资总额、产量、营业面积或营业额、工程项目四种）采集单位参保缴费信息。二是从工伤职工角度，采集工伤职工的基本信息和工伤认定信息（包括参保人群、未参保人群）。三是从申请鉴定事项角度，采集工伤职工、因工死亡职工供养亲属、因病或非因工负伤职工的劳动能力鉴定信息。四是从待遇领取人角度，采集工伤职工、因工死亡职工供养亲属的工伤保险待遇信息。具体指标见附件1。

二、数据上报工作流程

各地市（含省本级）于每月10日（逢节假日顺延至下一工作日，下同）前完成上月数据从生产库到交换库的数据采集、审核和转换工作，利用联网软件的检查功能检查数据情况，生成数据质量检查表。每月12日前，各地市（含省本级）将交换库数据和数据质量检查表上报至省级。

各省（区、市）于每月15日前完成省级交换库全省数据的更新，利用联网软件的检查功能生成全省数据质量检查表，并将交换库数据和数据质量检查表上报至部级。

各级交换库当期数据保留到月底，每月20日之后不得进行更新和删除。

参保单位信息表、工伤职工待遇信息表、因工死亡职工供养亲属信息表，每月上报当期信息（包括当期处于参保和享受待遇状态的信息、当期新终止参保和新终止享受待遇的信息）。工伤职工及认定信息表、劳动能力鉴定信息表，每月上报历年累计和当年信息（即本地已发生和当期新发生的工伤职工信息、工伤认定信息、劳动能力鉴定信息）。

三、数据上报工作要求

（一）各地要努力推进工伤保险业务信息化水平，积极做好联网数据准备工作。要借助信息技术手段，全面支撑认定、鉴定、经办业务，努力推动一体化的信息系统建设，促进工伤认定、劳动能力鉴定、工伤保险经办业务数据的共享，实现业务和信息的联动。要加大补齐、补记数据项目的工作力度，规范数据标准，剔除无效数据，合并重复数据，确保生产库数据的准确性。各地要充分理解联网指标的内涵和要求，认真研究联网指标与本地生产库的对应关系，严格按照下发的联网指标采集标准上报数据，避免因内涵对照错误、代码不规范导致的数据漏报和错报。

（二）各地要明确联网数据的采集途径，认真做好联网数据的转换工作。已实现认定、鉴定、经办一体化系统的地区，应通过一体化信息系统统一完成采集转换。认定、鉴定由独立系统支撑并进行了电子信息记录的地区，认定、鉴定信息可从工伤认定部门、劳动能力鉴定机构采集转换。认定、鉴定、经办尚处于手工办理业务的地区，应抓紧推进各类数据的补录工作。从多个系统分别采集的信息，应在当地交换库进行合并后再行上报。数据上报之前，各地要认真制定生产库到交换库的数据转换方案，编写转换程序，并建立数据校验机制，确保数据转换准确。

（三）各地要按规定时间启动上报工作，按时规范上报数据。工伤保险联网基础指标于2008年12月开始按月上报。要将数据上报工作列入常规工作任务中，按规定的数据上报流程按时上报数据，确保上报数据的及时性、完整性、准确性。要按本地已开展的业务范围上报工伤保险数据，并结合本地信息化程度，首先做好参保单位信息和参保工伤职工信息的采集上报工作，逐步将未参保工伤职工认定信息、因病或非因工负伤职工鉴定信息采集上报。有条件的地区，应确保上报数据业务范围的完整性。

（四）各地要同步做好行政区划代码的维护工作。行政区划代码作为地区（机构）的唯一标识号，在国家标准GB/T 2260—2007基础上，根据人力资源和社会保障数据管理层级和经办机构分布特点，由部里统一规定。行政区划代码的确定原则是，有国家标准的须采用国标中的行政区划代码，国家标准不满足各地工作需要的，可按统一规则进行扩充和调整，并报部里确认后统一启用，以确保标准同步和数据完整。如遇行政区划代码国家标准调整，由部里统一确定系统中行政区划代码的调整时间。具体行政区划代码参见《关于调整养老保险联网指标和加强数据上报工作的通知》（人社部函［2008］118号）的附件2。

四、数据应用工作安排

今年的工作重点是做好交换库数据的上报工作，做好数据质量的把关，建立有效的上报工作机制。各地要按照联网指标检查参考办法检查数据的规范性，加强对数据整理工作的指导和考核力度。明年我部将下发工伤保险的主要分析主题，并将这些主题以基础分析表形式下发到软件中供各地使用。各地可将基础分析表与当前工作中的重点问题联系起来，建立分析制度，积极开展应用分析工作。

五、软件部署工作要求

为配合联网数据的采集和应用工作，我部组织开发了金保工程联网数据管理信息系统（简称联网软件），该软件采用B/S/S架构，支持各项社会保险业务联网数据的统一存储，业务部门按各自权限分别访问，支持历史数据的存储和查询，在全国免费使用。我部将于2008年10月起统一组织省级联网软件的安装部署和培训工作，请各地提前做好网络、服务器、系统软件的准备工作，具体工作要求见《关于开展金保工程部分应用软件统一实施工作的通知》（人社厅函［2008］284号）。省、自治区所辖地市的软件安装部署和培训工作，由各省、自治区负责。

六、组织工作要求

各地要积极推动金保工程业务专网的延伸连通工作，必须将专网连通到辖区内各级工伤认定部门、劳动能力鉴定机构、社会保险经办机构，确保联网数据上报和应用的有效开展。认定、鉴定机构要与经办机构做好沟通，明确和建立数据采集渠道，确保数据的衔接一致。认定、鉴定和经办机构要利用联网软件做好数据的整理、转换、检查工作。信息化综合管理机构要确保网络畅通，做好软件和数据库维护、交换库数据合并等相关技术工作。各部门要加强工作配合，明确分工，责任到人，共同做好数据上报工作。

各地务必高度重视此项工作，充分认识上传联网数据的重要意义，抓紧做好联网数据准备和软件部署工作，采取有力措施提高数据的入库率和准确率，加强数据应用，支持社会保险事业的发展需要。

各地要将工作责任人名单于9月25日前上报我部。工作中遇到有关问题，请及时与我们联系。

附件：1. 工伤保险联网指标库（表）结构及代码（略）

2. 工伤保险联网指标检查参考办法（略）

2008年9月12日

人力资源和社会保障部关于公布北京市3所高级技工学校名单的通知

人社部函［2008］186号

各省、自治区、直辖市劳动和社会保障厅（局）：

经专家评审，北京市应用职业技术学校、北京市仪器仪表技工学校和北京电子工业技工学校达到《高级技工学校标准》要求，确认为高级技工学校，现予公布。

附件：高级技工学校名单（略）

2008年9月22日

人力资源和社会保障部　财政部关于做好2008年企业工资总额同经济效益挂钩工作的通知

人社部函［2008］206号

各省、自治区、直辖市人事厅（局）、劳动保障厅（局）、财政厅（局），新疆生产建设兵团劳动保障局、财政局，国务院有关部门（机构）：

为继续做好对国有企业工资总量的宏观调控，促使企业工资增长与经济效益增长保持合理关系，加大对工资收入过高企业工资分配调节力度，现就做好2008年企业工效挂钩工作通知如下：

一、各地区和国务院有关部门要按照《关于进一步做好企业工资总额同经济效益挂钩工作的通知》（劳社部发［2003］31号）的规定和推进工资总额管理改革的要求，指导、督促国有企业建立工资与经济效益相联系的机制，使企业工资总额和工资水平增长与经济效益增长保持合理关系。

二、严格按照国家政策规定审核工效挂钩方案。对在岗职工工资水平相当于当地城镇在岗职工平均工资2倍以上的国有企业，继续按照现行政策从严审批工效挂钩方案。同时，加强对企业工资总额发放的调控，避免工资水平过快增长。对经济效益下降的企业，要严格按照国家工效挂钩政策核减企业效益工资，切实建立工资能升能降的机制。对挂钩的经济效益基数与工资总额基数倒挂的企业，要视其工资水平和经济效益情况，适当降低挂钩浮动比例。

三、对实行工效挂钩政策的企业，在批复的工资总额内从成本（费用）中据实列支实发工资，提取数大于实发数的余额，在编制年度财务决算之前应予冲回成本（费用）。

四、对已经完成公司制改造，并健全股东大会、董事会、监事会等法人治理结构的非国有控股企业，不再实行工效挂钩政策。企业应按照《公司法》《劳动法》及《劳动合同法》的有关规定，与职工代表协商确定职工的劳动报酬。

五、铁道部、水利部、民航总局、国家烟草专卖局、中国邮政集团公司等部门和企业，应于2008年10月20日前将所属企业工效挂钩方案报人力资源社会保障部和财政部审批。上报材料中需附上年劳动工资统计年报、经中介机构审计确认的会计报表或财政部门批复的年度财务决算、工资清算表及其他相关材料。对无特殊原因不按时上报工效挂钩方案的单位，国家有关部门将不予审核其当年的工效挂钩方案。

六、各省、自治区、直辖市劳动保障、财政部门可参照本通知的要求，结合当地情况制定具体实施办法，切实做好本地区2008年的企业工效挂钩工作。

七、各地区和国务院有关部门要在继续做

好2008年工效挂钩工作的同时，认真总结现行国有企业工资总额管理的经验，对改革国有企业工资总额管理办法进行研究，积极提出政策建议。

附件：2008年工效挂钩申报表（略）

2008年10月14日

人力资源和社会保障部关于开展社会保险基金财务交换库数据上报工作的通知

人社部函［2008］208号

各省、自治区、直辖市人事厅（局）、劳动保障厅（局），新疆生产建设兵团人事局、劳动保障局：

为进一步加强金保工程交换库建设，全面支持社会保险基金统计、基金监管、宏观决策等各项应用，我部决定启动社会保险基金财务交换库（以下简称财务交换库）数据上报工作，现就有关问题通知如下：

一、数据上报工作要求

（一）财务交换库数据包括记账凭证、科目余额及发生额两类财务信息，共计2张数据表，26项指标，涉及养老、失业、医疗、工伤、生育五项社会保险的13个基金账套。具体指标内容见《关于下发社会保险基金财务交换库库（表）结构及指标代码的通知》（劳社厅函［2008］82号）。

（二）各地要按照财务交换库指标的内涵和要求，认真研究财务交换库指标与本地生产库的对应关系，尽快制定生产库到交换库的数据转换方案，严格按照下发的财务交换库指标采集标准上报数据，避免因内涵对照错误、代码不规范导致的数据漏报和错报。

（三）各地要严格按照规定的数据上报流程报送数据。具体流程是：各地市（含省本级）于每月10日（逢节假日顺延至下一工作日，下同）前完成上月数据从生产库到交换库的数据采集、审核和转换工作。每月12日前，各地市（含省本级）使用财务交换库软件将交换库数据上报至省级交换库。

各省（区、市）于每月15日前完成省级交换库全省数据的更新，并将交换库数据上报至部级交换库。各级交换库当期数据保留到月底，每月20日之后不得进行更新和删除。数据上报工作利用社会保险基金财务数据采集管理信息系统（简称财务交换库软件）完成。

（四）各地要同步做好行政区划代码的维护工作。行政区划代码作为地区（机构）的唯一标识号，在国家标准GB/T 2260—2007基础上，根据人力资源社会保障数据管理层级和经办机构分布特点，由部里统一规定。行政区划代码的确定原则是，有国家标准的须采用国标中的行政区划代码，国家标准不满足各地工作需要的，可按统一规则进行扩充和调整，并报部里确认后统一启用，以确保标准同步和数据完整。如遇行政区划代码国家标准调整，由部里统一确定系统中行政区划代码的调整时间。具体行政区划代码参见《关于调整养老保险联网指标和加强数据上报工作的通知》（人社部函［2008］118号）的附件2。

财务交换库数据于2009年7月开始全面上报，有条件的地区可先行启动数据上报工作。

二、数据转换工作要求

（一）各地要努力推进社会保险业务系统与财务系统的有效对接和信息共享，逐步提高社会保险业务数据和财务数据的衔接一致性，实现社会保险基金财务精细化管理。在此基础上，逐步提高财务交换库数据的细度和准确度。

（二）各地要按照指标检查校验规则（附件 1）检查财务交换库数据的规范性，加强对数据质量工作的指导和考核力度。财务交换库软件已预制有指标检查校验规则，在数据转换和接收入库过程中将进行指标项检查和财务数据逻辑性校验，对不符合要求的数据拒绝转换或入库。

（三）数据转换的模式选择

1. 本地财务管理使用用友财务软件对于使用主流用友财务软件（R9、U8 系列）分账套核算的地区，可利用财务交换库软件在设置财务生产库和财务交换库科目对应关系后，生成财务交换库数据。

对于未分账套核算的地区，必须先将财务生产库账套拆分为符合财务交换库要求的不同账套，再使用财务交换库软件进行数据转换。

2. 本地财务管理使用非用友财务软件

对于使用非用友财务软件的地区，可使用财务交换库软件进行数据转换。此时应先在软件中自行定制当地财务软件生产库库表结构与交换库库表结构的转换关系，然后设置科目对应关系，最后进行数据转换工作。

此类地区也可使用其他数据转换工具进行数据转换。此时应先利用工具软件将财务生产库数据转换为财务交换库标准交换文件（格式要求见附件 2），然后执行部里提供的加密程序将标准交换文件作加密处理，最后通过财务交换库软件导入库中。

（四）科目对应要求

财务数据具有很强的逻辑性和关联性，为保证上下级科目间的对应关系，财务交换库采用“准末级科目存数”的方法。具体要求是：

1. 原则上，财务生产库科目应对应到财务交换库科目的最末级科目。

2. 在生产库向交换库转换过程中，如果生产库科目无法对应到某一交换库明细科目，允许对应到该交换库明细科目的上级科目。

3. 对于同一地区的同一账套，不允许出现“存在上下级关系的财务交换库科目”同时存数的情况，上级科目的余额必须从存数的下级科目汇总得到，如财务交换库的 401 科目、40101 科目和 4010101 科目不能同时存数。

三、软件部署工作安排

我部组织开发的财务交换库软件采用 C/S 架构，支持财务交换库数据的统一存储，业务部门按各自权限分别访问，支持历史数据的存储和查询，提供了数据转换功能，在全国免费使用。我部将于 2008 年年底前统一组织省级财务交换库软件的安装部署和培训工作，请各地提前做好网络、服务器、系统软件的准备工作，具体工作要求见《关于开展金保工程部分应用软件统一实施工作的通知》（人社厅函[2008] 284 号）。省、自治区所辖地市的软件安装部署和培训工作，由各省、自治区负责，所需费用应纳入当地金保工程项目预算。

四、加强组织协调工作

各地要积极推动业务专网的延伸连通工作，必须实现本级数据中心与辖区内各级社会保险经办机构的网络连接。在日常工作中，社会保险经办机构要利用财务交换库软件，配合做好数据的整理、检查工作，信息化综合管理机构要确保网络畅通，做好软件和数据库维护等相关技术支持工作。两部门要加强工作配合，明确分工，责任到人，共同做好数据的转换和上报工作。

请各地务必高度重视此项工作，充分认识上传财务交换库数据的重要意义，抓紧做好财务交换库数据准备和软件部署工作，采取有力措施提高数据的入库率和准确率，同时要把当前工作的重点问题与数据应用分析紧密结合起来，定期利用财务交换库数据开展应用分析工作，支持社会保险事业的发展需要。

各地要将工作责任人于10月30日前上报部里。在工作中有什么情况和问题，请及时与我们联系。

附件：1. 财务交换库指标检查校验规则（略）

2. 财务交换库标准交换文件格式说明（略）

2008年10月22日

人力资源和社会保障部　中华全国总工会　共青团中央　中华全国妇女联合会　中国残疾人联合会关于开展全国就业援助周活动的通知

人社部函［2008］274号

各省、自治区、直辖市人事厅（局）、劳动保障厅（局）、总工会、共青团、妇联、残联，新疆生产建设兵团人事局、劳动保障局、工会、共青团、妇联、残联：

为应对世界经济金融危机，稳定我国就业局势，进一步做好就业困难人员就业援助工作，按照《关于开展2009年就业服务系列活动的通知》（人社部发［2008］116号）要求，在各地开展就业援助系列活动的基础上，定于2009年1月10日至16日组织开展全国就业援助周活动。现将有关事项通知如下：

一、活动主题

“就业援助你我他，真情相助渡难关”。

二、援助对象

根据当地规定认定的就业困难人员、“零就业家庭”成员、城镇新登记失业人员。

三、活动时间

2009年1月10日至16日。

四、活动内容

（一）登记认定援助对象。依托街道、社区公共就业服务机构和社会团体基层组织，集中宣传就业援助政策，使辖区内每个有失业人员的家庭都能了解当地就业援助的对象范围、认定标准、登记办法和可享受的扶持政策。对符合条件尚未登记的就业援助对象，及时组织其到街道、社区公共就业服务机构进行登记认定，纳入援助范围。

（二）开展入户调查家访。对辖区内所有就业困难人员、零就业家庭和新失业的人员进行一次普遍的入户家访，了解其面临的具体困难和就业需求，提供有针对性的政策咨询、职业指导和就业信息服务，帮助其尽早实现就业。

（三）提供即时岗位援助。提前搜集一批适合援助对象的就业岗位，更多地开发适合的公益性岗位，通过在援助周期间集中发布岗位信息、组织专场招聘活动、送岗位到家等多种形式，帮助一批援助对象实现就业再就业。

（四）落实就业扶持政策。在援助周期间对援助对象享受就业扶持政策情况进行一次全面检查，重点解决社会保险补贴、岗位补贴等政策的落实问题，促进其实现稳定就业。

（五）实施后续跟踪服务。对于在援助周期间难以直接解决就业困难的援助对象，要为其量身订制援助计划，确定专门人员，落实责任，实施“一对一跟踪帮扶”，帮助他们在后续就业援助系列活动中实现就业。

（六）开展主题日活动。各地可在当地就业服务系列活动领导小组的统一安排下，在援助周活动期间有选择地开展“残疾人援助主题日”“妇女援助主题日”“零就业家庭援助主题日”“政策落实主题日”等主题日活动，集中解决一批就业援助对象的就业问题。

五、活动要求

（一）各地劳动保障（人力资源社会保障，下同）、工会、共青团、妇联、残联等部门和组织要在就业服务系列活动领导小组的统一领导下，制定统一的援助周活动方案，做好政策宣传和开展就业援助的准备工作，明确各自分工负责的主要工作，共同组织入户调查家访活动，并按分工合作原则，对各类援助对象实施有针对性的就业援助，确保援助周活动取得实效。援助周期间，各级劳动保障、工会、共青团、妇联、残联等部门和组织的相关领导应结合本部门、组织的重点服务工作内容，有选择地参加到一线服务活动中，组织引导当地媒体广泛宣传。

（二）各地劳动保障部门要做好援助周活动的统筹协调工作，在确定援助对象、开发公益性岗位、落实就业扶持政策等方面提供指导和帮助。要结合援助周活动，建立健全就业困难人员和零就业家庭登记认定制度和“一对一帮扶”就业援助制度，做到“随时出现、随时认定、及时帮扶”。对因经济金融危机新失业的人员要及时纳入服务范围，针对其自身特点提供专门服务。要按规定落实相关扶持政策。对就业困难人员中已在公益性岗位就业的，要检查其享受的社保补贴和岗位补贴是否落实；对灵活就业的，要组织其申报就业，参加社会保险，并帮助其落实社保补贴。

（三）各地工会组织要重点开展对困难职工状况的摸底调查，了解掌握当地企业裁减人员动态，摸清因企业关闭停产或裁员而失去工作的城镇新失业人员情况，及时将他们纳入困难职工档案。在工会两节期间送温暖活动中开展“送岗位”“送培训”等活动，积极为经过技能培训的人员介绍工作岗位，帮助他们实现就业再就业。

（四）各地共青团组织要进一步摸清青年，特别是高校毕业生的就业状况，充分发挥团组织网络优势，为青年与用工地区和企业搭建及时、有效的对接平台，为青年提供就业创业见习岗位；组织青年企业家进校园、社区、农村，为青年提供就业创业服务；积极宣传青年创业扶持政策。

（五）各地妇联要对援助对象中的女性进行专门统计，结合就业困难妇女自身特点，组织女企业家、女创业带头人和用工单位，有针对性地提供就业信息、就业指导、技能培训和岗位服务，引导帮助特困妇女群体在社区公益性岗位、家政服务和手工编织等领域实现就业。要通过女性报刊、杂志、网络及面对面宣传等多种方式，帮助妇女了解相关政策法律，维护自身合法权益。

（六）各地残联组织要对援助对象中的残疾人进行专门统计，筹备并组织开展“送岗位（购买岗位或开发公益岗位）、送培训、送（创业）资金”的“春风送暖助残”活动；继续组织实施“三个一”工程，确保零就业残疾人特困家庭在就业援助周能够得到“一次职业介绍服务、一次培训机会和一次物质性援助”。

（七）各地劳动保障、工会、共青团、妇联、残联等部门和组织要结合自身职能，做好相关统计，筹备好主题活动日，及时沟通工作进展情况，汇总上报本部门、本系统相关工作进展情况。请各地劳动保障部门于2009年1月22日前，将就业援助周活动情况总结和统计表（见附件）报人力资源和社会保障部。

附件：就业援助周活动情况统计表（略）

2008年12月30日

人力资源和社会保障部关于全国人力资源和社会保障系统支持地震灾区做好抗震救灾工作的通知

人社部明电［2008］3号

各省、自治区、直辖市人事厅（局）、劳动和社会保障厅（局）：

5月12日，四川省阿坝藏族羌族自治州汶川县发生7.8级强烈地震，灾害损失十分严重。灾情发生后，党中央、国务院高度重视，胡锦涛总书记立即作出重要指示，要求尽快抢救伤员，确保灾区人民群众生命安全。温家宝总理赶赴地震灾区，现场指挥抗震救灾工作。中共中央政治局常务委员会召开会议，全面部署当前抗震救灾工作。

全国人力资源和社会保障系统要积极响应中央号召，大力发扬“一方有难、八方支援”的精神，全力支持灾区人民做好抗震救灾工作。灾区人力资源和社会保障系统干部职工要坚持人民利益高于一切，急人民群众之所急，解人民群众之所难，奋不顾身地投入到抗震救灾第一线，把党和政府的关怀送到受灾群众中去，万众一心、众志成城，迎难而上、百折不挠，夺取抗震救灾工作的胜利。

一、全国人力资源和社会保障系统要以实际行动对口支援四川等受灾省市人事、劳动保障系统开展抗震救灾工作，发动广大干部职工踊跃捐款。人力资源和社会保障部机关事业单位首批捐款123万元，支持四川省人事、劳动保障部门开展抗震救灾工作。

二、受灾地区人事和劳动保障部门要及时了解本系统受灾情况，关心、帮助、慰问在地震中受灾的干部职工及其家属。要特别关注在灾区从事“三支一扶”工作的高校毕业生有关情况，及时做好相关救助工作。对正在开展的人力资源市场招聘、专业技术人员资格考试等涉及人员较多、范围较广的工作，要从抗震救灾大局出发，及时妥善加以处理。

三、受灾地区多为农民工输出大省，有关省市要特别做好来自地震灾区农民工的有关工作，积极帮助他们排忧解难，有针对性地做好思想工作，维护社会稳定。

四、受灾地区要按照“特事特办”的原则，对因灾伤亡的参保人员在医疗和工伤保险的报销范围、比例和资金使用等方面给予照顾。

五、受灾地区人事部门要及时掌握抗震救灾第一线涌现出来的先进集体和个人的突出事迹，会同有关部门适时予以表彰奖励。

六、各地要加强应急值守工作，确保联络畅通。要加强正面引导，教育干部职工严守政治纪律、工作纪律，不信谣、传谣，认真做好稳定人心的工作。

2008年5月13日

人力资源和社会保障部关于做好抗震救灾期间农民工工作的紧急通知

人社部明电［2008］4号

各省、自治区、直辖市、新疆生产建设兵团农民工工作协调机构，国务院农民工工作联席会议各成员单位：

2008年5月12日14时28分，四川省阿坝藏族羌族自治州汶川县等地发生了7.8级地震。灾情发生后，党中央、国务院高度重视，胡锦涛总书记主持召开中央政治局常务会议，全面部署当前抗震救灾工作，温家宝总理亲赴地震灾区指挥抗震救灾工作。

四川是农民工输出大省，全省农民工2 000多万，其中，1 000多万遍布全国各地，地震波及的重庆、宁夏、甘肃、陕西、山西等地也有大量的农村劳动力在外务工经商。地震发生后，广大农民工极为牵挂自己的家乡和亲属，迫切希望与家人取得联系，及时返乡抗震救灾和重建家园，希望得到党和政府以及社会各界的关心、关爱和大力支持。为做好抗震救灾期间的农民工工作，现就有关事项通知如下：

一、充分认识做好抗震救灾期间农民工工作的重大意义

这次地震灾情特别严重，人员伤亡和财产损失特别巨大，抗震救灾工作时间特别紧迫，各级政府和各有关部门责任特别重大，任务特别艰巨。各地农民工工作协调机构和国务院农民工工作联席会议办公室各成员单位要切实按照党中央和国务院的要求，把保护人民生命财产安全放在第一位，充分认识做好抗震救灾工作，特别是做好灾区外出农民工工作，对维护广大农民工的权益、保持社会稳定等方面的重大意义。

二、全力做好抗震救灾期间的各项农民工工作

各地各有关部门要切实加强组织领导，迅速采取各种有力措施，从自身的职责出发，结合本地区、本部门的实际情况全力做好抗震救灾期间的农民工工作。一是要尽快摸清来自灾区，特别是重灾区的农民工在本地区的数量和生产生活情况。受灾地区的农民工工作协调机构要组织力量深入抗震救灾第一线，摸清来自外地和本地就近转移的农民工情况。二是针对在本地的灾区农民工的具体情况和要求，制定相应的工作措施。三是认真做好在本地的灾区农民工的思想工作和安抚工作，努力解决他们在生活中遇到的各种困难，从感情上、生活上切实关心、关爱农民工，保持他们的思想和生活的稳定。四是对灾区来的农民工提供相应的支持和服务。对非重灾区的农民工，要采取各种措施，帮助他们与家乡保持通畅的联系；对有返乡意愿的重灾区农民工，要设法提供交通上的便利，保证他们能够尽快返乡。五是受灾地区的农民工工作协调机构，要积极协调各有关部门照顾好灾区留守老人和儿童的生活，帮

助受灾地区的农民工重建家园。六是切实加大维护农民工合法权益的工作力度，严厉查处拖欠、克扣农民工工资的行为，确保农民工工资按时足额发放。妥善处理好抗震救灾期间农民工与用人单位的劳动关系，保证灾区农民工能够及时返乡和顺利重返工作岗位。

三、加强抗震救灾期间农民工工作情况通报和宣传

各地农民工工作协调机构要积极协调有关部门，及时了解情况，通报信息，并尽快将灾区农民工在本地务工的情况和要求，以及相应的工作安排上报国务院农民工办；遇有紧急、重大情况随时上报。同时，采取多种形式做好宣传工作，加强对农民工的舆论引导，使农民工感受到党和政府关注民生、保障民生，切实维护农民工利益的决心和信心。

2008 年 5 月 14 日

人力资源和社会保障部关于认真做好地震灾区救灾期间基本医疗保险和工伤保险工作的紧急通知

人社部明电［2008］5号

各省、自治区、直辖市劳动保障厅（局）、人事厅（局）：

根据5月12日中央政治局常委会议精神，按照《关于全国人力资源和社会保障系统支持地震灾区做好抗震救灾工作的通知》（人社部明电［2008］3号）的要求，为确保地震灾区受伤人员得到及时有效的医疗救治，现就做好救灾期间医疗保险和工伤保险工作紧急通知如下：

一、各受灾地区劳动保障部门和社会保险经办机构要坚持人民利益高于一切，急人民群众之所急，解人民群众之所难，按照“特事特办”的原则，采取有力措施，深入医疗救治第一线，全力做好地震救灾期间的医疗保险和工伤保险管理服务工作，保证救治工作的顺利开展。

二、要切实保障因灾受伤参保人员的医疗保障待遇。对急救、抢救必需的药品及诊疗项目，各地可将其纳入医疗保险和工伤保险基金的支付范围。受伤参保人员在非定点（协议）医疗机构救治所发生的医疗费用，应视同定点（协议）医疗机构，按规定予以支付。

三、要及时做好参加抗震救灾工作人员的工伤认定工作。凡参加此次抗震救灾的干部职工，包括国家机关、各类企事业单位工作人员、医疗卫生工作人员和其他职工，在抗震救灾工作中伤亡的，要及时认定为工伤。要切实简化工作程序，积极主动为工伤人员的工伤认定和待遇支付等提供全面高效的服务。

四、要切实保障参保人员因灾受伤救治医疗费用的支付。符合医疗保险支付规定的费用，各地要做好结算服务，及时拨付。

对于抢救工伤职工的医疗救治费，要及时优先从工伤保险基金中支付。对于抗震救灾牺牲的工亡职工，要及时对其遗属支付一次性工亡补助金和其他工亡待遇。对因支付在震灾中因工伤亡职工工伤待遇出现基金不足的地区，当地或上一级劳动保障部门要及时调用工伤保险储备金或调剂金，确保抗震救灾伤亡人员工伤保险待遇的及时和足额支付。

五、外地参保人员在此次地震中受伤的，其医疗待遇的支付参照上述规定执行，参保地医疗保险部门要保证其医疗待遇的落实。对救治需要跨地区就医的受灾地区参保人员，就医地社会保险经办机构要协助做好相关的服务管理工作。

受灾地区省级劳动保障部门要及时了解统筹地区医疗保险、工伤保险服务管理和基金使用情况，重大问题及时报告我部。

2008年5月14日

人力资源和社会保障部关于进一步做好抗震救灾期间农民工工作的通知

人社部明电［2008］6号

各省、自治区、直辖市、新疆生产建设兵团农民工工作协调机构，国务院农民工工作联席会议各成员单位：

2008年5月12日四川汶川地震发生后，根据党中央、国务院关于抗震救灾的部署，国务院农民工工作联席会议办公室发出了《关于做好抗震救灾期间农民工工作的紧急通知》（人社部明电［2008］4号）。各地农民工工作协调机构和各有关部门立即行动，及时了解来自灾区的农民工在本地区的工作和生活情况，采取各种措施，提供通讯和交通便利，协助他们与家人联系；对重灾区农民工，积极帮助他们返乡抗震救灾和重建家园，对坚守工作岗位的灾区农民工进行安抚，维护了来自灾区农民工的稳定。针对当前来自灾区农民工的实际情况，为进一步做好抗震救灾和重建家园期间的农民工工作，各级农民工工作协调机构要充分发挥组织协调作用，在前一段工作的基础上，继续做好对灾区农民工的安抚和服务等工作：

一、进一步做好安抚工作

迅速组织工作人员，深入来自灾区农民工比较集中的企业，及时掌握坚守工作岗位的灾区农民工的工作和生活情况，通过安抚和组织座谈等多种形式，对灾区农民工开展慰问活动。主动了解灾区农民工家乡、家人和财产损失情况，通过组织捐款捐物，解决其生活困难。会同有关部门，在企业和社区建立“亲情热线”等通信渠道，帮助农民工与家乡保持联系。利用宣传栏等形式及时通报抗震救灾最新动态和信息，稳定灾区农民工的思想情绪。

二、继续为返乡农民工提供便利

对要返乡的灾区农民工，在做好他们思想工作的同时，积极提供各种交通便利。对返乡农民工要足额支付工资，帮助农民工购买车船票，有条件的地区可以组织专门运送农民工的车辆。交通枢纽地区要切实维护好公共秩序，组织安排运力，积极做好灾区农民工的输送工作。

三、保持劳动关系的基本稳定

要积极引导各类用工单位加强社会责任感，对返乡灾区农民工要在经济上和工作安排上给予援助。原则上，不能因抗震救灾而解除劳动关系，各类用工单位要尽力帮助他们能够重返工作岗位，确保他们回来后能够顺利就业和稳定就业。

四、积极帮助灾区农民工实现就业

各地特别是受灾地区的公共就业服务机构，要结合当地抗震救灾和重建家园的实际需要，搞好农民工的就业服务工作，积极帮助灾区农民工实现转移就业，重建家园。在灾区农民工较为集中地方，要积极开展“春暖行动”，按照适合农民工特点的简易文本签订劳动合同，维护灾区农民工的合法权益。

五、进一步加强信息沟通和宣传工作

要向农民工公布热线服务电话，接受农民工的诉求，积极与媒体沟通联系，采取多种形式，宣传党和政府抗震救灾的各项决策，宣传优秀农民工和用人单位在抗震救灾期间的典型事迹，加强对农民工和全社会的舆论引导，使农民工切实感受到党和政府以人为本的关怀，鼓励农民工增强信心，战胜困难。

请各地区各部门将抗震救灾期间的农民工工作新情况、新问题，特别是重大紧急问题及时向国务院农民工工作联席会议办公室反映。

2008 年 5 月 20 日

人力资源和社会保障部关于对地震灾区开展技工培训援助的通知

人社部明电［2008］7 号

各省、自治区、直辖市劳动和社会保障厅（局）：

为帮助灾区失学学生继续完成学业，支持灾区技工院校加快重建，人力资源和社会保障部决定组织全国技工院校对地震灾区开展援助。现就有关事项通知如下：

一、援助灾区技工院校在校生继续完成学业。请各省劳动保障部门组织本省国家重点以上技工院校，积极接收灾区学生到本校对口专业学习，具体名额见附件。负责接收学生的技工院校要积极提供帮助，有关学费、生活费等费用按照国家统一政策规定执行。

二、援助灾区孤儿就读技工院校。对在此次地震中成为孤儿并有意愿就读技工院校的初、高中毕业生，组织到各地技工院校学习。各省劳动保障部门要组织国家重点以上技工院校做好接收灾区孤儿就读的准备，通过实施二至三年的技工教育，使他们掌握专业技能，并通过提供就业服务，帮助其实现就业。

三、搞好援助对接。四川省劳动保障部门要尽快汇总灾区技工院校在校生的数量、专业和适龄孤儿中有意愿上学者的数量，积极做好与提供援助的其他省份的沟通、协调与衔接工作，确保将被援助学生安全、有序地输送到援助地。同时，要建立定期联系制度，跟踪了解本地学生在援助地技工院校的学习和生活情况。甘肃、陕西、重庆、云南等省要指导本省灾区中具备条件的学校尽快恢复正常教学，同时，对于因受灾失学的学生，要安排省内其他技工院校接收到对口专业学习，确保其顺利完成学业。

四、落实救助任务。各技工院校特别是国家重点以上技工院校要积极承担援助任务，国家重点以上技工院校接收学生原则上不少于10 人。接收学生就读的专业应按照与原学专业有联系、就业前景好和易于推荐就业的原则确定。要采取有效措施，妥善安排好接收学生的学习和生活，对他们给予更多的关爱，鼓励他们努力学习，自强不息。

五、援助灾区技工院校灾后重建。为帮助灾区技工院校尽快重建校园，请各省劳动保障部门按我部统一安排，制定支持灾区技工院校灾后重建援助方案，并组织本省技工院校做好募集教材、教具、实训设备设施等准备工作，用于灾区技工院校恢复重建。

六、加强组织领导。我部成立专门的协调小组，负责本次活动的规划部署和组织推动，协调做好援助灾区技工院校在校生继续学业工作，制定援助灾区孤儿就读技工院校以及援助灾区技工院校重建等方案计划，协调财政部、发改委等部门给予相应支持。各省级劳动保障部门也要成立相应的领导小组，负责制定本省援助任务的具体方案，指导技工院校落实好援助任务，并指定专人做好联系、协调和服务工作。请各省务必于5月30日前，将拟接收灾区技工院校在校生就读的学校名单、接收专业和人数报我部。

附件：接收四川省地震重灾区技工院校在校生名额分配表（略）

2008年5月22日

人力资源和社会保障部　财政部关于对地震灾区实施就业援助的通知

人社部明电［2008］8号

各省、自治区、直辖市劳动和社会保障厅（局）、财政厅（局）：

为了帮助地震灾区因灾失去工作岗位的劳动者尽快恢复就业，按照党中央、国务院全面做好抗震救灾工作的统一部署，人力资源和社会保障部、财政部决定，对地震灾区组织实施就业援助行动。现将有关事项通知如下：

一、地震灾区要大力开展就业援助工作

（一）地震灾区要把就业援助与抗震救灾紧密结合起来。根据实际情况，将因地震灾害而出现的就业困难人员按规定及时纳入就业援助的对象范围。具体对象范围由灾区所在省级人民政府规定。

（二）大力开发公益性岗位，实施就业援助。灾区各级劳动保障部门要按照本地政府的统一安排，将本地就业困难人员（不含志愿者）正在参与的抗震救灾工作，如卫生防疫、环境清理、物资搬运、伤员看护、治安维护等，按规定纳入公益性岗位认定范围，时限为三个月。同时，结合抗震救灾和灾后重建工作的进程，继续开发一批公益性岗位，组织就业困难人员上岗就业。对从事公益性岗位工作的就业困难人员，要落实就业援助的相关政策，按规定提供岗位补贴和社会保险补贴。

（三）大力扶持受灾企业重建，鼓励企业积极吸纳就业困难人员。灾区受灾企业重建中吸收就业困难人员的，可按规定享受税费减免等优惠政策，并按规定给予相应的社会保险补贴。

（四）鼓励受灾劳动者自谋职业、自主创业和组织起来就业。个体工商户因灾中断营业后重新开业的，按国家规定享受相应优惠政策。从事灵活就业的就业困难人员，按规定享受社会保险补贴政策。符合有关残疾人就业优惠政策规定条件的，按规定享受现行增值税、营业税、企业所得税、个人所得税等税收优惠政策。

（五）对受灾劳动者及时给予小额担保贷款扶持。对因灾中断营业后重新开业的个体工商户，经营资金短缺且符合小额担保贷款条件的，按规定积极给予贷款扶持。对因地震灾害造成原借款人死亡、丧失劳动能力，以及经营场所被毁坏的，借款人的原贷款额度可按规定列入呆坏账，按照小额担保贷款管理和金融企业呆账核销的有关规定处理。

（六）优先保证灾区零就业家庭至少一人就业。对地震灾害造成的零就业家庭，劳动保障部门要指定专人帮扶，综合运用各项就业服务措施和扶持政策，确保实现至少一人就业。

二、各地劳动保障部门要积极开展对灾区劳动者的就业服务

（七）各地劳动保障部门要抓紧摸清来自灾区特别是重灾区的农民工在本地区的人数和

工作生活情况，按照国务院农民工工作联席会议办公室《关于做好抗震救灾期间农民工工作的紧急通知》（人社部明电［2008］4号）要求，有针对性地采取措施，做好服务和安抚工作，提供切实的支持和保障，务求落实到每一个灾区农民工身上。

（八）各地公共就业服务机构要收集一批适合灾区务工者的岗位信息，积极与灾区劳动保障部门联系，适时将岗位信息送到灾区，开展有组织的劳务输出。各地公共就业服务机构对灾区外出务工劳动者要实行专门帮扶，提供全程免费就业服务，即时提供岗位信息，力争使其尽快获得基本符合愿望的就业岗位。

（九）各地劳动保障部门可联系灾区劳动保障部门，对有技能培训需求的灾区劳动者，开展技能培训和职业技能鉴定，并按规定享受培训补贴和鉴定补贴政策。

（十）鼓励各地企业吸纳灾区劳动者。企业吸纳灾区劳动者的，按规定享受相关优惠政策。

（十一）各地公共就业服务机构要积极支援灾区公共就业服务机构重建工作。各地可按人力资源和社会保障部统一部署安排，与灾区建立固定联系，为公共就业服务机构重建中的基础设施建设、信息系统建设、人员能力建设等方面提供支持。灾区所在省份劳动保障部门应确定专门机构，统筹安排援建工作。

三、加强领导，精心组织

（十二）各地劳动保障、财政部门要充分认识对地震灾区实施就业援助工作的重要意义，将其作为当前一项重要工作任务，以高度的政治责任感，带着对灾区人民的深厚感情，认真抓好抓实。各省级劳动保障部门要专门成立领导小组，研究制定援助具体方案，认真组织实施。

（十三）地震灾区劳动保障部门要协调有关部门，确定受灾劳动者身份，并发放相关证明，以便及时落实扶持政策。

（十四）地震灾区的就业援助所需资金，按规定从就业专项资金列支。

（十五）地震灾区所在省就业援助情况，以及各省对灾区就业帮扶的情况，请在今年内于每月月底前报人力资源和社会保障部。

2008年5月23日

人力资源和社会保障部关于全力做好地震灾区“三支一扶”大学生救助与就业工作的通知

人社部明电［2008］9号

各省、自治区、直辖市人事厅（局）、劳动保障厅（局），新疆生产建设兵团人事局、劳动保障局：

2008年5月12日四川汶川地震发生后，根据党中央、国务院关于抗震救灾的部署，人力资源社会保障部紧急下发了《关于全国人力资源和社会保障系统支持地震灾区做好抗震救灾工作的通知》（人社部明电［2008］3号）和《关于认真做好地震灾区救灾期间基本医疗保险和工伤保险工作的紧急通知》（人社部明电［2008］5号）等文件，要求“特别关注在灾区从事‘三支一扶’工作的高校毕业生的有关情况，及时做好相关救助工作”。针对目前灾区“三支一扶”大学生的实际情况，为进一步做好抗震救灾和生产恢复阶段的“三支一扶”大学生的救助、就业等工作，现就有关事宜通知如下：

一、进一步核实情况，保持联络畅通

各受灾地区人事部门要指派专人，认真核实受灾地区“三支一扶”大学生的伤亡情况及财产损失情况，及时掌握坚守工作岗位的“三支一扶”大学生的工作生活情况，并将抗震救灾期间“三支一扶”工作的有关情况和问题，特别是重大紧急问题随时向全国“三支一扶”工作协调管理办公室报告。要保证与受灾地区“三支一扶”大学生的联络畅通，确保在第一时间掌握新情况。

二、切实做好地震灾区“三支一扶”大学生的救助工作

在摸清受灾地区“三支一扶”大学生的工作生活情况后，积极与他们取得联系，在条件允许的情况下，开展慰问活动，并及时帮助他们解决遇到的各种问题。对在地震灾害中遭受财产损失，生活面临困难的“三支一扶”大学生，要拨出专款，给予必要的生活补助。要切实做好在抗震救灾及地震灾害中伤亡的“三支一扶”大学生善后工作，除做好人身意外伤害保险赔付外，可参照《工伤保险条例》规定的标准，给予工伤、工亡社会保险待遇，所需经费协调省级财政支付。要加强对参加抗震救灾和灾后重建的“三支一扶”大学生的安全教育，避免产生新的伤亡。要加强对各项救助措施的监督检查，保证落实到位，充分体现各级组织的关心和爱护。

要主动关心家乡在灾区的“三支一扶”大学生的工作和生活情况，协助他们与家人联系，了解其家人状况和财产损失情况，对需要帮助的，要协调有关方面予以解决，稳定家在灾区“三支一扶”大学生的思想情绪。

三、组织和引导“三支一扶”大学生积极投身抗震救灾和灾后重建工作

按照各级党委政府关于抗震救灾的部署，

受灾地区政府人事部门要组织“三支一扶”大学生以各种有效的方式投入抗震救灾和灾后重建工作，可根据他们的专长，安排在灾区急需的教学、医疗卫生等岗位上充分发挥作用。要及时总结、广泛宣传“三支一扶”大学生在抗震救灾中的先进典型事迹，动员更多的“三支一扶”大学生以自己的实际行动，为抗震救灾和灾后重建工作作出新的贡献。

四、努力抓好灾区“三支一扶”大学生的就业服务

在抗震救灾、恢复生产的同时，要积极采取措施，做好今年地震灾区服务期满的“三支一扶”大学生就业工作。要结合灾区人才需求的实际，将“三支一扶”大学生的就业服务工作纳入恢复重建的总体部署，按照有关文件精神，抓好各项就业优惠政策的落实。要广开渠道，努力提供较多的就业岗位。灾区党政机关招考公务员和事业单位招录工作人员时，对经受抗震救灾考验表现突出的“三支一扶”大学生，要优先招录。对因灾失去双亲、因灾致残但未完全丧失工作能力的“三支一扶”大学生，要确保其就业。

2008 年 6 月 2 日

人力资源和社会保障部 公安部 监察部 民政部 国土资源部 卫生部 国家工商行政管理总局 国家安全生产监督管理总局 全国总工会关于开展整治非法用工打击违法犯罪专项行动的通知工作座谈会上的讲话

人社部明电［2008］10号

各省、自治区、直辖市人事、劳动保障、公安、监察、民政、国土资源、卫生、工商行政管理、安全生产监督管理厅（局）、总工会：

为加强对企业劳动用工和流动人口的监管，切实维护劳动者的合法权益，人力资源和社会保障部、公安部、监察部、民政部、国土资源部、卫生部、国家工商行政管理总局、国家安全生产监督管理总局、全国总工会研究决定，于2008年6月15至7月15日，以劳动密集型中小企业、城乡结合部和乡村企业，特别是乡村小砖窑厂、小煤矿、小矿山、小作坊为重点，在全国范围内继续组织开展为期一个月的整治非法用工、打击违法犯罪专项行动（以下简称专项行动）。现就有关事项通知如下：

一、专项行动内容和重点

专项行动要对全国劳动密集型中小企业、城乡结合部和乡村企业，特别是乡村小砖窑厂、小煤矿、小矿山、小作坊等场所的下列情况进行全面排查：

（一）依法领取证照的情况，包括工商登记、税务登记及资源许可、生产许可、安全许可等；

（二）劳动用工的基本情况，包括招用人员的数量、来源、招用渠道等；

（三）执行劳动保障法律法规的情况，包括劳动合同签订、工资支付、社会保险、工时休假、生产安全、职业卫生、女职工和未成年工劳动保护等；

（四）违法犯罪情况，包括拐骗农民工和智障人员、使用童工、限制人身自由、强迫劳动、故意伤害等。

二、具体工作安排

专项行动分三个阶段进行：

一是宣传阶段（6月15日至6月20日）。采用多种形式，广泛宣传开展整治非法用工、打击违法犯罪专项行动的重要意义，普及《劳动法》《劳动合同法》《义务教育法》《治安管理处罚法》《职业病防治法》《刑法》《劳动保障监察条例》《禁止使用童工规定》《女职工劳动保护规定》等法律法规知识，在全社会营造维护劳动者合法权益的良好氛围。

二是执法检查阶段（6 月 21 日至 7 月 10 日）。各级劳动保障、公安、监察、民政、国土资源、卫生、工商行政管理、安全生产监督管理、工会等部门和组织要组成联合执法检查组，集中力量对重点检查对象进行检查，对发现的问题，要及时进行调查处理。

三是总结分析阶段（7 月 11 日至 7 月 15 日）。各地要及时汇总专项行动开展情况并按要求报送书面总结。

三、具体工作要求

（一）高度重视，切实加强组织领导

地方各级劳动保障、公安、监察、民政、国土资源管理、卫生、工商行政管理、安全生产监督管理、工会等部门和组织要从实践“三个代表”重要思想、落实科学发展观、构建和谐社会的高度，充分认识开展专项行动的重要意义，高度重视，精心组织，切实组织好专项行动。

人力资源和社会保障部牵头，公安部、监察部、民政部、国土资源部、卫生部、工商行政管理总局、安全生产监督管理总局和全国总工会参加，组成全国整治非法用工、打击违法犯罪专项行动领导小组，领导小组办公室设在人力资源和社会保障部。各地劳动保障等部门要切实加强对这项工作的组织领导。按照本通知的要求，研究确定本地区专项行动的目标任务，制定专项行动工作方案，分解落实工作任务，充实一线检查人员，组成联合执法检查组，认真开展执法检查。专项行动中发现的问题要及时解决，重大问题要随时向领导小组报告。要加强对基层专项行动开展情况的督促检查。国务院有关部门将组成联合督查组赴有关省市就专项行动开展情况进行督促检查。

（二）分工负责，认真排查

地方劳动保障部门对非法用工及违法使用童工等案件要及时进行调查，依法作出行政处理或处罚，并将无合法证照的非法用工情况通报工商部门予以查处取缔；对劳动合同签订、工资支付、社会保险等方面的违法违规问题要依法处理。公安部门要对违法扣留各种身份证件，或者以暴力、威胁、限制人身自由等手段强迫劳动，侮辱、体罚、殴打、非法搜查和拘禁农民工，拐骗农民工，拖欠工资涉嫌逃匿等违法犯罪行为依法查处。工商行政管理部门要会同有关部门检查并取缔无证照的生产加工窝点。国土资源管理部门要依法严厉打击无证采矿行为，加强对矿产资源开发的监督管理。安全生产监管部门要进行相关的安全检查，对不具备安全生产条件和无安全生产许可证的，依法提请地方人民政府予以取缔关闭。卫生部门要检查并查处用人单位违反职业健康监护、建设项目职业卫生审查制度有关规定的行为，配合劳动保障部门坚决惩处非法雇用未成年工从事存在职业病危害作业的行为。民政部门要对专项行动中发现的受害人给予及时救助，帮助寻找监护人并落实监护责任，对其中的困难家庭，提供生活上的帮助。监察机关要对专项行动中发现的公职人员失职渎职、参与非法经营，以及涉嫌搞权钱交易、充当“保护伞”等腐败问题进行调查，并按照有关规定严肃处理。工会组织要加强乡镇、村、企业的基层组织建设，开展贯彻实施劳动保障法律法规情况的监督活动，对拒绝改正违法行为的，要及时提请有关部门处理。

各地区、各有关部门要组成联合执法检查组，充实一线检查人员，明确工作区域和工作责任，对所辖区域内的劳动密集型中小企业、城乡结合部和乡村企业，特别是乡村小砖窑厂、小煤矿、小矿山、小作坊等进行全面排查，发现问题依法严肃处理。要将主动检查、受理举报投诉和社会舆论监督结合起来，指定专项行动投诉举报电话并向社会公布，认真受理投诉举报。充分发动和依靠乡镇、村等基层

组织的力量，加强组织协调，力争做到排查全面彻底，不留死角。

（三）进一步加强法制宣传教育，做好舆论引导

要结合专项行动，采用多种方式，深入开展法制宣传教育活动，引导乡村基层组织处理好发展地方经济和依法保护劳动者合法权益的关系，提高各部门特别是基层组织及人员的法律素质和依法行政水平，强化各类用工单位特别是个体、私营企业守法诚信、依法用工的意识，增强劳动者特别是农民工、女职工和未成年工依法维护自身合法权益的意识和能力，努力在全社会营造维护劳动者合法权益的氛围。

要加强与党委宣传部门的沟通配合，搞好舆论引导，宣传好的典型，曝光违法企业，防止将个别案例炒成热点，维护社会稳定。

（四）部门协调配合，逐步建立长效机制

各有关部门在专项行动中要密切配合，加强协作。对专项行动中发现的问题，要及时进行分析，总结经验教训，进一步完善制度，逐步建立长效机制。劳动保障部门要进一步加强劳动用工管理，切实落实用人单位招用人员登记核查制度和劳动用工备案制度，全面建立乡镇劳动管理服务机构。要强化劳动保障监察机构队伍建设，市、县两级要全部建立劳动保障监察机构，乡镇、街道要设立劳动保障监察派出机构，城乡社区组织也要积极协助做好劳动保障监察工作，使劳动保障监察覆盖城乡所有用工单位和个人。同时，要建立部门联合执法、综合治理机制，公安、监察、民政、国土资源管理、卫生、工商行政管理、安全生产监督管理、工会等部门和组织要在各自的职责范围内，加强制度建设和机构队伍建设，探索长效机制，切实维护农民工、女工、未成年人和智障人员等群体的合法权益。

（五）认真做好相关材料报送和专项行动总结工作

1. 请各省、自治区、直辖市劳动保障厅（局）于6月20日前将本地区专项检查工作方案、专项行动领导小组成员名单、联系人、联系电话等报全国专项行动领导小组办公室。

2. 请各省、自治区、直辖市劳动保障厅（局）于6月30日前将专项行动进展情况及发现的典型案例以快报附阶段情况统计表的形式报全国专项行动领导小组办公室。

3. 专项行动结束后，各省、自治区、直辖市劳动保障厅（局）要及时会同各有关部门认真做好专项行动总结工作，并于7月20日前将本地区专项行动开展情况的书面总结报告及统计表报全国专项行动领导小组办公室。

附件：1. 整治非法用工打击违法犯罪专项行动案件情况表（略）

2. 整治非法用工打击违法犯罪专项行动案件处理情况表（略）

2008年6月11日

人力资源和社会保障部关于做好为地震灾后恢复重建提供人才支持工作的通知

人社部明电［2008］11 号

各省、自治区、直辖市人事厅（局）、劳动保障厅（局），新疆生产建设兵团人事局、劳动保障局，副省级市人事局、劳动保障局：

为贯彻落实中央召开的省区市和中央部门主要负责同志会议精神，为地震灾后恢复重建提供有力的人才保障，现就做好为地震灾后恢复重建提供人才支持工作通知如下：

一、大力开展人才对口支援工作

各级人事、劳动保障部门要按照中央制定的地震灾后恢复重建对口支援方案，大力弘扬“一方有难，八方支援”的精神，积极开展人才对口支援工作。中央确定的对口支援省市人事、劳动保障部门要会同四川、甘肃、陕西等省受灾地区，制定人才支持专项援助计划，建立对口支援机制，尽快形成人才对口支援的格局，并纳入当地党委、政府对口支援的总体部署。要真正做到在灾后恢复重建工作中，提前考虑人才需求，同步安排人才项目，全程提供人才服务。灾区各级人事、劳动保障部门要按照“硬件”与“软件”相结合、“输血”与“造血”相结合、当前与长远相结合的原则，尽快提出近期人才需求，统筹规划长期人才发展。对口支援的 19 个省市要根据灾区需求，统筹安排好各类人才支援项目。积极组织教育、卫生、科技、农业、文化等方面的专业技术人员赴灾区对口服务；分期分批选派专家到灾区开展技术咨询服务活动，帮助解决规划建设、生态修复、灾民安置、灾害评估、疫病防控、交通运输、抗震加固、市政工程、堰塞湖综合治理、次生灾害防治等亟待克服的工程和技术难题；采取多种方式为灾区培训一批公务员、专业技术人员、技能人才、农村实用人才，提高他们带领群众生产自救的能力；积极帮助灾区建设统一的人力资源公共服务场所、人事考试设施、技工学校等人才服务平台。鼓励其他地区人事、劳动保障部门采取多种途径，为灾区提供人才和智力支持。

二、及时为灾区补充公务员和事业单位工作人员

依据公务员法和相关规定，做好灾区补充公务员的有关工作。对于担任科以上领导职务的人员，根据公务员调任规定，可以进行调任。调任的条件、对象、程序等，由有关省级公务员主管部门商灾区各地市州确定。根据公务员录用规定，有关省级公务员主管部门可以为灾区单独组织考试。在招考中，可以对招考程序进行调整，考试科目可以根据实际需要设定。录用时，对在抗震救灾中表现突出的报考者，可以予以政策倾斜。

根据事业单位聘用制和公开招聘等有关规定，做好灾区补充事业单位工作人员的有关工作。有关省级人事行政部门，根据灾区实际情

况和工作需要，商灾区各地市州，妥善做好灾区事业单位工作人员补充工作。根据工作需要，及时组织实施灾区事业单位公开招聘工作，可适当简化程序。县级政府人事行政部门负责事业单位公开招聘工作的，公开招聘计划可在招聘工作完成后报备。在人员符合岗位职责任务和任职条件的情况下，公开招聘可以不进行笔试，采用面试和考察的方式进行。对灾区急需的高层次专业人才，可以采用直接考察的方式进行。对在抗震救灾中表现突出的应聘者，可优先录用。

三、为灾后恢复重建提供高层次专业技术人才服务支持

积极开展专家服务活动。各级人事部门要根据灾区重大项目、重要专业技术课题需要，及时组织专家为灾区提供咨询指导、技术开发、项目合作、人才培养等服务。3 年内，人力资源和社会保障部每年组织高级专家和留学人员服务团，分赴四川、甘肃、陕西 3 省重灾区进行技术咨询服务，服务内容根据当年灾区需求确定。同时积极协助联系海外留学人员赴灾区开展为国服务活动。对涉及灾后重建的引智项目给予重点支持，在经费上重点保证。

在高层次人才培养、选拔和评价政策等方面，予以倾斜支持。各级人事部门在专家选拔培养工作中，要加大对灾区的倾斜支持力度。人力资源和社会保障部在享受国务院政府特殊津贴专家、新世纪百千万人才工程国家级人选等高级专家选拔培养工作中，同等条件下，对承担灾后恢复重建任务的专家予以倾斜。在博士后科研流动站、工作站建站、博士后科研项目资助、留学人员项目资助等方面，对灾区予以政策支持。抗震救灾中表现突出的人员，在同等条件下可优先申报职称。因为抗震救灾影响职称考试和评审的，要从灾区实际情况出发，及时调整时间，并为考生提供良好服务，对有外语、计算机应用能力要求的，可适当延长成绩有效期，切实保障其合法权益。要积极配合恢复重建，加大对灾区职称考试设备设施配置的支持，为地震受损考区重建提供必要的帮助。

四、加强灾区公务员和专业技术人员能力建设

加强灾区公务员能力培训。落实公务员培训计划，为灾区举办人事局长培训班、培训管理者培训班和民营经济发展专题培训班，进一步增强培训的针对性、实效性，确保培训效果。面向灾区公务员，举办突发事件应对、公共服务、城市规划、卫生防疫、环境保护、循环经济、农业产业开发等灾后重建专题讲座，为灾区提供智力支持。加强对灾区公务员能力建设的指导和支持，提高当地公务员能力建设工作的水平。

支持灾区专业技术人员继续教育工作。根据继续教育规划，结合灾后恢复重建中的重大技术课题，人力资源和社会保障部每年为四川、甘肃、陕西等地震灾区举办三期专业技术人员高级研修班，3 年内为灾区培训 500 名左右急需的高层次专业技术人才。在专业技术人才知识更新工程以及人力资源和社会保障部组织的其他继续教育项目中，增加灾区人员的名额，同时组织有关部门和发达地区加大对灾区继续教育的支持。指导和支持灾区完善继续教育制度，促进灾后恢复重建工作中人才培养与使用结合、人才与项目资金相结合。

五、加强灾区技能人才和农村实用人才的培养工作

做好灾区技能人才和技能支持工作。组织有关省份支持灾区高技能人才培养基地建设。人力资源和社会保障部在师资培训、考评员培训工作中，适当增加灾区参加人员名额，并减免相关费用。组织全国各省技工院校募集教材、教具、实习实训设备设施，支持受灾技工院校重建。根据灾后重建规划确定的产业布局和产业调整情况，对受损企业在职职工开展技能提升培训和转业转岗培训，并为其提供职业技能鉴定服务。为灾区普通劳动者提供技能培训服务，帮助其掌握一技之长，对符合条件的人员，按规定落实职业培训补贴和职业技能鉴定补贴。组织全国相关行业领域的高技能人才，为灾区企业建设提供技术支持，开展技术攻关，帮助解决建设过程中的生产难题。

加强灾区农村实用人才队伍建设。加强对农村实用人才的培养和使用，充分发挥其在农村灾后重建中的示范带头作用。对抗震救灾和灾后重建工作中作出突出贡献的农村实用人才，在优秀农村实用人才评选表彰时要优先考虑。对口支援省市要根据灾区需要，采取办班培训、输出培训、远程培训等方式，为灾区培养卫生防疫、农技植保、水土保持、民用建筑、农业生产等方面的实用人才。

六、加强灾区人才流动服务工作

畅通灾后恢复重建人才服务渠道。对口支援省市人事、劳动保障部门要采取多种措施，协助灾区恢复开展人才服务和公共就业服务工作，支持其重建服务场所、购置服务设备，协助做好灾区人力资源服务机构从业人员的补充、培训工作。有条件的地方，可抽调相关人员到灾区短期服务。组织各级人才服务机构开展面向灾区的服务活动，收集和提供用人信息，设立专门窗口，举办专场招聘会或网上招聘会，帮助灾区引进急需紧缺人才，为各类志愿者服务灾后恢复重建工作提供优质、快捷的服务。

切实发挥“三支一扶”大学生在灾后恢复重建中的作用。将“三支一扶”计划等大学生服务基层计划纳入灾后恢复重建的总体部署，在计划实施中，在人员数量、补助标准等方面向灾区予以倾斜。在今年“三支一扶”大学生招募中，适当增加数量，调整结构，并结合灾区实际，重点向灾区选派一批急需专业的大学生。灾区各级人事部门要安排好“三支一扶”大学生参与重建工作，对其开展培训后，在群众中普及灾后重建知识，协助实施重建工作。对在抗震救灾和灾后恢复重建中作出突出贡献的“三支一扶”大学生，服务期满经考核合格，按照国家有关规定，可优先聘用到事业单位，在报考公务员时同等条件下优先录用。

地震灾后恢复重建任务艰巨，时间紧迫。各级人事、劳动保障部门要把为灾区提供人才支持作为当前和今后一个时期十分重要和紧迫的政治任务。要按照中央的部署和要求，进一步增强政治意识、大局意识和责任意识，把这项工作列入重要日程，切实抓紧抓好；对支持灾区人才工作，主要领导要亲自抓，并且安排骨干力量负责有关项目，精心组织实施，确保工作质量；要采取特殊措施，特事特办，尽快为灾区人才服务和人才队伍建设工作开辟绿色通道；要充分发挥人力资源和社会保障工作的职能作用，加强与有关部门的沟通协调，相互支持配合，形成工作合力；对在抗震救灾和灾后恢复重建工作中表现突出的人员，要予以宣传表彰和奖励，大力弘扬抗震救灾精神，为灾后恢复重建和今后发展提供强有力的人才支持。

2008 年 6 月 20 日

人力资源和社会保障部关于进一步做好受灾地区就业援助工作的通知

人社部明电［2008］12号

各省、自治区、直辖市人事、劳动和社会保障厅（局）：

为贯彻落实中共中央、国务院召开的省区市和中央部门主要负责同志会议精神，按照国务院关于安置受灾群众和恢复重建工作的统一部署，在贯彻我部和财政部就业援助政策的基础上，现就进一步做好受灾地区就业援助有关工作通知如下：

一、加强组织领导，高度重视做好受灾地区就业援助工作

（一）进一步明确做好受灾地区就业援助工作的重要性和紧迫性。汶川特大地震给受灾地区就业和社会保障工作造成了重大冲击。帮助因灾失去工作的劳动者特别是就业困难人员和零就业家庭尽快就业，帮助失去土地的农村劳动者转移就业，事关受灾地区劳动者及其家庭的切身利益，是解决群众生活安置，保障其基本生活的重要措施，是受灾地区恢复重建的重要任务，是维护受灾地区人心稳定、职工队伍稳定、社会和谐稳定的重要保证。各级人事、劳动保障部门要深入学习领会中央精神，进一步增强政治意识、大局意识，增强责任感、使命感，切实把思想和行动统一到中央的决策和部署上来，把做好对受灾地区就业援助工作作为今年就业工作的重要内容，切实抓紧抓好。

（二）切实加强对受灾地区就业援助工作的组织领导。各地特别是支援方和受援方的劳动保障部门一把手要亲自抓，组成专门班子，认真研究制定就业援助工作的计划方案和部署安排，确定专人，抓好落实。要主动向当地政府领导汇报就业援助工作，把它摆上当地政府和就业工作联席会议的重要日程，纳入今年就业工作的目标责任，细化完善指标体系，开展考核评估。

（三）认真细致地做好对口支援。各级人事、劳动保障部门要根据恢复重建对口支援方案的统一要求，把就业援助作为对口支援的重要内容，明确将劳务输出对接、技工学校培训援助、就业服务机构和社会保险经办机构重建等内容纳入对口支援方案，调动人力、物力、财力、智力等多种力量，精心组织，统筹安排，有序开展。

二、有组织地开展劳务输出，鼓励非受灾地区企业到受灾地区招工

（四）建立对口工作联系。北京、天津、上海、广东、江苏、浙江、山东、福建等省市及所辖地区，作为承担劳务对接的主要输入地，要按照对口支援的总体安排，及时与受援省及所辖对口受援地、市、州建立工作联系机制，重点支持受援市、州有组织的劳务输出。同时，根据本地岗位需求情况，在受援省劳动保障部门的协调下，积极为其他受援地区劳务

输出提供支持。其他支援省也可根据本省实际劳务需求，与对口支援地开展劳务对接。

（五）精心组织岗位对接。支援省劳动保障部门要收集一批适合受灾劳动者就业的岗位信息并进行筛选整理，受援省及所辖对口受援地、市、州、县劳动保障部门要通过多种渠道及时发布招聘信息。支援省和受援省劳动保障部门要密切配合，积极协调，通过灵活多样的招聘方式，为企业招用人员提供帮助。可采取用人单位委托招聘、组织用人单位现场招聘、专场集中招聘和基层分散招聘等方式，也可在受灾群众安置点开展巡回服务和上门服务，还可运用远程视频面试系统进行招聘。在求职招聘的过程中，要及时落实职业介绍补贴政策。

（六）有序组织劳务输出。对已确定招聘的人员，支援省和受援省劳动保障部门要及时联系用人单位，共同商定交通运输方案，指导做好对应聘劳动者的接送工作，保证将每一名受灾地区劳动者安全、免费送到用人单位。支援省劳动保障部门还要指导企业与新招用的受灾地区劳动者依法签订劳动合同，维护劳动者的合法权益。

（七）及时提供职业培训。对确定应聘的受灾地区劳动者，支援省劳动保障部门要组织培训机构和企业通过灵活多样的方式，提供及时有效的职业培训，帮助劳动者尽快适应岗位需要，并按规定给予职业培训补贴。

三、结合抗震救灾和生产自救，积极组织开发就业岗位

（八）大力开发公益性岗位。受灾地区劳动保障部门要会同有关部门大力开发废墟清理、伤员看护、治安维护、卫生防疫、物资运输、临时居所建设等公益性就业岗位。要结合当地经济社会发展的需要，继续开发保洁、绿化、社区服务等社区公益性就业岗位。要协调有关部门和援建单位，在公益性岗位上积极吸纳受灾地区劳动者就业，并按规定给予社会保险补贴和岗位补贴。

（九）强化公共就业服务，援助就业困难人员就业。受灾地区公共就业服务机构要依托街道、乡镇和社区劳动保障工作平台，及时将政府确定的就业困难人员和零就业家庭纳入援助范围，有针对性地开展职业指导、职业介绍等就业服务，帮扶就业困难人员尽快就业，并优先保证受灾地区零就业家庭至少一人就业。对就业困难人员在公益性岗位实现就业的，按规定给予岗位补贴和社会保险补贴；对从事灵活就业和被企业吸纳的，按规定给予社会保险补贴。

四、结合恢复重建，鼓励企业稳定和扩大就业，鼓励劳动者自谋职业、自主创业

（十）把就业工作纳入恢复重建规划。受灾地区劳动保障部门要积极参与恢复重建计划的制订，努力将解决受灾地区劳动者就业问题纳入规划统筹考虑，通盘解决。鼓励灾区恢复重建企业和其他地区援建单位在恢复重建中，优先吸纳受灾地区劳动者就业。要指导企业依法规范与职工的劳动关系，维护职工的劳动报酬、社会保险等权益。

（十一）鼓励企业稳定职工队伍。受灾地区劳动保障部门要指导受灾企业在恢复重建期间尽最大努力稳定原有职工队伍，积极组织引导企业职工参加以工代赈和生产自救活动。对受灾地区企业招用符合条件劳动者的，要按规定落实定额减免税优惠、社会保险补贴、小额担保贷款及贴息政策。受灾地区的劳动保障、人事部门要会同财政、民政等有关部门，落实各项生活补贴，妥善解决企业职工的基本生活保障问题，确保职工队伍的稳定。

（十二）鼓励受灾地区劳动者自谋职业、自主创业。受灾地区劳动保障部门要加强信息引导，开展创业培训，完善创业服务，鼓励受灾劳动者自谋职业、自主创业并带动更多人就业。要协调有关部门，推行联合审批、一站式服务、限时办结和承诺服务，有针对性地解决资金、场地等问题，帮助因灾中断营业的个体工商户尽快恢复生产经营。对各类符合条件的劳动者，相应提供创业培训补贴、税费减免、场地安排、小额担保贷款及贴息等就业扶持政策。

五、切实做好受灾地区高校毕业生就业工作，进一步落实技校培训援助计划

（十三）做好应届高校毕业生的就业帮扶。各省级人事、劳动保障部门要对在本省高校就读的受灾地区应届毕业生就业给予重点关注。准确统计未就业受灾地区毕业生的数量、专业、求职意向等信息，开辟就业绿色通道，进行重点推荐，实施重点帮扶，优先落实免费就业服务政策，优先安排就业见习活动，确保有就业愿望的受灾地区毕业生都能尽快落实工作岗位。各级机关考录公务员、事业单位招聘工作人员时，在同等条件下优先录（聘）用受灾地区毕业生，并免收报名费和体检费。街道社区聘用劳动保障协理员要积极吸纳受灾地区毕业生。

（十四）做好受灾地区服务期满的“三支一扶”大学生的就业工作。各受灾地区人事、劳动保障部门要结合实际情况，拓宽就业渠道，抓紧做好受灾地区“三支一扶”大学生就业服务工作的统筹安排。受灾地区党政机关考录公务员和事业单位招聘工作人员时，对经受抗震救灾考验表现突出的“三支一扶”大学生，在同等条件下，要优先招录（聘）。

（十五）继续做好受灾地区技校培训援助工作。接收四川受灾地区技校学生就读省市的劳动保障部门要积极协调有关部门，落实学生助学金政策，并积极争取其他政策性补贴。要指导接收学校将学生安置工作做细、做实、做到位，按照“学习、生活、安全”三落实的原则，安排好学生的学习和生活，确保学生顺利完成学业，并积极帮助实现就业。要加强心理辅导，安排好受灾地区学生暑期文化补习、社会考察、勤工俭学等活动。

六、精心组织实施，做好舆论宣传工作

（十六）认真做好基础工作。受灾地区人事、劳动保障部门要把受灾地区的公共就业服务场所、人才服务场所、社保经办场所、基层工作平台、技工学校等公共服务设施建设列入恢复重建的总体规划，重点抓好基层平台建设，使其在恢复重建中尽快发挥应有的作用。要认真做好调查摸底，尽快确定就业困难人员认定标准，做好对符合条件的失业人员、就业困难人员、零就业家庭的登记、发证和管理工作。在就业援助工作中，要根据国务院支持灾后恢复重建政策措施的安排，结合本地实际，协同财政部门落实好各项补贴政策；协同金融机构落实好金融信贷政策；协同税务机关根据税收优惠政策的调整和扩展，依据现行操作办法，及时核发企业吸纳失业人员等相关证明，落实好税收减免政策。

（十七）积极预防和调控失业。各地要加强对就业形势特别是地震对就业影响的对策研究，对因地震引发的失业和岗位流失情况进行跟踪监测。对短期内失业人员激增，登记失业率攀升等情况，要及时向当地政府报告，提出措施建议，做好失业调控工作。受灾地区劳动保障部门要采取有效措施，积极预防和避免因灾规模性裁员行为的发生。要加强与受灾企业的联系，对确需大规模裁员的，要求其事先向当地政府报告。对符合条件的失业人员，要按时足额发放失业保险金，确保其基本生活。对生活困难的人员，协助民政部门按照有关规定纳入城镇居民最低生活保障范围。

（十八）加强宣传引导。各级人事、劳动保障部门特别是受灾地区人事、劳动保障部门要通过各种宣传媒介，运用多种方式，积极宣传党和政府关于鼓励支持受灾地区劳动者就业的方针政策。要在抗震救灾和恢复重建过程中，树立一批自谋职业、自主创业的先进劳动者，树立一批克服困难，积极重建，稳定和扩大就业的先进企业，树立一批无私奉献、忘我工作的人事和劳动保障先进集体和先进个人，鼓励广大受灾群众振奋精神，坚定信心，自强自立，通过多种渠道，尽快实现就业。

各地要按照本通知要求，抓好工作落实，并将就业援助工作的进展情况和出现的问题及时上报我部。

2008 年 6 月 20 日

人力资源和社会保障部关于开展2008年高校毕业生就业服务月专项活动的通知

人社部明电［2008］17号

各省、自治区、直辖市人事、劳动保障厅（局）：

为贯彻落实《国务院关于做好促进就业工作的通知》（国发［2008］5号）有关要求，按照《关于做好2008年公共就业服务专项活动的通知》（劳社部函［2008］250号）的部署安排，现就在全国组织开展2008年“高校毕业生就业服务月”专项活动有关事项通知如下：

一、活动主题

“就业起步，我们共同努力”。

二、服务对象

服务对象包括登记求职和登记失业高校毕业生和其他各类毕业生。

重点服务对象包括：享受助学贷款的应届高校毕业生，失业一年以上且家庭困难的高校毕业生，今年服务期满的“三支一扶”大学生，以及各地结合实际确定的生活困难家庭、单亲家庭和“零就业家庭”中的登记失业毕业生。

三、时间安排

专项活动时间为2008年9月。各地可结合实际，适当提前、延后或延长活动时间。承担2008年奥运会比赛项目的城市，应根据当地政府的统一要求适当调整活动时间。

四、工作目标

（一）确保登记求职和登记失业的高校毕业生都能得到免费的就业服务。

（二）确保活动的各类重点服务对象得到重点援助。

（三）确保登记失业应届高校毕业生就业率达到60%。

五、工作内容

（一）向每一位登记求职的毕业生免费发放政策宣传资料，帮助他们了解政府关于毕业生就业的政策和服务措施。

（二）通过设立毕业生就业服务窗口和召开专场招聘会，向高校毕业生提供免费的职业介绍和职业指导。

（三）做好返回原籍的毕业生失业登记和今年服务期满的“三支一扶”大学生的就业情况统计工作，摸清底数，掌握他们的就业需求，提供“一对一”的就业服务。

（四）依托街道、社区劳动保障工作平台，确定重点服务对象，将其纳入当地就业困难人员范围，实施就业援助。

（五）开展毕业生职业培训和就业见习，增强他们的就业能力。有条件的地方要开展高校毕业生创业服务，将有创业意愿的高校毕业生组织到包括项目推荐、创业培训、小额信贷、跟踪服务等的“一条龙”创业服务中。

六、工作要求

（一）各地人事、劳动保障部门要按照部里的统一部署，共同约定统一的活动开展时间和具体内容，按照分工合作的原则，共同组织实施。

各级政府设立的就业服务机构要设立高校毕业生就业服务专门窗口，全面开展求职登记、职业指导、职业介绍等方面的服务，并设法将一批尚未落实就业岗位、有就业意愿的毕业生组织到职业培训、就业见习和创业培训活动中。

各级人事部门所属的人才交流服务机构要在现有工作基础上，进一步丰富服务手段，畅通服务渠道，特别是要做好今年服务期满的“三支一扶”大学生的就业服务工作。各级劳动保障部门所属的公共就业服务机构要认真做好高校毕业生失业登记、就业登记等工作，依托街道、社区劳动保障工作平台掌握服务对象的具体情况，开展“ 对 ”专项服务，重点做好困难毕业生就业援助工作。

（二）各地人事、劳动保障部门要分别制定服务月活动工作方案，包括工作目标和工作内容，并将各项具体工作任务落实到机构和个人。

各地要在活动前收集一批适合毕业生的就业岗位，人事部门和劳动保障部门所属的就业服务机构都要安排好为毕业生提供服务的人员、场所和设施，对相关工作人员进行相关政策和服务规范培训，并提前落实毕业生职业培训、就业见习和创业服务的各项准备工作。

（三）各地要按照《就业促进法》的规定，将专项活动所需资金作为公共就业服务经费，统一纳入同级财政预算，落实专项活动工作经费，以及相关的各项政策补贴资金，保证资金及时到位。

（四）各地要落实各项高校毕业生就业政策。高校毕业生基层就业项目要在同等条件下优先招募困难毕业生；人事部门要指导招考录用人员的事业单位在同等条件下优先录用困难毕业生；要切实落实有关“三支一扶”大学生就业服务的各项政策措施；对毕业生中有创业意愿的，帮助其落实税费减免、小额信贷等扶持政策；对属于零就业家庭的，要纳入就业援助范围。同时，要加大力度开发公益性岗位，对困难毕业生实行政府兜底安置。

（五）各地要做好服务月活动的宣传工作，让广大高校毕业生了解政府的相关政策和工作措施，营造高校毕业生自主择业、自谋职业和政府促进就业的良好社会氛围。

（六）各省（自治区、直辖市）人事和劳动保障部门要按我部的统一部署，加强对辖区内本系统组织实施服务月活动的指导和调度，并做好相关统计，由省级人事、劳动保障部门分别在8月31日前上报工作方案，在活动结束后15天内上报工作总结和统计报表（附件）。我部将对各地服务活动开展情况进行调度和督促检查。

附件：2008年高校毕业生就业服务月活动情况统计表（略）

2008年8月7日

人力资源和社会保障部关于继续做好地震灾区对口就业援助工作的函

人社部明电［2008］23号

北京、天津、河北、山西、辽宁、吉林、黑龙江、上海、江苏、浙江、安徽、福建、江西、山东、河南、湖北、湖南、广东、重庆、四川、甘肃、陕西省（市）人民政府，深圳市人民政府：

根据党中央、国务院关于抗震救灾对口支援工作的总体部署，为切实帮助灾区恢复生产和扩大就业，在国务院的统一组织下，北京等20个支援地与四川、甘肃、陕西3个受援地于2008年6月30日签订了《对地震灾区开展对口就业援助协议》，明确在7月至9月期间，支援地向受援地提供10万个有效就业岗位信息、帮助3.5万名灾区劳动者到支援地转移就业、协助受援地帮助17.5万名灾区劳动者就地就近就业等三个目标任务。经过支援地和受援地的共同努力，到9月底，协议规定的各项目标任务都已超额完成。目前，地震灾区就业形势依然严峻，为帮助更多的灾区劳动者尽快实现就业，支持受灾地区积极开展生产自救，重建家园，早日恢复正常的生产生活秩序，按照国务院的要求，经国务院领导同志同意，现就继续开展对口就业援助工作通知如下：

（一）深入学习实践科学发展观，继续做好地震灾区对口就业援助工作，始终坚持以人为本，充分发挥社会主义制度集中力量办大事的政治优势，举全国之力支持地震灾区恢复重建，帮助灾区劳动者尽早实现就业，使地震灾区早日恢复正常的生产生活秩序。

（二）按照国务院关于抗震救灾的总体部署，由支援地政府与受援地政府签订第二期对口就业援助协议。协议期限为2008年10月至12月，协议的主要内容为支援地向受援地提供有效就业岗位信息、支援地直接帮助灾区劳动者就业（包括到支援地异地就业和在灾区援建项目中就业）、受援地在支援地协助下帮助灾区劳动者就地就近就业等三个方面的目标任务。请务必于10月28日前，按照协商确定的具体目标任务做好第二期协议的签订工作。

（三）支援地要积极鼓励本地企业招用灾区劳动者，与受援地一同做好灾区劳动者的现场招聘、转移就业和权益维护等工作，并将对口就业援助工作纳入本地区对口支援灾区重建工作总体安排，帮助一批灾区劳动者在当地实现就业。受援地要继续协助支援地做好灾区劳动者异地转移就业和援建项目吸纳就业工作，并做好灾区劳动者就地就近就业工作，努力保障本地区就业形势的基本稳定。

（四）支援地和受援地要认真总结第一期

对口就业援助工作中好的做法和成功经验，重点加强对口就业援助工作的组织领导，进一步提高服务意识和工作成效，全面落实各项就业政策，增强灾区劳动者就业的稳定性。对口就业援助的工作进展情况，工作中创造的新经验和发现的问题，请及时向我部报告。

2008 年 10 月 23 日

人力资源和社会保障部关于应对当前经济形势做好人力资源和社会保障有关工作的通知

人社部明电［2008］25号

各省、自治区、直辖市人事厅（局）、劳动保障厅（局），新疆生产建设兵团人事局、劳动保障局，副省级市人事局、劳动保障局：

最近，党中央、国务院为了应对当前经济形势作出了一系列重大决策部署，贯彻落实好中央精神，人力资源社会保障部门责任重大。随着部分企业特别是劳动密集型中小企业生产经营困难，就业形势趋于严峻，社会保障将面临新的困难，劳动争议和举报投诉案件数量上升。各级人力资源社会保障部门要切实把思想和行动统一到中央对当前经济形势的科学判断和决策部署上来，牢固树立大局意识、责任意识和服务意识，把帮助企业渡过难关、稳定就业局势作为当前头等大事来抓。要及时全面准确分析当前经济形势对就业、社会保障、劳动关系等工作带来的影响，明确以保企业为重点，积极研究应对措施，认真做好所负责的工作。要建立面向企业的普遍走访和重点联系制度，摸清企业当前用工管理、社会保障、劳动关系方面存在的实际问题，确定需要帮扶的困难企业，落实有针对性的扶持服务措施，为困难企业"降压减负"，切实把中央的要求落到实处。现就有关事项通知如下：

一、稳定就业局势

（一）努力稳定就业岗位。加强失业调控和失业预警，及时掌握企业关闭停产的动向，对本地区可能出现的规模裁员和失业增加等情况，及时向政府报告，并采取措施实施失业预防、调节和控制，全力维持就业局势的稳定。进一步落实国有大中型企业主辅分离辅业改制分流安置富余人员的政策及相关措施，鼓励国有企业带头承担社会责任，尽量减少裁员。对关闭停产企业已解除劳动关系的人员，要及时足额发放失业保险金。同时，还要积极研究失业保险在减轻企业负担和支持困难企业渡过难关方面的政策措施。

（二）千方百计扩大就业。要充分发挥政府投资和重大项目带动就业的作用，在安排政府投资和确定重大建设项目时，要把增加就业岗位作为重要内容统筹考虑。要配合有关部门结合当地实际，明确本地优先重点发展的劳动密集型行业和企业，完善鼓励发展的资金支持、金融信贷、社会服务等扶持政策，保护和支持劳动密集型产业发展，扩大就业。要全面推动以创业带动就业，切实贯彻落实《国务院办公厅关于促进以创业带动就业工作的指导意见》（国办发［2008］111号）精神，尽快落实场地安排、行政性收费减免、小额担保贷款及贴息等鼓励创业的扶持政策，优化创业环境，加强创业培训，强化创业服务，组织开展创业型城市创建活动，引导更多劳动者创业并带动就业。

（三）积极促进下岗失业人员再就业，努

力做好高校毕业生就业工作。要重点做好城镇新增劳动力特别是高校毕业生的就业、下岗失业人员和困难群众的就业工作。加大积极就业政策的贯彻落实力度，扩大政策覆盖范围，提高补贴标准，完善操作办法，重点做好关闭停产企业下岗失业人员的再就业工作。要深入企业、深入社区，及时将下岗失业人员纳入登记失业人员范围，在保障其基本生活的同时，落实各项扶持政策，开展有针对性的职业介绍、职业培训等就业服务，促进其尽快实现再就业。要大力开发公益性就业岗位，组织开展公共就业服务和“一对一”就业援助，及时帮助就业困难群众和零就业家庭人员实现就业。不断加强和改进对高校毕业生的就业服务，特别是为困难家庭高校毕业生提供有针对性就业服务，帮助其尽快就业。

（四）实施特别职业培训计划。充分运用就业专项资金和失业保险基金，加强对企业职工岗位培训、城镇下岗失业人员的再就业培训和对农民工的技能培训以及对农村初高中毕业生的劳动预备制培训，根据需要延长培训期限，提高培训补贴标准，缓解就业压力，并以此提高技能水平，做好技能人才储备。要结合基本建设项目的开工建设，努力推进校企合作、订单式培训等多种培训模式，增强职业培训的针对性和有效性，为承担各类建设任务的企业提供高素质的技术工人。

二、切实做好社会保障工作

（五）稳步提高社会保险待遇。做好2009年企业退休人员基本养老金调整工作，抓紧测算和研究制定方案，加大基金调剂力度，确保调整后的养老金按时足额发放到位。继续调整失业保险金标准和工伤保险待遇，降低医疗保险基金起付线或提高封顶线，以提高保障水平。

（六）着力解决各类关闭破产企业和困难企业退休人员参加医疗保险问题，适当降低基本医疗保险和工伤保险费率。多渠道筹资，努力解决各类关闭破产企业和困难企业退休人员参加医疗保险问题，实行退休人员医疗保险属地管理，其保障待遇与单位缴费脱钩。城镇职工基本医疗保险、工伤保险基金结余规模较大的统筹地区，可采取一次性措施适当降低一定时期的缴费费率，减轻困难企业缴费负担和参保人员费用负担。

三、稳定劳动关系

（七）加强对企业劳动关系的指导和服务，建立健全劳动关系调处应急反应机制。要了解企业特别是劳动密集型企业用工动态，及时掌握关闭停产企业劳动关系处理和生产经营困难企业裁员情况。完善应急工作预案，预防和妥善处理群体性事件，做到早发现、早处理、早报告。建立快捷的劳动争议仲裁绿色通道，快立、快调、快审、快结，及时处置重大劳动争议和集体劳动争议。加大劳动争议调解力度，力争将小额、简单、涉及人数较多的劳动争议通过调解化解在基层。

（八）妥善处理工资和工时问题。根据当前经济形势和企业实际，近期暂缓调整企业最低工资标准。区别不同情况，指导符合条件企业及技术先进型服务外包企业实施综合计算工时和不定时工时制。

四、切实做好对农民工的服务工作

（九）引导农民工有序流动，积极开展对农民工的就业服务。要及时了解本地区在外务工的农民工就业状况和返乡情况，加强对劳动力市场信息的监测和统计，作出分析研判，采取有效措施加以引导。输入地要利用多种途径，及时发布用工信息，将已在用工地稳定就业半年以上失去工作的农民工纳入失业登记，对符合条件的农民工要通过失业保险基金及时核发一次性生活补助，并提供免费的职业介绍和政府补贴的职业培训等就业服务。输出地要依托乡镇劳动保障工作平台，结合当地实际和农民工需求，适应转岗转业和结构调整的需要，大力开展就业培训和创业培训，为返乡农民工就地就业和创业提供服务。

（十）维护农民工的劳动权益。妥善处理倒闭企业、裁员企业与农民工的劳动关系，有效维护农民工合法权益，把解决拖欠工资作为维护农民工权益、维护社会稳定的重要任务抓好落实。

各级人力资源社会保障部门要在党委、政府的领导下，充分发挥职能作用，落实工作责任，积极主动、创造性地做好各项工作。要深入实际调查研究，敏锐地发现和把握倾向性、苗头性问题，做到见事早、行动快。要注意舆论引导，加大对有关政策措施的宣传力度，营造良好的社会氛围。

2008年11月17日

人力资源和社会保障部关于贯彻落实胡锦涛总书记有关就业工作重要指示的通知

人社部明电［2008］28号

各省、自治区、直辖市人事、劳动和社会保障厅（局）：

12月12日至14日，胡锦涛总书记在辽宁考察工作期间，视察了沈阳市人力资源市场并对就业工作做出重要指示。各级人事、劳动保障部门要认真学习，全面贯彻落实，不断推动就业工作取得新成绩。

一、认真学习胡锦涛总书记重要指示精神，充分认识做好就业工作的重要意义

胡锦涛总书记在中央经济工作会议刚刚结束就赴辽宁考察并专门视察了就业工作，充分体现了党中央、国务院对民生问题的极大关注，对就业工作的高度重视。这是对全国人力资源和社会保障战线干部职工的极大鼓舞和鞭策。胡锦涛总书记在视察中充分阐述了就业工作的重要意义，对就业工作提出了殷切希望。各级人事、劳动保障部门要组织干部职工认真学习，充分认识做好就业工作的重要性和紧迫性，牢固树立“就业是民生之本”“关系千家万户”的理念，将做好就业工作作为应对国际金融危机，保持经济稳定发展和社会和谐稳定的重要任务，摆在更加突出的重要位置，全力以赴抓好落实。

二、坚定信心，振奋精神，增强做好就业工作的使命感和责任感

胡锦涛总书记在视察中明确要求，各类就业服务机构急求职人员所急，解求职人员所难，努力帮助更多的求职人员特别是就业困难人员实现就业，为促进社会和谐稳定作出应有的贡献。各级人事、劳动保障部门要认真学习领会总书记讲话精神，进一步增强做好就业工作的使命感和责任感，坚定克服困难和开拓就业新局面的信心和决心，团结广大干部职工，以高昂的斗志投入到就业工作中，全面落实明年就业工作的任务目标和政策措施。

三、研究新情况，解决新问题，全方位促进就业增长

胡锦涛总书记在视察中明确指出，受国际金融危机的影响，明年我国就业形势将非常严峻。针对这个情况，最近召开的中央经济工作会议提出，要实施更加积极的就业政策，全方位促进就业增长。这就要求我们面对新形势，研究新情况，解决新问题。各级人事、劳动保障部门要及时了解和把握经济形势变化对就业的影响，做好调查统计和分析工作，针对新情况和新问题，抓紧研究提出解决问题的办法措施。要在稳定企业就业岗位和千方百计扩大就业上下工夫，要把实施更加积极的就业政策，全面推进创业带动就业作为工作的着力点，要加强统筹，做好高校毕业生就业、就业困难人员再就业、农民工流动就业工作，要强化公共就业服务和职业培训，全方位促进就业增长。

四、切实加强领导，把就业摆在更加突出的重要位置

胡锦涛总书记在视察中要求党和政府把保障和改善民生作为重要职责。各级人事、劳动保障部门要把就业这一民生之本的工作摆在更加突出的重要位置，进一步加强对就业工作的领导，切实履行职责。要把帮助企业渡过难关、稳定就业局势和促进就业增长作为当前工作的头等大事，制定目标，建立责任制，落实到基层和每一位工作人员。要广泛动员全系统干部职工发扬奋勇拼搏、求真务实、埋头苦干的优良作风，并动员全社会力量，共同做好就业工作。

附件：《越是在经济困难时候，越要高度重视民生》（略）

2008 年 12 月 19 日

人力资源和社会保障部关于采取积极措施减轻企业负担稳定就业局势有关问题的通知

人社部明电［2008］29 号

各省、自治区、直辖市和计划单列市人事、劳动保障、财政厅（局）、国家税务局、地方税务局，新疆生产建设兵团人事局、劳动保障局、财务局：

当前，国际金融危机对我国企业的影响加深，部分企业生产经营遇到困难，就业压力明显增大，就业形势日趋严峻。为贯彻中央经济工作会议精神，帮助受金融危机影响较大的困难企业渡过难关，鼓励困难企业尽量不裁员或少裁员，稳定用工岗位，稳定就业局势，必须采取积极措施，切实减轻企业负担，保就业、保增长、保稳定。经国务院同意，现就有关问题通知如下：

一、允许困难企业在一定期限内缓缴社会保险费

统筹地区在确保社会保险待遇按时足额支付、社会保险基金不出现缺口的前提下，可以对暂时无力缴纳社会保险费的困难企业，允许在一定期限内缓缴社会保险费。缓缴执行期为2009 年之内，缓缴期限最长不超过 6 个月。经核准缓缴期间，企业应继续按月申报应缴的社会保险费，企业和职工缴费年限连续计算。缓缴的社会保险费不计收滞纳金。经核准缓缴社会保险费的企业，应与社会保险费征收机构签订缓缴及补缴社会保险费的协议，社会保险费征收机构可以要求企业提供担保、抵押。符合条件的困难企业可以提出缓缴社会保险费的申请，经统筹地区劳动保障部门（人力资源社会保障部门，下同）会同财政等有关部门报同级人民政府同意后，报省级人民政府批准。

二、阶段性降低四项社会保险费率

统筹地区人民政府在确保参保人员社会保险待遇水平不降低、保证社会保险制度平稳运行、基金不出现缺口的前提下，可在 2009 年之内适当降低城镇职工基本医疗保险、失业保险、工伤保险、生育保险的费率，期限最长不超过 12 个月。各地不得擅自降低养老保险费率。实行地（市）或县级统筹的，实施方案由统筹地区劳动保障部门会同财政部门报同级人民政府同意后，报省级人民政府批准；涉及全省（自治区、直辖市）统一调整费率的方案，由省级劳动保障部门会同财政部门报省级人民政府批准。各地降低费率的实施方案，由省级劳动保障部门会同财政部门及时报人力资源和社会保障部、财政部备案。

三、使用失业保险基金帮助困难企业稳定就业岗位

失业保险基金结余较多的统筹地区在确保当前和今后一个时期按时足额支付失业保险待遇的前提下，可通过开展扩大失业保险基金使用范围试点，对采取在岗培训、轮班工作、协商薪酬等办法稳定员工队伍，并保证不裁员或少裁员的困难企业，使用失业保险基金支付社会保险补贴和岗位补贴。补贴执行期为2009年之内，补贴期限最长不超过6个月。社会保险补贴标准参照当地就业资金对就业困难人员的社会保险补贴标准执行，岗位补贴标准参照当地失业保险金标准确定。上述两项补贴，同一企业只能享受一项。已享受缓缴社会保险费的企业不能同时享受社会保险补贴。上述两项补贴由企业按月向统筹地区劳动保障部门提出申请，并附稳定员工队伍计划措施和相关凭证，由劳动保障部门会同经贸（国资）、财政等部门审核批准。岗位补贴资金按月划入企业账户，社会保险补贴资金按月划入社会保险经办机构账户。

统筹地区劳动保障部门要会同财政部门制定周密的失业保险基金使用计划，报当地人民政府批准，并报省级劳动保障部门和财政部门备案。严格基金使用的审批、拨付和监督管理。要将向企业补贴的基金使用情况向社会公布，加强监督和检查，确保基金按规定使用，不出问题。具体实施办法由统筹地区人民政府制定，并报省级人民政府备案。

四、鼓励困难企业通过开展职工在岗培训等方式稳定职工队伍

开展在岗培训所需资金按规定从企业职工教育经费中列支，不足部分可在严格标准和程序的前提下，由就业专项资金予以适当支持。具体办法由省级劳动保障部门、财政部门制定。

五、妥善解决困难企业支付经济补偿问题

鼓励和引导职工与企业依法平等协商，采取多种措施共渡难关。对于困难企业经过多方努力仍不得不实行经济性裁员的，可在企业与工会或职工依法平等协商一致后，签订分期支付或以其他方式支付经济补偿的协议。

六、严格界定困难企业范围

本通知所指“困难企业”须同时符合以下几个方面条件：受当前金融危机影响面临暂时性生产经营困难且恢复有望的，已制定稳定就业岗位措施且没有裁员或少裁员的，生产经营活动符合国家及所在区域产业和环保政策的（国家限制的行业和企业除外），已依法参加社会保险并按规定履行缴费义务的，其他由省级人民政府规定的条件。具体认定条件和范围、数量、比例由省级人民政府充分考虑基金支付能力，在突出重点、总量控制、严格把握、动态监管的前提下确定。具体认定工作由统筹地区劳动保障部门会同财政、经贸、国资、税务等部门负责。

各省、自治区、直辖市人力资源社会保障、财政等有关部门要在省级人民政府的统一领导下，切实把思想和行动统一到中央的决策部署上来，把减轻企业负担稳定就业局势作为当前重要工作任务，结合本地实际，既要着眼当前，又要考虑长远，在认真测算、充分论证的基础上，制定具体实施办法。各统筹地区要实事求是，因地制宜，切实贯彻落实好本通知精神，确保政策实施效果。各地贯彻落实本通知的情况以及工作中遇到的问题，请及时向人力资源和社会保障部、财政部报告。

2008年12月21日

人力资源和社会保障部　公安部关于加强招聘会安全工作的通知

人社部明电［2008］30号

各省、自治区、直辖市人事厅（局）、劳动保障厅（局）、公安厅（局），新疆生产建设兵团人事局、劳动保障局、公安局，国务院各部委、各直属机构人事、劳动保障部门：

当前正值求职高峰期，各地招聘会增多，参会人员大幅增加，为确保招聘活动安全，现就加强招聘会安全工作通知如下：

一、高度重视招聘会安全工作。招聘会安全工作直接关系到参会人员的生命安全，关系到招聘活动的成效和社会影响，关系到就业和经济社会发展。各级人事、劳动保障部门和公安机关要深刻认识做好招聘会安全工作的重要性，增强安全责任意识，加强组织领导，把招聘会安全工作摆上重要位置，切实抓紧抓好。

二、严格招聘会审批。招聘会坚持分步审批，由人事、劳动保障部门依据《人才市场管理规定》和《就业服务与就业管理规定》对举办招聘会单位的资质、条件等进行审查，由公安部门依据《大型群众性活动安全管理条例》对招聘会安全保卫工作方案和突发事件应急预案等进行审查，审批同意后方可举办招聘会。对不具备资质机构举办招聘会的申请，一律不予批准；对未制定周密的安全保卫工作方案和突发事件应急预案招聘会的申请，一律不予批准；对在不具备条件场所举办招聘会的申请，一律不予批准。

三、加强招聘场所安全检查。各级人事、劳动保障部门和公安机关接到通知后应对固定人力资源招聘场所进行一次安全大检查，重点检查场馆出入通道、消防器材、电器及线路、通风设备、卫生设施等，确保各项安全设施的正常使用，对存在的问题要及时解决，坚决消除安全隐患。对已批准但尚未举办的大型招聘会，也要进行全面的安全检查，保证招聘会的各项安全措施落实到位。

四、加强招聘会监管工作。举办单位要加强对参会单位资格及招聘信息真实性的审核。对招聘会举办单位、参会单位发布虚假广告、不实信息的，人事、劳动保障部门要会同工商部门予以严肃查处。要高度重视招聘会的现场安全工作，在举办招聘会时，举办单位要配备与招聘会安全工作需要相适应的专业保安人员以及其他安全工作人员，按照核准的活动场所容纳人员数量严格控制进场人数，做好现场秩序维护与人员疏散等工作，一旦出现问题，要迅速启动应急预案，切实保证招聘会现场秩序。公安机关要根据安全需要组织相应警力，加强动态监控，维持活动现场及周边的治安、交通秩序，预防和处置突发事件。按照“谁举办、谁负责”的原则，对出现安全问题的招聘会依法追究举办单位领导和有关人员的责任。

五、建立招聘会安全工作的长效机制。各级人事、劳动保障部门要建立和完善有关规章制度，定期进行安全检查，加强安全责任教育，提高招聘会工作人员的安全意识。同时，总结实践中成功经验，汲取教训，不断改进招聘活动的形式和办法，积极倡导更多地采取举办小型、专场招聘会形式，大力开展网上招聘活动，避免人员过量集中，提升招聘质量，为求职者和用人单位提供高效服务。

2008 年 12 月 22 日

人力资源和社会保障部　工业和信息化部　公安部　监察部　司法部　财政部　国土资源部　住房和城乡建设部　中国人民银行　国务院国有资产监督管理委员会　国家工商行政管理总局　国家信访局　全国总工会关于进一步做好预防和解决企业工资拖欠工作的通知

人社部明电［2008］35号

各省、自治区、直辖市人民政府，国务院各部委、各直属机构：

近期，受国际金融危机的影响，企业生产经营困难加剧，部分企业停产倒闭，拖欠职工工资甚至欠薪逃匿问题突出。为落实党中央、国务院应对当前经济形势作出的一系列重大决策部署，进一步做好预防和解决企业工资拖欠工作，依法保障职工劳有所得，维护社会稳定，经国务院同意，现就有关问题通知如下：

一、健全工资支付保障制度，预防产生工资拖欠问题

地方各级人民政府要进一步督促企业落实预防和解决拖欠工资的主体责任，推进建立工资支付保障机制。要进一步建立工资保证金制度，将工资保证金制度的实施范围由建设领域逐步扩大到交通、水利等领域。要充分发挥协调劳动关系三方机制的作用，进一步指导、推动企业建立工资集体协商制度，促进职工工资根据企业经营状况合理调整。进一步建立健全企业欠薪报告制度，企业确因经营困难等原因须延期支付工资的，要征得本企业工会或职工代表同意，并向当地劳动保障部门报告。

做好预防和解决企业工资拖欠工作，关键在于鼓励和支持中小企业的发展。地方各级人民政府要贯彻落实党中央、国务院在当前经济形势下支持中小企业发展的各项政策措施，帮助中小企业解决生产经营中遇到的困难，为预防和解决企业工资拖欠提供有利条件。

二、加强对企业工资支付监控，及时消除拖欠工资隐患

地方各级人民政府及其有关部门要注意了解掌握当地企业的生产经营情况，加强对企业工资支付的监控。各级劳动保障部门要进一步加强劳动保障日常巡视检查，督促企业依法支付职工工资，对发现的拖欠工资行为，限期整改，妥善解决。进一步畅通举报投诉渠道，做好对涉及拖欠工资问题的举报投诉案件的调查处理工作。要加大对出口为主的劳动密集型制造企业、发生过拖欠的建筑施工企业等工资支付情况的排查力度，对曾发生过拖欠工资行为和存在拖欠工资隐患的企业实施重点监控。银行要积极配合各级劳动保障部门加强对企业工资支付情况的监控，认真做好企业工资支付账户的查询、信息提供等相关工作。基层工会要充分发挥密切联系职工群众的优势，及时掌握工资发放情况，发现拖欠工资问题及时要求企业纠正。

三、加大调处工作力度，依法处理因拖欠工资引发的劳动争议

各地劳动争议调解组织和仲裁机构要积极引导职工通过法律渠道维护劳动权益，为当事人维权开辟“绿色通道”。对小额、简单案件以及涉及人数较多的案件，尽可能通过调解方式平稳解决。对申请仲裁的拖欠工资争议，要按照“快立、快审、快结”原则，及时受理，及时裁决，及时申请人民法院优先执行。要加强与人民法院的司法衔接，确保因拖欠工资引发的劳动争议得到及时妥善解决。

四、发挥行政司法联动作用，严厉打击欠薪逃匿行为

地方各级人民政府及其有关部门要建立健全企业主欠薪逃匿案件联动处理机制，加大对欠薪逃匿行为的防范、打击力度。企业关闭破产必须严格依法进行，对恶意欠薪逃匿的业主要依法予以严肃查处。有关部门要及时向公安机关通报企业欠薪逃匿情况，依法引导职工和债权人向人民法院申请对企业全部资产进行保全，防止哄抢、破坏企业资产的恶性事件发生。公安机关要及时依法查处企业主欠薪逃匿涉嫌违法犯罪的行为，配合有关部门加大工资清欠追缴力度，有效处置因欠薪逃匿引发的问题。对于非正常撤离中国的外资企业，要按照商务部、外交部、公安部、司法部联合印发的《外资非正常撤离中国相关利益方跨国追究与诉讼工作指引》的精神，追究逃匿者的经济法律责任。

五、完善应急预案，妥善处理因拖欠工资问题引发的群体性事件

地方各级人民政府要采取有力措施，预防和快速处置群体性事件。建立健全处理因拖欠工资问题引发群体性事件的应急工作机制，统筹应急周转金，完善应急预案。对因企业无力支付拖欠工资或欠薪逃匿问题引发的群体性事件，政府及有关部门负责同志要主动到一线接待群众，根据实际情况启动应急机制，果断采取有力措施，快速、稳妥处置，坚决防止事态蔓延扩大，所需费用通过应急周转资金、工资保证金和其他资金等渠道统筹解决。要坚持正确的舆论导向，及时、准确发布信息，深入做好耐心细致的教育疏导工作，有效稳定职工情绪。要妥善做好群体性事件的善后处置工作，认真研究解决职工提出的合理诉求，并按照信访工作责任追究的相关规定，严肃查究责任单位和责任人的责任。

六、加强组织领导，建立健全部门联动机制

进一步做好预防和解决企业工资拖欠工作，事关职工切身权益，事关社会稳定大局，是各级人民政府的重要职责。地方各级人民政府及其有关部门要从深入贯彻落实科学发展观，实现好、维护好、发展好人民群众最关心、最直接、最现实的利益的高度，把预防和解决企业工资拖欠工作作为当前一项十分重要的任务摆到突出位置，切实加强组织领导。要进一步健全预防和解决企业工资拖欠问题工作协调机制，由政府负责同志牵头、有关部门参加，做到各司其职，分工负责，协调联动，形成工作合力。人力资源社会保障部门要加强对预防和解决企业工资拖欠工作的组织协调和指导督促，加大劳动保障监察力度，规范企业工资支付行为。工业等部门要引导中小企业依法保护职工合法权益，预防拖欠工资。国有资产监管部门要负责督促所监管企业解决工资拖欠问题，落实企业依法支付职工工资的责任。建设部门要加强对建筑市场的监管，促进建立规范的建筑劳务分包制度，严肃查处因拖欠工程款造成拖欠工资的案件。司法行政机关要积极引导法律服务机构和人员为依法预防和解决企业工资拖欠问题提供法律服务和法律援助。财政等其他相关部门要根据职责分工，积极支持配合做好解决企业工资拖欠工作。各地区各有关部门要按照分级管理、谁主管谁负责的原则，明确任务，强化责任，切实把预防和解决企业工资拖欠问题的各项措施落到实处。

2008 年 12 月 31 日

人力资源和社会保障部办公厅关于印发人力资源和社会保障部2008年农民工工作要点的通知

人社厅发［2008］1号

部属各单位：

经部领导同意，现将《人力资源和社会保障部2008年农民工工作要点》印发你们，请认真贯彻落实。

2008年3月28日

人力资源和社会保障部2008年农民工工作要点

一、切实保障农民工工资支付，促进工资合理增长（劳资司、法制司负责）

研究起草《关于建立健全工资保证金制度的意见》，争取尽快下发。将农民工工资保证金制度的实施范围由建设领域逐步向餐饮、商业、服务业等领域扩展。研究起草《关于建立工资支付监控制度的意见》，争取年底前下发实施。将已发生和易发生拖欠农民工工资的企业纳入重点监控范围，加强对发生过工资拖欠企业的约束性监管和事前防范，发现欠薪苗头及时处理。研究起草《关于建立企业职工工资正常增长机制的意见》，着力促进包括农民工在内的生产一线的低收入劳动者工资水平。

启动实施集体合同制度五年覆盖计划。用五年左右的时间，在已建工会的企业普遍建立集体协商制度，在未建工会的非公有制中小企业集中的区域建立区域性、行业性集体协商制度，使集体合同制度基本覆盖各类企业。结合企业工资决定机制改革，重点在非国有企业大力推进工资集体协商，使农民工工资成为集体协商的重点。

做好最低工资标准评估机制研究，建立评估机制。对全国现行最低工资标准进行全面评估，对标准偏低的地区提出调整意见和建议，督促各地区完成今年的调整任务。

二、依法规范农民工劳动用工管理（劳资司、法制司负责）

做好《劳动合同法》贯彻实施工作。一是通过发放宣传材料、举办培训班等方式，利用广播、电视、报纸等各类新闻媒体，广泛宣传劳动合同法律知识。二是清理劳动合同制度相关法规政策，配合国务院法制办研究制定《劳动合同法》实施条例，完善相关配套政策，增强法律的可操作性。三是开展经常化、制度化的检查，指导乡村各类用人单位与劳动者依法订立和履行劳动合同。

2008 年春节至 5 月底实施“春暖行动”，促进完成劳动合同制度三年行动计划。一是研究制定适合农民工特点、简便易行的劳动合同示范文本，为企业与农民工签订劳动合同提供参考。二是指导企业规范用工管理，督促企业建立包括农民工在内的职工名册，加强劳动合同日常管理，建立完善劳动规章制度，提高劳动合同管理水平。三是继续开展和谐劳动关系创建活动，通过典型引导，推动企业与包括农民工在内的劳动者依法签订劳动合同。四是加大劳动保障监察力度，及时查处企业不与农民工签订劳动合同等违法行为。

推进劳动用工个案制度建设。一是继续开展调查摸底，尽快推广使用劳动用工个案系统软件，逐步建立完善企业劳动用工信息数据库，加强对企业劳动用工及劳动合同制度实施情况的动态管理。二是密切关注劳动用工变化趋势，做好劳动关系运行情况的预测预警。三是依托街道（乡镇）和社区劳动保障工作平台，加强基层劳动关系协调员队伍建设，充分发挥其在辖区内开展调查摸底、宣传法规政策、协助劳动监察、调处劳动争议等作用。

三、进一步加大劳动争议处理力度（劳资司、法制司负责）

加快劳动争议调解仲裁能力建设。一是修订完善劳动争议调解仲裁规则。上半年起草并颁布《劳动争议仲裁办案规则》和《劳动争议仲裁组织规则》。二是大力推动劳动争议调解仲裁机构建设。上半年通过推行劳动争议调解仲裁示范机构项目，大力推进劳动争议调解仲裁机构建设，使劳动争议调解仲裁机构切实做到机构落实、编制落实、人员落实、经费落实。加大调解员仲裁员的专业培训，不断提高劳动争议处理工作人员的业务素质。

加大劳动争议调解仲裁制度建设。下半年按照《劳动争议调解仲裁法》的要求，指导各地调解仲裁机构做好工作制度和办案程序的检查清理工作。完善立案受理、文书送达、调解仲裁的组织以及重大疑难案件合议等有关制度，建立办案监督和案件评查制度，推行案件信息化管理。及时完成涉及农民工的劳动争议仲裁，开通绿色通道，快速办理。

四、落实《就业促进法》，积极为农民工提供就业服务（培就司、就业培训技术指导中心负责）

2008 年春节后至 4 月中旬在全国各地继续组织开展“春风行动”，为进城务工农村劳动者提供就业服务。督导各级公共就业服务机构免费为农民工提供政策咨询、就业信息、职业指导和职业介绍服务，让进城务工农村劳动者在外出务工前、进城后、求职期间都能享受到热忱服务。

会同有关部门深入开展统筹城乡就业试点工作。组织专家对统筹城乡就业试点城市实施情况进行调研评估，总结形成较好的模式和政策框架，并逐步向全国推广。

与发改委共同启动“农村劳动力转移就业服务体系基础设施建设项目”，提高县乡公共就业服务能力。选择 10 个省进行试点，支持农村劳动力转移就业服务基础设施建设，增强县乡公共服务能力，为建立健全农村劳动力转移就业服务体系和促进农村劳动力转移就业积累经验、奠定基础。

加强劳务输出示范县能力建设。继续开展劳务输出示范县研修活动，加强劳务基地建设，打响更多的劳务品牌，搞好劳务对接和劳务协作，推行“培训、就业、维权”三位一体工作模式，推动有组织劳务输出，降低农民外出就业的成本和风险。

深入开展农民工返乡创业问题研究。收集各地农民工返乡创业情况、案例和政策文件，加强政策研究。将农民工返乡创业政策研究与创业带动就业战略研究结合，研究总的创业方面的政策文件。

五、大力加强农民工职业技能培训（培就司、就业培训技术指导中心、农民工办负责）

加强农民工职业技能培训。继续组织实施“农村劳动力技能就业计划”，对800万农村劳动力进行职业技能培训。继续加强与发展改革和财政等部门以及世行方面的协调，切实搞好可行性研究，积极推动世行贷款“农民工培训与就业”项目的正式实施，促进农民工培训机构设施和能力建设的加强，促进农民工职业技能等就业能力的提升和就业质量的提高。继续开展农民工远程职业培训。建立农民工公共培训网络平台。

推进农民工创业培训和创业服务。加强农民工返乡创业培训，加大培训支持力度，做好开展创业培训的基础工作，鼓励地方针对农村地区的创业培训师资开展师资培训和师资提高培训等活动，为边远欠发达地区免费提供GYB、SYB教材支持。在少数民族牧区支持推广维语、蒙语教材；加强农民工创业服务，提高创业成功率，对农民工参加创业培训后成功开办企业的人员，由各级政府主管部门落实相关扶持政策。

六、全面完成“平安计划”三年目标（工伤司、社保中心负责）

对前两年“平安计划”的进展情况进行评估，针对进展较慢的行业领域，研究政策措施，加大工作力度，确保到年底完成三年目标。工伤保险参保人数达到1.28亿人，其中农民工参保人数达到4 600万人。

全面推进商贸、餐饮、住宿等服务业企业农民工参保工作。以大中城市为重点地区，全面推进商贸、餐饮、住宿等服务业农民工参保工作，积极完善有关政策措施，改进管理服务，扩大服务业农民工参保覆盖面。

会同国资委进一步做好中央企业中农民工的参保工作。全面摸清中央企业农民工参保工作底数，针对反映的突出问题，提出具体实施计划，在年内基本实现中央企业农民工参保。

推进在个体经济领域就业的农民工参保。要求已出台了有雇工的个体工商户参保实施办法的地区，抓紧实施，尽快落实；尚未出台实施办法的地区，抓紧制定出台，全面启动工作。

七、努力扩大农民工参加医疗保险覆盖面（医保司、社保中心负责）

以《劳动合同法》实施为契机，以农民工集中的大中城市、非公有制经济组织、制造业和建筑业等为重点，继续推进农民工参加医疗保险专项扩面行动，年中对各省农民工参保情况进行核查，对扩面人数尚未完成部里下达指标50%的省份进行重点督导，确保年底实现参保农民工4 000万人的目标。

根据农民工在城乡之间流动和城市不同地区之间流动的特点，着眼城乡统筹，会同卫生部，共同研究农民工转移就业中的医疗保险关系接续问题和就医结算办法，争取年内出台文件。指导地方研究解决餐饮业农民工参加医疗保险的难点问题。

八、研究制定农民工养老保险办法（养老司、农保司、社保中心负责）

对《农民工养老保险办法》存在的政策难点进行梳理，进一步征求各方面意见，争取上半年上报国务院。同时制定《农民工养老保险经办规程》。

九、推动农民工参加失业保险的工作（失业司、社保中心负责）

继续推动各地落实《失业保险条例》关于农民合同制工人参加失业保险并享受相应待遇的规定，维护农民工合法权益。结合完善失业保险制度，加强农民工参加失业保险政策研究。

十、维护农民工合法权益（法制司、劳资司、工伤司、农保司）

加强相关立法工作。争取年内出台《工伤保险条例》修正案，抓紧研究修改《企业工资条例（草案）》，争取2008年上半年报国务院；配合全国人大农委修改《农民权益保护法》；《女职工劳动保护条例》已经和全国总工会会签并报送国务院，力争尽快出台。

采取切实措施，深入开展“劳动保障监察执法年”活动。集中力量，开展专项执法检查活动。2008年在全国范围内组织开展三次专项执法检查活动：从二月下旬到三月下旬，组织开展规范人力资源市场秩序专项检查，加强对各类职业中介机构的监管，严厉打击非法职业中介和各类欺诈行为；三季度联合有关部门开展对农村地区小煤矿、小矿山、小砖窑、小作坊等“四小”企业用工情况的专项检查，依法规范农村地区用工单位的用工行为；四季度组织开展《劳动合同法》实施情况大检查，规范用人单位签订和履行劳动合同行为。

加强日常巡视检查和举报、投诉案件查处力度。加大日常巡视检查力度，重点对中小企业、劳动密集型企业以及发生过违法行为的企业进行用工监管。重点检查用人单位支付工资、签订劳动合同等情况，督促用人单位自觉遵守《劳动合同法》《就业促进法》等法律规定，力争农民工欠薪案件能有大幅度下降。同时，通过公布举报投诉电话、设立举报投诉信箱、开通维权热线等进一步畅通举报投诉渠道，认真受理群众举报、投诉案件。

切实保护女工和未成年工权益，严格禁止使用童工。一是积极做好《女职工劳动保护条例》修改完善工作。争取尽快颁布实施，维护广大女职工的合法权益。二是对企业使用童工、侵害女工和未成年工合法权益的案件，及时查处，严厉打击，依法维护女工和未成年工的合法权益。

十一、继续开展有关农民工的信息系统建设和统计工作（规财司、信息中心、就业培训技术指导中心负责）

继续开展城镇居民和农民工劳动保障基本情况调查。对农民工的培训就业、社会保障和劳动关系情况开展深入调查，摸清基本情况，为决策提供参考依据。进一步加强转移农业劳动力的统计工作。研究和完善转移农业劳动力的统计办法，加强对其走势的定期监测和分析。

配合国家统计局建立农民工统计监测体系。进一步完善统计监测方案，协助国家统计局向财政部申请农民工调查经费，建立农民工统计监测制度。配合人民银行做好征信系统建设工作，将拖欠农民工工资纳入征信系统。研究探索欠薪信息纳入征信系统的有关工作思路，包括信息范围、信息标准、交换方式、信息使用方式等。

健全劳动用工信息数据库。配合劳动用工备案制度的建设，计划2008年一季度完成全国劳动用工备案数据集中，业务分级办理的全国劳动用工备案计算机信息系统的开发、部署；二季度完成试运行，年底前完成相应覆盖面的应用推广并基本形成劳动用工信息数据库，实现对相关用工信息的分析、监测，为农民工的用工管理和服务提供支持。

建立信息网络技术支持平台。加强金保工程劳动力市场信息系统建设，进一步推进全国统一的劳动力市场信息系统（劳动99三版）的推广和应用，为已离乡进城，纳入城镇劳动力市场服务体系的农民工，提供就业信息服务。进一步推动劳动保障信息网络向县乡就业服务部门和相关机构的覆盖，以及向农村乡镇、行政村的延伸，为在乡准备外出的农民工提供更加便捷的就业服务。

建设社区信息系统。继续抓好社区平台软件在山东泰安、河南郑州及陕西渭南三个地区的试点工作，并在完成试点、总结试点经验后，在全国大规模推广使用，进一步提升社区劳动保障工作的信息化水平。推进全国联网监测信息系统建设。上半年完成医疗保险、工伤保险、生育保险数据指标制定工作以及养老保险指标调整工作，完成联网监测软件的部署工作；下半年开展数据上报以及与农民工社会保险有关的分析工作。

十二、认真做好农民工宣传工作（宣传中心负责）

搞好重大活动、重点工作的宣传。配合农民工办，协调中宣部，组织中央媒体，做好农民工银行卡特色服务、“安康杯”竞赛、“春暖行动”、“春风行动”、“阳光工程”、“平安计划”等活动的宣传报道工作，及时宣传党中央、国务院有关农民工工作的政策法规，为农民工工作营造良好的社会舆论氛围。

加强涉及农民工切身利益方面的宣传。配合《劳动合同法》《就业促进法》的实施，针对农民工迫切需要，协调有关业务司局，做好农民工的技能培训、就业服务、工伤保险、医疗保险、养老保险和劳动维权等方面的宣传。配合农民工办，开发一系列适合农民工特点的宣传品，因地制宜，分类指导，增强实效，为农民工就业、参保、维权提供政策咨询和信息服务，进一步营造全社会关心、关爱农民工的社会氛围。积极开展优秀农民工评选活动的宣传。按照部里的安排部署，配合农民工办，全程参与首届全国优秀农民工和农民工工作先进集体评选表彰活动的组织筹备、具体实施、先进表彰等工作，做好优秀农民工典型经验和模范事迹的宣传，宣传一批代表性强、事迹过硬、贡献突出和群众反应良好的新时代农民工先进典型。

做好农民工工作的舆情跟踪和热点分析。密切关注新闻媒体和各大网站有关农民工工作的宣传报道，及时收集整理社会各界有关农民工工作的意见建议，为下一步更好地开展农民工工作提供有力依据。

人力资源和社会保障部办公厅关于印发《关于学习贯彻国务院廉政工作会议精神的意见》的通知

人社厅发［2008］2号

各省、自治区、直辖市人事厅（局）、劳动保障厅（局），新疆生产建设兵团人事局、劳动保障局，副省级市人事局、劳动保障局，国务院各部委、各直属机构人事部门，有关部委劳动保障工作机构，部属各单位：

现将《关于学习贯彻国务院廉政工作会议精神的意见》印发给你们，请结合实际抓好贯彻落实。

2008年4月7日

关于学习贯彻国务院廉政工作会议精神的意见

在国务院第一次廉政工作会议上，温家宝总理作了重要讲话，总结了过去五年政府系统的反腐倡廉工作，对贯彻落实党的十七大、十七届二中全会和中央纪委第二次全会精神，推进2008年的党风廉政建设和反腐败工作进行了部署。为贯彻落实这次会议精神，抓好人力资源和社会保障系统的反腐倡廉工作，经人力资源和社会保障部党组研究，现提出如下贯彻意见。

一、深入学习领会会议精神，切实把廉政建设摆在更加突出的位置

国务院第一次廉政工作会议是加强政府机关党风廉政建设的一次重要会议，温家宝总理的重要讲话，深刻阐述了新形势下推进廉政和反腐败制度建设，加强对权力监督制约的极端重要性，要求各级政府坚持标本兼治、综合治理、惩防并举、注重预防的方针，加快推进惩防体系建设，认真做好领导干部廉洁自律、纠正损害群众利益的不正之风、查办违法违纪案件、从源头上预防和治理腐败等项工作，任务明确，要求具体，措施有力，对推进政府系统反腐倡廉建设具有十分重要的指导意义。部属各单位和地方各级人事部门、劳动保障部门要把学习贯彻温家宝总理重要讲话与学习贯彻党的十七大、十七届二中全会和中央纪委第二次全会精神结合起来，与贯彻落实全国人事厅(局)长会议和劳动保障工作会议精神结合起来，与人事和劳动保障具体业务工作结合起来，研究制定贯彻落实方案，明确工作任务、目标要求和落实措施。要组织好廉政工作会议精神的传达学习，教育和引导广大党员干部深刻领会温家宝总理重要讲话的精神实质，准确把握反腐败斗争面临的形势，了解和掌握反腐倡廉的总体部署、工作任务、基本要求和落实措施，增强政治意识、大局意识、忧患意识和责任意识，积极参与党风廉政建设和反腐败工作，确保各项任务扎扎实实取得实效。

二、加强制度建设，从源头上防治腐败

根据《国务院工作规则》，结合实际，制定《人力资源和社会保障部工作规则》和各项廉政制度，实行科学民主决策，坚持依法行政，推进政务公开，健全监督制度，加强廉政建设。

（一）健全科学民主决策制度

要按照国务院赋予人力资源和社会保障部的职责，科学合理制定“三定”规定，完善权力结构、规范权力运行、防止权力滥用，进一步转变职能。各级人事、劳动保障部门，要健全民主集中制，不断完善议事规则和决策程序，在重大决策、重要项目安排、重要干部任免和大额资金使用上坚持集体讨论决定。要完善社会公示与听证、决策评估、合法性审查、专家评审等制度，涉及重大公共利益和人民群众切身利益的决策要向社会公开征求意见。建立健全决策后评价、反馈纠偏和决策责任追究等制度，坚决制止和纠正超越法定权限、违反法定程序的决策行为。

（二）健全规范权力运行制度

进一步清理行政许可和非行政许可审批项目，规范审批审核程序、标准和相应的责任，建立健全行政审批责任追究制度，实现权力与责任的对等统一。建立健全资金分配、工程建设、政府采购等方面的制度和规定，防止权力滥用。进一步规范财务制度，严格“收支两条线”管理，严禁设立“小金库”。

（三）健全和完善政务公开制度

认真落实国务院《政府信息公开条例》，健全和完善人力资源和社会保障部门政务公开制度，继续扩大公开范围和层次，规范公开内容和形式，落实好政务公开的监督、检查和责任追究制度，深入推进人力资源和社会保障系统政务（政府信息）公开工作，努力实现人力资源和社会保障公共服务信息化，政务公开网络化，确保涉及群众利益的各类事项和行政权力运行过程，及时向服务对象公开。

（四）建立预防腐败长效机制

认真按照《建立健全教育、制度、监督并重的惩治和预防腐败体系实施纲要》，建立健全廉政勤政各项制度和党风廉政建设责任制，监督检查制度落实情况。完善集体领导和个人分工负责相结合的制度和办法。坚持领导干部述职述廉、廉政承诺、民主评议、诫勉谈话和党员领导干部报告个人有关事项的规定等制度。严格按规定召开领导干部民主生活会，不断提高民主生活会质量。

三、严格监督检查，严肃查处违法违纪案件

（一）加强对执行政治纪律和落实科学发展观情况的监督检查

加强党的政治纪律教育，增强党员干部的党性观念，始终与党中央保持一致；教育党员干部自觉运用科学发展观指导人事和劳动保障工作，认真落实好党中央、国务院关于人事和劳动保障各项方针政策，切实解决好涉及群众利益的突出问题，纠正违背科学发展观和构建和谐社会要求的行为，确保政令畅通，维护中央权威。

（二）加强对党员干部廉洁自律情况的监督检查

认真执行党内监督条例，落实党内监督各项规定。深入治理领导干部违反规定收送现金、有价证券、支付凭证和收受干股，以及以

赌博和交易等形式收受财物、利用婚丧嫁娶等事宜收钱敛财等问题；纠正领导干部违反规定买卖股票和在住房上以权谋私的问题；纠正和查处领导干部放任、纵容配偶、子女和身边工作人员利用其职权和职务影响经商办企业等问题；治理领导干部违规插手招标投标、政府采购等市场交易活动谋取私利的问题。

（三）加强对重点部位和环节的监督检查

加强对财政资金划拨、干部任免和调配、军转干部安置、技术职称评定、博士后设站评审、博士后基金资助评审、留学人员资助评审、职业资格设置、资格证书核发、医疗保险药品目录调整、企业年金基金管理机构资格认定、境外就业中介机构审批等工作的监督，防止滥用权力的问题发生。加强对工程建设项目、资格证书印制发放、物资采购招标投标以及部机关领导干部选拔任用、录用公务员、接收安置军转干部等工作的全程监督。对专项资金清理及部内各单位财务管理、资金使用情况进行审计监督。严格实行领导干部任期内和离任经济责任审计制度。

（四）加强行政监察和执法检查工作

积极开展对贯彻执行《行政许可法》《公务员法》《劳动法》《就业促进法》《劳动合同法》和《劳动争议调解仲裁法》等法规情况的监督检查，纠正行政行为失当、不依法办事、执法不严、执法不公等行为，维护群众的合法权益。进一步严肃干部人事工作纪律，加强对公务员录用、执行干部调配和工资政策等工作的监督检查，严肃人事考试和职业资格考试的考风考纪。

（五）认真做好信访工作，严肃查处违法违纪案件

严格执行《信访条例》，高度重视、努力做好来信来访工作。依纪依法查处官商勾结、权钱交易、权色交易及规避招标、虚假招标的案件，查处贪污、挤占、挪用、骗取社会保险基金和劳动保障专项资金的案件，查处违反干部人事工作纪律的案件，查处商业贿赂案件和损害群众利益的案件，并注意发挥查办案件的治本功能。

四、加强反腐倡廉教育，筑牢拒腐防变的思想道德防线

（一）开展经常性的党风廉政教育

部属各单位和地方各级人事、劳动保障部门要把党风廉政教育作为领导班子成员学习内容，列入党校教学和干部培训计划。重视抓好理想信念和党纪条规教育，使广大党员干部牢固树立马克思主义世界观、人生观、价值观和正确的权力观、地位观、利益观，增强宗旨意识、廉政意识和法纪意识。要运用正反面典型开展示范和警示教育，增强教育的针对性和说服力。

（二）加强公务员反腐倡廉教育，弘扬公务员精神

深入开展“做人民满意公务员”活动，开展公务员行为规范和职业道德教育实践活动，制定推进公务员职业道德建设的指导意见，贯彻实施《行政机关公务员处分条例》，将反腐倡廉教育纳入公务员培训规划并抓好落实。

（三）积极推进廉政文化建设

丰富和发展人事、劳动保障部门社会主义先进文化建设，努力形成“以廉为荣，以贪为耻”的良好风尚。不断丰富教育内容，创新教育形式，改进教育方式方法，积极开展各种有声势、有特色、有影响的宣传教育活动，扩大教育面，增强有效性。

五、加强政风行风建设，切实维护群众利益

（一）加强作风建设，树立良好风尚

要在各级领导干部中大力倡导心系群众、服务人民，真抓实干、务求实效，秉公用权、廉洁从政等“八个方面”的良好作风，围绕改进干部作风加强制度建设，健全和完善既有激励保障作用，又有约束惩戒作用的制度体系，切实解决在思想作风、学风、工作作风、领导作风和生活作风方面存在的突出问题，努力做到为民、务实、清廉，以良好的作风取信于民。

（二）抓好行风建设，提高服务水平

继续深化创建"优质服务窗口"活动，抓好基层服务窗口规范化、标准化建设，总结推广经验，树立先进典型。督促指导基层部门参加当地政府组织的民主评议政风行风活动，认真纠正在服务态度、服务质量、工作效率和工作作风等方面存在的问题。坚决反对搞劳民伤财的"形象工程""政绩工程"，纠正形式主义、官僚主义和弄虚作假行为。完善监督机制，发挥群众监督、舆论监督作用，主动接受服务对象的监督。

（三）开展社保基金专项治理工作

按照中央纪委第二次全会的部署，积极会同监察部等部门抓好社会保险基金专项治理的部署、落实和检查工作，重点检查社保基金征缴、支付、管理和就业再就业资金分配使用情况，坚决制止和纠正违反基金监管法规政策的行为，确保基金应收尽收、专户储存、专款专用。继续清理和纠正审计检查中发现的问题，对重点问题的整改情况跟踪问效，全程督办。对基金管理中的违法违纪案件进行严肃查处，并积极追回被挤占挪用的基金。

（四）纠正和查处损害群众利益的突出问题

按照国务院办公厅《关于清理规范各类职业资格相关活动的通知》要求，全面清理规范各类职业资格的设置、考试、培训、发证等活动，规范职业技能鉴定管理。加强收费管理，清理规范出版发行教材和人力资源市场公共服务等与群众利益密切相关的活动和收费，严格执行规定和标准。进一步清理和取消针对农民工进城就业的歧视性规定和不合理限制，积极开展清理拖欠农民工工资专项活动，加强监督检查，维护农民工合法权益。严肃查处损害群众利益的突出问题。

（五）深入调查研究，指导系统政风行风建设

要深入开展调查研究，分析基层部门在政风行风建设方面存在的突出问题，积极探索防治的方法和途径，提高工作的针对性和有效性。要创新和完善防治行业和部门不正之风的领导体制和工作机制，发挥业务部门的职能作用，全面落实国务院纠风办提出的各项要求，推进系统纠风工作深入开展。

人力资源和社会保障部办公厅　公安部办公厅 教育部办公厅　财政部办公厅　农业部办公厅 卫生部办公厅　国务院扶贫开发领导小组 办公室行政人事组　共青团中央办公厅 关于做好2008年高校毕业生“三支一扶” 计划实施工作的通知

人社厅发［2008］6号

各省、自治区、直辖市人事厅（局）、劳动保障厅（局）、公安厅（局）、教育厅（教委）、财政厅（局）、农业（农牧）厅（委、局）、卫生厅（局）、扶贫开发领导小组办公室，团委，新疆生产建设兵团人事局、劳动保障局、公安局、教育局、财务局、农业局、卫生局、扶贫开发领导小组办公室，团委：

为继续做好高校毕业生到农村基层从事支教、支农、支医和扶贫工作，引导和鼓励高校毕业生面向基层就业，根据《关于引导和鼓励高校毕业生面向基层就业的意见》（中办发［2005］18号）和《关于组织开展高校毕业生到农村基层从事支教、支农、支医和扶贫工作的通知》（国人部发［2006］16号）要求，现就做好2008年高校毕业生“三支一扶”计划实施工作通知如下：

一、充分认识做好2008年高校毕业生“三支一扶”计划实施工作的重要意义

2008年是实施高校毕业生“三支一扶”计划的第三年，也是首批“三支一扶”大学生服务期满的第一年。做好2008年高校毕业生“三支一扶”计划实施工作，对于推动工作向纵深发展具有十分重要的作用。各级有关部门要在当地党委、政府的统一领导下，以党的十七大精神为指导，从贯彻落实科学发展观、推进社会主义新农村建设、促进青年人才健康成长和引导高校毕业生面向基层就业的高度，充分认识做好2008年高校毕业生“三支一扶”计划实施工作的重要意义。要把思想统一到中央精神上来，坚定信心，加强领导，加大工作力度，切实把2008年高校毕业生“三支一扶”计划实施工作抓紧抓好，抓出成效。

二、精心组织，周密部署，认真做好2008年高校毕业生“三支一扶”计划的组织管理工作

各地要按照相关政策，结合本地实际，抓紧制定完善对“三支一扶”大学生管理培养使用的政策措施，认真开展2008年的组织招募工作，全面加强其服务期间的日常管理

工作。

（一）要按照规定程序抓好2008年“三支一扶”大学生的组织招募。2008年全国共招募约2万名高校毕业生。各地要将2008年招募计划于5月20日前上报全国“三支一扶”工作协调管理办公室审核，在9月30日前完成整个招募工作。

（二）认真抓好“三支一扶”大学生信息库的建设管理。要把“三支一扶”大学生信息库的建设管理作为一项重要的基础工作，做好信息采集、报送，建立统一标准，统筹管理信息入库工作。各省级“三支一扶”工作协调管理办公室要抓紧制定信息库的管理办法，建立本省（区、市）“三支一扶”大学生个人信息总库，采取有力措施，保证入库信息的准确、完整和及时，所有入库信息要永久保存。

（三）切实做好“三支一扶”计划的经费保障工作。“三支一扶”大学生的各项生活与交通补助、办理人身意外伤害保险和住院医疗保险的各项费用以及各地“三支一扶”计划实施工作经费，由地方财政安排专项经费予以解决。要根据当地经济发展和物价水平，适当提高“三支一扶”大学生的生活补贴标准。有条件的地方要统筹解决“三支一扶”大学生门诊医疗费的报销问题，并提高其人身意外伤害保险额度。中央财政将通过不断加大转移支付力度对西部地区予以支持。各地人事、财政部门要监督检查专项资金的运行情况，确保资金使用的安全、规范和有效。

（四）加大对“三支一扶”工作的宣传力度。要充分利用广播、电视、报刊、互联网等各类媒体，广泛宣传“三支一扶”工作。各省级“三支一扶”工作协调管理办公室要在今年持续开展主题突出、内容丰富、形式多样的宣传报道活动，大力宣传“三支一扶”工作的重要意义和基本政策，广泛宣传大学生在基层服务的突出业绩和先进事迹，宣传各地及用人单位好的做法和经验，为工作的健康发展营造良好舆论氛围。

（五）认真组织服务期满“三支一扶”大学生的期满考核工作。各地要尽快部署，组织各级管理部门和大学生所在单位对其服务期内的工作、学习、生活和思想状况进行全面的总结考核。期满考核的工作程序可参照国家有关规定进行。对服务期满、考核合格的“三支一扶”大学生，颁发《高校毕业生“三支一扶”服务证书》。该证书由全国“三支一扶”工作协调管理办公室统一印制，加盖省级“三支一扶”办公室印章，作为“三支一扶”大学生享受有关优惠政策的重要依据。省级“三支一扶”工作协调管理办公室要做好《高校毕业生“三支一扶”服务证书》的发放管理工作。

三、广开渠道，落实政策，切实做好服务期满“三支一扶”大学生的就业服务工作

做好首批服务期满“三支一扶”大学生的就业服务工作，是2008年“三支一扶”计划实施工作的重中之重。各地要以高度负责的精神，加大工作力度，采取切实措施，为服务期满“三支一扶”大学生的健康成长和就业创造条件。

（一）多措并举，切实做好就业服务工作的统筹安排。要在坚持自主择业原则的基础上，按照有关规定，细化、明确服务期满后各项就业服务政策的落实措施。各有关部门要积极制定优惠政策，鼓励服务期满的“三支一扶”大学生扎根基层。各级人事、劳动保障、教育、农业、卫生、扶贫等部门要充分挖掘本系统就业岗位，积极吸纳服务期满的“三支一扶”大学生。

（二）认真做好服务期满“三支一扶”大学生报考机关和参加事业单位公开招聘的招录（聘）组织工作。服务期满考核合格的“三支一扶”大学生，报考党政机关公务员的，可以享受放宽报名条件、增加分数等优惠政策，同等条件下优先录用。公务员招考时，公务员主管部门也可拿出专门录用计划，招录“三支一扶”大学生。县、乡各类事业单位，有岗位空缺需补充人员时，也应拿出一定岗位面向“三支一扶”大学生进行公开招聘，原单位有岗位空缺需补充人员时，应优先考虑接收。服务期满考核为优秀等次的“三支一扶”大学生，参加事业单位公开招聘的，可按照有关规定破格聘用。各级机关考录公务员、事业单位招聘工作人员时，免收困难家庭“三支一扶”大学生的报名费和体检费。

（三）抓紧落实服务期满后社会保险等有关政策的衔接工作。“三支一扶”大学生就业后，按照国家有关规定参加当地社会保险，其服务年限计算工龄、社会保险缴费年限。到西部地区和艰苦边远地区服务2年以上，服务期满后3年内报考硕士研究生的，初试总分加10分，同等条件下优先录取。自主创业的，可按规定享受行政事业性收费减免、小额贷款担保和贴息等有关优惠政策。对服务期满并已落实工作单位的“三支一扶”大学生，其户口、档案原则上随工作需要流动。北京、上海等特大城市以外的地方，当地公安、人事部门应依据省级“三支一扶”工作协调管理办公室开具的证明和就业单位证明为其办理相关手续。北京、上海等特大城市也应结合本地实际，逐步放宽相关政策。暂未就业的，户口应转入入学前户籍所在地，档案应转至户籍所在地政府所属人才服务机构或公共就业服务机构进行代理。各地要积极协调有关部门，抓紧制定有关政策衔接的具体规定。

（四）积极做好自主择业“三支一扶”大学生的就业推荐。各级政府所属人才服务机构和公共就业服务机构要把自主择业“三支一扶”大学生的就业推荐工作作为开展公共服务的重要内容，切实抓好。要对自主择业的“三支一扶”大学生实行“一条龙、一对一”的就业推荐服务，保证每个自主择业的“三支一扶”大学生都有专人负责。

高校毕业生“三支一扶”计划的实施政策性强，涉及面广，各地人事、劳动保障、公安、教育、财政、农业、卫生、扶贫、团委等部门要密切配合，认真组织，加强部门间的协调，狠抓各项政策的落实，努力把2008年高校毕业生“三支一扶”计划实施工作进一步引向深入，为加强基层人才队伍建设、促进高校毕业生就业作出新贡献。

2008年4月14日

人力资源和社会保障部办公厅关于对原有企业年金移交有关问题补充意见的函

人社厅发［2008］9号

各省、自治区、直辖市人事厅（局）、劳动和社会保障厅（局）：

2007年以来，各地按照《关于做好原有企业年金移交工作的意见》（劳社部发［2007］12号）的要求，积极推动移交工作，取得明显进展。针对工作中存在需要明确的问题，现提出以下补充意见：

一、关于签订移交协议

尚未签订移交协议的地区，应当按照“先移交、后规范”的原则，抓紧办理签约手续，完成原有企业年金管理主体的变更。其中，实行整体移交的地区，由社会保险经办机构与确定接收移交的受托机构签订整体移交协议并通知委托人（企业）；实行分散移交的地区，由社会保险经办机构、委托人（企业）和确定接收移交的受托机构签订移交协议。

二、关于整体移交和企业年金过渡计划设立

实行整体移交的地区，应当以省级或地市级为单位实施，不得下放到区县级。为有效管理运营企业年金基金财产，避免原有企业年金基金财产拆分所带来的损失，受托机构可将整体移交接收的企业年金基金财产继续作为一个整体，申请设立企业年金过渡计划。在签订移交协议后，受托人应当制定企业年金过渡计划受托管理合同，同时分别与账户管理人、托管人、投资管理人签订委托管理合同。受托机构兼任账户管理人或投资管理人的，有关委托管理合同的内容可包括在受托管理合同中。受托机构应当将《受托管理合同》《账户管理合同》《托管合同》《投资管理合同》以及移交协议报社会保险经办机构所在省、自治区、直辖市或计划单列市的劳动保障厅（局）备案，备案材料一式四份。省、自治区、直辖市或计划单列市的劳动保障厅（局）应当自收到符合规定的备案材料之日起30个工作日内，向受托机构出具企业年金过渡计划确认函，给予计划登记号。备案通过后，企业年金过渡计划即行成立。受托机构应当自取得企业年金过渡计划确认函之日起10个工作日内，将计划确认函（复印件）送达各参与移交企业。

三、关于企业年金过渡计划登记号的编制

计划登记号共12位。由省、自治区、直辖市劳动保障厅（局）受理备案的，计划登记号第1、2位使用省级代码，第3、4位为“00”；由计划单列市劳动保障局受理备案的，第1、2、3、4位使用省级和计划单列市级代码。后8位的编制两者相同，第5、6位为“GD”，第7、8、9、10位为四位数年份，第11、12位为顺序号。

企业年金过渡计划受托财产托管账户名称

为“托管人XX公司YY企业年金过渡计划受托财产”，投资资产托管账户名称为“托管人XX公司YY企业年金过渡计划投资资产”。“XX公司”为受托机构的简称，“YY企业年金过渡计划”为企业年金过渡计划的名称。其中，“YY”为地域名。以省级、计划单列市为单位整体移交的，用省级、计划单列市地域名；以地市级为单位整体移交的，用地市级地域名。“XX公司YY企业年金过渡计划”名称应当与企业年金过渡计划确认函中的名称一致。

四、关于企业年金过渡计划的管理

各省、自治区、直辖市或计划单列市劳动保障厅（局）对其所辖区域内的企业年金过渡计划管理业务进行监督，并就有关情况向人力资源和社会保障部报告。

各省、自治区、直辖市或计划单列市劳动保障厅（局）可根据实际情况对向其报备的企业年金过渡计划规定一定时间的过渡期，原则上自企业年金过渡计划成立之日起不超过1年。如有特殊情况，可再延长1年，并报人力资源和社会保障部备案。

在过渡期内，受托机构不得接受参与移交以外的其他企业加入企业年金过渡计划；参与移交企业不得退出企业年金过渡计划，且其新增企业年金缴费原则上应当纳入企业年金过渡计划管理运营。参与移交企业应当自移交协议签订之日起6个月内完成企业年金方案的修订或制定，并报劳动保障行政部门备案。参与移交企业在收到劳动保障行政部门出具的企业年金方案备案复函后，应当在1个月内与受托机构签订受托管理合同。

过渡期满时，企业年金过渡计划即终止。参与移交企业可以按照国家有关规定选择由现有管理机构继续管理运营其交付的企业年金基金，也可以另行选择其他具备资格的管理机构。另行选择管理机构的企业，应当在过渡期满前2个月内书面通知受托机构，受托机构不得拒绝。受托机构应当自企业做出选择之日起1个月内，向相关省、自治区、直辖市或计划单列市的劳动保障厅（局）报告有关情况。

五、关于企业年金过渡计划的信息披露

受托机构应当在年度结束后2个月内，分别向各委托人和相关省、自治区、直辖市或计划单列市的劳动保障厅（局）提交企业年金过渡计划的年度管理报告。其中，基金财务会计报告应当经会计师事务所审计。

账户管理人应当在年度结束后1个月内，向受托机构分别提交各委托人交付的企业年金基金及过渡计划的年度账户管理报告；托管人应当在年度结束后1个月内，向受托机构提交过渡计划年度托管和财务会计报告；投资管理人应当在年度结束后1个月内，向受托机构提交经托管人确认的过渡计划年度投资组合报告。

六、关于保留账户的处理

对因企业关闭破产、劳动关系变更等原因出现的不再由企业缴费的保留账户，在过渡期内，可将其基金财产一并转入企业年金过渡计划，由受托机构统一管理运营。其中，符合待遇领取条件的受益人可以一次性领取账户余额。过渡期满后，受托机构应当继续管理运营保留账户的基金财产，直至其有条件转移或个人账户余额领取待遇完毕。

七、关于企业为职工购买商业团体养老保险的处理

企业原来以企业补充养老保险名义为职工购买的商业团体养老保险，应当按照劳社部令第20号、第23号和《关于做好原有企业年金移交工作的意见》（劳社部发［2007］12号）的要求予以规范。今后任何机构和单位不得以企业年金或企业补充养老保险的名义销售、购买商业团体养老保险。

2008年4月14日

人力资源和社会保障部办公厅关于进一步规范社会保障卡发放和管理工作的通知

人社厅发［2008］23号

各省、自治区、直辖市人事、劳动和社会保障厅（局），新疆生产建设兵团人事、劳动和社会保障局：

近年来，各地按照金保工程统一建设的要求，稳妥有序地推进社会保障卡建设，对提高管理水平，增强服务社会的能力，起到了积极的促进作用。但近期在一些地区的社会保障卡发行工作中，出现了个别供货卡商欺瞒发行单位，擅自使用未经我部核准、取得《社会保障（个人）卡COS检测合格证书》（以下简称《COS检测合格证书》）的产品，卡片印刷及卡基质量不过关，卡内信息存在安全隐患等不规范现象。为进一步规范社会保障卡的发放和管理工作，现就有关事项通知如下：

一、进一步提高对统一规范的认识

社会保障卡是实现“人人享有社会保障”的形象卡、安全卡、放心卡，是人民群众办理劳动保障业务的有效凭证，是改善民生的重要手段之一，各地要充分认识发行社会保障卡的重要意义。采用经我部核准，具有《COS检测合格证书》的产品，是确保信息系统标准统一、安全可靠、稳定运行的重要手段，是社会保障卡得以有效应用、为各类社会保障对象提供高质量服务的基础，也是实现全国通用目标的前提条件，事关广大持卡群众的切身利益和政府部门的整体形象。各地一定要高度重视，完善制度，加强管理，确保社会保障卡质量、技术和应用等方面符合统一规范的各项要求。

二、加强对卡片质量的监督和管理

各地在社会保障卡卡片制作招标时须采购具有《COS检测合格证书》的产品，采购时要按照我部政府网站发布的“社会保障卡COS检测通过名单”及各项技术参数，认真核对卡商出具的《COS检测合格证书》，严把供货质量关。要严格执行部里关于通用性测试的有关规定，在初次发卡，以及更换卡商、由新卡商首次发卡前，须按照规定流程送我部测试通过后，方可正式发卡。省级劳动保障部门要加强对省内各地市的指导，对社会保障（个人）卡COS产品实行全省入围的省份，要加强对入围卡商的监督，建立相应的检测机制，为各地市规范、健康地推进社会保障卡建设提供保障。对于不能按要求提供产品和服务的卡商，应取消其产品的入围资格，并及时向部信息中心报告。

三、建立卡片抽查制度

我部将不定期地对各供货卡商在各地的供卡情况进行抽查，对不规范行为进行通报，并督促其改正；对情节严重的，将暂停或取消为其颁发的《COS检测合格证书》。各地要积极予以配合，做好抽查工作。对于日常工作中发现的问题，请及时与部信息中心联系。

2008年5月5日

人力资源和社会保障部办公厅关于2007年人才流动与人才市场基本情况的通报

人社厅发［2008］33号

各省、自治区、直辖市人事厅（局）、劳动保障厅（局），新疆生产建设兵团人事局、劳动保障局：

2007年人才流动与人才市场建设基本情况统计工作已经结束。现将有关情况予以通报，供各地在工作中参考。

一、人才流动基本情况

2007年，全国各类人才服务机构共接待流动人员8 280万人次，比2006年增长32.6%；登记要求流动人员3 012万人次，比2006年增长49.5%；帮助1 345万人找到了工作或转换了工作岗位，比2006年增长56.2%。人才流动的规模和总量保持着快速的增长趋势。

2007年，全国各类人才服务机构共为1 251万家次用人单位提供了各类人才服务。其中，国有企事业单位49万家次，民营企业980万家次，外资企业222万家次，分别占总数的3.9%、78.3%和17.8%。非公有制经济组织仍是人才服务的主要对象。

登记要求流动人员的主体仍是年龄在35岁以下、学历在本科以下（含本科）的求职者。登记要求流动的3 012万人，按学历层次分类，大专及以下1 717万人，本科1 066万人，研究生229万人，分别占总数的57.0%、35.4%和7.6%。与往年相比，具有研究生学历的求职人才的比例大幅上升。按年龄构成分类，35岁以下2 403万人，35至55岁551万人，55岁以上58万人，分别占总数的79.8%、18.3%和1.9%。

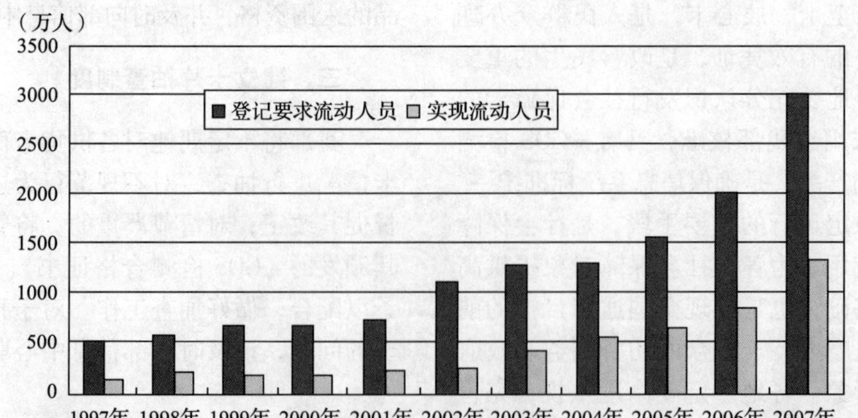

图1　1997—2007年在全国各类人才服务机构登记要求流动人员与实现流动人员数量对比

人才市场管理进一步加强。截至2007年年底，全国共建立人才市场执法机构383个。其中，省级14个，地级117个，县级252个；人事部门单独执法机构77个，与其他部门联合执法机构306个。

二、人才服务机构基本情况

截至2007年年底，全国共有各类人才服务机构6 833家，比2006年增加204家，增长3.1%。从业人员59 008人，比2006年增加7 913人，增长15.5%。全国各类人才服务机构共设立固定人才交流场所2 620个。从构成类别上看，各级政府人事行政部门所属人才服务机构3 417家（其中省属106家，地属507家，县属2 804家），从业人员21 879人；行业主管部门所属人才服务机构607家，从业人员4 423人；民营人才服务机构2 730家，从业人员28 996人；中外合资人才服务机构79家，从业人员3 710人。截至2007年年底，全国共建立各类人才市场网站3 298个。建立各类人才数据库5 479个。2007年，入库各类人才需求信息3 556万条，求职信息11 421万条。总的来看，政府人事部门所属人才服务机构和行业主管部门所属人才服务机构数量均有小幅下降，分别占人才服务机构总量的50.0%和8.8%；民营和中外合资人才服务机构的数量均有所增长，分别占人才服务机构总量的40%和1.2%。人才服务机构结构的变化说明政府人事部门所属人才服务机构体制改革的不断推进，以及社会资本对人才服务领域投入日益增多，人才服务业的发展在现代服务业总体格局中的地位和作用日益增强。

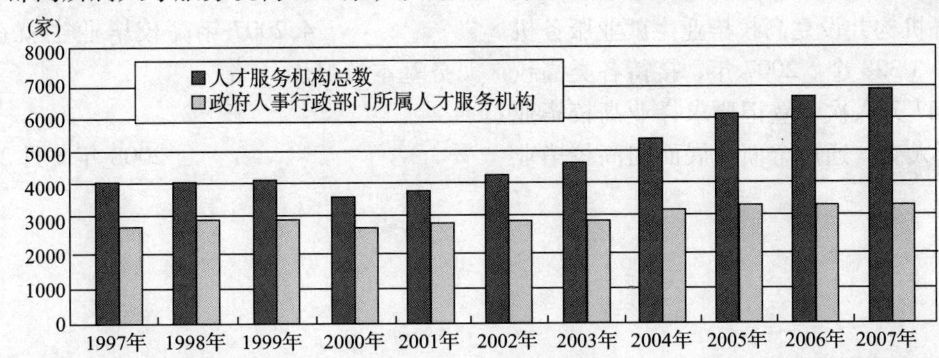

图2　1997—2007年全国人才服务机构总数与政府人事部门所属人才服务机构数对比

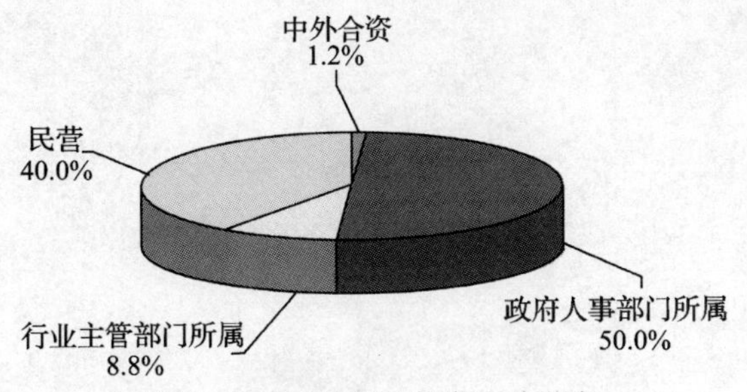

图3　2007年全国各类人才服务机构数量分类对比

三、人才服务业务基本情况

各类人才服务机构以经济社会发展产生的人才服务需求为导向，不断健全完善人才公共服务体系，不断拓展人才服务领域，服务功能日益丰富，服务水平日益提升。2007年，全国各类人才服务机构共为40万家用人单位提供了人事档案管理、人才招聘、社会保险缴纳等方面的代理服务，代理各类人才643万人。举办各类人才交流会3.9万场，各类参会求职人才6 467万人次，参会单位259万家次，达成流动意向1 609万人次。管理流动人员人事档案1 206万份，提供档案工资调整、档案查阅、开具相关证明等以人事档案为基础的相关服务1 076万人次。为28.3万人提供了专业技术职称评定申报工作，其中高级职称1.4万人，中级职称7.4万人，初级职称19.5万人。举办各类培训班3.9万次，培训各类人才247万。为8万家用人单位提供了人才派遣服务，派遣各类人才120万，并登记要求派遣人员

99 万人。组织各类人才测评 6.6 万次，为 74 万人提供了人才测评服务。为 14.3 万家用人单位提供各类人力资源管理咨询服务，服务各类人才 174 万人。为 8 万家用人单位提供了猎头服务，选聘各类高级人才 23 万人。进一步促进人才与科技的结合，组织 8 611 项技术项目进行了交流，达成交流协议 3 320 项。从人才服务业务发展的情况看，适应市场需求、新兴的人力资源管理咨询、人才测评、人才派遣、猎头等服务业务增长幅度较大，相对而言，人事代理、专业技术人员职称评定等传统服务项目发展则较为平稳。

四、高校毕业生就业公共服务基本情况

截至 2007 年年底，各级政府人事部门所属人才服务机构共设立高校毕业生就业服务机构（窗口）3 328 个。2007 年，接待各类高校毕业生 1 687 万人次，登记要求择业高校毕业生 1 381 万人次，通过全面开展面向高校毕业生的招聘、就业推荐、培训、就业指导、信息咨询等公共服务活动，帮助 274 万名高校毕业生实现就业。2007 年，各类人才服务机构共举办各类高校毕业生专场交流会 6 512 场，参会高校毕业生 1 283 万人次，各类参会用人单位 84 万家次。人才信息库入库高校毕业生求职信息 1 954 万条，高校毕业生需求信息 610 万条。举办高校毕业生就业指导和培训 6 187 次，为 132 万高校毕业生提供了就业指导和培训。

附表：1. 2007 年人才流动基本情况表（略）

2. 2007 年人才服务机构基本情况表（略）

3. 2007 年人才服务业务基本情况表（略）

4. 2007 年高校毕业生就业公共服务基本情况表（略）

2008 年 5 月 29 日

人力资源和社会保障部办公厅关于印发推进企业技能人才评价工作指导意见的通知

人社厅发［2008］39号

各省、自治区、直辖市人事、劳动和社会保障厅（局），国务院有关部门（行业组织、集团公司）劳动保障工作机构：

为贯彻落实《中共中央办公厅国务院办公厅关于进一步加强高技能人才工作的意见》（中办发［2006］15号）和《关于进一步加强高技能人才评价工作的通知》（劳社部发［2006］22号）精神，充分发挥企业在高技能人才培养评价工作中的作用，推进企业技能人才评价工作，我部起草了《推进企业技能人才评价工作指导意见》，现印发给你们，并就贯彻落实工作提出以下要求：

一、充分认识推进企业技能人才评价工作的重要意义

企业技能人才评价既是职业技能鉴定的重要组成部分，也是高技能人才工作的重要环节。推进企业技能人才评价工作，对于拓宽企业技能人才成长渠道，调动广大企业职工钻研技术、提高技能水平的积极性，推动引导企业建立完善培训、考核与使用相结合并与待遇相联系激励机制，加快高技能人才培养，具有重要的促进作用。各地、各部门要提高认识，加强领导，精心组织，积极推进企业技能人才评价工作。

二、认真做好企业技能人才评价试点企业的推选工作

我部计划先在全国选择100家管理规范、技能人才密集且培养成效显著、鉴定工作基础好的国有大中型企业开展技能人才评价试点工作。各地、各行业分别选择省（市）属国有大中型企业和行业龙头企业，指导开展技能人才评价试点工作。请各地、各行业结合实际，各选择2至4家备选企业，并于2008年6月底前将备选企业名单报我部。我部对推荐的企业审核并公布名单后，企业即可组织实施技能人才评价试点工作。其中，我部在原来试点工作的基础上，对中央直属国有大型企业跟踪指导并提供相应的政策和技术支持。

三、精心组织企业技能人才评价工作

推进企业技能人才评价工作分三个阶段进行。2008年6月至8月为准备阶段，我部确定试点企业名单和职业（工种）范围，各地、各行业指导企业制定实施方案并报我部备案。2008年9月至2009年9月为试点阶段，各企业按照实施方案组织实施试点，并在此基础上边总结边扩展。2009年10月至12月为总结阶段，总结交流试点经验，全面推进企业技能人才评价工作。

2008年6月20日

推进企业技能人才评价工作指导意见

为推进企业技能人才评价工作，根据《中共中央办公厅国务院办公厅关于进一步加强高技能人才工作的意见》（中办发［2006］15号）和《关于进一步加强高技能人才评价工作的通知》（劳社部发［2006］22号）精神，提出如下意见。

一、指导思想

按照建立以职业能力为导向，以工作业绩为重点，注重职业道德和职业知识水平的技能人才评价体系的总体要求，指导企业依据国家职业标准，结合企业生产（经营）实际，采用贴近生产需要、贴近岗位要求、贴近职工素质提高的考核方式，对职工技能水平进行客观、科学、公正的评价，努力使企业技能人才结构更加合理，高技能人才更快成长，并带动各等级技能劳动者队伍的梯次发展。

二、工作要求

（一）工作原则

企业技能人才评价工作以职业能力建设为核心，以高技能人才评价为重点，坚持国家职业标准与生产岗位实际要求相衔接、职业能力考核与工作业绩评定相联系、企业评价与社会认可相结合、属地管理与行业指导相协调的原则。

（二）评价范围及对象

企业技能人才评价包括技师、高级技师考评和初级、中级、高级技能鉴定，重点是高级工以上的高技能人才。职业（工种）范围主要是在《中华人民共和国职业分类大典》范围内（不包括全国统考职业），企业生产一线的主体技术性的职业（工种）。其中未颁布国家职业标准属企业特殊性的职业（工种），经我部批准可纳入评价范围。评价对象为与企业签订劳动合同的职工。

（三）试点企业的选择

企业技能人才评价工作采取先试点，在总结经验基础上逐步推广的方式。试点企业应具备以下基本条件：企业领导重视技能人才培养、评价、使用和激励工作；按规定提取和使用职工教育经费，并为评价工作提供相应经费保障；具有相应的考评机构和专（兼）职管理人员、考评人员；具备与考评职业（工种）相适应的考核场地、设备及检测手段等。

三、评价方式和内容

企业技能人才评价要以职业能力考核和工作业绩评定为重点，同时注重职业道德评价和理论知识考试。

（一）职业能力考核

重点考核技能人员执行操作规程、解决生产问题和完成工作任务等方面的实际工作能力。可结合试点企业生产（经营）实际，在工作现场、生产过程中，采取典型工件加工、作业项目评定、现场答辩、情景模拟等方式进行考核。由试点企业向职业技能鉴定指导中心提出申请，从国家题库中抽取相应职业（工种）的实际操作试题，并可结合岗位实际对试题内容进行调整；尚未开发国家题库的，由职业技能鉴定指导中心与试点企业组织专家依据国家职业标准，结合岗位实际要求共同命制。

（二）工作业绩评定

重点评定技能人员在工作中取得的业绩和成果，以及工作效率和完成产品质量的情况。技师、高级技师还包括完成的主要工作项目、现场解决技术问题情况，技术改造和革新等方面情况，以及传授技艺培养指导徒弟等方面的成绩。工作业绩成果材料应在企业内进行公示。

（三）职业道德评价

重点评价技能人员遵守国家法律法规和企业规章制度、工作责任心和积极性、岗位之间团结协作的能力，可采用上级评价和班组评议相结合的方式进行。

（四）理论知识考试

重点考核本职业及本岗位相关的必备职业知识。由试点企业会同职业技能鉴定指导中心组织实施。理论试题可从国家题库中抽题组卷，对不符合企业实际的试题可按要求进行适当调整；尚未开发国家题库的，由职业技能鉴定指导中心与试点企业组织专家依据国家职业标准，按照《职业技能鉴定命题技术标准（试行）》要求共同命制。考试方式以闭卷笔试为主。

职业能力考核、工作业绩评定、职业道德评价和理论知识考试均实行百分制，成绩全部达到60分及以上者为合格。各地、各行业可根据企业的生产特点，提高标准或对四个模块设定权数确定合格标准。可对少数职业能力考核成绩和工作业绩评定结果特别优异者采取直接认定方式。对掌握高超技能，并在国家级、省级技能竞赛中获得主要名次的优秀人才，可破格或越级参加技师、高级技师考评。

四、组织实施

企业技能人才评价具体工作由试点企业负责组织实施。试点企业应成立技能人员考核工作委员会（或依托现有的考核鉴定组织），主要负责制定企业技能人才培养、评价、使用和激励等制度；制定企业技能人才评价实施方案和工作细则；审定专业考评组成员；审定考核合格人选等。考核委员会成员由企业和鉴定机构负责同志、高级考评员、专业技术人员组成。考核委员会下设办公室和专业考评组。

地方劳动保障部门和行业有关部门劳动保障工作机构要创新工作方式，转变工作作风，深入企业现场，研究技能人才评价工作中遇到的问题，提供政策支持和工作指导。职业技能鉴定指导中心负责技术支持、业务指导和质量监督等工作，帮助和指导企业制定符合企业生产实际的企业技能人才评价方案。

五、质量督导

试点企业要制定和完善企业技能人才评价考评规章、制度，严格企业技能人才评价工作流程。考评人员的培训、派遣和管理按照国家有关规定执行。省级劳动保障部门和行业有关部门劳动保障工作机构要严格考务管理、规范考核流程，并派遣质量督导人员对评价工作进行督导，评审结果必须由考评人员和督导人员共同签字。建立年检和退出机制，对企业年度考评计划、相关工作机制执行情况和资金落实情况、考评工作质量等进行年度审查评估。

六、激励保障机制

试点企业应建立技能人才培养、评价、使用和待遇相结合的激励机制，完善技能人才的激励办法和优秀高技能人才的特殊奖励政策，在薪酬、福利、培训等方面向关键技术岗位的高技能人才倾斜。完善技师聘任办法，充分发挥技师、高级技师在关键技能岗位的作用，探索建立高技能人才带头人制度。有条件的地方可从高技能人才专项经费和统筹的职工教育经费中提取相应的费用，按企业技能人才评价人数给予相应补贴。要在企业中树立一批高技能人才的先进典型，营造有利于高技能人才成长的良好环境。

人力资源和社会保障部办公厅关于建立企业职工基本养老保险个人账户记账利率专项报告制度的通知

人社厅发［2008］52号

各省、自治区、直辖市人事、劳动和社会保障厅（局），新疆生产建设兵团人事、劳动保障局：

为加强企业职工基本养老保险个人账户基础管理，维护广大参保人员的合法权益，决定建立企业职工基本养老保险个人账户记账利率专项报告制度。现就有关问题通知如下：

一、充分认识做好专项报告工作的重要意义

我国企业职工基本养老保险实行社会统筹与个人账户相结合的制度模式，基本养老保险个人账户是职工参加基本养老保险的主要权益记录，也是职工退休时计算基本养老保险待遇的重要依据。为参保人员个人账户及时完整准确记好账、管好账，实现管理到人、服务到人，是社会保险经办机构的基本职责。现行政策规定，记账利率暂由各省、自治区、直辖市人民政府确定，多数地区主要参考银行同期存款利率，也有一些省份适当考虑了工资增长率等其他因素。

目前，各地在个人账户管理方面存在一定差异，一些地区确定记账利率的方法不够科学，计息不够准确及时，在一定程度上影响了参保人员的利益。为准确掌握各地确定和实施个人账户记账利率办法的实际情况，有必要建立企业职工基本养老保险个人账户记账利率专项报告制度，以利于我部掌握全面情况，提出进一步改进措施，不断加强个人账户的规范化管理，切实保护广大参保人员的合法权益。

二、专项报告的内容和上报时间

（一）上报内容

1. 本地建立企业职工基本养老保险个人账户以来历年记账利率、公布时间、确定记账利率的依据。其中使用“年度计算法”的，要说明职工当年发生退休、转移等变更情况时的计算方法。没有实行自然年度的地区，要说明记账利率所适用年度的起始时间。

2. 做实个人账户的试点地区，要上报做实个人账户基金的记账利率、公布时间及确定记账利率的依据，并说明是否与非做实部分分开记录和计息。

3. 个人账户记账利率发布后，是否能够做到及时、准确记账，本地区实际用多长时间完成记账工作；参保人员有什么意见；对改进和完善个人账户记账工作有什么意见建议。

（二）上报时间

各地请在2008年8月底前上报历年情况及联系人和联系方式。从2009年起，每年7月底前上报上一年度情况。具体情况请填在《企业职工基本养老保险个人账户记账利率情

况表》中，相关情况请附说明一并上报。

三、工作要求

1. 要高度重视企业职工基本养老保险个人账户记账利率专项报告工作，加强组织领导，指定专人负责，切实把本地的情况摸清、搞准，确保上报的材料内容完整、数据准确。

2. 要结合建立专项报告制度，对本地历年企业职工基本养老保险个人账户记账利率情况进行一次全面清理，针对发现的问题及时整改。

3. 上报材料时，请附历年公布记账利率的正式文件。

4. 要加强与我部的沟通联系，及时报告工作中发现的问题，并提出政策建议。

附件：企业职工基本养老保险个人账户记账利率情况表（略）

2008 年 7 月 11 日

人力资源和社会保障部办公厅关于社会保险信息纳入企业和个人征信系统扩大试点工作的通知

人社厅发［2008］53号

各省、自治区、直辖市人事、劳动和社会保障厅（局）；人民银行上海总部，各分行、营业管理部，各省会（首府）城市中心支行，大连、青岛、宁波、厦门、深圳市中心支行；各政策性银行、国有商业银行、股份制商业银行，中国邮政储蓄银行：

根据《国务院办公厅关于社会信用体系建设的若干意见》（国办发［2007］17号）有关要求，为加快企业和个人征信体系建设，促进企业和个人参保缴费，在已开展9个城市信息共享试点工作的基础上，人力资源和社会保障部与中国人民银行决定扩大试点范围。现就有关事项通知如下：

一、巩固和扩大试点成果，进一步促进征信体系建设，提高社会公众参保意识

2006年5月，原劳动和社会保障部与中国人民银行（以下简称人民银行）共同签署了《中国人民银行 劳动和社会保障部信息共享协议》，并下发了《关于开展信息共享试点工作有关事宜的通知》（劳社厅发［2006］18号），在北京、天津、石家庄、大连、南京、长沙、广州、成都和西安9个城市开展信息共享试点工作。2006年年底，双方开始正式按季度交换数据，试点工作进展顺利。目前，9个试点城市的企业和个人养老保险参保缴费数据已纳入全国企业和个人征信系统，并反映在相关企业和个人的信用报告中，供商业银行在审办贷款业务时查询。试点情况表明，企业和个人参保缴费信息在帮助商业银行了解企业遵守劳动法规、履行社会责任情况及控制信贷风险方面作用突出，并有效提高了企业和个人参保意识。同时，人力资源和社会保障系统利用人民银行提供的贷款单位名单生成应参保未参保企业名单，为社会保险扩面征缴工作提供了参考数据。

二、进一步扩大试点范围，增加数据交换频度

从2008年7月开始，社会保险信息纳入企业和个人征信系统试点地区将扩大到所有省会城市和计划单列市。交换数据仍从人力资源和社会保障部金保工程联网数据中提取，数据交换频度由原来的每季度一次调整为每两月一次，即按双月在部一级进行交换。参保数据和贷款单位信息交换从2008年8月开始，核准后的应参保未参保企业名单交换从2008年10月开始。信息交换的内容有：人力资源和社会保障部提供养老保险的单位参保和欠费信息、应参保未参保单位名单、个人参保和缴费信息；人民银行提供贷款单位名单等。

三、人力资源和社会保障部门工作要求

（一）各地人力资源和社会保障部门要加

强社会保险数据整理工作，努力提高数据质量，特别是要加强组织机构代码和公民身份号码的核对和补录工作，并按时上报养老保险联网数据。同时，要加强劳动保障业务专网的延伸连通工作，尽快将专网连通到辖区内各级社会保险经办机构。

（二）应参保未参保疑似企业名单由人力资源和社会保障部与人民银行企业征信系统核对生成，各地人力资源和社会保障部门要将本地区疑似企业名单的核准工作纳入日常工作，并将核准后的信息反馈人力资源和社会保障部。具体流程是：人力资源和社会保障部每逢双月中旬（首次时间为2008年8月）将与人民银行企业征信系统核对生成的应参保未参保疑似企业名单加载到金保工程业务专网中应参未参单位确认系统（http：//zxweb. mohrss，以下简称确认系统）；各地应在当月下旬（首次时间为2008年8月）通过确认系统下载应参保未参保疑似企业名单；各地业务部门在一个月内完成核准工作，并将核准后的应参保未参保企业名单反馈到确认系统中；人力资源和社会保障部于下一个双月的中旬（首次时间为2008年10月）将核准后的应参保未参保企业名单反馈给人民银行企业征信系统。

（三）各地人力资源和社会保障部门要加大宣传力度，利用与征信系统核对生成的应参保未参保信息促进社会保险扩面征缴，督促企业参保和补缴欠费。

（四）各地人力资源和社会保障部门要积极配合人民银行分支机构做好异议处理工作，即当企业对在企业征信系统中提供的参保缴费状况提出异议时，协助提供缴费情况证明。

四、各地人民银行和商业银行工作要求

（一）人民银行有关分支机构要做好对商业银行使用社保数据的培训和合规检查工作，发现问题，及时解决。

（二）各商业银行要加强内部宣传和培训，确保社保信息的正确使用，商业银行及其工作人员应当为在工作中知悉的社保信息保密，不得违反有关规定非法使用社保信息。由于使用不当而引发的纠纷，由商业银行自行负责。修改查询授权条款，明示信用报告中含有社保等信息。

（三）各商业银行要积极配合人力资源和社会保障部与人民银行进行异议处理，履行对当事人的告知义务，严禁相互推诿。请人民银行各分支机构将本通知转发至辖区内城市商业银行、农村商业银行、农村合作银行、城乡信用社及外资金融机构。

附件：1. 当前信息交换内容（略）

2. 社保信息异议处理程序（略）

2008年7月10日

人力资源和社会保障部办公厅印发《关于建设统一的人力资源社会保障网络信任体系的指导意见》的通知

人社厅发［2008］62号

各省、自治区、直辖市人事、劳动保障厅（局），新疆生产建设兵团人事、劳动保障局：

为进一步提高人力资源和社会保障信息系统的安全保障能力，保证信息系统安全稳定运行，按照金保工程建设总体部署和国家有关文件精神，我们拟定了《关于建设统一的人力资源社会保障网络信任体系的指导意见》。现印发给你们，请结合工作实际，认真贯彻实施。

2008年8月7日

关于建设统一的人力资源社会保障网络信任体系的指导意见

为进一步提高人力资源社会保障信息系统的安全保障能力，促进人力资源社会保障网络信任体系建设，按照金保工程建设总体部署，根据《国家信息化领导小组关于加强信息安全保障工作的意见》（中办发［2003］27号）、《国家网络与信息安全协调小组关于网络信任体系建设若干意见》（国办发［2006］11号）和《电子政务电子认证体系建设总体规划》（国密局联［2007］2号）有关精神，提出以下意见。

一、目标、任务和原则

（一）目标和任务

人力资源社会保障网络信任体系（以下简称网络信任体系）建设的总体目标：以人力资源社会保障业务专网为依托，利用密码技术，建立全国统一、布局合理、保障有力、运行有序、安全可靠的网络信任体系，为人力资源社会保障各应用系统提供有效的身份认证、数据加密、授权管理和责任认定等安全机制，提升人力资源社会保障电子政务的应用支撑能力和安全保障能力。

按照上述目标，网络信任体系建设的主要任务是：

1. 建立部、省、市三级人力资源社会保障电子认证系统，以人力资源社会保障部根认证系统为行业信任源点，建立统一的电子认证系统，最终纳入国家电子政务外网电子认证体系。

2. 进行基于网络信任体系的应用软件开发和集成，积极推动网络信任体系在人力资源社会保障业务中的应用。

3. 根据国家电子认证系统相关标准规范和国家密码安全相关政策，结合人力资源社会保障业务特点，制定人力资源社会保障网络信任体系标准规范，建立与网络信任体系相配套的运行管理机制。

（二）建设原则

1. 统一规划、分步实施。根据金保工程建设的总体部署，构建全国统一的网络信任体系，制定统一规划，在统筹考虑当前与长远、局部与全局关系的基础上，本着急用为先的原则，分步实施。

2. 统一标准、相互信任。网络信任体系实行全国统一的标准和规范，确保人力资源社会保障各子系统之间、各地区业务协作的相互信任。

3. 分级建设、分级管理。在全国统一规划前提下，各地区根据当地业务需求、技术和经济条件、信息系统建设状况等，按照统一的标准和要求，建设并管理当地的电子认证系统。

4. 需求主导、促进应用。正确处理应用与安全的关系，坚持应用为先，以安全保应用，以应用促安全。

二、网络信任体系的结构与布局

网络信任体系包括电子认证系统以及与之相配套的标准规范和运行管理机制。

（一）电子认证系统的构成

电子认证系统主要包括证书认证设施和密码管理设施，以及相配套的基础安全防护设施。其中，证书认证设施包括证书签发管理系统、证书注册管理系统和证书查询验证服务系统，密码管理设施包括密钥管理系统和密码服务系统，基础安全防护设施包括防病毒、防火墙、入侵检测、漏洞扫描等系统。

证书签发管理系统提供数字证书的签发、发布、管理和撤销等服务。证书注册管理系统提供数字证书的申请注册、审核等服务。证书查询验证服务系统提供数字证书和撤销列表信息的查询服务。密钥管理系统提供密钥生成、密钥分发、密钥托管和密钥更新等服务。密码服务系统提供加解密、签名及签名验证等安全服务。各系统组成关系图见图1。

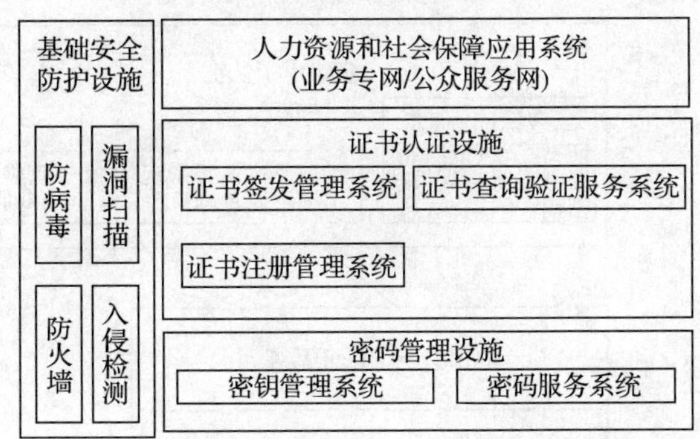

图1 电子认证系统构成

（二）总体布局

网络信任体系由部、省、市三级电子认证系统组成，采用两级证书认证中心（见图2）。人力资源社会保障部电子认证系统作为一级认证节点，建立证书认证根系统、证书签发管理系统、证书注册管理系统、证书查询验证服务系统和密钥管理系统，是人力资源社会保障网络信任体系的信任源点，为部本级和全国性应用的证书用户提供认证服务。省级电子认证系统作为二级认证节点，建立二级证书签发管理系统、证书注册管理系统、证书查询验证服务系统和密钥管理系统，为省本级和全省性应用的证书用户提供认证服务。地市级电子认证系统作为省级电子认证系统的延伸，建立证书注册管理系统和证书查询验证服务系统，为本地（市）的证书用户提供认证服务。

（三）省级建设模式

按照分步实施的建设原则，目前各地可在确保采用统一信任源、符合统一证书格式等标准规范的前提下，结合本地实际情况，选用以下两种模式。

1. 目标模式（模式一）：根据网络信任体系总体布局，省级直接建立二级证书认证中心。省级证书签发管理系统从人力资源社会保

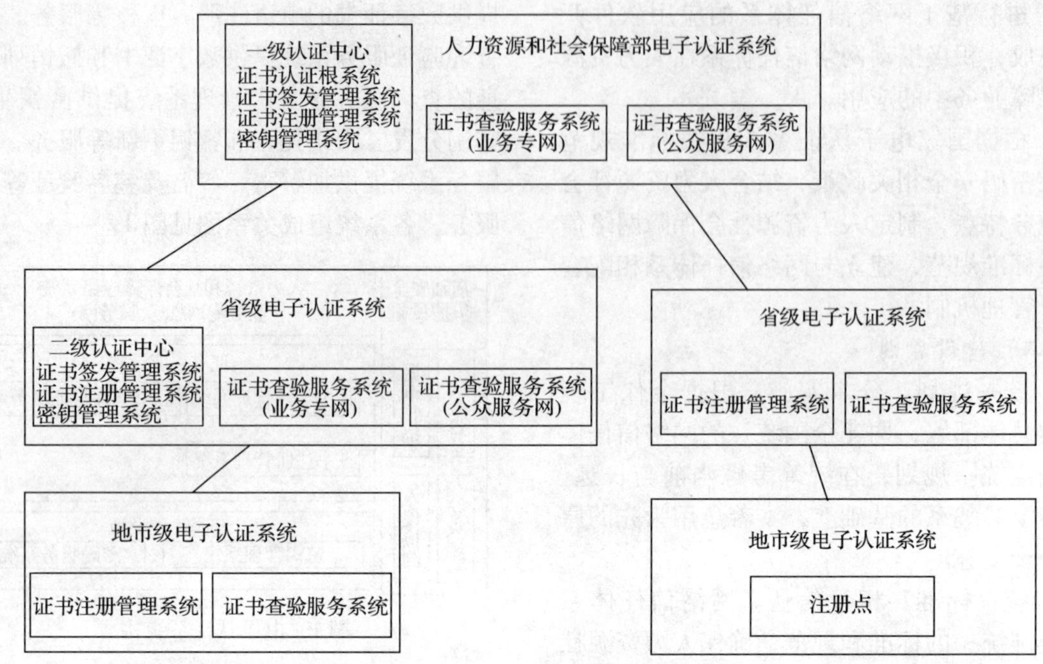

图2　网络信任体系总体结构

障部证书认证根系统获取根证书，实现与人力资源社会保障部的互联互通。省内所属地市建立证书注册管理系统，与省级证书签发管理系统联接，由省级证书签发管理系统签发证书。

2. 过渡模式（模式二）：省级建立证书注册管理系统，暂不建立二级证书认证中心。省级证书注册管理系统及地市级证书注册管理系统直接联接到人力资源社会保障部证书签发管理系统，由部证书签发管理系统签发证书。

有条件的省份，应直接采用目标模式。暂不具备条件的，可先采用过渡模式，待条件成熟后，逐步过渡到目标模式。

三、网络信任体系建设

人力资源社会保障电子认证系统在统一规划的前提下，由部、省、市三级人力资源社会保障部门分别建设。

（一）人力资源社会保障部承担的建设内容

人力资源社会保障部负责制定网络信任体系的总体框架和相关标准规范，负责统一规划网络信任体系的密码体制，负责全国统一的电子认证系统相关软件的定制开发，承担部级电子认证根系统的建设工作，完成证书认证系统的测评并通过国家密码管理局组织的安全性审查，负责与人力资源社会保障部业务相关联的安全认证与授权管理，负责人力资源社会保障电子认证系统纳入国家电子政务外网电子认证体系的相关工作。

（二）省及地市级人力资源和社会保障部门承担的建设内容

各地根据网络信任体系建设的目标、任务和原则，遵循网络信任体系标准规范，以人力资源社会保障部电子认证根系统为依托，承担本地区电子认证系统建设，负责电子认证系统和应用的集成工作。

四、网络信任体系应用

（一）应用范围

网络信任体系为人力资源社会保障各项应用提供有效的身份认证、数据加密、责任认定等安全保障机制。列入金保工程一期建设任务的联网数据管理、社会保险基金财务数据采集管理、社会保险基金监管、异地业务经办等全国性跨地区联网应用，要逐步以网络信任体系为支撑，以确保系统的安全和可靠运行。其他各项跨地区联网应用，要在条件成熟时逐步纳入统一的网络信任体系。各地区自行开展的本地业务和应用，可自主决定是否采用数字证书，但依托互联网开展的自助式办事业务，如网上社会保险费申报等，应逐步采用数字证书。

（二）证书分类

网络信任体系主要为两类用户提供电子认证服务，一是全国人力资源社会保障系统业务专网用户（以下简称内部用户），二是人力资源社会保障业务办理中涉及的社会用户（个人、用人单位等，以下称外部用户）。针对这两类用户，网络信任体系签发和管理五类证书。其中，面向内部用户的证书分为三类，分别是：

1. 机构证书——面向人力资源社会保障系统内部机构（包括各级人力资源社会保障部门、各类经办机构、公共服务机构、街道社区人力资源社会保障服务站、所等）和服务于人力资源社会保障业务的系统外机构（包括定点医疗机构、定点零售药店、人力资源社会保障事务代理机构等）发放。

2. 人员证书——面向人力资源社会保障业务专网计算机终端用户（包括各级人力资源社会保障部门工作人员、经办人员等）发放。

3. 设备证书——面向人力资源社会保障信息系统的服务器、终端设备等发放。

面向外部用户的证书分为两类，分别是：

1. 单位证书——面向人力资源和社会保障业务所管理服务的用人单位发放。

2. 个人证书——面向人力资源和社会保障业务所管理服务的个人发放。

（三）证书签发

网络信任体系采用“集中式生产、分布式服务”部署模式，即证书申请、审核分别在部、省、市的证书注册管理系统进行，证书的生产（签发、发布、管理、撤销等）集中在部、省两级证书签发管理系统进行，证书查询由分布在各地的证书查询验证服务系统进行。其中，人力资源社会保障部统一部署的全国性跨地区联网应用，采用的证书由人力资源社会保障部证书签发管理系统签发。各地自行部署的应用，其证书由省级证书签发管理系统签发。采用过渡模式暂时未建二级证书认证中心的省份，由人力资源社会保障部证书签发管理系统代为签发。

（四）证书载体

发放给机构、人员及社会用户的证书，存储在具有国家密码管理机构批准的证书载体中（UsbKey/IC 卡）。人力资源社会保障部负责证书载体的设计，包括统一的外形式样、载体印刷标识、材料类型、内部结构、芯片技术标准和统一的数字证书格式。其中，面向跨省联网应用的设备证书，由人力资源社会保障部统一提供或指定选型。面向用人单位发放的证书，以社会保障（单位）卡为载体，由人力资源社会保障部统一指定选型。

五、网络信任体系的运行与管理

部级和省级电子认证系统的运行管理，由人力资源社会保障部及各省级人力资源社会保障部门自行安排，各地可根据本地区的系统规模和电子认证业务量大小，自行维护或委托第三方认证服务机构维护。

委托具有合法资质的第三方认证服务机构进行运行维护的地区，必须将委托的第三方机构相关情况向人力资源社会保障部备案，并接受人力资源社会保障部组织的相关培训等，以确保各地间电子认证系统的标准统一和安全稳定运行。

目前已经通过第三方认证服务机构提供电子认证服务的地区，要按照统一的网络信任体系建设要求逐步进行过渡，最终纳入人力资源社会保障网络信任体系。

六、保障措施

（一）统一标准

人力资源社会保障部统一制定网络信任体

系相关标准和规范，主要包括《人力资源社会保障电子认证系统管理规范》《人力资源社会保障电子认证系统认证技术规范》《人力资源社会保障数字证书/证书撤销列表格式规范》《人力资源社会保障数字证书应用管理规范》《人力资源社会保障数字证书载体规范》等。同时，要遵循国家电子认证系统标准规范和国家密码安全相关政策，实现与国家电子政务外网电子认证系统的相互信任。

（二）健全机制

人力资源社会保障部将制定全国网络信任体系相关制度和规定，包括二级电子认证系统审批、验收和备案制度、电子认证系统运行管理制度和数字证书使用制度等，将网络信任体系相关软硬件平台的建设与运行、数字证书的签发、管理和应用等环节，纳入规范化轨道。各地区要落实机构和人员配置，在部里相关制度的基础上，出台相应细则，确保网络信任体系稳定和可靠运行。

（三）经费保障

各地电子认证系统建设是金保工程建设的重要内容之一。各级人力资源社会保障部门要积极筹措资金，认真做好网络信任体系建设。电子认证系统的运维和管理所需费用，应列入当地金保工程年度运行维护费中，也可按当地物价部门相关规定收取证书的一次成本费和年度服务费，用于补充系统运行维护和技术支持服务经费。

七、进度安排

人力资源社会保障部将于 2008 年下半年完成网络信任体系相关规范标准的制定，完成部本级电子认证系统的优化和完善，启动对部分全国性跨地区联网应用的安全支撑。

各省、自治区、直辖市的网络信任体系建设，可根据各地区的实际情况，按照全国的总体部署方案，分批实施。各地要在金保工程一期建设中做好网络信任体系方案设计等准备工作，启动有关的建设工作，在金保工程二期建设中全面完成网络信任体系建设。

人力资源和社会保障部办公厅关于印发《人力资源和社会保障业务专网域名规范》的通知

人社厅发［2008］84号

各省、自治区、直辖市人事厅（局）、劳动保障厅（局），新疆生产建设兵团人事局、劳动保障局：

为建立统一规范的人力资源和社会保障业务专网域名体系，方便人力资源和社会保障业务专网应用的部署和使用，更好地通过业务专网向人力资源和社会保障系统提供信息服务，现将《人力资源和社会保障业务专网域名规范》印发给你们，请遵照执行。

在执行中如有问题请及时与部信息中心联系。

2008年11月14日

人力资源和社会保障业务专网域名规范

一、为建立统一规范的人力资源和社会保障业务专网域名体系，方便人力资源和社会保障业务专网应用的部署和使用，更好地通过业务专网向人力资源和社会保障系统提供信息服务，制定本规范。

二、本规范对各级人力资源和社会保障部门在业务专网上建立域名体系所涉及的域名格式、命名方法及其管理作出规定。

三、人力资源和社会保障业务专网域名体系采用层次结构，部级域与省级域同为顶级域；地市级为二级域。

（一）部级域命名规则

部级区域包括人力资源和社会保障部及其所属事业单位。人力资源和社会保障部拥有业务专网的根域（.）和顶级域的域名。人力资源和社会保障部域名为：mohrss。

（二）省级域命名规则

省级区域包括各省人力资源和社会保障部门及其所属事业单位。省级人力资源和社会保障部门拥有业务专网顶级域的域名。

省级人力资源和社会保障部门域名为：省级地名缩写，如山东省人力资源和社会保障部门域名：sd。

（三）地市级域命名规则

地市级区域包括地市级人力资源和社会保障部门及其所属事业单位。地市级人力资源和社会保障部门拥有业务专网二级域的域名。

地市级人力资源和社会保障部门域名为：

地市级地名缩写．省级地名缩写，如山东省青岛市人力资源和社会保障部门域名：qd. sd。

（四）关于地名缩写的说明

省级地名缩写和地市级地名缩写按照《中华人民共和国行政区划代码》（GB/T 2260—2007）命名。新疆生产建设兵团地名缩写为“bt”。遇有国标调整，人力资源和社会保障部将统一调整地名缩写，各地不得自行修改。

（五）其他说明

部省市可根据需要为其所属事业单位或相关机构建立子域，命名规则自定，并报人力资源和社会保障部信息中心备案。

四、业务专网域名的管理。

（一）各级人力资源和社会保障部门按上述规则确定本单位域名。

（二）人力资源和社会保障部信息中心负责业务专网根域和部级域的管理和维护；向省端发布部级域名服务器 IP 地址。

（三）省级人力资源和社会保障部门的信息化综合管理机构负责省级域的管理和维护；向部端和市端发布省级域名服务器 IP 地址。市端未建立域名服务器的，由省端为其提供域名解析服务。

（四）域名服务器 IP 地址的发布、变更及域名解析服务的申请应加盖单位公章，传真或邮寄到相关的单位。各级人力资源和社会保障部门收到相关的信息并确认其真实性后，应在三天内完成相关的配置，使之生效。

五、本规范自发布之日起开始执行。

附件：省级行政区域名和市级行政区划名缩写表（略）

人力资源和社会保障部办公厅印发《关于将大学生纳入城镇居民基本医疗保险试点范围的宣传提纲》的通知

人社厅发［2008］88号

各省、自治区、直辖市劳动保障厅（局），新疆生产建设兵团劳动保障局：

《国务院办公厅关于将大学生纳入城镇居民基本医疗保险试点范围的指导意见》（国办发［2008］119号）明确了将大学生纳入城镇居民基本医疗保险试点范围的目标、基本原则、主要政策和组织实施办法。为做好此项工作，现将《关于将大学生纳入城镇居民基本医疗保险试点范围的宣传提纲》印发给你们，请结合本地实际，认真做好宣传工作。

2008年11月17日

关于将大学生纳入城镇居民基本医疗保险试点范围的宣传提纲

为进一步做好大学生医疗保障工作，国务院近日下发了《关于将大学生纳入城镇居民基本医疗保险试点范围的指导意见》（国办发［2008］119号）（以下简称《指导意见》）。将大学生纳入城镇居民基本医疗保险试点范围，对于建立健全覆盖城乡居民的社会保障体系、保障大学生基本医疗需求、提高大学生健康水平、促进社会和谐稳定具有十分重要的意义。

一、将大学生纳入城镇居民基本医疗保险试点范围的背景

我国大学生现行的医疗保障制度，始于20世纪50年代建立的公费医疗制度。20世纪90年代以来，随着办学体制改革步伐加快，高校扩大招生，民办高校增多，大学生公费医疗制度面临诸多挑战。一是公费医疗范围窄，民办高校学生不能享受，也没有其他的医疗保障制度安排。二是公办高校学生公费医疗多是按高校扩招前的1997年学生人数拨款，多数高校大学生公费医疗经费不足。三是公费医疗拨款由学校包干管理，缺乏互助共济机制，大学生主要限定在本校医疗机构就诊，难以享受社会的医疗服务资源。针对这些矛盾，有的高校组织购买商业意外伤害保险或重大疾病保险，有的采取由学生和学校分担费用的办法，

这些办法在一定程度上缓解了矛盾，但没有从制度上解决大学生医疗保障问题。大学生因重病、大病无力医治的现象时见报端，社会反响强烈，要求采取有效措施解决大学生医疗保障问题的呼声越来越高。

1998 年，国家实行城镇职工基本医疗保险制度改革，规定原实行公费医疗的机关事业单位职工都参加城镇职工基本医疗保险，目前，绝大多数机关事业单位已参加了城镇职工基本医疗保险。由于当时改革范围仅限于有劳动关系的城镇职工，因此没有涉及大学生公费医疗改革问题。

2007 年 4 月，国务院研究部署启动城镇居民基本医疗保险试点工作。当时，考虑到大学生医疗保障问题比较复杂，决定暂不将其纳入城镇居民基本医疗保险覆盖范围，要求进一步专题研究后，提出解决办法。根据会议要求，由教育部、财政部和原劳动保障部共同组成调研组，在充分调研的基础上，提出了解决大学生医疗保障问题的意见。

按照国务院领导的指示精神，2007 年，20 多个试点城市进行了将大学生纳入城镇居民基本医疗保险的探索。少数非试点城市在建立城镇居民基本医疗保险制度时，也将大学生纳入医疗保险。从试点情况看，这一办法较好地保障了大学生的基本医疗需求，受到了高校及大学生的普遍欢迎。在充分调研总结地方经验和广泛征求意见的基础上，国务院决定将大学生纳入城镇居民基本医疗保险试点范围。

二、将大学生纳入城镇居民基本医疗保险试点范围的重要意义

大学生是国家宝贵的人才资源，是民族的希望、祖国的未来。大学生的医疗保障问题，涉及每个大学生的切身利益，关系着社会的和谐稳定。将大学生纳入城镇居民基本医疗保险试点范围，充分体现了党和国家对大学生医疗保障问题的高度重视，对保障大学生身体健康、完善社会保障制度体系、促进社会主义和谐社会建设具有十分重大而深远的意义。

一是有利于更好地体现社会公平。目前，民办高校大学生不享受公费医疗待遇。即使同为公立高校，不同地区或者同一地区隶属关系不同的学校，大学生公费医疗的财政补助标准和落实情况也有很大差异，导致不同学校大学生的医疗保障待遇存在很大差异。将大学生纳入城镇居民基本医疗保险制度后，同一地区的大学生，不管所在高校的隶属关系、办学性质如何，都可以享受同等的基本医疗保险待遇，体现了社会公平，也从医疗保险方面落实了《民办教育促进法实施细则》关于“民办学校的受教育者在升学、就业、社会优待、参加先进评选、医疗保险等方面，享有与同级同类公办学校的受教育者同等的权利”的规定。

二是有利于减轻学校和学生家庭的负担，提高大学生健康水平。将大学生纳入城镇居民基本医疗保险试点范围，建立起稳定的政府财政投入机制，大学生医疗保险筹资具有稳定的来源；通过社会互助共济，疾病风险在更大范围内实现了分担，能有效地减少学生患大病的后顾之忧，减轻学校和家庭的经济负担。参保的大学生不再限定在校办医疗机构或者单个合同医院就诊，可以同其他参保居民一样选择多家定点医院就医，从而得到更好的医疗服务。

三是健全了基本医疗保障体系。我国覆盖城乡居民的基本医疗保险制度主要包括三方面，即城镇职工基本医疗保险制度、新型农村合作医疗制度和城镇居民基本医疗保险制度。将大学生纳入城镇居民基本医疗保险试点范围，明确了大学生公费医疗制度的改革方向是走社会保险的路子，既能与现有制度体系有机衔接，又符合我国医药卫生体制改革的方向，也有利于树立大学生的保障意识，为进一步完善覆盖城乡居民的基本医疗保障体系奠定了坚实基础。

另外，将大学生纳入城镇居民基本医疗保险，推动了高校医疗机构与社会定点医疗机构之间的竞争，增强高校医疗机构的活力，有利于高校医疗机构健康发展，也有利于改善高校卫生工作。

三、将大学生纳入城镇居民基本医疗保险试点范围的主要政策

（一）基本原则

按照党中央、国务院关于加快建立覆盖城乡居民的社会保障体系和开展城镇居民基本医疗保险试点工作的总体要求，坚持自愿原则，将大学生纳入城镇居民基本医疗保险试点，实行属地管理，并继续做好日常医疗工作；完善医疗保障资金筹集机制和费用分担机制，重点保障基本医疗需求，逐步提高保障水平。

（二）参保范围

各类全日制普通高等学校（包括民办高校）、科研院所（以下统称高校）中接受普通高等学历教育的全日制本专科生、全日制研究生。把民办高校纳入保障范围，体现了公平原则，也符合当前教育系统的实际。

（三）资金筹措

大学生参加城镇居民基本医疗保险的个人缴费标准和政府补助标准，按照当地中小学生参加城镇居民基本医疗保险相应标准执行。为形成合理的激励约束机制，大学生参保的个人缴费原则上由学生本人和家庭负担，有条件的高校可对其缴费给予补助。

财政补助的具体办法是：按照高校隶属关系，由同级财政负责安排学生参保所需政府补助资金，这样有利于减轻部、省属高校集中的地方财政负担。中央财政对地方所属高校学生按城镇居民基本医疗保险补助政策给予补助。同时，要做好大学生日常医疗工作，所需资金继续按照高校隶属关系，由同级财政予以补助。

对家庭经济困难大学生个人应缴纳的基本医疗保险费及按规定应由个人承担的医疗费用，通过医疗救助制度、家庭经济困难学生资助体系和社会慈善捐助等多种途径给予资助。

（四）保障方式

大学生住院和门诊大病医疗，通过参加学校所在地城镇居民基本医疗保险解决，大学生按照当地规定缴费并享受相应待遇。同时按照现有规定继续做好大学生日常医疗卫生工作，方便其及时就医和做好预防保健工作。这样，在制度上，有利于城镇基本医疗保险制度保持统一；在保障功能上，既重点保障学生的住院和门诊大病需求，又兼顾了普通门诊医疗需求；在费用负担上，既有利于减轻学生医疗费用负担，又有利于减轻学校支出负担。

为解决大学生基本医疗需求之外的更高的医疗需求，鼓励大学生按自愿原则，通过参加商业医疗保险等多种途径，提高医疗保障水平。

（五）组织实施

各地区、各有关部门要充分认识做好大学生医疗保障工作对建立健全覆盖城乡居民社会保障体系、保障大学生就医权益、提高大学生健康水平、促进社会和谐稳定的重大意义，切实加强组织领导和宣传解释工作，确保新旧制度平稳过渡，维护社会稳定。

已开展城镇居民基本医疗保险试点的地区，按《指导意见》要求将大学生纳入城镇居民基本医疗保险体系后，要切实保障参保大学生住院和门诊大病需求，同时继续做好大学生日常医疗工作；未开展试点的地区，要完善现有办法，加强和改进大学生医疗保障工作，随着试点扩大，逐步将大学生纳入城镇居民基本医疗保险范围。要把符合条件的大学医疗机构纳入城镇居民基本医疗保险定点医疗机构范围。

省级人民政府要根据本指导意见要求，统筹规划，积极稳妥推进这项工作。试点城市要因地制宜制定具体实施办法和推进步骤，合理确定保障水平，精心组织实施。教育、财政、人力资源社会保障、卫生和民政部门要通力协作，制订周密工作计划，确保缴费和财政资金及时足额到位，不断完善大学生医疗经费和就医管理措施。高校要切实抓好大学生就医工作，深化改革，加强管理，提高工作效率和水平。

人力资源和社会保障部办公厅关于进一步加强民办职业培训学校管理工作的通知

人社厅发［2008］89号

各省、自治区、直辖市劳动保障厅（局），新疆生产建设兵团劳动保障局：

为进一步促进民办职业培训事业健康发展，根据《中华人民共和国民办教育促进法》和《中华人民共和国民办教育促进法实施条例》等有关规定，现就进一步加强民办职业培训学校管理工作通知如下：

一、充分认识加强民办职业培训学校管理的重要意义

民办职业培训是我国民办职业教育的重要组成部分。自民办教育促进法施行以来，我国民办职业培训事业得到长足发展，涌现了一批办得好、质量高、有特色的民办职业培训学校，对提高劳动者素质，促进就业起到了积极的作用。但是，随着民办职业培训学校的快速发展，也出现了一些办学不规范、培训质量低下、政府监管不到位等不容忽视的问题。加强民办职业培训学校管理是劳动保障部门依法行政的重要工作内容，对于规范办学行为，强化学校管理，提高培训质量，保护学生合法权益，对于促进民办职业培训事业可持续发展和维护社会稳定大局具有重要意义。各地劳动保障部门要进一步提高认识，认真履行职责，完善扶持政策，坚持“积极鼓励、大力支持、正确引导、依法管理”的方针，继续大力支持民办职业培训学校发展，并切实加强民办职业培训学校的管理。要根据当地经济社会发展和人力资源市场需求，制定民办职业培训发展规划，逐步形成布局合理、规模适当、管理规范、确保质量的良好局面，推动民办职业培训事业在规范中不断发展。

二、依法履行民办职业培训学校管理职责

（一）严格规范设立审批

民办职业培训学校按照办学所在地属地原则进行审批和管理。具体审批层次和权限由各省、自治区、直辖市劳动保障行政部门确定。为进一步规范民办职业培训学校管理，各地劳动保障部门要建立健全民办职业培训学校专家评审制度。对新申请举办职业培训的学校，可按照当地有关规定，组织专家对其办学资金、设施设备、教学场地、教学计划大纲、师资状况等进行认真论证和实地考察，严格依法进行审批。凡达不到条件和要求的，一律不得颁发办学许可证。

（二）严格规范异地办学

根据《中华人民共和国民办教育促进法实施条例》有关规定，民办职业培训学校只能使用一个名称开展培训。培训质量高、社会信誉好、管理规范的培训学校，可以跨省异地开展职业培训。跨省异地开展职业培训的举办者必须重新申请设立培训学校，报举办地劳动保障行政部门审批。举办者除要提供必备的审批材料外，还需出具原所在地审批机关对其最近一年的办学质量评估报告。学校新增培训专业、提高培训层次、改变地址或更名等变更办学内容的，必须到审批机关备案批准，并换发新的办学许可证。各地劳动保障部门要将跨省异地办学纳入当地统筹管理，异地办学新批准设立的培训学校，必须为独立法人机构，必须依法建立独立的财务、会计制度和资产管理制度。严禁以提高班、高级班等名义，将学生转移到其他学校学习。

（三）严格规范招生宣传和收费行为

各地劳动保障部门要督促民办职业培训学校严格执行招生广告备案和收费公示规定。要对招生广告内容中的学校名称、招生专业、培训层次、培训期限、培训条件、收费标准、证书发放等内容进行严格审核。要监督学校依据自身现有办学条件以及办学许可证的批准内容，确定招生规模，并按照审核备案后的招生简章如实开展招生宣传。民办职业培训学校要严格执行国家规定的收费政策，收费项目、收费标准要按照《民办教育收费管理暂行办法》（发改价格［2005］309号）的规定执行，报当地物价部门备案，并向社会公示。公示后的内容不得擅自变更，未经公示收费的项目不得收费。严禁将教师收入与招生学费收入挂钩。

三、加强民办职业培训学校教育教学管理

（一）进一步完善学生管理制度

各地劳动保障部门要指导民办职业培训学校建立健全学生电子注册和学籍管理制度，建立统一电子档案，完整记录学生在校期间的学习成绩、行为表现以及参加职业技能鉴定等个人信息，并及时将学生相关信息的电子文档报送审批机关备案。要指导学校建立健全学生管理机构和学生会组织，选用懂得教育管理、作风扎实正派的人员负责学生管理工作，强化学校与学生的联系和沟通。同时指导学校加强学生的心理疏导和人格教育，注重校园文化建设，鼓励学生参加健康向上的文体活动，丰富学生业余生活。

（二）加强对校长、教师的管理和培训

各地劳动保障部门要建立民办职业培训学校主要管理人员信息库，并定期对校长进行培训。要严格执行校长任职核准，其任职条件必须符合相关法律、法规规定，并不得在校外兼职。对不合格、不称职的校长，要提出警告并建议学校董事会予以撤换。要监督民办职业培训学校按照有关规定，严格执行教师上岗要求。各民办职业培训学校要不断加强师资队伍的政治思想教育和师风师德建设。对品质恶劣、严重侵犯学生合法权益的教师或管理人员，学校要依法严肃处理。

（三）加强学校教学质量监督

各地劳动保障部门要定期开展民办职业培训学校教学质量检查，并将学员鉴定合格率等情况向全社会公布。同时，可聘请社会监督员对学校培训过程进行随时抽查，也可委托具有资质的社会中介组织对学校教学质量进行客观公正评估。对实训设施设备、师资、教材等达不到培训专业和等级要求，或与培训人数不相匹配的，要督促学校及时进行整改。民办职业培训学校每年年初须向审批部门提交当年教学计划大纲和课程安排表，并严格按照教学计划大纲开展相关教学活动。

四、强化民办职业培训学校的监督和服务

（一）切实加强民办职业培训学校监管

各地劳动保障部门要根据有关法律法规规定，按照“谁审批、谁管理、谁负责”的原则，每年对本行政区域内的民办职业培训学校开展一次全面检查评估活动，建立健全民办职业培训学校诚信评估制度。要重点检查评估学校规章制度建设、师资状况、办学条件、依法提留发展基金、教学质量和招生宣传等情况，并客观详细记录信用状况向社会公布。对存在虚假欺骗宣传、教学质量低下、学校管理混乱等严重问题的，由审批机关限期整顿，整改期间不得招收新生和举办新的培训活动。对整改后仍不合格的，要依法吊销其办学许可证。请

各省、自治区、直辖市劳动保障部门在每年3月底前，将本地区上年度检查结果上报我部职业能力建设司。

（二）制定群体性突发事件处理预案

按照“属地管理、分级负责”的原则，各地劳动保障部门要督促民办职业培训学校制定突发事件紧急处理预案。指导学校建立健全学校内部安全管理责任制度，加大对食堂、礼堂等场所和重要设施设备的安全管理，确保校园安全。各地劳动保障部门要研究制定处理学校群体性突发事件预案和措施，对可能出现的群体性事件进行预防和控制。要开设举报电话和电子信箱，畅通学生反映问题的渠道，接受社会各方面的监督。各地劳动保障部门要建立重大事件上报制度，一旦发生群体性事件、伤亡事件等重大事件，必须在第一时间及时上报并报告我部。

（三）切实做好政策协调和服务

各地劳动保障部门要切实加强与教育、民政、工商、财政、物价和税务等相关部门的沟通协调，明确职责任务，形成协调工作机制，共同将民办职业培训学校发展的各项政策措施落到实处。民办职业培训学校审批、论证、管理等相关工作经费，要纳入部门年度经费预算。要通过改进作风，提高办事效率，加强对民办职业培训学校办学的业务指导，有条件的地方可建立民办职业培训学校信息化管理服务平台和网络，强化服务职能，优化服务手段，促进民办职业培训学校健康发展。

2008年11月18日

人力资源和社会保障部办公厅关于加强新疆少数民族科技骨干特殊培养学员思想教育和管理服务工作的通知

人社厅发［2008］99号

有关省、自治区、直辖市人事厅（局），各培养单位：

新疆少数民族科技骨干特殊培养工作（下称新疆特培）是国家面向新疆实施的少数民族专项人才培养工程。从1992年起，经国务院批准，原人事部、新疆维吾尔自治区人民政府会同有关部门，从新疆选拔少数民族专业技术骨干人才，安排到内地有关教学、科研机构和企事业单位，进行为期数月至两年的特殊培养和工作锻炼。到目前为止，已累计为新疆培养了2 000多名特培学员，为加强新疆少数民族专业技术人才队伍建设，推进新疆经济社会发展和科技进步，增进民族团结，促进社会和谐稳定，发挥了重要作用，取得了明显成效。为确保完成当前和今后一个时期新疆特培工作任务，进一步加强对特培学员的思想教育和管理服务工作，现将有关事项通知如下。

一、充分认识加强特培学员思想教育和管理服务工作的重要性

特培学员的思想教育和管理服务是新疆特培工作顺利开展的基础和保障。各有关人事部门和培养单位要充分认识少数民族人才培养的重要性和特殊性，从党和国家的工作大局出发，把做好学员思想教育和管理服务工作作为落实新疆特培工作任务、确保培养质量的重要环节。主要负责同志要亲自关心新疆特培工作，选派政治素质高、工作能力和责任心强的同志负责特培学员的选拔培养、思想教育和管理服务等基础性工作。要精心安排好每一位学员的学习、工作和生活。从事新疆特培具体工作的同志，要以高度的责任意识和大局意识，克服困难，坚持不懈，切实做好各项日常性、基础性工作，把特培工作的各项任务落到实处。

二、做好深入细致的思想政治教育工作

思想政治教育是学员培养的重要内容，也是实现培养目标的重要保障。各有关人事部门和培养单位在抓好学员业务培训的同时，要把思想教育工作摆到重要位置，贯穿学员培养过程的始终。要开展好政治理论学习，组织学员认真学习邓小平理论、“三个代表”重要思想和科学发展观，教育和引导学员弘扬爱国兴疆、开拓创新、勇攀高峰、无私奉献的精神，为新疆经济社会的科学发展而努力奋斗。新疆维吾尔自治区人事厅要会同有关单位，做好学员的培训前教育，使学员充分认识党和国家的关怀、新疆人民的期待和自身肩负的使命，教育引导学员勇于克服困难，服从组织安排，谦虚谨慎，努力学习，提高本领。培养单位的领导和老师要与学员多沟通、多交流，主动与学

员交朋友，及时了解掌握学员的思想学习状况，引导学员树立高尚的思想道德情操和良好的生活情趣。培养单位要按时接转学员党的组织关系，及时组织学员参加各类思想政治教育活动，特别是目前正在开展的深入学习实践科学发展观活动。学员党员人数较为集中的培养单位，要按照《党章》规定组织学员开展组织生活。

三、妥善安排好学员的学习和工作锻炼

有关人事部门和培养单位要把接收安排学员作为一项重要的政治任务来完成。培养单位要落实导师制培养方式，根据选送单位需要、学员自身情况和本单位师资状况制定具体的培养方案，明确培养目标和方式。要通过把学员放在实际工作岗位上进行锻炼，让学员承担相应的工作任务，重点提高他们的实际工作能力。要支持学员参加各种高水平的学术技术交流活动，加强与同行的交流。要创造各种机会和条件，采用最新的教材、案例和实验手段，使学员能够及时掌握新理论、新知识、新技术、新方法。要依托重大科研课题和工作项目搭建创新平台，让他们在承担项目、攻克难题中经受锻炼，及时了解和掌握本专业领域的最新发展，不断提高创新能力。

四、加强各项日常管理工作

新疆维吾尔自治区人事厅要会同有关部门和单位加强学员的选拔管理，制定选拔办法，严格选拔条件，规范选拔程序，重点选拔政治素质高、有发展潜力的优秀中青年科技骨干参加学习，做到公开、公平、公正。在学员较为集中的培养单位，事先选定合格的学员担任班干部，以便随时掌握学员的学习、生活和思想动态。各培养单位要抓好学员学习期间的日常管理工作，像对待本单位职工一样，对学员严格要求，严格管理，加强学习考核，严格工作制度，特别是对可能发生的酗酒、私藏管制刀具等问题要加强教育和管理。新疆维吾尔自治区人事厅要会同有关部门和单位加强对学员学习期间的跟踪考核和管理服务工作，学习结束后，要将学员的学习情况及表现记入本人档案，并与其培养后的使用结合起来。

五、做好服务保障工作

各有关人事部门和培养单位要坚持以人为本，采取切实措施，热情关心和爱护特培学员，减少学员们的后顾之忧，努力为他们营造勤奋学习、鼓励创新、团结奋进的良好学习和生活环境。要认真学习掌握党的民族政策，充分理解、尊重少数民族同志的风俗习惯。要妥善安排好学员的宿舍、饮食，帮助他们解决生活中的实际困难。要组织开展丰富多彩的文体活动，丰富学员的业余生活，帮助他们排遣思乡之情。特别是在“古尔邦”节等少数民族重大节日，要以走访、座谈、联欢等形式看望慰问学员，使他们充分感受到祖国大家庭的温暖，更加身心愉快地投入到紧张的学习中去。

2008 年 12 月 22 日

人力资源和社会保障部办公厅关于转发公布取消和停止征收100项行政事业性收费项目的通知

人社厅发［2008］101号

各省、自治区、直辖市人事厅（局）、劳动保障厅（局），新疆生产建设兵团人事局、劳动保障局，各副省级市人事厅（局）、劳动保障厅（局），人事考试中心、全国人才流动中心、中国就业培训技术指导中心：

现将《财政部　国家发展改革委关于公布取消和停止征收100项行政事业性收费项目的通知》（财综［2008］78号，以下简称《通知》）转发给你们，并提出如下要求，请一并贯彻执行：

一、请各地区、各单位严格按照《通知》规定，取消和停止征收相关收费项目。各地区自行出台的收费项目与《通知》公布取消和停止征收的收费项目相类似的，一律在规定时间内予以取消。

二、取消收费项目后，各地区要按照《通知》规定，积极协调当地财政部门，将开展相关工作所需经费纳入预算安排，确保工作的正常运转。中央统一印制证书工本费，由我部向中央财政申请预算安排。

三、各地区执收部门和单位要按规定办理《收费许可证》注销手续和票据缴销手续。收费资金余额严格按规定全部上缴国库或财政专户。

2008年12月24日

人力资源和社会保障部办公厅关于启用2008年版职业技能鉴定国家题库的通知

人社厅函［2008］82号

各省、自治区、直辖市人事、劳动和社会保障厅（局）：

依据国家职业标准，我部组织开发了2008年版职业技能鉴定国家题库（以下简称2008年版国家题库），包括焊工等31个职业（工种）共54个初、中、高级（国家职业资格五、四、三级）理论知识和操作技能（专业能力）题库，电气设备安装工等27个职业（工种）共228套技师、高级技师（国家职业资格二、一级）理论知识、操作技能（专业能力）试卷和37个理论知识及操作技能（专业能力）题库。现予以公布，并从公布之日起正式启用。2008年版国家题库启用后，相应职业（工种）的技能鉴定不再使用旧版题库内的试题组卷。

鉴于国家题库中职业（工种）数量逐年增加，试题试卷容量越来越大，国家题库管理系统软件配置的原数据库已难以承载，我部决定统一为各地安装新数据库SQLserver2005，取代原数据库Access，并对国家题库管理系统软件的功能进行强化升级。请各地积极协助做好国家题库管理系统软件和新数据库的安装调试工作，具体技术问题请与我部职业技能鉴定中心联系。

国家题库管理系统软件和新数据库更新后，各地要根据有关规定，继续加强国家题（卷）库的规范化管理，严格遵守各项安全保密规章制度，做好安全保密工作。

附件：1. 2008年版国家题库（国家职业资格五、四、三级）职业（工种）目录（略）

2. 2008年版国家题（卷）库（国家职业资格二、一级）职业（工种）目录（略）

2008年5月14日

人力资源和社会保障部办公厅关于做好2008年高技能人才师资培训示范项目工作的通知

人社厅函［2008］94号

各省、自治区、直辖市人事、劳动和社会保障厅（局）：

为贯彻落实《中共中央办公厅国务院办公厅印发〈关于进一步加强高技能人才工作的意见〉的通知》（中办发［2006］15号）精神，切实加快高技能人才培养工作，根据《关于做好高技能人才相关基础工作的通知》（劳社部发［2006］33号）要求，2008年我部将继续组织实施高技能人才师资培训示范项目。现就有关事项通知如下：

一、培训专业和内容

2008年，高技能人才师资示范性培训在社会急需、院校急缺的十个专业进行。这十个专业分别是：数控机床维修新技术、模具设计与制造新技术、制冷与空调新技术、焊接新技术、维修电工新技术、动画设计与制作、智能楼宇新技术、工业电气自动化、现代电子商务、现代物流。其中，前五个专业由中央财政给予培训补贴，后五个专业由我部委托的相关培训机构按照统一的培训要求开展有偿培训。

高技能人才师资示范性培训以相关专业领域的新知识、新技能、新方法、新工艺为主要内容。

二、培训班的设置

根据培训对象的专业素质不同，各专业分两类班进行培训。

一类班：具有高级以上（含高级）教师职称并同时具有相应专业中级以上（含中级）职业资格的专职教师；

二类班：具有技师以上（含技师）职业资格并同时具有相近专业大专以上学历（含大专或同等学力）的专职教师。

三、参加培训的教师条件

参加培训的教师应当同时具备以下四项条件：

（一）在教学教改、科研革新等方面取得突出成绩，具有培养前途的专业带头人或骨干教师；

（二）在技工院校教学一线工作，热爱技工教育事业，工作责任心强；

（三）原则上从事职业教育培训时间不少于5年，年龄不超过45周岁；

（四）应符合一类班或二类班相应的专业素质要求。

四、培训时间、地点

（一）培训时间

2008年高技能人才师资示范性培训分两批进行。第一批先启动数控机床维修新技术、模具设计与制造新技术、制冷与空调新技术、动画设计与制作、智能楼宇新技术、工业电气自动化等六个专业，培训主要集中在7至8月份进行。其他专业作为第二批专业将于今年第四季度进行，具体安排另行通知。

（二）培训地点

我部面向社会，择优确定了一批培训条件好、社会声誉佳的技工院校、高等学校和大中型企业的培训中心承担高技能人才师资示范性培训任务。

五、工作要求

（一）组织管理

我部高技能人才师资培训示范项目办公室（以下简称项目办）负责对整个培训活动实行全程指导和质量监控，组织专家做好技术服务和质量评估工作。各地要高度重视高技能人才师资示范性培训工作，将之作为加强技工院校教师队伍建设，加快高技能人才培养的重要措施，指定专门人员负责做好相应的组织和管理工作。

（二）推荐报名

各地要认真做好参训教师的推荐工作，择优推荐符合条件的教师参加培训。对中央财政补贴的培训专业，要严格按照我部分配的名额推荐，并重点向国家级高技能人才培养示范基地（院校基地）、我部高技能培训联合委员会成员单位、积极承担抗震救灾和技能扶贫任务的技工院校倾斜。对有偿培训专业，可参照我部分配的建议名额，组织技工院校自愿推荐教师参加培训。要组织参训教师认真填写《参加2008年第一批高技能人才师资示范性培训人员推荐表》，在此基础上汇总制作本省《参加2008年第一批高技能人才师资示范性培训人员花名册》，并于6月13日前，统一将上述材料加盖公章后传真至项目办，电子版请通过电子邮件发给指定邮箱。同时，请将上述材料的原件以及被推荐教师的照片（每人3张2寸近期免冠彩色照片）邮寄至项目办。

（三）培训经费

参加数控机床维修新技术、模具设计与制造新技术、制冷与空调新技术培训的人员，其培训费用（如教师讲课费、场地费、实训耗材费、教材资料费等）由中央财政给予补贴，往返交通费和食宿费等由派出单位承担。参加动画设计与制作、智能楼宇新技术、工业电气自动化培训的人员，其培训费、往返交通费、食宿费等均由派出单位承担。

（四）考核和发证

承担培训任务的机构要认真按照项目办审定的培训大纲和教学计划组织培训和考试。参训教师要认真对照本次培训的主要内容，事先做好相应的知识和技能准备，培训期间要努力提高自身业务素质，掌握本专业最新知识和技能。对经考试合格者，颁发项目办统一印制的高技能人才师资培训合格证书。该证书可作为教师岗位职务聘任和职称评定的重要依据。项目办将对获证教师建立档案，纳入高技能人才师资资源库。

附件：1. 2008年第一批高技能人才师资示范性培训专业和主要内容（略）

2. 2008年第一批高技能人才师资示范性培训安排（略）

3. 2008年第一批高技能人才师资示范性培训名额分配表（中央财政补贴专业）（略）

4. 2008年第一批高技能人才师资示范性培训名额分配建议（有偿培训专业）（略）

5. 参加2008年第一批高技能人才师资示范性培训人员推荐表（略）

6. 参加2008年第一批高技能人才师资示范性培训人员花名册（略）

2008年5月22日

人力资源和社会保障部办公厅关于开展地震灾区工伤康复援助行动的通知

人社厅函［2008］171号

各省、自治区、直辖市人事、劳动和社会保障厅（局）：

为帮助四川、甘肃、陕西等地震灾区做好因工伤残职工的工伤康复工作，积极促进其恢复生活和劳动能力，争取实现重返工作岗位的目标，我部拟统筹全国工伤康复资源，组织开展灾区工伤康复援助行动。现将《地震灾区工伤康复援助行动工作方案》印发给你们，请按照我部的统一安排，积极做好相关工作。

2008年7月8日

地震灾区工伤康复援助行动工作方案

汶川特大地震给人民生命和财产造成了重大损失。据初步统计，地震灾区因工导致伤残职工已达数万人。随着伤情的稳定，工伤康复工作将显得尤为重要和迫切。为使灾区工伤职工得到及时有效的康复服务，进一步发挥工伤保险的保障作用，特制定工伤康复援助行动方案。

一、工伤康复援助行动目的

发扬“一方有难，八方支援”的精神，通过工伤康复援助行动，统筹、调动全国工伤康复资源，积极促进灾后工伤人员的身心功能康复，特别是心理、社会和职业康复，使其最大限度地回归社区和家庭，重返工作岗位。

二、工伤康复援助行动对象

四川、甘肃、陕西等地震灾区因工受伤致残的工伤职工。包括：

（一）在工伤医疗期内，仍需要进行医疗康复的工伤职工。

（二）在医疗机构或康复机构结束医疗康复，有职业康复需求并适合进行职业康复的工伤职工。

（三）需要安装假肢、装配矫形器及康复辅助器具的工伤职工；或已安装假肢、装配矫形器及康复辅助器具而需要维修、更换的工伤职工。

三、工伤康复援助行动工作内容

（一）组织全国工伤康复专家咨询委员会专家编写工伤康复指导手册，帮助指导震区劳动保障部门管理人员和伤残职工，加深对工伤康复重要意义的认识，提高工伤康复组织管理能力和水平。

（二）组织专家赴震区工伤康复实地考察，并开展短期现场技术指导和培训。

（三）利用欧盟、中德、中国香港和内地等合作项目的工伤康复专家，对灾区有关人员进行工伤康复的系统培训，并尽可能为当地工伤康复试点机构提供必要的康复配套设备，提高工伤康复整体技术和服务水平。

（四）按照就近方便的原则，灾区工伤职工以在当地工伤康复试点机构就地康复为主。结合工伤康复试点机构的评估工作，选择工伤康复基础条件较好的省、自治区、直辖市工伤康复试点机构，建立与地震灾区县市的对口支援和康复技术援助。作为部工伤康复综合试点单位的广东省工伤康复中心对口支援四川省级劳动保障部门确定的工伤康复试点机构。

四、工伤康复援助行动组织实施

工伤康复援助行动由我部工伤保险司、社保中心负责。援助行动办公室设在工伤保险司。

根据国家对地震灾区医疗救治和康复工作总体安排，现阶段各有关地区应按照我部的统一要求，做好工伤康复宣传培训和工伤职工的统计摸底工作，积极配合卫生和残联等部门做好伤残职工的康复工作。同时，支持、帮助四川省劳动保障部门，进一步加强工伤康复试点机构建设，为工伤职工转入进行集中康复做好准备。

五、时间安排

2008 年 7 月开始，康复援助计划时间初步确定为一年，具体安排如下：

（一）2008 年 7 月—9 月

1. 召开全国工伤康复专家咨询委员会会议，组织讨论《震后工伤康复指导手册》编写提纲，布置编写宣传培训资料工作；

2. 组织部分专家赴震区考察伤残职工情况，指导当地工伤康复机构开展康复工作。

（二）2008 年 9 月—12 月

1. 组织专家开展工伤康复调查评估，结合灾区工伤认定工作，掌握灾区工伤人员的伤残总数、分布及康复需求；

2. 举办灾区工伤康复知识培训；

3. 组织工伤康复专家赴接收灾区工伤职工的康复医院指导工作。

（三）2009 年 1 月—7 月

1. 根据工伤人员的伤残情况，有针对性地开展全面工伤康复服务；

2. 开展工伤康复援助行动中期评估。

（四）2009 年 8 月

工伤康复援助行动总结。

六、工作要求

这次四川汶川特大地震，再一次突显出工伤康复工作的重要性和急迫性，也对我们进一步做好工伤康复工作提出了新的要求。各有关地区劳动保障部门要高度重视，加强与卫生、民政及残联等有关部门的沟通和联系，充分利用各级康复医学会等学术团体的人才资源和康复网络优势，尽最大努力帮助灾区工伤职工做好残疾预防和康复工作。

人力资源和社会保障部办公厅关于进一步加强社会保障卡密钥安全管理的通知

人社厅函［2008］200号

各省、自治区、直辖市人事、劳动保障厅（局），新疆生产建设兵团人事、劳动保障局：

为进一步提高社会保障卡的安全管理水平，保护持卡人的合法权益，创造安全便捷的用卡环境，现就加强社会保障卡密钥安全管理的有关事项通知如下：

一、提高对社会保障卡密钥安全的认识

社会保障卡密钥是确保社会保障卡卡内信息安全，防止社会保障卡被伪造、篡改的技术基础，加强对社会保障卡密钥的管理，保证密钥安全，事关广大持卡群众的切身利益以及人力资源劳动保障部门的整体形象，对于有效发挥社会保障卡的作用，切实使社会保障卡成为“安全卡”和“放心卡”，具有重要的意义。各地区、各有关部门要高度重视，加强领导，落实责任，确保社会保障卡密钥的安全管理和使用。

二、切实实行全国统一的社会保障卡密钥管理体系

各地发行社会保障卡，应严格按照《社会保障卡建设总体规划》（劳社部函［1998］213号）和《社会保障（个人）卡安全要求》（劳社厅函［2000］76号）的有关规定，采用全国统一的密钥管理体系。各地在完成发卡注册后，应按照《社会保障卡密钥申领流程》（劳社信息函［2003］14号）规定，向我部申领密钥，并按照“一卡一密”的原则分散加载到社会保障卡中。其中，存储和管理密钥的加密机须采用经我部检测通过、符合社会保障卡规范要求、具有国家密码管理局颁发的《商用密码产品型号证书》的社会保障卡专用加密机。

三、加强对密钥载体的管理

发行社会保障卡的地区，应将社会保障卡专用加密机、主控密钥卡、密钥母卡、传输密钥卡等密钥载体，作为密码设备和涉密载体，妥善进行管理。应建立严格的规章制度，将密钥载体保管、使用等环节，全部纳入制度化轨道。要实行密钥管理责任人制度，密钥管理人员应符合机要人员条件，负责上述密钥载体的具体管理和操作，其他人员未经批准不得擅自使用。责任人变动时，应将密钥载体和完整的技术材料交给接任人员，并做好交接培训。因卡片个人化等原因确需将上述设备移交给卡商等第三方进行使用时，应做好交接记录，签署保密协议，并对第三方的使用情况进行监督。

四、保证PSAM卡的安全使用

发卡地区从我部申领安全访问控制模块（PSAM卡）后，应按照批次、终端机编号、及交由的具体使用单位（如定点医疗机构等）

进行登记，以备检查核对。PSAM卡在日常使用时应内嵌、封闭于读卡器等读写终端内部的卡槽当中，不得将其以外插等形式直接暴露在外。各发卡地区应加强对PSAM卡使用单位的安全培训和现场检查，保证用卡环境安全。因PSAM卡损坏、服务网点取消等原因，PSAM卡无法或不再使用时，应及时收回、销毁，并做好记录，不得随意丢弃。

五、妥善处理密钥管理中出现的安全问题

发卡地区在社会保障卡发行和使用中如出现密钥安全问题，应视情况及时、妥善地加以解决。加密机出于对各类攻击的防护而对其存储的密钥进行自毁的，发卡地区可自行利用统一配发的密钥管理系统，通过系统的密钥恢复功能，从密钥母卡中将密钥重置到加密机中；密钥母卡、传输密钥卡等我部统一配置的密钥存储介质因故损坏、无法修复的，应将损坏的介质交还我部，由我部予以更换。各地应采取有效措施，避免出现加密机及其他密钥存储介质遗失等安全事故，凡有遗失必须立即报告上级劳动保障部门及我部信息中心，同时要查明原因，根据国家关于安全保密的有关规定做出处理。其中，加密机遗失或密钥母卡与传输密钥卡同时遗失的，须将原密钥废止，向我部申请重新分散密钥；对于已发出的社会保障卡，要立即用基于新密钥的卡予以更换。

2008年8月5日

人力资源和社会保障部办公厅关于转发湖南省劳动保障厅　财政厅《关于保障劳动争议仲裁经费的通知》的通知

人社厅函［2008］368 号

各省、自治区、直辖市人事厅（局）、劳动保障厅（局），新疆生产建设兵团人事局、劳动保障局：

根据《中华人民共和国劳动争议调解仲裁法》第五十三条规定，“劳动争议仲裁不收费。劳动争议仲裁委员会的经费由财政予以保障”。自今年5月1日起，劳动争议仲裁已不得收费，经费需要财政予以保障。但由于多方面的原因，有些地方的劳动争议仲裁经费至今仍未落实，已经严重影响了劳动争议调解仲裁工作的开展和争议案件的办理。湖南省劳动保障厅结合实际积极开展工作，与财政厅联合印发了《关于保障劳动争议仲裁经费的通知》（湘劳社工字［2008］92 号），对全省劳动争议仲裁委员会的设立、劳动争议仲裁经费的保障方式及主要用途都作出了明确的规定。现将该通知转发你们，请根据实际情况予以借鉴，积极争取有关部门的支持，将调解仲裁工作经费、办案经费和专项经费等列入同级财政预算科目，切实保障争议调解仲裁经费，确保《中华人民共和国劳动争议调解仲裁法》贯彻实施，为构建和谐劳动关系和社会稳定作出贡献。

2008 年 11 月 3 日

人力资源和社会保障部办公厅关于开展春暖行动提高农民工劳动合同签订率的通知

人社厅明电［2008］4号

各省、自治区、直辖市劳动和社会保障厅（局）：

为全面贯彻实施《劳动合同法》，推动各类用人单位依法与农民工签订劳动合同，决定在今年4、5两个月集中开展“春暖行动”，以农民工签订劳动合同为重点，大力开展农民工签订劳动合同行动。现就有关事项通知如下：

一、充分认识做好农民工劳动合同签订工作的重要性

农民工是我国产业工人的重要组成部分。目前，全国有数以亿计的农民工进入城市企业就业，有的在当地乡镇企业就业。做好农民工劳动合同签订工作，对从源头上维护农民工的合法权益，促进劳动关系和谐稳定具有重要作用。各级劳动保障部门要从深入贯彻落实科学发展观和构建社会主义和谐社会的高度出发，充分认识做好农民工劳动合同签订工作的重要性、紧迫性，采取切实有效的措施，推动这项工作顺利进行。

二、开展“春暖行动”的目标任务

各级劳动保障部门要在去年针对建筑业、住宿和餐饮业开展签约行动的基础上，继续以建筑业、住宿和餐饮业、制造业、采矿业、居民服务业为重点，进一步加大推进劳动合同制度实施的工作力度，实现城镇企业相对稳定就业的农民工劳动合同签订率达到85%以上的目标。同时要努力提高乡镇企业、村办企业农民工劳动合同签订率，推动企业招用农民工由过去口头协议式管理向规范的劳动合同管理转变，逐步实现农民工用工制度的规范化。

三、集中开展“春暖行动”的工作措施

（一）加强普法宣传

各级劳动保障部门要按照中宣部《关于印发〈劳动合同法〉宣传提纲的通知》积极开展宣传教育工作，深入公共就业服务机构、大量使用农民工的企业、居民服务业相对集中的街道（社区），通过举办现场咨询活动、张贴普法宣传画、发放普法知识手册等方式，将《劳动合同法》和有关规定宣传到用人单位和农民工，促进用人单位增强规范用工意识，积极主动地与农民工签订劳动合同，使农民工了解就业要签订劳动合同、如何签订劳动合同，依法维护自身权益。

（二）制定和推广简易劳动合同示范文本

各级劳动保障部门要针对农民工流动性大、季节性强、工作时间弹性大的特点，制定和推广适合农民工的简易劳动合同文本，及时在当地劳动保障政府网站上公布，或在当地新闻媒体上发布，供用人单位和农民工参考。有条件的地区要印制劳动合同文本，免费提供给用人单位和农民工使用。我部制定的农民工劳

动合同示范文本已上传至部政府网站。

（三）搞好调查摸底

各级劳动保障部门要结合推进劳动用工备案制度建设，继续组织开展劳动用工摸底调查工作，弄清辖区内用人单位户数、农民工人数及劳动合同签订情况，建立劳动用工数据库。要督促用人单位建立完备的包括农民工在内的职工名册。对使用农民工比例大、劳动合同签订率低的中小型非公有制企业、个体工商户，基层劳动保障工作人员要主动登门，督促用人单位及时与农民工签订劳动合同。

（四）抓好典型示范

各级劳动保障部门要结合开展劳动关系和谐企业与工业园区、社区、乡镇创建活动，选取规模较大、在当地有一定影响力的非公有制企业作为重点联系单位，推动企业与农民工全面签订劳动合同。通过发挥典型示范作用，引导非公有制企业依法及时与农民工签订劳动合同。

（五）开展执法检查

各级劳动保障部门要针对重点行业、企业加强劳动用工巡视检查，依法纠正和查处企业不与农民工签订劳动合同等违法行为。同时，充分发挥舆论监督作用，对严重违反劳动法律法规、侵害农民工权益的用人单位可定期向社会公布。继续结合贯彻落实“平安计划”和医疗保险专项扩面行动，切实将“春暖行动”落到实处。

四、加强组织领导

各级劳动保障部门要将开展“春暖行动”作为当前贯彻实施《劳动合同法》、全面落实推进劳动合同制度实施三年行动计划的一项重要工作，明确工作目标和责任。要逐月制订工作计划，加强对工作落实情况的督促检查，及时掌握工作进展情况，妥善解决工作中的问题，确保“春暖行动”的顺利实施。各省（区、市）要在7月底前将“春暖行动”的实施情况以书面形式报部里。对各地好的经验做法，部里将以工作信息予以刊登。部里还将选择部分地区开展督查工作，并将督查结果在工作信息上通报。

2008年4月16日

人力资源和社会保障部办公厅关于开展反腐倡廉警示教育和就业补助资金自查自纠活动的紧急通知

人社厅明电［2008］10号

各省、自治区、直辖市人事、劳动和社会保障厅（局）：

最近，个别地方劳动保障部门工作人员与一些职业培训机构相互勾结，弄虚作假，套取农民工职业培训补贴资金，并从中收受贿赂，被检察机关依法查处。为吸取教训，杜绝此类事件再度发生，确保中央惠民政策落到实处，现就加强就业补助资金使用管理，保障资金安全有关问题通知如下：

一、深刻汲取案件教训，组织开展警示教育活动，筑牢抵御腐蚀的思想道德防线

据向有关部门了解，出现问题的地区在农民工培训工作中，劳动保障部门多名工作人员涉嫌严重违法违纪。其中，有的通过自己或亲属成立培训机构直接获取培训补贴；有的通过入股培训机构或收取干股等形式分红获利；有的在审批和确定定点培训机构、批准培训机构开班、检查培训工作、核拨补贴资金等环节中，收取贿赂和礼金。由于上述工作人员放松监管，甚至内外勾结，导致相当数量的培训机构在农民工培训中通过缩减培训课时、伪造培训资料等形式大量套取农民工培训补贴资金。此类案件的发生，严重侵害了广大农民工的合法权益，影响了党和政府在百姓心中的形象，使就业补助资金遭受巨大损失。各级劳动保障部门要从中吸取教训，利用农民工培训补贴资金案及相关典型案例，开展一次警示教育，通过以案释纪、以案释法，使广大干部职工防微杜渐，警钟长鸣，高度负责地承担和履行自己的职责，筑牢抵御腐蚀的思想道德防线，构建规范权力运行的长效机制。

二、积极开展自查自纠，严格资金管理使用，确保就业补助资金安全

（一）认真部署开展就业补助资金使用管理情况的自查工作

从即日起至5月底，指定专门机构和人员，组织对2007年度就业补助资金管理使用情况开展自查。重点检查定点培训和服务机构审批、培训和服务质量管理、职业培训和职业介绍补贴资金申请审核、补贴资金拨付管理等情况，认真查找问题、剖析原因、深入整改。严格禁止任何机构和人员截留、挤占、挪用各项就业补助资金；禁止工作人员以任何形式参与接受补贴的职业培训机构或职业中介机构的经营活动，甚至利用职务便利，借审批定点机构之机，谋取不正当利益；禁止各级各类定点培训机构随意配备师资，任意压缩学时，故意降低培训质量；禁止未经实地查看和严格审批，随意拨付就业补助资金；禁止与培训机构、职业中介机构、社会保险经办机构相互串通，伪造培训人员资料，开展虚假培训或就业服务，骗取就业补助资金。

（二）进一步健全和完善农民工培训补贴资金使用管理制度

对进城务工农村劳动者给予一次性职业培训补贴是一项新政策。全国农民工培训工作刚刚起步，由于培训对象分散，组织难度大，再加上管理经验不足，制度尚待完善，工作中容易发生问题。各地在自查中，要重点对农民工培训相关管理制度是否健全、各项审批程序是否规范、监督检查是否到位、培训质量是否合格重新进行审查，排查制度漏洞和执行制度不到位的问题，及时补充、修改和完善。同时，重新审核2006年、2007年用于农民工培训补贴的资金实际使用情况，将实际拨付到培训机构或农民工个人的补贴资金数额报我部。

（三）认真纠正和查处自查中发现的问题

对检查中发现的突出问题和薄弱环节，要提出整改意见，限期予以纠正。对审批立项、管理制度、资金拨付等方面存在的问题，尽快明确制度调整和规范的措施办法，堵住管理漏洞，确保资金安全。对国家行政机关及其工作人员滥用职权、徇私舞弊等违纪违法行为，认真调查处理，严肃追究相关单位和人员的责任。对职业培训机构、职业中介机构和其他各类企事业单位骗取、套取就业补助资金的行为，一经发现，限期追回补贴资金，取消其相关资质。情节严重的，按有关规定严肃处理。

（四）加强对自查自纠工作的督促和指导

为确保自查自纠工作质量，各省（区、市）劳动保障厅（局）要对本系统的工作加强督促、检查和指导，并将就业补助资金管理使用情况及在自查自纠中查处的情况向联席会议有关单位通报，并适时向社会公布。对自查不认真、整改不及时的地区和部门，要提出建议，督促整改。各省（区、市）自查自纠的情况请于6月3日下班前上报我部。人力资源和社会保障部及驻部纪检监察机构将组织重点抽查。对达不到工作要求的省份，将会同财政部对其下半年的就业补助资金专项转移支付予以一定程度的扣减。

三、切实贯彻落实就业扶持政策，强化提高资金使用效益

（一）确保各项就业扶持政策落到实处

对参加培训的农民工给予适当的培训补贴，以及对其他劳动者提供社会保险补贴、岗位补贴、税费减免、职业培训补贴、职业介绍补贴等措施，是党中央、国务院确定的促进就业再就业工作的重要惠民政策。各地劳动保障部门要高度重视贯彻落实就业扶持政策的重要意义，加快对就业困难人员、登记失业人员、农民工等符合条件人员的审核认定，认真做好就业扶持政策的宣传推广，确保符合条件的城乡劳动者真正享受到各项扶持政策。

（二）完善就业补助资金管理使用办法

今年中央财政就业补助资金已于4月初预拨各地。各地劳动保障部门要会同财政部门认真研究补助资金下拨方案。对缺乏制度监管和不能严格执行制度的地市，在没有切实整改到位之前，一律不得下拨资金。对已经下拨的部分要追踪检查，确保资金安全高效。同时，要在新一轮政策的制定和完善中，进一步简化审批程序、减少审批环节，提高补贴政策的落实效力。特别是要根据职业培训、职业介绍工作的需要，提高补贴标准，改进职业培训和就业服务的质量，确保两项补贴资金发挥应有作用。

（三）加强各项基础工作

一是加强基础台账管理。依托公共就业服务机构，完善就业服务和管理，做到对登记失业人员、持《再就业优惠证》人员、享受各项补贴人员及其享受政策情况心中有数。二是加大对各项就业扶持政策的宣传力度。进一步明确登记失业人员、就业困难人员和农民工的职业培训补贴、职业介绍补贴、社会保险补贴、岗位补贴、税费减免等政策，力争家喻户晓、人人皆知。三是加强公开公示。在公共就业服务机构和社会保险经办机构公示各项就业扶持政策的经办单位、经办人员、审批审核程序、资金拨付办法，使城乡劳动者、各类中介组织、各类企事业单位了解申领、享受的具体规定。四是加强外部监督。认真接待群众来信来访，完善舆论监督办法，自觉接受监察、审计部门和社会各界的监督检查。

2008 年 5 月 12 日

人力资源和社会保障部办公厅关于进一步做好劳动保障监察工作的通知

人社厅明电［2008］24 号

各省、自治区、直辖市人事、劳动和社会保障厅（局）：

为了全面贯彻落实《劳动合同法》等法律法规，维护劳动者合法权益和社会稳定，保障第二十九届奥运会的顺利召开，现就进一步加强劳动保障监察工作通知如下：

一、做好劳动保障监察工作是服务奥运的一项重要任务

举办 2008 年北京奥运会是我国政治、经济、文化生活中的一件大事，是中华民族的百年期盼。平安奥运是北京奥运成功的最大标志，也是展示我国国家形象的最重要标志。各级劳动和社会保障部门要充分认识做好劳动保障监察工作、服务奥运的重要性。要牢固树立政治意识、大局意识和服务意识，坚持以人为本，坚持依法行政，严格履行职责，加强劳动用工监管工作，维护劳动关系和谐和社会稳定。

二、切实做好举报投诉案件查处工作

各地要加大举报投诉案件的查处力度，通过公布举报投诉电话、开通维权热线等进一步畅通举报投诉渠道，认真做好举报投诉案件查处工作。北京、上海、天津、辽宁、山东、河北等地承办奥运会项目赛事的城市，要安排专人实行 24 小时值班，并有充足的监察人员力量备勤，其他地方的劳动保障部门要做到工作日有专人值班，做到有案必接，接案必查，查案有果。各级劳动保障部门对新闻媒体反映的劳动保障违法行为线索要及时核查，对有关部门移交或通报的案件要依法进行处理。

三、认真排查，对重点企业加强监控

各地劳动保障部门要按照《关于加强劳动保障监察工作　深入开展劳动保障监察执法年活动的通知》（劳社厅函［2008］83 号）要求，重点将用工不规范的企业和曾发生过违法行为的企业列为重点监控对象，加大巡视监察的频率，及时掌握用人单位用工情况，一旦发现用人单位存在不依法签订劳动合同、克扣拖欠工资、使用童工、超时加班加点等违法行为的，要责令改正，并依法作出行政处理或行政处罚。对涉嫌违法犯罪的，要依法移送公安机关追究法律责任。

四、坚持依法行政，文明执法

各级劳动保障部门要牢固树立“执法为民”的理念，切实加强劳动保障监察执法队伍作风建设，讲究执法艺术。遵循公正、公开、高效、便民的原则，坚持有法必依、执法必严、违法必究，依法查处和纠正违法行为；坚持教育与处罚相结合，积极宣传法律规定，保障监察执法效果；坚持依法办案、文明执法，杜绝不作为和乱作为的现象，对因执法不到位、越位引发社会事件的，实行责任追究制。

五、及时妥善处理群体性事件

各地要高度关注劳动用工方面出现的新情况、新问题，对于因用人单位违法用工引发的群体性事件、突发事件，劳动保障监察机构要争取及早发现、主动介入、依法查处、妥善处理，维护社会稳定，将可能引发社会不稳定因素消除在萌芽状态。

各地要严格执行重大违法案件和群体性突发事件报告制度。对典型个案和因劳动用工引发的30人以上群体性突发事件，省级劳动保障部门应当在事件发生后24小时内向人力资源和社会保障部劳动监察局报告情况。

2008年7月21日

人力资源和社会保障部办公厅关于开展用人单位遵守劳动合同法情况专项检查活动的通知

人社厅明电［2008］31号

各省、自治区、直辖市人事厅（局）、劳动保障厅（局），新疆生产建设兵团人事局、劳动保障局：

为全面贯彻落实劳动合同法，进一步规范用人单位用工行为，切实维护广大劳动者的合法权益，人力资源和社会保障部决定于2008年9月1日至9月30日在全国范围内组织开展用人单位遵守劳动合同法情况专项检查活动。现将有关事项通知如下：

一、检查范围

各类用人单位，包括企业、个体经济组织、民办非企业单位等。重点是各类非公有制企业和个体工商户，特别是劳动密集型的加工制造、建筑施工、餐饮服务业。

二、检查内容

检查用人单位遵守劳动合同法的情况。主要内容：直接涉及劳动者切身利益的规章制度制定和执行情况；劳动合同订立和解除情况；遵守工作时间和休息休假规定、女职工和未成年工特殊保护规定、工资支付规定和最低工资规定情况；社会保险登记和缴费情况；遵守劳务派遣有关规定的情况；用人单位遵守其他劳动保障法律法规的情况。

三、检查方法和步骤

专项检查要以劳动合同法为依据，采取用人单位自查与实地检查、抽查和召开座谈会等方式进行。在检查中要注意把宣传劳动合同法知识与检查用人单位用工情况相结合；把受理群众投诉举报与专项执法检查情况相结合。专项检查分三个阶段：

一是宣传动员阶段（2008年9月1日至9月10日）。各级劳动保障部门要开展多种形式的宣传活动，充分利用广播、电视、报纸、杂志、网络等新闻媒体，进一步普及劳动合同法律知识，提高用人单位和劳动者特别是广大农民工的法律意识，营造维护劳动者权益的法制环境。要组织开展万名监察员送法进企业，以中小企业、劳动密集型企业为重点，宣传劳动合同法的各项内容，提供有关依法用工的咨询建议，帮助用人单位自觉遵守各项法律规定。要向社会公布咨询、投诉举报电话，畅通群众投诉举报渠道，引导广大劳动者全面、正确地理解劳动合同法规定的各项权利和义务，通过法定渠道依法维护自己的合法权益。

二是用人单位自查阶段（2008年9月11日至9月17日）。各级劳动保障部门要向所辖区域检查范围内的用人单位发出报送遵守劳动合同法律法规有关情况的书面通知，要求用人单位对照劳动合同法的各项规定开展自查，对存在的问题要详细说明情况和原因，提出整改方案，并将自查情况及整改方案材料报送当地劳动保障监察机构。

三是执法检查阶段（2008 年 9 月 18 日至 9 月 30 日）。各级劳动保障部门开展对所辖区域内的用人单位遵守劳动合同法情况的检查。要集中力量对违法案件高发的重点行业、重点企业和重点区域的用人单位进行重点检查，严肃查处各种违法行为。对检查中发现的问题，要及时调查处理。在此阶段，人力资源和社会保障部将派出督查组赴有关省市进行督促检查。

四、具体工作要求

（一）加强领导，精心组织

今年是劳动合同法实施的第一年，各级劳动保障部门要高度重视，从深入贯彻落实科学发展观、构建社会主义和谐社会的高度，充分认识到落实国家劳动保障法律法规规定对维护广大劳动者合法权益、促进经济社会发展的重要意义，切实加强组织领导。要按照本通知的要求，结合本地实际制定专项检查的实施方案，统一部署，务求实效。

（二）明确任务，落实责任

各级劳动保障部门要明确专项检查的目标任务并分解落实，由监察员、监察协管员分片包干，落实责任。在执法中要高度关注劳动用工方面出现的新情况，加强对基层工作的指导和协调，及时研究解决存在的问题。要严格执行重大违法案件和群体性突发事件报告制度，按规定及时上报在专项行动中发现的典型案件和因劳动用工引发的突发事件。

（三）依法办案，严格执法

各级劳动保障部门在检查中发现用人单位存在劳动用工违法行为，要严格依法处理。对在执法检查中发现或群众投诉举报的用人单位不与劳动者签订劳动合同、不按规定支付工资和拖欠工资、不依法解除劳动合同、不依法参加社会保险等违法行为，要按照有关规定责令其改正，并依法实施行政处罚或行政处理。对严重违反劳动合同法的用人单位，在依法进行处理的同时，还要按照《劳动保障监察条例》的规定向社会公布。

五、专项检查活动总结

请各地于 2008 年 10 月 15 日前将专项检查书面总结材料及统计表（见附表）报送人力资源和社会保障部劳动监察局。

附件：用人单位遵守劳动合同法情况专项检查活动统计表（略）

2008 年 8 月 25 日

人力资源和社会保障部办公厅关于进一步做好2009年度中央机关及其直属机构考试录用公务员考务工作的通知

人社厅明电［2008］50号

各省、自治区、直辖市党委组织部、政府人事厅（局）：

中央机关及其直属机构2009年度考试录用公务员公共科目笔试将于2008年11月30日举行。现就做好考务工作通知如下：

一、切实加强组织领导，确保各项考务工作落实到位

做好中央机关及其直属机构公务员录用考试的考务工作是各地公务员主管部门的重要职责。各地公务员主管部门一定要高度重视，加强领导，明确职责，精心组织。主管公务员考试录用工作的部、厅（局）领导是本地考务工作的第一责任人，要统筹协调、周密部署、监督检查各项考务工作的落实，亲自听取考务工作情况汇报，对严肃考风考纪、确保考试安全提出具体要求；承担考务工作的公务员考试机构负责人是直接责任人，要进一步提高认识，讲政治、讲大局，严肃认真、一丝不苟地负起工作责任。各地要制定切实可行的考务工作实施方案，健全组织机构，完善协调机制，明确工作任务及其分工，建立考务工作责任制，制定严格的保密、纪律措施和应急预案等，确保各项考务工作真正落实到位。凡是在这次考试中出了重大问题的，将追究有关领导的责任。

二、切实采取有效措施，确保录用考试全过程安全

各地公务员主管部门要进一步强化考试安全意识，逐一细化和完善考务工作纪律，抓好各项安全保密规章制度和责任制度的落实。要切实按照考风考纪的有关要求，对所有参与考试工作的人员严格审查，切实贯彻落实回避制度；要严格执行试卷安全保密制度，确保试卷的传递、交接、保管、回收等措施有力、手续齐全；要切实加大经费投入，不断提高考务工作的科技水平，确保考点、考场及试卷存放保密室的各项技术防范手段落实到位；要严格实行考场监考人员随机分派办法，建立健全监考责任制；要认真组织考试工作人员和监考人员的培训，严格监考，对考生违纪违规行为要按照规定的标准及程序处理，并认真做好违纪违规情况记录；要严格试卷回收程序，封装操作要按流程进行；要按规定期限以安全、快捷的方式将答题卷送到评卷地；要认真贯彻执行《关于加强防范和打击利用无线电设备及互联网在公务员录用考试中进行作弊活动的通知》（人社部发［2008］96号）要求，主动与当地公安、无线电管理等部门加强沟通协调，加大防范和严厉打击各种作弊行为的工作力度。要主动邀请当地纪检监察等部门对考试工作进行监督。

三、切实树立大局意识，确保高质量完成阅卷任务

阅卷是考试工作的重要环节，直接关系到对考生的评价是否客观、公正、准确，直接影响到中央机关公务员的录用质量。有选派阅卷员任务的省区市，要高度重视，顾全大局，积极支持，切实按照选拔标准、程序，保质、保量、及时地完成阅卷员的选派任务，并确定1~2名思想作风过硬、组织协调能力强、熟悉考试管理工作的人员作为领队，负责本省区市阅卷人员的管理。已经选定的阅卷员不得随意变更。承担阅卷后勤保障任务的省区市人事厅（局），要逐一落实各项保障措施，确保阅卷工作正常进行。

四、切实坚持以人为本，确保为考生提供优质服务

各地考试机构及工作人员要牢固树立以考生为本、为考生服务的理念，把服务考生作为学习实践科学发展观的具体行动。要选择交通便利、设施齐全的考点，使用宽敞、明亮、通风良好、桌椅合适的教室，张贴醒目的路标与考场安排示意图，协调落实考试当天交通、电力、热力、消防等保障措施，为考生创造安全、适宜的考场环境。要充分运用人事考试网、电话咨询、温馨提示等，及时向考生公告考试纪律与考点地图。各地要加大遵纪守法、文明参考的舆论宣传，为保障考试的公平公正营造有利氛围。

各地公务员主管部门要充分认清考务工作面临的新形势和新情况，主动向有关领导同志汇报，取得各方支持。要结合本地实际研究制定各种应急预案，遇有重大情况要迅速妥善处置，防止事态蔓延扩散。各地对考务工作中的重大问题，要及时请示或报告。

2008年11月17日

人力资源和社会保障部办公厅关于加强技工院校安全管理工作的通知

人社厅明电［2008］53 号

各省、自治区、直辖市劳动保障厅（局），新疆生产建设兵团劳动保障局：

为贯彻落实《国务院办公厅关于进一步加强学校及周边建筑安全管理的通知》（国办发明电［2008］38 号）精神，做好技工院校及周边建筑安全管理工作，现就有关事项通知如下：

一、加强组织领导，全面排查学校安全隐患

各级劳动保障部门要以科学发展观为指导，以对生命财产安全高度负责的精神，高度重视技工院校的安全工作。要加强对技工院校安全工作的组织领导，部署所辖区域内技工院校制订周密的安全隐患排查方案，明确工作目标和责任，对校内建筑和各类设施以及周边环境安全隐患进行全面排查。重点检查学校校舍、围墙、挡土墙、厕所、浴室、库房、水井、水池、走道栏杆和供水、供电等设施，学校及附近正在施工的建设工程，生产、经营和储存有毒、有害和危险化学品的企业，并对学校周边地区的公共安全环境进行全面评估，对学校所处自然环境进行风险勘察。专项检查结果要向同级人民政府报告，并报送上级劳动保障部门。

二、采取有效措施，加大对安全隐患的整改力度

对排查出的各类安全隐患问题，地方劳动保障部门要联合有关部门督促学校和有关单位进行整改治理，要加强对校内建筑设施安全隐患的治理，加强对学校及周边企业安全隐患治理的督促检查，明确整改责任，制定整改措施，通过现场监督整改、严格整改验收等措施，确保整改效果。各级劳动保障部门要为学校安全整改工作提供支持和服务。对安全隐患治理中涉及学校周边单位和有关部门的问题，劳动保障部门要争取安全监管、城乡建设等有关部门支持，积极协调解决；对经过部门协调难以解决的问题，要及时向当地政府汇报，争取政府支持，确保安全隐患问题全面得到解决。对于整改工作不落实，安全措施不到位的，要严厉查处主要负责人和直接责任人的责任。

各级劳动保障部门要针对冬季安全高危期的特点，督促学校把防范火灾、食物中毒、煤气中毒等作为安全督查的一项重点工作，对电气设备设施安全、学生宿舍用电、食品卫生安全、煤炉取暖学校的炉具安装等进行全面检查，对发现的问题，要迅速采取整改措施。同时，针对寒假学生返家的实际情况，各学校要对假期返家学生，普遍开展一次旅行安全防范教育，并采取相应措施，做好组织工作，保证学生旅途安全。

三、开展安全教育，建立安全管理长效机制

各级劳动保障部门要与安全监管、公安、

城乡建设等有关部门建立协调工作机制，形成监管合力，进一步强化学校及周边安全监管工作。要将学校安全工作纳入督导评估体系和学校工作奖惩制度，对学校开展经常性的安全检查。学校要针对薄弱环节，结合实际问题，对学生开展经常性安全防范教育，使学生建立安全意识，掌握应对安全事故的必备常识和避险技能。要建立健全安全管理规章制度和安全责任制度，制定事故应急预案，成立由主要负责人领导的学校安全工作小组，将安全工作的责任落实到位，做到安全管理制度化、常态化。要定期开展安全隐患排查工作，并将有关情况报告上级劳动保障部门，对于迟报、瞒报的，要追究有关人员的责任。

2008 年 12 月 2 日

人力资源和社会保障部办公厅关于建立就业相关数据快速调查制度的通知

人社厅明电［2008］56号

吉林、江苏、浙江、安徽、福建、江西、河南、湖北、广东、四川省劳动保障厅：

为积极应对经济金融危机对就业的影响，及时了解就业形势变化，准确掌握最新动态，我部决定建立就业相关数据快速调查制度。现将有关事项通知如下：

一、调查内容

（一）请安徽、江西、河南、湖北、四川省调查上报农民工返乡及外出数据。

（二）请吉林、江苏、浙江、福建、广东省调查上报企业岗位流失情况和关闭破产企业情况数据。

（三）请上述10省指导原劳动保障部门职业供求季度分析重点联系城市统计上报人力资源市场职业供求数据。

二、数据项目及调查方式

（一）农民工返乡及外出数据

安徽、江西、河南、湖北、四川省各选5个具有代表性的劳动力重点输出县（市），每县从不少于5个乡镇中抽取具有代表性的10个行政村，通过乡镇、村进行到户调查，由省上报各行政村当期农民工返乡和外出人数。第一次需上报样本各行政村总人数、8月31日前外出农民工总数、9月以来返乡和新外出人数；以后每旬上报当期新发生数据。从2009年1月开始，每月上报一次根据统计（或抽样调查）推算的全省数据。

（二）企业新的减员和岗位流失情况数据

吉林、江苏、浙江、福建、广东省上报失业动态重点监测试点城市（名单附后）的两项数据：

1. 上报报告期内监测试点城市全部企业减员人数：

（1）政策性破产、依法破产、因各种原因关闭的企业及涉及员工人数；

（2）企业解除或终止劳动关系人数。

2. 按人社部发［2008］53号要求的统计内容，按新的统计频率，上报报告期内监测企业岗位流失数据。

上述数据，第一次需上报9月以来相关发生数据；以后每旬上报当期新发生数据。从2009年1月开始，按月上报根据统计（或抽样调查推算）的全省企业减员人数，并附当月新增就业企业吸纳人数。

（三）人力资源市场职业供求数据

上述各省指导原劳动保障部门职业供求季度分析重点联系城市（名单附后）按原上报渠道，上报职业供求相关数据。第一次需分别上报10、11、12月相关数据，从2009年1月起，按月上报相关数据。

三、上报时间

此次快速调查，时间暂定为2008年12月

20日—2009年6月30日。第（一）（二）项数据，第一次以12月20日为时点进行上报，以后每逢10、20、30日进行统计；第（三）项数据，第一次以12月31日为时点进行上报，以后每月底统计上报一次。上述数据，需在统计时点后2个工作日内上报。

四、数据汇总统计

为做好本次快速调查工作，我部成立就业相关数据快速调查领导小组，并由领导小组办公室具体负责就业相关数据的汇总、使用、分析和上报工作。其中，第（一）项、第（二）项中的“1. 报告期内监测试点城市全部企业减员人数”和全省企业减员人数数据，由各调查省统一报部就业相关数据快速调查领导小组办公室；第（二）项中的“2. 报告期内监测企业岗位流失”数据，按原渠道报送失业保险司、中国就业培训技术指导中心；第（三）项数据，按原渠道报送中国就业培训技术指导中心。

为便于各地使用统一的格式、内容进行调查、统计和上报，我部制作了供本次快速调查使用的调查统计软件和手册，免费下载网址为：http://www.mohrss.gov.cn/survey/ksdc.htm，请及时下载使用。

五、切实加强组织领导，确保快速调查工作的顺利开展

此项工作十分重要，又很急迫，各地务必统一思想，提高认识，切实加强组织领导。一是要成立由分管规划统计或就业工作的领导任组长，就业、统计、失业保险、信息管理等机构负责同志为成员的领导小组，并抽调工作人员，结合本地实际研究制定具体实施方案，明确目标任务、工作责任和工作措施，认真抓好相关数据的催报、汇总、统计等工作。请于12月9日前将你厅领导小组成员名单（含姓名、职务、办公电话及手机号码）报至部就业相关数据快速调查领导小组办公室。二是要切实加大投入，确保工作顺利开展。我部将给予一定的工作经费支持，各省也要筹集工作经费，以支持各项工作正常开展。三是要加强对调查工作的指导，及时查找和解决问题，总结典型经验，不断提高工作质量和效率。

我部定于2008年12月9日下午15：00召开视频会议，对此项工作进行专门部署。请你厅就业相关数据快速调查领导小组负责同志，以及就业、统计、失业保险、信息管理部门负责此项工作的同志参加会议。会议拟安排各省介绍工作安排情况，请做好发言准备。视频会议的系统调试时间定为12月9日（星期二）上午10：00，请各地按照规定时间做好分会场的技术准备和系统调试工作。

附件：1. 失业动态重点监测试点城市名单（略）

2. 职业供求季度分析重点联系城市名单（略）

2008年12月8日

中华人民共和国人事部令

第9号

《机关事业单位工作人员带薪年休假实施办法》已经人事部部务会审议通过，现予发布，自公布之日起施行。

人事部部长　尹蔚民

2008年2月15日

机关事业单位工作人员带薪年休假实施办法

第一条　为了规范机关、事业单位实施带薪年休假（以下简称年休假）制度，根据《职工带薪年休假条例》（以下简称《条例》）及国家有关规定，制定本办法。

第二条　《条例》第二条中所称“连续工作”的时间和第三条、第四条中所称“累计工作”的时间，机关、事业单位工作人员（以下简称工作人员）均按工作年限计算。

工作人员工作年限满1年、满10年、满20年后，从下月起享受相应的年休假天数。

第三条　国家规定的探亲假、婚丧假、产假的假期，不计入年休假的假期。

第四条　工作人员已享受当年的年休假，年内又出现《条例》第四条第（二）（三）（四）（五）项规定的情形之一的，不享受下一年的年休假。

第五条　依法应享受寒暑假的工作人员，因工作需要未休寒暑假的，所在单位应当安排其休年休假；因工作需要休寒暑假天数少于年休假天数的，所在单位应当安排补足其年休假天数。

第六条　工作人员因承担野外地质勘察、野外测绘、远洋科学考察、极地科学考察以及其他特殊工作任务，所在单位不能在本年度安排其休年休假的，可以跨1个年度安排。

第七条　机关、事业单位因工作需要不安排工作人员休年休假，应当征求工作人员本人的意见。

机关、事业单位应当根据工作人员应休未休的年休假天数，对其支付年休假工资报酬。年休假工资报酬的支付标准是：每应休未休1天，按照本人应休年休假当年日工资收入的300%支付，其中包含工作人员正常工作期间的工资收入。

工作人员年休假工资报酬中，除正常工作期间工资收入外，其余部分应当由所在单位在下一年第一季度一次性支付，所需经费按现行经费渠道解决。实行工资统发的单位，应当纳入工资统发。

第八条 工作人员应休年休假当年日工资收入的计算办法是：本人全年工资收入除以全年计薪天数（261 天）。

机关工作人员的全年工资收入，为本人全年应发的基本工资、国家规定的津贴补贴、年终一次性奖金之和；事业单位工作人员的全年工资收入，为本人全年应发的基本工资、国家规定的津贴补贴、绩效工资之和。其中，国家规定的津贴补贴不含根据住房、用车等制度改革向工作人员直接发放的货币补贴。

第九条 机关、事业单位已安排年休假，工作人员未休且有下列情形之一的，只享受正常工作期间的工资收入：

（一）因个人原因不休年休假的；

（二）请事假累计已超过本人应休年休假天数，但不足 20 天的。

第十条 机关、事业单位根据工作的具体情况，并考虑工作人员本人意愿，统筹安排，保证工作人员享受年休假。机关、事业单位应当加强年休假管理，严格考勤制度。

县级以上地方人民政府人事行政部门应当依据职权，主动对机关、事业单位执行年休假的情况进行监督检查。

第十一条 机关、事业单位不安排工作人员休年休假又不按本办法规定支付年休假工资报酬的，由县级以上地方人民政府人事行政部门责令限期改正。对逾期不改正的，除责令该单位支付年休假工资报酬外，单位还应当按照年休假工资报酬的数额向工作人员加付赔偿金。

对拒不支付年休假工资报酬、赔偿金的，属于机关和参照公务员法管理的事业单位的，应当按照干部管理权限，对直接负责的主管人员以及其他直接责任人员依法给予处分，并责令支付；属于其他事业单位的，应当按照干部管理权限，对直接负责的主管人员以及其他直接责任人员依法给予处分，并由同级人事行政部门或工作人员本人申请人民法院强制执行。

第十二条 工作人员与所在单位因年休假发生的争议，依照国家有关公务员申诉控告和人事争议处理的规定处理。

第十三条 驻外使领馆工作人员、驻港澳地区内派人员以及机关、事业单位驻外非外交人员的年休假，按照《条例》和本办法的规定执行。

按照国家规定经批准执行机关、事业单位工资收入分配制度的其他单位工作人员的年休假，参照《条例》和本办法的规定执行。

第十四条 本办法自发布之日起施行。

人事部关于印发《二○○八年人事工作要点》的通知

国人部发［2008］1号

各省、自治区、直辖市人事厅（局），新疆生产建设兵团人事局，副省级市人事局，国务院各部门、各直属机构人事部门：

现将《二○○八年人事工作要点》印发给你们，请结合实际抓好贯彻落实。

2008年1月2日

二○○八年人事工作要点

2008年人事工作的总体要求是，全面贯彻党的十七大精神，高举中国特色社会主义伟大旗帜，以邓小平理论和“三个代表”重要思想为指导，深入贯彻落实科学发展观，围绕更好实施人才强国战略这条主线，进一步完善公务员制度和机关事业单位工资收入分配制度，全面推进事业单位人事制度改革，大力加强人才队伍建设，加快构建人事公共服务体系，加强人事法制建设，强化人事宏观管理，开创人事工作新局面。

一、深入实施公务员法

1. 完善公务员制度。出台公务员调任、职务升降与任免、奖励、培训、申诉、新录用公务员任职定级等法规规章，调研起草公务员辞职辞退、回避、录用违纪处理、日常登记管理等法规政策。总结试点经验，进一步扩大公务员分类管理试点范围，及时启动专业技术类、行政执法类和聘任制公务员管理规定的论证起草工作。会同有关部门健全公务员纪律惩戒政策法规体系。探索建立全国统一、科学规范的行政执法人员资格制度。

2. 做好实施公务员法入轨收尾工作。加强指导，妥善处理公务员登记中的遗留问题。强化公务员日常登记管理。按照规定的权限和程序，严把职能和经费两个条件，稳慎推进参照管理工作，不搞绝对的上下对应。2008年6月底前，各省（区、市）原则上要完成市、县参照管理的集中审批工作。认真研究参照管理相关政策和人员管理办法，加强对各级参照管理单位公务员法实施工作的指导。抓紧建立行政机关公务员管理信息系统。

3. 加强公务员队伍建设。坚持“凡进必考”，推进依法考录、公平考录、科学考录。完善从基层机关选拔优秀公务员机制，做好省级以上机关录用具有基层工作经历人员的工作，注意从基层和生产一线选拔优秀干部充实各级党政领导机关，加大县乡机关招录高校毕业生力度。做好中央机关和各地公务员考录工作，严肃考风考纪，确保考试安全。贯彻落实《“十一五”行政机关公务员培训纲要》，继续大规模培训公务员。围绕服务型政府建设，加强公共管理核心内容的培训。启动基层公务员轮训工程。加强公务员对口培训。办好全国人事厅局长培训班。进一步深化公务员“四类”培训。继续开展公务员行为规范和职业道德教育实践活动，研究制定推进公务员职业道德建设指导意见。大力弘扬公务员精神，深入开展做人民满意公务员活动。贯彻实施《行政机关公务员处分条例》，加强指导和监督检查。认真落实《公务员考核规定》，研究制定分级分类的公务员考核指标体系。健全考核工作机制，完善平时考核办法，强化考核结果运用。

4. 加强政府绩效评估工作。各级人事部门要在党委、政府领导下，积极主动开展政府绩效评估工作。研究建立科学合理、简便易行的政府绩效评估指标体系框架。扩大联系点范围，召开经验交流会。有条件的地方，可重点在县乡机关开展政府绩效评估试点工作。

二、完善机关事业单位工资收入分配制度

5. 完善公务员工资制度。制定级别与工资等待遇适当挂钩、向县乡党政主要领导实行工资倾斜的具体办法。研究建立公务员与企业相当人员工资水平的调查比较制度，健全完善公务员工资水平正常增长机制。继续配合有关部门做好规范津贴补贴工作。抓紧研究建立地区附加津贴制度。出台 2006 年度及以后计划分配军队转业干部工资待遇确定办法。

6. 深化事业单位收入分配制度改革。结合事业单位聘用制度和岗位管理制度的实施，对专业技术人员按确定的岗位等级执行相应的岗位工资标准，实现基本工资制度的整体入轨。结合事业单位规范津贴补贴工作，尽快研究制定绩效工资分配政策。抓紧研究事业单位专业技术人员兼职兼薪管理办法、高层次人才激励机制和主要领导激励约束机制等改革配套政策。

7. 加强工资法规建设和宏观管理。研究起草公务员工资条例，抓紧研究事业单位工作人员收入分配以及公务员和事业单位工作人员退休的有关规定。研究制定机关事业单位特殊岗位津贴补贴管理办法。完善休假制度，制定机关事业单位带薪年休假实施办法。积极推动福利制度改革。加强对机关事业单位工资收入分配制度正常运行的政策指导。研究分析机关事业单位人员和工资总量变化发展情况，提出分析预测报告。制定事业单位工资总量管理规定，加强宏观管理。加大对虚报冒领工资问题的监督检查力度。

三、全面推进事业单位人事制度改革

8. 制定实施事业单位人事管理暂行条例。按照 2008 年出台事业单位人事管理暂行条例的目标，加快推进立法进程。条例出台后，认真做好组织实施工作，并加强指导、监督和检查。

9. 加快事业单位岗位设置管理实施工作。全面完成事业单位岗位设置管理实施意见和方案的备案、核准工作。加大工作力度，按照核准的方案和意见，积极稳妥地做好岗位设置管理的实施工作。制定出台事业单位专业技术一级岗位实施办法，完成首批人员岗位确定工作。研究事业单位工作人员竞聘上岗规定。

10. 全面推行事业单位人员聘用制度。加大推行聘用制度的力度，争取 2008 年在全国事业单位基本完成聘用制推行工作。修订《事业单位聘用合同（范本）》。总结事业单位进人督导检查工作，完善公开招聘制度，研究制定公开招聘的实施意见，进一步规范事业单位进人行为。

11. 完善配套政策。根据加快推进事业单

位分类改革的精神，分类推进事业单位人事制度的配套改革。按照急需先建、单项突破的要求，抓紧出台单项政策法规，制定事业单位工作人员奖励暂行规定和处分暂行规定。根据事业单位性质和特点，建立与聘用制和岗位管理制度相适应的考核制度。

四、进一步深化职称制度改革

12. 加快职称制度改革政策研究。研究制定深化职称制度改革的意见，调整和明确职称制度的定位，统筹考虑专业技术职务聘任制和职业资格制度，研究提出新的职称框架，完善评价标准，创新评价办法，探索建立面向社会的专业技术人才评价平台，为各行业各种所有制单位的专业技术人员提供客观公正的评价服务，为单位用人提供依据。

13. 积极推进职称改革试点。会同教育部研究出台中小学教师职称改革方案，建立与事业单位聘用制度相适应，符合教师职业特点，统一的中小学教师职称制度，研究解决优秀教师晋升高级职称问题。加快推进工程师制度改革，促进国际互认。研究解决工程技术系列设置正高级职称问题。扩大专业技术人员外语应用能力测试试点。

14. 清理规范职业资格制度。落实国务院关于清理规范职业资格的要求，会同有关部门全面清理规范各类职业资格的设置、考试、培训、发证等活动。继续在市场急需、作用突出、条件成熟的领域建立专业技术人员职业资格制度，做好各项资格考试工作。研究起草专业技术人员职业资格条例。

五、大力加强专业技术人才队伍建设

15. 加强高层次创新型人才选拔培养工作。完善有突出贡献专家选拔制度，大力选拔培养领军人才及其创新团队。做好2008年享受政府特殊津贴人员选拔工作，将高技能人才纳入选拔范围。加大新世纪百千万人才工程国家级人选的培养力度，继续举办高级研修班。组织专家服务团，为地方经济社会发展服务。研究制定解决离退休特贴专家生活困难问题的意见，进一步发挥离退休专业技术人员作用。研究建立专家服务体系。

16. 加大高层次留学人才回国工作力度。落实留学人员回国工作“十一五”规划，实施高层次留学人才集聚计划，在重点领域、重大专项、重大关键技术等战略性顶尖人才引进上取得突破。落实留学人才回国创业启动支持计划，加大资金扶持力度。稳步发展留学人员创业园。推进智力报国计划，吸引更多留学人员以各种形式为国服务。出台关于构建留学人员回国服务体系的意见。会同有关部门开展邓小平同志关于扩大派遣出国留学人员重要讲话发表30周年纪念活动。

17. 大力发展博士后事业。围绕经济社会发展的重点行业和领域，做好2008年增设博士后科研工作站工作。积极推进博士后工作分级管理体制改革，进一步完善博士后管理制度。继续实施博士后科学基金特别资助计划。健全评估体系，开展博士后科研流动站和工作站的评估工作。研究制定加强博士后科研工作站工作的若干意见。

18. 加强专业技术人才能力建设。研究制定专业技术人员继续教育条例。深入实施专业技术人才知识更新工程，继续举办专业技术人员高级研修班等示范性继续教育活动。研究探索建立继续教育公共服务体系，统筹继续教育资源，开展国家级继续教育基地建设试点工作。落实新疆少数民族科技骨干特殊培养年度计划，统筹研究西部其他地区少数民族专业技术人员的培养工作。继续实施青海三江源人才工程。

六、积极推进人才资源优化配置

19. 大力发展人才服务业。贯彻落实《国务院关于加快发展服务业的若干意见》，制定人才服务业发展规划，完善人才服务业发展的政策法规。开展人才服务业发展状况调查，研究人才服务业发展统计指标体系。制定推行现场人才招聘会、流动人员人事档案管

理、人才派遣等服务标准，推进人才服务标准化建设。建立实施人才服务从业人员资格制度，提高从业人员的专业化、职业化水平。完善政府人事部门所属人才服务机构人才网站联网平台，完成全国省级人才市场网站联网，建立全国统一的人才市场公共信息服务网络。健全流动人员人事档案管理系统，加强档案管理和服务工作。充分发挥人事部门作为人才服务行业主管部门的职能作用，支持人才服务行业协会发展，鼓励非公有制人才服务机构在更大范围内参与人才服务业发展。支持西部、东北地区等老工业基地、中部以及欠发达地区人才服务体系建设。

20．进一步健全人才市场机制。按照建立统一规范的人力资源市场的要求，打破行业壁垒和地区分割，加快形成统一开放、竞争有序的人才市场体系。健全人才市场机制，促进人才合理流动。完善区域、跨区域人才开发合作机制。加强市场监管，规范市场秩序，形成公平竞争环境。加强人力资源市场法制建设，加大执法力度，消除就业歧视，促进公平就业。

21．加强人才资源配置宏观指导。加强农村实用人才和农村人力资源开发，开展农村实用人才培训、认定标准、职称评定、人才项目推介等工作，健全完善农村实用人才公共服务体系。围绕区域协调发展总体战略，加大培养吸引力度，引导和鼓励各类人才向重点地区、重点领域和重点产业流动，优化人才分布。实施“新农村实用人才培训工程”。组织开展全国农村优秀人才表彰活动。组织实施西藏科级以下干部和专业技术人员内调工作，配合中央组织部做好第六批援疆干部选派工作。

22．进一步发挥人事部门职能作用，多渠道促进高校毕业生就业。继续组织实施“三支一扶”计划，完善就业见习制度，加快实施千家高校毕业生就业见习示范基地建设计划，办好全国人才市场高校毕业生就业服务周等各类就业服务活动。探索建立离校后未就业高校毕业生求职登记和服务制度。开展困难家庭高校毕业生就业帮扶工作。

七、努力做好军转安置工作

23．认真完成安置计划。加大工作力度，确保2008年军转安置任务圆满完成。进一步拓宽安置渠道，在坚持指令性计划的基础上，规范分配办法。继续把师团职干部作为安置重点。对功臣模范和在艰苦边远地区、特殊岗位服役的干部要按政策规定予以照顾安置。采取积极措施，引导转业干部到基层和企业事业单位工作。

24．完善自主择业军转干部管理服务体系。研究探讨自主择业军转干部有关政策性问题。加强自主择业军转干部管理服务机构建设。总结交流各地自主择业军转干部管理服务工作经验。宣传优秀自主择业军转干部先进事迹。

25．大力加强军转干部教育培训工作。按照“学用结合、按需施教、注重实效”的原则，进一步加强对军转培训工作的规划和指导。探索开展转业干部在部队期间的培训，推进军转培训工作“前移”。把适应性培训和专业培训结合起来，逐步增加专业培训的比重和分量。总结推广自主择业培训改革试点工作经验。研究拟定军转干部教育培训大纲。积极探索建立多渠道、多形式军转教育培训体系。实施远程教育工程。

26．继续做好企业军转干部解困稳定工作。继续抓好解困政策的落实，做好宣传教育工作。建立完善定期形势分析制度，加强预测预防。加强思想工作骨干队伍。落实“五包”责任制，切实做好转化工作，巩固企业军转干部解困和稳定工作取得的成效。

八、进一步做好引进国外智力工作

27．加大引智工作力度。围绕新农村建设、转变经济发展方式和产业结构优化升级、能源资源节约和生态环境保护等，大力引进海外高层次人才和紧缺人才。着力抓好出国（境）培训，重点围绕“三支队伍”建设和“两类人才”培养，优先安排培训项目。

28. 完善引智成果示范体系。继续建立一批引智示范基地、示范单位，做好引智“十大精品工程”等有重大影响的品牌项目，树立有突出贡献的外国专家典型，不断扩大引智成果。

29. 加强引智工作分类指导。针对各地区经济社会发展战略重点、主导产业和特色经济等方面的不同需求，制定实施项目、经费、奖励、管理等一系列新的政策措施，加强分类指导，整合引智资源。加强引智公共服务工作，进一步修改完善引智法规，加强信息服务，推进国际人才市场建设。

九、大力发展人事公共服务

30. 制定人事公共服务政策和规划。研究制定推进人事公共服务的指导意见。着手研究确定人事公共服务的主体、内容、范围和标准，形成面向全社会的人事公共服务体系。在全国范围选择确定10个不同层级的单位进行试点，省级人事部门可同时开展试点工作。

31. 整合人事公共服务职能。从人事公共政策、人才规划、人才评价、人事考试、促进就业、人才培训、信息发布等方面，探索对现有人事公共服务项目进行优化整合，树立人事公共服务品牌，提高服务效率和水平。根据经济社会发展的需要，积极拓展人事公共服务领域。

32. 探索建立人事公共服务平台。按照统一规范、便民高效的原则，深入推行人事政务公开和电子政务，积极探索人事公共服务大厅和网上人事厅（局）等人事公共服务平台，推进“全国人事人才信息化工程”，实行“一站式”“一单式”“一条龙”服务。加强人事公共服务基础设施建设，积极争取财政支持。

十、统筹抓好其他各项人事工作

33. 抓紧建立体现科学发展观和科学人才观要求的人才强国战略指标体系。配合有关部门继续抓好《关于贯彻落实“十一五”规划纲要，加强人才队伍建设的实施意见》的贯彻落实，开展实施情况中期检查。加强人事统计基础建设，进一步修改完善人事统计报表制度和各类数据库。

34. 大力加强人事法制建设。落实《2006—2010年人事部立法规划》。进一步加强人事立法工作，填补立法空白，提高立法层次。加强人事行政复议和行政应诉工作，依法处理人事行政复议案件，加强对地方行政复议工作的指导。继续做好人事系统“五五”普法工作。

35. 认真做好政府奖励表彰综合管理工作。研究建立国家荣誉制度和政府奖励制度框架，启动行政奖励法、国家勋章法的研究论证工作。

36. 加强人事行政领域的对外交流合作。进一步加强与国外政府人事行政部门和国际组织交流合作，深入研究了解人事行政改革和人力资源开发的国际经验与发展趋势，加强公务员出国培训管理，进一步拓展和加强国际职员工作。

37. 完善人事争议仲裁制度。加快推进相关制度建设，逐步完善办案工作机制，推进机构和队伍建设。

38. 继续做好人事调研、科研和新闻宣传、舆情引导、人事信访等工作。

十一、加强人事部门自身建设

39. 深入学习贯彻党的十七大精神。加强领导，精心组织，不断把学习贯彻十七大精神活动引向深入。坚持学以致用，按照十七大对人事工作提出的新任务、新要求，研究提出贯彻落实的具体措施，真正做到用十七大精神武装头脑、指导实践、推动工作。

40. 加强机关党建工作。进一步巩固和发展先进性教育成果，落实机关党建工作责任制。按照“建设一流队伍、培育一流作风、创造一流业绩”的要求，抓好基层党组织和党员队伍建设。

41. 加强基础建设。注重基本制度建设、基础资料建设和工作人员基本功训练，提高信息化水平。围绕人事工作重点、难点、热点问题，深入调研，加强基础理论研究、政策研究和对策研究。

42. 加强人事系统反腐倡廉建设。落实《建立健全教育、制度、监督并重的惩治和预防腐败体系实施纲要》，健全完善党风廉政建设责任制。加强领导干部廉洁自律工作，提高党员干部拒腐防变能力。

人事部　卫生部　国家中医药管理局
关于表彰全国卫生系统先进集体、先进工作者
和“白求恩奖章”获得者的决定

国人部发［2008］2号

各省、自治区、直辖市人事厅（局）、卫生厅（局）、中医药管理局，新疆生产建设兵团人事局、卫生局：

近年来，在党中央、国务院和地方各级党委、政府的正确领导下，全国卫生系统各单位和广大干部职工，以邓小平理论和“三个代表”重要思想为指导，深入贯彻落实科学发展观，认真履行救死扶伤、治病救人的光荣使命，全心全意为人民健康服务，促进了和谐医患关系的建立，涌现出一大批先进集体和先进个人。

为表彰先进，弘扬正气，激励全国卫生系统广大干部职工更好地为人民健康服务，人事部、卫生部、国家中医药管理局决定：授予首都医科大学附属北京天坛医院等196个单位“全国卫生系统先进集体”荣誉称号；授予王莒生等532名同志“全国卫生系统先进工作者”荣誉称号；授予周宪梁等6名同志“白求恩奖章”荣誉称号。被授予“全国卫生系统先进工作者”和“白求恩奖章”荣誉称号的同志，享受省部级劳动模范和先进工作者待遇。希望受表彰的先进集体和先进个人把荣誉作为新的起点，谦虚谨慎，戒骄戒躁，再创佳绩。

全国卫生系统各单位和广大医疗卫生工作者要以受表彰的先进集体和先进个人为榜样，全面贯彻落实党的十七大精神，高举中国特色社会主义伟大旗帜，更加紧密地团结在以胡锦涛同志为总书记的党中央周围，开拓进取，扎实工作，忠诚履行为人民健康服务的神圣使命，为夺取全面建设小康社会新胜利、开创中国特色社会主义事业新局面而不懈奋斗！

附件：1. 全国卫生系统先进集体名单（略）

2. 全国卫生系统先进工作者名单（略）

3. “白求恩奖章”获得者名单（略）

2008年1月2日

人事部　国家知识产权局
关于表彰全国专利系统先进集体和
先进工作者的决定

国人部发［2008］4 号

各省、自治区、直辖市人事厅（局）、知识产权局，新疆生产建设兵团人事局、知识产权局，有关行业协会：

近年来，在党中央、国务院和地方各级党委、政府的正确领导下，全国专利系统广大干部职工以邓小平理论和“三个代表”重要思想为指导，深入贯彻落实科学发展观，与时俱进，开拓创新，为我国专利事业的发展作出了积极贡献，涌现出一大批先进集体和先进个人。

为表彰先进，弘扬正气，激励广大专利工作者以更加饱满的热情和创新精神投身于专利事业，为全面建设小康社会、构建社会主义和谐社会作出新的贡献，人事部、国家知识产权局决定：授予北京市石景山区知识产权局等 79 个单位“全国专利系统先进集体”荣誉称号；授予肖剑春等 29 名同志“全国专利系统先进工作者”荣誉称号，被授予“全国专利系统先进工作者”荣誉称号的人员享受省部级劳动模范和先进工作者待遇。希望受表彰的先进集体和先进个人把荣誉作为新起点，戒骄戒躁，再接再厉，在今后的工作中取得更大的成绩。

全国专利系统广大干部职工要以受表彰的先进集体和先进个人为榜样，全面贯彻落实党的十七大精神，高举中国特色社会主义伟大旗帜，更加紧密地团结在以胡锦涛同志为总书记的党中央周围，开拓奋进，扎实工作，为夺取全面建设小康社会新胜利、开创中国特色社会主义事业新局面而不懈奋斗！

附件：1. 全国专利系统先进集体名单（略）

2. 全国专利系统先进工作者名单（略）

2008 年 1 月 12 日

人事部　商务部关于表彰全国商务系统先进集体、劳动模范和先进工作者的决定

国人部发［2008］5号

各省、自治区、直辖市人事厅（局）、商务主管部门，新疆生产建设兵团人事局、商务局，商务部各直属单位、各商会、协会、学会，各驻外经济商务机构：

近年来，在党中央、国务院和地方各级党委、政府的正确领导下，全国商务系统广大干部职工以邓小平理论和“三个代表”重要思想为指导，深入贯彻落实科学发展观，开拓创新，艰苦奋斗，为深化改革，扩大开放，促进商务事业又好又快发展作出了积极贡献，涌现出一大批先进集体和先进个人。

为表彰先进，弘扬正气，激励全国商务系统广大干部职工进一步做好新时期的商务工作，为全面建设小康社会、构建社会主义和谐社会作出新的贡献，人事部、商务部决定：授予北京菜市口百货股份有限公司等300个单位“全国商务系统先进集体”荣誉称号，授予王啸文等243名同志“全国商务系统劳动模范”荣誉称号，授予方建华等250名同志“全国商务系统先进工作者”荣誉称号。被授予“全国商务系统劳动模范”“全国商务系统先进工作者”荣誉称号的人员享受省部级劳动模范和先进工作者待遇。希望受表彰的先进集体和先进个人把荣誉作为新的起点，谦虚谨慎，再接再厉，在今后的工作中取得更大的成绩。

全国商务系统广大干部职工要以受表彰的先进集体和先进个人为榜样，全面贯彻落实党的十七大精神，高举中国特色社会主义伟大旗帜，更加紧密地团结在以胡锦涛同志为总书记的党中央周围，开拓奋进，扎实工作，为夺取全面建设小康社会新胜利、开创中国特色社会主义事业新局面而不懈奋斗！

附件：1. 全国商务系统先进集体名单（略）

2. 全国商务系统劳动模范名单（略）

3. 全国商务系统先进工作者名单（略）

2008年1月14日

人事部 国家广播电影电视总局关于表彰全国广播电影电视系统先进集体、先进工作者和劳动模范的决定

国人部发［2008］8号

各省、自治区、直辖市人事厅（局）、广播影视局，新疆生产建设兵团人事局、广播电视局，广电总局机关各司局、直属各单位：

近年来，在党中央、国务院和地方各级党委、政府的正确领导下，全国广播电影电视系统广大干部职工以邓小平理论和“三个代表”重要思想为指导，深入贯彻落实科学发展观，围绕中心、服务大局，面向基层、服务群众，在把握正确导向、确保安全播出、依法加强管理、发展事业产业，不断满足广大人民群众的精神文化需求等方面作出了重要贡献，涌现出一大批先进集体和先进个人。

为表彰先进，弘扬正气，激励广大广播电影电视工作者奋发向上、积极进取，进一步推动广播影视业又好又快地发展，人事部、广电总局决定：授予北京人民广播电台交通广播等126个集体“全国广播电影电视系统先进集体”荣誉称号，授予蔡明可等117名同志“全国广播电影电视系统先进工作者”荣誉称号，授予樊福林等16名同志“全国广播电影电视系统劳动模范”荣誉称号。被授予“全国广播电影电视系统先进工作者”“全国广播电影电视系统劳动模范”荣誉称号的人员，享受省部级劳动模范和先进工作者待遇。希望受表彰的先进集体和先进个人，谦虚谨慎，珍惜荣誉，再接再厉，为广播影视业的发展作出新的成绩。

全国广播电影电视系统广大干部职工要以受表彰的先进集体和先进个人为榜样，全面贯彻落实党的十七大精神，高举中国特色社会主义伟大旗帜，更加紧密地团结在以胡锦涛同志为总书记的党中央周围，奋发进取，扎实工作，为推动社会主义文化大发展大繁荣、夺取全面建设小康社会新胜利、开创中国特色社会主义事业新局面而不懈奋斗！

附件：1. 全国广播电影电视系统先进集体名单（略）

2. 全国广播电影电视系统先进工作者名单（略）

3. 全国广播电影电视系统劳动模范名单（略）

2008年1月17日

人事部　国家食品药品监督管理局关于表彰全国食品药品监督管理系统先进集体和先进工作者的决定

国人部发［2008］9号

各省、自治区、直辖市人事厅（局）、食品药品监督管理局（药品监督管理局），国家食品药品监督管理局机关各司室、各直属单位：

近年来，在党中央、国务院和地方各级党委、政府的正确领导下，全国食品药品监督管理系统广大干部职工以邓小平理论和“三个代表”重要思想为指导，深入贯彻落实科学发展观，大力实践科学监管理念，锐意进取，开拓创新，在整顿和规范食品药品市场秩序、维护广大人民群众饮食用药安全等各项工作中取得了突出成绩，涌现出一大批先进集体和先进工作者。

为表彰先进，弘扬正气，激励全国食品药品监督管理系统广大干部职工为全面建设小康社会、构建社会主义和谐社会作出新的贡献，人事部、国家食品药品监督管理局决定：授予北京市药品监督管理局东城分局等40个单位“全国食品药品监督管理系统先进集体”荣誉称号；授予高贵玲等10名同志“全国食品药品监督管理系统先进工作者”荣誉称号，追授吴新亚、吴华同志“全国食品药品监督管理系统先进工作者”荣誉称号。被授予“全国食品药品监督管理系统先进工作者”荣誉称号的人员享受省部级劳动模范和先进工作者待遇。希望受表彰的先进集体和先进工作者把荣誉作为新起点，谦虚谨慎，再接再厉，在今后的工作中取得更大的成绩。

全国食品药品监督管理系统广大干部职工要以受表彰的先进集体和先进工作者为榜样，全面贯彻落实党的十七大精神，高举中国特色社会主义伟大旗帜，更加紧密地团结在以胡锦涛同志为总书记的党中央周围，开拓奋进，扎实工作，为夺取全面建设小康社会新胜利、开创中国特色社会主义事业新局面而不懈奋斗！

附件：1. 全国食品药品监督管理系统先进集体名单（略）

2. 全国食品药品监督管理系统先进工作者名单（略）

2008年1月23日

人事部关于开展2008年享受政府特殊津贴人员选拔工作的通知

国人部发［2008］11号

各省、自治区、直辖市、新疆生产建设兵团及副省级市人事厅（局），中央和国家机关各有关部委、直属机构人事（干部）部门，总政治部干部部，中央管理的企业：

根据《中共中央办公厅、国务院办公厅转发〈中央组织部、中央宣传部、中央统战部、人事部、财政部关于改革和完善政府特殊津贴制度的意见〉的通知》（中办发［2004］20号）的要求，为切实加强高层次专业技术人才和高技能人才队伍建设，提高自主创新能力，建设创新型国家，经研究，2008年继续开展享受国务院颁发政府特殊津贴人员选拔工作，并根据《关于高技能人才享受国务院颁发政府特殊津贴的意见》（国人厅发［2008］14号），将选拔范围扩大到高技能人才。现就有关事项通知如下：

一、人选指标。本次享受政府特殊津贴人员的选拔工作，继续实行总量控制。人事部会同有关部门在原有指标分配的基础上，结合专业技术人才、高技能人才的总量，给各地区、部门和有关单位核发上报指标。请严格按照下达的指标控制数（见附件）开展享受政府特殊津贴人员选拔推荐工作。

国务院颁发的政府特殊津贴不可重复享受。符合条件的新世纪百千万人才工程国家级人选、全国宣传文化系统“四个一批”人才，申报时可不占单位指标。获得过中华技能大奖的高技能人才，可优先申报。

二、严格条件。各地区、各部门和有关单位要严格按照文件明确规定的选拔标准和条件推荐人选，切实将那些长期辛勤工作，在专业技术和高技能工作岗位上取得了突出业绩，作出重要贡献，其业绩、成果和贡献为同行和社会认可的专业技术人才、高技能人才选拔上来。

三、规范程序。各地区、各部门和有关单位要进一步增强工作透明度，严格按照规定的程序推荐人选，确保选拔推荐工作严肃、认真、公平、公正。选拔推荐工作由各省、自治区、直辖市及副省级市人事厅（局），中央、国家机关有关部门人事司（干部局），中央直属企事业单位人事部门会同有关部门组织实施。基层单位按照隶属关系逐级向上推荐人选。非公有制企事业单位推荐工作由所在地区统一组织。推荐人选必须经过同行专家评议，没有进行专家评议或专家评议没有通过的，不得作为推荐人选。副省级市人选指标单列，选拔工作单独开展，但须由所在省人事厅统一上报人事部。对拟上报的人选，须经所在地区、部门或企业领导核定。除涉密人员外，人选报送人事部前要按规定公示。

人选材料报送后，人事部将会同有关部门集中审核人选，并将审核通过的名单报国务院审批。

四、注意选拔一线的创新人才。在企事业单位中担任党政领导后不再直接从事专业技术工作和高技能工作的，担任副省（部）级及其以上领导职务和享受副省（部）级及其以上待遇的，以及党、政、军、群机关的工作人员，除中国科学院院士和中国工程院院士外，原则上不享受政府特殊津贴。

五、报送时间和材料。请各地区、部门抓紧开展相应工作，并于2008年4月30日前将下列材料报送人事部专业技术人员管理司：

（一）综合报告一份，内容包括人选推荐情况、专家评议情况、公示情况等，并附专家评议结果汇总表一份。综合报告须加盖省、自治区、直辖市人民政府，或中央、国家机关有关部门、中央直属企事业单位公章，并注明联系单位、联系人、联系方式（电话、传真、电子信箱）。

（二）由高级专业技术人员管理软件生成的人选一览表和人选统计表各一份。

（三）人选数据库文件（可用U盘、光盘存储）。

各地区、各部门和有关单位的人事部门要积极会同有关部门，把享受政府特殊津贴人员的选拔工作作为更好实施人才强国战略，统筹抓好以高层次人才和高技能人才为重点的各类人才队伍建设的重要内容，高度重视，精心组织，确保享受政府特殊津贴人员推荐选拔工作顺利进行。

附件：2008年选拔享受政府特殊津贴人员指标（略）

2008年2月1日

人事部关于印发《二〇〇八年人事工作调研选题指南》的通知

国人部发［2008］12号

各省、自治区、直辖市人事厅（局），新疆生产建设兵团人事局，副省级市人事局，国务院各部委、各直属机构人事部门：

今年是全面贯彻落实党的十七大作出的战略部署的第一年，人事工作面临难得的发展机遇，肩负光荣的历史使命。去年年底召开的全国人事厅局长会议，以党的十七大精神为指导，围绕更好实施人才强国战略，明确了今后一个时期人事工作的目标和思路，部署了2008年工作任务。贯彻落实全国人事厅局长会议精神，迫切需要调查研究人事工作的新情况、新问题，迫切需要进一步解放思想、深化改革，以创新的思路、切实的措施、过硬的作风，推动人事工作向纵深发展。

要注重总结人事工作历史进程和宝贵经验。今年是我国改革开放三十周年。系统回顾总结三十年来人事工作围绕党和国家中心工作、服务经济社会发展大局的成功经验，对深刻领会党的十七大精神，坚定决心和信心，进一步深化对社会主义市场经济条件下人事工作发展规律的认识意义重大，也是摆在我们面前的一项重要任务。要把开展今年的人事调研工作与总结历史进程和宝贵经验结合起来，在调研的过程中注重收集第一手资料，为全面总结经验奠定良好基础。

要注重研究重点、难点和热点问题。人事工作正处在改革发展的关键时期，我们面临的许多问题需要抓紧研究。各级人事部门要按照全国人事厅局长会议的部署，结合本地区、本部门实际，认真梳理各自范围内继续研究的重点、难点、热点问题，并有计划地组织年度调研活动，长期坚持下去，以重点难点热点问题的突破，带动全局工作的开展。

领导干部要带头开展调研活动。近日，人事部党组印发了《中共人事部党组2008年重点课题调研工作方案》，今年3至7月，部党组成员将分别带队开展专题调研。各级人事部门的领导同志要高度重视调查研究，既要加强对本地本部门调研工作的组织领导，又要亲自带队开展调研活动。进一步完善人事系统上下联动、相互支持配合的调研工作机制，促进人事系统大兴调查研究之风，努力开创人事工作新局面。

现将《二〇〇八年人事工作调研选题指南》印发给你们，请结合实际，自主选题，切实做好2008年人事调研工作。

2008年2月2日

二〇〇八年人事工作调研选题指南

一、关于深化人事制度改革

1. 分类推进事业单位人事制度改革
2. 事业单位规范津补贴和实施绩效工资政策
3. 军转安置分配办法
4. 完善自主择业军转干部政策体系
5. 公务员与企业相当人员工资水平调查比较制度及机关事业单位工作人员工资水平正常增长机制
6. 事业单位工资总量管理
7. 职称制度分类改革研究

二、关于加强人才队伍建设

8. 引进世界顶尖人才
9. 公务员出国培训管理
10. 农村实用人才队伍建设
11. 加强和改进军转干部教育培训工作
12. 改进和规范军转干部计划安置办法
13. 国际职员管理、选拔及储备机制

三、关于构建人事公共服务体系

14. 人事公共服务项目开发
15. 人事公共服务均等化
16. 促进人才服务业发展
17. 人事争议仲裁与司法衔接问题
18. 流动人员人事档案管理与服务问题

四、关于加快人事法制建设

19. 构建人事法律法规体系
20. 人事执法程序研究
21. 人事行政复议机制研究

五、关于强化人事宏观管理

22. 政府绩效评估政策研究
23. 建立国家荣誉制度
24. 人事行政管理体制改革
25. 加强人事舆情工作

六、关于人事部门自身建设

26. 增强基层人事部门职能作用
27. 加强人事系统政风行风建设
28. 建立人事政务（政府信息）公开运行机制
29. 人事工作信息化建设发展规划
30. 巩固和发展“三基一化”建设

人事部　国务院国有资产监督管理委员会关于追授曹响林等六名同志“中央企业劳动模范”荣誉称号的决定

国人部发［2008］14号

各中央企业：

近期，我国南方部分地区出现罕见的低温、雨雪冰冻灾害，给受灾地区生产生活秩序带来严重影响。面对严重灾情，煤电油运和通信、商贸流通等行业的中央企业，特别是身处灾区的中央企业，在党中央、国务院的统一部署、坚强领导下，与受灾地区党委、政府及有关部门团结协作，紧急行动，不畏艰险，不顾安危，顽强奋战，全力以赴抗灾救灾，一些地区受损设施及时得到抢修和恢复，一些地方交通运输、电力供应等方面的严重困难得到了缓解，抗灾救灾斗争取得了初步成效，充分发挥了中央企业的骨干和主导作用，以实际行动履行了中央企业应尽的社会责任。在这次抢险救灾中，中央企业广大干部职工不畏艰难、顽强拼搏，连续作战、英勇奋斗，有的甚至献出了宝贵的生命，曹响林等六名同志就是其中的杰出代表，他们的英勇行为感人肺腑，他们的先进事迹催人奋进，他们无愧为中央企业干部职工的楷模！

曹响林同志，男，生前系国家电网湖南省电力公司郴州电业局线路管理所检修二班副班长。他参加工作24年来，认真贯彻党的路线、方针、政策，遵纪守法，团结同志，作风优良，思想政治品德好。在2008年湖南遭遇50年不遇的冰冻灾害的抗冰保网抢修中，由于连续多日超负荷的工作，在2008年1月29日抢修停电的供电线路110千伏塘溪变电站至高湾变电站P10号钢管塔，进行清除架空地线故障作业中，因过度劳累引发心肌梗塞，壮烈牺牲在21.7米高的杆塔上，终年42岁。

肖建华同志，男，生前系国家电网湖南省郴州嘉禾县供电公司（系国家电网湖南省电力公司郴州电业局代管公司）工人。他参加工作以来，始终在基层供电所工作，工作上任劳任怨，业务技术能力强，工作业绩优秀，为当地电力建设事业作出了重要贡献。2008年1月28日，在湖南遭遇50年不遇的冰冻灾害的抗冰保网抢修中，在抢修行廊开关站——邝家村10千伏供电线路作业中，因电杆不堪覆冰重负，电杆自杆基0.5米处突然断裂倒塌，肖建华随杆坠落，身负重伤，经抢救无效牺牲，终年37岁。

罗海文同志，男，生前系国家电网湖南省电力公司所属送变电建设公司合同工。他技术熟练，在多年的工作中积极肯干，任劳任怨，得到领导和群众的好评，生活中乐于助人，多次见义勇为。在湖南遭遇50年不遇的冰冻灾害的抗冰保网抢修中，为响应省委省政府的号召，抢修长沙电厂至沙坪变电站500千伏线路，恢复向长沙供电，他所在的抢险小组负责对59米高的43号铁塔的覆冰进行清除。在连续6天低温高空作业后，2008年1月26日，正在作业的500千伏华沙线43号铁塔突然坍塌，他随铁塔坠落，身负重伤，经抢救无效牺牲，终年34岁。

罗长明同志，男，生前系国家电网湖南省电力公司所属送变电建设公司合同工。在湖南遭遇50年不遇的冰冻灾害的抗冰保网抢修中，为响应省委省政府的号召抢修长沙电厂至沙坪变电站500千伏线路，恢复向长沙供电，他所在的抢险小组负责对59米高的43号铁塔的覆冰进行清除。在连续6天低温高空作业后，2008年1月26日，正在作业的500千伏华沙线43号铁塔突然坍塌，他随铁塔坠落，身负重伤，经抢救无效牺牲，终年33岁。

周景华同志，男，生前系国家电网湖南省电力公司所属送变电建设公司合同工。在湖南遭遇50年不遇的冰冻灾害的抗冰保网抢修中，为响应省委省政府的号召抢修长沙电厂至沙坪变电站500千伏线路，恢复向长沙供电，他所在的抢险小组负责对59米的43号铁塔的覆冰进行清除。在连续6天低温高空作业后，2008年1月26日，正在作业的500千伏华沙线43号铁塔突然坍塌，他的保险带被角钢割断，从高空坠落，当场牺牲，终年36岁。

刘焕松同志，男，生前系南方电网广东电网公司韶关供电局员工。自1980年参加工作以来，服从组织安排，坚守在农电工作第一线，辗转6个基层供电所，足迹踏遍了始兴县的山山水水。对待工作，他始终踏实肯干、尽职尽责，无论是否当值，只要工作需要，总是随叫随到，从无怨言，多年来，无论抄表、收费，还是维护抢险，他时时处处走在前头。他出色的工作，得到了领导、同事和客户的好评，曾先后多次被评为供电局先进工作者和十佳员工。在抗击几十年不遇的特大冰雪灾害中，刘焕松同志奋战在抗冰抢险最前线，为保电复电持续作战。2008年1月27日，在抢修马市10千伏侯陂线时，由于电杆突然折断随杆重摔在地，经抢救无效牺牲，终年47岁。

曹响林等六名同志用自己宝贵的生命保卫了国家财产安全，谱写了全心全意为人民服务的壮丽篇章。为表彰他们的先进事迹，激励中央企业广大干部职工在各自岗位上恪尽职守、勇挑重担，履行好中央企业的崇高政治责任和社会责任，夺取抗灾救灾的全面胜利，人事部、国资委决定追授曹响林等六名同志“中央企业劳动模范”荣誉称号。

各中央企业广大干部职工要以他们为榜样，学习他们为国家和人民利益舍生忘死、对人民群众高度负责的崇高精神，学习他们把安全让给他人、把危险留给自己的高尚品德；学习他们坦然面对危难、勇于战胜困难的革命精神。中央企业是国民经济的骨干和中坚，在保障国民经济平稳正常运行和社会生活稳定中具有重要作用。各中央企业要牢记党的全心全意为人民服务的宗旨，以对国家、对人民群众高度负责的精神，积极履行社会责任，充分发挥先锋模范作用，主动参与灾区地方政府开展的抢险抗灾工作，为确保人民群众生命财产安全，确保经济平稳正常运行，确保社会和谐稳定作出积极贡献。

2008年2月4日

人事部　国家林业局关于做好全国森林公安机构核定政法专项编制后人员过渡有关工作的通知

国人部发［2008］15号

各省、自治区、直辖市人事厅（局）、林业厅（局），新疆生产建设兵团人事局、林业局：

为加强森林公安队伍正规化建设，国务院办公厅和中央编制委员会办公室分别下发了《关于解决森林公安及林业检法编制和经费问题的通知》（国办发［2005］42号）和《关于为森林公安和林业法检机构核定政法专项编制等事项的通知》（中央编办发［2007］19号），解决了森林公安机构的编制和经费问题。为确保机构设定、编制核定后人员过渡工作顺利进行，根据公务员法和人民警察法的规定，现就有关事项通知如下：

一、过渡范围。森林公安机构中的下列人员纳入过渡范围：2005年8月15日以前进入森林公安队伍，现仍在森林公安机构工作的人民警察；2005年8月15日以后，调入森林公安机构担任副科级以上领导职务的人员和担任副处级以上非领导职务的人员、按照省级人事行政部门规定录用的人员和按照国家政策接收的军队转业干部。

下列人员不得参加过渡：被劳动教养或刑事处罚的人员；机关工勤人员和临时工。

涉嫌违法违纪正在接受审查的人员，暂缓过渡，待审查结果明确后，按有关规定办理。

二、过渡办法。此次人员过渡，要在国家核定的政法专项编制内，在考核、考试录用的基础上，按照一定的标准和条件，履行法定的程序。考核不合格和考试未通过的人员不能过渡。

纳入过渡范围，符合公务员法和人民警察法规定条件，且具有干部身份并已授衔的人民警察，采取考核的办法进行过渡。考核过渡的具体办法由省级人事行政部门商省级林业主管部门确定。

纳入过渡范围，不符合考核过渡条件的人员，采取考试录用的办法过渡。考试录用过渡的具体程序、资格条件、考试科目和内容以及相应的政策等，由省级人事行政部门商省级林业主管部门确定。

三、过渡要求。全国森林公安机构人员过渡工作，涉及森林公安机关队伍建设，涉及社会稳定。各地人事行政部门和林业主管部门要高度重视，精心组织，坚持公开、平等、竞争、择优的原则，坚持范围、条件和标准，严肃纪律，不得违规操作，确保实现平稳过渡。各地林业主管部门要在当地党委、政府的领导下，切实负起责任，认真做好未过渡人员的思想工作，并妥善予以安置。人员过渡工作中遇有重大问题的，应及时上报人事部和国家林业局，并在过渡工作完成后，向两部门写出专题报告。

四、过渡后的管理。森林公安机构人员过

渡工作完成后，对已过渡的人员，应按管理权限和有关规定及程序办理公务员登记手续。从即日起，各级森林公安机构补充担任主任科员以下非领导职务及相当职务层次公务员的，必须按照公务员法和《公务员录用规定（试行)》的有关规定实行考试录用。

2008 年 2 月 15 日

人事部　财政部　教育部关于进一步做好义务教育学校教师工资待遇保障工作的通知

国人部发［2008］19号

各省、自治区、直辖市人事厅（局）、财政厅（局）、教育厅（教委），新疆生产建设兵团人事、财务、教育局，国务院有关部门、直属机构人事、财务、教育部门：

党中央、国务院高度重视义务教育学校教师队伍建设，非常关心他们的工资待遇。认真做好义务教育学校教师工资待遇保障工作，是贯彻落实党的十七大精神、更好实施人才强国战略的要求。为切实保障义务教育学校教师工资待遇，维护义务教育学校教师队伍稳定，现就有关问题通知如下。

一、各级政府人事、财政、教育部门要按照国家有关规定，兑现义务教育学校教师的基本工资、艰苦边远地区津贴和特殊岗位津贴补贴；要结合人员聘用制度和岗位管理制度的实施，对义务教育学校教师按确定的岗位等级执行相应的岗位工资标准，实现基本工资整体入轨。同时，加强对教师工资经费的监管，严禁挪用挤占教师工资资金，确保义务教育学校教师工资按时足额发放。

二、目前，国家有关部门正在抓紧研究制定事业单位绩效工资政策。在实施绩效工资前，各地规范公务员收入分配秩序时，要充分估计对义务教育学校教师可能产生的影响，统筹考虑解决义务教育学校教师特别是农村义务教育教师待遇保障问题，切实落实《义务教育法》的规定，确保义务教育教师的平均工资水平不低于当地公务员的平均工资水平。

三、义务教育学校教师工资经费纳入政府财政预算，按现行财政体制和学校隶属关系，由中央财政和地方财政负担。中央财政继续按照现行体制，对中西部及东部部分地区农村义务教育学校教师工资经费给予支持。省级财政要完善财政转移支付制度，加大对财力薄弱地区的转移支付力度，确保义务教育学校教师特别是农村义务教育学校教师工资所需资金落实到位。

四、做好义务教育学校教师工资待遇保障工作政策性强，涉及面广，任务十分艰巨和紧迫，各级政府人事、财政、教育部门要高度重视，周密部署，统筹安排，扎实推进各项工作，同时密切关注义务教育学校教师思想动态，加强引导，有针对性地做好政策解释和思想政治工作，确保教师队伍稳定，维护正常的教学秩序。

2008年2月27日

中央机构编制委员会办公室 人事部关于表彰全国机构编制系统先进集体和先进工作者的决定

国人部发［2008］21号

各省、自治区、直辖市人事厅（局）、机构编制委员会办公室，新疆生产建设兵团人事局、机构编制委员会办公室：

近年来，在党中央、国务院和地方各级党委、政府的正确领导下，全国机构编制系统广大干部职工以邓小平理论和“三个代表”重要思想为指导，深入贯彻落实科学发展观，与时俱进，开拓创新，积极推进行政管理体制和机构改革，不断加强和完善机构编制管理工作，为逐步建立适应社会主义市场经济体制的行政管理体制作出了积极贡献，涌现出一大批先进集体和先进个人。

为表彰先进，弘扬正气，激励全国机构编制系统广大干部职工为全面建设小康社会、构建社会主义和谐社会作出新的贡献，人事部、中央机构编制委员会办公室决定：授予北京市怀柔区机构编制委员会办公室等32个单位“全国机构编制系统先进集体”荣誉称号，授予刘松林等32名同志“全国机构编制系统先进工作者”荣誉称号。被授予“全国机构编制系统先进工作者”荣誉称号的人员享受省部级劳动模范和先进工作者待遇。希望受表彰的先进集体和先进个人把荣誉作为新起点，谦虚谨慎，再接再厉，在今后的工作中取得更大的成绩。

全国机构编制系统广大干部职工要以受表彰的先进集体和先进个人为榜样，全面贯彻落实党的十七大精神，高举中国特色社会主义伟大旗帜，更加紧密地团结在以胡锦涛同志为总书记的党中央周围，开拓奋进，扎实工作，为夺取全面建设小康社会新胜利、开创中国特色社会主义事业新局面而不懈奋斗。

附件：1. 全国机构编制系统先进集体名单（略）

2. 全国机构编制系统先进工作者名单（略）

2008年3月5日

人事部关于支持海峡西岸经济区建设推动福建人事工作发展的意见

国人部发［2008］22号

各省、自治区、直辖市人事厅（局），新疆生产建设兵团人事局：

为深入贯彻落实党的十七大精神，贯彻落实党中央、国务院关于加强海峡西岸经济区建设的要求，为海峡西岸经济区又好又快发展提供有力的人才保证和智力支持，现就有关问题提出如下意见。

一、要充分认识进一步做好海峡西岸经济区人事工作的重要性

海峡西岸经济区是以福建为主体、面对台湾、邻近港澳、与东南亚联系紧密的经济区域，在推进祖国和平统一大业和对外开放中具有特殊优势。党的十七大报告提出，要“支持海峡西岸和其他台商投资相对集中地区经济发展”。福建省委、省政府认真贯彻落实中央精神，立足于服务全党全国工作大局，结合福建省情特点，提出了建设海峡西岸经济区的发展思路，坚持把海峡西岸经济区建设成为构建扩大对外开放、推动全国区域合作、促进祖国统一大业的平台，并努力使之成为科学发展和两岸人民交流的先行区。福建省人事厅在省委、省政府的领导下，紧紧围绕建设海峡西岸经济区，大力实施人才强省战略，精心组织实施公务员法，积极推进机关事业单位工资收入分配制度改革和事业单位人事制度改革，加强人才队伍建设，完善人才市场体系，取得了明显成效。在新的历史起点上，进一步做好海峡西岸经济区人事工作，对于促进海峡西岸经济区建设，促进两岸人才交流与合作，推进祖国和平统一，具有十分重要的意义。

进一步做好海峡西岸经济区人事工作，要以邓小平理论和“三个代表”重要思想为指导，全面贯彻落实党的十七大精神，深入贯彻落实科学发展观，围绕更好实施人才强国战略，充分发挥福建人事部门的积极性，把福建作为全国人事制度改革先行试验区和两岸人才交流合作先行试验区。要以深化改革、扩大开放和制度创新为根本动力，制定完善人事政策措施，进一步健全公务员制度和机关事业单位工资收入分配制度，全面推进事业单位人事制度改革，大力加强人才队伍建设，加快构建人事公共服务体系，为台商投资企业提供优质高效的人才服务，推动两岸人才交流与合作，促进海峡西岸经济区又好又快发展。

二、以培养高层次人才为重点，促进海峡西岸经济区专业技术人才队伍建设

（一）加强高层次创新型人才选拔培养工作。根据海峡西岸经济区建设重点领域、特色优势产业和重点学科的实际需要，加快培养一批自主创新能力强的高层次专业技术人才和实践动手能力强的高技能人才。在享受国务院政府特殊津贴人选、国家“新世纪百千万人才

工程”人选选拔等工作中，适当向福建倾斜。在高层次人才培养计划中，在名额分配方面向福建实行倾斜。积极支持福建开展博士后工作，把福建优先列入全国博士后工作管理体制改革省份，在博士后科研流动站和工作站设站、国家资助博士后研究人员计划和资助科研经费等方面，给予福建适当倾斜。

（二）认真开展职称试点工作，提高职称工作综合管理水平。对在全国范围内向台湾地区居民开放的17项资格考试，福建要积极做好有关服务工作。要认真准备、精心组织、及时总结，为全国其他省（区、市）和新批准的职业资格考试向台湾居民开放的考试实施工作提供经验。通过深入调研，根据实际需要并经批准，在福建探索开展台湾地区居民申报经济、工程、农业、卫生等系列评审专业技术资格试点工作。按照职称制度改革的总体方向，积极探索以能力和业绩为导向、科学的社会化的人才评价机制，改进人才评价方式，完善人才评价手段，努力提高人才评价的科学水平和管理能力，积极稳妥地做好各项职称工作。

（三）鼓励和支持海外高层次留学人才到海峡西岸经济区工作和创业。加大对福建留学人员回国工作的支持力度，在留学人才和项目推荐、留学人员信息共享、经费资助、创业园建设等方面，给予政策倾斜。支持福建开展留学人员科技交流活动，引进电子信息、石油化工、机械制造、生物医药、高新技术产业、现代服务业和新农村建设等重点产业、重点领域、重点项目紧缺急需的领军人才、高端人才和创新人才。

三、大力发展人才服务业，促进两岸人力资源服务合作交流

（一）按照建立统一规范的人力资源市场的要求，完善福建人才市场体系。支持福建积极探索两岸人力资源开发合作机制，打造两岸人力资源开发合作交流平台，举办海峡两岸人才开发合作论坛和人才招聘服务活动，提升合作交流层次，促进两岸人员交流互动。支持中国海峡人才市场发挥国家级人才市场的示范带动作用，积极先行开展两岸人才服务合作，为台商投资企业提供人才支持。把福建人事人才信息综合管理系统的建设纳入人事部人事人才信息综合管理系统的建设盘子统筹考虑。

（二）积极探索大陆高校毕业的台湾地区学生在闽就业的办法。支持福建开展大陆高校毕业的台湾地区学生在闽就业工作试点。福建可以积极探索，先行制定取得大陆普通高等学校毕业资格的台湾地区学生在闽就业的相关政策。进一步发挥台湾青年人才的作用，促进台商投资企业发展，服务海峡西岸经济区建设。

四、深入实施公务员法，加强海峡西岸经济区公务员队伍建设

（一）认真组织实施《公务员录用规定（试行）》。坚持“凡进必考”，实行依法考录、公平考录、科学考录。加强对福建公务员考录工作的指导，并给予适当的政策扶持。支持共建“公务员（福建）录用考试测评基地”，探索制定适应不同层次、不同职位类别公务员能力素质要求的评价标准，提高公务员考录的科学性。支持福建开展公务员录用分类考试试点工作。

（二）积极开展公务员培训工作。贯彻落实《“十一五”行政机关公务员培训纲要》，大规模开展海峡西岸经济区公务员培训。将上杭（古田）公务员培训中心纳入全国公务员培训示范基地建设计划，努力将其建成公务员培训的重要区域性基地。充分发挥古田红色资源优势，培育公务员精神，推进海峡西岸经济区公务员队伍建设。支持开展东西部公务员对口培训工作，促进福建与西部省（区、市）的交流。

五、加强组织领导，落实政策措施

人事部有关司级单位要根据职能，积极组织开展调查研究，及时了解和分析海峡西岸经济区人事工作情况，制定和完善相关政策，加强工作指导。福建各级人事部门要从实际出发，研究制定并切实落实有关政策和措施，努力在现有工作的基础上大胆创新，积累经验，不断取得工作实效。有关省（区、市）人事厅（局）要积极支持海峡西岸经济区人事工作的开展，支持开展两岸人才交流与合作。

2008 年 3 月 7 日

中共中央纪委 人事部 监察部 关于追授李彬同志“全国纪检监察系统先进工作者”荣誉称号的决定

国人部发［2008］23号

各省、自治区、直辖市纪委、监察厅（局）、人事厅（局），新疆生产建设兵团纪委、监察局、人事局，中央和国家机关各部委纪检组（纪委）、监察局、人事司（局），中央纪委各派驻纪检组，监察部各派驻监察局、监察专员办公室，中央直属机关纪工委，中央国家机关纪工委，军委纪委：

近期，我国南方部分地区出现罕见的低温、雨雪冰冻灾害，给受灾地区生产生活秩序带来严重影响。面对灾情，各级纪检监察机关，特别是身处灾区的广大纪检监察干部，把群众的需要作为第一信号，把群众的危难作为第一关注，把保护人民群众生命财产安全作为第一职责。在党中央、国务院的统一部署、坚强领导下，积极协助党委和政府解决好人民群众最关心、最直接、最现实的利益问题，为确保政令畅通以及抗灾救灾各项工作顺利进行提供了坚强的保证。灾区广大纪检监察干部顶着雨雪下到农村、社区、企业，与群众一起抗灾救灾，以实际行动诠释了权为民所用、情为民所系、利为民所谋的真谛。在抢险救灾的日日夜夜，不畏艰难、顽强拼搏，连续作战、英勇奋斗，有的甚至献出了宝贵的生命，李彬同志就是其中的杰出代表。

李彬，男，1973年10月出生，汉族，中共党员，生前系贵州省开阳县永温乡党委委员、纪委书记。他政治立场坚定，参加工作以来，十几年如一日勤奋工作，甘于奉献。在2008年贵州遭受50年不遇的特大雨雪冰冻抢险救灾工作中，带头认真执行上级党委、纪委“抗凝冻、保民生”的决定精神，连续26天奋战在抢险救灾第一线，2008年2月10日晚，终因劳累过度诱发脑溢血病倒，经抢救无效不幸牺牲，年仅34岁。李彬同志热爱纪检监察事业，对党忠诚，对人民群众怀有深厚的感情。他严于律己，生活俭朴，心系群众，以自己的实际行动践行了党全心全意为人民服务的宗旨，展示了纪检监察干部“做党的忠诚卫士，当群众贴心人”的优良作风和良好形象。为表彰他的先进事迹，弘扬正气、振奋精神，激励广大纪检监察干部在各自岗位上恪尽职守，中共中央纪委、人事部、监察部决定追授李彬同志“全国纪检监察系统先进工作者”荣誉称号。

各级纪检监察机关和广大纪检监察干部要以李彬同志为榜样，全面贯彻落实党的十七大精神，高举中国特色社会主义伟大旗帜，更加紧密地团结在以胡锦涛同志为总书记的党中央周围，开拓奋进，扎实工作，为夺取全面建设小康社会新胜利、开创中国特色社会主义事业新局面而不懈奋斗！

2008年3月7日

中共中央组织部　中共中央宣传部　中共中央统战部　人事部　劳动和社会保障部关于高技能人才享受国务院颁发政府特殊津贴的意见

国人部发［2008］24 号

各省、自治区、直辖市、新疆生产建设兵团以及各副省级市党委组织部、宣传部、统战部、政府人事厅（局）、劳动和社会保障厅（局），中央和国家机关部委、直属机构人事（干部）部门，总政治部干部部，中央管理的企业：

高技能人才是我国人才队伍的重要组成部分，培养造就一大批具有高超技艺和精湛技能的高技能人才，对于稳步提升我国产业工人队伍的整体素质，增强我国核心竞争力和自主创新能力，加快建设创新型国家具有重要意义。为贯彻落实《关于进一步加强高技能人才工作的意见》（中办发［2006］15 号），进一步加强高技能人才队伍建设，营造有利于高技能人才成长、发挥作用的良好环境，经国务院批准，自 2008 年起，将高技能人才纳入享受国务院颁发的政府特殊津贴人员选拔范围。现制定如下意见：

一、高技能人才选拔数量

享受国务院颁发的政府特殊津贴高技能人才，每次选拔不超过 400 人。

二、高技能人才选拔条件

（一）热爱祖国，遵纪守法，有良好的职业道德和敬业精神，模范履行岗位职责，为社会主义现代化建设事业努力工作。

（二）具有国家一级职业资格（高级技师）或相应高级职业技能水平，长期工作在生产服务岗位第一线，并具备下列条件之一：

1. 获得过中华技能大奖、高技能人才楷模、全国技术能手等荣誉或省（行业）技能人才表彰，业绩突出，影响广泛；

2. 在技术上有重大发明创造，或有重大技术革新，产生显著的经济效益和社会效益；

3. 在本企业、同行业中具有领先的技术技能水平，并在某一生产工作领域总结出先进的操作技术方法，取得重大经济效益和社会效益；

4. 在促进科技成果转化、推广应用等方面作出突出贡献，并取得重大经济效益和社会效益；

5. 在本职业（工种）中具有某种绝招绝技，在国际国内产生重要影响，并在带徒传技方面成效显著；

6. 实践经验丰富，并能解决生产过程中的重点或关键性技术难题，业绩突出。

三、高技能人才选拔办法

（一）享受政府特殊津贴高技能人才的推荐、选拔工作，按照《中共中央办公厅、国务院办公厅转发〈中央组织部、中央宣传部、中央统战部、人事部、财政部关于改革和完善政府特殊津贴制度的意见〉的通知》（中办发［2004］20号）的规定，与享受政府特殊津贴专家的推荐、选拔工作统一组织，同时开展。

（二）人事部会同劳动保障部，根据高技能人才队伍建设的总体状况，向各省、自治区、直辖市及副省级城市，中央、国家机关有关部门，中央直属企事业单位下达享受政府特殊津贴高技能人才人选控制指标数。

（三）各省、自治区、直辖市及副省级城市人事厅（局）会同劳动保障厅（局），中央、国家机关有关部门人事（干部）部门，中央直属企事业单位人事（劳动）部门负责组织实施本地区、部门、单位享受政府特殊津贴高技能人才的选拔工作。基层单位按照隶属关系逐级向上级推荐人选。非公有制单位选拔工作由所属地区统一组织。

（四）高技能人才的推荐人选必须经过专家评议。专家评议由各省、自治区、直辖市及副省级城市人事厅（局）会同劳动保障厅（局），中央、国家机关有关部门人事（干部）部门，中央直属企事业单位人事（劳动）部门负责组织。没有进行专家评议或专家评议没有通过的，不得作为推荐人选。

（五）各省、自治区、直辖市及副省级城市人事厅（局）会同劳动保障厅（局），中央、国家机关有关部门人事（干部）部门，中央直属企事业单位人事（劳动）部门，根据选拔条件和控制指标数，对高技能人才的推荐人选进行初审后，与享受政府特殊津贴专家人选一同，按照文件规定的程序审核、审定、公示后，统一上报人事部。

（六）人事部、劳动保障部会同中组部、中宣部、统战部集中审核人选，并将拟定的名单报国务院审批。

军队系统高技能人才的选拔工作，由军委总政治部结合部队实际情况组织实施。选拔的人选由人事部转报国务院审批。

四、选拔周期、津贴标准和发放办法

高技能人才享受国务院颁发的政府特殊津贴的选拔周期、津贴标准、经费来源和发放办法，与享受政府特殊津贴专家相同。

2008年3月10日

人事部　公安部关于追授张天增同志“全国公安系统一级英雄模范”荣誉称号的决定

国人部发［2008］25号

各省、自治区、直辖市人事厅（局）、公安厅（局），新疆生产建设兵团人事局、公安局：

近年来，全国各级公安机关和广大公安民警在党中央、国务院和地方各级党委、政府的坚强领导下，坚持以邓小平理论和“三个代表”重要思想为指导，深入贯彻落实科学发展观，始终恪守全心全意为人民服务的根本宗旨，忠实履行宪法和法律赋予的神圣职责，锐意进取，顽强拼搏，执法为民，无私奉献，为维护国家安全和社会稳定，保卫改革开放和社会主义现代化建设，保障人民群众安居乐业作出了突出贡献，涌现出一大批英雄模范人物。张天增同志就是其中的优秀代表。

张天增，男，汉族，1953年1月出生，中共党员，1971年参加公安工作，生前任河南省开封市公安局刑侦支队调研员，三级警监。从警36年来，他始终牢记并努力实践“人民公安为人民”的庄严承诺，恪尽职守，任劳任怨，取得了突出的工作成绩。他长期坚持战斗在打击刑事犯罪第一线，不畏艰险，不怕牺牲，多次冒着生命危险抓捕犯罪嫌疑人，成功指挥侦破了一大批重特大刑事案件。在担任开封市公安局刑侦支队支队长的21年里，他坚持业务工作和队伍建设“两手抓”，将支队建设成为一个坚强的战斗集体。他处处以身作则，率先垂范，每逢急难险重任务总是冲锋在前，为维护辖区治安稳定作出了突出贡献。他全身心投入刑侦工作，积极总结积累经验，刻苦钻研，精益求精，成为全省知名的刑侦专家。他在做好本职工作的同时，还经常受省公安厅委派辗转全省各地，参与各类大要案件和疑难案件的侦破工作并发挥了关键作用。特别是在近几年的命案侦破工作中，他废寝忘食地投入侦破指导，为全省命案侦破成绩连续三年位居全国第一作出了重要贡献。2007年6月24日，张天增同志因劳累过度突发心脏病，昏倒在工作岗位上，经抢救无效，不幸于6月28日牺牲，年仅54岁。

张天增同志的先进事迹，充分体现了“忠诚可靠、秉公执法、英勇善战、纪律严明、无私奉献”的新时期人民警察精神，是广大公安民警学习的榜样。为表彰先进，弘扬正气，人事部、公安部决定，追授张天增同志“全国公安系统一级英雄模范”荣誉称号。

全体公安民警要以张天增同志为榜样，坚定不移地高举中国特色社会主义伟大旗帜，更加紧密地团结在以胡锦涛同志为总书记的党中央周围，认真学习、深刻领会、全面贯彻党的十七大精神，进一步坚定信念、牢记使命，与时俱进、开拓创新，扎扎实实地做好各项公安工作，切实担负起巩固共产党执政地位、维护国家长治久安、保障人民安居乐业、促进经济社会发展的重大政治和社会责任，为夺取全面建设小康社会新胜利、开创中国特色社会主义事业新局面而不懈奋斗！

2008 年 3 月 10 日

人事部　国家人口和计划生育委员会关于授予包良敏同志“全国人口和计划生育系统先进工作者”荣誉称号的决定

国人部发［2008］26号

各省、自治区、直辖市人事厅（局）、人口计生委，新疆生产建设兵团人事局、人口计生委：

今年以来，我国南方大部分地区和西北地区东部遭遇了新中国成立以来罕见的持续大范围低温、雨雪冰冻灾害，公共交通、电力等设施遭到严重损害，群众生产、生活受到较大影响。面对严重灾情，人口计生系统广大干部职工在党中央、国务院的统一部署、坚强领导下，积极投身于抢险救灾安民工作中，不畏艰难，沉着应对，奋力抗击，克服雪凝天气带来的各种困难，跋山涉水慰问计生户，千方百计救助孕产妇，用忠诚履行使命，用真诚温暖民心，涌现出了许多先进人物。包良敏同志就是其中的杰出代表。

包良敏，女，汉族，1970年7月出生，中共党员，贵州省贵阳市乌当区百宜乡计生服务站医生。在全乡断电、道路封闭的情况下，包良敏接到孕妇即将分娩的求救电话，在崎岖不平、冰封雪凝的山路上步行5个小时前去为产妇接生。途中多次摔倒，肋骨摔断，她仍然咬牙坚持到产妇家为其顺利接生一名女婴，为防止产妇产后大流血，又在产妇家中值守了7个小时才离开。接下来的15个日夜，她咬牙忍痛坚持工作，走过百里山路，顺利转移5名孕产妇。婴儿平安诞生后，她才到医院接受治疗。

包良敏同志数年如一日，早出晚归，跋山涉水、风尘仆仆、走村串户，宣传、落实计划生育基本国策。在灾难面前，在群众最需要救援的时候，心系群众、忠于职守、无私奉献，以实际行动诠释了人口计生工作者对人民群众的热爱、对党的事业的忠诚，受到了人民群众的高度赞誉。为表彰先进，弘扬正气，人事部、人口计生委决定授予包良敏同志“全国人口和计划生育系统先进工作者”荣誉称号，享受省部级劳动模范和先进工作者待遇。

全国广大人口计生工作者，要以包良敏同志为榜样，全面贯彻落实党的十七大精神，高举中国特色社会主义伟大旗帜，更加紧密地团结在以胡锦涛同志为总书记的党中央周围，开拓进取，扎实工作，艰苦奋斗，无私奉献，积极履行社会责任，为确保人民群众生命财产安全，确保社会和谐稳定作出积极贡献。

2008年3月10日

全国绿化委员会　人事部　国家林业局关于授予周世友同志“模范公务员”荣誉称号的决定

国人部发［2008］27 号

各省、自治区、直辖市绿化委员会、人事厅（局）、林业厅（局），新疆生产建设兵团人事局、林业局，各有关部门（系统）绿化委员会、人事（司）局，中国人民解放军、中国人民武装警察部队绿化委员会，国家林业局各司局、各直属单位：

近年来，在党中央、国务院的正确领导下，全国林业系统广大干部职工以邓小平理论和“三个代表”重要思想为指导，深入贯彻落实科学发展观，加快林业改革与发展，开拓创新，艰苦奋斗，开创了建设生态文明的新局面，涌现出一大批先进人物。周世友同志就是其中的杰出代表。

周世友，男，汉族，1952 年 11 月出生，中共党员，1983 年从部队转业到安徽省六安市农林水局任办公室主任兼人事科长，1998 年任六安市金安区绿化办主任至今。在人事工作和绿化管理工作岗位上，他都牢记党的宗旨，恪尽职守，兢兢业业，顽强拼搏，无私奉献。特别是在担任绿化办主任的 10 年中，他没有休过节假日，跑遍了金安街道、乡村的每一寸土地，为金安的绿化工作倾尽心力，堪称基层绿化系统的优秀代表。他一心为民，带动农民兴林致富，堪称新农村建设的模范。退耕还林工程实施中，他带领双河镇共完成退耕还林任务 9 162 亩，带领椿树村绿化荒山 1 685 亩，栽植经济林 300 多亩。2007 年，他帮助中店乡完成油桃销售 348 万斤，为当地农民增收 700 多万元。他视树为生命，敢唱“黑脸”，敢动真格，爱绿护绿，堪称生态文明的模范建设者。他长期坚持扶贫济困，对人民充满深厚感情，堪称绿化战线践行“三个代表”的典范。几十年来，周世友同志一直严以律己，热心助人，倾力济困，把共产党员无私的品格，深深地刻在人民群众的心中。他帮扶的椿树村发生了翻天覆地的变化：荒山绿了，28 位五保老人和 12 位残疾人分别搬进了“五保新村”和残疾人之家，23 个村民组全部通上了砂石路，80% 的农户住上了楼房，人均收入增长到 4 000 元，昔日的破烂村一跃成为六安市小康示范村。

为表彰周世友同志的先进事迹，弘扬他的崇高精神，激励和团结绿化、林业系统广大干部职工以满腔热情投身林业改革，全国绿化委员会、人事部、国家林业局决定授予周世友同志“模范公务员”荣誉称号，享受省部级劳动模范和先进工作者待遇。

全国绿化、林业系统广大干部职工要以周世友同志为榜样，全面贯彻落实党的十七大精神，高举中国特色社会主义伟大旗帜，更加紧密地团结在以胡锦涛同志为总书记的党中央周围，开拓进取，扎实工作，艰苦奋斗，无私奉献，全面推进生态文明建设，发展现代林业，为夺取全面建设小康社会新胜利、谱写人民美好生活新篇章而努力奋斗。

2008 年 3 月 11 日

人事部　铁道部关于表彰全国铁路先进集体全国铁路劳动模范和全国铁路先进工作者的决定

国人部发［2008］28号

各有关省（自治区、直辖市）人事厅（局），铁道部所属有关单位：

今年一月中旬以来，我国南方一些地区发生了历史上罕见的低温雨雪冰冻灾害，给人民群众生产生活带来很大困难，也对铁路运输造成严重影响。面对严重灾情，全国铁路职工认真贯彻党中央、国务院关于“保交通、保供电、保民生”的战略部署，紧急行动，众志成城，奋起抗灾救灾，在最短时间内畅通线路，圆满完成了旅客疏运、抢运电煤和抢险救灾物资运输等艰巨任务，夺取了铁路抗击雨雪冰冻灾害的重大胜利，为全国抗灾救灾斗争提供了有力的运输保障。在这场艰苦卓绝的抗灾救灾斗争中，全路各级组织和广大职工不畏艰难，顽强拼搏，继承了团结战斗、一往无前的光荣传统，展现了特别能战斗、特别能吃苦、特别能奉献的精神风貌，涌现出一大批先进集体和先进个人。广州铁路（集团）公司等五个单位，蔡菊英等十二名同志就是其中的杰出代表。

为表彰先进，弘扬正气，进一步鼓舞全路职工的斗志，全面深入推进和谐铁路建设，实现铁路又好又快发展，人事部、铁道部决定授予广州铁路（集团）公司等五个单位“全国铁路先进集体”荣誉称号；授予蔡菊英等十名同志“全国铁路劳动模范”荣誉称号，授予姜战林等两名同志“全国铁路先进工作者”荣誉称号，享受省部级劳动模范和先进工作者待遇。

全国铁路系统广大职工要以受表彰的先进集体和先进个人为榜样，更加紧密地团结在以胡锦涛同志为总书记的党中央周围，全面贯彻落实党的十七大精神，高举中国特色社会主义伟大旗帜，团结一心，艰苦奋斗，与时俱进，开拓进取，进一步开创和谐铁路建设新局面，为夺取全面建设小康社会新胜利、开创中国特色社会主义事业新局面而努力奋斗。

附件：1. 全国铁路先进集体名单（略）
2. 全国铁路劳动模范名单（略）
3. 全国铁路先进工作者名单（略）

2008年3月13日

人事部　国务院学位委员会　教育部　卫生部　国家中医药管理局关于印发《全国老中医药专家学术经验继承工作管理规定（试行）》的通知

国人部发［2008］32号

各省、自治区、直辖市人事厅（局）、学位委员会、教育厅（教委）、卫生厅（局）、中医药管理局，国务院各部委、各直属机构人事（干部）部门：

全国老中医药专家学术经验继承工作是继承和发扬祖国传统医药学、培养造就高层次中医临床人才和中药技术人才的重要途径，是实施中医药继续教育的重要形式。自1990年开展这项工作以来，有效地加速了中医药人才的培养，推进了中医药学术的研究、传承与发展。为进一步做好全国老中医药专家学术经验继承工作，推动继承工作与专业学位教育的衔接，经研究，人事部、国务院学位委员会、教育部、卫生部、国家中医药管理局共同制定了《全国老中医药专家学术经验继承工作管理规定（试行）》。现印发给你们，请贯彻执行。

2008年3月13日

全国老中医药专家学术经验继承工作管理规定

（试行）

第一章　总　　则

第一条　为加强对全国老中医药专家学术经验继承工作的管理，培养高层次中医临床人才和中药技术人才，推进中医药学术的研究、继承与发展，制定本规定。

第二条　老中医药专家学术经验继承工作（以下简称“继承工作”）是指，遴选有丰富、独到学术经验和技术专长的老中医药专家为指导老师，选配具有相当专业理论和一定实践经验的中青年业务骨干为他们的继承人，采取师承方式进行培养。

第三条 继承工作的任务是：继承整理老中医药专家的学术经验和技术专长，培养造就高层次中医临床人才和中药技术人才，研究、继承与发展中医药学术。

第四条 具备相应条件的老中医药专家或中青年业务骨干，经遴选，方可承担继承教学任务或接受继承学习培养。继承教学和接受继承学习培养工作周期为3年。

第五条 中医临床专业的继承人在继承期间可申请临床医学专业学位。

第二章 遴选条件

第六条 指导老师必须同时具备下列条件：

（一）受聘担任主任医师、主任药师等正高级专业技术职务的老中医药（含中医、中药、中西医结合、民族医药）专家；

（二）从事中医药专业工作累计满30年；

（三）有丰富、独到的学术经验和技术专长，是本专业的学科带头人或专科专病的知名专家，医德高尚，在群众中享有盛誉，得到同行公认；

（四）身体健康，能够坚持临床或专业实践，完成继承带教任务。

第七条 符合下列条件之一者，也可作为指导老师的遴选对象。

（一）少数评聘为副高级专业技术职务的老中药、老民族医药专家，并具备指导老师的其他各项条件的；

（二）符合指导老师的各项遴选条件，虽已办理离退休手续，但具备带教条件的。

第八条 继承人必须同时具备下列条件：

（一）在中医、中西医结合、民族医疗机构，综合医院以及医药企业从事中医、中药、中西医结合或民族医药工作，受聘担任主治医师、主管药师等中级专业技术职务满2年；

（二）取得大学本科及以上学历。获得硕士、博士学位者可优先遴选；

（三）年龄45岁及以下；

（四）从事中医药临床专业工作累计满8年（在职西医脱产学习中医或攻读中医临床专业硕士、博士学位期间，其专业工作年限可连续计算）；

（五）爱岗敬业，品学兼优，有志于研究和继承老中医药专家学术经验；

（六）与指导老师所从事的专业基本对口。

第九条 符合下列条件之一者，也可作为继承人的遴选对象。

（一）少数取得大学专科学历，从事中药或民族医药工作满15年的中青年业务骨干，并符合继承人的其他各项条件；

（二）西医院校毕业生，从事医疗专业工作时间累计满8年，其中从事中西医结合工作或中医药工作满4年，并符合继承人的其他各项条件。

第十条 人事部、国务院学位委员会、教育部、卫生部、国家中医药管理局规定的其他遴选条件。

第三章 遴选程序

第十一条 指导老师的遴选程序：经符合条件的专家本人同意，由所在单位负责申报，交各省、自治区、直辖市（以下简称“各省”）中医药管理部门组织的专家委员会进行评议，由中医药管理部门会同人事部门、学位与研究生教育主管部门、卫生部门审核。

第十二条 继承人的遴选程序：在个人申请、导师同意、所在单位推荐的基础上，由各省中医药管理部门会同人事部门、学位与研究生教育主管部门、卫生部门对其资格进行审核并进行相关的考核。

第十三条 指导老师与继承人的遴选工作完成后，由各省中医药管理部门会同人事部门、学位与研究生教育主管部门、卫生部门报国家中医药管理局批准，由国家中医药管理局报人事部、国务院学位委员会、教育部、卫生部备案。

第十四条 指导老师的名额，由国家中医药管理局会同人事部、国务院学位委员会、教育部、卫生部，根据各省中医药队伍的实际情况下达。

第十五条 各省中医药管理部门会同人事部门、学位与研究生教育主管部门、卫生部门根据下达的名额，组织指导老师的遴选工作。

第十六条 继承人的遴选，按照每名指导老师选配1至2名的要求，采取公开竞争、公示的方式进行。

第四章 教 学 管 理

第十七条 各省继承工作，应按照统一时间进岗和结业的要求进行。

第十八条 各省中医药管理部门组织指导老师和继承人签订继承教学协议，并制订继承教学计划。

第十九条 继承人自进岗学习之日起，每周跟指导老师临床或实际操作的时间不得少于3个半天，独立从事临床或实际操作的时间不得少于2天。

第二十条 继承人在学习期间，原则上不应管理行政事务，不得接受与继承学习无关的其他任务。

第二十一条 继承人在学习期间，应保持学习的连续性。对确有特殊原因，中断时间在6个月内的，经当地中医药管理部门批准，可继续学习，并补足其缺少的教学、实践时间；中断时间超过6个月的，协议自行终止，停止学习。

第二十二条 因指导老师原因不能继续带教情况的处理：

（一）继承人进岗学习时间超过2年半并学有成效者，经当地中医药管理部门同意，报国家中医药管理局批准后，可自行整理、学习和研究指导老师的学术经验，继续完成继承学习任务。

（二）继承人进岗学习时间超过1年者，经当地中医药管理部门同意，报国家中医药管理局批准后，可转跟其他相应专业的指导老师学习，并重新签订继承教学协议，学习时间须延长半年。

（三）继承人进岗学习时间不满1年者，应终止学习。

第五章 教学方式和要求

第二十三条 继承教学以跟指导老师临床（实践）为主，同时也可采取其他形式进行。

第二十四条 继承人通过学习必须同时达到下列要求：

（一）基本掌握指导老师的学术经验和技术专长，基本达到指导老师的临床疗效或技能技艺水平；

（二）按照中医药学术发展的规律，结合指导老师的学术经验，对本学科领域的某一方面能提出新的见解和新的观点；

（三）学习期间发表2篇以上继承、总结指导老师学术思想和技术专长的论文，其中必须有1篇刊登在国内外公开发行的期刊（具有国际标准刊号ISSN和国内统一刊号CN）上；

（四）中医、中西医结合、民族医专业继承人结业时应提交由本人独立完成的、能反映指导老师临床经验和专长的、体现疾病诊疗全过程的本专科临床医案60份；中药、民族药专业继承人结业时应提交能反映指导老师加工、炮制、制剂工艺、鉴别经验等方面的特色技艺材料60份；

（五）结业时须提交不少于2万字的结业论文和2 000字的论文摘要（少数民族文字的结业论文应附2 000汉字的论文摘要）。其内容既要体现指导老师的临床（实践）经验和学术思想，又要有继承人自己的创新观点，并具有一定的学术价值和临床（实践）意义。

第六章 考　　核

第二十五条 继承工作的考核分为平时考核、阶段考核、结业考核和出师验收。

第二十六条 平时考核由指导老师进行，主要考核平时学习情况，带教单位负责督促检查。

第二十七条 带教单位每半年按照规定的

内容和要求，进行一次阶段考核，考核不合格者，予以淘汰。

第二十八条 考核情况由带教单位归档，报当地中医药管理部门备案。

第二十九条 继承人学习期满，由各省中医药管理部门会同人事部门、学位与研究生教育主管部门、卫生部门组织进行结业考核。结业考核不合格者，不予出师。

第三十条 结业考核由各省中医药管理部门组织同行专家成立考核小组，严格按照国家中医药管理局下发的继承人结业考核指标、考核方法和考核程序进行。

第三十一条 结业考核结果和考核工作总结由各省中医药管理部门报国家中医药管理局。

第三十二条 国家中医药管理局会同人事部、国务院学位委员会、教育部、卫生部组织专家对结业考核结果进行检查和验收。经考核、验收合格的继承人，由人事部、国务院学位委员会、教育部、卫生部和国家中医药管理局颁发出师证书，同时对指导老师颁发荣誉证书。

第七章 学位授予

第三十三条 申请临床医学专业学位的继承人，应该具备以下条件：

（一）申请临床医学硕士专业学位条件与要求：

1. 取得医学学士学位；

2. 医古文（中级）、中医综合全国统一入学考试合格；

3. 完成临床医学硕士专业学位课程；

4. 继承人结业考核合格。

（二）申请临床医学博士专业学位条件与要求：

1. 取得医学硕士学位；

2. 医古文（高级）、中医综合全国统一入学考试合格；

3. 完成临床医学博士专业学位课程；

4. 继承人结业考核合格。

第三十四条 申请临床医学专业学位的继承人完成继承工作教学要求，等同于完成临床医学专业学位的基础理论、专业课程以及临床教学要求。

第三十五条 申请临床医学专业学位的继承人，其学位论文答辩与继承工作结业论文答辩合并进行，由学位授予单位和各省中医药管理部门共同组织。通过后，由学位授予单位的学位评定委员会审核批准，授予相应的临床医学专业学位。

第三十六条 在继承工作期间，具备临床医学专业学位授予权的单位应积极支持继承工作，聘请继承人的指导老师为硕士生导师或博士生导师。

第三十七条 继承工作与临床医学专业学位衔接工作由各省中医药管理部门会同学位授予单位共同负责，并按照相关规定制订教学计划。

第八章 组织管理

第三十八条 国家中医药管理局会同人事部、卫生部负责全国继承工作的宏观管理和指导。国家中医药管理局老中医药专家学术经验继承工作办公室负责日常工作的管理。

国家中医药管理局会同国务院学位委员会、教育部负责继承工作与临床医学专业学位衔接工作的宏观管理和指导。

第三十九条 各省中医药管理部门会同人事、卫生部门负责本地区继承工作的管理和指导。各省中医药管理部门负责日常工作的管理。

各省中医药管理部门会同学位与研究生教育主管部门负责继承工作与临床医学专业学位衔接工作的管理和指导。

第四十条 指导老师所在单位负责本单位继承工作的组织实施和日常管理。若指导老师与继承人不在同一单位，由双方单位协商，明确继承教学管理责任单位，报当地中医药管理部门批准。

学位授予单位负责继承人学位课程的组织

实施和日常教学管理。

第九章　待遇和奖励

第四十一条　指导老师和继承人在继承教学期间的工资及其他福利待遇均由各自所在单位发给。

第四十二条　指导老师在继承教学期间享受一定数额的带教津贴，具体标准由各省中医药管理部门确定。

第四十三条　继承人经结业考核及出师验收合格并获得出师证书者，符合《卫生技术人员职务试行条例》有关规定的，可优先评聘高一级专业技术职务。继承人在继承学习期间，符合《卫生技术人员职务试行条例》的有关规定者，可评聘高一级专业技术职务。

第四十四条　国家中医药管理局委托有关中医药学术团体，组织开展继承人优秀论文评选活动，并出版论文集。各地可开展对成绩优异继承人和有突出贡献指导老师的表彰活动。

第十章　经　　费

第四十五条　开展继承工作所需经费实行政府、单位、个人等多渠道筹集。

第四十六条　国家中医药管理局向各省划拨一定数量的款项，作为开展继承工作的专项补助经费，用于继承教学、带教津贴和奖励等工作。专项补助经费由各省中医药管理部门统筹安排使用。

第十一章　附　　则

第四十七条　国务院各部门直属单位、中央直接管理医药企业的老中医药专家学术经验继承工作，按属地原则组织实施。

军队系统的老中医药专家学术经验继承工作，可由总政治部按国家的统一规定组织实施。

第四十八条　本规定按职责分工由人事部、国务院学位委员会、教育部、卫生部、国家中医药管理局负责解释。

第四十九条　本规定的内容与过去人事部、卫生部、国家中医药管理局联合发布的有关规定不符之处，以本规定为准。

第五十条　本规定的具体实施办法，由国家中医药管理局商人事部、国务院学位委员会、教育部、卫生部后下发。

第五十一条　本规定自发布之日起生效。《人事部、卫生部、国家中医药管理局关于印发〈全国老中医药专家学术经验继承工作管理暂行规定〉的通知》（人发［2002］44 号）即行废止。

人事部　交通部关于授予林志慧、吴春耕同志“全国交通系统先进工作者”荣誉称号、追授卢明强等四名同志“全国交通系统劳动模范”荣誉称号的决定

国人部发［2008］33号

各省、自治区、直辖市人事厅（局）、交通厅（局、委），新疆生产建设兵团人事局、交通局，天津市市政公路管理局，上海市建设和交通委员会，有关中央交通企业，交通部部属各单位、部内各司局：

今年1月中旬以来，我国南方一些地区遭受了历史上罕见的低温雨雪冰冻灾害，给人民群众生产生活带来很大困难，也对交通运输造成严重影响。面对严重灾情，全国交通系统广大职工认真贯彻党中央、国务院关于“保交通、保供电、保民生”的要求，迅速研究、制定、实施防抗措施，顶风雪、战严寒，在最短时间内畅通道路，出色完成了党中央、国务院交给的光荣任务。在这场罕见的抗灾救灾斗争中，充分展现了交通系统广大职工不畏艰险，顽强拼搏，团结奋战，不怕牺牲的精神风貌，涌现出一大批先进个人。

为表彰先进，弘扬正气，进一步鼓舞和激励全国交通系统广大职工的奋发向上、开拓进取，切实履行交通系统的政治责任和社会责任，推进现代交通业的发展和建设，人事部、交通部决定，授予湖北省交通厅厅长林志慧、交通部公路司公路管理处处长吴春耕同志“全国交通系统先进工作者”荣誉称号，享受省部级劳动模范和先进工作者待遇。追授湖南省郴州市交通局后勤服务中心原主任卢明强、浙江省永嘉县公路管理段县乡养护片原片长汪国杰、浙江省永嘉县公路管理段原驾驶员林圣巧、浙江交通工程建设集团顺畅高等级公路养护有限公司养护班原班长左建党同志“全国交通系统劳动模范”荣誉称号。

全国交通系统广大职工要以受表彰的先进个人为榜样，学习他们一心为民，视人民的利益高于一切，关键时刻勇挑重担的崇高品质；学习他们灾害面前不顾个人安危、保护人民群众生命财产安全的奉献精神；学习他们不畏艰险、不怕疲劳、连续作战的拼搏精神，更加紧密地团结在以胡锦涛同志为总书记的党中央周围，认真贯彻落实党的十七大精神，高举中国特色社会主义伟大旗帜，深入贯彻落实科学发展观，为推进现代交通业发展，夺取全面建设小康社会新胜利、开创中国特色社会主义事业新局面而不懈奋斗。

附件：1. 全国交通系统先进工作者名单（略）

2. 全国交通系统劳动模范名单（略）

2008年3月13日

人事部办公厅关于印发《人事部二〇〇八年党风廉政建设工作要点》的通知

国人厅发［2008］28号

各省、自治区、直辖市人事厅（局），新疆生产建设兵团人事局，副省级市人事局，部内各司级单位：

现将《人事部二〇〇八年党风廉政建设工作要点》印发给你们，请结合实际抓好贯彻落实。

2008年2月18日

人事部二〇〇八年党风廉政建设工作要点

根据党的十七大和第十七届中央纪委第二次全会的精神及全国人事厅局长会议的要求，2008年人事部党风廉政建设和反腐败工作的总体思路是：全面贯彻党的十七大和第十七届中央纪委第二次全会精神，高举中国特色社会主义伟大旗帜，以邓小平理论和“三个代表”重要思想为指导，深入贯彻落实科学发展观，坚持标本兼治、综合治理、惩防并举、注重预防的方针，按照改革创新、惩防并举、统筹推进、重在建设的基本要求，认真开展对党的十七大重大决策部署执行情况的监督检查，维护党的政治纪律；扎实开展反腐倡廉教育，加强领导干部廉洁自律工作；加大专项治理力度，加强政风行风建设；深化人事制度改革，进一步推进治本抓源头工作；严肃干部人事工作纪律，认真查办违纪违法案件；大力推进政务公开和电子政务，加强对构建人事公共服务体系和提高工作效能的监督检查，为更好实施人才强国战略提供有力保证。

一、改革创新，构建惩防体系，推进治本抓源头工作

（一）深化人事制度改革。完善公务员制度，健全公务员法配套政策法规体系；建立和推行政府绩效管理制度，会同有关部门建立健全行政问责制度；推进事业单位人事制度改革；进一步深化职称制度改革等。

（二）深化机关事业单位工资收入分配制度改革。制定级别与工资等待遇适当挂钩、向县乡党政主要领导实行工资倾斜的办法；配合有关部门继续做好规范机关津贴补贴工作；结合事业单位规范津贴补贴工作，研究制定实施

绩效工资分配政策的意见。

（三）加强公务员反腐倡廉教育，弘扬公务员精神。深入开展“做人民满意公务员”活动，开展公务员行为规范和职业道德教育实践活动，制定推进公务员职业道德建设的指导意见，贯彻实施《行政机关公务员处分条例》，将反腐倡廉教育纳入公务员培训规划并抓好落实。

（四）认真完成中央纪委交办的各项预防腐败源头治理工作任务。

二、加强教育、监督和制度建设，全面抓好部机关党风廉政建设和反腐败工作

（一）认真学习，深刻领会，坚决贯彻落实中央反腐倡廉的有关精神。认真学习贯彻党的十七大关于反腐倡廉建设的有关内容和胡锦涛总书记在第十七届中央纪委第二次全会上的重要讲话、贺国强同志的工作报告和国务院廉政工作会议精神，以及中央有关反腐倡廉的指示精神，制定措施，抓好贯彻落实。

（二）对广大党员干部开展经常性的党风廉政教育。加强理想信念教育，促使广大党员干部坚定马克思主义人生观、世界观、价值观，树立正确的权力观、地位观、利益观。抓好党纪政纪、法律法规教育，提高党员干部的宗旨意识、廉政意识、法纪意识。驻部纪检监察机构和部机关党委纪委、办公厅、人事教育司密切配合，开展有针对性的经常有效的党风廉政教育，运用正反面典型开展示范和警示教育，推进廉政文化建设，丰富教育内容，改进教育方法，扩大教育的普遍性，增强有效性，营造廉洁勤政的氛围。

（三）4月份人事部廉政教育集中学习月，重点学习胡锦涛同志在第十七届中央纪委第二次全会上的重要讲话，开展严格遵守党的政治纪律等专题教育活动。组织领导干部讲一次以廉洁自律为主要内容的党课；按照胡锦涛同志提出的“全党把反腐倡廉建设放在更加突出的位置，更加坚决地惩治腐败，更加有效地预防腐败”的要求，在全体党员干部中深入开展以党纪国法和廉洁自律为主要内容的教育活动；加强针对党员干部遵守党纪政纪情况的监督检查，组织召开一次以“执行党的十七大重大决策部署，贯彻落实科学发展观，严肃党的政治纪律”为主要内容的专题组织生活会；开展以“讲党性、重品行、做表率，树人事干部良好形象”为主题的征文活动。

（四）认真落实党风廉政建设责任制，严格考核，实施责任追究。

（五）加强监督。认真执行各项监督制度，完善监督机制。重点是：强化对党员领导干部尤其是领导班子和领导成员、重要岗位和重要环节、“三重一大”（重大事项和全局性问题，重要干部的推荐、人事任免，重要建设项目和大额资金的使用）的民主决策等的监督，确保权力正确行使。

（六）认真落实有关廉政制度。严格按规定召开领导干部民主生活会。严格执行关于党员领导干部报告个人有关事项的规定。坚持领导干部述职述廉、任前廉政谈话、诫勉谈话等制度。坚持政务公开制度。严格执行“收支两条线”制度、内部审计制度、预算执行情况公示制度。严格执行“办班、出书、发证”的规定。

（七）加强督促检查，严格执行廉洁从政的各项要求：

（1）深入治理领导干部违反规定收送现金、有价证券、支付凭证和收受干股，以及以赌博和交易等形式收受财物、利用婚丧嫁娶等事宜收钱敛财等问题。（2）严禁党员干部利用职务上的便利获取内幕信息进行股票交易。（3）清理纠正领导干部在住房上以权谋私的问题，严禁领导干部超标准建房、多占住房、违规购买经济适用房，坚决处理领导干部违规违法收受房屋的问题。（4）纠正和查处领导干部放任、纵容配偶、子女和身边工作人员利用其职权和职务影响经商办企业等问题。（5）治理领导干部违规插手招标投标、土地出让、产权交易、政府采购等市场交易活动谋取私利的问题。

（八）认真负责地办理群众来信来访和举报，严肃查办违法违纪案件。

三、努力推进全国人事系统的政风行风建设

（一）4月份召开全国人事系统党风廉政建设工作座谈会。进一步深入学习贯彻党的十七大和第十七届中央纪委第二次全会精神，总结交流工作，研究部署2008年人事系统党风廉政建设工作任务，指导、推动人事系统深入贯彻全会精神。

（二）抓好行风评议。查找存在问题，督促改进服务态度，扩大公共服务领域，提高服务质量。

（三）深入推行人事政务（政府信息）公开工作。认真贯彻《政府信息公开条例》，积极推进电子政务，加强人事信息化建设，提高人事公共服务信息化水平，方便群众，服务群众，打造“阳光人事”。

（四）严肃干部人事工作纪律。加强对贯彻公务员法和行政许可法、实施机关事业单位工资收入分配制度改革以及干部调配、公务员考试录用、事业单位进人、军转安置、人事考试、职称评聘等重点工作及重点环节的监督检查，严肃查处违反干部人事工作纪律的行为。

（五）贯彻落实国务院办公厅国办发［2007］73号通知要求，对各类职业资格相关活动进行清理规范。

（六）加强收费管理。清理规范举办培训班、出版发行教材、举办各类人事考试、发放证书、人才市场公共服务等与群众利益密切相关的活动和收费，严格执行规定和标准。

四、进一步加强纪检监察部门的自身建设

加强思想建设、作风建设和能力建设，努力学习建设中国特色社会主义理论、“三个代表”重要思想和人事业务、纪检监察的政策法规，倡导严谨求实、雷厉风行、精益求精、奋发进取的工作作风，发扬艰苦奋斗、廉洁从政的优良作风，从严管理，从严要求，进一步提高“三基一化”水平。

人事部办公厅关于开展政府人事部门人才服务机构所属人才市场网站联网试点工作的通知

国人厅发［2008］30号

各省、自治区、直辖市人事厅（局），新疆生产建设兵团人事局，副省级市人事局：

按照全国人事厅局长会议提出的“着力构建人事公共服务体系”的目标和《全国人事系统“十一五”信息化建设规划纲要》要求，经部领导批准，从去年开始，启动了“全国人才市场网站联网工程”的建设工作，经过整体规划、软件开发等工作，联网平台建设已初步完成，今年将在部分省市政府人事部门人才服务机构所属人才市场网站开展联网试点工作，并在此基础上实现全国联网。为做好这项工作，现将有关事项通知如下：

一、充分认识实施全国人才市场网站联网工程的重要意义

全国人才市场网站联网工程是全国人事人才信息化工程的重要组成部分，是构建人事公共服务体系的重要载体和基础。为进一步强化人事部门公共服务的手段，我部早在2004年年底，就专门建立了公益性的人事部人才市场公共信息网，为高校毕业生等就业群体提供免费信息服务。各级政府人事部门基本上都有了独立的人才市场网站，为社会提供公共服务。但由于没有实现全国人才市场网站联网，并且各地的人才市场网站也主要为本地服务，造成了信息量少、信息分散、覆盖面不全等问题，使求职者和用人单位不能及时、方便、快捷地了解全国各类用人和求职信息，造成求职成本高、求职成功率低，难以满足各类求职者和用人单位的需要。因此，迫切需要进一步整合资源，实现人事部人才市场公共信息网与各地人才市场网站联网贯通，提升每个独立网站的功能，达到全国联网的目的，实现全国人才市场供求信息共享，切实提高人才服务的效率和质量，提高全国政府人事部门人才服务机构公共服务的能力，更好地为用人单位和求职者服务，树立人事系统整体服务形象。各级人事部门要充分认识全国人才市场网站联网工作的重要意义，进一步增强责任感和使命感，自觉地把思想统一到联网工作的要求上来，重视和支持联网工程的开展。

二、积极做好人才市场网站联网试点的工作

为了进一步完成全国人才市场网站联网工程的有关任务，人事部将选择河北、山西、辽宁、吉林、黑龙江、江苏、安徽、福建、山东、湖北、广东、广西、重庆、贵州、云南、青海、大连、青岛、宁波、深圳、成都等21个省、市人才市场网站作为联网试点单位。联网试点工作将于3月初启动，6月底完成。各试点单位要尽早做好准备工作，制定试点方案。要调整和完善本网站信息分类代码标准，对没有代码或代码不全的，要统一到联网平台的信息分类标准上来。要按照《全国政府人事部门人才服务机构所属人才市场网站联网指南》（附件 1）的要求，结合自身网站的技术特点对本网站的软硬件进行升级改造。要调整和充实好网络管理队伍，配齐配强技术人员。请各试点单位认真填写《全国政府人事部门人才服务机构所属人才网站联网登记表》（附件 2），并将试点方案和《全国政府人事部门人才服务机构所属人才网站联网登记表》，于 2008 年 2 月 29 日前报我部人才流动开发司。

三、加强对人才市场网站联网试点工作的保障工作

各级人事部门要高度重视人才市场网站联网工作，将其作为构建人事公共服务体系的重要措施，作出计划，抓好落实，为实现人才市场网站全国联网做好准备。承担试点工作的人事部门要把这项工作列入重要议事日程，加强领导，精心组织，分管人才市场的领导要加强督促和检查，及时帮助解决工作中遇到的问题，确保联网试点工作顺利进行。要加强投入，各试点省、市要将这项工作纳入全国人事人才信息化建设计划中统一考虑，充分利用全国人事人才信息化工程建设的地方配套资金，争取地方财政和各方面的财力支持，确保联网工程试点所需。人事部将免费给各试点单位提供人才市场网站联网软件及与本地网站的接口软件，并根据各地情况，重点对西部地区给予支持。要支持试点单位做好技术人员的引进和培养工作，使网站技术力量逐步得到加强。要注意加强协调沟通，在试点过程中遇到的问题以及对联网工作的意见和建议，请及时与我部人才流动开发司和人才市场公共信息网联系。人事部将在试点过程中分片举办人才市场网站联网技术人员培训班，给予一定的技术支持，及时解决遇到的技术问题。试点工作结束时，将对试点工作进行检查。

附件：1. 全国政府人事部门人才服务机构所属人才市场网站联网指南（略）

2. 全国政府人事部门人才服务机构所属人才市场网站联网登记表（略）

2008 年 2 月 19 日

劳动和社会保障部关于印发2008年劳动和社会保障工作要点的通知

劳社部发［2008］1号

各省、自治区、直辖市劳动和社会保障厅（局），国务院有关部门劳动保障工作机构：

现将《2008年劳动和社会保障工作要点》印发给你们，请认真贯彻执行。

2008年1月2日

2008年劳动和社会保障工作要点

2008年劳动和社会保障工作的总体要求是：以党的十七大精神为指导，深入贯彻落实科学发展观，认真落实党中央、国务院的决策部署，更加重视改善民生和促进社会和谐，大力促进就业再就业，加强社会保险制度建设，认真做好劳动关系调整工作，加快劳动保障立法、基础和能力建设步伐，协调推动各项劳动保障工作取得新进展。

一、贯彻落实《就业促进法》，积极促进就业再就业

（一）全面完成就业再就业目标任务。层层分解中央确定的“105145”的目标任务。全年城镇新增就业人员1 000万人，下岗失业人员再就业500万人，其中就业困难人员再就业100万人，城镇登记失业率控制在4.5%以内。逐级落实目标责任，按月通报目标任务完成情况。

（二）落实和完善积极的就业政策。贯彻落实《就业促进法》，制定相关配套政策措施，完善积极的就业政策，做好法律规定与现行政策的衔接。采取跟踪调度、督促检查等措施，推动政策落实。加强就业专项资金管理，提高资金使用效益。健全就业援助制度，强化援助的针对性、措施的规范性和机制的长效性，及时帮助“零就业家庭”和就业困难人员就业，建立完善动态消除“零就业家庭”的援助机制。全面解决下岗职工并轨遗留问题。

（三）建立健全以创业带动就业的工作体系。完善创业促就业支持政策，鼓励自谋职业和自主创业。完善创业服务体系，强化创业培训和项目支持、开业指导、跟踪服务等措施，提高创业成功率。做好100个重点联系城市的创业培训工作，总结交流各地创业带动就业的工作经验。支持农民工回乡创业。

（四）加强就业服务和就业管理。建立健

全覆盖城乡的就业管理服务体系，完善县级以上和街道、乡镇、社区公共就业服务机构，增强服务功能，强化服务手段，提高服务标准和服务质量。实施再就业援助月、民营企业招聘周、大中专技校毕业生就业服务月等公共就业服务专项活动。推进充分就业社区建设。加强人力资源市场规范管理，推进公平就业，规范职业中介行为。完善就业登记和失业登记制度。

（五）健全面向全体劳动者的职业技能培训制度。组织实施“5+1”计划行动，全面推进再就业培训、创业培训和农民工转移就业培训。建立健全劳动预备制度，推进城乡“两后生”职业技能培训和职业技能鉴定。建立特殊工种持证上岗制度，进一步完善职业能力评价体系，开展职业资格清理活动，规范职业技能鉴定管理。依托高级技工学校、技师学院等职业院校和大中型企业，建设一批国家级高技能人才培养示范基地。实施高技能人才东部地区培训工程，开展企业高技能人才评价工作，深入推进校企合作。指导有条件的地区建立面向社会的公共实训基地。组织开展第九届中华技能大奖和全国技术能手评选表彰工作。组织开展400名高技能人才享受国务院政府津贴的选拔推荐工作和职业技能竞赛系列活动。

（六）积极推进统筹城乡就业试点。探索建立城乡平等的就业培训制度，完善城乡贯通的公共就业服务体系，健全覆盖城乡劳动者的权益保护机制。积极探索统筹城乡的社会保障制度。

二、加强社会保险制度建设，完善社会保障体系

（七）进一步扩大社会保险覆盖面。以非公企业从业人员、个体工商户、灵活就业人员、农民工为重点加强扩面工作，确保2008年年底基本养老保险参保人数达到20 800万人，职工基本医疗保险参保人数达到18 800万人（其中农民工参保人数为4 000万人），失业保险参保人数达到11 800万人，工伤保险参保人数达到12 800万人（其中农民工4 600万人），生育保险参保人数达到8 000万人。

（八）加强社会保险费征缴。推动各项社会保险费统一征收，不断完善奖励机制，及时分析征缴计划执行情况，加强调度和对重点地区的督导，确保2008年养老、医疗、失业、工伤、生育保险基金征缴收入分别达到6 900亿元、2 250亿元、430亿元、163亿元、87亿元。规范社会保险缴费基数，全面加强征缴稽核工作，探索利用计算机稽核软件开展稽核工作的新模式。全国养老保险费清欠150亿元。

（九）确保各项社会保险待遇按时足额支付。做好2008年调整企业退休人员基本养老金工作，及时下拨中央财政补助资金，加大地方财政支持力度，加强基金调度，确保春节前将增发的养老金发到退休人员手中，巩固当期发放无拖欠的成果，尽快补发历史拖欠。切实做好失业保险金标准调整和发放工作，保证医疗、工伤、生育保险待遇按规定支付与结算。

（十）加快推进城镇职工基本养老保险制度改革。进一步做好扩大做实基本养老保险个人账户试点工作，加快推进基本养老保险省级统筹，2009年年底全国范围基本实现省级统筹。研究企业退休人员基本养老金正常调整机制。研究制定基本养老保险个人账户基金投资管理办法及相关配套政策。组织开展事业单位养老保险制度改革试点，研究提出解决未参保集体企业退休人员和城镇未就业老年居民养老保障问题的具体意见，研究制定参保人员养老保险关系转移接续的具体政策。全面完成原有企业年金移交任务，推动实施企业年金集合计划，进一步推动企业年金规范健康发展。

（十一）进一步完善医疗、生育保险制度。多渠道筹集资金，妥善解决关闭破产企业退休人员、困难企业职工和退休人员参加基本医疗保险问题。扩大城镇居民基本医疗保险试点范围，2008年试点城市达到全国城市总数的50%以上，指导有条件的地区探索门诊费用统筹办法。加强医疗保险管理服务，优化管理服务流程。研究完善医疗保险用药管理和诊疗项目管理办法，完善结算办法，探索建立相应的质量控制与考核标准，调动医疗机构的积极性，提高医疗服务质量，控制医疗费用过快上涨。继续推进生育保险工作。

（十二）进一步完善失业保险制度。建立健全失业保险金标准正常调整机制，推动失业预警制度建设，加强失业预防和失业调控。继续推动东部地区做好扩大失业保险基金支出范围试点工作，加大失业保险促进就业力度。

（十三）继续推进工伤保险制度建设。完善工伤保险法规政策和标准体系，逐步提高工伤保险待遇。加强工伤认定和劳动能力鉴定工作。规范工伤医疗服务，积极推行工伤医疗协议管理。开展工伤预防和工伤康复试点工作。积极稳妥地解决好“老工伤”问题。

（十四）探索建立农村社会养老保险制度。全面完成农村社会养老保险基金审计、整改和机构移交工作。制定农村社会养老保险工作的指导意见，开展建立新型农村社会养老保险试点。全面落实被征地农民社会保障政策，完善被征地农民社会保障相关标准和实施办法，严把被征地农民社会保障审核关，规范被征地农民社会保障业务和基金管理，切实做到即征即保。

（十五）加强社会保险基金监督检查。全面完成市、县级社保基金审计查出问题的整改工作。开展做实企业职工基本养老保险个人账户基金和各项社会保险基金管理专项检查。完善和规范基金管理流程和社会保险经办机构内部控制制度，建立内控运行情况评价体系，实现对各项业务、各个环节的全程监控。建立和推进社会保险信息披露制度。推动社会保障监督委员会建设，充实监督机构力量。完善配套政策，加强对企业年金和全国社会保障基金的监管。

（十六）推进完善社会保险费征管方式试点工作。结合农民工养老保险办法的实施，利用中国人民银行国库联网系统和支付结算系统，开展农民工养老保险费征缴、支付和转移工作。选择部分地区开展完善社会保险费征管方式试点。

（十七）积极推进社会化管理服务工作。继续加强街道社区劳动保障工作平台建设，指导街道社区工作人员开展社会保险咨询、参保登记、受理医疗费用报销申请等工作。开展养老护理员职业能力认证工作，将符合条件的养老护理员纳入公益性岗位补贴范围，开展养老护理服务试点和退休人员公寓建设试点。

三、贯彻实施《劳动合同法》和《劳动争议调解仲裁法》，发展和谐稳定的劳动关系

（十八）全面推进劳动合同和集体合同制度建设。继续推进劳动合同制度实施三年行动计划，实现2008年年底各类企业与劳动者普遍依法签订劳动合同的目标。加快劳动用工备案制度建设，实现对劳动合同签订、履行等情况的动态监管。密切关注《劳动合同法》施行后的企业用工动态，及时研究重大问题的应对措施，进一步明确有关特殊人员适用《劳动合同法》的政策。切实做好国有企业改革中劳动关系处理和关闭破产企业职工安置工作。进一步完善协调劳动关系三方协调机制，全面推进集体合同制度覆盖计划，用五年左右的时间在已建工会的企业普遍建立集体协商制度，在未建工会的非公有制中小企业集中的区域建立区域性、行业性集体协商制度，使集体合同制度基本覆盖各类企业。

（十九）积极稳妥地做好工资分配工作。及时发布工资指导线、劳动力市场工资指导价位及行业人工成本信息。完善并严格执行最低工资制度，及时调整最低工资标准特别是最低小时工资标准，加强对企业贯彻落实最低工资制度情况的监督检查，着力提高低收入劳动者的收入。建立健全企业职工工资正常增长机制和支付保障机制，合理确定劳动者工资水平，做好解决企业工资历史拖欠工作，建立预防和解决拖欠工资问题的长效机制。研究改革国有企业工资总额管理办法，探索严格控制垄断企业工资过快增长的政策措施，继续加强对高收入企业工资内外收入的监督检查工作。

（二十）扎实推进劳动争议处理与和谐劳动关系创建工作。贯彻实施《劳动争议调解仲裁法》，建立完善劳动争议仲裁规则，制定劳动仲裁员管理办法。加强劳动争议调解仲裁机构建设，加强调解员、仲裁员专业培训。深入开展创建劳动关系和谐企业与工业园区活动，制定发展和谐劳动关系的指导意见和创建工作三年规划。

（二十一）切实加强信访维稳工作。落实好部分军队退役人员劳动保障政策。贯彻《国务院信访工作条例》，落实劳动保障维稳工作预案，做好矛盾纠纷排查化解工作。进一步加强突发事件应急处理工作，提高应对突发事件的能力，妥善处置群体性突发事件，探索建立维稳长效工作机制。

四、立法和执法并重，加强劳动保障法制建设

（二十二）加快劳动保障立法步伐。配合全国人大常委会做好对《社会保险法》草案的审议修改工作，认真做好各项实施准备工作。研究制定《工伤保险条例修正案》《工资条例》《女职工劳动保护条例》《职业技能培训条例》《失业保险条例（修订）》等行政法规，组织起草《人力资源市场条例》草案。制定《劳动合同法》《就业促进法》《劳动争议调解仲裁法》配套规章。进一步加快地方劳动保障立法步伐。

（二十三）加大劳动保障监察执法力度。开展劳动保障监察执法年活动，以贯彻实施《劳动合同法》《就业促进法》《劳动争议调解仲裁法》和《职工带薪年休假条例》等法律法规为重点，强化日常主动检查，加大对投诉举报案件查处力度。组织开展规范人力资源市场秩序、农村地区“四小”企业用工情况和《劳动合同法》实施情况专项检查。完善企业劳动保障守法诚信制度。全面推广劳动保障监察“网络化”管理，对城镇企业劳动用工情况进行动态监管，将乡村用工单位和个人纳入监察覆盖范围。加强监察机构建设，充实专职监察力量，发展兼职监察员、监察协管员，形成覆盖城乡的劳动保障监察组织网络。

（二十四）加强劳动保障行政执法监督和普法宣传工作。制定预防和化解劳动保障行政争议的意见，修改《劳动保障行政争议复议办法》，从源头上预防和减少行政争议，维护行政管理相对人的合法权益。以《劳动合同法》《就业促进法》和《劳动争议调解仲裁法》的宣传为重点，创新普法工作机制和方式方法，增强法制宣传的针对性和实效性。

五、突出城乡统筹，继续做好农民工各项工作

（二十五）切实维护农民工工资支付和劳动保护权益。进一步清理农民工工资拖欠，特别要做好“两节”期间农民工工资支付保障工作。全面建立企业欠薪报告制度，进一步扩大工资保证金制度实施范围。积极配合金融系统利用征信体系预防和解决拖欠农民工工资问题。着力解决农民工在劳动保护等方面的现实问题。

（二十六）加强农民工就业服务和培训工作。继续开展“春风行动”，为农民工免费提供就业信息、政策咨询、就业指导和职业介绍服务。引导民办职介机构为农民工提供诚信服务。推进劳务输出示范县建设，继续组织开展劳务品牌推荐活动，推广服务、培训、维权“三位一体”工作模式。落实职业培训补贴政策，充分利用各种培训资源，组织农民工参加培训。开展全国优秀农民工评选表彰活动。

（二十七）扩大农民工社会保险覆盖面。实施“平安计划”，基本实现全部煤矿、非煤矿山企业和大部分建筑施工企业参加工伤保险，推进商贸、餐饮、住宿等服务业和中央企业农民工参加工伤保险，做好“平安计划”三年实施评估工作。继续开展农民工参加医疗保险专项行动，研究解决农民工参加不同医疗保险制度之间的衔接问题。制定适合农民工特点的养老保险办法和经办规程，积极推进农民工养老保险信息系统项目建设。

六、加强规划项目落实和能力建设，进一步夯实劳动保障工作基础

（二十八）继续推动劳动保障事业发展“十一五”规划的贯彻落实。建立规划发展目标责任体系，开展劳动保障“十一五”规划中期评估。实施2008年劳动保障事业发展计划，组织重点规划项目的立项、实施和完工项目总结验收评估工作。

（二十九）进一步做好劳动保障统计工作。完善统计工作制度，改进统计调查方法，完善统计标准体系和统计基础数据台账，加强统计分析工作。拓宽统计工作渠道，继续开展城镇居民和农民工劳动保障基本情况调查。配合有关部门做好劳动力调查、经济普查、服务业统计调查、城乡统筹就业调查和农民工统计监测等工作。

（三十）加快金保工程建设步伐。加快省市两级劳动保障数据中心建设，实现部省市三级网络贯通。加强全国统一应用软件的开发和应用工作，建立跨地区业务交换平台，逐步实现对各项业务工作、服务人群、信息功能和管理服务机构网络应用的全覆盖。完成金保工程一期项目的建设任务并组织评估验收，开展金保工程二期项目的设计、论证和立项工作。

（三十一）切实提高社会保险经办能力。规范和完善各项社会保险经办工作的业务流程、管理服务标准和技术业务标准。建立和完善养老、失业、医疗、工伤、生育保险的全国联网监测指标体系。逐步建立省级基本养老保险基金年度精算报告制度，研究启动医疗保险精算分析，出台社会保险业务档案管理的指导意见。积极推进社会保障服务中心建设试点，继续做好经办机构人员和中欧合作项目实施工作，充分发挥中国社会保障论坛的作用。

（三十二）加强政务公开、新闻宣传和报刊出版等工作。贯彻《政府信息公开条例》，认真落实和制定相关配套措施。全面推动政务公开办法和制度的落实。进一步拓宽信息渠道，加强政务信息采编和报送工作。充分发挥各级劳动保障系统网站、电话咨询中心和媒体的作用，宣传劳动保障政策和工作进展情况。继续落实定时定点新闻发布制度，做好劳动保障政策宣传和典型宣传工作，大力推进劳动保障大宣传格局的建设，为劳动保障事业又好又快发展营造良好的舆论环境。继续做好劳动保障报刊和图书出版发行工作。

（三十三）加强劳动保障重大问题研究。围绕重点工作及热点难点问题深入开展调查研究，逐步建立常态化、规范化的调研工作机制。着重对实施扩大就业的发展战略、深化收入分配制度改革、加快建立覆盖城乡居民的社会保障体系以及构建和谐劳动关系等问题进行深入调研，积极发挥各级科研院所和学会、协会、研究会的理论和学术研究作用。

（三十四）继续加大干部教育培训力度。争取继续举办分管省、市长劳动保障专题班，组织对新任劳动保障厅局长的培训。落实《2006—2010年劳动保障系统干部教育培训规划》，加强培训教材、师资库等基础建设，探索远程教育培训模式。进一步规范办班管理体制，加强办班管理，提高培训质量。

（三十五）积极开展国际交流与合作。积极开展和促进多双边高层互访，落实多双边合作谅解备忘录。积极开拓新的国际合作领域和合作项目，进一步加强与国际劳工组织及其他国际组织和机构的合作，促进国际劳工公约的批准和实施。加强境外就业规范与管理，拓展境外就业合作渠道，保护境外就业人员合法权益。积极参与自由贸易协定谈判。认真做好与港澳台的交流与合作工作。

劳动和社会保障部关于印发2008年就业再就业专项计划的通知

劳社部发［2008］2号

各省、自治区、直辖市劳动和社会保障厅（局）：

2008年是贯彻实施《就业促进法》的第一年，也是实施劳动保障事业发展“十一五”规划的关键年，做好2008年就业再就业工作至关重要。为贯彻落实党的十七大和中央经济工作会议关于就业再就业工作的要求，我部组织编制了《2008年就业再就业专项计划》，现印发给你们，请结合本地实际，认真做好就业再就业专项计划的编制和实施工作。

一、2008年就业再就业工作的指导思想和目标任务

2008年就业再就业工作的指导思想是：全面贯彻党的十七大和中央经济工作会议精神，以贯彻落实《就业促进法》为重点，按照劳动保障“十一五”规划纲要确定的目标任务，进一步落实积极的就业政策，健全创业服务体系，推动创业促就业；着力完善面向所有困难群众的就业援助制度，及时帮助零就业家庭解决就业困难；加强公共就业服务体系建设，健全面向全体劳动者的职业培训制度；统筹做好下岗失业人员再就业、城镇新增劳动力特别是高校毕业生就业以及农业富余劳动力转移就业工作。

2008年就业再就业工作的目标任务是：城镇新增就业1 000万人，下岗失业人员再就业500万人，其中就业困难人员再就业100万人，城镇登记失业率控制在4.5%以内（简称“105145”）。

二、科学制订就业再就业专项计划，层层落实目标责任

各地要在认真总结2007年就业再就业专项计划完成情况的基础上，按照中央提出的“105145”就业再就业工作总体日标任务，根据本地实际，研究制订2008年就业再就业专项计划。同时，提请同级政府将城镇新增就业人员、下岗失业人员再就业、就业困难人员再就业、城镇登记失业率作为本地区经济社会发展的重要调控目标，逐级分解，层层落实目标责任，确保全年目标任务顺利完成。

各地要以科学发展观和构建社会主义和谐社会战略思想统领就业再就业工作。加强对2008年就业再就业工作的组织领导，坚持实施积极的就业政策，做到责任到位、政策到位、资金到位、措施到位。巩固、完善就业工作协调机制，进一步发挥就业工作联席会议的作用，加强协作配合，共同做好就业再就业工作。

各地要根据本地就业状况和就业再就业工作目标，认真测算落实政策需要的资金投入规模，提请同级政府进一步调整财政支出结构，确保就业专项资金及时足额到位，为做好全年工作提供坚实的资金保障。要切实加强对就业专项资金拨付使用的监督检查，确保资金专款专用，不断提高资金使用管理的有效性、规范性和安全性。加强就业服务和管理，规范人力资源市场，推进实施公平就业。

三、加强督促检查，确保各项目标任务圆满完成

各地要加强对就业再就业专项计划执行情况的督促检查，及时调度计划指标的完成进度、政策落实以及就业专项资金使用情况。为促进就业再就业计划的落实，我部将按照国务院就业工作部际联席会议的统一部署，对各地落实《就业促进法》和就业再就业工作进展情况开展专项检查。

各地要进一步改进和加强就业失业统计工作，加强统计基础建设，完善失业登记制度、劳动力调查制度和信息服务制度。拓宽数据来源渠道，广泛收集有关就业失业信息，跟踪监测就业再就业专项计划的执行情况，全面、及时、准确地掌握劳动力市场供求及其变化情况，积极开展就业再就业形势的分析和预测。继续加强失业调控，做好国有大中型企业主辅分离安置富余人员、关闭破产企业职工安置工作，建立失业预警机制。

各地要继续坚持季报制度，将每季度就业再就业计划目标任务完成情况、主要问题、原因分析及对策建议，于每季后10日内报送劳动保障部。2007年就业再就业专项计划完成情况请于2008年1月15日前上报劳动保障部。

附件：2008年就业再就业专项计划（略）

2008年1月3日

劳动和社会保障部关于职工全年月平均工作时间和工资折算问题的通知

劳社部发［2008］3号

各省、自治区、直辖市劳动和社会保障厅（局）：

根据《全国年节及纪念日放假办法》（国务院令第513号）的规定，全体公民的节日假期由原来的10天增设为11天。据此，职工全年月平均制度工作天数和工资折算办法分别调整如下：

一、制度工作时间的计算

年工作日：365天－104天（休息日）－11天（法定节假日）＝250天

季工作日：250天÷4季＝62.5天/季

月工作日：250天÷12月＝20.83天/月

工作小时数的计算：以月、季、年的工作日乘以每日的8小时。

二、日工资、小时工资的折算

按照《劳动法》第五十一条的规定，法定节假日用人单位应当依法支付工资，即折算日工资、小时工资时不剔除国家规定的11天法定节假日。据此，日工资、小时工资的折算为：

日工资：月工资收入÷月计薪天数

小时工资：月工资收入÷（月计薪天数×8小时）。

月计薪天数＝（365天－104天）÷12月－21.75天

三、2000年3月17日劳动保障部发布的《关于职工全年月平均工作时间和工资折算问题的通知》（劳社部发［2000］8号）同时废止。

2008年1月3日

劳动和社会保障部关于做好《劳动争议调解仲裁法》贯彻实施工作的通知

劳社部发［2008］4号

各省、自治区、直辖市劳动和社会保障厅（局）：

《中华人民共和国劳动争议调解仲裁法》（以下简称《劳动争议调解仲裁法》）已经第十届全国人民代表大会常务委员会第三十一次会议审议通过，将于2008年5月1日起施行。为贯彻落实《劳动争议调解仲裁法》，切实维护劳动关系双方合法权益，促进劳动关系和谐稳定，现就有关事项通知如下：

一、充分认识做好《劳动争议调解仲裁法》贯彻实施工作的重要性

《劳动争议调解仲裁法》是劳动保障领域继《劳动合同法》《就业促进法》之后的又一部重要法律，是我国劳动保障法律体系的重要组成部分。这部法律的颁布施行，对完善劳动争议调解仲裁制度，公正及时解决劳动争议，维护劳动争议当事人特别是劳动者的合法权益，都将起到十分重要的作用，有利于发展和谐稳定的劳动关系，促进社会主义和谐社会建设。各级劳动保障部门要从深入贯彻落实科学发展观和构建和谐社会的高度，充分认识贯彻实施《劳动争议调解仲裁法》的重要性和紧迫性，采取切实可行的措施，认真抓好这部重要法律的学习、宣传和贯彻工作。

二、深入开展学习培训和宣传工作

深入开展《劳动争议调解仲裁法》的学习培训和宣传工作，是这部法律得以顺利贯彻实施的基础。各级劳动保障部门要高度重视搞好这部法律的学习培训工作，通过举办专题培训班、研讨会等形式，有计划、有步骤组织劳动保障部门、劳动争议仲裁机构和劳动争议调解组织的负责同志以及相关工作人员，特别是劳动争议调解员和仲裁员，认真学习《劳动争议调解仲裁法》，深刻领会法律的精神实质，准确理解法律条款内容，熟悉劳动争议处理程序，切实提高劳动争议处理工作的能力和水平。

要大力加强《劳动争议调解仲裁法》的宣传工作，努力营造法律实施的良好舆论氛围。会同工会、企业组织充分利用各种媒体，广泛深入宣传劳动争议处理法律知识，使广大用人单位和劳动者正确理解这部法律的立法目的、基本精神和主要内容，增强依法维护自身合法权益的观念和意识，引导劳动争议双方当事人通过法定渠道反映诉求，提倡通过协商和调解解决劳动纠纷。

三、抓紧完善相关配套法规和政策

《劳动争议调解仲裁法》在总结实际工作经验的基础上，改进了劳动争议处理方式和程序，加强了劳动争议调解工作，完善了劳动争议仲裁制度。为确保这部法律顺利实施，我部将依法对劳动争议仲裁规则等规章进行修订。

各级劳动保障部门要认真做好对现行相关法规、规章和规范性文件的清理工作，搞好现行政策、制度与《劳动争议调解仲裁法》的衔接，抓紧依法完善劳动争议处理各项制度。重点是要针对法律中关于劳动争议仲裁程序的新规定，特别是受案范围、争议管辖、申请时效、仲裁裁决以及办案时限等方面的新规定，抓紧完善办案规则，确保劳动争议及时、有效地得到处理。各省、自治区、直辖市劳动保障部门要将本地区清理、制定和修订配套法规政策的情况及时上报劳动保障部。

四、大力加强劳动争议处理能力建设

加强劳动争议处理能力建设是贯彻实施《劳动争议调解仲裁法》的重要保证。各地要以这部法律的颁布施行为契机，依法进一步加强劳动争议调解和仲裁工作，积极推进机构和队伍建设，切实提高劳动争议处理能力。

要在稳定现有的劳动争议仲裁机构的基础上，按照法律规定的统筹规划、合理布局和适应实际需要的原则，加强劳动争议仲裁委员会建设。进一步加大劳动争议仲裁委员会办事机构实体化建设的力度，积极争取当地党委、政府的重视及有关部门的支持，解决好办事机构和人员编制问题，根据劳动争议案件的数量及发展趋势，合理配备办案人员，并将所需经费列入同级财政预算，确保新法实施后劳动争议仲裁工作的正常开展。

要会同工会、企业组织积极采取措施，进一步加强劳动争议调解体系建设，依法完善企业劳动争议调解委员会组织机构和调解制度，依托协调劳动关系三方机制平台，逐步在乡镇、街道建立区域性的劳动争议调解组织，建立完善多渠道、多层次的劳动争议调解服务网络，更好地发挥调解在化解劳动纠纷方面第一道防线的作用。

要切实加强劳动争议处理队伍建设，研究制定调解员、仲裁员培训工作规划，大力开展有针对性的培训工作，不断提高调解员、仲裁员的思想道德素质和业务能力。各地新增调解员、仲裁员，要严格按照法律规定的条件选配。要积极探索建立仲裁员职业资格等级制度，逐步实现仲裁员队伍职业化、专业化。

五、切实加强组织领导

劳动争议处理工作涉及当事人特别是劳动者的切身利益，事关改革、发展和社会稳定，各级劳动保障部门要从全局和政治的高度，切实加强贯彻实施《劳动争议调解仲裁法》的组织领导，实行主要领导负责制，分管领导具体抓。要结合本地实际研究制定具体实施方案，明确目标任务、工作责任和工作措施，认真抓好落实，确保新旧制度平稳过渡，确保人员队伍稳定。要认真研究制定本地区劳动争议调解和仲裁工作发展规划，加强工作指导、督促和检查，及时总结推广典型经验。要针对当前劳动关系的新情况、新特点，主动分析劳动争议处理工作面临的形势，增强工作的预见性，指导调解组织和劳动争议仲裁委员会积极稳妥地解决劳动争议。要进一步发挥协调劳动关系三方机制的作用，会同工会、企业组织等有关方面形成合力，共同做好《劳动争议调解仲裁法》的贯彻实施工作。

2008 年 1 月 18 日

劳动和社会保障部关于印发劳动和社会保障科学技术发展中长期规划纲要的通知

劳社部发［2008］5号

各省、自治区、直辖市劳动和社会保障厅（局），新疆生产建设兵团劳动和社会保障局：

现将《劳动和社会保障科学技术发展中长期规划纲要（2006—2020年）》印发给你们，请结合实际认真贯彻执行。

2008年2月1日

劳动和社会保障科学技术发展中长期规划纲要（2006—2020年）

为进一步贯彻落实科学发展观，更好地依靠科技进步支撑和引领劳动保障事业全面、协调、可持续发展，根据《国家中长期科学和技术发展规划纲要（2006—2020年）》以及《劳动和社会保障事业发展“十一五”规划纲要（2006—2010年）》，制定《劳动和社会保障科学技术发展中长期规划纲要（2006—2020年）》（以下简称《纲要》）。

本《纲要》的规划期为2006—2020年。

一、“十五”时期劳动和社会保障科学技术发展取得的主要成就

“十五”期间，在邓小平理论和“三个代表”重要思想的指引下，在各级党委、政府和社会各界的高度重视和支持下，劳动保障科学技术取得了长足进步，为劳动保障事业的发展作出了积极贡献。

（一）紧密围绕劳动保障中心工作，取得了一批重要科技成果。“十五”期间，劳动保障科学研究和技术开发的重点始终聚焦在劳动保障事业发展的重大问题上，通过实施国家级和部省级重大科技项目，积极开展横向研究，取得了一系列重要成果。针对下岗失业人员再就业、农村富余劳动力转移、技能人才队伍建设以及调整就业结构问题，开展了劳动力市场理论、市场导向的就业机制、职业培训与高技能人才队伍建设以及劳动标准体系的研究；为建立和完善与社会主义市场经济体制相适应的社会保障体系，开展了建立多层次社会保障体系、完善企业职工基本养老保险制度和城镇职工基本医疗保险制度、建立企业年金制度的研究；以社会主义市场经济条件下的按劳分配与

按生产要素分配理论为基础，为建立“市场机制调节、企业自主分配、职工民主参与、政府监控指导”的现代企业分配体系，开展了市场化企业薪酬制度、最低工资制度和收入分配预测预警方面的研究；为建立和完善社会主义市场经济条件下的劳动关系调整机制，开展了劳动合同法制建设、劳动关系三方多层次协调制度建设的研究；为配合劳动保障信息化（金保工程）建设，开展了信息化重大理论和关键技术及其应用研究；为保持劳动保障事业均衡协调发展，开展了区域性、行业性劳动保障专题研究。“十五”时期，劳动保障科研机构共完成国家级课题30多项，部省级课题70多项，这些研究成果为劳动保障政策制定和实际工作开展提供了有力的理论和技术支撑，为劳动保障事业改革发展作出了应有贡献。

（二）科技创新能力显著提高，科研协作体系初步形成。“十五”期间，劳动保障科技工作根据劳动保障事业发展的需要，遵循科学发展规律，以提高劳动保障科技创新能力为核心，不断加大研究的深度和广度。在基础理论研究方面，运用马克思主义基本原理，积极探索社会主义市场经济条件下劳动保障事业发展规律；在政策研究方面，既积极借鉴国际先进经验，同时又更加强调结合中国国情；在应用研究方面，不断丰富研究方法和技术手段，逐步将先进自然科学技术，特别是现代信息技术和数量分析方法，引入劳动保障科学研究中。通过科技创新能力的提高，不仅解决了劳动保障工作实践中遇到的新问题，劳动保障科技工作自身也得到了长足发展。全国劳动保障科技力量得到进一步整合，加强了重大项目的联合攻关，逐步改变了过去分散研究、各自为政的状况，初步形成了以中央、地方劳动保障科研机构为主体，相关研究机构、院校、学术团体、企业共同参与，行政主管部门指导协调的科技协作体系。

（三）科研基础条件得到改善，科技队伍实力不断增强。“十五”期间，各级政府不断加大对劳动保障科技工作的支持力度，基础设施建设不断加强，科研条件显著改善。全国劳动保障科研数据库初步建成，劳动保障科技信息的获取、交流和共享水平已跃上一个新台阶。全国部分高校开设了劳动保障专业，加快了高素质专业人才的培养。各级劳动保障科研院所培养和引进了一批多学科、跨领域的科技人员，优化了人才结构，形成了一支学科门类较全、层次较高、结构比较合理、不怕吃苦、勇于奉献的科技队伍，造就了一批在专业领域有影响力的专家和学术带头人，为劳动保障科技工作可持续发展奠定了基础。

劳动保障科技工作之所以能取得这些成绩，主要有以下几点基本经验：一是坚持把研究解决劳动保障事业发展中的重大问题作为科技工作的优先任务。“十五”期间，围绕劳动保障中心工作，科技工作的重心始终放在劳动保障事业发展的重大问题上，集中力量取得了一批重要研究成果，为劳动保障各项改革政策的出台和顺利实施提供了有力的支撑。二是坚持以服务带动劳动保障科技工作快速发展。各级劳动保障科研机构积极开展课题研究和成果推广活动，通过为政府和企业提供各种科研成果和咨询服务，科技工作的创新能力、队伍建设、经费保障以及社会影响等都发生了质的变化，在服务中心工作、服务社会的同时，科研院所自身也得到了快速发展。三是坚持创新科研工作机制，不断适应改革与发展的要求。在政府主管部门支持和引导下，劳动保障科技系统广开门路，积极开展国内外科研交流与合作，进行重大课题的联合攻关，劳动保障科研工作呈现出良好的发展态势。四是坚持以人才培养为根本，营造良好科研环境。主管部门和科研院所采取各种保障和激励措施，在科研项目、设施环境、职称职务、工作待遇、教育培训等方面努力为科技人员尤其是中青年科技人员的成长提供良好条件，引进和培养了一批高素质的科技人才，逐步形成了一支学术水平较高、创新能力较强的科技队伍，保障了研究任务的完成。

二、未来15年劳动和社会保障科技发展面临的形势

2006年到2020年将是我国实现全面建设小康社会总体目标的关键时期。在这一时期，劳动保障科技事业发展既面临着难得的机遇，也面临着严峻的挑战。一方面，社会主义市场经济体制不断完善，国民经济持续快速增长，各级党委、政府对民生问题的重视程度越来越高，为劳动保障事业可持续发展提供了强大的动力和坚实的基础。另一方面，在完善社会主义市场经济体制过程中，影响发展的体制机制障碍依然存在，改革攻坚面临深层次矛盾和问题，这些问题与改革深化过程中出现的新问题交织在一起，往往都直接或间接地反映到劳动保障工作中来。尤其是当前和今后一个时期，随着我国工业化、信息化、城镇化、市场化、国际化的深入发展，就业形势依然严峻，劳动力供求矛盾在一定时期内仍将存在；社会保障范围需要进一步扩大，保障水平需要逐步提高；劳动关系将更趋于复杂化，协调各方利益难度进一步加大。因此，劳动保障工作将面临更艰巨的任务和更为严峻的挑战，劳动保障工作中的许多重大问题，需要在实践中进一步探索，在理论上作出回答。

随着党中央、国务院建设创新型国家发展战略的提出，以及国家中长期科学技术发展规划纲要的发布实施，国家陆续出台了一系列政策措施，加快了创新体系建设步伐，加大了科技体制改革力度，加强了财政科技投入管理，科技环境显著改善，科技事业呈现出蓬勃发展的良好态势，使得包括劳动保障科学技术在内的各项科技事业都面临着空前有利的历史发展机遇。劳动保障科技事业既是劳动保障事业的重要组成部分，同时又担负着支撑和引领劳动保障事业发展的重要任务，劳动保障科技工作应当紧紧抓住这一难得的历史机遇，努力实现与劳动保障事业发展相适应的进步和跨越。

当前，劳动保障科技工作发展还面临着许多困难和问题，主要反映在：

一是科技资源仍然比较分散。具体表现为综合性、跨领域的重大课题的提出和形成不够及时，研究院所、学术团体、高校、企业之间的科技协作体系需要注入新的活力。

二是科研机构内部运行机制有待完善。科研机构内部分配制度、激励机制、人事和组织管理制度等还不能完全适应新时期科技创新工作的需要，在一定程度上影响了青年科技人才和复合型学术带头人的培养。

三是稳定的科技投入增长机制尚未形成。与“九五”相比，“十五”期间的劳动保障科技经费投入有了较大幅度的增长，但与国家整体科技投入水平和不断提高的劳动保障工作重要性相比，劳动保障科技经费投入尤其是基础性投入仍然相对较低，各级政府尚未形成对劳动保障科技工作稳定的资金投入增长机制，科技资金投入不足的局面亟待改变。

四是劳动保障学科体系建设有待加强。历史形成的学科不完整、不系统的局面仍未改变，不利于劳动保障科研水平的提高和专业人才的培养。

三、2006—2020年劳动保障科技发展的指导思想和目标

（一）指导思想

以邓小平理论和“三个代表”重要思想为指导，坚持贯彻落实科学发展观，继续紧紧围绕劳动保障中心工作，以提高劳动保障科技创新能力为核心，进一步整合全国劳动保障科技力量，优化科技资源配置，深化管理体制改革和运行机制创新，围绕促进城乡统筹就业、完善社会保障体系、发展和谐劳动关系与规范收入分配秩序三大主题，加强战略性、综合性、基础性和应用性研究，支撑和引领劳动保障事业全面、协调、可持续发展。

（二）总体目标（2006—2020年）

根据劳动和社会保障事业发展总体目标，即“社会就业更加充分、覆盖城乡居民的社会保障体系基本建立，人人享有基本生活保障、合理有序的收入分配格局基本形成、劳动

关系和谐稳定、管理服务规范高效”，劳动保障科技工作要继续坚持围绕劳动保障中心工作开展科学研究和技术开发，同时，面向社会需求积极开展公益性研究和劳动保障咨询服务。

1. 深化科技体制改革，整合科技资源，强化研究机构、学术团体、高校和企业之间的协作机制，形成政府有效指导、科研机构内部活力充分激发、学术思想和学术交流繁荣踊跃、科技资金投入多元化、科技成果更加适应需求并得到及时有效推广的科技创新体系。

2. 集中力量及时完成一批重大科技课题攻关。特别是多学科、跨领域、对劳动保障事业协调发展和社会进步具有重大支撑作用的综合性课题。充分发挥重大课题实施对科技工作的带动作用。

3. 加强学科和理论体系建设，积极开展理论研究，提高劳动经济学和社会保障学的学科地位，努力促使劳动经济学成为国家一级学科。

4. 进一步完善科技成果推广机制，建立和完善科技成果信息数据库，拓宽科技成果社会共享渠道，使更多的研究成果应用于政府决策和实际工作中，并被社会各方面广泛采用，提升劳动保障科技成果的推广应用水平。

5. 建立一支专业素质高、知识和年龄结构合理、富有创新精神和能力的科技队伍，形成合理的人才竞争和激励机制，使优秀中青年学术带头人的作用得到充分发挥。

6. 加强国际交流与合作，进一步提高我国劳动保障科学技术的国际影响力，促进我国劳动保障科学技术研究与国际接轨。

（三）阶段性目标

1. 第一阶段（2006—2010 年）

进一步提升劳动保障科技事业地位，充分发挥科技的服务和推动作用，以技术、产业为纽带，以市场为导向，以国家级重点科研机构为主体，组建具有一定自主创新能力和自我发展能力的劳动保障科研联合体；及时提出并开展一批重大综合性课题的研究，提升成果的应用水平，实现公益性成果社会共享；完善学科体系建设，初步培养和造就一支高水平的科技队伍；科研条件和手段达到国内同类研究机构的先进水平；努力形成科学技术研究与劳动保障工作实践紧密结合、良性互动的局面，为劳动保障事业发展提供全面、系统的理论指导和技术支持。

2. 第二阶段（2011—2020 年）

基本建成与劳动保障事业发展要求相适应的科技创新体系；劳动保障科技在政府决策和社会事务中的重要地位和作用得到充分体现；形成渠道通畅、及时有效的科技成果推广应用机制；形成一支跨领域、多学科、创新能力强的复合型科研专家队伍；劳动保障科学技术研究的国际交流与合作能力和水平显著增强。

四、研究重点

（一）就业

研究国家扩大就业战略；研究统筹城乡就业的影响因素和政策框架；研究劳动力供给加大、产业结构调整、技术进步、区域经济社会发展对就业总量和就业结构的影响；研究就业与收入分配、社会保障的协调机制；研究农村劳动力转移的影响因素、宏观调控政策；加强城镇新增劳动力，特别是大学生就业问题研究；加强就业服务体系的制度化、专业化、社会化建设研究；加强人力资源市场规范化发展研究；研究国际贸易摩擦、突发事件等给就业造成的影响及失业调控政策；研究我国涉外就业管理与服务机制。

专题一：宏观经济运行中就业形势分析预测系统研究

建立就业与宏观经济大型数据库，研究就业形势分析预测方法，建立就业和宏观经济分析数量模型，模拟政策方案，为政府准确及时掌握宏观经济与就业情况、制定调控预案提供比较完整可行的技术支持。

（二）职业培训

研究高技能人才培养中政府、企业、院校之间的关系和作用；研究有效提高农民工职业技能培训质量和规范引导培训的政策措施；加强完善职业分类体系、职业技能鉴定标准体系、高技能人才多元评价体系研究；进一步研究运用现代多媒体技术，拓展培训教学的模式和方法；研究国家职业资格证书制度的发展与完善，以及国家职业资格证书与其他专业技术等级证书的衔接问题，强化职业技能鉴定质量管理机制和方法研究；研究职业培训机构技能人才培养的市场机制建设；研究市场化、社会化的新型职业培训管理体制、运行机制和职业培训机构的改革与发展规划。

专题二：完善我国职业技能开发体系研究

通过分析我国劳动力整体素质、技术工人的基本现状以及经济社会发展、产业结构调整、就业结构调整对职业技能开发的需要，参照国际先进经验和方法，提出符合我国需要的职业技能开发战略体系建设框架以及政策建议；开展职业技能培训重大技术标准和装备的研究开发。

（三）劳动关系

进一步深入研究发展和谐劳动关系长效机制；研究政府部门在调整劳动关系中的职能定位；研究劳动争议处理的法律法规和政策规章；研究符合中国国情的劳动争议预防与处理体制改革以及劳动争议处理能力建设；开展我国与国外劳动关系协调处理机制和制度的比较研究。

专题三：发展和谐劳动关系长效机制研究

分析我国劳动关系现状及未来发展趋势，对比研究国外市场经济国家劳动关系的经验和做法，提出符合我国国情的发展和谐劳动关系的长效机制框架。

（四）工资及收入分配

进一步研究调节少数垄断行业收入分配以及遏制行业、地区工资收入差距拉大的政策措施；研究规范企业分配秩序、保障低收入从业人员劳动报酬、形成适应市场经济的工资收入正常增长机制的制度和政策；研究进一步完善企业工资收入宏观调控体系的政策措施。

专题四：企业工资分配宏观调控体系研究

借鉴国内外收入分配关系理论和数量经济研究成果，建立数学模型，运用现代预测预警技术进行深入研究与分析，对健全企业工资分配宏观调控体系提出有针对性的措施与解决方案，重点提出国有企业工资总额调控办法，垄断企业工资控制办法，以及保障企业工资支付的制度体系建设方案等，为政府部门科学决策、制定合理的收入分配政策提供参考依据。

专题五：生产要素初次分配研究

在深入分析新经济（市场经济、知识经济、经济全球化）对各种生产要素分配产生影响的基础上，借鉴国际经验，针对我国目前生产要素分配存在的现状及问题，研究新经济条件下适合我国国情的生产要素分配方式、方法，为制定相关政策法规提供参考依据。

专题六：人工成本投入产出研究

根据我国国民经济和社会发展现状及发展目标要求，结合国内行业组织和企业的现实需要，充分利用现有国内外理论成果，进一步全面系统地研究我国人工成本投入产出理论，研究企业人工成本预算管理方式方法，建立我国人工成本投入产出水平的变化趋势分析模型，提出政府对企业人工成本宏观调控和对企业人工成本预算管理的政策措施建议，提供企业微观控制人工成本的方法。

（五）社会保障

研究与我国经济社会发展状况相适应的覆盖城乡居民的社会保障体系建设；研究建设和谐社会中的社会保障制度评价体系关键技术；研究社会保障制度性筹资、制度性覆盖、现代化管理等长效发展机制；研究统筹城乡社会保障问题；进一步研究完善我国的基本养老保险制度，研究城镇企业、机关、事业单位养老保险制度的衔接和待遇水平协调问题以及相关的管理方法和手段；研究农民工养老保险办法及管理运行机制；进一步研究失业保险与促进就业、城市居民最低生活保障之间的联动机制；研究建立统筹城乡的医疗保障体系和管理运行机制；研究进一步加强医疗服务管理、完善医疗保险标准体系；研究工伤补偿、预防和康复相结合的新途径；研究社会保险制度衔接和转移接续办法及相应的地区基金平衡调剂机制；研究提高社会保险统筹层次问题；研究社会保障基金安全与预测预警机制问题；研究农村社会保险的政策框架体系和管理运行机制。

专题七：农村人口迁移中的社会安全理论及模型研究

通过对我国农村人口迁移历史过程和发展规律的探讨，借鉴国外有关理论成果，提出我国农村人口迁移模型、城镇人口增长预测模型，分析人口迁移对就业、社会保障、社会结构和社会稳定的影响规律，对人口迁移流动过程中的社会保障权益结算理论及模型进行研究，提出建立健全社会安全系统的可行性政策措施建议。

专题八：人口老龄化与老年人的社会保障研究

通过建立城乡老年人口变化趋势预测模型，对中国人口老龄化的趋势和特点进行深入分析，探讨中国城乡老年人社会保障需求特点，建立老年生命质量影响因素监测与社会风险防范技术标准框架，提出建立健全覆盖城乡的老年人社会保障体系的思路和政策建议。

专题九：建立统筹城乡的医疗保障体系研究

研究如何建立统筹城乡的医疗保障体系，进一步明确划分医疗保障体系不同层次以及不同医疗保障制度的功能和定位，提出协调发展、稳步推进的具体措施，使各项保障制度政策相互衔接、保障主体明确、保障责任清晰，实现相互促进和协调发展，满足人民群众多元化的医疗保障需求。

专题十：完善工伤保险机制研究

确定我国工伤保险费率的影响指标；确定工伤风险的行业分类方法；提出我国工伤保险差别费率和浮动费率方法；建立工伤风险评估与工伤保险费率关系模型；提出我国工伤保险费率的调整方案。研究工伤预防在工伤保险制度中的作用；研究工伤预防的内容及经费保障机制；研究高风险行业的工伤预防手段；研究工伤预防的管理体制问题。

（六）劳动保障法制与监察

研究修订《劳动法》和《失业保险条例》；研究制定社会保险法等法律法规；研究制定残疾人就业、外国人在华就业、职业技能培训与鉴定、人力资源市场管理、企业工资、基本养老保险、医疗保险和社会保险基金监督管理等行政法规；研究进一步协调推进劳动保障系统依法行政的政策措施；研究完善劳动保障监察法律法规，加强劳动保障监察体制建设；研究监察执法手段和监管模式创新，进一步提高劳动保障监察执法能力。

专题十一：完善社会保险立法研究

在完善社会保障体系实践的基础上，通过广泛实地调研和国内外比较研究，提出适合我国国情的社会保险费征缴体制、社会保险基金监督管理体制、基本医疗保险管理体制等建议，为“十一五”期间制定《社会保险法》《社会保险基金监督管理条例》《基本养老保险条例》《医疗保险条例》等法律法规提供理论支撑。

（七）国际劳工标准和国外劳动保障

研究国际劳工组织的国际劳工标准及发展趋势；研究不同类型国家劳动保障立法、政策情况及取得的经验；进一步加强中外劳动保障问题比较研究；开展各国涉外就业管理体制比较研究；研究服务贸易谈判中自然人移动谈判策略。

（八）学科建设

研究劳动保障学科建设对劳动保障事业发展以及构建和谐社会的影响和作用；研究提高劳动保障学科地位的必要性和可行性；研究劳动保障学科体系建设规划。

专题十二：劳动保障学科体系建设研究

通过分析劳动保障学科建设在构建和谐社会重要历史进程中的影响作用，探讨在未来劳动保障事业发展新阶段提高劳动保障学科地位的可行性和必要性，研究制定整合劳动保障学科资源提高劳动保障学科地位规划，提出加强劳动保障学科体系建设的政策措施建议。

（九）劳动保障能力建设

研究建立服务型政府中的劳动和社会保障组织机构设置和管理运行办法；研究劳动保障社会化管理服务规范体系；研究与建立覆盖城乡居民的社会保障体系相适应的社会保险经办机构建设；跟踪国外劳动保障标准化发展趋势，开展我国劳动和社会保障领域标准体系和标准化发展规划研究；研究劳动保障信息化建设和基础信息采集、分析技术；研究开发劳动保障管理、服务和决策支持等应用系统软件；研究开发劳动保障政策仿真试验系统。

专题十三：我国社会保障公共信息服务体系研究

分析比较国外社会保障公共信息服务理论和体系，研究我国社会保障公共信息的需求内容和信息服务的理论、方法、技术，建立以公众需求为导向的社会保障信息服务业务模型，研究构建全国性不同级别和层次的社会保障公共信息服务体系，研究搭建公共信息服务业务和技术平台。

专题十四：社会保险结算系统研究

研究搭建实现不同地区和经济类型就业人群社会保险信息记录、转换与衔接的社会保险结算系统，研究相关支撑技术、指标体系以及与“金保工程”的对接，解决不同经济类型单位、不同就业人群参加社会保险信息的可携带性问题，为促进灵活就业人员、农民工、失地农民等特殊群体参加社会保险提供技术支撑。

专题十五：劳动保障标准体系及发展规划研究

运用系统论和标准化的研究方法，对社会主义市场经济条件下，劳动和社会保障标准化的现状和未来发展趋势进行系统的分析研究，提出符合我国国情的开放性的劳动和社会保障标准体系框架，并结合劳动保障事业未来发展需要，提出劳动保障标准化的近、中、远期发展规划，为劳动保障工作的制度完善、机制创新和管理服务能力提升提供理论基础和科学依据。

专题十六：建设与覆盖城乡居民的社会保障体系相适应的社会保险经办机构研究

研究社会保险经办机构设置、人员配备、职能定位和管理运行机制；研究制定社会保险经办操作标准、社会保障服务中心建设标准；研究不同类型国家社会保险管理体制、基金征收管理的做法并开展国际比较。

专题十七：劳动保障统计理论研究与实际应用

研究中国特色的劳动保障统计理论，完善劳动保障统计指标体系和统计标准，借鉴国际经验，研究完善社会主义市场经济条件下的劳动保障统计调查方法。

五、政策措施和保障条件

（一）建立劳动保障科技工作的目标责任制

各级劳动保障部门要进一步提高对科技进步重要性的认识，结合工作实际，认真贯彻落实《纲要》确定的发展目标和重点任务。要逐步建立目标责任制，将科技工作作为工作目标和计划的一项重要内容，统筹协调，积极推进。要重视和支持所属科研单位开展科技创新工作，积极组织科技项目的申报和实施工作，将涉及全局性、综合性的重大劳动保障科技项目争取纳入国家和地方科技发展计划。各级劳动保障部门要在工作中充分运用先进的科技成果和技术手段，实现管理与决策科学化、业务经办规范化，不断提高行政管理和公共服务的能力和水平。

（二）加快整合劳动保障科技资源

以劳动保障科研机构为主体，充分发挥政府部门的引导和综合协调作用，鼓励和吸引包括科研院所、高等院校、学术团体、行业协会、企业在内的社会各方面资源进入劳动保障科技领域，增强科技创新能力。通过整合全国劳动保障科技力量，建立科技资源配置合理、分工明确、优势互补的科技创新体系，实现全国劳动保障科技资源的有效利用。

（三）建立多元化科技投入机制

积极争取国家财政对公益性劳动保障科技研究的投入，重点落实国家科技支撑计划、科技基础条件平台建设计划、软科学研究计划、国家社会科学基金、自然科学基金等对劳动保障科技项目的支持，地方劳动保障部门也要积极争取地方政府增加对劳动保障科技工作的投入。吸引和鼓励企业和社会各界为劳动保障公益性科研项目提供资金支持，形成政府、企业和社会各界多元化投入机制。积极拓展外资投入渠道，大力争取国际资金对于劳动保障科研开发的支持。

（四）加快劳动保障学科体系建设

立足国情，整合学科资源，充分发挥重点研究机构在学科建设中的带头作用，按照科学合理的学科分类，推动高等教育机构加快劳动保障相关学科和专业的建设，为劳动保障科技人才培养和科研水平提高奠定基础。

（五）加强科技信息平台建设

充分利用现代信息技术手段，加强各类劳动保障学科文献和科技成果资料的数字化建设。建立健全科技信息共享制度体系和机制，构建网络科研环境和系统仿真实验条件，促进科研数据与文献资源的共享，推动科学研究手段、方式的不断创新，为劳动保障科学技术发展提供信息服务。

（六）加强人才队伍建设

通过健全人才培养机制、优化科研环境和实施科技项目，培养和引进高水平的劳动保障科技创新人才，进一步优化人才知识结构。充分利用高等教育资源，有针对性、有计划地加大科技人才引进力度。建立健全激励机制，突出中青年科技人员的作用，让更多的中青年科技人员在科技创新活动中担当重任，加速中青年学术带头人的培养，努力造就一批在劳动保障领域国际著名的专家学者。营造人尽其才、才尽其用的科研环境，形成尊重知识、尊重人才的良好风气。

（七）加强对科技工作的宣传

充分利用劳动保障政府网站平台、公共服务平台等现代化传播手段，结合报纸、杂志等其他传播媒体，大力宣传劳动保障科技工作，及时发布科研动态和科技成果，提高全社会对劳动保障科学技术的认识水平，为劳动保障科技发展营造良好的舆论氛围。

（八）进一步扩大国际交流与合作

按照“有计划、抓重点、走出去、引进来”的原则，积极开展国际学术交流与合作。巩固和发展与国际劳工组织、世界各国研究机构等的合作关系。积极参与全球性、区域性科学研究合作项目，统筹安排科研人员访问学习和参加国际学术会议。紧密跟踪国际劳动保障科学技术发展最新动向，学习借鉴国际先进经验，积极向国外介绍和推广我国劳动保障科学技术研究取得的成果和经验，提高我国劳动保障科学技术在国际上的影响力。

劳动和社会保障部关于印发2008年劳动和社会保障事业发展计划的通知

劳社部发［2008］6号

各省、自治区、直辖市劳动和社会保障厅（局）：

根据党的十七大和中央经济工作会议精神，按照《国务院批转劳动和社会保障事业发展“十一五”规划纲要的通知》（国发［2006］35号）的部署，我们编制了《2008年劳动和社会保障事业发展计划》，现印发给你们，请结合本地区实际，认真做好计划的编制和实施工作。

2008年是全面贯彻落实党的十七大精神的第一年，劳动和社会保障事业发展要以邓小平理论和“三个代表”重要思想为指导，深入贯彻落实科学发展观，全面贯彻党的十七大精神，按照劳动和社会保障事业发展“十一五”规划纲要确定的各项目标，坚持统筹兼顾、协调发展，处理好城乡、区域和劳动保障各项事业之间的关系，进一步加大工作力度，稳步推进劳动保障事业健康协调可持续发展，为构建社会主义和谐社会作出新贡献。

一、以贯彻实施《就业促进法》为契机，实施扩大就业的发展战略，增加就业总量，优化就业结构。全面贯彻落实《就业促进法》，加强政府引导，完善市场就业机制，继续落实和完善积极的就业政策，做好法律实施与政策的衔接，推进建立统一规范的人力资源市场，逐步形成城乡劳动者平等就业的制度；加快建立健全公共就业服务体系，提高公共就业服务的质量和效率；完善面向所有困难群众的就业援助制度，及时帮助零就业家庭解决就业困难；完善支持自主创业、自谋职业政策，加强就业观念教育，使更多劳动者成为创业者。同时，积极做好高校毕业生和其他新成长劳动力的就业工作。继续加强失业调控，加快建立失业预警制度，切实做好政策性关闭破产企业职工安置工作，逐步建立失业调控长效机制。按照《关于印发2008年就业再就业专项计划的通知》（劳社部发［2008］2号）要求，认真抓好就业再就业专项计划的落实，全年实现城镇新增就业1 000万人，下岗失业人员再就业500万人，就业困难人员再就业100万人，将城镇登记失业率控制在4.5%以内。全年新增转移农业劳动力900万人。

二、实施高技能人才培养体系建设“十一五”规划纲要，强化职业技能培训，全面提高劳动者素质。健全面向全体劳动者的职业教育培训制度，促进人力资源特别是下岗失业人员、城乡新成长劳动力、农民工提高职业技能，增强就业能力和创业能力。建立高技能人才培养校企合作制度，推广现代企业学徒制度，实施“国家技能资格导航计划”“新技师培养带动计划”“城镇技能再就业计划”“能力促创业计划”“农村劳动力技能就业计划”，带动职业培训整体发展，提高劳动者素质，全年实现新增技师和高级技师38万人。积极开展技能评价服务，加强职业技能鉴定，强化鉴定机构质量管理。加快技能人才培养基地建设，在有条件的地区建设公共实训基地，同时依托有条件的企业和院校，建立国家高技能人才培养示范基地，推进“农民工培训示范基地建设工程”。

三、加快建立覆盖城乡居民的社会保障体系，逐步提高城乡居民社会保障水平。从基本国情出发，保持基本制度的连续性和稳定性，坚持“广覆盖、保基本、多层次、可持续”的方针，立足当前、着眼长远，推进建立覆盖城乡居民的社会保障体系。进一步做好离退休人员基本养老金按时足额发放工作。坚持社会统筹与个人账户相结合，加快完善城镇企业职工基本养老保险制度，在试点的基础上普遍启动做实个人账户工作，加快推进基本养老保险省级统筹。加快机关、事业单位养老保险制度改革。切实抓好调整企业退休人员基本养老金工作，建立企业退休人员养老金正常调整机制，逐步提高待遇水平。抓紧研究既符合农民工的特点、又能与现行养老保险制度相衔接的农民工养老保险办法。进一步完善城镇职工基本医疗保险制度；加快推进城镇居民基本医疗保险试点工作，2008 年试点城市达到全国城市总数的 50% 以上；切实解决困难企业和关闭破产企业退休人员等困难人群的医疗保障问题。进一步健全失业保险制度，在切实保障失业人员基本生活的同时，通过继续指导和总结东部地区试点经验，在其他有条件的地区进一步发挥好失业保险促进就业的作用。逐步建立最低生活保障标准、失业保险金标准和最低工资标准的调整机制，使三者形成合理的比例关系。建立参保缴费激励约束机制，促进新经济组织从业人员、灵活就业人员和农民工参保，使各项社会保险覆盖人数有较大的提高。加强扩面征缴工作，力争到 2008 年年底，基本养老和城镇职工基本医疗、失业、工伤和生育保险参保人数分别达到 2.08 亿人、1.88 亿人、1.18 亿人、1.28 亿人和 8 000 万人，其中农民工参加城镇职工基本医疗保险和工伤保险的人数分别达到 4 000 万人和 4 600 万人。进一步加强社会保险基金征缴，努力做到应收尽收，巩固确保发放的成果。抓紧出台养老保险个人账户基金投资管理办法及相关配套措施。加强社会保险基金监管，确保基金安全。2008 年，基本养老、城镇职工基本医疗、失业、工伤和生育保险基金征缴收入分别达到 6 900 亿元、2250 亿元、430 亿元、163 亿元和 87 亿元。不断提高退休人员社会化管理服务水平，将更多的企业退休人员纳入社区管理，力争到 2008 年年底，企业退休人员社区管理服务率达到 73%。维护农民社会保障权益，加快完善和落实农民工和被征地农民社会保障政策，探索建立个人缴费、集体补助、政府补贴的新型农村养老保险制度。

四、以全面贯彻实施《劳动合同法》《劳动争议调解仲裁法》为契机，加快劳动关系调整机制建设，维护劳动者合法权益。进一步推动落实劳动合同制度实施三年行动计划，力争劳动合同签订率有新的提高，基本实现劳动合同管理的规范化、法制化。全面建立健全以劳动合同管理为基础的劳动用工备案制度，加强对劳动用工的动态管理。改进和加强企业工资分配宏观指导和调控，促进职工工资增长与经济发展相协调，力争 2008 年全国在岗职工平均工资达到 29 200 元。完善企业职工工资正常增长机制，逐步在非公有制企业全面建立工资集体协商制度。改进国有企业工资总额管理办法。继续严格控制垄断企业工资总额。健全并落实最低工资制度，根据经济发展水平、城镇居民消费价格指数等因素及时提高最低工资标准。建立工资支付保障机制，规范企业工资支付行为。完善工资指导线制度，探索建立全国统一的薪酬调查和信息发布制度。继续加强协调劳动关系三方机制建设。依照《劳动争议调解仲裁法》的要求，合理设立劳动争议仲裁委员会，大力推进劳动争议仲裁机构实体化建设，科学配备符合条件的工作人员。加强对劳动争议仲裁机构的指导，完善办案工作规划和相关工作制度。推进劳动争议调解体系建设，继续加强对劳动争议调解组织的工作指导。健全各项基础劳动标准，大力加强劳动定员定额标准工作，严格特殊工时制度审批，加强对企业工时实施情况的监督。

五、加快劳动保障立法进程，系统推进劳动保障法制建设。抓紧修改完善《社会保险法》等法律草案，加快出台《职业技能培训条例》《工伤保险条例修正案》《企业工资条例》《基本医疗保险条例》《社会保障基金监督管理条例》和《企业年金条例》等法律法规，修订和颁布适应《劳动争议调解仲裁法》的劳动仲裁办案工作规定，完善仲裁员管理办法。健全监察体制，加大执法力度，大力推进企业守法诚信制度和网格化、网络化劳动保障监察，开展劳动合同签订、整顿人力资源市场秩序、整治非法用工等专项检查活动，重点解决拖欠农民工工资、不签订劳动合同、不规范用工等突出问题，推进12333劳动保障电话咨询系统与劳动监察投诉举报的连接。加强执法监督，完善行政复议制度和机制，创新行政复议方式方法，进一步推进执法责任制，完善行政许可制度。

六、加强重大工程项目实施工作，强化劳动保障基础建设和能力建设。进一步加强劳动保障管理和经办能力建设，不断提高管理服务水平。以推进实施重大工程项目为重点，强化劳动保障基础建设和能力建设。合理布局就业服务机构网络，健全街道（乡镇）、社区劳动保障工作平台，加强公共就业服务机构的基础设施和信息系统建设，充实就业服务工作队伍，提高服务能力。制定社会保险经办机构服务标准，规范服务设施建设，推进经办管理服务的规范化、信息化、专业化。进一步加强城市社区和乡镇社会保障组织建设，改善经办条件。加快信息系统工程建设步伐，使信息系统覆盖各项劳动保障业务，覆盖各类服务对象，促进公共服务能力和宏观决策支持水平显著提高，使劳动保障服务对象享受到更方便快捷的服务。到2008年年底，劳动保障城域网建设覆盖率达到82%。切实加强社会保险经办人员、劳动保障监察员、劳动争议仲裁员以及职业技能鉴定质量督导员等劳动保障专业队伍能力建设，不断提高业务素质和服务水平。继续加强对劳动保障系统各级各类干部的培训，提高依法行政能力，为劳动保障事业发展提供组织和人才保障。

2008年是劳动和社会保障事业发展“十一五”规划的中间年。做好2008年劳动保障工作，特别是编制、实施好2008年劳动保障事业发展计划，对于促进劳动保障事业稳步向前发展、推动“十一五”规划顺利实施，具有重要意义。各地要立足本地区实际和本地区劳动保障事业发展“十一五”规划目标，切实加强组织领导，认真做好年度计划编制工作。要确保年度计划与“十一五”规划目标任务、与年度重点工作、与事业发展投入有效衔接，做到目标科学、责任明确。要做到计划指标之间、计划目标与规划目标之间的有机衔接，特别是注重列入国家“十一五”总体规划的约束性指标和预期性指标的分解落实。加强统计基础建设，强化数据分析。组织做好“十一五”规划中期检查评估工作，结合2008年劳动保障事业发展重点，总结以往年份计划执行中的经验和不足，针对各地劳动保障“十一五”规划执行情况，提出进一步加大规划实施力度的意见和建议，从而使规划评估与计划执行有机结合，充分发挥规划计划的指导和调控作用。各地要在2008年2月15日和7月15日前，分别向部里报送2007年全年和2008年上半年劳动保障事业发展计划完成情况检查评估报告。

附件：2008年劳动和社会保障事业发展计划（略）

2008年2月13日

劳动和社会保障部关于印发《中华人民共和国劳动争议调解仲裁法》宣传提纲的通知

劳社部发［2008］7号

各省、自治区、直辖市劳动和社会保障厅（局）：

2007年12月29日，《中华人民共和国劳动争议调解仲裁法》（以下称《劳动争议调解仲裁法》）由十届全国人大常委会第三十一次会议审议通过，并由国家主席胡锦涛签署第80号主席令公布，自2008年5月1日起施行。继《劳动合同法》和《就业促进法》之后，《劳动争议调解仲裁法》的颁布，进一步完善了我国的劳动保障法律体系，对于保护当事人的合法权益、促进劳动关系的和谐稳定、构建社会主义和谐社会，将发挥重要作用。为做好《劳动争议调解仲裁法》的宣传工作，我们编写了《〈中华人民共和国劳动争议调解仲裁法〉宣传提纲》，现印发给你们，请认真组织学习，正确把握立法精神，全面理解制度内容，做好《劳动争议调解仲裁法》的宣传普及工作。

一、充分认识做好劳动争议处理工作的重要性，深入宣传和普及劳动争议调解仲裁法律制度

劳动关系的和谐是社会和谐的基础，努力构建和谐社会首先要保持劳动关系的和谐与稳定。劳动争议处理制度作为劳动关系调整机制的重要组成部分，对维护劳动关系的和谐稳定发挥着重要作用。《劳动争议调解仲裁法》为协调劳动关系、处理劳动争议、维护当事人的合法权益提供了程序上的法律保障。要充分认识《劳动争议调解仲裁法》的重要意义，深入宣传《劳动争议调解仲裁法》所确定的劳动争议调解和仲裁的范围、程序、机构、人员和处理机制等内容，使广大劳动者和用人单位能正确理解法律的主要制度，依法维护自身的合法权益。

二、统筹安排，组织劳动争议仲裁工作人员深入学习理解《劳动争议调解仲裁法》

各地劳动保障部门要组织本系统的工作人员特别是从事劳动关系协调、劳动争议调解和仲裁工作的人员，认真学习《劳动争议调解仲裁法》，尤其是要重点学习和掌握与现行劳动争议处理制度有较大变化的内容，为顺利贯彻实施《劳动争议调解仲裁法》做好人员组织准备。

三、制订宣传计划，围绕宣传重点，开展多种形式的宣传活动

各地劳动保障部门要根据宣传提纲并结合当地实际，制订切实可行的宣传计划并认真组织实施。要围绕《劳动争议调解仲裁法》的重点内容，运用多种宣传媒体和方法，广泛开展宣传活动。同时，要动员和利用社会各方面力量，加强与各类调解组织和工会、企业联合会等组织的协调配合，共同做好《劳动争议调解仲裁法》的宣传工作。

各地劳动保障部门在宣传《劳动争议调解仲裁法》活动中，要深入了解社会各方面对贯彻落实《劳动争议调解仲裁法》的意见和建议，及时研究出现的问题，在宣传贯彻中遇到的重要问题，及时向劳动保障部报告。

2008 年 2 月 13 日

《中华人民共和国劳动争议调解仲裁法》宣传提纲

2007 年 12 月 29 日，《中华人民共和国劳动争议调解仲裁法》（以下称《劳动争议调解仲裁法》）由十届全国人大常委会第三十一次会议审议通过，并由中华人民共和国国家主席颁布，自 2008 年 5 月 1 日起施行。《劳动争议调解仲裁法》的颁布，进一步完善了我国劳动保障法律体系，对于公正及时解决劳动争议、保护当事人合法权益、促进劳动关系和谐稳定、构建社会主义和谐社会，将发挥重要作用。

一、《劳动争议调解仲裁法》颁布实施的重要意义

劳动争议处理制度是解决劳动争议的重要机制，是劳动争议当事人尤其是劳动者维护自身合法权益的重要法律救济途径。我国自 1987 年恢复劳动争议仲裁制度以来，随着 1993 年《企业劳动争议处理条例》和 1994 年《劳动法》的相继颁布实施，确立了以协商、调解、仲裁、诉讼为主要环节的劳动争议处理制度。多年来，这一制度为保护劳动关系双方当事人合法权益、促进劳动关系和谐、维护社会稳定发挥了重要作用。但是，随着经济体制、社会结构、利益格局、思想观念不断发生深刻变化，以及工业化、城镇化、市场化、全球化进程日趋加快，就业形式和分配方式越来越多样化，经济社会生活中的一些深层次矛盾和问题不同程度地反映到劳动关系中来，劳动关系双方当事人的矛盾纠纷不断增多，劳动争议案件数量持续增长、案情日益复杂、影响越来越大。与这种情况相比，现行劳动争议处理制度存在处理劳动争议耗时长、力量不足、仲裁时效过短等问题，已经不能适应形势发展的需要。

为了完善现行劳动争议处理制度，全国人大常委会确定制定《劳动争议调解仲裁法》。《劳动争议调解仲裁法》在坚持《劳动法》基本原则的前提下，根据经济和社会发展的要求，总结现行劳动争议处理制度的实践经验和不足，对劳动争议处理制度做了进一步完善，强化调解、完善仲裁、加强司法救济，及时妥善处理劳动争议，尽最大可能将劳动争议案件解决于基层，维护当事人合法权益。《劳动争议调解仲裁法》的颁布实施，将进一步完善劳动争议调解仲裁制度，为当事人特别是劳动者提供公正高效的法律救济，对发展和谐稳定的劳动关系，促进经济社会发展具有重大意义。

二、劳动争议的范围

明确劳动争议的范围，对于依法受理和处理劳动争议案件，合法、及时、公正地保护当事人的合法权益非常重要。《劳动争议调解仲裁法》总结多年来劳动争议处理的实践，明确下列劳动争议适用本法：（1）因确认劳动关系发生的争议；（2）因订立、履行、变更、解除和终止劳动合同发生的争议；（3）因除名、辞退和辞职、离职发生的争议；（4）因

工作时间、休息休假、社会保险、福利、培训以及劳动保护发生的争议；（5）因劳动报酬、工伤医疗费、经济补偿或者赔偿金等发生的争议；（6）法律、法规规定的其他劳动争议。

三、劳动争议处理体制

《劳动法》确立的现行劳动争议处理体制是"协商、调解、一裁两审"。这一体制对于合法、公正地解决劳动争议起到了重要作用，但现行劳动争议处理体制也存在处理周期长的问题。按照有关规定，劳动争议仲裁处理案件的法定一般期限为2个月，人民法院一审的法定一般期限为6个月、二审法定一般期限为3个月。实践中，有的用人单位以此通过恶意诉讼拖延时间，加大劳动者维权成本，使劳动者在合法权益受到用人单位侵害时不能及时得到法律救济。

为了解决劳动争议处理周期长的问题，及时处理劳动争议、保护劳动者合法权益，《劳动争议调解仲裁法》按照合法、公正、及时、着重调解的原则，对现行劳动争议处理体制作了必要的改革完善，具体内容是：

一是规定发生劳动争议，劳动者可以与用人单位协商，也可以请工会或者第三方共同与用人单位进行协商，达成和解协议。

二是规定发生劳动争议，当事人不愿协商、协商不成或者达成和解协议后不履行的，可以向调解组织申请调解。

三是当事人不愿调解、调解不成或者达成调解协议后不履行的，可以向劳动争议仲裁委员会申请仲裁。

四是规定下列劳动争议仲裁案件，除本法另有规定的外，仲裁裁决为终局裁决，裁决书自作出之日起发生法律效力：（1）追索劳动报酬、工伤医疗费、经济补偿或者赔偿金，不超过当地月最低工资标准十二个月金额的争议；（2）因执行国家的劳动标准在工作时间、休息休假、社会保险等方面发生的争议。

五是规定当事人对实行"一裁终局"案件以外的其他劳动争议案件的仲裁裁决不服的，可以自收到仲裁裁决书之日起十五日内向人民法院提起诉讼；期满不起诉的，裁决书发生法律效力。

因此，劳动争议发生后，当事人可以按照协商—调解—仲裁—小额案件和劳动标准案件一裁终局，其他案件提起诉讼的基本程序处理。其中，协商和调解是在双方当事人自愿的原则下选择进行的，当事人也可以直接申请仲裁，而仲裁是劳动争议处理的必经程序。

四、劳动争议处理中的证据

《劳动争议调解仲裁法》规定，发生劳动争议，当事人对自己提出的主张，有责任提供证据。这是劳动争议举证责任的一般原则。同时，考虑到用人单位作为用工主体方掌握和管理着劳动者的档案、工资发放、社会保险费缴纳、劳动保护提供等情况和材料，劳动者一般无法取得和提供，因此对用人单位提供证据又作出了特别规定：与争议事项有关的证据属于用人单位掌握管理的，用人单位应当提供；用人单位不提供的，应当承担不利后果。

五、劳动争议调解

着重调解，是解决劳动争议的重要原则。通过调解解决劳动争议，有利于把争议及时解决在基层，最大限度地降低当事人双方的对抗性，节约仲裁资源和诉讼资源。为了充分发挥调解的作用，《劳动争议调解仲裁法》不仅规定在仲裁程序中，仲裁庭作出裁决前应当先行调解，而且单列一章专门规定调解程序，突出了调解的作用，意在引导当事人双方更多地通过协商和调解解决劳动争议。

一是调整、充实了劳动争议调解组织。根据现行规定，劳动争议调解组织指企业劳动争议调解委员会，企业劳动争议调解委员会由职工代表、企业代表和工会代表组成，主任由工会代表担任。《劳动争议调解仲裁法》主要从两个方面对现行规定进行了调整、充实：（1）保留企业劳动争议调解委员会。但考虑到工会代表的就是职工的利益，因此规定企业劳动争议调解委员会由职工代表和企业代表组成；职工代表由工会成员担任或者由全体职工推举产生；主任由工会代表或者双方推举的人员担任。（2）增加两类劳动争议调解组织，即依法设立的基层人民调解组织和在乡镇、街道设立的具有劳动争议调解职能的组织。前者指根据《人民调解委员会组织条例》设立的人民调解委员会，人民调解委员会是村民委员会和居民委员会下设的调解民间纠纷的群众性组织，在基层人民政府和基层人民法院指导下进行工作。后者指在乡镇、街道设立的区域性调解组织等。

二是提高了对劳动争议调解组织及调解员的要求。（1）劳动争议调解组织的调解员应当由公道正派、联系群众、热心调解工作，并具有一定法律知识、政策水平和文化水平的成年公民担任。（2）当事人申请劳动争议调解可以书面申请，也可以口头申请。口头申请的，调解组织应当当场记录申请人基本情况、申请调解的争议事项、理由和时间。（3）调解劳动争议，应当充分听取双方当事人对事实和理由的陈述，耐心疏导，帮助其达成协议。（4）自劳动争议调解组织收到调解申请之日起十五日内未达成调解协议的，当事人可以依法申请仲裁。即调解的期限应当为十五日内，逾期未达成协议的，视为调解不成。

三是适当提高了调解协议的效力。为了解决调解协议书约束力不强的问题，《劳动争议调解仲裁法》规定，经调解达成协议的，应当制作调解协议书，由双方当事人签名或者盖章，经调解员签名并加盖调解组织印章后生效，对双方当事人具有约束力，当事人应当履行。如果一方当事人在协议约定期限内不履行调解协议的，另一方当事人可以依法申请仲裁。同时，又特别规定，对于因支付拖欠劳动报酬、工伤医疗费、经济补偿或者赔偿金事项达成调解协议，用人单位在协议约定期限内不履行的，劳动者可以持调解协议书依法向人民法院申请支付令。人民法院应当依法发出支付令。

六、劳动争议仲裁机构和仲裁员

劳动争议仲裁队伍在劳动争议处理工作中承担着主要任务，是解决劳动争议的关键力量，对维护当事人合法权益、维护社会稳定发挥着重要作用。在目前劳动争议数量持续大幅上升、案件日趋复杂、处理难度不断加大的情况下，劳动争议仲裁队伍建设存在一些明显不足：一是劳动争议仲裁委员会作为劳动行政部门代表、工会代表和企业方面代表组成的三方组织，属于虚设机构，缺乏实体机构的支撑。二是劳动争议仲裁员数量不足，2006 年全国劳动争议仲裁案件达 44.7 万件，而全国劳动争议专职仲裁员仅为 0.98 万人，兼职仲裁员为 1.4 万人。三是仲裁员非专业化，致使人员经常变动，一些仲裁员的法律和业务知识不够，缺乏劳动争议处理经验。四是劳动争议仲裁工作经费不足，一些机构按有关规定向当事人收取案件处理费，又加重了劳动者的负担。为了解决这些问题，《劳动争议调解仲裁法》进一步强化了劳动争议仲裁机构和队伍建设：

——规定了劳动争议仲裁委员会的设立原则。《劳动争议调解仲裁法》规定，劳动争议仲裁委员会按照统筹规划、合理布局和适应实际需要的原则设立。省、自治区人民政府可以决定在市、县设立；直辖市人民政府可以决定在区、县设立。直辖市、设区的市也可以设立一个或者若干个劳动争议仲裁委员会。劳动争议仲裁委员会不按行政区划层层设立。

——明确了劳动争议仲裁委员会的组成及职责。《劳动争议调解仲裁法》规定，劳动争议仲裁委员会由劳动行政部门代表、工会代表和企业方面代表组成，人员应当是单数。劳动争议仲裁委员会依法履行下列职责：（1）聘任、解聘专职或者兼职仲裁员；（2）受理劳动争议案件；（3）讨论重大或者疑难的劳动争议案件；（4）对仲裁活动进行监督。劳动争议仲裁委员会下设办事机构，负责办理劳动争议仲裁委员会的日常工作。

——调整了劳动争议仲裁委员会的经费来

源。为了减轻申请劳动争议仲裁的劳动者的经济负担，同时保障劳动争议仲裁机构的工作经费，《劳动争议调解仲裁法》将现行“仲裁委员会的经费来源主要是仲裁费的收缴及财政等方面的补贴”“劳动争议当事人申请仲裁，应当按照国家有关规定交纳仲裁费。仲裁费包括案件受理费和处理费”的规定，调整为“劳动争议仲裁不收费。劳动争议仲裁委员会的经费由财政予以保障”。

——提高了聘任劳动争议仲裁员的资格条件。根据现行有关规定，专职仲裁员从劳动行政部门专门从事劳动争议处理工作的人员中聘任；兼职仲裁员从劳动行政部门或其他行政部门的人员、工会工作者、专家、学者和律师中聘任；仲裁员应当从事劳动争议处理工作三年以上或从事与劳动争议处理有关的工作五年以上。《劳动争议调解仲裁法》将现行规定调整为，仲裁员应当公道正派并符合下列条件之一：（1）曾任审判员的；（2）从事法律研究、教学工作并具有中级以上职称的；（3）具有法律知识、从事人力资源管理或者工会等专业工作满五年的；（4）律师执业满三年的。这一调整，将曾任审判员的人员纳入仲裁员聘任人选，将劳动行政部门中的聘任人选应从事劳动争议处理工作三年以上提高到五年以上，对专家学者的职称和律师执业年限提出了要求，有利于进一步提高仲裁员队伍的专业化素质，也有利于从源头上提高劳动争议仲裁的质量和效率。

同时，《劳动争议调解仲裁法》加大了对仲裁员的监督力度。规定仲裁员私自会见当事人、代理人，或者接受当事人、代理人的请客送礼的，或者有索贿受贿、徇私舞弊、枉法裁决行为的，应当依法承担法律责任。劳动争议仲裁委员会应当将其解聘。

五是明确了劳动行政部门对劳动争议仲裁工作的指导。包括授权国务院劳动行政部门依照本法有关规定制定仲裁规则；规定省、自治区、直辖市人民政府劳动行政部门对本行政区域的劳动争议仲裁工作进行指导。这是为了发挥劳动行政部门在劳动争议处理和协调劳动关系三方机制中的政府主导作用。

七、劳动争议仲裁管辖

根据现行规定，县、市、市辖区仲裁委员会负责本行政区域内发生的劳动争议；设区的市的仲裁委员会和市辖区的仲裁委员会受理劳动争议案件的范围，由省、自治区人民政府规定。发生劳动争议的用人单位与职工在同一个仲裁委员会管辖地区的，劳动争议由所在地的劳动争议仲裁委员会管辖；用人单位与职工不在同一个仲裁委员会管辖地区的，按照方便职工当事人的原则，由劳动合同履行地的劳动争议仲裁委员会管辖，也可以由劳动关系双方当事人在劳动合同有关仲裁条款中约定的劳动争议仲裁委员会管辖。

《劳动争议调解仲裁法》在总结以上规定执行情况的基础上，对劳动争议管辖作出了规定：

一是规定劳动争议仲裁委员会负责管辖本区域内发生的劳动争议。这是明确劳动争议仲裁管辖的地域管辖。由于劳动争议仲裁委员会不按行政区划层层设立，因而其地域管辖也不按行政区划划分，而是按照设立时划分的管辖区域，管辖本辖区内发生的劳动争议。管辖地域可能与行政区划重合，也可能不重合。

对直辖市、设区的市与其区、县的劳动争议仲裁委员会之间的级别管辖，本法没有直接规定，省、自治区、直辖市人民政府在决定设立劳动争议仲裁委员会时，应当明确级别管辖。

二是规定劳动争议由劳动合同履行地或者用人单位所在地的劳动争议仲裁委员会管辖。也就是说，发生劳动争议，申请人可以选择向劳动合同履行地或者用人单位所在地的劳动争议仲裁委员会中的任何一个劳动争议仲裁委员会提起仲裁申请。

三是规定双方当事人分别向劳动合同履行地和用人单位所在地的劳动争议仲裁委员会申请仲裁的，由劳动合同履行地的劳动争议仲裁委员会管辖。也就是出现围绕同一争议双方当事人互为申请人和被申请人的两个争议案件时，由劳动合同履行地的劳动争议仲裁委员会管辖。

八、劳动争议仲裁参加人

《劳动争议调解仲裁法》在归纳和总结现行规定的基础上，对劳动争议仲裁参加人作出了规定，这些规定基本与现行规定一致，但在个别方面补充了新的规定：

一是规定了当事人。发生劳动争议的劳动者和用人单位为劳动争议仲裁案件的双方当事人。劳动者死亡的，由其近亲属或者代理人参加仲裁活动。同时补充规定了新的内容，即劳务派遣单位或者用工单位与劳动者发生劳动争议的，劳务派遣单位和用工单位为共同当事人。

二是规定了第三人。与劳动争议案件的处理结果有利害关系的第三人，可以申请参加仲裁活动或者由劳动争议仲裁委员会通知其参加仲裁活动。

三是规定了代理人。（1）委托代理人。当事人可以委托代理人参加仲裁活动。委托他人参加仲裁活动，应当向劳动争议仲裁委员会提交有委托人签名或者盖章的委托书，委托书应当载明委托事项和权限。（2）法定代理人。丧失或者部分丧失民事行为能力的劳动者，由其法定代理人代为参加仲裁活动。（3）指定代理人。无法定代理人的，由劳动争议仲裁委员会为其指定代理人。

九、劳动争议仲裁的申请和受理

（一）申请劳动争议仲裁的时效期间

劳动争议仲裁的申请时效期间，是指为了促使当事人及时行使权利，便于劳动争议仲裁机构查明案件事实，正确处理争议，而规定当事人应当在一定期限内提起仲裁申请的期间。超过申请时效期间，劳动争议仲裁机构将不受理仲裁申请。根据《劳动法》的规定，提出仲裁要求的一方应当自劳动争议发生之日起六十日内向劳动争议仲裁委员会提出书面申请。这一规定是为了尽快解决劳动争议。但在劳动争议处理实践中，由于劳动争议的情况很复杂，当事人尤其是劳动者往往不能在六十日内申请仲裁，致使其合法权益不能得到法律救济。

为了更好地保护当事人尤其是劳动者的合法权益，《劳动争议调解仲裁法》对现行申请时效期间制度进行了完善：

一是延长了申请时效期间。规定劳动争议申请仲裁的时效期间为一年，仲裁时效期间从当事人知道或者应当知道其权利被侵害之日起计算。

二是针对实践中拖欠劳动报酬的问题比较突出，而劳动者在劳动关系存续期间往往不敢申请仲裁的情况，作出特别规定：劳动关系存续期间因拖欠劳动报酬发生争议的，劳动者申请仲裁不受上述仲裁时效期间的限制；但是，劳动关系终止的，应当自劳动关系终止之日起一年内提出。

三是补充规定了时效中断制度。规定仲裁时效因当事人一方向对方当事人主张权利，或者向有关部门请求权利救济，或者对方当事人同意履行义务而中断。从中断时起，时效期间重新计算。

四是完善了时效中止制度。规定因不可抗力或者有其他正当理由，当事人不能在时效期间内申请仲裁的，时效中止。从中止时效的原因消除之日起，时效期间继续计算。

（二）申请劳动争议仲裁的形式

根据现行规定，申请仲裁应当提交书面申请书。为了方便当事人尤其是劳动者，《劳动争议调解仲裁法》在规定“申请仲裁应当提交书面仲裁申请，并按照被申请人人数提交副本”的同时，又特别规定，书写仲裁申请确有困难的，可以口头申请，由劳动争议仲裁委员会记入笔录，并告知对方当事人。

《劳动争议调解仲裁法》还规定，仲裁申请书应当载明下列事项：（1）劳动者的姓名、性别、年龄、职业、工作单位和住所，用人单位的名称、住所和法定代表人或者主要负责人的姓名、职务；（2）仲裁请求和所根据的事实、理由；（3）证据和证据来源、证人姓名和住所。

（三）劳动争议仲裁申请的受理

根据现行规定，劳动争议仲裁委员会应当自收到仲裁申请之日起七日内作出受理或者不予受理的决定；决定不予受理的，应当说明理由。《劳动争议调解仲裁法》进一步规范了受理行为：

一是规定劳动争议仲裁委员会收到仲裁申请之日起五日内，认为符合受理条件的，应当受理，并通知申请人；认为不符合受理条件的，应当书面通知申请人不予受理，并说明理由。

二是为了督促劳动争议仲裁委员会依法履行职责，同时不影响当事人行使诉权，规定对劳动争议仲裁委员会不予受理或者逾期未作出决定的，申请人可以就该劳动争议事项向人民法院提起诉讼。

（四）仲裁申请书副本送达及被申请人答辩

根据现行规定，劳动争议仲裁委员会决定受理仲裁申请的，应当自作出决定之日起七日内将申诉书的副本送达被诉人。被诉人应当自收到申诉书副本之日起十五日内提交答辩书和有关证据。被诉人没有按时提交或者不提交答辩书的，不影响案件的审理。

《劳动争议调解仲裁法》将以上规定调整为：劳动争议仲裁委员会受理仲裁申请后，应当在五日内将仲裁申请书副本送达被申请人。被申请人收到仲裁申请书副本后，应当在十日内向劳动争议仲裁委员会提交答辩书。劳动争议仲裁委员会收到答辩书后，应当在五日内将答辩书副本送达申请人。被申请人未提交答辩书的，不影响仲裁程序的进行。

十、劳动争议仲裁组庭与开庭

《劳动争议调解仲裁法》总结实践经验，在基本维持现行劳动争议仲裁组庭与开庭制度的基础上，对一些重要环节进行了完善：

（一）仲裁庭组庭

一是维持现行仲裁庭制度，并增设首席仲裁员。规定劳动争议仲裁委员会裁决劳动争议案件实行仲裁庭制。仲裁庭由三名仲裁员组成，设首席仲裁员。简单劳动争议案件可以由一名仲裁员独任仲裁。

二是提高了对仲裁庭组庭时间的要求。根据现行规定，劳动争议仲裁委员会应当自受理仲裁申请之日起七日内组成仲裁庭。《劳动争议调解仲裁法》将此规定调整为，劳动争议仲裁委员会应当在受理仲裁申请之日起五日内将仲裁庭的组成情况书面通知当事人。

三是完善了仲裁员回避制度。根据现行规定，仲裁员有下列情形之一的，应当回避，当事人也有权以口头或者书面方式申请其回避：（1）是劳动争议当事人或者当事人近亲属的；（2）与劳动争议有利害关系的；（3）与劳动争议当事人有其他关系，可能影响公正仲裁的。仲裁委员会对回避申请应当及时作出决定，并以口头或者书面方式通知当事人。《劳动争议调解仲裁法》在保留以上规定的同时，增加了仲裁员应当回避的情形：（1）仲裁员是本案代理人的近亲属的；（2）与本案代理人有其他关系，可能影响公正裁决的；（3）私自会见当事人、代理人，或者接受当事人、代理人的请客送礼的。

（二）仲裁庭开庭

一是完善了有关开庭通知的规定。根据现行规定，仲裁庭应当于开庭的四日前，将开庭时间、地点的书面通知送达当事人。《劳动争议调解仲裁法》将此规定调整为，仲裁庭应当在开庭五日前，将开庭日期、地点书面通知双方当事人。当事人有正当理由的，可以在开庭三日前请求延期开庭。是否延期，由劳动争议仲裁委员会决定。

二是维持了当事人出庭的规定。规定申请人收到书面通知，无正当理由拒不到庭或者未经仲裁庭同意中途退庭的，可以视为撤回仲裁申请。被申请人收到书面通知，无正当理由拒不到庭或者未经仲裁庭同意中途退庭的，可以缺席裁决。

三是调整了有关鉴定的规定。根据现行规定，在仲裁活动中，遇有需要勘验或鉴定的问题，应交由法定部门勘验或鉴定；没有法定部门的，由仲裁委员会委托有关部门勘验或鉴定。考虑到《全国人民代表大会常务委员会关于司法鉴定管理问题的决定》对诉讼活动中的物证类鉴定、声像资料鉴定等司法鉴定的管理体制进行了改革，《劳动争议调解仲裁法》也相应调整了有关鉴定的规定。规定仲裁庭对专门性问题认为需要鉴定的，可以交由当事人约定的鉴定机构鉴定；当事人没有约定或者无法达成约定的，由仲裁庭指定的鉴定机构鉴定。根据当事人的请求或者仲裁庭的要求，鉴定机构应当派鉴定人参加开庭。当事人经仲裁庭许可，可以向鉴定人提问。

四是增加了当事人的质证和辩论权利。根据现行规定，仲裁庭可以听取申诉人的申诉和被诉人的答辩；以询问方式，对需要进一步了解的问题进行当庭调查，并征询双方当事人的最后意见。为了进一步完善程序，保障程序公正，《劳动争议调解仲裁法》将以上规定调整为，当事人在仲裁过程中有权进行质证和辩论。质证和辩论终结时，首席仲裁员或者独任仲裁员应当征询当事人的最后意见。

五是增加了有关证据规定。规定当事人提供的证据经查证属实的，仲裁庭应当将其作为认定事实的根据。劳动者无法提供由用人单位掌握管理的与仲裁请求有关的证据，仲裁庭可以要求用人单位在指定期限内提供。用人单位在指定期限内不提供的，应当承担不利后果。

六是增加了有关开庭笔录的规定。规定仲裁庭应当将开庭情况记入笔录。当事人和其他仲裁参加人认为对自己陈述的记录有遗漏或者差错的，有权申请补正。如果不予补正，应当记录该申请。笔录由仲裁员、记录人员、当事人和其他仲裁参加人签名或者盖章。

十一、劳动争议仲裁裁决

（一）裁决前的和解

根据现行规定，仲裁庭作出裁决前，申诉人申请撤诉的，仲裁庭审查后决定其撤诉是否成立；仲裁决定须在七日内完成。《劳动争议调解仲裁法》将以上规定调整为，当事人申请劳动争议仲裁后，可以自行和解。达成和解协议的，可以撤回仲裁申请。

（二）裁决前的调解

《劳动争议调解仲裁法》按照“着重调解”的原则，维持了现行有关裁决前调解的规定。规定仲裁庭在作出裁决前，应当先行调解。调解达成协议的，仲裁庭应当制作调解书。调解书应当写明仲裁请求和当事人协议的结果。调解书由仲裁员签名，加盖劳动争议仲裁委员会印章，送达双方当事人。调解书经双方当事人签收后，发生法律效力。调解不成或者调解书送达前，一方当事人反悔的，仲裁庭应当及时作出裁决。

（三）仲裁裁决的时限

根据现行规定，仲裁裁决一般应在收到仲裁申请的六十日内作出；如果案情复杂确需延期的，经法定程序批准可适当延期，但是延长的期限不得超过三十日。为了提高劳动争议仲裁效率，更好地保护当事人的合法权益，《劳动争议调解仲裁法》缩短了劳动争议仲裁裁决的时限，规定仲裁庭裁决劳动争议案件，应当自劳动争议仲裁委员会受理仲裁申请之日起四十五日内结束。案情复杂需要延期的，经劳动争议仲裁委员会主任批准，可以延期并书面通知当事人，但是延长期限不得超过十五日。逾期未作出仲裁裁决的，当事人可以就该劳动争议事项向人民法院提起诉讼。

（四）裁决书

根据现行规定，仲裁裁决书应写明：(1) 申诉人和被诉人的姓名、性别、年龄、民族、职业、工作单位和住址，单位名称、地址及其法定代表人（或负责人）或代理人的姓名、职务；(2) 申诉的理由、争议的事实和要求；（3）裁决认定的事实、理由和适用的法律、法规；（4）裁决的结果及费用的负担；（5）不服裁决，向人民法院起诉的期限。裁决书由仲裁员署名，加盖仲裁委员会印章，送达双方当事人。《劳动争议调解仲裁法》对以上规定进行了归纳，调整为：裁决书应当载明仲裁请求、争议事实、裁决理由、裁决结果和裁决日期。裁决书由仲裁员签名，加盖劳动争议仲裁委员会印章。对裁决持不同意见的仲裁员，可以签名，也可以不签名。

（五）部分裁决和先予执行

为了保障劳动者不因合法权益遭受用人单位侵害而致使生活受到严重影响，《劳动争议调解仲裁法》在总结现行劳动争议仲裁部分裁决制度和民事诉讼法中先予执行制度的基础上，规定仲裁庭裁决劳动争议案件时，其中一部分事实已经清楚，可以就该部分先行裁决。仲裁庭对追索劳动报酬、工伤医疗费、经济补偿或者赔偿金的案件，根据当事人的申请，可以裁决先予执行，移送人民法院执行。仲裁庭裁决先予执行的，应当符合下列条件：（1）当事人之间权利义务关系明确；（2）不先予执行将严重影响申请人的生活。劳动者申请先予执行的，可以不提供担保。

（六）终局裁决

为了及时公正解决劳动争议，《劳动争议调解仲裁法》新规定了对部分案件实行有条件的“一裁终局”：

一是规定下列劳动争议，除本法另有规定的外，仲裁裁决为终局裁决，裁决书自作出之日起发生法律效力：（1）追索劳动报酬、工伤医疗费、经济补偿或者赔偿金，不超过当地月最低工资标准十二个月金额的争议；（2）因执行国家的劳动标准在工作时间、休息休假、社会保险等方面发生的争议。

二是规定在两种情形下，以上仲裁裁决不是终局裁决：（1）劳动者对以上仲裁裁决不服的，可以自收到仲裁裁决书之日起十五日内向人民法院提起诉讼。（2）用人单位有证据证明以上仲裁裁决有下列情形之一，可以自收到仲裁裁决书之日起三十日内向劳动争议仲裁委员会所在地的中级人民法院申请撤销裁决：适用法律、法规确有错误的；劳动争议仲裁委员会无管辖权的；违反法定程序的；裁决所根据的证据是伪造的；对方当事人隐瞒了足以影响公正裁决的证据的；仲裁员在仲裁该案时有索贿受贿、徇私舞弊、枉法裁决行为的。人民法院经组成合议庭审查核实裁决有上述情形之一的，应当裁定撤销。仲裁裁决被人民法院裁定撤销的，当事人可以自收到裁定书之日起十五日内就该劳动争议事项向人民法院提起诉讼。

（七）其他裁决

《劳动争议调解仲裁法》规定，当事人对实行“一裁终局”制度以外的其他劳动争议案件的仲裁裁决不服的，可以自收到仲裁裁决书之日起十五日内向人民法院提起诉讼；期满不起诉的，裁决书发生法律效力。也就是说，对于除实行“一裁终局”制度以外的其他劳动争议案件，仍然实行现行的“一裁两审”制度。

（八）调解书和裁决书的执行

《劳动争议调解仲裁法》维持了现行有关调解书和裁决书执行的规定，规定当事人对发生法律效力的调解书、裁决书，应当依照规定的期限履行。一方当事人逾期不履行的，另一方当事人可以依照民事诉讼法的有关规定向人民法院申请执行。受理申请的人民法院应当依法执行。

劳动和社会保障部《关于贯彻实施国务院关于做好促进就业工作的通知》的通知

劳社部发［2008］8号

各省、自治区、直辖市劳动和社会保障厅（局）：

2008年2月3日，国务院下发了《国务院关于做好促进就业工作的通知》（国发［2008］5号，以下简称《通知》），按照党的十七大精神和《就业促进法》的要求，对进一步做好就业再就业工作提出了明确要求。为切实做好《通知》的贯彻实施工作，现就有关问题通知如下：

一、充分认识《通知》的重要意义，认真学习、深刻领会《通知》精神

《通知》是贯彻落实党的十七大精神，坚持实施积极就业政策的具体体现；是贯彻落实《就业促进法》，将法律精神具体化、明确化的重要举措；是继《中共中央 国务院关于进一步做好下岗失业人员再就业工作的通知》（中发［2002］12号）和《国务院关于进一步加强就业再就业工作的通知》（以下简称国发［2005］36号）之后，又一个促进就业工作的纲领性文件。在前两个文件的基础上，《通知》将工作重点从着力解决下岗失业人员的再就业问题拓展到统筹做好城乡各类群体的就业工作，并相应扩大了扶持对象范围、延长了政策时间、加大了工作力度，对新时期就业再就业工作提出了新的更高的要求，为加快建立促进就业的长效机制创造了有利条件。《通知》的下发，充分体现了党中央、国务院对促进就业和改善民生的高度重视。各地劳动保障部门要充分认识《通知》的重要意义，以贯彻实施《通知》为动力，全面加强就业再就业工作。要积极会同联席会议各成员单位，抓紧向省（自治区、直辖市）党委、政府汇报《通知》的精神实质和具体要求，与贯彻落实《就业促进法》相结合，尽快研究制订贯彻落实的工作计划，并采取切实有效的措施，将各项工作安排落实到位。

要制订好本地区的学习计划，认真组织好劳动保障机关、公共就业服务机构、职业培训机构以及街道社区基层公共就业服务工作人员的学习培训，进一步认识我国就业矛盾的严峻性、长期性和复杂性，增强做好就业工作的责任感和使命感，明确就业工作的新任务、新要求，准确把握《通知》的主要内容和精神实质，不断提高工作能力和水平。

二、抓紧制定出台实施意见，进一步提高政策措施的针对性、有效性

按照《通知》要求，国务院就业工作部际联席会议有关成员单位将研究制定行政性收费减免、小额担保贷款、就业专项资金使用管理等配套文件，细化完善各项政策的操作办法，妥善处理好与现行政策的衔接问题，进一步提高政策的实际效果。各地劳动保障部门也要结合本地实际，抓紧协调组织制定本地区贯彻落实《通知》的实施意见及其配套文件，完善各项政策的操作程序，进一步提高政策的针对性和实效性。同时，要加强对地市工作的督促指导，确保6月底之前地市一级普遍出台实施意见及其配套文件，并全面开展新政策的贯彻实施工作。在此过程中，还要继续加强国发［2005］36号文件规定政策的落实工作，妥善处理好政策衔接和工作衔接，确保政策落实不断档，扶持对象不受影响。

三、进一步加强各项基础工作，为政策落实提供保障

各地劳动保障部门要按照《就业促进法》和《通知》要求，进一步建立健全就业登记和失业登记制度，完善就业和失业管理。根据《就业服务与就业管理规定》（劳动和社会保障部令第28号）的具体规定，抓紧制定具体办法，明确全省统一的就业失业登记证样式和申领发放程序，并向符合条件的失业人员免费发放，为《通知》的贯彻落实打下坚实基础。同时，切实加强登记失业统计工作，密切关注政策扶持对象调整和失业登记的对象范围调整对登记失业统计数据的影响。

要进一步健全公共就业服务体系，完善服务机构功能，提高服务效率，落实免费服务要求，积极协调公共就业服务经费纳入同级财政预算和申请就业专项资金用于扶持公共就业服务，推动公共就业服务体系在政策落实中发挥更大作用。进一步加大职业培训工作力度，完善职业培训补贴办法，充分调动劳动者参加职业培训的积极性，切实增强职业培训的针对性和有效性，并按规定落实职业培训补贴和职业技能鉴定补贴政策。进一步加强失业调控工作，加强对关闭破产、淘汰落后产能和节能减排等企业职工安置情况的监控，深入研究宏观调控及相关法律实施等因素对本地区就业工作的影响，及时向政府或就业工作联席会议报告，并及早制定相关工作预案，建立健全失业预警制度。

四、进一步加强组织领导，加大政策宣传力度

各地劳动保障部门要在政府的统一领导下，进一步建立健全促进就业工作的协调机制，巩固和加强就业工作联席会议制度。加强信息沟通和政策协调，强化分工协作、共同推进的工作机制，切实做到各司其职、协调配合。进一步发挥就业工作联席会议的作用，充分调动工会、共青团、妇联、残联以及其他社会组织的积极性，共同做好就业再就业工作。继续加强对就业再就业目标任务和各项政策落实情况的督促检查，确保各项工作和政策落实到位。

要结合本地实际和《就业促进法》的宣传计划，深入做好《通知》精神的宣传工作。要充分利用街道社区公共就业服务机构贴近群众、服务群众的优势，以及各种新闻媒介和各项就业服务专项活动，采取通俗易懂、形式多样的宣传方式，重点宣传我国就业矛盾的长期性和复杂性，宣传《通知》的主要政策内容和具体工作措施，宣传各地各部门贯彻落实积极就业政策的典型事迹和经验，为贯彻实施《通知》精神、落实各项政策创造良好的环境。

2008年2月29日

劳动和社会保障部关于中国新兴集团总公司部分工作岗位实行不定时工作制和综合计算工时工作制的批复

劳社部发［2008］10号

中国新兴（集团）总公司：

你公司《关于中国新兴（集团）总公司部分工作岗位实行不定时工作制和综合计算工时工作制的请示》（新总人［2008］48号）收悉。经研究，现批复如下：

一、为了保证中国新兴（集团）总公司职工的合法休息权利，促进企业生产经营活动的正常开展，根据《中华人民共和国劳动法》第三十九条的规定和《关于企业实行不定时工作制和综合计算工时工作制的审批办法》（劳部发［1994］503号），考虑到建筑施工企业的工作特点，原则同意你公司对部分工作岗位实行不定时工作制和综合计算工时工作制，具体实施范围是：

（一）对以下无法实行标准工时制度的部分岗位的工作人员实行不定时工作制：

1. 集团本部及所属公司副职以上的高级管理人员和上述人员的专职秘书、专职司机；

2. 长期驻外人员，从事供销、采购工作的业务人员，从事市场开发营销等具有明确经营任务指标的人员；

3. 从事长途运输的司机、装卸、押运及相关辅助人员。

（二）建筑施工作业现场的项目经理、项目部书记、项目副经理、项目总工程师、技术主任等现场管理人员，技术员、质检员、安全员、设计员、预算员等现场技术人员，栋号长、施工员、机械操作员、测量员、材料员、拆装工、木工、起重工、电工、电、气焊工、塔吊司机、电梯司机、挖掘机手、现场制造加工员等现场建筑安装施工人员，计划统计员、试验员、加油员、油料员、资料员、机械维修员、保洁员、炊事员、保安员、司机等现场辅助生产人员，实行以年为周期的综合计算工时工作制。

上述岗位人员实行不定时工作制和综合计算工时工作制的时限为3年，到期后视企业具体情况重新审批。

二、实行不定时工作制和综合计算工时工作制后，你公司应加强管理，不得擅自扩大实施范围，同时要根据《中华人民共和国劳动法》第一章、第四章的有关规定，在保障职工身体健康并充分听取职工意见的基础上，采取适当的工作、休息方式，确保职工的休息休假权利和生产工作任务的完成。

三、你公司应根据以上原则制定具体实施办法，并抄送我部、中华全国总工会以及各省、自治区、直辖市和计划单列市劳动保障厅（局）。

2008年3月17日

劳动和社会保障部关于社会组织专职工作人员参加养老保险有关问题的通知

劳社部发［2008］11号

各省、自治区、直辖市劳动和社会保障厅（局）、民政厅（局），新疆生产建设兵团劳动和社会保障局、民政局：

为进一步完善社会保障体系，扩大养老保险覆盖范围，促进社会组织健康发展，维护劳动者合法权益，根据国家有关政策规定，现就社会组织专职工作人员参加养老保险有关问题通知如下：

一、凡依法在各级民政部门登记的社会团体（包括社会团体分支机构和代表机构）、基金会（包括基金会分支机构和代表机构）、民办非企业单位、境外非政府组织驻华代表机构及其签订聘用合同或劳动合同的专职工作人员（不包括兼职人员、劳务派遣人员、返聘的离退休人员和纳入行政事业编制的人员），按属地管理原则，参加当地企业职工基本养老保险。

二、尚未参加企业职工基本养老保险的社会组织，应在当地规定的时间内，持民政部门颁发的登记证书（如《社会团体法人登记证书》《社会团体分支机构、代表机构登记证书》《基金会法人登记证书》《基金会分支机构、代表机构登记证书》《境外基金会代表机构登记证书》或《民办非企业单位登记证书》）及参保所需的文件材料，到住所所在地社会保险经办机构办理社会保险登记手续，参加企业职工基本养老保险。本通知下发之后成立的社会组织，应当自登记注册之日起30日内办理社会保险登记手续，参加企业职工基本养老保险。

三、社会组织及其专职工作人员应按规定缴纳基本养老保险费，其中社会组织的缴费基数为全部参保专职工作人员个人缴费工资之和。

四、社会组织及其专职工作人员在本通知下发前签订聘用合同或劳动合同的，可按当地有关规定补缴基本养老保险费。

五、社会组织专职工作人员曾在机关事业单位工作的，其符合国家规定的工作年限视同为基本养老保险缴费年限；曾在企业或以个人身份参保的，要按有关规定做好养老保险关系的接续工作。

六、鼓励有条件的社会组织按照有关规定为专职工作人员建立年金制度，以提高工作人员退休后的保障水平。

切实做好社会组织专职工作人员参加养老保险工作，对保障他们的合法权益、构建和谐社会具有重要意义。各级劳动和社会保障、民政部门要密切配合，认真贯彻落实国家有关政策规定，做好组织实施工作。

2008年3月18日

劳动和社会保障部关于建立国家高技能人才培养示范基地的通知

劳社部函［2008］2号

各省、自治区、直辖市劳动和社会保障厅（局），国务院有关部门劳动保障工作机构：

为贯彻落实《中共中央办公厅　国务院办公厅关于进一步加强高技能人才工作的意见》（中办发［2006］15号）和《劳动和社会保障部〈关于印发高技能人才培养体系建设"十一五"规划纲要〉的通知》（劳社部发［2007］10号）精神，充分发挥企业和职业院校在高技能人才培养工作中的作用，加快培养速度，扩大培养规模，逐步建立一支与我国经济社会发展相适应的高技能人才队伍，决定在全国建立一批国家级高技能人才培养示范基地（以下简称示范基地）。现就有关问题通知如下：

一、目标任务

全面贯彻落实科学发展观，结合区域经济发展和产业发展的趋势，整合优质资源，统筹规划高技能人才培养基地建设。在全国选择300个管理规范、技术先进、技能人才密集且培养成效显著的大型骨干企业，选择200所规模大、设施完善、特色鲜明，以高级工、技师为主要培养目标的高级技工学校、技师学院，建立示范基地。通过发挥企业和院校示范基地的带动作用，提高企业职工技能水平和整体素质，扩大各类职业院校高技能人才培养规模，整体推进全国高技能人才队伍建设。

二、示范基地认定

示范基地将于2008年和2009年分两批进行认定。示范基地主要从以下四类企业和院校中产生：

（一）国家高技能人才培训工程机电、信息产业、电力三个项目认定的高技能人才培训基地。

（二）历届国家技能人才培育突出贡献奖获奖企业、职业院校。

（三）我部确定的企业内职业技能鉴定试点单位；劳动保障部高技能培训联合委员会成员院校。

（四）各地、各部门认为可以在高技能人才队伍建设工作中发挥示范作用的其他企业和职业院校。

各地劳动保障部门、国务院有关部门、部分行业协会、中央大型企业可按照所分配的名额（见附件），从以上四类企业、院校中推荐第一批示范基地备选企业、院校，并于2008年3月底之前，将备选企业、院校推荐名单，以及备选单位依据本通知提出的工作任务制定的详细工作方案报我部。我部对各地推荐的企业和院校审核后，公布示范基地名单，示范基地从公布之日起，有效期三年。

三、工作任务

（一）企业示范基地要通过完善高技能人

才培养制度，加大高技能人才培养、评价、使用和激励工作，使企业高级工、技师和高级技师在技术工人中所占比重提高3～5个百分点。

1. 健全高技能人才培养制度。示范基地要建立技师研修制度，制定包括培训形式、培训时间、保障措施、研修成果、研修考核等内容的具体办法，支持高技能人才参加高新技术开发、同业技术交流以及绝招绝技展示等活动。要建立技能带头人制度，在关键岗位设立“首席工人”“首席技师”，充分发挥高技能人才的示范带动作用。要建立名师带徒制度，根据企业生产需要，可采取双向选择或组织指定的方式，通过师傅在生产岗位上的“传、帮、带”，提高中青年技术工人的技能水平、创新能力和职业素质。

2. 推进高技能人才评价改革。示范基地要成立专门的高技能人才评价组织机构，制定考核评价实施办法。要充分利用自有的场地、设施和设备组织开展鉴定评价，按照统一标准、现场考核、强化督导的原则，采取生产现场的能力考核和工作成果的业绩评定等方法，重点评价企业职工在执行操作规程、解决生产问题和完成工作任务等方面的能力。对在技能岗位工作并掌握高超技能、作出重大贡献的骨干人才，可进一步突破年龄、资历、身份和比例限制，破格或越级参加技师、高级技师评价。

3. 完善高技能人才使用激励机制。要进一步完善技师聘任办法，规范聘任标准和工作程序，按照公开透明、评聘分离的原则，经公示后在核定范围内予以聘任，并落实相关待遇。要制定完善与能力业绩挂钩的企业工资制度和岗位津贴制度，在岗位测评和确定岗位薪酬时，充分考虑技能因素，逐步增加高技能人才的工资收入。制定对关键技术岗位高技能人才在培训、休假、出国进修、健康体检等方面的鼓励办法。推行高技能人才与相应专业技术人才在工资福利方面享受同等待遇的做法。

（二）院校培养基地要深化校企合作，积极推进一体化教学改革，高级工班和预备技师班学生要达到在校生数50%以上（或达到1 500人以上），面向社会和企业在职职工开展高级工、技师和高级技师提高培训，每年不少于1 000人次。

1. 深入推进校企合作。院校基地要将建立校企合作高技能人才培养制度作为基本办学模式，进一步创新合作模式，开展全方位、深层次、多形式的合作。与企业共同研究确定专业建设、课程设置、培养计划、师资建设、研发课题和学生实习方案；与企业共建学生实习基地，聘请企业专业技术人员和高级技师、技师担任指导教师；承担企业研发项目，支持教师参与企业技术攻关，不断提升合作层次，提高合作的实际效果。

2. 扩大企业在职职工培训规模。院校基地要牢固树立为当地经济建设和企业发展服务的观念，制定面向社会和企业在职人员培养的工作计划，充分利用院校培训资源优势，根据在职人员的生产和生活特点，通过采取全日制与非全日制、弹性学制、学分制等多种方式，不断扩大社会和企业在职职工高技能人才培训规模。

3. 推进一体化教学改革。院校基地可选择1～2个骨干专业，进行“一体化”教学改革。一是开发一体化教学课程。从岗位需求出发，根据工作岗位需要确定专业方向，按照工作任务的逻辑关系设计课程内容和课程体系，将理论教学和实践教学有机结合。二是加强一体化教师队伍建设。完善相关制度，在招聘、使用、待遇等方面对一体化教师给予倾斜。支持骨干教师参加脱产、半脱产以及业余提高培训，支持教师定期到企业参加生产实践，参与企业技术改革等活动。三是建设一体化教室。打破理论课与实践课地点分离的传统授课模式，使理论教学与实践操作训练能够穿插进行，增强学生的直观体验，提高教学质量和效果。

四、组织保障

（一）各地劳动保障部门和国务院有关部

门、行业协会、中央大型企业要将示范基地建设工作列入重要工作日程。要确定专门人员，负责此项工作的组织协调。各地劳动保障部门可根据结合本地实际情况，建立本地的示范性高技能人才培训示范基地，推动高技能人才培养工作。

（二）各级劳动保障部门要为示范基地建设提供政策和服务支持。

1. 我部在国家职业标准、国家题库、考务管理软件等方面为示范基地开展高技能人才评价工作提供支持服务；我部及地方劳动保障部门组织开发的教材、课件、课程等优质培训技术，可无偿或以成本价格提供给示范基地内部使用。

2. 各级劳动保障部门组织开展的高技能人才师资培训、职业培训管理人员培训、职业技能鉴定考评人员和质量督导人员业务培训等活动，可分配专门名额，免费培训示范基地相关人员。

3. 各级劳动保障部门在组织开展各级各类评优、评比、评选工作中，适当优先考虑示范基地。

4. 各地劳动保障部门要积极与财政等部门沟通，对示范基地开展的紧缺型高技能人才培养和农民工技能培训鉴定按规定给予经费补贴。

（三）企业示范基地要按照有关规定，认真做好职工培训经费的提取和使用，从职工工资总额中提取 1.5% ~2.5% 的职工培训经费，并确保其中的 60% 以上的经费用于企业一线职工的教育和培训。有条件的企业可探索建立职工个人学习与培训账户制度，采取单位、个人、工会共同向账户注资的办法，鼓励和支持职工参加职业培训和技能鉴定。

（四）各示范基地要认真按照被批准的具体工作方案组织实施，全面加强高技能人才各项工作，每年 12 月初向推荐单位报告工作实施情况。各省和有关部门、行业组织、中央大型企业要将本地和本系统示范基地建设工作进展总体情况于每年年底前报送我部。我部将对示范基地实施动态管理，不定期对示范基地进行检查和抽查，对未按照规定开展培训和评价工作的示范基地，将取消其基地资格。

（五）我部将定期组织经验交流活动，沟通情况，推广经验。

附件：第一批国家高技能人才培养基地名额分配表（略）

2008 年1月4日

劳动和社会保障部关于做好2008年国家职业资格全国统一鉴定工作的通知

劳社部函［2008］9号

各省、自治区、直辖市劳动和社会保障厅（局）：

近年来，经过各方面的共同努力，国家职业资格全国统一鉴定（以下简称“全国统一鉴定”）工作得到较快发展，鉴定规模不断扩大，社会影响力和社会认可度不断提高。为进一步做好2008年全国统一鉴定工作，加强规范管理，提高鉴定质量，现就有关事项通知如下：

一、全国统一鉴定的职业范围

2008年我部组织开展的全国统一鉴定职业是企业人力资源管理师、物流师、心理咨询师、物业管理员、电子商务师、理财规划师、项目管理师、广告设计师、企业信息管理师、网络编辑员、职业指导人员、企业培训师、企业文化师、营销师、秘书（具体职业等级见附件1）。我部还将组织企业人力资源管理师、物流师、项目管理师、企业信息管理师、企业培训师、企业文化师6个职业国家职业资格一级和部分新职业的试验性鉴定。具备条件的地区，可向我部申请，经我部组织专家审核论证同意后开展试验性鉴定工作。试验性鉴定项目及其具体要求由我部职业技能鉴定中心另行通知。未经同意，不得自行开展包括新职业在内的试验性鉴定项目。

二、继续试行“统考日”制度

（一）2008年在全国范围内继续试行国家职业资格统一鉴定日（以下简称“统考日”）制度。“统考日”具体日期是3月21、22、23日，5月16、17、18日，7月18、19、20日，9月19、20、21日，11月21、22、23日。

（二）我部组织的全国统一鉴定日期是5月17、18日和11月22、23日（具体安排详见附件1、2）。企业人力资源管理师等6个职业国家职业资格一级和部分新职业的试验性鉴定，安排在“统考日”其他日期进行。

（三）各地要按照我部统一部署和《国家职业资格全国统一鉴定工作规程（试行）》要求，在规定日期组织实施全国统一鉴定。未经许可，不得擅自组织已列为全国统一鉴定职业的鉴定。各地选择其他职业组织本地区统一鉴定工作，应集中安排在“统考日”其他日期进行，确需增加统一鉴定日期的，应报我部备案。各地组织统一鉴定时，应研究探索突出职业技能特色的考试技术与方法。

（四）各地应按上述要求，统筹安排本地区2008年统一鉴定工作，并填写《国家职业资格统一鉴定日工作安排表》（附件3），于2008年3月1日前报我部职业技能鉴定中心，以便向社会公布。

三、加强全国统一鉴定规范管理，提高鉴定质量

（一）进一步落实全国统一鉴定考点集中管理。各省、自治区、直辖市应按我部相关要求，选择确定一批符合条件的学校或机构作为全国统一鉴定的考点，并严格按照职业技能鉴定有关规定和考培分离原则实行集中管理。各地要在全国统一鉴定实施前2个月将《国家职业资格全国统一鉴定考点设置情况汇总表》（附件4）报我部职业技能鉴定中心。我部将向社会公布全国统一鉴定考点设置情况。

（二）加强全国统一鉴定考试资料安全管理。严格执行国家保密法律法规，加强对全国统一鉴定考试资料的安全管理，并将此作为质量管理考核指标之一。各地要进一步完善保密制度，将考试资料传递分发等各环节的保密责任落实到人。加强对涉密人员的保密教育，强化保密意识，严格执行保密制度和规定，杜绝泄密事件发生。一旦发现违法泄密行为，要严肃查处并追究法律责任。

（三）严格全国统一鉴定考务管理。各地职业技能鉴定机构要按照国家职业标准，严格审核报考人员的资格条件。加强考场管理，严肃考场纪律，强化现场督考，杜绝舞弊行为。要使用计算机等先进技术手段实现考试规范管理，对考试过程实施监控，并逐步建立突发事件应急机制，确保全国统一鉴定顺利实施。

附件：1. 2008 年国家职业资格全国统一鉴定时间安排（略）

2. 2008 年国家职业资格全国统一鉴定考核方案（略）

3. 国家职业资格统一鉴定日工作安排表（略）

4. 国家职业资格全国统一鉴定考点设置情况汇总表（略）

2008 年 1 月 25 日

劳动和社会保障部关于调整农村社会养老保险个人账户计息办法的通知

劳社部函［2008］12号

各省、自治区、直辖市劳动和社会保障厅（局），河南省民政厅：

近年来，中国人民银行对存贷款利率作了多次调整，财政部也多次调整了国债发行利率。为统一政策、规范管理、保护参保农民利益，决定从2008年1月1日起，农村社会养老保险个人账户计息标准由各省、自治区、直辖市劳动和社会保障行政部门随中国人民银行公布的金融机构人民币存款利率调整而调整，并不得低于同期中国人民银行公布的金融机构一年期定期存款利率，在基金积累期实行分段计息。具体计息标准由各省、自治区、直辖市劳动和社会保障行政部门根据基金增值情况制定，并报劳动和社会保障部备案。

2008年2月3日

劳动和社会保障部关于劳动保障系统2008年行风建设和专项治理工作的意见

劳社部函［2008］23号

各省、自治区、直辖市劳动和社会保障厅（局）：

2008年是全面贯彻落实党的十七大精神的第一年，劳动保障系统要按照十七届中央纪委二次全会提出的新任务、新要求，紧密结合实际，以提高干部队伍素质，提升管理服务能力，维护人民群众劳动保障权益为重点，推进行风建设和专项治理工作，在促进以民生为重点的社会建设中发挥积极作用。现提出以下意见：

一、扎实开展社会保险基金专项治理和清理规范职业资格相关活动。十七届中央纪委二次全会把社会保险基金列入专项治理范围，国务院纠风办将这项工作列入重要议程，明确我部牵头落实。各级劳动保障部门要提高认识，以对国家和人民高度负责的精神，积极开展工作。要充分发挥组织协调作用。积极会同监察、财政、税务等部门成立专项治理领导机构，建立部门联席会议制度，制定具体实施方案，抓好部署、落实和检查工作。要积极开展自查和联合检查。重点检查在社保基金征缴、支付、管理和就业再就业资金分配使用中存在的突出问题，对涉及基金管理的部门和人员违反基金监管法规政策，不依法履行职责，玩忽职守，违规操作等行为，坚决制止和纠正；对制度不完善、管理不到位、监督不得力、监督机构不健全等问题，提出工作建议，督促限期整改。要严肃查处违纪违法案件。特别是贪污、挤占、挪用、骗取社保基金和违规挪用、截留就业再就业资金的案件，对违纪事实清楚，证据确凿的案件，严肃追究其党纪政纪责任，涉嫌犯罪的移送司法机关处理，并剖析案件原因，提出改进建议，利用典型案例开展警示教育，发挥查办案件的治本功能。同时，对去年市县社保基金、农村养老保险基金审计检查中发现的问题，认真清理，调查核实，制定措施，限期整改，对重点问题的整改情况坚持跟踪问效，全程督办。通过开展社保基金专项治理，进一步完善基金监管法规政策，建立基金风险控制长效机制，确保基金应收尽收，专户存储，专款专用，使基金的社会保障功能真正惠及群众。

职业资格制度是社会主义市场经济条件下科学评价人才的一项重要制度，为有效遏制职业相关活动中考试太乱、证书太滥的现象，国务院下发通知要求清理规范职业资格相关活动。各级劳动保障部门要积极会同有关部门，按照国务院确定的原则、范围、内容和方法，认真清理和规范各类职业资格的设置、考试、鉴定，职业资格证书的印制、发放，职业资格培训、收费等工作。在清理规范的基础上，改革和完善职业资格证书制度，健全相关法律法规，逐步形成统一规划、规范设置、分类管理、有序实施、严格监管的职业资格管理机制，切实维护公共利益和社会秩序，维护专业技术人员和技能人员的合法权益。

二、积极维护人民群众的劳动保障权益。党中央、国务院高度重视民生问题，中央纪委全会始终强调维护群众利益工作。各级劳动保障部门要按照中央的部署和要求，解决好群众反映强烈的突出问题。要深入开展执法监察工作。认真组织《就业促进法》《劳动合同法》和《劳动争议调解仲裁法》的学习和培训，提高干部职工依法行政的能力和水平；监督检查三部法律的执行情况，纠正行政行为失当、不依法办事、执法不严、执法不公等行为，切实发挥法律对群众利益的保障作用。要依法维护农民工合法权益。积极开展清理拖欠农民工工资专项活动，督促各类用人单位与农民工依法签订劳动合同，建立和完善农民工工资支付保障制度；积极扩大农民工参加工伤保险和医疗保险覆盖范围；解决好被征地农民的就业和社会保障问题。要做好信访维稳工作。进一步畅通信访举报渠道，对涉及群众利益的突出问题，坚持有案必查、违规必纠，件件有结果、事事有回音；注意排查化解矛盾纠纷问题，妥善处置好群体性突发事件，使人民群众的切身利益确实得到维护。

三、持续推进优质服务窗口创建活动。创建优质服务活动是提升干部队伍素质，推进系统行风建设的长期工作。各级劳动保障部门要以依法行政，优质服务为内容，以规范化、标准化为目标，继续深化优质服务窗口创建活动。要注意总结推广经验。通过媒体、网络、报刊或召开现场会等形式，大力宣传优质服务窗口单位的经验，特别是深化服务窗口建设的鲜活经验；在不同层次、不同类型服务窗口中树立一批设施完备、管理严格、服务规范的示范窗口，使创建活动学有方向，赶有目标；驻部纪检组、监察局将适时召开工作座谈会暨现场会，总结交流情况，通过典型示范作用，带动服务窗口建设整体推进。要进一步规范创建活动。深入调查本地区服务窗口建设情况，结合实际对基层服务窗口和站（所）的硬件、软件建设提出统一要求，使窗口单位的服务环境、办事程序、内部管理、服务行为更加规范和完善；驻部纪检组、监察局在深入调查研究，借鉴各地经验基础上，研究细化优质服务窗口标准，提出深化优质服务窗口创建活动的指导意见。要加强对工作的督察指导。定期调查检查基层服务窗口建设情况，督促窗口单位克服“重表彰、轻建设”的倾向，高标准、严要求，抓好日常建设；指导基层部门抓好职业道德教育，引导工作人员不断改进作风，改善服务，规范管理；帮助协调解决工作中遇到的困难和问题，使服务窗口建设在现有基础上再上新台阶。

各级劳动保障部门在抓好上述工作的同时，要认真落实国务院《政务信息公开条例》和劳动保障部政务公开规定，继续扩大公开范围和层次，规范公开内容和形式，落实好政务公开的监督、检查和责任追究制度，确保涉及群众利益的各类事项和行政权力运行过程及时向服务对象公开。要积极参加当地政府组织的民主评议政风行风活动，组织服务对象评议窗口单位，把劳动保障部关于加强干部作风建设的“八项要求”和行业自律“六不准”规定纳入评议内容，认真纠正在服务态度、服务质量、工作效率和工作作风等方面存在的问题。

今年的行风建设和专项治理的任务艰巨而繁重，各级劳动保障部门和纪检监察机构要认清肩负的责任，以高度负责的精神和积极务实的态度抓好各项工作。要结合本单位实际，制定工作方案，认真组织实施，加强检查指导，狠抓工作落实。要积极探索新思路、新方法，努力提高教育的说服力、制度的约束力、监督的制衡力和惩治的威慑力，使各项工作更加贴近劳动保障工作实际，符合改革创新、惩防并举、统筹推进的基本要求。纪检监察机构在行风建设和专项治理中承担着重要的组织协调职能，要积极提出建设性的思路、举措和方法，协助党组制定工作方案，抓好动员部署、组织实施和督促指导工作；要坚持原则、秉公执纪，依法办事，纠正和查处违纪违法行为；要发挥业务部门的职能作用，整合各方面资源和力量，增强工作整体性、协调性和系统性，确保今年各项任务扎扎实实取得实效。

2008 年 2 月 13 日

国务院城镇居民基本医疗保险部际联席会议关于认定2008年城镇居民基本医疗保险扩大试点城市名单的批复

劳社部函［2008］24号

各省、自治区、直辖市人民政府，新疆生产建设兵团：

根据各地上报的城镇居民基本医疗保险试点城市名单，经国务院城镇居民基本医疗保险部际联席会议（以下简称联席会议）研究，并经国务院同意，按照符合条件、地方自愿的原则，认定河北省保定市等229个城市和地区列入2008年城镇居民基本医疗保险扩大试点范围。

开展城镇居民基本医疗保险试点，是党中央、国务院着眼于构建社会主义和谐社会，建立覆盖城乡居民的社会保障体系，完善基本医疗卫生制度，解决广大城镇居民最关心、最直接、最现实的利益问题作出的一项重大决策。各地要按照国务院的部署，充分认识试点工作的重要意义，加强领导，建立健全试点工作的领导机构和工作机构，统筹规划，周密安排，制定和完善试点方案，精心组织好试点工作；相关部门要加强合作，共同做好试点工作的各项准备工作，确保2008年第二季度出台试点城市方案并启动实施；要加强宣传、教育和培训工作，使社会各方理解、支持并积极参与这项工作；要及时足额安排财政补助资金，加强管理能力建设，完善管理机制，保证城镇居民基本医疗保险制度稳健运行，务求取得实效。省级政府及相关部门要切实负起责任，加强对试点城市工作的指导，做好实施方案特别是筹资水平、财政补助标准和待遇水平的审核工作，对少数筹资标准比较高的城市，督促地方认真测算，适当调整。试点城市要按照《国务院关于开展城镇居民基本医疗保险试点的指导意见》（国发［2007］20号）精神，坚持国务院确定的试点原则和基本政策，结合本地实际，深入调研，反复论证，周密测算，严格按照低水平起步原则制定好试点实施方案和各项配套政策。2007年已纳入试点的城市要根据试点情况，不断总结经验，完善相关办法。试点过程中出现的新情况、新问题要及时向联席会议办公室报告。

附件：2008年城镇居民基本医疗保险扩大试点城市（地区）名单（略）

2008年2月15日

劳动和社会保障部关于公布32所国家重点技工学校、49所高级技工学校和29所复评合格国家重点技工学校名单的通知

劳社部函［2008］26号

各省、自治区、直辖市劳动和社会保障厅（局）：

经专家评审，河北华冶技工学校等32所技工学校达到《国家重点技工学校标准》，确认为国家重点技工学校；邯郸交通技工学校等49所技工学校达到《高级技工学校标准》，确认为高级技工学校；北京市汽车工业高级技工学校等29所列入复评范围的技工学校符合《国家重点技工学校标准》和《国家重点技工学校质量管理标准（试行）》，确认复评合格。现一并予以公布。

附件：1. 国家重点技工学校名单（略）
2. 高级技工学校名单（略）
3. 复评合格国家重点技工学校名单（略）

2008年2月22日

劳动和社会保障部关于印发《工伤康复诊疗规范（试行）》和《工伤康复服务项目（试行）》的通知

劳社部函［2008］31号

各省、自治区、直辖市劳动保障厅（局），新疆生产建设兵团劳动保障局：

为进一步规范和做好工伤康复试点工作，根据《工伤保险条例》有关规定，我部在总结部分省市工伤康复试点工作经验基础上，制定了《工伤康复诊疗规范（试行）》（以下简称《诊疗规范》）和《工伤康复服务项目（试行）》（以下简称《服务项目》），并经全国工伤康复专家咨询委员会专家论证通过，现印发你们，并就有关问题通知如下：

一、加强领导，认真组织实施。《诊疗规范》和《服务项目》既是试点康复机构开展工伤康复住院服务的业务指南和工作规程，也是劳动保障行政部门、劳动能力鉴定和社会保险经办机构进行工伤康复监督管理的重要依据。各地劳动保障行政部门和经办机构要高度重视，密切配合，积极协调有关方面，认真做好《诊疗规范》和《服务项目》的组织实施工作。

二、加强管理，严格使用范围。根据试点工作安排，目前《诊疗规范》和《服务项目》的使用范围仅限于各地确定的工伤康复试点机构。已列入各地《工伤保险诊疗项目目录》的医疗和康复服务项目仍按原规定执行。

三、积极探索，完善管理规范。各地在贯彻《诊疗规范》和《服务项目》过程中，要坚持实事求是的原则，探索建立更加有效的管理工作规范。对《诊疗规范》，可结合本地实际进一步细化。要加强对《服务项目》的管理，各地确需调整的，调整幅度控制在《服务项目》总数10%的范围内，并将调整结果报我部备案。

由于工伤康复工作尚在试点起步阶段，医疗及康复技术也在不断发展中，我部将根据各地工伤康复试点实践适时补充和完善《诊疗规范》和《服务项目》。对于职业病康复诊疗规范和服务项目，以及工伤职工临床抢救期间的早期康复介入、出院后的社区康复等服务规范，将在试点工作取得一定经验后另行制定。各地在试点工作中如有重大问题，请及时报告我部。

2008年3月11日

劳动和社会保障部关于做好2008年春运期间农民工工作的紧急通知

劳社部明电［2008］1号

各省、自治区、直辖市劳动和社会保障厅（局）：

近期，我国南方大部分地区因受雨雪冰冻天气影响，主要干道交通中断，导致大量农民工滞留务工地无法返乡，给人民群众带来了困难。党中央、国务院对此高度重视和关心。现阶段正是农民工返乡的高峰期，各级劳动保障部门要落实中央政治局会议精神，按照党中央、国务院的要求和部署，切实做好当前灾害天气下农民工工作，维护社会经济运行秩序。现就有关问题通知如下：

一、充分认识当前加强农民工工作的重要性

随着春运高峰的到来和恶劣天气的持续，农民工返乡滞留人数大幅增加，给春运和社会稳定带来巨大压力。各级劳动保障部门要高度重视，充分认识到做好当前农民工工作的重要性和紧迫性，把切实维护好农民工权益、安排好农民工的生产生活作为当前劳动保障工作的一项重要任务，切实加强组织领导，落实责任，迅速采取强有力的措施，把当前农民工各项工作抓紧、抓细、抓好。

二、全力做好农民工返乡过节和在务工地过节的有关工作

要积极配合相关部门，做好返乡农民工的交通疏导和运输工作，确保返乡的农民工尽快回乡。要深入企业做好宣传工作，充分依靠企业做好返乡路线受阻的农民工就地过节工作。要配合有关部门做好滞留在各地车站、码头、机场农民工的思想工作，确保社会稳定。

三、积极安排好在务工地过节农民工的节日生活

要积极配合有关部门，确保留在务工地的农民工过好春节。要深入企业和基层慰问农民工，切实帮助他们解决工作生活中存在的困难和问题。要协调有关部门向农民工开放公共文化娱乐设施，组织形式多样的文娱活动，指导企业安排好农民工的文化生活。同时要切实加强农民工居住场所的安全防范工作。有条件的地区可组织农民工参加适宜的培训活动，充实其节日生活，使其过上一个欢乐、祥和的春节。

四、切实加大维护农民工的合法权益工作力度

要多措并举做好农民工维权工作，重点开展欠薪执法检查，及时严厉查处企业拖欠、克扣农民工工资行为，确保农民工工资按时足额发放，确保节日期间加班工作的农民工能按国家有关节日工资支付规定发放工资。开展劳动力市场秩序整治工作，大力查处非法职业中介、就业歧视等违法行为，为农民工营造良好的人力资源市场秩序。公布并畅通劳动保障咨询、举报电话，及时受理投诉举报案件。

五、加强宣传引导和情况通报工作

各级劳动保障部门要积极协调有关部门，利用多种宣传形式和手段，切实强化对农民工的宣传引导，使农民工感受到党和政府的关爱。要及时了解各方面信息，遇有紧急、重大情况时要立即向上级领导和有关部门报告，及时妥善处理，维护社会稳定。

2008年1月29日

劳动和社会保障部 人事部 公安部 国家工商行政管理总局关于开展清理整顿人力资源市场秩序专项行动的通知

劳社部明电［2008］3号

各省、自治区、直辖市劳动和社会保障厅（局）、人事厅（局）、公安厅（局）、工商行政管理局：

为深入贯彻落实《就业促进法》《国务院关于进一步加强就业再就业工作的通知》（国发［2005］36号）和《国务院关于解决农民工问题的若干意见》（国发［2006］5号），进一步清理整顿人力资源市场（含劳动力市场、人才市场）秩序，规范职业中介和企业招工行为，切实保障劳动者的合法权益，劳动和社会保障部、人事部、公安部、国家工商行政管理总局决定自2008年2月22日至3月21日，在全国范围内联合组织开展清理整顿人力资源市场秩序专项行动（以下简称专项行动）。现就有关问题通知如下：

一、目标和任务

专项行动以严厉打击以职业中介为幌子的违法犯罪分子、依法取缔非法职业中介组织、清理整顿违规经营的职业中介机构为重点目标。通过专项行动，加强人力资源市场法制宣传，有效遏制职业中介领域的违法犯罪活动，大幅度减少职业中介活动中的违法违规行为，使企业招用工行为得到规范，使人力资源市场秩序得到进一步改善。

二、清理整顿对象

专项行动要以城市中工商企业密集区、流动人口聚居地、职业中介机构聚集地和自发形成的人力资源交易场所为重点，兼顾其他地区和场所，进行清理整顿。

一是对以职业中介为名，坑骗求职者财物、拐卖妇女或未成年人、从事其他违法犯罪活动的组织、单位或个人要严厉打击。

二是对未经许可和登记，擅自从事职业中介活动的组织和个人，以及虽有职业中介许可证和营业执照，但在职业中介活动中严重违反国家法律法规、破坏人力资源市场正常秩序的职业中介机构，要坚决取缔。

三是对职业中介机构在职业中介活动中或用人单位招工时发布虚假广告及其他虚假信息的、扣押劳动者居民身份证和其他证件的、非法向劳动者收取财物的、以职业中介为名牟取不正当利益或者进行其他违法活动等行为，要加强整顿，依法责令改正和予以处罚。

三、明确责任，依法治理

（一）严厉打击职业中介领域的违法犯罪

活动。对以职业中介为幌子骗取求职者财物、拐卖妇女或者未成年人等构成违反治安管理行为的，由公安机关依法给予治安管理处罚；构成犯罪的，由公安机关依法立案侦查。

（二）依法取缔“黑职介”。对未经许可和登记，擅自从事职业中介活动的组织或者个人，由劳动保障、人事部门或者其他主管部门依法查处取缔。

（三）依法加强职业中介监管。对申请从事职业中介活动的，劳动保障、人事、工商行政管理部门要按照各自职能范围和相关规定，严格审查申请人是否具备准入条件和开业资格。对已取得职业中介许可证的职业中介机构，劳动保障、人事部门要按照各自职能范围和相关规定加强日常监管，指导职业中介机构建立服务台账，严格审查职业中介机构按照要求报送的书面材料，建立健全职业中介机构守法诚信档案。对职业中介机构违反国家有关规定的行为，由劳动保障、人事部门依法处理；情节严重的，吊销许可证，并通报工商行政管理部门。

（四）规范用人单位招工行为。对发布虚假招工内容的广告及其他虚假信息、以担保或者其他名义向劳动者收取财物、以招聘人员为名牟取不正当利益或者进行其他违法活动的用人单位，由劳动保障行政部门、人事行政部门、工商行政管理部门、公安机关依法查处。

四、工作要求

（一）高度重视，认真履行工作职责。维护人力资源市场正常秩序，不仅使企业招用工行为得到规范，也是改善农民进城就业环境的需要。各地要将此次专项行动作为坚持以人为本理念和落实执政为民要求的一项实际行动，严格执行《就业促进法》和其他相关法律法规，依法履行部门职责，认真清理整顿人力资源市场秩序，切实维护求职劳动者合法权益，确保专项行动取得实效。

（二）加强组织领导，做好协调配合。为加强对这次专项行动的组织领导，各地劳动保障、人事、公安、工商行政管理等部门要进一步完善相应的协调指导机制，及时沟通专项行动各项工作进展情况，加强协调配合，研究工作中遇到的问题，决定需要进一步采取的工作措施。各部门要将专项行动列入本部门工作议事日程，加强对本系统的工作指导、调度和督促检查。

（三）统一行动、联合执法。为提高工作效率，加大清理整顿力度，各级劳动保障、人事、公安、工商部门要作出统筹安排，进行全面部署，实施统一行动，开展联合执法，确保专项行动取得预期效果。

（四）认真做好法规政策宣传和舆论引导工作。为营造有利于专项行动开展的舆论氛围，各地要商请宣传机构根据清理整顿工作需要和专项行动进展，认真做好宣传工作。专项行动宣传工作原则上分为两个阶段：前期重点宣传法规政策规定和治理整顿工作要求；中后期重点宣传对违法案件的查处和清理整顿工作成效。

五、工作安排

2008 年 2 月 22 日之前，各地要建立健全专项行动协调指导机构，结合当地实际抓紧研究制定专项行动实施方案，完成专项行动各相关工作的组织和部署。要组织开展前期法律宣传和舆论准备，开通并公布举报投诉电话，确定重点检查的区域、场所，完成清理整顿对象梳理排查等基础工作。

2008 年 2 月 22 日到 3 月 21 日，各地劳动保障、人事、公安、工商等有关部门要开展联合检查活动，严肃查处违法案件。期间，国家四部（局）将组成联合调研检查组，赴部分地区进行调研检查。

2008 年 3 月 31 日之前，各地要完成专项行动工作总结，并上报书面材料和统计表。

专项行动实施过程中，全国清理整顿人力资源市场秩序专项行动部际协调指导小组将及时通报各地工作进展和效果。

各地与此专项行动有关的工作情况，请及

时上报全国清理整顿人力资源市场秩序专项行动部际协调指导小组办公室，同时抄报上级主管部门。

全国清理整顿人力资源市场秩序专项行动部际协调指导小组办公室设在劳动和社会保障部法制司。

附件：清理整顿人力资源市场秩序专项行动情况表（略）

2008 年 1 月 31 日

劳动和社会保障部办公厅关于进一步加强职业技能鉴定国家题库运行管理工作的通知

劳社厅发［2008］2号

各省、自治区、直辖市劳动和社会保障厅（局），国务院有关部门（行业组织、集团公司）劳动保障工作机构：

近年来，经过各地、各有关部门的共同努力，职业技能鉴定国家题库（以下简称“国家题库”）建设工作取得较大进展，由劳动保障部总库和地方分库、行业分库组成的国家题库网络已经形成，国家题库规模容量不断扩大。然而，在国家题库运行管理工作中仍存在一些不规范问题，影响了职业技能鉴定质量的提高。为进一步加强国家题库运行管理工作，现就有关工作通知如下：

一、充分认识加强国家题库运行管理工作的重要性。加强国家题库运行管理工作，对于确保职业技能鉴定命题质量，实现职业技能鉴定统一命题管理，健全技能人才评价体系和完善职业资格证书制度具有重要意义。各地、各行业部门要高度重视，加强对国家题库运行管理工作的领导，按照我部国家题库运行管理制度和有关规定，制定本地、本行业部门国家题库运行管理办法，进一步规范国家题库运行管理和职业技能鉴定命题工作。

二、加强国家题库的运行管理。劳动保障部职业技能鉴定中心负责组织和管理国家题库的总体规划、题库运行和质量监督。省级职业技能鉴定中心负责通用职业（工种）地方分库的运行管理。行业职业技能鉴定中心负责本行业特有职业（工种）行业分库的运行管理。鼓励地（市）级职业技能鉴定中心建立国家题库地市级分库，具备相应技术条件且管理规范的地（市）级职业技能鉴定中心可经省级职业技能鉴定中心向我部申请，开展建立地市级分库的试点工作。

三、规范使用国家题库试题资源。国家题库试题资源由我部统一审定、颁布和配置，各地、各行业部门不得擅自开发、更改地方分库和行业分库的试题资源。各地、各行业部门组织实施鉴定，应从国家题库中抽题组卷，并可根据经济发展、技术进步需要，按照国家职业标准要求，对国家题库中的试题内容进行适当调整。其中，初、中、高级技能理论知识试卷内容可调整10%，操作技能（专业能力）试卷内容可调整40%；技师、高级技师理论知识试卷内容可调整30%，操作技能（专业能力）试卷不能满足需要时，可结合本地情况组织专家自命题。各地所命试卷及调整内容需报劳动保障部职业技能鉴定中心备案。行业分库调整比例可参照上述原则确定。各地、各行业部门应及时反馈国家题库试题资源使用情况，每年年初将上一年度国家题库总体使用情况进行统计，形成技术分析报告，报劳动保障部职业技能鉴定中心。严禁各地、各行业部门使用未经我部审定的职业技能鉴定题库（含试题资源和题库软件）。

四、严格开展鉴定命题工作。对尚未开发国家题库的职业（工种），各地、各行业部门在组织职业技能鉴定时，可按照《国家职业技能鉴定命题技术标准（试行）》要求，依据职业标准，组织专家编制试题。组织编制的试题，要重点体现考核运用知识和技能解决实际问题的能力。各地编写的通用职业（工种）试题，需报劳动保障部职业技能鉴定中心备案。严禁职业技能鉴定所（站）自行命制试题。

五、加快国家题库建设工作。为完善国家题库网络体系，我部将统筹规划国家题库建设工作，形成国家、地方和行业部门协同开发，动态更新的题库建设工作格局。我部拟选择社会通用性强、从业人数多、技术含量高的制造业和服务业的职业（工种）进行题库示范性开发和更新，2010 年前建成 30 个职业精品国家题库，并加快国家题库开发速度，组织新开发题库试考工作。各地应发挥自身技术优势，积极申报和参与国家题库开发和审定工作。为进一步充实国家题库试题资源，各地应将自行开发的试题资源上报我部。我部汇总多渠道征集的试题资源，作为国家题库试题资源修订、更新和改造的基础资料。行业分库建设按照自主开发、独立运行管理原则进行。2010 年前，各行业部门要完成本行业主要的特有职业（工种）的题库开发工作。已开发完成的部分职业（工种）题库，经我部审定，将纳入国家题库网络。已建立部分职业（工种）国家题库的行业部门，应按规定申报国家题库行业分库运行机构认证，经认证合格后，授予国家题库行业分库运行资质。各地、各行业部门要根据职业技能鉴定和高技能人才工作需要，积极向有关部门申请经费并多方筹集资金，加大题库开发力度。

六、加强命题人员队伍建设。各地、各行业部门要高度重视命题人员队伍建设，通过组织开展业务培训、技术交流和专业研修等活动，提高命题管理人员和技术人员业务能力和水平。要加大命题专家队伍建设，建立专家队伍资源信息库。对在国家题库开发中作出突出贡献的单位和个人，各地、各行业部门应给予奖励。同时，各地、各行业部门要加强职业技能鉴定命题理论、技术方法和题库质量保障指标体系的研究和探索，特别是加强对高技能人才多元评价命题技术方法的研究，进一步提高职业技能鉴定命题质量。

2008 年 1 月 4 日

劳动和社会保障部办公厅关于从医疗保险和工伤保险药品目录中删除抑肽酶注射剂的通知

劳社厅函［2008］36 号

各省、自治区、直辖市劳动和社会保障厅（局）：

鉴于抑肽酶注射剂可导致严重不良反应，国家食品药品监督管理局已下发通知暂停抑肽酶注射剂在我国的销售和使用。根据《城镇职工基本医疗保险用药范围管理暂行办法》（劳社部发［1999］15 号）的有关规定，我部决定从《国家基本医疗保险和工伤保险药品目录》（2004 年版）中删除西药第 673 号的“抑肽酶注射剂”。请各省（区、市）按此对本地发布的基本医疗保险和工伤保险药品目录作出相应调整，并请各统筹地区认真贯彻执行。

2008 年 1 月 8 日

劳动和社会保障部办公厅关于加强劳动保障监察工作深入开展劳动保障监察执法年活动的通知

劳社厅函［2008］83号

各省、自治区、直辖市劳动和社会保障厅（局）：

为全面推进劳动保障监察工作，深入贯彻《劳动合同法》《就业促进法》等法律法规，规范用人单位劳动用工行为，切实维护劳动者合法权益和社会稳定，我部决定将2008年定为“劳动保障监察执法年”。现就进一步加强劳动保障监察工作，组织开展“劳动保障监察执法年”活动有关事项通知如下：

一、提高认识，认真部署开展“劳动保障监察执法年”活动

各地要坚持以党的“十七大”精神为指导，深入贯彻落实科学发展观，紧紧围绕《劳动合同法》《就业促进法》和劳动保障中心工作，认真组织开展“劳动保障监察执法年”活动。要加强对“劳动保障监察执法年”的组织领导，结合本地实际，制定工作方案，明确工作任务，认真部署，落实责任，切实保障各项劳动保障法律法规的贯彻实施，维护劳动者合法权益和社会稳定。

二、采取切实措施，深入开展“劳动保障监察执法年”活动

（一）集中力量，开展专项执法检查活动。2008年在全国范围内组织开展三次专项执法检查活动：一是按照《关于开展清理整顿人力资源市场秩序专项行动的通知》（劳社部明电［2008］3号）要求，从二月下旬到三月下旬，组织开展规范人力资源市场秩序专项检查，加强对各类职业中介机构的监管，严厉打击非法职业中介和各类欺诈行为；二是三季度联合有关部门开展对农村地区小煤矿、小矿山、小砖窑、小作坊等“四小”企业用工情况的专项检查，依法规范农村地区用工单位的用工行为；三是四季度组织开展《劳动合同法》实施情况大检查，规范用人单位签订和履行劳动合同行为。

各地要结合实际，确定辖区内的重点地区、重点行业和重点内容，认真开展专项执法检查活动，确保专项检查取得扎实成效。

（二）加强劳动保障监察骨干培训。各地要制订培训计划，通过定期举办监察员培训班、开展专题业务研讨和典型案例分析等形式，积极开展对劳动保障监察人员的培训工作，学习和掌握《劳动合同法》《就业促进法》等法律法规的基本精神和主要制度，促进监察队伍依法行政意识和执法水平的提高。

（三）集中对企业负责人和劳资干部开展培训。通过举办培训班、发放宣传手册以及主动深入企业开展宣传等方式，加强对用人单位和劳动者的法制宣传，尤其是对企业负责人和

劳资干部，要分期分批开展培训活动，增强其法制观念，督促其依法用工，守法经营。

（四）加强舆论宣传引导工作。要充分发挥报纸、电视、网络等媒体的作用，加大对模范遵守劳动保障法律法规企业的宣传力度和对典型违法案件的曝光力度，集中表彰一批守法诚信企业，集中曝光一批违反劳动保障法律法规企业，营造良好的社会舆论氛围。

三、加强巡视检查和举报、投诉案件查处力度

（一）突出重点，加大日常巡视检查力度。各地要加强日常巡视检查，重点对中小企业、劳动密集型企业以及发生过违法行为的企业进行用工监管。要制订巡视检查工作计划，确定本地区重点行业、重点检查单位的范围以及对各类用人单位巡视检查比例，重点检查用人单位签订劳动合同、支付工资等情况，督促用人单位自觉遵守《劳动合同法》《就业促进法》等法律规定。

（二）认真查处群众举报、投诉案件。通过公布举报投诉电话、设立举报投诉信箱、开通维权热线等进一步畅通举报投诉渠道，认真受理群众举报、投诉案件，对符合受理条件的，要做到有案必查，依法处理，坚决杜绝行政不作为。要高度重视因用人单位违法用工引发的群体性事件，争取及早发现、主动介入、妥善处理，维护社会稳定。实行重大违法行为和群体性突发事件报告制度，对重大违反劳动保障法律法规行为和因劳动用工引发的30人以上群体性突发事件要按规定及时报告。

四、创新执法模式，提高劳动用工监管水平

（一）推广劳动保障监察“网格化”和“网络化”管理经验。全面推进“网格化”管理工作，东部地区要全面实现“网格化”管理，中、西部地区要开展试点，积极推进。各级劳动保障监察机构要明确覆盖城乡各类企业劳动用工的“监管责任区”，由监察员分片包干，落实监管责任，实行监察员和监察协管员专人管理，逐步实现对用人单位用工情况监管的全覆盖。

积极开展劳动保障监察“网络化”管理工作。加强信息技术对劳动保障监察执法的支撑力度，将劳动保障监察的各项业务纳入信息管理系统，实现对用人单位用工情况的适时监控，并积极探索建立跨区域的劳动用工监管信息共享系统，提升管理手段和管理绩效。

（二）完善企业劳动保障守法诚信制度。加强对城乡所有用人单位劳动用工情况的信息整理和动态监管，依法建立以诚信数据收集体系、动态监管体系、信息交流体系、失信惩戒机制为内容的企业劳动保障守法诚信制度，建立健全企业遵守劳动保障法律法规的数据库，对各类企业分类监管。

五、推进劳动保障监察机构、队伍和基本制度建设

（一）健全劳动保障监察执法机构。县级以上劳动保障行政部门要健全劳动保障监察专门机构，有条件的地区要在乡镇、街道、社区设立劳动保障监察分支或派出机构，探索在省、市以下实行劳动保障监察垂直管理的监察执法体制，强化层级监督和管理。

（二）科学配备劳动保障监察执法力量。各地要采取措施，积极建立与劳动保障监察执法任务相适应的监察执法队伍，充实基层执法力量，大力发展劳动保障监察协管员，逐步完善以专职监察员为主干，以兼职劳动保障监察员、劳动保障监察协管员为补充的监察执法队伍结构模式。

（三）保障监察执法经费依法到位，推进办公装备现代化。要积极采取措施，落实《劳动保障监察条例》规定，保障劳动保障监察经费依法到位。要按监察工作实际需要配备办案设备和交通、通讯等工具，保证执法装备齐全，提高快速应对能力和办案效率。

（四）完善监察管理制度，规范监察执法行为。完善主办监察员制度和监察程序制度，保证监察执法规范化；建立监察执法案卷评查制度，提高办理监察案件质量；严格落实错案追究制度，提高劳动保障监察机构依法行政水平。

六、完善劳动保障监察维权工作协调机制

加强与公安、工商、建设、卫生、人事、安全生产监督管理、法院等部门的沟通协作，充分发挥工会、妇联、共青团及新闻媒体的法律监督作用，齐抓共管，形成合力，要积极探索与有关部门共同查处违反劳动保障法律法规行为的综合治理机制，切实维护劳动者合法权益，促进劳动关系的和谐稳定。

2008 年 2 月 15 日

劳动和社会保障部办公厅关于做好2008年劳动和社会保障法制宣传教育工作的通知

劳社厅函［2008］97号

各省、自治区、直辖市劳动和社会保障厅（局）：

按照劳动保障工作的总体部署，2008年劳动保障法制宣传教育工作要以邓小平理论和“三个代表”重要思想为指导，深入贯彻党的十七大精神，全面落实科学发展观，继续实施“五五”普法规划，推动《劳动合同法》《就业促进法》《劳动争议调解仲裁法》（以下简称“三法”）的贯彻实施，为协调推进劳动保障事业实现新发展营造良好的法治氛围。为做好2008年劳动保障法制宣传教育工作，现就有关问题通知如下：

一、深入贯彻党的十七大精神，以推动“三法”贯彻实施为重点，全面落实“五五”普法规划

（一）把认真贯彻党的十七大精神作为法制宣传教育工作首要政治任务抓好抓实。党的十七大报告指出：“深入开展法制宣传教育，弘扬法治精神，形成自觉学法守法用法的社会氛围”。各级劳动保障部门要按照党的十七大关于法制宣传教育工作的要求，全面落实依法治国基本方略，紧紧围绕劳动保障事业发展大局，深入开展劳动保障法制宣传教育，进一步提高全社会的劳动保障法律意识和法制观念。

（二）把学习宣传“三法”作为“五五”普法的一项重要内容加以部署和推动。今年是“三法”施行的第一年，保障“三法”全面、正确的实施到位，是当前和今后一个时期劳动保障工作的一项重大任务。要在去年工作的基础上，把“三法”作为普法宣传的一项重要内容，深入宣传“三法”的立法宗旨、基本内容和各项规定，提高全社会对“三法”重要意义的认识，解答社会各界特别是用人单位和广大劳动者普遍关心的热点问题，为“三法”的全面贯彻实施奠定基础。

（三）强化工作指导，开展督促检查，推动“五五”普法规划全面落实。今年是“五五”普法规划实施的第三年。各级劳动保障部门要做好“五五”普法中期自查工作，总结“五五”普法以来取得的成绩和经验，查找问题、及时改进。上级劳动保障部门要加强对下级劳动保障部门的工作指导，开展工作检查，保障法制宣传教育工作取得实效。今年二季度我部将对部分地区劳动保障法制宣传教育工作情况进行检查。

二、继续围绕三类重点普法对象，以“三法”为学习和宣传重点，进一步增强普法工作的针对性

（一）以提高依法行政的意识和能力为重点，加强劳动保障系统工作人员的法制宣传教育。继续落实领导干部带头学法制度，建立健全劳动保障监察、争议仲裁、信访以及行政审批、行政许可等岗位工作人员的法律培训和考核制度。继续在全系统深入开展“三法”的学习培训，重点加强对县乡和街道社区劳动保障工作人员的法律知识培训，使各级劳动保障干部熟练掌握法律的主要内容和要求，做到认真学法、真正懂法、准确用法、自觉守法，进一步提高依法行政的意识和能力。

（二）以增强依法用工的意识和能力为重点，大力加强企业经营管理人员的法制宣传教育。结合企业劳动保障守法诚信制度建设，继续加强对用人单位的劳动保障普法宣传，特别是要做好《劳动合同法》等法律的解惑释疑工作，使用人单位正确理解贯彻实施劳动保障法律法规与企业可持续发展之间的关系，依法规范劳动用工管理，树立依法用工、守法诚信的良好形象，提升企业参与市场竞争的能力。

（三）以提高依法维权的意识和能力为重点，加强对劳动者特别是农民工的法制宣传教育。各级劳动保障部门要结合实际，采取多种形式广泛宣传和深入普及劳动保障法律知识，使劳动者了解和熟悉法律规定中与他们切身利益密切相关的内容，增强他们通过法定渠道、以理性合法的方式反映诉求、维护权益的意识和能力。要将劳动保障法制宣传教育作为统筹城乡就业战略的一项重要内容，坚持服务、培训、维权“三位一体”的工作模式，深入开展农民工劳动保障普法宣传工作，继续开创和巩固全社会共同关心、维护农民工权益的良好局面。

三、继续推动普法工作方式创新，进一步提高法制宣传教育的实效性，把法律知识送到广大人民群众手中

（一）结合实际创造性地开展工作，推动实现“法律六进”。各级劳动保障部门要结合实际，及时总结推广“法律六进”活动的新形式、新方法，探索建立经常性、制度性的普法工作模式，全面、准确地把劳动保障法律知识送进企业、单位、机关、乡镇、社区、学校，送到广大人民群众手中。

（二）改进普法工作方式，增强宣传实效。在运用广播、电视、报刊以及印发普法宣传资料等传统普法手段的基础上，充分利用网络、远程教育、车载电视、手机短信等新载体，通过开展知识竞赛、制作普法公益广告、举办法制展览和法制讲座以及组织讲师团、志愿者开展法律服务等形式，全面宣传劳动保障法律知识，形成全方位、多角度的立体宣传格局，进一步提高法制宣传教育的实效性。

（三）把握宣传时机，做好各种专项法制宣传教育。结合重要法律法规公布实施纪念日以及专项检查活动、春风行动以及奥运法制宣传教育等重大活动，组织开展专项劳动保障法制宣传教育。利用国际劳工大会、多双边项目实施等重大外事活动，积极宣传中国劳动保障法制建设的成就，不断增强法制宣传教育的广度和深度。

（四）组织开展大型普法宣传活动。为进一步在全社会掀起学习宣传和贯彻劳动保障法律的热潮，推动“三法”的贯彻实施，我部将于今年四季度在全国范围内组织开展一次劳动保障普法宣传活动。各级劳动保障部门要结合本地实际，高度重视，精心安排，确保这次活动取得实效。

法制宣传教育是实施依法治国基本方略、建设社会主义法治国家的基础性工作。各级劳动保障部门要继续把维护人民群众的切身利益作为法制宣传教育的出发点和落脚点，加强组织领导，健全工作机制，充实工作人员，保障工作经费，全面推动劳动保障法制宣传教育工作取得新成效。

请各地劳动保障部门在2009年1月20日前，将本年度普法工作总结和下年度普法工作安排报部普法办公室。

2008年2月28日

中共中央组织部　人事部关于印发《公务员调任规定（试行）》的通知

中组发［2008］6号

各省、自治区、直辖市党委组织部、政府人事厅（局），中央和国家机关各部委、各人民团体干部（人事）部门，新疆生产建设兵团党委组织部、人事局：

现将《公务员调任规定（试行）》印发给你们，请结合实际认真贯彻执行。在实施中有何问题和建议，请及时报告中央组织部、人事部。

2008年2月29日

公务员调任规定（试行）

第一章　总　　则

第一条　为拓宽选人渠道，优化公务员队伍结构，规范公务员调任工作，根据公务员法和有关法律、法规，制定本规定。

第二条　本规定所称调任，是指国有企业事业单位、人民团体和群众团体中从事公务的人员调入机关担任领导职务或者副调研员以上及其他相当职务层次的非领导职务。

调任领导成员另有规定的，从其规定。

第三条　调任必须坚持德才素质与职位要求相适应的原则，根据工作需要和资格条件，坚持组织安排与个人意愿相结合，从严掌握，择优任用。

第四条　调任必须在规定的编制限额和职数内进行，并有相应的职位空缺。

第五条　各级公务员主管部门按照管理权限和职责分工负责公务员调任工作的综合管理和监督检查。

第二章　调任资格条件

第六条　调任人选应当具备公务员法第十一条规定的条件，还应当具备下列资格条件：

（一）具有良好的政治、业务素质，工作能力强、勤奋敬业、实绩突出。

（二）具有与拟调任职位要求相当的工作经历和任职资历。

（三）具备公务员法及其配套法规规定的晋升至拟任职务累计所需的最低工作年限。

专业技术人员调入机关任职的，应当担任

副高级专业技术职务2年以上，或者已担任正高级专业技术职务。

（四）调入中央机关、省级机关任职的，应当具有大学本科以上文化程度；调入市（地）级以下机关任职的，应当具有大学专科以上文化程度。

（五）调任厅局级职务的，原则上不超过55周岁；调任县（市）领导班子成员职务的，原则上不超过50周岁，调任其他处级职务的，原则上不超过45周岁；调任科级领导职务的，原则上不超过40周岁。

（六）符合法律、法规、章程规定的其他条件。

因工作特殊需要，前款第（三）（四）（五）项需适当调整的，市（地）级以下机关应当按照干部管理权限报上一级公务员主管部门批准同意，省级以上机关应当按照干部管理权限报同级公务员主管部门批准同意。

第七条 公务员调出机关后拟再调入机关担任高于调出机关时所任职务的，应当具备从调出机关时所任职务晋升至拟调任职务所需的任职资格年限。

第八条 有下列情形之一的人员，不得调任：

（一）曾因犯罪受过刑事处罚的；

（二）曾被开除公职的；

（三）涉嫌违纪违法正在接受有关的专门机关审查尚未作出结论的；

（四）受处分期间或者未满影响期限的；

（五）正在接受审计机关审计的；

（六）法律、法规规定的其他情形。

第三章 调任程序

第九条 调任按照以下程序进行：

（一）根据工作需要确定调任职位及调任条件；

（二）提出调任人选；

（三）征求调出单位意见；

（四）组织考察；

（五）集体讨论决定；

（六）调任公示；

（七）报批或者备案；

（八）办理调动、任职和公务员登记手续。

第十条 根据调任职位的要求，调任人选通过组织推荐方式产生。必要时，可以对调任人选进行考试。

第十一条 对调任人选应当进行严格考察，并形成书面考察材料。考察内容包括调任人选的德、能、勤、绩、廉等方面的表现。

考察时，应听取调任人选所在单位有关领导、群众和干部人事部门、纪检监察机构的意见。所在单位应予积极配合，并提供客观、真实反映调任人选现实表现和廉政情况的材料。

第十二条 根据考察情况集体讨论决定拟调任人员，并按照任前公示制有关规定在调出、调入单位予以公示。

第十三条 公示期满，对没有反映问题或者反映问题不影响调任的，按规定程序进行审批或备案；对反映有严重问题未经查实的，待查实并作出结论后再决定是否调任。

第十四条 按照干部管理权限确定拟调任人员后，调入机关按照规定的权限办理审批或者备案。

地方省级以下机关调任公务员须报市（地）级以上公务员主管部门审批。

呈报审批、备案的材料应当包括请示、公务员调任审批（备案）表、考察材料、调出单位意见和纪检监察机构提供的廉政情况；按规定需要进行离任审计或者经济责任审计的人员，应当对其进行审计，并提供审计机关的审计结论。

调任人员审批、备案后，办理调动手续，并按有关规定进行公务员登记。

第十五条 调任人员的级别和有关待遇，根据其调任职务，结合本人原任职务、工作经历、文化程度等条件，比照调入机关同等条件人员确定。

第十六条 调任人员除由国家权力机关依法任命职务的以外，一般实行任职试用期制，试用期为一年。试用期满考核合格的，正式任职；考核不合格的，另行安排工作。

第四章　纪律与监督

第十七条　调任必须遵守下列纪律：

（一）调任审批或者备案机关应当严格履行职责，认真审核把关，不得随意降低标准，放宽条件；

（二）调入机关应当严格履行有关程序，按照干部管理权限集体讨论决定，不得个人或者少数人说了算，弄虚作假，搞不正之风；

（三）调出单位应当严格执行干部人事管理工作的有关法规、政策，提供真实情况，不得突击提拔；

（四）参加考察的人员应当如实反映考察情况和意见，不得隐瞒、歪曲事实真相；

（五）调任人员应当遵守有关规定，接到调动通知后，在规定期限内办理行政、工资关系等有关手续。

第十八条　调任工作中存在应当回避情形的，按照有关规定执行。

第十九条　对违反本规定的调任事项，呈报的不予批准；已经作出决定的宣布无效，并按照规定对主要责任人以及直接责任人作出组织处理或者处分。构成犯罪的，依法追究刑事责任。

第五章　附　　则

第二十条　国有企业和未参照公务员法管理的事业单位、人民团体和群众团体中从事公务的人员调入参照公务员法管理的机关（单位）担任本规定第二条所列职务，参照本规定执行。

第二十一条　本规定由中共中央组织部、人事部负责解释。各省、自治区、直辖市公务员主管部门和中央、国家机关可根据本规定，结合各自实际，制定实施办法。

第二十二条　本规定自发布之日起施行。

附件：公务员调任审批（备案）表（略）

中共中央组织部　人事部关于印发《公务员职务任免与职务升降规定（试行）》的通知

中组发［2008］7号

各省、自治区、直辖市党委组织部、政府人事厅（局），中央和国家机关各部委、各人民团体干部（人事）部门，新疆生产建设兵团党委组织部、人事局：

现将《公务员职务任免与职务升降规定（试行）》印发给你们，请结合实际认真贯彻执行。在实施中有何问题和建议，请及时报告中央组织部、人事部。人事部1995年3月31日印发的《国家公务员职务任免暂行规定》（人核培发［1995］37号）、1996年1月29日印发的《国家公务员职务升降暂行规定》（人发［1996］13号）同时废止。

2008年2月29日

公务员职务任免与职务升降规定（试行）

第一章　总　　则

第一条　为完善公务员职务管理，合理任用公务员，规范公务员职务任免与职务升降工作，根据公务员法和有关法律、法规、章程，制定本规定。

第二条　公务员的职务任免与职务升降，必须贯彻党的干部路线和方针，坚持下列原则：

（一）党管干部原则；

（二）任人唯贤、德才兼备、注重实绩原则；

（三）民主、公开、竞争、择优原则。

第三条　本规定适用于委任制公务员。

选任制公务员以及法官、检察官职务的任免、升降按照有关法律、法规和章程的规定执行。

聘任制公务员的职务任免与职务升降，另行规定。

第四条　公务员职务任免与职务升降工作按照干部管理权限，依照法定的条件和程序进行。

第五条 领导成员职务应当按照规定实行任期制。

第二章 任 职

第六条 公务员任职，按照公务员职务序列，在规定的编制限额和职数内进行，并有相应的职位空缺。

第七条 公务员任职，应当具备拟任职务所要求的条件和资格。

第八条 公务员任职，应当符合交流和回避等有关规定。

第九条 公务员具有下列情形之一的，应予任职：

（一）新录用公务员试用期满经考核合格的；

（二）通过调任、公开选拔等方式进入公务员队伍的；

（三）晋升或者降低职务的；

（四）转任、挂职锻炼的；

（五）免职后需要新任职务的；

（六）其他原因需要任职的。

第十条 公务员任职，一般按照下列程序进行：

（一）按照有关规定提出拟任职人选；

（二）根据职位要求对拟任职人选进行考察或者了解；

（三）按照干部管理权限集体讨论决定；

（四）按照规定履行任职手续。

第十一条 公务员职务的任职时间，按照《党政领导干部选拔任用工作条例》和有关规定计算。

第十二条 公务员任职时，应当按照规定确定级别。

第十三条 公务员因工作需要在机关外兼任职务的，应当经有关机关批准，并不得领取兼职报酬。

第三章 免 职

第十四条 公务员具有下列情形之一的，应予免职：

（一）晋升职务后需要免去原任职务的；

（二）降低职务的；

（三）转任的；

（四）辞职或者调出机关的；

（五）非组织选派，离职学习期限超过一年的；

（六）退休的；

（七）其他原因需要免职的。

第十五条 公务员免职，按照下列程序进行：

（一）提出免职建议；

（二）对免职事由进行审核；

（三）按照干部管理权限集体讨论决定；

（四）按照规定履行免职手续。

第十六条 公务员有下列情形之一的，其职务自然免除，可不再办理免职手续，由所在单位报任免机关备案：

（一）受到刑事处罚或者劳动教养的；

（二）受到撤职以上处分的；

（三）被辞退的；

（四）法律、法规及有关章程有其他规定的。

第四章 晋升职务

第十七条 公务员晋升职务，应当具备拟任职务所要求的思想政治素质、工作能力、文化程度和任职经历等方面的条件和资格。

第十八条 公务员晋升职务，在规定任职资格年限内的年度考核结果均为称职以上等次。

第十九条 晋升县处级以上领导职务的公务员，应当具备《党政领导干部选拔任用工作条例》和有关法律、法规、章程规定的资格。

晋升乡科级领导职务的公务员，应当符合下列资格条件：

（一）具有大学专科以上文化程度；

（二）晋升乡科级正职领导职务的，应当担任副乡科级职务两年以上；

（三）晋升乡科级副职领导职务的，应当

担任科员级职务三年以上；

（四）具有正常履行职责的身体条件；

（五）其他应当具备的资格。

第二十条 晋升综合管理类非领导职务须具备下列任职年限条件：

（一）晋升巡视员职务，应当任厅局级副职领导职务或者副巡视员五年以上；

（二）晋升副巡视员职务，应当任县处级正职领导职务或者调研员五年以上；

（三）晋升调研员职务，应当任县处级副职领导职务或者副调研员四年以上；

（四）晋升副调研员职务，应当任乡科级正职领导职务或者主任科员四年以上；

（五）晋升主任科员职务，应当任乡科级副职领导职务或者副主任科员三年以上；

（六）晋升副主任科员职务，应当任科员三年以上；

（七）晋升科员职务，应当任办事员三年以上。

晋升综合管理类以外其他职位类别非领导职务所需的任职年限条件，按照有关规定执行。

第二十一条 公务员晋升职务，应当逐级晋升。

特别优秀的公务员或者工作特殊需要的，可以破格或者越级晋升职务。破格和越级晋升条件和程序另行规定。

第二十二条 公务员晋升领导职务，按照下列程序办理：

（一）民主推荐，确定考察对象；

（二）组织考察，研究提出任职建议方案，并根据需要在一定范围内进行酝酿；

（三）按照干部管理权限集体讨论决定；

（四）按照规定办理任职手续。

公务员晋升非领导职务，参照前款规定的程序办理。

第二十三条 机关内设机构厅局级正职以下领导职务出现空缺时，可以在本机关或者本系统内通过竞争上岗的方式，产生任职人选。

厅局级正职以下领导职务或者副调研员以上及其他相当职务层次的非领导职务出现空缺，可以面向社会公开选拔，产生任职人选。

第二十四条 公务员晋升领导职务的，应当按照有关规定实行任前公示制度和任职试用期制度。

第五章 降　职

第二十五条 科员以上职务的公务员，在定期考核中被确定为不称职的，应予降职。

第二十六条 公务员降职，一般降低一个职务层次。

第二十七条 公务员降职，按照下列程序进行：

（一）提出降职建议；

（二）对降职事由进行审核并听取拟降职人的意见；

（三）按照干部管理权限集体讨论决定；

（四）按照规定办理降职手续。

第二十八条 公务员被降职的，其级别超过新任职务对应的最高级别的，应当同时降至新任职务对应的最高级别。

第二十九条 降职的公务员，在新的职位工作一年以上，德才表现和工作实绩突出，经考察符合晋升职务条件的，可晋升职务。其中，降职时降低级别的，其级别按照规定晋升；降职时未降低级别的，晋升到降职前职务层次的职务时，其级别不随职务晋升。

第六章 纪律与监督

第三十条 在公务员的职务任免与职务升降工作中，不得有下列行为：

（一）超编制、超职数、超机构规格或者自设职位任用与晋升公务员职务；

（二）随意放宽或者改变公务员职务任用和晋升的条件；

（三）在考察工作中隐瞒、歪曲事实真相，或者泄露酝酿、讨论公务员职务任免与职务升降的情况；

（四）违反规定程序决定公务员的职务任免与职务升降；

（五）突击晋升公务员职务；

（六）任人唯亲、封官许愿、营私舞弊、打击报复；

（七）其他妨碍公务员职务任免与职务升降工作公正合理进行的行为。

第三十一条 对违反本规定作出的决定，由有关机关予以纠正，并按规定对主要责任人以及其他直接责任人进行处理，触犯法律的，依法处理。

第三十二条 公务员对免职、降职决定不服，可以按照有关规定申请复核或者提出申诉。公务员主管部门和有关机关按照有关规定负责处理。

第七章 附 则

第三十三条 双重管理的公务员职务任免与职务升降，按照有关规定办理。

第三十四条 参照公务员法管理的机关（单位）工作人员的职务任免与职务升降，参照本规定执行。

第三十五条 本规定由中共中央组织部、人事部负责解释。

第三十六条 本规定自发布之日起施行。

中共中央组织部　人力资源和社会保障部关于印发《关于进一步加强新形势下离退休干部工作的意见》的通知

中组发［2008］10号

各省、自治区、直辖市党委组织部、老干部局，政府人事、劳动和社会保障厅（局），中央和国家机关各部委、各人民团体干部（人事）部门、离退休干部工作部门，新疆生产建设兵团党委组织部、老干部局、人事局、劳动和社会保障局，部分国有重要骨干企业党组（党委）：

现将《关于进一步加强新形势下离退休干部工作的意见》印发给你们，请结合本地本部门实际，认真贯彻执行。

2008年3月26日

关于进一步加强新形势下离退休干部工作的意见

长期以来，广大离退休干部为我国的革命、建设和改革事业作出了重大贡献，他们是党和国家的宝贵财富。离退休干部工作是党的组织工作、干部工作的重要组成部分，是社会主义和谐社会建设的一个重要方面。为全面贯彻落实党和国家关于离退休干部工作的方针政策，推动离退休干部工作更好地适应改革开放和社会主义现代化建设的需要，现就加强新形势下的离退休干部工作，提出以下意见。

一、新形势下离退休干部工作的指导思想和基本原则

（一）加强新形势下的离退休干部工作，要高举中国特色社会主义伟大旗帜，坚持以邓小平理论和“三个代表”重要思想为指导，深入贯彻落实科学发展观，按照党的十七大提出的全面做好离退休干部工作的要求，落实离退休干部政治、生活待遇，发挥离退休干部作用，不断完善工作制度、健全工作机制、改进工作方法，在全面建设小康社会和构建社会主义和谐社会的实践中，不断开创离退休干部工

作的新局面，为老有所养、老有所医、老有所教、老有所学、老有所乐、老有所为创造良好条件。

（二）加强新形势下的离退休干部工作，要坚持围绕中心、服务大局，在推动科学发展、促进社会和谐中奋发有为；坚持加强思想政治建设，不断用马克思主义中国化的最新成果武装广大离退休干部；坚持以人为本，关心照顾好离退休干部的生活；坚持把老有所养和老有所为结合起来，引导离退休干部在中国特色社会主义建设中发挥积极作用；坚持以让党放心、广大老干部满意为标准，开拓创新，不断提高服务管理水平；坚持在党委、政府的统一领导下，整合各方面资源，形成齐抓共管的工作机制和社会合力。

二、加强离退休干部思想政治建设

（三）坚持和完善离退休干部政治待遇的各项制度。认真落实离退休干部阅读文件、听报告、参加重要会议和重大活动、向离退休干部通报情况、组织离退休干部就近就地参观学习、走访慰问离退休干部等制度，使离退休干部及时了解党的路线方针政策、国际国内形势以及本地本部门的重要情况，自觉与党中央保持一致。根据离退休干部特点和需求，创新和改进落实离退休干部政治待遇的方式方法。

（四）加强和改进离退休干部党支部建设工作。把离退休干部党支部建设纳入党的基层组织建设总体规划，统筹安排，分类指导，整体推进。从离退休干部党员的实际出发，本着有利于把他们组织起来参加活动、有利于教育管理和有利于发挥作用的原则，优化组织设置，健全工作制度，选好支部班子，创新活动方式，保障活动经费。选配党性强、威信高、讲奉献的同志担任离退休干部党支部书记，不断增强党支部的凝聚力和战斗力。完善和落实离退休干部党员组织生活的各项制度，加强离退休干部党员教育管理，保障离退休干部党员对党内事务的知情权、参与权和监督权，增强离退休干部党支部和党员队伍的活力。充分发挥离退休干部党支部在推动发展、服务群众、凝聚人心、促进和谐中的作用。

（五）加强和改进离退休干部思想政治工作。深入开展中国特色社会主义理论体系教育，引导离退休干部认真学习邓小平理论和“三个代表”重要思想，认真学习科学发展观。把社会主义核心价值体系融入离退休干部思想政治工作，教育和勉励广大离退休干部坚定理想信念、珍惜光荣历史、永葆革命本色。以正面教育、自我教育为主，充分调动离退休干部的积极性和主动性。围绕改革开放和现代化建设中的重大问题及离退休干部共同关心的热点问题，做好解疑释惑工作。把思想政治工作与解决实际问题相结合，增强针对性和实效性。加强离退休干部党员和理论学习骨干的教育培训工作。注意发挥面向离退休干部的报刊、广播、电视、网络等阵地在离退休干部思想政治工作中的导向作用。

三、完善落实离退休干部生活待遇的保障机制

（六）巩固和完善离休干部“三个机制”。按照中央的要求，坚持“单位尽责、社会统筹、财政支持、加强管理”的原则，确保离休费保障机制、医药费保障机制、财政支持机制的健全完善和有效运转。

健全离休费保障机制。离休费由财政负担的，要在预算中足额安排。离休费实行基本养老保险统筹的，有统一规定的开支项目要全部纳入，保证按时足额发放。

健全医药费保障机制。实行离休干部医药费单独统筹的，要合理确定统筹标准，不断拓宽统筹渠道，切实加大征缴力度，确保医药费统筹金按时足额到位。医药费由财政负担的，要在预算中足额安排。没有实行医药费单独统筹的企事业单位，要按规定给予经费保障。采取积极措施，稳妥推进中央企业离休干部参加所在地离休干部医药费单独统筹工作。加强对统筹金的监管，确保合理使用，防止浪费。完善方便离休干部看病就医的具体措施。

健全财政支持机制。各级财政特别是省级财政要强化对落实离休干部离休费、医药费的资金支持力度，确保离休干部“两费”保障机制的正常运行。对因机构改革、企业改制和破产等原因单位变更的，要及时明确离休干部的服务管理单位，落实“两费”的资金渠道。组织、老干部工作、财政、人力资源和社会保障等部门要加强协调、检查和督促，确保离休干部“两费”的落实。

（七）按照党和国家的政策规定，保障退休干部生活待遇的落实。退休费要按时足额发放，在医疗上享受相应的待遇。

（八）建立健全离退休干部共享经济社会发展成果的机制。根据经济社会发展水平，逐步提高离退休干部的生活待遇。在进行涉及离退休干部切身利益的改革时，要同步研究制定相应的保障办法和措施。

（九）完善对有特殊困难的离退休干部的帮扶机制。制定和完善困难帮扶制度和办法，加大工作力度，对有特殊困难的离退休干部，给予适当照顾，帮助他们解决生活、医疗等方面的实际困难和问题。

四、推进老干部活动中心、老干部大学（老年大学）工作

（十）统筹规划老干部活动中心、老干部大学工作。各地各部门要按照建设全民学习、终身学习的学习型社会的要求，适应离退休干部活动、学习的需要，制定老干部活动中心、老干部大学工作计划和长远规划，健全组织机构，保障工作经费，规范各项工作，提高管理效能，推进老干部活动中心、老干部大学工作持续、健康发展。

（十一）加强基础设施建设。各地各部门要从实际出发，加强离退休干部活动、学习场所的建设，建成规模合理、实用性强的老干部活动中心、老干部大学，并注意向街道、社区、乡（镇）延伸活动和学习的网络。要把老干部活动中心、老干部大学基础设施建设纳入本地本部门发展规划，加大投入力度。

（十二）积极开展学习和文体活动。坚持“教、学、乐、为”相统一的原则，把政治性、思想性和科学性、知识性、趣味性有机结合起来。从有益于离退休干部身心健康出发，组织开展丰富多彩、积极向上的文体活动。从有助于激发学习兴趣、增强学习效果出发，合理设定教学科目，做好规范教材工作。加强师资队伍建设，开展离退休干部教育理论研究工作，创新教学手段，提高教学水平。逐步推进示范性老干部活动中心、老干部大学建设工作。

五、发挥离退休干部的积极作用

（十三）发挥离退休干部在落实科学发展观、促进经济社会又好又快发展中的推动作用，在构建社会主义和谐社会中的参谋作用，在大力弘扬党的优良传统和践行社会主义荣辱观中的示范作用，在加强党的执政能力建设和先进性建设中的促进作用，在关心教育下一代工作中的积极作用。

（十四）做好组织引导工作。要从工作需要出发，根据离退休干部的身体状况、志趣爱好和专业特长，本着自觉自愿、量力而行的原则，鼓励离退休干部面向社会、面向群众、面向基层，发挥积极作用。老干部工作部门和离退休干部原工作单位以及社会有关方面，应为离退休干部发挥作用创造一定条件，并经常进行指导。

六、做好离休干部的服务管理工作

（十五）做好“双高期”离休干部服务管理工作。要针对离休干部普遍进入高龄、高发病期的实际情况，满怀感情、主动服务，全心全意为离休干部做好事、办实事、解难事，研究制定切实可行的服务和管理办法。对行动不便、身患重病、身边无人照料的离休干部，要定期派人走访，了解他们的身体状况和生活情况，在生活上给予必要的照顾。

（十六）推进企业离休干部服务管理工作。按照中央的要求，做好企业离休干部特别

是国有改制和破产企业离休干部的服务管理工作，切实做到离休干部的事情有人管、工作有机构负责、所需经费有保障。建立和完善企业离休干部服务管理工作的长效机制，确保离休干部各项待遇得到落实、服务管理到位。

（十七）利用街道、社区资源为离休干部搞好服务。在保持原有管理关系、服务关系的基础上，充分发挥街道、社区的作用，让离休干部就近学习、就近活动、就近得到关心照顾、就近发挥作用，逐步建立和完善单位、街道、社区、养老机构、家庭相结合的离休干部医疗保健、生活服务体系，为离休干部提供医疗服务、学习活动服务和精神慰藉服务。对居住在农村的离休干部，乡（镇）、村两级党组织要多渠道、多方面给予关心照顾。

（十八）加强易地安置离休干部服务管理工作。原单位要关心重视易地安置的离休干部，认真落实他们的各项待遇，定期走访慰问，并和接受单位加强协作，共同做好服务管理工作，特别要解决好医疗问题。接受单位要关注易地安置离休干部，帮助他们解决学习、生活等方面的实际问题。

七、加强退休干部的服务管理工作

（十九）加强对退休干部工作的宏观管理。各地各部门要从退休干部数量不断增加的实际出发，加强对退休干部的服务管理工作。地方党委组织部门、老干部工作部门和政府人力资源和社会保障部门要在党委、政府的领导下，履行好对本地区退休干部服务管理工作的宏观指导和督促检查的职能。老干部工作部门要会同相关部门，抓好本地区、本部门、本单位原领导班子成员和干部管理权限范围内退休领导干部的政治待遇落实等工作。

（二十）做好退休干部的日常服务管理工作。退休干部的日常服务管理由供养关系所在单位负责。按规定移交到街道、社区的，由所在街道、社区负责。坚持因地制宜，研究切合实际的退休干部管理形式，不断改进和完善退休干部管理办法。各单位要切实履行职责，认真做好服务管理工作，落实好退休干部政治、生活待遇，为他们参加活动、发挥作用创造条件。

（二十一）保障退休干部服务管理工作的基本条件。调配相应的工作人员，确定管理和活动的经费，并按照规定列入单位经费预算，确保落实到位。要积极建立健全退休干部服务管理制度，完善工作办法。

八、加强对离退休干部工作的领导

（二十二）加强组织领导。各地各部门要把离退休干部工作摆到重要位置，坚持完善老干部工作领导责任制。党政主要领导要经常关心过问，分管领导要加强指导，定期听取工作汇报。要建立健全老干部工作领导小组，加强指导和协调。

地方党委组织部门要加强具体指导，认真研究解决工作中的重要问题。要明确一位部领导联系和指导离退休干部工作，逐步实行地方党委老干部局局长兼任同级党委组织部副部长。老干部工作部门要深入调查研究，认真履行职责，充分发挥职能作用。有关部门在制定出台涉及离退休干部利益的政策规定前，要征求老干部工作部门的意见。要在党委和政府的领导下，形成各有关部门齐抓共管、社会各方面积极参与的工作格局。加强离退休干部信访工作。做好宣传引导工作，对表现突出的优秀离退休干部和老干部工作人员要给予表彰和宣传，通过树立典型，起到引导和示范作用。

（二十三）加强老干部工作部门建设。要保持老干部工作机构的相对稳定，编制和人员配备必须与担负的任务相适应。要对老干部工作部门所属事业单位予以切实支持。要按照政治素质好、工作能力强、作风过得硬、对老干部有感情的要求，选好配强老干部工作部门领导班子。要严把“入口”，畅通“出口”，不断改善老干部工作队伍结构。要关心老干部工作人员的工作、学习和生活，为他们的成长进步创造条件，做到以事业留人、感情留人、适当的待遇留人。加强教育培训工作，提高老干部工作人员的思想政治素质，提高政策运用能力、服务管理能力、调查研究能力和改革创新能力。要加强作风建设和职业道德建设，教育党员干部“讲党性、重品行、作表率”，树立和展示新时期老干部工作部门的良好形象。

各地区各部门要按照本意见精神，结合实际，制定贯彻执行的具体措施。

中共中央组织部　人力资源和社会保障部关于印发《公务员培训规定（试行）》的通知

中组发［2008］17号

各省、自治区、直辖市党委组织部、政府人事厅（局），中央和国家机关各部委、各人民团体干部（人事）部门，新疆生产建设兵团党委组织部、人事局：

现将《公务员培训规定（试行）》印发给你们，请结合实际认真贯彻执行。在实施中有何问题和建议，请及时报告中央组织部、人力资源和社会保障部。

2008年6月27日

公务员培训规定（试行）

第一章　总　　则

第一条　为推进公务员培训工作科学化、制度化、规范化，建设高素质的公务员队伍，根据公务员法、《干部教育培训工作条例（试行）》和有关法律法规，制定本规定。

第二条　公务员培训应当根据经济社会发展和公务员队伍建设需要，按照职位职责要求和不同层次、不同类别公务员特点进行。

第三条　公务员培训应当遵循理论联系实际、以人为本、全面发展、注重能力、学以致用、改革创新、科学管理的原则。

第四条　公务员培训情况、学习成绩作为公务员考核的内容和任职、晋升的依据之一。

第五条　中共中央组织部主管全国公务员培训工作。人力资源和社会保障部按照职责分工，负责指导协调全国行政机关公务员培训工作。

中央机关各部门按照职责分工，负责相关的公务员培训工作，指导本系统公务员业务培训。

地方各级党委组织部门主管本辖区公务员培训工作。政府人事部门按照职责分工，负责指导协调本辖区行政机关公务员培训工作。

地方各级党委和政府各部门按照职责分工，负责相关的公务员培训工作。

第二章　培训对象

第六条　公务员有接受培训的权利和义务。

第七条 公务员培训的对象是全体公务员。机关根据公务员工作和职业发展需要安排公务员参加相应的培训。

担任县处级以上领导职务的公务员每5年应当参加党校、行政学院、干部学院或经厅局级以上单位组织（人事）部门认可的其他培训机构累计3个月以上的培训。

其他公务员参加脱产培训的时间一般每年累计不少于12天。

有条件的地方和部门可以实行公务员培训学时学分制。

第八条 公务员应当服从组织调训，遵守培训的规章制度，完成规定的培训任务。

公务员参加培训经考试、考核合格后，获得相应的培训结业证书。

第九条 公务员按规定参加脱产培训期间，其工资和各项福利待遇与在岗人员相同。

第十条 法律法规对领导成员、后备领导人员和法官、检察官培训另有规定的，从其规定。

第三章　培 训 分 类

第十一条 公务员培训分为初任培训、任职培训、专门业务培训和在职培训。

第十二条 初任培训是对新录用公务员进行的培训，培训内容主要包括政治理论、依法行政、公务员法和公务员行为规范、机关工作方式方法等基本知识和技能，重点提高新录用公务员适应机关工作的能力。

初任培训由组织、人事部门统一组织。专业性较强的机关按照组织、人事部门的统一要求，可自行组织初任培训。

初任培训应当在试用期内完成，时间不少于12天。

第十三条 任职培训是按照新任职务的要求，对晋升领导职务的公务员进行的培训，培训内容主要包括政治理论、领导科学、政策法规、廉政教育及所任职务相关业务知识等，重点提高其胜任领导工作的能力。

任职培训应当在公务员任职前或任职后一年内进行。

担任县处级副职以上领导职务的公务员任职培训时间原则上不少于30天，担任乡科级领导职务的公务员任职培训时间原则上不少于15天。

调入机关任职以及在机关晋升为副调研员以上及其他相当职务层次的非领导职务的公务员，依照前款规定参加任职培训。

第十四条 专门业务培训是根据公务员从事专项工作的需要进行的专业知识和技能培训，重点提高公务员的业务工作能力。

专门业务培训的内容、时间和要求由机关根据需要确定。

第十五条 在职培训是对全体公务员进行的以更新知识、提高工作能力为目的的培训。

在职培训的内容、时间和要求由各级组织、人事部门和机关根据需要确定。

第十六条 对担任专业技术职务的公务员，应当按照专业技术人员继续教育的要求，进行专业技术培训。

第十七条 没有参加初任培训或培训考试、考核不合格的新录用公务员，不能任职定级。

没有参加任职培训或培训考试、考核不合格的公务员，应及时进行补训。

专门业务培训考试、考核不合格的公务员，不得从事专门业务工作。

在职培训考试、考核不合格的公务员，年度考核不得确定为优秀等次。

无正当理由不参加培训的公务员，根据情节轻重，给予批评教育或者处分。

第四章　培 训 方 式

第十八条 坚持和完善组织调训制度。

组织、人事部门负责制定公务员脱产培训计划，选调公务员参加脱产培训。公务员所在机关按照计划完成调训任务。

第十九条 推行公务员自主选学。

组织、人事部门应当按照公务员个性化、差别化的培训需求，定期公布专题讲座等培训项目和相关要求。

鼓励公务员利用业余时间自主选择参加培训。

第二十条 建立健全公务员在职自学制度。

鼓励公务员本着工作需要、学用一致的原则利用业余时间参加有关学历学位教育和其他学习。

公务员所在机关应当为公务员在职自学提供必要的条件。

第二十一条 推广应用网络培训、远程教育、电化教育等手段，提高培训教学和管理的信息化水平。

第二十二条 组织、人事部门根据工作需要，组织开展公务员境外培训工作。

第五章 培训保障

第二十三条 国家根据公务员培训工作需要加强培训机构建设，构建分工明确、优势互补、布局合理、竞争有序的公务员培训机构体系。

第二十四条 党校、行政学院和干部学院应当按照职能分工开展公务员培训工作。

部门和系统的公务员培训机构，应当按照各自职责，承担本部门和本系统的公务员培训任务。

其他培训机构经市（地）级以上组织、人事部门认可，可承担机关委托的公务员培训任务。

第二十五条 公务员培训机构应当按照素质优良、规模适当、结构合理、专兼结合的原则，加强师资队伍建设。

省级以上组织、人事部门应当建立公务员培训师资库，实现资源共享。

从事公务员培训工作的教师应当根据学员特点，有针对性地综合运用讲授式、研讨式、案例式、模拟式、体验式等培训方法，提高培训质量。

第二十六条 建立统一规范、科学实用、各具特色的教材体系，适应不同层次、不同类别公务员培训的需要。

第二十七条 通过培训、交流等措施加强公务员培训管理者队伍建设。

第二十八条 公务员培训所需经费列入各级政府年度财政预算，并随着财政收入增长逐步提高。对重要培训项目予以重点保证。

加强对公务员培训经费的管理，提高培训经费使用效益。

第六章 培训登记与评估

第二十九条 公务员的培训实行登记管理。

公务员所在机关建立和完善公务员培训档案，对公务员参加培训的种类、内容、时间和考试考核结果等情况进行登记。

第三十条 公务员的培训情况一般由公务员培训机构或培训主办单位记载，并及时反馈公务员所在机关。

公务员自学情况由公务员所在机关认可后予以登记。

第三十一条 组织、人事部门负责对公务员培训机构进行评估，评估内容主要包括培训方针、培训质量、师资队伍、组织管理、基础设施、经费保障等。

公务员培训主办单位要对培训班进行评估，也可委托培训机构进行，评估内容主要包括培训方案、培训教学、培训保障和培训效果等。

评估结果作为改进培训工作、提高培训质量的重要依据。

第七章 监督与纪律

第三十二条 组织、人事部门应当对公务员培训工作进行监督检查，制止和纠正违反本规定的行为。

第三十三条 公务员所在机关未按规定履行公务员培训职责的，由组织、人事部门责令限期整改，逾期不改的给予通报批评。

第三十四条 公务员培训机构有下列情形之一的，由组织、人事部门责令限期整改，逾期不改的给予通报批评；情节严重的，由有关部门对负有主要责任的领导人员和直接责任人员给予处分：

（一）采取不正当手段招揽生源的；

（二）以公务员培训名义组织公费旅游或进行高消费活动的；

（三）违反国家有关规定收取培训费用的；

（四）违反国家有关规定擅自印发学历证、学位证、资格证、培训证的；

（五）其他违法违纪行为。

第三十五条 公务员在参加培训期间违反培训有关规定和纪律的，视情节轻重，给予批评教育直至处分。

第八章 附 则

第三十六条 参照公务员法管理的机关（单位）中除工勤人员以外的工作人员的培训，参照本规定执行。

第三十七条 本规定由中共中央组织部、人力资源和社会保障部负责解释。

第三十八条 本规定自发布之日起施行。1996年6月5日印发的《国家公务员培训暂行规定》（人发［1996］52号）同时废止。

中共中央组织部　人力资源和社会保障部关于印发《新录用公务员任职定级规定》的通知

中组发［2008］20 号

各省、自治区、直辖市党委组织部、政府人事厅（局），中央和国家机关各部委、各人民团体干部（人事）部门，新疆生产建设兵团党委组织部、人事局：

现将《新录用公务员任职定级规定》印发给你们，请结合实际认真贯彻执行。在实施中有何问题和建议，请及时报告中央组织部、人力资源和社会保障部。

2008 年 7 月 16 日

新录用公务员任职定级规定

第一条　为了合理确定新录用公务员职务和级别，规范新录用公务员任职定级工作，根据公务员法和相关法规，制定本规定。

第二条　新录用公务员任职定级，应当在规定的机构规格、编制、职数限额以及主任科员以下及其他相当职务层次的非领导职务范围内，按照拟任职务及其对应的级别进行。

第三条　新录用公务员试用期满三十日内，应根据拟任职务的要求，按照公务员的条件、义务和纪律要求，对新录用公务员进行任职考核。

第四条　考核合格的新录用公务员，按以下规定任职定级：

（一）直接从各类学校毕业生中录用的、没有工作经历的公务员：高中和中专毕业生，任命为办事员，定为二十七级；大学专科毕业生，任命为科员，定为二十六级；大学本科毕业生、获得双学士学位的大学本科毕业生（含学制为六年以上的大学本科毕业生）、研究生班毕业和未获得硕士学位的研究生，任命为科员，定为二十五级；获得硕士学位的研究生，任命为副主任科员，定为二十四级；获得博士学位的研究生，任命为主任科员，定为二十二级。

（二）其他新录用的公务员：原具有公务员身份的，可参考其原任职务与级别，比照本机关同等条件人员，确定职务与级别。其他具有工作经历的，可根据其资历和工龄，比照本机关同等条件人员，确定职务与级别。

新录用公务员任职时间从试用期满之日起计算。

第五条 新录用公务员任职定级，按以下程序进行：

（一）本人对试用期间的德、能、勤、绩、廉情况进行总结。

（二）所在机关对拟任职定级人员进行全面考核，提出拟任职务和拟定级别的意见。

（三）任免机关审批，下发新录用公务员任职定级决定。

新录用公务员任职定级后，按照有关规定进行公务员登记。

第六条 新录用公务员在机关最低服务年限为五年（含试用期）。

第七条 对有下列违反本规定情形的，由县级以上领导机关或者公务员主管部门按照管理权限，区别不同情况，分别予以责令纠正或者宣布无效；对负有责任的领导人员和直接责任人员，根据情节轻重作出处理：

（一）突破机构规格、超职数进行新录用公务员任职定级的；

（二）不按规定条件、程序进行新录用公务员任职定级的；

（三）把试用期计入任职年限的；

（四）违反法律、法规规定的其他情形。

第八条 本规定适用于综合管理类新录用公务员的任职定级。

在国家有关规定出台前，其他类别新录用公务员的任职定级，按照本规定办理。

第九条 参照公务员法管理的机关（单位）中除工勤人员以外的新录用人员的任职定级工作，参照本规定执行。

第十条 本规定由中共中央组织部、人力资源和社会保障部负责解释。

第十一条 本规定自发布之日起施行。1997 年 3 月 28 日发布的《新录用国家公务员任职定级暂行规定》（人发［1997］33 号）同时废止。

中共中央组织部　人力资源和社会保障部关于印发《关于开展从优秀村干部中考试录用乡镇机关公务员工作的意见》的通知

中组发［2008］24 号

各省、自治区、直辖市党委组织部、政府人事厅（局），新疆生产建设兵团党委组织部、人事局：

现将《关于开展从优秀村干部中考试录用乡镇机关公务员工作的意见》印发给你们，请结合实际认真贯彻执行。在实施中有何问题和建议，请及时报告中央组织部、人力资源社会保障部。

2008 年 8 月 13 日

关于开展从优秀村干部中考试录用乡镇机关公务员工作的意见

为贯彻落实党的十七大关于完善公务员制度，关心和爱护基层干部，注意从基层和生产一线选拔优秀干部充实各级党政领导机关的精神，在总结部分省市试点经验的基础上，中央组织部、人力资源社会保障部研究确定，在全国范围内开展从优秀村干部中考试录用乡镇机关公务员工作。现就做好这项工作提出如下意见：

一、指导思想和原则

以邓小平理论和“三个代表”重要思想为指导，深入贯彻落实科学发展观，着眼于激励农村基层干部，吸引优秀人才到农村基层建功立业，加强农村基层组织建设，从基层和生产一线选拔优秀干部，拓宽乡镇机关干部的来源渠道，改善乡镇机关公务员队伍结构，积极探索建立来自工农一线的党政干部培养链。

要坚持依法办事，认真执行公务员法及

《公务员录用规定（试行）》，坚持公开、平等、竞争、择优原则，坚持德才兼备标准，在编制限额内，严格按照规定的条件和程序录用人员。要从各地实际出发，根据乡镇工作需要和村干部队伍的现状，合理设置招考职位、资格条件、考试科目和内容。要积极稳妥地进行，注意研究工作中遇到的新情况，解决新问题，积累新经验。

二、具体方法和有关要求

（一）实施范围

各省（区、市）可选择条件具备的市（地）、县（市）进行，总结经验，逐步推开。已经开展此项工作的省（区、市），可在总结经验的基础上，全面推开。

（二）报考对象

乡镇机关从优秀村干部中考录公务员，应面向任职3年以上的选聘到村的高校毕业生和优秀村党组织书记、村委会主任。其中，选聘到村任职的高校毕业生录用率要达到70%。

今后，乡镇机关补充公务员，应逐步提高从优秀村干部中考录的比例。

（三）报考条件

报考的村干部，一般应具备以下条件：

1．符合《公务员录用规定（试行）》第十六条规定的资格条件；

2．思想政治素质好，品行端正，遵纪守法，廉洁奉公；

3．工作作风扎实，工作实绩突出，群众公认。

对少数特别优秀的村党组织书记、村委会主任，经省级公务员主管部门批准，学历可放宽到中专、高中，年龄可放宽到40周岁。

下列人员不得报考：

1．曾因犯罪受过刑事处罚的；

2．任职期间本村发生重大责任事件的；

3．本人受处分不宜报考的；

4．有法律、法规规定不得录用为公务员的其他情形的。

（四）招录的频率和数量

招录工作一般应结合省（区、市）统一招考公务员工作一起进行。招录的频率和数量由各省（区、市）根据乡镇机关公务员队伍建设需要、乡镇编制空缺情况确定。

（五）录用工作的程序和方法

录用工作按照公务员法及《公务员录用规定（试行）》的规定，由省级或经授权的设区的市级公务员主管部门负责进行。

各省（区、市）要在规定的编制限额内，根据乡镇机关职位需求和符合资格条件的村干部人数，合理确定录用计划。

符合报考条件的村干部，由个人提出报名申请，经乡镇党委推荐，上级组织人事部门进行资格审查合格后，方可参加考试。

考试试题由省（区、市）组织人事部门统一命制，要符合农村基层工作实际，侧重对解决基层实际问题能力的测查。

各省（区、市）可结合实际情况，对受表彰的人员适当给予加分，相关政策应在报名前予以公布。

考察标准由各省（区、市）根据实际情况制定，考察由县（市）以上组织人事部门负责。要认真考察村干部的思想政治素质、工作能力、群众公认度，重点考察其工作实绩和廉洁自律情况。可采取民主测评、考察预告、经济责任审计等办法。体检的项目和标准按照《公务员录用体检通用标准（试行）》执行。

经考试、考察、体检合格的拟录用人员，应在其所在县（市）、乡镇、村分别进行公示。公示结果不影响录用的，按规定程序进行审批、备案，办理录用手续。

新录用公务员试用期为1年。试用期满考核合格的，可根据其任职情况、德才表现，任命为科员或办事员职务；试用期不合格的，取消录用。

（六）录用后的教育、使用和管理

县（市）组织人事部门和乡镇党委要积极探索符合这些人员需要的培训教育方式。对新录用人员要有针对性地进行初任培训，加强理论、业务学习，帮助他们提高政策理论水平、文化素质和业务能力，尽快适应乡镇机关工作需要。要针对被录用村干部的特点，尽量将他们安排在直接与基层群众联系、能够充分发挥作用的工作岗位上。既严格管理，又放手使用。

三、组织领导和监督检查

从优秀村干部中考试录用乡镇机关公务员工作，政治性、政策性强，涉及面广，社会关注度高。各级组织人事部门要坚持正确的用人导向，从保持党同人民群众血肉联系的战略高度，充分认识做好这项工作的重要意义，切实加强领导。要根据本意见的原则要求，结合本地实际，制定工作方案，统筹兼顾，积极推进，抓好落实，确保录用工作健康开展，确保新录用人员的素质。

要切实加强对录用工作的监督检查。严禁超编和不按资格条件录用人员。要坚决抵制不正之风，防止家族势力、宗教势力的干扰。对违反公务员法和《公务员录用规定（试行）》的行为，要坚决予以纠正。录用工作人员和参加录用考试的村干部，要严格遵守有关纪律要求，对违反相关规定的，要予以批评教育，情节严重的，要依法依纪严肃处理。

各省（区、市）要在每年年度考试录用工作结束后，及时将贯彻落实本意见情况报告中央组织部和人力资源社会保障部。

国务院军队转业干部安置工作小组　中共中央组织部　人力资源和社会保障部　财政部　总政治部　总后勤部关于加强和改进军队转业干部教育培训工作的意见

国转联［2008］5号

各省、自治区、直辖市军队转业干部安置工作小组，党委组织部，政府人事厅（局）、财政厅（局），各军区、各军兵种、各总部、军事科学院、国防大学、国防科学技术大学、武警部队及省军区（卫戍区、警备区）政治部：

为推进军队转业干部教育培训工作科学化、制度化、规范化，提高教育培训的针对性和有效性，根据《干部教育培训工作条例（试行）》（中发［2006］3号）、《军队转业干部安置暂行办法》（中发［2001］3号）和《关于进一步做好军队转业干部安置工作的意见》（中发［2007］8号）有关规定，现就加强和改进军队转业干部教育培训工作提出如下意见。

一、充分认识新形势下军队转业干部教育培训工作的重要意义

军队转业干部教育培训是军队转业干部安置工作的一项重要任务，是干部队伍和人才队伍建设的重要组成部分。党中央、国务院、中央军委历来高度重视军队转业干部教育培训工作，在各个历史时期制定了相应的方针、原则和政策。各级党委、政府和军队各级组织采取积极措施，狠抓工作落实，军队转业干部教育培训工作成效显著。

随着我国经济社会发展和各项改革的不断深入，军队转业干部教育培训内容方式相对陈旧单一、制度体系不够健全配套、经费保障尚不能满足培训工作发展需要等矛盾和问题日益突出，亟待研究和解决。进一步加强和改进军队转业干部教育培训工作，是顺应改革发展新形势的客观要求，是适应军队转业干部安置政策制度调整改革的现实需要，是贯彻落实人才强国战略的重要举措，对于帮助军队转业干部从思想上、能力上和心理上适应新环境新任务，改善军队转业干部知识结构，促进工作岗位转换，加强干部队伍和人才队伍建设，建立健全中国特色退役军官安置制度，具有重要的意义。

二、进一步明确军队转业干部教育培训的指导思想、工作原则与目标任务

（一）指导思想。以邓小平理论和“三个代表”重要思想为指导，深入贯彻落实科学发展观，把军队转业干部的教育培训纳入干部教育培训及人才资源开发的总体规划，以提高适应能力和改善知识结构为重点，以加强制度建设为基础，以提高教育培训质量为核心，针对军队转业干部教育培训特点，分层次分类别开展教育培训，帮助军队转业干部顺利实现由国防和军队建设人才向党政人才和经济社会建设人才转变，促进军队转业干部人才资源的科学开发和合理配置。

（二）工作原则。计划分配军队转业干部教育培训工作遵循“先培训后上岗”“学用结合、按需施教、注重实效”和“培训、考核、使用相结合”的原则；自主择业军队转业干部教育培训工作遵循“政府主导、依托社会、个人自愿、按需培训”的原则。

（三）目标任务。逐步建立多层次、多渠道、分类别、与经济社会发展相适应的军队转业干部教育培训体系，不断更新教育培训内容，拓展教育培训形式，健全教育培训制度，构建教育培训基地网络，建立经费保障机制，形成党委和政府部门宏观指导、军队转业干部培训机构与培训基地优势互补、有关部门密切配合的教育培训格局。

三、认真做好计划分配军队转业干部教育培训

计划分配军队转业干部教育培训内容分为全员适应性培训和专业培训。在继续做好全员适应性培训工作的基础上，进一步加强专业培训。

（一）继续做好全员适应性培训。认真总结适应性培训的经验，进一步丰富培训内容，不断增强针对性和有效性，更好地发挥适应性培训的作用，为广大军队转业干部顺利实现由军队到地方岗位的转换提供有效帮助。全员适应性教育培训分层次组织实施，时间不少于5天。

（二）规范和完善专业培训内容。完善专业培训大纲，细化专业培训类别，科学设置专业课程。公共类专业培训大纲由国家军队转业干部安置工作主管部门统一组织制定；行业类专业培训大纲由国家军队转业干部安置工作主管部门会同行业部门共同制定。培训大纲要根据形势任务发展及时调整更新。

（三）加强专业培训的组织实施。专业培训应在军队转业干部上岗前进行，由省（自治区、直辖市）军队转业干部安置工作主管部门统一规划并与接收单位共同组织实施。专业培训时间不少于3个月。要充分发挥行业系统培训优势，加强对行业系统专业培训工作的指导。军队转业干部在专业培训期间，组织、人事部门和接收单位要加强考核工作，将考核情况，作为使用军队转业干部的重要依据。

（四）做好离队前教育培训。部队政治机关在干部转业摸底和离队报到前，要结合阶段性工作特点，做好深入细致的思想工作，进行政策形势、组织纪律、法规、保密等方面的教育，以及必要的择业指导和专业技能培训，为军队转业干部顺利到地方转岗打好基础。地方军队转业干部安置工作主管部门要积极支持配合。

四、加强自主择业军队转业干部教育培训

针对自主择业军队转业干部教育培训需求多元、投入大、自主性强等特点，着力提高自主择业军队转业干部就业创业能力，增强自主择业军队转业干部教育培训的实效性。

（一）认真组织适应性教育培训。自主择业军队转业干部适应性培训与计划分配军队转业干部适应性培训要分开进行，由省（自治区、直辖市）军队转业干部安置工作主管部门制订计划并组织实施。适应性教育培训内容主要包括国家和安置地经济社会发展形势、自主择业管理服务相关规定、就业创业有关政策法规及指导等。适应性教育培训时间不少于5天。

（二）积极开展个性化教育培训。个性化教育培训，是指自主择业军队转业干部根据个人需求，在省（自治区、直辖市）军队转业干部安置工作主管部门指定或认可的培训机构进行培训，并取得相应证书的教育培训模式。自主择业军队转业干部到地方报到后3年内，可向安置地军队转业干部安置工作主管部门提出培训申请，经批准参加培训并取得合格证书后，其相关培训费用，可在军队转业干部教育培训经费规定的标准内支付。个性化教育培训的内容主要围绕自主择业军队转业干部就业创业需求安排。在个人自愿的基础上，对培训需求相对集中的专业，可由省（自治区、直辖市）军队转业干部安置工作主管部门统一规划组织培训。国家适时发布自主择业军队转业干部教育培训参考大纲。个性化教育培训的具体实施办法另行规定。

（三）加强教育培训管理服务。省（自治区、直辖市）军队转业干部安置工作主管部门要为个性化培训提供相关信息，跟踪培训情况，建立培训档案，进行效果评估。加强与高校、企业等各类教育培训、就业创业和实训基地的合作。不断创造灵活多样、富有实效的自主择业军队转业干部的个性化教育培训形式。

五、不断改进和完善军队转业干部教育培训方式方法

（一）积极探索教育培训工作前移。根据军队转业干部安置工作特点和需要，部队和地方军队转业干部安置工作主管部门要充分利用军队干部确定转业到单位报到前的时间，针对军队转业干部实际，探索研究教育培训前移的具体内容、方式方法和组织实施等。有条件的地区可以结合部分行业领域的专业需求，探索有计划地选择一定数量的军队转业干部进行行业专业知识、技能等培训，并结合培训情况和考核结果对口安置的办法。

（二）大力开展网络教育培训。网络教育培训是现代远程教育培训的一种重要形式。要充分发挥网络培训覆盖面广、优质教育资源共享、学习方式灵活等优势，在军队转业干部教育培训中大力推行网络教育培训。国家军队转业干部安置工作主管部门统一制定全国军队转业干部网络教育培训规划，建立全国军队转业干部教育培训网络课堂，整合社会优质网络教育培训课程资源，分期分批纳入军队转业干部教育培训网络课程体系。各省（自治区、直辖市）军队转业干部安置工作主管部门负责组织本省（自治区、直辖市）军队转业干部参加网络课程学习。国家军队转业干部安置工作主管部门要加强对网络教育培训承训机构的指导，逐步实现网络教育培训工作的规范化、制度化。

六、全面加强军队转业干部教育培训基础保障

（一）实现优质师资资源共享。按照素质优良、规模适当、结构合理、专兼结合的原则，建立全国和各省（自治区、直辖市）包括党政领导干部、国内外专家学者、高等院校教授、优秀企业家等在内的教育培训师资队伍信息库，实施动态管理、优化组合，在全国范围内实现资源共享。

（二）加快教材建设步伐。为保证培训质量，规范培训内容，根据经济社会发展趋势和军队转业干部需求，国家统一组织编写军队转业干部教育培训核心教材。教材编写既要坚持专业培训的共性要求，更要突出军队转业干部的特点，体现针对性、实用性，坚持动态更新，逐步建立军队转业干部培训教材的保障机制。

（三）充分利用好各类教育培训基地。充分利用党校、行政学院、干部学院以及高等院校、军队院校、行业教育培训机构等教育培训资源，建设广覆盖、多层次、优势互补、布局合理的军队转业干部教育培训基地体系。军队转业干部培训中心要充分发挥作用，在军队转业干部安置工作主管部门指导下，积极探索适应新形势要求的军队转业干部教育培训内容和方法。逐步建立军队转业干部教育培训基地资质评估、资格准入和教育培训质量评估制度。

（四）加大教育培训经费投入。军队转业干部教育培训经费，实行中央财政和军队共同保障的模式。教育培训经费要随着国家经济社会发展而逐步提高，保障教育培训工作需要。自2008年起，计划分配军队转业干部经费标准确定为每人3 300元（300元用于适应性培训，3 000元用于专业培训），其中，中央财政按每人 2 200 元拨付，军队按每人 1 100 元拨付。自主择业军队转业干部经费标准确定为每人 4 800 元（300 元用于适应性培训，4 500 元用于专业培训），其中，中央财政按每人 3 200元拨付，军队按每人 1 600 元拨付。培训经费按原渠道划拨。地方财政也要加大军队转业干部教育培训经费支持力度。军队转业干部离队前教育培训所需经费，由部队有关部门研究解决。

（五）加强经费的管理监督。军队转业干部教育培训经费由国家、省（自治区、直辖市）军队转业干部安置工作主管部门统一管理使用。经费必须专款专用，不得挪用、截留、克扣、侵占。教育培训经费使用要接受审计监督，国家、省（自治区、直辖市）军队转业干部安置工作小组适时组织相关部门对经费使用情况进行监督检查。违反经费管理规定的，依照《财政违法行为处罚处分条例》等国家有关规定追究责任，构成犯罪的，依法追究刑事责任。

（六）适应教育培训发展需要，调动社会各方面积极性，逐步建立多元化、多渠道的教育培训经费保障机制。

七、切实加强对军队转业干部教育培训工作的组织领导

（一）高度重视教育培训工作。各级党委组织部、政府人事、财政及军队有关部门要高度重视军队转业干部教育培训工作，切实把军队转业干部教育培训纳入本地、本部门干部教育培训及人才资源开发的整体规划，统一部署，加强协调，密切配合，抓好落实。

（二）加强对教育培训工作的指导。各级军队转业干部安置工作主管部门，要把军队转业干部教育培训工作作为推进建设中国特色退役军官安置制度的一项重要内容，切实履行好职责，按照干部教育培训工作的总体规划，做好军队转业干部教育培训的规划指导、组织协调和督促检查工作，加强对教育培训工作新情况、新问题的研究。

（三）认真落实相关责任。师职军队转业干部的教育培训，由中央组织部会同有关部门组织实施。团职以下军队转业干部的教育培训，转业到中央和国家机关、在京中央企业、事业单位的，由国务院军队转业干部安置工作主管部门会同有关部门组织实施；转业到地方的，由有关省（自治区、直辖市）组织、军队转业干部安置工作主管部门组织实施。财政部门要加大经费保障力度。行业系统要把军队转业干部教育培训作为本系统干部队伍和人才队伍建设的重要内容，认真部署落实。接收安置军队转业干部的单位，要按照国家规定确保军队转业干部参加教育培训和培训期间相关待遇落实。

（四）加强工作队伍建设。强化工作职能，理顺工作关系，有计划地组织开展“培训者培训”“管理者培训”活动，提高工作队伍整体素质。对在教育培训工作中成绩突出的单位和个人，按照有关规定给予宣传和表彰奖励。

各省（自治区、直辖市）应依据本意见制定军队转业干部教育培训工作实施细则。

国家军队转业干部安置工作主管部门负责对本意见的实施情况进行督促检查。

2008 年 12 月 23 日

国家发展和改革委员会　国家旅游局　人力资源和社会保障部　商务部　财政部　中国人民银行关于印发关于大力发展旅游业促进就业的指导意见的通知

发改就业［2008］2215号

各省、自治区、直辖市发展改革委、旅游局、人事厅（局）、劳动保障厅（局）、商务主管部门、财政厅（局），中国人民银行上海总部，各分行、营业管理部，各省会（首府）城市中心支行，各副省级城市中心支行：

为贯彻落实《国务院关于做好促进就业工作的通知》（国发［2008］5号）精神，进一步发展旅游业促进就业，国家发展和改革委员会、国家旅游局、人力资源和社会保障部、商务部、财政部、中国人民银行共同制定了《关于大力发展旅游业促进就业的指导意见》，经国务院同意，现印发你们，请按照执行。

2008年8月21日

关于大力发展旅游业促进就业的指导意见

旅游业是国民经济的重要产业，是扩大就业的重要渠道。随着人民生活水平不断提高，旅游消费需求迅速增长，旅游就业发展空间广阔。但是，目前旅游就业还存在一些薄弱环节，就业增长与产业发展不协调、从业人员素质不高、公共服务和政策引导不到位等问题仍然存在，必须采取有效措施加以解决。根据党的十七大关于实施扩大就业发展战略的目标要求，为贯彻落实《国务院关于做好促进就业工作的通知》（国发［2008］5号）精神，进一步发展旅游业促进就业，经国务院同意，现提出以下意见：

一、指导思想、总体目标与基本原则

（一）指导思想

以党的十七大精神为指导，按照科学发展观和全面建设小康社会的总体要求，围绕建设世界旅游强国，在切实保护生态环境、耕地资源、文化自然遗产和旅游资源前提下，加快旅游经济发展。通过建立和完善发展旅游业促进就业的政策体系，广开就业渠道，优化就业结构，完善就业服务，强化就业管理，以旅游产

业的发展推动就业增长，支持实施扩大就业的发展战略。

（二）总体目标

在国家产业政策和就业政策指导下，到2015年，建立健全与就业形势相协调的旅游产业体系和政策支撑体系；建立和完善适应旅游业特点的劳动用工管理、公共就业服务、人力资源开发制度，形成就业与产业协调发展的机制；旅游就业规模不断扩大，从目前的6 000万人增加到1亿人左右。

（三）基本原则

坚持以市场为导向。充分发挥市场和企业在发展旅游业促进就业中的主体作用和基础性作用，调动各方面积极性。发挥政府的引导作用，整合现有资源。

坚持因地制宜和分类指导。从实际出发，发挥不同地区的优势，开发适应市场需求的旅游产品。加大对欠发达地区和就业困难人员的扶持力度。

坚持可持续发展。产业发展要与保护资源环境相结合，促进旅游产业和扩大就业的可持续发展。

坚持改革和创新。深化体制改革，探索和建立适应旅游业发展特点的就业管理体制和机制。

二、主要任务

（一）加快发展旅游产业，扩大旅游就业规模。努力保持旅游业持续快速增长，进一步发挥旅游业在国民经济中的重要作用，以产业发展带动就业增长。加快完善旅游产业体系，推进旅游要素体系、旅游目的地体系、旅游产品体系、旅游安全与质量保障体系建设。鼓励旅游新领域、新业态发展，充分发挥旅游业在休闲产业中的主体作用，加快休闲度假、修学旅游、自驾车旅游、健康旅游、生态旅游、工农业旅游、红色旅游等新产品开发，鼓励开辟交通运输旅游航线，大力培育旅游电子商务等新业态。鼓励社会资本投入旅游业，扶持非公有制旅游企业和中小型旅游企业加快发展，培育一批拥有知名品牌、具有较强竞争力的大型旅游企业和企业集团。在国家产业政策鼓励和支持的范围内，建设一批就业容量大、符合市场需求、可持续发展的大型旅游项目。

（二）拓展旅游产业链条，优化旅游就业结构。全面推进旅游业转型升级，处理好提升产业素质与扩大产业规模的关系。继续发展旅游住宿、景区、餐饮、旅行社服务和交通服务等相关企业。加快发展旅游商品生产销售、旅游文化娱乐、旅游装备工业等，增加就业比重。提高旅游业创新能力，鼓励创业和发展灵活就业。鼓励发展旅游咨询、规划设计、广告营销等，开发知识技术含量较高的旅游产品与就业岗位。

（三）培育规范旅游市场，挖掘旅游就业潜力。深化国家法定节假日制度改革，落实职工带薪年休假制度。鼓励有条件的地区制定国民旅游计划，推动社会公益性场所逐步实行面向全民的票价优惠或免费开放。建立和完善旅游行业诚信体系，加强旅游市场质量规范与管理，充分挖掘旅游市场的就业潜力。鼓励灵活多样的信用消费方式，增设小额外币兑换点，发行便利旅游者的差旅交通卡、游览连锁优惠卡等，推广便利的电子支付手段。积极发展国际旅游市场，加强国际旅游服务，不断提高服务质量，吸引更多的境外游客到国内旅游。

（四）加强人力资源开发，提高旅游就业能力。加大对新成长劳动力、农民工、妇女、贫困地区劳动者和失业人员旅游就业培训力度，对有创业愿望、具备一定创业能力的人员开展创业培训。加快培养中高级人才、复合型人才、技能型人才和急需人才，壮大旅游职业经理人队伍。加强旅游行政、企业、院校骨干人员的教育培训，培养一批与国际接轨的高素质人才。加强对旅游从业人员的培训，规范职业资格认证，健全人才激励机制。整合各类教育资源，鼓励高等学校、中等职业学校和职业培训机构建立教育基地，逐步形成普通教育、职业教育和培训相结合的旅游教育培训体系。鼓励高等学校根据市场需要调整专业方向，提高旅游教育培训的质量与针对性，培育一支多层次多专业的旅游人才队伍。

（五）完善相关配套措施，改善旅游就业环境。把发展旅游业促进就业纳入各地就业发展规划和旅游业发展总体规划，建立和完善旅游就业指标统计制度。深化旅游企业劳动用工和收入分配制度改革，依法规范旅游业从业人员特别是导游人员的劳动用工管理，建立和完善工资形成机制和正常增长机制，规范工资支付方式。加强从业人员社会保障，做好职业指导、信息服务、职业介绍、创业服务等就业服务工作。搭建旅游要素流通平台，促进旅游要素的合理流动和优化配置。进一步消除城乡分割、区域分割和部门分割，发挥市场在劳动力资源配置过程中的基础性作用。

（六）实施就业行动计划，开展旅游就业试点。鼓励各地根据自身实际需要和现实条件，因地制宜制订和实施旅游就业行动计划，重点促进农村劳动力转移就业、大中专毕业生就业、妇女就业、残疾人就业和失业人员就业，制订旅游人力资源开发与教育创新、旅游就业服务与保障、旅游就业国内对口支援与国际合作等行动计划。鼓励各地探索各类旅游就业试点，选择有条件的地方，开展不同领域、层次和形式的试点工作。

三、主要政策措施

（一）加大财税政策支持。县级以上人民政府根据就业状况和就业工作目标，在财政预算中安排专项就业资金用于促进就业。就业专项资金可按规定用于旅游从业人员的职业介绍补贴、职业培训补贴、社会保险补贴、小额贷款贴息等。积极研究完善旅游相关税收政策，认真落实国家促进就业以及鼓励西部地区旅游业发展的税收政策。

（二）加强基础设施建设。加强旅游就业的信息网络、培训基地、服务场所以及旅游景点交通运输等基础设施建设，重点扶持中西部地区、东北等老工业基地和欠发达地区。加强对就业容量大的旅游新领域、新业态的引导，通过多种方式支持拉动就业效果明显的旅游景区发展。鼓励有条件的地方建设一批功能完善、特色突出、就业潜力大的旅游项目和旅游综合服务设施。

（三）完善金融扶持政策。进一步改进金融服务，创新金融产品，完善信贷管理制度，对符合信贷条件的旅游企业或项目提供信贷支持。引导和鼓励民间资本加大对旅游业的投入。拓宽旅游企业融资渠道，进一步加大对符合条件的非公有制旅游企业和中小旅游企业的金融支持。发挥小额担保贷款的积极作用，支持以创业带动就业，促进旅游业加快发展。

（四）积极提供旅游就业援助。对就业困难人员从事旅游业的，可按规定通过贷款贴息、社会保险补贴、岗位补贴等办法，给予扶持和帮助。通过开发公益性旅游服务岗位等多种方式，重点解决就业困难人员就业。鼓励资源开采型城市和独立工矿区因地制宜发展特色旅游产业，引导劳动者转移就业。因资源枯竭或经济结构调整等原因就业困难人员较集中的地区，有条件发展旅游业的，有关部门应当给予必要的扶持和帮助。

四、加强组织实施

国家旅游局、人力资源和社会保障部、国家发展和改革委员会、商务部、财政部、中国人民银行等有关部门要根据职责分工，加强对发展旅游业促进就业工作的组织实施。根据旅游业地域和行业差异大、就业方式灵活多样的实际情况，采取相关措施，明确工作重点，推动旅游就业工作的稳步发展。

各地要进一步强化工作职责，统筹产业政策和就业政策，建立和完善相应制度，形成统一领导、统筹协调、分工协作的工作机制。要抓紧制定贯彻本指导意见的具体办法和实施细则，精心组织、周密部署、扎实推进，确保各项政策措施落到实处。

教育部　中共中央宣传部　人力资源和社会保障部　文化部　国家广播电影电视总局　国家语言文字工作委员会　解放军总政治部　共青团中央关于开展第11届全国推广普通话宣传周活动的通知

教语用［2008］1号

各省、自治区、直辖市教育厅（教委）、党委宣传部、人事厅（局）、文化厅（局）、广播影视局、语委、团委，各军区、各军兵种、各总部、军事科学院、国防大学、国防科学技术大学、武警部队政治部，新疆生产建设兵团教育局、党委宣传部、人事局、文化局、广电局、语委：

经国务院批准，自1998年起，每年9月份第三周为全国推广普通话宣传周（以下简称推普周）。十年来，在各地语言文字工作部门和有关单位的积极努力下，推普周已成为具有较高社会知晓度，广大群众积极关注、参与并获益良多的文化活动，在全社会推广普通话和语言文字规范化宣传中发挥了重要作用，产生了积极的社会影响。

2008年9月14日至20日是第11届全国推普周，为搞好本届推普周活动，现就有关事项通知如下：

一、指导思想

学习贯彻党的十七大精神，深入落实科学发展观，认真贯彻《国家通用语言文字法》，全面实施"一个目标、两条腿走路、三个结合、四项任务"的语言文字工作思路，为提升国家文化软实力和文化生产力，为构建与社会主义和谐社会相适应的和谐语言生活作贡献。

二、宣传主题

构建和谐语言生活，营造共有精神家园。

三、活动内容

1. 以《国家通用语言文字法》为依据，以学校、党政机关、新闻媒体、公共服务行业为重点领域，努力营造以普通话和规范汉字为主体的和谐发展的社会语言生活。努力促进社会主义先进文化与和谐社会建设，重视并加强对中华优秀文化的弘扬，使语言和文化相得益彰，成为建设与维护中华民族共有精神家园的载体与依托。

2. 以奥运会为契机，全面宣传国家的相关法律法规、方针政策和规范标准；把语言文字工作与我国形象的对外宣传、与奥运环境的营造、与公众的切身利益和普遍关心的问题结合起来，积极开拓工作领域，不断深化工作内容，努力提高全民族语文素养和语言文字的社会应用水平。

3．省级语言文字工作部门要加强宏观统筹和分类指导，充分调动和鼓励基层单位的积极性、创造性，总结和推广各地推普周活动中的好典型、好经验，推动各地工作的均衡、可持续发展。要注重与日常推普宣传、语言文字常规工作的衔接和融合，充分发挥推普周的整合引领作用。要在广泛征求宣传、教育、人事、文化、广电、共青团、少先队等部门、组织和媒体意见的基础上，尽快制定推普周活动方案。要通过工作思路和工作方式的创新，不断提高和扩大推广普通话和语言文字规范化工作的社会影响力。在推普周活动形式上，要适应时代发展和社会需求，进一步创新宣传形式，丰富宣传手段，扩大宣传领域，拓展宣传的广度和深度，注重宣传的内涵和实效。

4．本届推普周宣传要结合工作的总体推进，以旅游、文化系统为重点行业，充分利用奥运会召开、法定假日调整和博物馆免费向社会开放对旅游、文博行业发展的促进作用，开展具有地区和行业特点的宣传、规范、培训活动，着力提升导游员、讲解员等的普通话应用和服务水平，提升旅游景区、博物馆、展览馆等说明牌的文字规范水平。

5．重视并发挥学校，特别是各级语言文字规范化示范校在推广普及普通话中的基础和辐射作用。鼓励学校面向社会、社区开展宣传活动，增强学校师生语言规范意识和提高语言文字应用水平和能力。要切实加强对中小城镇、广大农村和民族地区开展推普周宣传活动的指导和支持，使加快普通话在广大农村、边远民族地区的推广普及真正成为进行社会主义新农村建设的重要内容。

6. 2008 年，教育部和国家语委为配合国务院将清明、端午和中秋等节日增列为国家法定假日的举措，会同中宣部、中央文明办、文化部和民政部共同主办了“中华经典诵读”活动和“中华赞·诗词歌赋创作征集”活动。这两项活动已作为教育部和国家语委的年度重点工作。作为“中华经典诵读”活动重点的“中华经典诗文诵读大赛”将贯穿全年，各地在制定本届推普周活动方案时，应充分考虑与开展诵读、诗文创作活动的整合、呼应与协调。

四、其他

本届推普周开幕式将与“中华经典诵读——中秋篇”活动联合，在山东举办，闭幕式活动由各省（区、市）以适当的方式各自组织，以增强参与意识。推普周期间，全国推普周领导小组办公室将继续印发推普周宣传画，制作并通过广播电视和网络播放推广普通话公益广告。各省（区、市）也可借助社会支持，自行制作相关宣传品，多渠道、多方位开展宣传，进一步增强推普周活动的宣传声势和社会效果。

各省级语言文字工作部门（教育行政部门）要根据本《通知》精神，将第 11 届推普周活动方案和书面总结分别于 7 月 15 日前和 9 月 30 日前报送全国推普周领导小组办公室（教育部语言文字应用管理司）。

2008 年 5 月 9 日

监察部　人事部　财政部　国家海洋局令

第14号

《海域使用管理违法违纪行为处分规定》已经监察部2008年2月21日第2次部长办公会议、人事部2008年1月11日第9次部务会议、国家海洋局2007年12月6日局长办公会议审议通过、财政部审议通过。现予以公布，自2008年4月1日起施行。

监察部部长　马馼
人事部部长　尹蔚民
财政部部长　谢旭人
国家海洋局局长　孙志辉
2008年2月26日

海域使用管理违法违纪行为处分规定

第一条　为了加强海域使用管理，规范海域使用管理活动，提高海域使用管理水平，惩处海域使用管理违法违纪行为，根据《中华人民共和国海域使用管理法》《中华人民共和国行政监察法》《中华人民共和国公务员法》《行政机关公务员处分条例》及其他有关法律、行政法规，制定本规定。

第二条　有海域使用管理违法违纪行为的单位，其负有责任的领导人员和直接责任人员，以及有海域使用管理违法违纪行为的个人，应当承担纪律责任，属于下列人员的（以下统称有关责任人员），由任免机关或者监察机关按照管理权限依法给予处分：

（一）行政机关公务员；

（二）法律、法规授权的具有公共事务管理职能的事业单位中经批准参照《中华人民共和国公务员法》管理的工作人员；

（三）行政机关依法委托的组织中除工勤人员以外的工作人员；

（四）企业、事业单位中由行政机关任命的人员。

法律、行政法规、国务院决定和国务院监察机关、国务院人事部门制定的处分规章对海域使用管理违法违纪行为的处分另有规定的，从其规定。

第三条　有下列行为之一的，对有关责任人员，给予记大过处分；情节较重的，给予降级或者撤职处分；情节严重的，给予开除处分：

（一）拒不执行国家有关海域使用管理的方针政策和海域使用管理法律、法规、规章的；

（二）制定或者实施与国家有关海域使用管理的方针政策和海域使用管理法律、法规、规章相抵触的规定或者措施的。

第四条 违反规定，有下列行为之一的，对有关责任人员，给予记过或者记大过处分；情节较重的，给予降级或者撤职处分；情节严重的，给予开除处分：

（一）干预海域使用审批的；

（二）干预海域使用权招标、拍卖等活动的；

（三）干预海域使用金征收或者减免的；

（四）干预海域使用论证或者评审的；

（五）干预海域使用监督检查或者违法违纪案件查处的；

（六）有其他干预海域使用管理活动行为的。

第五条 有下列行为之一的，对有关责任人员，给予警告或者记过处分；情节较重的，给予记大过或者降级处分；情节严重的，给予撤职处分：

（一）违反法定权限或者法定程序审批项目用海的；

（二）不按照海洋功能区划批准使用海域的；

（三）对含不同用海类型的同一项目用海或者使用相同类型海域的同一项目用海化整为零、分散审批的；

（四）明知海域使用违法案件正在查处，仍颁发涉案海域的海域使用权证书的；

（五）不按照规定的权限、程序、用海项目批准减免海域使用金的；

（六）违反规定办理海域使用权招标、拍卖的。

第六条 有下列行为之一的，对有关责任人员，给予记过或者记大过处分；情节较重的，给予降级或者撤职处分；情节严重的，给予开除处分：

（一）违法修改海洋功能区划确定的海域功能的；

（二）违反海域使用论证资质管理规定，造成不良后果的；

（三）非法阻挠、妨害海域使用权人依法使用海域的。

第七条 在海域使用论证报告评审工作中弄虚作假，造成不良后果的，对有关责任人员，给予记过或者记大过处分；情节较重的，给予降级或者撤职处分；情节严重的，给予开除处分。

第八条 违反规定不收、少收、多收或者缓收海域使用金的，对有关责任人员，给予警告、记过或者记大过处分；情节严重的，给予降级或者撤职处分。

第九条 有下列行为之一的，对有关责任人员，给予记大过处分；情节严重的，给予降级或者撤职处分：

（一）违反规定对法定或者经批准免缴海域使用金的用海项目征收海域使用金的；

（二）颁发《海域使用权证书》，除依法收取海域使用金外，收取管理费或者其他费用的。

第十条 征收海域使用金或者罚款，不使用规定票据的，对有关责任人员，给予降级或者撤职处分；情节严重的，给予开除处分。

第十一条 行政机关截留、挪用海域使用金、罚没款的，对有关责任人员，给予降级处分；情节严重的，给予撤职或者开除处分。

第十二条 行政机关私分或者变相私分海域使用金、罚没款或者其他费用的，对决定私分的责任人员，分别依照下列规定给予处分：

（一）私分或者变相私分不足5万元的，给予记过或者记大过处分；

（二）私分或者变相私分5万元以上不足10万元的，给予降级或者撤职处分；

（三）私分或者变相私分10万元以上的，给予开除处分。

第十三条 有下列行为之一的，对有关责任人员，给予记过或者记大过处分；情节较重的，给予降级或者撤职处分；情节严重的，给予开除处分：

（一）利用职务上的便利，侵吞、窃取、骗取或者以其他手段将收缴的罚款、海域使用金或者其他财物据为己有的；

（二）在海域使用管理中，利用职务上的便利，索取他人财物，或者非法收受他人财物为他人谋取利益的。

第十四条　违反规定参与或者从事与海域使用有关的生产经营活动的，对有关责任人员，给予记过或者记大过处分；情节较重的，给予降级或者撤职处分；情节严重的，给予开除处分。

第十五条　海洋行政执法机构及其工作人员有下列行为之一的，对有关责任人员，给予记过或者记大过处分；情节较重的，给予降级或者撤职处分；情节严重的，给予开除处分：

（一）接到违法使用海域行为的举报，不按规定处理，造成不良后果的；

（二）对已查知的正在发生的违法使用海域行为，不及时制止或者不依法进行处理的；

（三）不履行行政执法职责，不按规定进行执法巡查和行政检查，致使严重的违法行为未能发现的。

第十六条　海洋行政执法机构及其工作人员有下列行为之一的，对有关责任人员，给予警告或者记过处分；情节较重的，给予记大过或者降级处分；情节严重的，给予撤职处分：

（一）违反有关案件管辖规定，超越职权范围实施海洋行政处罚的；

（二）在海洋行政处罚中因故意或者重大过失错误认定违法使用海域行为的；

（三）不按照法定条件或者违反法定程序，或者不按照海洋行政处罚种类、幅度实施海洋行政处罚的；

（四）变相罚款或者以其他名目代替罚款的；

（五）违反规定委托海洋行政处罚权的。

第十七条　海域使用论证资质单位及其工作人员有下列行为之一，造成不良后果的，对属于本规定第二条所列人员中的责任人员，给予警告、记过或者记大过处分；情节较重的，给予降级或者撤职处分；情节严重的，给予开除处分：

（一）越级或者超越规定范围承担论证项目的；

（二）在海域使用论证报告中使用虚构或者明显失实的数据资料的；

（三）海域使用论证报告严重失实的；

（四）有其他虚构事实、隐瞒真相行为的。

第十八条　企业、事业单位及其工作人员有下列行为之一的，对属于本规定第二条所列人员中的责任人员，给予警告、记过或者记大过处分；情节较重的，给予降级或者撤职处分；情节严重的，给予开除处分：

（一）未经批准或者骗取批准，非法占用海域的；

（二）海域使用权期满，未办理有关手续仍继续使用海域的；

（三）骗取减免海域使用金的；

（四）不按期缴纳海域使用金的；

（五）在使用海域期间，未经依法批准，从事海洋基础测绘的；

（六）拒不接受海洋行政主管部门的监督检查、不如实反映情况或者不提供有关资料的。

第十九条　企业、事业单位及其工作人员有下列行为之一的，对属于本规定第二条所列人员中的责任人员，给予警告或者记过处分；情节较重的，给予记大过或者降级处分；情节严重的，给予撤职处分：

（一）擅自改变海域使用用途的；

（二）不按规定转让、出租、抵押海域使用权的；

（三）因单位合并、分立或者与他人合资、合作经营，不按规定变更海域使用权人的；

（四）海域使用权终止，原海域使用权人

不按规定拆除用海设施和构筑物的；

（五）拒不支付由海洋行政主管部门委托有关单位拆除用海设施和构筑物所需费用的。

第二十条 受到处分的人员对处分决定不服的，依照《中华人民共和国行政监察法》《中华人民共和国公务员法》《行政机关公务员处分条例》等有关规定，可以申请复核或者申诉。

第二十一条 任免机关、监察机关和海洋行政主管部门建立案件移送制度。

任免机关、监察机关查处海域使用管理违法违纪案件，认为应当由海洋行政主管部门给予行政处罚的，应当将有关案件材料移送海洋行政主管部门。海洋行政主管部门应当依法及时查处，并将处理结果书面告知任免机关、监察机关。

海洋行政主管部门查处海域使用管理违法案件，认为应当由任免机关或者监察机关给予处分的，应当及时将有关案件材料移送任免机关或者监察机关。任免机关或者监察机关应当依法及时查处，并将处理结果书面告知海洋行政主管部门。

第二十二条 有海域使用管理违法违纪行为，应当给予党纪处分的，移送党的纪律检察机关处理；涉嫌犯罪的，移送司法机关依法追究刑事责任。

第二十三条 本规定由监察部、人事部、财政部和国家海洋局负责解释。

第二十四条 本规定自 2008 年 4 月 1 日起施行。

监察部　人力资源和社会保障部　国土资源部令

第 15 号

《违反土地管理规定行为处分办法》已经 2007 年 12 月 5 日监察部第 11 次部长办公会议、2007 年 12 月 4 日原人事部第 5 次部务会议、2007 年 11 月 2 日国土资源部第 12 次部长办公会议审议通过。2008 年 5 月 2 日经国务院批准，现予公布，自 2008 年 6 月 1 日起施行。2000 年 3 月 2 日监察部、国土资源部第 9 号令发布的《关于违反土地管理规定行为行政处分暂行办法》同时废止。

监察部部长　马馼
人力资源和社会保障部部长　尹蔚民
国土资源部部长　徐绍史
2008 年 5 月 9 日

违反土地管理规定行为处分办法

第一条　为了加强土地管理，惩处违反土地管理规定的行为，根据《中华人民共和国土地管理法》《中华人民共和国行政监察法》《中华人民共和国公务员法》《行政机关公务员处分条例》及其他有关法律、行政法规，制定本办法。

第二条　有违反土地管理规定行为的单位，其负有责任的领导人员和直接责任人员，以及有违反土地管理规定行为的个人，应当承担纪律责任，属于下列人员的（以下统称有关责任人员），由任免机关或者监察机关按照管理权限依法给予处分：

（一）行政机关公务员；

（二）法律、法规授权的具有公共事务管理职能的事业单位中经批准参照《中华人民共和国公务员法》管理的工作人员；

（三）行政机关依法委托的组织中除工勤人员以外的工作人员；

（四）企业、事业单位中由行政机关任命的人员。

法律、行政法规、国务院决定和国务院监察机关、国务院人力资源和社会保障部门制定的处分规章对违反土地管理规定行为的处分另有规定的，从其规定。

第三条　有下列行为之一的，对县级以上地方人民政府主要领导人员和其他负有责任的领导人员，给予警告或者记过处分；情节较重的，给予记大过或者降级处分；情节严重的，给予撤职处分：

（一）土地管理秩序混乱，致使一年度内本行政区域违法占用耕地面积占新增建设用地占用耕地总面积的比例达到15%以上或者虽然未达到15%，但造成恶劣影响或者其他严重后果的；

（二）发生土地违法案件造成严重后果的；

（三）对违反土地管理规定行为不制止、不组织查处的；

（四）对违反土地管理规定行为隐瞒不报、压案不查的。

第四条 行政机关在土地审批和供应过程中不执行或者违反国家土地调控政策，有下列行为之一的，对有关责任人员，给予记大过处分；情节较重的，给予降级或者撤职处分；情节严重的，给予开除处分：

（一）对国务院明确要求暂停土地审批仍不停止审批的；

（二）对国务院明确禁止供地的项目提供建设用地的。

第五条 行政机关及其公务员违反土地管理规定，滥用职权，非法批准征收、占用土地的，对有关责任人员，给予记过或者记大过处分；情节较重的，给予降级或者撤职处分；情节严重的，给予开除处分。

有前款规定行为，且有徇私舞弊情节的，从重处分。

第六条 行政机关及其公务员有下列行为之一的，对有关责任人员，给予记过或者记大过处分；情节较重的，给予降级或者撤职处分；情节严重的，给予开除处分：

（一）不按照土地利用总体规划确定的用途批准用地的；

（二）通过调整土地利用总体规划，擅自改变基本农田位置，规避建设占用基本农田由国务院审批规定的；

（三）没有土地利用计划指标擅自批准用地的；

（四）没有新增建设占用农用地计划指标擅自批准农用地转用的；

（五）批准以“以租代征”等方式擅自占用农用地进行非农业建设的。

第七条 行政机关及其公务员有下列行为之一的，对有关责任人员，给予警告或者记过处分；情节较重的，给予记大过或者降级处分；情节严重的，给予撤职处分：

（一）违反法定条件，进行土地登记、颁发或者更换土地证书的；

（二）明知建设项目用地涉嫌违反土地管理规定，尚未依法处理，仍为其办理用地审批、颁发土地证书的；

（三）在未按照国家规定的标准足额收缴新增建设用地土地有偿使用费前，下发用地批准文件的；

（四）对符合规定的建设用地申请或者土地登记申请，无正当理由不予受理或者超过规定期限未予办理的；

（五）违反法定程序批准征收、占用土地的。

第八条 行政机关及其公务员违反土地管理规定，滥用职权，非法低价或者无偿出让国有建设用地使用权的，对有关责任人员，给予记过或者记大过处分；情节较重的，给予降级或者撤职处分；情节严重的，给予开除处分。

有前款规定行为，且有徇私舞弊情节的，从重处分。

第九条 行政机关及其公务员在国有建设用地使用权出让中，有下列行为之一的，对有关责任人员，给予警告或者记过处分；情节较重的，给予记大过或者降级处分；情节严重的，给予撤职处分：

（一）应当采取出让方式而采用划拨方式或者应当招标拍卖挂牌出让而协议出让国有建设用地使用权的；

（二）在国有建设用地使用权招标拍卖挂牌出让中，采取与投标人、竞买人恶意串通，故意设置不合理的条件限制或者排斥潜在的投标人、竞买人等方式，操纵中标人、竞得人的确定或者出让结果的；

（三）违反规定减免或者变相减免国有建设用地使用权出让金的；

（四）国有建设用地使用权出让合同签订后，擅自批准调整土地用途、容积率等土地使用条件的；

（五）其他违反规定出让国有建设用地使用权的行为。

第十条 未经批准或者采取欺骗手段骗取批准，非法占用土地的，对有关责任人员，给予警告、记过或者记大过处分；情节较重的，给予降级或者撤职处分；情节严重的，给予开除处分。

第十一条 买卖或者以其他形式非法转让土地的，对有关责任人员，给予警告、记过或者记大过处分；情节较重的，给予降级或者撤职处分；情节严重的，给予开除处分。

第十二条 行政机关侵占、截留、挪用被征收土地单位的征地补偿费用和其他有关费用的，对有关责任人员，给予记大过处分；情节较重的，给予降级或者撤职处分；情节严重的，给予开除处分。

第十三条 行政机关在征收土地过程中，有下列行为之一的，对有关责任人员，给予警告或者记过处分；情节较重的，给予记大过或者降级处分；情节严重的，给予撤职处分：

（一）批准低于法定标准的征地补偿方案的；

（二）未按规定落实社会保障费用而批准征地的；

（三）未按期足额支付征地补偿费用的。

第十四条 县级以上地方人民政府未按期缴纳新增建设用地土地有偿使用费的，责令限期缴纳；逾期仍不缴纳的，对有关责任人员，给予记大过处分；情节较重的，给予降级或者撤职处分；情节严重的，给予开除处分。

第十五条 行政机关及其公务员在办理农用地转用或者土地征收申报、报批等过程中，有谎报、瞒报用地位置、地类、面积等弄虚作假行为，造成不良后果的，对有关责任人员，给予记过或者记大过处分；情节较重的，给予降级或者撤职处分；情节严重的，给予开除处分。

第十六条 国土资源行政主管部门及其工作人员有下列行为之一的，对有关责任人员，给予记过或者记大过处分；情节较重的，给予降级或者撤职处分；情节严重的，给予开除处分：

（一）对违反土地管理规定行为按规定应报告而不报告的；

（二）对违反土地管理规定行为不制止、不依法查处的；

（三）在土地供应过程中，因严重不负责任，致使国家利益遭受损失的。

第十七条 有下列情形之一的，应当从重处分：

（一）致使土地遭受严重破坏的；

（二）造成财产严重损失的；

（三）影响群众生产、生活，造成恶劣影响或者其他严重后果的。

第十八条 有下列情形之一的，应当从轻处分：

（一）主动交代违反土地管理规定行为的；

（二）保持或者恢复土地原貌的；

（三）主动纠正违反土地管理规定行为，积极落实有关部门整改意见的；

（四）主动退还违法违纪所得或者侵占、挪用的征地补偿安置费等有关费用的；

（五）检举他人重大违反土地管理规定行为，经查证属实的。

主动交代违反土地管理规定行为，并主动采取措施有效避免或者挽回损失的，应当减轻处分。

第十九条 任免机关、监察机关和国土资源行政主管部门建立案件移送制度。

任免机关、监察机关查处的土地违法违纪案件，依法应当由国土资源行政主管部门给予行政处罚的，应当将有关案件材料移送国土资源行政主管部门。国土资源行政主管部门应当依法及时查处，并将处理结果书面告知任免机关、监察机关。

国土资源行政主管部门查处的土地违法案件，依法应当给予处分，且本部门无权处理的，应当在作出行政处罚决定或者其他处理决定后10日内将有关案件材料移送任免机关或者监察机关。任免机关或者监察机关应当依法及时查处，并将处理结果书面告知国土资源行政主管部门。

第二十条 任免机关、监察机关和国土资源行政主管部门移送案件时要做到事实清楚、证据齐全、程序合法、手续完备。

移送的案件材料应当包括以下内容：

（一）本单位有关领导或者主管单位同意移送的意见；

（二）案件的来源及立案材料；

（三）案件调查报告；

（四）有关证据材料；

（五）其他需要移送的材料。

第二十一条 任免机关、监察机关或者国土资源行政主管部门应当移送而不移送案件的，由其上一级机关责令其移送。

第二十二条 有违反土地管理规定行为，应当给予党纪处分的，移送党的纪律检察机关处理；涉嫌犯罪的，移送司法机关依法追究刑事责任。

第二十三条 本办法由监察部、人力资源和社会保障部、国土资源部负责解释。

第二十四条 本办法自2008年6月1日起施行。

监察部 人力资源和社会保障部 国家信访局令

第16号

《关于违反信访工作纪律处分暂行规定》已经监察部2008年3月7日第3次部长办公会议、人力资源和社会保障部2008年4月17日第2次部务会议、国家信访局2008年4月3日第3次局长办公会议通过，并于2008年6月22日由国务院批准。现予以公布，自公布之日起施行。

监察部部长 马馼

人力资源和社会保障部部长 尹蔚民

国家信访局局长 王学军

2008年6月30日

关于违反信访工作纪律处分暂行规定

第一条 为严格执行处理信访突出问题及群体性事件工作责任制，切实落实领导责任，惩处信访工作违纪行为，维护信访工作秩序，保护信访人合法权益，促进社会和谐稳定，根据《中华人民共和国行政监察法》《中华人民共和国公务员法》《信访条例》《行政机关公务员处分条例》及其他有关法律法规，制定本规定。

第二条 本规定适用于各级行政机关公务员。

第三条 本规定所称违反信访工作纪律，是指违反党和国家有关信访工作的规定的行为。

第四条 本规定所称领导责任，是指有关领导人员在处理信访突出问题及群体性事件时，承担的与领导工作职责相关的责任，分为主要领导责任和重要领导责任。

主要领导责任，是指在其职责范围内，对直接主管的工作不履行或不正确履行职责，对造成的影响或后果负直接领导责任。

重要领导责任，是指在其职责范围内，对应管的工作或参与决策的工作不履行或不正确履行职责，对造成的影响或后果负次要领导责任。

第五条 有下列情形之一的，对负有直接责任者，给予记大过、降级、撤职或者开除处分；负有主要领导责任者，给予记大过、降级或者撤职处分；负有重要领导责任者，给予记过、记大过或者降级处分：

（一）决策违反法律法规和政策，严重损

害群众利益，引发信访突出问题或群体性事件的；

（二）主要领导不及时处理重要来信、来访或不及时研究解决信访突出问题，导致矛盾激化，造成严重后果的；

（三）对疑难复杂的信访问题，未按有关规定落实领导专办责任，久拖不决，造成严重后果的。

第六条 有下列情形之一的，对负有直接责任者，给予记大过、降级、撤职或者开除处分；负有主要领导责任者，给予记过、记大过、降级或者撤职处分；负有重要领导责任者，给予警告、记过、记大过或者降级处分：

（一）拒不办理上级机关和信访工作机构交办、督办的重要信访事项，或者编报虚假材料欺骗上级机关，造成严重后果的；

（二）拒不执行有关职能机关提出的支持信访请求意见，引发信访突出问题或群体性事件的；

（三）本地区、单位或部门发生越级集体上访或群体性事件后，未认真落实上级机关的明确处理意见，导致矛盾激化、事态扩大或引发重复越级集体上访，造成较大社会影响的；

（四）不按有关规定落实信访工作机构提出的改进工作、完善政策、给予处分等建议，造成严重后果的；

（五）对可能造成社会影响的重大、紧急信访事项和信访信息，隐瞒、谎报、缓报，或者授意他人隐瞒、谎报、缓报，造成严重后果的。

第七条 有下列情形之一的，对负有直接责任者，给予记过、记大过、降级或者撤职处分；负有主要领导责任者，给予记过、记大过或者降级处分；负有重要领导责任者，给予警告、记过或者记大过处分：

（一）在处理信访事项过程中，工作作风简单粗暴，造成严重后果的；

（二）对信访事项应当受理、登记、转送、交办、答复而未按规定办理或逾期未结，或者应当履行督查督办职责而未履行，造成严重后果的；

（三）在处理信访事项过程中，敷衍塞责、推诿扯皮导致矛盾激化，造成严重后果的；

（四）对重大信访突出问题和群体性事件，应到现场处置而未到现场处置或处置不当，造成严重后果或较大社会影响的。

第八条 有下列情形之一的，对负有直接责任者，给予记大过、降级、撤职或者开除处分；负有主要领导责任者，给予记过、记大过、降级或者撤职处分；负有重要领导责任者，给予警告、记过、记大过或者降级处分：

（一）超越或者滥用职权，侵害公民、法人或者其他组织合法权益，导致信访事项发生，造成严重后果的；

（二）应当作为而不作为，侵害公民、法人或者其他组织合法权益，导致信访事项发生，造成严重后果的；

（三）因故意或重大过失导致认定事实错误，或者适用法律、法规错误，或者违反法定程序，侵害公民、法人或者其他组织合法权益，导致信访事项发生，造成严重后果的。

第九条 违反规定使用警力处置群体性事件，或者滥用警械、强制措施，或者违反规定携带、使用武器的，对负有直接责任者，给予记过、记大过、降级或者撤职处分。造成严重后果的，对负有直接责任者，给予撤职或者开除处分；负有主要领导责任者，给予记过、记大过、降级或者撤职处分；负有重要领导责任者，给予警告、记过、记大过或者降级处分。

第十条 在信访工作中有其他失职、渎职行为，引发信访突出问题或群体性事件的，对负有直接责任者，给予记大过、降级、撤职或者开除处分；负有主要领导责任者，给予记过、记大过、降级或者撤职处分；负有重要领导责任者，给予警告、记过、记大过或者降级处分。

第十一条 有本规定第五条至第十条规定的行为，除给予政纪处分外，对负有领导责任的人员，可同时建议有关机关给予组织处理。

第十二条 有本规定第五条至第十条规定的行为，但未造成较大影响或严重后果的，可以责令作出深刻检查或给予通报批评。

第十三条 对法律、法规授权的具有公共事务管理职能的事业单位中经批准参照《中华人民共和国公务员法》管理的工作人员和其他事业单位中由国家行政机关任命的人员有本规定第五条至第十条规定的行为的，参照本规定执行。

第十四条 本规定由监察部、人力资源和社会保障部、国家信访局负责解释。

第十五条 本规定自公布之日起施行。

民政部　人力资源社会保障部　卫生部 财政部关于进一步加强优抚对象医疗保障工作的通知

民发［2008］152号

各省、自治区、直辖市民政厅（局）、劳动保障厅（局）、卫生厅（局）、财政厅（局），新疆生产建设兵团民政局、劳动保障局、卫生局、财务局：

民政部、财政部、原劳动和社会保障部、卫生部《关于印发〈优抚对象医疗保障办法〉的通知》（民发［2007］101号，以下简称《办法》）下发一年来，各地各部门认真贯彻，扎实推进优抚对象医疗保障工作，大部分省、自治区、直辖市制定了具体实施办法，加大了资金投入，提高了优抚对象医疗保障水平。但从全国情况看，仍存在地区工作进展不够平衡、配套政策不够具体、服务程序不够简便、资金投入不够充足等问题。为全面落实中央领导同志关于“抓好已有政策的落实以解决当前问题，加快完善法制以解决长远问题”的指示精神，进一步加强优抚对象医疗保障工作，现就有关事项通知如下：

一、加快工作进度，及时出台实施办法

各地要根据《办法》的要求，结合本地区实际抓紧制定具体实施办法，在2009年9月底前，要普遍建立完善政策体系，切实保障优抚对象医疗待遇的落实。各地应进一步增强责任感和紧迫感，采取有效措施，加快贯彻落实步伐，切实把这项工作抓紧、抓好、抓实。省级实施办法制定工作原则上在2008年年底前完成；市（州）级实施办法制定工作原则上在2009年3月底前完成；县级实施办法制定工作原则上在2009年9月底前完成。已出台实施办法的地方，要进一步完善相关政策，并明确落实措施，增强工作的针对性和实效性。不能按时完成工作目标的，由民政部门会同劳动保障、卫生、财政部门逐级上报有关情况，说明原因。省级民政部门要会同有关部门抓好部署与督导，及时上报本地区各级实施办法出台、资金投入、制度建设等工作进展情况，民政部将会同有关部门定期通报。

二、明确任务目标，确保优抚对象医疗待遇

各地有关部门要密切配合，切实履行各自职责，确保优抚对象按照属地原则相应参加城镇职工基本医疗保险、城镇居民基本医疗保险或新型农村合作医疗。民政部门要为无工作单位的一至六级残疾军人统一办理参加城镇职工基本医疗保险等手续，并会同劳动保障、卫生、财政部门共同做好帮助困难优抚对象参加城镇居民基本医疗保险和新型农村合作医疗工作。要保障优抚对象在享受相应基本医疗保障待遇的基础上，按规定享受城乡医疗救助和优抚对象医疗补助。各地要引导医疗卫生机构按照当地有关规定，制定针对优抚对象的具体医疗服务优惠和照顾政策，在挂号、就诊、取药、住院等服务环节中体现对优抚对象的优先。通过社会基本医疗保障体系报销、优抚对象医疗补助和医疗机构优惠减免等多种措施，保证优抚对象现有医疗待遇不降低，保证同属别优抚对象待遇大致相当，保障优抚对象医疗待遇水平与当地经济社会发展水平相适应。

三、加大投入力度，为优抚对象医疗保障工作提供资金保障

各地要按照财政部、民政部、原劳动和社会保障部《关于优抚对象医疗补助资金使用管理有关问题的通知》（财社［2008］35号）规定，进一步加大投入，拓宽资金筹集渠道，缓解资金供需矛盾。各地财政部门要把优抚对象医疗保障资金纳入预算安排，同时，统筹考虑，合理安排优抚对象医疗保障工作经费，对相关工作给予必要的支持。各级财政部门在安排优抚对象医疗补助资金时，应加大对下级优抚对象人数较多的困难地区的倾斜力度。另外，各地应从民政部门使用的彩票公益金中合理安排部分资金用于优抚对象医疗保障。要进一步规范资金使用管理，专款专用；各地民政部门要会同有关部门，结合民政统计工作，及时、准确上报享受各种医疗保障的优抚对象人数、优抚对象医疗补助资金支付等优抚对象医疗保障工作进展情况数据。各地工作成效将作为财政部、民政部分配中央财政优抚对象医疗补助资金的重要因素。

四、简化操作程序，尽力方便优抚对象看病就医

各地民政、劳动保障、卫生、财政等有关部门要加强协调配合，实现优抚对象医疗费用信息共享，按照方便、快捷的原则，尽可能减少结算环节，简化操作程序，推行优抚对象医疗费“一站式”结算服务，对优抚对象医疗费中非个人自付部分，应在其医疗终结时同步结算；对患危急重病的优抚对象，应实行先就医后结算等医前救助措施。

五、统一思想、提高认识，切实加强对优抚医疗保障工作的领导

优抚对象医疗保障是一项惠及广大革命功臣的重要工作，各地要从学习实践科学发展观、构建社会主义和谐社会的高度，充分认识做好这项工作的重要性和紧迫性，把加快优抚对象医疗保障制度建设列入重要议事日程。各级民政、劳动保障、卫生、财政等部门要按照属地管理、各负其责的原则，进一步完善和落实优抚对象医疗保障的政策措施。各地要加强基层优抚工作队伍建设，经常开展业务培训、理论研讨和经验交流，不断提高服务管理能力。要综合运用行政和法律手段管理监督优抚对象医疗保障工作，满足各类优抚对象的不同医疗需求，促进优抚对象医疗保障工作健康发展。

2008年10月20日

民政部　国家发展改革委　公安部　财政部　人力资源社会保障部　住房城乡建设部　人民银行　税务总局　工商总局　统计局　证监会关于印发《城市低收入家庭认定办法》的通知

民发［2008］156 号

各省、自治区、直辖市人民政府，新疆生产建设兵团：

为推进城市低收入家庭住房困难问题的解决，根据《国务院关于解决城市低收入家庭住房困难的若干意见》（国发［2007］24 号）的有关规定以及国家有关法规政策，我们制定了《城市低收入家庭认定办法》，经国务院同意，现印发给你们，请遵照执行。

2008 年 10 月 22 日

城市低收入家庭认定办法

为规范廉租住房、经济适用住房保障以及其他社会救助工作中的城市低收入家庭收入核定行为，根据《国务院关于解决城市低收入家庭住房困难的若干意见》（国发［2007］24 号），制定以下办法。

一、本办法所称城市低收入家庭，是指家庭成员人均收入和家庭财产状况符合当地人民政府规定的低收入标准的城市居民家庭。家庭成员是指具有法定赡养、抚养或扶养关系并共同生活的人员。

二、民政部负责全国城市低收入家庭收入核定的管理工作。

县（市、区）以上地方人民政府民政部门负责本行政区域内城市低收入家庭收入核定的管理工作。

县（市、区）人民政府民政部门以及街道办事处或者乡镇人民政府负责城市低收入家庭收入核定的具体工作。

三、社区居民委员会根据街道办事处或者乡镇人民政府的委托，可以承担城市低收入家庭收入核定的日常服务工作。

四、县（市、区）以上人民政府发展改革、价格、公安、财政、人力资源社会保障、住房城乡建设（房地产）、金融、税务、工商、统计等部门在各自职责范围内做好城市低收入家庭收入核定的有关工作。

五、地方各级人民政府要加强城市低收入家庭收入核定工作机构能力建设，落实必要的工作人员和经费。街道办事处、乡镇人民政府要采取调配、招用等形式，配备必要工作人员。

六、城市低收入家庭收入标准实行动态管理，每年公布一次。直辖市、设区的市低收入家庭收入标准，由市人民政府制定；县（市）城市低收入家庭收入标准，由县（市）人民政府制定，并报上级人民政府备案。

七、城市低收入家庭收入标准主要包括家庭收入和家庭财产两项指标，应当根据当地经济和社会发展水平，统筹考虑居民人均可支配收入、最低生活保障标准、最低工资标准以及住房保障和其他社会救助的关系，以满足城市居民基本生活需求为原则，按照不同救助项日需求和家庭支付能力确定。

八、家庭收入是指家庭成员在一定期限内拥有的全部可支配收入，包括扣除缴纳的个人所得税以及个人缴纳的社会保障支出后的工薪收入、经营性净收入、财产性收入和转移性收入等。家庭财产是指家庭成员拥有的全部存款、房产、车辆、有价证券等财产。

九、家庭成员按照国家规定获得的优待抚恤金、计划生育奖励与扶助金、教育奖（助）学金、寄宿生生活费补助以及见义勇为等奖励性补助，不计入家庭收入。

十、城市居民家庭在申请廉租住房、经济适用住房保障或者其他社会救助时，应当提供家庭收入、家庭财产等状况的证明材料，并以书面形式一并向户籍所在地的街道办事处或者乡镇人民政府提出核定其家庭收入状况的申请。具体申请程序按照有关规定办理。

十一、县（市、区）人民政府民政部门以及街道办事处或者乡镇人民政府应当通过书面审查、入户调查、信息查证、邻里访问以及信函索证等方式，对申请低收入核定的家庭至少最近 6 个月的收入和财产状况进行调查核实。有关个人、单位、组织应当积极配合，并如实提供有关情况。

十二、经申请低收入核定的家庭授权，县（市、区）人民政府民政部门以及街道办事处或者乡镇人民政府，可以对家庭成员的收入和财产状况进行查询。公安（户籍和车辆管理）、人力资源社会保障（社会保险）、住房城乡建设（房地产）、金融、工商、税务、住房公积金等部门和机构应当予以配合。具体查询办法由民政部会同有关部门另行规定。

十三、县（市、区）人民政府民政部门应当为符合当地人民政府规定的低收入家庭收入标准的城市居民家庭出具家庭收入核定证明。

十四、县（市、区）人民政府民政部门以及街道办事处或者乡镇人民政府应当设立举报箱或举报电话，接受群众和社会监督。

十五、城市居民最低生活保障家庭可直接认定为城市低收入家庭，不再重复进行家庭收入核定。

十六、城市低收入家庭应当按年度向所在地街道办事处或者乡镇人民政府如实申报家庭人口、收入以及财产的变动情况。街道办事处或者乡镇人民政府应当对申报情况进行核实，并将申报及核实情况报送县（市、区）人民政府民政部门。

县（市、区）人民政府民政部门应当根据城市低收入家庭人口、收入以及财产的变动情况，重新出具家庭收入核定证明。

十七、县（市、区）人民政府民政部门应当按户建立收入审核档案，并将城市低收入家庭的人口、收入、财产等变动情况，以及享受廉租住房、经济适用住房保障或者其他社会救助的情况，及时登记归档。

十八、各地应当逐步建立城市家庭收入审核信息系统，有效利用公安（户籍和车辆管理）、人力资源社会保障（社会保险）、住房城乡建设、金融、工商、税务、住房公积金等政府部门及有关机构的数据，实现信息共享，方便信息比对和核查，建立科学、高效的收入审核信息平台。

十九、申请低收入核定的家庭不如实提供相关情况，隐瞒收入和财产，骗取城市低收入家庭待遇的，由县（市、区）人民政府民政部门取消已出具的家庭收入核定证明，并记入人民银行企业和个人信用信息基础数据库及有关部门建立的诚信体系。

国家机关、企事业单位、社会团体、村（居）民委员会以及其他社会组织，不如实提供申请低收入核定的家庭及家庭成员的有关情况，或者出具虚假证明的，由县（市、区）人民政府民政部门提请其上级主管机关或者有关部门依照法律法规和有关规定处理，并记入人民银行企业和个人信用信息基础数据库及有关部门建立的诚信体系。

二十、城市家庭收入审核工作人员玩忽职守、滥用职权、徇私舞弊的，依法给予行政处分；涉嫌犯罪的，依法移送司法机关处理。

二十一、各省、自治区、直辖市人民政府可以根据本办法制定具体的实施办法。

中共中央组织部　中共中央宣传部　司法部　人力资源社会保障部　全国普法办公室　关于加强公务员学法用法工作的意见

司发通［2008］156号

各省、自治区、直辖市党委组织部、宣传部，人民政府司法厅（局）、人事厅（局）、劳动保障厅（局），普法依法治理办公室，中央和国家机关各部委、各人民团体干部（人事）部门、普法办公室，新疆生产建设兵团党委组织部、宣传部、司法局、人事局、劳动保障局、普法依法治理办公室：

为深入贯彻党的十七大精神，进一步落实《中共中央、国务院转发〈中央宣传部、司法部关于在公民中开展法制宣传教育的第五个五年规划〉的通知》（中发［2006］7号）、《中共中央关于印发〈2006—2010年全国干部教育培训规划〉的通知》（中发［2006］21号）和十届全国人大常委会《关于加强法制宣传教育的决议》（十届全国人大常委会第21次会议通过）的要求，努力提高广大公务员的法律意识、法律素质，提高科学决策、民主决策、依法决策水平，提高依法执政、依法行政、公正司法、依法办事的能力，现就加强公务员学法用法工作提出以下意见。

一、指导思想和目标

公务员学法用法工作要高举中国特色社会主义伟大旗帜，以邓小平理论和“三个代表”重要思想为指导，深入贯彻落实科学发展观，紧紧围绕党的十七大提出的各项目标任务，认真落实“五五”普法规划，大力加强各类公务员的法制教育，通过扎实有效地推进各类公务员学法用法工作的深入开展，全面提高广大公务员的法律素质和依法办事能力，提高全社会法治化管理水平，推进依法治国进程，为全面建设小康社会营造良好的法治环境。

二、对象范围

公务员学法用法的对象范围包括：公务员和参照公务员法管理的机关（单位）中除工勤人员以外的工作人员。

公务员学法用法要结合队伍建设和实际工作需求，针对各级领导干部、基层公务员以及公务员职位类别，确定不同的学习内容和方式。

三、学习内容

公务员学法用法的主要内容包括：认真学习宪法和国家基本法律，深刻理解宪法和国家基本法律的精神，自觉在宪法和法律范围内活动，维护宪法和法律的权威；认真学习党和国家关于加强民主法治建设的方针政策，牢固树立社会主义法治理念，坚持党的领导、人民当家做主、依法治国有机统一，坚持立党为公，执法为民；认真学习与本职工作相关的法律法规和与管理经济、政治、文化、社会事务相关的法律法规，不断提高运用法律手段管理和服务社会的能力和水平；认真学习公务员法和廉政法律法规，坚持严于律己，廉洁勤政。

四、工作要求

公务员学法用法工作要按照全面落实依法治国基本方略和“五五”普法规划的要求，结合实际，突出重点，分类指导，整体推进。

要以担任各级领导职务的公务员为重点，组织好宪法和国家基本法律的学习，不断提高依法决策、依法执政的能力和水平；以基层公务员特别是在基层行政执法岗位上的公务员为着力点，组织好岗位职能法律法规知识的学习，坚持严格依法行政、依法办事。

要把法制教育纳入公务员初任培训、任职培训、专门业务培训和在职培训的内容，结合不同类型培训的实际情况，制定法制教育培训计划，设置法制教育培训课程，着力提高公务员的法律素质，努力增强法治观念。

要加强公务员专门法律法规知识培训，根据不同岗位公务员对法律法规知识的不同需求，组织开展公务员特别是行政执法类公务员的专门法律知识的轮训，努力提高公平执法、公正执法、文明执法的能力和水平。

要针对不同岗位公务员的特点，结合日常业务学习，积极组织开展学法活动，倡导和鼓励公务员联系工作实际，加强相关法律法规知识的自学，努力增强学习效果。

要坚持学法用法相结合，把法制教育融入公务员工作的全过程，把依法决策、依法管理和依法办事的水平和效果作为检验公务员法制教育成效的标准，推进公务员学法用法工作的深入进行。

要加强交流，不断创新公务员学法用法的形式和方法，要充分利用广播电视、报刊、网络以及远程教育等平台，开展多种形式的学习宣传和培训活动，不断增强公务员学法用法工作的实效性。

五、考试考核

结合公务员培训，加强对公务员法律知识水平和依法办事能力的考试或考核评估。将考试或考核评估成绩作为公务员考核的内容和任职、晋升的依据之一。法律知识考试或考核评估不合格者，当年年度考核不得确定为优秀等次。

中央机关公务员学法用法的考试或考核工作，由各机关自行组织；各省、自治区、直辖市公务员学法用法的考试或考核工作，由各省司法行政部门会同组织、人事、宣传部门结合实际组织开展。

六、组织领导

各地区、各部门要高度重视公务员学法用法工作，切实加强领导。各级组织、人事、宣传、司法行政部门要把公务员学法用法工作列入重要议事日程，紧密结合工作实际，健全工作机制，明确工作职责，精心组织实施，确保取得实效。

各相关部门要充分发挥职能作用，加强协调，密切合作。对开展公务员学法用法工作成绩突出的单位和个人应按照国家有关规定予以奖励。要不断总结和推广好的经验和做法，推进公务员学法用法工作的深入开展。

要切实加强制度建设，积极探索建立公务员学法用法的监督制约机制和激励机制，充分调动公务员学法用法的积极性和自觉性，不断增强公务员学法用法的实际效果。

各地区、各部门要结合工作实际，根据本意见，制定本地区、本部门的具体实施办法。

2008 年 10 月 10 日

财政部　国家发展改革委关于对从事个体经营的有关人员实行收费优惠政策的通知

财综［2008］47号

国务院各部委、各直属机构，各省、自治区、直辖市财政厅（局）、发展改革委、物价局，新疆生产建设兵团财务局、发展改革委：

为鼓励自主创业和自谋职业，进一步促进失业人员再就业工作，根据《残疾人就业条例》（国务院令第488号）、《国务院关于做好促进就业工作的通知》（国发［2008］5号）、《国务院关于鼓励支持和引导个体私营等非公有制经济发展的若干意见》（国发［2005］3号）、《中共中央办公厅国务院办公厅关于引导和鼓励高校毕业生面向基层就业的意见》（中办发［2005］18号）、《国务院办公厅转发民政部等部门关于扶持城镇退役士兵自谋职业优惠政策意见的通知》（国办发［2004］10号）的有关规定，经国务院批准，现将对从事个体经营的有关人员实行收费优惠政策等问题通知如下：

一、登记失业人员、残疾人、退役士兵以及毕业2年以内的普通高校毕业生，凡从事个体经营（除建筑业、娱乐业以及销售不动产、转让土地使用权、广告业、房屋中介、桑拿、按摩、网吧、氧吧等，下同）的，自其在工商部门首次注册登记之日起3年内免收管理类、登记类和证照类等有关行政事业性收费。

二、上述免交的收费项目具体包括：

（一）工商部门收取的个体工商户注册登记费（包括开业登记、变更登记、补换营业执照及营业执照副本）、个体工商户管理费、集贸市场管理费、经济合同鉴证费、经济合同示范文本工本费；

（二）税务部门收取的税务登记证工本费；

（三）卫生部门收取的行政执法卫生监测费、卫生质量检验费、预防性体检费、卫生许可证工本费；

（四）民政部门收取的民办非企业单位登记费（含证书费）；

（五）人力资源和社会保障部门（原劳动保障部门）收取的职业资格证书工本费；

（六）国务院以及财政部、发展改革委批准设立的涉及个体经营的其他登记类、证照类和管理类等行政事业性收费；

（七）各省、自治区、直辖市人民政府及其财政、价格主管部门按照管理权限批准设立的涉及个体经营的登记类、证照类和管理类等有关行政事业性收费项目。

三、财政部门应统筹安排相关部门的经费预算，以保证其正常履行职责。

四、各省、自治区、直辖市人民政府及其财政、价格主管部门应制定本行政区域内支持就业工作减免行政事业性收费的具体政策措施，并报财政部、发展改革委备案。

五、各省、自治区、直辖市财政、价格主管部门要通过多种新闻媒体，向社会公布支持就业工作免收的各项行政事业性收费项目，使登记失业人员、残疾人、退役士兵、符合条件的普通高校毕业生等充分了解和享受有关收费优惠政策。

六、工商、税务、卫生、民政、人力资源和社会保障等各有关部门应督促本系统内相关收费单位认真落实上述收费优惠有关规定，加强对相关人员享受优惠政策的登记备案管理，确保符合条件的人员享受自主创业收费优惠政策。

七、各省、自治区、直辖市财政、价格主管部门要加强对上述收费优惠政策执行情况的监督检查，切实保障政策落实到位。对不按规定落实收费优惠政策的部门和单位，要按照相关法律、行政法规规定予以严肃处理。

八、本通知自发布之日起实施。

2008 年 7 月 8 日

财政部　教育部　人力资源社会保障部关于进一步加强中等职业学校国家助学金发放管理工作的通知

财教［2008］336号

各省、自治区、直辖市、计划单列市财政厅（局）、教育厅（委、教育局）、劳动保障厅（局），新疆生产建设兵团财务局、教育局、劳动保障局：

自2007年秋季开始，中等职业学校实行以国家助学金政策为主的资助政策体系。这是党中央、国务院为促进教育公平、推动职业教育特别是中等职业教育发展做出的一项重大战略决策和长期制度设计。一年来，各地认真贯彻落实《国务院关于建立健全普通本科高校、高等职业学校和中等职业学校家庭经济困难学生资助政策体系的意见》（国发［2007］13号，以下简称《意见》）精神，严格按照财政部、教育部制定的《中等职业学校国家助学金管理暂行办法》（财教［2007］84号，以下简称《办法》）和财政部、原劳动保障部印发的《关于做好技工学校国家助学金发放管理工作的通知》（财教［2007］85号，以下简称《通知》）要求，扎实推进中职资助工作，取得良好成效。但是，在政策执行过程中，个别地区和学校存在与国家政策不相符、甚至违规等行为，如湖南永州育才职业技术专业学校、永州科技学校、永州英达技术学校、永州振华职业技术学校、永州财经科技学校，河北省平乡县职业技术教育中心，河南省汝州市职业中等专业学校、郾陵县职业教育中心套取国家助学金，在学生当中和社会上造成不良影响。为维护国家资助政策的严肃性，财政部、教育部、人力资源社会保障部对上述学校的违规行为进行了严肃查处，并在全国范围内通报（见附件）。各地要引以为戒，严格遵守国家政策规定，及时、足额将国家助学金发放到学生手中。

为确保中职国家助学金政策顺利实施，现就进一步做好中等职业学校国家助学金发放管理工作，提出如下要求：

一、各地要严格按照《意见》精神和《办法》规定，不折不扣地落实中等职业学校国家助学金政策。国务院《意见》和财政部、教育部制定的《办法》对中等职业学校国家助学金经费分担、资助对象、资助标准、资金用向、评审程序、发放方式等做出了明确规定。各地要严格落实国家助学金政策，把符合条件的学生（包括非本地生源的学生）全部纳入资助政策范围，绝不允许以任何理由改变资助对象、缩小资助范围、降低资助标准。鼓励各地根据本地区实际加大投入力度、扩大资助范围、提高资助标准。在确定国家助学金地方财政分担比例时，省级财政要拿大头，加大对财力薄弱市（县）的转移支付力度。同时，省级财政要发挥资金统筹作用，督促省以下各级财政落实地方应承担的资金，确保国家助学金经费不折不扣地落实到位，并及时、足额拨付学校。

二、各地要加强资助机构和管理队伍建设，提高各级学生资助管理人员的业务能力和管理水平。中等职业学校学生资助是一项长期的工作任务，线长面广，情况复杂，工作难度很大，要确保资助政策顺利实施，必须建立学生资助管理机构体系和管理队伍。各地教育部门要严格按照国务院《意见》精神和《财政部教育部关于要求县级教育行政部门成立学生资助管理中心的紧急通知》（教财［2007］14号）的要求，加快省、地（市）、县学生资助专门管理机构的建设，配备专职管理干部和资助信息操作人员，并组织开展资助政策和信息管理操作技能等方面的培训，不断提高各级资助管理人员的业务能力和管理水平。地方各级财政要保证资助管理机构必要的工作经费和办公条件。各中等职业学校的资助工作实行校长负责制，各学校也要配备专门的助学管理人员，具体负责全校学生资助工作。各地劳动保障部门要按照《关于统一使用全国技工院校电子注册和统计信息管理系统软件的通知》（劳社就司函［2007］97号）的要求，建立和完善助学金管理工作体系，做好相应工作。

学生信息管理系统是做好中职学生资助工作的重要基础，各级教育、劳动保障部门要采取必要的措施，管理维护好“全国中等职业学校学生信息管理系统”和“全国技工院校电子注册与统计信息管理系统”，对系统运行中存在的问题，必须责任到人，限期解决，以保证该系统的正常运转。

三、各省（区、市）教育、劳动保障部门要全面清查中等职业学校办学资质。各省（区、市）教育、劳动保障部门要分别按照《中等职业学校设置标准》（教职成［2001］8号）和《技工学校工作条例》及有关文件中对中等职业学校校长和副校长任职条件、在校生规模、专兼职教师配备、学校硬件建设以及办学经费保证等方面的规定，审批中等职业学校，绝不能降低标准审批。同时，各省（区、市）教育、劳动保障部门要对现有中等职业学校，特别是民办学校的办学资质进行一次全面清查，对达不到国家规定标准的学校要出示“黄牌”警告，减少招生任务或停止招生一年，并限期整改，对整改后仍达不到标准的，要出示“红牌”，取消其办学资格。各省（区、市）要将最后审定的中等职业学校名单报送教育部备案，技工学校抄报人力资源社会保障部，同时，抄送全国学生资助管理中心。每年招生开始前，地方各级教育、劳动保障部门要分别依据管理职能核准本地区具备中等职业学历教育招生资质的中等职业学校（含技工学校和民办学校）名单，并向社会公布。

四、各级教育、劳动保障部门要加强对中职学历教育学籍的监管工作。一要严格规范中职学籍申报和审核工作。各中等职业学校要通过学生信息管理系统，如实申报本校在校生学籍，不得将未经招生部门注册而自行到校报到，或虽经招生部门注册但未到学校报到的学生纳入学籍注册名单，各级学籍管理部门要依据招生部门提供的招生名单严格审核所辖学校申报的学籍注册名单。二要加强对流失学生学籍的监管。各学校要通过信息系统，实时报告本校中途流失学生信息，学籍主管部门及时审核并注销流失学生学籍。三要坚决杜绝“双重学籍”现象。同时挂有“普通中专”“技工学校”和“职业高中”牌子的学校，要严格界定每位学生的学籍性质，不得为同一学生同时向教育部门和劳动保障部门申报学籍注册；综合型高中要严格界定每位学生的“普通高中”或“职业高中”学籍性质，不得为同一学生申报注册双重学籍。各地教育、劳动保障部门要通力配合，重点加强对“一校两牌”“联合招生”“学籍异动”等情况的管理，避免同一学生重复申报国家助学金的现象。各中等职业学校要严格按照国家和有关部门的规定和要求提供学生学籍信息，确保国家助学金所需学籍信息的完整性、真实性和及时性。

五、各级学生资助管理机构要加强对助学金等信息的审核和统一监管。各级学生资助管理机构和劳动保障部门要充分利用学生信息、管理系统，按照规定的时限和要求，组织学校和下级学生资助管理机构、劳动保障部门做好国家助学金等信息的填报、审核与汇总工作。各级资助机构和劳动保障部门要重点审核各校上报的受助学生人数及生源分布情况；受助学生是否符合资助条件；各类中等职业学校是否存在重复申报助学金现象；综合型高中是否存在利用普通高中学生套取国家助学金的现象。为便于对国家助学金发放信息的审核和统一监管，地方各级劳动保障部门管理的技工学校要严格按照财政部、原劳动保障部印发的《通知》要求，将技工学校学生信息逐级上报至省级劳动保障部门和学生资助管理机构，统一纳入全国学生信息系统。各级普通高中学籍管理部门要向同级学生资助管理机构提供辖区内综合型高中学校的普通高中学籍注册名单，以便各级学生资助机构对照审核综合型高中学校内中职受助学生名单。各级学生资助管理机构要充分利用全国中等职业学校学生信息管理系统，做好国家助学金等信息的月报告工作。

六、各级财政、教育、劳动保障部门和学生资助管理机构要加大监督检查力度。财政部、教育部、人力资源社会保障部将成立“中等职业学校国家助学金管理专家组”，负责跟踪各地中职学生资助工作动态，分析存在的问题，提出相应的对策建议。各地有关部门要对本地区中职资助政策落实情况，组织定期和不定期的监督检查，检查工作一定要讲求实效，绝不能流于形式，走过场，各地要将检查情况及时上报财政部、教育部和人力资源社会保障部。省、市、县三级学生资助管理机构和劳动保障部门要督促中等职业学校建立包括学生代表参与的助学金评审机制，强化评审程序和评审结果的公示制度，实行阳光操作。同时，建立国家助学金投诉举报受理工作机制，设立举报投诉电话，并向社会公布，广泛接受群众监督。

七、严肃查处违法违纪行为，建立中等职业学校学生资助工作奖惩机制。各级财政、教育和劳动保障部门应加强对国家助学金的管理，实行专款专用、专账核算，研究改进和完善国家助学金发放形式，并接受审计、监察部门的检查和社会的监督。对虚报、瞒报受助学生人数，弄虚作假、套取财政专项资金或挤占、挪用、滞留国家助学金的行为，一经查实，除收回中央资金外，财政部、教育部、人力资源社会保障部将在全国范围内予以通报批评，追究直接责任人和相关领导的责任，涉嫌犯罪的，依法移送司法机关。同时取消该省其他职业教育中央专项资金申报资格，情节严重的，对于学校可以采取限制招生、停止招生、限期整改等措施。

附件：关于对湖南永州育才职业技术专业学校等八所学校挪用、套取国家助学金等违规行为及处理意见的通报（略）

2008 年 11 月 6 日

财政部　民政部　劳动和社会保障部关于优抚对象医疗补助资金使用管理有关问题的通知

财社［2008］35号

各省、自治区、直辖市财政厅（局）、民政厅（局）、劳动和社会保障厅（局），新疆生产建设兵团财务局、民政局、劳动和社会保障局：

为贯彻落实《军人抚恤优待条例》（国务院、中央军事委员会第413号令）和民政部、财政部、劳动和社会保障部、卫生部《关于印发〈优抚对象医疗保障办法〉的通知》（民发［2007］101号），规范优抚对象医疗补助资金的使用管理，切实保障优抚对象医疗待遇的落实，现就有关问题通知如下：

一、认真落实优抚对象医疗待遇，切实解决他们的医疗困难，是中央和地方政府共同的责任。中央财政安排优抚对象医疗补助资金，体现了党中央、国务院对优抚工作的重视和对优抚对象的关心，各级地方政府有关部门要统一思想，提高认识，多渠道筹集优抚对象医疗补助资金，制定和完善优抚对象医疗保障办法和医疗优惠政策，建立解决优抚对象医疗难问题的长效机制，确保优抚对象医疗待遇的落实。

二、本通知所称优抚对象是指按规定享受国家抚恤补助和医疗保障的残疾军人、烈士遗属、因公牺牲军人遗属、病故军人遗属、在乡复员军人、带病回乡退伍军人和参战退役人员。

三、各地要根据本地区经济和社会发展水平、财政负担能力，合理制定各类优抚对象医疗补助标准和保障水平，并随经济发展有所提高。优抚对象医疗补助资金主要用于：

（一）缴费补助。

按照民政部、财政部、劳动保障部《关于印发〈一至六级残疾军人医疗保障办法〉的通知》（民发［2005］199号）规定，对一至六级残疾军人参加城镇职工基本医疗保险的缴费给予补助。

（二）医疗费用补助。

1. 对一至六级残疾军人在规定范围内的、起付标准以下、最高支付限额以上，以及个人共付的医疗费用给予适当补助；

2. 对参加城镇职工基本医疗保险、城镇居民基本医疗保险、新型农村合作医疗等城乡基本医疗保障制度，按规定报销医疗费后个人自付医疗费较重的优抚对象给予适当补助；

3. 对未参加城镇职工基本医疗保险、城镇居民基本医疗保险、新型农村合作医疗等城乡基本医疗保障制度，个人医疗费用负担较重的优抚对象给予补助；

4. 对所在单位无力支付和无工作单位的七至十级残疾军人旧伤复发的医疗费用给予补助；

5. 省、自治区、直辖市人民政府依据《军人抚恤优待条例》规定的其他医疗费用补助。

四、各地应通过财政预算、彩票公益金，以及社会捐赠等多种渠道筹集优抚对象医疗补助资金。中央财政根据各省、自治区、直辖市优抚对象人数、财力状况和工作成效等因素安排优抚对象医疗补助资金，重点向优抚对象人数较多的困难地区倾斜。省级财政部门在分配中央财政补助资金时，应与地方安排资金统筹考虑。

五、优抚对象医疗补助资金按照财政国库管理制度的有关规定拨付，列政府收支分类科目“医疗保障”款“优抚对象医疗补助”项下。用于补助一至六级残疾军人参加城镇职工基本医疗保险缴费部分，由统筹地区财政部门根据参保人数和补助标准，直接核拨至社会保障基金财政专户，并纳入该财政专户城镇职工基本医疗保险基金专账中核算；用于补助其他优抚对象的医疗补助资金应按县级民政部门提供的用款计划审核拨付。

六、县级民政部门应对优抚对象医疗补助资金实行专项管理、分账核算，不得单独开设账户，不得与抚恤、城乡医疗救助等专项资金混用，不得用于优抚对象生活困难补助，不得用于医疗机构补助，不得用于基本医疗保险经办机构和民政部门管理工作等支出。年末结余资金，可结转下年度继续使用。

七、地方各级财政、民政、劳动和社会保障部门要密切配合，制定措施，加强优抚对象医疗补助资金的使用管理。要建立健全财务管理制度，有条件的地区推行医疗补助资金银行发放，协商制定医疗费报销办法，既要保证优抚对象的医疗待遇，方便优抚对象就医，又要加强管理，防止浪费。省级财政、民政、劳动和社会保障部门要加强工作指导，定期不定期地对优抚对象医疗补助资金的使用管理进行监督检查，对发现的问题应及时纠正。财政部、民政部、劳动和社会保障部根据需要，对各地优抚对象医疗补助资金使用情况进行抽查。

八、各地可根据实际情况，制定优抚对象医疗补助资金筹集、管理和使用的具体办法。

2008 年 2 月 3 日

财政部　人力资源社会保障部关于加强城镇居民基本医疗保险基金和财政补助资金管理有关问题的通知

财社［2008］116号

各省、自治区、直辖市、计划单列市财政厅（局）、劳动保障厅（局）、新疆生产建设兵团财务局、劳动保障局：

为加强和规范城镇居民基本医疗保险基金和财政补助资金的管理，确保城镇居民基本医疗保险试点工作顺利进行，根据《国务院关于开展城镇居民基本医疗保险试点的指导意见》（国发［2007］20号）和《社会保险基金财务制度》（财社字［1999］60号）等有关规定，现就加强城镇居民基本医疗保险基金和财政补助资金管理的有关问题通知如下：

一、城镇居民基本医疗保险基金是指未纳入城镇职工基本医疗保险制度覆盖范围的中小学生、少年儿童和其他非从业城镇居民（以下简称城镇居民）自愿参保缴费、有条件的用人单位对职工家属参保缴费的补助以及政府补助等形成的基金，主要用于参保城镇居民住院和门诊大病医疗支出，实行门诊医疗费用统筹的地区也可用于参保城镇居民门诊医疗支出。

二、城镇居民基本医疗保险基金原则上参照《社会保险基金财务制度》执行，参照《社会保险基金会计制度》（财会字［1999］20号）核算。城镇居民基本医疗保险与新型农村合作医疗实行一体化管理的，可以执行城镇居民基本医疗保险有关制度，也可以按新型农村合作医疗有关制度执行。

三、城镇居民基本医疗保险基金收入包括：城镇居民缴费收入、财政补助收入及其他收入。

城镇居民缴费收入是指参保城镇居民按规定缴纳的基本医疗保险费和有条件的用人单位对职工家属参保缴费给予的补助资金。

财政补助收入包括各级财政部门对所有参保城镇居民的补助及通过城市医疗救助制度对参保困难城镇居民家庭缴费部分的补助。其中，参保困难城镇居民是指属于低保对象的或重度残疾的学生和儿童及其他低保对象、丧失劳动能力的重度残疾人、低收入家庭60周岁以上的老年人等困难居民。

其他收入是指城镇居民基本医疗保险基金的利息收入、捐赠收入等。

四、各地应综合考虑城镇居民医疗需求和家庭、财政承受能力，坚持低标准起步的原则，合理确定筹资水平和补助标准。中央、省、市、县级财政部门要在预算中足额安排城镇居民基本医疗保险补助资金。对于困难市县，补助资金应主要由省级财政负担，不能增加困难市县的财政负担。对于通过城市医疗救助制度安排的补助资金，各有关部门也要密切配合，确保及时、足额到位。要做好城镇居民基本医疗保险与城镇职工基本医疗保险、新型农村合作医疗和医疗救助等制度的衔接和平衡。

五、参保城镇居民的家庭缴费要按规定及时、足额缴纳。各地应结合本地实际制定和实行方便参保居民缴费的办法。

六、城镇居民基本医疗保险基金纳入统一的社会保障基金财政专户，分账核算，实行收支两条线管理。

实行城镇居民基本医疗保险经办机构（以下简称经办机构）征收的地区，由经办机构通过社会保险基金收入户（以下简称收入户）办理，不开设新的收入账户。收入户主要用于暂存由经办机构征收的基金收入、利息收入等。收入户除向财政专户划拨资金外，不得发生其他支付业务。实行税务征收的地区，不设收入户。

统筹地区应按规定在社会保障基金财政专户中对城镇居民基本医疗保险基金实行分账核算。社会保障基金财政专户中的城镇居民基本医疗保险基金主要核算从收入户转来的资金、税务机关征收的参保居民家庭缴费和用人单位补助资金、各级财政补助资金、从城市医疗救助基金转来的资金以及利息收入等。财政部门审核经办机构提出的用款申请，向社会保险基金支出户核拨资金。社会保障基金财政专户在接收、支出款项时要通过缴拨凭证与经办机构、税务机关进行对账。

经办机构向定点医疗机构核拨资金或向个人支付报销费用，统一通过社会保险基金支出户（以下简称支出户）办理，不开设新的支出户。

账户计息按城镇职工基本医疗保险基金有关规定执行。

七、各级财政部门对所有参保城镇居民的补助资金按照财政国库管理制度有关规定拨付到统筹地区财政部门，统筹地区财政部门按规定直接拨入社会保障基金财政专户。有关中央财政补助资金的申请和拨付办法另行制定。

各级财政部门对参保困难城镇居民的家庭缴费补助资金，通过城市医疗救助资金渠道，拨付到统筹地区社会保障基金财政专户，进入城市医疗救助基金核算，再由城镇医疗救助基金转入城镇居民基本医疗保险基金核算。

城镇居民家庭缴费和用人单位补助资金按规定缴入收入户，经办机构按规定将收入户资金全部缴入社会保障基金财政专户，不得留有余额。实行税务征收的地区，直接缴入社会保障基金财政专户，或经国库归集后缴入社会保障基金财政专户。

八、城镇居民基本医疗保险基金坚持以收定支、收支平衡、略有结余的原则，合理确定起付标准、支付比例和最高支付限额。既要防止超支，又要避免过多积累，适当控制基金结余率，基金结余全部结转下年使用。各地可结合本地实际，探索建立健全基金的风险防范和调剂机制，确保基金安全。

九、参保城镇居民在统筹地区内定点医疗机构发生的住院或门诊费用，按规定由个人负担的医疗费用由个人支付，按规定由基金支付的费用，由经办机构定期与定点医疗机构审核结算。不具备条件的，可由个人先行垫付，然后到经办机构按规定审核报销。经批准到统筹地区外就医的医疗费用，先由居民支付，再到参保所在地经办机构按规定审核报销。有条件的地区，对支付给定点医疗机构的费用，可以探索财政直接支付的办法。

十、城镇居民基本医疗保险基金必须专款专用，任何地区、部门、单位和个人不得截留、挤占和挪用。城镇居民基本医疗保险经办机构人员和工作经费列入同级财政预算，不得从基金中提取任何费用。

十一、城镇居民基本医疗保险经办机构要建立健全内部管理制度，定期向社会公布基金收支和结余情况，接受社会监督。

十二、财政、人力资源社会保障等部门要定期或不定期对基金使用和结余等情况进行监督检查，发现问题及时纠正，并及时向本级政府和上级有关部门报告。发现违法违纪行为，按国家有关法律法规严肃处理。

十三、各地特别是试点城市财政部门要会同人力资源社会保障等部门，根据本通知精神并结合本地区实际，制定具体实施办法。

2008 年 6 月 26 日

财政部　人力资源社会保障部　国资委关于中央财政帮助地方政策性关闭破产国有企业退休人员参加城镇职工基本医疗保险补助资金拨付有关问题的通知

财社［2008］139号

各省、自治区、直辖市财政厅（局）、劳动保障厅（局）、国资委，安徽、福建、贵州省经贸委（经委）：

党中央、国务院高度重视关闭破产企业退休人员医疗保障问题，地方各级党委、政府积极采取措施，做了大量工作，取得了积极的成效。为进一步妥善解决关闭破产国有企业退休人员医疗保障问题，经国务院批准，中央财政安排补助资金，专项用于帮助解决地方政策性关闭破产国有企业退休人员参加当地城镇职工基本医疗保险问题。现将有关事项通知如下：

一、补助范围及标准

对中西部地区和老工业基地的地方政策性关闭破产国有企业退休人员，中央财政按照未参加医疗保险的每人6 300元、已参加医疗保险的每人1 260元的标准安排补助；对东部地区的补助标准减半。中央财政2008年先按一定比例预拨补助资金，2009年再根据各省、自治区、直辖市地方政策性关闭破产国有企业退休人员参加城镇职工基本医疗保险的实际情况进行结算。

二、补助资金结算

各省、自治区、直辖市财政厅（局）、劳动保障厅（局）、国资委、有关省经贸委（经委）应联合向财政部、人力资源社会保障部、国资委提出结算补助资金的申请，上报《地方政策性关闭破产国有企业退休人员参加城镇职工基本医疗保险基本情况表》（附件1）和《地方政策性关闭破产国有企业退休人员参加城镇职工基本医疗保险中央补助资金申请结算表》（附件2）及相关资料。补助资金结算申请内容包括：本省（自治区、直辖市）地方政策性关闭破产国有企业退休人员参加城镇职工基本医疗保险的情况，具体包括根据《关于组织填写关闭破产国有企业退休人员参加城镇职工基本医疗保险情况调查表的通知》（劳社厅明电［2007］49号）上报的已参保、未参保人数，截止到2008年12月31日的已参保、未参保人数；中央财政预拨的补助资金的分配使用和管理情况；申请结算补助资金的有关情况说明；工作中存在的问题及政策建议。

财政部驻各省、自治区、直辖市财政监察专员办事处（以下简称专员办）将以各地上报数据为基础对本地区上报的补助资金结算申请和相关材料进行初审，并对各地数据进行核查。各省、自治区、直辖市财政厅（局）、劳动保障厅（局）、国资委、有关省经贸委（经委）应于2009年5月底前将审核汇总的申请材料报送专员办，经专员办审核签署意见后，于2009年7月底前报财政部、人力资源社会保障部、国资委。专员办应在受理申请材料后45个工作日完成审核工作、出具审核意见。在此基础上，人力资源社会保障部、国资委、财政部对各省、自治区、直辖市的上报材料进行书面审查，并据此结算中央财政补助资金。

三、补助资金使用管理

各省、自治区、直辖市财政部门应根据经省级人民政府批准的工作方案，按照所属各统筹地区地方政策性关闭破产国有企业退休人员参保工作的进度等情况，原则上于2008年10月底前将中央财政补助资金及时通过各统筹地区财政划转入统筹地区城镇职工基本医疗保险基金财政专户，专门用于帮助地方政策性关闭破产国有企业退休人员参加城镇职工基本医疗保险。已经解决地方政策性关闭破产国有企业退休人员医疗保险问题的地区，应将中央财政补助资金用于帮助其他关闭破产国有企业退休人员参加城镇职工基本医疗保险，也可统筹考虑用于帮助濒临破产的困难国有企业退休人员参加城镇职工基本医疗保险。各省、自治区、直辖市劳动保障厅（局）、国资委、财政厅（局）、有关省经贸委（经委）应会同有关部门，制定严密的工作计划，并精心组织市、县相关部门，确保于2008年年底前将尚未参保的地方政策性关闭破产国有企业退休人员全部纳入当地的医疗保险体系，不得单独列账管理、封闭运行。

四、监督检查

财政部、人力资源社会保障部、国资委将对各省、自治区、直辖市补助资金分配管理及将地方政策性关闭破产国有企业退休人员纳入城镇职工基本医疗保险的情况进行专项检查。对没有按时完成工作目标的地方，中央财政将视情况相应扣减补助资金；若经检查发现虚报冒领、挤占挪用、贪污浪费等违纪违法行为，按照国家有关法律法规严肃处理。对虚报地方政策性关闭破产国有企业退休人员数或参加城镇职工基本医疗保险情况的，除责令立即纠正，并按规定追究有关单位和人员的责任外，将追回已拨付的补助资金，并通报批评。

五、有关要求

地方各级政府有关部门要充分认识解决关闭破产国有企业退休人员医疗保障问题对于维护社会稳定、构建和谐社会的重要意义，在认真做好将地方政策性关闭破产国有企业退休人员纳入医疗保险工作的同时，应结合当地实际，通过多渠道筹资等办法，探索解决其他关闭破产国有企业和困难企业退休人员医疗保障问题。同时，各级劳动保障部门要进一步扩大城镇职工基本医疗保险覆盖面，采取措施加强基金征缴和支付管理，逐步提高统筹层次，增强基本医疗保险基金的共济能力。医疗保险经办机构要根据关闭破产企业的特点，完善业务流程，做好相关服务工作，共同配合做好关闭破产国有企业退休人员医疗保障工作。

附件：1. 省（自治区、直辖市）地方政策性关闭破产国有企业退休人员参加城镇职工基本医疗保险基本情况表（略）

2. 省（自治区、直辖市）地方政策性关闭破产国有企业退休人员参加城镇职工基本医疗保险中央补助资金申请结算表（略）

2008年7月23日

财政部 人力资源社会保障部关于就业专项资金使用管理及有关问题的通知

财社［2008］269号

各省、自治区、直辖市、计划单列市人民政府，新疆生产建设兵团：

为贯彻落实《中华人民共和国就业促进法》和《国务院关于做好促进就业工作的通知》（国发［2008］5号），经国务院同意，现就就业专项资金使用管理及有关事宜通知如下：

一、资金安排。县级以上人民政府要根据就业状况和就业工作目标，在财政预算中安排就业专项资金用于促进就业工作。

失业保险基金用于促进就业的支出，按国家有关规定执行。

二、资金使用范围。就业专项资金用于职业介绍补贴、职业培训补贴、社会保险补贴、公益性岗位补贴、职业技能鉴定补贴、特定就业政策补助、小额贷款担保基金和小额担保贷款贴息，以及扶持公共就业服务等。

各地确需增加新的支出项目的，须经省级人民政府批准，并报财政部、人力资源社会保障部备案。

三、中央财政补助。对各地职业介绍补贴、职业培训补贴、社会保险补贴、公益性岗位补贴、职业技能鉴定补贴、特定就业政策补助，以及扶持公共就业服务资金，中央财政通过专项转移支付的方式给予适当补助，并对中西部地区和老工业基地给予重点支持。中央财政就业专项转移支付资金的分配与各地就业状况、地方财政投入（包括公共就业服务保障情况）、就业工作绩效等因素挂钩，补助资金实行年初和年中分两次拨付、年度全面考评、全年重点跟踪检查的办法。中央财政对符合条件的小额担保贷款按规定据实贴息。

四、预算管理。各级人力资源社会保障部门要根据财政部门规定的预算编制要求，向同级财政部门申请就业专项资金年度预算，经同级财政部门审核后列入年度财政预算并报同级人民代表大会批准。就业专项资金要严格按照批准的预算执行。执行中确需调整预算的，要按照国家预算管理制度的有关规定办理。

五、资金申请及支付管理。

（一）职业介绍补贴。职业中介机构可按经其就业服务后实际就业的登记失业人员人数向当地人力资源社会保障部门申请职业介绍补贴。职业中介机构在申请职业介绍补贴时，按每位符合免费服务条件的人员每年享受一次职业介绍补贴计算，不得重复申请。职业介绍补贴资金申请材料应附：经职业中介机构就业服务后已实现就业的登记失业人员名单、接受就业服务的本人签名及《居民身份证》复印件、就业失业登记证（以下简称登记证）复印件、劳动合同等就业证明材料复印件、职业中介机构在银行开立的基本账户等凭证材料。经人力资源社会保障部门审核、财政部门复核后，按规定将资金支付到职业中介机构在银行开立的基本账户。

对纳入财政补助的公共就业服务机构，地方各级财政部门要根据其享受财政补助编制内实有人数，并结合考虑其承担的免费公共就业服务工作量，安排人员经费、工作经费（含设备购置、修缮、基本建设等支出）和项目经费，上述经费由同级财政在部门预算中统筹安排（包括公共就业服务机构上缴财政的服务收费收入）。对未纳入财政补助的公共就业服务机构，可暂按职业中介机构申领职业介绍补贴的规定申请职业介绍补贴。公共就业服务机构享受职业介绍补贴政策的执行期限不超过2011年年底。公共就业服务机构是指县级以上地方人民政府设立的，依据《中华人民共和国就业促进法》第三十五条规定，为劳动者提供免费就业服务的机构。公共就业服务机构不得从事经营活动。地方各级人民政府要按照统一、规范和效能的原则，整合公共就业服务机构、资产、人员、服务和信息等资源，合理布局公共就业服务机构。

职业介绍补贴的具体标准由省级财政、人力资源社会保障部门确定。

（二）职业培训补贴。登记失业人员、进城求职农村劳动者参加职业培训的，根据其参加培训和就业状况，可向职业培训所在地人力资源社会保障部门申请职业培训补贴。每人每年只能享受一次职业培训补贴，不得重复申请。享受职业培训补贴的培训期限最长不超过12个月。

登记失业人员、进城求职的农村劳动者培训后申请职业培训补贴的，可凭借职业培训补贴申请材料，向当地人力资源社会保障部门提出申请，经人力资源社会保障部门审核、财政部门复核后，直接将补贴资金支付给申请者本人。对用人单位吸纳进城求职的农村劳动者并与其签订6个月以上期限劳动合同，在劳动合同签订之日起6个月内由用人单位组织到职业培训机构进行培训的，对用人单位给予一定的职业培训补贴。用人单位凭借职业培训补贴资金申请材料，向当地人力资源社会保障部门提出申请，经人力资源社会保障部门审核、财政部门复核后，由财政部门将资金直接拨入用人单位在银行开立的基本账户，并同时将资金支付情况抄送人力资源社会保障部门。对进城求职农村劳动者中的应届初高中毕业生申请职业培训补贴的，可采取由职业培训机构代为申请的办法，职业培训机构代为申请必须与申请人签订代为申请协议书。职业培训机构凭借职业培训补贴资金申请材料，向所在地人力资源社会保障部门提出申请，经人力资源社会保障部门审核、财政部门复核后，由财政部门将资金直接拨入职业培训机构在银行开立的基本账户，并同时将资金支付情况抄送人力资源社会保障部门。职业培训补贴资金申请材料应附：本人《居民身份证》、登记证等复印件、职业培训合格证书（职业技能资格证书）或劳动合同复印件等培训或就业证明等材料、职业培训机构开具的行政事业性收费票据（或税务发票）等。对用人单位集中申请的，申请材料还应附培训人员名单、劳动合同复印件等。对职业培训机构代为申请的，申请材料还应附培训人员名单、代为申请协议等。

各地要根据培训专业（工种），合理确定职业培训补贴标准。对登记失业人员、进城求职农村劳动者参加职业培训后，取得职业培训合格证书（职业技能资格证书），6个月内没有实现就业的，按最高不超过职业培训补贴标准的60%给予补贴；对6个月内实现就业的，按职业培训补贴标准的100%给予补贴。对用人单位组织到职业培训机构进行培训，并取得职业培训合格证书（职业技能资格证书）的，职业培训补贴标准最高不超过培训费用的50%。职业培训补贴具体办法和标准由省级财政、人力资源社会保障部门确定。各地要按照公开、公平、公正的原则，面向社会各级各类职业培训机构，通过招投标方式确定承担培训任务的职业培训机构。要建立职业培训机构动态管理机制和退出机制，加强对职业培训机构的监督管理。

（三）社会保险补贴。对就业困难人员的

社会保险补贴实行先缴后补的办法。就业困难人员是指由省级人民政府依据《中华人民共和国就业促进法》第五十二条确定的人员。

1. 企业（单位）吸纳就业困难人员的社会保险补贴。对各类企业（单位）招用就业困难人员，与之签订劳动合同并缴纳社会保险费的；以及在公益性岗位安排就业困难人员，并缴纳社会保险费的，按其为就业困难人员实际缴纳的基本养老保险费、基本医疗保险费和失业保险费给予补贴，不包括就业困难人员个人应缴纳的基本养老保险费、基本医疗保险费和失业保险费，以及企业（单位）和个人应缴纳的其他社会保险费。社会保险补贴期限，除对距法定退休年龄不足5年的就业困难人员可延长至退休外，其余人员最长不超过3年。

企业（单位）应按规定按时足额缴纳各项社会保险费，在申报缴费时应将符合享受社会保险补贴条件人员的缴费情况单独列出。每季度终了后，按规定向当地人力资源社会保障部门申请对上季度已缴纳的社会保险费给予补贴。社会保险补贴资金申请材料应附：符合享受社会保险补贴条件的人员名单及登记证复印件、劳动合同等就业证明材料复印件、社会保险征缴机构出具的上季度企业（单位）为这部分人员缴纳有关社会保险费的明细账（单）、企业（单位）在银行开立的账户等凭证材料，经人力资源社会保障部门审核、财政部门复核后，按规定将资金支付到企业（单位）银行账户。

2. 对灵活就业的就业困难人员的社会保险补贴。对就业困难人员灵活就业后申报就业并以个人身份缴纳社会保险费的，给予一定数额的社会保险补贴，补贴数额原则上不超过其实际缴费的2/3。具体补贴标准由省级财政、人力资源社会保障部门确定。社会保险补贴期限，除对距法定退休年龄不足5年的就业困难人员可延长至退休外，其余人员最长不超过3年。各地要加强对灵活就业人员社会保险补贴的审核管理。

就业困难人员实现灵活就业后，要向街道（社区）申报就业。灵活就业人员应按规定按时足额缴纳社会保险费。每季度终了后，按规定向当地人力资源社会保障部门申请对上季度已缴纳的社会保险费给予补贴。社会保险补贴资金申请材料应附：由本人签字、人力资源社会保障部门盖章确认的、注明具体从事灵活就业的单位、岗位、地址等内容的相关证明材料，本人《居民身份证》复印件、登记证复印件、社会保险征缴机构出具的上季度社会保险费缴费单据等凭证材料，经人力资源社会保障部门审核、财政部门复核后，按规定将资金支付给申请者本人。

（四）小额贷款担保基金和小额担保贷款贴息。有关小额贷款担保基金和小额担保贷款贴息资金的具体管理办法按财政部、人民银行有关规定执行。

（五）公益性岗位补贴。对在公益性岗位安排就业困难人员就业的单位，按其实际安排就业困难人员人数给予适当额度的岗位补贴。公益性岗位补贴期限，除对距法定退休年龄不足5年的就业困难人员可延长至退休外，其余人员最长不超过3年。

在公益性岗位安排就业困难人员就业的单位，可按规定向当地人力资源社会保障部门申请公益性岗位补贴。公益性岗位补贴资金申请材料应附：符合享受公益性岗位补贴条件的人员名单及登记证复印件、上季度为这部分人员发放工资的明细账（单）、单位在银行开立的账户等凭证材料，经人力资源社会保障部门审核、财政部门复核后，按规定将资金支付到单位在银行开立的账户。

公益性岗位补贴的具体标准由省级财政、人力资源社会保障部门确定。

（六）职业技能鉴定补贴。就业困难人员、进城务工的农村劳动者通过初次技能鉴定（限国家规定实行就业准入制度的指定工种）、取得职业资格证书的，可向职业技能鉴定所在地人力资源社会保障部门申请一次性职业技能鉴定补贴。职业技能鉴定补贴资金申请材料应附：本人《居民身份证》复印件、登记证复印件、职业资格证书复印件、职业技能鉴定机构开具的行政事业性收费票据（或税务发票）等凭证材料，经人力资源社会保障部门审核、财政部门复核后，按规定将资金支付给申请者本人。

职业技能鉴定补贴的具体标准由省级财政、人力资源社会保障部门确定。

（七）特定就业政策补助。现行特定就业政策是指经国务院批准，各级人民政府对国有困难企业与下岗职工解除劳动关系给予的经济补偿金补助和为国有困难企业“4050”下岗职工缴纳社会保险费给予补助的政策。其中经济补偿金补助政策执行到2008年年底，社会保险费补助政策的执行期限不超过2011年年底。地方国有困难企业享受特定就业政策的具体办法由省级财政、人力资源社会保障部门确定。中央困难企业享受特定就业政策的具体办法另行制定。

（八）扶持公共就业服务。县级以上财政可安排扶持公共就业服务资金，对下级公共就业服务机构用于加强其人力资源市场信息网络方面的支出（具体包括计算机及网络硬件、软件购置，以及开发应用支出）给予必要支持。扶持公共就业服务资金作为就业专项资金的组成部分，必须单独安排，单独核算，单独管理，不得与其他就业专项资金相互调剂使用。2008年各级财政用于扶持公共就业服务的支出，列入《2008年政府收支分类科目》中第2080701项“劳动力市场建设”科目。2009年开始，各级财政用于扶持公共就业服务的支出列入《2009年政府收支分类科目》中第2080701项“扶持公共就业服务”科目。以后年度政府收支分类科目如有修改，扶持公共就业服务的支出相应列入每年修改后的科目中。

各地应逐步建立健全人力资源信息网络系统，实现各级公共就业服务机构的信息联网，为求职者、用人单位等提供方便快捷的信息服务。要以此加强对各级各类职业培训、职业中介、公共就业服务等机构、用人单位和享受政府就业扶持政策人员就业状况的监督管理，杜绝各种弄虚作假行为的发生。

上述各项资金的支付管理，按照国家财政国库管理制度的有关规定执行。

六、决算管理。各地人力资源社会保障部门在年度终了后，要认真做好就业专项资金的清理和对账工作，并按规定向同级财政部门报送就业专项资金年度资金使用情况和说明，就业专项资金使用说明要做到内容完整、数据真实、报送及时。各地人力资源社会保障、财政部门要将审核汇总后的就业专项资金年度决算及时报送上级人力资源社会保障、财政部门。

就业专项资金年度终了如有结余，需详细说明原因，经财政部门批准后，按规定结转下一年度继续使用。

七、账户管理。各地财政部门要按规定将财政预算安排的就业专项资金及时转入“社会保障基金财政专户”，按具体用途进行分账核算。

八、监督管理。就业专项资金必须坚持专款专用的原则，严格按照规定的范围、标准和程序使用，不得用于人员经费、公用经费、差旅费、会议费等应由部门预算安排的支出，严禁用于或变相用于房屋建筑物购建、交通工具购置等各项基本建设支出。各级财政部门要切实履行职能，加强财政管理和监督，建立和完善就业专项资金支出绩效评估机制，努力提高就业专项资金使用管理的规范性、安全性和有效性。

各地财政、人力资源社会保障部门要建立健全财务管理规章制度，强化内部财务管理和审计监督。要以建立和完善职业介绍补贴、职业培训补贴、社会保险补贴等各项就业专项资金发放台账为重点，进一步加强资金使用管理的基础工作。通过建立享受各项补贴补助政策人员、单位的基础信息和数据系统，有效甄别享受补贴政策人员、单位的真实性，防止出现造假行为。每年年中，各地人力资源社会保障部门要通过适当方式向社会公开本地上年度各项就业专项资金的使用管理情况（包括享受补助的单位名称、享受补助的人数、具体补助数额等），并自觉接受监察、审计部门的监督检查。对有虚报、套取、私分、挪用各种补贴资金等行为的单位和个人，要按有关规定严肃处理。对审核不严，违规操作的，要按有关规定追究相关部门和单位的责任。涉嫌犯罪的，要依法移交司法部门处理。

各地财政、人力资源社会保障部门要密切配合、通力合作，及时掌握和通报有关情况，定期向上级财政、人力资源社会保障部门报告就业人数、就业专项资金管理使用等有关情况，定期对就业专项资金管理使用情况进行检查，共同研究解决就业专项资金管理使用中存在的实际问题。

九、《国务院关于进一步加强就业再就业工作的通知》（国发［2005］36 号）规定的对持《再就业优惠证》人员的社会保险补贴、公益性岗位补贴政策继续执行，审批截止到 2008 年年底，期限最长不超过 3 年。其所涉及的社会保险补贴、公益性岗位补贴资金管理事宜，按本通知有关规定执行。

十、各省、自治区、直辖市以及计划单列市财政、人力资源社会保障厅（局）可根据本通知规定，结合本地实际制定具体实施办法，并报财政部、人力资源社会保障部备案。

十一、本通知自发布之日起执行。《财政部 劳动保障部关于进一步加强就业再就业资金管理有关问题的通知》（财社［2006］1 号）同时废止。

2008 年 11 月 19 日

财政部　中国人民银行　人力资源社会保障部关于印发《小额担保贷款财政贴息资金管理办法》的通知

财金［2008］100号

各省、自治区、直辖市、计划单列市财政厅（局）、人事厅（局）、劳动保障厅（局），财政部驻各省、自治区、直辖市、计划单列市财政监察专员办事处，中国人民银行上海总部、各分行（营业管理部）、各省会（首府）城市中心支行、各副省级城市中心支行，各国有商业银行、股份制商业银行、中国邮政储蓄银行：

为做好促进就业工作，加强对小额担保贷款财政贴息资金的管理，现将《小额担保贷款财政贴息资金管理办法》印发给你们，请遵照执行。自本文印发之日起，《财政部　中国人民银行　劳动保障部关于印发〈下岗失业人员从事微利项目小额担保贷款财政贴息资金管理办法〉的通知》（财金［2003］70号）废止。

附件：1. 小额担保贷款财政贴息情况季度统计表（略）

2. 小额担保贷款财政贴息情况季度统计表填报说明（略）

2008年8月28日

小额担保贷款财政贴息资金管理办法

第一章　总　　则

第一条　为做好促进就业工作，加强下岗失业人员小额担保贷款（以下简称小额担保贷款）财政贴息资金的管理，提高财政贴息资金的使用效益，根据《中华人民共和国就业促进法》《国务院关于做好促进就业工作的通知》（国发［2008］5号）及有关小额担保贷款政策的文件规定精神，制定本办法。

第二条　本办法所称小额担保贷款财政贴息资金（以下简称贴息资金），是指国家对符合规定条件的小额担保贷款借款人（以下简称借款人）用于从事微利项目的小额担保贷款、经办银行对符合规定条件的劳动密集型小企业（以下简称小企业）发放的小额担保贷款给予的财政贴息资金。

根据国家规定，贴息资金可用于支持完善地方担保基金的风险补偿机制和小额担保贷款奖励机制。

第三条 本办法所称微利项目，由各省、自治区、直辖市人民政府结合当地实际情况确定，并报财政部、中国人民银行、人力资源和社会保障部备案。

本办法所称贷款，是指按照《下岗失业人员小额担保贷款管理办法》（银发［2002］394号，以下简称《小额贷款办法》）等文件规定，由经办银行发放的小额担保贷款。

本办法所称担保机构，是指按照《小额贷款办法》的规定，受托运作小额贷款担保基金的担保机构。

本办法所称经办银行，是指与担保机构签订合作协议的国有独资商业银行、股份制商业银行、城市商业银行、城乡信用社等金融机构。

第二章　贴息资金的预算管理

第四条 除东部沿海七省市（北京、上海、山东、江苏、浙江、福建、广东，以下简称七省市）外，其他省（区、市）所需贴息资金中由中央财政负担部分，由财政部根据贷款预计发放额度和国家规定的贴息标准，安排专项资金，列入中央财政预算；贴息资金中由地方负担部分，由地方财政预算安排。

七省市所需贷款贴息资金，由地方财政预算安排。

第五条 财政部根据各省级财政部门（含计划单列市，不含七省市，以下简称省级财政部门）申请，经审核后向申请地方预拨贴息资金，年终进行清算。省级财政部门按季向地市财政部门预拨贴息资金。

第六条 全国各级财政部门要根据国家关于就业专项资金管理的规定，做好贴息资金的决算。

省级财政部门应于年度终了后2个月内编制贴息资金年度决算，并附财政部驻当地财政监察专员办事处（以下简称专员办）审核意见，报财政部审核清算。

七省市财政部门应于年度终了后2个月内编制贴息资金年度决算，并附专员办审核意见，报财政部备案。

第七条 根据各省（区、市）小额担保贷款年度决算情况，经审核确认后，中央及省级财政从贴息资金中安排担保基金的风险补偿资金和贷款奖励性补助资金。

第三章　贴息贷款的申请和审核

第八条 小额担保贷款展期和逾期不贴息。

小额担保贷款贴息，在规定的借款额度和贴息期限内，按实际借款额度和计息期限计算。

第九条 借款人和小企业须凭劳动保障部门审核确认意见，向经办银行办理贴息贷款申请。

第十条 经办银行对借款人和小企业的贷款申请进行审核，符合有关规定的，发放贴息贷款，在贷款合同中加盖贴息贷款专用章，并在与担保机构签订的担保合同中注明。

第四章　贴息资金的审核和拨付

第十一条 经办银行按照国家财务会计制度和小额担保贷款政策有关规定，计算微利项目和小企业小额担保贷款应贴息金额。计算贴息的时间按照经办银行贷款的结息时间确定。

第十二条 经办银行按季向财政部门申请贴息资金。

第十三条 贴息资金的申请、审核与拨付按如下程序办理：

（一）每季度结息日后5个工作日内，地市级经办银行将贴息资金申请和明细表报送地市财政部门，并附微利项目和小企业贷款计收利息清单。

贴息资金申请应包括贷款发生额、季初余额、季末余额、贷款发生笔数、申请贴息资金额等内容。明细表包括每笔贷款的项目名称、贷款金额、发放时间、期限、借款人名称和户籍所在地等内容。

（二）地市财政部门收到经办银行申请后的5个工作日内审核拨付贴息资金，同时将贴息资金的拨付使用情况上报省级财政部门和专员办备案。

（三）年度终了后20日内，地市经办银行将上一年度贴息资金申领汇总情况及明细表报送地市财政部门；担保机构将按经办银行分类汇总的小额贷款担保发放情况表报至地市财政部门审核清算。

小额贷款担保发放情况表包括每笔贷款担保的项目名称、贷款金额、担保金额、发放时间、期限、借款人名称和户籍所在地等内容。

（四）地市财政部门收到经办银行和担保机构的材料后，在10个工作日内对有关情况进行审核出具意见，并附经办银行和担保机构材料，报省级财政部门和专员办。

（五）省级财政部门和专员办对地市财政部门报送的材料进行审核出具意见，在年度终了后2个月内编制贴息资金年度决算报财政部审核清算。

第五章　奖补资金的审核和拨付

第十四条　根据各省（区、市）小额担保贷款年度决算情况，经审核确认后，对于担保基金规模年度增长达到一定比例的地方，中央财政将按年度新增担保基金总额的一定比例，从中央贴息资金预算中安排拨付一部分作为风险补偿资金。风险补偿资金由地方财政管理，全部补充地方担保基金，用于鼓励担保机构降低反担保门槛或取消反担保。

第十五条　根据各省（区、市）小额担保贷款年度决算情况，经审核确认后，按照年度新发放小额担保贷款的一定比例给予奖励性补助资金，由中央和省级财政各承担一半，其中中央财政承担部分从中央贴息资金预算中安排拨付。奖补资金由地方财政管理，用于小额担保贷款工作突出的经办银行、担保机构和信用社区等单位的工作经费补助。

第六章　报告制度

第十六条　省级财政部门和七省市财政部门应按季向财政部报送贴息贷款发放情况统计表，反映本地区贴息贷款的季度发生额、余额、发放笔数、本年累计发放笔数、应贴息金额、实际贴息金额和按照经办银行类型分类的明细情况，以及中央财政拨付或七省市预算安排的贴息资金使用和结余情况。报送时间为下一季度15日之前。

地市财政部门应比照前款规定，按季向省级财政部门报送贴息贷款发放情况统计表。报送时间为下一季度10日以前。

第十七条　省级财政部门和七省市财政部门每半年对本地区贴息贷款发放和贴息资金的审核拨付情况以及存在的问题进行认真分析，以书面形式报财政部。

第七章　监督管理和责任

第十八条　经办银行应认真履行以下职责：

（一）对贷款项目是否属于贴息项目进行审核。

（二）对贴息贷款的使用方向进行监督，确保贴息贷款用于微利项目和符合要求的小企业。

（三）单独设置贴息贷款业务台账，妥善保管贷款合同及相关业务凭证，配合有关部门检查。

（四）认真做好贷款贴息的审核、申报工作。

（五）根据有关规定需要履行的其他职责。

第十九条　担保机构应积极做好对借款人的担保服务工作，对担保的贷款项目、贷款金额、发放时间、期限、利率等进行认真核对和确认。

第二十条　财政部门应认真履行以下职责：

（一）指导辖区内贷款贴息的申请、审核工作。

（二）做好与有关部门及经办银行的协调、配合工作。

（三）按有关规定认真审核贴息申请，及时拨付贴息资金，提高贴息资金使用效率。

（四）加强对贴息资金的监督与管理，保证贴息资金专款专用。定期或不定期检查贴息资金使用情况，及时处理和反映工作中存在的问题，确保贴息政策落到实处。

（五）加强对担保基金风险补偿资金和贷款奖励性补助资金的管理。

（六）根据规定需要履行的其他职责。

第二十一条 专员办负责对当地贴息资金拨付和使用情况的监督管理，不定期地开展检查。

第二十二条 借款人和小企业提供虚假证明材料，劳动保障部门和经办银行等有关机构未能认真履行审核职责，导致骗取财政贴息资金的，由劳动保障部门和经办银行等机构按各自的职责承担责任，并共同负责追回贴息资金，登记借款人和小企业的不良信用记录。

第二十三条 对经办银行虚报材料，骗取财政贴息资金的，财政部门应追回贴息资金，同时按国家有关规定进行处罚，并通过媒体予以曝光。

第二十四条 各级财政部门和担保机构未认真履行职责，或虚报材料、骗取挪用财政贴息资金的，财政部将采取责令纠正、追回已贴息资金等措施，并按国家有关规定进行处罚。

第八章 附 则

第二十五条 各省、自治区、直辖市、计划单列市财政部门可会同专员办及有关部门，根据本办法和其他有关文件精神，结合当地实际情况制定贴息资金、担保基金风险补偿资金和贷款奖励资金管理的具体操作办法，并报财政部备案。

第二十六条 中国人民银行、财政部、原劳动和社会保障部等部门已经发布的有关小额担保贷款的相关规定，如与本办法规定不一致的，以本办法为准。

第二十七条 本办法自印发之日起施行。

住房和城乡建设部　人力资源和社会保障部关于印发建筑业农民工技能培训示范工程实施意见的通知

建人［2008］109号

各有关省、自治区、直辖市建设厅（建委）、劳动和社会保障厅（局），山东、江苏省建管局：

为贯彻落实《就业促进法》和《国务院关于做好促进就业工作的通知》（国发［2008］5号）精神，提高建筑业农民工技能水平，保证建筑工程质量和安全，住房和城乡建设部、人力资源和社会保障部决定共同实施建筑业农民工技能培训示范工程（以下简称“示范工程”），并根据各地提出的培训需求，确定了2008年示范工程培训目标。现将《建筑业农民工技能培训示范工程实施意见》和2008年培训目标印发给你们。请结合本地实际制定实施方案，确定实施企业和培训人数，认真做好组织实施工作。

为协调指导示范工程的组织实施，住房和城乡建设部、人力资源和社会保障部共同成立了示范工程工作小组，日常工作由住房和城乡建设部人事教育司承担。请各有关省、自治区、直辖市于2008年7月11日前将实施企业名单和培训人数落实情况报示范工程工作小组备案，于2008年年底前将工作进展情况报示范工程工作小组。

附件：建筑业农民工技能培训示范工程2008年培训目标（略）

2008年6月17日

建筑业农民工技能培训示范工程实施意见

建筑业农民工技能培训示范工程（以下简称“示范工程”）是“农村劳动力技能就业计划”的重要组成部分。为了指导示范工程实施，根据住房和城乡建设部、人力资源和社会保障部有关工作要求，提出如下意见。

一、充分认识提高农民工职业技能的重要意义，把组织实施示范工程摆上重要位置

组织和引导进城就业的农村劳动者参加技能培训，是《就业促进法》确定的重要内容。建筑业是吸纳农村劳动力转移就业的重要行业，农民工是建筑业产业工人的主体，为我国经济社会发展作出了巨大贡献。近年来，各地按照中央和国务院的部署，在党委、政府的统一领导下，采取有效措施，开展建筑业农民工技能培训，取得了显著成效。但建筑业农民工技能水平低、就业不稳定等问题尚未得到根本解决。提高建筑业农民工职业技能，有利于农民工稳定就业和持续增收，有利于规范建筑企业发展，有利于提高建筑工程质量，保证安全生产。各级建设、劳动保障部门要充分认识这项工作的重要意义，把示范工程摆上重要位置，纳入年度农村劳动力技能就业计划和就业专项资金支出计划，切实做好组织实施工作。

二、明确培训对象、培训内容和实施主体

示范工程的培训对象为自愿参加培训的建筑业在岗农民工。参加示范工程的农民工必须与所在企业订有劳动合同。对地震受灾地区户籍的农民工，可以在同等条件下优先安排培训。示范工程主要针对砌筑工、木工、架子工、钢筋工、混凝土工、抹灰工等建筑业关键工种开展，培训内容为安全生产常识、职业基础知识和岗位操作技能。示范工程的实施主体为建筑企业。示范工程实施企业必须具有二级以上施工总承包企业资质；劳动合同签订率较高，各项劳动管理规范，最近三年内未拖欠农民工工资；自有培训机构和培训设施健全，或已与有相应资质的培训机构建立委托培训关系；能够按照有关规定提取和使用职工教育培训经费。建有农民工业余学校的建筑企业，在具备上述条件时要优先安排。

三、建立健全各项制度，切实加强培训管理

建设部门要会同劳动保障部门督促、指导示范工程实施企业制订农民工技能培训计划，确定参训人员及培训目标，明确培训机构、课程、师资、时间、场地、经费等安排和培训质量控制措施。培训机构可以是企业自有培训机构，也可以委托其他有资质的培训机构。培训课程、师资、时间应根据国家职业标准并结合企业生产需要进行安排。在保证培训质量前提下，基础知识培训可在农民工业余学校进行，实际操作训练可依托施工现场进行，实操训练时间应不少于总培训时间的60%。示范工程实施企业的农民工技能培训计划，由建设部门初审、归集后，报劳动保障部门审核备案。

建设部门要会同劳动保障部门加强对示范工程实施企业农民工技能培训活动的动态管理。对培训质量不合格的，取消其示范工程实施资格；对制度不健全、管理混乱、弄虚作假的，要追究其法定代表人的责任。要督促实施企业建立培训台账，详细记录参训人员的姓名、年龄、性别、身份证号、培训工种、培训时间、考核成绩、技能等级和联系方式等，以备查验。培训任务完成后，要组织考核验收，验收情况要汇总上报。培训任务完成情况要纳入“农村劳动力技能就业计划”统计。

四、规范开展职业技能鉴定，推行持证上岗制度

建设部门要会同劳动保障部门督促、指导示范工程实施企业组织经过培训的农民工及时参加职业技能鉴定。要按照方便、快捷的原则，充分利用施工现场对农民工实施职业技能鉴定，并降低职业技能鉴定费用。要加强建设行业职业技能鉴定所站建设和规范化管理，严格执行国家职业标准，确保职业技能鉴定质量。对职业技能鉴定合格的农民工，应按照《关于在建设行业实行职业资格证书制度有关问题的通知》（建人教［2002］73号）规定核发职业资格证书。职业资格证书由农民工本人持有，企业不得扣压或代为保管。要健全建筑业关键工种持证上岗制度，加强对持证情况的监督检查。

五、落实培训资金来源，加强资金使用管理

示范工程培训资金由政府、企业和农民工个人共同承担。实施企业应首先在职工教育培训经费中安排农民工培训费用，在此基础上，对经培训、鉴定并取得职业资格证书的农民工，劳动保障部门应按照有关规定，从就业专项资金中给予相应培训和鉴定补贴。补贴标准由各地劳动保障、建设部门参考当地相应职业（工种）的社会平均培训、鉴定费用提出具体方案，商同级财政部门确定。农民工个人只承担职业资格证书工本费，任何单位不得以任何形式向其个人收取培训、鉴定费用。为便于操作，农民工培训、鉴定补贴资金由实施企业先行垫付，待培训、鉴定任务完成并通过考核验收后，由实施企业代其向建设、劳动保障部门提出补贴申请。补贴申请须附考核验收报告和财政、劳动保障部门要求提供的相关材料，经建设部门初审、劳动保障部门审核后报财政部门核拨。

各地要加强对农民工培训资金的监管，切实保证资金使用安全。要督促、指导实施企业建立健全农民工培训资金预决算管理制度，并实行账目公开，防止暗箱操作。要加强对农民工培训资金使用情况的审核，对违反规定使用职工教育培训经费、骗取或冒领农民工培训、鉴定补贴资金的单位或个人，要严肃查处并追回所拨款项；对触犯法律的要依法追究其法律责任。建设、劳动保障部门组织实施示范工程的日常工作经费，应从各自部门预算中安排，不得占用实施企业安排的农民工培训经费和财政安排的农民工培训、鉴定补贴资金。

六、加强协调配合，确保示范工程取得实效

各省、自治区、直辖市建设、劳动保障部门要切实加强组织领导，建立工作协调机制，各司其职，各负其责，加强协调，密切配合，共同做好示范工程组织实施工作。要把实施示范工程纳入重要议事日程，建立领导责任制和工作目标考核制。要充分发挥各部门职能优势，健全相关管理制度，切实加强对实施企业的指导和对培训、鉴定工作的监管。要充分运用国家政策，加强宣传动员工作，调动建筑企业、培训机构和农民工积极性，确保示范工程取得实效。

文化部　外交部　公安部　劳动和社会保障部关于外国政府在中国设立的文化中心外籍工作人员办理签证、就业和居留有关问题的通知

文外发［2008］6号

各省、自治区、直辖市文化厅（局）、外事办公室、公安厅（局）、劳动和社会保障厅（局），新疆生产建设兵团文化局、公安局、劳动和社会保障局，各驻外使领馆、处、署：

为规范依照中国政府和外国政府签署双边协议在中国设立的外国文化中心（以下简称外国文化中心）外籍工作人员的管理，现就外国文化中心外籍工作人员的签证、就业和居留有关事项通知如下：

一、外国文化中心外籍工作人员分为两类：派遣国政府委派的持公务类护照的外国籍工作人员（以下简称外籍委派工作人员）和外国文化中心聘任的持普通护照的外国籍工作人员（以下简称外籍聘任工作人员）。

二、外籍委派工作人员应当按照以下程序办理来华签证和在华就业、居留手续：

（一）派遣国政府拟委派外籍委派工作人员，应当通过其文化中心（或驻华使馆）向文化部对外文化联络局提出申请，填写备案表格。

（二）文化部对外文化联络局审核同意后，向拟入境的外籍委派工作人员出具《派遣国政府委派工作人员确认函》和《被授权单位签证通知表》。

（三）拟入境的外籍委派工作人员，免办《外国人就业许可证书》，凭文化部对外文化联络局出具的《派遣国政府委派工作人员确认函》和《被授权单位签证通知表》到中国驻外使领馆、处、署办理职业签证。

（四）外籍委派工作人员入境后，免办《外国人就业证》，凭文化部对外文化联络局出具的《派遣国政府委派工作人员确认函》和职业签证到所在地公安机关办理《外国人居留许可》，并依法办理住宿登记手续。

（五）外籍委派工作人员需办理在华居留延期手续时，凭文化部对外文化联络局出具的《派遣国政府委派工作人员确认函》到所在地公安机关办理居留延期手续。

三、外籍聘任工作人员应当按照以下程序办理来华签证和在华就业、居留手续：

（一）外国文化中心拟聘用外籍聘任工作人员，应当向文化部对外文化联络局提出申请，填写备案表格，并提交《聘用外国人就业申请表》、聘用合同复印件和《外国人在中国就业管理规定》第十一条规定的相关有效文件。

（二）文化部对外文化联络局审核同意后，向拟入境的外籍聘任工作人员出具《外

国文化中心聘任工作人员确认函》和《被授权单位签证通知表》，并在其《聘用外国人就业申请表》上加盖公章。

（三）外国文化中心凭《外国文化中心聘任工作人员确认函》和加盖文化部对外文化联络局公章的《聘用外国人就业申请表》向所在地劳动保障部门提出办理就业许可的申请，劳动保障部门在对《外国人在中国就业管理规定》中规定的相关证明材料审核后，对符合条件者，发放《外国人就业许可证书》。

（四）拟入境的外籍聘任工作人员，凭文化部对外文化联络局出具的《外国文化中心聘任工作人员确认函》《被授权单位签证通知表》和《外国人就业许可证书》到中国驻外使领馆、处、署办理职业签证。

（五）外籍聘任工作人员入境后，凭《外国人就业许可证书》、文化部对外文化联络局出具的《外国文化中心聘任工作人员确认函》、两国政府签订的互设文化中心的双边协议复印件和职业签证到所在地劳动保障部门办理《外国人就业证》。凭文化部对外文化联络局出具的《外国文化中心聘任工作人员确认函》、《外国人就业证》和职业签证到所在地公安机关办理《外国人居留许可》，并依法办理住宿登记手续。

（六）外籍聘任工作人员需办理在华就业、居留延期手续时，凭文化部对外文化联络局出具的《外国文化中心聘任工作人员确认函》和《外国人就业证》到所在地劳动保障部门和公安机关办理就业、居留延期手续。

四、免签证或者持非职业签证入境的外籍人员如需在外国文化中心工作的，应当按照本通知第二、三条有关规定出境赴中国驻外使领馆、处、署重新办理职业签证。

五、外国文化中心外籍工作人员的随任配偶和未成年子女可办理职业签证，入境后应按照规定在当地公安机关办理家属类居留许可和住宿登记手续。

六、外国文化中心外籍工作人员终止其在外国文化中心的工作，应当及时到所在地劳动保障部门办理《外国人就业证》注销手续，并到所在地公安机关办理《外国人居留许可》注销手续。

七、外国文化中心聘用台湾、香港、澳门居民在其中心工作，参照本通知规定和《台湾香港澳门居民在内地就业管理规定》办理相关就业手续。

特此通知。

附件：1. 派遣国政府委派工作人员确认函（略）

2. 外国文化中心聘任工作人员确认函（略）

2008 年 3 月 17 日

中国人民银行　财政部　人力资源和社会保障部关于进一步改进小额担保贷款管理积极推动创业促就业的通知

银发［2008］238号

中国人民银行上海总部，各分行、营业管理部，各省会（首府）城市中心支行，各副省级城市中心支行，各省、自治区、直辖市、计划单列市财政厅（局）、人事厅（局）、劳动保障厅（局），财政部驻各省、自治区、直辖市、计划单列市财政监察专员办事处，各国有商业银行、股份制商业银行、中国邮政储蓄银行：

为落实《中华人民共和国就业促进法》和《国务院关于做好促进就业工作的通知》（国发［2008］5号）精神，进一步改进下岗失业人员小额担保贷款（以下简称小额担保贷款）管理，积极推动创业促就业，经国务院同意，现就有关事项通知如下：

一、进一步完善小额担保贷款政策，创新小额担保贷款管理模式和服务方式

（一）允许小额担保贷款利率按规定实施上浮。自2008年1月1日起，小额担保贷款经办金融机构（以下简称经办金融机构）对个人新发放的小额担保贷款，其贷款利率可在中国人民银行公布的贷款基准利率的基础上上浮3个百分点。其中，微利项目增加的利息由中央财政全额负担；所有小额担保贷款在贷款合同有效期内如遇基准利率调整，均按贷款合同签订日约定的贷款利率执行。本通知发布之日以前已经发放、尚未还清的贷款，继续按原贷款合同约定的贷款利率执行。

（二）扩大小额担保贷款借款人范围。在现行政策已经明确的小额担保贷款借款人范围的基础上，符合规定条件的城镇登记失业人员、就业困难人员，均可按规定程序向经办金融机构申请小额担保贷款。小额担保贷款借款人的具体条件由各省（自治区、直辖市）制定。其中，对申请小额担保贷款从事微利项目的，中央财政给予贴息。具体贴息比例和办法，由财政部会同有关部门制定。

（三）提高小额担保贷款额度。经办金融机构对个人新发放的小额担保贷款的最高额度为5万元，还款方式和计、结息方式由借贷双方商定。对符合条件的人员合伙经营和组织起来就业的，经办金融机构可适当扩大贷款规模。

（四）创新小额担保贷款管理模式和服务方式。鼓励有条件的地区积极创新、探索符合当地特点的小额担保贷款管理新模式。各经办金融机构在保证小额担保贷款安全的前提下，要尽量简化贷款手续，缩短贷款审批时间，为失业人员提供更便捷、更高效的金融服务。对信用记录好、贷款按期归还、贷款使用效益好的小额担保贷款的借款人，银行业金融机构要积极提供信贷支持，并在资信审查、贷款利率、贷款额度和期限等方面予以适当优惠。

二、改进财政贴息资金管理，拓宽财政贴息资金使用渠道

（一）完善小额贷款担保基金（以下简称担保基金）的风险补偿机制。各省级财政部门（含计划单列市，下同）每年要安排适当比例的资金，用于建立和完善担保基金的持续补充机制，不断提高担保基金的代偿能力。中央财政综合考虑各省级财政部门当年担保基金的增长和代偿情况等因素，每年从小额担保贷款贴息资金中安排一定比例的资金，对省级财政部门的担保基金实施奖补，鼓励担保机构降低反担保门槛或取消反担保。

（二）建立小额担保贷款的有效奖补机制。中央财政按照各省市小额担保贷款年度新增额的一定比例，从小额担保贷款贴息资金中安排一定的奖补资金，主要用于对小额担保贷款工作业绩突出的经办金融机构、担保机构、信用社区等单位的经费补助。具体奖补政策和担保基金的风险补偿政策由财政部根据小额担保贷款年度发放回收情况、担保基金的担保绩效等另行制定。

（三）进一步改进财政贴息资金管理。各省级财政部门要管好用好小额担保贷款财政贴息资金，保证贴息资金按规定及时拨付到位和专款专用。小额担保贷款贴息资金拨付审核权限下放至各地市级财政部门。各地市级财政部门要进一步简化审核程序，加强监督管理，贷款贴息情况报告制度由按月报告改为按季报告。

三、加大对劳动密集型小企业的扶持力度，充分发挥其对扩大就业的辐射拉动作用

（一）放宽对劳动密集型小企业的小额担保贷款政策。对当年新招用符合小额担保贷款申请条件的人员达到企业现有在职职工总数30%（超过100人的企业达15%）以上并与其签订1年以上劳动合同的劳动密集型小企业，经办金融机构根据企业实际招用人数合理确定小额担保贷款额度，最高不超过人民币200万元，贷款期限不超过2年。

（二）经办金融机构对符合上述条件的劳动密集型小企业发放小额担保贷款，由财政部门按中国人民银行公布的贷款基准利率的50%给予贴息（展期不贴息），贴息资金由中央和地方财政各负担一半。经办金融机构的手续费补贴、呆坏账损失补贴等仍按现行政策执行。

（三）鼓励各省级和省级以下财政部门利用担保基金为符合条件的劳动密集型小企业提供贷款担保服务。具体管理政策由各省级财政部门牵头制定，并报财政部备案。

四、进一步完善“小额担保贷款+信用社区建设+创业培训”的联动工作机制

（一）各地要积极依托社区劳动保障平台，进一步做好创业信息储备、创业培训、完善个人资信、加强小额担保贷款贷后跟踪管理等工作，促进“小额担保贷款+信用社区建设+创业培训”的有机联动。对经信用社区推荐、参加创业培训取得合格证书、完成创业计划书并经专家论证通过、符合小额担保贷款条件的借款人，要细化管理，积极推进降低反担保门槛并逐步取消反担保。

（二）认真落实《中国人民银行　财政部　劳动和社会保障部关于改进和完善小额担保贷款政策的通知》（银发［2006］5号）的有关规定，进一步细化和严格信用社区标准和认定办法，加强对信用社区的考核管理工作，及时总结信用社区创建工作好经验、好做法，逐步建立和完善有效的激励奖惩机制。具体考核指标和考核办法由各省级财政部门牵头制定。

（三）各地人力资源社会保障、财政部门和中国人民银行分支机构要进一步密切协作，充分利用当地就业工作联席会议制度，建立信用社区建设联动工作机制，积极健全和完善“人力资源社会保障部门组织创业培训—信用社区综合个人信用评级—信用社区推荐—经办金融机构发放贷款—信用社区定期回访”的小额担保贷款绿色通道。

除本通知外，中国人民银行、财政部、原劳动和社会保障部等部门已经发布的有关小额担保贷款的相关规定继续执行。与本通知政策规定不一致的，以本通知为准。

请中国人民银行各分支机构联合当地财政、人力资源社会保障部门将本通知速转发至辖区内相关金融机构。

2008 年 8 月 4 日

中国残疾人联合会　卫生部　人力资源和社会保障部关于印发《省级残疾人康复中心检查验收方案》的通知

残联［2008］294号

各省、自治区、直辖市及新疆生产建设兵团残联、卫生厅（局）、劳动和社会保障厅（局）：

为贯彻党的十七大和《中共中央国务院关于促进残疾人事业发展的意见》精神，落实《中国残疾人事业“十一五”发展纲要》及各项康复配套实施方案，规范省级残疾人康复中心建设，中国残联、卫生部、人力资源和社会保障部共同组织开展省级残疾人康复中心检查验收工作。

现将《省级残疾人康复中心检查验收方案》印发给你们，请遵照执行。

附件：1. 省级残疾人康复中心检查验收申请表（略）

2. 省级残疾人康复中心检查验收评审表（略）

2008年12月24日

省级残疾人康复中心检查验收方案

省级残疾人康复中心是政府举办的为残疾人提供康复医疗、教育、职业、社会等康复服务的综合性康复机构和技术资源中心，承担着康复训练与服务、康复技术人才培养、社区康复服务指导、康复知识宣传普及等职能，部分省级残疾人康复中心同时具备医疗机构资质，承担一定的康复医疗任务。为落实国务院批转的《中国残疾人事业“十一五”发展纲要》，加快省级残疾人康复中心规范化建设，更好地发挥省级残疾人康复中心在本省残疾人康复工作中的作用，全国残疾人康复工作办公室依据《残疾人康复中心建设标准》，制定了《省级残疾人康复中心检查验收方案》，具体如下：

一、目的

推进省级残疾人康复中心业务全面发展，促进完善业务功能，规范康复服务，提高专业服务水平，并积极争取政府加大投入，改善服务设施，增强综合服务能力，为实现 2015 年残疾人“人人享有康复服务”目标，发挥技术资源中心和示范窗口作用。

二、检查内容

省级残疾人康复中心检查验收的内容包括：职能任务、建设规模、人员配置、业务部门设置、技术水平、机构管理、器械设备、业务场所、质量控制、主要业务完成情况等方面。

三、评分标准

省级残疾人康复中心按照建设规模、人员配置、业务部门设置、技术水平，分为一级、二级、三级。

1. 检查验收采取百分制。职能和任务 7 分、建设规模 10 分、人员配置 10 分、业务部门设置 20 分、技术水平 25 分、机构管理 10 分、业务场所 2 分、器械设备 8 分、质量控制 3 分、主要业务完成情况 5 分，共 100 分。特色与创新 5 分，为加分项。

2. 职能任务、建设规模、人员配置、业务部门设置为单项否决项，该项得分须达到分值 70%。

3. 验收合格：总分≥80 分。

四、实施步骤

1. 成立评审委员会

全国残疾人康复工作办公室组织相关成员单位、有关直属机构、专家和部分省级残疾人康复中心主任组成验收评审委员会。

2. 自查、申请

申请单位对照《残疾人康复中心建设标准》进行自查，认为符合标准后，向全国残疾人康复工作办公室提交书面申请。

3. 资格审核

全国残疾人康复工作办公室根据申请，进行初审，确认申请单位参加验收评审的资格和基本条件。

4. 组织检查验收

评审委员会通过听取汇报、实地考核、查阅档案资料、访谈、讨论等方式进行检查评审，时间为两天。接受检查验收的单位应做好本单位建设发展情况书面汇报材料并集中汇报，同时做好引导等配合工作。

5. 综合评价

评审委员会在现场考核的基础上，确定各项检查分值，写出评审意见。对于单项否决项进行专题讨论，确定是否予以单项否决；对于评审不合格单位，提出整改意见，并根据实际情况择期复审，仍不合格的降至下一等级。

6. 审批、授牌

评审委员会评审结果报全国残疾人康复工作办公室审批、确认后，公布结果，并予授牌。

五、进度安排

根据各省级残疾人康复中心申报情况，每年安排一次验收检查，并于当年通报验收结果。2010 年 12 月底前，完成省级残疾人康复中心检查验收工作。

国家公务员局关于印发《国家公务员局工作规则》的通知

国公局发［2008］1号

各省、自治区、直辖市人事厅（局），新疆生产建设兵团人事局，副省级城市人事局，国务院各部委、各直属机构人事部门：

《国家公务员局工作规则》已经2008年8月12日局党组会议审议并经局领导审定。现予印发。

2008年8月21日

国家公务员局工作规则

第一章 总 则

一、为规范公务员局的各项工作，切实履行党中央、国务院及法律法规赋予的各项职能，根据《中华人民共和国宪法》《中国共产党章程》《中华人民共和国国务院组织法》《国务院工作规则》《人力资源和社会保障部工作规则》《国家公务员局主要职责、内设机构和人员编制规定》，结合实际，制定本规则。

二、公务员局工作的指导思想是，高举中国特色社会主义伟大旗帜，以邓小平理论和“三个代表”重要思想为指导，深入贯彻落实科学发展观，贯彻中国共产党的干部路线和方针，坚持党管干部原则，紧紧围绕重点工作和中心任务，以制度和机制创新为动力，以作风和能力建设为重点，不断健全充满生机与活力、体现中国特色的公务员制度体系，努力建设政治坚定、业务精湛、作风过硬、人民满意的公务员队伍，为全面建设小康社会、构建社会主义和谐社会提供坚强的组织保证和人才支持。

三、公务员局工作的准则是，全面履行职责，科学民主决策，坚持依法行政，推进政务公开，健全监督制度，加强廉政建设。

第二章 全面履行职责

一、全面履行完善公务员制度、健全公务员管理机制、综合管理公务员分类、录用、考核、奖惩、培训、任用、辞退、申诉控告等职能，促进公务员队伍建设。

二、全面履行完善国家奖励表彰制度、指导和协调政府奖励表彰工作的管理职能，充分发挥奖励的激励导向作用。

三、完成好党中央、国务院以及人力资源社会保障部交办的其他任务。

四、公务员局实行局长负责制，局长领导公务员局的全面工作。副局长协助局长工作，工作中的重要情况和重大问题要及时向局长报告。

五、公务员局的日常工作由受局长委托的副局长主持。其他副局长按照分工负责处理分管工作，受主持日常工作的副局长委托可负责其他方面的工作或专项任务，并可代表公务员局对外参加活动，工作中的重要事项要及时向主持日常工作的副局长报告。

六、局内各司实行司长负责制，司长领导本司的全面工作，班子其他成员协助司长开展工作。

七、局内各司级单位要各司其职，各尽其责，顾全大局，精诚团结，密切配合，相互支持，维护政令统一，切实贯彻落实部、局的各项工作部署。

第三章　科学民主决策

一、健全重大事项决策的规则和程序，实行领导、专家、群众相结合的决策制度，推进决策科学化、民主化。重大决策要通过多种形式，直接听取专家学者、公务员管理部门、公务员、基层群众等的意见和建议。

二、公务员管理规划、政策法规、改革方案、工作计划、财务预算、人事等重大事项，由局务会或党组会讨论决定。

三、凡提交局务会、党组会审议的事项，要经过深入调查研究，进行必要性、可行性和合法性论证；涉及相关部门的，应当充分协商；涉及地方的，应当事先听取意见；涉及重大公共利益和群众切身利益的，要通过网络、报纸等向社会公开征求意见，必要时要举行听证会。

四、局内各司级单位必须贯彻落实部党组、局党组确定的各项决策，及时跟踪和反馈执行情况。要根据公务员管理年度工作要点和重点工作计划，制定本司的年度工作计划，并在年中和年末向分管副局长报告执行情况。综合司要加强监督检查，确保政令畅通。

第四章　坚持依法行政

一、严格按照法定权限和程序履行职责，行使行政权力，提高依法行政能力和水平。

二、拟订公务员管理规章和其他规范性文件，必须符合宪法、法律和国务院的行政法规、决定、命令，以及国家的方针政策。涉及群众切身利益、社会关注度高的事项及重要涉外、涉港澳台事项，应当及时请示党中央、国务院。

三、严格执行执法责任制和执法过错追究制，有法必依、违法必究、公正执法、文明执法。

第五章　推进政务公开

一、实行政务公开，健全政府信息发布制度，完善公开办事制度，提高工作透明度。

二、公务员局制定的法规政策，涉及群众切身利益、需要群众广泛知晓的事项以及法律和国务院规定需要公开的其他事项，除需要保密的外，均应当通过政府网站、新闻发布会以及报刊、广播、电视等方式，依法、及时、准确地向社会公开。

三、各司应指定专人负责本单位的信息公开工作，加强舆情监控，发现问题，要及时报告。

第六章　健全监督制度

一、认真及时办理全国人大议案、代表建议和全国政协委员提案的答复。

二、依照有关法律法规的规定，接受司法、纪检、监察、审计等部门的监督。对监督中发现的问题，要认真查处和整改，并向人力资源社会保障部报告。

三、虚心接受新闻舆论和群众的监督。对

新闻媒体报道和各方面反映的涉及公务员管理工作的重大问题，要认真调查处理，并向人力资源社会保障部报告。

四、各司要重视人民群众来信来访工作，建立来信来访登记制度，严格按照人力资源社会保障部规定的信访受理范围、办理原则、工作程序和有关要求做好来信来访工作。局领导及局内各司级单位主要负责同志要亲自阅批重要的群众来信。

五、推行行政问责制度和绩效管理制度，明确问责范围，规范问责程序，严格责任追究，提高执行力和公信力。

第七章　加强廉政建设

一、坚持从严治政，对职权范围内的事项要按照程序和时限积极负责地办理，对不符合规定的事项要坚持原则不得办理；对因推诿、拖延等官僚作风及失职、渎职造成影响和损失的，要追究责任；对越权办事、以权谋私等违规、违纪、违法行为，要严肃查处。

二、实行年底各司级单位主要负责同志向驻部纪检组长汇报党风廉政建设情况制度。

三、严格执行财经纪律，规范公务接待，不得违反规定用公款送礼、宴请和接受地方的送礼、宴请。要艰苦奋斗、勤俭节约，切实降低行政成本，建设节约型机关。

四、领导干部要廉洁从政，严格执行中央有关廉洁自律的规定，不得利用职权和职务影响为本人或特定关系人谋取不正当利益；要严格要求亲属和身边的工作人员，不得利用特殊身份拉关系、谋私利。

第八章　落实会议制度

一、实行党组会、局务会、局长碰头会、务虚会和专题会等会议制度。根据工作需要，召开司级干部会议、处级以上干部会议、全体党员干部大会和全体干部职工大会。具体办法另行规定。

二、局内各司级单位召开面向系统的工作会议，应当于上一年度11月底之前将会议计划（会议名称、时间、地点、会期、参会人员、人数、所需经费及来源等）报送综合司，由综合司协调汇总，提请局务会审议，报部务会审定后实施。

三、精简会议，减少数量，控制规模，严格审批。全国性会议应当尽量采用电视电话会、视频会议等形式召开。

第九章　严格公文审批

一、局内各司级单位以局、综合司名义起草公文，应当符合《国家行政机关公文处理办法》、人力资源社会保障部和公务员局公文处理实施细则的规定。除国务院交办事项和必须直接报送的绝密事项外，一般不得直接向国务院领导同志个人报送公文。报送国务院的请示性公文，如与其他部门有分歧意见，经充分协商不能达成一致的，应当列出各方理据，提出办理建议。

二、局内各司级单位向局领导请示、报告事项，使用综合司统一印制的“请示”“报告”样式，由主要负责同志或主持工作的负责同志签报；呈报事项涉及其他单位的，应当联合签报。对部内其他司（局）行文，仅涉及本司业务的，由各司直接办理；涉及两个以上司业务的，由主办司商会办司办理。以局、综合司名义对部外正式行文，仅涉及一个司业务的，报分管局领导审核后，送综合司核稿后印发；涉及两个以上司业务的，由主办司商会办司按程序办理。

三、以公务员局党组或公务员局名义上报人力资源社会保障部的文件，由党组书记或主持日常工作的副局长签发；党组书记、主持日常工作的副局长外出时，由受其委托主持工作的副局长请示后签发。以公务员局名义下发的文件（含电报），属于重大问题的，由分管局领导审核后，报局长签发。一般文件（含电报）由分管局领导签发。涉及其他局领导分管工作的，须经有关局领导审核。具体事务性文件，也可由综合司司长签发。

与其他部门的会签文件，由公务员局主办

的，一般由局长或主持日常工作的副局长签发；由其他部门主办的，一般由分管局领导会签，重要事项要经过局务会讨论或向局长报告，如有必要应当送局长签发。

四、局领导审批签发文件应当表示明确的意见，并签署姓名和时间。

五、局内各司级单位要严格办文程序，保证公文质量，报送局里审批签发的文件必须经单位主要负责同志审核签字并实行双人校对制度。除以综合司名义外，局内各司级单位不得以司（局）的名义对外正式行文。因工作需要，经分管局领导批准，可以发函。

第十章　实行请示报告

一、局领导成员参加党中央、国务院以及人力资源社会保障部的重要会议，在会议结束后及时将会议精神向局长或主持日常工作的副局长报告，并根据需要及时通报其他局领导。局内各司级单位负责同志参加有关部门的会议，要及时将会议情况报分管局领导，重要事项要告知综合司。

二、局领导出访，按照有关规定报人力资源社会保障部、国务院审批。

三、局长出差，要向国务院领导报告。副局长出差，要事先向局长或党组书记请示。局内各司级单位主要负责同志出差、出国、休假，要事先请示或报告，经分管局领导同意后，报党组书记批准，同时将出差往返时间、地点、联络方式告知综合司，由综合司报部办公厅。局内各司级单位其他负责同志出差、出国、休假，由本单位主要负责同志向分管局领导报批。

第十一章　严肃纪律和改进作风

一、坚决贯彻执行党和国家的路线方针政策以及工作部署，严格遵守纪律，有令必行，有禁必止。

二、坚决执行部党组、局党组的决定，如有不同意见可在局内提出，在没有重新作出决定前，不得有任何与部党组、局党组决定相违背的言论和行为；代表公务员局发表讲话或文章，个人发表涉及未经部党组、局党组研究决定的重大问题及事项的讲话或文章，事先必须经部党组、局党组同意。

三、发布涉及公务员局工作部署、与群众利益密切相关事项的信息，要经过严格审核，重大情况要及时向局领导报告。局内各司级单位发布新闻、代表公务员局接受采访或发表言论，需经局领导批准。

四、严格遵守保密纪律和外事纪律，严禁泄漏国家秘密、工作秘密或因履行职责掌握的商业秘密等，坚决维护国家的主权、荣誉和利益。

五、做学习的表率，建设学习型机关。加强局党组和局机关思想政治建设，坚持中心组学习制度和民主生活会制度。通过参加部双月报告会或举行专题报告会等方式，组织干部职工学习当代经济、科技、法律和现代管理等方面知识。

六、深入基层，调查研究，了解情况，指导工作，解决实际问题。下基层要认真落实有关廉政规定。

七、公务员局机关要强化党性意识、品行意识、协作意识、服务意识，切实加强能力和作风建设，扎实推进基础建设，推行电子政务，提高工作质量和效率，努力把公务员局建设成为政治强、作风正、工作出色的机关。

人力资源和社会保障部主要职责内设机构和人员编制规定

国务院办公厅关于印发人力资源和社会保障部主要职责内设机构和人员编制规定的通知

国办发［2008］68号

各省、自治区、直辖市人民政府，国务院各部委、各直属机构：

《人力资源和社会保障部主要职责内设机构和人员编制规定》已经国务院批准，现予印发。

2008年7月12日

人力资源和社会保障部主要职责内设机构和人员编制规定

根据第十一届全国人民代表大会第一次会议批准的国务院机构改革方案和《国务院关于机构设置的通知》（国发［2008］11号），设立人力资源和社会保障部，为国务院组成部门。

一、职责调整

（一）划入的职责

将原人事部、原劳动和社会保障部的职责整合，划入人力资源和社会保障部。

（二）取消的职责

1. 已由国务院公布取消的行政审批事项。

2. 制定技工学校年度指导性招生计划。

3. 综合协调外商投资企业劳动工资政策。

4. 制定企业惩处职工的基本准则。

（三）划出移交的职责

1. 将制定中国公民出境就业管理政策，境外就业职业介绍机构资格认定、审批和监督检查等职责划给商务部。

2. 将国际职员服务性工作交给事业单位。

3. 将技工学校评估认定工作交给社会中介组织。

（四）加强的职责

1. 加强统筹机关企事业单位人员管理职责，完善劳动收入分配制度，充分发挥人力资源优势。

2. 加强统筹城乡就业和社会保障政策职责，建立健全从就业到养老的服务和保障体系。

3. 加强统筹人才市场与劳动力市场整合

职责，加快建立统一规范的人力资源市场，促进人力资源合理流动、有效配置。

4. 加强统筹机关企事业单位基本养老保险职责，逐步提高基金统筹层次，推进基本养老保险制度改革。

5. 加强促进就业职责，健全公共就业服务体系，建立城乡劳动者平等就业制度，促进社会就业更加充分。

6. 加强组织实施劳动监察和协调农民工工作职责，切实维护劳动者合法权益。

二、主要职责

（一）拟订人力资源和社会保障事业发展规划、政策，起草人力资源和社会保障法律法规草案，制定部门规章，并组织实施和监督检查。

（二）拟订人力资源市场发展规划和人力资源流动政策，建立统一规范的人力资源市场，促进人力资源合理流动、有效配置。

（三）负责促进就业工作，拟订统筹城乡的就业发展规划和政策，完善公共就业服务体系，拟订就业援助制度，完善职业资格制度，统筹建立面向城乡劳动者的职业培训制度，牵头拟订高校毕业生就业政策，会同有关部门拟订高技能人才、农村实用人才培养和激励政策。

（四）统筹建立覆盖城乡的社会保障体系。统筹拟订城乡社会保险及其补充保险政策和标准，组织拟订全国统一的社会保险关系转续办法和基础养老金全国统筹办法，统筹拟订机关企事业单位基本养老保险政策并逐步提高基金统筹层次。会同有关部门拟订社会保险及其补充保险基金管理和监督制度，编制全国社会保险基金预决算草案，参与制定全国社会保障基金投资政策。

（五）负责就业、失业、社会保险基金预测预警和信息引导，拟订应对预案，实施预防、调节和控制，保持就业形势稳定和社会保险基金总体收支平衡。

（六）会同有关部门拟订机关、事业单位人员工资收入分配政策，建立机关企事业单位人员工资正常增长和支付保障机制，拟订机关企事业单位人员福利和离退休政策。

（七）会同有关部门指导事业单位人事制度改革，拟订事业单位人员和机关工勤人员管理政策，参与人才管理工作，制定专业技术人员管理和继续教育政策，牵头推进深化职称制度改革工作，健全博士后管理制度，负责高层次专业技术人才选拔和培养工作，拟订吸引国（境）外专家、留学人员来华（回国）工作或定居政策。

（八）会同有关部门拟订军队转业干部安置政策和安置计划，负责军队转业干部教育培训工作，组织拟订部分企业军队转业干部解困和稳定政策，负责自主择业军队转业干部管理服务工作。

（九）负责行政机关公务员综合管理，拟订有关人员调配政策和特殊人员安置政策，会同有关部门拟订国家荣誉制度和政府奖励制度。

（十）会同有关部门拟订农民工工作综合性政策和规划，推动农民工相关政策的落实，协调解决重点难点问题，维护农民工合法权益。

（十一）统筹拟订劳动、人事争议调解仲裁制度和劳动关系政策，完善劳动关系协调机制，制定消除非法使用童工政策和女工、未成年工的特殊劳动保护政策，组织实施劳动监察，协调劳动者维权工作，依法查处重大案件。

（十二）负责本部和国家公务员局国际交流与合作工作，制定派往国际组织职员管理制度。

（十三）承办国务院交办的其他事项。

三、内设机构

根据上述职责，人力资源和社会保障部设23个内设机构：

（一）办公厅

负责机关文电、会务、机要、档案、财

务、政务公开、安全保密和信访工作。

（二）政策研究司

组织、开展人力资源和社会保障政策研究工作；承担重要文稿起草工作；协调专家咨询工作；承担人力资源和社会保障新闻发布等工作。

（三）法规司

起草相关法律法规草案和规章；承担机关有关规范性文件的合法性审核工作；承办相关行政复议和行政应诉工作。

（四）规划财务司

拟订人力资源和社会保障事业发展规划和年度计划；承担编制全国社会保险基金预决算草案工作；参与拟订社会保障资金（基金）财务管理制度；承担部属单位国有资产管理和审计工作；承担有关信息规划和统计管理工作；承担有关科技项目和国际援贷款项目管理工作。

（五）就业促进司

拟订就业规划和年度计划，拟订劳动者平等就业、农村劳动力转移就业和跨地区有序流动政策，健全公共就业服务体系；指导和规范公共就业服务信息管理；参与拟订专项就业资金使用管理办法；牵头拟订高校毕业生就业政策；拟订就业援助和特殊群体就业政策；拟订国（境）外人员（不含专家）入境就业管理政策。

（六）人力资源市场司

拟订人力资源市场发展政策和规划；拟订国（境）外人力资源服务机构市场准入管理制度；指导和监督对职业中介机构的管理；拟订人员调配政策，承办国家特殊需要人员的调配工作；按规定承办中央国家机关及其在京有关单位接收大中专毕业生、从京外调配人员事宜。

（七）军官转业安置司（国务院军队转业干部安置工作小组办公室）

拟订军队转业干部安置、培训政策和安置计划，完善培训和安置制度，承担中央国家机关及其在京有关单位安置、选调和培训工作；组织拟订部分企业军队转业干部解困和稳定政策；承担自主择业军队转业干部管理服务工作；承担国务院军队转业干部安置工作小组的具体工作。

（八）职业能力建设司

拟订城乡劳动者职业培训政策、规划；拟订高技能人才、农村实用人才培养和激励政策；在国家教育工作方针政策指导下，拟订技工学校及职业培训机构发展规划和管理规则，指导师资队伍和教材建设；完善职业技能资格制度；组织拟订职业分类、职业技能国家标准和行业标准。

（九）专业技术人员管理司

拟订专业技术人员管理和继续教育政策；承办深化职称制度改革事宜；健全博士后管理制度；承担高层次专业技术人才规划和培养工作，承担组织享受政府特殊津贴专家的选拔工作；拟订吸引国（境）外专家、留学人员来华（回国）工作或定居政策；拟订国（境）外机构在国内招聘专业技术骨干人才管理政策。

（十）事业单位人事管理司

指导事业单位人事制度改革和人事管理工作；拟订事业单位人员和机关工勤人员管理政策；按照管理权限，承办事业单位专业技术岗位设置方案的核准或备案事宜；拟订事业单位招聘国（境）外人员（不含专家）政策。

（十一）农民工工作司

拟订农民工工作综合性政策和规划，维护农民工合法权益；推动农民工相关政策的落实，协调解决重点难点问题；协调处理涉及农民工的重大事件；指导、协调农民工工作信息建设。

（十二）劳动关系司

拟订劳动关系政策；拟订劳动合同和集体合同制度实施规范；拟订企业职工工资收入分配的宏观调控政策，指导和监督国有企业工资总额管理和企业负责人工资收入分配；完善企业职工离退休政策；指导劳动标准制订工作；拟订消除非法使用童工政策和女工、未成年工的特殊劳动保护政策。

（十三）工资福利司

拟订机关、事业单位工作人员工资收入分配、福利和离退休政策，牵头拟订驻外使领馆工作人员、驻港澳地区内派人员和机关事业单位驻外非外交人员工资政策；承担中央国家机关所属事业单位工资总额管理工作。

（十四）养老保险司

统筹拟订机关企事业单位基本养老保险及其补充养老保险政策，逐步提高基金统筹层次；拟订城镇居民养老保险政策、规划和标准；拟订养老保险基金管理办法；拟订养老保险基金预测预警制度；审核省级基本养老保险费率。

（十五）失业保险司

拟订失业保险政策、规划和标准；拟订失业保险基金管理办法；建立失业预警制度，拟订预防、调节和控制较大规模失业的政策；拟订经济结构调整中涉及职工安置权益保障的政策。

（十六）医疗保险司

统筹拟订医疗保险、生育保险政策、规划和标准；拟订医疗保险、生育保险基金管理办法；组织拟订定点医疗机构、药店的医疗保险服务和生育保险服务管理、结算办法及支付范围；拟订疾病、生育停工期间的津贴标准；拟订机关企事业单位补充医疗保险政策和管理办法。

（十七）工伤保险司

拟订工伤保险政策、规划和标准；完善工伤预防、认定和康复政策；组织拟订工伤伤残等级鉴定标准；组织拟订定点医疗机构、药店、康复机构、残疾辅助器具安装机构的资格标准。

（十八）农村社会保险司

拟订农村养老保险和被征地农民社会保障的政策、规划和标准；会同有关方面拟订农村社会保险基金管理办法；拟订征地方案中有关被征地农民社会保障措施的审核办法。

（十九）社会保险基金监督司

拟订社会保险及其补充保险基金监督制度、运营政策和运营机构资格标准；依法监督社会保险及其补充保险基金征缴、支付、管理和运营，并组织查处重大案件；参与拟订全国社会保障基金投资政策。

（二十）调解仲裁管理司

统筹拟订劳动、人事争议调解仲裁制度的实施规范，指导劳动、人事争议调解工作；指导开展劳动、人事争议预防工作；依法组织处理重大劳动、人事争议。

（二十一）劳动监察局

拟订劳动监察工作制度；组织实施劳动监察，依法查处和督办重大案件；指导地方开展劳动监察工作；协调劳动者维权工作，组织处理有关突发事件；承担其他人力资源和社会保障监督检查工作。

（二十二）国际合作司（港澳台办公室）

承办本部和国家公务员局国际交流合作工作；承办本部和国家公务员局与港澳台交流合作事宜；组织参加有关国际组织的活动；承担人力资源和社会保障领域多双边协议谈判工作；拟订派往国际组织职员管理制度。

（二十三）人事司

承担本部和国家公务员局的人事工作和机构编制工作；承办中央管理的部分领导人员的行政任免手续。

机关党委　负责机关、国家公务员局和在京直属单位的党群工作。

离退休干部局　负责机关、国家公务员局离退休干部工作，指导直属单位的离退休干部工作。

四、人员编制

人力资源和社会保障部机关行政编制为509名（含两委人员编制8名、援派机动编制8名、离退休干部工作人员编制41名）。其中：部长1名、副部长4名，司局级领导职数80名（含机关党委专职副书记2名、离退休干部局领导职数4名）。

五、其他事项

（一）管理国家外国专家局、国家公务员局。国家公务员局的人事党务、机关财务后勤、离退休干部、国际交流与合作事务，由人力资源和社会保障部管理。

（二）高校毕业生就业管理的职责分工。毕业生就业政策由人力资源和社会保障部牵头，会同教育部等部门拟订；毕业生离校前的就业指导和服务工作，由教育部负责；毕业生离校后的就业指导和服务工作，由人力资源和社会保障部负责。

（三）所属事业单位的设置、职责和编制事项另行规定。

六、附则

本规定由中央机构编制委员会办公室负责解释，其调整由中央机构编制委员会办公室按规定程序办理。

国家公务员局主要职责内设机构和人员编制规定

国务院办公厅关于印发国家公务员局主要职责内设机构和人员编制规定的通知

国办发［2008］67号

各省、自治区、直辖市人民政府，国务院各部委、各直属机构：

《国家公务员局主要职责内设机构和人员编制规定》已经国务院批准，现予印发。

2008年7月10日

国家公务员局主要职责内设机构和人员编制规定

根据《国务院关于部委管理的国家局设置的通知》（国发［2008］12号），设立国家公务员局（副部级），为人力资源社会保障部管理的国家局。

一、职责调整

（一）划入原人事部公务员事务管理的有关职责和政府奖励具体工作职责。

（二）将公务员培训的事务性工作和公务员信息统计的具体工作交给事业单位。

二、主要职责

（一）会同有关部门起草公务员分类、录用、考核、奖惩、任用、培训、辞退等方面的法律法规草案，拟订事业单位工作人员参照公务员法管理办法和聘任制公务员管理办法，并组织实施和监督检查。

（二）拟订公务员行为规范、职业道德建设和能力建设政策，拟订公务员职位分类标准和管理办法，依法对公务员实施监督，负责公务员信息统计管理工作。

（三）完善公务员考试录用制度，负责组织中央国家机关公务员、参照公务员法管理单位工作人员的考试录用工作。

（四）完善公务员考核制度，拟订公务员培训规划、计划和标准，负责组织中央国家机关公务员培训工作。

（五）完善公务员申诉控告制度和聘任制公务员人事争议仲裁制度，保障公务员合法权益。

（六）会同有关部门拟订国家荣誉制度、政府奖励制度草案，审核以国家名义奖励的人选，指导和协调政府奖励工作，审核以国务院名义实施的奖励活动。

（七）承办国务院及人力资源社会保障部交办的其他事项。

三、内设机构

根据上述职责，国家公务员局设5个内设机构（副司局级）：

（一）综合司

组织起草有关公务员管理的法律法规草案；拟订事业单位工作人员参照公务员法管理办法；完善公务员申诉控告制度和聘任制公务员人事争议仲裁制度；承担依法对公务员法律法规实施情况监督工作；承担公务员信息统计管理工作；负责机关文电、会务、机要、档案、政务公开工作。

（二）职位管理司

拟订公务员职位分类标准和管理办法；拟订聘任制公务员管理办法；完善公务员日常登记管理办法，承担中央国家机关公务员登记的日常管理工作；完善公务员职务任免与升降、交流与回避、辞职辞退制度。

（三）考试录用司

完善公务员考试录用制度；组织中央国家机关公务员、参照公务员法管理单位工作人员的考试录用工作；拟订新录用人员试用期管理办法。

（四）考核奖励司

完善公务员考核奖励制度；会同有关方面拟订国家荣誉制度、政府奖励制度草案；初步审核以国家名义奖励的人选，指导和协调政府奖励工作，初步审核以国务院名义实施的奖励活动；承办公务员荣誉称号的授予、表彰事宜。

（五）培训与监督司

拟订公务员培训和在职教育政策、规划和标准；组织公务员对口培训、中央国家机关公务员培训工作；完善公务员惩戒制度，初步审核报请国务院批准的处分；拟订公务员行为规范、职业道德建设和能力建设政策，依法对公务员实施监督。

四、人员编制

国家公务员局机关行政编制为60名。其中：局长1名、副局长3名，正副司长职数15名。

五、其他事项

（一）国家公务员局职责中涉及的公务员和参照公务员法管理单位工作人员的范围分别是：行政机关公务员、行政机关所属的参照公务员法管理单位工作人员。

（二）国家公务员局的人事党务、机关财务后勤、离退休干部、国际交流与合作事务，由人力资源社会保障部管理。

（三）所属事业单位的设置、职责和编制事项另行规定。

六、附则

本规定由中央机构编制委员会办公室负责解释，其调整由中央机构编制委员会办公室按规定程序办理。

人力资源和社会保障大事记

2008年人力资源和社会保障大事记

三 月

3月15日　十一届全国人大一次会议第五次全体会议表决通过《第十一届全国人民代表大会第一次会议关于国务院机构改革方案的决定（草案）》，决定组建人力资源和社会保障部。组建国家公务员局，保留国家外国专家局，由人力资源和社会保障部管理。不再保留人事部、劳动和社会保障部。

3月17日　根据国务院总理温家宝的提名，十一届全国人大一次会议第七次全体会议决定尹蔚民同志任人力资源和社会保障部部长。国家主席胡锦涛签署第二号主席令，根据十一届全国人大一次会议第七次全体会议的决定，任命尹蔚民同志为人力资源和社会保障部部长。

3月19日　人力资源和社会保障部召开领导干部会议。中共中央组织部副部长张纪南宣布中央关于人力资源和社会保障部领导班子成员的任职决定并讲话，尹蔚民同志任部长、党组书记，季允石同志任副部长、党组成员，孙宝树同志任副部长、党组副书记，李智勇同志兼任副部长、党组成员，杨志明、张小建、杨士秋、王晓初、何宪、胡晓义同志任副部长、党组成员，袁彦鹏同志任中央纪委驻部纪检组组长、党组成员，李有慰、崔会烈同志任党组成员。尹蔚民同志兼任国家公务员局局长，杨士秋同志兼任国家公务员局副局长、党组书记。田成平、尹蔚民同志分别在会上讲话。孙宝树同志主持会议。原人事部、劳动保障部领导班子成员，十六大以来退出两部领导班子的老同志，在全国人大、全国政协担任职务的老同志，机关和直属事业单位副司级以上干部，外专局领导班子成员及内设机构、直属事业单位主要负责同志，以及原两部离退休干部党支部书记参加。

3月20日　张小建副部长参加全国政协十一届一次会议提案交办会。

杨士秋副部长参加中央组织部选聘高校毕业生到村任职工作座谈会。

3月21日　尹蔚民部长参加国务院第一次全体会议。季允石、杨士秋副部长列席。

尹蔚民部长主持党组会，传达国务院第一次全体会议精神，审议《人力资源和社会保障部组建工作有关问题》和《向国务院领导同志的汇报提纲》。季允石、孙宝树、杨志明、张小建、杨士秋、王晓初、何宪、胡晓义副部长，中央纪委驻部纪检组组长袁彦鹏，党组成员李有慰、崔会烈参加。

胡晓义副部长会见国际移民组织总干事麦金利先生。

3月22日　尹蔚民部长参加共和国部长义务植树活动。

3月24日　人力资源和社会保障部召开司处级干部大会。尹蔚民部长出席会议并讲话。全国人大代表华福周同志、全国政协委员吴江同志分别传达十一届全国人大一次会议和全国政协十一届一次会议精神。孙宝树副部长主持会议。季允石、杨志明、张小建、杨士秋、王晓初、何宪、胡晓义副部长，中央纪委驻部纪检组组长袁彦鹏，党组成员李有慰、崔会烈出席。

杨士秋副部长参加中央书记处书记、中央纪委副书记何勇主持的全国政务公开领导小组第八次会议。

王晓初副部长会见法国预算、国库与公职部公职总局信息与后勤司副司长尚塔尔·贾里奇女士率领的法国高级公务员代表团，就公务员合作成效及加强和深化合作交换意见。

3 月 25 日　尹蔚民部长，季允石、杨士秋副部长参加国务院第一次廉政工作会议。

中央纪委驻部纪检组组长袁彦鹏出席中欧社会保障项目社会政策制定高级研讨班。

3 月 26 日　尹蔚民部长列席国务院第 2 次常务会议，研究国务院 2008 年工作要点和兵役法修正案有关问题。何宪副部长列席兵役法修正案议题。

尹蔚民部长参加中央组织部部务会。

杨志明副部长出席农民工“雨露计划”启动仪式。

3 月 27 日　尹蔚民部长列席中央政治局常委会议。同日下午，参加全国农业和粮食生产工作电视电话会议。

孙宝树副部长出席全国总工会第 14 届第 19 次主席会议。

杨士秋副部长出席中央纪委、监察部、人力资源和社会保障部、财政部、国家海洋局联合召开的《海域使用管理违法违纪行为处分规定》新闻发布会。

3 月 28 日　尹蔚民部长列席中央政治局会议。

中央组织部、人力资源和社会保障部联合召开第六批援疆干部选派工作协调会。杨士秋副部长主持会议。

3 月 31 日　人力资源和社会保障部、国家公务员局挂牌仪式及人力资源和社会保障部网站开通仪式举行。尹蔚民部长，季允石、孙宝树、杨志明、张小建、杨士秋、王晓初、何宪、胡晓义副部长，中央纪委驻部纪检组长袁彦鹏，党组成员李有慰、崔会烈出席。

四　月

4 月 1 日　孙宝树、杨士秋副部长与中央编办副主任黄文平商谈新部组建工作“三定”规定（草案）有关事宜。

杨志明副部长参加人力资源社会保障部和国务院法制办关于制定《〈劳动合同法〉实施条例》有关政策协商会。

何宪副部长主持人力资源社会保障部与中央纪委、中央组织部、监察部、财政部、审计署联合召开的在京中央和国家机关第二步规范津贴补贴工作布置会。

4 月 2 日　中央纪委驻部纪检组组长袁彦鹏主持人力资源社会保障部与财政部联合召开的做实养老保险个人账户基金投资管理办法专题工作小组会议。

4 月 3 日　尹蔚民部长主持党组会、部务会，审议机关人事问题，讨论《人力资源和社会保障部工作规则》《人力资源和社会保障部会议规定》《人力资源和社会保障部学习贯彻国务院第一次廉政工作会议精神的意见》《关于调整原两部领导兼任有关议事协调机构职务的请示》和《2008 年人力资源和社会保障工作要点》《公务员申诉规定（试行）》《关于开展事业单位专业技术一级岗位实施工作有关问题的通知》《企业职工带薪年休假实施办法》。孙宝树、杨志明、张小建、杨士秋、王晓初、何宪、胡晓义副部长，中央纪委驻部纪检组组长袁彦鹏，党组成员崔会烈参加。

何宪副部长参加全国绿化委员会第 26 次全体（扩大）会议暨造林绿化表彰大会。

4 月 6 日—9 日　张小建副部长到广东省出席全国社会治安综合治理工作会议并作大会发言。期间，就促进创业带动就业和就业岗位流失情况进行调研，并与广东省、深圳市劳动保障部门负责同志座谈。

杨士秋副部长主持参照管理审批工作第三次联席会议。

胡晓义副部长会见日中技能者交流中心理

事长贺俊行先生。

杨志明副部长出席劳动争议调解仲裁法培训班开班式。

4月8日—9日　中央纪委驻部纪检组组长袁彦鹏参加中央国家机关2008年全国纠风工作会议。

4月8日—17日　胡晓义副部长参加中央党校省部级干部学习十七大精神专题研讨班。

4月9日　尹蔚民部长列席国务院第4次常务会议，研究集体林权制度改革有关问题。同日下午，向中央政治局委员、国务院副总理张德江汇报工作。

杨士秋副部长参加全国人大代表建议交办会。

何宪副部长到中央编办与吴知论副主任就接收安置军队转业干部增加行政编制问题交换意见。

4月10日　尹蔚民部长，孙宝树、杨志明、张小建、何宪副部长，党组成员崔会烈会见甘肃省副省长刘永富、省政府副秘书长朱宏、人事厅厅长庞波、劳动保障厅厅长李峰。

尹蔚民部长，孙宝树、杨士秋副部长与中央编办副主任黄文平就人力资源社会保障部组建工作“三定”规定有关问题交换意见。

王晓初副部长参加全国文化体制改革工作会议。

4月11日　尹蔚民部长参加温家宝总理主持的深化医药卫生体制改革工作座谈会，听取医务工作者的意见和建议。

杨志明副部长会见惠普公司执行副总裁安·利沃莫尔女士。

张小建副部长出席第九届中华技能大奖和全国技术能手专家评审会，向专家颁发聘书，对评审工作提出要求。

杨士秋副部长出席团中央2008年大学生志愿服务西部计划电视电话会议并讲话。

胡晓义副部长出席全国社会保障基金理事会第三届理事大会第一次会议。

4月12日　尹蔚民部长参加中央组织部学习实践科学发展观集中学习活动。

张小建副部长到天津市出席创业促进就业工作座谈会，听取对《创业带动就业工作指导意见》（讨论稿）的意见和建议。

4月14日　何宪副部长和解放军总政治部干部部副部长张超金到财政部与张少春副部长就提高军转干部教育培训经费标准问题进行商谈。

4月15日　尹蔚民部长、胡晓义副部长参加温家宝总理主持的深化医药卫生体制改革工作座谈会，听取基层群众代表的意见和建议。

国务院军队转业干部安置工作小组会议召开，审议工作小组副组长何宪副部长所作的关于2007年军转安置工作情况及2008年工作安排的报告，研究部署2008年军转安置工作。工作小组组长尹蔚民部长主持会议并讲话。

4月16日　尹蔚民部长列席国务院第5次常务会议，分析研究一季度经济形势，安排部署下一阶段经济工作。同日下午，参加党的建设工作领导小组第4次会议。

何宪副部长参加全国维护稳定工作电视电话会议。

4月17日　中共中央政治局委员、国务院副总理张德江到人力资源社会保障部调研并看望干部职工。在司局级干部会议上，张德江同志作了重要讲话，强调组建人力资源和社会保障部，是贯彻落实党的十七大精神、深化行政管理体制改革的重大举措，要充分认识人力资源和社会保障工作在经济社会发展全局中的重要地位和作用，把思想和行动统一到中央的决策部署上来，深入贯彻落实科学发展观，进一步增强责任感、紧迫感和使命感，锐意进取，改革创新，扎实工作，努力开创人力资源和社会保障工作新局面，为实现全面建设小康社会宏伟目标作出新的贡献。当前和今后一个时期，应重点抓好五个方面的工作：加快建立健全覆盖城乡居民的社会保障体系、进一步做好就业工作、统筹抓好各类人才队伍建设、努力建设人民满意的公务员队伍、进一步做好引进国外智力工作。尹蔚民部长主持会议并作工作汇报。国务院副秘书长王勇陪同。孙宝树、李智勇、杨志明、张小建、杨士秋、王晓初、何宪、胡晓义副部长，中央纪委驻部纪检组组长袁彦鹏，党组成员李有慰、崔会烈参加。

尹蔚民部长主持党组会、部务会，审议机关人事问题，讨论《人力资源和社会保障部“三定”规定（送审稿）》《国家公务员局“三定”规定（送审稿）》和《关于违反信访工作纪律政纪处分暂行规定》《第九届中华技能大奖、全国技术能手和国家技能人才培育突出贡献奖评审结果》。孙宝树、杨志明、张小建、杨士秋、王晓初、何宪副部长，中央纪委驻部纪检组组长袁彦鹏，党组成员李有慰、崔会烈参加。

何宪副部长会见甲骨文公司高级副总裁布赖恩·米切尔先生，就人力资源管理软件合作等问题进行交流。

4 月 18 日　王晓初副部长与住房城乡建设部副部长黄卫就 2007 年度一级建造师资格考试成绩处理有关问题进行研究。

胡晓义副部长与商务部副部长陈健座谈。同日下午，参加国务院研究深化医药卫生体制改革有关工作会议。

4 月 18 日—19 日　杨士秋副部长到天津市出席中国·天津第十五届投资贸易洽谈会。

4 月 20 日—22 日　王晓初副部长到重庆市主持部分省区市工资工作座谈会和事业单位人事制度改革座谈会并讲话。期间出席中国重庆留学人员创业园揭牌仪式。

4 月 21 日　尹蔚民部长，孙宝树、杨志明、张小建、胡晓义副部长，中央纪委驻部纪检组组长袁彦鹏，党组成员崔会烈分别会见内蒙古自治区副主席刘卓志。

尹蔚民部长会见湖北省副省长张岱梨、省委组织部部长潘立刚。

胡晓义副部长到公安部参加加强境外非政府组织在华活动管理工作部际联席会议第五次全体会议。

杨志明副部长与国务院法制办副主任郜风涛向全国人大法工委报告《劳动合同法实施条例》起草情况。

4 月 21 日—22 日　杨士秋副部长赴上海市出席 2008 年全国高校毕业生“三支一扶”计划实施工作会议并讲话。

4 月 22 日　尹蔚民部长出席 2008 年全国职业技能竞赛系列活动启动仪式暨第三届全国数控技能大赛开幕式并致辞。张小建副部长主持启动仪式。铁道部、国资委、新闻出版总署、共青团中央和中国机械工业联合会有关负责同志出席仪式并讲话。

尹蔚民部长参加中央机构编制委员会第一次会议。

何宪副部长出席中华农业英才奖表彰大会。

4 月 23 日　尹蔚民部长，孙宝树、杨士秋副部长与上海市市长韩正座谈。

胡晓义副部长参加国务院研究修改深化医药卫生体制改革意见的会议。

4 月 24 日　国务院就业工作部际联席会议全体会议在京召开。中共中央政治局委员、国务院副总理张德江出席并作重要讲话。尹蔚民部长作工作汇报。国务院副秘书长王勇主持。张小建副部长出席。

尹蔚民部长会见并宴请欧盟就业、社会事务和机会平等委员斯皮德拉先生一行。双方就共同关心问题交换意见。

张小建副部长出席国务院残工委第三次全体会议并发言。

胡晓义副部长出席纠正医药购销不正之风部际联席会议。

4 月 24 日—25 日　杨志明副部长出席在吉林省召开的全国劳动关系工作座谈会并讲话。

4 月 25 日　尹蔚民部长参加温家宝总理与欧盟委员会主席巴罗佐的会谈和欢迎宴会。同日下午，参加中共中央政治局委员、国务院副总理王岐山主持的中欧经贸高层对话会并发言。

全国就业工作视频会议召开，传达国务院就业工作联席会议精神，总结 2008 年全国就业援助月活动和春风行动工作情况，对近期培训就业工作进行布置。张小建副部长出席会议并讲话。

杨士秋副部长参加《全国人才队伍建设中长期规划纲要（2009—2020）》编制工作专家会议。同日下午，出席全国大学生就业公共服务立体化平台启动仪式并讲话。

王晓初副部长与银监会副主席郭利根商谈有关工作。同日下午，就《关于深化中小学教师职称制度改革的意见》听取北京市部分人大代表、政协委员、中小学校长、教师和区县人事教育部门负责人意见。

胡晓义副部长会见美国商务部副部长克里斯托弗·帕迪拉先生。

4月25日—26日　孙宝树副部长到海南省出席海南建省办特区20周年庆祝活动。

4月28日　尹蔚民部长与德国联邦内政部部长朔伊布勒先生举行会谈并签署合作协议，王晓初副部长参加会见。同日上午，王晓初副部长参加国务委员、公安部部长孟建柱会见朔伊布勒先生活动。

尹蔚民部长列席中共中央政治局“加快转变经济发展方式研究”集体学习。

杨志明副部长出席吉林省“十佳农民工”表彰大会。

胡晓义副部长与财政部副部长王军商谈养老保险有关工作。

4月29日　全国军队转业干部安置工作电视电话会议在京召开。中共中央政治局委员、国务院副总理张德江，中央军委委员、总政治部主任李继耐出席会议并讲话。尹蔚民部长（工作小组组长）作工作报告。中央组织部常务副部长沈跃跃，国务院副秘书长王勇，国务院军转安置工作小组副组长、总政治部主任助理许耀元出席。何宪副部长（工作小组副组长）主持会议。

尹蔚民部长，杨士秋、王晓初、何宪副部长，党组成员李有慰会见河北省政协副主席田向利、人事厅厅长陈贵和河南省委组织部副部长、人事厅厅长郭俊民。

孙宝树、杨士秋副部长出席庆祝“五一”国际劳动节大会。杨士秋副部长宣读有关表彰决定。同日晚上，杨士秋副部长参加庆祝“五一”国际劳动节文艺晚会。

胡晓义副部长参加中央新疆工作协调小组第八次会议。

4月30日　尹蔚民部长列席国务院第7次常务会议，研究加强市县政府依法行政、做好安全生产、对外承包工程管理等有关问题。

《全国人才队伍建设中长期规划纲要》战略专题研究工作会议召开。李智勇副部长出席并讲话。张小建、王晓初副部长参加并发言。杨士秋副部长主持会议。

杨士秋副部长主持参照管理审批工作第四次联席会议，审议公安部信息通信中心等15个单位参照公务员法管理有关问题。

胡晓义副部长参加国务院研究修改深化医药卫生体制改革意见的会议。

中央纪委驻部纪检组组长袁彦鹏出席中纪委规范国有企业高层管理人员薪酬工作座谈会。

五　月

5月3日　胡晓义副部长参加国务院研究第四次中美战略经济对话有关准备工作会议。

5月4日　杨志明副部长参加中央纪委研究规范国有及国有控股企业主要负责人薪酬问题有关会议。

张小建副部长参加中央编办协调会，研究职业教育管理职责分工有关问题。

王晓初副部长参加青年科技创新型人才座谈会。

5月5日　杨志明副部长参加国务院研究国有重点金融机构高管人员薪酬问题有关会议。

张小建副部长出席2008年全国民营企业招聘周筹备工作会议和合作推动就业再就业工作三方联席会议。教育部、全国总工会、全国工商联有关同志参加。

胡晓义副部长主持国际劳工大会中国代表

团第一次会议。全国总工会副主席徐振寰、中国企业联合会副会长陈兰通出席。

中央纪委驻部纪检组组长袁彦鹏参加全国继续深化打黑除恶专项斗争电视电话会议。

5月5日—8日　胡晓义副部长到河南省郑州市主持部分省市农民工养老保险办法座谈会并调研。

5月7日　尹蔚民部长列席国务院第8次常务会议，研究对外承包工程管理、监狱法实施条例等有关问题。

5月7日—9日　张小建副部长参加全国政协“统筹城乡综合发展配套改革实验区建设情况”视察团，在重庆市的视察活动，并就促进创业带动就业、大学生就业、农民工培训资金使用与管理等工作进行调研。

5月8日　尹蔚民部长听取国务院农民工工作联席会议办公室工作汇报。杨志明副部长参加。

杨志明副部长分别与财政部、国资委沟通农民工工作有关事项。

杨士秋副部长参加中央书记处书记、中央纪委副书记何勇主持的部分中央纪委委员、纪检组长座谈会。

王晓初副部长会见联合国中文处处长徐亚南，就当年举办语言类国际职员招考和加强国际职员工作进行会谈。

何宪副部长参加国务院法制办研究《兵役法修正案（草案）》修改有关问题的会议。

5月9日　杨志明副部长主持规范国有及国有控股企业主要负责人薪酬问题研讨会。中央纪委、财政部、国资委、税务总局、银监会、证监会、保监会有关同志参加。

胡晓义副部长参加全国爱国卫生运动委员会全体会议。

5月11日　王晓初副部长赴上海市出席中国商用飞机有限责任公司成立大会。

5月12日　尹蔚民部长参加中央政治局常委、国务院副总理李克强主持的研究四川特大地震抗震救灾有关工作的会议。

杨志明副部长与国资委副主任邵宁研究国有企业高管人员薪酬规范有关问题。同日下午，主持会议研究国有企业高管人员薪酬规范有关问题。中央纪委、财政部、国资委、税务总局、银监会、证监会、保监会有关同志参加。

张小建副部长参加国务院第二次全国经济普查电视电话会议。

王晓初副部长赴上海市主持中小学教师职称制度改革工作座谈会。

何宪副部长到四川省成都市出席副省级城市军转安置工作座谈会。

胡晓义副部长与中国人民银行副行长苏宁座谈。

5月13日　尹蔚民部长主持党组会，传达中央有关会议精神，研究人力资源社会保障部贯彻落实中央关于做好抗震救灾工作的具体措施。杨志明、杨士秋、王晓初、胡晓义副部长，中央纪委驻部纪检组组长袁彦鹏，党组成员崔会烈参加。

尹蔚民部长主持部属各单位主要负责同志会议，传达中办、国办关于四川汶川县发生强烈地震情况及全力做好抗震救灾工作的通报，对人力资源社会保障部贯彻落实中央部署提出具体要求，并对各单位捐款进行动员。

杨志明副部长与财政部副部长丁学东研究国有企业高管人员薪酬规范有关问题。

何宪副部长代表部党组和尹蔚民部长到四川省人事厅和劳动保障厅看望干部职工，对四川省人力资源和社会保障系统干部职工表示慰问。

5月14日　尹蔚民部长主持党组会、部务会，审议机关人事问题和《人力资源和社会保障部开展改革开放30周年纪念活动工作方案》《公务员培训规定（试行）》《新录用公务员任职定级规定（试行）》和《关于进一步完善失业保险金标准调整机制的意见》。季允石、杨志明、张小建、杨士秋、王晓初、胡晓义副部长，中央纪委驻部纪检组组长袁彦鹏，党组成员崔会烈参加。

王晓初副部长出席全国首次社会工作者职

业水平考试试题终审会并提出要求。

5 月 14 日—23 日　何宪副部长参加国家行政学院省部级领导干部“深化行政管理体制改革、建设服务型政府”专题研讨班。

5 月 15 日　尹蔚民部长会见新疆维吾尔自治区政府副主席艾尔肯·吐尼亚孜。

杨志明副部长、中央纪委驻部纪检组组长袁彦鹏参加中共中央书记处书记、中央纪委副书记何勇主持的规范国有及国有控股企业主要负责人薪酬问题座谈会。杨志明副部长代表七部委作主汇报。

杨志明副部长会见德国劳动和社会事务部国务秘书特纳斯先生。

王晓初副部长出席全国第八批博士后科研工作站专家评议会并讲话。

5 月 15 日—16 日　张小建副部长到山东省青岛市出席“走进残奥，共享激情，情系灾区，奉献关爱”第十八次全国助残日大型公益演出等系列活动。期间，对培训就业工作进行调研，并与青岛市劳动保障局负责同志座谈。

5 月 16 日　尹蔚民部长会见加拿大公务员委员会主席玛丽亚·芭拉多斯女士。王晓初副部长参加会见。

5 月 17 日　杨士秋副部长出席 2008 年科技活动周开幕式。

王晓初副部长到安徽省合肥市出席“中国合肥留学人员创业园揭牌仪式”并致辞。

5 月 18 日　王晓初副部长到安徽省黄山市出席“第四届中国国际徽商大会”开幕式并看望人力资源社会保障部在黄山市挂职的同志。

何宪副部长出席“中国改革开放 30 年暨博士后科学论坛”并讲话。

人力资源社会保障部成立抗震救灾工作协调组。胡晓义副部长担任组长。

5 月 19 日　尹蔚民部长向中共中央政治局委员、国务院副总理张德江汇报有关工作。胡晓义副部长参加。

王晓初副部长出席中国（北京）海外留学人员及国际科技项目交流会开幕式暨第三届北京市留学人员创业奖颁奖仪式并致辞。

5 月 20 日　杨志明副部长出席 2008 年度劳动保障科研工作座谈会并讲话。同日下午，与中国石化财务有限责任公司董事长张家仁、总经理张保龙就企业高管人员薪酬管理问题进行会谈。

胡晓义副部长主持第 97 届国际劳工会议行前动员会。全国总工会副主席徐振寰、中国企业联合会副会长陈兰通出席。

5 月 21 日　尹蔚民部长列席国务院第 9 次常务会议，研究抗震救灾有关问题。

王晓初副部长参加中共中央政治局委员、中央组织部部长李源潮主持的引进海外高层次人才工作会议。

胡晓义副部长会见国际劳工组织北京局局长康妮·托马斯女士。

5 月 22 日　尹蔚民部长与全国人大财经委主任委员石秀诗座谈。杨志明副部长、中央纪委驻部纪检组组长袁彦鹏参加。

胡晓义副部长出席中美战略经济对话协调小组会议。

5 月 23 日　尹蔚民部长、孙宝树副部长、中央纪委驻部纪检组组长袁彦鹏参加全国贯彻落实《建立健全惩治和预防腐败体系 2008—2012 年工作规划》电视电话会议。

杨志明副部长与新华航空公司有关负责同志就企业劳动关系问题进行商谈。

张小建副部长出席全国培训就业系统视频会议，就培训就业系统支持抗震救灾和灾后重建、开展倡廉警示教育和就业专项资金自查自纠工作进行布置。

胡晓义副部长会见智利驻华大使费尔南多·雷耶斯·马塔先生。

中央纪委驻部纪检组组长袁彦鹏参加全国贯彻落实《建立健全惩治和预防腐败体系 2008—2012 年工作规划》座谈会。

5 月 24 日—25 日　张小建副部长到江西南昌参加中国企业联合会、中国企业家协会组织的 2008 年全国企业家活动日系列活动，并出席王忠禹同志主持的企业家座谈会。

5月26日 胡晓义副部长主持天津等八省市做实企业职工基本养老保险个人账户试点情况汇报会。

5月27日 “2008年全国民营企业招聘周”启动仪式在京举行。中共中央政治局委员、国务院副总理张德江作出重要批示。中共中央政治局委员、国务委员刘延东发来贺信。全国政协副主席、全国工商联主席黄孟复宣布活动正式启动。尹蔚民部长出席并讲话。张小建副部长主持并宣读批示和贺信。各省区市及100个大中城市同时启动招聘周活动。

尹蔚民部长与重庆市市长王鸿举在京签署《共同推进重庆市统筹城乡人力资源和社会保障事业发展与改革备忘录》，并就有关工作进行座谈。孙宝树副部长主持。重庆市副市长马正其、市政协副主席吴家农出席。

王晓初副部长到公安部就2007年度一级建造师资格考试有关工作与公安部部长助理陈智敏进行沟通。

胡晓义副部长出席中美战略经济对话领导小组会议。

中央纪委驻部纪检组组长袁彦鹏主持会议传达全国贯彻落实《建立健全惩治和预防腐败体系2008—2012年工作规划》会议精神。

5月27日—28日 张小建副部长到广东省出席2008国家高技能人才东部工程系列活动和全国职业培训教材建设座谈会并讲话。

5月28日 杨士秋副部长到中央组织部参加人才发展战略研究组第二次会议。

5月29日 尹蔚民部长、孙宝树副部长会见四川省劳动保障厅厅长张成明。胡晓义副部长听取其抗震救灾工作有关情况汇报。部抗震救灾工作协调组有关同志参加。

杨志明副部长听取四川省农民工办负责同志抗震救灾工作汇报。

何宪副部长出席中央单位2008年军转安置工作会议并讲话。

5月30日 尹蔚民部长主持部务会，听取《劳动合同法实施条例（草案）》有关问题和对口支援地震灾区有关情况汇报。孙宝树、杨志明、张小建、杨士秋、王晓初、何宪、胡晓义副部长，中央纪委驻部纪检组组长袁彦鹏，党组成员李有慰、崔会烈参加。

中国侨联、人力资源和社会保障部联合举办的“侨商心系灾区，襄助万人就业”活动在京启动。张小建副部长和中国侨联主席林军、副主席林淑娘、董中原出席启动仪式。启动仪式上，到会的侨联、侨商会及侨商企业家代表与四川省侨联签订就业援助岗位意向13 700个。

六 月

6月1日 尹蔚民部长参加全国组织系统抗震救灾工作座谈会。

6月2日—3日 张小建副部长带队前往四川省德阳市及其绵竹县汉旺镇、绵阳市及其北川县和安县、广元市及其青川县和剑阁县等地震灾区调研。

6月3日 尹蔚民部长参加温家宝总理主持的国务院抗震救灾总指挥部第16次会议，研究灾后重建规划方案、恢复生产和对口支援方案有关问题。

6月4日 孙宝树副部长列席国务院第11次常务会议，研究地震灾后恢复重建有关问题。

杨志明副部长到全国人大法工委汇报对《劳动合同法实施条例（草案）》的修改意见。

胡晓义副部长主持会议研究人力资源社会保障部参加国务院抗震救灾总指挥部重建规划组有关工作；听取陕西省劳动保障厅专题汇报，部抗灾协调组部分成员参加。

6月4日—5日 尹蔚民部长到四川省阿坝州汶川县映秀镇和都江堰市察看地震灾情，就恢复生产和灾后重建中的人力资源和社会保障工作进行调研。期间，在映秀镇、都江堰市与省人事厅、劳动保障厅分别召开座谈会并看望人事、劳动保障系统干部职工。张小建副部长参加。

6月5日 杨士秋副部长参加国家司法考

试协调委员会第11次会议。

6月6日　尹蔚民部长参加中共中央政治局委员、国务院副总理张德江主持的有关会议。

社会保险基金专项治理领导小组第一次会议召开。孙宝树、胡晓义副部长，中央纪委驻部纪检组组长袁彦鹏出席。中央纪委常委、监察部副部长、国务院纠风办副主任屈万祥，审计署副审计长余效明，国家税务总局总经济师董树奎，中国证监会副主席庄心一，全国社保基金理事会副理事长孙小系及领导小组成员单位有关负责同志出席。

杨志明副部长向全国政协委员介绍关于实施和完善劳动合同法有关情况。同日下午，与国务院法制办沟通《劳动合同法实施条例》修改意见。

杨志明副部长、中央纪委驻部纪检组组长袁彦鹏与中央纪委党风室有关负责同志研究如何贯彻落实中央政治局常委、中央纪委书记贺国强对规范国有企业高管人员薪酬问题的指示。

6月7日　中共中央政治局委员、国务院副总理张德江在尹蔚民部长呈报的“关于赴四川地震灾区调研情况的报告”上做主要批示。

6月7日—13日　胡晓义副部长率中国代表团赴瑞士日内瓦参加第97届国际劳工大会，并在全体会议上代表中国政府发言。

6月8日　张小建副部长出席抗震救灾总指挥部卫生防疫组第三次全体会议。

6月9日　尹蔚民部长参加温家宝总理主持的国务院抗震救灾总指挥部第18次会议，听取陕西、甘肃两省抗震救灾情况汇报，研究灾区卫生防疫工作。

6月10日　尹蔚民部长、张小建副部长和北京市市长郭金龙、副市长丁向阳出席人力资源社会保障部与北京市政府联合召开的灾区技校转移学生座谈会，与来京就读的四川地震灾区技工学校学生座谈。

杨志明副部长主持会议研究规范国有及国有控股企业主要负责人薪酬管理工作方案。中央纪委、财政部、国资委、税务总局、银监会、证监会、保监会有关负责同志参加。

杨士秋副部长出席中国共产主义青年团第16次全国代表大会开幕式。

6月11日　尹蔚民部长列席国务院第12次常务会议，研究地震灾区恢复生产有关问题。

孙宝树副部长主持部抗震救灾工作部署会，听取部抗震救灾工作协调组和公共服务设施建设规划组工作汇报，对下一步工作提出明确要求。

张小建副部长出席试点省市建立失业动态重点监测报告制度座谈会。

杨士秋副部长到中央组织部参加人才规划纲要战略专题研究第一次工作协调会。

6月12日　张小建副部长到浙江省杭州市出席2008中国促进创业带动就业高层论坛。

中共中央政治局委员、国务院副总理张德江在尹蔚民部长呈报的“关于组织实施灾区技工培训援助行动有关情况的报告”上做重要批示。

6月12日—14日　杨志明副部长到湖南省出席第二届内地与香港工伤预防与康复研讨会暨第三届中国工伤康复论坛。期间，就湖南工伤保险工作进行调研。

6月13日　尹蔚民部长、杨士秋副部长参加省区市和中央部门主要负责同志会议。胡晓义副部长列席。

尹蔚民部长接受凤凰卫视专访。

胡晓义副部长参加灾后重建规划组第二次全体会议。

6月15日　张小建副部长到财政部参加会议，研究完善支持灾区恢复生产和重建有关政策措施。

6月15日—20日　胡晓义副部长陪同中共中央政治局委员、国务院副总理王岐山赴美国出席第四次中美战略经济对话。期间，胡晓义副部长作了发言，介绍人口老龄化和我国社会保障制度有关情况；会见了美国劳工部部长赵小兰女士，就加强两部合作事宜交换意见。

6月16日　尹蔚民部长主持党组会，传达省区市和中央部门主要负责同志会议精神。孙宝树、杨志明、张小建、杨士秋、王晓初、何宪副部长，党组成员李有慰、崔会烈参加。

人力资源社会保障部召开司处级干部大会，传达省区市和中央部门主要负责同志会议精神。尹蔚民部长出席并讲话。孙宝树副部长主持。杨志明、张小建、杨士秋副部长分别传达胡锦涛总书记、温家宝总理的重要讲话和《汶川地震灾后恢复重建对口支援方案》。王晓初、何宪副部长，党组成员李有慰、崔会烈出席。

6月18日　尹蔚民部长列席国务院第13次常务会议，研究灾后恢复重建、海南农垦管理体制改革有关问题。

张小建副部长到省部级领导干部“促进就业与建立和谐劳动关系”专题研讨班，就中国就业目标和发展战略等问题作介绍。

6月18日—26日　杨士秋副部长参加省部级领导干部“促进就业与建立和谐劳动关系”专题研讨班。

6月19日—20日　何宪副部长到北京市就军转安置工作进行调研。

6月20日　杨志明副部长参加中共中央政治局常委、国务院副总理李克强主持的会议，研究油价、电价调整后续有关工作。

张小建副部长会见加拿大艾伯塔省副省长兼国际和政府间关系部部长罗恩·史蒂文斯先生，就进一步加强人力资源和社会保障领域交流与合作特别是人力资源流动方面探索新的合作方式问题交换意见。

6月22日　尹蔚民部长、张小建副部长参加中共中央政治局委员、国务院副总理张德江主持的会议，研究灾区就业安置问题。

6月23日　尹蔚民部长会见缅甸国家公务员选拔与培训委员会主席丹纽博士，并就加强两部门合作交换意见。会见前，王晓初副部长与缅甸客人进行工作会谈。

杨志明副部长到省部级领导干部“促进就业与建立和谐劳动关系”专题研讨班，就新时期发展和谐劳动关系问题作介绍。

何宪副部长参加中国科学院第14次院士大会和中国工程院第9次院士大会开幕式。

6月23日—24日　张小建副部长到四川省成都市出席2008中国成都就业与创业促进会和人力资源社会保障部与成都市《共同推进成都统筹城乡人力资源和社会保障事业发展和改革备忘录》签字仪式。期间，还与四川省委常委、副省长黄彦蓉就灾区就业和社会保障工作进行座谈，到都江堰市、彭州市考察临时招聘和就业援助工作情况。

6月24日　尹蔚民部长会见甘肃省委组织部副部长、人事厅厅长庞波。孙宝树副部长听取其抗震救灾和灾后恢复重建工作汇报。

尹蔚民部长、何宪副部长参加中央处理信访突出问题及群体性事件联席会议第十一次全体会议。

孙宝树副部长参加北京市2008年高校毕业生到农村工作欢送暨表彰大会。

杨志明副部长主持规范国有及国有控股企业主要负责人薪酬管理研究组会议，中央纪委、财政部、国资委、税务总局、银监会、证监会、保监会有关负责同志参加。

张小建副部长出席对地震灾区实施就业援助视频会议并讲话，部署对口就业援助有关工作。

王晓初副部长到中央组织部参加引进海外高层次人才工作小组会议。

何宪副部长出席国务院军转办和北京市军转办组织的2008年北京地区接收安置军队转业干部分配选调会。

胡晓义副部长参加国家禁毒委员会全体委员会议。

6月25日　中共中央政治局委员、国务院副总理张德江到人力资源社会保障部主持社会保障体系建设座谈会并作重要讲话。国务院副秘书长张勇陪同。尹蔚民部长，季允石、孙宝树、杨志明、杨士秋、王晓初、何宪副部长，党组成员崔会烈参加。胡晓义副部长代表课题组汇报建立覆盖城乡居民社会保障体系课题研究进展情况和基本思路。

尹蔚民部长列席国务院第14次常务会议，研究监狱法实施条例有关问题。

胡晓义副部长出席灾后重建国际经验研讨会。

6月26日　中共中央政治局委员、国务院张德江副总理出席省部级领导干部“促进就业与建立和谐劳动关系”专题研讨班结业式并作重要讲话。尹蔚民部长，杨志明、张小建、杨士秋副部长出席。

孙宝树副部长出席全国总工会第14届第20次主席会议。

张小建副部长到江苏省无锡市出席促进职业中介机构发展国际研讨会。此前，就人力资源和社会保障工作在无锡进行调研，并看望技师学院接收的地震灾区学生。

胡晓义副部长出席“做实基本养老保险个人账户与基金营运管理课题”启动会并讲话。

6月27日　尹蔚民部长主持党组会、部务会，审议机关人事问题，听取关于《社会保险基金专项治理工作方案》的汇报。季允石、孙宝树、杨志明、张小建、杨士秋、王晓初、何宪、胡晓义副部长，中央纪委驻部纪检组组长袁彦鹏，党组成员崔会烈参加。

尹蔚民部长列席中央政治局集体学习。

王晓初副部长到清华大学与施一公教授就引进海外高层次人才问题进行座谈。

胡晓义副部长出席2008年社会保险经办机构负责人春季培训班结业典礼。同日下午，会见英国伦敦金融城市长。

6月27日—29日　党组成员崔会烈赴天津市出席2008全国职业院校技能大赛有关活动。

6月28日　何宪副部长参加全国处理信访突出问题及群体性事件电视电话会议。

6月28日—30日　尹蔚民部长陪同中共中央政治局委员、国务院副总理张德江赴四川地震灾区考察并参加地震灾区恢复工业生产和扩大就业座谈会。

6月30日　张小建副部长到公安部出席中央社会治安综合治理委员会流动人口治安管理工作领导小组2008年第一次全体会议。

七　月

7月1日　杨志明副部长与全国总工会副主席张鸣起就《劳动合同法实施条例》有关事项进行沟通。

王晓初副部长出席全国人大教科文卫委员会、全国人大法律委员会、全国人大常委会法制工作委员会、国务院法制办、科技部联合召开的贯彻实施科技进步法座谈会。

7月2日　张小建副部长列席全国政协十一届常委会第二次会议开幕会。同日中午，会见世界技能组织主席杜赛多普先生。

7月3日　张小建副部长出席2010年上海世博会残疾人“生命·阳光馆”参展签约仪式。

王晓初副部长陪同中共中央政治局委员、国务院副总理张德江视察神舟七号任务准备现场。

7月4日　社会保险基金专项治理工作视频会议召开。尹蔚民部长出席并讲话。胡晓义副部长主持。中央纪委常委、监察部副部长、国务院纠风办副主任屈万祥，审计署副审计长余效明，财政部部长助理朱光耀，全国社保基金理事会副理事长孙小系及其他成员单位有关同志出席。

孙宝树副部长会见全国人大预算工作委员会来人力资源社会保障部调研人员。

杨志明副部长出席“建设和谐劳动关系与企业社会责任”上海论坛并作演讲。

张小建副部长列席全国政协十一届常委会第二次会议全体会议。

7月4日—5日　何宪副部长参加中央信访工作督导组培训会议，并就部分企业军转干部信访问题、劳动就业和社会保障领域信访问题作专题培训。

7月5日　张小建副部长列席全国政协十

一届常委会第二次会议闭幕会。

7月7日　尹蔚民部长出席全国就业工作视频会议并讲话。张小建副部长主持会议。

7月8日　尹蔚民部长主持部第一期专题学习报告会，邀请乒乓球世界冠军、2008年北京奥组委奥运村部副部长邓亚萍就奥运会有关情况作专题报告。杨士秋、何宪副部长参加。

尹蔚民部长参加部分省（区）主要负责人经济形势座谈会。

孙宝树副部长参加国务院第二次全国农业普查领导小组第四次扩大会议。

杨志明副部长与财政部副部长丁学东商谈企业工资清欠工作。

王晓初副部长出席纪念邓小平同志“利用外国智力和扩大对外开放”重要谈话发表25周年座谈会。同日下午，与财政部副部长丁学东就义务教育学校工作人员工资待遇、第29届奥运会运动员教练员奖金标准问题交换意见。

7月9日　尹蔚民部长列席国务院第16次常务会议，研究深化经济体制改革有关问题。

孙宝树副部长参加中央编办有关补充社会保险职能协调会。

王晓初副部长主持财政部、国家民委、科技部、教育部、农业部、卫生部等有关司局负责同志会议，研究落实西藏专业技术人才特殊培养工作有关问题。

何宪副部长出席北京市2008年军队转业干部安置工作会议并讲话。

7月9日—11日　胡晓义副部长应广西壮族自治区党委组织部邀请，为厅级领导干部“推进以改善民生为重点的社会建设”专题研讨班讲课。之后，到崇左市人力资源市场和劳动保障事务所进行调研。

7月10日　尹蔚民部长参加温家宝总理主持的宏观经济形势专家座谈会。

7月10日—9月25日　何宪副部长参加中央信访工作督导组赴广西壮族自治区督导检查。

7月11日　王晓初副部长参加全国人才队伍建设中长期规划纲要战略专题研究第二次工作协调会。同日下午，出席部分重点领域人才队伍建设战略研究部署会议。

党组成员李有慰主持应急人才队伍建设专家座谈会并讲话。

7月12日—26日　王晓初副部长赴美国纽约出席国际公务员制度委员会第67次会议。

7月14日　尹蔚民部长参加国家国防动员委员会第六次全体会议。

杨士秋副部长参加中央组织部领导班子思想政治建设座谈会。

胡晓义副部长出席灾后重建规划组第三次全体会议。

7月15日　人力资源社会保障部召开机关全体人员和事业单位主要负责同志会议。尹蔚民部长出席并讲话。孙宝树副部长主持会议。杨士秋副部长传达国务院办公厅关于人力资源和社会保障部、国家公务员局“三定”规定，国务院关于国家公务员局、国家外国专家局副局长的任命，中央组织部关于国家公务员局、国家外国专家局党组成员的任命，宣布部党组关于部机关、服务中心、信息中心司级干部及国家公务员局司长的任命。季允石、张小建、胡晓义副部长，党组成员李有慰、崔会烈和戴光前、侯建良、林用三、王建伦、华福周同志参加。

尹蔚民部长、杨士秋副部长列席国务院第17次常务会议，分析研究上半年经济形势，安排部署下半年经济工作。

杨志明副部长陪同解放军总政治部主任李继耐看望全军师职转业干部教育培训班学员。

7月16日　尹蔚民部长参加中央维护稳定工作领导小组会议。

胡晓义副部长出席共青团中央抗震救灾工作表彰大会暨赴灾区志愿者服务团出征仪式。

7月16日—17日　杨士秋副部长参加中央组织部全国干部教育培训工作会议。

7月17日　尹蔚民部长参加中央财经领

导小组会议，听取发展改革委关于今年上半年经济形势和下半年经济工作建议的汇报。同日下午，主持党组会、部务会，讨论机关人事问题，审议《企业职工带薪年休假实施办法》，听取中国社会保障论坛有关情况汇报。孙宝树、杨志明、杨士秋、胡晓义副部长，党组成员李有慰、崔会烈参加。

孙宝树副部长出席中华全国总工会第14届执行委员会主席团第16次全体（扩大）会议。

7月18日　尹蔚民部长会见湖北省委常委、常务副省长李宪生。孙宝树副部长与其座谈。

尹蔚民部长会见美国信安金融集团总裁施伯文先生，介绍中国养老保险特别是企业年金方面情况。胡晓义副部长参加会见。

尹蔚民部长列席中央政治局常委会议。

张小建副部长参加湖北统筹城乡就业工作会议。

7月21日　尹蔚民部长主持党组会，审议部机关人事问题。孙宝树、杨志明、张小建、杨士秋、胡晓义副部长，党组成员李有慰、崔会烈参加。

尹蔚民部长向中共中央政治局委员、国务院副总理张德江汇报工作。杨志明、杨士秋副部长参加。

7月22日　国家公务员局成立大会召开。尹蔚民部长出席并讲话。杨士秋副部长主持。公务员局周泽民、信长星、傅兴国副局长出席。杨志明副部长参加。

7月23日　孙宝树副部长列席国务院第18次常务会议，研究民用建筑和公共机构节能有关问题。

张小建、胡晓义副部长与陕西省副省长吴登昌就陕西灾后重建和就业工作座谈。

7月24日　尹蔚民部长列席中央政治局常委会议，研究抗震救灾表彰工作。

杨志明副部长参加中央财经领导小组会议，研究有关收入分配问题。

张小建副部长出席中国欧盟社会保障合作项目失业保险制度改革和发展研讨会。

杨士秋副部长出席《关于违反信访工作纪律暂行规定》新闻发布会。

胡晓义副部长与中华全国供销合作总社副主任李春生就供销合作社系统企业职工社会保险问题进行研究。同日下午，出席第七届亚欧首脑会议筹备工作领导小组第一次会议。

7月25日　尹蔚民部长列席中央政治局会议。

张小建副部长到江苏省苏州市出席四川地震灾区技工培训援助工作座谈会暨第九届技校委员会年会并讲话。

7月27日—29日　人力资源社会保障部第一次务虚会召开，传达学习中央有关文件，总结上半年工作，分析当前形势，研究部署下半年工作。尹蔚民部长出席并讲话。季允石、孙宝树、杨志明、张小建、杨士秋、王晓初、何宪、胡晓义副部长分别发言。公务员局周泽民、信长星、傅兴国副局长和部内各司级单位主要负责同志参加。

7月28日　尹蔚民部长出席中央纪委召开的深入推进纠正损害群众利益不正之风工作调研座谈会，并就“认真贯彻中央纪委二次全会精神，全力做好社会保险基金专项治理工作”发言。

7月29日 杨志明副部长到中央纪委参加研究规范国有及国有控股企业主要负责人薪酬问题座谈会。

王晓初副部长出席冯理达同志先进事迹报告会。

7月30日　尹蔚民部长列席国务院第19次常务会议，研究免除城市义务教育阶段学生学杂费、地方政府机构改革有关问题。

人力资源社会保障部和财政部、国资委联合召开视频会议，对解决地方政策性关闭破产国有企业退休人员参加城镇职工医疗保险工作进行动员部署。胡晓义副部长主持并讲话。财政部副部长王军、国资委副主任李伟出席并讲话。

7月30日—8月1日　胡晓义副部长在吉

林省延边朝鲜族自治州出席全国养老保险经办管理工作座谈会并讲话。期间，到龙井市调研社会保险经办工作。

7月31日　尹蔚民部长向中共中央政治局委员、国务院副总理张德江汇报《劳动合同法实施条例（草案）》有关工作。杨志明副部长参加。

八　月

8月1日　尹蔚民部长列席国务院第20次常务会议，研究社会保险法有关问题。

孙宝树副部长与新疆维吾尔自治区副主席艾尔肯·吐尼亚孜座谈。

杨士秋副部长到中央纪委参加中央和国家机关《建立健全惩治和预防腐败体系2008—2012年工作规划》任务分解部署会。

8月2日　杨志明副部长出席国务院副秘书长尤权、王勇主持的研究解决企业工资历史拖欠问题会议。

8月4日　尹蔚民部长、杨士秋副部长出席国务委员兼国务院秘书长马凯主持的抗震救灾英雄集体和抗震救灾模范评选表彰领导小组第一次会议。公务员局信长星副局长参加。

张小建副部长出席全国就业工作视频会议并讲话，通报对地震灾区实施就业援助进展情况，部署高校毕业生就业服务月和近期促进困难群体就业维护稳定等工作。

胡晓义副部长出席国务院抗震救灾总指挥部灾后重建规划组第四次全体会议，讨论灾后重建总体规划。

8月5日　尹蔚民部长、王晓初副部长参加国务院研究深化中小学教师职称制度改革有关问题的会议。

尹蔚民部长参加温家宝总理主持的国务院抗震救灾总指挥部第24次会议，听取发展改革委关于汶川地震灾后恢复重建总体规划编制工作的情况汇报。

8月6日　尹蔚民部长列席国务院第21次常务会议，研究长江三角洲地区改革开放和经济社会发展有关问题。

尹蔚民部长会见宁夏回族自治区副主席刘慧。

杨志明副部长与全国工商联副主席沈建国、谢经荣就劳动关系三方机制有关问题座谈。

王晓初副部长参加中央综治委预防青少年违法犯罪工作领导小组2008年第二次全体会议。

8月7日　杨士秋副部长参加国务院研究西新工程有关工作的会议。

王晓初副部长作为中国政府代表前往首都国际机场迎接出席2008年北京奥运会的国际贵宾。

8月8日　尹蔚民部长、杨士秋副部长与出席北京2008年奥运会开幕式的蒋敏等15名抗震救灾英模代表进行座谈并合影留念。公务员局信长星副局长参加。

8月9日　王晓初副部长出席国务院新闻办组织的“镜头中的中国人生活”主题展。

8月10日—11日　杨志明副部长到黑龙江、吉林两省调研东北三省解决企业工资历史拖欠问题。

8月11日　尹蔚民部长主持第11次党组会，审议给中央的有关报告，以及人力资源社会保障部贯彻落实《建立健全惩治和预防腐败体系2008—2012年工作规划》的实施意见和关于成立部党风廉政建设工作领导小组建议。季允石、孙宝树、张小建、杨士秋、王晓初、何宪、胡晓义副部长，党组成员崔会烈出席。

8月12日　尹蔚民部长主持第7次部务会，审议《关于促进以创业带动就业的指导意见》《关于中国博士后科学基金第43批资助人选的请示》和《人力资源和社会保障部司局级及以下干部因公出国（境）管理规定》。孙宝树、杨志明、张小建、杨士秋、王晓初、胡晓义副部长出席。

尹蔚民部长会见辽宁省委常委、常务副省长许卫国。王晓初副部长与许卫国同志进行座谈。

8 月 13 日　王晓初副部长听取国家林业局有关同志关于建立森林资源资产评估师职业资格制度情况的汇报。

8 月 13 日—16 日　尹蔚民部长、杨志明副部长陪同中共中央政治局委员、国务院副总理张德江到黑龙江省就解决企业工资历史拖欠问题和就业、社会保障工作进行专题调研。

8 月 15 日　孙宝树副部长主持会议传达中央纪委有关文件精神。

王晓初副部长参加中央文化体制改革工作领导小组第五次会议。同日，主持河北、山西、辽宁、河南、陕西等省部分中小学校长和教师代表座谈会，听取对中小学教师职称制度改革的意见和建议。

胡晓义副部长出席 2008 北京国际新闻中心举办的主题为“中国社会保障和社会救济”专访活动，就相关问题回答了中外记者的提问。

8 月 16 日—20 日　胡晓义副部长在黑龙江省出席建立覆盖城乡居民养老保险保障体系研讨会并讲话，同时就有关工作进行调研。

8 月 18 日　尹蔚民部长、王晓初副部长会见山东省委常委、常务副省长王仁元和南京市委常委、常务副市长靳道强。

8 月 19 日　杨志明副部长参加国务院副秘书长王勇主持的会议，研究关于落实全国人大常委会对维护职工合法权益工作情况报告审议意见的报告有关事宜。

王晓初副部长作为中国政府代表到首都机场迎送出席北京奥运会相关活动的国际贵宾。

8 月 20 日　尹蔚民部长列席国务院第 23 次常务会议，研究宁夏回族自治区经济社会发展有关问题。

尹蔚民部长会见韩国驻华大使辛正承先生。公务员局傅兴国副局长参加。

8 月 21 日　部党组中心组召开“弘扬抗震救灾精神，坚定正确理想信念”专题学习会。尹蔚民部长主持。孙宝树、杨志明、张小建、杨士秋、王晓初、胡晓义副部长出席。

尹蔚民部长、孙宝树副部长会见天津市委常委、副市长崔津渡。

王晓初副部长到首都机场迎接出席北京奥运会闭幕式的美国总统代表团团长、美国劳工部部长赵小兰女士。

8 月 22 日　尹蔚民部长会见并宴请美国劳工部部长赵小兰女士。王晓初、胡晓义副部长参加。

杨士秋副部长出席干部监督工作联席会议第六次会议。

8 月 24 日　杨士秋副部长与出席 2008 北京奥运会闭幕式的 15 名抗震救灾英模代表进行座谈并合影留念。公务员局信长星副局长参加。

8 月 25 日　尹蔚民部长参加地方政府机构改革工作电视电话会议。

尹蔚民部长、王晓初副部长参加张德江副总理会见美国劳工部长赵小兰女士率领的总统代表团有关活动。

8 月 26 日　尹蔚民部长主持第 12 次党组会和第 8 次部务会，研究机关人事问题，审议《中共人力资源和社会保障部党组民主生活会制度》《中共人力资源和社会保障部党组中心组学习制度》《关于加强部内基本制度建设工作的汇报》《人力资源和社会保障部财务管理规定》和《2007 年度一级建造师执业资格考试成绩处理和公布方案》。季允石、孙宝树、杨志明、张小建、杨士秋、王晓初、胡晓义副部长出席。

胡晓义副部长出席中国—欧盟社会保障合作项目高级政策咨询小组第一次会议并讲话。同日下午，陪同中共中央政治局常委、国务院副总理李克强到卫生部考察。

8 月 27 日　尹蔚民部长列席国务院第 24 次常务会议，研究汶川地震灾后恢复重建有关问题。

8 月 27 日—29 日　孙宝树副部长出席全国总工会法律顾问委员会会议。

胡晓义副部长到上海市就社会保障工作进行调研。

8 月 28 日　张小建副部长出席第 13 届残

奥会圣火采集暨火炬接力启动仪式。

杨士秋副部长出席全国抗震救灾英雄集体和抗震救灾模范评选表彰领导小组第二次会议；出席冯理达同志表彰仪式。

王晓初副部长出席国台办召开的台商座谈会。

2008 年中央机关新录用公务员初任培训“抗震救灾英模事迹报告会暨公务员宣誓活动”在全国政协礼堂举行。杨士秋副部长接见英模代表。公务员局信长星副局长参加接见并主持会议。

8 月 29 日　王晓初副部长参加温家宝总理主持的国家科技教育领导小组第一次会议，研究部署《国家中长期教育改革和发展规划纲要》制定工作。

8 月 29 日—30 日　杨志明副部长到贵州、辽宁两省就开展解决企业工资历史拖欠工作进行督查调研。

杨士秋副部长到黑龙江省出席全国自主择业军转干部管理服务工作经验交流会并讲话。

8 月 30 日　王晓初副部长参加十一届全国人大民族委员会第三次会议，介绍我国民族地区人力资源开发工作的有关情况及人力资源社会保障部贯彻实施民族区域自治法的有关情况。

九　月

9 月 1 日　杨士秋副部长出席深化人事制度改革专题研讨班开班式并以“建立和完善中国特色公务员制度”为题讲课。

胡晓义副部长会见越共中央委员、中央组织部副部长陈留海率领的第三批越南高级党政干部考察团，就新中国社会保障体系建设情况和人力资源社会保障部职能作了介绍。

9 月 2 日　胡晓义副部长参加全国政协专题协商会，研究“统筹城乡发展，促进城乡经济社会发展一体化新格局”议题。

9 月 2 日—3 日　张小建副部长出席《中国就业的改革发展三十年》研讨会。

9 月 3 日　孙宝树副部长列席国务院第 25 次常务会议，审议《中华人民共和国劳动合同法实施条例（草案）》。

胡晓义副部长与国务院参事陈全训就公立医院改革有关问题座谈。

9 月 4 日　杨士秋副部长出席国家行政学院 2008 年秋季开学典礼。

王晓初副部长到中央编办出席事业单位分类改革试点工作会议筹备会。

胡晓义副部长参加国务院有关会议，研究将大学生纳入城镇居民基本医疗保险试点范围有关问题。

9 月 5 日　孙宝树、杨志明副部长参加中共中央政治局常委、国务院副总理李克强和中共中央政治局委员、国务院副总理张德江主持的会议，研究修改《中华人民共和国劳动合同法实施条例（草案）》。

杨志明副部长到全国政协汇报《劳动合同法》实施有关情况。

杨士秋副部长与人力资源社会保障部第五、第六批援疆干部座谈。公务员局周泽民副局长参加。同日，与出席北京残奥会开幕式的英模代表座谈；参加中办北京奥运会、残奥会总结表彰工作协调会。公务员局信长星副局长同往。

胡晓义副部长参加国务院研究深化医药卫生体制改革有关问题会议。

9 月 7 日　尹蔚民部长参加中共中央书记处书记、中央办公厅主任令计划主持的会议，研究北京奥运会、残奥会总结表彰工作方案。

杨士秋副部长参加中办有关会议研究北京奥运会、残奥会总结表彰工作有关问题。公务员局信长星副局长同往。

9 月 8 日　孙宝树副部长参加全国人大财经委召开的“十一五”规划中期评估报告审议工作座谈会，并就劳动和社会保障事业发展“十一五”规划实施进展情况作了汇报。

杨志明副部长参加国务院研究《劳动合同法实施条例》公布后宣传解释和舆论引导工作会议。

杨士秋副部长出席全国教育系统抗震救灾

先进集体和抗震救灾先进个人表彰大会。

胡晓义副部长出席中国人力资源社会保障部与德国法定工伤保险同业总会《2009—2011年合作交流意向书》签字仪式。

9月9日　张小建副部长出席并主持中央和国家机关、中央企业第六批援疆干部培训会议。

9月9日—10日　张小建副部长出席甘肃与发达地区劳务对接暨发展劳务经济座谈会。

9月10日　尹蔚民部长、胡晓义副部长列席国务院第26次常务会议，研究医药卫生体制改革、大学生纳入城镇居民基本医疗保险试点范围有关问题。

尹蔚民部长参加中央深入学习实践科学发展观活动领导小组第一次会议。

孙宝树副部长到全国人大法律委汇报《社会保险法》制定工作有关情况。

王晓初副部长与辽宁省委常委、常务副省长许卫国座谈；与辽宁省副省长滕卫平商谈共同组织举办“2008中国海外学子辽宁（大连）创业周”有关事宜。同日，出席第四届高等学校教学名师奖表彰大会。

9月11日　杨志明副部长到全国人大向华建敏副委员长汇报《劳动合同法》实施有关情况。同日，与监察部副部长屈万祥协调优秀农民工和农民工工作先进集体表彰有关事宜。

张小建副部长出席北京2008残奥会女子标枪项目颁奖仪式并为获奖运动员颁奖。同日，参加灾区就业援助工作及工作进展情况在线访谈。

王晓初副部长会见国际劳工组织北京局局长康妮·托马斯女士，介绍新部组建情况，讨论未来合作事宜。

胡晓义副部长参加国家计生委兼职委员会议。

9月11日—12日　杨士秋副部长到安徽省出席MPA教育指导委员会工作会议暨公共管理学院论坛。

9月12日　尹蔚民部长参加中央办公厅研究奥运会、残奥会总结表彰工作的会议。公务员局信长星副局长同往。

尹蔚民部长与中华全国供销合作总社党组书记、理事会主任李成玉座谈，研究解决全国供销社企业职工养老保险问题。胡晓义副部长参加。

王晓初副部长宴请2008年迎中秋、国庆留学人员和专家座谈会代表并致辞。

9月12日、16日　尹蔚民部长主持部务会，听取全国优秀农民工和农民工工作先进集体评选表彰工作情况的汇报，审议《覆盖城乡居民社会保障体系研究报告》《农民工养老保险和企业职工基本养老保险关系转移办法》和《关于开展新型农村社会养老保险试点指导意见》。孙宝树、杨志明、张小建、王晓初、胡晓义副部长，中央纪委驻部纪检组组长袁彦鹏参加。

9月14日—18日　王晓初副部长赴美国参加第19届中美商贸联委会。

9月16日　张小建副部长出席就业资金管理国际研讨会开幕式并致辞。

杨士秋副部长参加全国人大常委会义务教育法执法检查组第一次全体会议。

9月17日—18日　杨士秋副部长到河南省参加中国科协第十届年会，出席河南高层次人才洽谈会和“兴豫之光”行动计划启动仪式。

9月17日—19日　胡晓义副部长出席在福建省厦门市召开的医疗保险工作经验交流会并讲话。

9月17日—28日　张小建副部长率团访问日本、加拿大。

9月18日　尹蔚民部长出席全国抗震救灾英雄集体和抗震救灾模范评选表彰领导小组第三次会议，研究全国抗震救灾英雄集体和抗震救灾模范推荐评选复审工作和有关问题。公务员局信长星副局长同往。

贯彻落实《劳动合同法实施条例》电视电话会议召开。尹蔚民部长出席并讲话。杨志明副部长主持。

杨志明副部长向全国人大常委会汇报《劳动合同法》实施有关情况。

9 月 18 日—24 日　孙宝树副部长参加全国人大执法检查组赴陕西省进行《劳动合同法》执法检查。

9 月 19 日　尹蔚民部长、杨志明副部长出席《劳动合同法实施条例》新闻发布会。

9 月 19 日—20 日　胡晓义副部长到广西壮族自治区出席“时代前沿知识”系列讲座活动。

9 月 19 日—21 日　中央纪委驻部纪检组组长袁彦鹏参加第一批深入学习实践科学发展观活动工作会议。

9 月 19 日—23 日　尹蔚民部长参加全党深入学习实践科学发展观活动动员大会暨省部级主要领导干部专题研讨班。

9 月 20 日　尹蔚民部长参加中央维护稳定工作领导小组会议。

9 月 22 日　王晓初副部长会见委内瑞拉人民权利参与和社会保障部副部长玛丽·卡门·莫莱罗女士，介绍了中国政府机构改革和人力资源社会保障部职能等情况。

胡晓义副部长会见法国国家高等社会保障学院院长克劳德·比戈先生，就双方合作事宜交换了意见。

中央纪委驻部纪检组组长袁彦鹏主持学习实践科学发展观活动准备工作会议。

9 月 23 日　尹蔚民部长出席中国和欧盟社会保障圆桌会议并致辞。胡晓义副部长主持会议并发言。

尹蔚民部长、杨士秋副部长参加中央书记处书记、中央办公厅主任令计划主持的北京奥运会、残奥会评选表彰工作领导小组会议。公务员局信长星副局长同往。

王晓初副部长到中央组织部参加人才队伍建设研究课题汇报会。

9 月 23 日、25 日　王晓初副部长参加中央政治局委员、中央组织部部长李源潮主持的人才战略专题研究成果汇报会，汇报了专业技术人才队伍和技能人才队伍建设战略研究成果。

9 月 24 日　王晓初副部长出席在广东省召开的事业单位分类改革试点工作会议。

中央纪委驻部纪检组组长袁彦鹏参加全国安全生产电视电话会议。

9 月 25 日　孙宝树副部长参加全国总工会第 14 届执行委员会第六次全体会议。

杨士秋副部长出席全国工商系统纪念改革开放 30 周年和工商机关恢复建制 30 周年暨“双先”表彰电视电话会议并宣读表彰决定。胡晓义副部长出席中欧社会保障第三次高层圆桌会议闭幕式并作总结。

9 月 26 日　尹蔚民部长主持党组会、部务会，审议《人力资源社会保障部开展学习实践科学发展观活动实施方案》《关于部党组成员参加深入学习实践科学发展观活动安排》《部学习实践科学发展观活动领导小组及办公室成员名单、工作职责》《第一阶段安排》以及机关人事问题、部属事业单位机构调整及更名、部属社团管理等有关问题，审议《人力资源社会保障部新闻发布和媒体采访管理办法》《做实企业职工基本养老保险个人账户中央补助之外基金投资管理暂行办法》。孙宝树、杨志明、杨士秋、王晓初、何宪、胡晓义副部长，中央纪委驻部纪检组组长袁彦鹏参加。

尹蔚民部长会见国际劳工组织亚太地区局局长山本幸子女士。

9 月 27 日　部学习实践科学发展观活动动员大会召开。尹蔚民部长出席并讲话。

尹蔚民部长会见四川省劳动保障厅厅长张成明。孙宝树副部长听取其关于地震灾区就业和社会保险工作的汇报。

杨士秋副部长主持部分省份参照管理座谈会，听取山西、辽宁、吉林、山东、湖北、湖南等省人事厅分管负责同志工作汇报。公务员局周泽民副局长参加。

王晓初副部长出席 2008 年度“友谊奖”颁奖大会。同日下午，与中国焊接协会理事长张德邻就焊接专业技术人员管理有关问题交换意见。

9 月 28 日　尹蔚民部长列席中央政治局“中国特色社会主义理论体系研究”集体学习。

杨士秋副部长到河北省唐山市出席“第十一届唐山·中国陶瓷博览会人才技术交流大会”开幕式。

王晓初副部长出席 2008 年海外侨胞、港澳台同胞、外籍华人国庆招待会。

9 月 29 日　尹蔚民部长，季允石、杨士秋副部长出席北京奥运会、残奥会总结表彰大会。公务员局信长星副局长参加。

王晓初副部长参加温家宝总理接见“友谊奖”获奖专家活动。

十　月

10 月 1 日　尹蔚民部长参加庆祝中华人民共和国成立 59 周年向人民英雄纪念碑敬献花篮活动。

10 月 6 日　尹蔚民部长列席国务院第 29 次常务会议，研究防震减灾法修订有关问题。

10 月 6 日—16 日　胡晓义副部长率团访问越南、印度尼西亚。访问越南期间，与越南劳动、荣军和社会事务部签署了合作谅解备忘录。访问印度尼西亚期间，出席了第二届亚欧劳动和就业部长会议并作主旨发言，会议期间还与欧盟、法国、匈牙利、新加坡的代表进行了会谈。

10 月 7 日—8 日　部深入学习实践科学发展观活动指导检查组举办培训班。孙宝树副部长作动员讲话，何宪副部长主持并作总结讲话。徐颂陶、王建伦、李有慰、戴光前、侯建良、崔会烈同志出席。

10 月 7 日—12 日　孙宝树副部长参加全国人大执法检查组到广东省进行《劳动合同法》执法检查。

10 月 8 日　尹蔚民部长向中央领导同志汇报全国抗震救灾评选表彰工作情况。

尹蔚民部长，杨志明、杨士秋副部长参加全国抗震救灾总结表彰大会。公务员局信长星副局长同往。

尹蔚民部长会见青海省副省长张光荣。

杨士秋副部长到协和医院看望全国抗震救灾模范韩志保同志。

10 月 8 日—12 日　张小建副部长参加全国人大执法检查组到辽宁省进行《劳动合同法》执法检查。

10 月 9 日—12 日　尹蔚民部长参加第十七届中央委员会第三次全体会议。杨士秋副部长列席。

10 月 10 日　王晓初副部长参加引进海外高层次人才工作小组第二次会议，研究审议海外高层次人才引进办法、工作细则和特殊政策措施等，部署下一阶段人才引进工作。

10 月 14 日　尹蔚民部长参加温家宝总理主持的国务院抗震救灾总指挥部第 26 次会议，听取四川汶川特大地震抗震救灾工作总结报告。

尹蔚民部长、何宪副部长参加全国处理信访突出问题及群体性事件电视电话会议。

部深入学习实践科学发展观活动专题报告会举行，邀请中央党校社会发展研究中心主任庞元正教授作辅导报告。孙宝树、杨志明、张小建、杨士秋、王晓初副部长出席，中央纪委驻部纪检组组长袁彦鹏主持。公务员局周泽民、傅兴国副局长参加。

孙宝树副部长出席北京社会保障卡工程建设签约仪式。

王晓初副部长参加《国家中长期教育改革和发展规划纲要》工作小组第一次会议；出席加快事业单位岗位设置管理工作座谈会并讲话；参加第七届亚欧首脑会议筹备工作领导小组第二次会议。

何宪副部长参加中央和国家机关干部下访督导工作总结座谈会。

10 月 15 日　尹蔚民部长列席国务院第 30 次常务会议，研究青海等省藏区经济社会发展、2009 年重点民生项目安排等有关问题。

杨士秋副部长参加外交部奥运工作总结表彰大会。

10 月 15 日—21 日　孙宝树副部长出席中国工会第 15 次代表大会。

10 月 16 日　尹蔚民部长列席中共中央政治局常委会议。

尹蔚民部长、杨志明副部长出席中共中央政治局委员、国务院副总理张德江主持的国务院农民工工作联席会议第六次全体会议，杨志明副部长代表国务院农民工工作联席会议办公室汇报 2008 年以来农民工工作和全国优秀农民工评选表彰大会筹备工作情况。

王晓初副部长到江苏省，出席由人力资源社会保障部、教育部、科技部、外专局和江苏省人民政府、南京市人民政府共同主办的首届中国留学人员南京国际交流与合作大会开幕式并致辞。同日下午，出席中国留学人员创业高层论坛并发表演讲。

10 月 16 日—17 日　部党组中心组举行深入学习实践科学发展观活动专题研讨会，围绕“继续解放思想，不断开拓创新，推进人力资源社会保障事业科学发展”这一主题组织专题研讨。部党组成员和中央第 14 指导检查组组长刘德旺出席。

10 月 17 日　尹蔚民部长出席中国工会第 15 次代表大会开幕式。同日下午，列席国务院第 31 次常务会议，研究当前经济形势和 2009 年经济工作初步思路。

尹蔚民部长会见阿富汗独立行政改革与公务员委员会主席艾哈迈德·穆沙希德先生率领的阿富汗代表团一行。王晓初副部长与阿富汗代表团进行了工作会谈。公务员局周泽民副局长参加。

张小建副部长出席中国人才交流协会第二届四次会长办公会和五次秘书长办公会并讲话。

胡晓义副部长到中央党校为在校的全体学员作题为“加快建设覆盖城乡居民的社会保障体系”的报告。

10 月 18 日　杨志明副部长参加中国人民公安大学建校六十周年庆典大会。同日下午，到发展改革委参加研究落实国务院关于第四季度有关工作的会议。

10 月 19 日　尹蔚民部长、张小建副部长到辽宁省大连市出席第三届全国数控技能大赛决赛开幕式。

10 月 20 日　尹蔚民部长、杨士秋副部长参加全国落实党风廉政建设责任制工作电视电话会议。

王晓初副部长参加中央人才工作协调小组第 18 次会议，审议引进海外高层次人才方面的文件稿，研究《全国人才队伍建设中长期规划纲要（2009—2020 年）》编制工作和战略专题研究工作。

10 月 21 日　尹蔚民部长、王晓初副部长列席国务院第 32 次常务会议，研究中小学教师职称制度改革有关问题。

由中国劳动保障科学研究院、中国劳动学会、国际劳工组织北京局共同主办的第三届中国劳动论坛在京开幕。中共中央政治局委员、国务院副总理张德江发来贺信。全国人大常委会副委员长华建敏出席并致辞。全国妇联主席、第十届全国人大常委会副委员长顾秀莲发来贺信。尹蔚民部长出席并致辞。杨志明副部长作了题为“劳动和社会保障制度的伟大变革和科学发展”的主旨发言。张小建副部长、中央纪委驻部纪检组组长袁彦鹏出席。中国劳动学会会长华福周同志主持开幕式。

杨志明副部长参加全国人大副委员长华建敏主持的《劳动合同法》执法检查组碰头会。

杨士秋副部长出席中欧社会保障项目举办的劳动保障厅局长培训班开班式并讲话。欧盟驻华代表团一等参赞科斯唐致辞。

王晓初副部长会见国际劳工组织副总干事塔比奥拉先生，介绍我国人力资源和社会保障事业发展情况，就加强双方交流合作交换意见。

何宪副部长参加全国人大常委会《义务教育法》执法检查组第二次全体会议。

胡晓义副部长出席全国政协“建立国家基本药物制度，保证群众基本用药”研讨会并作专题汇报。

10月22日　尹蔚民部长，杨志明、杨士秋副部长，中央纪委驻部纪检组组长袁彦鹏出席部处以上干部深入学习实践科学发展观活动第一期集中学习培训班大会交流活动并讲话。

人力资源社会保障部与国家知识产权局在京联合举办国家知识产权战略视频辅导讲座。王晓初副部长主持并讲话。

10月22日—23日　胡晓义副部长出席在安徽省召开的全国社会保险基金监督工作座谈会，并作了题为“迎接新挑战，实现新发展”的讲话。

10月23日　杨志明副部长参加国务院研究退役士兵安置改革方案有关问题会议。同日，参加国务院研究依法处置不合格奶制品民事赔偿有关问题会议。

杨士秋副部长出席全国公安系统奥运安保表彰大会。

王晓初副部长参加中共中央政治局委员、国务院副总理张德江主持的工业和通信业部分行业协会负责人座谈会。

中央纪委驻部纪检组组长袁彦鹏主持会议，传达全国落实党风廉政建设政府责任制电视电话会议精神，研究贯彻落实措施。

10月23日—24日　张小建副部长到辽宁省沈阳市出席第二届中国高技能人才国际论坛。

10月24日　尹蔚民部长主持农民工养老保险座谈会。胡晓义副部长就农民工养老保险办法作说明。

王晓初副部长参加亚欧首脑会议开幕式。

10月25日　杨志明副部长出席第八届全国创业之星经验交流表彰大会。

10月26日　张小建副部长出席第八届全国创业之星经验交流表彰大会，并以“弘扬创业精神，改善创业环境，促进企业成长，推动就业扩展”为题讲话。

10月26日—28日　杨士秋副部长参加全国党校工作会议。

10月27日　尹蔚民部长主持部务会，审议《人力资源社会保障部法律清理工作报告》和《中国博士后科学基金第一批特别资助名单》。季允石、孙宝树、张小建、何宪、胡晓义副部长，中央纪委驻部纪检组组长袁彦鹏参加。

尹蔚民部长主持部学习实践活动领导小组会议，听取领导小组办公室关于学习实践活动情况的汇报，对下一步工作提出要求。孙宝树、张小建、何宪、胡晓义副部长，中央纪委驻部纪检组组长袁彦鹏参加。

尹蔚民部长会见并宴请阿曼苏丹国社会发展大臣莎利法·叶海亚伊亚女士。会见前，王晓初副部长与阿曼苏丹国客人进行了工作会谈，介绍了我国人力资源社会保障机构改革的有关情况，并就两国社会保障情况进行交流。

王晓初副部长出席中国工程物理研究院建院五十周年纪念会。

10月27日—28日　杨志明副部长出席在江苏省召开的全国劳动保障监察工作座谈会，并以“开创劳动保障监察新局面”为题讲话。期间，对南京市劳动保障工作平台和劳动力市场建设进行了调研。

10月27日—11月2日　中央纪委驻部纪检组组长袁彦鹏到云南、广西两省（区）就社保基金监管问题开展专题调研。

10月28日　尹蔚民部长出席中国妇女第十次全国代表大会开幕式。

孙宝树副部长主持部深入学习实践科学发展观活动指导检查组工作情况汇报会，通报学习实践活动有关情况，并提出要求。何宪副部长出席并对做好下一步指导检查工作提出要求。李有慰、戴光前、侯建良、崔会烈同志参加。

胡晓义副部长出席中国康复研究中心落成20周年庆祝活动开幕式。

10月28日—31日　尹蔚民部长到广东省就贯彻落实三中全会精神拟定农民工养老保险办法及新型农村养老保险试点进行专题调研。

10月29日　孙宝树副部长出席部处以上干部深入学习实践科学发展观活动第三期集中学习培训班交流活动和结业式并作总结讲话。

张小建副部长主持会议并发言。胡晓义副部长出席并发言。

张小建副部长参加全国人大常委会立法工作会议。

10月29日—11月2日　杨志明副部长随同中共中央政治局委员、国务院副总理张德江到江苏省苏州、无锡、常州、南京等市就中小企业生产经营情况进行调研。

10月29日—11月5日　何宪副部长到浙江、安徽两省就规范公务员津贴补贴和事业单位绩效工资问题进行专题调研。期间，参加了在浙江省召开的2008年全国人事科研年会。

10月30日　孙宝树副部长出席部深入学习实践科学发展观活动专题调研动员部署会议并讲话。

杨士秋副部长出席公务员局门户网站开通仪式，并点击开通网站。同日，出席全国工商联组织工作会议暨先进集体先进工作者表彰大会并宣读表彰决定。

王晓初副部长参加全国宣传文化系统“四个一批”人才工作领导小组会议，审议第二批“四个一批”经营管理人才和首批专门技术人才人选名单。

10月31日　王晓初副部长参加引进海外高层次金融人才工作会议，研究工作方案。

胡晓义副部长出席在江苏省召开的全国工伤保险重点联系城市工作座谈会并讲话。期间，就南通市劳动和社会保障工作进行调研，并实地考察南通市康复中心。

十一月

11月1日—7日　杨士秋副部长到江西、广东两省就公务员法实施、开展公务员分类管理和聘任制的情况以及基层公务员队伍建设问题进行专题调研。期间，出席在江西省召开的“2008·中部崛起人才论坛”开幕式并致辞。

11月2日—6日　王晓初副部长到四川省开展学习实践活动专题调研。期间，就建立面向全体城乡劳动者职业培训制度工作听取了四川省和成都市、德阳市政府及劳动保障部门的汇报，实地考察了技师学院、公共实训基地和大型国有企业技能人才培养、评价和激励有关情况，召开了湖北、重庆、四川、陕西、成都等省市劳动保障部门参加的座谈会，并出席四川省人事厅召开的座谈会，了解专业技术人员评价和分类推进事业单位人事制度改革有关情况。

11月3日　尹蔚民部长会见参加第二届中日韩青年公务员交流活动的全体成员。

11月3日—5日　张小建副部长到上海市进行就业政策落实完善和建设统一规范的人力资源市场专题调研。期间，听取了上海市人力资源和社会保障局工作汇报，就人力资源市场建设、经济形势变化对就业影响、高校毕业生就业、创业促进就业等工作与有关同志进行交流，分别召开了基层人才服务部门负责人座谈会和人才服务企业负责人座谈会，并实地考察了市区人才服务中心、区职业介绍中心、街道劳动保障事务所等单位。

11月5日　尹蔚民部长列席国务院第33次常务会议，研究2009年经济工作。同日下午，列席国务院第34次常务会议，研究进一步扩大内需促进经济增长有关问题。

胡晓义副部长会见军队后勤保障社会化工作领导小组办公室主任王义华。

11月5日—14日　中央纪委驻部纪检组组长袁彦鹏率团访问挪威、土耳其，分别会见了挪威劳动和社会融合部国务秘书扬—艾里克·斯图斯塔德先生，土耳其劳动和社会保障部副部长穆斯塔法·考努克先生、塞尔哈特·艾瑞姆先生，并就劳动监察、社会保障等问题进行会谈。

11月6日　中国社会保障论坛2008年年会在人民大会堂举办，论坛主题为“中国社会保障的科学发展”。中共中央政治局委员、国务院副总理张德江出席开幕式并致辞。第十届全国人大常委会副委员长、中国农工民主党原主席蒋正华出席并演讲。尹蔚民部长发表主旨演讲。孙宝树、胡晓义副部长和王建伦、王东进同志分别主持主题论坛和专题论坛。杨志明、张小建副部长出席。发展改革委、民政部、财政部、卫生部、审计署、社科院、发展研究中心、保监会、全国总工会负责同志和北京、上海、天津、江苏、江西、广东、云南等省市及广东省珠海市、陕西省宝鸡市等省市领导及有关专家发表演讲。

何宪副部长出席《汶川特大地震抗震救灾志》编纂委员会成立大会。

11 月 6 日—9 日　杨志明副部长到福建省就劳动关系、调解仲裁、劳动监察和维护农民工合法权益等问题进行专题调研。期间，听取了省劳动保障厅和福州、泉州、厦门等市劳动保障局有关情况汇报，实地考察了福州市劳动保障局和仙游县赖店镇劳动保障所，及相关企业经营和农民工生活状况。

11 月 7 日　尹蔚民部长主持农民工养老保险办法座谈会。胡晓义副部长参加。社科院、国家行政学院、北京大学、中国人民大学、中央财经大学、武汉大学、首都经济贸易大学的专家学者发表了意见。

召开将大学生纳入城镇居民医疗保险试点工作视频会议。尹蔚民部长出席并讲话。胡晓义副部长主持会议。卫生部副部长马晓伟、教育部部长助理杨周复、财政部部长助理张通分别对本系统做好工作提出要求。

孙宝树副部长出席庆祝神舟七号载人航天飞行圆满成功大会。

王晓初副部长参加国务院有关会议，研究落实中央支持香港和澳门发展经济、改善民生政策措施有关问题。

何宪副部长出席部青年干部学习实践科学发展观交流座谈会并讲话。

11 月 10 日　尹蔚民部长、杨士秋副部长参加国务院省区市人民政府和各部门主要负责同志会议。同日，尹蔚民部长参加中央财经领导小组第 2 次会议，听取发展改革委关于 2009 年经济工作初步考虑的汇报。

孙宝树、杨士秋副部长向中央纪委副书记张毅汇报人力资源社会保障部对中央纪委监察部有关工作的意见和建议。外专局张建国副局长、公务员局周泽民副局长参加。

胡晓义副部长到国家行政学院，以“加快覆盖城乡的社会保障体系建设”为题为在校县级班讲课。

11 月 10 日—13 日　王晓初副部长到江苏省就完善人才评价机制、深化职称制度改革和技能人员职业资格制度改革、推进高层次高技能人才队伍建设进行专题调研。期间，出席了亚洲国家公共服务均等化国际论坛开幕式并讲话；出席了中国淮安留学人员创业园授牌仪式。

11 月 10 日—14 日，17 日—20 日　胡晓义副部长到新疆维吾尔自治区、新疆生产建设兵团和河南省，就完善城镇基本医疗保障和工伤保险制度进行专题调研。期间，听取了当地政府有关部门工作汇报，实地考察了社会保险经办机构、就业服务机构、街道社区劳动保障工作平台和社区卫生服务机构等，并与经办机构、医疗机构、参保单位和居民代表进行座谈。

11 月 10 日—20 日　何宪副部长应俄罗斯总统办公厅国家公务局、匈牙利社会事务和劳动部邀请，赴两国考察军转安置业务，并与俄罗斯联邦总统办公厅国家公务局签署延长合作谅解备忘录有效期并修改相关内容的议定书。

11 月 11 日　孙宝树副部长会见吉布提就业、再就业与职业培训部部长穆萨·艾哈迈德·哈桑先生。

孙宝树副部长参加中共中央政治局常委、国务院副总理李克强主持的研究医改有关问题的会议。

杨志明副部长出席中国残联第五次全国代表大会开幕式。

杨士秋副部长参加中央组织部大学生村官工作协调会。

11 月 11 日—12 日　尹蔚民部长到陕西省就贯彻落实三中全会精神拟定农民工养老保险办法及新型农村养老保险试点进行专题调研。期间，听取了省人事厅、劳动保障厅和西安、宝鸡两市政府有关情况汇报，实地考察了陕西秦川机床工具集团有限公司和宝鸡市社会保障服务中心，分别召开了企业、农民工代表和县（区）镇（乡）村干部、农民代表座谈会，并走访了岐山县大营乡，了解当地新农保试点情况。

11月11日—13日　张小建副部长到湖南省长沙、郴州两市进行专题调研。期间，会见了湖南省省长周强，与常务副省长于来山座谈，听取了湖南省人事厅、劳动保障厅工作汇报，就经济形势变化对就业工作影响、高校毕业生就业、创业促就业等工作与省市人事、劳动保障部门有关同志进行交流，召开了部分企业负责人座谈会，实地考察了省人才流动服务中心、职业介绍服务中心、长沙市劳动力市场、郴州市出口加工区和就业训练中心等单位。

11月12日　孙宝树副部长列席国务院第35次常务会议，研究地震灾后恢复重建基金安排有关问题。

11月13日　尹蔚民部长会见云南省人民政府副秘书长张荣明。孙宝树副部长听取云南省劳动保障工作汇报。

杨士秋副部长会见莱索托地方政府部部长庞索·塞克特勒先生和公共事务部部长塞马诺·塞克特勒先生。

11月14日　尹蔚民部长主持第16次党组会和第13次部务会，审议《部机关干部教育培训工作暂行办法》《部属事业单位人事管理备案报批事项暂行办法》《部属事业单位公开招聘人员暂行办法》和《关于做好当前形势下保障和改善民生有关工作的通知》《人力资源社会保障部国有资产管理暂行办法》《人力资源社会保障部统计工作管理办法》。孙宝树、杨志明、张小建、杨士秋、王晓初副部长参加。

尹蔚民部长、王晓初副部长参加中共中央政治局常委、国务院副总理李克强，中共中央政治局委员、国务院副总理张德江和中央政治局委员、国务委员刘延东召集的会议，研究义务教育学校工作人员工资待遇问题。

杨士秋副部长与公安部纪委书记祝春林就全国公安系统一级英雄模范、福州市公安局纪委前书记盖起章同志表彰事宜进行商谈。公务员局信长星副局长参加。

11月16日　张小建副部长到天津市出席全国2009届高校毕业生就业服务周启动仪式暨环渤海专场招聘会，与天津市副市长崔津渡进行座谈，听取了市劳动保障局关于经济形势对就业工作影响及创业带动就业工作汇报，召开了部分高校负责同志座谈会。

11月17日　尹蔚民部长会见香港劳工处处长谢凌洁贞女士。

王晓初副部长参加国务院研究医药卫生体制改革有关问题会议。

11月17日—26日　杨志明副部长到瑞士出席国际劳工组织理事会并访问伊朗，会见了伊朗劳动与社会事务部有关官员，考察了伊朗劳动关系政策措施，并商讨进一步加强双边合作与交流事宜。

11月18日　张小建副部长参加国务院研究成品油价格和燃油税费改革的会议。

杨士秋副部长出席加强防范和打击利用无线电设备及互联网在公务员录用考试中进行作弊活动工作联席会议并讲话。同日，就2009年度中央机关及其直属机构考试录用公务员专题接受中国政府网在线访谈。

王晓初副部长参加人才规划纲要大纲征求意见会议，讨论《国家人才发展中长期规划纲要（征求意见稿）》。同日，到北京外国语大学2008年联合国中文语言类竞争考试现场巡考，并礼节性会见联合国人力资源厅考试处处长佩尔萨斯先生。

11月18日—19日　孙宝树副部长出席在湖南省召开的全国人力资源社会保障系统办公室工作会议并讲话，会议通报了部里工作进展情况，对做好政务运转、政策研究、新闻宣传、年鉴编纂工作提出要求。

中央纪委驻部纪检组组长袁彦鹏出席在福建省召开的部分省市区人事厅局纪检组长座谈会。

11月18日—28日　张小建副部长参加省部级领导干部突发事件应急管理专题研讨班。

11月19日　尹蔚民部长列席国务院第36次常务会议，研究农村土地承包经营纠纷仲裁有关问题。

杨士秋副部长出席“三北”防护林体系建设30周年总结表彰大会并宣读表彰决定。

王晓初副部长出席工程院关于工程师制度改革课题研究成果汇报会。

11月19日—20日　中国人力资源社会保障部与加拿大人力资源与技能开发部共同举办中加产业关系研讨会。张小建副部长出席并致辞。全国总工会、中国企业家联合会代表参加。

11月20日　尹蔚民部长、张小建副部长出席国务院新闻办就人力资源和社会保障制度建设及应对当前宏观经济形势举措举行的发布会，并回答中外记者提问。

杨士秋副部长参加中央社会治安综合治理委员会全体会议。

王晓初副部长参加中共中央政治局委员、国务院副总理张德江主持的部分中央企业负责人座谈会，研究落实党中央国务院关于促进经济发展的决策部署和要求保持大型中央企业健康发展的有关问题。

11月20日—21日　中央纪委驻部纪检组组长袁彦鹏参加中央关于扩大内需促进经济增长措施贯彻落实情况监督检查培训。

11月21日　杨士秋副部长参加中央司法体制改革和工作机制改革领导小组成员会议。同日，与中国有色金属工业协会会长康义就全国有色金属工业部级荣誉称号评选表彰事宜进行商谈。

王晓初副部长参加国家知识产权战略实施工作部际联席会议全体会议。

胡晓义副部长会见越南劳动、荣军和社会事务部副部长毕宏林一行。

11月24日　尹蔚民部长参加中美战略经济对话领导小组会议。

杨士秋副部长参加中共中央政治局常委、国务院副总理李克强主持的研究成品油价格和燃油税费改革有关问题会议。同日，出席全国地市州长加强社会保障体系建设专题研讨班开班式。

王晓初副部长与教育部副部长陈希就加强两部合作共同推进职业教育培训工作进行商谈。

11月24日—26日　孙宝树副部长到上海市主持人力资源和社会保障信息化建设调研会，听取意见和建议，并讨论下一步系统整合方案。会后，考察了上海市人才服务中心业务系统、公共实训基地和劳动保障电话咨询中心，并与上海市副市长胡延照会谈。

11月25日　张小建副部长到发展改革委参加《关于保持经济平稳较快增长进一步措施的汇报（征求意见稿）》座谈会。

何宪副部长参加国务院扶贫开发领导小组第一次全体会议。

胡晓义副部长到国家行政学院，以“加快覆盖城乡的社会保障体系建设”为题，为全国地市州长加强社会保障体系建设专题研讨班讲课。同日，参加国务院有关会议研究医改五项重点工作实施方案。

11月26日　尹蔚民部长列席国务院第37次常务会议，研究成品油价格和燃油税费改革、婴幼儿奶粉事件民事赔偿等有关问题。

王晓初副部长到山东省，出席人力资源社会保障部、外专局和山东省人民政府共同主办的“中国山东第五届海内外高端人才交流暨技术项目洽谈会”开幕式并致辞。

胡晓义副部长参加国务院研究医改五项重点工作实施方案的会议。

11月27日　尹蔚民部长主持党组会、部务会，审议关于部属各单位2008年度考核工作有关问题、关于做好当年部属事业单位专业技术职务评聘工作有关问题和关于2007年度一级建造师执业资格考试成绩处理和公布有关工作的汇报，以及《关于应对经济金融危机保持就业局势稳定的对策建议》《关于加强高校毕业生就业工作的意见》《关于统筹协调推进高校毕业生到农村基层就业服务各项目工作情况的通报》《社会保险法重点问题及意见》。孙宝树、杨志明、张小建、杨士秋、王晓初、何宪、胡晓义副部长，中央纪委驻部纪检组组长袁彦鹏参加。

杨士秋副部长出席2008年全国重大气象服务总结表彰大会并宣读表彰决定。

胡晓义副部长参加国务院防治艾滋病工作委员会全体会议。同日，参加中央政治局常委、国务院副总理李克强主持的研究医改五项重点工作实施方案的会议。

11月28日　胡晓义副部长参加国务院研究医改宣传和方案修改有关工作会议。

11月29日　张小建副部长出席首届心理咨询师大会暨灾难心理危机干预研讨会开幕式并致辞。

杨士秋副部长参加中共中央政治局常委、国务院副总理李克强主持的推进成品油价格和燃油税费改革协调小组全体会议。

11月30日　中央机关及其直属机构2009年度考试录用公务员公共科目笔试举行。杨士秋副部长和中组部部务委员、干部一局局长王京清到北京地区考点巡视。公务员局傅兴国副局长同往。

胡晓义副部长出席中国社会保障发展战略专题研讨会并致辞。

11月30日—12月2日　部解放思想专题讨论会召开。尹蔚民部长出席并作总结讲话，归纳总结专题讨论取得的成效，对学习实践活动进行转段动员，并对下一步工作作出部署、提出要求。孙宝树、杨志明、张小建、杨士秋、王晓初、何宪、胡晓义副部长，中央纪委驻部纪检组组长袁彦鹏分别就积极促进就业、完善社会保障体系、完善工资收入分配制度、加强公务员管理、加强人才队伍建设、发展和谐劳动关系、加强内部建设和党风廉政建设等问题作了专题发言。

十二月

12月1日　张小建副部长参加国务院外贸工作座谈会。

杨士秋副部长参加中共中央政治局常委、国务院副总理李克强主持的研究成品油价格和燃油税费改革有关问题会议。

胡晓义副部长与国家食品药品监管局局长邵明立研究基本药物制度有关问题。同日，参加国务院研究基本药物制度和医改财政投入有关问题的会议。

12月2日　人力资源社会保障部召开纪念改革开放30周年座谈会。尹蔚民部长出席并作重要讲话。孙宝树副部长主持会议。

尹蔚民部长会见亚美尼亚公务员事务委员会副主席萨姆维尔·瓦西良先生。会见前，王晓初副部长与亚美尼亚客人进行工作会谈。公务员局周泽民副局长参加。

杨志明副部长参加国务院研究妥善处置婴幼儿奶粉事件患儿赔偿问题会议。

何宪副部长主持中央纪委、中央组织部、监察部、财政部、人力资源社会保障部、审计署联合召开的中央国家机关二级管理京外单位第一步规范津贴补贴实施情况检查工作动员部署会。

12月3日　尹蔚民部长会见美国劳工部长赵小兰女士，就两国在人力资源和社会保障领域的交流与合作事宜交换意见。王晓初副部长参加。

杨志明副部长向全国人大副委员长华建敏汇报近期《劳动合同法》贯彻实施有关情况。

何宪副部长与审计署副审计长余效明就有关问题交换意见。

12月4日　杨志明副部长就解决企业工资历史拖欠问题与黑龙江、吉林、辽宁、山西等省负责同志约谈。同日下午，到国家信访局汇报倒闭破产企业欠薪逃匿处置有关问题。

张小建副部长参加中共中央政治局常委、国务院副总理李克强主持的会议，研究成品油价税费联动改革方案对外宣传有关问题。

王晓初副部长出席全国高技能人才和农村优秀人才表彰大会动员会。同日下午，参加第六次“四个一批”人才工作领导小组会议；

出席全国高技能人才和农村优秀人才表彰大会预备会。

12月4日—5日　尹蔚民部长参加由中美两国元首特别代表中共中央政治局委员、国务院副总理王岐山和美国财政部长保尔森共同主持的中美战略经济对话会。

12月5日　全国高技能人才和农村优秀人才表彰大会在京举行。中共中央政治局委员、中央组织部部长李源潮和中共中央政治局委员、国务院副总理张德江会前接见了受表彰的代表并合影。张德江同志为受表彰的第九届中华技能大奖、全国技术能手代表、国家技能人才培育突出贡献奖获奖单位代表和农村优秀人才代表颁奖，并作了题为《提高技能，创新创业，为全面建设小康社会再立新功》的重要讲话。尹蔚民部长主持会议。张小建、王晓初副部长和中组部、中宣部、国务院办公厅、农业部、全国总工会、共青团中央、全国妇联有关负责同志参加。

孙宝树副部长参加纪念党的纪律检察机关恢复重建30周年暨反腐倡廉建设理论研讨会。

张小建副部长出席2008年全国职业技能竞赛系列活动总闭幕式暨高技能人才培养经验交流会。

杨士秋副部长参加中央司法体制和工作机制改革领导小组第一次全体会议。同日，参加党的纪律检察机关恢复重建30周年暨反腐倡廉建设理论研讨会。

王晓初副部长和农业部副部长危朝安出席农村实用人才队伍建设工作座谈会并讲话。

何宪副部长参加长江学者奖励计划十周年纪念大会。

胡晓义副部长到全国人大参加会议，审议《社会保险法（草案）》。

12月6日　尹蔚民部长主持2008年部党组民主生活会，孙宝树、杨志明、张小建、杨士秋、王晓初、何宪、胡晓义副部长和中央第14指导检查组组长刘德旺及有关成员出席，中央纪委、中央组织部和中央国家机关工委有关同志参加。机关党委、机关纪委、办公厅、人事司、驻部监察局主要负责同志列席。

尹蔚民部长、王晓初副部长出席中央人才工作协调小组第19次会议，审议《国家中长期人才发展规划纲要（2009—2020）大纲》（征求意见稿）。

杨志明副部长就解决企业工资历史拖欠问题分别与贵州、甘肃、陕西、湖北、辽宁等省负责同志约谈。

12月7日　王晓初副部长到北京第二外国语大学和中国人民公安大学检查2009年中央国家机关及其直属机构考试录用公务员阅卷工作。公务员局傅兴国副局长同往。

12月8日　王晓初副部长出席中国人力资源社会保障部与美国劳工部共同召开的中美劳动合作工作会议并致辞。同日下午，出席国防科技工业杰出人才奖励工作领导小组会议。

12月8日—9日　孙宝树副部长出席在山东省召开的部分省市人事和劳动保障厅局主要负责同志座谈会，听取对2009年工作安排的意见和建议。公务员局信长星副局长参加。

12月8日—10日　尹蔚民部长、杨士秋副部长参加中央经济工作会议。

12月9日　尹蔚民部长参加中央政治局常委、国务院副总理李克强受温家宝总理委托召开的成品油价税费改革座谈会。

张小建副部长出席中央国家机关侨联工作会议。同日下午，出席就业数据快速调查视频会议并讲话。

王晓初副部长出席欧美同学会·中国留学人员联谊会第六届理事会第一次会议开幕式。

12月10日　尹蔚民部长、杨志明副部长列席国务院第39次常务会议，研究保障农产品有效供给促进农民持续增收、当前形势下返乡农民工工作等有关问题。

胡晓义副部长与财政部有关同志研究社会保险基金预算管理的有关问题。

12月10日—15日　孙宝树副部长随中央代表团到广西壮族自治区参加自治区成立50周年庆祝活动。

12月10日—21日　杨士秋副部长率团访

问阿根廷、巴西。公务员局周泽民副局长同往。

12月11日　尹蔚民部长主持党组扩大会，传达中央经济工作会议精神，研究贯彻落实措施。杨志明、张小建、王晓初、何宪、胡晓义副部长和林用三、徐颂陶、步正发、李有慰、戴光前、华福周同志出席。

王晓初副部长出席国务院港澳工作协调小组办公室会议，研究支持港澳经济稳定发展有关问题。

胡晓义副部长会见韩国劳动福利公团金元培总裁，简要介绍了中国工伤保险情况。

12月12日　杨志明副部长参加全国发展和改革工作会议开幕式。

王晓初副部长、住房城乡建设部副部长陈大卫出席2007年度一级建造师资格考试工作会议并讲话。

12月12日—13日　张小建副部长陪同中共中央政治局常委、国务院副总理李克强赴上海视察。

12月13日　何宪副部长参加中共中央政治局委员、国务委员刘延东主持的会议，研究分析当前教育系统稳定工作形势，部署下一步工作。

12月15日　尹蔚民部长主持部学习实践活动领导小组会议，研究部党组分析检查报告。孙宝树、杨志明、张小建、何宪、胡晓义副部长出席。

杨志明副部长主持解决企业工资历史拖欠部际联席会议办公室会议，通报近期情况，研究下一步政策措施。部际联席会议11个成员单位及有关部门相关司局负责人参加。

12月16日　孙宝树副部长会见香港中华总商会访问团，向客人介绍了人力资源社会保障部机构改革有关情况和中央政府为应对当前经济形势在人力资源社会保障方面采取的相关措施，并就访问团关心的劳动合同法方面问题进行了解答和说明。

杨志明副部长参加国家开发银行股份公司成立大会。

张小建副部长参加中共中央政治局常委、国务院副总理李克强主持的研究成品油价税费改革方案有关问题的会议。

王晓初副部长参加中共中央政治局委员、国务委员刘延东主持的《全民科学素质行动计划纲要》实施情况汇报会。

何宪副部长出席全国石油和化工工业先进集体、劳动模范和先进工作者表彰大会并宣读表彰决定。

12月17日　尹蔚民部长主持第15次部务会，审议《公务员录用考试报考者违纪违规行为处理办法（试行）》《国家荣誉称号和勋章法（送审稿）》《国务院荣誉称号条例（送审稿）》《部信访工作规定》《劳动人事争议仲裁办案规则》和《关于加强劳动保障监察网格化网络化管理体制建设的指导意见》。孙宝树、杨志明、何宪、胡晓义副部长出席。公务员局信长星副局长列席有关议题。

尹蔚民部长列席国务院第41次常务会议，研究义务教育学校实施绩效工资、珠江三角洲地区改革发展等有关问题。何宪副部长列席义务教育学校实施绩效工资议题。

杨志明副部长向全国人大财经委汇报劳务派遣有关问题。

张小建副部长出席中央国家机关侨联第二次代表大会。

张小建、胡晓义副部长参加国务院研究减轻企业负担、稳定就业局势有关问题的会议。

王晓初副部长列席国务院第40次常务会议，研究成品油价税费改革有关问题。

12月18日　尹蔚民部长参加纪念十一届三中全会召开30周年大会。

12月19日　杨志明副部长参加全国人大常委会《劳动合同法》执法检查组第二次全体会议，研究讨论执法检查报告稿。同日，出席国家安全系统先进集体英雄模范表彰大会并宣读表彰决定。

张小建副部长参加全国工业和信息化工作会议。同日，到发展改革委出席研究扩大内需促进增长十项措施具体实施方案有关问题的会议。

12 月 20 日　尹蔚民部长、何宪副部长参加深入学习实践科学发展观活动视频会议。

12 月 21 日　何宪副部长出席共青团中央、全国青联、欧美同学会联合举办的“2008 海外学人回国创业周”开幕式和“创新创业，报效祖国”海外学人座谈会。

12 月 21 日—22 日　尹蔚民部长陪同温家宝总理到重庆视察。

12 月 22 日　张小建副部长参加大学生村官代表座谈会。

杨士秋副部长出席 2008 年全国行政学院院长会议开幕式。

王晓初副部长到湖北省武汉市出席 2008 年湖北省职业技能竞赛颁奖仪式。

12 月 23 日　杨志明副部长主持中央企业负责人薪酬管理办法第三次座谈会，研究讨论办法及办法说明等有关问题。中央纪委、财政部、税务总局、国资委、银监会、证监会、保监会有关司局负责同志参加。

张小建副部长会见香港职业训练局高层代表团，就扩大内地和香港在职业技能鉴定和职业培训方面的合作进行探讨。

王晓初副部长到海南省慰问参加人力资源社会保障部组织的专家休假活动的专家。部分两院院士、国务院特殊津贴专家、来华（回国）专家和受表彰的全国杰出专业技术人才代表、全国优秀留学回国人员代表及其家属共 80 人参加专家休假活动。

胡晓义副部长出席山西、上海、浙江、广东、重庆五省市事业单位养老保险制度改革试点情况调度会。

12 月 24 日　尹蔚民部长列席国务院第 42 次常务会议，研究搞活流通扩大消费保持对外贸易稳定增长有关问题。

尹蔚民部长参加中央召开的党的建设工作第九次会议。

孙宝树副部长参加全国民族工作座谈会。

何宪副部长出席内蒙古自治区高层次人才招聘会并致辞。

12 月 25 日　尹蔚民部长出席海外高层次人才引进工作会议并讲话。王晓初副部长出席。

尹蔚民部长主持部党组中心组专题学习会，讨论交流学习胡锦涛总书记在纪念党的十一届三中全会召开 30 周年大会上重要讲话精神的体会。孙宝树、杨志明、张小建、杨士秋、何宪、胡晓义副部长出席。

胡晓义副部长出席全国社会保险工作电视电话会议并讲话。

12 月 25 日—26 日　王晓初副部长参加中央组织部全国人才工作座谈会。

12 月 26 日　尹蔚民部长出席人力资源社会保障部与天津市人民政府共建促进以创业带动就业实验区备忘录签字仪式暨 2008 中国天津创业项目展示推介会。

尹蔚民部长列席中央政治局集体学习。

张小建副部长出席 2009 年全国国家级经济开发区高校毕业生网络招聘会开幕式。

王晓初副部长出席 2008 年全国骨干技工院校校长研修班结业式并讲话。

12 月 27 日　尹蔚民部长参加全国组织部长会议。同日下午，参加中央农村工作会议。

杨士秋副部长参加全国组织部长会议。

12 月 27 日—28 日　杨志明副部长参加中央农村工作会议。

12 月 28 日　尹蔚民部长参加中央农村工作会议第二次全体会议。

王晓初副部长出席海外高层次人才引进工作会议。

12 月 29 日　人力资源社会保障部、财政部、教育部在京联合召开全国义务教育学校实施绩效工资工作部署会。尹蔚民部长和教育部部长周济、财政部副部长丁学东出席并讲话。何宪副部长主持会议。

人力资源社会保障部、教育部、全国总工会、共青团中央、全国妇联、中国残联以视频会议方式联合举行“2009 年就业服务系列活动”启动仪式。尹蔚民部长和各单位负责同志出席并讲话，要求各地按照党中央、国务院的总体要求，统一部署、分工合作、联合行动，共同组织开展就业服务系列活动。张小建副部长主持。

尹蔚民部长参加中央深入学习实践科学发展观活动领导小组第三次会议。

孙宝树副部长出席全国总工会15届二次主席会议和三次主席团扩大会议。

张小建副部长出席全国就业工作视频会议并讲话。会议传达中央经济工作会议精神和部党组要求，安排部署应对当前形势、稳定和扩大就业有关工作。

杨士秋副部长出席中央纪委、公安部、人力资源社会保障部联合召开的追授盖起章同志全国纪检监察系统先进工作者、全国公安系统一级英雄模范荣誉称号大会并宣读表彰决定。

王晓初副部长参加国务院学位委员会第26次会议。

12月29日—30日　孙宝树副部长出席全国总工会15届二次执委会议。

12月30日　尹蔚民部长、何宪副部长参加中央处理信访突出问题及群体性事件联席会议第12次全体会议。

尹蔚民部长主持第20次党组会和第16次部务会，审议《二〇〇九年人力资源和社会保障工作要点》《关于贯彻落实科学发展观情况的分析检查报告》、机关人事问题和《统计违法违纪行为处分规定》《人力资源和社会保障部部本级预算管理暂行办法》和《〈建设工程劳动定额〉行业标准》。季允石、孙宝树、杨志明、张小建、杨士秋、王晓初、何宪、胡晓义副部长出席。公务员局信长星副局长列席有关议题。

12月31日　尹蔚民部长列席国务院第44次常务会议，研究重庆市统筹城乡改革发展、乡镇机构改革等有关问题。